全国政协的江西故事
综合卷

（2012—2022）

政协江西省委员会办公厅　编著

中国文史出版社

图书在版编目（CIP）数据

全国政协的江西故事 . 综合卷 / 政协江西省委员会办公厅编著 . — 北京： 中国文史出版社，2023.1

ISBN 978-7-5205-3982-1

Ⅰ . ①全… Ⅱ . ①政… Ⅲ . ①中国人民政治协商会议—地方委员会—工作—江西— 2012-2022 Ⅳ . ①D628.56

中国版本图书馆 CIP 数据核字（2022）第 231265 号

责任编辑：窦忠如　全秋生

出版发行：中国文史出版社
地　　址：北京市海淀区西八里庄路 69 号　邮编：100142
电　　话：010-81136602　81136603　81136606（发行部）
传　　真：010-81136655
制　　版：北京方舟正佳图文制作有限公司
印　　装：廊坊市海涛印刷有限公司
经　　销：全国新华书店
开　　本：787 毫米 × 1092 毫米　1 / 16
印　　张：91
字　　数：1688 千字
版　　次：2023 年 1 月北京第 1 版
印　　次：2023 年 1 月第 1 次印刷
定　　价：398.00 元（全 3 册）

省政协主席

第九届、十届省政协主席傅克诚

第十届省政协主席张裔炯

第十届、十一届省政协主席黄跃金

第十二届省政协主席姚增科

2012 年 1 月 30 日，傅克诚与张裔炯握手

2018 年 1 月 22 日，黄跃金与姚增科握手

住赣全国政协委员

2017 年 3 月，住赣全国政协委员步入人民大会堂参加全国政协十二届五次会议

2019 年 3 月，住赣全国政协委员步入人民大会堂参加全国政协十三届二次会议

2014 年 9 月 9 日，住赣全国政协委员在河南考察

2015 年 6 月 10 日，住赣全国政协委员视察江西高铁建设情况

2016 年 11 月 30 日，全国政协在赣调研督办“加大《国务院关于支持赣南等原中央苏区振兴发展的若干意见》实施力度，确保赣南等原中央苏区与全国同步全面建成小康社会”重点提案

2016 年 12 月 6 日，住赣全国政协委员视察赣江新区

2019 年 11 月 20 日，住赣全国政协委员赴冀考察

2021 年 4 月 26 日，住赣全国政协委员在上饶开展党史学习教育

2022 年 7 月 14 日，住赣全国政协委员在吉安市视察文旅产业和电子信息产业

与省政协相关的重大会议

2019 年 9 月 27 日，江西省庆祝中国人民政治协商会议成立 70 周年座谈会

2018 年 4 月 18 日，十二届省政协新任政协委员培训班

2020 年 9 月 8 日，全省政协系统全面从严治党形势报告会

住赣全国政协委员参加省政协重大调研协商课题

2012 年 9 月 17 日，黄跃金主席视察南昌市城市建设

2020 年 4 月 1 日，姚增科主席出席在上饶调研战“疫”和战“贫”双胜利

2020 年 7 月 17 日，姚增科主席调研防汛工作，并到九江湖口一线看望省政协防汛救灾青年突击队

2020 年 9 月 2 日，姚增科主席率省政协中医药课题组在宜春樟树市调研

2021 年 11 月 18 日，姚增科主席带队在九江调研民主协商工作

2021 年 11 月 19 日，姚增科主席在九江宣讲党的十九届六中全会精神

2022 年 6 月 9 日，姚增科主席带队在南昌市调研水生态

2022 年 10 月 27 日，姚增科主席深入基层宣讲党的二十大精神

目　录

全国政协领导在江西的重要活动

全国政协领导来赣活动大事记 …… 002
全国政协领导对江西工作的讲话 …… 011
全国政协领导对江西工作的批示贺信 …… 030

全国政协在江西举行的重要会议

第十一届河洛文化研讨会在江西赣州召开 …… 034
华东六省一市人民政协理论研讨会在昌举行 …… 035
政协第十一届全国委员会社会和法制委员会
第十次全体会议在南昌召开 …… 038
华东六省一市政协提案工作座谈会在井冈山召开 …… 038
第三届国际道教论坛在鹰潭开幕
俞正声致贺信 …… 039
全国政协重点督办提案办理协商座谈会在昌召开 …… 040
全国政协在昌召开闽赣粤琼片区学习研讨活动座谈会 …… 042
全国政协提案委员会在昌召开调研座谈会 …… 043
汪洋在江西调研宗教工作时强调
坚持不懈做好打基础管根本利长远工作
全面提升新时代宗教事务管理水平 …… 044
全国政协重大专项工作委员宣讲团在赣举行宣讲报告会 …… 045
2020 年人民政协报社新闻舆论工作研讨会在昌召开 …… 046
全国政协重大专项工作委员宣讲团举行江西宣讲报告会 …… 047
第三届人口发展战略研讨会在南昌开幕 …… 048
全国暨地方政协教科卫体委员会工作座谈会在昌召开 …… 049
华东六省一市政协第二十八次提案工作座谈会在南昌召开 …… 050

住赣全国政协委员跨省视察情况

住赣全国政协委员考察团赴河南省考察产业集聚区建设情况报告 …… 054
考察河北看发展　比较河北想江西
住赣全国政协委员赴冀考察报告 …… 060

《人民政协报》刊发
江西省政协相关文稿

2012年 …… 072
江西省政协开展宣传报道月活动　骆名坤 …… 072
江西省政协反映社情民意信息工作结硕果　骆名坤　曾　粮 …… 072
江西省政协加强全会期间社情民意信息搜集工作　骆名坤 …… 073
江西省政协全会为增强百姓幸福感建言　曾　粮 …… 074
江西鼓励网民为政协全会建“微言”　骆名坤 …… 074
“会中办案”成为江西省政协全会制度性议程　王国龙 …… 075
切实加强人民政协理论建设　赣协轩 …… 075
推进政治协商制度建设的“江西实践”　政协江西省委员会 …… 079
江西省出台提案工作实施意见　骆名坤 …… 081
落实“两列入”“两纳入”　加强政协理论建设　骆名坤 …… 082
江西省召开全省政协工作经验交流会　骆名坤 …… 083
“学习贯彻中共十八大精神　开创人民政协理论建设新局面”
研讨会在江西召开　赵　彤 …… 084
科学推进中国特色社会主义人民政协理论建设
江西省人民政协理论研究会 …… 086
江西省政协强化提案协商办理　樊　欣　曾　粮　骆名坤 …… 088
2013年 …… 088
江西省政协民主监督走新路　李勇猛　钱志强　曾　粮 …… 088
江西省政协构建提案协商办理新机制　曾　粮　樊　欣　骆名坤 …… 089
履职，打“飞的”也要来　蔡斯嘉　骆彩虹 …… 091
让每一个细胞都活跃起来　曾　粮　骆彩虹 …… 092
江西政协研讨人民政协与群众工作专题　赣协轩 …… 093

2014年 …… 094
江西省政协委员提案上网提交　赵建庭 …… 094
江西省政协：开幕大会上的委员好声音　骆彩虹　曾　粮 …… 094
风正帆满好行船　王　磊　骆彩虹 …… 095
1件提案8次调整14次签收　赵建庭 …… 097
2015年 …… 098
江西积极推进协商民主建设
党委政府政协首次联合印发年度协商工作计划　曾　粮　骆彩虹 …… 098
江西省政协全会：
“添”材料、“晒”反映社情民意信息工作情况　邱修梁　汪贤德 …… 099
让委员把握“上情”掌握“下情”了解“外情”　毛　涛 …… 100
江西省政协《燃烧的红土地——抗日战争的江西战场实录》新书首发
曾　粮　骆彩虹 …… 101
江西连续三年以“三办”联合方式督查提案办理
让每一件提案都能“落地有声”　王直平 …… 102
2016年 …… 103
江西省政协委员履职情况登记反馈办法施行　王直平　林文佳 …… 103
决不让委员“说了也白说”
江西省委书记点评省长回应抓落实　王直平 …… 104
江西省政协：风清气正　务实高效　高　雄 …… 105
协商民主建设步入“推进之年”
江西省政协“今年会更忙”　骆彩虹 …… 105
政协委员要“重品行”　刘晓庄 …… 106
为了光荣红土地的美好明天
住赣全国政协委员持续建言赣南等原中央苏区振兴发展纪实
骆彩虹　王　磊 …… 108
不忘初心，永葆党的先进性纯洁性　姚亚平 …… 111
就“确保赣南等原中央苏区与全国同步全面建成小康社会”
马飚率全国政协提案委赴赣开展重点提案督办调研　谢　靓 …… 114
感受老区情怀　谢　靓 …… 115
助力红色圣地“小康”梦
全国政协提案委员会“确保赣南等原中央苏区与全国同步全面建成小康社会”
重点提案督办调研综述　谢　靓 …… 118

2017 年 …… 123
江西省“三办”连续三年发文为政协履职开局助力
看协商计划新变化　显政协履职新力度　徐晓丹　骆彩虹 …… 123
协商式监督：开启民主新征程　刘晓庄 …… 124
铺展政协民主监督新画卷
从江西省政协实践看民主监督探索工作有章法见实效　邱修梁 …… 125
说的都是咱老百姓的事儿
江西省政协篇篇“小信息”传诵“好故事”　邱修梁 …… 128
政协蛮好　刘晓庄 …… 131
团结群众的连心桥　汇聚民意的快车道
江西省政协界别工作的实践探索　汪贤德 …… 133
我们分红啰　蔡久伟 …… 136
2018 年 …… 138
江西省政协全会：会风会纪监督工作“两个”全覆盖　韩　雪 …… 138
家人般相聚叙家常
江西省委书记、省长与港澳委员和特邀海外列席代表共话发展
韩　雪　骆彩虹 …… 139
提案“落谁家”　大家来商量
江西省政协全会提案审查小环节体现高效协商大意识　韩　雪 …… 140
回首历史　展望前景　路就在当下
由江西省政协十二届委员会第一次会议闭幕式想到的　韩　雪 …… 141
江西省政协开启“课题＋提案”协商新模式
求真务实完成“委员作业”　骆彩虹　徐晓丹 …… 143
好，那我现场布置“委员作业”
江西省政协新任委员培训班变履职讲堂　熊　灵 …… 144
紧起来　严起来　硬起来
江西省政协以党建为引领推动工作高质量发展　骆彩虹　邱修梁 …… 146
坚持问题导向，提升政协党建工作质量　邹　滔 …… 148
李斌出席江西省政协理论研讨会　邹　滔 …… 150
李斌在闽赣粤琼四省政协片区座谈会上强调：
推动学习研讨活动走向深入取得实效　邹　滔 …… 150
畅想新时代的“同心”礼赞　刘晓庄 …… 151

中共江西省委常委会召开会议强调：
把党的领导贯穿政协工作全过程各方面　邹　滔 …… 153
就提案工作条例修订和提高提案质量
全国政协提案委在南昌召开调研座谈会　王　磊 …… 154
卢展工率全国政协
“红色资源保护与利用”委员考察团在赣考察并座谈　谢　靓　熊　灵 … 155
江西省政协在脱贫攻坚战中检验党建质量
党员委员、党员干部冲在扶贫一线走在群众前面　骆彩虹　邱修梁 …… 156
对标明向　提神醒脑　鼓劲增力
江西省政协系统党的建设工作座谈会述记　骆彩虹　邱修梁 …… 157
2019年 …… 159
应加则加　当减则减　该调就调
江西省政协有序有效改进年度协商工作　邱修梁　骆彩虹 …… 159
凝聚共识写春秋　刘晓庄 …… 161
欢迎各位老朋友回家
江西省领导会见省政协港澳委员和特邀海外列席代表　王菡娟　王　磊 … 164
学在先　干出彩
江西省政协抓学习提升履职能力记事　王菡娟　王　磊 …… 165
江西省政协全会首次成立临时党支部　王菡娟 …… 168
眼里要有活　心里要有事
江西省政协主席眼中的“委员作业”　王菡娟　骆彩虹 …… 169
他们赢得省委书记点赞　王　磊　熊　灵 …… 170
各地政协春节后上班第一天见闻
江西省政协：回乡调研收获满满　王　磊 …… 171
发挥好委员主体作用的实践与思考　陈俊卿 …… 172
在双向发力中提升政协工作质量　刘晓庄 …… 176
树立三个“崇尚”的政协“家风”　刘晓庄 …… 178
既入乡随俗又移风易俗
江西省政协委员带着“作业”过假期　王　磊 …… 180
让群众感受到政协就在身边
江西省政协倾情倾力履职为民记事　盛　昕　王　磊 …… 181
推进协商民主向基层延伸　刘晓庄 …… 184

江西省政协学习贯彻落实习近平总书记调研江西重要讲话精神
传承好红色基因　讲好红色故事　王　磊 ……………………………… 186
“老话”深谈出新意
江西省政协创新调研工作纪实　蔡久伟 ……………………………… 187
用心重温　特别纪念
江西省政协党组主题教育领导小组学习党章侧记
邹　滔　盛　昕　王　磊 ……………………………… 189
用心沉下去　真心解难题
江西省政协机关党组主题教育调研成果交流会侧记　杜　宁　王　磊 …… 190
政协建议案何以被“抢要”一空
江西省政协十大对策直击乡村振兴十大问题　王　磊 …………………… 193
传承红色基因　接受心灵洗礼
江西省政协开展主题考察和主题教育军事日活动
李德伦　廖镇宇　王　磊 ……………………………… 194
一场特别的面对面协商会
江西省政协专题协商“营商环境改善与干部作风转变”　熊　灵　王　磊 … 195
高质量委员作业是怎样炼成的
江西省政协提升委员履职水平纪实　蔡久伟 ……………………………… 197
发扬斗争精神　答好“时代之问”
江西省政协机关主题教育专题民主生活会侧记　杜　宁　王　欢　王　磊 … 199
红土地上的“映山红”
看望慰问龚全珍老阿姨随记　王　磊 ……………………………… 200
双向发力“更上一层楼”　王　磊 ……………………………… 201
破作风顽疾　建营商环境
江西省政协“营商环境改善与干部作风转变”常委会议综述　王　磊 …… 203
为红土地谋崛起　为“老表”谋幸福
江西省政协“凝聚共识”路径的新探索新实践　蔡久伟 ……………………… 206
塑造“商量办事”的政协品格　刘晓庄 ……………………………… 209
民生的事情要与人民商量着办　刘晓庄 ……………………………… 211
2020 年 ……………………………… 214
一起聊聊咱家那些事
江西省领导与港澳委员、特邀海外列席代表座谈小记　王菡娟　王　磊 … 214

鄱阳湖流域生态保护应建立“利当前、管长远”的机制
江西省政协全体会议联组会现场小记　王菡娟 …… 215
小群系大家　同心战疫情
江西省政协机关干部在行动　王　磊 …… 216
小信息发挥大作用
江西省各级政协组织和委员抗击新冠肺炎疫情小记　蔡久伟 …… 217
共谱防“疫”赞歌
江西省政协人聚力战“疫”记　王　磊 …… 219
把党的领导落实到政协履职全过程　骆名坤 …… 221
复工复产要尊重市场　政策落实不走样
江西省政协“推动产业链加快复工复产”座谈会小记　熊　灵　王　磊 …… 223
以“五敢于＋五善于”应战应考　姚增科 …… 225
江西省政协：
“小信息”派上大用场　“金点子”变为抗疫好措施　汪贤德 …… 228
江西省委政协工作会议强调：
完善协商机制　培育协商文化　王　磊 …… 229
青春作伴好读书
江西省政协机关青年干部读书交流会侧记　熊　灵　王　磊 …… 231
协商民主是国家治理的看家本领　刘晓庄 …… 232
双向发力：我们万众一心　刘晓庄 …… 234
在协商议政中凝心聚力　刘晓庄 …… 235
记者抗洪日记：
只要一个班，却来了一个排　王　磊 …… 237
改变“一小步”　提升“一大步”
江西省政协推动反映社情民意信息工作提质增效记事　蔡久伟 …… 239
江西省政协常委会议首次“屏对屏”协商脱贫攻坚
疫情影响是暂时的　幸福是奋斗出来的　熊　灵　王　磊 …… 241
让协商文化飞入寻常百姓家
江西省政协着力培育“赣事”好商量品牌　汪贤德 …… 242
老树开新花
江西省政协推动提案工作提质增效记事　蔡久伟 …… 244
讲好新时代红土地政协故事
江西省政协新闻宣传工作的实践　邓　杰 …… 247

传承红色基因　干出新时代新样子
江西省政协扎实推进机关红色文化建设小记　骆名坤　王　磊 …… 248
同步学精神　同行谈发展
江西省政协港澳委员和特邀海外列席代表返赣视察小记　熊　灵　王　磊 … 250
2021 年 …… **251**
“赣”事好商量　赢得“好口碑”
江西省政协推动基层协商与社会治理相结合　支翊帮　王　磊 …… 251
从“运动员”到“裁判员”
江西省政协十二届四次会议委员审查提案掠影　赵建庭　王　磊 …… 254
产业旺　老表富
江西省政协助力乡村振兴记事　蔡久伟 …… 255
“赣”事好商量
江西省委书记、省长与委员面对面话发展　王　磊 …… 258
为促进经济社会发展再立新功
江西省政协港澳委员和海外侨胞代表与书记省长共话高质量发展　王　磊 … 260
保“一湖清水”入长江
江西省政协委员视频连线建言巩固提升“长江大保护”成效
王　磊　刘佳政 …… 262
共同解好“必答政治题”
江西省政协推动全面解决市县政协“两个薄弱”问题小记　杜　宁　王　磊 … 265
激发“政协之为”
江西省政协开展党史学习教育促履职纪实　王　磊 …… 267
关键在干　关键在干部　汪　爽 …… 270
真切、真心、真情　不断增强委员宣讲效果　谢　茹 …… 271
接力履职破解既有住宅“上楼难”
江西省政协二十三件政协提案聚焦同一个民生难事　赵建庭 …… 273
走好新时代党的群众路线
江西省政协全面加强政协党的作风建设综述　王　磊 …… 275
“两薄弱”如何变成“两加强”
江西省政协助推破解基层政协“两薄弱”记事　蔡久伟 …… 278
“中国中医看江西”把脉寻方
江西省政协建言中医药强省建设纪事　王　磊 …… 281

高质量提案赋能履职质效
华东六省一市政协第二十八次提案工作座谈会综述　王　磊 …… 287
读书不亦“阅”乎　履职不亦“乐”乎
江西省政协委员主题读书记事　王　磊　汪贤德 …… 289
2022 年 …… 292
“屏”溢书香助履职　江西省政协社会和法制委员会 …… 292
彰显红土地上的传承与担当
江西省政协同题共答助力高质量跨越式发展记事　王　磊 …… 293
通民心　道民意　为民呼
江西省政协全会首设“委员通道”　王　磊　熊　灵 …… 297
件件有回音　事事有着落
江西省委书记与政协委员共商全面建设富裕江西　王　磊 …… 298
为建设“学习型”政协提供机制保障
江西省政协文化文史和学习委员会 …… 300
民主监督要有“三气”　杨小华 …… 301
江西省政协开展“迎接二十大，委员在行动”活动　王　磊 …… 302
献出“金点子”　抱回“金娃娃”
江西省政协好建议变成好政策　蔡久伟 …… 303
“围”出共识度　“读”出高质量　邱修梁 …… 306
“围”出共识共为　“读”出高质高效
江西省政协以“围读”促履职记事　蔡久伟 …… 307
严把“四关”　创新机制　数字赋能　蔡久伟 …… 310
唱好赣鄱政协新时代奋进之歌
江西省政协“迎接二十大，委员在行动”记事　王　磊 …… 311

《中国政协》杂志刊发
江西省政协相关文稿

2012 年 …… 314
促进民主与权力的双向调节　刘晓庄 …… 314
2013 年 …… 316
民主和真话是一种优良品质　刘晓庄 …… 316

江西政协文史天地宽　蔡久伟 …… 318
2014 年 …… 321
新时期文史资料工作需要改革创新　李华栋 …… 321
2015 年 …… 324
让群众感到政协离自己很近　刘晓庄 …… 324
江西："小信息"展现"大智慧"　崔　健　邱修梁 …… 325
2016 年 …… 329
正确处理四种关系　不断推进政协工作　黄跃金 …… 329
厚厚红土地　深深老区情
住赣全国政协委员持续建言赣南等原中央苏区振兴发展纪实
骆彩虹　王　磊 …… 331
2017 年 …… 335
只为苍生俱饱暖
江西省政协助力脱贫攻坚战综述　邱修梁 …… 335
政协文史工作的温度　曾　粮 …… 341
政协蛮好　刘晓庄 …… 344
2018 年 …… 347
改革创新　行稳致远
江西省政协推进思路、制度、实践创新综述　邱修梁 …… 347
为建设富裕美丽幸福现代化江西贡献政协智慧
江西省政协十二届一次会议综述　史慧玲 …… 354
关于推进新时代人民政协履职能力建设的学习与思考　姚增科 …… 359
四重纬度把握专委会分党组定位　确保实现政协党的工作有效覆盖
发挥政协专委会分党组作用的几点思考　骆名坤 …… 362
2019 年 …… 366
江西省政协：学在先　干出彩　王　磊 …… 366
江西省政协：创新照亮调研之路　蔡久伟 …… 369
不忘初心，做一名有温度有担当的"责任委员"　刘晓庄 …… 372
不要搞成"清一色"　刘晓庄 …… 375
推动凝聚共识"重心"向基层延伸　谢　茹 …… 379
2020 年 …… 382
江西省政协：洒遍皮边村的政协汗水　蔡久伟 …… 382

新时代政协委员当有新样子 骆名坤 …… 385
江西省政协：呈现新时代的新样子 蒲水涵 …… 389
构建多维互动模式 增强提案办理实效 江西省政协提案委员会 …… 392
努力答好新时代政协委员“四道作业题” 陈文华 …… 396
漫谈政协建言的庄雅感 刘晓庄 …… 400
浅说建言资政树“鲜花” 刘晓庄 …… 403
江西省政协：工作改变“一小步” 质效提升“一大步” 蔡久伟 …… 406
江西省政协：“围”出共识 “读”出共为 杜 宁 涂 颖 …… 409
有了发言权 还要会发言
有效行使协商议政话语权的学习与思考 姚增科 …… 412
2021年 …… 415
赣鄱土地花正红 李香钻 蒲水涵 …… 415
同向凝聚共识 画出最大同心圆 赵 波 …… 418
查漏补缺 协同互助 扬优成势
江西省政协办公厅组织开展“三点一全”专项活动 曹小亮 …… 420
工作“活”起来 履职“实”起来
中共江西省委注重发挥省政协作用记事 蔡久伟 …… 421
种好全面从严治党的“责任田”
江西省政协推进全面从严治党记事 骆名坤 …… 424
中国式“全”“新”民主文明 刘晓庄 …… 426
传承“头发论” 固守“同心圆” 刘晓庄 …… 428
2022年 …… 431
干出新样子 做出新成效 姚增科 …… 431
坚持大团结大联合 谢 茹 …… 432
奋发赶考路 笃行向未来
我的履职故事 史 可 …… 434

全国政协历届住赣（赣籍）委员名单

全国政协历届住赣（赣籍）委员名单 …… 438

全国政协领导在江西的重要活动

全国政协领导来赣活动大事记

2012年

★ 2月15日至17日，全国政协副主席、中央统战部部长杜青林一行7人，来江西出席统战干部和专家学者座谈会，并赴南昌、鹰潭调研。

★ 5月3日至9日，全国政协副主席、台盟中央主席林文漪率台盟中央调研组一行25人，在江西南昌、吉安、赣州等地就“深化赣台经贸文化交流，促进中央苏区振兴”课题进行考察调研。

★ 6月6日至8日，全国政协副主席、民盟中央第一副主席张梅颖一行3人，来江西南昌出席太湖文化论坛中药文化发展高级别会议。

★ 6月14日至16日，全国政协副主席、民进中央常务副主席罗富和一行3人，来江西出席指导民进江西省第七次代表大会。

★ 6月21日至24日，全国政协原副主席王文元一行8人，在江西九江调研。

★ 7月9日至10日，全国政协副主席、民建中央第一副主席张榕明一行5人，来江西南昌就江西省职业教育事宜进行调研。

★ 9月19日至20日，全国政协副主席、民进中央常务副主席罗富和一行3人，来江西南昌出席民进企业家联谊会开幕式。

★ 10月8日至11日，全国政协副主席、民革中央第一副主席厉无畏一行3人，来江西南昌出席民革内部监督工作交流会，并赴景德镇调研。

★ 10月19日，全国政协副主席郑万通出席“2012中国景德镇国际陶瓷博览会”开幕式。

★ 11月28日，全国政协副主席黄孟复一行6人在赣州调研。

2013年

★ 4月14日至18日，全国政协原副主席王志珍一行3人，在江西上饶、南昌调研。

★ 6月20日至21日，全国政协副主席、科技部部长万钢一行，在赣州市考察赣南苏区振兴发展情况并召开座谈会。

★ 7月1日至8日，全国政协原副主席、中国国土经济学会理事长张怀西一行，在赣州市调研生态环境建设情况。

★ 8 月 12 日至 13 日，全国政协副主席、台盟中央主席林文漪一行 5 人，来江西出席第六届海峡两岸客家高峰论坛、第十一届赣台经贸文化合作交流大会相关活动。

★ 8 月 27 日至 31 日，全国政协副主席、农工党中央常务副主席陈宗兴一行 9 人，来江西出席江西省生态文明研究与促进会成立大会，并赴南昌、九江等地考察。

★ 9 月 2 日至 4 日，全国政协副主席、九三学社中央主席韩启德一行 4 人，来江西出席九三学社中央“家园记忆”主题文学笔会。

★ 10 月 17 日至 21 日，全国政协副主席何厚铧率澳门地区全国政协委员考察团，就进一步促进赣澳两地交流合作在赣考察；10 月 18 日，出席“2013 中国景德镇国际陶瓷博览会”开幕式。

★ 10 月 20 日至 23 日，全国政协原副主席李蒙一行 5 人，来江西鹰潭、上饶考察。

★ 11 月 10 日至 13 日，全国政协副主席、民建中央常务副主席马培华一行 4 人，来江西萍乡、宜春、新余、吉安等地考察调研民建基层组织建设情况。

2014 年

★ 4 月 10 日至 11 日，全国政协副主席、民建中央常务副主席马培华一行 4 人，来江西抚州、南昌等地考察调研。

★ 4 月 21 日至 25 日，中共中央政治局原常委、全国政协原主席贾庆林一行 22 人，来江西南昌、九江、上饶等地考察调研。

★ 5 月 5 日至 7 日，全国政协副主席、全国工商联主席王钦敏率全国工商联调研组在江西，就工商联基层组织建设和非公有制经济发展情况进行专题调研。

★ 5 月 18 日，全国政协原副主席厉无畏一行 3 人，在南昌市调研。

★ 6 月 29 日至 7 月 1 日，全国政协原副主席厉无畏一行 8 人，在省农业厅、江西联创光电股份有限公司考察，并作报告。

★ 7 月 19 日至 24 日，全国政协副主席、民革中央常务副主席齐续春率民革中央调研组，来江西调研赣南等原中央苏区振兴发展情况。

★ 9 月 25 日至 27 日，全国政协副主席陈元一行 9 人，来江西就革命传统教育、爱国主义教育基地建设等情况进行调研，并考察南昌市棚户区改造项目。

★ 11 月 2 日至 4 日，全国政协副主席卢展工率全国政协调研组，就全国政协十二届二次会议重点提案《培育和弘扬社会主义核心价值观要融入社会生活》在赣进行督办调研。

★ 11 月 11 日至 12 日，全国政协原副主席厉无畏一行 3 人，来江西景德镇出席“首届赣粤文化艺术交流精品展暨中国经济贸易促进会江西分会成立大会”开幕式。

★ 11 月 20 日至 22 日，全国政协副主席、九三学社中央主席韩启德一行 5 人，应邀来江西出席“第三届世界低碳生态经济博览会”。

2015 年

★ 3 月 26 日至 27 日，全国政协副主席、民建中央常务副主席马培华一行，赴江西调研并出席民建江西省委领导班子谈心会。

★ 4 月 26 日至 29 日，全国政协原副主席李金华一行 3 人，来江西出席鹰潭第一中学“国家安全教育示范基地”授牌及启动仪式，并在鹰潭市调研新农村建设和社会管理等情况。

★ 6 月 11 日至 13 日，全国政协副主席、民革中央常务副主席齐续春率民革中央调研组，就“农村土地确权登记中的法律问题及对策”在江西进行专题调研。

★ 6 月 23 日至 24 日，全国政协副主席张梅颖一行 2 人，来江西南昌参加“岐黄国医外国政要体验中心”启动仪式。

★ 8 月 18 日至 19 日，全国政协副主席、台盟中央主席林文漪一行 7 人，来江西出席第十三届赣台（宜春）经贸文化合作交流大会并参加相关活动。

★ 10 月 18 日，全国政协副主席、全国工商联主席王钦敏一行，出席“2015 中国景德镇国际陶瓷博览会”开幕式。

★ 10 月 21 日至 22 日，全国政协原副主席、民建中央原第一副主席张榕明一行 3 人，来江西井冈山为中央统战部在井冈山干部学院举办的民主党派省级组织中青年骨干培训班授课。

★ 11 月 17 日至 18 日，全国政协副主席、民进中央常务副主席罗富和一行 4 人，来江西南昌出席“纪念民进成立 70 周年大会”开幕式。

★ 11 月 30 日至 12 月 1 日，全国政协副主席、民建中央常务副主席马培华一行 3 人，来江西南昌出席中国民主建国会成立70周年暨江西民建组织建立60周年纪念活动。

★ 12 月 22 日至 24 日，全国政协副主席、全国工商联主席王钦敏一行 3 人，来江西出席全国工商联十一届四次执委会议暨全国知名民营企业助推江西发展升级大会等活动。

2016年

★ 3月21日至25日，全国政协副主席、农工党中央常务副主席刘晓峰来赣调研。

★ 5月4日至6日，全国政协副主席、九三学社中央主席韩启德一行4人，来江西南昌出席“九三学社第十三届中央常务委员会第十五次会议”，并参加相关活动。

★ 6月12日至16日，全国政协副主席、民盟中央常务副主席陈晓光率国家特邀国土资源监察专员及中央统战部、工信部、国土部有关司局同志一行26人，来江西赣州进行稀土矿产开发管理情况进行专题考察。

★ 7月19日至25日，全国政协原副主席徐匡迪一行5人，来江西庐山考察。

★ 8月1日至14日，全国政协副主席、农工党中央常务副主席刘晓峰一行11人，来江西庐山考察。

★ 8月8日至15日，全国政协副主席、台盟中央主席林文漪一行10人，来江西庐山考察。

★ 9月5日至9日，全国政协副主席王家瑞率全国政协调研组一行23人，来江西吉安市、宜春市、南昌市就“重视特殊教育”“留守儿童教育”问题进行专题调，并在教师节前慰问教师。

★ 9月24日，全国政协副主席马飚一行，出席“汤显祖戏剧节暨国际戏剧交流月”开幕式。

★ 10月10日至16日，由全国政协副主席卢展工率队，全国政协教科文卫体委员会组织部分全国政协委员和专业文艺工作者，到江西和福建两省的革命老区考察基层公共文化服务体系建设并开展“送文化下基层”活动。

★ 10月13日至16日，全国政协副主席、台盟中央主席林文漪一行8人，来江西南昌出席第十四届赣台经贸文化合作交流大会开幕式，并赴景德镇考察。

★ 10月16日至18日，由全国政协副主席、农工党中央常务副主席刘晓峰带队，全国政协社会和法制委员会与农工党中央就“土壤污染防治与土地资源保护”专题在赣开展联合调研。

★ 10月18日，全国政协副主席、农工党中央常务副主席刘晓峰一行，出席“2016中国景德镇国际陶瓷博览会”开幕式。

★ 10月27日，全国政协副主席、民建中央常务副主席马培华一行3人，来江西上饶出席民建基层组织建设调研座谈会。

★ 11月29日至12月2日，全国政协副主席马飚带领全国政协提案委员会调研组赴江西，就“确保赣南等原中央苏区与全国同步全面建成小康社会”重点提案进行督办调研。

2017 年

★ 4 月 8 日至 12 日，全国政协副主席、农工党中央常务副主席刘晓峰一行 4 人，来江西景德镇市、九江市修水县、抚州市考察调研。

★ 5 月 31 日至 6 月 3 日，由全国政协副主席兼秘书长张庆黎带队的全国政协视察团，就“国家生态文明试验区建设情况”赴江西省开展监督性视察活动。

★ 6 月 11 日至 12 日，全国政协副主席、民建中央常务副主席马培华一行 6 人，来江西南昌出席中国民主建国会江西省第九次代表大会。

★ 6 月 22 日至 24 日，全国政协副主席、农工党中央常务副主席刘晓峰一行 8 人，来江西南昌出席中国农工民主党江西省第十二次代表大会。

★ 7 月 20 日至 24 日，全国政协原副主席黄孟复一行 4 人，来江西赣州出席“首届全国赣州商会联合大会”，并赴瑞金、兴国等地调研。

★ 9 月 8 日至 10 日，全国政协原副主席、中国企业联合会会长王忠禹一行 3 人，来江西南昌出席“2017 中国 500 强企业高峰论坛”有关活动。

★ 9 月 15 日至 19 日，全国政协副主席马飚率全国政协提案委员会重点提案督办调研组，就督办“保护南方古村落，建设美丽乡村”重点提案在江西调研。

★ 9 月 24 日，全国政协副主席王正伟出席“汤显祖戏剧节暨国际戏剧交流月”开幕式。

★ 10 月 19 日至 20 日，全国政协副主席、民建中央第一副主席马培华一行来江西九江、景德镇两地就民建市级组织建设情况进行调研。

2018 年

★ 4 月 7 日至 9 日，全国政协副主席、农工党中央常务副主席何维率领由国家发改委、生态环境部、水利部、农工党中央联合组成的调研组，围绕“长江大保护与可持续发展”在江西开展专题调研，并在九江市召开座谈会，听取江西推进长江大保护与可持续发展的有关情况汇报。

★ 5 月 2 日至 3 日，全国政协副主席、九三学社中央常务副主席邵鸿率调研组一行 22 人，来江西宜春、新余考察调研。

★ 6 月 22 日至 23 日，全国政协原副主席刘晓峰一行 3 人，来江西南昌出席世界中医药大会第四届夏季峰会开幕式。

★ 8 月 29 日至 30 日，全国政协副主席苏辉来赣调研台盟优秀骨干队伍建设。

★ 9 月 6 日至 8 日，全国政协副主席、民进中央常务副主席刘新成一行 3 人，来江西南昌出席中国教师发展论坛及基层协商推动基层社会治理调研座谈会。

★ 9 月 28 日，全国政协副主席刘奇葆出席“汤显祖戏剧节暨国际戏剧交流月”开幕式。

★ 10 月 2 日至 5 日，全国政协副主席、致公党中央主席万钢一行 4 人，来江西庐山考察。

★ 10 月 11 日至 13 日，全国政协副主席、九三学社中央常务副主席邵鸿一行 3 人，来江西井冈山为井冈山干部学院民主党派省级组织中青年骨干培训班授课。

★ 10 月 15 日至 19 日，全国政协副主席卢展工率全国政协军队委员考察团一行 22 人，来江西吉安、赣州市就“红色资源保护与利用”开展实地考察。

★ 10 月 27 日至 28 日，全国政协原副主席马培华一行 3 人，来江西抚州出席第二届中医药文化大会开幕式。

★ 11 月 7 日至 8 日，全国政协原副主席、民建中央原第一副主席马培华一行 4 人，来江西南昌出席“南昌工程学院建校 60 周年发展大会暨首届水利人才与教育论坛”开幕式。

2019 年

★ 1 月 23 日至 25 日，全国政协副主席、交通运输部党组书记杨传堂率全国政协农业和农村委员会“推进‘四好农村路’建设”调研组一行 18 人，来江西赣州市安远县考察调研，在南昌召开调研座谈会并到省交通运输厅考察调研。

★ 2 月 12 日至 16 日，全国政协副主席、民革中央常务副主席郑建邦率民革中央调研组一行 10 人，来江西就加强民革自身建设工作进行调研，并在吉安、南昌、景德镇考察。

★ 3 月 25 日至 27 日，全国政协副主席、工商联主席高云龙一行 9 人，来江西南昌、井冈山考察调研。

★ 4 月 28 日至 29 日，全国政协副主席、九三学社中央常务副主席邵鸿一行 3 人，来江西九江出席“纪念五四运动 100 周年暨许德珩生平事迹研讨会开幕式”，并在九江调研。

★ 5 月 9 日至 13 日，全国政协副主席、农工党中央常务副主席何维率全国政协调研组一行 19 人，来江西南昌、抚州、九江等地就“加快国家生态文明试验区建设”开展专项调研。

★ 5 月 23 日至 27 日，全国政协原副主席黄孟复一行 4 人，来江西出席“大成企业首脑沙龙”系列活动，并在南昌、鹰潭考察。

★ 6 月 3 日至 4 日，全国政协副主席、民革中央常务副主席郑建邦一行 3 人，来江西南昌出席“黄埔论坛”。

★ 6 月 12 日至 13 日，全国政协副主席何维一行 3 人，来江西南昌出席“第十四届生态健康论坛”。

★ 6 月 21 日至 22 日，全国政协副主席、九三学社中央常务副主席邵鸿一行 3 人，来江西井冈山干部学院为中央统战部举办的各民主党派中青年骨干培训班授课。

★ 7 月 3 日，全国政协副主席梁振英一行 13 人，在南昌调研。

★ 7 月 12 日至 14 日，全国政协副主席何厚铧一行 11 人，来江西南昌、庐山西海调研。

★ 8 月 15 日至 16 日，全国政协副主席、民革中央常务副主席郑建邦一行 3 人，来江西南昌调研民革地方组织工作建设情况。

★ 9 月 9 日至 10 日，中共中央政治局常委、全国政协主席汪洋一行 22 人，来江西抚州调研宗教工作，在南昌召开宗教工作座谈会，并前往省政协机关、省委统战部机关看望干部职工。

★ 10 月 17 日至 21 日，全国政协副主席李斌一行 5 人，来江西景德镇、抚州市等地出席“2019 中国景德镇国际陶瓷博览会”开幕式和“2019 汤显祖戏剧节”开幕式。

★ 10 月 24 日至 25 日，全国政协原副主席李金华一行 3 人，来江西出席“首届健康医疗大数据论坛”启动仪式，并在南昌调研考察。

★ 11 月 8 日至 10 日，全国政协副主席刘奇葆率全国政协文化文史和学习委员会委员、部分专家学者及有关部委同志一行 20 人，来江西赣州、南昌市就“加强长征文物保护和红色旅游线路建设”开展视察活动。

★ 12 月 17 日至 19 日，全国政协副主席、工商联主席高云龙一行 7 人，来江西南昌出席全国工商联十二届三次执委会议暨全国知名民营企业助推江西高质量跨越式发展大会。

★ 12 月 21 日至 25 日，全国政协原副主席李蒙一行 4 人，来江西宜春出席国民传奇产业园开园仪式，并在南昌、宜春等地考察。

2020年

★ 1月23日至28日，全国政协副主席、九三学社中央常务副主席邵鸿一行25人，来江西南昌等地调研。

★ 1月23日至29日，全国政协副主席汪永清一行25人，来江西鹰潭调研。

★ 7月7日至8日，全国政协副主席、交通运输部党组书记杨传堂一行6人，来江西赣州市安远县调研巩固脱贫攻坚成果工作情况，并检查“两通”和“四好农村路”建设等情况。

★ 9月23日至24日，全国政协副主席、台盟中央主席苏辉一行3人，来江西吉安出席第十七届赣台（吉安）经贸文化合作交流大会开幕式及重点项目签约仪式，并在南昌、井冈山等地调研。

★ 9月27日至28日，全国政协原副主席马培华一行4人，来江西南昌出席“2020中国国际区块链技术与应用大会”有关活动，并在南昌市参观考察。

★ 10月1日至7日，全国政协副主席、国家发改委主任何立峰一行10人，来江西赣州、井冈山、南昌调研。

★ 10月12日至16日，全国政协副主席、九三学社中央常务副主席邵鸿一行22人，来江西南昌就“推动民办高等教育健康发展”进行调研，并对九三学社江西省委工作进行督导检查。

★ 10月17日至23日，全国政协副主席、民进中央常务副主席刘新成一行3人，来江西参加中国景德镇国际陶瓷博览会和调研主题教育活动基层联系点，并在景德镇、吉安、南昌、萍乡调研考察。

★ 11月2日至4日，全国政协原副主席刘晓峰一行3人，来江西抚州参加“2020中国（抚州）国际美发美容节”开幕式，并在抚州、新余调研考察。

★ 11月23日至24日，全国政协副主席、致公党中央主席万钢一行5人，来江西南昌出席全国暨地方政协教科卫体委员会工作座谈会并调研。

★ 12月1日至4日，全国政协副主席卢展工率18名全国政协京昆室委员，来江西上饶、抚州、南昌市就“戏曲创作和演出要坚持与时代同步伐、以人民为中心”进行专题考察。

★ 12月21日至23日，全国政协副主席、台盟中央主席苏辉一行4人，来江西赣州出席第二届中华孝老爱亲文化传承与创新大会开幕式，并在赣州、南昌调研。

2021年

★ 3月22日至25日，全国政协原副主席王家瑞一行10人，来江西出席由中国宋庆龄基金会在赣州于都主办的“健康中国行·重走长征路”活动启动仪式，并在南昌、于都、瑞金、婺源等地参观考察。

★ 4月15日至18日，全国政协副主席何维率领全国政协人口资源环境委员会副主任王培安等一行23人，来江西南昌、九江市就“发展银发经济”专题开展调研。

★ 4月30日至5月6日，全国政协副主席、工商联主席高云龙一行4人，来江西上饶调研。

★ 5月12日至15日，全国政协副主席刘奇葆率领46名全国政协党外委员，来江西赣州、吉安市就“学习百年党史，增进‘四个认同’”开展专题视察。

★ 5月23日至27日，全国政协副主席、九三学社中央常务副主席邵鸿一行5人，来江西出席九三学社全国组织工作会议开幕式，并考察调研。

★ 6月4日至6日，全国政协原副主席李金华一行3人，来江西瑞金出席“学习中国共产党的历史”学术研讨会。

★ 6月7日至10日，全国政协副主席汪永清率全国政协社会和法制委员会调研组一行16人，来江西南昌、上饶市围绕“建立健全经常性社会心理服务疏导和预警干预机制”开展专题考察调研。

★ 6月24日至26日，全国政协副主席何维一行7人，来江西出席2021年中国国际生态竞争力峰会。

★ 9月15日至18日，全国政协副主席、民进中央常务副主席刘新成一行8人，来江西参加民进中央长江生态环境保护民主监督工作启动会并开展相关调研。

★ 10月12日至14日，全国政协副主席万钢一行15人，来江西出席致公党十五届十七次中常会及中国发展论坛并调研。

★ 10月17日至18日，全国政协副主席何维一行3人，来江西景德镇出席2021年中国景德镇国际陶瓷博览会并调研。

★ 12月6日至8日，全国政协原副主席刘晓峰一行3人，来江西调研城乡一体化建设。

★ 12月24日至25日，全国政协原副主席齐续春一行3人，来江西抚州出席“2021中国（抚州）国际美发美容节”开幕式。

★ 12月31日至2022年1月3日，全国政协副主席、九三学社中央常务副主席邵鸿一行3人，来江西南昌调研。

2022 年

★ 6 月 23 日至 26 日，全国政协副主席何维率全国政协人口资源环境委员会主任李伟等一行 18 人，来江西南昌、赣州市就“推动完善生态产品价值实现机制”开展专题调研。

全国政协领导对江西工作的讲话

一、汪洋主席

★ 2019 年 9 月 10 日，全国政协主席汪洋在江西主持召开宗教工作座谈会讲话强调：

做好宗教工作，既要立足当前解决宗教领域突出问题，更要着眼长远多做打基础、管根本、利长远的工作。要把宗教工作纳入各级党委重要议事日程，加强统筹协调，压实工作责任，确保宗教工作有人抓、有人做、能做好。要强化干部教育培训，使各级干部尤其是主要领导干部从全局高度认清宗教工作的重要性，掌握做好宗教工作的基本政策，建立制度化的工作方法，切实解决不愿管、不敢管、不会管等问题。要进一步加强党的基层组织建设，提高帮助群众解决实际困难的责任心和能力，大力宣传党的宗教工作方针政策，引导群众理性看待宗教、自觉抵制各种违规违法宗教活动。要认真落实宗教教职人员管理方面的政策法规，支持宗教界结合实际健全内部管理制度和规范，引导宗教人士端正教风、潜心修行。要充分发挥宗教院校在人才培养中的主渠道、主阵地作用，加强对年轻宗教人士的培养和现有教职人员的培训，积极为宗教人士发挥作用搭建平台、畅通渠道，造就一支政治上靠得住、宗教上有造诣、品德上能服众、关键时起作用的教职人员队伍。

二、万钢副主席

★ 2021 年 10 月 14 日，全国政协副主席、致公党中央主席万钢在“中国发展论坛 · 2021”上所作的“融入双循环 · 推动新发展”主旨讲话强调：

贯彻新发展理念，构建新发展格局，是以习近平同志为核心的中共中央根据我国新发展阶段的历史任务、环境条件作出的重大战略决策，是事关我国发展前途的重大谋划。建设内陆开放型经济试验区，是加快形成陆海内外联动、东西双向互济开放新格局的有效途径，是我国深化新一轮高水平开放的重要举措，必将为内陆地区更好贯彻新发展理念、实现高质量发展、融入新发展格局，探索新经验、新途径。一要把试验区打造成为双循环新发展格局的重要节点。江西要抓住机遇，坚持体制机制改革，坚持制度创新，坚持突出特色，主动融入双循环新发展格局。二要依靠创新驱动发展，凸显数字要素引领。加强对传统产业数字化转型的专项扶持，加大对工业互联网等数字经济重点领域支持，做强战略性新兴产业，打造创新创业的“新高地”，构建人才聚集的“新洼地”。三要凝聚低碳发展共识，释放动能转换潜力。把新旧动能转换作为推动高质量发展的“总抓手”，应用好碳汇技术，构建生态产品价值核算机制，促成生态价值的实现。四要推进设施互联互通，构建现代物流体系。加快综合运输通道和重要枢纽设施建设，形成铁路、公路、航空等多种运输方式高效衔接的现代交通物流体系。

三、刘晓峰副主席

★ 2017 年 4 月 11 日，全国政协副主席、农工党中央常务副主席刘晓峰在农工党江西革命活动史料陈列馆开馆仪式上的讲话强调：

在民主党派即将完成省级组织换届工作、中央即将开展换届工作之际，将农工党江西地方组织的革命活动史料汇集一堂，建成陈列馆，展示农工党先辈们走过的从爱国主义到新民主主义和社会主义的历史道路，展现农工党同志的爱国理想、政治信念和优良传统，对于教育引导广大农工党员在新的历史时期继承和发扬爱国革命优良传统，搞好政治交接，坚定中国特色社会主义道路自信、理论自信、制度自信、文化自信，坚持走中国特色社会主义政治发展道路，具有重要的现实意义。

江西是农工党开展组织活动较早和活动影响较大的地区之一，在筹备阶段就已经开始了组织活动。1930 年 8 月 9 日在上海召开的、标志着农工党正式成立的第一次全国干部会议上，就有江西籍的李世璋、肖炳章、王枕心等人参加并当选为中央干部会干事。农工党正式成立后不久，江西就成立了农工党的地方组织，并且在抗日战争时期、解放战争时期等不同时期都坚持开展爱国民主的活动。特别是在解放战争时期，农工党中央于 1948 年在香港召开扩大会议后，根据会议的决议，农工党为配合全国解放，加速解放战争胜利的进程，开始了在中共领导下的新的军事运动，江西的农工党组织取得了较好的成绩。在九江、德安等 20 余个县区组建了“江西民主自卫军”，共

8000 多人，其中有些纵队、支队在配合当地解放战斗中做出了较好的成绩。解放了修水、九江县城并移交给人民解放军；促成了德安、永修、进贤、丰城、南丰、余江、遂川等县的和平解放。农工党员于灿烈、沈德尊两位烈士，分别在全歼九江县国民党武装的战斗和同国民党反动派的英勇斗争中，壮烈牺牲，为新中国的成立献出了宝贵的生命。

2012 年 12 月，中共中央在致农工党十五大的贺词中说：“中国农工民主党具有光荣历史和优良传统。1930 年成立以来，一代又一代农工党中央领导人带领广大成员与中国共产党亲密合作、团结奋斗，经受了血与火的考验，走过了不断追求进步的光辉历程。”中共中央的高度评价，是对农工党爱国革命历史的充分肯定，也是对广大农工党员的巨大鼓舞。包括农工党江西组织在内的各级农工党组织，所开展的爱国革命活动，为贺词中所说的“经受了血与火的考验”提供了真实、具体的注脚。

今天，农工党前辈所追求的目标，在中国共产党的领导下已经实现。中国共产党带领全国各族人民，经过艰苦卓绝的斗争，推翻了“三座大山”，建立了新中国，中国特色社会主义取得了举世瞩目的辉煌成就，从根本上改变了中国人民和中华民族的前途命运，开创了中华民族伟大复兴的光明前景，中华儿女共享了祖国强大的荣耀与尊严。农工党已经发展成为中国特色社会主义参政党，成为中国多党合作事业的重要部分，正在国家现代化建设进程中发挥着重要的作用。新中国的发展之所以能够取得如此伟大的成就，说明中国的政治制度、中国共产党领导的多党合作制度，是适合中国国情，能够保障政治稳定、促进经济社会繁荣发展的好制度。作为中国特色社会主义参政党，农工党同志为能够在中国共产党领导的多党合作制度中发挥作用，感到非常自豪，对中国特色社会主义的光明前景充满信心。让我们紧密团结在以习近平同志为核心的中共中央周围，高举中国特色社会主义伟大旗帜，团结带领广大农工党员，继承和发扬优良传统，持续巩固同中国共产党团结合作的思想政治基础，努力为中国特色社会主义伟大事业做出新的更大贡献。

★ 2017 年 6 月 23 日，全国政协副主席、农工党中央常务副主席刘晓峰在中国农工民主党江西省第十二次代表大会开幕式上的讲话强调：

在农工党中央和中共江西省委的领导下，在省委统战部的指导下，农工党江西省委会团结带领全省各级组织和全体党员，坚定理想信念，努力加强自身建设、认真履职尽责、积极服务社会，各项工作取得丰硕成果。一是共同思想基础不断夯实。省委会扎实开展坚持和发展中国特色社会主义学习实践活动，领导班子坚持“讲政治、讲学习、讲团结、讲传承、讲发展、讲廉洁”，不断深化政治交接，特别是建设落成了农工党江西革命活动史料陈列馆，深化优良传统教育取得积极成果。二是参政履职大有作为。省委会坚持围绕中心、服务大局，就原中央苏区发展振兴、实体经济发展、供给侧改革、“一带一路”倡议、“十三五”规划等国家和江西经济社会发展重大问题，以及医卫改革、人口资源环境、养老、教育等民生改善问题，深入开展调研，积极建言献策，反映社情民意。形成的建议意见受到中共党委、政府的高度重视并被相关部门采纳。三是社会服务成效显著。省委会坚持不断创新社会服务工作形式，积极实施“健康江西、美丽江西、精准脱贫、爱心帮扶、文化引领”五大工程，开展“环境与健康宣传周”“国际科学与和平周”活动，参与推进“广昌示范区建设”等工作，产生了良好的社会反响。四是自身建设深入推进。省委会坚持推进参政党能力建设，以人才强党战略为引领，不断加强领导班子建设和党员干部队伍建设，大力推荐干部，完善组织结构，强化党内监督，提升机关服务水平，圆满顺利地完成市级组织和省直基层组织换届，为今后持续健康发展奠定了坚实基础。

中共十八大以来，以习近平同志为核心的中共中央从建设社会主义政治文明的高度，对坚定不移坚持和完善中国共产党领导的多党合作和政治协商制度，作出了深刻阐述和重大部署，进一步推动了多党合作的制度化、规范化、程序化，使多党合作在实践中不断发展，呈现出生机勃勃的新气象、新局面。这让我们深受鼓舞，也倍感使命光荣，责任重大。本次代表大会将选举产生新一届江西省委会和出席我党十六大的代表，明确今后五年的奋斗目标和主要任务。各位与会代表肩负着全省农工党党员的期望和重托，希望大家以高度的政治责任感和历史使命感，尊重各方协商一致达成的共识，郑重行使民主权利，共同把这次大会开成一次求真务实、开拓创新的大会，开成一次民主和谐、团结奋进的大会。

希望农工党江西省委会：

进一步坚定信念、凝聚力量。我党是具有爱国革命光荣传统的中国特色社会主义参政党，自 1930 年 8 月成立以来，一代又一代农工党人与中国共产党亲密合作、团结奋斗，经受了血与火的考验，走出了不断追求进步和国家富强的光辉历程。在新的历史时期，我们更要不忘合作初心，继续携手前进，深刻认识意识形态工作的极端重要性，切实增强政治意识、大局意识、核心意识、看齐意识，无论国际风云如何变幻，始终做到是非分明、立场坚定，自觉接受中国共产党的领导，坚定不移坚持和发展中国特色社会主义。

进一步锻炼本领、提升能力。省委会要在已有的组织基础上，更加注重高层次人才的发展，更加注重优秀中青年党员干部的培养推荐。教育培训，要贴近党员、贴近时代，用党员乐意听愿意信的方式开展工作，注重党员思想政治培训和提升“五种能力”培训。要创新方法开展基层组织活动，将参政议政、社会服务工作融入其中，增强党员的参与意识，增强组织的凝聚力。要以执政党为师，从严依规治党，加强内部监督。要进一步强化机关建设，为我党组织稳定高效运转提供重要保障。

进一步共谋发展、发挥作用。省委会要紧紧围绕江西发展大局，准确把握中共江西省委关于“建设富裕美丽幸福江西”的决策部署，结合自身优势，深入调查研究，既要协助谋划大局，又要助力细节完善，就一些重点问题、难点问题、共性问题提出具有较强针对性和可操作性的意见和建议，为中共江西省委、省政府决策提供参考。要深刻认识脱贫攻坚民主监督工作的重大意义，积极参与农工党中央对口云南省脱贫攻坚民主监督工作。要发挥人才智力优势和联系界别优势，整合资源，创新方式，拓宽渠道，打造社会服务品牌，助推江西经济社会发展，改善百姓民生福祉。

四、李斌副主席

★ 2018 年 7 月 19 日，全国政协副主席李斌在看望住赣全国政协委员时讲话强调：

十三届全国政协以来，在以习近平同志为核心的中共中央领导下，汪洋主席和主席会议带领全国政协，认真学习贯彻习近平新时代中国特色社会主义思想和中共十九大精神，以党的建设和思想政治建设为引领，以制度建设为保障，以提高工作质量为抓手，提出了系列新部署新举措新要求，各项工作实现良好开局。全年安排重要协商议政活动 21 项、视察考察调研活动 85 项。围绕提高工作质量，办公厅梳理了 7 个方面 24 项重点任务。近期，全国政协和地方各级政协正在深入开展习近平总书记关于加强和改进人民政协工作的重要思想学习研讨活动。全国政协党组成员分别带队召开 8 个片区座谈会，听取各地学习情况汇报。全国政协副主席分别到各地参加 31 个省（区、市）政协理论研讨会。全国政协系统正在掀起“理论大学习、思想大武装，工作质量大提升”的热潮，谱写新时代人民政协事业发展新篇章。

汪洋主席十分关心住各地的全国政协委员，多次指示要加强与大家的沟通联系。全国政协已经制定了加强委员联络的制度和工作办法，每月统计委员联络工作情况。目的是进一步激发委员履职热情，发挥委员主体作用。住赣全国政协委员有 26 名，分布在 19 个界别。其中，新任委员 16 人。大家处于重要工作岗位，一言一行在各界人士中都起着重要的示范引领作用。面对新时代新形势新任务新要求，最重要的是深入学习贯彻习近平总书记关于加强和改进人民政协工作的重要思想，积极开展学习研讨，主动履职尽责，严格遵规守矩，当好模范，做好表率。

一是做学习研讨的表率。主席会议已经正式建立集体学习制度，全国政协正在制定加强和改进人民政协学习工作的方案，计划从今年下半年开始，分批举办新任委员学习研讨班。要把学习摆到更加突出的位置，弘扬“革命理想高于天天”的井冈山精神，带头用科学理论武装头脑、指导实践、推动工作，不断加强自我学习、自我教育，切实发挥好思想引领作用。

二是做履职尽责的表率。十三届政协以来，汪洋主席对委员履职提出了新的要求，明确要求完成好“委员作业”。近期，全国政协制定了“政协常委提交年度履职报告工作办法”“委员履职档案工作实施方案”，“委员履职移动平台”也正在建设中。今年年底，大家有望通过手机 APP 开展远程协商、网络议政工作。希望各位委员按照懂政协、会协商、善议政要求，把参政议政作为自我教育、自我提高的的重要途径，增强履职尽责的责任感，提高建言资政的能力水平。

三是做遵规守矩的表率。全国政协委员不仅是荣誉，更是责任。要增强“四个意识”，坚决维护习近平总书记的核心地位，坚决维护中共中央权威和集中统一领导。要带头坚守原则、坚守规矩，恪守宪法法律，遵守政协章程，锤炼道德品行，厉行廉洁自律，正确处理个人职业活动与履职尽责的关系，切实树立、珍爱和维护自身良好形象，自觉做“守纪律、讲规矩、重品行”的表率。

江西这片红色的土地上，曾经播撒了中国革命和政权建设的燎原火种，曾经谱写了浓墨重彩的光辉篇章。在决胜全面建成小康社会、实现中华民族伟大复兴的新征程上，希望各位委员进一步弘扬伟大的井冈山精神和苏区精神，把履行委员职责与贯彻落实中共中央的决策结合起来，把服务江西发展同落实全国政协党组的部署结合起来，不辱使命，不负重托，交出一份成绩优异的“委员答卷”。

★ 2018 年 7 月 19 日，全国政协副主席李斌在江西省政协理论研讨会上的讲话强调：

经中共中央批准，全国政协将于今年 9 月在北京召开习近平总书记关于加强和改进人民政协工作的重要思想理论研讨会。为了开好这次研讨会，全国政协办公厅发出通知，要求各省区市政协认真组织好本地各级政协的学习研讨，并分别召开一次学习贯彻习近平总书记关于加强和改进人民政协工作的重要思想的理论研讨会。各省区市政协召开研讨会，既是加强自身思想理论建设的重要举措，也是为 9 月召开全国政协理论研讨会所做的必要准备。

江西省各级政协组织学习系统，研讨深入，主要体现在几个方面：一是领导重视。中共江西省委对全省政协系统开展学习研讨活动高度重视，省委常委会议听取省政协工作汇报，省委书记、省长刘奇同志就学习研讨提出明确要求。省政协把学习研讨活动作为当前首要政治任务，增科同志主抓学习研讨活动，第一时间研究落实省委意见，制定学习方案，全省各级政协组织迅速开展学习研讨活动。二是广泛发动。组织召开了省、市、县三级政协系统专题视频会议，学习领会习近平总书记关于加强和改进人民政协工作的重要思想，首次实施省、市、县三级政协委员和机关干部 2 万余人同步学习，省政协统一印发《习近平总书记关于加强和改进人民政协工作的重要思想专题摘编》2.6 万册，举办两期省政协委员培训班，要求全体委员撰写心得体会，有效拓宽了学习研讨的参与面。三是措施得力。省政协主席会议成员组成宣讲团，深入各地级市开展宣讲活动，参加地级市的理论研讨会，省政协还创办《学习》《分享》等刊物，推出“对话政协”等学习平台，在较短的时间就组织了 200 余篇论文。从会议交流发言情况来看，大家有思考、有体会、有感悟，能够结合工作学、带着问题学，展示了新时代江西省人民政协工作的风采。我们将把这次研讨会的成果带回去。这一次全国政协对各地的这次学习研讨活动，都高度重视。所有的政协副主席，全覆盖地到全国 31 个省市自治区，来参加当地的学习研讨交流会议。回去以后，我们还将把各地的情况，汇总写出情况报告，提交主席会议，为开好 9 月全国政协的理论研讨会提供参考。

下面，主要结合参加研讨会的体会，简要谈三点意见。

第一，充分认识围绕习近平总书记关于加强和改进人民政协工作的重要思想开展学习研讨活动的重要意义。中共十八大以来，以习近平同志为核心的中共中央高度重视人民政协事业，加强对人民政协的全面领导，出台一系列重大制度安排和务实举措。习近平总书记就人民政协工作发表一系列重要讲话，形成了关于加强和改进人民政协工作的重要思想，进一步科学回答了新时代人民政协的性质定位、职责任务、功能作用、工作重点、自身建设、领导力量等方向性、战略性、全局性问题，构成了习近平新时代中国特色社会主义思想的重要组成部分，是推进新时代人民政协事业发展的根本遵循和科学指南。做好新时代人民政协工作，最根本的是深入学习贯彻习近平新时代中国特色社会主义思想，重中之重是学习好、贯彻好、落实好习近平总书记关于加强和改进人民政协工作的重要思想。召开理论研讨会、开展学习研讨活动，是贯彻落实习近平新时代中国特色社会主义思想和中共十九大精神的重要举措，是确保人民政协事业沿着正确方向前进的必然要求，是全面提高政协工作质量的客观需要，根本目的是在全国政协系统兴起学习贯彻习近平总书记关于加强和改进人民政协工作的重要思想的热潮，以理论大学习、思想大武装促进工作质量大提升，切实把中共中央的决策部署和对政协工作的要求落实下去，把海内外中华儿女实现中华民族伟大复兴的智慧和力量凝聚起来，共同为实现中共十九大确定的目标任务而奋斗，不断谱写新时代人民政协事业发展新篇章。希望大家进一步提高思想认识和政治站位，充分认识开展习近平总书记关于加强和改进人民政协工作的重要思想学习研讨活动的重要意义，更加自觉主动地抓好抓实各项工作。

第二，前一阶段学习研讨活动取得明显成效。根据全国政协办公厅通知安排，这次全国政协系统学习研讨活动大致分为三个阶段，即集中系统学习阶段、认真查摆问题阶段和形成研讨成果阶段。前一段时间，江西全省各级政协组织高度重视并切实抓好学习研讨活动，取得了阶段性成果。从我们了解和大家交流的情况看，省、市、县三级政协普遍采取办班集中学习、专题辅导、集中研讨、主题宣讲等方式进行了深入学习研讨，江西省政协精心组织理论研讨会，还承办了福建、江西、广东、海南四省政协片区座谈会，将于明天上午召开。这个座谈会是四省的政协主席、四省的副省级城市的政协主席、地级市和县政协主席的代表来参加。全国分为八个片区，我们江西是这四省的片区座谈会的所在地，这也是全国政协对江西省政协系统学习研讨活动开展得卓有成效的一个肯定。大家在学习研讨过程中，着力理解掌握习近平总书记关于加强和改进人民政协工作的重要思想的基本内容和丰富内涵，同时紧密联系实际，切实明确今后努力方向和着力重点。总体上看，学习研讨活动扎实有效。我们这次省政协理论研讨会某种意义上说，既是深化学习研讨的一项重要活动安排，也是学习研讨成果的一次全面集中展示，充分证明了前段时间的工作是富有成效的。

第三，进一步把学习研讨活动引向深入。总的看，当前我们江西省政协的学习研讨活动正处在深入查摆问题和即将转入研究形成综合研讨成果的阶段。希望你们按照全国政协统一部署，继续落实好工作方案，在前一阶段基础上，切实抓好接下来的学习研讨活动。一是进一步全面深入持久地开展学习研讨活动。整个学习研讨活动是政协思想政治建设的一项基础性工作，召开理论研讨会是一个载体、一个抓手，而绝不是学习研讨活动的全部。因此，要以这次理论研讨会为起点，继续全面深入持久地开展理论学习活动，持续在学懂弄通做实上下功夫，把学习研讨贯穿于政协工作的全过程和各方面，实现实践深入一分、理论武装跟进一步与学习深入一分、工作推进一步的良性互动。二是进一步以习近平总书记关于加强和改进人民政协工作的重要思想为标杆，对标对表深入查找思想上、行动上、工作上存在的不足和差距，着力找准、理清、摸透问题，并深刻剖析存在问题的原因，针对查摆出来的问题，建立问题清单、责任清单、整改清单，逐条研究对策，逐项推动解决。三是在查摆问题、制定整改措施的基础上，研究制定具体落实办法，把习近平总书记关于加强和改进人民政协工作的重要思想落细落实落具体，努力把学习成果进一步转化为切实可行的制度安排，科学谋划工作思路举措，推动新时代人民政协事业发展。四是认真梳理总结学习研讨成果，研究形成高质量的学习情况报告，报送全国政协办公厅。要在这次学习研讨基础上，进一步深入发动，进一步优中选优，组织撰写高质量的论文，提交9月召开的全国政协理论研讨会。全国政协文化文史和学习委员会办公室负责这次大会发言组织工作，有关论文稿件的具体要求，可以与他们联系。五是省政协要进一步加强组织领导，压实工作责任，坚持领导带头，强化督促指导，确保整个学习研讨活动取得思想认识成果、工作实践成果、制度机制成果，切实把习近平总书记“加强和改进”的要求落到实处，推动新时代政协工作不断提质增效、创新发展。

★ 2018年7月20日，全国政协副主席李斌在闽赣粤琼政协片区座谈会上的讲话强调：

闽赣粤琼四省的省、市、县三级政协主要领导同志，再加上我和晓冰代表全国政协，四级政协领导同志一起参加片区座谈会，这在政协系统还是第一次。今天的会议开得很好，四省政协主席等15位同志作了交流发言。大家紧紧围绕学习贯彻习近平总书记关于加强和改进人民政协工作的重要思想，谈学习、谈工作、谈认识、谈体会，既有学习情况的总体汇报，也有重点亮点的梳理概括；既有前一阶段的总结，也有未来工作的谋划部署；既有对存在问题的深入分析，也有加强和改进的务实举措；既有理论上的深入思考，也有实践上的积极探索。从大家发言可以看出，4个省政协，包括副省级市政协、地级市政协、县级政协的学习研讨是扎实深入、富有成效的。下面，结合大家发言，我讲三点意见。

第一，充分肯定成绩，前一阶段学习研讨活动扎实推进并取得重要阶段性成果。这次全国政协系统学习研讨活动大致分为三个阶段，即集中系统学习阶段、认真查摆问题阶段和形成研讨成果阶段。前段时间，4个省的各级政协组织，坚持把学习研讨活动作为一项重大政治任务来抓，有力有序有效组织推进，兴起了学习贯彻习近平总书记关于加强和改进人民政协工作的重要思想的热潮。从大家交流的情况看，我有这么几个突出印象：一是领导高度重视。4个省的三级政协对学习研讨活动十分重视，4个省的省委都听取了政协专题汇报，省委主要负责同志也对这次学习研讨活动提出了明确要求。省级政协切实加强统一领导，成立专门工作班子，精心制定方案，科学部署安排，落实领导带头。省级政协的领导同志，都分别深入到市县，参加理论研讨，强化指导和监督检查，为开展好学习研讨活动提供了有力保证。二是学习务实深入。各地采取集中学习、专题辅导、集中研讨、主题宣讲等方式，对习近平总书记关于加强和改进人民政协工作的重要思想进行原原本本、集中系统地学习，坚持一个专题一个专题地深入研读、一个重要观点一个重要观点地逐一理解，并注意从整体上把握各个专题之间、各个重要观点之间的逻辑关系，做到融会贯通、吃透精神实质，切实提高了理论学习的深度和实效。三是坚持问题导向。在学习研讨的过程中，注重理论联系实际，坚持把政协工作摆进去，通过自身找、听取其他同志各个方面的意见、多方研讨等方式，认真对标对表习近平总书记关于加强和改进人民政协工作的重要思想，深入查找存在的突出问题，切实明确今后的努力方向和着力重点。四是广泛动员参与。注重充分调动政协各参加单位、广大政协委员及相关专家学者的积极性，注意加强同有关高校、党校、干部学院、社会主义学院、新闻媒体等方面的联系合作，深入开展习近平总书记关于加强和改进人民政协工作的重要思想的学习、培训、研究和宣传工作，营造了学习研讨习近平总书记关于加强和改进人民政协工作的重要思想的浓厚氛围与良好局面。所以听了大家的交流，我感到 4 个省的各级政协确确实实掀起了学习研讨的热潮，都在真学、实学以及深入地思考研究，特别是在学习过程中，都能密切联系各自实际，切实推动各自工作，取得了实实在在的成果。

第二，提高政治站位，充分认识学习贯彻习近平总书记关于加强和改进人民政协工作的重要思想是一项长期任务。学习是人民政协加强思想政治建设的一项长期性基础工作。汪洋主席在全国政协主席会议第一次集体学习时强调，新时代人民政协要把学习摆到更加突出的位置。做好新时代人民政协工作，抓好政协学习工作，最根本的是深入学习贯彻习近平新时代中国特色社会主义思想，重中之重是学习好、贯彻好、落实好习近平总书记关于加强和改进人民政协工作的重要思想。一是确保党对人民政协全面领导落到实处的重要举措。坚持中国共产党的领导是人民政协最根本的政治原则。坚持党的领导，是具体的、现实的，必须充分落实到坚决维护习近平总书记的核心地位，坚决维护中共中央权威和集中统一领导，不折不扣贯彻中共中央决策部署和对政协工作的要求等方面上。深入学习贯彻习近平总书记关于加强和改进人民政协工作的重要思想，有利于推进以习近平同志为核心的中共中央关于人民政协工作部署要求的落实落地，推进党对人民政协领导的实化细化具体化，确保人民政协一切重要工作在党的领导下开展、一切重要活动围绕党和国家中心任务进行、一切重要安排在广泛征求意见基础上报党委批准后实施，确保人民政协事业始终沿着正确方向发展。二是巩固人民政协团结奋斗共同思想政治基础的客观需要。共同的思想政治基础是参加人民政协各党派团体、各族各界人士同心同德、携手奋进的基石，也是做好人民政协工作、更好发挥人民政协作用的前提。深入学习贯彻习近平总书记关于加强和改进人民政协工作的重要思想，有利于强化科学理论武装和思想政治引领，增进政协各参加单位、各级组织和广大委员对以习近平同志为核心的中共中央重大决策部署的准确认识和了解，增进对新时代人民政协性质定位、目标任务和努力方向的深刻理解和把握，增进对中国共产党和中国特色社会主义的政治认同、思想认同、理论认同、情感认同，进一步凝聚共识、深化认识、提高站位、统一思想，进而夯实和巩固人民政协团结奋斗的共同思想政治基础。三是开创新时代人民政协事业发展新局面的必然要求。当前，中国特色社会主义进入了新时代，我国社会主要矛盾发生了新变化，党和国家事业发展面临着新的形势和任务，对人民政协工作提出了新的更高要求。习近平总书记关于加强和改进人民政协工作的重要思想，进一步科学回答了新时代人民政协的性质定位、职责任务、功能作用、工作重点、自身建设、领导力量等方向性、战略性、全局性问题，构成了习近平新时代中国特色社会主义思想的重要组成部分，是推进新时代人民政协事业发展的根本遵循和科学指南。深入学习贯彻习近平总书记关于加强和改进人民政协工作的重要思想，有利于人民政协主动适应新时代，对标对表新要求，强化问题导向，集中聚焦发力，不断开拓创新，全面提质增效，展现新气象、实现新作为。要全面深入经常地学习习近平总书记关于加强和改进人民政协工作的重要思想，持续在学懂弄通做实上下功夫，把学习研讨贯穿于政协工作的全过程和各方面，实现实践深入一分、理论武装跟进一步与学习深入一分、工作推进一步的良性互动。

第三，聚焦加强改进，切实抓好下一阶段学习研讨活动。习近平总书记关于加强和改进人民政协工作的重要思想，“加强和改进”这几个字，是中共中央批准召开理论研讨会时明确提出来的。习近平总书记要求加强，针对的是薄弱环节；要求改进，针对的是不足之处。抓好学习研讨活动、做好新时代人民政协工作，必须着力在落实习近平总书记“加强和改进”的重要要求上下功夫。目前各地政协学习研讨活动正处在深入查摆问题和即将转入研究形成综合研讨成果的阶段，希望大家按照全国政协统一部署，在前一阶段基础上，继续落实好工作方案，聚焦加强改进，不断把学习研讨活动引向深入。一是进一步深入查摆问题、认真整改落实。要以习近平总书记关于加强和改进人民政协工作的重要思想为标杆，对标对表深入查找思想上、行动上、工作上存在的不足和差距，着力摸清找准问题，深刻剖析存在问题的原因，并针对查摆出来的问题，建立问题清单、责任清单、整改清单，逐条研究对策，逐项推动解决。各地政协要结合本地实际，理清楚哪些方面需要进一步加强，找准哪些问题需要进一步改进。要在查摆问题、制定整改措施基础上，认真研究制定落实习近平总书记关于加强和改进人民政协工作的重要思想的具体办法和具体措施，科学谋划工作思路举措，努力把学习成果转化为工作实际成效。二是进一步形成高质量学习研讨综合成果。要认真梳理总结学习研讨活动的宝贵经验和各类成果，研究形成高质量的学习情况报告，报送全国政协办公厅汇总。要撰写高质量研究论文，提交 9 月的全国政协理论研讨会。三是加强对人民政协重大理论和实践问题的研究。要适应新时代新要求，紧密结合人民政协实际，着眼切实加强和改进工作，注重从理论和实践的结合上，深入研究和解答一些重大课题，努力为政协工作创新发展提供科学理论支撑。比如，如何进一步加强对政协委员思想政治引领，拓宽学习教育方法途径，推动协商议政与学习教育双向融合，把学习教育同视察考察、专题调查和各类协商活动有机统一起来，引导参加政协各党派团体和各族各界人士增强“四个意识”、坚定“四个自信”，不断夯实团结奋斗共同思想政治基础；比如，如何进一步加强政协调查研究工作，从选题、形式、队伍、成果转化等方面切实改进，力戒浮于表面、深入实际不够等形式主义问题，着力增强调研质量和实效。比如，如何进一步提高议政质量，切实将其作为今后长期努力的方向，探索提高议政质量的模式、方法，建立评价标准和评价方法，更好找准位置、扬长避短，把握议政内在规律。比如，如何进一步拓展政协协商民主平台，完善专题议政性常委会议、专题协商会等已有形式，加强和改进对口协商，探索远程协商、网络议政，推进人民政协协商民主实践，为各界人士协商建言搭建更为便捷的平台；比如，如何进一步畅通团结联谊渠道，探索经常有效载体，特别是如何进一步发挥好党员委员作用、深入细致做好统战工作，发挥政协委员优势、用统战人讲统战事，更好正面引领、凝心聚力，努力把更多的人团结在党的周围；比如，如何进一步加强履职能力建设，促进党派合作，突出界别特色，强化委员联络、服务和管理，加强专门委员会建设，提高机关服务水平，全面增强履职本领、提升履职能力；比如，如何进一步加强政协党的建设，紧密结合各地实际贯彻落实好全国政协系统党的建设工作座谈会精神，完善政协党的领导体制，更好发挥政协党组、机关党组、专委会分党组、机关党委、党支部、党小组等作用，确保党的集中统一领导在政协落到实处；等等。

五、何维副主席

★ 2018 年 4 月 7 日，全国政协副主席、农工党中央常务副主席何维在“长江大保护与可持续发展”专题调研座谈会上的讲话强调：

要进一步提高对习近平总书记关于长江经济带“共抓大保护，不搞大开发”重要要求的认识，深入贯彻五大发展理念，坚持生态优先和绿色发展，加强生态保护与污染防治，全力打好长江保护修复重大战役；要以创新发展为指引，以高质量发展为导向，强化管理部门协同，积极打造中国经济的新支撑带；要聚焦重点任务，强化制度创新，统筹考虑经济社会发展和水资源水环境承载能力，强化长江水资源水环境保护和合理利用，大力实施创新驱动和产业转型升级，推进生态环境治理与战略性新兴产业深度融合。

★ 2019 年 5 月 10 日，全国政协副主席、农工党中央常务副主席何维在视察农工党江西省委会机关的座谈会上的讲话强调：

农工党江西省委会要全面贯彻落实农工党中央提出的“政治建党、履职兴党、人才强党、作风固党”四大战略，加强思想政治引领，广泛凝聚政治共识，团结引导全省农工党党员和所联系群众增进对中国共产党和中国特色社会主义的政治认同，不断夯实多党合作的共同思想政治基础。要加强机关建设，特别是制度建设，以执政党为师，以农工党党章为基础，以法律为准绳，以农工党中央出台的制度为参考，全面提升省委会党务工作、机关工作的制度化、科学化、规范化水平，为农工党事业发展提供有力的制度保障和服务保障。

★ 2019 年 6 月 12 日，全国政协副主席、农工党中央常务副主席何维在江西省“坚持生态优先、推进绿色发展”研讨会上的讲话强调：

要深入学习领会习近平总书记在全国生态环境保护大会上提出的六项原则，深刻领会“坚持生态优先、推进绿色发展”的重大意义，在站位上有更高的要求；要深刻把握“坚持生态优先、推进绿色发展”的辩证关系，在路径上有更准的定位，贯彻新发展理念，统筹好经济发展和生态环境保护建设的关系，努力探索出一条以生态优先、绿色发展为导向的高质量发展新路子；要大力提升江西省“坚持生态优先、推进绿色发展”水平，注重经济发展与生态涵养的内在统一，进一步加强江西生态环境保护，改善生态环境质量，增强发展动能，弘扬生态文化，实现绿色生态与高质量发展的充分融合，促进绿色发展与成果共享的高度结合，进一步筑牢生态优先、绿色发展的理念，让绿色成为生态文明最鲜明的特色，成为新时代发展最厚重的底色。

★ 2019 年 6 月 13 日，全国政协副主席、农工党中央常务副主席何维在第十四届中国生态健康论坛开幕式上的讲话强调：

中共十八大以来，以习近平同志为核心的中共中央推动生态环境保护发生历史性、转折性、全局性变化，形成了习近平生态文明思想，成为习近平新时代中国特色社会主义思想的重要组成部分。我们要认真领会贯彻习近平生态文明思想，加强生态文明建设，坚持绿色发展，改变传统的“大量生产、大量消耗、大量排放”的生产模式和消费模式，使资源、生产、消费等要素相匹配相适应。要加快发展绿色生态产业，改造提升传统产业，努力构建环境友好型的绿色生态产业体系，以绿色产业助力高质量发展；要加快建立生态产业化的法律制度和政策导向，建立健全绿色低碳循环发展的经济体系；要加快构建绿色技术创新体系，发展绿色金融，壮大节能环保产业、清洁生产产业、清洁能源产业；要加快推进能源生产和消费革命，构建清洁低碳、安全高效的能源体系；要加快推进资源全面节约和循环利用，降低能耗、物耗，实现生产系统和生活系统循环链接，探索以生态优先、绿色发展为导向的高质量发展新路。

★ 2020 年 11 月 14 日，全国政协副主席、农工党中央常务副主席何维在第三届人口发展战略研讨会上的讲话强调：

中共十九届五中全会着眼新发展阶段、贯彻新发展理念、谋划新发展格局，承接中共十九大提出的“加强人口战略研究”工作部署，对促进人口长期均衡发展作出全面安排，充分体现了以习近平同志为核心的中共中央战略谋划的系统性、科学性、连续性。要深入学习贯彻中共十九届五中全会精神，准确把握实施积极应对人口老龄化国家战略的重要意义与推进路径，深刻领会全面落实关于坚持男女平等基本国策、促进人的全面发展系列战略部署的实质要求，为全面落实规划《建议》关于促进人口长期均衡发展的系列战略部署凝聚共识、凝聚智慧、凝聚力量，重点围绕农村养老服务体系建设、女性发展与女性社会贡献两个主题，深入研讨交流、提出真知灼见、形成资政建议，努力为下一步编制国家规划纲要和有关专项规划献计献策。

★ 2021 年 4 月 15 日，全国政协副主席、农工党中央常务副主席何维在江西调研学习贯彻《中央统战工作条例》、开展中共党史学习教育及组织建设情况时强调：

农工党江西省委会领导班子成员和代表人士作为省委会参政履职的中坚力量，要把讲政治放在各项工作的首位，充分发挥头雁作用，努力在践行新型政党制度中做表率、当示范。要以抓好领导班子、代表人士队伍这两个“关键少数”为重点，持之以恒加强思想政治建设、组织建设、履职能力建设、作风建设和制度建设，以关键少数带动绝大多数，用进步性的高质量来带动和汇聚广大党员的智慧与力量，立足新发展阶段，贯彻新发展理念，构建新发展格局，把中共中央的决策贯彻落实好，把中共江西省委和农工党中央的工作部署要求贯彻落实好。

要深刻认识修订《中国共产党统一战线工作条例》的重大意义，以高度的政治责任感使命感，抓好条例的学习宣传和贯彻落实。要深入学习贯彻习近平总书记关于中共党史学习教育的重要讲话精神，深刻把握学习教育的目标要求，做到学史明理、学史增信、学史崇德、学史力行。

★ 2022年6月23日，全国政协副主席、农工党中央常务副主席何维在中国农工民主党江西省第十三次代表大会开幕式上的讲话强调：

自2017年换届以来，农工党江西省第十二届委员会团结带领全省各级组织和广大农工党党员，坚持以习近平新时代中国特色社会主义思想为指导，深入贯彻中共十九大和十九届历次全会精神，全面落实中共江西省委工作部署，以昂扬的精神状态和扎实的工作作风，协同推进参政履职和自身建设，各项工作取得突出成绩，值得充分肯定。五年来，省委会突出思想政治引领，持续深入开展系列主题教育活动，强化政治理论学习，创新推进思想宣传，扎实开展理论和党史研究，多次荣获农工党中央和江西省政协、省委统战部的表彰奖励，共同思想政治基础更加坚实。五年来，省委会扎实履职尽责，围绕江西“十四五”规划纲要编制和实施、中医药产业高质量发展、生态环境综合整治、数字经济健康发展、推进材料强国战略、VR产业和航空产业布局等重大问题深入调研、积极建言，产出一系列高质量履职成果，有效助力江西经济社会发展。五年来，省委会切实加强自身建设，着力强化领导班子、代表人士队伍建设，创新开展“主委接待日”、赣沪党务合作，持续优化党员队伍结构，“农工党党员之家”实现设区市全覆盖，党内监督纵深推进，率先实现市级监督委员会全覆盖，制度体系更加健全，展现了新时代参政党建设良好风貌。五年来，省委会致力服务发展大局，主动谋大事、议大事、办大事，聚力脱贫攻坚、助力乡村振兴，成功承办第十四届中国生态健康论坛、第三届人口发展战略研讨会，积极投身疫情防控，协调引进投资50多亿元重大招商项目，为增进民生福祉奋发作为。

希望同志们继续做好以下三方面工作：

一是强引领、讲传承，深化政治交接。换届不仅是人事更替，更重要的是政治交接。要深入开展“矢志不渝跟党走、携手奋进新时代”政治交接主题教育，加强政治引领，强化理论武装，坚守合作初心、弘扬优良传统，团结引领广大农工党党员深刻领悟“两个确立”的决定性意义，增强“四个意识”、坚定“四个自信”、做到“两个维护”，始终坚持中国共产的领导，始终保持同心同德、团结奋斗的政治本色，始终同中国共产党想在一起、站在一起、干在一起。

二是谋大事、顾大局，强化履职作为。参政履职是参政党的职责使命。要胸怀“两个大局”，牢记“国之大者”，对标习近平总书记对江西重要讲话重要指示精神，聚焦中共江西省委工作重点任务，围绕全面推进“六个江西”建设战略目标，系统科学谋划未来五年工作。要充分发挥界别特色与优势，在助推健康江西、美丽江西建设和人口均衡发展上深耕细作，再开新篇；要深化社会服务，在品牌建设、项目拓展和民生福祉上积极作为，再取新绩，为全面建设社会主义现代化国家江西篇章作出农工党新贡献。

三是讲守正、重创新，推进自身建设。加强自身建设是参政党一项长期任务。要认真落实“四新”“三好”要求，深入实施政治建党、人才强党、履职兴党、作风固党、制度治党“五大战略”，扎实推进自身建设迈出新步伐、取得新进展。要加强组织建设，发挥好领导班子成员、代表人士等重点群体带头示范作用。要深化作风建设和制度建设，加强内部监督，依规从严治党，为农工党事业发展提供坚实保障。

六、邵鸿副主席

★ 2021 年 5 月 25 日，全国政协副主席、九三学社中央常务副主席邵鸿在全国青年健康江西论坛开幕式上的讲话强调：

中国的未来属于青年，中华民族的未来属于青年。青年一代的理想信念、精神状态、综合素质，是一个国家发展活力的重要体现，也是一个国家核心竞争力的重要因素。青年兴则国家兴，青年强则国家强。因此，青年健康问题的重要性怎样估计都不过分，没有青年健康，就没有健康中国、平安中国和创新中国，就不可能有中华民族的伟大复兴。党和国家始终把青年健康发展放在重要位置。改革开放以来，在中国共产党的领导下，中国创造了经济社会长期持续发展的奇迹，同时党和政府出台了一系列相关政策法规举措，有效推动了中国青年健康成长，青年群体的生活水平和幸福指数显著提升。党的十八大以来，党中央国务院提出健康中国战略，发布实施《中长期青年发展规划（2016—2025 年）》等重要文件，明确将促进青年更好成长、更快发展作为国家基础性、战略性工程并做出顶层设计和具体部署，中国青年健康工作出现了新的良好局面。但也要看到，我国青年健康仍然有着不可忽视的问题。青年部分身体素质指标如视力、肥胖率、体能等水平不高，青年心理健康问题日益凸显，城乡和不同群体之间青年健康状况差异明显。如果不能改变这些状况，必然影响我国建设社会主义现代化强国和实现伟大复兴的进程。

从全世界看，青少年健康问题是包括发达国家在内的世界各国面临的普遍挑战。因此近年联合国发布了《妇女、儿童和青少年健康全球战略（2016—2030）》，世界卫生组织也制定了《全球加快青少年健康行动》。全球现代化进程中的急剧变迁，资本主义经济的内在矛盾和社会张力，家庭和人际关系纽带的松弛解组，现代科技导致人类生活方式的巨大改变、人类自然生存环境的破坏恶化、发展中国家治理失败以及贫困不发展普遍持续等等，都是国际青年健康问题的重要根源。在中国，青年健康领域既面临着具有国际普遍性问题，也有诸多自身特殊问题：在历史文化层面，中国在短短几十年中走过了发达国家几百年的发展历程。快速富裕起来的中国人提高科学素质，正确认识和实施健康管理还需要时间。国人望子成龙、特重教育、家长支配等传统，对青少年健康存在消极影响，并且长期的计划生育政策使之进一步加剧。在制度层面，我国城乡二元结构尚未完全破除、社会分配制度有待完善、共享发展的社会主义制度体系仍需努力构建，而这种制度体系是解决青年健康问题的必要条件。一些制度存在弊端，特别是应试教育制度及其导致日益激烈的教育竞争，对于青少年健康影响极为负面，几乎成为消解所有发展素质教育和体育教育努力的黑洞。在政策层面，虽然有关政策供给相当富集，但也存在着比较原则、执行标准模糊和政策矛盾现象，有关立法相对滞后，政策法律效力和权威性不足，形成落实短板。在工作层面，相关部门和主体的工作联动衔接，青年体育、卫生等教育、服务仍显不足，心理健康工作亟需增强。

因此，解决好当代青年健康问题，既要应对破解人类社会现代化进程中共同面临的巨大难题，也要克服解决我国内在的深层次矛盾，绝非易事。但我们必须战胜这一巨大挑战。这将是中华民族的伟大跨越，也将是中国对人类文明和命运共同体的伟大贡献。解决上述问题，实现青年健康工作的高质量发展，需要从多方面共同努力。

第一，坚定信念，坚持中国共产党的领导和中国特色社会主义，是青年健康工作的根本。在中国，只有中国共产党的坚强领导和中国特色社会主义道路，才能真正做到以人民为中心，有效克服资本支配和社会根本矛盾，实现长期稳定、共同富裕和社会可持续发展，从而为青年生存发展和身心健康奠定最重要的制度基础和保障。因此坚持党对青年工作的领导，努力构建和完善共享发展的社会主义制度体系，切实增进青年“四个自信”并积极践行社会主义核心价值观，是青年健康工作的基本前提和首要内容。

第二，标本兼治，着力解决若干重大问题是青年健康工作的关键。必须树立健康第一的指导思想，切实加强学校体育工作，大力开展青年体育活动，多渠道开展和优化青年健康教育和服务，特别是加大心理健康服务供给。加强青年健康管理举措及力度，完善全国性健康监测体系，坚决防止青年健康状况下滑。更要从制度层面攻坚克难。2025 年要完善具有中国特色的青年发展政策体系和工作机制，是《中长期青年发展规划》的要求。要下决心研究解决应试教育支配和学生负担过重问题，尽快放开计划生育限制。健全法律法规，完善相关政策。当前尤其要进一步明确各级政府部门和组织关于青年健康政策的执行标准及责任划分，完善政策执行的保障措施和激励办法，如将政策执行和落实情况纳入各级政府考核指标体系，将青年学生健康状况纳入各级学校及学生本人评价指标体系，据此进行考核并实施问责或奖励，使青年学生的体质、心理健康成为政府、学校及青年学生共同的利益目标，提高各主体执行青年健康政策的主动性和积极性，为青年健康创造良好制度环境。

第三，形成合力，加强政策落实统筹力度和多主体协同合作是青年健康工作的保障。解决当代青年健康问题，需要各级党委政府进一步重视，需要全社会提高认识，需要相关部门和各有关单位和亿万家庭密切配合，也需要广大青年的积极参与和自律修为。必须更加注重不同主体间的协调统一，努力建立多部门联动机制，构建政府、社区组织、学校和家庭等多元主体共同参与的协同治理模式，将青年发展、健康教育、体育锻炼、卫生保健、心理咨询、营养膳食等工作结合起来，调动充分的政策资源和各方面的积极性，统筹解决各类问题，强化监督效能，保障青年健康政策落实，促进青年健康水平不断提升。

七、高云龙副主席

★ 2019 年 12 月 18 日，全国政协副主席、全国工商联主席高云龙在知名民营企业助推江西高质量跨越式发展大会上的致辞：

冬季鄱阳湖，每年有来自全球 60 多万只珍稀候鸟到此过冬，等待春天。今天，我们齐聚鄱阳湖畔南昌，参加知名民营企业助推江西高质量跨越式发展大会，共寻民营企业高质量发展的春天。在此，我谨代表全国工商联，对会议的召开表示热烈祝贺！

去年 7 月，江西省委十四届六次全会着眼从更高层次贯彻落实习近平总书记对江西工作的重要要求，确立了高质量跨越式发展首要战略，这是江西顺应新时代新要求的主动作为，也是破解经济发展深层次矛盾的客观必然。一年多来，江西省委、省政府团结带领全省人民转方式、调结构、促升级，加快建设具有江西特色的现代化产业体系，实现了主要经济指标增幅多年保持全国“第一方阵”，成为全国最具发展活力和投资潜力的省份之一。特别是，江西要实现高质量跨越式发展，必将为民营企业提供更宽广的舞台。各位企业家朋友有敏锐的眼光，相信一定能看到投资江西、发展江西的结合点、切入点。借此机会，我提三点希望：

一是希望广大民营企业坚定在江西投资兴业的信心。信心比黄金更重要。信心从哪来？来自于以习近平总书记为核心的党中央对江西的关心关怀。江西作为中国革命的摇篮、人民共和国的摇篮、人民军队的摇篮和中国工人运动的策源地，这片红土圣地有着格外重要的地位。特别是党的十八大以来，习近平总书记先后两次亲临江西视察指导，为江西发展擘画了宏伟蓝图，注入了澎湃动力。希望广大民营企业紧跟总书记的步伐，加大对革命老区的关心支持。来自于国家重大战略在江西的叠加效应。赣南等原中央苏区振兴发展、国家生态文明试验区建设、赣江新区等国家战略陆续布局落地，江西配套出台了高含金量的细化政策，为在江西投资创业的企业带来了丰厚红利。希望广大民营企业顺势而为、乘势而上，共享江西发展新机遇。来自于持续优化的江西发展环境。江西既有宜居宜业宜游的生态环境，也有持续优化的营商环境。近日，全国工商联发布《2019 万家民营企业评价营商环境报告》，江西位列第 11 位，居中部第一。调查共有 4 万余家企业参与，荣誉来之不易。昨天，我们参观了同心鼓·赣商之家、非公企业维权服务中心，亲身感受到重商爱商的浓厚氛围。我相信，你们投资江西、扎根江西一定能舒心安心，也希望你们能坚定信心。

二是希望广大民营企业筑牢与江西深化合作的同心。总量不大、研发不强是江西经济发展的现实之困，需要企业携手江西，同心同德、同向同力，共同破题。在提升创新能力上深化合作。江西实施了创新型省份建设三年行动方案，先后设立了中科院江西产业技术创新和育成中心、中国（南昌）中医药科创城等科研平台，取得了大飞机 C919 成功转场试飞等重大科研突破，希望有合作潜力的企业加强沟通、达成合作，也希望知名民营企业能发挥科研资源足、体制机制活的优势，创新合作形式，拓宽合作渠道，共同提升研发创新能力。在融合前沿技术上深化合作。江西积极布局大数据、VR/AR、物联网等信息技术，加快推进人工智能、“03 专项”试点和 5G 商用步伐，每年举办的世界 VR 产业大会在业内享有盛誉，希望在信息技术与制造业融合上有造诣、有兴趣的企业，共同迈向产业的智能化、高端化、服务化。在产业补链强链上深化合作。江西从造出新中国第一架飞机、第一辆轮式拖拉机，到现在大力实施“2+6+N”产业跨越式发展计划，聚焦航空、电子信息、中医药、装备制造、新能源、新材料等优势产业。希望广大民企结合优势，拓展江西优势产业的上下游领域市场，完备产业服务体系，实现企业能级提升同江西产业做大的双赢格局。

三是希望广大民营企业奉献对江西全面发展的爱心。江西的高质量发展，是绿色、协调、共享的发展，是全面的发展，希望企业在发展同时，也要为老区奉献爱心。助力江西绿色发展。绿色生态是江西最大财富、最大优势、最大品牌，江西围绕建设国家生态文明试验区，解决了一批突出环境问题，美丽中国江西样板正逐步呈现。希望有条件的民营企业能发挥优势，投身江西生态文明建设热潮；已经或即将在江西投资兴业的民营企业，努力践行绿色生产生活方式。助力江西乡村振兴。江西是农业大省，拥有丰富资源、广阔市场，近年来持续推进农村人居环境整治、农产品加工业提升、农村电商发展，工厂农业、乡村旅游、田园综合体等新业态新模式的发展基础已经夯实，希望有兴趣的民营企业，可发挥自身优势，培育出新的消费增长点、产业需求点。助力江西民生工程。江西正在大力提升城市功能与品质，优化教育、医疗、养老等公共服务设施，集中开展老旧小区、城中村、棚户区改造，希望有经验的民营企业能投身江西民生事业，让江西群众收获更多获得感、幸福感，共享发展成果。

当然，民营经济发展离不开良好的营商环境。希望江西省委、省政府继续深入贯彻落实习近平总书记在民营企业座谈会上的重要讲话精神，进一步抓好惠企政策举措的落地落实落细。全国工商联仍将一如既往地对江西经济社会发展给予坚定支持，努力发挥好桥梁纽带和助手作用。

全国政协领导对江西工作的批示贺信

一、俞正声主席

★ 2014 年 11 月 25 日，全国政协主席俞正声向在江西鹰潭举办的第三届国际道教论坛发来贺信，指出：“道教植根中华文化沃土，崇尚自然，尊重生命，倡导和谐，特别是尊道贵德、道法自然、返朴归真、崇俭抑奢、上善若水、正己化人等思想理念，对于促进社会和谐稳定、加强生态文明建设、提升个人道德修养，都具有积极作用。近代以来，道教文化从亚洲走向欧洲、美洲，愈来愈为人们所关注，为促进中国与世界不同文明间的交流互鉴、增进中国与世界各国人民的友谊发挥了桥梁纽带作用。本次论坛以“行道立德、济世利人”为主题，彰显了道教的思想内涵和文化品位，表达了道教的慈爱精神和现实关怀，具有重要的意义。希望海内外道教界和有识之士携手合作、共同努力，深入挖掘和阐扬道教优秀文化资源，运用古老的人类智慧，聚集向上向善的力量，为促进世界持久和平与共同繁荣，为增进全人类的福祉，作出新的更大贡献。”

二、汪洋主席

★ 2020 年 6 月 3 日，汪洋主席对《中共江西省委政协工作会议有关情况的报告》作出批示：“要总结好的做法、经验，推动各地贯彻中央政协会议精神。”

★ 2020 年 8 月 24 日，汪洋主席在全国地方政协工作经验交流会上指出：“我们这些年，江西等中西部省区市政协，围绕脱贫攻坚深入协商、持续发力，广泛凝聚共识，进一步凝聚智慧力量。”

★ 2021 年 3 月 2 日，汪洋主席对《关于召开政协江西省第十二届委员会第四次会议主要情况的专题报告》作出批示：“再接再厉。”

★ 2021 年 6 月 24 日，汪洋主席在全国政协宣传思想工作座谈会上指出：“江西省政协推出‘委员履职手帐’，获得中宣部肯定。”

★ 2021 年 9 月 3 日，汪洋主席在全国政协系统党的建设工作经验交流会上指出：“江西省政协制定政协委员履职 60 个廉政风险点与防范措施。”

三、李斌副主席兼秘书长

★ 2021 年 3 月 2 日，全国政协副主席兼秘书长李斌对《关于召开政协江西省第十二届委员会第四次会议主要情况的专题报告》作出批示：“请高波同志并秘书局阅。摘其履职建言好成果可发简报。”

★ 2021 年 7 月 13 日，全国政协副主席兼秘书长李斌在全国地方政协秘书长工作交流座谈会上指出：“江西等地都推出了一系列务实举措，有效防止‘两张皮’，有力推进‘两促进’。”

★ 2022 年 7 月 11 日，全国政协副主席兼秘书长李斌在全国地方政协秘书长工作交流座谈会上指出：“江西等省政协机关建立了专项的督办台账，推动各项工作的有效落实。”

全国政协
在江西举行的重要会议

2012年10月10日至11日，由全国政协港澳台侨委员会、江西省政协、河南省政协、中国河洛文化研究会主办的第十一届河洛文化研讨会在江西省赣州市举行。

第十一届河洛文化研讨会在江西赣州召开

由全国政协港澳台侨委员会、江西省政协、河南省政协、中国河洛文化研究会主办的第十一届河洛文化研讨会，于10月10日至11日在江西省赣州市举行。

此次研讨会围绕“河洛文化与客家文化”主题以及“中原汉人南迁与客家之形成”“客家文化之内涵与特点”“河洛文化与赣鄱文化”“河洛文化与周边地域文化”等相关议题进行了大会发言和分组研讨。

全国政协港澳台侨委员会主任、海峡两岸关系协会会长、中国河洛文化研究会会长陈云林在开幕式讲话中指出：此次研讨会以客家文化研究为主题，必将对丰富河洛文化研究内涵、推动河洛文化向纵深发展起到积极的促进作用。河洛文化与豫闽粤赣台等地区关系密切，他希望河南、福建、江西、广东四省政协要充分发挥组织功能和人才优势，联系本地区各种优势文化资源，推动研究工作向纵深发展。

为使研究工作在更大范围和更深层次上深入持久发展，陈云林提出四点要求：一是要进一步把研究工作与文化推广结合起来，推动中华文化走向世界；二是要进一步把研究工作与普及工作结合起来，推动优秀传统文化传承体系的建设；三是要进一步把研究工作与对台工作结合起来，使河洛文化在加强两岸文化交流，共同弘扬中华文化中发挥重要作用；四是要进一步把研究工作与创新整合结合起来，使研究工作有新的进展和突破。

江西省政协主席黄跃金，全国政协港澳台侨委员会副主任、中国河洛文化研究会副会长杨崇汇、李炳才，中国河洛文化研究会常务副会长邓永俭、陈义初出席研讨会。福建省、广东省政协有关领导以及来自北京、江西、河南、福建、广东、湖北、安徽、广西、宁夏、贵州和香港、台湾以及海外的专家学者150多人参加了研讨会。

2012年12月3日至6日，华东六省一市人民政协理论研讨会在昌举行。

华东六省一市人民政协理论研讨会在昌举行

为深入学习贯彻中共十八大精神，贯彻落实全国政协人民政协理论研究工作座谈会部署要求，不断开创人民政协理论建设新局面，12月3日，中国人民政协理论研究会秘书处、人民政协报社和江西省人民政协理论研究会在南昌联合举办人民政协理论建设研讨会。省政协主席黄跃金出席并讲话，省政协副主席陈清华、汤建人、郑小燕，秘书长肖为群，人民政协报社社长李红梅出席会议。中国人民政协理论研究会秘书长原冬平作报告。会议由江西省人民政协理论研究会会长朱张才主持。上海、江苏、浙江、安徽、福建、山东等华东地区兄弟省（市）政协理论研究会相关负责同志，以及我省人民政协理论研究会常务理事参加会议。

黄跃金在讲话中介绍了江西省情和经济社会发展情况，介绍了江西省政协人民政协理论建设情况。他说，江西省政协一直重视人民政协理论建设，坚持把加强理论武装作为重要基础和先导工程，指导政协工作。在新时期新形势下，推进中国特色社会主义事业的伟大实践，实现人民政协事业永续发展，需要科学理论的指导。加强人民政协理论建设，是坚持和完善中国特色社会主义基本政治制度的需要，是全面推进中国特色社会主义政治文明建设的需要，是不断开创新时期政协工作新局面的需要，是时代进步和实践发展提出的重大课题，是永葆人民政协事业蓬勃发展的活力所在。

黄跃金指出，加强人民政协理论建设，我省的总体思路和举措是：坚持“一条主线”、把握“两个原则”、重视“三项工作”、推进“五大建设”。“一条主线”即必须坚持和发展中国特色社会主义人民政协理论。“两个原则”即始终坚持正确的政治方向，始终坚持理论与实际相结合。“三项工作”即更加重视理论研究工作，更加重视理论宣传工作，更加重视理论教育工作。“五大建设”即着力推进组织体系建设，进一步完善人民政协理论研究的网络；着力推进理论课题制度建设，不断推动人民政协重大理论和实践问题的研究；着力推进干部院校教学内容体系建设，充分发挥理论武装干部的重大作用；着力推进人才队伍建设，为人民政协理论建设凝聚更多智慧和力量；着力推进长效机制建设，努力形成推进政协理论建设的强大合力。

黄跃金系统回顾了协商民主和民主监督的发展历程，对协商民主和民主监督的重大意义进行了深刻解读，并结合我省工作实践，提出了进一步推进协商民主和民主监督的思路和方向。

黄跃金指出，中共十八大关于社会主义协商民主的新思想、新论断、新要求，是十八大报告的一个突出亮点，是我们党对社会主义协商民主，最富有新意、最具有高度、最为全面的一次论述，是十八大的重要历史贡献，集中体现了中国共产党人在中国民主政治建设上的道路自信、理论自信和制度自信，必将有助于拓展公民有序政治参与渠道，体现社会主义民主政治的独特优势；有助于系统、综合反映社会各方面意见、愿望和要求，促进党和政府科学民主决策；有助于改进党的领导方式和执政方式，保证党领导人民有效治理国家。协商民主在西方还处于理论研究与探讨阶段，而在我国已经有了成功的实践。中国长期形成的协商民主，是马克思主义民主理论与中国国情相结合的产物，是中国共产党在领导革命和建设过程中的伟大创造。协商民主符合人类民主发展的内在要求和规律，它根植于中国的土壤，符合中国社会主义民主政治的本质要求，反映了社会主义政治制度的特点和优势，体现了全国各族人民的根本利益，具有巨大的优越性和强大的生命力。团结和民主是人民政协的主题，也是坚持和发展中国特色社会主义的一个重要原则和宝贵经验。中国共产党顺应世界民主潮流，顺应党心、军心、民心，主动创造了具有中国特色、充满东方智慧的社会主义协商民主，重视发挥人民政协作为协商民主重要渠道作用，实现了团结和民主的有机统一，这是伟大的理论和制度创新。

黄跃金指出，民主监督是人民政协的三大基本职能之一，是我国社会主义监督体系的重要组成部分。在中国革命、建设和改革的历史进程中，人民政协的民主监督在不同时期、以不同形式，发挥着其独特的作用。在我国发展的各个时期，中共中央领导都非常重视人民政协的民主监督，提出了一系列重要思想、重要论述、重要观点和重要部署，充分体现了政协民主监督在社会主义民主政治中的重要地位，表明了政协民主监督在国家政治生活中发挥的特殊作用。实践证明，民主监督既是我国政治运行程序中的重要环节，又是人民行使监督权利的重要形式，更是人民政协的重要职责。人民政协作为多党合作和政治协商的重要机构，其性质也决定了人民政协民主监督的特征。人民政协的民主监督是通过提出意见、批评和建议的方式进行的政治监督，既不同于一般的群众监督、社会监督，也不同于人大的法律监督。它是与我国基本政治制度相联系的属于我国政治民主的一种监督，是以人民政协为载体、以批评和建议为主要方式的一种民主监督，是中国特色社会主义民主政治建设的重要组成部分。

我省政协准确把握民主监督的特征，坚持寓监督于支持之中，围绕党委政府中心工作和民生问题，开展相关专题民主监督，提出了许多有新意、有创见的建议，得到了省委、省政府的高度重视和充分吸纳，民主监督工作取得一定成效。但是，我们也要清醒认识到，民主监督与政治协商、参政议政职能相比，仍然是人民政协履行职能的“短腿”，是一个薄弱环节，难以与法律监督、行政监督、新闻舆论监督等监督形式相提并论。当前我国正经历着前所未有的深刻变革，经济成份、分配方式、思想观念和社会阶层结构等呈现多样化，外部环境日趋复杂，内部构成日趋多样，尤其是发展中存在的“三不问题”和“三个差距”（发展中不平衡、不协调、不可持续的问题；地区之间、城乡之间的发展差距以及部分社会成员之间的收入分配差距仍然较大）更为突出，等等。新问题、新情况，迫切需要我们必须加强对人民政协民主监督职能的研究，充分发挥政协民主监督的优势，积极探索新形势下民主监督的新路子，主动围绕建设富裕和谐秀美江西和维护广大人民群众的根本利益履行民主监督职能，拓宽民主监督渠道，完善民主监督机制，创新民主监督形式，推进民主监督制度化、规范化、程序化建设，切实提高民主监督质量和实效，保障和推进政协各项工作的顺利开展，为江西科学发展、绿色崛起贡献更多力量。

黄跃金强调，我们一定要牢固树立“实践之树万古长青，理论研究永无止境”的意识，按照中共十八大的部署要求，坚持解放思想、实事求是、与时俱进、求真务实的精神，努力开创人民政协理论建设的新局面，为人民政协事业的发展提供坚实的理论支撑，在新的征程上推进人民政协事业向前发展。

原冬平的报告题为《以中共十八大精神为指导，扎实推进人民政协理论研究工作》。他以生动的语言、开阔的视野和独到的见解，解读了中共十八大关于健全社会主义协商民主制度的新思想、新论断、新要求，解读了全国政协人民政协理论研究工作座谈会精神，并就加快推进人民政协理论建设提出了思路和举措。

与会人员认真交流了对中共十八大关于政协工作新部署新要求的认识和体会以及加强人民政协理论建设的好做法好经验。我省曾粮、洪华、徐青、江泰然 4 位论文作者代表在会上发言。李红梅作总结讲话。

2012年12月10日，政协第十一届全国委员会社会和法制委员会第十次全体会议在南昌召开。

政协第十一届全国委员会社会和法制委员会第十次全体会议在南昌召开

2012年12月10日至15日，政协第十一届全国委员会社会和法制委员会第十次全体会议在南昌滨江宾馆召开。全国政协社会和法制委员会主任张福森，副主任许仲林、张俊九、秦玉琴、黄晴宜、王巨禄、陈学亨、季允石、王东进、朱孝清、罗平飞、赵少华，全国政协社会和法制委员会委员及工作人员近80人出席和参加会议。会议深入讨论全国政协社会和法制委员会五年工作总结。江西省政协主席黄跃金在会上致辞，全国政协副秘书长蒋作君到会讲话，张福森作总结讲话。省委副书记、省长鹿心社，省委副书记尚勇，省委常委、政法委书记舒晓琴，省政协主席黄跃金、副主席郑小燕、秘书长肖为群出席会议及相关活动。会后，与会人员先后赴鹰潭、上饶、南昌考察。

2014年10月15日，华东六省一市政协第二十一次提案工作座谈会在井冈山召开。

华东六省一市政协提案工作座谈会在井冈山召开

10月15日，华东六省一市政协第二十一次提案工作座谈会在井冈山召开。省政协主席黄跃金致辞，全国政协提案委副主任李宏讲话，省政协副主席肖光明主持。

黄跃金在致辞中强调，提案工作是人民政协一项历史较长、特色鲜明、影响深远的全局性工作。江西省委、省政府历来高度重视政协提案工作，充分发挥政协提案助推经济社会发展、促进民生改善的积极作用。省委、省政府、省政协领导每年都参加“会中办案”等提案办理协商活动，围绕社会各界普遍关注的重大问题深入开展提案办理协商，使提案工作真正成为密切联系群众、推进协商民主、促进党政科学民主决策的重要抓手。江西省政协将认真学习贯彻习近平总书记在庆祝人民政协成立65周年大会上的重要讲话精神，按照全国政协关于提案工作的新部署新要求，积极学习借鉴兄弟省市政协的好做法好经验，不断推动我省政协提案工作取得新成效。

李宏强调，要深入学习贯彻习近平总书记在庆祝人民政协成立65周年大会上的重要讲话精神，围绕党和国家工作大局谋划和推进提案办理协商工作。要深入开展提案办理协商理论研究与实践探索，促进提案办理协商的制度建设；要科学制定提案的立案标准，建立健全提案审查处理工作机制；要更加重视发挥政协委员在提案办理协商中的主体作用。希望各省市认真总结，相互借鉴，共同为推动提案工作创新发展作出积极贡献。

2014年11月25日，中共中央政治局常委、全国政协主席俞正声向第三届国际道教论坛（江西鹰潭）致贺信。

第三届国际道教论坛在鹰潭开幕 俞正声致贺信

第三届国际道教论坛25日上午在江西鹰潭开幕。中共中央政治局常委、全国政协主席俞正声向大会发来贺信，向出席论坛的海内外高道大德和各界朋友，表示热烈欢迎和诚挚问候。

俞正声在贺信中说，道教植根中华文化沃土，崇尚自然，尊重生命，倡导和谐，特别是尊道贵德、道法自然、返璞归真、崇俭抑奢、上善若水、正己化人等思想理念，对于促进社会和谐稳定、加强生态文明建设、提升个人道德修养，都具有积极作用。近代以来，道教文化从亚洲走向欧洲、美洲，愈来愈为人们所关注，为促进中国与世界不同文明间的交流互鉴、增进中国与世界各国人民的友谊发挥了桥梁纽带作用。本次论坛以“行道立德、济世利人”为主题，彰显了道教的思想内涵和文化品位，表达了道教的慈爱精神和现实关怀，具有重要的意义。希望海内外道教界和有识之士携手合作、共同努力，深入挖掘和阐扬道教优秀文化资源，运用古老的人类智慧，聚集向上向善的力量，为促进世界持久和平与共同繁荣，为增进全人类的福祉，作出新的更大贡献。

全国政协副主席马飚应邀出席开幕式并致辞，对第三届国际道教论坛的召开表示热烈祝贺。他希望，海峡两岸暨港澳和海内外道教界能够以此次论坛为契机，加强交流，增进合作，携手努力，和衷共济，共同深入挖掘道教文化内涵，提升道教文化品位，推动新时代道教文化的创造性转化、创新性发展，为人类社会的和平、发展、合作贡献智慧。

联合国教科文组织、英国菲利普亲王等国际组织和外国政要也向大会发来贺信贺电。

第三届国际道教论坛由中国道教协会和中华宗教交流文化协会主办、江西组委会承办。来自 27 个国家和地区的高道大德、中外嘉宾和道教信众 2000 余人云集道教圣地龙虎山，参加了论坛开幕式。

2016 年 12 月 2 日，全国政协重点督办提案办理协商座谈会在南昌召开。

全国政协重点督办提案办理协商座谈会在昌召开

12 月 2 日，全国政协重点督办提案办理协商座谈会在南昌召开。会议围绕“加大《国务院关于支持赣南等原中央苏区振兴发展的若干意见》实施力度 确保赣南等原中央苏区与全国同步全面建成小康社会”重点督办提案，听取我省有关情况汇报，以及国家发改委、财政部、交通运输部、农业部、国务院扶贫办等提案办理单位的办理情况，协商解决问题。

在全国政协十二届四次会议上，住赣全国政协委员傅克诚、黄跃金、刘上洋、陈清华、李华栋、汤建人等联名提交了“加大《国务院关于支持赣南等原中央苏区振兴发展的若干意见》实施力度 确保赣南等原中央苏区与全国同步全面建成小康社会”的提案（第 0477 号）。此提案确定为全国政协重点督办提案，这是住赣全国政协委员有史以来第一个重点督办提案。

全国政协副主席马飚出席座谈会并讲话，全国政协提案委员会主任孙淦主持，全国政协提案委员会副主任干以胜、王国卿、李宏、傅克诚、胡四一、马儒沛，全国政协提案委员会委员黄文平出席。

会前，马飚率全国政协重点督办提案办理协商调研组深入于都、瑞金、安远、龙南等县（市）实地调研。

省领导鹿心社、刘奇、姚增科会见了调研组一行，黄跃金、李炳军、刘捷、李华栋、汤建人、刘上洋、陈清华等分别陪同调研或参加座谈。

马飚在听取了有关情况汇报后，充分肯定了我省贯彻落实《国务院关于支持赣南等原中央苏区振兴发展的若干意见》和赣南等原中央苏区振兴发展取得的成绩。

马飚强调，加快革命老区脱贫致富是一项重要的政治任务。要认真贯彻落实习近平总书记在陕甘宁革命老区脱贫致富座谈会上的重要讲话精神和习近平总书记视察江西时重要讲话精神，进一步提高对加快革命老区发展和扶贫攻坚重要意义的认识，切实担当起义不容辞的责任。要进一步全面落实《国务院关于支持赣南等原中央苏区振兴发展的若干意见》，确保明确的事项落地实施。要加快赣南等原中央苏区基础设施建设，加大对重大产业、民生保障、赣南电商、城镇化建设的支持力度，支持旅游、教育、金融扶贫。要主动融入“珠三角”和海西经济区，形成新的经济增长点，加快区域经济一体化发展。要进一步支持赣州低质低效林改造，把东江源等生态林、水源林建设纳入国家建设项目。设立国家级的黄龙病科技攻关项目。要学好、用好、用足中央的扶贫政策，要大力弘扬井冈山精神和苏区精神，将老区人民自强不息、艰苦奋斗的优良传统融入扶贫开发的各项工作中。要进一步动员全社会参与扶贫，积极组织央企入赣、民企入赣开展对口帮扶。要进一步加强党的基层组织建设，促进革命老区加快发展步伐，打赢精准脱贫攻坚战。

黄跃金代表提案人说，提案交办后，国家发改委、财政部、交通运输部、农业部、国务院扶贫办等有关部委以高度负责的态度，认真对待、逐条研究、积极办理，提案中的许多建议都得到了较好的落实，对没有落实的事项有关部委也正在统筹研究推进。黄跃金就学习贯彻习近平总书记视察江西时重要讲话精神，落实好《若干意见》，进一步办好提案，从政策扶持、产业发展、民生工程、基础设施建设、生态环境建设等五个方面提出了建议。

干以胜、傅克诚、马儒沛在会上发言。国家有关部委对全国政协委员和我省及有关部门的建议作了回应和答复，表示要进一步加大对革命老区的支持力度，促进赣南等原中央苏区加快发展。

2018年7月20日，全国政协副主席李斌出席全国政协在南昌召开习近平总书记关于加强和改进人民政协工作的重要思想学习研讨情况闽赣粤琼政协片区座谈会。

全国政协在昌召开闽赣粤琼片区学习研讨活动座谈会

7月20日，全国政协在南昌召开习近平总书记关于加强和改进人民政协工作的重要思想学习研讨情况闽赣粤琼政协片区座谈会。全国政协副主席李斌主持会议并讲话。

江西省政协主席姚增科、福建省政协主席崔玉英、广东省政协主席王荣、海南省政协主席毛万春、深圳市政协主席戴北方、厦门市政协主席张健等15位同志做了发言。

江西省委常委、省委统战部部长陈兴超致辞，全国政协文化文史和学习委员会驻会副主任刘晓冰，省领导施小琳、李华栋、谢茹、汤建人、刘晓庄、陈俊卿、张勇、刘卫平、雷元江，省政协秘书长汪爽出席会议。

李斌在听取福建、江西、广东、海南四省政协，深圳、广州、厦门3市政协和部分地级市、县级政协开展学习研讨活动的情况汇报后指出，深入学习贯彻习近平新时代中国特色社会主义思想，做好新时代人民政协工作，重中之重是学习好、贯彻好、落实好习近平总书记关于加强和改进人民政协工作的重要思想。四省政协对开展习近平总书记关于加强和改进人民政协工作的重要思想学习研讨活动高度重视，作为一项重大政治任务来抓，坚持问题导向，广泛动员参与，有力、有序、有效组织推进，取得重要阶段性成果。要进一步提高政治站位，把学习研讨贯穿于政协工作的全过程和各方面，着力在知信行合一、学思用贯通上下功夫，以理论大学习、思想大武装促进工作质量大提升，实现实践深入一分、理论武装跟进一步与学习深入一分、工作推进一步的良性互动。要进一步聚焦加强改进，及时运用转化学习研讨成果，对标对表查摆找准问题、认真整改落实，针对新时代人民政协重大理论和实践问题加强研究，确保学习研讨活动取得更多思想认识成果、工作实践成果、制度机制成果，努力推动新时代人民政协事业不断开创新局面。

姚增科在发言时，从六个方面介绍了江西省政协系统开展习近平总书记关于加强和改进人民政协工作的重要思想学习研讨情况，以及五点主要学习收获与体会。姚增科说，按照全国政协部署，在江西省委领导下，江西省政协系统开展习近平总书记关于加强和改进人民政协工作的重要思想学习研讨活动，“真学、真用、真有效”，受到多方面领导和同志的点赞。一是学出了以党的政治建设为统领，“四个意识”的增强、“两个维护”的坚定。二是学出了政协上下“党的意识”“一线意识”“系统意识”的增强，思想观念的更新。三是学出了理论武装紧迫感的增强、履职能力的提升。四是学出了方法的创新，总结出“讲、问、考、辩、网、做”“六字”促学法，形成了有标准、有痕迹、有检查、有考评的学习质量保证机制。五是学出了讲责任、讲使命精气神的提升，求真务实作风的弘扬，为赣鄱谋崛起、为老表谋幸福质效的增强。

陈兴超在致辞时说，将以此次会议为契机，以习近平总书记关于加强和改进人民政协工作的重要思想为指导，深入贯彻落实全国政协的工作要求，学习兄弟省市的好做法好经验，推动新时代人民政协事业高质量发展，把广大政协委员和社会各界人士的积极性充分调动起来，为决胜全面建成小康社会、建设富裕美丽幸福现代化江西汇聚强大的正能量。

会议期间，李斌还会见了住赣全国政协委员，要求住赣全国政协委员要做学习研讨的表率，做履职尽责的表率，做遵规守纪的表率，不辱使命，不负重托，交出一份有意义的委员答卷。

2018 年 9 月 11 日，全国政协提案委员会在南昌召开提案工作条例修订初稿和提高提案质量的意见初稿调研座谈会。

全国政协提案委员会在昌召开调研座谈会

9 月 11 日，全国政协提案委员会在南昌召开提案工作条例修订初稿和提高提案质量的意见初稿调研座谈会。全国政协常委、全国政协提案委员会主任李智勇主持座谈会并作有关说明。江西省政协副主席张勇致辞并发言，上海市政协副主席李逸平、江苏省政协副主席阎立、安徽省政协副主席韩军、福建省政协副主席魏克良、深圳市政协副主席刘润华出席座谈会并发言。

李智勇指出，提案工作是人民政协的一项全局性工作，是人民政协履行政治协商、民主监督、参政议政职能的重要方式和载体。要以习近平新时代中国特色社会主义思想为指导，有针对性地结合各地实际，围绕提高提案工作质量畅所欲言、集思广益。同时，还要围绕修订提案工作条例提出宝贵意见，使其与新修订的政协章程相适应，与近年来我国发生的历史性变革相适应，以充分反映新思想、新理念、新经验和中共中央提出的新要求，使条例与时俱进，更好发挥其应有作用。

张勇说，全国政协在新一届政协开局之年就着手修订提案工作条例，起草关于提高提案质量的意见，充分体现了推动政协高质量履职的务实作风。江西将以此次座谈会为契机，认真学习贯彻习近平总书记关于加强和改进人民政协工作的重要思想，深入贯彻落实全国政协的工作要求，借鉴兄弟省（市、区）政协的好经验好做法，推动政协提案工作高质量发展，适应新时代新要求和人民群众新期待。

在赣期间，李智勇还就《关于着力打造江西中医药产业品牌的建议》等重点提案督办落实情况进行了调研。

2019 年 9 月 9 日至 10 日，中共中央政治局常委、全国政协主席汪洋在江西调研并走访省政协机关。

汪洋在江西调研宗教工作时强调
坚持不懈做好打基础管根本利长远工作
全面提升新时代宗教事务管理水平

中共中央政治局常委、全国政协主席汪洋近日在江西调研宗教工作。他强调，要认真学习领会习近平总书记关于宗教工作的重要论述，切实加强党对宗教工作的领导，全面贯彻党的宗教工作基本方针，及时总结工作经验，加快补齐短板弱项，着力建设长效机制，维护宗教领域和谐稳定良好局面。

9 日至 10 日，汪洋先后到抚州、南昌等地，深入宗教活动场所了解情况，主持召开宗教工作座谈会，听取有关方面意见建议，并走访省政协机关。汪洋充分肯定江西宗教工作有关做法和实际成效。他强调，做好宗教工作，既要立足当前解决宗教领域突出问题，更要着眼长远多做打基础、管根本、利长远的工作。要把宗教工作纳入各级党委重要议事日程，加强统筹协调，压实工作责任，确保宗教工作有人抓、有人做、能做好。要强化干部教育培训，使各级干部尤其是主要领导干部从全局高度认清宗教工作的重要性，掌握做好宗教工作的基本政策，建立制度化的工作方法，切实解决不愿管、不敢管、不会管等问题。要进一步加强党的基层组织建设，提高帮助群众解决实际困难的责任心和能力，大力宣传党的宗教工作方针政策，引导群众理性看待宗教、自觉抵制各种违规违法宗教活动。要认真落实宗教教职人员管理方面的政策法规，支持宗教界结合实际健全内部管理制度和规范，引导宗教人士端正教风、潜心修行。要充分发挥宗教院校在人才培养中的主渠道、主阵地作用，加强对年轻宗教人士的培养和现有教职人员的培训，积极为宗教人士发挥作用搭建平台、畅通渠道，造就一支政治上靠得住、宗教上有造诣、品德上能服众、关键时起作用的教职人员队伍。

2019 年 10 月 21 日，全国政协重大专项工作委员宣讲团江西宣讲报告会在南昌举行。

全国政协重大专项工作委员宣讲团在赣举行宣讲报告会

10 月 21 日，全国政协重大专项工作委员宣讲团江西宣讲报告会在南昌举行。全国政协委员、宣讲团成员、全国政协副秘书长舒启明就中央政协工作会议精神进行宣讲解读。受省政协主席、党组书记姚增科委托，省政协副主席陈俊卿主持宣讲报告会。省政协副主席刘卫平出席。

会议指出，以党中央名义召开政协工作会议，在党的历史、人民政协历史上都是第一次，充分体现了以习近平同志为核心的党中央对人民政协事业的高度重视，对在新时代更好发挥人民政协制度优势的殷切期待，为人民政协事业发展注入了强大动力。

会议指出，学习贯彻中央政协工作会议精神是当前和今后一个时期的首要政治任务。习近平总书记的重要讲话科学回答了人民政协事业的一系列重大理论和实践问题，标志着中国共产党对人民政协工作的规律性认识达到了新高度，进一步丰富和发展了党的人民政协理论，为新时代加强和改进人民政协工作进一步指明了方向、提供了根本遵循。要引导各级政协组织和政协委员进一步把思想和行动统一到中央政协工作会议精神上来，统一到党中央关于新时代加强和改进人民政协工作的重要部署上来，在发挥人民政协专门协商机构作用，加强思想政治引领、广泛凝聚共识，健全和完善人民政协工作制度，强化政协委员责任担当，完善落实党对人民政协工作全面领导的制度等方面下功夫，不断推动学习贯彻工作走深走实。

会议强调，全省各级政协组织和广大政协委员要以此次宣讲报告会为契机，认认真真学原文，领会精神实质，把握核心要义，用以武装头脑、指导实践、推动工作，为建设富裕美丽幸福现代化江西、描绘好新时代江西改革发展新画卷作出新的更大贡献。

2020 年 9 月 23 日，2020 年人民政协报社新闻舆论工作研讨会在南昌召开。

2020 年人民政协报社新闻舆论工作研讨会在昌召开

9 月 23 日，2020 年人民政协报社新闻舆论工作研讨会在南昌召开。省政协主席、党组书记姚增科出席会议并致辞，全国政协副秘书长金学锋作交流讲话。

姚增科指出，江西省政协工作之所以能接续发展，新时代有新作为、新进步、新成效，靠的是以习近平同志为核心的党中央坚强领导，靠的是全国政协的有力指导，靠的是各级党委政府的重视支持。其中，要特别感谢全国政协主流媒体，作为宣传党的爱国统一战线和人民政协工作的主要平台，传播党委、政府声音和讲好政协故事的重要媒介，用新闻语言“传道授业解惑”，守正出新求实，提供了及时有力不间断的帮助。

姚增科表示，相信通过此次会议，人民政协报和各政协主流媒体会更上层楼、更加出彩。江西省政协会倍加努力、珍惜此次会议召开，用好会议成果，吃透上情，提高站位，提升境界，打造好“赣事好商量”平台，把赣事商量好。

金学锋就学习贯彻中央政协工作会议精神、做好新时代人民政协的重点工作做了情况介绍和交流。

会上，江西省政协、广西壮族自治区政协、青海省政协、河北省政协、青岛市政协、乐山市政协有关负责人作交流发言。

2020 年 10 月 13 日，全国政协重大专项工作委员宣讲团江西宣讲报告会在南昌举行。

全国政协重大专项工作委员宣讲团举行江西宣讲报告会

10 月 13 日，全国政协重大专项工作委员宣讲团江西宣讲报告会在南昌举行。全国政协常委、全国政协农业和农村委员会副主任陈雷，全国政协常委、省政协副主席谢茹围绕“服务决胜全面建成小康社会、决战脱贫攻坚”主题作宣讲报告。

省政协主席、党组书记姚增科主持。省委常委、省委宣传部部长施小琳，省政协副主席汤建人、刘晓庄、张勇、刘卫平、雷元江出席。

在宣讲报告中，陈雷全面梳理了我国脱贫攻坚取得的决定性成就，系统总结了人民政协投身扶贫脱贫事业的宝贵经验。

他还结合全国政协农业农村委员会赴四川、广西开展脱贫攻坚专题调研情况，围绕如何有效防止和减少脱贫后返贫、创新相对贫困治理举措、推动减贫战略和工作体系平稳转型等提出了意见建议，助力巩固脱贫攻坚成果，推进全面脱贫与乡村振兴有效衔接。谢茹结合江西脱贫成效和政协履职实践，从“感悟习近平总书记扶贫情怀”“感叹江西脱贫攻坚巨大成就”“感受脱贫攻坚政协作用”三个方面，讲故事、道感悟，生动反映习近平新时代中国特色社会主义思想的真理伟力、实践伟力。

姚增科在总结时表示，专题宣讲报告令人深感教育、深受鼓舞，使政协委员和干部对习近平总书记关于扶贫工作重要论述学习再深化，对决战决胜脱贫攻坚重大意义认识的站位再提升。要持续发力、接续努力，紧扣我省高质量完成脱贫攻坚目标任务履好职、尽好责。要完善机制、拓展平台，进一步总结和讲好中国减贫、老区脱贫、政协扶贫的生动故事。要强化思想政治引领、广泛凝聚共识，努力打造有影响、叫得响、过得硬的双向发力履职品牌。要深化调查研究，就如何巩固脱贫攻坚成果、保证脱贫后不返贫、能致富可持续建言谋策，彰显政协组织、政协委员为党分忧、对民负责的担当与作为。

2020 年 11 月 14 日，省政协人口资源环境委员会等共同承办的第三届人口发展战略研讨会在南昌开幕。

第三届人口发展战略研讨会在南昌开幕

11 月 14 日，第三届人口发展战略研讨会在南昌开幕。全国政协副主席、农工党中央常务副主席何维出席并讲话。省政协主席、党组书记姚增科致辞，省委常委、省委政法委书记尹建业出席，全国人大环资委副主任委员、农工党中央专职副主席龚建明主持。

全国人大常委会委员、农工党中央专职副主席杨震，国家卫健委党组成员、全国老龄办常务副主任王建军，全国妇联副主席吴海鹰，副省长罗小云，中国人口与发展研究中心主任贺丹作主旨演讲。

何维指出，中共十九届五中全会着眼新发展阶段、贯彻新发展理念、谋划新发展格局，承接中共十九大提出的“加强人口战略研究”工作部署，对促进人口长期均衡发展作出全面安排，充分体现了以习近平同志为核心的中共中央战略谋划的系统性、科学性、连续性。

何维指出，要深入学习贯彻中共十九届五中全会精神，准确把握实施积极应对人口老龄化国家战略的重要意义与推进路径，深刻领会全面落实关于坚持男女平等基本国策、促进人的全面发展系列战略部署的实质要求，为全面落实规划《建议》关于促进人口长期均衡发展的系列战略部署，凝聚共识、凝聚智慧、凝聚力量，重点围绕农村养老服务体系建设、女性发展与女性社会贡献两个主题，深入研讨交流、提出真知灼见、形成资政建议，努力为下一步编制国家规划纲要和有关专项规划献计献策。

何维指出，在加强农村养老和促进女性发展方面，江西省作出了有益探索，取得了可喜成绩。希望与会同志广泛深入探讨，以解决问题为导向，为推动农村养老服务体系建设和促进女性全面发展贡献真知灼见，为应对人口老龄化、促进人口均衡发展建睿智之言，献务实之策。

姚增科在致辞中指出，近年来，在党中央、国务院的坚强领导下，全省上下认真贯彻落实习近平总书记视察江西重要讲话精神，感恩奋进，“赣”劲十足，呈现出跨越赶超的良好态势。特别是今年，江西接续打赢了疫情防控阻击战、抗洪救灾攻坚战和经济发展主动战，一战贯通一战、一战互助一战、一战成就一战，交出了 GDP、外贸进出口、固定资产投资等主要经济指标增速居全国前列的亮眼成绩单。本届人口发展战略研讨会，议题重要，恰逢时需。相信通过此次会议，集体把脉问诊，相互交流碰撞，聚识聚力寻策，必定能够对做好农村养老和妇女工作产生极大的促进作用，为制定好我国人口长期发展战略，服务全面建设社会主义现代化国家作出积极贡献。

2020 年 11 月 24 日至 25 日，全国暨地方政协教科卫体委员会工作座谈会在南昌召开。

全国暨地方政协教科卫体委员会工作座谈会在昌召开

11 月 24 日至 25 日，全国暨地方政协教科卫体委员会工作座谈会在南昌召开。全国政协副主席万钢出席并讲话，全国政协教科卫体委员会分党组书记、主任袁贵仁主持开幕式并作主题发言，省政协主席、党组书记姚增科致辞。

全国政协教科卫体委员会副主任丛兵、孙咸泽、吴昌德、张连珍、殷晓静、曹健林、常荣军，省政协副主席汤建人出席会议。

万钢指出，中共十九届五中全会，是在全面建成小康社会胜利在望、全面建设社会主义现代化国家新征程即将开启的重要历史时刻召开的一次十分重要的会议。此次工作座谈会，就是要学习宣传贯彻中共十九届五中全会精神，把思想和行动统一到以习近平同志为核心的中共中央决策部署上来，切实把全会精神和中央政协工作会议精神贯彻到政协履职工作中，为全面建设社会主义现代化国家开好局、起好步。

万钢强调，要深入学习贯彻中共十九届五中全会精神，开启全面建设社会主义现代化国家新征程，发挥人民政协人才荟萃优势，深化重大问题的研究，为制定实施“十四五”规划纲要贡献力量和智慧。要深刻领会习近平总书记重要讲话精神，进一步坚定新时代人民政协事业发展的前进方向，毫不动摇坚持中国共产党对人民政协工作的全面领导，进一步强化理论学习，确保用党的创新理论武装头脑，不断提高履职能力建设，促进政协工作提质增效。要推进协商民主，充分发挥好人民政协专门协商机构作用，把握好政协性质定位，选准协商内容，强化专门委员会作用。要凝聚人心汇聚力量，切实加强思想政治引领、广泛凝聚共识，坚持把加强思想政治引领、广泛凝聚共识作为中心环节，针对难点、热点问题，做好宣传政策、理顺情绪、增进团结的工作，在协商议政中强化对党和国家中心工作的共识。

袁贵仁作主题发言时指出，要深刻理解中共十九届五中全会的重要意义，全面领会关于政协工作的新要求，准确把握关于教科卫体领域的新部署，坚持专委会工作围绕中心服务大局。要全面准确把握中央政协工作会议精神，坚决贯彻落实全国政协党组的决策部署，深入学习贯彻专门委员会通则，坚持专委会工作为国履职、为民尽责。在协商议政上积极探索，努力发挥专门委员会在专门协商机构中的主要依托和基础性地位作用。在凝聚共识上积极探索，把加强思想政治引领、广泛凝聚共识融入专委会工作全过程。在改进调研上积极探索，着力通过调研吃透情况问题提出真知灼见。在发挥优势上积极探索，围绕当前热点难点问题及时发挥智库作用。在制度建设上积极探索，使委员会和办公室两支队伍建设同频共振，不断提高建言资政和凝聚共识的水平。

姚增科表示，在深入学习贯彻中共十九届五中全会精神之际，结合教科卫体委员会履职召开这样一个高层次、高水平的座谈会，正当其时，意义重大而深远。这对于江西是信任、重托，鼓舞、鞭策，更是接受全国政协指导、分享各省区市政协经验的难得机会。我们要坚决对标对表，紧密结合实际，学好用好会议成果，力促全省政协系统各项工作拓宽眼界、提升境界，展现新作为取得新成效。

2021 年 11 月 1 日，华东六省一市政协第二十八次提案工作座谈会在南昌召开。

华东六省一市政协第二十八次提案工作座谈会在南昌召开

11 月 1 日，华东六省一市政协第二十八次提案工作座谈会在南昌召开。全国政协常委、全国政协提案委员会副主任戚建国通过视频方式出席并讲话。省政协副主席陈俊卿致辞、省政协副主席张勇主持。上海市政协副主席虞丽娟、江苏省政协副主席阎立、浙江省政协副主席郑继伟出席。福建省政协副主席林钟乐以视频方式参加会议。

戚建国强调，要深入学习贯彻习近平总书记“七一”重要讲话精神，弘扬伟大建党精神，坚持中国共产党的全面领导，把以人民为中心作为提案工作的出发点，发挥好统一战线重要法宝作用，不断推动提案工作高质量发展。要进一步提高政治站位，聚焦提质增效，推动提案工作为政协履职赋能，健全完善提案工作制度机制，为提案工作科学发展提供重要保障，持续开拓创新，推动提案工作与时俱进。今年全国政协提案委的工作主题是“加强对地方政协的指导交流”，各地政协要用好提案工作区域性交流平台，用好今年的各项交流成果，抓好重点工作落实，提前谋划好 2022 年工作。

陈俊卿介绍了我省经济社会发展和政协工作情况。他说，在全国政协的有力指导和中共江西省委的坚强领导下，江西省政协提案工作在接续中发展，在发展中创新，已初步形成党政主要领导高位领衔督办全覆盖、“提办”协商贯穿全过程、高效服务保障全方位的提案工作新格局，“金融助力民营企业发展”等一系列高质量履职建言落地见效。

张勇在主持时表示，江西省政协将以会议召开为契机，认真吸收学鉴各兄弟省市政协工作经验，开拓创新，锐意进取，不断推动江西政协提案工作再上新台阶。

上海、江苏、浙江、安徽、福建、山东、江西等六省一市政协围绕提案工作经验做法做了交流。会议明确第二十九次提案工作座谈会由上海市政协承办。

住赣全国政协委员跨省视察情况

住赣全国政协委员考察团赴河南省考察产业集聚区建设情况报告

根据全国政协办公厅《关于2014年全国政协委员视察、考察工作计划》(政全厅发〔2014〕16号)和《关于住江西省全国政协委员赴河南省考察团有关情况的复函》(政全厅函〔2014〕533号)文件要求，住赣全国政协委员考察团于2014年9月9日至14日，在全国政协委员、江西省政协主席黄跃金同志的率领下，对河南省产业集聚区建设情况进行了考察，陈清华、李华栋、汤建人、刘晓庄、郑小燕、孙菊生、洪三国、胡汉平、雷元江、王东林、卢天锡、詹祥生等住赣全国政协常委、委员参团考察。

几天来，考察团先后考察了洛阳先进制造业产业集聚区、高新技术产业集聚区，郑州航空港产业集聚区、经济技术产业集聚区、开封汴西产业集聚区和许昌产业集聚区建设情况，并与河南省有关地区和部门的负责同志进行了座谈。考察团成员边看边听、边议边思，对河南产业集聚区的建设与发展情况有了基本了解，尤其是对河南产业集聚区建设中所展现出来的大思路、大气魄、大变化、大跨越，留下了深刻的印象。

一、河南省产业集聚区建设的主要做法和经验

（一）**坚持解放思想、勇于探索，找准了转型发展和科学发展的突破口。**2008年下半年，受国际金融危机影响，全国各地面临经济下行压力增大的严峻形势，迫切需要寻求转型发展的新路径。河南省委、省政府立足实际，审时度势，作出了建设产业集聚区的重大战略部署，并把它作为促进经济转型升级和实现科学发展的重要突破口。五年来，河南省始终一任接着一任干、一张蓝图绘到底，高位推进，继承创新，合力攻坚，开拓奋进，对全省312个园区进行归并整合，形成了现有的180个产业集聚区，产业集聚区保持了持续快速健康发展。全省产业集聚区累计完成投资3.56万亿元，占同期全省的45.3%；规模以上工业增加值年均增长23%，高于全省平均水平7.7个百分点，已成为实现中原崛起、河南振兴、富民强省的战略支撑点。实践证明，河南坚持解放思想、实事求是的原则，勇于创造性地开展工作，探索走出了一条符合科学发展要求、切合省情实际、具有河南特色的发展新路。考察中，考察团还强烈地感受到，河南省各级党委政府及有关部门认真贯彻落实省委、省政府的这一重大战略部署，昂扬进取、真抓实干、敢于担当、攻坚克难，奋力推进产业集聚区建设，各地呈现出“一心一意谋发展、千方百计促振兴、凝心聚力为崛起”的喜人局面。

（二）坚持规划引领、政策扶持，形成了全省经济持续健康发展的主要增长极。河南省注重强化规划的引领作用，突出规划的整体性，提出了“三规合一”“四集一转”的发展理念，并把它贯穿产业集聚区建设的全过程，促进了工业化与城镇化协调推进。加大政策扶持力度，省委、省政府先后出台了 13 个文件，安排省级财政资金 70 亿元，并带动一大批社会资本投入，通过综合采取土地、财税、电价等扶持措施，形成了较为完备的政策扶持体系，推动了产业集聚区成为全省经济持续健康发展的主要增长极。2013 年，全省产业集聚区规模以上工业企业实现主营收入 3.13 万亿元，对全省工业增长的贡献率超过 70%；全省有 123 个产业集聚区主营收入超百亿元，10 个产业集聚区超 500 亿元。

（三）坚持“培内”与“引外”并举，打造了产业结构调整的新引擎和开放招商的主平台。河南省始终坚持“培内”“引外”两手抓、两促进。一方面，注重采用先进设备、先进技术、信息化手段改造提升传统优势产业，着力培育壮大六大高成长性产业和四大战略性新兴产业，不断延伸和做大产业链条。2013 年，全省产业集聚区主导产业增加值占产业集聚区增加值的比重达 47.3%。另一方面，坚持大开放大招商，积极创新招商模式，灵活运用以商招商、产业招商等形式，建立完善 “六个一”招商运作机制（一个产业链、一套班子、一支招商队伍、一个实施方案、一项配套政策、一套考核体系），积极承接产业转移，助推产业集聚区优化结构、提升质量、打造品牌，招商引资总量和质量实现双提升。五年来，全省产业集聚区累计引进亿元以上工业项目近 7000 个；实际利用省外资金 1.2 万亿元，占同期全省的 60.2%。产业集聚区已成为河南参与全球产业分工体系的重要窗口，对全省构建宽领域、多层次、全方位开放型经济体系有着突出贡献。

（四）坚持科技创新驱动发展，不断提高企业科技水平。河南省认真贯彻落实国家关于实施科技创新驱动战略的部署要求，坚定不移走依靠科技创新促进转型升级之路，加大了科技创新的资金投入，大力引进先进的人才、技术和管理体系，着力推进科技创新，致力培育壮大创新主体、打造创新载体、完善创新机制，不断提高产业集聚区科技创新驱动发展水平，企业科技创新能力显著增强，尤其在液压机、地铁机械等设备创造技术处于世界同行业领先水平。比如，河南许昌连续 6 年荣获“全国科技进步先进市”，科技进步对 GDP 贡献率达 56%、对产业集聚区经济增长的贡献率突破 60%。

（五）坚持产城融合互动，推进城乡统筹发展。河南省按照“产城一体发展、宜居与宜业并重”和“以产兴城、依城促产”的发展理念，统筹推进城市功能区和产业集聚区同步建设，以产业发展促进就业扩大，以就业增加带动人口向城镇转移，推动了集聚区发展与城市建设有效对接，初步形成了产业与新型城镇化良性互动、融合发展的格局。五年来，全省产业集聚区累计投入资金6082亿元，加强了水、电、路、热、气、通讯等基础设施建设，并推进仓储、物流、金融、法律、咨询、研发设计等配套服务体系同步完善。推动城市公共服务向产业集聚区延伸，有序推进农业转移人口市民化，城乡一体化进程加快。2013年底，全省产业集聚区规模以上工业企业从业人员达348万人，其中吸纳省内劳动力新增转移就业占全省的五分之一以上。在产业集聚区的助推下，全省城镇化率由2008年的36%提高到2013年的43.8%，五年提高7.8个百分点。

（六）坚持体制机制创新，开启了全面深化改革的先行区。河南省围绕实现产业集聚区提质发展、转型发展、创新发展，把破解土地、资金、管理等突出难题作为重要着力点，进一步深化改革、开拓创新、先行先试，积极探索产业集聚区科学的管理体制和运行机制。创新土地开发机制、投融资平台，解决用地难、融资难等问题；出台了《河南省产业集聚区考核评价试行办法》，定期实行观摩督导，设立“十强”“十快”等荣誉奖项，引导形成了竞相发展、比学赶超的良好局面；推动产业集聚区与所在行政区套合运行，行政效率明显提高，为产业集聚区建设提供了坚实保障。产业集聚区已成为河南全面深化改革的“试验田”、检验改革成效的“试金石”，发展的活力和动力不断增强。

（七）坚持可持续发展战略，创建了绿色循环低碳发展的示范区。河南省积极推进人口、资源、环境和经济社会协调发展，坚持集聚增长与布局调整两手抓，提高产业集聚区的投资强度、容积率、建筑密度，合理高效利用土地、环境容量、资金、劳动力等要素资源，严格落实环评制度和节能减排政策，建立入驻项目筛选机制，有力促进了资源集约利用、高效利用、循环利用，有效提高了资源配置效率，推动了绿色循环低碳发展。五年来，全省产业集聚区新建成污水处理厂68个，污水集中处理率达到80%，建成标准化工业厂房1.85亿平方米，万元工业增加值能耗下降25%以上。

通过考察，考察团一致认为，河南省产业集聚区建设“决策正确、经验丰富、成效显著、前景辉煌”，实践中所形成的硕果和经验，富有智慧，富有创造，对中部地区特别是对江西具有“可复制、可操作、可推广”的借鉴意义和价值。

二、考察团对河南省推进产业集聚区建设的建议

（一）进一步处理好发展与环保的关系。随着我国经济持续快速发展，发达国家上百年工业化过程中分阶段出现的环境问题在我国集中出现，环境与发展的矛盾日益

突出。河南生活用水、农业用水（部分用地下水维持）、工业用水十分困难。如果工业不转型发展，难以为继。面对严峻形势，不能因为怕影响生态环境而放弃发展，但应坚持走“在发展中保护、在保护中发展”的路子，促进转变经济发展方式、推动科学发展。比如，进一步高效利用土地资源。继续实行差别化用地政策，不断提高土地利用效率，建立完善产业集聚区落后产能用地退出机制，推动土地资源优化配置。比如，进一步严格加强环境保护。严格执行国家环保产业政策，切实按照“三同时”原则，加强污染处理设施建设，努力实现清洁生产。比如，进一步大力发展循环经济。引导企业采用先进技术、工艺、设备等，降低资源消耗量，提高资源能源综合利用效率，实现以最小的资源消耗、最小的环境代价，赢得最大的发展效益，推动实现绿色循环低碳发展。

（二）进一步处理好做大与做强的关系。产业集聚区是河南经济发展的增长极和支撑点，发展规模日益壮大，2013 年全省产业集聚区建成区面积 1796 平方公里，其中有 60 个集聚区建成区面积超过 10 平方公里。在坚持做大规模的同时，还应注意做强的问题，提高产业集聚区的发展质量和效益。比如，进一步坚持以商招商、招大引强，提高带动力。通过招商引资，大力发展战略性新兴产业和高端产业。比如，进一步实行腾笼换鸟，提高活力。对技术落后、资源消耗高、污染严重的企业，该淘汰的要淘汰，腾出土地和环境容量，为先进生产力发展腾出空间，不断注入新鲜活力。比如，进一步推进兼并重组，提高竞争力。对竞争力较弱的同质企业，鼓励龙头企业对其兼并重组或同类企业合并重组，不断增强企业的竞争力，推动产业集聚区更大规模、更高质量、更优水平发展。

（三）进一步处理好二产与三产的关系。随着全球经济一体化进程的加快，产业融合正成为世界经济发展的新趋势。应坚持“二三并举、双轮驱动”的发展思路，既加快推进工业增长，又大力推进三产繁荣，注重发展好第三产业特别是现代服务业，实现二产三产协调推进、融合发展。生产性服务业是二三产业融合的关键环节。比如，进一步注重围绕产业集聚区主导产业发展，着力提升物流、信息、金融产业支撑服务能力，加快商务中心区和特色商业区建设，打造一批涵盖金融、信息、研发、中介服务、商贸等行业的生产性服务业集聚区。比如，进一步注重发挥生产性服务业在技术、知识、人才、信息转化为现实生产力中的“黏合剂”作用，不断催生新技术、新工艺、新产品、新业态，推动二三产业协调互动发展。比如，进一步注重用信息技术改造提升二三产业，加快智慧城市建设，增强信息化对新型工业化、新型城镇化的支撑作用，推动工业化、城镇化与信息化融合互动。

（四）进一步坚持创新驱动发展战略。科技是国家强盛之基，创新是民族进步之魂。应更加注重创新平台、人才队伍和体制机制建设，把核心技术掌握在自己手中，赢得竞争和发展的主动权。比如，进一步加强创新平台建设。依托现有基础和优势产业，加大技术研发的投入，大力发展创业中心、研发中心、重点实验室、孵化中心等各种创新载体，完善产业集聚区科技服务体系，夯实创新载体平台。比如，进一步加强创新人才队伍建设。坚持培养和引进相结合，加强高水平领军人才、青年科技人才的培养使用，尤其是要针对电子信息、航空物流、新材料等战略性新兴产业发展需求，培养和引进一批具有较强创新能力的创新人才和创新团队，着力打造创新人才聚集的新高地。比如，进一步完善科技创新政策体系。发挥财税等政策杠杆的导向作用，引导鼓励企业加大科技投入；实行严格的知识产权保护制度，完善自主创新的技术标准体系；健全科技创新成果转化机制，促使科技创新成果加快向现实生产力转化。

三、对促进我省产业集群发展的几点启示

经过近年来的培育和发展，我省产业集群发展取得了明显成效，但与发达省份相比还存在一定差距，目前仍没有千亿级的产业集群，重点产业、龙头企业偏小偏弱，产业配套仍不完善等。学习借鉴河南的好做法好经验，需要我们统一思想，提高认识，进一步贯彻落实好省委、省政府关于推动产业集群发展的决策部署要求，树立全省一盘棋的理念，统筹谋划，集中调度，狠抓落实，不断促进产业集群和工业园区发展上新水平。根据考察情况，我们提出以下建议。

（一）**分类实施归并整合，提升园区发展质量**。全省现有省级以上工业园区 94 个，开发面积 568 平方公里，园区发展规模不断壮大，但存在部分园区重复建设问题，多数园区内企业关联度不大且未形成产业集群。应从全省工业发展大局出发，根据产业特点、基础条件、各地实际，统筹分类实施工业园区归并整合，重点对发展较慢、产业雷同、隶属同一区域内的园区，采取“一区多园”等方式进行整合，这样有利于集中资源重点建设，形成分工合理、优势互补、特色鲜明的产业布局。

（二）**扶持壮大龙头企业，带动产业集聚升级**。全省 60 个重点产业集群中，还没有 1 个千亿级的产业集群，其中一个重要原因就是缺乏竞争力强、带动作用大的龙头企业作支撑。应坚持引进与培育相结合，通过设立专项发展资金、实行各类要素倾斜，扶持培育壮大龙头骨干企业，使之成为产业集群发展的“强力引擎”；瞄准国内外 500 强等大集团、大公司，着力引进拥有核心技术、能够延链补链的大企业、大项目。围绕龙头企业和主导产业，加快建设产业集群配套基地，发展一批专、精、特、优的小微企业集群，完善产业集群分工协作。

（三）拓宽园区融资渠道，破解企业融资难题。针对我省金融资产总量偏小、工业企业融资渠道单一等状况，应进一步深化金融体制改革，支持鼓励有条件、有实力的企业发起设立或参与组建中小银行、财务公司或融资租赁、消费金融公司等新型金融机构。鼓励金融机构依托园区设立分支机构，探索设立特色银行，降低企业融资成本。加大对小微企业的扶持力度，对初创型或发展困难的给予贴息贷款扶持。加快推进园区企业信用评级体系建设，逐步形成信用等级越高、利率越低、授信额度越大的激励机制。

（四）坚持集约节约发展，提高园区土地利用效率。应根据园区实际、企业发展和产业特点，集中规划和统一建设多层、高层标准厂房，支持企业利用原有场地加层改造，提高工业用地厂房容积率。建立完善用地退出机制，加大对批而未用和低效用地的清理力度，实行“腾笼换鸟”，盘活存量闲置土地，破解园区用地瓶颈。完善集约节约用地考核机制，实行供地量与节能减排、投资额、产出效益等指标挂钩，努力提高土地投资强度和产出效益。

（五）强化科技创新驱动，提高园区企业创新能力。充分发挥财政资金的引导作用和银行贷款的放大效应，建立“风险补偿金”和“资金池”，实施园区企业“一企一技”认定和“后奖补”办法，引导、鼓励和支持企业进行技术改造和技术创新，建立完善创业中心、研发中心、重点实验室、孵化中心等各种创新平台，提高产品市场竞争力，使更多省产优质产品进入协议采购目录。完善园区需求的创新型人才培养、引进、使用和管理机制，重点引进创新团队和高层次创业人才。

（六）优化园区用工服务，解决园区用工、稳工难题。应建立完善职业技术院校与工业园区企业负责人双向挂职机制，实行一个园区对应一个或多个院校，建立一批园校对接、校企对接实训基地，重点对产业集群企业急需急缺的高级技工和熟练工人进行订单培训、定点培养。加大财政对培训的投入，重点帮助产业集群企业培训产业工人和技术人才，对符合条件的定点培训机构、企业或企业参训人员给予一定职业培训补贴；鼓励职业院校毕业生到省内工业园区企业就业，并适当给予一定的学费和生活补贴。

（七）坚持开发与保护并重，建设新型生态园区。应坚持产业集群发展与环境保护同步规划、同步实施、同步推进，积极推行立体式开发，注重保护原有自然生态。坚决把好项目准入关，防止“三高一资”项目进驻园区。加强园区环保设施建设，实现全省工业园区企业污水达标排放。实行节能减排与技术改造相结合，推广运用资源节约和循环利用技术，鼓励企业实施节能节水节材技术改造，降低单位产出的能源资源消耗，促进企业清洁生产。

（八）加快建设园区新型社区，推动产城融合发展。应坚持把产业集群发展同区域经济发展、新型城镇建设有机结合起来，加大财政扶持力度，建设一批集人才公寓、新市民公寓、总部大楼等为一体的新型社区，并配套完善园区金融、物流、市场等生产性服务业以及学校、商业、医院、酒店等生活服务设施，努力把工业园区建设成现代城镇新区。

（九）推进管理体制创新，优化服务环境。积极创新园区管理体制机制，探索推行“决策机构一元化、管理机构扁平化、服务机构企业化”的管理模式，激活各方力量，构建创新开放的工作体系。建立“一站式审批”服务平台，将行政服务中心功能延伸到工业园区，实现“一门受理、并联审批、限时办结”，缩短审批时限，提高办事效率，优化服务环境。加强物流信息平台建设，规范直达、零担物流专线，降低物流成本。

（2014 年 10 月 17 日）

考察河北看发展　比较河北想江西

住赣全国政协委员赴冀考察报告

在全国上下深入学习贯彻中共十九届四中全会和中央政协工作会议精神之时，根据全国政协统一安排，2019 年 11 月 20 日至 23 日，住赣全国政协委员召集人姚增科同志，率住赣全国政协委员考察团 18 人到河北省进行调研考察，主要报告如下。

总体感受

——此次考察河北从省到村，所到之处，干部群众都有一个奋发有为、力争上游的良好精神状态。没有听到一个叫苦的，说难、埋怨的，没有听到一个讲大道理、空道理，都是用“河北话”介绍怎样用实实在在行动“讲政治”“做政治”，感恩并对标对表习近平总书记和中共中央的决策部署，把京津冀协同发展、雄安新区规划建设与北京冬奥会筹办“三件大事”办好。目前，京津冀协同发展向纵深拓展，交通、生态环境、产业三个重点领域实现率先突破；雄安新区建设由规划向大规模建设；冬奥会张家口赛区 76 个项目全部开工建设，竞赛场馆主体建筑年内完工，京张高铁即将通车，筹办进入倒计时。

——从上到下，干部群众无不感念、衷心拥戴对河北“知之深、爱之切”的习近平总书记，以“让总书记少操心”的政治自觉，自加压力，感恩奋进。省领导干部以上率下，提出并力行“能做的有限，但要带头实干”；雄安新区以“非常时期担当非常使命”“一年当几年干”的奋斗精神，挑战了一个又一个“不可能”。

——所见所闻，“颠覆”了委员们对河北一些固有不准确的看法。如在石家庄，过去多年因为雾霾“爆表”，整年难见太阳，要戴口罩，现在夏天蓝天白云，阳光强烈要戴墨镜，“美丽河北”在新时代发生太多变化。有的委员讲，“看不够的很多、听不够的很多、学不够的很多”，江西在变，河北在变，全国各省都在变，可谓你追我赶、形势逼人。

——河北省委、省政府既要打好“三大攻坚战”、大批量关停转钢铁等高耗能企业优结构，又要当好首都政治“护城河”，办好京津冀协同发展、雄安新区规划建设和冬奥会筹办“三件大事”，任务之艰、压力之大，超乎想象。因决心下定，理念对头，接续奋斗，各项事业取得明显成效——从去年开始，全省经济产业结构，由231优化为321。到今年3季度全省生产总值增长了7%，一般公共预算收入增长了9.5%，规上工业增加值增长了6.8%，城乡居民的收入分别增长了8.5%和9.4%，尽管有的数字低于江西，但需付出巨大努力，中央领导肯定“工作扎实，实属不易”。

——去年河北省人大、省政府、省政协集中换届，中组部考察组反馈意见是：山西曾发生“塌方式”腐败，河北中管干部“进去的”更多，事先担心换届换出差失，结果是“三个没想到”。第一个没想到是，人选高度集中一致，从书记、省长到四套班子领导，从考察地市、厅局，从他们到所在单位上，都是高度一致的；第二个没想到是，大家对人选评价推荐，是出于公心的；第三个没想到是，没人告状，没有信访件，没有上访的。

主要启示

在考察期间，委员们从正定到西柏坡，从石家庄到雄安，从企业园区到村头田间，白天考察，晚上交流，深得启示。

关于正定县的考察：

正定是习近平总书记“从政起步的地方”，是习近平新时代中国特色社会主义思想的发源地、启航地，曾与北京、保定并称“北方三雄镇”。

启示之一：谋划发展要有高站位、前瞻性，认定发展路子对头，就要坚定不移干下去、干到底。主政正定的习近平，在1000多个日夜里，深入基层，足迹遍及全县，广泛接触干部群众，在做了大量深入调查研究基础上，作出了一系列决策部署。

——确立了“依托城市、服务城市”的发展战略；

——强调念好“人才经”、发展半城郊型经济；

——制定了“投其所好，供其所需，取其所长，补其所短，应其所变”的工作方针；

——提出了保护文物和古树的刚性制度；

——特别是，制定的领导干部必须带头遵守的“六项规定”，与党的十八大后中央出台的“八项规定”内容大体相同、一脉相承。

沿着当年习近平总书记从实际出发确定的发展路径，正定县接续奋斗，坚持“文化立县、农业稳县、旅游强县”，使拥有 51 万人口的千年古城不断焕发新活力。

多位正定干部还给我们讲当年故事，即总书记在正定工作期间，当年多方协调投资 350 万元修建的 87 版《红楼梦》拍摄地荣国府，如今门票收入累计已过亿元。今年仅到 10 月，全县旅游总人数超过 1230 万人，同比增长 160%，旅游总收入 56 亿元，同比增长 179%。

启示之二：办好村里的事，有一个好班子是关键，既要有超前发展眼光、过硬本事，又能做到公道正派、律己从严。习近平总书记曾三次到正定县塔元庄村“看看乡亲们，接接地气，充充电”。该村“把农业做成产业化，养老做成市场化，旅游做成规范化”，实现每户村民都有 90—127 平方米的住宅两套。旧房拆迁，村“两委”先从自家拆。

分房选门号“不抓阄”，“秘方”是村班子带好头，做到先村民、再干部、最后才是村支书。村支书赵桂林、尹计平说，总书记一直惦记着我们，不干好怕对不住“老书记”。

启示之三：村集体经济壮大，才能富民强村，党组织才有向心力、凝聚力。塔元庄村以村集体土地（包括整合的村民宅基地）入股，三分之一用于引进开发商市场化开发，三分之一无偿建公寓楼，另外三分之一入股分红。引进的大棚蔬菜企业、嘉年华水上乐园、农产品加工企业，村委会均以土地入股参与分红，村集体经济年收入 1800 万元，村民水电气、就学就医全免费，取得了令习近平总书记没想到的“这么快、这么大”的变化。

关于雄安新区的考察

千年大计、国家大事，设立河北雄安新区，是以习近平同志为核心的中共中央作出的一项重大历史性战略选择，总书记特别强调要有“神来之笔”。雄安新区用“世界标准、中国特色”打造引领世界的全球样板。有委员形象地讲，从这里听到了“社会主义高级阶段的脚步声”。

启示之一：制定一个具有系统性、科学性、前瞻性，符合中央决策意图的规划体系，必须集中国内外高端权威专家，反复充分论证，既立足眼前，又面向未来。围绕雄安新区规划建设，全球 2000 多位顶级专家在做规划。

——没想到从全球招标竞争这么激烈、这么高端。2018 年，雄安新区面向全球征集启动区城市设计方案，18 个国家和地区的 279 家机构踊跃参与。15 名中外专家评审团，利用淘汰法多轮投票，选出 3 个为胜出方案。在一轮又一轮的深化创作后，经过中外专家们多方面对比、评议，最终，美国 SOM 和 TLS 联合体设计机构设计的方案胜出。

——没想到规划这么多、这么细。1 个规划纲要，4 个总体规划，26 个专项规划，构成规划体系，覆盖 1 主 5 辅（1 主指的就是起步区，5 辅指的是雄县、容城、安新县城及寨里、昝岗 5 个外围组团），规划规划不再墙上挂挂，而是扎扎实实落到新区每寸土地上。

——没想到排在最前的重点专项规划看得这么远、这么深。第一项重点专项规划，不是产业，不是城市发展的创新点，不是城市客厅，而是防洪，第二项重点专项规划则是抗震，真是千年大计、安全第一。

——没想到数字科学运用这么系统、这么管用。物理城市与数字城市同步建，“地上一座城、地下一座城、云中一座城”，按数字规划审定建筑设计方案、进行施工监管，从制度设计上、规划建设流程中，为“廉洁雄安”提供技术支撑、建立制度基础，确保“一张蓝图干到底”。

——没想到“雄安质量”这么高、这么新。防洪标准在国标 200 年一遇上再增加 30 公分，做到“南极北极冰盖融化，新区防洪不出问题”；雄安新区平均建筑耗能低于北京的一半，住建部负责同志说，“等雄安新区把城市建设完了，国家新建筑标准就出来了”。

启示之二：具体“操盘手”做明白、干精彩，首先必须千方百计钻进去、学明白，才能既尊重专家意见，又不简单听从一家之言。作为第一批雄安人，原本学化学专业的陈刚，在新区规划制定过程中，干中学、学中干，走进部委、走进专家团，研读规划学、建筑学、地质学等，不仅研究“全球地震带”，而且研究“城市上浮现象”，让专家点赞“足可拿到 5 个硕士研究生学位”。

先植绿、后建城，“千年大计”从“千年秀林”开始。同时，从源头修复治理白洋淀，9 条水系治理已列入规划，目前核心区湖水已由 2017 年的劣Ⅴ类提升到Ⅳ类。

研究能源项目，既听能源专家怎么说，又听环保专家如何讲。一些项目不仅问知名大家，还讨教不出名的小专家。正因为听取各类专家意见，才做出科学决策，对上核电项目说“不”，白洋淀清淤也因此“花 2 万，省下 500 亿”。

关于中医药产业的考察

启示之一：中医药走遍国内、走向世界，要有创新型龙头企业牵引，河北已有经过欧盟有关专门机构认定，销售已经覆盖美欧十余个国家和地区的中药产品。27 年前，在河北省中医院身为教授的吴以岭，走出体制内下海，成为第一个中医研究生创新创业的人。起初，创办石家庄以岭药业还是借的 10 万元，现在这家上市企业市值已达 200 亿元，凭借开发治疗非典的特效药连花清瘟，2009 年成功当选中国工程院院士。他主编的《络病学》成为 40 多家高等医学院校教材。企业深耕传统，面向世界，自主创新，开创了“理论—临床—科研—产业—教学”五位一体的中医药发展模式。

院士站有 30 名院士入站工作，囊括该领域 70% 的顶级专家。先后推出 10 种国家专利新药，在英国、美国设立子公司，与多家国际权威学术机构开展中药合作研究。

启示之二：中医药产业“链”打造长、延伸全，集聚效应就会越来越大。全国药市素有“南樟北祁”之称，“南樟”是江西樟树，“北祁”是河北安国。近四年来，安国市中医药产业实现跨越式发展，园区综合 2014 年位列全省 131，去年位列 14，跃升 117 位。

一是产业链条完整。涵盖中药材种植、中药工业、中药商贸流通、中医药健康服务和健康养老等，安国东方药城是中国北方最大的中药材专业市场。

二是聚集效应日增。现代工业园区入驻北京同仁堂、天津天士力、广东一方药业等企业达到 112 家，2018 年主营业务收入达 540 亿元。来自药业的 GDP、财政收入、人均纯收入均达 40% 以上。

三是从源头抓质量。现代中药农业园区，着力打造中药材种子种苗科技孵化中心。安国数字中药都，创新中药材电子交易、第三方检测和产品质量全程追溯三网合一新模式。

四是产业带动作用明显。全市仅从事药材粗加工的有 3 万多人，18 万农民依靠种植中药材发家致富。以健康养生旅游、观光为特色，集科研、教育、实习于一体的安国市药博园，正在创建京津冀地区中药农业典型示范区，带动三产深度融合。

关于河北红色旅游的拓展与发展

江西、河北同为革命老区，井冈山、西柏坡一脉相承，渊源和感情深厚。拓展式调研了解到，河北传承红色基因，做强做优红色旅游亮点做法值得借鉴。

一是讲全域又讲重点，不同区域给予明确叫得响的“定位”。比如，河北遵化市通过开展“头脑风暴”活动，总结提炼出以“冀东抗战中心、当代愚公之乡”的品牌，确定了建设“京津冀爱国主义教育培训基地，京东乃至全国知名的红色旅游目的地”的发展定位，构建东部奋斗游、南部抗战游、北部长城游三大功能分区，形成资源优化、空间有序、产品丰富、产业发达的红色旅游新格局。

二是大力推行“红色旅游 +”发展，以红带绿、红绿结合。以红色文化为主题的民宿、农家乐日趋火爆，实现了“红色得传承、产业得促进、经济得发展、群众得实惠”的共赢效果。

三是坚持红色旅游不仅是一个旅游产品，更是一项文化工程理念。将旅游和文化全面融合，使红色旅游具有强大生命力。

四是大力开展体验式研学，打造一批集参与性、趣味性于一体的红色项目。推出“重走英雄路，再拾先辈锄”“感受抗战文化、接受爱国教育”等拓展课程，许多来自京津的 85 后父母，带着孩子参加红色夏令营，在体验中得到精神洗礼。

五是探索红色旅游与党性教育一体发展的模式，结合建党、新中国成立等重大活动纪念日，广泛开展红色文化旅游推广活动。在庆祝中国共产党建党 98 周年之际，沙石峪陈列馆内座无虚席，上至 80 余岁老党员，下至 5 岁孩童，都被“诗歌行——走进沙石峪”原创红色诗歌深深感染，在场观众无不落泪。

六是将红色景区串联到古色、绿色旅游线路中。精心打造多条红色记忆游，带给游客强烈的视觉冲击和心灵震撼。

关于在西柏坡学习参观

启示之一：兵民是胜利之本，人心是最大政治。毛主席和党中央在西柏坡用 408 封电报指挥打赢三大战役，进而建立新中国，为的是人民，靠的也是人民。《土地法大纲》在这里制定，经过土改后的农民，分到属于自己的土地，踊跃参军、支前，保卫胜利果实，这与国民党反动派抓壮丁形成鲜明对照。“人工 886 万人次，担架 36 万副，小车 100 万辆，牲畜 200 多万头，粮食 8.5 亿斤”，数字背后是民心所向、人民力量。

启示之二：回望历史，学习党史，了解统一战线历史，才能更加自觉担当使命，重视发挥人民政协在推进国家治理体系和治理能力现代化中不可替代作用。由毛主席亲自修订的中共中央发布的“五一口号”，通过新华社从这里发出后，饱受国民党政权打压迫害的各民主党派、无党派人士积极响应，从香港分两路北上，一路辗转到哈尔滨，一路到西柏坡，参与筹备新政治协商会议，共商建国大事。从“众星拱北、万水朝东”的历史画卷中，大家看到了历史洪流、浩荡大势，看到了多党合作的初心、人民政协建立的初心，两者与共产党的初心完全一致。在新时代，面对世界百年未有之大变局，要传承红色基因，牢记“两个务必”，不忘合作初心，继续携手前进，发挥人民政协作为专门协商机构作用，坚定走好新的长征路、“赶考”路。

具体建议

站位我省实际，回顾总结河北之行，考察团认真研究梳理，从三个方面提出 12 条具体建议。

区域和城市发展方面

建议之一：学鉴河北对接京津冀协同发展经验，坚持“一盘棋”，既开放提升，又强化聚集，做到市县区域之间有重点有差别化发展，力戒平推平均。开放是解放思想，聚集也是解放思想；开放要解放思想，聚集也要解放思想。要像把雄安新区建设作为推动京津冀协同发展的核心举措和重中之重，打造成为新的增长极一样，把大南昌都市圈作为江西“作示范、勇争先”的重要抓手和先导工程，进一步解放思想，推动省委“一圈引领、两轴驱动、三区协同”区域发展战略落实落细，引导树立“省会兴则全省兴、省会强则全省强”意识，举全省之力，做大做强南昌，发挥大南昌都市圈的龙头带动作用，推动我省高质量跨越式发展。

要针对大南昌都市圈仍存在城市与城市之间资源和要素争夺激烈，同质化竞争严重、城市间不平衡与发展差距拉大，未形成合理城市分工和层级体系等情况，进一步推进产业协同发展，促进交通体系、公共服务、社会保障、社会治理等一体化。

建议之二：应学鉴雄安新区建设新理念，制定规划一定要突出国际性、科学性、系统性、前瞻性，坚守民族自信、文化特色。雄安新区集中承接北京非首都功能疏解，规划建设经验做法虽不可复制推广、不能照搬照抄，但先进理念不可不学、不可不用。

——学鉴其“把每一寸土地规划得清清楚楚后再开工建设”的理念，立足江西实际，科学编制包括“十四五”在内的各类规划，保护好生态、利用好资源、规划好功能、布局好空间，防止“规划规划，纸上画画，墙上挂挂”现象发生。

——学鉴其战略“留白”的理念，重视规划限制区，为我们的子孙留足空间。同时，注重创新理念，以人为本，探索“复合用地”“海绵城市”等新理念新思路的运用。

——学鉴其把生态贯穿全过程的理念，当“建设者”前，先当“植树者”，优化绿色发展布局，体现绿水青山就是金山银山。

——学鉴其同步规划建设数字城市的理念，将数字孪生技术贯穿于我省城市规划、建设、运营、治理全生命周期，促进信息资源的共建共享。

——学鉴其坚持国内外比较研究，把安全放在规划建设首位的理念，优先做好城市防洪、抗震等重点专项规划。

建议之三：既要坚定走有江西特色高质量发展之路，又要重视走出江西，加强省际间合作交流，知人之长，学人之优，补己之短，补己之缺。江西作为长江中游重要省份，长江经济带和“一带一路”建设的交汇区域，要发挥区位、资源等优势，立足自身强项，吃透国家政策，抓住京津冀协同发展和雄安大规模建设的大好时机，抓住国家战略叠加的难逢机遇，少依赖行政化多推动市场化，少概念引导多问题导向，少喊口号多善政，扬绿色生态优势，补创新不足短板，做好稀土、钨、铜等“+”文章，推动 VR、航空制造、电子信息等新兴产业发展，实现错位发展。

建议之四：走出江西学习考察，不仅要向东看“长三角”、向南看“大湾区”，还要重视向中向西看与我省发展阶段相近或具有同样优势产业的省份。正如有的委员讲，“这经验、那经验，对我省发展有用才是好经验；这办法、那办法，对我省发展有用就是好办法”。

中医药产业发展方面

建议之一：发挥我省中医药文化底蕴和资源禀赋优势，以建设国家中医药综合改革试验区为平台，做大做强做全产业链条，坚定不移推进中医药强省战略。习近平总书记与党中央高度重视中医药工作，近期出台了《中共中央 国务院关于促进中医药传承创新发展的意见》。江西是中医药产业大省，中医药产业保持良好发展态势，但与河北相比仍有较大差距，企业散而小、产品结构不够合理、创新活力不足、对外合作水平低等问题依然突出。

——支持“药都樟树”、青峰药谷、袁州医药园、南城“建昌帮”等中医药产业集聚区发展，加快赣江新区中医药科创城建设，依靠互联网与中医药产业的深度融合，铸链、补链、强链，打通全产业链。

——加大对医药产业集聚区、重点医药园区重大创新项目的帮扶力度，支持创新药产业化，对获得药品生产批件的创新药且在省内落地的，优先纳入省高新技术产业化项目计划给予资金补助。

——推进中医药科技平台建设，通过与中科院、中国中医科学院等一流科研院所合作，加快中国中医科学院江西分院、道地药材质量评价研究中心等“国字号”平台建设。

——鼓励大型中医药企业实施“走出去”战略，进一步开拓美国、欧盟等海外市场，形成开放发展新格局。

——支持、鼓励有条件的大型中医药企业努力创建“国家中医药健康旅游示范基地”，推进我省中医药健康与旅游融合发展。

——运用新媒体，深入挖掘，精心策划，广泛宣传，坚持效果导向，突出区域特色，进一步叫响江西中医药品牌。

建议之二：加快构建严格的中药材第三方质量检验检测评价体系，把质量安全摆放到关乎命运、成败兴衰的地位，坚持“药材好，药才好”标准毫不动摇。实施中药材质量保障工程，建立从种子、种植、加工、检测、仓储、运输到市场流通的生产流通全过程质量管理和质量追溯体系，加强第三方检测平台建设。

从土壤配方开始，到种子提纯驯化，确保好苗、好料出好药。引进专家参与，选择并扶持若干评价机构、培育以需求为导向的市场、创新评价模式、规范评价程序等，促进中医药创新发展。加大中药材规范化种植，利用江西青山绿水的天然优势，打造江西中药绿色种植品牌。

建议之三：持续关注支持我省樟树与河北安国两大药都深度交流合作，促进冀赣中医药产业优势互补，协同发展。河北安国与江西樟树，都是国内大型的药材聚散地，是全国三大药交会主办地。建议省有关职能部门继续跟踪督促此事，进一步推动两地建立中医药产业合作联盟，南北呼应，优势互长。搭建企业间政府间的合作平台，适时组织开展专场的政府及企业对接会，促进两省及企业的共赢合作。

建议之四：坚持引进与培育相结合，既招大引优，落户一批医药行业带动力强、影响力大的企业和品牌，又立足本地实际，扶持一批省内现有中医药企业做大做强。支持“百年老店”进行商标注册、专利申请，加强对企业商标的保护，提高企业保护自主知识产权的自觉性和主动性；建立重点企业联系制度，及时掌握“百年老店”的经营状况，着力解决“百年老店”发展中遇到的困难，共同支持老企业打出特色品牌、占领更高端市场。

乡村振兴与脱贫攻坚方面

建议之一：选优配强基层两委“带头人”，应探索突破村域、身份、职业“三界限”，采取村外选请、机关选派、异村任职、鼓励乡贤返乡等形式。要把发展经济有本事、化解矛盾有招数、服务群众有热情的优秀党员选拔到村“两委”中来，增强凝聚力战斗力。打好“乡情牌”，念好“招才经”，想方设法创造条件，鼓励人才回归乡村。对村党组织书记和“两委”班子建立履职情况定期评估、动态调整机制，对不胜任、不合格、不尽职、不公道的及时调整。

建议之二：因地制宜发展乡村产业，通过“集体土地入股 + 保底分红”“合作社 + 农户”等多种形式，既让集体经济强起来，又让农民口袋鼓起来。学鉴塔元庄村立足城郊优势的发展经验，探索建立以县域为单位，依据资源禀赋、区位优势、产业基础，在尊重农民群众意愿基础上，把所辖每个行政村发展方向都明确下来，对产业布局作出合理定位。设立乡村产业发展用地专项政策，引导工商资本支持乡村发展。加大对农村集体产权制度改革的力度，正确处理“统”与“分”的关系，拿出真金白银的政策，盘活集体资产，壮大集体经济，实现既富集体，也富村民。

建议之三：推进乡村环境整治重在实抓严抓，力戒做样子、“一刀切”“千村一面”等形式主义。强化规划对乡村环境建设的约束作用，把江西历史文化融入其中，把美丽乡村的“内在美”和“外在美”有机结合起来，特别注意保持田园风貌，富有乡土味道，做到各美其美、美美与共，使广大农民在乡村振兴中有更多获得感、幸福感。

建议之四：把“第三方检测”作为农产品交易市场从业的前置条件来对待，这是确保“舌尖上”的安全不可或缺的硬约束。加大政府购买服务力度，引入第三方检测机构，对农产品质量安全进行监测与评价，其结果纳入对各地党委政府重要考核内容，推动各地加快形成农产品质量安全“社会共治”新格局。

（2019 年 12 月 21 日）

《人民政协报》刊发江西省政协相关文稿

2012年

江西省政协开展宣传报道月活动

骆名坤

为在全会召开之前进一步营造氛围，江西省政协于今年首次开展政协工作宣传报道月活动。江西省政协选取了省政协常委会履行职能综合情况、政协提案工作、各民主党派省委会参政议政工作、人民政协理论建设等7个方面的内容作为宣传报道重点，组建江西日报、江西卫视等4支宣传报道队伍围绕7个专题进行集中采访报道。该省省委宣传部还明确要求各大新闻单位要在重点时段、重要版面刊播政协工作的宣传报道，努力吸引社会各界群众都来关心政协工作。

（2012-01-18期02版）

江西省政协反映社情民意信息工作结硕果

骆名坤　曾　粮

2011年，江西省政协反映社情民意信息工作喜结硕果。据了解，该省政协全年专报省委、省政府领导反映社情民意信息38篇，比去年增加8篇；全国政协办公厅采用该省社情民意信息4条，在2010年实现“零”突破的基础上取得新进步。

2010年底，江西省政协主席傅克诚作出重要批示，要求加强反映社情民意信息工作；在讨论审定省政协十届四次会议《常委会工作报告》时，将反映社情民意信息工作列为需要进一步改进的“四个问题”之一。为此，该省政协办公厅研究室出台了《关于进一步加强和改进反映社情民意信息工作的意见》。

做好政协信息工作，关键在于全体政协委员和省政协各参加单位的合力共为。在省政协十届四次会议期间，江西省政协办公厅在发送会议书面通知时就将委员反映社情民意信息表格一同送达各位委员，请委员在大会报到时交上填好的社情民意信息表格，对没有交表格的委员，重新发送表格，温馨提醒委员在会议期间要反映一条社情民意。此次会议期间，委员共报送社情民意 92 篇，是本届政协全会最多的一次。

高质量的社情民意得到了高度重视。江西省政协委员林印孙反映的《关于解决我省生猪生产难题的建议》，得到了省政府分管领导的批示，并被全国政协办公厅采用。各民主党派和群众团体更加重视通过政协渠道反映社情民意信息，其中农工党报送的《〈药品质量抽查检验管理规定〉亟待修订》，被全国政协办公厅采用，并转发给国家相关部门研究。

（2012-01-18 期 02 版）

江西省政协加强全会期间社情民意信息搜集工作

骆名坤

在全会即将召开之际，江西省政协为进一步激发政协委员反映社情民意信息的积极性，积极创新方式，多管齐下，采取“四个一”举措加强社情民意信息搜集工作：寄发一封公开信，提供社情民意信息参考选题，便于委员提前思考、调研，提高信息的针对性和实效性；打一个电话，恳请委员至少反映一条社情民意信息；提供一张表格，即委员反映社情民意信息用笺；健全一支队伍，对平时反映社情民意信息比较积极的委员，加强沟通，重点联络，逐步建立一支反映社情民意信息的委员骨干队伍。切实发挥好社情民意信息作用，多方听取民意、了解民情、反映民声。

（2012-01-20 期 02 版）

江西省政协全会为增强百姓幸福感建言

曾　粮

正在召开的江西省政协十届五次会议，民生问题依然是委员们关注的焦点。

袁兆康委员表示，医疗卫生是公益事业，是名副其实的民生工程，财政应该加大对医院补贴力度，使医疗卫生回归行业本质。许小欢委员建议，尽快实现全省11个设区市的市级统筹，积极推进全省就医“一卡通”和跨省异地持卡就医，做到全省统一政策、统一缴费标准、统一医疗待遇水平、统一管理办法等。

委员们还从保护和改善民生的高度提出教育事业的改革建议。他们希望，政府有关部门尽快制订和完善全省幼儿园收费标准及收费管理实施办法；创造条件将义务教育延伸到幼儿教育；引导、鼓励和支持社会力量举办非营利性幼儿园。

李家祥、梁莉莉、罗时民、李越湘、卢胜平、许小欢等六名省政协委员鉴于当前校车安全存在一些值得重视的问题，联名递交提案，建议成立由政府主导的校车公司化“统一管理”机制，保障安全接送学生。

该省政协常委会工作报告在部署今年省政协工作时更是明确提出：要紧扣增强人民幸福感，为改善民生和维护社会稳定建言献策；要围绕民生工程推进落实情况，组织委员进行一次集中视察，深入开展调研监督和咨政建言活动，推动相关问题的解决，让广大群众共享改革开放和经济社会发展的成果。

（2012-02-02 期 02 版）

江西鼓励网民为政协全会建“微言”

骆名坤

为了让广大网友更好参与政协全会，江西省政协十届五次会议在新浪微博、大江论坛、大江网两会专题内开设了“微建言”平台，邀请全省乃至全国网友通过微博等途径，为建设富裕和谐秀美江西出谋划策。与此同时，会议还鼓励和支持网民拍摄、上传身边的变化和家乡人民密切关注全会召开的画面，利用网民的镜头反映全省广大干部群众对全会的热烈反响和高度关注。

（2012-02-09 期 02 版）

“会中办案”成为江西省政协全会制度性议程

王国龙

近日，江西省政协全会举行提案协商办理座谈会，有关江西农村水利建设问题的4件提案当场办理完毕。通过会中办理提案，政协委员的建议得到了高效处理，被直接纳入决策程序。会中提案协商办理活动已经成为江西省政协全会的制度化议程，今年已经是第五次开展会中办案。

据悉，从江西省政协十届一次会议开始，江西省政协每年都选择委员关注度高、关乎民生的一类提案进行当场办理。围绕江西省实施民生工程的相关问题，江西省十届一次会议会中办理了17件相关提案；十届二次会议办理了12件有关“食品药品安全”和“农村污染面源整治”主题的提案；今年则选择“完善农田基本设施建设”内容的提案进行会中办理。

会中办理提案的规格高、效率高、影响广泛。一般由省政协主席，省委常委、常务副省长以及分管提案工作的政协副主席挂帅，邀请提案涉及的有关部门和提案委员面对面协商问题，并在高层推动下让提案办理在短时间内看到实效。

（2012-02-17 期 02 版）

切实加强人民政协理论建设

赣协轩

编者按 把人民政协理论研究纳入马克思主义理论研究和建设工程，纳入我国哲学社会科学总体发展规划和把人民政协理论列入各级党校、行政学院、干部学院、社会主义学院的教学计划。是以胡锦涛同志为总书记的中共中央作出的加强人民政协工作的一项重要部署和重大举措，是新世纪、新阶段人民政协理论建设的新拓展。从各地实践看，“两列入”“两纳入”还处在探索当中，不少地方进行了有益尝试，但一些地方仍停留在“用文件落实文件上”。江西省认真贯彻落实中共中央的部署和要求，通过项目设计、工程推进、机制保障等措施，使“两列入”“两纳入”工作得到较好落实。此文介绍了他们的做法和经验，供参考。

人民政协理论是中国特色社会主义理论体系的重要组成部分，是推动人民政协事业发展的强大思想武器。胡锦涛总书记在庆祝人民政协成立60周年大会上的重要讲话中强调：“切实把人民政协理论研究纳入马克思主义理论研究和建设工程，纳入我国哲学社会科学总体发展规划。要把人民政协理论列入各级党校、行政学院、干部学院、社会主义学院的教学计划”。“两列入”“两纳入”要求的提出和强调，是以胡锦涛同志为总书记的中共中央作出的加强人民政协工作的一项重要部署和重大举措，是新世纪新阶段人民政协理论建设的突出亮点和最新拓展。江西省认真贯彻落实中共中央的部署和要求，将“两列入”“两纳入”谋划设计为工作项目和理论工程来实施来推动，创造和形成了党委重视、政协主动、部门支持、合力推进的良好态势。我们的主要做法和思考是：

一、领导重视

加强人民政协理论建设，既是中共中央对各级党委的要求，也是各级人民政协的重要职责和重大任务，是人民政协事业发展的迫切需要和中国特色社会主义理论体系建设的必然要求。中共江西省委在人民政协理论建设方面充分发挥主导作用，省委中心组就中国特色的统一战线理论、坚持和完善中国共产党领导的多党合作和政治协商制度、中国特色社会主义民主政治建设等人民政协理论专题先后组织集体学习。省政府积极支持人民政协理论建设工作，将江西省人民政协理论研究会工作经费列入了财政预算，对人民政协理论研究、宣传、教育等工作给予经费保障。

江西省政协始终坚持思想理论建设先行先导，每年的常委会工作报告和党组工作要点都对人民政协理论建设工作作出安排部署；省政协主席会议经常研究人民政协理论建设重大问题；省政协常委会每年都要组织对人民政协理论的集体学习，并创建了省人民政协理论研究会。省政协多位领导先后多次在省委党校（行政学院）、社会主义学院等干部教育培训院校、新任市县政协主席培训班、市县政协新任委员培训班上讲授人民政协理论。仅2011年一共有省委副书记、组织部部长、宣传部部长、统战部部长和省政协主席等五位领导就“两列入”“两纳入”工作作出批示，要求相关部门单位落实。这些都充分体现了省委、省政府和省政协领导对人民政协理论建设工作的高度重视。

二、项目设计

中共中央关于加强人民政协理论建设的要求十分明确，体现在中央文件和主要领导的重要讲话之中，其中“两列入”和“两纳入”的要求，不仅为人民政协理论建设拓宽了领域，搭建了平台，疏通了渠道，而且将人民政协理论建设提上了党委工作的议事日程和重要内容，成为党的工作、党的事业的重要组成部分，意义重大，作用深远。江西省政协在开展提高政协工作科学化水平提高年活动中，以中发〔2006〕5号文件、中办发〔2011〕16号文件和胡锦涛总书记在庆祝人民政协成立60周年大会上的重要讲话精神为指导，积极借鉴运用项目设计的理论，谋划设计了推动人民政协理论建设“两列入”“两纳入”的工作项目，研究和规定了工作目标、责任主体、实施步骤、实现途径、工作效果，把“两列入”“两纳入”作为人民政协理论建设的重要抓手和主要项目加以实施和推进，该工作项目被评为2011年度省政协机关优秀工作项目和“开展我为政协工作科学化水平献一策金点子奖”。

三、工程推进

中央“两列入”“两纳入”要求的落实，涉及省委及其组织、宣传、统战等重要部门，涉及党校、行政学院、干部学院、社会主义学院等干部教育培训院校，涉及省财政厅、省社科院、省社联、高等院校等单位，需要加强综合协调调度，省政协不仅把它规划设计为工作项目，而且将它作为一项系统工程，积极牵头协调，主动调度，力促多方协作，多措并举，扎实推进“两列入”“两纳入”的要求落到实处，取得实效。

一是以《江西政协信息》专报和当面口头汇报并举的形式，分别向省委副书记、组织部部长、宣传部部长、统战部部长等分管领导提出落实“两列入”“两纳入”要求的具体建议，建议得到了各位省领导的充分肯定和书面批示，要求有关部门认真落实省政协的建议。

二是以省政协办公厅商请函和上门协商并重的形式，主动与省委组织部、省委宣传部、省委统战部、省社联、省委党校、行政学院、干部学院、经济干部管理学院、社会主义学院、省社科院等部门商请协商落实“两列入”“两纳入”要求。根据领导书面批示要求和省政协建议，这些部门和单位就加强人民政协理论建设进行了认真讨论研究，在与省政协办公厅沟通联系达成协商共识后正式书面复函，明确表示从自身职能出发，进一步加大对人民政协理论建设的支持、配合力度，并出台了具体举措。比如，省委组织部专门召开人民政协理论教育干部培训协调会议，要求全省干部教育培训院校做到教学计划、教学内容、师资力量、教学效果四落实；省委宣传部明确把人民政协工作和人民政协理论的宣传纳入年度工作计划和总结，统筹安排部署，要求省内主流媒体比如江西日报、江西电台、江西卫视等媒体开辟政协工作专题、专栏，规定从 2011 年起每年开展政协工作宣传报道月活动；要求将人民政协理论研究纳入我省中国特色社会主义理论体系研究中心统筹协调的工作内容，积极推动哲学社会科学研究院校所加强人民政协理论的研究和宣传工作。省社联决定将人民政协理论纳入江西省哲学社会科学研究“十二五”规划，在省社科“十二五”规划项目申报指南中加入人民政协理论研究选题。

2011 年，江西省政协共组织申报了五个人民政协理论方面的规划项目课题，开创了申报人民政协理论研究省级课题的先河。同时省社联还明确每年开展的社科普及宣传周活动要把人民政协理论列为宣传普及内容。省委党校、行政学院、干部学院、社会主义学院举办的县处级干部培训班、中青年干部理论培训班以及厅级干部培训班、党外干部培训班等主体班次均安排了人民政协理论的课程，落实了师资和教材，并邀请省政协的领导授课，聘请省政协机关工作经验丰富、理论功底扎实、口头表达能力较强的厅级干部担任兼职教授，安排讲授人民政协理论专题课程。2011 年是江西省政协办公厅与省有关部门单位就人民政协理论建设发出商请（回复）函等文件历史上最多的一年。通过齐抓共管、通力协作，相关部门和单位各负其责、各展其能，“两列入”“两纳入”的要求得到了较好的落实。

与此同时，江西省政协于 2011 年正式成立了江西省人民政协理论研究会，并召开提高政协工作科学化水平理论研讨会，编辑出版发行了《提高政协工作科学化水平文选》。

四、“三化”保障

为了使中央“两列入”“两纳入”的要求和工作常抓不懈、持之以恒、常做常新，我们积极探索以制度化、规范化、程序化来做保障、促巩固。

一是运用流程再造理念促进人民政协理论建设工作的制度化、规范化、程序化。大力借鉴运用企业管理的流程再造理论，对“两列入”“两纳入”工作进行了制度化、规范化、程序化的推进，如对人民政协理论研究课题，我们从纳入课题、申报选题、确定课题、开展调研、组织撰写、进行研讨、反复修改、呈报审定、推荐发表、应用转化等环节予以分解、细化，明确方法步骤，明确时间节点，明确责任主体，明确操作办法，明确实际效果，从而推进我省人民政协理论建设完备制度、明确规范、完善程序，提高科学化水平。

二是建立了人民政协理论建设联席会议制度。由省人民政协理论研究会会长或秘书长召集主持，定期不定期召开联席会议，研究、调度人民政协理论建设相关事宜，加强沟通，强化协作，协调解决“两列入”“两纳入”等人民政协理论建设工作推进过程中的困难和问题。

三是召开专题专项联席协商会议，围绕人民政协的理论研究、宣传和教育工作三个方面，根据实际工作需要，分别召开专题联席协商会议，由省政协秘书长主持召集，有关部门、单位领导参加，共同会商解决“两列入”“两纳入”落实过程中的具体难题。通过建章立制、完善机制，努力做到有制可依、有规可守、有序可循，为人民政协理论建设提供了强有力的保障，为人民政协事业的蓬勃发展、可持续发展奠定了坚实基础。

（2012-04-18 期 12 版）

推进政治协商制度建设的“江西实践”

政协江西省委员会

胡锦涛总书记在庆祝人民政协成立60周年大会上明确指出，“要增强开展政治协商的自觉性和主动性，规范协商内容，丰富协商形式和层次，切实把政治协商纳入决策程序”。江西省认真贯彻落实中央的要求和胡锦涛总书记的讲话精神，在推进人民政协政治协商制度建设方面进行了积极探索，制定和实施了《中共江西省委关于推进人民政协政治协商制度建设的意见》（以下简称《意见》）。

一、明确协商主体，界定协商内容，确保政治协商具体实际

《意见》明确规定，党委和人民政协都是政治协商的主体，并提出以下七个方

面的内容必须开展政治协商:(一)党委或党委、政府联合制定的事关全局的重要决议、决定和意见。(二)政府工作报告和计划、财政、人民法院、人民检察院工作报告,以及重要的政府规章。(三)国民经济和社会发展的中长期规划和重大建设项目。(四)重大体制改革方案、行政区划的重大调整和同级城市建设总体规划。(五)事关当地民生的重大问题。(六)各党派参加人民政协工作的共同性事务,政协内部的重要事务,以及有关爱国统一战线的其他重要问题。(七)有必要进行协商的其他重要问题。

二、丰富协商形式,完善协商程序,确保政治协商运行实在

江西省在坚持传统政治协商形式的基础上,又因地制宜地进行探索创新。归纳起来,主要是四种形式:(一)政协会议协商;(二)书面协商;(三)对口协商;(四)专项调研视察后面对面座谈协商。江西省完善协商程序,使政治协商的各个环节尽可能明确、具体、规范。主要体现在五个方面:(一)协商议题的提出和确定;(二)协商活动的准备;(三)协商会议的组织;(四)协商成果的报送;(五)协商意见的处理和反馈。

三、注重协商成果,强化协商问效,确保政治协商产生实效

江西省各级政协组织十分注重政治协商成果的跟踪问效,切实加强与党政及其部门的沟通和联系,对报送吸纳意见建议的办理落实情况通过组织视察、调研、座谈、走访等方式及时进行跟踪了解。为了促进办理落实,省政协办公厅联合省委、省政府办公厅对协商意见的办理情况进行督查,对一些重要的协商成果,还组织委员进行专题民主监督,就落实转化过程中的重要问题进行再协商,促进协商成果的深层次转化。

四、作出刚性规定,提供全力保障,确保政治协商落到实处

在江西省委的文件中首次作出了"凡规定需要经过人民政协进行协商而未协商的事项,除特殊情况外,原则上不予决策"的刚性规定。省委负责同志还明确界定"特殊情况"主要是两个方面:一是紧急或突发事件在时间上来不及的;二是省委、省政府不能最后决策的。从而真正做到了把政治协商纳入决策程序。在具体实践中切实做到了"四个坚持、多个保障":(一)坚持以科学发展观为统领,提供思想理论保障;(二)坚持党委在政治协商中的主导地位,提供政治组织保障;(三)坚持在决策之前和决策执行过程中进行协商的重要原则,提供人力、物力、财力的保障;(四)

坚持把加强团结和发扬民主贯穿于政治协商全过程，提供平台、渠道、舆情环境的保障。

五、实践效果

有利于广开言路、集思广益，促进决策的科学化、民主化。

有利于扩大共识、凝聚人心，不断夯实团结合作的共同思想政治基础。

有利于不断拓宽和畅通密切联系群众、反映群众意见诉求的平台和渠道，发挥人民政协做好新形势下群众工作的优势和作用。

有利于发展社会主义协商民主，扩大公民有序政治参与，推进中国特色社会主义民主政治建设。

（2012-08-23 期 10 版）

江西省出台提案工作实施意见

骆名坤

江西省委办公厅、省人民政府办公厅近日正式行文下发《关于进一步加强人民政协提案办理工作的实施意见》（以下简称《实施意见》），以党政文件出台了提案工作的规范性文件，这在江西省尚属首次。

该《实施意见》广泛征求了党政相关部门和政协委员的意见建议，《实施意见》从江西实际工作出发，同时积极借鉴吸纳其他省市办理政协提案工作的好经验、好做法，对提案办理工作措施进行了细化、充实，展示了江西政协提案工作的特点和亮点，其中有许多创新提法和举措。如文件首次提出“由党委、政府、政协联合召开政协提案交办会议”，进一步强化了党委对政协提案工作的主导作用。在提案办理过程中，要求逐步建立承办单位、提案者、政协组织三方沟通协商机制，实现“提”“办”双方良性互动。对因条件所限一时难以解决的“留级”提案，应制订计划，积极创造条件逐步解决，并及时将进展情况向提案者反馈。尤其值得一提的是，文件明确规定“把提案办理质量作为评价干部作风的重要方面，并逐步将政协提案办理工作纳入绩效考核体系”。

在正式行文之前，江西省政协又召开了主席会议、常委会会议专门讨论《实施意见》稿，充分吸收采纳常委、委员的修改意见，对文稿逐段逐条逐句进行完善。省委、省政府对政协工作全力支持，及时把文件印发各地各部门，并要求各地各部门认真对照落实，把做好政协提案工作作为一项重要政治责任，摆在更加突出的位置，以增强办理实效为目标，以规范办理程序、完善办理工作机制为保障，全面提升提案办理工作科学化水平。

（2012-09-05 期 02 版）

落实“两列入”“两纳入”　加强政协理论建设

骆名坤

江西省认真贯彻落实中共中央的要求和部署，将人民政协理论“两列入”“两纳入”（即：把对人民政协的宣传列入各级党委宣传部门的工作计划，把人民政协理论列入各级党校、行政学院、干部学院、社会主义学院的教学计划；把人民政协理论研究纳入马克思主义理论研究和建设工程，纳入我国哲学社会科学总体发展规划。）提升到全局和战略的高度来认识来重视，创造和形成了党委重视、政府支持、政协主动、部门参与、合力推进的良好态势。

我们的主要做法和思考是：

一、领导重视。中共江西省委在人民政协理论建设方面充分发挥主导作用，仅2011年一共有省委副书记、组织部部长、宣传部部长、统战部部长和省政协主席等五位领导就“两列入”“两纳入”工作作出批示，要求相关部门单位落实。这些都充分体现了省委、省政府和省政协领导对人民政协理论建设工作的高度重视。省政府积极支持人民政协理论建设工作，将江西省人民政协理论研究会工作经费列入了财政预算，对人民政协理论研究、宣传、教育等工作给予经费保障。江西省政协始终坚持思想理论建设先行先导，每年的常委会工作报告和党组工作要点都对人民政协理论建设工作作出安排部署；省政协主席会议经常研究人民政协理论建设重大问题；省政协多位领导先后多次在省委党校（行政学院）、社会主义学院等干部教育培训院校讲授人民政协理论。

二、工程推进。中央“两列入”“两纳入”要求的落实，涉及省委及其组织、宣传、统战等重要部门，涉及党校、行政学院、干部学院、社会主义学院等干部教育培训院校，涉及省财政厅、省社科院、省社联、高等院校等单位，需要加强综合协调调度，省政协不仅把它规划设计为工作项目，而且将它作为一项系统工程，积极牵头协调，主动调度，力促多方协作，实行多措并举，列出日程进度，循序渐进，扎实推进“两列入”“两纳入”的要求落到实处、取得实效。一是以《江西政协信息》专报和当面口头汇报并举的形式，向分管领导提出落实“两列入”“两纳入”要求的具体建议，建议得到了各位省领导的充分肯定。二是以省政协办公厅商请函和上门协商并重的形式，主动与相关部门商请协商落实“两列入”“两纳入”要求。通过齐抓共管、通力协作，相关部门和单位各负其责、各展其能，“两列入”“两纳入”的要求得到了较好的落实。

三、“三化”保障。为了使中央“两列入”“两纳入”的要求和工作常抓不懈、持之以恒、常做常新，我们积极探索以制度化、规范化、程序化来作保障、促巩固。一是运用流程再造理念促进人民政协理论建设工作的制度化、规范化、程序化。大力借鉴运用企业管理的流程再造理论，对“两列入”“两纳入”工作进行了制度化、规范化、程序化的推进。二是建立了人民政协理论建设联席会议制度。由省人民政协理论研究会会长或秘书长召集主持，定期不定期召开联席会议，研究、调度人民政协理论建设相关事宜。三是召开专题专项联席协商会议。围绕人民政协的理论研究、宣传和教育工作三个方面，根据实际工作需要，分别召开专题联席协商会议，由省政协秘书长主持召集，有关部门、单位领导参加，共同会商解决“两列入”“两纳入”落实过程中的具体难题。

（2012-09-05 期 03 版）

江西省召开全省政协工作经验交流会

骆名坤

近日，江西省召开全省政协工作经验交流会，总结十届省政协以来政协工作情况，交流各设区市政协工作经验，谋划部署提高政协工作科学化水平的新思路、新举措。

江西省 11 个设区市政协主席分别从党委政府重视支持、履行三大职能、完善工作制度、加强自身建设等方面，就本级政协近些年工作中的创新做法、工作成效、经验体会作了交流发言。

江西省政协主席黄跃金总结了十届省政协以来一些富有时代内涵的规律性认识：政协工作必须始终把加强思想政治建设摆在各项工作的首要位置，不断巩固团结合作的共同思想政治基础；必须始终坚持围绕中心、服务大局，充分发挥人民政协的独特优势和重要作用；必须始终把维护人民群众根本利益作为出发点和落脚点；必须大力加强政治协商制度建设；必须准确把握民主监督的柔性特征；必须在协同推进“五位一体”自身建设中，突出发挥好委员、界别和专委会的重要作用。

与会人员表示，在省政协承前启后的关键时期，总结经验十分必要。在今后的工作中，江西省各级政协将自觉坚持、牢牢把握、始终遵循，切实把握好政协工作规律，努力把全省政协事业进一步推向前进。

（2012-11-22 期 02 版）

“学习贯彻中共十八大精神　开创人民政协理论建设新局面”研讨会在江西召开

赵　彤

由中国人民政协理论研究会秘书处、江西省人民政协理论研究会和人民政协报社联合举办的华东地区“学习贯彻中共十八大精神　开创人民政协理论建设新局面”研讨会，于 12 月 3 日在江西南昌市召开。与会代表围绕深入学习贯彻中共十八大精神，贯彻落实全国政协人民政协理论研究工作座谈会部署要求，不断开创人民政协理论建设新局面主题，集思广益，探讨交流，增进共识。

与会代表认为，中共十八大对坚持中国特色社会主义政治发展道路，推进政治体制改革，发展更加广泛、更加充分、更加健全的人民民主，作出了新的部署。特别是首次提出社会主义协商民主是我国人民民主的重要形式的重要论断，强调要充分发挥人民政协作为协商民主重要渠道作用，这是十八大重要的历史贡献，也是重要理论创新。十八大对推进社会主义民主政治建设的部署，为人民政协工作指出了方向，也提出了更高要求。人民政协要抓紧思考和深入研究探讨健全社会主义协商民主制度，推进协商民主广泛、多层、制度化发展，从人民政协理论与实践的结合上不断探索，不断实践，不断开创人民政协理论建设的新局面。

针对做好新形势下人民政协理论研究工作，与会代表建议，要以学习贯彻中共十八大精神为动力，按照全国政协人民政协理论研究工作座谈会部署要求，坚持正确的政治方向，坚持解放思想和改革创新，积极推进政协理论建设。一是要面向实际，在解决制约政协工作发展的重大问题上寻突破，为发展协商民主提供有效的理论指导和智力服务。二是着眼长远，在科学制定政协理论研究规划上深入思考，有计划、有步骤地逐步解决好人民政协事业长远发展的重点难点问题。三是放宽视野，在博采众家之长上求发展，充分学习借鉴其他学科的研究成果，包括西方政治学研究成果，进一步提升人民政协理论研究工作的科学化水平。四是用好平台，在充分发挥理论研究组织的作用上下功夫，整合内力、借助外力、形成合力，推动政协理论研究工作扎实深入地开展。

江西省政协主席黄跃金在研讨会上讲话，强调了人民政协理论建设的重要意义，提出了江西省政协理论建设的“一条主线”“两大原则”“三项工作”和“五大建设”的总体思路，并结合江西省政协工作实践，提出了进一步推进协商民主和民主监督的思路和举措。

中国人民政协理论研究会秘书长原冬平在研讨会上作了“以十八大精神为指导，扎实推进人民政协理论研究工作”学习辅导。

人民政协报社社长李红梅作了会议总结，认为此次研讨会学习贯彻十八大精神，开创人民政协理论建设新局面的主题新；中国人民政协理论研究会和地方政协理论研究会上下联动的形式新；理论研究会的理论研究与新闻媒体的理论宣传相结合、互促进的载体新。

华东六省一市政协理论研究会代表和江西省政协理论研讨会部分论文作者代表在会上做了交流发言。

江西省政协副主席陈清华、汤建人、郑小燕，江西省人民政协理论研究会会长朱张才，江西省政协秘书长肖为群等参加了会议。江西省人民政协理论研究会常务理事，江西省在南昌的部分论文作者，江西省政协和各民主党派省委机关干部参加了研讨会。

（2012-12-04 期 01 版）

科学推进中国特色社会主义人民政协理论建设

江西省人民政协理论研究会

当前，世情、国情、党情等形势不断变化，人民政协工作的领域更加广泛，肩负的责任更加重大，在全局工作中的地位和作用更加重要，需要回答的热点和难点问题也越来越多。人民政协必须以高度的理论自觉、坚定的理论自信，加强中国特色社会主义人民政协理论建设，不断丰富、升华人民政协理论的创新成果。江西省政协将按照坚持"一条主线"、把握"两个原则"、重视"三项工作"、加强"五大建设"的总体思路和举措，大力推进中国特色社会主义人民政协理论建设。

"一条主线"就是：必须坚持和发展中国特色社会主义人民政协理论。十八大报告强调："高举中国特色社会主义伟大旗帜，坚定不移沿着中国特色社会主义道路前进。"深刻指出："中国特色社会主义是当代中国发展进步的根本方向，只有中国特色社会主义才能发展中国。"加强人民政协理论建设，必须始终高举中国特色社会主义伟大旗帜，坚持中国特色社会主义的根本方向，进一步增强走中国特色社会主义道路的自觉性和坚定性。

"两个原则"就是：一要始终坚持正确的政治方向。坚持中国共产党的基本理论、基本路线、基本纲领、基本经验不动摇，坚持解放思想、实事求是、与时俱进，切实把思想和行动统一到十八大精神上来，始终做到同党和国家方向一致、目标一致、工作一致。二要始终坚持理论与实际相结合。坚持理论与实际相结合，既是马克思主义认识论的基本观点，也是理论研究工作的正确方法。加强人民政协理论建设，重点要以实际问题和正在做的事情为中心，着力研究解决事关人民政协事业发展的重大理论和实践问题。

"三项工作"就是：一要更加重视理论研究工作。加强人民政协理论研究，既是人民政协事业的内在要求，也是推动政协工作的现实需要。二要更加重视政协理论宣传工作。理论的生命力在于实践，理论研究的目的在于应用，人民政协理论只有被社会各界和广大群众所认识、所运用，才能产生巨大的力量。必须把理论研究工作与宣传工作有机地结合起来，切实加强人民政协理论的社会氛围建设。三要更加重视理论教育工作。建立健全政协理论的教育机制，把人民政协理论纳入各级党校、行政学院、干部学院和社会主义学院的培训内容，更好地用人民政协理论武装广大党员、干部特别是各级领导干部的头脑，激发广大政协干部自觉运用理论指导工作实践的活力和动力。

“五大建设”就是：一是着力加强组织体系建设，进一步完善人民政协理论研究的网络。坚持把研究会作为开展人民政协理论研究的重要平台，积极指导和督促各地尽快成立并完善人民政协理论研究会；积极探索在省社科院和相关高等院校创办人民政协理论研究中心，努力在全省形成“上下互动、内外结合、优势互补、整体推进”的理论研究组织网络，为更好地开展人民政协理论研究提供全面保障。

二是着力加强课题制度建设，不断推动人民政协重大理论和实践问题的研究。积极探索建立和完善人民政协理论研究的课题制度，整合政协系统内外力量，有组织地开展人民政协理论课题研究。突出围绕重大问题开展研究，力争人民政协理论研究多出成果、出好成果，切实推动一批实际问题的破解。

三是着力加强教学体系建设，充分发挥理论武装干部的重大作用。各地政协都要积极争取当地党委、政府的重视和支持，坚持把人民政协理论纳入本地党校、行政学院、社会主义学院、干部学院的培训计划和教学计划，让广大干部特别是领导干部掌握人民政协理论知识，重视支持人民政协工作，自觉地坚持用科学的理论武装头脑、指导工作，促进人民政协事业不断发展。

四是着力加强人才体系建设，为人民政协理论建设凝聚更多智慧和力量。各级政协理论研究会都要广泛吸收高等院校和科研院所中的专家学者，并通过举办研讨班、培训班，加快培养政协理论研究的新生力量，努力在社会科学工作者中造就一批研究政协理论的内行、专家，切实增强人民政协理论建设队伍力量。

五是着力加强长效机制建设，努力形成推进政协理论建设的强大合力。积极构建上下级政协相结合，政协委员与政协干部相结合，政协研究室与理论研究会相结合，政协系统与高等院校、科研院所相结合的运行机制，建立每年召开一次理事会、一次专题研讨会、一次征文评选活动和汇编工作，开展一至两个重点课题研究，组织一至两次专题调研的常态化工作机制，切实形成人民政协理论建设的强大合力，共同推进人民政协事业不断发展。

（2012-12-12 期 12 版）

江西省政协强化提案协商办理

樊　欣　曾　粮　骆名坤

近年来，江西省政协不断创新提案办理工作新形式，努力倡导和构建“三先一后”提案协商办理工作新机制，推动提案办理工作取得新成效。

利用政协全会平台，坚持“会中办案”，选取委员提案反映问题比较集中的主题，邀请提案者、办理部门和提案工作机构三方面对面协商，实打实地办理。如围绕食品安全问题、学前教育问题、城市道路拥堵问题以及农村水利建设等问题，通过会中协商办理，促进有关部门出台文件，推动问题的解决落实。

通过省政协领导领衔督办重点提案，强化提案协商办理。近五年，省政协领导领衔督办重点提案 92 件，召开提案办理协商座谈会 113 次，在协商办理中深化了提案内容，扩展了提案外延，增进了解决问题共识。

采取跟踪问效，增强提案协商办理实效。每年选择部分上年度办理的“B”类提案，通过调研、视察、协商座谈等方式，兑现当年办理承诺，推进提案办理落实到位。

构建“三先一后”的协商办理工作新机制。即先协商、后办案，先走访、后办案，先调研、后办案得到办理单位的广泛运用。有的办理单位提出，不协商不办理，不协商不签发。办理质量明显提升，委员满意率不断提高。

（2012-12-12 期 12 版）

2013 年

江西省政协民主监督走新路

李勇猛　钱志强　曾　粮

江西省政协在着力发挥政协民主监督的作用方面进行了有益探索，积极创新民主监督形式方式，取得了明显效果。

在充分利用传统的会议监督、提案监督、调研视察监督、反映社情民意监督、参与督查与调查活动监督等形式实施民主监督的同时，江西省政协积极探索民主监督与法律监督、行政监督、司法监督、舆论监督等监督形式的协调与配合。去年，省政协由社会和法制委员会牵头，组织调研组对《中共江西省委、江西省人民政府关于加强和创新社会管理做好新形势下群众工作的意见》贯彻落实情况进行了专题调研。省政协根据省委部署，对省委《关于进一步加强几个重点领域预防腐败工作的决定》贯彻落实情况进行专题民主监督，这是将党委的纪律监督与人民政协的民主监督有机结合的探索。

江西省政协注意发挥各民主党派、界别、职能部门、基层政协的作用，实现联合互动。如在开展“新型农村合作医疗制度建设”专题民主监督时，联合农工党江西省委和社会科学、医卫界别的委员，商请 11 个设区市政协配合，以内外互动、上下联动的方式，在全省开展百村大调研，形成了省政协《关于促进我省新型农村合作医疗制度建设健康稳步发展的建议案》，促成有关部门出台了加大村卫生室建设扶持力度、全面开展新农合直补工作等 13 条措施，促进了新型农村合作医疗制度健康稳步发展。

跟踪整改，提高实效，是江西省政协民主监督的重要工作。在江西食品安全保障体系建设中，江西省政协通过专题民主监督提出建议意见，为省政府出台《关于进一步加强食品安全工作的决定》提供参考。之后，组织政协委员对食品安全管理的整改情况又进行了明察暗访，将发现的问题及时反馈省政府有关部门，督促整改，使委员的意见建议落到实处。

（2013-01-23 期 02 版）

江西省政协构建提案协商办理新机制

曾　粮　樊　欣　骆名坤

江西省政协十届四次会议期间，委员们对城市道路拥堵问题非常关注，提出了 30 余件提案，被列为会中办案议题。针对南昌市道路拥堵状况，“提”“办”双方共商解决大计，共破解决难题，提出近、中、远期三种解决方案。目前，已在实施打通断头路，增设公交专用车道，建设快速车道等方面取得进展，大大缓解了城市道路拥堵压力。

这是江西省政协实行“会中办案”、加强提案协商办理的一个生动实例。新一届省政协以来，该省政协在继承中创新发展提案协商办理工作，坚持“会中办案”，强化领导督办，完善“三先一后”提案工作机制，推动提案办理工作取得新成效。

利用政协全会平台，将“会中办案”列入大会议题，选取委员提案反映问题比较集中的主题，邀请提案者、办理部门和提案工作机构三方面对面坦诚协商沟通，取得实实在在的办理效果。在江西省政协十一届一次会议上，根据委员们反映较集中的“发展实体经济”相关提案，组织召开了“会中办案”专题协商座谈会。江西省委、省政府分管领导，各位提案人以及省发改委、省工信委、省财政厅等相关部门负责人受邀出席会议，使“提”“办”双方在充分协商的基础上，形成共识，消除误解，推动了问题的解决落实。

为高位推动重点提案的办理落实，江西省政协坚持实行领导领衔督办强化提案协商办理。近年来，江西省政协领导共领衔督办重点提案92件，召开提案办理协商座谈会113次，直接推动了一批重点难点问题的解决。如在督办《关于我省新型农村合作医疗制度存在的问题对策》提案时，领衔督办领导带领提案者和办理部门负责人深入县、乡、村调研，召开了6次不同层次的座谈会。通过协商办理，在省、市、县、乡所有定点医院全面实行新农合“直补”，参合农民可“在哪住院，在哪报账，当天出院、当天报账”。与此同时，该省政协还通过跟踪问效增强提案协商办理实效。将选择部分上年度办理的“B”类提案，通过调研、视察、协商座谈等方式，继续协商督办，兑现当年办理承诺。

在总结以往提案办理工作经验的基础上，江西省政协积极构建“三先一后”的提案协商办理工作新机制，即先协商、后办案，先走访、后办案，先调研、后办案。在90多家办理单位中，7成以上的单位采取了“三先一后”办理方式，有的办理单位提出，不协商不办理，不协商不签发。如在办理《加快物流快速发展，推动经济大发展》的提案时，该省结合国家扶持政策，开展现代物流产业调研，积极采纳委员的相关意见，形成了《江西省物流业调整与振兴规划》和《鄱阳湖生态经济区物流基地和口岸建设规划》，将委员的建设性意见上升到政策层面予以推动。通过“三先三后”办理形式，努力实现提案办理工作四个百分之百，即领导把关率100%、按时办复率100%、与委员协商率100%，委员满意率100%。

（2013-02-19期01版）

履职，打“飞的”也要来

蔡斯嘉　骆彩虹

近日下午，江西省政协常委会议厅内掌声阵阵、诤言朗朗。十一届省政协教科文卫体委员会第一次全体会议正在这里召开。

这是一次政协专委会例会，却透出许多的不同寻常。为了能及时参加会议，原本在外地工作或出差的熊正明、王敏、梁永强几位委员，迅速调整了自己原先的工作安排，乘飞机赶赴南昌，一下飞机就直奔会场，开完会后又赶往了机场；刘菊娇、郑昊等委员从自己排得满满当当的日程表中，挤出时间从抚州、上饶等地驱车前来，会议一结束，来不及吃晚饭就匆忙赶回；张维敏委员因病正在住院，也向医生告假，坚持前来参会。

在全体会议和随后召开的活动小组分组讨论会议上，委员们提出了许多有价值的意见和建议。

史蓉蓉委员在教育领域工作多年，针对今年专委会的调研课题“农村教师队伍建设”，她充满感情地建议：“做好这个调研，一定要到基层多走、多看，农村教师实在是太苦、太累，如果他们的基本生活困难再得不到解决，会动摇农村教育事业的根基。”

文艺界、体育界的委员对即将开展的政协活动充满热情。国家一级演员万玲媛是一位连任的老委员，她说：“以前专委会组织的‘三下乡’‘送戏到基层’活动，老百姓很喜欢。我们文艺界的委员都愿意继续参与。希望这届政协能把这种好的做法坚持下去。”从事体育研究工作的吕少军委员则提出：“今年要开展的慢性病防治进社区活动，虽然是卫生口的工作，但和我们体育健身项目也有关，希望到时候能参与做一些健身宣传、讲座，帮助群众强身健体。”

还有医疗体制改革问题、青少年心理素质问题、义务教育初中阶段巩固率问题、非物质文化遗产保护问题、中医药传承与发展问题……一个个关系长远、意义重大的课题，一句句饱含真情的话语，一条条真知灼见，无不体现出委员们积极履职的自觉主动意识、关注民生的赤诚情怀。

（2013-04-19 期 02 版）

让每一个细胞都活跃起来

曾　粮　骆彩虹

日前，江西省政协正式下发《政协江西省委员会关于进一步加强委员联络和服务工作的办法》，就加强学习培训、完善联络机制、强化履职管理、做好服务工作4个方面制定18条具体措施，成为充分发挥委员主体作用、进一步激发委员履职热情、提升政协工作水平的又一有力之举。

一直以来，江西省政协都把委员看得很重，位置摆得很高，特别是新一届政协更是如此。在省政协领导的重视关心下，办公厅专门成立了委员联络和服务工作机构。省政协主席黄跃金在省政协十一届一次会议闭幕讲话时提出，委员是政协组织的“细胞”，是政协工作的主体。进一步加强委员联络和服务工作，对于有效调动委员履行职能的积极性，充分发挥委员的主体作用，提高人民政协履行职能的水平和成效，发挥人民政协在社会主义经济、政治、文化、社会、生态文明建设中的作用，夯实新一届省政协工作的基础具有十分重要的意义。在省政协十一届一次会议结束后不久，省政协举办了新任委员学习培训班，采取集中授课与交流心得等方式，给委员们好好地充了一回电。郑璐委员的一番话，道出了大多数新任委员的心声，“这次学习对我们新任委员来说太有意义了。解答了我的疑问，搞清楚了委员的义务与职责，启发了思维。我要认真消化，力争做一名合格的政协委员，为江西经济社会发展献计出力。”

政协委员的活动平时一般是由专委会组织。不在某个专委会的委员怎么办？江西省政协针对这种情况，不断强化政协界别工作，做到了每个界别有召集人、有联络员、有调研、有考察、有提案、有社情民意反映。每年全会期间都要举办一次界别活动，委员们聚在一起，对履职工作进行总结研讨。每个专门委员会对应联系1—2个界别，组织委员开展活动。这样一来，会中有见面，平时不断线，委员们履职时心里更有底了。

有的住南昌外的政协委员感觉游离在大家庭之外。为了让委员们有归属感，更积极地融入政协集体，主席会议研究下发了《关于委托各设区市政协有关负责同志担任所在地省政协委员活动召集人和联络员的意见》，建立起委员召集人制度，在各设区市、香港、澳门分别委托一至若干名政协委员为召集人。召集人受省政协委托，加强与省政协住当地委员的联络和沟通；从当地实际情况出发，组织住当地省政协委员开展的履职活动。为加强和保障省政协住各设区市委员活动的开展，省政协每年根据一定的标准，按省政协住当地委员人数集中拨给活动经费，专款专用。

一项项针对不同情况建立起来的制度举措，创造优化委员履职的外在环境，激发委员履职的内在活力。今年以来，江西省政协委员参加履行职能“四个一”活动就达千余人次，其中提交提案649件，反映社情民意近百篇，社情民意和提案多次得到省领导批示。

（2013-07-27 期 01 版）

江西政协研讨人民政协与群众工作专题

赣协轩

近日，江西省政协理论研究会在南昌召开“人民政协与群众工作”理论研讨会，深入探讨交流政协组织坚持群众路线、开展群众工作的好做法好经验。会议提出，要把发挥政协优势，做好新形势下群众工作作为开展理论研究的重要抓手和着力点，推动人民政协理论研究工作取得新成效。

与会同志认为，要围绕“群众盼发展”，深入研究政协如何更好地为促进经济持续健康较快发展建言献策；围绕“群众盼实惠”，深入研究政协如何更好地为促进保障和改善民生献计出力；围绕“群众盼和谐”，深入研究政协如何在促进矛盾化解、维护社会稳定中发挥更大作用；围绕“群众盼绿色”，深入研究政协如何更好地为保护生态环境、促进生态文明建设凝聚力量；围绕“群众盼民主”，深入研究如何通过政协这个平台，进一步扩大公民有序政治参与。

省政协理论研究会会长朱张才出席会议并讲话。

（2013-10-23 期 12 版）

2014 年

江西省政协委员提案上网提交

赵建庭

1 月 18 日下午，参加江西省政协十一届二次全会的委员在酒店报到现场，往年的提案箱不见了，而不再接收纸质提案，由委员自行通过密钥登录网上进行提交，成为此次大会亮点之一。

2013 年初省政协十一届一次全会期间，大会已经启用提案动态管理系统。第一年为过渡调试阶段，今年全会上正式全面推广使用。据悉，运用提案动态管理系统，委员可以不受地域、时间限制，随时、随地利用委员身份认证的密钥，登录互联网就可以提交提案。据大会提案组负责人介绍，截至 18 日在委员正式报到之前，提案动态管理系统已经收到委员提交提案 230 余件，在委员报到同时，提案审查组工作也已同步展开，提案的分类和初步初审工作正在有条不紊地进行。

经省政协主席会议研究，从今年省政协十一届二次会议开始，提案委员会对大会期间提交的提案只进行初审，不作立案。会后提案委员会将对提案进行二次审查，对不符合《提案工作条例》规定要求的提案不予立案，对案由、内容相近的提案予以并案处理。

（2014-01-24 期 02 版）

江西省政协：开幕大会上的委员好声音

骆彩虹　曾　粮

1 月 19 日下午，江西省政协十一届二次会议在南昌隆重开幕。开幕大会上，除了按以往惯例听取省委领导讲话，听取政协常委会工作报告、提案工作情况的报告外，还增加了一项新的内容特别引人注目——8 位省政协委员分别代表各民主党派、工商联和无党派人士作大会发言。

“对台招商引资，必须大胆实施开放升级、招商升级，坚持第二产业与第三产业并举，传统优势产业与战略性新兴产业、现代服务业‘双轮驱动’。”

“近年来，由于受到涉农资金量大、种类多、来源广、资金性质复杂等多方因素影响，涉农转移支付资金监管出现的问题也不少。”

……

政协委员在开幕式上直接提意见和建议，还真有点破天荒。短短 1 个小时，8 位委员提出了 35 条意见和建议。从推动产业升级到新型城镇化，从加强涉农转移支付资金监管到规范中介服务行业，全省经济建设和社会建设等领域的难点、热点、焦点问题和许多真知灼见一一展现。出席开幕大会的省党政领导自始至终听取了 8 位委员的发言。

（2014-01-28 期 02 版）

风正帆满好行船

王　磊　骆彩虹

近日，江西省政协组织住吉安、抚州两市的省政协委员对赣州市落实“加快赣南等原中央苏区振兴发展”情况进行视察。无论是在筑优平台，招大引强，倾力打造招商引资“升级版”的信丰县，还是在大力实施“产业兴康，教育强区，品质铸城，和谐福民”战略，打造经济强市和活力新城的南康市，大手笔、大项目、大开发带动大发展的场景，使苏区发生着深刻而令人欣喜的变化，这让委员们倍感欣慰。

借鉴苏区振兴好经验

委员们在赣州一路走、一路看、一路听、一路问。“这次视察活动，作风实、效果好。既是省政协服务党政工作大局，为加快苏区振兴发展步伐建言献策的具体行动，又是省政协活跃委员履职方式的创新之举。”这是省政协委员、抚州市政协主席谢发明的体会。赣州、吉安、抚州都是原中央苏区振兴发展的设区市，视察团选择了“加快赣南等原中央苏区振兴发展”这三市共同关注的主题，在视察对象的安排上既有赣州市“安排”的贯彻落实《国务院关于支持赣南等原中央苏区振兴发展的若干意见》推动经济社会发展的亮点，也有住吉安、抚州两市省政协委员“自选”的需要——向赣州市学习“扶贫开发”和“新农村建设”成功经验。

“苏区振兴发展的过程中，赣州、吉安、抚州三市在产业上一定要走差异化的发展道路。”省政协副主席郑小燕建议。省政协委员陈万洵对此也有同感，“三市既要差异化发展，有些产业也要整体打造，如中央苏区的红色文化产业、红色旅游产业和农业生态等方面，如果三市能够捆绑式发展，更能够将这些产业发展壮大，形成整体优势，在全国产生影响。”

唱响苏区发展好声音

在赣州开发区澳克泰工具技术有限公司，委员们被其“技术水平世界一流、装备水平世界最先进、自动化水平程度世界最高、产品质量水平世界一流”的标准所吸引。省政协主席黄跃金说，“要真正把资源优势转化为经济优势，企业要努力掌握核心技术，大力提高产品附加值，积极为赣南苏区振兴发展作出新的更大贡献”。

赣南苏区振兴发展能否取得持续成效，关键在于用好国家政策支持，培育一批特色优势产业，提升自我发展能力。省政协副主席肖光明建议，“发挥市、县（区）两级积极性，优化发展软环境，大力发展县域经济。同时围绕优势产业完善上下游配套，完善产业链，增强经济竞争力。”

凭着党和国家对赣州出台的众多利好政策，赣州的发展潜能、发展动力、发展支撑，比以往任何时候都更加强劲，唱响了苏区振兴的好声音。

谱写民生改善新篇章

赣州工业项目建设快速推进的同时，民生工程建设也不甘落后、高歌猛进。围绕《若干意见》，市委、市政府以完成10万户农村危旧土坯房改造为突破口，全面启动一批重大的民生工程。“危旧土坯房改造，要与推进城镇化相结合，与镇村联动、征补平衡的土地使用政策相结合，与农业规模化、产业化发展相结合。”省政协副主席钟利贵建议。

推进苏区振兴发展，既要用足用好各项扶持政策，又要建立考核落实机制。省政协委员韩晓方建议，加大《若干意见》的实施情况督促检查力度，定期通报援建部委、省直单位贯彻落实《若干意见》的对接落实情况，推动各项工作全面发展。

（2014-02-20 期 02 版）

1 件提案 8 次调整 14 次签收

赵建庭

“五河一湖及东江源头保护区生态环境保护考核机制的建议，最先就是由省政协专委会提出来，去年的建议案报送省政府以后，鹿心社省长明确批示由发改委协同省环保厅研究，我这里带来了批示复印件。”2 月 19 日，在江西省政协 2014 年提案交办调整会上，来自省发改委的提案办理联络员刘锋说，“所以这件提案应该由环保厅牵头主办，省发改委和省林业厅、省农业厅、省水利厅协同办理。”

从江西政协提案动态管理系统查询《关于建立“五河一湖”及东江源头保护区生态环境保护考核机制的建议》提案，前后已经调整 8 次，5 个单位在调整前后共签收 14 次，至此这件提案才最终确定承办单位。这在今年江西省的提案承办单位调整中十分常见，有的提案在反复征求多个承办单位意见中明确办理单位，最多的提案调整达到 10 多次，反复签收达到 20 次，这在以前是不可想象的。

通过提案动态系统，提案预先交给办理单位征求意见，由办理单位提出调整意见，然后召开协商调整会面对面协商，现场确认办理单位并通过网络交给承办单位。这是江西政协网络办提案新举措之一。这样从提案提交到审查立案，从交办承办单位到调整意见，从承办单位答复到意见反馈，全部实现无纸化网络操作，真正实现网络办公，不仅节省大量的纸张，而且提高了工作效率。

“在这个过程中，我们也对本单位业务和职能有了更为全面的了解，这对我们也是一次提高业务水平的机会。”来自省国土资源厅的熊津说。对于依托网络，在征求意见的基础上最后确定承办单位，多数承办单位联络员认为这样更为科学合理，使提案的归属更为明确。据悉，目前江西省政协委员提案已经全部实现从提交审查到最后答复反馈的网络化。

（2014-02-22 期 02 版）

2015年

江西积极推进协商民主建设

党委政府政协首次联合印发年度协商工作计划

曾　粮　骆彩虹

2月2日，在江西省政协十一届三次会议闭幕后第4天，省委办公厅、省政府办公厅、省政协办公厅联合下发《关于印发〈2015年度省政协协商工作计划〉的通知》，要求各市委、市政府、市政协，省委各部门、省直各单位、各人民团体结合实际认真抓好贯彻落实。这是江西省委、省政府、省政协首次联合印发年度协商工作计划，也是重视发挥政协协商民主重要渠道和专门协商机构的作用、积极推进协商民主建设的有力之举。

协商工作计划包括两部分内容：一是协商议题，围绕江西经济社会发展和深化改革，确定了"为制定'十三五'规划建言献策，为加强水环境保护、推进生态文明先行示范区建设建言献策，为促进社会诚信、推进法治江西建设建言献策，弘扬传统文化，加强书院文化研究、保护和利用"等议题。二是开展协商活动的基本要求，从"制定工作方案、开展调查研究、起草讨论建议案或调研视察报告、召开协商会议、报送协商成果、强化跟踪问效"等6个方面强调规范了协商活动。计划还附有协商工作安排表。什么议题、谁牵头领导、谁负责承办、承办单位是哪些、实施时间、以什么方式进行协商等一目了然。

在近日召开的江西省政协十一届三次会议上，省政协主席黄跃金在作常委会工作报告时指出，新的一年，省政协协商民主要有新举措。要坚持和完善专题协商的操作程序，按照"党政所需、群众所盼、政协所能"的原则精心选择课题，按照"专家、专业、专题"的思路选择参加协商的委员，使专题协商充分体现民主性、科学性、可行性。要进一步明确政协专门委员会开展对口协商的主体地位，提高专委会同党政相关部门开展对口协商的计划性针对性，增强对口协商的密度，强化对口协商的实效。要切实增强委员的界别意识，广泛开展界别与党政部门之间的协商，让不同社会群体充分参与讨论、表达意愿。要增加集体提案比重，提高提案质量，建立交办、办理、督办提案协商机制，寓协商于提案办理工作全过程，使提案办理成为践行协商民主的过程、推进工作落实的过程。要积极探索网络议政、远程协商等新形式，搭建更加广泛多层制度化的协商民主平台。

（2015-02-09 期 01 版）

江西省政协全会：“添”材料、“晒”反映社情民意信息工作情况

邱修梁　汪贤德

近日，提前履行完江西省政协十一届三次会议的报到手续，戴兴临委员打开已经“瘦身”不少的文件袋，发现多了一份以前从没有过的材料——省政协反映社情民意信息工作的书面报告。

这次会议亮点频现，其中之一就是首次将反映社情民意信息工作情况向全体政协委员作书面报告。

戴兴临参政议政热情高，是个反映社情民意信息的积极分子，每年都会提交五六篇。“向大会报告反映社情民意信息工作情况的做法很好，是省政协的有益探索和创新之举，既能促进委员履职，又能推动工作有效开展。”

敢于接受 695 名政协委员的审议，来自于坚持开拓创新的勇气，来自于工作做好做实的底气。2013 年 3 月，在省政协主席黄跃金指导下，江西省政协成立专门工作机构，明确报送载体。从此，社情民意信息工作驶入发展“快车道”。

省政协办公厅宣传信息处负责人崔健亮出一组数字：2013 年 3 月到 2014 年底，共收到反映社情民意信息 2308 篇，平均每月 110 篇；编辑《建言献策》450 期，平均每周 6 期；向省委、省政府反映有价值的意见建议 232 条，平均每 2 个工作日 1 条……成绩背后，有一支由 51 名特邀信息员、219 位信息工作者组成的队伍在默默努力，有一套完备的信息汇编、审报、反馈、通报、培训、激励等程序和机制在高效运转。

有了“源头活水”，机制保障健全了，反映社情民意信息工作的成效随之显现。省政协委员、特邀信息员凌云对临空经济颇有研究，通过省政协渠道连续向省委、省政府反映了两篇相关社情民意信息，得到省委书记强卫批示肯定。去年 4 月，南昌临空经济区发展规划正式上升为省级战略。

像这样与领导直接“对话”的机会，很多信息反映人都“享受过”。仅 2014 年，省领导批示《建言献策》就有 58 人次，批示率 42.67%。

全会召开期间，社情民意信息工作成为委员讨论的热点。“围绕贯彻落实省委‘十六字方针’献计出力，紧扣全面建成小康社会、全面深化改革、法治江西建设建言献策，2015 年省政协反映社情民意信息工作大有可为。”省政协办公厅副主任曾粮表示。

（2015-02-11 期 02 版）

让委员把握“上情”
掌握“下情”了解“外情”

毛　涛

政协委员无私奉献、积极履职，是政协组织发挥作用的关键。加强政协机关服务工作，提高为委员履职服务的能力和水平，是发挥委员主体作用的重要条件。政协机关应积极探索利用“互联网 +”，进一步拓宽委员知情渠道，及时为委员提供履职所需的各类信息，让委员把握“上情”，掌握“下情”，了解“外情”。

让委员及时把握“上情”

由于信息来源有限，导致委员对政府工作情况不了解，影响履职成效。虽然各地政协组织建立情况通报制度，定期或不定期邀请党政领导和有关部门负责人向委员通报社会经济发展情况和重点工作推进情况，但还存在委员覆盖面有限、信息通报不及时的问题，而且委员个人收集这方面信息的渠道也有限，使委员在履职过程中因对部门工作信息掌握不全而降低履职效果。为使委员及时了解各部门工作情况，建议由各地党委、政府办公厅（室）牵头，政协机关配合，建立部门工作信息推送制度，仿效手机报的形式，由各部门将工作简报及时推送给全体委员，保证信息的时效性，并做到覆盖全体委员。同时，相关部门还可以根据委员界别和研究方向，为委员提供个性化的信息推送服务，满足委员对掌握信息的需求，最终形成让部门为委员提供信息，委员给部门献计谋的良性互动模式。

让委员充分掌握“下情”

扎实掌握基层情况和了解群众合理诉求，是政协委员履职的重要基础，是委员建言献策的前提条件。为了使委员能充分掌握社情民意，建议在进一步做好人民政协宣传工作的同时，建立社情民意收集的网络平台，解决社情民意从群众到委员的“最后一公里”问题。可以将全体委员的简要信息特别是正在调研或关注的课题公布在平台上，使群众在平台上有针对性地向委员反映情况，平台将群众留言发送至委员手机，委员根据反映的情况进行回复，实现群众与委员“P2P”式的沟通。同时，政协机关可以在其中引入委员履职评价机制，对委员的回复情况及回复质量进行评价，并将结果录入委员履职评价系统。

让委员全面了解“外情”

全国政协及地方各级政协组织，每年均会组织多场调研视察活动，形成一批研究成果，但研究成果除报送当地党委和政府，为决策提供参考之外，没有实现全国政协与地方政协、地方政协之间的研究成果共享机制。而政协委员就某个课题开展研究前恰恰需要全面掌握各地的有关情况。为实现政协组织调研成果共享，希望建立政协组织的调研成果共享机制，将全国、省、市、县政协历年的调研成果及委员个人的研究成果全部录入进去，各地最新的调研成果及时上传，形成全国政协系统的研究成果资料库，使各级政协委员开展调研视察之前都可以方便快捷地查阅到相关研究成果，互相借鉴，有利于政协委员提出更具含金量的意见建议，提升调研视察成效。

（2015-05-27 期 04 版）

江西省政协《燃烧的红土地——抗日战争的江西战场实录》新书首发

曾　粮　骆彩虹

江西省政协近日在南昌举行《燃烧的红土地——抗日战争的江西战场实录》

新书首发式。

由江西省政协文史和学习委员会历时两年多征编出版的《燃烧的红土地——抗日战争的江西战场实录》，全书约 60 万字，由“国共合作举国同心驱日寇”“正面战场德安上高传捷报”等 18 个部分组成。该书以大量第一手资料，记录和反映了江西人民团结抗战的生动史实。

（2015-08-25 期 02 版）

江西连续三年以“三办”联合方式督查提案办理

让每一件提案都能“落地有声”

王直平

11 月 17 日至 20 日，江西省政协提案委负责同志与江西省委办公厅、省政府办公厅、省政协办公厅及部分省政协委员组成提案办理工作督查组，专门就今年的提案办理情况开展督查。这已经是连续第三年以此方式促进提案办理的落实。

4 天里，督查组两个小组先后至省编办、省科技厅、省住建厅、省交通运输厅、省水利厅、省商务厅、省政府金融办、省证监局、九江市和抚州市等单位，采取走访、座谈、查阅材料等方式，查看各承办单位的提案办理情况。江西省交通运输厅针对刘益民委员提出的《关于提高我省高速公路限速标准的建议》，及时组织相关专家进行技术分析和论证，并于今年 7 月 1 日正式调整高速限速管理标准。针对民建江西省委提出的《关于进一步加强金融支持我省新型农业经营主体发展的建议》，省政府金融办通过组织相关部门赴各地调研，充分吸纳委员建议，最终以省政府名义印发《进一步推动惠农信贷通工作的实施意见》，截至 10 月，全省惠农信贷通投放贷款达 70 亿元。江西省商务厅今年共有 7 件有关电子商务的提案，该厅结合实际统筹办理，吸收委员建议，出台《江西省贯彻落实国务院关于大力发展电子商务加快培育经济新动力意见若干措施的通知》，推进全省电子商务新一轮跨越发展。在督查过程中，督查组工作人员多次与承办单位进行座谈，共同就破解“提案回娘家”“类似提案反复提”“提案建议过于宏观”等问题进行探讨。

“江西省政协提案委连续三年以‘三办’督查方式，助推委员建议落地。”省政协提案委负责同志表示，今后还将加大督查力度，集中进行联合检查，为经济社会各领域改革发展增添动力。

（2015-12-05 期 03 版）

2016 年

江西省政协委员履职情况登记反馈办法施行

王直平　林文佳

从 1 月 1 日开始，《政协江西省委员会履职情况登记反馈办法（试行）》（以下简称《办法》）正式施行。

据悉，该办法重点就省政协委员参加会议、提交提案、反映社情民意、会议发言、参加界别活动以及与委员履职相关的社会活动等履职情况进行登记，并以此为基础建立委员档案，作为省政协换届时委员继续提名或开展履职表彰活动的重要参考。对于履职活动少的省政协委员，江西省政协领导或相关部门负责人将对其进行约谈。据江西省政协副秘书长徐良平介绍，《办法》对委员履职情况实行量化考核，目的在于充分发挥委员主体作用，鼓励委员履职尽责。

（2016-01-05 期 02 版）

决不让委员“说了也白说”

江西省委书记点评省长回应抓落实

王直平

在 1 月 26 日上午举行的江西省政协十一届四次会议联组讨论会上，江西省委书记强卫不时对委员的发言进行点评。省长鹿心社及其他 9 名省委常委和部分副省长也在各自的小组讨论会上与委员们真情沟通、深入互动。

在“实施产业转型升级战略”的小组讨论会上，13 名委员就淘汰落后产能、压缩过剩产能，做强江西铜、钨、稀土等资源优势企业方面提出了不少操作性、前瞻性较强的意见建议。“发挥军工大省优势，深度推进军民融合。”“充分利用钨、稀土资源优势，发展有色金属精深加工。”“打好产业转型升级攻坚战，关键是要有改革创新精神和开放合作的理念。”委员们的发言不时引来强卫的提问、点评，他还说，“今天的讨论很有意义，对委员们的建议，省委、省政府一定会认真吸纳。”

由于信息沟通不通畅，需要先进科研设备的人员无力购买，而高校科研院所的设备长期使用率不高。省政协常委崔传鹏建议将全省高校科研院所仪器设备的型号、检测周期等信息上传在专门网站上，提高利用率。他的话音刚落，省长鹿心社立即回应说，“推动高校创新资源共享，是一种务实选择。崔常委的建议很好，我们立即去办。”这句话赢得现场阵阵掌声。

在“实施基础设施提升战略”“实施绿色崛起战略”“实施共享发展战略”等联组讨论上，江西省委常委、政法委书记周萌，省委常委、统战部部长蔡晓明对委员们的发言也一一做了回应。周萌说，各位委员从不同角度、不同领域、不同方面提出了很多有见地、接地气的好意见、好建议，与会的相关省直职能部门要认真研究，提出有针对性的对策，把政协的建议尽快转化为工作中的措施。

“朝令夕改、新官不理旧政”“招商时热情无比，有求必应，落地后冷若冰霜、官腔官调”“喜新厌旧、重大轻小”……伍枝勤、潘华等省政协委员直言招商引资环境中存在的问题。分管副省长刘昌林将委员们反映的问题及时记在本子上，并说“今天我听到了很多新话、真话，真切体会到了民主协商的好处，领悟到了遇事多商量、好商量的重要性。”他表示，将在完善谋划江西“十三五”大开放新格局中认真梳理、消化、吸纳委员们的真知灼见，决不让委员“说了也白说”。

（2016-02-01 期 01 版）

江西省政协：
风清气正　务实高效

高　雄

1 月 24—27 日这四天，置身于江西省政协十一届四次会议，不管是报到场所、委员住地，还是大会现场、讨论地点，处处可见务实、节俭、高效之风。会场宾馆外除了多些人流、车流外，与平时没有两样，外人并不知道省政协最高规格的全会正在此“悄悄”召开。会场布置简洁，没有鲜花，小组讨论地点甚至只在大门上用 A3 纸标明组次、界别。会议吃住也很简单，都是自助餐、家常菜，无酒水，无相互吃请，也看不到商业活动，住南昌的省政协委员不安排住宿。

会风的改变不仅在表面的会场安排简洁了，会务接待简化了，更有丰富的内在变化。委员报到领取的材料只是信封里的“五件套”：一份会议文件、一份《优秀建言评选办法》、一张出席证、一本笔记本和一支中性笔。委员提案提交、审查、交办、反馈等全程网上运行。无论小组讨论现场，还是联组讨论会中，可以看到委员频频举手争抢话筒，竞相发言的火热场景，发言更是言简意赅，直陈要害，大话、空话、套话、假话没有了。会议选举也采取了电脑统票，方便快捷。

（2016-02-02 期 02 版）

协商民主建设步入“推进之年”
江西省政协“今年会更忙”

骆彩虹

江西省委办公厅、省政府办公厅、省政协办公厅日前联合下发《关于印发〈2016 年度省政协协商工作计划〉的通知》，为新一年江西政协协商民主建设加力、添劲、增效。

与去年相比，今年的协商议题由 15 个增加到 17 个，协商内容也更丰富；要求更加明确，进一步强调“报送协商成果”和“强化跟踪问效”。一系列“加法”，预示着江西政协协商民主建设今年将步入“推进之年”。

在今年省政协全会上，委员们纷纷表示，2015年是省政协的工作创新年，政协协商民主建设有了“江西样本”。2015年9月，江西省委召开政协工作会议，制定出台《关于进一步加强政协工作、充分发挥人民政协在发展协商民主中重要作用的意见》。省政协坚持把协商民主贯穿履职全过程。全年共开展3次常委会议专题协商、2次专题协商座谈会、1次界别协商座谈会、2次对口协商座谈会、8次重点提案办理协商座谈会……

多种形式的协商活动今年将在江西省政协继续全面展开，省政协计划专题协商6次，对口协商3次，界别协商2次，提案办理协商1+N次，民主监督2次，委员视察3次。用江西省政协新闻发言人杨木生的话来说，今年省政协“会更忙”。

（2016-02-23期02版）

政协委员要“重品行”

刘晓庄

在今年全国政协常委会的工作报告中，俞正声主席郑重指出，“政协委员应该懂政协、会协商、善议政，更应该守纪律、讲规矩、重品行。”我认为，“懂政协、会协商、善议政”这九个字，是对各级政协委员提出的基本要求，而“守纪律、讲规矩、重品行”这九个字，则是在基本要求上的一种递进，也就是更高层次的要求。对政协委员的这总共“十八字”要求，字字千钧，掷地有声，而其中的“重品行”，原本就是做人、做事、做学问的压舱石，作为政协委员，尤其要在“重品行”上下功夫。

什么是政协委员的“品行”？

一是求同存异。世界是由多样性所构成，“万紫千红才是春”。政协委员来自社会的方方面面，思想多元、文化多元、利益多元、诉求多元，这是一种客观现实，因此要学会尊重多样性，体现差异美，海纳百川，兼容并蓄。“若以水济水，谁能食之？若琴瑟专一，谁能听之？”（《左传》）然而，尊重差异务必多样统一。“同”是人民政协的基础和前提，每一名政协委员，都必须坚持中国共产党的领导，“共同致力于坚持和发展中国特色社会主义、实现中华民族伟大复兴的中国梦”。在重大问题上，要把握大局，形成共识，凝聚磅礴的力量，彰显中华民族“天下为公，崇尚和合”的品德风范。

二是实事求是。政协委员拥有提意见、提建议、反映情况的话语权，要多深入基层，广接地气，带着感情和使命进行调查研究，“用事实说话，用数据说话，真正把问题找准、把原因理清、把建议提实”。当前特别是要避免两种倾向：其一为盲人摸象，以偏概全，从愿望出发，固执己见，对事物只凭片面了解或局部经验，就加以猜测性分析，得出未必准确的“全面判断”；其二为对问题不作深入思考，发表意见缺乏真知灼见，不分场合，不得要领，只随声附和，一味赞同，说些大年初一的“拜年”话，敷衍了事，从而浪费了时间和精力，也惹人讨嫌。

三是平等相交。在人民政协这个大家庭中，委员之间相互平等，相互尊重，相互体谅，权力不可任性，资本不可任性，“坚持平等议事，有平等才能沟通、有平等才能信任”。在协商中，大家平等自由地积极表达各个方面的利益诉求，亮出个人的观点，甚至提出批评性意见，但不居高临下，“不强加于人，不先怀成见，不因人废言”，营造团结民主的宽松氛围，既要倾诉也要倾听，从而不断增进思想认同和政治共识，求得最大公约数。

四是为民情怀。把根扎在百姓之中，时刻关注民生，“先天下之忧而忧，后天下之乐而乐”，以人民群众利益为重、以人民群众期盼为念，真诚了解群众呼声，真实反映群众愿望，真情关心群众疾苦。比如在我国“十三五”期间实施的精准扶贫、精准脱贫攻坚战中，政协委员就应树立担当精神，坚持问题导向，“多做雪中送炭、扶贫济困的工作，多做春风化雨、解疑释惑的工作”。只有把人民群众装在心中，做群众利益的坚定维护者，才会“让广大人民群众感到政协委员就在身边、人民政协离自己很近”。

五是坚持真理。“贫贱不能移，威武不能屈”，勇于坚持真理，晓之以理，以理服人，这是我国自古以来名人志士的一种高贵品格。同时，一日三省，修身律己，自觉修正不足，不断完善和超越自我，这也是千百年来中华民族孕育的一种传统美德。以修己而获致良知，以良知而坚守真理，秉笔直言，虚心纳谏，这正是我们每一名政协人需要锤炼的人格品行和道德形象。

“俏也不争春，只把春来报，待到山花烂漫时，她在丛中笑。”政协委员要“重品行”，依靠共同的品行修养，人民政协的工作一定能够切实做到“以道相交同甘苦、以诚相交见肝胆、以志相交共奋斗。”

（2016-03-08 期 09 版）

为了光荣红土地的美好明天

住赣全国政协委员持续建言赣南等原中央苏区振兴发展纪实

骆彩虹　王　磊

近日，住赣全国政协委员调研组向全国政协报送《〈国务院关于支持赣南等原中央苏区振兴发展的若干意见〉贯彻落实情况的调研报告》。报告是住赣全国政协委员今年四五月组成3个调研组深入赣南等原中央苏区认真调研后形成的。其实，对赣南等原中央苏区振兴发展的关注并不始于此，“加快推进赣南苏区振兴发展，确保如期与全国、全省同步全面建成小康社会，让老区人民过上更加幸福美好的生活”的炽热情怀早已在住赣全国政协委员的心中生成。

今年3月，全国政协十二届四次会议期间，由住赣全国政协委员黄跃金、李华栋、汤建人、傅克诚、刘上洋、陈清华等联名提出的《加大〈国务院关于支持赣南等原中央苏区振兴发展的若干意见〉实施力度，确保赣南等原中央苏区与全国同步全面建成小康社会》的提案，被确定为2016年全国政协重点督办提案。

这份提案，把相隔千里的首都和原中央苏区紧密相连，也把政协委员履职和苏区与全国同步建成小康社会的愿景紧密相连。

三任主席“接力”建言

赣南等原中央苏区是一片神奇光荣的红土地，更有着不甘落后、渴望振兴的强烈意愿。

多年来，由于自然历史等多重因素的影响，经济发展相对滞后、基础设施比较薄弱、产业支撑能力不足、人们生活还不富裕，赣南等原中央苏区发展滞后、欠发达状况尚未得到根本改变，至今仍是全国较大的集中连片特殊困难地区。

加快赣南等原中央苏区振兴发展，对于探索革命老区扶贫攻坚新路子，推动实现跨越式发展、全国同步实现全面建成小康社会的奋斗目标，具有重要意义。围绕这个主题，十一届、十二届住赣全国政协委员充分利用专题调研、集中视察、大会发言等履职形式，积极参与和推动赣南等原中央苏区振兴发展。

早在2011年，全国政协委员、时任江西省政协主席傅克诚提交《关于制定振兴革命老区发展规划采取更加有效措施加快解决革命老区脱贫致富使之能与全国同步进入小康社会的建议》的提案，建议由国家发改委和国务院扶贫办牵头，抓紧开展专项调研，尽快制定振兴革命老区发展规划，提出振兴革命老区的特殊政策措施。当年9月，国家发改委、教育部、财政部、人力资源和社会保障部、农业部、国家旅游局联合商议，对提案给予重视和及时答复，明确表示抓紧研究帮扶革命老区发展的指导意见，因地制宜提出帮扶全国革命老区发展的战略目标、建设重点和政策措施。

同一年，农工党中央委托十一届全国政协常委、农工党江西省委主委、省政协副主席郑小燕率考察组赴赣州，就“加快赣南苏区经济发展转型”进行考察调研，对赣州加快转变经济发展方式提出相关建议。并以农工党中央的名义分别向中共中央、国务院报送《关于支持赣南苏区发展振兴的建议》。

2012年，全国政协委员、时任江西省政协主席张裔炯在审议全国政协常委会工作报告和提案工作报告发言时提出，江西省政协把促进赣南苏区发展振兴工作列入重要议事日程，作为重要的履职任务，并在会议期间报送《大力推进中央苏区建设，使中央苏区人民与全国人民一道同步进入全面小康社会》选题，邀请全国政协组织委员视察团来赣州开展专题调研视察，推动中央苏区振兴规划上升为国家区域发展战略。全国政协委员、时任全国政协民族和宗教委员会副主任傅克诚提交了《关于请求国家大力支持原中央苏区加快发展振兴的提案》。在民进、农工、九三联组会议上，郑小燕作了《关于支持原中央苏区发展的建议》的发言。

2013年，以省政协主席黄跃金为团长、副主席钟利贵、郑小燕、肖光明为副团长，省政协组织同属于原中央苏区的吉安、抚州的省政协委员在赣州就“更好地推动赣南苏区振兴发展”开展异地视察。视察团提出用足用好各项扶持政策，努力把政策优势转化为发展优势；大力培植特色优势产业集群，努力把资源优势转化为发展优势等建议。

助政策优势转化为发展优势

2012年《国务院关于支持赣南等原中央苏区振兴发展的若干意见》（以下简称《若干意见》）正式出台，2014年《国务院关于赣闽粤原中央苏区振兴发展规划》（以下简称《发展规划》）公开发布。江西省委、省政府及时出台《贯彻落实〈国务院关于支持赣南等原中央苏区振兴发展的若干意见〉的实施意见》。住赣全国政协委员所提事关苏区振兴发展的意见建议得到充分吸纳，各项规划中饱含着政协委员的智慧和力量。

如何使这些政策优势转化为发展优势？《若干意见》和《发展规划》出台实施以来赣南等原中央苏区振兴发展发生了哪些变化？取得了哪些成效？存在着哪些问题？住赣全国政协委员们一直牵挂在心，履职于行。

2014 年，黄跃金领衔，蔡晓明、李华栋等 10 位住赣全国政协委员在全国政协十二届二次会议期间，提交《关于尽快启动赣州至深圳铁路客运专线项目前期工作的建议》和《关于加快推进昌吉赣客专项目建设的建议》的提案。这些提案建议，国家发改委和中国铁路总公司从实施赣南等原中央苏区振兴发展的战略高度，加大对原中央苏区客专项目建设的推进力度，促进赣南等原中央苏区振兴发展。同年 12 月，被称为推动赣南等原中央苏区振兴发展先导性工程的昌吉赣客专正式开工，为赣南等原中央苏区的发展插上了腾飞的“翅膀”。

2015 年 10 月，全国政协委员、全国政协提案委员会副主任傅克诚率队赴赣州市、抚州市进行调研，形成《关于支持赣南等原中央苏区振兴发展的若干意见》贯彻落实情况的调研报告。时任江西省委书记强卫对报告作出批示。

三年来，苏区面貌已经焕然一新。群众得到更多实惠、基础设施建设取得突破、产业综合竞争力大幅提升……但同时，赣南等原中央苏区振兴发展也面临一些新的问题。比如，仅在赣州市尚有 27 项具体政策（事项）没有落实；有的政策只惠及赣州市所辖范围，其他同属苏区的市县没有享受；有的由于程序复杂或门槛过高而难以推进；有的由于需要较大配套而难以落地。

面向未来协力实现小康梦

厚厚红土地，深深老区情。

今年 3 月，全国政协十二届四次会议期间，黄跃金、李华栋等住赣全国政协委员再次联名向大会提交《加大〈国务院关于支持赣南等原中央苏区振兴发展的若干意见〉实施力度，确保赣南等原中央苏区与全国同步全面建成小康社会》提案，分别从进一步加强规划对接，把苏区振兴发展战略纳入国家“十三五”规划；进一步解决好民生方面的突出问题；进一步加大财税政策支持力度等方面提出建议。

得知该提案确定为全国政协 2016 年重点督办提案，并将以提案办理协商座谈会的形式推动提案办理落实的消息后，住赣全国政协委员和江西省政协倍感鼓舞。在黄跃金、傅克诚的策划推动下，从 4 月开始，住赣全国政协委员再次组成调研组，分三组赴赣州、吉安、抚州等原中央苏区深入了解《若干意见》和《发展规划》贯彻落实情况以及全面建成小康社会的思路举措。

在江西赣州瑞金市叶坪乡黄沙村华屋小组红军烈属胡冬娣家中，住赣全国政协委员、江西省政协主席黄跃金率领的调研组详细了解了赣南等原中央苏区振兴发展给老百姓带来的实实在在的变化。胡冬娣已经彻底告别了以前住的危旧土坯房，住进了宽敞明亮的新房。“建房子政府补了多少？自己出了多少？借了多少？怎么还……”手拉手的倾听，面对面的询问，正是住赣全国政协委员对百姓、对振兴倾注的热情与关怀。

横跨两届，持续6年；从《若干意见》出台到《发展规划》实施；从建议在国家层面上关注支持到对国家政策的扎实落地，变了的是苏区的样貌，群众的生活，不变的是住赣全国政协委员为苏区振兴发展建言献策的深厚情怀和殷切期待。

（2016-07-28 期 01 版）

不忘初心，永葆党的先进性纯洁性

姚亚平

党性教育是党员正心修身的必修课，党性修养是共产党人的“心学”，而这“心学”的第一课就是不忘初心。

“不忘初心，方得始终”原出自《华严经》，大意是“只有坚守本心信条，才能修成正果，德行圆满。”习近平总书记多次提到不忘初心。今年2月，习近平总书记在江西视察时说：“行程万里，不忘初心”；在今年庆祝中国共产党成立95周年大会上，又指出“全党同志一定要不忘初心、继续前进”。

初心就是起初的心，就是初衷，是最初自己发的心愿、愿望，立下的心意、志向，是人最初的理想、目标，是一个人最初对自己的期许：我期待怎样的世界，要做什么样的事，要成为一个什么样的人？就像《红灯记》里李铁梅所唱：“做人要做这样的人。”

对初恋的情人来讲，海誓山盟，要海枯石烂不变心，白头到老一世情。

对一个党员来讲，初心就是入党之时在党旗下的入党誓言，牺牲个人，永不叛党。

对一个党来讲，中国共产党的初心，就是党在成立之初确立的党纲、党章，就是全心全意为人民服务的根本宗旨。当时的初衷就是要改变中国人民和中华民族的命运，就是要推翻压迫，建立社会主义国家，站起来、富起来、强起来，实现中华民族的伟大复兴；就是要消灭剥削，消除两极分化，实现共产主义远大理想。

初心就是本质，“是一个事物之所以成其为这一事物的根据”。中国共产党是中国工人阶级和中华民族的先锋队。为人民是根本宗旨，靠人民是根本力量，对人民是赤子之心，这就是中国共产党的根本政治立场，是党的本质所在。共产党员的“初心”，就是“忠诚与信仰”“性质、宗旨和本色”，党员干部的共同“初心”，就是念兹在兹的家国情怀、夙夜在公的精神状态和“计利当计天下利”的责任担当。不忘初心，就是不改变这个本质。

习近平总书记讲的“初心”是建立在党性基础之上的，就是我们党在建党之初，党章是怎么写的？党的宗旨、性质、目标是什么？入党誓词是怎么说的？就是我们走得再远，都不能忘记当时为什么出发？就像我们加入少先队时说：“时刻准备着，为了共产主义。”就是不要忘了这个，但很多人都忘了，你看很多贪官写的忏悔录，都说忘了……而方志敏写道：“让大多数人过上好生活，我个人吃点苦没什么，哪怕丢掉这条命，就是要让中国这块大地上，到处有活跃跃的创造，让欢笑代替悲苦，……”那是初心。

先进性和纯洁性是马克思主义政党的本质属性。我们党在刚诞生的时候，像初生的婴儿一样，很弱小，但目标远大、心地高洁。我们党是伟大的党、光荣的党、正确的党。就是因为她先进，她纯洁，正是因为这种先进性和纯洁性，中国共产党才伟大、才光荣、才正确，才能始终代表中国最广大人民的根本利益，始终代表中国先进生产力的发展要求，始终代表中国先进文化的前进方向。

所以，我们共产党人更要不忘初心，永葆党的先进性、纯洁性。

不忘初心，就是要永远不忘对理想信念的执着之心。

中国共产党成立之初，就以马克思主义为立党之本，以实现共产主义为最高理想，以社会主义为奋斗目标，以为民服务为根本宗旨。这是我们的理想信念，我们不能偏离对这个理想信念的执着之心。我们党之所以能够在井冈山斗争、中央苏区反围剿、长征、抗日、解放战争、抗美援朝、“文革”、改革开放、世界金融危机、伟大复兴……经受一次又一次的困难和挫折，又一次一次的奋起，归根到底就是我们党有远大理想和价值追求，才有很强的政治定力。你若不想做，会找到一个借口；你若想做，会找到一个方法。我们要坚定共产党人的理想信念，牢牢占据推动人类社会进步、实现人类美好理想的道义制高点。

不忘初心，就是要永远不忘对理论的信仰之心。

理想信念不会自发产生，必须建立在对马克思主义的深刻理解上，建立在对历史规律的深刻把握上。理论上的清醒，才会带来信念上的坚定，信念上的坚定，才会带来政治上的坚决。我们党成立之初就坚持以马克思主义为指导思想，在理论上把握社会发展规律，才能最坚决地推动社会主义，才能不仅思想上先进，而且充满了朝气、走在前列。现在我们仍然要始终把思想建设摆在第一位，不断用马克思主义中国化的最新成果、用习近平总书记重要讲话来武装全党，提高思想觉悟、理论水平和党性修养。

不忘初心，就是要永远不忘对人民的赤子之心。

党的根基在人民，党的力量在人民，一切为了人民，一切依靠人民，始终代表人民的根本利益，这是共产党人的初心、本质。人民的立场是中国共产党的根本政治立场，是马克思主义政党区别于其他政党的显著标志。我们所有党员和领导干部都要始终为人民群众谋利益，永远不能脱离群众，不能忘记对人民的赤子之心。

不忘初心，就是要永远不忘清正廉洁的纯洁之心。

作为世界大国的长期执政党，我们党面临的最大挑战就是腐败。列宁曾发出忠告："共产党员成了官僚主义者。如果说有什么东西把我们毁掉的话，那就是这个。"邓小平在南方谈话中讲："中国要出问题，还是出在共产党内部。对这个问题要清醒。"而党内最大的问题就是腐败。腐败问题对党的执政基础破坏力最大，杀伤力最大。深入开展党风廉政建设、反腐败斗争是全面加强和巩固党的执政基础的重要工作，是党心、民心所向，是一场输不起的斗争，必须决战决胜，否则就失去党心、民心，我们党就没有资格也没有办法在中国执政。所以，我们每一名党员领导干部都要牢固树立正确的权力观，做到公正用权、依法用权、为民用权，永葆共产党人拒腐蚀、永不沾的政治本色。十八大以来，我们党坚持"老虎、苍蝇"一起打，不敢腐、不能腐、不想腐的效力初步显现，反腐败斗争的压倒性态势正在形成，但反腐倡廉，拒腐防变必须警钟长鸣，必须坚持零容忍、无禁区、全覆盖，坚决遏制腐败现象蔓延势头，着力在全党营造不敢腐、不能腐、不想腐的政治氛围。

不忘初心，就是要永远不忘对党章、党纪、党规的敬畏之心。

我们面对党旗入党宣誓的时候，就强调要执行党的决议，遵守党的纪律。列宁讲，关键要有一批有崇高理想，能严守纪律的革命家。我们党始终把制度建设作为根本保障，明确了统一的纪律要求，形成了严密完整的组织体系，保持了强大的战斗力和凝聚力。治国必先治党，治党务必从严，要做到"严"字当头，把"严"的要求贯穿始终，做到真管真严，敢管敢严，常管常严。首先，要严肃党内的政治生活，这是全面从严治党的基础，"严"不是一个口号，要落实到各个环节和细节。比如，按时交党费，参加支部活动等。其次，要严肃政治纪律和政治规矩，切实做到对党忠诚、为党分忧、为党担责、为党尽责。再次，还要全面净化党内的政治生态。政治生态是什么？打个比方，如果一条河，有一条鱼死了，可能是这条鱼有问题；但如果有一群鱼死了，可能就是河水有问题。如果一个地方或一个单位总是钩心斗角、尔虞我诈、互相吹捧、互相包庇，那这里的政治生态就不行。毛泽东讲团结紧张严肃活泼。马克思讲自由人的联合体，每个人思想解放，积极性、主动性、创造性充分发挥，但又是一个联合体，是为了共同的目标。这才是好的政治生态。

不忘初心，就是要永远保持学习创新的活泼之心。

我们党从成立之初，就是一个学习型政党，我们党能从弱到小、从小到大，就是因为我们党善于学习、不断学习。始终做到了把思想建设和理论学习摆在党建的优先地位，始终保持了强烈的、敏锐的问题意识，不断发现问题、分析问题、解决问题。我们要始终解放思想、实事求是，保持清醒头脑，永远成为学习型政党、学习型党员。

不忘初心，就是要牢固树立中国特色社会主义道路、理论、制度、文化的自信之心。

中国特色社会主义道路、理论、制度、文化不但有特色，而且有优势。习近平总书记强调：中国特色社会主义是不是好？要看事实，要看中国人民的判断，而不是看那些戴着有色眼镜人的主观臆断。他在“七一”重要讲话中指出，“中国共产党人和中国人民完全有信心为人类对更好的社会制度的探索提供中国方案”，这句话底气十足，铿锵有力。我们就要保持这样一种自信，满怀信心地为党和人民的事业作出自己的贡献。

（2016-08-17 期 08 版）

就“确保赣南等原中央苏区与全国同步全面建成小康社会”
马飚率全国政协提案委赴赣开展重点提案督办调研

谢　靓

11 月 29 日至 12 月 2 日，全国政协副主席马飚带领全国政协提案委员会调研组赴江西，就“确保赣南等原中央苏区与全国同步全面建成小康社会”重点提案进行督办调研。调研组于 12 月 2 日在江西省南昌市召开提案办理协商会，听取江西省政府、省政协相关情况介绍并作互动交流。

马飚在讲话中肯定了江西省委、省政府在赣南地区扶贫工作中取得的成绩。他指出，党中央国务院高度重视老区开发建设与脱贫攻坚工作，作出了一系列重要决策部署。为贯彻落实习近平总书记关于扶贫开发工作的系列重要讲话精神，推进《国务院关于支持赣南等原中央苏区振兴发展的若干意见》的实施，全国政协将黄跃金、傅克诚等委员提出的“关于加大《国务院关于支持赣南等原中央苏区振兴发展的若干意见》实施力度，确保赣南等原中央苏区与全国同步全面建成小康社会的提案”列为全国政协 42 个重点提案之一，由提案委员会以现场提案办理协商会的形式进行督办。此次调研目的就是要进一步了解赣南扶贫实际情况，共同推进问题的解决。

马飚强调，做好赣南苏区的扶贫工作，就要认真贯彻落实习近平总书记在陕甘宁革命老区脱贫致富座谈会上的讲话精神和在江西吉安、井冈山调研考察扶贫工作的讲话精神，进一步全面落实《国务院关于支持赣南等原中央苏区振兴发展的若干意见》。要加大对赣南等原中央苏区交通、电网等基础设施建设的支持力度；加大重点产业扶持力度；加快民生工程建设；促进江西主动融入珠三角经济区和海峡两岸经济合作区；加大对电商扶贫的支持力度；进一步加快城镇化建设、做好扶贫搬迁工作；进一步重视龙南、瑞金两个国家级经济技术开发区的建设工作；加大对旅游扶贫的支持力度；设立国家级“黄龙病”防治科技攻关项目；进一步支持教育扶贫；进一步加大对小额信贷扶贫的支持力度。要学好、用好、用够中央政策，进一步调动地方积极性和群众积极性，发动全社会扶贫积极性，将精准扶贫工作与城镇化进程结合，注意研究建立扶贫项目的验收、退出机制。

全国政协提案委员会主任孙淦主持会议，副主任干以胜、王国卿、李宏、傅克诚、胡四一，委员马儒沛、黄文平参加会议。国家发改委、财政部、交通运输部、国务院扶贫办、农业部等提案承办单位相关司局负责同志参加会议。

江西省委书记鹿心社、省长刘奇在南昌会见调研组一行，江西省政协主席黄跃金全程参与调研并参加会议。

（2016-12-05 期 01 版）

感受老区情怀

谢　靓

这是一份承载着住赣全国政协委员多年期盼的提案。

近些年来，住赣全国政协委员一直积极通过各种履职形式为老区发展献计出力，今年递交的联名提案，是住赣全国政协委员首个重点督办提案，也是他们持续建言的成果体现。

其实，早在2011年全国两会上，时任江西省政协主席的傅克诚委员在提案中呼吁制定振兴革命老区发展规划，使之能与全国同步进入小康社会。

2014年全国两会，黄跃金和傅克诚等10位住赣全国政协委员又提交提案，建议加大对原中央苏区铁路客运专线项目建设的推进力度。

2015年，《国务院关于支持赣南等原中央苏区振兴发展的若干意见》（以下称《意见》）出台三年后，傅克诚率调研组赴赣州、抚州进行调研，形成《意见》贯彻落实情况的调研报告，为江西省委省政府提供决策参考。

今年，在这份联名提案被全国政协确定为重点提案后，黄跃金、傅克诚等多位委员又先后分三组赴赣州市、吉安市、抚州市调研，形成调研报告，旨在帮助全国政协提案委和国家有关部委了解《意见》贯彻落实的新情况新问题。

这是一张排得满满的调研行程表。

此次重点提案督办调研共四天行程，除去出发、返京和座谈会的时间，在基层调研的时间是两天半。为了尽可能掌握更多信息，这两天半里，调研组马不停蹄走访了于都、瑞金、安远、龙南四个县市，考察了十几个调研点，从田间地头到山坡果林，从企业车间到施工现场，处处留下了他们的足迹。在园区，调研组成员们深一脚浅一脚地踩在黄土上听介绍，走访农户时，坐在家门口的大树下就开始聊，有时清晨出发，天黑后才回到驻地

这是一次“望闻问切”的深入调查研究。

“为什么来这里投资，吸引你的是什么？”在赣州电子信息产业科技城，全国政协副主席马飚关切地询问来此投资的一家企业负责人。

“家里几口人？年收入多少……”一到移民搬迁安置的新村，全国政协提案委员会主任孙淦总要先了解搬迁后的饭碗问题。

扶贫归根结底需要产业支撑，优势产业怎么培育？在调研的车上，马儒沛委员时常与黄文平委员及提案承办单位的同志就此展开热烈讨论。

返京前一天，胡四一委员在调研组的行程手册上密密麻麻地写下自己的观点和建议，他结合自己在水利部工作的情况，详尽列出了水利部在贯彻党中央国务院相关部署方面已实施和即将实施的项目，想给当地相关部门作为参考。

一路走来，每一位调研组成员都在不断询问，不断思考，不断探讨，不断总结，和住赣全国政协委员一样，他们热切地希望老区人民同全国人民一起，共享全面建成

小康社会的成果。

这是一场实打实的提案办理协商会。

“重复介绍情况的可以少讲点，请大家重点谈谈问题和建议。”12 月 2 日，江西南昌，调研组召开的提案办理协商会上，主持会议的孙淦如是强调。

调研组在调研当地召开的提案办理协商会，参加的除了提案人代表和承办单位，还有江西省政府、省政协和参与调研的委员们。为了尽可能在有限时间内交流更多问题，穿靴戴帽的客气话少了很多，开门见山，直奔主题。赣南等原中央苏区振兴发展取得了哪些成效，存在着哪些问题？哪些政策已经落实，哪些政策亟待落实？大家互动频频，交流热烈。

面对委员和江西省相关部门关于加大交通基础设施建设力度，加大财政支持，防控黄龙病等建议时，负责提案承办的国家发改委、财政部、交通运输部、国务院扶贫办、农业部等单位相关司局负责同志开诚布公，一一给出了积极回应。

“在统筹安排时，将优先考虑支持赣南在项目审批、资金安排，推动尽早实施。在补齐短板方面会按照合理布局适度超前的原则加快基础设施。”

“尽管财政下行压力大，明年预算盘子打得非常紧，但对原中央苏区的支持力度不会减。”

“我们准备和农发行在村级产业扶贫方面开发一个新贷款产品，优先向赣南推行。”

“农业部今年追加了 5000 万元资金用于黄龙病防控。”

……

这些充满“干货“的回应，释放了提案承办单位的大诚意：决不能让老区的贫困群众在全面建成小康社会进程中掉队。

确保不掉队，是责任，是使命。事实上，从《意见》出台到相关发展规划的实施，从呼吁在国家层面上关注支持到国家政策的扎实落地，赣南苏区的面貌一直处在可喜的变化中，而不变的，是党中央国务院打赢这场脱贫攻坚战的决心，是广大政协委员为老区振兴发展建言献策的真挚情怀。

（2016-12-16 期 08 版）

助力红色圣地“小康”梦

全国政协提案委员会“确保赣南等原中央苏区与全国同步全面建成小康社会”重点提案督办调研综述

谢　靓

初冬的赣南大地，青山掩映，脐橙飘香。

82 年前，长征队伍从这里出发，人民共和国从这里走来。而今，这个国家特级贫困地区正站在全面建成小康社会的新征程上，蓄势待发。

由于历史、自然等原因，赣南等原中央苏区还有大量群众住着简陋的土坯房，走着崎岖的山路，面临贫困窘境。习近平总书记 2015 年参加全国两会江西代表团审议时曾指出，“我们决不能让老区的贫困群众在全面建成小康社会进程中掉队。”2012 年，被赣南人民誉为“幸福宝典”的《国务院关于支持赣南等原中央苏区振兴发展的若干意见》（简称《意见》）出台，一项项承载着党中央国务院深切关怀的扶持政策在此落地发芽，为赣南苏区振兴发展注入强大动力。

今年，全国政协将黄跃金、傅克诚等委员提出的“关于加大《国务院关于支持赣南等原中央苏区振兴发展的若干意见》实施力度，确保赣南等原中央苏区与全国同步全面建成小康社会的提案”列为 42 个重点提案之一，由提案委员会督办。11 月 29 日至 12 月 2 日，全国政协副主席马飚带领全国政协提案委员会调研组赴江西，就此重点提案进行督办调研，调研组考察了赣州市的于都、瑞金、安远、龙南四个县市，跋山涉水，访农家，进园区，考察企业，与政府部门座谈，倾听老区人民的心声，帮助他们探索全面建成小康的路径。

让调研组欣慰的是，在赣南苏区，振兴发展的政策力量正汇聚成一道道暖流，温暖着老区人民的心。“要将党中央国务院的决策部署进一步贯彻落实好”，马飚在调研中多次强调这句话，这也是调研组对赣南这片红色圣地的殷殷期盼。

“原来不敢想，现在是好上加好”

民生大于天，让贫困户住上安全的房子，用上便利的水电，是减贫的首要任务。

“我们集中力量解决农村危旧土坯房、饮水安全、电网和道路建设、特殊困难群体生活等问题。现在有 80 多万户农民告别了透风漏雨的土坯房，红军烈士遗属遗孀及后代全部住上新房。”在与调研组座谈时，江西省介绍了贯彻落实《意见》的最新进展。

11月29日下午，调研组的车刚驶进于都县罗坳镇大桥古嶂移民新村，一排排崭新的白色小楼就映入眼帘。

去年陆续搬进宽敞明亮的新居之前，这个村的村民还住在山上的土坯房里，“孩子上学要走两个多小时的山路，碰上山体滑坡，夜里睡觉都提心吊胆。”当地干部这样告诉调研组。

64岁的村民陈佛生一家靠政府补助和贴息贷款住进了三层小楼的新房，而且，他还是于都县光伏扶贫试点的第一批并网发电受益者。在这个村，142户贫困户家中都安装了光伏发电系统。委员们站在陈佛生家楼顶望去，家家户户楼顶上的黑色光伏发电板在阳光下分外醒目。

并网发电一年多来，陈佛生靠光伏发电板已增收数千元。“原来不敢想，现在是好上加好！”陈佛生对全国政协提案委员会主任孙淦发出了感叹。

贫困户过得越来越好，这是《意见》出台四年多来赣南苏区最显著的变化。2013年，龙南县开始探索和实践移民搬迁进城进园集中安置。在龙南县东江乡新圳工业小区一个叫“新圳花苑”的小区，调研组看到一栋栋“穿”着绿色防护网的楼房。“整个项目分两期实施，这是一期，那是二期……”龙南县相关负责人指着工地上的规划图介绍说，依托靠近龙南经济技术开发区这个国家级开发区的优势，能让贫困户就业与园区用功需求“无缝对接”。农民申请入住可享受每平方米1500元的低价购房政策，还叠加享受移民搬迁、土坯房改造、贷款贴息等扶持政策。

“要搬得出，还要稳得住，能致富，这几个移民搬迁点都作出了很好的示范。”孙淦说。干以胜委员则表示，除了房子建得漂亮，村民进出的道路也不能狭窄，“在加快高速、高铁等‘铁公机’建设的同时，还要重视乡村道路建设。”

当前，赣南原中央苏区已有众多基础设施建设项目纳入国家规划的基础设施建设项目，委员们认为还要进一步加快推进步伐。“要把党中央国务院的各项扶持政策吃透、用好”，王国卿委员说，钱怎么花、项目怎么落地，都要研究清楚，要结合本地实际解决好文件落实的“最后一公里”问题。在胡四一委员看来，加快老区振兴发展涉及多个部门，各级政府要按照职责分工，加强发改、财政、土地、农业等各部门密切配合，形成合力，切实组织落实好项目建设投资、移民安置等相关工作。

“这里很像20年前的深圳”

12月1日早上5点，天还没亮，江西志浩电子科技有限公司的老板蔡志浩就从广东东莞开车出发了，只用了三个小时，他就到达了位于江西赣州龙南县的电子信息产业科技城。

这个规划面积为1.5万亩的科技城现在还是一片荒芜的建设工地，但数条新建的主干道纵横交错，已隐约能看出科技城建设的“大手笔”。

“这里很像20年前的深圳！”面对前来考察的调研组，蔡志浩用一句话道出了科技城吸引他的魅力。蔡志浩的企业主营手机电路板，他向调研组一一列举了来此投资的好处：高科技企业落地有补助，能享受所得税优惠，土地价格便宜，政府行政效率高，服务态度好。蔡志浩的投资项目是30亿元，他说：“我计划在这里上400条生产线，把深圳、东莞的工厂都转移到龙南来！”

龙南的产业发展前景给调研组留下了深刻印象，在回去的车上，马儒沛委员兴致勃勃与当地干部谈起产业支撑的重要性：“要充分发挥赣南的三个国家级经济技术开发区的政策倾斜扶持叠加优势，扶持一批科技含量高、经济附加高的龙头企业，形成产业集群地，承接珠江三角洲、长江三角洲的产业梯度转移。”对此，黄文平委员认为，要营造良好的投资软环境，包括体制机制、政策、法制、管理、服务等等。傅克诚委员则建议加大《意见》中央企入赣的推进步伐，这是产业发展的重要基点。

“输血”不如“造血”，近几年，江西省在大力引进优质产业，做大做强优势产业上下了不少功夫。今年5月，瑞金市引进九丰现代农业科技有限公司来瑞金投资建设叶坪田坞现代高效农业园区项目，现在，3万平方米智能温室大棚已基本完成。调研组来到这里时，看到了一排排敞亮的白色塑料大棚，站在刚刚采摘下来的几筐水灵灵的白菜和辣椒前，村里负责人向调研组介绍说，这里建起了15个农业合作社，农民的土地流转到合作社可以分红，还可以在园区打工，“一家如果有两个劳动力在这打工，一年收入6万元没问题”。

赣南以盛产脐橙闻名，一片脐橙园就是一棵“摇钱树”。11月30日，在安远县，当调研组的车沿着蜿蜒的山路盘旋而上，只见高高低低的山坡上种着大片金黄的脐橙，一派丰收景象。

这里是安远县车头乡独立岽万亩脐橙基地，郑国忠一家的脐橙园就在这个基地的半山腰，60亩果园每年能带来20多万元的纯收入，他还开通了微信和微博销售平台，线上线下都卖得火爆。

种脐橙近 20 年，郑国忠仍然有个心病。坐在他家门口的一棵大树下，郑国忠告诉调研组，每年他都要和号称脐橙癌的黄龙病“斗智斗勇”，搭防虫网，打药，各种方法都用过。

黄龙病是一种真菌感染，会阻断果树营养传输，让脐橙停止生长，这个病可控可防却不可治，是整个赣南脐橙业的一大威胁。

“这里本来有 30 多万亩，因为黄龙病已经砍掉了 18 万亩，从南到北的那一片，现在都没有了。”站在安远的脐橙基地的山头上，基地负责人指着远处的果园，语气惋惜地说。

据江西省农业厅相关负责人提供的数据，三年来全省已因黄龙病砍掉了近 60 万亩。赣南种植脐橙的农民数以百万计，作为提案人，江西省政协主席黄跃金对农民的损失尤为心疼，他说，“建议农业部继续整合专家力量，组织联合攻关，着重开展黄龙病发生机理、传播规律、治理技术等攻关研究，争取技术突破。同时建议中央财政加大柑橘病虫害特别是黄龙病的防治资金支持，帮助苏区果农转产复产。”

“信念树”的精神

在赣南大地，流传着很多可歌可泣的革命故事，至今，这份家国情怀依然激励着赣南人民在脱贫致富的路上阔步前行。

11 月 30 日，调研组来到瑞金市叶坪乡远近闻名的烈士村——华屋村，当地人给调研组讲述了一段悲壮往事：

20 世纪 30 年代初，仅有 43 户家庭的华屋百姓家家有人都投身革命，村里的 17 位青年在报名参加红军时，每人亲手在后山栽下了一棵松树，表达对中国革命必将胜利的坚定信念。这 17 人在后来的长征路上全部壮烈牺牲，而这 17 棵信念树至今仍然挺立在后山上，亭亭如盖。

现在，华屋村的面貌也和信念树一样欣欣向荣。过去，全村 100 多户中绝大部分都居住在透风漏雨的土坯房中，在中央及地方的大力支持下，华屋村一排排白墙青瓦的新房拔地而起，向逝去的先人讲述着后代们的新生活。依托村里区位优势和历史资源，华屋正在成为一个集“红色”“绿色”“古色”于一体的特色文化旅游村庄。

在村民华海家装修一新的厅堂里，调研组与华海一家围坐在一起话家常。华海和老伴杨冬香的土地都流转给村里合作社，两口子在村里做保洁，儿子儿媳在附近产业园打工，他们还在家里开起了农家乐，去年一年在旅游收入上就进账 2 万多块，一家人的日子过得和和美美。

“‘苏区精神’是赣南等原中央苏区振兴发展的力量源泉和精神财富，广大干部群众应倍加珍视、努力弘扬，培育和涌现出更多的致富带头人，为苏区的振兴发展谱写新的篇章。”李宏委员感叹说。在委员们看来，赣南的红色旅游资源丰富，红色记忆鲜活，应该集中力量做大做强红色旅游，将其作为本地优势特色产业。

从华海家一出来，调研组就看到了村里的电商网点“邮乐购”，由中国邮政免费提供设备，村里的合作社把农民种植的蔬菜源源不断地送到这里，销往外地，靠电商渠道，华屋村的村民口袋又多了一项收入。

电商扶贫，这也是赣州实现扶贫“弯道超车”的一大助力。离开华屋村，调研组来到位于瑞金国家级经济技术开发区的电子商务孵化园，二层一间教室里，一群年轻人专注地坐在电脑前，听大屏幕前的老师讲“淘课”。据说，这里已经入驻了160余家电商企业，为瑞金的优质农产品开辟了线上销售渠道。

在孵化园的宣传屏上，借电商平台脱贫致富的一位廖奶奶正“现身说法”：“我16岁开始做咸鸭蛋，步行到3公里外的集镇上去卖。没想到，现在网络就能将我的咸鸭蛋卖到全国各地……”今年86岁的廖奶奶廖秀英来自赣南偏远贫困山区，现在，她注册的“廖奶奶咸鸭蛋”通过电商平台卖到全国，并建立合作社，带领了一大批贫困户脱贫致富，成为这里电商扶贫的“代言人”。

长期关注电商扶贫的干以胜委员认为，电商扶贫要注重可持续发展，他建议打造品牌，建立产品溯源体系，加强质量监管，不要让假冒伪劣毁了农民的小康之路。

雄关漫道真如铁，而今迈步从头越，如今的赣南苏区已进入蓄势赶超的新阶段。“我们将从全国政协的角度积极推动赣南苏区发展，只要我们共同努力，赣南苏区与全国同步全面建成小康社会大有希望！”在与当地政府座谈时，孙淦如是说，对于这片红色圣地的“小康”梦，调研组每个人都满怀信心。

（2016-12-16期08版）

2017 年

江西省“三办”连续三年发文为政协履职开局助力
看协商计划新变化　显政协履职新力度

徐晓丹　骆彩虹

近日，江西省委办公厅、省政府办公厅、省政协办公厅联合下发《关于印发〈2017年度省政协协商工作计划〉的通知》。这是江西连续三年以“三办”联合发文形式印发政协年度协商计划，不仅显示协商民主在江西推进深化已成常态，还为新一年省政协的全局履职工作开好局助好力。

协商工作计划的“出炉”，本身就是一项协商成果。17 个协商议题，紧扣江西省委、省政府中心工作，紧扣改革发展主题，紧扣增进民生福祉，都是在广泛征求、认真听取各民主党派省委会、省工商联、省直有关单位、各设区市政协意见的基础上，精挑细选产生。

今年的协商工作计划中，民主监督的分量加重。据了解，除继续做好“市县落实‘河长制’情况”专题民主监督外，协商计划中首次安排了“经营类事业单位改革情况”“扶贫专项资金使用情况”两次民主监督性委员视察活动。不到一个月前，江西省政协十一届五次全会上，省政协主席黄跃金强调“要加强和改进人民政协民主监督工作”的话语犹在耳畔，省政协加强民主监督工作的部署举措就已经具体反映在此次计划的协商议题上。

今年的协商工作计划更加符合政协工作实际。细心比对往年会发现，今年的协商工作计划在“协商方式”一栏，保留专题协商、对口协商、界别协商、民主监督、委员视察，删去了提案办理协商。有何“玄机”？江西省政协办公厅研究室相关同志这样解答：在办理提案的实际过程中，每件提案都要经过协商才能落实，因此今年不再将提案办理协商议题列入协商工作计划。

今年，江西省政协将以常委会议专题协商形式，积极围绕“加快赣江新区建设”建诤言、献良策、出实招。据悉，去年 10 月揭牌成立的赣江新区，是国家推进区域协同发展的重点板块，也是江西经济社会发展的重要支撑。建设好赣江新区作为实施国家区域发展总体战略、推动长江经济带发展的重要举措，对于促进中部地区崛起、推动长江经济带发展、加快内陆地区开发开放，意义重大。此外，“加强地方金融体系建设，推动实体经济发展”“加快我省国家生态文明试验区建设”“大力推进脱贫攻坚”“推进城市社区依法治理和服务创新”“古镇保护与开发利用”“加强我省对外开放主要平台建设”“促进我省少数民族地区特色旅游发展”“‘全面两孩’政策后产科儿科医疗资源”……一个个议题，一次次协商，将为决胜全面建成小康社会、建设富裕美丽幸福江西贡献新的一份“政协力量”。

（2017-03-01 期 02 版）

协商式监督：开启民主新征程

刘晓庄

初春三月，明媚的阳光温暖着欣欣向荣的大地，热烈的掌声响彻在人民大会堂。俞正声主席在今年全国政协常委会工作报告中明确指出：政协的民主监督，是“以提出意见、批评、建议的方式进行的协商式监督”，它虽不具有强制约束力，但却拥有强大的政治影响力。

“协商”者，商以求同，协以成事。这是千百年来国人孜孜不倦的追求。“协心勠力，天下归之”，治国理政，离不开善于借助民力维护国家昌盛；“商兑未宁，介疾有喜”，众人的事情众人办，大家有事好商量，总会得到好结果。将协商的文化渗透融合于民主监督之中，不啻是政协民主监督的一大递进和提升，它既包含了社会主义协商民主的题中要义，又丰富了社会主义协商民主的深刻内涵。

“监督”者，“谓监当督察其事”。一个给人感觉似乎有点冷冰冰的刚性字眼，一旦为它赋予协商的形式和内容，即可在严肃的气氛中产生一种强烈的温度感。“兼相爱，交相利”，美美与共，天下大同。在我国，权力属于人民，接受人民的监督天经地义，“只有让人民监督政府，政府才不敢松懈。只有人人起来负责，才不会人亡政息。”民主监督，原本“道是无情却有情”，故而“绿叶扶红花，相伴总相宜”。

协商式监督，贵在协商，重在监督。如果说政治是一门妥协的艺术，协商就是妥协的一种具体方法。政协组织的“三四五六”（34 个界别、56 个民族），分布广、差异大，利益诉求各不相同，只有尊重差异、求同存异，才能增进共识、凝心聚力，从而寻求最大公约数，画好最大同心圆。协商不是和稀泥，而是以坚持原则为基础，实现宽大包容、厚德载物的一个较好程序；监督不是搞对立，而是以共同目标为前提，防范和制约公权滥用，实现权力为民的一条较好途径。所以，协商式监督，体现的是中国特色社会主义民主政治中相互尊重、相互体谅的精神价值。

协商式监督，要树立“公、和、诚、实”的正确理念。“天下为公”，美好社会的政治理想激发“公生明”的热情；“执中致和”，协调不同的声音构成和谐的壮丽乐章；“诚者自成”，严格自律的至诚之道成就伟大的事业；“实事求是”，严实的作风让人民群众感到政协就在身边。“公、和、诚、实”四个字，凝练了中华优秀传统文化的精髓，切合人民政协的准确定位，同时充分表达和聚合民心民意，确保政协的民主监督工作沿着正确的政治方向前进。

诚然，协商式监督还需要有一个发展完善的过程，关键是要扩大各界群众的参与度，汇聚实现中华民族伟大复兴的磅礴力量。人民政协联系广泛，要通过切实发挥政协委员联系群众的桥梁纽带作用，最大限度地发挥公民广泛参与协商式监督的积极性，着力解决政府与社会互动的内容、方式、程度等，以保证政协民主监督工作的公正性、客观性、真实性和准确性。因此，依靠群众进行协商式监督，这也是人民政协的优势所在、活力所系。

“忽如一夜春风来，千树万树梨花开。”永葆初心，继续前行，在肝胆相照、荣辱与共的协商式监督中，只要大家“坚守真理、坚守正道、坚守原则、坚守规矩”，就一定能齐心唱好“民主监督”这同一首歌。用协商的方法手段开展政协的民主监督，在协商中凝聚人心增进共识，在监督中解决问题促进工作，民主监督由此开启了新的征程，中国特色社会主义民主政治道路将会越走越宽广。

（2017-03-11 期 06 版）

铺展政协民主监督新画卷

从江西省政协实践看民主监督探索工作有章法见实效

邱修梁

先看 1 月 15 日江西省政协十一届五次会议，省政协主席黄跃金作的常委会工作报告中，专门有一部分阐述加强和改进人民政协民主监督工作；接着，2 月 4 日春节后的第一次主席会议，重点研究政协民主监督工作，专门明确一名副主席分管，力度空前。

再看1月12日江西省委常委会议通过的《中共江西省委常委会2017年工作要点》，第七部分明确指出支持各级政协履行政治协商、民主监督、参政议政职能，研究制定关于加强和改进人民政协民主监督工作的实施意见。

回看去年8月22日召开的江西省人民政协理论研究会“人民政协与民主监督”专题研讨会，进一步深化对政协民主监督性质、特征的认识，深刻分析履行政协民主监督职能的路径选择。

……

随着路线图中的步骤一项项推进，时间表中的计划一个个完成，江西省政协民主监督实践探索“行而有法，行之有效”，正迈入由“行”而“制”的关键阶段；省委加强外部监督、发展民主监督的制度安排渐成现实。

有“域”有“度”：重点督大事，突出督得准

监督什么，怎么监督？去年12月23日省政协常委会议上，省政协主席黄跃金对十一届省政协民主监督的“域”和“度”做了精准概括：

——“要选准角度、提高精度，围绕经济社会发展的重点，抓住改革发展的难点，针对群众关注热点，瞄准法律实施过程中的重要问题开展监督。”

——“政协民主监督不具有约束力，不靠说了算，而靠说得对、说得准。”

从2012年起，围绕中央和省委重大改革举措、重要政策贯彻执行、重要约束性指标落实情况等内容，省政协每年安排两个以上议题，报省委常委会同意，由党外副主席担纲，集中资源、汇聚优势开展专题民主监督活动。

“选题准，调研深，建议实！”对于去年10月省政协开展的“市县落实‘河长制’情况”民主监督活动，省政协常委、水资源领域专家邓丽明印象深刻。

“2015年，省政协调研水环境保护时就对‘河长制’的推行提出了建议。”据省政协人资环委负责人介绍，“2016年，省政协将市、县落实‘河长制’专题民主监督列入常委会协商计划，副主席孙菊生带着调研组深入九江、南昌、鹰潭等三市七县开展‘民主监督行’。”

“实打实地看，看到什么说什么。”邓丽明记得，“有的地方片面认为落实‘河长制’是应景工作，河长办也只是一个虚设机构。”“后来我们形成的《关于我省推行河长制以来情况的建议案》，针对部门推诿现象、经费保障无专项、考核办法不科学等问题，提出了一河一策、理顺体制等5方面建议，省委书记批示要河长办、水利

厅、省发改委认真进行研究。”省政协人资环委负责人说。

目前，江西已在全境构建区域与流域相结合的“河长制”体系，“五河一湖一江”由7位省领导担任省级“河长”，其他河流按流域由88名“市河长”、822名“县河长”和万余名“乡、村河长”层层包干。

因“事”及“人”：重在事监督，督人于事中

“政府在为我们省钱。”尽管人工工资、材料成本一直在上涨，但江西省兆驰光电有限公司总经理胡小明却并不焦虑。原因在于，“去年他的公司税费缴纳减少了170万元。”以前，公司每年要缴纳税费300多万元。

2016年以来，江西前后出台100条政策措施，在全省开展“降成本、优环境”专项行动。截至去年底，收集企业反映问题1630个，解决1280个，为全省规模以上工业企业节约成本约320亿元。

在政府千方百计为企业“省钱”的同时，政协也在充分发挥政协民主监督作用，持续帮忙。2014年，省政协创造性地用问卷调查开展民主监督，对在赣投资的200余名外籍人士开展关于江西省投资发展环境的调查。针对存在的“吃拿卡要”和“不托关系办不成事”等现象，省委、省政府主要领导均批示要求改进，省委办还对报告进行全文转发，并定期搜集汇总改进情况。

2015年5月起，省政协就“优化企业发展环境”开展专项民主监督，活动历时7个多月，点面结合、上下联动。前期，11个设区市政协分别在辖区内调研并提交报告；10月中下旬，省政协深入6个设区市实地调研；12月14日，省政协向省委、省政府报送《关于我省企业发展环境存在的问题及相关建议》，客观分析了掣肘企业发展的“政策、成本、产业链”等“事因素”，指出潜藏的“承诺不兑现，政策不落实；综合配套服务能力薄弱；行政执法不规范，以罚代管、以费养人较普遍；行政审批效率不高，不作为现象比较突出；举报投诉渠道不畅，查处损害发展环境案件不力”等人的问题，既对事更对人，既建议还批评。

建议案得到多位省领导批示肯定。省委常委、常务副省长毛伟明在今年1月6日的省委常委会议上说：“我省降成本优环境工作成效显著，省政协的襄助功不可没！”

聚“智”达“治”：重视提建议，增强实效性

监督在关键处，更要建言到点子上。

2016年，全面实施“营改增”试点改革，被省政协看作是发挥监督作用、服务中心工作的新领域。在2016年4月，黄跃金就进行选题部署，省政协赴省国税局、省地税局等部门实地调研座谈，形成建议报送省领导。不久，省政府主要领导要求省财政厅、省国税局、省地税局等部门，尤其是省“营改增”领导小组办公室逐项逐条探讨研究政协建议。

直到现在，省政协经济委员会负责人的案头上还放着这份建议案，他还不时翻看。“全文不足4000字，建议部分就有2700多字，完善增值税抵扣链条、合理划分并适用相关税率、健全国地税合作机制等建议具有很高的参考和咨政价值。”他说，“我省能够平稳推进‘营改增’、顺利实现税制转换，这份力作很及时！”

一直以来，黄跃金对提高监督实效、强化成果转化有着清晰的安排：“一方面努力争取党政重视支持，明确办理反馈主体、内容、流程、时限，实现多方式、分层次办理反馈；另一方面积极主动作为，及时将办复情况通报参加监督的有关单位和政协委员。政协办公厅要汇总全年民主监督工作开展情况和监督意见办复情况，向政协常委会报告。”

“主席是这样要求的，我们也是这样做的。”省政协社会和法制委负责人说，“2014年，我们对之前提交的《关于进一步加强我省食品安全监管的建议》进行跟踪督办，促使财政厅在上一年8000万元基础上又追加4000万元专项资金，《江西省实施食品安全法办法》也大幅采纳了政协建议。这些情况我们不仅告知相关委员和专家，还写进了2015年政协常委会工作报告。”

届末之年，省政协推进民主监督工作的热度不减、力度不变。2月21日，省政协主席会议研究了协助省委制定出台民主监督实施意见的工作，布置开展“市县落实‘河长制’情况”“经营类事业单位改革情况”“扶贫专项资金使用情况”等专项民主监督，着力铺展一幅政协民主监督新画卷。

（2017-04-10期01版）

说的都是咱老百姓的事儿

江西省政协篇篇“小信息”传诵“好故事”

邱修梁

“黄跃金主席对反映社情民意信息工作非常重视，前几天还批示要求增强工作针对性。”5 月 31 日，端午节后上班第一天，江西省政协办公厅宣传信息处崔健就拿着工作计划表，一路小跑到秘书处，希望将“开展反映社情民意信息月活动”纳入省政协机关 6 月工作安排，并在即将召开的办公会上研究讨论。

“社情民意信息关注咱老百姓身边事儿，让我们感到政协离自己很近！”不少群众反映。江西省政协坚决贯彻以人民为中心的发展思想，坚持围绕群众普遍关心的突出问题反映社情民意信息，仅2016年来就收集处理1526篇，编辑《建言献策》324期，许多意见建议进入党政领导决策视野，化为务实管用举措。

篇篇“小信息”，直击“真民生”，展现“大智慧”，传诵“好故事”……

门牌号码更规范了

事件：2016 年 12 月 26 日，南昌央央春天业主终于等来好消息——属地公安机关经实地测量并按照相关命名准则，最终确定将小区地址由东湖区阳明东路 66 号改为八一大道 599 号。

背后故事：“有次陪家人逛街，我发现南昌城区门牌号编排和设置比较混乱，大多数道路、街道的门牌号码不齐全，缺号、跳号、同号、错号等现象比较普遍，有的同一条路上，门牌号码规格大小不一，材质、颜色、字体、内容不同，新旧混用。有些街道、道路改建，房屋、店面拆迁、新建或装修发生了变化，而门牌号设置和管理却相对滞后。”作为省政协特邀信息员的许小欢还没逛完街，就一个人先回家，坐下来边思边写。当天晚上，就向省政协报送了《城市门牌号码规范设置和管理工作亟待加强》的社情民意，提出依法加强门牌号码的编排设置和管理、建立门牌号码信息档案和标准体系、提高市民门牌意识等建议。省政协办公厅《建言献策》采用了这篇信息，专报给省政府分管领导，第三天就得到批示。南昌市政府专门下发《关于印发南昌市门楼牌清理整顿工作实施方案的通知》，各县区门牌规范工作迅速展开。

水清鱼欢美景重现

事件：3 月 27 日 20 时，渔政人员从南昌市渔政码头出发沿江巡查，行至滨江宾馆段水域，发现 1 艘渔船正在实施电捕，立即将违法网具现场割毁，并拍照取证。

背后故事：每年 3 月至 6 月，赣江流域进入禁渔期，禁止除垂钓以外的所有捕捞活动。然而，部分流域非法捕鱼屡禁不止，部分人甚至采用迷魂阵、电捕鱼等被严令禁止的方法捕鱼。上犹县政协委员张达庆看在眼里、急在心头，“由于执法人员少，水域范围广，装备落后，打击效果不是很明显。”去年4月8日，他将有关情况写成社情民意信息，建议在媒体曝光一批典型案件，增强震慑效果；联合执法力度，加强巡查力度和禁渔期渔类、渔药和渔具销售市场综合检查力度；建立有奖举报制度，渔业管理人人参与。

从去年12月12日起，江西开展为期一个月的严厉打击电力捕鱼非法行为行动，对专项整治工作部署不到位、落实不及时、效果不明显的，纪检监察部门将启动问责追责机制，严肃追究相关责任人责任。“现在好多了，回到乡下老家，小时候水清鱼欢的美景随处可见。人在岸边悠闲走，鱼在溪里欢畅游，多惬意。”张达庆说。

疫苗储运得到保障

事件：今年3月起，江西全省各个县级疾病预防控制机构均在省级公共资源交易平台上直接采购第二类疫苗，保证本辖区内第二类疫苗的群众需求。

背后故事：去年4月11日，山东特大非法疫苗事件发生后，省政协委员涂建对疫苗经营体制进行深刻反思后认为，二类疫苗放开经营，国家无法进行24小时全程监控，不可避免会产生监管漏洞，建议建立严格的疫苗国家专卖制度，实现疫苗全程跟踪监管。去年4月23日，国务院新修订的《疫苗流通和预防接种管理条例》公布实施后，涂建委员发现疫苗配送企业无明确的准入条件及验收标准，导致疫苗新政无法与地方配套政策顺利衔接，二类疫苗销售出现断货、库存告急等现象。

“药品是特殊商品，每位父母都关心疫苗安全。”涂建委员向省政府提出建议，尽快制定本省疫苗配送企业的验收标准，配送企业应先申请“药品经营许可证”，并达到药品第三方委托储存配送资格。生产企业如果分段委托给不同的配送企业进行配送，应分开制作相关销售发货单据，并注明相关配送企业信息。目前江西建立了冷链温度自动监控系统，对全省冷库和疫苗运输车在疫苗储存和运输过程中的温度进行全程电子监控，保障疫苗储运环境温度正常。

中小企业信贷报审时间缩短

事件：“提交资料不到3日内即获得了2000万元还贷过桥基金，办事效率值得点赞。”江西客家彩印包装有限公司负责人黄伟说：今年他的公司新签订几个大订单，新增几条生产线，资金周转出现困难，赣州经开区财政局立即为企业办理“还贷过桥基金”，缓解了企业还款压力。

背后故事：去年 11 月 18 日，南昌市西湖区政协委员张立强提交了《基层反映“过桥费用”猛涨加剧中小企业“融资贵”》的社情民意，引起省政府两位领导重视并被全国政协办公厅转送有关国家部委。张立强反映，中小企业备受“融资贵”困扰，除银行利息外，审计费、评估费、担保费等诸多贷款前置收费项目导致企业融资负担沉重。更令中小企业头疼的是，在还旧借新续贷过程中，多数企业都依赖民间资本进行过桥，但是“过桥资金”来源又非常混杂，利息过高。

“市场上均按日息收费，100 万元一天收费 3000—5000 元不等，有的月息高达九分至一角五分，年化利率 108%—180%。”他说，“短期内企业还能承受，但如果银信部门营业网点续贷办事效率不高，或信贷资金规模收缩，致使‘过桥’时间拖长，‘过桥费用’猛涨，企业就会不堪重负。”

探索由驻地银行和龙头企业牵头，以行业协会、商会为载体，设立贷款过桥基金；开通信贷报审绿色通道，将“过桥”时间尽可能缩短；开展专项整治，规范小额贷款公司和民间借贷市场；支持符合条件的企业股份制改革，整合上市直接融资……四点建议皆为“干货”，条条融入江西省 2017 年推进降成本、优环境专项行动 18 项具体任务中。

（2017-06-16 期 01 版）

政协蛮好

刘晓庄

曾经有段时间，一些人把政协的话语权戏谑为“自拉自唱，自我欣赏”，“说了是白说，白说还得说”。随着社会主义民主政治的深入推进，政协的“白说”已经有了很大改观，并逐渐由“不说白不说”的激情向“说了不白说”的挚情潜移。对此，作为 20 年的政协委员，我有着切身的感受。

近年，我先后两次参加了全国政协的“双周协商座谈会”，分别多次在全国政协的联组会议、常委会议、全体会议上发言。我的那些话基本没有“白说”。比如：我提出“开辟农村大学生就业新天地”，部门负责同志发出回应，“就业不能忽视农村这一块”；我建议“裸官不得继续为官”，参会高层领导当场回应，“是到了该解决的时候了”；我反映“乡村教师工作艰苦、待遇低”，全国政协领导点头回答，“对于这一点我是深有同感”，等等。敞开心扉、坦陈观点，倾心为民吐露真情，一次次政协会议发声的经历，使我一再感悟到，政协的话语权还是蛮管用的。

正如人们常说，政协的地位比较超脱。政协超脱的是权力与名利，而不是超脱社会与百姓，因为在“政协”的前面还有“人民”两个字，她的根始终牢牢地扎在人民群众中间，这才是“政协”的切实内涵。为了更好地沉下身子、贴近群众、了解实情，政协委员撑着雨伞、卷起裤腿走在田间地头，一身便装、脚穿布鞋进车间，于今已不是个别现象。有次我与农民兄弟在村旁“侃大山”，专门谈到种粮补贴：“农民得实惠，一定很高兴”；回答：“高兴是高兴，不过心里还是有些憋屈。”经慢慢细问，使我得知种粮补贴“不太公平”的真实情况，于是向有关部门反映“种粮补贴应注重公平”的问题，引起了多方的密切关注。记不起多少次深入基层“摸问题、找对策”的实践，让我深深感触到，政协的调研还是蛮接地气的。

有一种调侃：政协、政协，就是“紧歇”“紧歇”。其实，这是不太晓得政协工作的内情。相当多的政协委员是本单位的骨干力量，事务性工作千头万绪，业务繁忙之余，还要腾出时间，结合本职岗位的实际，积极参加调研，思考建言内容，能说不忙？在政协会议期间，委员们夜以继日地认真组织材料、准备各种发言，“欢快地忙碌于履职”之间，怎能悠闲？自己也是这样忙过来的。不记得多少次，为了写材料挑灯夜战，开窗远眺，东方已微微泛出乳白色的光彩。所以听到有人说，“忙起来就像在政协”，我深有体会，政协做起事来还是蛮拼的。

各级政协都是“藏龙卧虎”之地，拥有不少学科领域的专家学者。他们言之有物、言之有据、言之有度，不说外行话，也不说“你好我好”大年初一的拜年话，表现的是一种君子风范。由于委员们懂得一个道理，批评的价值远胜于赞美的意义，因此在政协，要说就说“掏心窝子”的真心话，说自己熟悉的在行话，力求参政参在点子上，议政议到关键处。知之为知之，不知为不知，宁可“却说秋凉好个秋”，也不“为赋新词强说愁”已成政协委员的风格。走进每年的两会，聆听委员们铆劲讨论报告，大多是富有见地、入木三分的铿锵之语，很少听到“高屋建瓴、立意深远、蓝图宏伟、鼓舞人心”之类永远正确的客套话。故而，听了一些委员“大咖”的真知灼见，会从心底发出由衷点赞，政协委员的意见建议还是蛮专业的。

“求同存异”是人民政协的本色。在一些场合，政协委员往往围绕着相同一件事情，或工程项目、或财政预算、或政策措施等等，官不分大小，人不分贵贱，各人都可以表明自己不同的主张。我在政协会议上就亲眼见过，一些有地位、有影响的知名人士，他们私下感情深厚、毫无过节，但商讨问题时却是针尖麦芒、使劲“抬杠”，互不相让，争论得脸红耳热。各种观点在激烈的交锋中密切地交融交汇，最大公约数在各自的体谅理解中求真求实，从而达成共识，凝聚力量，彰显各美其美、美美与共的协商民主特色。政协“不打棍子、不戴帽子、不抓辫子”的宽松议事原则，会让人体味到，政协的氛围原本还是蛮包容的。

“谈笑有鸿儒，往来无白丁。”几乎可以作为政协的大“写真”。政协是个团结民主、和谐温馨的大家庭，在这里，大家都有一种同样的感觉，“无权无势无烦恼，有职有责有情操”。同样的感受给了我们同样的力量，同样的理想鼓舞着我们积极向上。所以说，“政协蛮好！”

（2017-07-13 期 03 版）

团结群众的连心桥　汇聚民意的快车道

江西省政协界别工作的实践探索

汪贤德

尽管今年是本届政协收官之年，但界别工作的探索实践并没有打上“休止符”。不久前，江西省政协“降成本、优环境、促发展”专项民主监督活动调研组深入基层。这次的 5 个调研组由中共、工商联、经济、社会科学、特邀(省直)5 个界别委员组成。8 月 22 日，省政协举行“社区文化界别建设”界别协商座谈会，来自文艺、教育界委员与省委宣传部、民政厅、文化厅、教育厅、文联等相关部门负责同志交流互动……

界别是人民政协的显著特色和独特优势。江西省政协通过系列实践行动，积极探索界别履职。“让界别委员动起来、界别工作活起来、界别作用强起来，使界别成为凝聚委员的大舞台，成为团结群众的连心桥，成为汇聚民意的快车道。”在今年初江西省政协十一届五次会议闭幕大会上，省政协主席黄跃金的这番话，既是对省政协开展界别工作的部署要求，也是进一步做好界别工作、推动经济社会发展的再动员。

让界别委员动起来

5 月 31 日，是宰志强委员的生日。自他成为本届政协委员以来，每年的这一天都会收到省政协办公厅委员联络处发来的短信祝福。委员联络处是本届政协新成立的处室，该处室虽然没有增加编制，却实现了专门机构与界别委员的“无缝对接”，对接的目的，是让政协各界别的每一个“细胞”——委员都活跃起来。

本届省政协在开局之年就开始谋划界别工作。在省政协十一届一次会议上，周锦委员代表侨联界作大会发言的举动，引发委员热议。她“头一次以这种新身份在大会发言，虽然只多了‘代表界别’几个字，但省政协对界别工作重视的意义明显。”此后每年政协全会，委员代表界别作大会发言成为既定项目。

为了让委员之间日常多联系沟通，2013年9月，省政协召开本届首次“委员活动日”。参加的委员表示：“这样的活动既为委员知情出力创造条件，也为委员之间、政协领导与委员之间的沟通搭建了平台。”今年以来，“委员活动日”密度大增，省政协以界别为单位，每月开展一次“委员活动日”。

让委员广泛参与，增强委员的责任担当。今年7月，省政协开展反映社情民意信息月活动，鼓励和支持委员自主开展社情民意调研履职活动。“作为省政协委员，反映界别群众的呼声，是我的职责所在。”向省政协报送《尽快落实我省部分农村敬老院院长、财务人员享受同等事业编待遇》社情民意信息的，是省政协社会福利与社会保障界别的李水生委员。此前，他只参加过省政协组织的会议或调研视察。

正如省政协副秘书长徐良平所说，形式多样界别活动的开展，破解了“年委员、季常委”的不正常现象，界别委员动了起来。

让界别工作活起来

“我考虑出资购置国内先进的意识控制汽车、机器人等设备，推动科技馆提升整体水平。”朱星河委员说。

“我愿意利用自身技术，支持老区光伏发电产业建设，帮助实现效益最大化。”周荣彪委员说。

来自高校的宋固全、夏克坚委员表示，将积极调动校内资源，向村委捐赠办公电脑、村民图书室的书籍等用品，竭尽所能支持村委建设。

今年5月，省政协科协界委员赴赣州市开展精准扶贫对接考察活动，每位委员都认领了项目。看到实打实的成效，科协界召集人罗莹欣喜地说，“这样的活动，我们要多开展一些。”

每年，省政协都要组织开展多次界别活动，送文化、送科技、送医药下乡……“让群众感到政协就在身边”在江西已有生动实践。

省政协把开展界别活动摆在政协履职重要位置，列入年度工作要点，统一安排，逐步形成常态化工作机制。

2014 年 6 月，省政协连续下发《关于进一步发挥界别作用的意见》《江西省政协主席会议成员联系界别和委员的办法》，为开展界别工作“定调指路”。今年初，江西省政协主席会议研究了 2017 年界别工作，明确一名省政协副主席分管界别活动协调工作。接着，省政协出台了《省政协主席会议成员 2017 年联络十一届省政协委员的工作方案》，明确由省政协主席会议成员联系各界别召集人，进一步加强界别召集人队伍建设。4 月 10 日，省政协专门召开各界别履职活动工作协调会，就今年界别协商、调研视察、委员活动日、履职成果报告周等进行协调安排。从无到有、从零散到集中、从被动到主动，省政协界别活动组织保障机制已然形成。

列出工作路线图、时间表，界别活动贯穿全年。上半年，妇联界就“免费婚检工作”开展了视察，教育界开展了“大力推进教育扶贫”主题活动，民盟、科技界开展了“窄带物联网”建设调研，农业界开展了“萍乡海绵城市试点建设”专题视察，科协界开展了精准扶贫对接考察、送科技下乡等各类界别活动 10 余次，达 5 年来界别活动次数新高。

让界别作用强起来

自从省政协将界别协商纳入年度协商计划后，界别委员多次就专业性问题与专门部门直接协商交流。省政协教科文卫体委主任龚林儿深谙直接协商的“好处”：“委员与职能部门之间信息不对称会造成认识偏差。通过界别协商，有利于形成共识，推动问题解决得更加合理。”

更有意义的是，凡重大法律法规政策出台，省政协都会组织相应界别就其执行落实情况开展调研视察。本届政协以来，围绕“反家庭暴力法执行情况”“完善二孩政策社会保障体系”“推进‘营改增’情况”“精准扶贫”“河长制”等法律法规政策执行落实，已开展调研视察协商 20 余次。

界别委员的呼声和智慧大多通过界别提案得到反映。这几年，省政协以界别小组为单位，专题调研视察，共同协商，及时形成界别提案，界别集体提案数量逐年上升，提案质量逐步提高。2016 年，江西在全省范围内开展的“降成本优环境”专项行动，正是由一件界别提案引起的“蝴蝶效应”。

2015 年省政协全会期间，省政协工商联界别提交《改善发展环境，推动发展升级》提案，分析阻碍该省民营经济快速发展的困难问题，建议破除行业市场垄断，转变政府职能，积极搭建信用平台。当年，省政协组织开展“优化企业发展环境”专项民主监督并形成调研报告。省委、省政府多位领导对调研报告作出批示。2016 年 4 月，江西省出台《关于降低企业成本、优化发展环境的若干意见》；今年，省政协继续发力，再次开展“降成本、优环境、促发展”专项民主监督活动。

界别调研视察中，委员的才智和特长得以集中到熟悉领域和关注问题上，为经济社会发展不断贡献力量。2016 年“海昏侯”热在全国兴起。省政协当年 2 月便组织文艺界委员开展界别视察活动。“拿到了好牌，就要做大牌！”从事文化经济研究工作的彭中天委员建议，应形成“北有秦始皇、南有海昏侯”的战略格局；用现代高科技手段增强现实体验感，对“海昏侯国”进行 360 度全场景复原。南昌市关注这份建议并表示将深入挖掘旗帜性文化符号价值，讲好中国故事。据悉，海昏大道、海昏侯遗址博物馆及游客中心今年将开工建设，预计 2019 年投入使用。

（2017-09-15 期 01 版）

我们分红啰

蔡久伟

“大家不要挤呀，叫到名字的一个一个来。”日前，江西省黎川县皮边村建清食用菌合作社门口人头攒动。“分红啰，我们分红啰！”男女老少像过年一样，把合作社大门围得水泄不通。原来，这是合作社在收成结算后，对社内贫困户进行食用菌年终收益分红。像这样的分红，每年都有一次。这正是江西省政协驻村扶贫工作队实施精准扶贫的一个缩影。

皮边村是江西省“十三五”规划定点帮扶贫困村，由江西省政协办公厅定点帮扶。该村地处山区，盛产毛竹、竹笋、茶树菇等，但基础设施薄弱，经济发展后劲乏力。根据 2014 年数据，全村建档立卡贫困户 91 户 193 人，占总人口的 8.3%。

自 2015 年 10 月起，我开始担任皮边村驻村工作队队长，开始为期两年的驻村帮扶工作。当第一次上门走访贫困户时，看到的画面令人揪心：有的智障，有的患重病常年卧床不起。随同走访的村支书潘爱平告诉我，皮边村有劳动能力的贫困户早就脱贫了，剩下的这些贫困户，绝大部分是因灾、因病、因学致贫，无劳力、无技术。这让我深刻体会到“扶贫攻坚到了啃硬骨头，攻坚拔寨的时候”。

出路在哪里？针对重度、深度贫困人口，是兜底保障扶贫，一兜了之？还是另辟蹊径？扶贫出路在哪里？认真分析这里的自然资源，食用菌和烤烟已有一定种植规模，适合发展特色产业扶贫为主导的精准扶贫方式。产业扶贫是精准扶贫的“发动机”“铁抓手”，没有产业支撑，脱贫致富不可持续。引领贫困户精准脱贫是关键。我们必须立足当地资源禀赋和产业基础，走一条“资金跟着穷人走，穷人跟着能人走，能人穷人跟着产业项目走，产业项目跟着市场走”的精准产业扶贫路子。

选什么产业？产业扶贫成败同样在于“精准”。“我们村的毛竹多，发展毛竹加工业”“发展竹笋网上销售业”……我们召开村“两委”班子会议，讨论以何种产业作为扶贫主导产业。会上，大家算了一笔账：当地茶树菇曾获国家农产品地理标志，全县食用菌产量在全国较大，茶树菇也有多年种植历史，老百姓愿意种植，且市场销路好、价格高、受气候影响少；烤烟也是传统产业，而且定单式种植，收益高、有保障。“发展烤烟和茶树菇产业吧。”在村主任危建平的提议下，大家一致通过以大力发展烤烟和茶树菇产业，引导贫困户加入合作社。

怎么建？我和镇村干部边做边想，定下两大产业后，首要任务是制订方案。为此，我们请来县扶贫方面“土”专家现场指导。根据指导，我们利用上级产业化扶贫政策和专项资金，组建烤烟合作社和食用菌合作社，建设烤烟和食用菌基地，采取“基地 + 党员 + 合作社 + 贫困户”合作模式，由党员引领，差别化扶持方式，带领户发展茶树菇和团烟产业。为确保贫困户权益，特别规定“贫困户主要通过资金入股、劳力务工、土地出租、盈利分红等方式受益”。在和村支部“两委”班子一起商量带头人时，我提名由种植能手危建清带领贫困户建设经营基地和合作社，大家举手表决后生效。

“加入合作社，我们投进去的钱有保障吗？”贫困户黄水霞说。贫困户黎浩强提问：“上面打给我的钱给了他们，以后还要得回来吗？”我和村“两委”班子成员上门上户了解贫困户想法。针对贫困户提问，我们拿出随身携带的上级政策文件和合作社及基地建设宣读手册，给贫困户耐心解释。工作没有白做，全村 22 户贫困户全部加入食用菌和烤烟合作社。

钱从哪里来？我们一边利用上级扶贫资金；一边发动各方力量“凑”资金。我们驻村工作队向省政协机关领导汇报，争取到相关单位部分资金支持，省政协海外基金会先行拨付 10 万元用于基地建设；我们与镇、村两级领导一道向县领导汇报，争取到县财政和县直相关部门资金支持。基本凑足建设资金后，我们按图纸施工，先行征调土地，搭建基地用棚，经过几个月建设，2016 年底建设 3 千平方米育菌基地，种植 480 亩；搭建茶树菇存放培育棚 550 平方米，茶菇房 2 个。

现在，贫困户通过基地扶贫带动，贫困户社员不参与务工的户年增收 1000—2000 元，参与务工的户均增收 4000—5000 元。贫困户骆长生高兴地说，“我们即使做不了事，国家不仅给补助，还给我们分红！”“这多亏了我们驻村工作队！”

（2017-11-27 期 02 版）

2018 年

江西省政协全会：会风会纪监督工作“两个”全覆盖

韩　雪

记者从 21 日举行的江西省两会新闻中心情况通气会上获悉，1 月 22 日至 26 日召开的江西省政协十二届一次会议，会风会纪监督工作不仅全面覆盖全体与会人员，同时全面覆盖会议全过程。以全覆盖式的形式之“严”，达到会议质量之“高”，是此次会风会纪监督的题中之意。

据省政协新闻发言人杨木生介绍，由于监督对象范围广，省政协以设立监督组、监督员和监督联络员的三级监督网络体系加强现场监督，“确保对政协委员、列席会议人员和与会工作人员会风会纪监督工作的全覆盖”。

由于身负监督检查会风会纪情况，会风会纪监督组组长周建华的身影格外忙碌。“监督是手段，目的不是要查人，是要把会开好。让委员集中时间集中精力开好会。”周建华说。

同样忙碌的还有监督联络员和分散在各界别、会议秘书处各工作组的监督员们，“各界别监督员负责记录本界别委员参加小组讨论时的会风会纪情况。”“会议期间，监督联络员对开幕会、闭幕会、联组会、大会发言等会议的会风会纪情况进行现场检查。”据了解，监督方式不仅对会场、委员驻地进行明察，“会议期间，监督联络员还会对驻地餐厅及驻地以外餐饮娱乐场所进行查访。”周建华表示。

另悉，关于会风会纪措施的相关规定，此前已发放到委员、列席人员和工作人员手中，同时通过公布举报电话、举报邮箱等方式，确保此次会议得到全社会的共同监督。

（2018-01-24 期 02 版）

家人般相聚叙家常

江西省委书记、省长与港澳委员和特邀海外列席代表共话发展

韩 雪 骆彩虹

来自澳门的梁安琪委员，每次回到江西参加省政协会议，就像回家一样熟稔。1月21日是她和“家人”又一次相聚的日子——江西省委书记鹿心社、省长刘奇在这一天会见参加江西省政协全会的港澳委员和特邀海外列席代表，家人般相聚叙家常，一方面向大家介绍江西经济社会发展情况，另一方面听取与会者对新时代新使命的建言献策。

“经济实现稳中有进，社会事业也是全面进步……较好完成了省十二届人大七次会议确定的目标任务。”在听了省长刘奇对过去一年江西省经济发展工作的重点介绍后，列席代表韩忠朝对“江西经济增速保持在全国‘第一方阵’”这个好成绩倍感兴奋，他又提到自己在家乡上饶建立干细胞再生医学产学研基地过程中遇到的难题：“投资 11 亿元的生产基地需要大量人才，但由于现行人才引进政策对 55 岁年龄的限制，导致省外甚至海外一些医学领域的领军式人才被挡在江西大门外。”

为此他建议省政府在政策方面先行先试，对创建“上饶国家中医药健康旅游示范区”提供新的模式经验。鹿心社听后表示：“地区发展是经济高质量发展的比拼，经济高质量发展又是创新的比拼，创新比拼的背后又是高端人才作支撑。你说的这些具体问题，科技厅、卫计委、人社厅将会和你对接。”

而像梁安琪这样的港澳委员和列席代表也不在少数，他们在参与江西发展的同时也促进了自身发展，更是对江西“家事”给予了高度关注。她坦言“没拿自己当外人”，对江西“放管服”改革提出个人见解：“站在新的历史起点上持续推进简政放权、放

管结合、优化服务，落实到各级政府，应当对企业积极作为，树立服务在前管理跟后的理念，体现政府深化改革服务市场的决心和姿态。”这些建议得到鹿心社的称赞:“你能把‘放管服’改革讲得这么内行实在难得。”

鹿心社在回应委员和列席代表建议的同时，也如同家人一般提出几点希望：不仅要广泛凝聚思想共识，以实际行动维护港澳繁荣稳定，还要自觉履行委员职责，服务江西经济社会发展，同时不断宣传推介，推动更多人助力江西经济社会发展。

（2018-01-25 期 03 版）

提案“落谁家”　大家来商量

江西省政协全会提案审查小环节体现高效协商大意识

韩　雪

1 月 25 日早 9 点，江西省民政厅的付里云就来到滨江宾馆，直奔省政协大会秘书处提案组所在地。

不大的一间会议室里，有 30 多位像他一样来自各厅局的提案办理联络员在这里集中办公。几句寒暄后，大家便各自登陆江西省政协提案审查网络系统，对大会提案进行承办单位和承办类型的审查认定。其间，大家针对一些分责不清的提案，不时走动讨论商量。

此时，距离大会规定的提案截止时间 1 月 24 日中午 11 点还不到 24 个小时。据省政协提案委办公室副主任赵建庭介绍，“在提案截止的当天下午，已经有一些行动更加迅速的提案办理联络员，前来与会议期间抽调的承办单位联络员一起，进行提案审查和分办。”

“这属于今年新增的一个协商环节。”江西省质监局的黄慧英连续几年担任提案办理联络员，令她感受深刻的是，这些年，省政协不断通过提案“提、立、交、办”等各个环节的协商，“微创”工作方法，持续推动提案质量和办理质量提升。

以往政协全会期间，省委办、省政府办及 10 多个承办单位联络员就被纳入省政协大会提案组，一起审查提案。“提案是政协委员参与民主政治、履行职能的一种重要方式。提案要经提案委员会审查立案，才能成为正式提案。”据省政协提案委员会专职副主任张康平介绍，“从2005年起，江西省政协就出台了相关实施细则，通过多年的工作制度化、规范化、程序化建设，提高提案履职实效。”

在2017年12月28日印发的《政协江西省委员会提案立案审查实施细则》（以下简称《细则》）中，记者看到，提案审查工作分为初分、一审、二审、三审和终审五个环节，且《细则》对一审环节明确规定：“协商确定提案承办单位，对拟立案的提案，根据提案内容，与相关单位就是否立案、提案办理的形式（承办、或主办、会办，或分别办理）等内容进行协商，拟定承办单位。”

“这个立案协商环节，为的是让更多的办理单位参与到提案审查现场协商中，让他们面对面协商提案办理单位和办理类型。”赵建庭随后补充，“就是谁家的孩子谁领走。”

目前已有30多个部门派出提案办理联络员参与到200多件提案的现场审查工作中，在一些归口不清的提案面前，“件对件”不如“面对面”商量得清楚。记者注意到，办公桌上摆放了一本《2009年省政府机构改革文件汇编》，供联络员们现场翻阅参考。

临近中午11点半，付里云还在与省教育厅的联络员逐句斟酌《关于构建江西乡村儿童健康成长保障新机制的建议》中的表述，决定到底采用“分办”还是“主办会办”方式。在他的审查清单目录里，还有10来个提案等待他逐一审查。

（2018-01-26期02版）

回首历史　展望前景　路就在当下

由江西省政协十二届委员会第一次会议闭幕式想到的

韩　雪

1月26日的江西南昌，杜鹃花在冰冻中更显娇艳，雨夹雪裹挟着寒意侵入肌骨。跟随近600名来自社会各界的江西省政协委员的脚步，一起走进滨江大会堂，见证的，却是另一番火热天地：

宣读选举办法；宣读监票人名单；音乐声中，委员逐一走到投票箱前，投下庄严一票……

新老更迭在众目之下进行，江西省新一届政协队伍自此踏上了新的征程。

迎新不忘送往。“在协商基础上，选举产生了新一届政协……”在江西省委书记鹿心社提议下，全场对不再连任的委员们报以掌声感谢，感谢他们为江西事业发展作出的努力和成绩。

在过去 4 天里，来自江西各条发展战线的政协委员们聚集一堂，围绕中心，积极履行政治协商、民主监督、参政议政职能，为开创全省政协工作新局面不断建言献策。

在近年全国各省份 GDP 总值排名中，江西位列中流，但经济发展稳中有进、稳中向好的发展思路和发展趋势，从 1 月 23 日省长刘奇所作的《政府工作报告》中可见一斑。

“经济增速保持全国‘第一方阵’”“脱贫攻坚扎实推进，50 万人摆脱贫困”“第一产业增加值占 GDP 比重降至 10% 以下”……

抚今不忘追昔，遥想“江西”这一省名的由来，可追溯到唐玄宗时设立的江南西道。彼时江西水网稠密，河湾港汊交织，湖泊星罗棋布，至宋代，粮食、茶叶、陶瓷、纺织大量输出，城市兴旺发达。

建设现代化经济体系的战略目标一经提出，就在召唤着江西人记忆中的繁荣。

在大会发言、各组讨论的话里话外，在委员提案、社情民意信息的字里行间，委员们处处显露着建言、献策、出招的本真性格，他们为改革发展为，为群众利益呼，为政协事业谋。

“建设现代化经济体系，必须把发展经济的着力点放在实体经济上。”委员们清醒地认识到，要加快实体经济发展，需要转型升级，需要改革创新。其中，朱丽萌委员的建议颇具代表性：“选取已具一定规模的新材料、智能电器，生物医药、航空等领域重点突破，以掌握核心技术和先进标准为指引，推动其向更大集群发展。”

“未来三年，将是脱贫攻坚与乡村振兴战略实施并存交汇的特殊时期。”正如饶振华委员所说，“在脱贫攻坚方面领跑的”江西更是在组织领导、工作机制、措施举措等方面积累了成功经验，他也期待这些经验可以为下步实施乡村振兴战略起到蓄势“下一程”的效果。

“龙头昂起、两翼齐飞、苏区振兴、绿色崛起的区域发展格局广受江西省政协委员认可，他们将殷切期望融入一个个具体建议中，“以加快生态文明试验区建设，促进生态优势向经济优势、发展优势转化，让赣鄱绿色大地结出金色硕果……”

地图上的江西，三面环山，曾凭借良好的河网条件，有过较长时期的稳定发展。随着海运兴起，曾经的通衢要道成为较封闭的内陆省份。

历史不能改写，未来正在书写。新时代里，如何借助红色传统绿色再起，是每一个江西人都关注的。几千年的中华历史从不偏爱一省一域，如何扬优避劣，还得靠江西人自己的努力。

“生逢美好新时代，是我们共同的幸运；共事政协大家庭，是我们共同的缘分；投身伟大中国梦，是我们共同的追求。”就像新当选的江西省政协主席姚增科在闭幕讲话时发出的召唤一样，政协委员的职责不论是守好政治底线这个“圆心”，还是延伸“包容多样性”这个“半径”，抑或是拓展团结联谊这个“圆面”，都是为了“最大限度为建设富裕美丽幸福现代化江西，凝聚智慧、汇聚力量，发挥政协价值，作出应有贡献”。

（2018-02-01 期 02 版）

江西省政协开启“课题＋提案”协商新模式
求真务实完成“委员作业”

骆彩虹　徐晓丹

“今天我很兴奋。因为我执笔的提案被列为重点督办提案纳入省政协年度协商计划，看到提案办理落实的各项举措都非常好！”近日，江西省政协今年首场重点提案督办会上，提案执笔人、民盟江西省委成员熊瑾激动之情溢于言表。围绕民盟江西省委会提交的《关于大力发展装配式建筑做优做强传统产业的建议》提案，江西省政协提案委、民盟江西省委、江西省住建厅三方齐聚一堂，进行了深入而又热烈的探讨和交流。这是重点督办提案首次纳入江西省政协年度协商工作计划以来的第一场督办会，也由此拉开了 2018 年江西省政协协商议政的序幕。

今年是新一届江西省政协开局之年，江西省政协主席姚增科在新年接续发展务虚座谈会上说，政协事业接续努力、接续奋斗、接续发展，要用习近平新时代中国特色社会主义思想武装头脑、指导实践、推动工作，在富裕美丽幸福现代化江西建设征程中，体现政协应有的地位与作为，彰显政协越来越大的价值与作用。事在人为，就看谁为、咋为。姚增科特别对年度协商工作计划的制定提出明确要求，强调要将协商课题与委员提案结合起来，统筹安排，形成合力；要对标中央、大局急需、党政重视、社会热议、群众关切；要注重少而精、专而深，坚持问题导向和效果导向开展调研。

据此，今年江西省政协协商工作计划首次开启“协商课题 + 委员提案”模式。全年主要协商任务由 11 项协商议题和 25 件省政协重点督办提案组成，将吸纳更多委员参与到协商议政过程中来，有利于委员更好完成新修订政协章程施行第一年的“委员作业”。

从征题到选题再到定题，11 项协商议题最终“诞生”，母体却是从江西省直有关单位、各民主党派省委会、省工商联和各设区市政协征集的 109 项协商议题，其中民主监督议题占比近三成。经过“五关”斩“六将”式筛选、审核，25 件重点督办提案从江西省政协十二届一次会议立案的 494 件提案中脱颖而出，由省政协领导和各专委会领衔督办。“重点提案督办被纳入年度协商计划，以‘三办’名义下发，既给予提案者极大的鞭策鼓舞，也对提案承办单位提出更高要求，不仅有利于进一步提升提案办理协商的实效，也是推进社会主义协商民主广泛多层制度化发展的具体体现。”省政协提案委负责同志表示。

据江西省政协新闻发言人介绍，今年的协商工作计划充分体现江西省委、省政府对政协工作的重视支持。“协商课题 + 委员提案”作为今年省政协协商工作计划鲜明、突出的一个特点，是在历年省政协年度协商工作计划基础上的传承接续发展，反映了新一届江西省政协在继承中发展，在发展中创新。

“要深刻领会选题初衷，求真务实开展调研，简明扼要建言献策……”4 月 3 日，江西省政协教科文卫体委员会召开协商议题“江西高新技术与产业发展”专题调研培训暨启动会，邀请科技部和江西省科技厅相关专家就全国和该省高新技术企业与产业发展情况作专题介绍，并就如何做好调研工作提出明确要求。为圆满完成今年协商工作计划，江西省政协正动起来、忙起来、干起来。

（2018-04-19 期 01 版）

好，那我现场布置“委员作业”

江西省政协新任委员培训班变履职讲堂

熊　灵

“好，那我现场给你布置‘委员作业’，就叫《关于乡村振兴的若干误读》。”近日，江西省政协十二届新任委员培训班开班，在当天下午的分组讨论现场，江西省政协主席姚增科与新委员们热烈互动，并频频命题出“作业”。这是培训期间姚增科多次与委员们交流研讨的生动一幕。

新一届江西省政协共有委员 591 名，新任委员超过半数，加强委员队伍建设、提高委员履职能力是省政协重点工作之一。此次培训班经江西省政协主席会议研究确定，是学习贯彻中共十九大精神和全国两会精神的再动员再部署再出发。

300 多名新任委员踊跃参加培训班。为期两天半的培训班组织了习近平新时代中国特色社会主义思想和全国两会精神专题解读，举办了人民政协章程和经常性工作辅导讲座，交流了如何精准选题立项、反映社情民意与撰写高质量提案的履职体会。

分组讨论上，胡坚勇委员坦陈，现在规划多，出现“规划规划，墙上挂挂”现象，编制完成后乏人问津。他建议开展相关规划的中期评估，邀请专业第三方督促落实。

“你这个提得好！”姚增科当即点赞并布置“作业”：希望用罗列故事的办法，把多年来这方面存在的问题都捋一捋，直击影响落实的痛点，解决制约发展的瓶颈。

张明林委员长期关注农村经济。他说，当前实施乡村振兴战略受到全民关注，但对乡村振兴存在认识上的偏颇。“不破不立，澄清了错误的观点，正确的观点自然就确立起来了。”姚增科请他根据研究成果整理出《关于乡村振兴的若干误读》。为什么不叫农村振兴叫乡村振兴？姚增科趁热打铁，请张明林撰写《“乡村振兴”为什么不叫“农村振兴”之我见》。两题在手，张明林当场表示会后加紧研究，尽快出成果。

“我认为乡村包含了更多文化和历史的概念。”受到现场气氛感染的龚勇清委员也加入讨论。龚勇清还就人才引进政策建言。他认为，目前江西省人才引进政策主要针对高端人才，没有切实可行的政策吸引“接地气”人才。“那就请你提出切实可行的政策，题目就叫《江西引进人才留住人才十策》。”姚增科说，一定要拿出操作层面的干货，具体到某一个产业、某一个地域的人才政策。

活跃的气氛贯穿整个培训班，无论是大会会场还是分组讨论，都一改以往台上台下的老套路，大家畅所欲言，会议室变成了活泼的课堂、生动的讲坛。

“政协人不是‘乌鸦嘴’，但也不能变成简单的‘报喜鸟’，可以做‘啄木鸟’，要实事求是，有一说一有二说二。”

“委员不能做‘宅男宅女’，要防止‘网对网’代替‘人对人’，‘键对键’代替‘面对面’。”

“要把讲政治与讲业务有机统一起来，防止政治与业务相脱离、说与做‘两张皮’。”

……

“收获颇丰、受益匪浅！”委员们一致认为，此次培训班时机把握得好，内容安排得好，是业务培训，又是政治培训，要把学到的东西结合本职工作用活用好，为建设富裕美丽幸福现代化江西发挥委员主体作用，贡献智慧和力量。

（2018-05-15 期 01 版）

紧起来　严起来　硬起来

江西省政协以党建为引领推动工作高质量发展

骆彩虹　邱修梁

“这一届政协确实有新时代新气象，从作风纪律到政协人的精神状态都发生质的转变！”6 月 6 日，到江西省政协机关办完事后，邓凰保委员由衷地感叹。

这不仅仅是邓凰保的个人感受。十二届江西省政协开局以来，591 名省政协委员普遍感到：省政协比以前更忙了，工作节奏快了，干部作风实了，协商建言质量高了……

短短半年多来，省政协新风扑面，清风劲吹。这些新变化、新风貌背后，有一根红线始终贯穿，那就是坚持中国共产党的领导；有一面旗帜高高擎起，那就是习近平新时代中国特色社会主义思想的指引；有一种经验弥足珍贵，那就是要把党的建设融入政协工作和自身建设全过程、各方面。只有党建工作紧起来、严起来、硬起来，各项工作才能新起来、实起来、强起来。

“千条万条，坚持党的领导是第一条”

“千条万条，坚持党的领导是第一条，这一根本政治原则含糊不得、犹疑不得、动摇不得。”6 月 11 日，在江西省政协理论学习中心组集体专题学习会上，省政协党组书记、主席姚增科再三强调，要积极引导全省政协委员和各界人士紧密团结在党的周围，思想上同心同德、目标上同心同向、行动上同心同行。

3 月 28 日，省委书记、省长刘奇第三次到省政协机关走访调研。不到三年时间里，他三次走进省政协机关。“要旗帜鲜明讲政治，坚决维护习近平总书记在党中央、全党的核心地位，确保人民政协事业始终保持正确方向。”

为此，省政协坚持把讲政治放在首位，自觉在党的领导下履职尽责。

党中央作出每一项重要决策、习近平总书记发表每一次重要讲话、作出每一项重要指示批示后，江西省政协都按照省委部署要求，及时召开党组会议、主席会议、常委会议传达学习并抓好贯彻落实。

政协党组是实现党对政协领导的重要组织形式和制度保证。今年来，省委在省政协新设了8个专门委员会分党组，充实省政协机关党组成员，确保中央和省委决策部署在省政协协调统一高效落实。

省政协党组全面加强对政协党建工作的组织领导和统筹推动，首次举行党委任职干部表态仪式，推行省政协党组成员述职述责述廉制度，新制定党组工作规则，首次召开机关新入职干部宣誓暨集体谈话会，充分发挥把方向、管大局、保落实作用。

“学懂弄通做实习近平总书记关于加强和改进人民政协工作的重要思想是重要政治任务”

6月5日，全省政协系统开展习近平总书记关于加强和改进人民政协工作的重要思想学习研讨活动动员大会在南昌市召开。姚增科从十方面阐述了习近平总书记关于加强和改进人民政协工作重要思想的精髓要义，强调学懂之、弄通之，特别是做实之，是当前和今后一个时期重要政治任务。

“形式新，以视频会议进行动员部署，在江西政协史上尚属首次；规模大，会议开至基层政协一级，是对政协委员的一种政治礼遇；讲话实，姚增科主席的讲话既有理论高度，又有思考深度，更有行动尺度。”中午十二点，大会虽已结束，南昌市西湖区政协分会场内的讨论还在继续。

这是省、市、县三级政协集体学习的有益尝试。今年来，省政协把学习作为加强思想政治建设的基础工程，围绕学习领会习近平新时代中国特色社会主义思想，举办培训班、研讨会，开办“对话政协”，创办《学习》《分享》等刊物，推动学习内容系统化、学习主体全员化、学习方式常态化，进一步强化理论武装，提高政治站位。

“既要严管又要厚爱还要善带”

“第一，一定要先把考题看明白，再作答，防止对题义理解出错，答非所问……”6月7日，全国高考日。一大早，省政协机关党建群就热闹起来，群里三条情真意切的考试“秘诀”，是姚增科6日晚12点写下，连夜发送给干部职工子女的“温馨提示”。

“政协是干事业的大舞台，也是温暖的大家庭，既要严管又要厚爱还要善带。”新一届省政协坚持管理与服务并举，开展初心教育，制定机关工作人员日常行为“负面清单”20条，深入查摆整改“怕、慢、等、浮、散、软、庸、推、私”等作风突出问题，建立优良作风典型事例和不严不实典型问题通报制度。同时，政协主席在“母亲节”、高考、“父亲节”深情寄语干部职工，举办机关年轻干部和子女“六一”联谊座谈会，鲜明树立重实干重实绩的用人导向，极大增强大家的荣誉感、归属感、获得感。

更为重要的是，省政协领导以身作则、示范带头，“关键少数”发挥“头雁效应”。每天上班，首先到办公室的是处室负责人；每个夜晚，熄灯最晚的是主席办公室。现在的省政协机关，“大领导”和“小干部”面对面的机会多了，“风正、气顺、心齐、劲足”的干事氛围空前浓厚。

江西省政协“耳目一新”的变化原因何在？“大干一场”的斗志源自哪里？坚持党的领导、加强党的建设就是答案！

（2018-06-19期01版）

坚持问题导向，提升政协党建工作质量

邹　滔

新时代人民政协事业要有新气象新作为，必须以习近平新时代中国特色社会主义思想为指导，始终坚持党的领导这一政协工作基本原则，按照“打铁必须自身硬”“全面从严治党永远在路上”的要求，不断提升政协系统党建工作质量。

把握好人民民主真谛。世界上没有完全相同的政治制度模式，政治制度不能脱离特定社会政治条件和历史文化传统来抽象评判，不能生搬硬套外国政治制度模式。十九大报告指出，我国是工人阶级领导的、以工农联盟为基础的人民民主专政的社会主义国家，国家一切权力属于人民。我国社会主义民主是维护人民根本利益的最广泛、最真实、最管用的民主。有事好商量，众人的事情由众人商量，是人民民主的真谛。协商民主是实现党的领导的重要方式，是我国社会主义民主政治的特有形式和独特优势。作为社会主义协商民主的重要渠道和专门协商机构，人民政协要聚焦党和国家中心任务，围绕团结和民主两大主题，把协商民主贯穿政治协商、民主监督、参政议政全过程，完善协商议政内容和形式，着力增进共识、促进团结，在推动协商民主广泛多层制度化发展、推进国家治理体系和治理能力现代化中发挥不可替代的作用。

把握好政协组织特点。抓好党建必须立足实际。政协系统党建工作，从组织看，涉及政协党组、专委会分党组、机关党组、机关党委，以及机关各支部等；从队伍看，涉及政协委员和机关工作人员；从现状看，需要解决覆盖不全、带动不够等问题。加强政协系统党建工作，要坚持问题导向，根据政协组织特点全面推进。具体来说，就是既要发挥政协党组的领导核心作用，也要发挥政协基层党组织的战斗堡垒作用；既要加强政协党组织与党委组织部门的联系，也要加强政协党组织与委员单位党组织的联系；既要重组织建设，也要重队伍建设；既要发挥党内政协委员先锋模范作用，也要发挥机关党员干部的先锋模范作用。

把握好政治首位原则。政协是政治组织，必须旗帜鲜明讲政治。加强政协系统党建工作，要把政治建设摆在首位，坚定执行党的政治路线，严格遵守政治纪律和政治规矩，在政治立场、政治方向、政治原则、政治道路上同党中央保持高度一致。要坚决维护习近平总书记的核心地位、坚决维护以习近平同志为核心的中共中央权威和集中统一领导，坚定中国特色社会主义道路自信、理论自信、制度自信、文化自信，坚持大团结大联合，坚持一致性和多样性统一，不断巩固热爱中华人民共和国、拥护中国共产党的领导、拥护社会主义事业、共同致力于实现中华民族伟大复兴中国梦的政治基础。

把握好作风建设要求。政协工作是特殊的群众工作。做好政协工作，要坚持以人民为中心的发展理念，密切联系群众，倾心服务人民，厚植政协组织的群众基础。政协组织要高度重视作风建设，强调会议长短，关键要解决问题，推动工作；话多话少，要害是说到点子上，讲出有用的；文多文少，必须以需要为前提，可行为原则，力戒“空对空”“两张皮”，影响抓落实效力。只有发挥“头雁作用”，才能带出良好作风和“群雁效应”。党员领导干部要以严实作风，坚持以上率下，巩固拓展落实中央八项规定精神成果，以实效形象赢得群众口碑。

把握好政协职能作用。政协系统抓党建，不同于党委、人大和政府，更不同于职能部门，根本目的是为了坚持党的领导，更好地发挥政协职能作用。要正确认识党建与履职的关系，坚持“两手抓”“两促进”“两提高”。履职尽责，担当实干，进一步巩固和发展爱国统一战线，调动一切积极因素，团结一切可能团结的人，找到最大公约数，画出最大同心圆，团结各界人士和广大群众，在党的领导下，同心同德，群策群力，为实现“两个一百年”奋斗目标、实现中华民族伟大复兴的中国梦而奋斗。

（2018-06-20 期 08 版）

李斌出席江西省政协理论研讨会

邹　滔

7 月 19 日，江西省政协召开习近平总书记关于加强和改进人民政协工作的重要思想理论研讨会，全国政协副主席李斌出席会议并讲话。

李斌强调，要充分认识开展学习研讨活动的重要意义，进一步提高思想认识和政治站位，持续在学懂弄通做实上下功夫，把学习研讨贯穿于人民政协工作的全过程和各方面，并不断引向深入，对标对表，落细落实落具体，推动新时代人民政协工作高质量发展。

全国政协文化文史和学习委员会驻会副主任刘晓冰陪同参加会议。

（2018-07-20 期 01 版）

李斌在闽赣粤琼四省政协片区座谈会上强调：推动学习研讨活动走向深入取得实效

邹　滔

7 月 20 日，习近平总书记关于加强和改进人民政协工作的重要思想学习研讨情况闽赣粤琼四省政协片区座谈会在南昌召开，全国政协副主席李斌主持会议并讲话。她强调，要充分认识学习贯彻习近平总书记关于加强和改进人民政协工作的重要思想是一项长期任务，把学习摆到更加突出的位置，进一步推动学习研讨活动走向深入、取得实效，促进新时代人民政协工作新发展。

李斌指出，深入学习贯彻习近平新时代中国特色社会主义思想，做好新时代人民政协工作，重中之重是学习好、贯彻好、落实好习近平总书记关于加强和改进人民政协工作的重要思想。四省政协对开展习近平总书记关于加强和改进人民政协工作的重要思想学习研讨活动高度重视，作为一项重大政治任务来抓，坚持问题导向，广泛动员参与，有力、有序、有效组织推进，取得重要阶段性成果。要进一步提高政治站位，把学习研讨贯穿于政协工作的全过程和各方面，着力在知信行合一、学思用贯通上下功夫，以理论大学习、思想大武装促进工作质量大提升，实现实践深入一分、理论武装跟进一步与学习深入一分、工作推进一步的良性互动。要进一步聚焦加强改进，及时运用转化学习研讨成果，对标对表查摆找准问题、认真整改落实，针对新时代人民政协重大理论和实践问题加强研究，确保学习研讨活动取得更多思想认识成果、工作实践成果、制度机制成果，努力推动新时代人民政协事业不断开创新局面。

福建省政协主席崔玉英、江西省政协主席姚增科、广东省政协主席王荣、海南省政协主席毛万春，以及四省的副省级市政协主席和市县政协主席代表在会上发言。

全国政协文化文史和学习委员会驻会副主任刘晓冰陪同参加会议。

（2018-07-21 期 01 版）

畅想新时代的“同心”礼赞

刘晓庄

今年初夏，来到处于江西中部深山里的龙冈调研，那是第二次国内革命战争时期工农红军第一次反围剿的主战场，毛泽东曾在这里写下了气吞山河的诗篇《渔家傲·反第一次大围剿》。清晨漫步于山岗，轻雾扑来，林涛响起，仿佛听到了当年伟人的声音：“唤起工农千百万，同心干。”

倏然间联想起今年全国两会期间，我现场聆听了习近平总书记在参加民盟、致公党、无党派人士、侨联界委员联组会上首次纵论新型政党制度。总书记明确指出，要坚持好、发展好、完善好中国共产党领导的多党合作和政治协商制度，以共同目标寻求最大公约数，以大团结大联合画出最大“同心圆”。

怎奈清风舞杨柳，又听小蝉鸣草丛。从呼唤“同心干”，到擘画“同心圆”，80多个春秋过去，中国共产党一路走来，经历了“枯木朽株齐努力”的弥漫硝烟，也跨越过“人间正道是沧桑”的急流险滩，一条弥足珍贵的经验不能忘却：“永远与人民同呼吸、共命运、心连心”。

历史的经验值得注意。在大革命年代，由于“左”倾路线的严重干扰，中央苏区搞“革命队伍清而又纯”，结果遭到严重挫折与溃败。毛泽东后来总结其深刻教训：水至清则无鱼，人至察则无徒；混一色好打，清一色难“和”。在延安的艰苦岁月，边区政府实行“豆选法”，政权机构人员分配实行“三三制”，在群众中产生了极大影响，被誉为当时中国的“民主典范”。

行程万里，不忘初心。中国共产党人的初心是为人民谋幸福、为民族谋复兴，而民主党派、无党派的初心，在响应中共“五一口号”之后就作了坚定表白：“愿在中共领导下，献其绵薄，贯彻始终”。从第一届中国人民政治协商会议开始，同心合作便成为各民主党派、无党派的共同选择，也成为新型政党制度的“压舱石”。

同心可以断金，团结汇聚力量，联合是胜利的保障。69年来，人民政协的发展历程告诉我们：有了“同心”，视野才会更加广阔，前进道路上才能步伐一致，灵魂深处才会产生“四个认同”，载梦的航船才能劈波斩浪、驶向远方。

迈进新时代，担当新使命，“同心”的意义显得愈加重要。学习领悟习近平总书记关于加强和改进人民政协工作的重要思想，其中无不蕴涵着“同心”的哲理、闪耀着“同心”的光辉。什么是“同心”、为何要“同心”、怎样做到“同心”？习总书记阐述得清清楚楚、明明白白，从而彰显出“共产党领导，多党派合作”的历史逻辑、现实逻辑、实践逻辑，展示了中国共产党、中国人民、各民主党派和无党派心心相映的“同心”风范、“同心”气派。为之，我畅想着新时代人民政协的“同心”礼赞。

“同心”就是紧紧围绕一个“圆心”，犹如众星拱月、葵花向阳。中国共产党代表我国广大人民群众的根本利益，具有无比的感召力、凝聚力，是各项事业的领导核心，“在当今中国，没有大于中国共产党的政治力量或其他什么力量。”“六合同风，九州共贯”，坚持中国共产党的领导，这是人心所向、众望所归。拥戴核心、紧跟核心，只有把这个“心”定准了，而且始终不偏“心”，才能集聚万众一心、无坚不摧的磅礴力量，共同把中国的事情办好。

“同心”就是坚持以人民为中心，把群众利益摆在至高无上的位置。“民之所欲，天必从之”；民之所望，施政所向。齐心协力，通过各种途径、渠道和方式，为各社会利益群体搭建反映其多元利益诉求的平台，“做到知民情、解民忧、纾民怨、暖民心”。民生是最大的政治，当前开展的“三大攻坚战”，件件工作事关民生，要抓住人民最关心最直接最现实的利益问题，把人民群众的小事当作大事来抓，切实从人民群众关心的事情做起。

"同心"就是有事善于商量，真正做到"每有大事，必相咨访"。毛泽东曾经指出，人民政府的性格，就是跟人民商量办事，"可以叫它是个商量政府"；习总书记一再强调："有事好商量，众人的事情由众人商量，找到全社会意愿和要求的最大公约数，是人民民主的真谛。"商以求同，协以成事，中共中央带了个好头，每年召开4—5次专题协商座谈会，就重大问题征求民主党派中央和工商联、无党派人士意见。近年来，人民政协作为专门协商机构，以各种形式把协商民主贯穿履行职能全过程，发挥了商量出共识、商量出团结、商量出感情的作用，让人民群众感觉政协离他们很近。

"同心"就是厚德载物，海纳百川，虚心听取各方面意见。"'虚心公听，言无逆逊，唯是之从。'这是执政党应有的胸襟。'凡议国事，惟论是非，不徇好恶。'这是参政党应有的担当。"胸襟和担当，求同和存异，真诚地相互尊重与体谅，构成了新时代的"同心"基础。有了这个坚实基础，就会把朋友交得多多的、交得铁铁的，把同心圆的半径延伸得长长的，"用共同理想凝聚民族意志，用中国精神激发中国力量，动员全体中华儿女共同创造中华民族新的伟业。"携手合作，心往一处想，劲往一处使，奋斗的汗水流淌在一起，"同心"共筑中国梦，中华民族伟大复兴的壮丽事业必定无往而不胜。

（2018-07-26期03版）

中共江西省委常委会召开会议强调：
把党的领导贯穿政协工作全过程各方面

邹　滔

近日，中共江西省委常委会召开会议，学习习近平总书记重要讲话精神，强调要把党的领导贯穿政协工作全过程各方面。

会议指出，要深入学习贯彻习近平总书记关于加强政协党的建设工作的重要论述，按照全国政协系统党的建设工作座谈会部署要求，把党的领导贯穿政协工作全过程和各方面，充分发挥政协党组领导核心作用，进一步健全政协党的组织体系，强化党员政协委员的组织管理，积极抓好政协系统党的建设，推动人民政协事业健康发展。

日前，江西省政协召开省、市、县三级中共党员委员和机关党员干部6200多人参加的视频大会，传达学习全国政协系统党的建设工作座谈会精神。省政协主席、党组书记姚增科逐句重温并解读入党誓词，强调要始终牢记共产党员这个“第一身份”，干好人民政协这个“一线”工作，旗帜鲜明讲政治、强本领，理直气壮抓党建、强履职，用为党为民的实在行动践诺初心，践诺忠诚，为红土地谋崛起、为老表谋幸福。赣州市、井冈山市政协主席在分会场介绍了参加全国政协系统党的建设工作座谈会的体会感受，表示要抓好落实，先行先做，进一步探索提升政协党建工作质量和成效。

（2018-08-15期02版）

就提案工作条例修订和提高提案质量

全国政协提案委在南昌召开调研座谈会

王　磊

9月11日，全国政协提案委员会在南昌召开提案工作条例修订初稿和提高提案质量的意见初稿调研座谈会。与会同志提出，提案工作是人民政协的一项全局性工作，是人民政协履行政治协商、民主监督、参政议政职能的重要方式和载体。要以习近平总书记关于加强和改进人民政协工作的重要思想为指导，努力提升提案工作质量。

全国政协提案委员会主任李智勇主持座谈会并作说明。李智勇指出，座谈会要以习近平新时代中国特色社会主义思想为指导，有针对性地结合各地实际，围绕提高提案工作质量畅所欲言、集思广益。同时，还要围绕修订提案工作条例提出宝贵意见，使其与新修订的政协章程相适应，与近年来我国发生的历史性变革相适应，充分体现新思想、新理念、新经验和中共中央提出的新要求，使条例更好发挥其应有作用。李智勇还从提案数量与质量、提案的基本要求、提案的标准、重点提案、提案公开和评议、提案的评选表彰等六个方面对意见初稿进行了说明。

江西省政协副主席张勇在座谈会上致辞并发言，上海市政协副主席李逸平、江苏省政协副主席阎立、安徽省政协副主席韩军、福建省政协副主席魏克良及深圳市政协副主席刘润华等出席座谈会并发言。

在赣期间，调研组还就《关于着力打造江西中医药产业品牌的建议》等重点提案督办落实情况进行了考察。

（2018-09-18 期 02 版）

卢展工率全国政协“红色资源保护与利用”委员考察团在赣考察并座谈

谢 靓 熊 灵

10月15日至19日，以全国政协副主席卢展工为团长的全国政协委员考察团就“红色资源保护与利用”在江西省考察。其间，考察团在井冈山市召开座谈会，听取江西省相关情况汇报，卢展工出席并讲话。

考察团充分肯定了江西红色资源保护与利用工作。大家一致表示，江西是中国革命的摇篮、中华人民共和国的摇篮、人民军队的摇篮，江西干部群众为保护利用好红色资源、传承弘扬好红色文化付出了艰辛努力，取得了显著成效。包括红色文化在内的中华优秀传统文化是中华民族的精神命脉，是涵养社会主义核心价值观的重要源泉，是我们在世界不同文化交融交锋中站稳脚跟的坚实根基。当前，中国特色社会主义进入新时代，面对复杂的国际形势和多元化的社会价值观念，更加需要把红色资源利用好、把红色基因传承好，在新的起点上把革命先辈开创的伟大事业不断推向前进。

考察团认为，实现红色资源的有效保护和持续发展，要不忘初心，提高政治站位，处理好保护与利用的关系，坚持把社会效益放在首位，注重红色文化成风化人的教育功能；要加强顶层设计，健全完善法规制度，加大人才、资金等扶持力度，构建目标一致、权责明晰、规范有效的红色资源管理体制。

考察团副团长、全国政协教科卫体委员会副主任吴昌德，全国政协文化文史和学习委员会副主任刘福连等参加座谈会。江西省政协主席姚增科主持座谈会，江西省委副书记、赣州市委书记李炳军陪同考察，江西省政协副主席陈俊卿在会上介绍情况并陪同考察。

此行中，考察团实地考察了井冈山革命博物馆、旧址群，原中央苏区旧址群，并瞻仰了井冈山革命烈士陵园和叶坪红军烈士纪念塔，向革命烈士敬献花篮。

（2018-10-20 期 02 版）

江西省政协在脱贫攻坚战中检验党建质量

党员委员、党员干部冲在扶贫一线走在群众前面

骆彩虹　邱修梁

11 月 12 日至 14 日，江西省政协调研队直接来到挂点联系贫困村——黎川县洵口镇皮边村、于都县段屋乡上塘村，宣传贯彻中办印发的《关于加强新时代人民政协党的建设工作的若干意见》精神，面对面与乡村干部、小学师生、返乡能人、贫困群众探讨交流，共商脱贫致富奔小康大计。

百亩大棚内各种蔬菜生机盎然，缓丘低坡上蜜橘脐橙迎风招展，远处高产油茶林里农人劳作身影时隐时现。看到两村在省政协帮扶指导下，探索推行“党建 + 脱贫”模式，贫困发生率连年降低，如期脱贫胜利在望，省政协党组书记、主席姚增科十分高兴：“一个支部一座堡垒，一名党员一面旗帜。在决战决胜脱贫攻坚战中，政协党员委员和党员干部要冲在一线、走在前面，带着真情扶贫，俯下身子做事，以实实在在工作成效，引导群众心怀感恩奋进，展现新时代政协人新担当新作为。”

脱贫攻坚既是重大政治任务，又是紧要民生工程。十二届省政协深入贯彻习近平总书记关于加强和改进人民政协工作的重要思想，聚焦党和国家中心任务履职尽责，坚持以党建引领扶贫脱贫工作，注重在脱贫攻坚中检验政协党建工作质量，使政协党建成果最终体现到帮助贫困群众脱贫致富过上好日子上。

今年以来，省政协两级党组、8 个专委会分党组、机关党委、18 个党支部把脱贫攻坚作为锤炼党性的主战场，省政协领导多次深入扶贫点检查指导工作，党员委员主动投身产业扶贫之中，党员干部纷纷结对认领贫困户“微心愿”，机关已统筹上百万元用于挂点村扶危救困、兴教助学、基础设施建设，探索出一条党建扶贫双促共赢之路。

“这个后生真不错，对我像对娘一样！”临近调研队离开时，老年丧子的皮

边村贫困户程木娥还拉着省政协机关驻村干部、村党支部第一书记曹小亮的手，向大家“推荐”起干部来。上个月，曹小亮荣获2018年度抚州市十大“最美扶贫人”。“关心关爱扶贫干部，在基层岗位锻炼、培养、选拔干部，是党的要求，也是我们的用人导向。”省政协机关党组书记汪爽回应说。

（2018-11-21 期 02 版）

对标明向　提神醒脑　鼓劲增力

江西省政协系统党的建设工作座谈会述记

骆彩虹　邱修梁

“非常解渴，学习了习近平总书记近期关于人民政协工作的重要讲话精神和全国政协常委会议精神，很是受用，借鉴了省内外政协系统抓党建的做法经验。”

“省委办公厅印发的《关于加强新时代全省政协党的建设工作的实施意见》提出，政协开展调研视察、学习培训等重要活动要设立临时党组织，圆满完成任务有了主心骨，强了向心力。”

……

虽然已过去半个多月，但是在江西省政协委员履职工作微信群里，对12月12日在抚州召开的全省政协系统党的建设工作座谈会依然热议不断、点赞如潮。

及时对标，准确对表，是江西省政协一以贯之的工作原则。全国政协系统党的建设工作座谈会召开后不久，省政协于7月1日以视频大会的形式，把会议精神传达贯彻到省、市、县三级中共党员委员和机关党员干部6200余人。中办《关于加强新时代人民政协党的建设工作的若干意见》下发当日，省政协党组即向省委汇报，一体推进江西落实文件制定和政协党的组织体系完善，并于10月29日召开带有学习任务的省政协常委会议，常委们先学一步、深学一层，发挥带头作用和示范效应。

采他山之玉，纳百家之长，是江西省政协开展工作的重要方法。随着各省、区、市政协党建工作座谈会陆续召开，江西省政协安排人员密切关注、认真学习《人民政协报》《中国政协》杂志等媒体文章，精心搜集省外政协和专家学者关于加强政协党建工作的务实案例、精彩观点，采撷摘编整理成册供参考。

此次党建会选择这个节点、安排在抚州召开，自有其深思熟虑，更显其重要意义。“一是习近平总书记近期在中央政治局常委会听取全国政协党组情况汇报时作了重要讲话，汪洋主席就习近平总书记重要讲话精神作了精彩解读讲话，必须传达学习贯彻。二是省委书记刘奇在近期召开的省委常委会议上就贯彻落实习近平总书记重要讲话精神、做好全省政协工作提出了明确要求，要组织学习领会。三是今年全省政协系统抓学习抓党建促履职，成果丰硕，亮点纷呈，有必要进行总结回顾。值得一提的是，抚州市委在全省设区市率先出台加强政协党建工作实施意见，作出了表率，立起了标杆。”面对大家已久的期待和心中的疑惑，江西省政协党组书记、主席姚增科在此次会议的开场白中，扼要道出了“蓄势待机择地”召开全省政协党建会的缘由。

最新理论的指引，具体明确的要求，深入坦诚的交流，起到了对标明向、提神醒脑、鼓劲增力的作用，江西各地政协加强党的建设行动更加坚决有力、措施更加精准到位。南昌市政协对各县区政协党建工作成效进行调研评价，推进市、县两级政协党建工作联轴共创；赣州市政协建立党组成员联系专委会、界别的制度，将481名委员全部纳入专委会，加强对委员的思想政治引领；井冈山市政协创办红色讲堂，“主课”是学习习近平新时代中国特色社会主义思想……强弱项、补短板、提质效，全省政协系统以党建引领履职的探索实践正如火如荼进行着。

走在前列要谋新篇，勇立潮头方显担当。12月19日，省政协机关召开2018年度党支部书记述职评议会，18个支部书记晒成绩、找不足、谈做法，现场比学赶超氛围浓厚。12月25日，在全省首届党务技能大赛中，省政协机关代表队以“党旗红事业兴——省政协机关抓党建推动高质量发展”为主题参赛，得分位列全省第一，荣获一等奖。江西省政协党组书记、主席姚增科强调，要继续按照中央部署和全国政协要求，进一步严起来、紧起来、动起来，推进省政协学习研讨再深化，党建工作再加强，履职质效再提升，当好市县政协组织“领头羊”，以优异成绩迎接人民政协成立70周年。

（2018-12-29 期 03 版）

2019年

应加则加　当减则减　该调就调

江西省政协有序有效改进年度协商工作

邱修梁　骆彩虹

近日，江西省政协正式启动2019年度协商议题征集工作。“对比往年，今年尤为强调坚持问题导向、效果导向，进一步提高协商建言质量。”办公厅副主任叶舟说。

新时代要有新状态。面对形势任务变化，十二届江西省政协以增强协商质量和实效为目标，准确识变，科学应变，主动求变，适度调整优化重点协商活动，探索有序改进政协年度协商制度程序和参与实践，努力从更高层次贯彻落实习近平总书记关于加强和改进人民政协工作的重要思想。

对标中央精神准确识变

2018年10月29日至30日，十二届江西省政协召开第三次常委会议，专题协商“污染防治攻坚战重点难点问题与破解对策”。省委常委、副省长刘强充分肯定政协助推生态文明建设的高站位好建议，表示要认真研究、充分吸纳到政府工作中去。

事实上，根据3月初省委、省政府、省政协“三办”联合印发的《2018年度省政协协商工作计划》，本次常委会议协商议题原为“高新技术企业与产业发展”。去年6月以来，一些委员反映，江西支持高新技术产业发展的政策措施已成体系，关键在落实。有的委员提出，政协专题议政性常委会议次数少、规格高、影响大，建议对议题作适当调整。

省政协对大家的呼声非常重视，经主席会议研究讨论，报告省委同意，顺势将议题调改为“污染防治重点难点问题与破解对策”，使之对标中央打好污染防治攻坚战重点，跟进全国政协三季度调研协商安排，呼应中央环保督察组对江西指出的问题。“课题选得好，时机把得准，调查研究深，意见建议实”，对此，常委们纷纷点赞。

眼见为实的成效，消除了疑虑，增添了底气。江西省政协实践表明，坚决准确对标中央决策部署，自觉服从服务党和国家工作大局，协商议政就能谋到点子上、议到关键处。

聚焦党政关切主动求变

初冬南昌，百万盆菊花香飘英雄城。城市面貌蝶变，颜值气质双升，其中凝结着省政协助力美丽中国“江西样板”建设的心血和汗水。

2018 年 2 月 24 日，江西召开全省城乡环境综合整治工作会议，强调要纵深推进城乡环境综合整治，号召全省上下积极贡献智慧力量，增强赣鄱人民幸福感和外来游客满意度。

政协的关注与党政的关切不谋而合。去年 2 月中旬，江西省政协主席姚增科回乡探亲途中，发现不少城市都在推进城市夜景亮化升级，带动春节期间旅游收入大增。惊叹之余，不禁自问：“南昌市怎么办？”节后一上班，他就提出开展政协调研设想。尽管年度协商计划已经制定，省政协依然主动谋划、积极作为。4 月初，报经省委同意，把“文明与美丽城市建设省内外比较研究”作为重点课题立项，组织精干人员用 1 个月到省内外实地调研，花 4 个月作比较研究，集中研讨 15 次，力争拿出立得住、叫得响、留得下印记的建言成果。

调研报告提交后，江西省委书记刘奇指示各设区市党政主要负责同志“正视存在的问题，更要有改进、完善、提升的决心和举措。”有省领导说，“这是一篇用心用情、用力用智写就的调研报告，堪称范本！”许多建议整段整句写进《江西省农村人居环境整治三年行动措施》，转化为各地随后开展的净化、亮化、美化、绿化提升行动举措。

保持战略定力，采取战术主动。江西省政协紧跟党政工作重心，应加则加，当减则减，该调就调，实现年度协商工作计划性和灵活性相统一，实现政协工作与党政工作同频共振。

顺应群众期盼科学应变

2018 年 11 月 21 日，江西省政协召开主席会议，审议《关于乡村振兴战略实施重点难点问题破解对策》。有参会同志表示，几轮调研、反复协商下来，更加感到国家实施乡村振兴战略决策的英明正确，更深入理解了省委、省政府政策措施的详细内容，更进一步体会到在助推战略实施中政协委员应有的作为。

时间回到去年7月2日至3日，十二届江西省政协举行首次专题议政性常委会议，围绕“乡村振兴战略实施重点难点问题破解对策”协商议政。小组讨论环节，不少委员提到，前期蹲点调研时，许多乡村干部、返乡能人和农民反映，乡村振兴政策出台不久，配套衔接消化落实需要时间；田间地头有很多好的做法，值得总结上升到省政协报告中去；有些方面尚处摸索试验阶段，需进一步调查研究摸清摸透。

这些意见在常委会议闭幕会上得到反映，引起常委们强烈共鸣。最后，会议要求，在以往“会前调研 + 会中协商 + 会后撰写报告”三步走基础上，对委员们反映较为突出、关注较为集中的问题，省政协会后要“延伸调研 + 延伸协商 + 延伸修改报告”。

政协资政建言求效率更求质量，多出、快出成果更要出高质量、出“需求侧”需要的成果。江西省政协坚持以人民为中心，听取基层干部群众声音，形式匹配内容，时间服从质量，计划适应变化，协商建言更加精准有力。

推动人民政协制度更加成熟更加定型，使这项具有中国特色的制度安排显优势而独特、经风雨而弥坚，广大政协委员和各级政协组织责无旁贷，江西政协人一直奋勇争先。

（2019-01-10 期 01 版）

凝聚共识写春秋

刘晓庄

“凝聚共识、凝聚人心、凝聚智慧、凝聚力量”，这是习总书记在历次重要讲话中出现频次较高的一组词语。在去年12月29日全国政协新年茶话会上，习总书记又一次强调，“人心是最大的政治，共识是奋进的动力”“要把加强思想政治引领、广泛凝聚共识作为履职工作的中心环节”。

好比“无数小水滴欢呼着东流入海，亿万颗星辰支撑起夜幕中的苍穹”，由分散到集合的过程叫凝聚；犹如“同样的感受给了我们同样的渴望，同样的欢乐给了我们同一首歌”，众多人的同一认知叫共识。简而言之，凝聚共识即社会不同阶层、不同利益的人群，寻求共同的价值、理想和观念。在现代语境中，凝聚共识就是党和政府为了推进改革和发展事业，最大限度地减少社会阻力，调动社会积极因素，形成社会合力的过程。

近百年来，中国共产党成为中国人民的“主心骨”，团结带领人民进行艰苦卓绝的斗争，筚路蓝缕、披荆斩棘，一路成功地走来，谱写出气吞山河的壮丽史诗，离不开凝聚共识这一看家本领。

历史的长河滚滚向前，历史责任就像长长的接力赛。“人民对美好生活的向往，就是我们的奋斗目标。”一代人有一代人的历史担当，站在从“富起来到强起来”的历史交汇点，历史方位、历史使命，召唤着我们在凝聚共识中，激扬起新时代砥砺前行的精神力量，一棒接着一棒跑，迎来伟大祖国新的希望！

历史一次次告诉世人：凝聚共识就是“找到最大公约数”，构筑合作共事的基础，把思想观念差异多样的无数个人，联结成为原则目标认识一致的整体，从而产生社会的强大凝聚力，共同“画出最大同心圆”；凝聚共识就是酿造“信仰的味道”，形成团结奋斗的灵魂和动力，为着共同追求的事业不惜奉献一切，让后代“能够在我们的国土上建筑起一个自由、快乐、文明、进步、庄严、华丽的世界”；凝聚共识就是把握“百姓心里那杆秤”，任何时候都不忘“人心向背、力量对比决定事业成败”，不忘为“最大多数人谋利益”的根本政治诉求，获得中国人数最多的社会阶层的认可和拥护；凝聚共识就是发掘“思想宝库的源泉”，尊重人民的主体地位，把人民群众在实践中迸发出来的无限创造力，汇集成为治国理政的智慧和力量。

改革开放 40 年，随着我国经济体制深刻变革、社会结构深刻转型、利益格局深刻调整、思想观念深刻变化，出现了前所未有的社会结构复杂、矛盾风险挑战、思想文化多元。改革进入攻坚阶段和深水区，“好吃的肉都吃掉了，剩下的都是难啃的硬骨头”。如何分配“蛋糕”、该动谁的“奶酪”、多元多样多变的思想文化趋势应怎样“交锋交流交融”……

船到中流浪更急，人到半山路更陡，在这个“愈进愈难、愈进愈险而又不进则退、非进不可的时候”，必须以啃硬骨头、涉险滩的勇气，坚定信心，凝聚共识，统筹谋划、协同推进各项工作。正如习近平总书记指出：“凝聚改革共识难度加大，统筹兼顾各方面利益任务艰巨。这就更需要我们下功夫去凝聚共识。”

你的梦，我的梦，每一个中华儿女都怀揣国家富强、巨龙腾飞同样的梦，“我们都是追梦人”。

要把中国的事情办好，关键是要坚持中国共产党的领导，坚持走中国特色社会主义道路。这是重大原则，也是最大共识。增进一致而不强求一律，包容多样而不丧失主导。只有紧紧把握思想政治的引领，切实提高政治站位，协助党和政府做好解疑释惑、宣传政策、理顺情绪、化解矛盾的工作，把实现中华民族伟大复兴中国梦的智慧和力量凝聚起来，才能共同推进伟大事业不断走向胜利。

“用社会主义核心价值观凝聚共识、汇聚力量，这是非常重要的，也是最有效的。”社会主义核心价值观来源于我国优秀传统文化，植根于人民群众实践的沃土，是凝聚共识的结晶，也是最大公约数。通过培育和弘扬社会主义核心价值观，激发满满的正能量，可以在更大范围内凝聚社会共识，形成强大的社会合力。

“有事多商量、有事好商量、有事会商量，通过协商凝聚共识、凝聚智慧、凝聚力量。”协商民主之所以赢得广大人民群众的欢迎，就在于通过平等对话，让大家有机会公开公平表达自己的利益诉求，在海纳百川的人文环境下取得共识。要用好协商民主这个形式，善于和大家商量着办事，既不居高临下、盛气凌人，也不噤若寒蝉、马首是瞻，广纳群言、广集民智，就大家关心的事情进行广泛协商，在多元表达、求同存异中包容理解。

“以法治凝聚共识、规范发展、化解矛盾、保障和谐，为实现中华民族伟大复兴凝聚人心、汇聚力量。”“法不阿贵，绳不绕曲”，法律面前人人平等。国家的法律规定和社会的法治精神，是人们形成共识的起点和条件。如同遵守“红灯停、绿灯行”的交通规则，一定社会的人们对某事形成共识的过程，是以法律的硬性框架作为约束和参照，在个人道德与社会利益的冲突中合理兼顾，使个人与社会和谐存在、协调发展。

“凝聚社会共识，坚持问政于民、问需于民、问计于民、问策于民。”人民是国家的主人，得民心者得天下。扩大公民有序参与，充分表达不同意愿，有利于保障实行人民当家做主的权利，进一步凝聚全社会的共识。“顺应民心、尊重民意、关注民情、致力民生”，坚持以人民为中心，始终把人民群众放在心中最高的位置，拜人民群众为师，把政治智慧的增长、治国理政本领的增强，深深扎根于人民的创造性实践之中，这是凝聚共识和力量的根本途径。

涓流汇海，聚沙成塔；接棒前行，续写春秋。凝聚人心，把党的主张转化为社会各界的共识，既是当务之急，亦属致远之要。万根线、能拉船，众人拾柴火焰高，在全体中华儿女的共同助推下，民族复兴的巨轮，将劈波斩浪，驶向远方！

（2019-01-12 期 03 版）

欢迎各位老朋友回家

江西省领导会见省政协港澳委员和特邀海外列席代表

王蕊娟　王　磊

“我们江西赣州的脐橙名扬天下，我准备 2 月中旬前往赣州寻找合作商机，希望能助推脐橙‘走出去’。”25 日，在江西省领导会见江西省港澳地区政协委员和特邀海外侨胞代表的座谈会上，江西省政协常委、澳门丽晶集团董事长梁安琪说。

梁安琪的话音未落，江西省委书记刘奇就把话题接了过来，“那太好了，我们江西的好东西还很多，不仅有赣州脐橙，还有井冈蜜柚、廖奶奶生态咸鸭蛋等等。”提起江西的土特产，刘奇如数家珍。

这是刘奇连续第三年会见江西省港澳地区政协委员和特邀代表了，刘奇把他们也当成了家人。“一回生、两回熟、三回就是老朋友，欢迎各位老朋友回家。”座谈会上，他对所有关心支持江西经济社会发展的海内外朋友表示感谢和敬意：“我们看在眼里，感谢在心里。”

江西省省长易炼红也向委员和代表们介绍了江西 2018 年经济社会发展情况。2018 年江西实现生产总值 21984.8 亿元，比上年增长 8.7%，增幅居全国第四。

“希望各位委员和代表们发挥见识多、视野广、资源丰富的优势，利用好政协这个参政议政的平台，围绕事关全省的重大问题，为江西经济社会发展多出主意、想办法。”刘奇说。

回到家的委员们也没把自己当成外人。

“我在 2016 年与朋友共同创立了大马澳门商会，旨在建立一个资源共享、优势互补、共同发展的国际化商业平台。目前，马来西亚的脐橙基本依靠进口，我希望能帮助赣州脐橙提高在马来西亚的销量。”梁安琪说。

“江西省政协农业和农村委员会刚成立，可以在推动农产品走出去方面发挥作用。”江西省政协主席姚增科接着说。

虽然不是土生土长的江西人，但江西省政协常委、永隆集团（香港）有限公司董事局主席吴辉体显然已把自己当作江西的一分子。

“我经常在各种场合赞美江西，风景太美了。”吴辉体说，“建议统筹发展文化和旅游产业。未来还可以发展航空产业，如果规划好、引导好，或许会培养出百亿甚至千亿的产业。”

江西省政协委员、香港绿湖亚太有限公司董事长郭坚华则建议江西省委、省政府对民营企业在信用、担保、抵押方面给予扶持，“政银企”协同发力，以解决民营企业融资难问题。

面对各位委员们的建议，刘奇表示，将全力以赴做好服务，努力打造政策最优、成本最低、服务最好、办事最快的“四最”营商环境，让大家在江西投资放心、生活舒心、发展安心。

刘奇同时希望省政协委员和海外侨胞朋友们当好“一国两制”的坚定守护者，架好“连心桥”，当好“代言人”，为祖国和平统一大业、中华民族伟大复兴贡献力量，同时也为江西文化、江西企业走出去“牵线搭桥”，推动江西与港澳及海外的融合交流。

“但大家来投资的同时，还要注意保护好我们江西的绿水青山啊！”刘奇不忘强调。

“我相信在省委、省政府的英明领导和全省人民的共同努力下，江西肯定会一天比一天好。”吴辉体说。

（2019-01-28 期 08 版）

学在先　干出彩

江西省政协抓学习提升履职能力记事

王菡娟　王　磊

“调查研究是政协履职的一项基本功，不用心学习调研一天，就不可能干好每一天”。1 月 26 日，江西省政协主席姚增科在省政协十二届二次会议上谈及新一届省政协一年来的工作体会时说道。

“学在干前，只有学明白，才有可能想明白、干明白。”十二届江西省政协深入学习贯彻习近平新时代中国特色社会主义思想和中共十九大精神，把履职能力建设作为先导工程，深学深思、边践边悟。全省政协系统 7.8 万人次参加学研活动，形成论文 2400 余篇，查摆整改问题 1030 项。

既对表对标又对准对好

“工作一天，学习一天，不学习一天，就没资格工作一天。”开局之年，也是学研践行之年。

去年1月29日，江西省政协十二届一次全会闭幕后的第一个工作日，十二届省政协第二次主席会议讨论的第一个议题就是“学习”，强调增强“四个意识”，坚定“四个自信”，做到“两个维护”，履职尽责，担当实干。

去年6月5日，根据全国政协党组统一部署，经省委批准，全省政协系统开展习近平总书记关于加强和改进人民政协工作的重要思想学习研讨活动视频大会在南昌召开，省、市、县三级政协委员和机关干部1万余人在主分会场参加会议。

去年9月29日，在全国政协召开的习近平总书记关于加强和改进人民政协工作的重要思想理论研讨会上，江西省政协选为两个省级政协重点发言之一，姚增科作题为《关于推进新时代人民政协履职能力建设的学习与思考》的大会发言。

“真学、真用、真有效”

去年7月19日至20日，全国政协副主席李斌先后在南昌召开、参加了三个会议：习近平总书记关于加强和改进人民政协工作的重要思想学习研讨活动闽赣粤琼政协片区座谈会、住赣全国政协委员见面会、江西省政协学习贯彻习近平总书记关于加强和改进人民政协工作的重要思想理论研讨会。

习近平总书记关于加强和改进人民政协工作的重要思想学习研讨活动全国8个片区会，其中一个放在江西开，这对承办会议的省政协是莫大荣誉、信任，也是激励、鞭策。在省委高度重视下，省政协圆满承办“三会”，得到全国政协领导和与会省市政协同志的一致点赞。

“真学、真用、真有效”。党组和主席会议成员带头先学一步、深学一层，发挥了标杆作用和示范效应；抓系统、系统抓，首次省、市、县三级政协全面全员发动，实现委员和干部学习两个“全覆盖”；“学习能力就是软实力”，学出了方法的创新，总结出“讲、问、考、辩、网、做”六字促学法，形成了有标准、有痕迹、有检查、有考评的学习质量保证机制；“等着干，闲一半；主动干，连轴转”，学出了讲责任、讲使命精气神的提升，求真务实作风的弘扬，为赣鄱谋崛起、为老表谋幸福质效的增强。

省政协组织开展学习研讨的这些主要做法引起各方的强烈共鸣。

学习创新只有进行时

新时代、新要求，助推江西高质量、跨越式发展，政协要高质量履职、高质量建言。

新委员学习培训“一个也不少”。“政协是什么、干什么、怎么干”，为了参加学习培训，黄金狮委员刚结束在国外的学术会议，急忙打“飞的”赶回来，凌晨两点多才抵达南昌，当天上午便准时出现在开班式上；杨峰委员会前突发痛风，他买来一副拐杖，坚持不落一次地参加了所有的集训学习讨论。“若要问不倒，基础要打牢；练好基本功，履职才轻松；磨刀不误砍柴工，委员作业记心中”，钟清滨委员深有体会地说：“按照懂政协、会协商、善议政和守纪律、讲规矩、重品行的要求，就要将加强自身建设放在首位，保持清醒政治头脑，提高政治站位，增强‘学习力’，把学习作为自己的终身任务和毕生修为。”

接续历届省政协好做法并力求有创新。常委会议之后举行的学习报告会调整到会前举行就是其中之一。十二届省政协首次专题议政性常委会议，围绕“乡村振兴战略实施和脱贫攻坚重点难点问题破解对策”进行专题协商，中国社科院研究员党国英应邀作《尊重乡村发展规律实现乡村全面振兴》辅导报告。为开好第三季度专题议政性常委会议，省政协举行学习报告会，特别邀请十一届省政协副主席姚亚平作《美丽江西的水文化》的专题报告。参会常委、委员协商讨论更有针对性，意见建议更具可操作性。

吃足优质“草”，才能挤出高品质“奶”。“文明与美丽城市省内外比较课题研究”“一号专报”，打响了新一届省政协履职头炮。课题组成员，省政协副秘书长、办公厅主任杨木生总结说，要先把“草”吃足！该课题组认真研读了习近平总书记关于城市工作和城镇化建设的两篇重要讲话，学习了李克强总理在中央城市工作会议上的讲话，学习了江西省委书记刘奇关于文明与美丽城市建设的讲话。经过“学习—调查—研究—再学习—再调查—再研究循环往复的过程”，课题组提交的 10 个方面 47 条有根有据、可学可鉴的建议大多被相关部门采纳，推动了《江西省城市品质提升三年行动方案》《江西省“厕所革命”三年攻坚行动方案》等文件出台。

（2019-01-28 期 01 版）

江西省政协全会首次成立临时党支部

王蕊娟

江西省政协十二届二次会议26日开幕。全会开幕前，临时党支部成立大会率先召开，这在江西省政协全会期间尚属首次。

据统计，本次全会有246名中共党员参加，列席会议的党员172名，结合界别设置和分组情况，共设立18个临时党支部。全会期间，临时党支部将宣传贯彻党的路线、方针、政策，落实省委对政协工作要求和省政协党组工作部署，学习两会期间有关会议和文件精神。

江西省政协党组副书记、副主席陈俊卿25日在成立大会上说，在省政协全会期间设立临时党组织，实现党组织对党员委员的全覆盖、党的工作对政协委员的全覆盖，是贯彻落实中办《关于加强新时代人民政协党的建设工作的若干意见》的切实举措，对于推动全省政协工作不断提质增效具有重要意义。

江西省政协主席姚增科表示，从严从实从优开好会议，关键在于党组领导核心作用的发挥、各层级包括临时党支部作用的发挥以及每位党员干部、党员委员作用的发挥。本次全会结束后，临时党支部要作为2019年第一个履职重点项目，进行回头看总结，表彰先进优者，批评问责劣者。

据介绍，作为十二届江西省政协的开局之年，2018年新一届省政协全面推进政协党的建设，坚持以党建为引领，抓学习、抓作风、抓履职、抓质效。首次召开全省政协系统党的建设工作座谈会；协助江西省委制定《关于加强新时代全省政协党的建设工作的实施意见》；在全国省级政协率先成立专委会分党组，调整充实机关党组，并建立省政协党组成员联系专委会、全员谈心谈话等党建工作制度，有效推进政协党的组织和党的工作“两个全覆盖”。

（2019-01-30期06版）

眼里要有活　心里要有事

江西省政协主席眼中的“委员作业”

王菡娟　骆彩虹

1月28日下午，江西省政协全会举行第二次大会发言，江西省政协委员韦星林代表特邀界别作了《整合九岭西海生态资源提升做优旅游康养产业》的发言，在会上引起了不小的轰动，省政协委员们纷纷点赞。

其实在一天前，韦星林还没想到自己会站在省政协全会的舞台上发表自己的思考和建议。

27日，韦星林在小组讨论会上说，九岭西海是江西省最具区位优势的生态旅游康养地域，目前要重点解决九岭自然资源被行政辖区分割、管理难问题。

“你说得很好，但小组讨论传播面太窄，你能不能申请去作一下大会发言？”江西省政协主席姚增科听完韦星林的发言立即说道。

于是，韦星林就带着他的意见从小组会场走向了大会会场，也意外在“委员作业”上增添了厚重的一笔。

事实上，被姚增科“逼”着交作业的委员还不止韦星林一人。

2018年，全国政协主席汪洋在全国政协大会上希望政协委员做好新修订政协章程实施第一年的“委员作业”。随后，当年4月，姚增科在新任委员培训班上就给三位新任省政协委员布置了“命题作业”。

长期关注农村经济的省政协委员，民建江西师范大学主委张明林收到了《“乡村振兴”何以不叫“农村振兴”》《关于乡村振兴的若干误读》两项作业，“我接到任务的第一反应就是怎样才能把作业写好。”张明林认为这是一种鞭策和动力。

在今年的小组讨论会上，江西省政协委员万林就政府工作报告提了两个建议，即在“加快昌北国际机场智慧航空物流中心建设”后面增加“完善昌北机场口岸功能”，同时要从规划、建设、运营三个层面高位推进综合交通枢纽项目。

“这是一个很好的议题，你应该再深入调研一下，然后写个提案，这是你的‘委员作业’。”姚增科说。

在姚增科看来，委员的履职不能仅仅在开会时。“委员们更多的责任应该是在会后。要珍惜委员荣誉，强化主体意识，扛起政治责任。”

作为民营企业家代表，省政协委员罗接发先是谨慎地表达了民营企业不易，希望省委、省政府能加大支持民营企业“产学研用”一体化发展。

姚增科马上接过来说，“你要痛快地说，我们要在构建‘亲’‘清’新型政商关系中建务实之言、献管用之策，直接说需要省政协做点啥？”

吃了“定心丸”的罗接发又提了“降低天然气价格”“对接长株潭经济带发展，发展先进陶瓷工业”两条建议。

“痛说”是姚增科经常挂嘴边的一个词，在他看来，要“痛快地说”也要“直面痛点”。要坚持“两点论”看问题提建议，既立足行业企业，又学会换位思考；既肯定改革攻坚、开放提升成果，又直面高质量、跨越式发展难题。

省政协委员陈和茂的“委员作业”也有些“突如其来”。

今年的江西政府工作报告对大南昌都市圈建设作了部署，这令很多江西人倍感振奋。

陈和茂建议摸清大南昌都市圈内各区域的家底和产业承接的优势、能力，做好都市全产业发展顶层设计。

“你讲得很有高度。今年省政协也打算就这个议题进行深入调查研究。不和你商量了啊，将来你就是这个调研组的重要成员之一。”布置起“作业”来，姚增科显然并不客气。

“眼里要有活、心里要有事，只要有心，走到哪里，都有政协工作。”姚增科说。

正是在这种思路的指引下，江西省政协委员们的精气神焕然一新，履职热情空前高涨，2018年省政协共收到委员作业1100余篇，“一句话建言”300多条，编印24期《委员作业》。

1月29日，在江西省政协全会闭幕式上，姚增科又发出了新的期待：“我们要呼应中央重视、党政关切和人民期盼的‘需求侧’，力争涌现更多‘短新实’‘精特专’的优质‘政协答卷’‘委员作业’，助推红土圣地绿色崛起、赣兴民富。”

（2019-02-01 期 08 版）

他们赢得省委书记点赞

王磊 熊灵

“15个履职生动故事，读后让我感动！”1月29日下午，江西省政协十二届二次会议举行闭幕大会，省委书记刘奇发表讲话为委员点赞。

廖奇志委员因重感冒引发低血糖，昏厥在电梯，工作人员及时把她送到医院，醒来后的她带病坚持参会，并在第二天的联组讨论上请同组委员代为发言；刚刚结束国外访问的刘中民委员连夜赶到南昌参会，为了履行好委员职责又不耽误工作，他利用会议间隙，在南昌召开班子民主生活会；来自澳门的梁安琪委员，利用午餐时间主动对接省政协农业和农村委员会，商讨江西农产品走出“国门”事宜……

这些生动履职故事，是十二届江西省政协坚持严起来、紧起来、实起来，以一线状态、一线作为实现良好开局的缩影。

对杨小华委员《庐山别墅保护与利用刻不容缓》等发言，刘奇还提出跟踪调研办理落实的要求。

“会议期间，各位委员和列席会议的同志以高度的政治责任感、历史使命感，聚焦我省经济社会发展大事和民生实事，广泛协商讨论，积极建言献策，提出了富有建设性的意见建议，充分体现了履职担当、奋发有为的精神状态，生动展现了中国共产党领导的多党合作和政治协商制度的生机活力。”刘奇的点赞，饱含真情，令人鼓舞、振奋。

“台下‘练好功’，台上‘发好声’，建言建到点子上，议政议到关键处。”省政协主席姚增科强调，要倍加珍惜人民政协进入了一个大有作为的新时代，以实际行动和成绩，助力富裕美丽幸福现代化江西建设，庆祝新中国和人民政协成立70周年。

（2019-02-01 期 05 版）

各地政协春节后上班第一天见闻

江西省政协：回乡调研收获满满

王　磊

“新年好，你的回乡调研报告写什么内容？”2月11日上午9点，当记者刚走进办公室，同事徐晓丹就迫不及待地讨论起新春回乡调研报告的事情。

早在2月2日，春节假期之前，江西省政协机关党委就根据中共江西省直属机关工作委员会的相关通知要求，发布了“关于开展 2019 年省政协机关党员干部春节回乡调研活动”的通知，要求利用春节探亲访友的时机，采取谈话交流、实地察看等方式开展调研，感受新时代、新作为、新变化，为党委政府研究解决问题、制定政策措施提供第一手资料和对策建议。

“我的新春回乡调研报告将关注农村义务教育的问题，建议尽快将高中教育纳入义务教育范围。”省政协农业和农村委员会办公室曹小亮刚结束驻村第一书记工作。“在抚州市黎川县洵口镇皮边村驻村两年，看到越来越多的村民不重视教育，较多孩子不上高中，加剧了贫困代际传递。”

长期在德安县工作的省政协办公厅研究室副主任骆名坤，利用春节假期带着“2019年民营企业主最关心的问题”走访了该县一纺织企业。“他们最关心的是江西省政府扶持企业的发展的‘财园信贷通’资金压缩的问题。”骆名坤告诉记者，“该企业 2018 年 5 月之前可以得到政府 1000 万元的贷款支持，年底压缩到了 900 万元。我回乡调研报告将重点关注政府支持实体经济政策的延续性问题。”

“眼里有活，心里有事，走到哪里，都有政协项目、政协议题，力争呈现更多‘短新实’‘精特专’的优质‘政协答卷’‘委员作业’。”在江西省政协主席姚增科的指导下，省政协机关将在党员干部每年的“春节回乡”调研拓展到，“春节、清明、国庆、元旦”等假期都开展调研活动。

“2018 年的春节、清明、国庆假期和 2019 年元旦假期，119 名省政协机关党员干部共撰写调研报告近 300 余篇。”省政协机关党委人事处周会保告诉记者。

（2019-02-12 期 02 版）

发挥好委员主体作用的实践与思考

陈俊卿

政协委员作用发挥的程度和质量，直接影响着政协工作的广度、深度和效果。进入新时代，面对新要求，如何进一步发挥好政协委员的主体作用，是摆在各级政协组织面前的一个重大课题。

旗帜鲜明讲政治

人民政协是政治组织，旗帜鲜明讲政治是人民政协本质要求，也是委员履职的第一要务。

把旗帜鲜明讲政治摆在首位、贯穿始终。政协委员必须时刻绷紧政治这根弦，牢固增强“四个意识”，坚定“四个自信”，做到“两个维护”，在任何时候、任何情况下，做到政治立场不移、政治方向不偏、行动步调一致，当好政治上的“明白人”。

提高政治把握能力。在选题立项上，首先考量是否贯彻中央决策部署、呼应党委中心工作和群众所急所难，坚持问题导向，精心选准议政课题。在调查研究中，要深入基层、深入一线，既有“规定动作”，又有“自选动作”；既听领导怎么讲，也听百姓如何说；既从业务上思“能不能”，更从政治上想“该不该”；既听取多数人的意见，又尊重少数人的意见；既听正面的意见，又听反面的意见。开展民主监督时，要立足于帮助推动党委政府推进工作，选准角度、把握适度，民主监督的意见、批评、建议要符合党和国家的方针、政策，符合本地区的客观实际，做到有理、有据、有力。

深化“初心”与“使命”教育。人民性是人民政协的本质属性，为民代言、为民立言是政协委员的立身之基、履职之要。江西省政协利用江西红色资源优势，组织学习《红色家书》《回望峥嵘读初心——发生在江西红土地上的100个经典故事》等，通过学习先进、榜样带动，教育引导政协委员增强责任意识、担当意识和为民意识，牢记初心使命，忠诚履职尽责，保证交出优异的“委员作业”，真正把“人民政协为人民”变为实实在在的行动。

不断加强学习培训

委员履职能力的高低，不仅决定着委员主体作用的发挥，而且决定着政协整体工作质量，委员具备较高的业务素质，才能参政参到点子上，议政议在关键处。

全面深入持久地开展习近平总书记关于加强和改进人民政协工作的重要思想学习研讨活动，努力做到铸入灵魂、融入血脉、深入骨髓。坚持原原本本、集中系统学，一个专题一个专题地深入研读，一个重要观点一个重要观点地逐一理解。江西省政协通过“讲、问、考、辩、网、做”六字促学法，形成了有标准、有痕迹、有检查、有考评的学习质量保证机制。

抓好委员集中培训，用刚性制度力求新老委员一个不落身至心入、真学实学。

2018年，江西省政协先后举办两期封闭式“1+多”委员集中培训班。“1”是学讲《习近平总书记关于加强和改进人民政协工作的重要思想专题摘编》，“多”是学读宪法、政协章程重点内容和举办“委员讲坛”。

抓好日常学习，推动学习内容系统化、学习主体全员化、学习方式创新化。江西省政协围绕提升学习能力，引导委员甘当“小学生”，用摘“金句”“要论”的办法，把“厚的读薄”、把“薄的读厚”。积极创新学习形式，创办《学习》《分享》等刊物，编印40余期；通过“政协读影”，及时推送、播放习近平总书记重要讲话、工作视频，促进入脑入心；通过“对话政协”平台，聚焦难点，问答互动，增强了研讨性、互动性。

加强政协系统党的建设

通过中共党员委员去影响党外委员，并发挥党外人士的先进作用，再去影响带动各界别更广大群众，关键就是要加强政协系统党的建设，发挥党员委员的先锋模范作用，把党员的标杆立起来，切实增强每个党员的党性意识和责任担当。

强化政协党组的主体责任，强化党员委员的党性意识和责任担当。认真贯彻落实中共中央办公厅《关于加强新时代人民政协党的建设工作的若干意见》文件精神，强化政协党组的主体责任，不断深化抓好党建是本职、不抓党建是失职、抓不好党建是不称职的认识，发挥把方向、管大局、保落实的重要作用。江西省政协结合工作实际，制定省政协党组工作要点，起草《党组工作规则》，充实补齐省政协机关党组成员，组建专门委员会分党组。同时，通过组织开展“共产党员的作用是什么、政协委员的价值是什么”学习与讨论，引导党员委员把党员的标杆立起来，增强党性意识和责任担当。

严肃党内政治生活，将“抓在日常、严在经常”落到实处。在全面从严治党的新形势下，充分发挥党员委员先锋模范作用，必须做到严字当头。同时，积极推进党员委员联系党外委员制度，经常倾听党外委员心声、交换看法、沟通思想、解疑释惑，促进合作共事。

从严从实管理，敢于较真碰硬。针对政协委员和政协机关中存在的“怕、慢、假、庸、散”等现象，敢于较真碰硬，深入开展作风问题“大起底”“大扫除”。

突出界别特色

界别是人民政协的显著特色和独特优势。政协组织要依托界别平台，发挥界别作用，使各界别成为凝聚委员、发挥委员专长的大舞台。

强化组织领导，完善联络机制，让界别组织由“松散”变“紧密”。政协党组和主席会议把加强界别工作作为政协自身建设的重要内容摆上议事日程。增加界别协商、界别民主监督、界别调研视察的比重，把界别提案列为重点提案进行督办，完善主席会议成员联系界别的机制。充分发挥专委会的基础性作用，把界别活动纳入专委会整体工作计划。专委会对界别活动实行分类指导，组织界别开展各种形式的学习活动。

突出界别特色，创新界别工作，让界别委员的界别意识由“淡”变“浓”。积极支持配合界别召集人开展工作，充分发挥界别召集人的作用。在科学选题的基础上，组织同一界别委员就共同关注的热点难点问题，协同开展调研，形成界别合力，提出行业性、领域性的参考意见。同时积极探索不同层级政协界别联动，集中不同层级政协的界别委员对同一问题的意见建议，提升界别活动成效。鼓励各界别及其委员发挥自身专业特长和优势，搞好服务，扩大社会影响力。

推动成果转化，把委员“智力成果”变成“实践成果”。坚持多渠道、多形式报送界别协商成果，协商会议结束后，及时形成内容详实、数据可靠、分析深刻的综合报告，以正式文件的形式报送党委政府，并第一时间在媒体发出“界别之声”。

提高服务保障质量水平

委员主体作用发挥如何，很大程度上取决于对委员的服务保障水平，取决于对委员的考核和激励机制。

建立健全委员联络服务机制。出台加强委员联络和服务工作的办法，用制度完善联络机制、做好服务工作。利用现代通信和信息网络技术，建立与委员日常联系制度。定期走访委员，通过手机发送短信、微信等方式，增进与委员的感情。

建立委员考核激励机制。针对委员履职情况，强化正向激励，积极开展优秀委员、优秀提案、优秀社情民意信息、优秀委员作业评选表彰工作。建立和完善建立委员作业、述职和履职信息登记、反馈制度。

大力推进政协机关作风建设，强化服务意识、提高服务水平。政协机关是服务委员履职的综合办事机构，政协每一项履职活动都要通过这个枢纽来具体安排、联系落实、综合协调。因此，政协机关作风如何，直接影响政协委员履职成效，甚至关涉全局，影响全盘。为此，江西省政协狠抓机关作风建设，积极开展政治政协、民主政协、团结政协、学习政协、文化政协、有为政协建设，推动政协文化上墙上桌，要求党员干部上班戴党徽、桌上摆党旗国旗、言行符合政协形象。同时，建立了《不严不实典型作风问题检查与通报》和《优良作风典型事例通报》“双通报”制度，及时把一个一个错的问题“晒”出来，把好的标杆树起来。

（2019-02-13 期 08 版）

在双向发力中提升政协工作质量

刘晓庄

全国政协主席汪洋强调，要在建言资政和凝聚共识上双向发力，努力提升政协的工作质量。双向发力，是新时代人民政协理论的创新与发展，符合现实又与历史一脉相承，为我们今后更好地履职指明了工作方向，提出了新的更高要求。

跳出历史上“其兴也勃焉 其亡也忽焉”的周期率，有延安时期的“窑洞之问”。一个国家政权的根基，离不开千千万万“好参谋、好帮手、好同事”的同心建言资政，同向凝聚共识。这，是新时代人民政协双向发力的应有之义。

“真理不在乎是不是清一色”。双向发力体现了中国人的文化智慧。“泰山不让土壤，故能成其大；河海不择细流，故能就其深。”兼容并蓄、求同存异，通过鼓励支持各个方面敞开胸怀建言资政，才能成就伟业。毛泽东当年曾经说，一个党同一个人一样，耳边很需要听到不同的声音。邓小平历览古今多少事，在拉开改革开放大幕时向全党发出警示：“一个革命政党，就怕听不到人民的声音，最可怕的是鸦雀无声”。

犹如对于一棵古松的不同态度，木材商、植物学家、画家各有看法，实用的、科学的、美感的，见仁见智，不仅折射出苍松的美感，而且反映了人性的光辉。万千世界绿叶红花的多样性，在建言资政中必然出现碰撞，不同的观点在交流交融交锋中升华，真知灼见由是形成。故而周恩来曾指出：“我们是政协机关，可以同时提出各种不同的意见，争论的结果，不一定得出一致的结论。”人民政协是中国共产党领导的多党合作和政治协商的大舞台，协商式的和谐争论终会求同存异、聚同化异，从而找到最大公约数，画出最大同心圆。

双向发力也是中国人的实践结晶，它揭示的是一个简单而又深邃的道理：家和万事兴。建言资政好比共奏交响乐，需要七声音阶、多种乐器，更要有主旋律、总基调，如果你吹你的号，我唱我的调，七嘴八舌，五音不全，就会导致“大跑调”。因此，增进一致而不强求一律、包容多样而不丧失主导，在双向发力中显得尤其重要。只有同心同德，一心一意，凝心聚力，汇集各方智慧和力量，才能形成磅礴的气势、雄壮的气派。

在双向发力中提升政协工作质量，必须强化中国共产党同各民主党派和无党派人士的团结合作，而这种披肝沥胆、目标一致的团结合作，建立在中国特色社会主义共同思想政治基础之上。习近平总书记指出：“中国特色社会主义事业越是向前推进，越需要凝聚最广泛的力量。”今天，在应对防范重大风险挑战，聚焦全面建成小康社会的关键时刻，把握正确的政治方向，汇聚民智，吸纳各方面有价值的意见，广泛凝聚共识，诚然也就成为衡量人民政协各项工作质量的圭臬。

在双向发力中提升政协工作质量，必须建立和完善对建言资政实行科学化管理的有效机制，使之进一步规范化、程序化，而不是表面化、形式化。人民政协工作不轻松、不容易，也不简单。双向发力是求同存异的生动实践，提高质量是双向发力的精彩体现，充分发扬民主，广泛团结力量，两者相互贯通、相得益彰。建言资政与凝聚共识双向发力所产生的工作质量与能量，更好地彰显人民政协的时代价值。

在双向发力中提升政协工作质量，必须大力加强委员的履职能力建设，促进委员不断提高政治素养和专业素养。事业是由那些不畏艰辛、肯于攀登的人干出来的。委员是人民政协工作的主体，委员自觉“讲纪律、守规矩、重品行”，真正“懂政协、会协商、善议政”，锤炼真功夫，不搞花架子，依靠铆劲实干，深入调查研究，始终与人民群众心连心，双向发力才能落到实处，人民政协工作的质量才会在创新中不断得到提升。

“人心是最大的政治，共识是奋进的动力”。在差异中、协商中寻求共识，实现一致性和多样性的统一，在双向发力中推动政协各项工作的发展，不断提升政协各项工作的质量，已经成为广大政协委员的共同心声、共同愿望。在双向发力的奋斗中，人民政协定会大有可为。

（2019-03-13 期 06 版）

树立三个“崇尚”的政协“家风”

刘晓庄

在2019年全国政协新年茶话会上，习近平总书记提出了“崇尚学习、加强学习，崇尚创新、勇于创新，崇尚团结、增进团结”的新要求。在全国政协十三届二次会议闭幕会上，汪洋主席对三个“崇尚”的丰富内涵和精神实质进行了科学阐述。学习、创新、团结是一个系统的整体，符合现实又与历史一脉相承，既是对人民政协优良传统的继承和弘扬，又是新时代人民政协工作的坐标和方向。

人民政协今年将迎来70周年华诞，全国各级政协组织已经俨然成为一个大家庭。家庭有家庭的风貌，需要培育形成一种向上向善的精神力量，沾濡滋润、浸染熏陶着每一个成员的思想行为，让大家在一种文明和谐的文化道德氛围中更好地凝聚智慧和力量。“家风好，就能家道兴盛、和顺美满；家风差，难免殃及子孙、贻害社会”。就这个意义而言，三个“崇尚”堪当人民政协大家庭一以贯之、不断传承的优良“家风”。

“清白家风不染尘，冰霜气骨玉精神。”如果说，家庭是人们心灵的归宿，家风便是家庭精神灵魂所形成的一种强大的感染力量。一个缺乏内在“精气神”的家庭，“皮骨筋肉”无所依附，则很容易分崩离析。人民政协正是有了三个“崇尚”的精神灵魂，德润人心，相沿成俗，才有了她生生不息的文化命脉、不可或缺的自我规范、坚韧牢固的心灵支撑，于是也就赋予了她强大的政治生命力。

破千浪勇立潮头，排万难而达星辰。70年前，在新政协筹备会议第一次全体会议上，毛泽东激情奔放，满怀自信，以诗一般的语言向世人庄严宣示：“中国人民将会看见，中国人民的命运一经掌握在人民自己的手里，中国就将如太阳升起在东方那样，以自己的辉煌的光焰普照大地”。但要在当时满目疮痍、百废待举的中国大地上，迅速治愈长期战争的创伤，荡涤反动政府留下来的污泥浊水，建立起一个崭新的、强盛的、名副其实的人民共和国，谈何容易！“而今迈步从头越”，铿锵的宣言要化为理想的宏图、变成坚实的行动，在学习、创新、团结的奋进中，三个“崇尚”如春风化雨，成为人民政协集体认同的价值追求。

“不学礼无以立”，人民政协第一届全体会议期间，各界代表深谙“学习是进步的阶梯”这一道理，相互学鉴、彼此尊重，取长补短、建章立制，代行中国的立法机构职能，制定通过了具有临时宪法性质的《共同纲领》和两部《组织法》；“苟日新，日日新，又日新”，新政协干的是前无古人的崭新事业，各界人士走到一起，有事大家好商量，引导着一股股民主新风，展现了一幅幅共和新貌，在探索创新中生发出协商议政新气象，从而确立了新型政党制度这一伟大的政治创造；“同则相亲，异则相敬”，人民政协坚持的大团结大联合，是建立在求同存异、聚同化异之上的广泛团结，国号、国歌、国旗等成功协商，为新中国成立拉开帷幕，同时塑造了和衷共济、兼容并蓄、寻求“最大公约数”的光辉典范。

70年风雨砥砺，70年薪火相传。把学习、创新、团结淬炼成新时代人民政协朴实坚贞的优良品格，升华为三个“崇尚”的和煦“家风”，意味深长，意义久远。回看走过的路，经历了风雨如磐的同舟共济、筚路蓝缕的荣辱与共，中华儿女从内心深处认可中国共产党领导的多党合作和政治协商制度，增进对中国特色社会主义的政治认同、思想认同、理论认同、情感认同。远眺前行的路，学习古今决不僵化、革故鼎新永无止境、团结同心毫不退却，在大势面前，以辩证唯物史观深刻理解三个“崇尚”的逻辑联系，消除任何犹豫、懈怠、畏难情绪，不忘合作初心，继续携手前行，朝着一致的目标，改革不停步、开拓再奋进，必将迎来人民政协新的春天。

“昨天的成功并不代表着今后能够永远成功，过去的辉煌并不意味着未来可以永远辉煌。”我们如今正处在一个纵横捭阖、波澜壮阔的伟大时代，中国已经走到了一个历史紧要关头，抵达了新的历史方位，神州前景让人在无比神往的同时又产生惆怅。一方面，中国从来没有如此接近世界舞台中心、接近民族复兴梦想，重要战略机遇期扑面而来、稍纵即逝；另一方面，形势环境变化之快、改革发展稳定任务之重、矛盾风险挑战之多都前所未有。这，构成了当前时代风云变幻、危中有机的特质。

邓小平有句名言：“我们要赶上时代，这是改革要达到的目的。”人民政协要紧跟时代进步潮流，担负起新的历史使命，须臾离不开大力弘扬三个“崇尚”的兴业“家风”。加强学习，将历史和现实相贯通、国际和国内相关联、理论和实际相结合；勇于创新，努力使专门协商机构“专”出特色、“专”出质量、“专”出水平；增进团结，在解决人心向背和力量对比上下功夫，努力画出“最大同心圆”。学习、创新、团结，三者相辅相成、互为基础、缺一不可。唯有如此，方能在各种严峻的风险挑战面前，以强烈的忧患意识和责任意识，“对青天而惧，闻雷霆不惊；履平地而恐，涉风波不疑”，继往开来，阔步向前。

“志行万里者，不中道而辍足”。承载着无数先辈的希望与嘱托，沐浴着人民政协三个“崇尚”的优良“家风”，坚守着伟大复兴中国梦的理想追求，新时代的政协委员将以新时代的英姿，朝着共同奋斗目标，在中国共产党的领导下，尽职尽责、用心用力，发挥好人民政协独特、独有、独到的优势，在建言资政和凝聚共识的双向发力中，续写新时代中华民族伟大复兴的不朽华章，坚定豪迈地走向更加灿烂辉煌的明天！

（2019-04-11 期 03 版）

既入乡随俗又移风易俗

江西省政协委员带着“作业”过假期

王 磊

“每位政协人，都应文明祭祖，传承优良家风，望大家入乡随俗，又移风易俗，在新时代的新格局下，过好传统节日。同时，注意文明祭扫习俗和不良祭扫新表现，形成干条式、观点加案例的‘委员作业’提交省政协。”4 月 5 日中午，清明假期第一天，江西省政协委员收到了省政协主席姚增科布置的“委员作业”。

清明假期“委员作业”是继《初心》电视剧观后感、“习近平总书记关于加强和改进人民政协工作的重要思想”学习体会、乡村振兴建议等专题之后，十二届江西省政协的第七次委员集体作业。“截至 4 月 10 日，597 名委员共交清明假期‘委员作业’200 余篇。”省政协委员联络处副处长熊莉告诉记者。

接到“委员作业”通知时，大部分委员都在去祭亲的路上。龚勇清委员告诉记者，收到“委员作业”通知后，他专门走访了南昌市绳金塔和万寿宫等地，发现越来越多的群众购置鲜花祭奠逝去的亲人和烈士。

为了全面了解城乡文明祭祀的情况，4 月 5 日，龚勇清委员还赴南昌“后花园”——湾里区调研。“早上 9 点出门，到了湾里后，由于交通管制，我就步行到翠岩寺。虽然偶有烧纸烧香祭拜的现象，但是文明祭扫的行为正逐渐成为主流。”回程的路上他还特意再去了第三个调研点天宁寺，回到家中已经是傍晚 6 点。

文明祭祀、绿色祭祀的新风在赣鄱大地正悄然兴起。调研中对此有同感的还有方正亚委员。“现在祭祀用品花样减少，简单环保，销量还不错。”万载县高城镇一家店主向方正亚委员介绍文明祭扫带来的变化。方正亚从万载县殡葬管理所了解到，往年清明后环卫所清扫的垃圾有 20 多吨，现在清明祭品环保，垃圾大大减少，仅为原来的 1/3 左右。

“清明节”是四大传统节日之一，扫墓祭祀、缅怀祖先，是中华民族数千年以来的传统。除了文明祭扫外，如何让一个延续两千多年的传统节日，在新时代成为增强文化自信的重要载体。委员们在“做”作业的过程中也有自己的思考。

管淑红委员建议，除宣传文明祭扫外，还应大力倡导厚养薄葬和优秀孝道文化，希望年轻人有时间常回家看看、多陪父母聊聊天，不要留下“子欲养而亲不待”的遗憾。

“清明节祭祖只是一种仪式，传承优秀传统文化才是目的。”每年清明节，罗传彬委员都会与其堂兄堂弟们集体回乡祭祖：“一起在祠堂祭祖，感悟亲情、感念先人。不仅是缅怀先人的祭礼，更是增进凝聚力的仪式，也是一场人生价值的思考，实质上就是家风的薪火传承，家人们能更好地肩负起孝老爱亲、知恩图报、爱国爱家的责任。”

“江西是英雄辈出的光荣省份，南昌市被称为英雄城，历来崇尚英雄、尊重英雄。”赵恒伯委员建议，全省各级各类学校要把宣传江西省的英雄人物、发扬英雄主义精神作为思政课的重要专题，中小学将清明祭扫活动列入研学教育的必修内容，鼓励中小学生深度参与，培养学生浓厚的家国情怀。

（2019-04-12 期 04 版）

让群众感受到政协就在身边

江西省政协倾情倾力履职为民记事

盛　昕　王　磊

“这些专家都是省里最好的专科医生，平常到医院他们的号都挂不上，现在上门免费给我看病！”近日，江西省政协教科卫体委、民族和宗教委联合省胸科医院，来到南昌市东湖区小金台社区开展送医送药活动。一大早，活动现场就围满前来就诊的社区群众。

每年组织委员给基层群众送技术、送医疗、送文化，是江西省政协坚持多年的“规定动作”。“要带头办实事不避事，争当亲民为民的表率。把心系群众作为履职的自觉行动，以基层为阵地，以群众为根本，广接地气”，在本届江西省政协首次常委会议上，省政协主席姚增科对如何开创政协工作新局面提出了 6 条要求，其中重要的一条就是，谋策、建言、做事，都盯紧一个目标：努力让群众感受到政协就在身边。

“政协干部把办公室搬到了咱们的家门口”

本届江西省政协首次专题议政性常委会议，主题是围绕“乡村振兴战略实施和脱贫攻坚重点难点问题破解对策”建言献策。协商议题被细化为“1 个主课题 +7 个子课题”，8 个专委会悉数出动。承担主课题的经济委调研组不仅跑了全省 20 多个县的 50 多个乡镇，还入村蹲点解剖麻雀，访谈 40 个县分管农业的副县长，80 个乡镇党委书记、乡（镇）长，160 个村支书，掌握大量一手资料。承担子课题的专委会调研组同样如此，下沉基层一线，身至心入求取振兴乡村、脱贫致富“真经”。

“这是接触老百姓最多的一次调研。”走了很多村，听到很多大实话，省政协委员谭向文感慨“不虚此行”。

2018 年 5 月 13 日，由省政协教科卫体委主任洪三国带领的农村“七改三网”踏察小组刚启程，洪三国就叮嘱道，“尽可能多走访几个村，看下农村‘七改三网’的真实情况，尽可能掌握更多的第一手资料。”

一次次同基层群众拉家常、话桑麻的过程中，省政协调研组“双向发力”，不仅认真倾听呼声意见，仔细记录问题困难，也不忘用朴实、接地气的“大白话”，把涉及群众利益的政策说明白、讲透彻。群众亲切地说：“省政协干部把办公室搬到了咱们的家门口。”

靶向问题建言助解群众的痛点

“多问老百姓想什么、怨什么、恨什么、喜什么、忧什么，多办助推解决群众堵心事、闹心事、劳心事。”政协委员们也锚定这个履职重点。

“买房安家，提取住房公积金是免不了的。”省政协常委张知明从身边群众那不断地听到，办理公积金提取业务资料繁琐、程序复杂的吐槽，萌生了提交提案解决“痛点”的想法。随后，她多次访谈了提取公积金的同事和朋友，并与省住建厅商讨给群众带来不便的症结所在。

省政协十二届一次全会期间，张知明提交了《关于简化住房公积金提取手续的建议》。提案办理单位省住房公积金管理中心积极采纳建议，进一步优化公积金提取手续，实现所有提取业务网上申请、网上办结。南昌市还率先推出公积金微信提取业务，职工“一次不跑”即可通过手机完成公积金提取。

如何让江西283万残疾人一个不少地同步实现小康，省政协将“残疾人基本生活兜底保障制度完善与脱贫攻坚”纳入2018年度协商工作计划。

为搞好此次专题协商座谈会，省政协组织委员历时2个多月，赴南昌、九江、赣州、抚州4个设区市17个县开展实地调研。委员们所提的务实建议，有不少吸纳到省委、省政府《关于打赢脱贫攻坚战三年行动的实施意见》《关于建立残疾儿童康复救助制度的实施意见》等文件中，推动了群众集中反映的“困难残疾人生活补贴和重度残疾人护理补贴标准偏低、范围偏窄”“0—7岁残疾儿童抢救性康复补贴标准过低、时间过短”问题。政协委员用“辛苦指数”换取着残疾群体的“幸福指数”。

既“动口建言”又“出手办事”

“现在最大的困难是什么？”“需要我们帮忙做什么？”带着对贫困群众的深情牵挂，2018年11月12日至14日，姚增科率调研组到黎川县、于都县，行程上千公里调研脱贫攻坚工作。访贫问贫助贫脱贫，是省政协主席会议成员的经常性工作。

省政协机关直接参与脱贫攻坚一线，派出驻村工作队，定点帮扶黎川县皮边村。工作队走村入户，精准识贫，精准帮扶，近两年帮扶该村73户161人实现脱贫。

今年春节假期之前，省政协机关党委发布《关于开展2019年省政协机关党员干部春节回乡调研活动》的通知，要求利用春节探亲访友时机，以谈话交流、实地察看等方式开展调研，为党委政府研究解决问题、制定政策措施提供第一手资料和对策建议。类似的调研活动已经拓展到“春节、清明、国庆、元旦”等假期。近两年节假日期间，119名省政协机关党员干部撰写调研报告300余篇。

省政协还建立省政协委员全员联系民营企业机制，作为“自己人”“一对一”茶叙、“多对一”面谈，听心里话，察喜忧情，融“引领、凝心、鼓劲”于其中，把中央、省委的政策和关心传递下去，有关企业经营和政务服务方面的问题意见反映上来。

为让人民有更多获得感、幸福感，江西政协人将一直行走在群众身边。

（2019-05-10期01版）

推进协商民主向基层延伸

刘晓庄

一个时代有一个时代的主题，一代人有一代人的责任担当，中国特色社会主义正豪迈进入一个波澜壮阔的新时代，人民政协要有新方位新使命。对此，习近平总书记提出了明确要求，推动人民政协这一具有中国特色的制度安排更加成熟更加定型，发挥好专门协商机构的作用。

制度安排“更加成熟更加定型”，就是各级政协组织要坚持中国特色的社会主义民主政治，把实现人民最广泛、最有效的政治参与作为最大追求；发挥好“专门协商机构”作用，就是要“专”出特色、“专”出质量、“专”出水平，“专”出气派的品质和样子。贯彻落实习近平总书记对人民政协工作的重要指示，在双向发力上做文章，在提质增效上下功夫，离不开强基固本、筑牢根基，在当前，助力推进协商民主向基层延伸显得至关紧要。

“知屋漏者在宇下，知政失者在草野”。一方面，基层群众对国家方针政策的感受最直接、最敏锐，对身边发生的一些问题的理解也最真切、最实在；另一方面，涉及人民群众利益的大量决策和工作，许多主要发生在基层。“要按照协商于民、协商为民的要求，大力发展基层协商民主，重点在基层群众中开展协商”，进一步拓展协商民主的深度和广度，把“触角”延伸到基层群众最为关切的问题，让协商民主“飞入寻常百姓家”，关乎社会进步稳定的大局。作为专门协商机构的人民政协组织，做好基层协商民主的工作，不仅可以彰显自身在国家治理体系中的分量与价值，而且在实践中具有十分突出的优势。

“源浚者流长，根深者叶茂”。各级地方和基层政协组织“上连天际”“下接地气”，在深入推进基层协商民主的进程中，处于一个不可或缺的特殊位置，能够发挥不可替代的重要作用。为此，谈几点个人的认识。推进协商民主向基层延伸，首要任务是要解决好政协组织“头重脚轻、上粗下细”的问题，拓展人民政协工作空间、健全工作网络，推进地方政协工作向基层下沉，以此密切政协组织与基层委员之间的联系，给委员在基层安个脚踏实地的“家”，永葆人民政协的生机与活力。

建立符合地方实际的协商制度体系。从黄河长江到深深峡谷，从崇山峻岭到茫茫戈壁，民族宗教地区、边远贫困山区、城市街道社区，等等，每个地方各有不同的风土人情，也有不尽一致的利益诉求。故此，推进协商民主向基层延伸，应该因地制宜、因地施策，结合本地实际情况，有针对性地建立完善顺民心、合民意的协商制度，确保协商工作有章可循、有据可依，从而提升人民政协协商民主制度化、规范化、程序化水平。

提高基层协商的参与度。进一步拓宽人民政协各参加单位对基层知情明政的渠道，做到协商在决策之前和之中，保障协商各方有调查研究和充分酝酿的时间，让协商过程成为凝聚共识、发扬民主的过程。同时，增加政协委员中基层代表人士的比例，基层政协组织至少保证每个乡镇（街道）有一定数量的政协委员，并根据工作需要，吸纳部分村（居）委会的干部、党员、教师等担任所在辖区政协工作联络员，参与到基层协商民主之中，以更好地协调关系、汇聚力量、建言献策、服务大局。

释放基层政协委员的正能量。积极开展委员活动日、委员接待日、界别视察等活动，加强政协委员与所联系界别群众的联系，让人民群众深切感受政协离他们很近。将释疑解惑工作落到实处，通过政协委员解除所联系界别群众的思想症结，引导大家心往一处想，劲往一处使，最大限度地凝聚人心、汇集力量。完善组织管理体系，布置委员履职“作业”，增强委员的责任感和使命感，为委员深入基层群众、了解真实情况、掌握第一手资料，更好地参与基层协商搭建平台、创造条件。

增强协商民主的广泛包容性。协商过程本身就是一个兼容并蓄的过程，要保持“眼睛向下”的情怀，兼顾好各方利益，倾听各方面呼声。只有坚持一致性和多样性、原则性和灵活性相统一，才能营建和而不同、聚同化异、协商共治的政治文化，包容的半径越长，画出的同心圆也就越大。

创新协商工作的方式方法。协商民主顶层设计，基层推动，正在成为我国一种新的社会政治生活方式。“竹外桃花三两枝，春江水暖鸭先知”。面对基层协商出现的新情况新问题，不少地方政协和基层委员在“一线”扎实开展工作创新，探索出不少好的做法，如“工作室”联系方法、“理事会”参与模式、“恳谈会”调解形式等。对于形成的好经验、好做法，应该及时总结提炼、跟踪完善，并在试点实验的基础上适时推广，使人民政协制度在发展中创新、在创新中发展，面向未来更加成熟、更加定型。

增强基层政协委员协商的才干与本领。懂政协、会协商、善议政，关键是要充分尊重人民的主体地位和首创精神，拜群众为师，深深扎根于人民群众的创造性实践之中，增长政治智慧，增强治国理政本领。只有把心贴得近、把问题看得透、把建议提得准，方能通过协商活动不断增进参政履职的才干，打造建言精品，交出让人民群众满意的新时代答卷。

推进协商民主向基层延伸，事关民族复兴之伟业，前景光明，困难不少，人民政协责无旁贷。迎着风雨去战斗，越是艰险越向前，这是人民政协成立70年来孕育的一种坚韧品格。面对困难和挑战，“我们不管身处何处，我们要看着太平洋的海啸，要盯着大西洋的风暴，理解上甘岭的艰难。要跟着奔腾的万里长江水，一同去远方、去战场、去胜利。”因为，我们又在开始一场新的长征。

（2019-05-23 期 03 版）

江西省政协学习贯彻落实习近平总书记调研江西重要讲话精神

传承好红色基因　讲好红色故事

王　磊

5月23日，江西省政协召开2019年第5次党组会议暨十二届第30次主席（扩大）会议，传达学习习近平总书记在推动中部地区崛起工作座谈会和省委省政府工作汇报会上的重要讲话精神，研究贯彻落实措施。省政协主席姚增科主持并讲话，强调全省政协系统要迅速掀起学习贯彻习近平总书记重要讲话精神的热潮，以忠诚履职、感恩奋进的实际行动，回报习近平总书记对革命老区人民的深情大爱，对江西绿色崛起、高质量发展的殷切期望。

会议强调，要锚定新时代新方位新使命，在省委坚强领导下，聚焦习近平总书记对江西“在加快革命老区高质量发展上作示范、在推动中部地区崛起上勇争先”的目标定位，发挥政协作为专门协商机构的作用，贡献智慧力量。领导干部要从自身做起做好表率，与各委员各同志一起深入开展“不忘初心、牢记使命”主题教育，弘扬井冈山精神和苏区精神，传承好红色基因，讲好红色故事，再出发、新长征。要解决好“我是谁、为了谁、依靠谁”这一根本政治立场问题，把“小我”融入“大我”、融入民族复兴伟业，与祖国共命运，与人民心贴心。增强责任感、使命感，全面履职，担当实干，力戒形式主义、官僚主义，不断在斗争中成长进步。要进一步形成严抓党建、出高质量履职成果与委员干部全面成长进步的良性循环，建立履职绩效评价体系，抓紧完成提质增效年既定任务，确保干一件成一件，干出新时代人民政协的新样子。

会议还传达学习了全国政协领导同志在住赣全国政协党外委员谈心活动暨经济形势分析会上的讲话要点、全国地方政协工作经验交流会精神、全省领导干部会议精神。

（2019-05-29 期 02 版）

“老话”深谈出新意

江西省政协创新调研工作纪实

蔡久伟

“我把调研中了解到的一些好做法提供给文件起草组，许多调研成果得到了积极采纳。比如在外省调研时了解到“事业编制周转池制度”的创新做法，就得到整体吸纳。这也实现了边调研边成果转化……”近日，江西省政协委员、省政协“事业单位改革”课题调研组成员廖涛不停地对笔者念叨省委文件起草组采纳省政协课题调研组调研成果的情况。

高质量建言从何而来？“不做调查没有发言权，不做正确的调查同样没有发言权。”江西省政协主席姚增科提出，新一届省政协始终把创新调研工作作为推动高质量建言源头活水。

“选人也要以问题为导向，让专业人做专业事”

“文明与美丽城市建设省内外比较研究”是省政协换届后去年 3 月开展的第一个重点课题。如何打响头炮？组建精干高效的调研队伍是关键。

“选人也要以问题为导向。”这是换届后新老政协人的共识。既要有管“最先一公里”政策制定者，也要有对接“最后一公里”企业负责人、懂行规接地气的委员，专家这个“最强大脑”肯定不能少。经过协商，省政协成立由副主席陈俊卿为组长，省住建厅党组书记吴昌平、南昌市政协主席周关、宜春市政协主席陈荣和部分专家等 11 人调研组。“调研队伍既有职能部门负责人，又有懂城建、懂亮化的专家，还有懂文化、懂旅游、懂社情民意的省市政协委员，形成‘政协人 + 职能部门负责人 + 专家学者 + 企业负责人’的队伍。”省政协办公厅主任杨木生总结。

人员精干高效，确保了建言高质量。该课题以第一期《政协专报》形式，报送的课题报告得到 7 位省领导批示。南昌、赣州、抚州、宜春、上饶等市和省委办公厅、省委宣传部、省委政研室、省住建厅等单位领导纷纷部署落实推动相关工作开展。报告中的许多建议整段整句写进《江西省农村人居环境整治三年行动措施》。

今天，漫步南昌大街小巷，越发能感受到这座城市的美———街道干净整洁、街区精美规整、夜景璀璨动人……

“采用什么方法调研，这里面大有讲究”

“乡村振兴”作为省政协换届后全面开展的第一次常委会课题，如何做到接续发展出新彩作示范？对承担该课题的 8 个专委会同志来说“压力山大”。“必须改进调查研究方法！”

“哪种效果好就用哪种方法。”承担主课题的经济委综合采用驻村蹲点式调研、问卷调查、随机抽样等方法，既有面对面，又有键对键。经济委办公室 5 个干部，每人单独蹲一个村。

11 天调研，走访 7 县(区)15 镇 30 村 150 余户。“这是我工作 30 多年来接触老百姓最多的一次调研!”参加调研的省政协委员谭向文感慨道。承担“当前农村劣规陋习”子课题的省政协文化文史和学习委主任曾粮说，“我们变集中座谈为个别访谈，专委会领导带队上门逐个访谈，直接进村入户与村干部和群众面对面交谈。变选派人员座谈到随机寻访群众交谈，以问题为导向走村入户随机寻找访谈对象交谈。变在会议室座谈为到田间地头攀谈，访谈地点经常在田间地头、村民文体活动现场。”

去年 7 月召开的“乡村振兴”常委会议，在接续做好“会前调研 + 会中协商 + 会后报告”三步走基础上，增加了会后新三步走——“延伸调查 + 延伸协商 + 延伸总结”。

方法找对，事半功倍。“乡村振兴”《建议案》针对该省农村产业发展提出 10 个方面 50 条对策建议。这份去年 11 月报送、被称为省政协“攀登之作”的建议案引发各方好评：“建议提得好，所有建议都有案例，建议真正是从实践中提炼出来……”部分调研成果已被省发改委作为参考，用于《江西省乡村振兴战略规划》等文件制定出台。

“写调研报告也要讲供需侧”

“写调研报告也要讲个供需侧。”报告既要让省委、省政府领导不用花太长时间就能“知全貌”，又要把情况说透，建议提实。如何写？

“经过反复讨论修改，调研报告改变过去‘成绩 + 问题 + 建议’‘老三样’的构架写法，探索形成‘说明 + 主报告 + 附件’组合模式。”谈到换届后调研报告写法，参与去年“文明与美丽城市省内外比较研究”课题的同志一句话概括。省政协副主席陈俊卿将调研报告新写法总结为：主要领导看“说明”就能提纲挈领掌握主要内容，分管领导研读“说明 + 主报告”能对问题建议了然于胸，职能部门通读“说明 + 主报告 + 附件”能为他所用。

“这份报告就是一般基层群众也看得懂。”拿到省政协报送的“乡村振兴”《建议案》，许多省直部门负责人高兴地反馈。据省政协办公厅同志介绍，“现在省委办公厅、省委政研室、省政府办公厅、省政府研究室、省委宣传部、省住建厅等省直单位也纷纷认可和效仿这种模式。”“前几天又加印了200份，再次‘脱销’。”今年初，许多省直部门同志“托关系”向省政协办公厅索要建议案。尝到甜头的省政协人已将这些模式作为“标配”复制。今年开展的“深化我省事业单位改革”“营商环境改善与干部作风转变”等专题调研均采用此方法。

新时代，江西政协人正走在创新调研大路上。

（2019-07-05 期 01 版）

用心重温　特别纪念
江西省政协党组主题教育领导小组学习党章侧记

邹　滔　盛　昕　王　磊

这是一次学习会，也是一次纪念会。

6月28日，江西省政协党组“不忘初心、牢记使命”主题教育领导小组成员围绕《中国共产党章程》开展集中学习交流。

党章是党的根本大法，是全党必须遵循的总规矩。“不论是党员领导干部还是普通党员，要做新时代的合格党员，学习贯彻党章都是第一位的要求。”集中学习一小时，重温党章迎“七一”，江西省政协党组用这一特别方式庆祝党的98岁生日，令人耳目一新。

“党的一大通过的党纲，虽然还不是正式党章，但兼具党纲与党章性质。1922年

7月，党的二大讨论通过的《中国共产党章程》，是我们党的第一部正式党章。此后，党章历经十七次修改，共产生过十八部党章。”简要回顾党章的历史后，省政协副主席、党组成员张勇强调，尊崇党章，始终以敬畏之心对待党章；贯彻党章，严格遵守党章各项规定；维护党章，树立党章权威，捍卫党章尊严。

“从党的宗旨、理想、信念，从党的奋斗历程，从世界政党的比较中，无一不证明党的伟大。”省政协副主席、党组成员刘卫平强调，学习党章，要进一步坚定“两个维护”的自觉性；学习党章，要不断拷问自己的初心与使命；学习党章，要对照党章经常警示、反省自己。

“党章虽然是一个薄薄的小红本，但这个本子中的每一句话、每一个字，都熔铸了革命先烈的生命、鲜血，以及中国共产党取得的经验教训。”省政协副主席、党组副书记陈俊卿强调，要继续发扬人民政协崇尚学习的光荣传统，结合“不忘初心、牢记使命”主题教育工作部署，把抓好理论武装摆在突出位置，认认真真学原著悟原理，坚定理想信念，切实增强忠诚于党的思想和行动自觉；要牢记党员第一身份，永葆共产党员的先进性和纯洁性。

（2019-07-09 期 04 版）

用心沉下去　真心解难题

江西省政协机关党组主题教育调研成果交流会侧记

杜　宁　王　磊

白天翻山越岭，入户与贫困户促膝谈心，晚上查阅资料，讨论汇总有关情况；访谈干部群众、老师和学生代表40人次；深入全省11个设区市政协以及多县（市）政协调研；组织调研组成员多次集中学习……

近期，根据《中共政协江西省委会机关党组“不忘初心、牢记使命”主题教育实施方案》安排，江西省政协机关党组书记、秘书长汪爽带头，与机关党组其他成员一起，结合年度重点课题、改革攻坚任务和所分管、联系工作领域，组织调研组围绕“脱贫攻坚”“红色文化传承”“市县政协工作”“推动我省VR及相关产业加快发展”等课题分别开展深入调研。

“选题精准，调研面很广，问题查找准，坚持边学习、边调研、边检视、边查找，拿出了破解难题的实招、硬招。”7 月 12 日，在省政协机关党组“不忘初心、牢记使命”主题教育调研成果交流会上，省委第四巡回指导组组长陈松远给予充分肯定。

问题找准，直击“病灶”

“皮边村村民黄细邛跑客运，妻子没有劳动能力。今年 3 月，黄细邛因车祸双腿骨折花费 9 万元，雪上加霜。但因他儿子考上大学在上海就业，却因此不能被认定为贫困户。”

“石莲村是皮边村的隔壁村，全村贫困户比皮边村还多，但由于没有省直部门挂点，不管基础设施、村民房屋，还是产业发展、村民收入，与皮边村都有明显差距。”

……

这是汪爽率领的调研组在黎川县皮边村调研时的所见所闻。调研组认为，扶贫扶出了不公平，一定程度上会影响扶贫政策效力乃至党和政府的威信。

汪爽连续发问，“贫困户有人管，贫困边缘户怎么办？有上级部门挂点的村有人管，没有上级部门挂点的村怎么办？生活富裕起来了，教育、医疗卫生事业仍然薄弱怎么办？ 2020 年所有贫困村全面脱贫，2020 年之后可持续发展怎么办？”对此，调研组提出了实施村级党组织提升工程、实行贫困户动态管理等五条具体措施。

省政协办公厅调研组在于都县上塘村调研，提出要加强党建促脱贫，增强脱贫户内生动力。

“防止已经脱贫的人口重新返贫。”同样以“脱贫攻坚”为课题的省政协民族和宗教委调研组针对贫困户脱贫后和非贫困户随时存在因病因残返贫的风险提出针对性建议。

红色基因代代相传

省政协文化文史和学习委调研组结合对口协商任务，把“传承红色基因，推进红色文化进校园”作为主题教育专题调研题目。调研组发现红色文化进校园在顶层设计上还有待完善，“教材中有关红色文化章节内容较少；没有设置专职老师、课程时间；有活动时轰轰烈烈，没有活动时冷冷清清。”调研组建议，把红色文化进校园工作上升到灵魂工程、固本工程的高度来抓。

调研组还提出，红色文化进校园的形式要与时俱进，比如把展示与实践、静态与动态、VR 实践厅等方式结合起来，“让教育生动、直观、丰富起来”。

这恰好与省政协经济委调研组的课题不谋而合——“发挥先发优势，推动我省 VR 及相关产业加快发展”。调研组发现，全省 VR 应用仍处于试点示范和小规模使用阶段。“行业整体仍处于‘爆发的前夜’”，调研组建议重视行业的融合应用，向省内 VR 企业全面开放省内公共服务领域“VR+”应用市场。“在全国率先推进‘VR+ 教育’，打造国内规模最大、内容最完善的虚拟现实教育内容交互平台。”

基层政协工作怎么干

“有一种说法用在政协系统，似乎比较贴切，就是‘上热中温下冷’。”省政协副秘书长、办公厅主任杨木生带领的调研组主要听取市、县政协和住设区市省政协委员关于新时代加强和改进市、县政协工作的意见建议。调研组发现，市、县政协工作制度化、规范化和程序化建设，是政协系统的薄弱环节和短板弱项。

调研组将此总结为“四个模糊、四种表现”。“四个模糊”，即定性模糊、职能模糊、责任模糊、工作方式模糊。“四种表现”，即有的市、县政协和领导用于政协工作的时间和精力不到一半；把市、县政协看作是为党政干部退休前安排过渡岗位的机构；有“船到码头车到站”的思想；“名誉委员”思想突出。

调研组认为，越是在基层，与群众切身利益密切相关的事情越多，越需要市、县政协发挥好专门协商机构的作用。

对此，汪爽指出，明确市、县政协性质定位至关重要。“市、县政协就是大家凝聚共识、建言资政的平台，无需给太多急难险重的任务。县政协和基层干部反映说省政协向下要材料过多过急。这些问题都需要予以重视、加以改进。

（2019-07-20 期 01 版）

政协建议案何以被“抢要”一空

江西省政协十大对策直击乡村振兴十大问题

王 磊

作为传统农业大省，如何助力江西努力走出一条具有江西特色的乡村振兴之路，让农业强起来、农村美起来、农民富起来，一直是省政协履职的重点。

结合“不忘初心、牢记使命”主题教育。6月以来，江西省政协副主席多次率队深入抚州市临川区云山镇库前村蹲点调研，针对农村公共文化服务功能薄弱等问题，建议以“1+N”（即一个村活动中心，以自然村为主建N个活动室）模式穿行文化活动室，既可以为村民特别是老年村民搭建交流平台，满足精神文化需求，又可以通过平台开展各种宣传、宣讲活动，掌握农村意识形态工作主动权。

省政协“强化党建引领·推动乡村振兴”调研组在抚州市黎川县皮边村调研后建议，做好“四则运算”优化农村公共服务：加大财政投入力度，坚持“新增财力”向农村倾斜，着力完善基础设施；合理撤并空心村、搬迁偏远村、整合“散户”村，充分尊重村民意愿，科学规划村点建设；通过提高津补贴、提供教育培训机会、给予职称评定优待等方式，激发基层公共服务人员内生动力；加强管理、监督、考核，避免养闲人、懒人，为农村群众提供更加优质的公共服务。

而此前，本届江西省政协首次专题议政性常委会议上，就曾围绕“乡村振兴战略实施和脱贫攻坚重点难点问题破解对策”建言献策。

在这次常委会上，协商议题被细化为“1个主课题+7个子课题”，8个专委会悉数出动。承担主课题的经济委调研组不仅跑了全省20多个县的50多个乡镇，还入村蹲点解剖麻雀，访谈40个县分管农业的副县长，80个乡镇党委书记、乡（镇）长，160个村支书，掌握大量一手资料。承担子课题的专委会调研组同样如此，下沉基层一线，身至心入求取振兴乡村、脱贫致富“真经”。

“这是接触老百姓最多的一次调研。”走了很多村，听到很多大实话，省政协委员谭向文感慨“不虚此行”。

“公共服务能力不够强，乡镇基层站点普遍存在体制不顺、机制不活、经费不足、人员老化、在岗难为等问题。”全国政协委员刘木华建议，实施“新乡贤”队伍建设工程、实施乡土“工匠”培养工程、实施“三下乡”工程、实施“农民田间学校”工程，构筑多样农村人才培养模式。

此次常委会议后，经济委在“会前调研＋会中协商＋会后报告”三步走基础上，增加了会后三步走——“延伸调查＋延伸协商＋延伸总结”，形成了《关于乡村振兴和脱贫攻坚产业发展十方面问题和十方面对策建议案》报送省委、省政府。其中，针对“基础设施建设”“农村人才体系”等与推进农村公共文化服务建设相关的问题，建议案提出，根据自然条件、人口状况、发展趋势和群众意愿，引导偏僻衰微、生存艰难的自然村，归并为“人气”“人才”“人心”凝聚的新村，集中建好、用好农村公共文化服务设施；在省级智库中设立乡村振兴应用型专家库，发挥其专业性顶层设计、高站位建言资政作用，给农村公共文化建设提供全程服务等。

建议案得到省委书记、省长等多位省领导接连批示点赞。建议案还被多个省直部门和市县“抢要”一空，或学研调研方法、文稿写法，或吸纳建议改进工作。

（2019-07-20 期 03 版）

传承红色基因　接受心灵洗礼

江西省政协开展主题考察和主题教育军事日活动

李德伦　廖镇宇　王　磊

一张张历史图片、一件件文献实物、一个个沙盘模型，生动述说着一幕幕浴血奋战的光辉史篇……

7月31日和8月1日，江西省政协组织住赣全国政协委员和省政协全体机关干部，来到坐落于英雄城南昌的中国人民解放军陆军步兵学院，开展主题考察和主题教育军事日活动。

“中央‘不忘初心、牢记使命’主题教育领导小组刚刚印发通知，要求把学习党史、新中国史作为主题教育的重要内容。”省政协党组书记、主席姚增科等在陆军步兵学院学术报告厅，聆听了以“回顾苏区历史弘扬苏区精神和长征精神”为主题的专题党课。

从报告厅到红色资源研究中心，在巨型的全省红色教育资源沙盘面前，大家驻足围观。

陆军步兵学院历史底蕴厚重，素有“将军摇篮”的美誉。长期以来，学院坚持发挥江西红色资源优势，通过全景式、VR 技术等教学手段，在红色基因铸魂育人方面做了许多积极探索。

“5 月 21 日，习近平总书记到陆院视察。我们要按照习近平总书记的要求，把红色资源运用好，把红色基因传承好，培养一茬茬、一代代合格的红军传人。”在研究中心教员深入细致的讲解下，大家一边领略 38 个实践教学基地、5 条红色教育精品线的宏伟布局；一边揣摩红色情景教育路线图、展开图的精彩细节，品读形式多样的红色经典课程。

“研究中心空间虽小，却拥有图文并茂、资料翔实、信息丰富的红色文化教育课。”省政协党组副书记、副主席陈俊卿连连点赞。

“这就是当年小平同志居住的‘将军楼’。”顺着女战士指引的方向，大家看到一围比人还高的绿色冬青环绕而成的院墙，院子正中是一座两层青砖小楼。

“这里孕育了改革开放思想，见证了一代伟人邓小平的崇高风范。”住赣全国政协委员温显来怀着崇敬心情感受伟人的博大胸怀。

“主题教育军事日活动的参观、学习，既是一场深刻的思想政治洗礼，也是一次不忘初心、牢记使命的党性锤炼。”省政协文化文史委专职副主任傅兆良深有感触。

（2019-08-10 期 04 版）

一场特别的面对面协商会

江西省政协专题协商“营商环境改善与干部作风转变”

熊　灵　王　磊

没有穿靴戴帽、没有寒暄客套，30 秒钟的开场白后即直奔主题……8 月 19 日，一场特别的面对面协商会——江西省政协十二届七次常委会议互动交流座谈会在南昌举行。20 位省直有关部门负责人受邀与省政协常委、委员零距离交流。

特别，源于关键的时间节点。在全省上下深入贯彻落实习近平总书记视察江西时的重要讲话精神之际，在全省持续整治“怕慢假庸散”作风顽疾、出台专门意见支持民营经济健康发展之际，省政协召开常委会议，围绕“营商环境改善与干部作风转变”

进行专题协商议政，可谓恰逢其时。

特别，体现在务实的会议安排。结合正在开展的“不忘初心、牢记使命”主题教育，省政协靶向问题、务求实效，创新协商形式，一改以往“见缝插针”式的互动交流，首次专门安排一场面对面座谈会，让常委、委员在自由发言中和省直单位负责人热烈交流、凝聚共识。

会议一开场，大家就迅速进入状态。

“我以普通委员的身份提问。部分企业由于融资难、融资贵、融资慢，陷入套路贷泥沼，请介绍一下监管情况。”省金融监管局副局长许忠华刚回答完首个问题，省政协主席姚增科便接过话茬。

许忠华回应说，省金融监管局利用大数据建立了鹰眼系统，与银行、经侦等密切合作，通过分析企业行为发现相关线索；同时与政法部门通过网格化管理，严厉打击套路贷、校园贷等违法犯罪行为。

“主题教育要求找差距、抓落实，地方金融监管局在服务实体经济方面有什么差距和问题？”姚增科紧接着追问。

“一是服务政策还不完善，二是有些政策没有完全落地。”许忠华坦诚的回答得到委员们点赞。

政策落地难戳中了企业界委员俞有桂的痛点。他呼吁惠企政策要更细化、更快落地；建议推出办事指南，避免企业多跑、错跑、空跑。

省发改委副主任郭新宇表示，正在推进开发区优化整合和体制创新，努力让民营企业不出园区就能享受到各项服务政策。

省政务服务办副主任陈钢介绍，为方便企业和群众办事，目前正在研究“赣服通”2.0 版本；同时编制梳理办事指南通用版本，今年选择赣州市崇义县作为试点，成熟后将在全省推开；并着力推进政务服务事项向基层延伸，力争全省乡镇、社区政务事项均实现网上办。

“满意！”两位部门负责人翔实的解答赢得俞委员的高度认可。

打造“四最”营商环境，降低成本是关键一环。会上，高莉娟、章建金两位委员不约而同关注民营企业要素成本居高不下问题。

郭新宇介绍，省委、省政府高度重视外向型经济发展，要求对标看齐沿海地区，力争实现和沿海地区同价起运，同价到岸，同等效率。对于企业降成本来说，这是个利好消息。

面对面沟通，心贴心交流。两个小时的互动中，委员们一系列针对性的提问、高质量的建议得到省直部门负责同志的热烈回应。

“互动交流座谈会很成功，特别期待下一次。”会议结束时，委员们仍意犹未尽。

（2019-08-22 期 02 版）

高质量委员作业是怎样炼成的

江西省政协提升委员履职水平纪实

蔡久伟

近期，江西省政协委员在收看电视剧《可爱的中国》时，还将观后感以委员作业形式，报送省政协办公厅委员联络处。

“一直以来，‘方志敏’三个字深深铭刻在我心里，时时被他的崇高信仰和奋斗精神所感动……”杨惠珍委员在她的委员作业中写道。委员联络处副处长周会保在整理委员作业时，被委员流露出来的真情而感动流泪。

政协事业，委员是主体。高质量委员作业如何炼成？“破除‘二线’思想，增强委员意识，力戒‘挂名委员’，用心用情用力种好‘责任田’……”省政协主席姚增科指出了明确路径。

“思想不好，一切难好”

“主动干，干不完；敷衍干，闲一半”。担任江西省政协委员，不仅是一份荣誉，更是一种政治责任。弄明白“为谁辛苦、为谁忙”，高质量委员作业才能开好篇。

新一届省政协以强化委员培训，作为扣好委员履职的“第一粒扣子”。为举办好省政协新任委员培训班，去年新一届省政协成立后，省政协办公厅及相关部门积极行动，从上课内容安排、教员选择到每个培训程序都反复推敲，培训班方案经省政协主席会议研究通过后才开始实施。培训班还安排了互动、分组讨论环节，改变了以往台上讲台下听的“老套路”。这些精心安排，激发了委员履职热情。新任省政协委员杨峰的脚痛风未痊愈，却拄着双拐来上课了。梁春委员参加完亲人的葬礼就赶到培训班上课，并把落下的课程讲稿拷下来，利用晚上时间补学……培训班上，这样的委员还有不少。

“要种好‘责任田’，必须像农民种地一样，每年干一些立得住、叫得响、留得下印记利国利民的硬事，有个‘好收成’，用新作为赢得赞誉。”这是新任委员们培训后的心声。

“不是去调研，就是在调研的路上”

眼睛要向下，脚上要沾泥，只有深入一线“沉浸式”调研，才能从心里流淌出高质量的委员作业。

去年正值十一假期，吴云鹏委员收到姚增科主席布置的“旅游，时间都到哪儿去了”作业的短信后，自驾到三百公里外的三清山，亲身体验黄金周的“烦、堵、闹”。一路上，吴云鹏仔细询问游客旅游体验、环卫工人工资收入，留心景区环境……他在作业中建议：开发包含各旅游景点购票情况、实时路况信息 APP；避免出现节假日期间“医院无专家，看病等节后”的急诊不急现象等建议。

今年 4 月 5 日中午，清明假期第一天，龚勇清委员收到姚增科主席布置的清明假期委员作业。收到通知后，他专门走访南昌市绳金塔和万寿宫等地。为全面了解城乡文明祭祀情况，龚勇清又来到南昌湾里区调研。“早上 9 点出门，到了湾里后，由于交通管制，我就步行到翠岩寺。虽然偶有烧纸烧香祭拜的现象，但是文明祭扫的行为正逐渐成为主流。”回程路上他还特意去了第三个调研点天宁寺，到家已是傍晚 6 点。

……

“15 个履职生动故事，读后让我感动！”今年省政协大会闭幕会上，省委书记刘奇发表讲话为委员点赞。

“只要有心，走到哪里，都有政协工作”

党政有所呼，委员有所应；人民有所盼，委员有所为，这是委员的价值与作用所在。只有作示范、勇争先，为老表（江西人对同省老乡之称呼）谋幸福，洒下的汗水才不会白费。

瞄准群众所盼，精准建言，已成为委员作业的必答题。今年省政协全会期间，省委书记刘奇对 3 位委员所作的《加强区域性股权市场建设与中小微企业规范发展》《庐山别墅保护与利用刻不容缓》《进一步做大做强南昌“夜经济”》给予高度评价，并要求相关部门跟踪调研办理落实。省长易炼红对五位委员发言也当场批示，要求有关部门积极推进相关工作。

“眼里要有活、心里要有事，只要有心，走到哪里，都有政协工作。”省政协主席姚增科说。正是在这种思路指引下，省政协委员们的精气神焕然一新，履职热情空前高涨。截至目前，新一届省政协成立以来，已开展 8 次委员集体作业，收到委员作业 1600 余篇，编印 42 期“委员作业”。

一篇篇高质量的委员作业正从委员脚下走出，走到老百姓的身边。

（2019-08-23 期 04 版）

发扬斗争精神　答好“时代之问”

江西省政协机关主题教育专题民主生活会侧记

杜　宁　王　欢　王　磊

“自我批评勇于解剖自己、揭短亮丑，见人见事见思想；相互批评有的放矢、敢于直言、动真碰硬，产生了人人红脸出汗又心悦诚服的效果。”近日，江西省政协一场党组专题民主生活会，从下午三点一直开到晚上九点半。

“不要说希望，直接讲问题。”会前，省政协主席、党组书记姚增科召开征求意见会。省政协党组委托办公厅广泛征集梳理 6 个方面 50 条意见建议。

不仅得到中央第六指导组充分肯定，而且为全机关树立了标杆，做出了示范。

变化最大的，是越来越彰显的斗争精神。

“表扬多、批评少”。去年组织生活会，省政协提案委办公室支部为此受到严肃批评。谈及此事，支部书记余慧川坦陈：我们进行了认真整改，专门就如何开展批评，学习《党章》《支部工作条例》等，这次专题组织生活会，戒除“老好人”心态，斗争精神明显增强。

有着同样感受的机关党委专职副书记骆名坤说，“倡导开展认真严肃的批评与自我批评，克服那种奉行好人主义，对错误思想和行为睁一只眼、闭一只眼的不负责任的观念，在互帮互助中提升工作能力和水平。”

坚持“灵魂深处闹革命”，在主题教育过程中，省政协秘书长、机关党组书记汪爽再三强调，“要刀刃向内，真找问题，找真问题，特别是作为关键少数，要真正把自己摆进去。”

他直言，不少同志离退休越来越近，有了“船到码头车到站”“歇一歇、松一松”

的想法，推进工作、自我要求等标准有所降低，与“排头兵”“领头雁”的要求还有差距。在工作推进和作风建设上“钉钉子”精神不够，抓落实善始善终、善作善成有欠缺。宗旨意识和群众意识有所淡化，与基层群众之间的联系沟通有所减少，很多事情满足于开座谈会、听汇报、看材料，没有面对面了解实际需求。

问题找得准，关键看整改落实。

在省政协人资环委分党组民主生活会上，省政协副主席、党组成员刘卫平说，整改落实最重要的，就是要把思想和行动统一到以习近平同志为核心的党中央决策部署上来，把增强“四个意识”、坚定“四个自信”、做到“两个维护”体现在改进工作方法、提高能力水平、增强履职质效上。

“要把党建工作作为分党组‘一号工程’，推动分党组党建工作全面发展。”省政协文化文史和学习委分党组书记曾粮表示，通过主题教育，坚持党建引领，委员会工作改进成效明显。专委会副主任肖华茵摔伤了腰，还坚持带伤拄着拐棍参加调研和学习活动；为办好江西政协发展历程展览，办公室同志经常住在办公室。

无论是机关党组、专委会分党组，还是机关各支部；无论是组织，还是个人，省政协机关主题教育专题民主生活会严格按要求做了充分准备，气氛严肃、热烈、民主。

姚增科提出，要充分运用专题民主生活会成果，既要重视会上批评与自我批评，又要坚持日常工作主动咬耳扯袖，相互勉励。要把个人检视整改和党组检视整改结合起来，以他人检视为镜警示自己，实现团结奋斗、共同提升，一个月内看到更加明显成效之目的。要以一线状态、一线标准、一线作为，更多务实过硬的成果，答好“时代之问”，庆祝新中国和人民政协成立70周年。

（2019-09-16期02版）

红土地上的“映山红”
看望慰问龚全珍老阿姨随记

王　磊

“夜半三更哟盼天明，寒冬腊月哟盼春风，若要盼得哟红军来，岭上开遍哟映山红……”

9月23日，夕阳西下，红霞满天。

江西省莲花县琴亭镇，龚全珍老阿姨家的院前，随着《映山红》熟悉的旋律，老阿姨欣喜地拍着手，胸前党徽和“庆祝中华人民共和国成立70周年”纪念章，映着她慈祥的笑容。

在喜迎新中国成立70周年之际，江西省政协主席姚增科一行，专程前来看望慰问龚全珍老阿姨。姚增科向龚全珍献上鲜花，为她戴上由中共中央、国务院、中央军委颁发的纪念章。

龚全珍是全国道德模范、全国模范退役军人、全国优秀共产党员。去年热播电视剧《初心》，就是以甘祖昌和龚全珍夫妇先进事迹为原型创作的。江西省政协布置委员作业，要求收看并撰写观后感。

作为第一批“不忘初心、牢记使命”主题教育单位，老将军和老阿姨的故事，成为江西省政协机关干部传承红色基因的必学内容。

如今，老将军和老阿姨战斗过的沿背村，成为一所没有围墙的干部学院，村集体经济年收入达到400万元。

“沿背村变化大，全面小康什么样子，就是沿背村的样子；乡村振兴什么样，就是沿背村的样子，下一次一定要到沿背村看看。”姚增科对老阿姨动情地说。

省政协机关干部刘芳走过来，紧紧拉着老阿姨的手说:“我也是您的女儿。”原来，刘芳也是莲花人，她的妈妈曾经扮演过老阿姨。

刘芳深情地为“妈妈”唱起了《映山红》。

告别时，姚增科握着老阿姨的手说，老阿姨奉献一生，永葆本色，信念坚定，催人奋进，堪称红土地上的“映山红”。

（2019-10-10期04版）

双向发力“更上一层楼”

王　磊

一流的营商环境，必须有一流的政务环境，一流的干部作风。

“加强作风建设、优化营商环境是全社会的共同责任，人民政协责无旁贷。”江西省政协主席姚增科表示，把“营商环境改善与干部作风转变”列为省政协今年第二季度专题议政性常委会议协商议题，可谓恰在其需、正当其时。

调研协商过程中，面对“自己人”——非公经济人士听心里话，既帮助反映“门好进、事不办”“好政策不落地”等难题，又做了大量协调关系、理顺情绪、化解矛盾的工作。

“过去江西用气量比较少，当初核定的计划内用气指标少。用气增量大部分是计划外的，要按照市场价结算，所以价格较高。”应邀参会听取意见的省政府副省长吴忠琼坦言，与企业期盼相比，江西省营商环境预期还有一定差距，存在要素成本偏高的问题。

无论是课题组调研过程中，还是在常委会议发言交流座谈时，部门负责同志，既能听意见、敢听意见，接受批评、改进工作，又详细介绍了省委、省政府为解决相关问题开展的大量卓有成效的工作。

“省发改委每年都积极向上争取用气指标，与中石化、中石油等企业加强全方位的合作，多途径在气价、供气等方面尽可能给予江西支持。”省发改委党组成员、副主任郭新宇说。

“到2020年底，省级天然气管道建成总里程将达到2500公里以上，构建‘三纵、四横、五环’的管网构架。同时建成两座大型液化天然气储罐，实现‘海气入赣’，提升全省供气安全和稳定性。”控股江西省天然气集团有限公司的省投资集团有限公司党委书记、董事长揭小健委员，在小组讨论中第一个发言，用20多分钟详细介绍江西解决供气紧张、气价高的规划。

与会常委、委员对全省“用气贵”问题有了全面的了解，也凝聚了共识，寻求了解决问题的最大公约数。

常委会议期间，省纪委常务副书记、省监委副主任潘东军作了《用优良作风为我省改革发展稳定提供有力保证》报告。

潘东军通过大量事例介绍干部作风转变情况，让常委、委员清晰地认识到全省狠抓干部作风建设，大力整治“怕慢假庸散”作风顽疾取得的成绩，同时也指出了仍然存在的问题。

“学习报告很好，对委员们更好地知情明政，深入开展协商建言很有启发。”徐跃进常委同时建议，把转作风、优环境作为“不忘初心、牢记使命”主题教育的重要内容，与政治、思想、组织、纪律、制度等各项建设有机结合起来，一环紧着一环拧。

“此次会议实现了建言资政和凝聚共识双向发力，达到了‘言之有用、更上一层楼’的效果。”姚增科说。

（2019-10-16 期 11 版）

破作风顽疾　建营商环境

江西省政协“营商环境改善与干部作风转变”常委会议综述

王　磊

今年5月，习近平总书记在江西考察并主持召开推动中部地区崛起工作座谈会，强调中部地区要向东部沿海地区看齐，对标国际一流水平，着力营造稳定公平透明的营商环境。江西要努力在加快革命老区高质量发展上做示范、在推动中部地区崛起上勇争先。

自去年起，江西省持续深入整治“怕、慢、假、庸、散”等作风顽疾，大力破除形式主义、官僚主义，干部作风与营商环境发生了积极变化。但是，一些地方和部门的形式主义、官僚主义顽疾没有根除。

近日召开的江西省政协十二届七次常委会议，围绕“营商环境改善与干部作风转变”进行专题协商。20位省直有关部门负责人受邀与省政协常委、委员零距离交流。“民告官，官永远有理，这哪行呢！”“官急、民急，中间的吏不急，这不能忽视！”……常委、委员们的发言直击病灶。

接续发展之作

江西省政协首次将干部作风和营商环境建设作为专题议政性常委会议协商议题，民主监督与纪律监督结合互动，可谓是接续发展之作。

营商环境是一个系统性综合性概念，包括法治环境、市场环境、融资环境、生活环境多个方面。“对我省营商环境建设中遇到的系列问题，要辩证地看，一分为二地看。干部作风建设是营商环境中的一个主观因素，是大有潜力可挖、大有空间可为的。”省政协主席姚增科说。

“负责此次专题协商课题的省政协社法委在调研伊始就统一了思想，以‘支持民营经济发展政策落地’为切入口看全省干部作风转变和营商环境改善。”课题组组长、省政协副主席雷元江介绍。

为做到“心中有数”，调研组成员认真学习了习近平总书记在民营企业座谈会上的讲话和有关干部作风、营商环境的重要讲话精神等，并商请省委政研室提供全省作风建设调研分析材料，函请省纪委省监委办公厅等相关部门提供了大量与民营企业相关的正反典型案例。

“光消化 30 多万字的学习材料就花了一个多星期。”课题组副组长、省政协社法委主任傅卓成深有感触，“真是做足功课，有备而为，有的放矢。”

3 月至 5 月，课题组组成 5 个调研小组，由课题组副组长、省政协秘书长汪爽等带队，深入全省 11 个设区市 80 个县（市、区）和工业园区、外埠商会，围绕“我省干部作风转变取得的成绩、新变化、存在的新问题新表现新动向及对策建议”“我省降税减费有关政策落实情况及意见建议”等子课题开展调研。

“调研小组到调研点后，分成若干小组分头进行访谈式调研，不走‘经典线路’，不要求县区提供材料，而是根据掌握的情况有针对性地选择调研地点和对象。”省政协社法委副主任刘立松带领的第四调研小组到萍乡、新余、宜春，走访高新区、经开区、工业园区 11 个，与 20 余家商会、110 家民营企业进行座谈交流，掌握了大量鲜活的案例。

“经常是座谈会结束后，一对一、点对点与商会和企业进行访谈。”省政协社法委副主任吴财锋所带的第五调研小组到赣州市下属 10 个县（市、区）开展调研，收集到相关问题 130 多条。

与此同时，课题组邀请省工商联、国家统计局江西调查总队围绕“支持民营经济发展政策落地情况”专题设计问卷，选择 1000 份以上样本进行调查；邀请各设区市政协开展联动调研，提交调研报告和正反典型案例。

钻研务实之作

“所有人做好通宵的准备，不完成报告决不收兵。”8 月 14 日，雷元江、汪爽带领《我省干部作风需要持续发力破解的八个方面问题与十八条对策建议（审议稿）》起草小组工作到隔天凌晨 5 点。

“像这样加班加点，记不清是第几次了。”课题主报告执笔人、省政协社法委办公室主任熊建林说。

调研的课题是“干部作风”，又恰逢开展“不忘初心、牢记使命”主题教育。

课题组按照省政协主席会议的要求，发扬治学精神、钻研精神、攀登精神，全力以赴拿出紧接地气、兴赣富民的履职成果，为全省政协系统做示范、树标杆。

“在报告文风上，做到调查与研究相结合、观点与案例相统一，多讲短话、实话、新话，助推问题解决的话，力戒面面俱到、面面不到。”姚增科主持召开两次专题研讨会、两次主席会议审议调研报告，作出重要批示 50 多次。

“课题组又组织调研组到 6 个省直部门深化调研，到黑龙江学习考察，学研吸纳省内外好的观点、经验、做法。”熊建林告诉记者，主报告初稿形成后，还两次征求各位副主席、各专委会主任以及南昌、九江、上饶市政协主席的意见，同时征求各设区市政协和专家学者的意见，提交常委会议的审议稿修改了 40 多稿。

凝聚共识之作

课题调研、审议、协商的过程，就是交流、交融和交锋的过程，求同存异、化异为同的过程，建言资政与凝聚共识双向发力的过程。

8 月 20 日，省政协十二届七次常委会议举行小组讨论，常委、委员们分成 5 个小组，就推进干部作风转变、营商环境优化建真言、献良策。聚焦问题，常委、委员们的发言有案例、有数字、有对策，大家通过讲故事、举例子、谈数据、提建议，直击病灶。

“同样是执行国家政策，有些省是想方设法帮助企业用好政策红利，而我省一些干部还是‘但求无过’的状态。”省政协常委唐春山坦言，自己在外省也开办了企业，对比上海、苏州、泰州等地，明显感受到江西省一些干部“怕事”，担当精神不足。

“干部作风存在的主要问题，还是在‘怕’这个字上。”刘卫东委员结合自己参与的两起案件，介绍了干部作风中突出的“怕”，他建议要多向广东、浙江等省份学习，有突破创新。

戴兴临常委也认为，当前，干部“吃拿卡要”已是少数个别现象，影响营商环境的主要问题是“怕”。因为“怕”，造成下发文件多了，成立领导小组多了，开会多了，以会议落实会议、以文件落实文件。

“习惯于办事找依据，‘领导不批我不敢干’的作风”，陈祥树常委深有体会。他举例说，有位高水平的科技工作者申请省内某市的特殊人才引进项目，并提交了相关材料。第一次沟通，工作人员答复“未收到材料”；第二次沟通，答复“等领导研究”；第三次沟通，答复“领导没看到材料”……

“‘不敢干’‘不愿干’的作风之弊，问题在下，根子在上，表现在人，关键却是机制。”杨小华委员建议，全省各级党委、政府要再来一次解放思想大讨论，对惠企政策进行一次全面系统梳理，将一些政策“干货”拎出来，方便操作。对不易操作的抓紧制定配套细则，未落实的马上形成责任清单、抓紧整改，知晓度不高的要有针对性地送政策上门。

郭家常委指出，干部不作为还有一个内因——难作为。“由于部门之间政策、职能的不衔接，企业办一件事少则几十天，多则几个月，事情在这个干部手上解决了，到另外一个干部那里又办不了。”关于干部服务意识欠缺的问题，郭家认为不能单纯“甩锅”给基层干部，建议建立问题负面清单和干事创业正面清单，“该干就要干”。

郑友清常委曾在企业蹲点帮扶过，他表示，结合当前的“不忘初心、牢记使命”主题教育，省、市应尽快出台对公务员和事业单位工作人员奖惩办法，改变目前干多干少、干好干坏一个样的局面。

“各部门对号入座，把任务拉出清单、挂出督办，全面梳理、认真研究，来解决这些问题。”应邀参会的省政府副省长吴忠琼表示，要亮出营商环境评价的“指挥棒”，抓好营商环境评价的“回头看”，打好营商环境优化的“组合拳”，畅通营商环境优化的“快车道”，以“破茧成蝶”的勇气，以“凤凰涅槃”的决心，全面优化发展营商环境，回答好江西高质量快速发展的“时代之问”。

作风建设没有终止符，永远在路上。

姚增科要求参会的常委、委员，坚持问题导向，以数据、案例为支撑对省政协相关建议案进行修改，目前已收到“花脸稿”100多份。

9月27日，省政协还组织常委会议请假常委集中研讨建议案。

（2019-10-16期11版）

为红土地谋崛起　为“老表”谋幸福
江西省政协“凝聚共识”路径的新探索新实践

蔡久伟

时针指向21:54，委员们住地会议室依然灯火通明。跑了一整天乡村调研的江西省政协提案委主任刘定明、委员吴代赦等，晚上简单扒了几口饭，就同农业、环保专家研讨起深化畜禽养殖废弃物资源化综合利用课题。虽然争得面红耳赤，但一次次思想碰撞，凝聚的共识越来越多。9月5日晚，江西省政协提案委正开展畜禽养殖废弃物资源化综合利用调研的讨论。

像这样将凝聚共识贯穿于协商议政全过程的现象，已成为新一届江西省政协的“新常态”。协商议政的“新常态”折射的是省政协“凝聚共识”路径的新探索新实践。

“要充分发扬民主，做到知无不言，讲真话，言之有理道实情，营造‘群言堂’，最大限度把各方面力量凝聚起来，为红土地谋崛起，为‘老表’谋幸福。”省政协主席姚增科道出了凝聚共识的目标。

“学”出来的委员担当

只有学明白、才能想明白、才会干明白。新一届省政协以强化委员培训，作为凝聚委员共识的“第一课”。去年省政协举办的首次委员培训班，将台上台下互动、分组讨论联动、课内课外交流贯彻于委员培训全过程，少了些“老套路”，多了些“新办法”。

“现在要进政协真得是过五关、定一员！政治关、素质关、廉洁关、作风关，现在还多了口碑关。得有一个好口碑，这是掺不了沙子、做不了假的。”

在许多社会人士眼中，政协是二线机关，干多干少都可以，反正没人催着你。通过培训，使委员明白了：政协是“四套班子”之一，具有重要的政治地位和政治影响力，绝不是“二线”，更不是摆设。

……

通过台上台下真点问题、点真问题互动，组内组外红脸出汗联动，课上课下真诚交流，共识越谈越多。“我们就得像农民种地一样，每年干一些立得住、叫得响、留得下印记、利国利民的硬事，用新作为赢得赞誉。”这是新任委员们培训后的共识。

“碰”出来的共识共为

相击才有火，不碰乃无烟。只有不断进行思想碰撞、才能凝聚起共识，才有“紧接地气、靶向作为”的建言成果。

今年9月初，省委书记刘奇、省长易炼红先后对省政协报送的“助推我省‘映山红行动’提速增效十六个方面60条对策建议”政协专报，给予高度评价，并要求有关部门认真研究、吸纳其中意见建议，形成江西特色。人们不禁要问，这个课题为什么能达到这样的效果?

“首先要归功于广大委员，正是由于委员们一致力推搞这个课题，才有后面的故事。”省政协常委、经济委员会主任王萍把这作为课题成功的首要前提。原来，这个课题来自去年经济委全体会议期间与委员的交流，“当时，我们让大家提一提当前经济工作中比较突出的热点难点问题是什么，委员们提到新三板流动性差，作为主板上市蓄水池作用不明显，企业积极性不高等问题。根据委员意见，确定了这个课题。”经济委专职副主任尹小明介绍了这个课题的来龙去脉。

因为课题本身来自委员，委员们参与课题调研的积极性很高。省政协委员深入民营企业中，作为“自己人”“一对一”茶叙、“多对一”面谈，听心里话，察喜忧情，融“引领、凝心、鼓劲”于其中，把中央、省委的政策和关心传递下去，有关企业经营和政务服务方面的问题意见反映上来。“我们选题调研都坚持‘思想碰撞’，调研途中碰、座谈会上碰，与调研对象碰、委员专家之间碰，越碰越有共识，越碰越出‘硬货’。”调研报告的执笔人、省政协经济委办公室主任郑仙桃感叹。

实践表明，好汤是熬出来的，精品是“碰”出来的。

作为今年省政协党组“一号工程”的事业单位改革专题调研，所提交的报告又得到省委、省政府领导广泛点赞，省委书记刘奇、省长易炼红认为，“省政协的调研报告有很强的针对性，值得我们认真深入研究。要学习借鉴兄弟省的成功经验、研究提出我省深化事业单位改革的意见。”

回忆起此次调研，全程参与调研的省政协机关干部邱修梁说，“这次调研，给我印象最深的是广泛交流、深入思想交锋。”在交流和交锋中，共识被一次次凝聚。调研组无论省内省外，经常是白天考察访谈，晚上集体讨论；每到一处调研，与省内外的同志们交流思想，交换认识。调研座谈会，不仅开在会议室，还开在餐桌上，走路、散步都成了思想碰撞会、凝聚共识会，中巴车也成了流动的会议室，飞机上、高铁上都在集体研讨碰撞。

“争”出来的精品力作

打好“协商牌”，既是责任又是智慧，既是凝聚共识之需，更是精品力作之要。

今年春节假期刚过，省政协就召开主席会议围绕《关于“长江之肾”鄱阳湖生态环境整治三个“老大难”问题三十条对策的建议案》进行热烈讨论。

“我们鄱阳湖的水质总体是好的，最大的问题就是‘总磷超标’，总磷不参与评价的话，每年水质都是优。建议是不是直接将‘总磷超标’写入副标题？”省政协人资环委主任邓兴明对标题提出了看法。

“总磷超标，问题在水，原因在岸，根子在少数基层干部对生态文明思想和‘绿水青山就是金山银山’的理念认识不到位，没有树立正确政绩观。”

……

“要颗粒归仓，委员和各方面意见建议，能吸纳都吸纳”“政协是政治协商，要严把政治关，也要把好政策关、语言关、文字关”“要把‘湿毛巾拧干水’，多用‘数说’‘图说’，精炼表述、最佳表达”，姚增科反复强调。

开展争辩式讨论，求大同、存小异。一次次协商的结果，使道理更清了、方向更明了、公约数最大化了。该建议案上报后，得到省委、省政府主要领导重视，省委书记刘奇先后三次作出批示并在大会上给予充分肯定，“政协搞的‘鄱阳湖流域’调研，花了7个月时间，那真是下功夫了，把那个问题搞得清清楚楚。调研报告，看了后我感觉操作性很强。我们一定要认真地结合工作，对照采纳吸收，落实到我们工作当中去。”

新时代的人民政协要有新样子。江西省政协人正以初心使命为行动航标，把高质量履职的共识化为答好“做出了什么效果”的“时代之问”的共为，化为对照革命先烈先辈争创新时代人民政协“第一等工作”的共进，化为赣江两岸感恩奋进、担当实干的强劲脉动。

（2019-10-24 期 01 版）

塑造“商量办事”的政协品格

刘晓庄

中共十八大以来，习近平总书记在多个场合反复强调：“有事多商量、有事好商量、有事会商量”。在中央政协工作会议暨庆祝中国人民政治协商会议成立70周年大会上，他又一次嘱托大家，“有事多商量、遇事多商量、做事多商量”，激励我们时时处处把“商量办事”镌刻心上。中共十九届四中全会《决定》指出，要“丰富有事好商量、众人的事情由众人商量的制度化实践”。

商量是中华民族治国文化的集中体现。商量者，商议办法、交换意见、估量成败，故“商量裁制之谓也”。古往今来，天下治平是无数治国者孜孜以求的理想。“协心勠力，天下归之”，由是协以成事；“商兑未宁，介疾有喜”，因之商以求同。“孤阴不生，独阳不长”，阴阳和合，百姓昭明，协和万邦。国家治理，必善于借助民力维护国运昌盛，离不开“天下为公”“求同存异”“兼容并蓄”“中庸致和”等协商文化的传承。

“商量”，是密切党群关系的成功密码。中国共产党之所以能，一条不可或缺的根本经验就是非常重视“商量办事”。毛泽东一生坚持“有事多和群众商量”。他说：“我们政府的性格，是跟人民商量办事的”；周恩来阐述新民主主义的议事精神，“主要是在于事前的协商和反复的讨论”；邓小平提出要“用改革的办法同人民一起商量着办事”……这一切，无不解释并揭示了中国共产党密切联系群众的成功密码。如果没有“商量”，就听不到群众的心里话，得不到群众的批评和帮助，就不能与人民群众血肉相连、筋骨相依。对其结果，毛泽东曾一语以蔽之，“我们的工作就失去了方向和目标，我们的决策就会出现偏差和失误”。

“商量”，是新时代人民政协的发展路径。当前世界正处于百年未有之大变局，中华民族伟大复兴正行至关键一程，新一轮大发展大变革大调整趋势明显。在这样的背景下，中国共产党要带领中华儿女矢志不渝追寻民族复兴的梦想，凝心聚力显得极其重要，人民政协凝聚共识的作用亦日益凸显。要更好地践行党的群众路线，全方位提升国家治理现代化水平，离不开“在中国特色社会主义制度下，有事好商量，众人的事情由众人商量，找到全社会意愿和要求的最大公约数”。同人民商量着办事，不仅能增强有事不慌的实力、遇事不怕的定力、做事不乱的能力，而且能擘画出新时代民主政治的发展蓝图，推进人民政协制度更加成熟更加定型。

人民政协作为我国社会主义协商民主的重要渠道和专门协商机构，要将这个“我有你没有、我能你不能”，“在中国行得通、很管用”的制度坚持好、发展好、巩固好，就必须在丰富协商民主制度化的实践中，奋力塑造“商量办事”的优良品格。

坚定“商量”的政治站位。“人民政协”之称谓，协商的中心是“政治”，政协的前面有“人民”，由是构成了“商量”的政治属性：在法律的框架下，旗帜鲜明地坚持中国共产党的政治领导、毫不动摇地坚持人民群众的根本立场。围绕政治属性，坚定政治站位，不忘政协成立时的初心所在，紧扣政协工作的主轴、主线和中心环节，以高度的政治自觉、思想自觉、行动自觉，积极探索“商量”领域的扩展和制度的创新，切实“担负起把党中央决策部署和对人民政协工作要求落实下去、把海内外中华儿女智慧和力量凝聚起来的政治责任”，把人民群众心中期盼的好事实事办到大家的心坎儿上。这些，都是“商量”品格的题中之义。

营造“商量”的良好氛围。在协商的平台，“人不分贵贱，官不分大小”，允许各个方面讲实话、说真话、道出心里话，这才是“商量”的本意。大力弘扬民主作风，促进不同思想观点的充分表达和深入交流，努力做到“相互尊重、平等协商而不强加于人，遵循规则、有序协商而不各说各话，体谅包容、真诚协商而不偏激偏执”。宽松和谐的环境不能容许西方式民主的相互推搡，但也并非意味着满堂喝彩。如果在“商量办事”的过程中，听到的都是“满台锣鼓响、一片鼓掌声”，没有不同声音，久而久之必致出现“一言堂”。只有“既畅所欲言、各抒己见，又理性有度、合法依章”，才能在交流交融交锋中集思广益，形成良好的协商民主氛围。

提升“商量”的工作能力。不断迈向“中国之治”的更高境界，需要提升“商量办事”的能力与水平。当年周恩来谈到与群众“商量办事”，“第一，要有听得进去的胸怀；第二，要有辨别是非的本领。”能够“听得进去、辨别是非”，方可吸纳各方面意见建议，使决策和工作顺乎民意、合乎实际。“商量”不是空谈，须严谨论证动真格，充分尊重人民的主体地位和首创精神，把国家治理的智慧增长、“商量办事”的本领增强，深深扎根于人民的创造性实践之中。在实践中创新、在创新中发展，可以提炼总结各级政协的“委员会客厅”“民生议事堂”等的经验，完善定型为协商民主的基本做法，促进“商量”真正成为我国一种新的社会政治生活方式。

中共十九届四中全会指出，广泛凝聚人民精神力量，是国家治理体系和治理能力现代化的深厚支撑。中国共产党从无数次的“商量”中，探寻出一条适合自己特点和办法的中国式国家治理道路。所以，无论是从理论逻辑还是实践逻辑、由民主考量抑或政治意蕴，通过“商量办事”凝聚人心和力量，这都是一个很管用很有效的办法。“商量”孕育出中国共产党实事求是的优良作风，长期以来赢得了人民群众的衷心拥戴，堪称为国家治理效能的看家本领和独特优势，一定会在破解“发展起来以后的问题”、回应人民对美好生活的向往中发挥更大作用。

（2019-11-08 期 04 版）

民生的事情要与人民商量着办

刘晓庄

小康不小康，关键看老乡，老百姓的日子过得好不好，首先是看手中的“饭碗”，碗中不但盛满饭，还要装有农副产品，比如“猪肉和大蒜”。我国的肉类食品在居民的生活中占有重要位置，2018 年，中国 13.9 亿人总共消费包括猪牛羊禽在内的各种肉食达 8829.6 万吨，其中以猪肉为最，达 5595 万吨。

从 2019 年下半年开始，“猪肉涨价”成为大家讨论最多的年度热词之一。猪肉之所以会出现短缺，不排除非洲猪瘟疫情波及我国境内，各地设置“禁猪令”的原因，但与近几年来一些地方掀起的“猪栏强拆风暴”更是直接相关。就此，日前召开的中央农村工作会议着重强调，要加快恢复生猪生产，全面落实省负总责和“菜篮子”市长负责制，落实扶持生猪生产的各项政策措施以保障猪肉的市场供应。

从“猪事”联系到与民生经济息息相关的“诸事”，那些由于有关部门没有多听听、多问问人民群众赞成不赞成、满意不满意、答应不答应、高兴不高兴，使得许多事情虽然声势浩大、光鲜亮丽，但结果却是事与愿违，费力而不讨好，让人心生凉意。比如，宅基地复垦之后农民“被住楼房”、乡村厕所革命中出现“无水马桶”、实施河湖采砂专项整治而致“河砂紧张”、不留一片落叶强制要求下高压水枪“横扫秋景”……凡此种种，影响民生经济的形式主义、官僚主义作风不时在一些地方一再发生。

在形式主义和官僚主义风气的侵蚀下，有的人对党的路线方针政策、决策部署不管不顾，对群众的利益诉求、民生愿望不闻不问，不做深入细致的调查研究，办事不与群众多商量、不向群众多请教，一味地提出各种不切实际的口号或概念，乱拍脑袋、爱图虚名，好大喜功、打造形象，讨巧唯上、劳民伤财，工作粗暴、作风浮夸，“通不通、三分钟，再不通、龙卷风”，甚至隐瞒实情、应付检查、糊弄领导，把民生变成了“民伤”。

习近平总书记反复指出：在中国社会主义制度下，有事好商量、众人的事情由众人商量，找到全社会意愿和要求的最大公约数，是人民民主的真谛。其实，许多事关民生的问题，都可以通过民主协商这把金钥匙，用众人商量的办法打开难题的大门，找到解决问题的答案。道理很简单，在人民群众之中蕴藏着无限的创造力。

通过协商，尤其是开展事关民生的专题协商，不仅能从群众身上获得创新的灵感，抓到一条条“活鱼”，及时解开思想上的“结”，而且懂得去体恤人情、感悟他人的不易，适当去帮助他人摆脱困境。各自站在别人的角度去思考，许多问题也就在体谅包容中迎刃而解。所以，在涉及广大民众切身利益的民生经济重大公共决策时，要切实用好协商民主这个看家本领，让民众和利益攸关方参与进来，民生的事情与人民群众商量着办，广泛征求不同意见，进行充分论证与协商，防止出现民生决策制定和执行的随意性、盲目性。

树立协商意识。协商属于民主的范畴，是民生经济建设中须臾不可或缺的一项基本内容。孙中山先生早年把民生与民主有机地结合一体，“民生就是人民的生活——社会的生存、国民的生计、群众的生命便是。”中国共产党的宗旨意识和初心使命，根本要求是“全心全意为人民服务”。民生问题本质上是民主问题，民主是民生的支柱。在实际民生工作中，政治生活的基调是真民主还是假民主，是实质民主还是形式民主，就看是否树立民主协商意识，能否牢牢把握政治性这个民生工作的第一属性。

增强协商本领。光有协商意识还不够，还得掌握协商本领，真正“懂政协、会协商、善议政”。既要有“听得进去的胸怀”，又要有“辨别是非的本领”，把不断满足人民群众对美好生活的需要、促进民生改善作为重要着力点，倾听群众呼声，反映群众愿望，吸纳各方面意见建议，哪怕刺耳、尖锐一些，也要采取闻过则喜的态度，实事求是，以解决问题为目的，使决策和工作更加合乎实际、顺乎民意。

养成协商习惯。习惯者，习以惯之。不但要习惯于在法律监督下开展工作，在纪律约束下推动发展，还要习惯于沾泥土、带露珠，深入基层向群众学习智慧，把协商当成工作常态，共同商量办好民生的事情。看对路，走稳路，即便是在迈小步，千万不要走错路。紧紧依靠群众，多做耐心细致工作，发挥人民群众在民生工作中的主体作用，防止因工作作风简单粗暴引发新的矛盾，在处理好类似“猪事”的工作过程中，找到一条保护生态环境、照顾群众利益高质量发展的新路。

完善协商机制。协商不是空谈，要用制度做保障，完善协商于决策之前与决策实施之中的落实机制，严谨论证动真格，不能图形式、走过场。以问题作为先导，以制度引导预期，在民生经济活动中广泛开展协商民主，进行“民生民主”的实践探索，有助于完善经济制度，建立新的社会秩序，尊重人民的主体地位和首创精神，保障人民的各项权益，不断提高人民群众的获得感、幸福感、安全感，由此提升当代中国协商民主的新境界，开拓国家治理的新路径。

丰富协商实践。人民政协作为专门协商机构，要充分发挥自身优势，紧密围绕党委政府的中心工作，主动介入到民生经济“第一线”，成为在共同思想政治基础上化解矛盾和凝聚共识的桥梁纽带，吸引各方面基层群众更多地参与协商活动，让大家通过协商懂得一个道理：江河汇流，每一滴水珠都是力量；雪山崩塌，每一片雪花都不会无辜。要进一步丰富有事好商量、众人的事情由众人商量的制度化实践，切实在民生工作的协商民主的生动实践中做出样子、做出效果、做出亮点、做出气派。

2020 关键之年马上到来，过上小康生活是中华民族的千年梦想，创造的业绩应该得到人民的认可、经得起时间的检验，在伟大的新时代，坚持有事多商量，我们完全有条件有信心有能力续写“两大奇迹”的新篇章！

（2019-12-26 期 03 版）

2020 年

一起聊聊咱家那些事
江西省领导与港澳委员、特邀海外列席代表座谈小记

王蕊娟　王　磊

1 月 13 日下午，江西省政协十二届三次会议开幕前夕，一场特别的座谈会召开，参会的是江西省领导以及江西省港澳委员和特邀海外列席代表。“我们大家聚在一起来聊聊咱家的那些事。”江西省政协主席姚增科开门见山地说。

江西省省长易炼红首先向委员和代表们介绍了这个大家庭 2019 年的总体情况。“一年来……人民群众获得感幸福感安全感不断提升。2019 年江西实现生产总值比上年增长 8.5% 左右，增幅居全国前列。”

“每次回来感受不一样，江西的成绩一年比一年好，越来越欣慰、越来越骄傲。”特邀海外列席代表王乐勇说。

江西省政协港澳委员邓文云是土生土长的江西萍乡人，但他说最近有些不认识自己的家乡了。“2019 年 10 月，我参加了‘萍乡海绵城市建设’视察，一路走下来很是惊讶，萍乡的街道越发干净，连水也跟着清甜起来。”

面对自家人，江西省委书记刘奇也没客气，“希望各位委员和代表们发挥见识多、视野广、资源丰富的优势，利用好政协这个参政议政的平台，围绕事关全省的重大问题，为江西经济社会发展多出主意、想办法。”

特邀海外列席代表楼大明建议在全球经济一体化的大背景下，要保持江西飞速发展的势头，应该加强与各国的文化交流，扩大江西影响力，让江西走向世界。

王乐勇也表达了相同的观点。“我们还要发挥桥梁纽带作用，讲好‘江西故事’，助推江西走出去。我目前正在努力助推戏剧《牡丹亭》在今年走进阿联酋，让更多的外国友人感受到江西博大精深的文化魅力。”

除了提升文化软实力方面，与会代表还就发展 VR 产业、对接粤港澳大湾区、5G 技术应用、新材料研发等提出意见建议。

刘奇一一回应大家的建议。“一家人不说两家话，对政府服务不好的地方，也要尽管提出来。”刘奇表示，江西将全力以赴做好服务，努力打造政策最优、成本最低、服

务最好、办事最快的“四最”营商环境，让大家在江西投资放心、生活舒心、发展安心。

同时，刘奇还希望委员和代表们坚定维护“一国两制”，善于利用自身影响力，讲好“一国两制”的故事、讲好内地发展的故事，更加积极主动融入国家发展大局，促进江西与港澳地区深化互利合作，助推江西高质量跨越式发展。

（2020-01-16 期 02 版）

鄱阳湖流域生态保护应建立“利当前、管长远”的机制

江西省政协全体会议联组会现场小记

王菡娟

“从刚才委员们的精彩发言可以看出，政协委员牢记参政议政职责，想在前、议在前、谋在前，提出了许多有见地、有价值的意见建议。”在 1 月 16 日江西省政协全体会议联组会上，副省长陈小平在听完委员们的发言后表示。

当天联组会的议题围绕国家生态文明试验区（江西）建设，自江西省被列为我国首批国家生态文明试验区后，如何打造美丽中国的“江西样板”成为江西的重点工作之一。

陈小平在联组会上亮出了这一年江西生态建设的成绩单：“2019 年，全省 PM2.5 平均浓度为 35 微克 / 立方米，首次达到国家二级标准，7 个设区市空气质量达到二级标准，空气优良天数比例为 89.6%，列全国第十。率先实现国家森林城市、国家园林城市设区市全覆盖，生态江西的美誉度和影响力不断提升。”

成绩取得的背后也离不开省政协委员们的心血和智慧。

据介绍，2019 年，省政协常委会围绕“贯彻落实省委省政府推进国家生态文明试验区建设决策部署情况”、长江经济带“共抓大保护”、鄱阳湖生态环境整治、市县落实河长制湖长制等课题，开展调研视察活动，积极建言献策，有力地推进了全省生态文明建设。

“我们还想多听听委员们的意见。”陈小平说。

在江西省政协委员涂建生看来，鄱阳湖流域生态安全形势仍然不容乐观。“当前影响鄱阳湖流域生态环境的突出问题集中在非法捕捞、非法采砂、非法猎杀候鸟、非法围堰和发包水面以及非法排污和倾倒工业垃圾。”

说起江西省目前存在的环境问题，委员们也毫不客气。

“要做好鄱阳湖流域生态保护，应建立‘利当前、管长远’的长效机制。”涂建生建议。

“我省环保装备制造业以中小企业为主的产业格局很难短时间内改变，要认真研究行业特点、谋划产业及企业发展路径，培养一批不同领域的大型环保企业集团。”省政协委员李勇说。

陈小平认真听取了每一位委员的发言后表示：“政协委员们的发言我听后很受启发，能感受委员们深入调研摸实情，潜心研究出实招、建言献策求实效的工作作风，也为我们制定政策、推进工作、强化落实提供了重要参考，具有很强的针对性、指导性和操作性。”

“我们将抓紧梳理，认真研究，及时办理，推动成果转化利用，集中智慧攻难关，汇聚力量破难题。”陈小平说。

（2020-01-22 期 02 版）

小群系大家　同心战疫情

江西省政协机关干部在行动

王　磊

“针对必须返岗工作人员提出如下注意事项”“2 月 9 日之前，机关实行‘弹性工作机制’，各处室科学合理安排节后工作，确保疫情阻击到位，确保机关正常运转”……

2 月 2 日早 8 时许，江西省政协机关工作交流群内的第一条工作指令，依然是对防控新型冠状病毒感染的肺炎疫情作出的部署。

早在 1 月 20 日，省政协机关就对防控疫情作出了具体部署，“做好个人防护，尽量不去人多的地方；外出戴口罩、回家勤洗手；本人及家属出现发热、咽痛等呼吸道症状，第一时间向处室负责人报告……”

“不信谣、不传谣，一切看中央权威发布。”隔日凌晨，机关工作群内，连续转发多条权威、科学、管用的疫情防控指南。

“保护好自己就是作贡献”，随着疫情发展，省政协机关干部按照重大突发公共卫生事件一级响应的要求和有关法律规定，做到“尽量少外出，无事不出门”。机关党员干部纷纷表示，带头坚守工作岗位，带头减少疫情传播，带头讲政治、顾大局、守纪律，带头做好群众思想引导工作，带头扛稳抓牢疫情防控责任。

1月29日，省政协党组向全省政协系统党组织和广大党员委员、干部发出倡议，要求切实把思想和行动统一到习近平总书记重要指示精神上来，以实际行动助力坚决打赢疫情防控阻击战。

“因口罩需求量过大，怕聚众购买引起交叉传染，不利于防控，口罩销售改为‘网络预约，送货上门’的方式。”1月31日晚，当了解有关部门将采取“药店排队、现场销售口罩”的做法，机关群内的委员们指出存在的隐患，并建议采纳上海、广州等地“网络预约”的方式减少人员聚集的好经验。

“出政协特报，立即办！”省政协机关工作人员连夜整理的委员意见建议，被相关部门采纳。

鹰潭市爱心基金申拨5万元捐赠市人民医院；上饶市政协组织委员捐款捐物奉献爱心；靖安县政协委员父子二人连续奋战在疫情防控一线；赣州市政协机关干部主动请缨参加联防联控志愿者工作队……

力量仍在凝聚，队伍还在壮大，一个个政协人带头汇聚疫情防控正能量的故事不断涌现。

（2020-02-04 期 02 版）

小信息发挥大作用

江西省各级政协组织和委员抗击新冠肺炎疫情小记

蔡久伟

“人人都出点力”“我已经捐了100万”……1月27日，大年初三晚上九点，江西省政协“在昌省政协委员”微信群中，针对打赢当前新型冠状病毒感染的肺炎疫情阻击战，委员们你一言我一语说着自己的想法和做法。

1月29日，省政协党组向全省政协系统党组织和广大党员委员、干部发出倡议，要求在新型冠状病毒感染的肺炎疫情防控中充分发挥政协党组织战斗堡垒作用和政协系统中党员的先锋模范作用，带头奋战在防控疫情斗争的第一线，不畏艰险，敢于挺身而出。

赣州市政协机关党员干部谭小兵、赖正慧主动请缨，参加联防联控志愿者工作队。“严峻复杂的疫情就是检验委员责任担当的试金石和磨石刀，让我们接受使命的考验吧！”1月30日，19名在医院工作的江西赣州市政协委员，全部坚守在防控疫情“火线”上。

1月31日晚上9点半，在南昌“省政协委员”微信群中，委员们一条条关于口罩发放的建议在群中“炸开了锅”。

“应尽快启动由社区发放或者自动售贩机售卖”“建议尽快启动由社区发放，避免抢购带来的传染风险”“建议学习广州、南京等城市经验，合理有效疏散人流”……

“我立即把你的建议转告南昌市防疫指挥部。”省政协委员、南昌市委常委、市委统战部部长乐文红回应道。2月1日一大早，乐文红委员将南昌市通过各大药店改进口罩发放方式，改为预约销售领取的通告发到了“省政协委员”微信群中。

2月2日一大早，该微信群中又蹦出一条社情民意信息。原来是吴代赦委员提交的《防疫关键期取消私家车尾号限行以降低乘坐公共交通工具人群交叉感染风险》信息。乐文红立即回应，并把这条社情民意信息立即转给了南昌市防疫指挥部。2月2日下午，南昌市在网上发布了“疫情期间，南昌市暂停实施机动车尾号限行措施”的通知。

“没想到，小小的社情民意信息，在防疫战上还派上了大用场。”许忠华委员高兴地说。

靖安县政协委员、县疾控中心副主任舒小裕，带着即将大学毕业的儿子舒悉知，连续奋战在疫情防控一线。舒悉知是宜春职业技术学院检验系2015级的学生。当了解到县里疫情防控形势严峻，看到在一线的父亲每天忙碌不着家，基层一线急需人手，向父亲表达了想参与防控工作的强烈愿望。舒小裕二话没说，当即同意儿子递交了请战书。“我觉得在危险的地方，在危险的时候，越能体现一个人的担当，我在防疫战线上已经工作了三十多年，我儿子到这来能锻炼他，让他更快成长。”舒小裕说。

（2020-02-10期02版）

共谱防“疫”赞歌
江西省政协人聚力战“疫”记

王 磊

“大战大考没有旁观者局外人。”2 月 14 日，江西省政协主席、党组书记姚增科主持召开党组会议暨主席会议部署新冠肺炎疫情防控和日常工作时再次强调，“人民政协的初心和使命决定着必须一切服务大局，扎实做好本职工作”。

“党委、政府的决策部署在哪里，政协工作就跟进到哪里，在防控疫情斗争中展现新时代人民政协的新样子。”1 月 29 日，省政协党组向全省政协系统党组织和广大党员委员、干部发出倡议，“不忘初心、牢记使命”，在新冠肺炎疫情防控中充分发挥政协党组织战斗堡垒作用和政协系统中党员的先锋模范作用，以实际行动助力坚决打赢疫情防控阻击战。

党员带好头全体委员一起上

“我是省政协普通党员，也是信美社区的居民。如果社区有工作安排，可随时叫我。”2 月 6 日，上饶市广信区旭日街道绿野新城小区刚一解除“封闭”管理，省政协机关干部刘为锋便打通了社区书记的电话，主动请缨参与社区疫情防控工作。

“社区人手少，还顶风冒雨持续多日在防控一线值守。”得到省政协机关实行“弹性工作制”、不必急于赶回南昌的通知后，刘为锋便志愿参与到城市疫情防控重点——社区网格管理工作中。

登记审核居民信息、发放出入通行证、参与夜间卡点值守……“做的都是些微不足道的小事，但让群众感受到温暖就在身边，坚定信心跟党走。”刘为锋说。在省政协党组倡导下，全省各级政协委员和机关干部中的党员在疫情防控工作中，主动亮身份、表态度。

“党员委员带好头，全体政协委员一起来，就是一支强大的力量。”全省启动重大突发公共卫生事件一级响应后，赣州市政协党员委员、上犹县政协主席钟恢森第一时间赶赴湘赣交界处双溪乡和挂点联系寺下镇指导疫情防控工作，并与乡镇卫生院、镇村干部一起，挑灯夜战分析研判疫情，及时落实各项防控措施。

1 月 27 日，九江市政协驻村帮扶工作队第一书记陈卫兵与陆建飞、高平、李传云等同志赶到挂点帮扶村——湖口县舜德乡舜德村，挨家挨户排查湖北返乡人员的身体状况，与乡村干部一道24小时值守在村头。

非常时期尽非常之力

“疫情防控压力较大，你们公司的大数据技术可以帮上忙吗？”大年三十，省政协常委、思创数码科技股份有限公司董事长游建平，接到了与湖北武穴市隔江相望的瑞昌市的求援电话。

当天，游建平就组织精干力量连夜突击，一边研究防控，一边整合公司积累多年的“大数据+数治网格技术”方案，并开发应用软件。“3个小时上线运行南昌市高新区‘鄂返人员’管理模块；24小时完成瑞昌市大数据疫情防控辅助分析决策平台部署。”

思创数码公司开发的“大数据+数治网格”疫情联防联控平台，“可精准找出湖北返乡人员、疑似感染人员，助力各级政府精准防控疫情。”平台已在省内十多个市县区部署应用。

随着“返岗、返工、返学”高峰的到来，游建平又组织力量，针对党政机关、学校、园区、企业等，紧急开发了“疫情联防联控平台”系列软件。“公司开发的抗疫平台和产品，全部免费使用。”游建平说。

省政协委员刘芦萍在除夕当天，向生产厂家派出帮工，紧急采购2万只N95口罩，捐赠给抗疫一线工作人员。

省政协委员彭国禄捐款1100万元；省政协委员褚浚捐款1000万元；在国外的南昌市政协委员缪金生，将10万只医用口罩带回南昌，捐赠给医院和急需口罩的市民。

还有一直坚守在抗疫一线的“白衣战士”——省政协委员曹盛生、刘潜等。

省政协机关140位同志响应号召用一天半时间自愿捐款27.7万元，支援打赢疫情防控阻击战。

……

在抗击新冠肺炎疫情这场没有硝烟的战争中，全省政协人积极承担社会责任，谱写了一曲曲防“疫”赞歌。

防控履职两手抓两手硬

南昌市及时暂停“机动车尾号限行”，为居家隔离人员提供有效指导和必备生活物资，采用网络预约送货上门方式有序开展口罩销售，疫情期间保障民生产业有序生产和流通……连日来，省政协委员们提出的多条“金点子”被相关部门采纳，助力省委、省政府科学防控疫情。截至2月14日，省政协共收到社情民意信息332篇，被全国政协采用4篇。

“推进大南昌都市圈建设”是省政协去年的重点协商课题之一。“正好利用这段时间，好好收集整理国内外都市圈研究的主要观点，按近、中、远期来完善对策建议。”课题组因变制宜，在暂时不宜碰头面研的情况下，加班加点，通过网络沟通完善大南昌都市圈建设的相关建议。

省委政协工作会议是今年重要的会议之一，借此机会再完善相关文稿、细化工作方案；专题议政性常委会会议协商课题——擦亮“庐山天下悠”品牌，目前已按计划在网上收集相关资料；“我省编制‘十四五’规划若干重大问题”专题协商课题已开始网络调研……

疫情防控形势在变，工作方式方法在变，但全省各级政协委员和机关干部践诺初心、担当使命的精神状态不变，及时调整优化年度工作计划，并一件一件抓落实。

（2020-02-19期01版）

把党的领导落实到政协履职全过程

骆名坤

党的十九届四中全会提出，坚持和完善党的领导制度体系，提高党科学执政、民主执政、依法执政水平。十三届全国政协以来，中共中央和全国政协党组更加重视政协系统党的建设工作，出台了一系列实招硬措。结合政协系统实际，如何贯彻落实好会议精神，进一步加强政协党的建设？笔者谈几点认识。

把强化党员理论武装与加强委员学习教育结合起来，着力夯实团结奋斗的共同思想政治基础。

党的十九届四中全会《决定》指出，建立不忘初心、牢记使命的制度。人民政协是中国共产党领导的政治组织。为中国人民谋幸福、为中华民族谋复兴是中国共产党人的初心和使命，也是人民政协的初心和使命。在这个重大认识问题上，我们要保持清醒的政治头脑，站稳政治立场，把准政治方向，把强化党员理论武装与加强委员学习教育结合起来，在政协系统相应建立不忘初心、牢记使命的学习教育制度。

把完善政协党的组织体系与健全工作落实机制统一起来，充分发挥政协党组把方向、管大局、保落实的重要作用。

党的十九届四中全会《决定》指出，健全党的全面领导制度。要完善政协党的组织体系。目前，全国各省已基本形成政协党组、机关党组、专委会分党组、机关党委、机关党支部等五位一体的组织体系，绝大多数市县政协成立了机关党组。同时，要清醒认识到，完善组织体系重在管用、有效，不是机构设得越多越好。要健全工作落实机制。严格工作决策、任务部署、请示报告、督促检查、调度协调等制度，实现政协党组发挥领导核心作用与主席会议依规依章履职相统一，形成上下贯通、执行有力的严密体系，把党的领导贯彻到机关、专委会乃至各处室履职全过程。

把强化全面从严治党与加强团结联谊统筹起来，切实彰显人民政协的统战属性、统战职能。

党的十九届四中全会《决定》指出，健全提高党的执政能力和领导水平制度。统一战线既是人民政协成立与发展的基本依据，也始终是贯穿人民政协工作的一条主线。新时代提高党的执政能力，必然要求提高统战工作能力和水平，把更多的人团结在党的周围。要把握好“宽”与“严”的关系。政协作为统一战线组织，要认真落实开展党的统一战线工作的职责要求，引导大家深刻认识人民政协是一个政治共同体，坚持中国共产党的领导，不仅是中共党组织和党员的事情，也是人民政协各参加单位和广大委员的事情。不管是干部还是委员、党内还是党外，讲政治的原则不能软，坚守政治底线的弦不能松。要把握好党内与党外的关系。在政协履行全面从严治党主体责任，主要是指严格管理政协机关党员干部队伍和党员委员队伍，通过发挥党员先锋模范作用影响和带动党外委员。要把握好讲集中与善团结的关系。坚持民主集中制，完善实行正确集中的相关制度，继承发扬“团结—批评—团结”的优良传统，绝不能为了显示民主在重大原则问题上放松要求。同时，要靠党性原则，而不是个人私利，靠人格魅力，而不是权力地位，与各党派各方面人士真诚相处，不断增强固守政治底线的定力和找到最大公约数、画出最大同心圆的能力。

把促进党员委员联系党外委员与推进委员联系界别群众联动起来，真正做到人民政协靠人民、人民政协为人民。

党的十九届四中全会《决定》指出，健全为人民执政、靠人民执政各项制度。人民政协由各党派团体和各族各界代表人物组成，具有广泛代表性和巨大包容性，在联系群众方面具有天然优势。要发挥“两个作用”。建立健全党员委员联系党外委员各项制度，探索建立委员联界别、进社区、参与基层协商的工作机制，发挥党员委员先锋模范作用去影响党外委员，并发挥党外委员的先进作用，影响带动各界别更广大群众。要聚焦民生热点。把实现好、维护好、发展好最广大人民根本利益作为政协工作的出发点和落脚点，抓住民生领域热点难点问题建言资政，协助党和政府破解民生难题，增进人民福祉。要创新履职方式。坚持“线上”“线下”两条腿走路，所谓“线上”就是创新互联网时代群众工作机制，大力开展网络议政、远程协商，拓展公民有序政治参与渠道；所谓“线下”，就是稳步推进委员工作室建设，通过深入群众、服务群众来影响群众、带动群众，不断拉近人民政协与群众之间的距离，使政协一切工作顺应时代潮流、符合发展规律、体现人民愿望。

（2020-03-04 期 08 版）

复工复产要尊重市场　政策落实不走样

江西省政协“推动产业链加快复工复产”座谈会小记

熊　灵　王　磊

一张圆桌，七把椅子，与会人员围拢而坐后直奔主题……近日，江西省政协召开“推动江西产业链加快复工复产”座谈会。

做好疫情防控与复工复产“两手抓、两不误”，不仅事关江西经济社会发展大局稳定，更是贯彻落实习近平总书记重要讲话精神和指示批示精神的具体体现。省政协对此高度重视，倾情投入建言助力。

按照省委统一部署，2 月中旬以来，省政协主席姚增科和所有副主席李华栋、谢茹、汤建人、刘晓庄、陈俊卿、张勇、刘卫平、雷元江悉数“走出去”，赴挂点联系的 10 个开发区（工业园）走访调研疫情防控与复工复产情况，并形成综合报告报送省委、省政府。省委书记刘奇、省长易炼红等 6 位省领导对报告作出高度评价，要求有关省直部门将建议吸纳到即将出台的政策措施中。

这次座谈会则把 4 位省政协常委、委员“请进来”，面对面听取他们对复工复产的意见建议。

“省政府出台了 20 条政策，你们能得到哪些实实在在的好处？”主持会议的张勇直接捞“干货”。

“一是无抵押贴息贷款，手续齐全的话3天就能放款，我们正在申报，预计很快就能批下来；二是用水、用电、用气等费用直接减免。就像给我们喝了鸡汤一样，解渴过瘾！”来自企业的省政协委员金定粮兴奋地说。

“我们公司已经到账了，1个亿。”省政协常委、江铃海外汽车销售服务有限公司董事长夏英杰边说边用手比画，“确实放款特别快，政府贴息后企业承担的年利率只有1%出头，太给力了。”

他介绍，作为国内最大的救护车生产企业，面对新冠肺炎疫情，江铃集团春节期间加班加点，紧急生产出500多辆救护车驰援湖北一线。“受疫情影响，今年一二月出口金额同比下滑两成；目前疫情在境外扩散，三四月订单也明显减少。”

复工复产还需要什么支持，企业最有发言权。“政策落实要不走样。”夏英杰说，省里此前提出逐步实现“三同”（货物进境与沿海同价到港、出境与沿海同价起运、通关与沿海同样效率），并安排了相关补贴，“但补贴有上限，我们只能享受一部分，目前还是实现不了同价起运。”

说到落实，参会前调研了20家企业的金定粮深有感触。他表示，部分企业对目前出台的政策仍不熟悉，各地要加大宣传和解读力度。同时，复工复产要尊重市场、尊重企业意愿，产业链上下游密切相关，如果时机不成熟贸然复工，可能导致流动资金变成库存产品，适得其反。

“市场活了，需求侧旺了，企业自然就动起来了。”省政协常委、南昌大学资源环境与化工学院院长吴代赦说，江西省疫情防控成效显著，已经实现确诊病例、疑似病例、住院病例3“清零”，全省由重大突发公共卫生事件省级一级响应调整为二级响应，防控措施也应适当调整，让各种市场要素流动更顺畅。此外，还应特别关注境外疫情发展，严防输入风险。

危中有机。面对疫情，省政协委员、江西飞尚科技有限公司总经理刘文峰看到了物联网、大数据相关领域的巨大发展潜力。“公司在线办公已经完成了好几个项目，发展信心更足了。我们的产业链条是国际化的，包括芯片在内的不少部件都是国外供应，现在不少国家疫情发展迅速，对我们也有影响。”

在交流中碰撞，在互动中凝聚。张勇说，市场形势在不断变化，政策在不断完善，建议也要与时俱进。“今天形成了不少共识，我们先梳理出来再根据实际情况深入调研，争取拿出高质量的资政成果。”

（2020-03-31 期 04 版）

以“五敢于＋五善于”应战应考

姚增科

新冠肺炎疫情发生以来，从中国担当、中国精神、中国智慧到中国力量，都充分彰显了习近平总书记亲自指挥亲自部署疫情防控的坚强决断力和高超领导力，彰显了中国共产党领导和中国特色社会主义的制度优势与非凡伟力。但同时应当保持清醒与忧患，看到差距与短板，特别是战疫中有的“关键少数”领导干部形式主义、官僚主义问题时有发生。深入分析慵政怠政种种作风顽疾，固然有体制机制方面的原因，就领导干部个人而言，问题的主要“病灶”有两个，一个是初心缺失，不敢担当，得了“软骨病”；一个是“本领恐慌”，不善担当，患了“低能症”。

大战大考，考的是“关键少数”是否敢于又善于担当作为

习近平总书记今年以来发表系列重要讲话，对广大党员干部特别是领导干部这个“关键少数”在奋力夺取疫情防控和经济社会发展双胜利中发挥“关键”作用，提出了明确要求，中肯深切，令人感奋。包括人民政协领导干部在内的“关键少数”，要善于从政治上来思考问题，把局部放在大局中把握，在战疫与战贫、防控与发展中“两手抓”“两手实”，守土有责，又守土有方。对标对表中央最重要的是学习领会精神要义，在立场、观点和方法上知行合一、言行如一。

“敢于应战应考”与“善于应战应考”，二者涵义不同，顺序不可倒置，又无一可以或缺。“敢于”体现的是初心、使命、立场、忠诚、觉悟、境界和气概——我是谁，为了谁；“善于”反映的是观点、方法、路径、本领、视野、水平和策略——依靠谁，相信谁。破解“敢于”与“善于”两方面的有关难题，需要上下“双向发力”，同心持续用力。

立足于贯彻落实习近平新时代中国特色社会主义思想和有关疫情防控系列重要讲话精神，磨砺“责任担当之勇、科学防控之智、统筹兼顾之谋、组织实施之能”，在大战大考中更好发挥关键作用，建设忠诚干净担当的高素质专业化干部队伍，是“关键少数”必须回答好的重大命题。

应战应考、担当作为，应做到“五个敢于”

“疾风知劲草，板荡识诚臣。”“五个敢于”，就是在大战大考非常时期，“有我在、跟我来、看我做”，狭路相逢，勇者必胜；全力以赴，舍我其谁。

敢于舍得小我、挺身而出。针对大战大考形势向好又复杂严峻、风险挑战多且复杂叠加特点，首要的是情系家国、奉献小我。入党誓词 80 个字，彰显共产党人初心与使命的最高境界、最庄严承诺。作为“关键少数”，应当多想一想到底自己“付出了什么”“牺牲了什么”“又应当做些什么”，是否做到了义无反顾、殚精竭虑，不舍昼夜，出空自己。“喊破嗓子，不如甩开膀子”，正是广大群众特别在乎、看重的。在大战大考中，更应把个人名利地位、荣辱得失放到一边，义无反顾、责无旁贷地一心一意、全心全意在其位谋其政，在其职尽其责。力戒打小算盘，更不耍小聪明，成为爱惜羽毛、总当鸵鸟的逃兵。

敢于发声说话、上传下达。针对大战大考中社会各界各方面疑惑焦虑多、社情民意热点多的特点，积极主动及时回应关切、凝聚共识安定人心。把对上负责与对下负责统一起来，党性与人民性统一起来。及时宣传党中央“两手抓、两手硬”重大决策部署和落实成效，营造“上下同欲者胜”浓厚氛围，引导群众、鼓舞群众，又以百姓心为心，念民生之难所在，及时向上反映情况，助推问题解决，不回避矛盾，又传播正能量，唱响主旋律。力戒当发声时优柔寡断，当绅士，事已关己还高高挂起。

敢于扑下身子、靠前指挥。针对大战大考中急难险重任务繁艰复杂的特点，敢于勇当先锋，敢打头阵，及时出场亮相、冲在一线。与医治场所、基层社区、园区企业的人员面对面，成为群众信得过、靠得住的“主心骨”。力戒浮于表面多、走马观花多、工作作风粗粗拉拉，甚至想出彩却不出力，把考场变为秀台。

敢于接招出招、当断则断。针对大战大考中突发情况多、新问题多特点，强化特事特办思维，关键时刻打破常规，应急救急。注重实干苦干精神，又讲求方法科学精准，一切以时间、条件、地点为转移，长于因情、因势制宜，动态管理施策，在不变中应变作为。力戒“路径依赖”、依然故我，上面不说就不动，照“老套套”“老黄历”办事。

敢于较真碰硬、严抓落实。针对大战大考中压茬推进任务多、两难问题多、棘手难题多特点，遇事应多问一问，党中央的重大决策部署是否贯彻落实，党委政府的具体政策措施是否见效？抓而不紧，等于不抓。这就需要在抓落实上下功夫，花更大的气力把“抓落实”落实。从常态下的“一级抓一级”转向“一竿子插到底”的非常时期抓法，围绕三大攻坚战一仗一仗打，紧盯在建拟建项目一项一项抓，奔着重点难点问题一个一个抓。力戒重决策、轻执行，重“最先一公里”、轻“最后一公里”。

应战应考、担当作为，应做到“五个善于”

我们常说，“头头不领，水牛掉井”。同样，“缺少本领，水牛掉井”。善于应战应考，贯通了决策与执行、实体与程序、过程与结果各环节。“关键少数”领导干部不仅要有担当的宽肩膀，还得有成事的真本领。

善于调查研究、靶向发力。针对大战大考中国际国内形势错综复杂，新情况新问题不断出现的特点，时时注意吃透上情，摸准下情，做到心中有数，心中有民。还要善于在国内与国外两个大局互动中了解世情，着眼于构建人类命运共同体，深化对内改革，向改革要红利，扩大对外开放，更大范围贡献中国智慧，分享中国经验。大战大考，信息容不得虚假、形势容不得误判，决策容不得闪失，做足调查研究功课显得尤为突出重要。用好大数据、云计算等新一代信息技术，更要深入一线，通过亲闻亲问亲见下沉基层，掌握第一手鲜活情况。特别要学习毛泽东同志当年形成著名《兴国调查》论作，在新余访谈从兴国参军入伍的群众，甘当小学生精神与“异地调研”方法。力戒“不识庐山真面目，只缘身在此山中”。

善于总结经验、学思践悟。针对大战大考特别需要真才实学、随机应变的特点，做到边干边学、边干边总结、边干边提高，工作学习化，学习工作化。加快学习掌握履职必知必用的政策理论、法律法规、行规行矩和专业知识，防“知识告罄”，落后于新时代现象发生。涵养提高综合素质和综合能力所必需的书卷气，避免脱离实际、坐而论道的书生气，善于学习是崇尚学习的应有之义。善于学习要研究“学习学”，注重提升学习能力，使得在有限时间内收获最大化。学问学问，还要在问中学、学中问。掌握从政治、哲学、历史、文化多维度思考问题的方法，悟得昨天之于今天、实践之于理论、中国之于世界内在逻辑之道。力戒好读书不求真解、能命题不擅解题，甚至“无知者无畏”“半瓶子醋”还自我感觉良好。

善于民主集中、双向发力。针对大战大考绝非一人一己之力一地一方所能胜任，打的是人民战争、总体战、阻击战的特点，团结一切可以团结的力量，凝聚一切可以凝聚的智慧，化解一切可以化解的矛盾。“国家各方面的关系都要协商”，我们的政府“可以叫它是个商量政府”，这是毛泽东同志的著名论断。新时代习近平总书记要求我们，坚持有事多商量，遇事多商量，做事多商量。讲从我做起，以上率下，发挥“头雁效应”，还要讲团结、讲民主，集思广益，开门纳谏，引领、感召、鼓舞和凝聚“最大多数”。力戒脱离疫情影响制约经济社会发展、“危”中有“机”这个新的最大实际，脱离党内党外各方面、各阶层、各界别人士的关切，想问题、办事情。

善于滚石上坡、打开局面。针对大战大考中超常复杂棘手难题多、百年未有之大变局情形大、前所未遇挑战多的特点，坚持问题导向与结果导向，善于接“烫手山芋”，历经当“热锅蚂蚁”的考验。多到矛盾多、困难多的地方去，多做雪中送炭，而非锦上添花的工作。坚持继承与创新相结合，既用好传统验方，又与时俱进出新招，善于抓住关系全局的“牛鼻子”，集中优势兵力突破瓶颈难题。力戒思想方法、工作路子疫情前与疫情后一个样，疫情大转变后与大转变前一个样，思想保守，墨守成规，落后于百年未有之大变局又非比寻常之时势。

善于廉洁不染、讲规守矩。针对大战大考伴生系列新的廉政风险特点，做到坚守底线、不碰红线，把控好思想道德与机制制度两道防线，干成事不出事。与火线提拔重用、荣誉表彰机会增加、爱心慈善款物增多、发放特殊津补贴等相伴生的是，有的领域、系统和单位廉政风险增大。见诸主流媒体的一些典型个案行为拙劣、影响恶劣，人民群众反映强烈的一些见利忘义、损人利己的现象，都足可说明问题。疫情防控属特定阶段、特殊时期的特别任务，历史总会翻过这一页，但保持风清气正，防控廉政风险、道德风险不存在特殊和例外。增强廉洁自律意识，保持廉洁自律定力，还要做到“一岗双责”，把握好严管与厚爱、约束与激励关系，落实党内关怀帮扶政策措施，重视对党外干部、人才的培养使用，为担当者担当、为负责者负责，更能切实扛起全面从严治党政治责任，守护好“责任田”一方净土、政治生态。力戒重经济、轻政治，重业务、轻党建，重惩戒、轻防控，耽误办好大战大考中的要事。

（2020-04-01 期 08 版）

江西省政协：
“小信息”派上大用场　“金点子”变为抗疫好措施

汪贤德

“小信息能派上大用场。”这是众多江西省政协委员在疫情期间的共识。春节假期，省政协党组书记、主席姚增科就重点关注反映社情民意信息工作，希望发挥好委员联系广泛、智力密集的优势，助力决战决胜双胜利。为此，省政协创新社情民意信息报送方式，由职能处室直接梳理、把关、签发，减少层级，让信息更快更准发挥作用。

“若是工作中不幸感染各类病毒或细菌，甚至遭受病患或病患家属的人身伤害，该怎么办？”民建会员毛映敏较早关注到抗疫一线人员面临的风险，他建议“要为一线医务人员购买意外和人身保险。”

2月24日，省政协常委杜建强就疫情防控期间多地过度使用消毒剂提出4点建议。3位省领导对此作出批示。

针对疫情期间线上教学情况，省政协办公厅通过网络、电话进行调研，形成了《“停课不停学”尚未实现全覆盖部分贫困户子女存在“掉线”风险》信息。分管省领导要求“采取针对性的措施帮扶，确保防疫期间线上教学覆盖‘一个都不能少’。”

“受疫情影响，我省春茶采摘、生产将面临巨大困难。”省政协委员张卫华为茶农担忧，希望“相关部门宜早有应对之策”。省领导高度重视该信息，要求省农业农村厅调研后拿出意见和措施。随后，省农业农村厅制定了一系列有效的指导性意见，并加大金融扶持。

疫情以来，省政协已收到社情民意信息1000余份，在微信群里收集信息300余条，转化直报全国政协办公厅近百份；编辑整理报送《社情民意专报》12份，省领导批示21人次，一批“金点子”转化为实实在在的好措施。

（2020-04-09 期 01 版）

江西省委政协工作会议强调：

完善协商机制　培育协商文化

王　磊

4月10日，江西省委政协工作会议在南昌召开。省委书记刘奇出席并讲话，他强调，要深入学习贯彻习近平总书记关于加强和改进人民政协工作的重要思想，全面贯彻落实中央政协工作会议精神，齐心协力推动新时代江西省政协工作提质增效、创新发展。

江西省委副书记、省长易炼红等出席会议。省政协主席姚增科在第二次全体会议上作总结讲话。

刘奇强调，要积极主动作为，充分发挥政协专门协商机构作用。完善协商机制，健全工作规则，培育协商文化，紧扣决胜全面建成小康社会等重大任务积极开展协商。要把握中心环节，突出加强思想政治引领、广泛凝聚共识。坚持一致性和多样性统一，广交好朋友真朋友，广泛汇聚推动全省改革发展的强大正能量。要健全制度机制，切实提高政协履职的质量水平。持续深化机制创新，形成权责清晰、程序规范、关系顺畅、运行有效的制度体系。要抓住“关键少数”，着力强化政协委员责任担当。坚持优化服务与加强管理并重、信任与监督结合、约束与激励统一，支持为国履职、为民尽责，充分发挥委员作用。要坚持以民为本，切实做到人民政协为人民。积极倾听群众呼声、反映群众愿望，努力把“委员作业”写进人民群众的心坎里。要强化党的全面领导，着力形成加强和改进政协工作的强大合力。各级党委要加强对政协工作的领导，强化总揽全局、协调各方的作用，及时研究解决政协工作重大问题，全力支持政协组织依法履行职责。各级政府及有关部门要全力支持政协履职，积极参加政协协商活动，完善政协提案、建议案的办理和反馈机制，切实推动履职成果转化。要全面加强政协自身建设，坚持以政治建设为统领，切实发挥政协党组领导作用，加强各级政协机关和干部队伍建设，深入推进全面从严治党，持续转变作风，不断开创新时代全省政协工作新局面。

姚增科指出，省委政协工作会议是新时代加强和改进全省政协工作的再动员再部署再推进，要认真学习领会，结合实际抓好贯彻落实。把握肯定成绩与检视不足关系，砥砺奋进，接续发展。把握不变与应变关系，充分认识疫情防控常态化、经济社会发展面临非比以往的形势，坚定不移助推省委既定目标任务完成。把握“关键少数”与“大多数”关系，领导干部以上率下，广大委员干部更加担当作为。把握政治建设与作风建设关系，坚持政治是统帅、是灵魂，在严深细实抓落实中践诺初心、彰显忠诚。把握党员委员先进性与党外委员进步性关系，画好最大同心圆。把握对上负责与对下负责关系，重视、支持市县政协“基础与人员”两加强，形成履职合力。把握重品德与强能力关系，坚持以德为先，才堪胜任，书写新篇。把握“严管”与“厚爱”关系，坚持教育、要求、管理、监督全面从严，带着感情关心爱护服务委员，使更多的干部做先进、当标杆。

（2020-04-14 期 01 版）

青春作伴好读书

江西省政协机关青年干部读书交流会侧记

熊 灵 王 磊

“你是否想过，青年意味着什么？”

“青年是标志时代的最灵敏的晴雨表，时代的责任赋予青年，时代的光荣也属于青年。”

……

随着政协读影——视频片《青年榜样习近平》的娓娓讲述，4 月 28 日，江西省政协机关青年干部读书交流会在省行政中心召开。

“世界读书日”刚过去，“五四青年节”又将来临，省政协机关青年干部齐聚一堂交流读书体会，学习讨论习近平总书记《在纪念五四运动 100 周年大会上的讲话》精神，共读他给北京大学援鄂医疗队全体“90 后”党员的回信。

“我是共产党员，我请战！”率先发言的是一名白衣执甲的“最美逆行者”——省人民医院重症医学科的护士罗燕。作为国家紧急医学救援队（江西）成员之一，2月9日，她随队支援武汉江岸方舱医院。在讲述与死神正面搏斗的亲历后，她向大家推荐了孙思邈的《备急千金要方》第一卷《大医精诚》。“医者既要有精湛的医术，又要有高尚的医德，它激励着我在救死扶伤的岗位上奉献力量、砥砺品质。青春之花为人民绽放！”

书香满政协，阅读伴成长。漫步书画摄影长廊、品味一块块文化展板，从文化上墙、进办公室，到规范着装、制定机关党建文化 24 节气图……十二届省政协文化建设成效彰显。“一进政协门就感受到了浓厚的文化氛围。”省直机关工委书记彭世东感触颇深。

青春作伴好读书。随后，叶丹、丁飞、盛昕、李德伦、孙颖 5 位青年干部和大家分享阅读《习近平的七年知青岁月》《习近平在厦门》等著作的心得体会。

学问学问，以问促学。原著读了多少本？原文学得怎么样？省情掌握足不足？与会的省政协主席姚增科不时与大家交流，既考验学习成效，又鞭策大家继续学深学透。“全国政协委员读书活动为我们作出示范，汪洋主席强调多读书、读好书、善读书，努力建设书香政协。”他勉励大家，要像离不开空气一样离不开阅读。

（2020-05-06 期 04 版）

协商民主是国家治理的看家本领

刘晓庄

中共十九届四中全会《决定》着重指出：坚持社会主义协商民主的独特优势，丰富有事好商量、众人的事情由众人商量的制度化实践。把协商民主放到了国家治理制度建设的一个重要位置。中国特色社会主义协商民主，作为“中国之治”的一个制度密码，本质上是实现中国共产党长期执政的重要方式，是实现人民民主价值追求的特有形式，重点要解决的是“依靠谁、为了谁、我是谁”的问题。

进入伟大的新时代，推进社会主义协商民主制度更加成熟更加定型，必须在党的领导与人民民主之间，构建程序合理、环节完整的协商民主体系，完善落实机制，丰富制度化实践，开创一种恒久的协商民主中国范式。这，也正是“中国之治”成功的看家本领之所在。

构建“共同体”，增强国家实力。国家是一个政治共同体，人民是这个政治共同体的主人。当今世界正经历百年未有之大变局，中国正处于历史的交汇点。面对着来自各方面的风险挑战，只要我们把协商民主独特优势更好地转化为国家治理效能，构建好人与社会、人与自然、人与世界的“共同体”，将“一带一路”“三区三州”等各种事情干出人民满意的成效，就必能以协商政治的软实力，促进国家包括经济硬实力在内的综合实力的增强，实现共赢共享的中国方案。

人民为中心，提升治理能力。始终坚持以人民为中心、与人民群众心连心，这是党的初心，也是党的恒心。治理者，关键是要靠“自理”，即自我管理。要真正实现人民当家作主，就必须还权于民，拓宽群众参与民主的渠道，让人民群众进行自我管理、自我教育、自我服务、自我监督。

百事顺民心，汇集民智民力。社会主义协商民主，要紧扣民心这个最大的政治，虚心拜人民群众为师，把赢得民心民意、汇集民智民力作为着力点，问政于民、问计于民、问需于民，让老百姓真切感受到协商民主就在眼前、就在身边。习近平总书记为我们作出了表率，正如他在2020年新年贺词中所说，“我无论多忙，都要抽时间到乡亲们中走一走看一看。大家跟我说了很多心里话，我一直记在心上。”在正定工作三年多的时间，他平易近人，善于与普通群众交朋友，把非党人士视为知己，和老农谈、和干部谈，与干部群众打成一片，展示了他协商为民的作风和情怀。

合作才能赢，激活发展动力。人为发展之本，发展以人为本，合理协调人、自然与社会关系，是协商民主的一项基本任务。以协商凝心聚力，以共识推进发展，其核心是通过协商民主调整利益关系，激发共同合作发展的内生动力。

群众是英雄，催生基层活力。协商民主顶层设计、基层推动，正在成为我国一种新的社会政治生活方式。要充分尊重人民的主体地位和首创精神，将自主性、创造性和参与性有机统一起来。针对一些具体如征地拆迁、危房改造、江河治理、村务公开等敏感事务，积极探索基层党建引领，通过搭建“理事会、议事厅”等平台，倡导多元利益主体参与，开展专事专议。要相信群众自有协商解决的办法，处理好城乡社区治理、基层公共事务、社会公益事业等。协商结果以市民公约、村规民约、会议决议等形式确定下来，公之于众，便于执行和监督。

商量着办事，减少社会阻力。协商民主是党的群众路线在政治领域的重要体现，与人民民主有机结合，群众的利益高于一切。要充分利用协商民主协调关系、化解矛盾的功能，在多样性群体诉求面前强调总目标的一致性，设身处地为群众多想想、多做做，大家的事情大家商量着办，最大限度地减少社会治理中的阻力。在化解一些事关群众切身利益的各种矛盾纠纷时，要按照协商于民、协商为民的要求，凡事站在群众的立场，遇事多商量，帮助解决实际困难，尽量满足合理诉求。

建言聚共识，推进双向发力。人民政协是党领导的专门协商机构，发挥好这一机构的独特优势，推动协商民主制度更加成熟更加定型，推进建言资政和凝聚共识双向发力，是新时代人民政协的新方位新使命。围绕社会各界共同关注的热点难点，针对与公众生活息息相关的民生问题，建立协商对话机制，开展广泛的民主协商，以双向发力实现同心同向、同频共振，这是展现中国政治活动的重要内容。全国政协的特色协商品牌——双周协商座谈会，主题涵盖诸多热点话题，已经成为执政党与各民主党派、无党派民主人士凝聚共识、共商国是的重要载体和纽带，值得向基层推广和延伸。

“万物并育而不相害”，运用协商这一制度密码，不断汇集发展动力；“道并行而不相悖”，坚持民主这一看家本领，高度统一复兴目标。矢志不移，守正创新，在伟大的新时代，中国社会主义协商民主将永远具有蓬勃的生命力！

（2020-05-19 期 03 版）

双向发力：我们万众一心

刘晓庄

在全国政协十三届三次会议上，汪洋主席明确指出，要坚持双向发力，“深刻认识建言资政是履职成果、凝聚共识也是履职成果，甚至是更重要的成果。”在这场新冠肺炎疫情防控中，广大政协委员立足不同岗位，危难之中显身手，以实际行动展示了责任担当，让世人对“我有你没有、我能你不能”的具有中国特色的政治制度产生了更加深切的感受。

中华民族在危急时刻，万众一心、全民战“疫”，决胜小康、发展经济，赢得了来之不易的一局。然而全球范围内的疫情形势还十分严峻，中国的疫情阴霾尚未完全消散，战“疫”仍然在路上。坚决完成决胜全面建成小康社会主要任务的“必答题”，有效应对疫情带来的“附加题”，每道题都攸关中华民族的命运，必须回答得圆满。

面对重重困难，人民政协如何“坚持发扬民主和增进团结相互贯通、建言资政和凝聚共识双向发力，发挥专门协商机构作用”，更好为国履职、为民尽责，又一次切实摆到了我们的面前。

“努力把党的主张转化为社会各界广泛共识和自觉行动。”党的主张来自人民心声，集中体现了人民意志，代表着人民群众最基本、最普遍的愿望。“六保”“六稳”是当下党和政府工作的着力点和支撑，反映了人民群众的急需，保住了就业、基本民生和市场主体，才能有收入，继而拉动消费、扩大市场需求。通过制度运行、民主程序和有效工作，聚焦“六保”“六稳”及其他经济社会发展热点问题，充分发挥人民政协在共同思想政治基础上化解矛盾和凝聚共识的重要渠道作用，把党的主张转化为社会各界广泛共识和自觉行动，更加有效地激发社会各种主体参与国家建设的自觉性和能动性，齐心协力攀险峰，从而起到“四两拨千斤”的作用。

“以协商有效凝心、以凝心实现聚力。”得民心者得天下，顺民心者治天下。人民是中国共产党执政的最大底气，与人民商量着办事是中国共产党的成功密码。在这次疫情防控战争中，“广大人民群众识大体、顾大局，自觉配合疫情防控斗争大局，形成了疫情防控的基础性力量。”同时，人民政协充分发挥制度优势，把看家本领转化为国家治理效能，有力证明了我国社会主义协商民主是维护人民根本利益最广泛、最真实、最管用的民主。人民是真正的英雄，历史由人民来书写。通过协商而凝心、通过凝心而聚力，在中华民族遇到威胁、困难、挑战的关键时刻，人民政协更应传递一种坚强的信心和力量，把群众的智慧和力量凝聚到党和人民的事业中来，共同把中国的事情办好。

“坚持大团结不搞‘清一色’、坚持大联合不搞‘单打一’。”团结就是力量。在尊重多样性中寻求一致性，表现了“大团结、大联合”的深厚根基和深刻内涵。决战双胜利、共圆复兴梦，更需万众一心，凝聚共识，把劲拧到一处。“一个好汉三个帮，一个篱笆三个桩”，“众人划桨开大船，众人拾柴火焰高”。凝聚共识并非抽象空洞的口号，在实际工作中，不是无区别的强求一律、单向度的灌输说教、表面的附和敷衍、快餐式的立竿见影，而是有方向的启发引领、互动式的协商讨论、内心的深刻认同、长期性的润物无声。只有不搞“清一色、单打一”，把朋友搞得多多的，把队伍搞得大大的，才能汇集磅礴力量，把同心圆向外不断地扩大延伸。

“敢字当头、干字为先。”在人民政协，一方面要坚持“不打棍子、不扣帽子、不抓辫子”的原则，提倡和鼓励敢讲话、讲真话；另一方面要在营造畅所欲言、各抒己见良好氛围的前提下，鞭策委员“不存旁观之心、不为消极之举、不图名利之得”。两个“三不”相互呼应、相辅相成，让各界别委员增强责任意识，在双向发力的过程中真正做到“政治立场不含糊、政治原则不动摇、关键时刻靠得住、站得出、敢发声”，协助党和政府释疑解惑、理顺情绪、化解矛盾，做好转化人心、聚同化异的工作，大胆发表真知灼见，推动我国综合国力、“硬核”实力不断增强，使中国的现代化之梦不致落空。

双向发力，我们万众一心；团结奋进，我们战无不胜。任何时候我们都不能忘记政协委员的责任和使命，“自觉投身凝心聚力、决策咨询、协商民主、国家治理第一线，成为民族复兴的正能量。”只要凝聚共识和力量，我们就没有什么过不去的坎儿。

（2020-05-26 期 06 版）

在协商议政中凝心聚力

刘晓庄

时逢脱贫攻坚的决胜时刻，全国政协第十三届全国委员会常务委员会第十二次会议围绕“高质量打赢脱贫攻坚战，建立解决相对贫困长效机制”协商议政，又一次彰显了政协委员“坚定不移同中国共产党想在一起、站在一起、干在一起，坚定不移同中国共产党同舟共济、风雨与共”的精神风貌，以及人民政协建言资政、凝聚共识双向发力的制度优势及其时代特质。

新冠肺炎疫情带来新的严峻考验，令战“疫”战“贫”交织叠加，经济社会发展难度陡增，疫情反弹风险依然存在，暴露的短板漏洞急需补堵……我们要千方百计防止疫情后最坏情形的发生，全面打赢脱贫攻坚战不能松劲懈怠，坚决实现“十三五”圆满收官。

多少事，从来急！

面对挑战、形势复杂，任务艰巨、前所未有。发挥我国社会主义协商民主政治制度独特优势，广泛凝聚智慧和力量，形成心往一处想、劲往一处使的强大合力，促进国家治理体系和治理能力现代化，显得比以往任何时候都更为迫切、更为紧要。

智者如流云，高路入云端。协商议政一头连着人民群众，一头连着党政部门，起到上情下达、下情上达的桥梁纽带作用，助力密切党和群众的血肉联系。政协委员来自各个方面，只要直接沉下身子深入基层，就很容易听到群众的大实话、心里话，及时了解贫苦群众的疾苦诉求，掌握大量的议政素材，因此也就更容易参政参在点子上、建言建在关键处。

发出好声音，传播正能量。当前，公众对民主参与、利益表达等方面的需求越来越突出。如在脱贫攻坚中，由于缺乏内生动力的“等靠要”思想与倡导勤劳致富“稳得住”的目标任务，往往会产生各种矛盾冲突，而平等协商可起到泄洪道和减压阀的作用，为群众释疑解惑、消除误解，减缓稀释心中怨气，维护社会的和谐稳定。在协商议政过程中，务必“言之凿凿、确可信据”，大力弘扬主旋律，秉承优秀传统文化，以社会主义核心价值观引导人们共同遵守道德规范，热爱劳动、创造幸福，孝敬父母、邻里和睦，切实让先进事迹教育人、感染人，让榜样力量鞭策人、带动人，让奋斗精神激励人、鼓舞人。

“不谋全局者，不足谋一隅。”求同存异、聚同化异，择善而从、从善如流。协商议政既是发扬民主、实现人民当家作主的过程，又是科学决策、民主决策的过程。加强前瞻性谋划和规律性思考，从身边熟悉的事物中发现新问题，见人之所未见、思人之所未思、言人之所未言，发表高质量的真知灼见，显得十分重要。比如，推动全面脱贫与乡村振兴有效衔接，设立若干年的过渡期，使脱贫与振兴能够“接得上、续得起、连得好”，促进传统产业提质增效、现代产业主体对接。由此可见，充分发挥民主集中制的智慧，依靠人民群众的力量，可以有效确保党的决策民主化、科学化和有效实施，并给人们带来“不信春风唤不回”的信心和决心。

“不以规矩，不能成方圆。”政协委员“讲规矩”，做政治上的“明白人”，说到底，就是要自觉遵守国家法律法规，站稳政治立场、严守政治纪律、坚定政治方向、保持政治定力，以实际行动塑造中国共产党的“好参谋、好帮手、好同事”的形象，共同把中国的事情办好。如何在脱贫攻坚中破解相对贫困的难题？答案之一：应当合力建立“政策托底＋市场支撑”的联动机制。但“政策托底”托在哪？“市场支撑”支何方？英雄所见略有不同，见仁见智实属正常。基本要求是在协商工作中做到相互尊重而不强加于人、遵循规则而不各说各话、真诚协商而不偏激偏执。

“秉持公心，指谛时弊。”协商议政是政协委员的责任担当。为国履职、为民尽责，求真务实、凝心聚力，就不能说空话、大话、假话、套话，也不能说过时话、应景话、外行话、过头话、私心话。例如，扶贫对象本身是弱势群体，应注重扶贫产业的低风险性；脱贫要脱在根子上，首先是要保障贫困户的就业岗位；解决搬迁群众后顾之忧，人文本质是要增强他们的社区融入度和归属感，等等，都是求真务实管用的真话。常说百姓心中事，一枝一叶总关情，协商议政之所以备受关注，正是因为打开窗子说亮话，道出老百姓的所盼所想所愿，使人感觉很暖心。

“你加我我加你，大家心相连，同舟共济海让路，号子一喊浪靠边。”协商议政连接着你我他，能够最大限度地把奋进的力量汇集起来，凝聚共识，共同奏响雄伟的时代乐章。在实现第一个百年奋斗目标、开启第二个百年奋斗目标新征程的历史交汇点，我们有幸赶上这人生难得的际遇。面向未来的赶考，切实把“在中国行得通、很管用”的协商民主制度贯彻好、实践好，坚定地答好新时代的答卷！

（2020-07-16 期 03 版）

记者抗洪日记：
只要一个班，却来了一个排

王　磊

编者按　面对严峻的汛情，江西省政协机关组建防汛救灾青年突击队，本报记者王磊荣幸地成为突击队中的一员，亲身经历并见证了突击队从人员报名、组建完成、奔赴一线开展防汛救灾任务。在防汛救灾的同时，他用文字和相机记录了政协干部防汛救灾的感人瞬间。

临近17日中午，江西九江市湖口县舜德乡舜德村和石岭村来了一群特殊的朋友——省政协机关防汛救灾青年突击队队员。

这还要从7月13日说起。

“接团省委、省直机关团工委紧急通知，省政协机关积极响应防汛抗洪抢险救灾号召，立即组建一支不少于10人的青年突击队（以男性为主），作为防汛救灾工作预备队。现号召机关40周岁以内的青年干部踊跃报名。”7月13日9时，省政协机关工作微信群内弹出一条紧急倡议。

“报名”“我报名”“我也报名”……

倡议书一经发出，广大青年干部积极响应，踊跃报名，纷纷要求参加防汛救灾青年突击队，其中很多同志写下了“请战书”，主动请缨，勇战洪灾。

“我在部队有抗洪经验，优先安排我去！”

“女同志也可以上的，我在基层工作时守过山塘水库，优先安排我参加。”

“我现在就在昌江圩大堤上，应该先安排我。”

倡议书发出不到一个小时，就有43名青年干部踊跃报名参加。

有同志感叹道，“只要一个班，却来了一个排，这就是政协力量，体现了政协担当！”

13日16时，省政协机关组建了由11名青年干部组成的首支防汛救灾青年突击队。

时间紧、任务重。

“迷彩服是选长袖，还是短袖？”

14日22时，突击队员赵建庭、詹小金，仍在选购抗洪救灾应急安全装备、巡堤设备、应急药品等。

“要组织突击队学习领会好有关会议、文件精神。要准备好防暑降温的药品，上堤时，如果条件允许，必须穿救生衣。”省政协秘书长汪爽特别关注突击队员的安全。

15日16时，省政协办公厅主任杨木生与即将出征的11名青年突击队队员座谈，他勉励大家，“干出党员的形象，干出政协人的样子；带回健康平安的身体，带回艰苦奋斗的功劳。”会上还成立了突击队临时党支部。

“我们知道你是谁，更知道你为了谁。”17日一早，省政协机关防汛救灾青年突击队队员们，以昂扬向上的斗志，奔赴九江市湖口县舜德乡。

（2020-07-22期02版）

改变“一小步” 提升“一大步”
江西省政协推动反映社情民意信息工作提质增效记事

蔡久伟

“你们昨天报送反映防汛救灾的《社情民意》专报，省委书记、省长当天就批了。”7月15日一大早，江西省政协机关机要员涂继锋一路小跑，给宣传信息处送来了省委、省政府领导的批示复印件。“这是书记、省长今年以来对《社情民意》专报的第14次批示了！”宣传信息处副处长蔡斯嘉接过批示复印件笑着说。

自今年2月江西省政协创办《社情民意》专报以来，15期专报，省委书记、省长批了14次，而且“当天送达当天批”的就占了一半多，省委、省政府领导批示47人次，催生了13份文件的出台，推动省直有关部门采取35项务实举措，有力助推了35个问题的有效解决。

“一纸社情民意信息”何以书记、省长如此“偏爱”？这可以从江西省政协对反映社情民意信息工作的系列“改变”中得到答案。

“效率就是生命！”

年初，一场新冠肺炎疫情席卷全国。这时，群众急什么、盼什么、有什么困难？非常之时当有非常之为，社情民意连通的是民心，反映的是民情，集中的是民智，广大政协委员以反映社情民意的形式贡献自己的力量。“取消私家车尾号限行，降低乘坐公交人群交叉感染风险”“聚众购买口罩易引起交叉传染，建议口罩销售改为‘网络预约，送货上门’”……“每天收到的信息有六七十条，最多的时候超过150条。”谈起疫情初期收到的社情民意信息，蔡斯嘉如是说。

这些“金点子”怎么用？“出专刊，每期刊发一至两条优秀信息，第一时间直报省委、省政府领导。”江西省政协主席姚增科说。

效率就是生命！社情民意信息有没有第一时间送达领导案头，有时就是“0”与“1”的区别。

2月13日，第一期《社情民意》专报火速出炉，针对疫情防控期间春茶采摘、生产、销售等问题，建议：政府相关部门尽早拿出应对方案，从采茶制茶的人员组织安排和疫情防控管理两方面着手；各产茶区政府帮助茶企筛选拟录用的采摘人员等。2

月14日，省长作了批示，要求相关部门调研拿出应对之策。省委书记特意请工作人员向省政协通报情况：此件已交相关部门办去了。省农业厅接到批示后，针对茶企可能存在的用工不足问题，提前开展劳务联系，严格落实防疫措施，有序有力推进复工复产，至3月10日，全省茶叶龙头企业全部复工复产。

为加快信息采编报送速度，省政协建立了《社情民意信息工作应急响应机制》。“那时的我们就像陀螺，节假日不休、24小时轮流值守，做到当日信息当日收、编、发。”蔡斯嘉说。

“来一次工作方法大变革！”

反映社情民意只图快，不一定带来好。只有又快又好，才是真的“好”！

什么是“好”？信息反映问题紧扣“牛鼻子”，所提建议算得上“金点子”，推动问题解决是实打实。

怎样才能抓住“牛鼻子”问题，在众多来稿中发掘建言的“金点子”？“‘沙里淘金、好中点优’，这可是个技术活，还得使集体会商这个‘法宝’。”省政协主要负责人说，“必须来一次工作方法大变革！”

对外实行：“政协人＋政府人＋专业人”的优秀社情民意遴选机制。“对来稿，我们处里先行会商，遴选出一些优秀篇目，再分头咨询政府职能部门人员和业内专家学者。”宣传信息处干部汪贤德说，“一个专报至少得征求10余人次的意见，有时还得面对面讨教呢！”

对内实行：“扁平化”管理、“围读”商量。变一人执笔、层层画圈“一人说了算”的垂直管理模式，为多人“执笔”、面对面商量“多人说了算”的“扁平化”管理、“围读”商量。“省政协领导也常和我们面对面讨论呢！”宣传信息处干部鲍雪芬说。

“广告好不好，关键看疗效！”

方法一变，质效大增。“每期专报都能得到多位省委、省政府领导的批示，反映问题大部分得到了解决，有些被列为下步工作计划。”谈到方法改变后带来的变化，鲍雪芬喜上眉梢，“广告好不好，关键看疗效！”

针对疫情时期“停课不停学”中，部分贫困户子女存在“掉线”风险，委员建议：在全省范围内，对贫困学生在线学习状况进行摸排；政府买单从物力财力和技术上解决在线教学流量不足等。省教育厅采纳并及时下发《关于切实解决中小学生线上学习条件保障问题的通知》，要求以学校为单位建立精准帮扶机制，“一人一策”采取针对性的措施帮扶，努力做到线上教学“一个都不能少”。

针对疫情下普惠性民办幼儿园生存“告急”情况，郑艳斐等委员提出：协调减免房租，或设立民办幼儿园房租专项补贴等5条建议。

“在接到省长批示后，分管副省长召集省直有关部门召开协调会，会后出台了有关《全省普惠性民办幼儿园帮扶工作的通知》……所提的5条建议逐一得到落实。”省委办公厅督查通报中对省政协《社情民意》专报办理情况如此描述。分管副省长也认真地说：“书记、省长批转政协来件，我与政府职能部门，都是认认真真一项项办好办实”……这已成为“新常态”。

“领导有担当，政协有作为！我们会继续努力，担当好政协委员的职责！”在得知自己反映的社情民意得到省领导重视、职能部门充分吸纳其建议后，纪伟鹏委员激动不已。“改变”带来的变化显而易见，截至6月30日，江西省政协宣传信息处收到社情民意已达2000余条，超过去年全年总量。

攀登无止境，创新不停步。正如省政协秘书长汪爽所说，“只有不断创新，才能提质增效；只有精准立项、精心解答，才有精品呈现，才能反映社情民意信息这项平常工作的‘不平常’。”

（2020-08-10 期 01 版）

江西省政协常委会议首次“屏对屏”协商脱贫攻坚
疫情影响是暂时的　幸福是奋斗出来的

熊　灵　王　磊

日前，江西省赣州市于都县上塘村，在阵阵鸡鸣声中，扶贫干部林晓华站在村合作社肉鸡产业基地前，通过视频连线，兴奋地介绍该村发展产业脱贫奔小康的历程。

视频的这一头，是江西省政协十二届十二次常委会议现场。这是江西省政协对标全国政协，首次采用视频联动协商形式，让脱贫攻坚一线的干部、群众、种养合作社理事长和企业负责人与省政协常委、委员及省直部门负责同志“面对面”交流。

四位连线对象，来自不同地区，从事不同产业，代表性非常强。

“习近平总书记来过我家！”回想起2016年2月习近平总书记的到访，井冈山神山村村民彭夏英露出灿烂笑容。得益于帮扶政策，她开办了全村第一家农家乐，吃上了“旅游饭”，去年家庭收入突破10万元。

“以前是‘上访户多、争贫闹贫多、懒汉多单身汉多’，现在是‘种养能人多、政策宣讲员多、入党积极分子多’。”省级深度贫困村上塘村在各级党委、政府关心支持和省政协机关结对帮扶下的嬗变令人振奋。

“作为龙头企业，要尽好社会责任。我们吸纳了46位贫困劳动力就业。今年扩大了种植规模，准备带他们挣更多钱、过上更好日子。”上饶市卧龙石斛生物科技有限公司总经理祝卧龙说。

相隔数百公里，四人同时在线，与大家“屏对屏”、心连心。

“销路怎么样？”“还有什么困难和建议？”委员们十分关心。

“我们的优质葡萄吃起来不用吐葡萄皮，批发价20元/斤，销往上海、深圳等大城市，非常抢手！”南昌市新建区众森养殖专业合作社理事长闵风根介绍。话音刚落，江西省政协主席姚增科现场支招：“建议你立足资源禀赋、用好品种优势，打响‘吃葡萄不吐葡萄皮’品牌，在扩大规模、延伸产业链上下深功夫，带动更多人增收致富，巩固脱贫成果。”

“请把你们的具体地址、销售方式发来，我们帮忙做宣传，身体力行参与消费扶贫。”得知受疫情影响，彭夏英的农家乐客源不稳定、祝卧龙的企业销量增长乏力时，大家提出暖心要求。

“疫情影响是暂时的，幸福是奋斗出来的。欢迎大家来参观，见证我们的甜蜜产业、幸福生活！”屏幕上，四人不约而同发出热情邀请。

（2020-08-13期04版）

让协商文化飞入寻常百姓家

江西省政协着力培育“赣事”好商量品牌

汪贤德

“培育‘赣事’好商量品牌，在共同思想政治基础上，使不同的对策建议、观点意见都能充分交流、交锋、交融。”8 月 19 日，在江西省政协党组会议上，江西省政协主席、党组书记姚增科如是提出，打响协商品牌、培育协商文化，既是省政协酝酿很久的事，更是在总结以往工作成效基础上顺势而为。

“我以前不知道政协是干什么的，原来是和咱们老百姓商量着办事的。”来自井冈山神山村的彭夏英似懂非懂地说。7 月 30 日，江西省政协召开常委会议，围绕“推进乡村产业发展巩固脱贫攻坚成果”开展网络协商议政，通过视频连线听取来自基层一线的村支部书记、致富带头人、龙头企业负责人、脱贫群众等 4 位连线对象的意见建议。此次常委会，彭夏英没想到会与她视频连线……在扶贫政策的支持下，原是贫困户的彭夏英，开办了全村第一家农家乐，吃上“旅游饭”，去年家庭收入突破 10 万元。

接地气的举措将协商触角延伸至田间地头，让大家耳目一新。大屏幕上，四位连线对象生动讲述投身产业脱贫的实践，并结合实际提出针对性建议，与调研报告中的精彩观点、翔实数据、丰富案例相互印证、相互补充。

“邀请基层代表参加协商，是一次有益探索，要逐渐形成制度规范下来，让协商文化飞入寻常百姓家。”省政协秘书长汪爽表示，“在群众中调研，请到会场来协商，群众的事情解决了，心情舒畅了。”

为了让基层一线人员真正参与到政协协商中来，省政协此前还选择具有代表性的农业龙头企业、合作社、家庭农场负责人，村支书、扶贫干部等 87 人，组建了“民情直通车”微信群。群员只要有想法、意见建议，以及遇到问题都可以随时随地发在群里，与调研组同志进行交流。

“群里成员非常活跃，我们能听到真话实话，一大批‘金点子’、好主意被我们吸纳到了调研报告中。有时有些人反映问题含糊不清，似乎有事，我们就电话单线联系，或微信私聊。”省政协农业和农村委员会专职副主任邹英香对这个小创新很满意，“这项与时俱进的小创新，被作为好经验在各个课题调研中推广。”

“覆盖面更广了，参与人员更多了，原来调研就是课题组成员几个人的事，现在一群人在找问题提对策。”开展中医药产业调研的省政协办公厅副主任邓杰深有感触，不管是专家锦囊妙策，还是土郎中的“土方子”，都在一起相互碰撞，相互启发，为“中医强省”战略出谋划策。

“像政协委员这样坐在一条板凳上，认认真真听我们心里话的还是第一回……”“一对一访谈，我仅凭这头一回，也得说真话……”为了唱响“庐山天下悠”文化旅游品牌，该课题调研组既下山又上山，从群众中来、到群众中去，走进了不同利益主体的内心世界，听他们“想什么，盼什么，怕什么……”蹲点式调研、沉浸式调研，像这样与老百姓坐一张凳子找问题谈建议，对于每个调研组成员来说，早已习以为常，也是本届江西省政协开展调研的一大特点。

“既是调研听意见建议的过程，也是凝聚共识的过程，更是培育协商文化、强化协商理念的过程。”开展唱响“庐山天下悠”课题调研的省政协文化文史和学习委员会主任辜清说，只有这样才能让“有事好商量、众人的事情由众人商量”在基层走深走实。

如今的赣鄱大地，九江市政协的“有事先商量”，宜春市政协的“有事好商量”，安义县政协的“莲花夜谈”，弋阳县政协“好商量”议事室等基层民主协商活动风生水起，百姓有事找政协、企业遇事问政协的协商氛围正在形成……

（2020-09-14 期 02 版）

老树开新花

江西省政协推动提案工作提质增效记事

蔡久伟

提取公积金是许多人都会遇到的事，在南昌提取要多久？一上午？一小时？

近日，江西省政协机关新人小熊专门请了半天假，来到省住房公积金管理中心办理提取业务。取号、填写《住房公积金提取声明书》、工作人员审核材料……全流程走完只用了两分钟。“款项下午就能到账，请您注意查收。”工作人员说。

“真快！”

“这还得给你们省政协委员记头功呢！”工作人员笑着说。

原来，在2018年的省政协全会上，张知明常委提交了《关于简化住房公积金提取手续的建议》提案，建议：尽可能简化公积金提取手续；充分利用“互联网+”，实现“数据多跑路，群众少跑腿”等。提案承办单位省住建厅调研后，下属单位省住房公积金管理中心于当年5月下发通知，从简化提取材料、调整提取申请时间等方面进一步优化公积金提取手续……

一件提案解了老百姓的烦心事，像这样的事，在江西省政协还有很多。“许多委员提案里的金点子，都成了我们推动工作的新举措。”今年省政协全会期间，谈到提案带来的变化，省质量技术监督局副局长蔡玮说。

喜人变化背后，是江西省政协换届以来围绕“写、立、办”三个环节，推动提案工作提质增效所洒下的一路汗水。

打好提质增效“第一仗”！

提案工作的第一环是撰写提案。提案写得好不好，直接决定着提质增效“第一仗”的胜与败。

如何打好“第一仗”？

线上线下联动、会内会外联通。“除了举办培训班、定期发资料等‘老套路’，我们还打了一套‘组合拳’。”时任省政协提案委主任刘定明说，“给委员送重点选题，组织开展提案调研；举办集体提案征集协调会，对相同相近提案适当调整；邀请党政部门通报工作，让承办单位给委员说情况、提线索……”“我们还利用委员微信群、网上提案办理系统等平台，由专人在线一对一指导委员撰写提案。”省政协提案委专职副主任余慧川说。

“这些举措可帮了我的大忙！怎么写好提案，我现在心里有谱了。”去年新任省政协委员谢茂林为这些举措竖起了大拇指。

为激励委员提高提案质量，2019 年底省政协出台了《优秀提案、先进承办单位和先进提案工作者评选办法》。

“不着边际的没有，不紧扣中心工作和老百姓难事的没有，无法操作的没有，提案质量逐年看涨，写得好着呢！”说到现在的提案质量，余慧川一连用了三个“没有”。

三箭齐发，提案更“精”了

“提案在精不在多”，这是提案人的口头禅。提案越“精”，才能办得更实，发挥作用更大。“精”这一关谁来把？提案立案审查。怎么办？用足用好协商。

“‘先协商、再立案，不求快、但求准。’去年省政协全会召开前，我们就确定了立案审查原则。”省政协提案委副主任张国轩说。怎么理解？他们将此称为“三步协商法”。

第一步，“政府人”与“政府人”协商：从省直单位中抽调办提案的“高手”一起审全会提案，让他们与各单位共同商量提案怎么分办……

第二步，委员与委员协商：审查全会提案，省政协提案委委员做到了“一个都不能少”。通过充分协商沟通和委员“现身说法”，广大委员对提案立案的严格标准和把关者的“良苦用心”更理解了。参与审查的“政府人”和委员都点赞：“这是两全其美的招！”

第三步，“网络协商”：全会结束后，省政协提案委将准备立案的提案通过“提案动态管理系统”分送给各承办单位，就是否立案、是否列入重点督办提案等问题，与承办单位商量。

2019年底，省政协出台了《提案审查处理工作实施细则》，从立案原则、标准、流程等一一规范，并特别规定了不予立案的17条情形。

方法一变，效果立现。2018年至2020年，省政协提案立案率分别为93.8%、86.7%、83.3%，严格把关下，数据连年走低，质量逐步提升。“以前有些提案提的意见都对，但就是难以‘下手’，导致建议没采纳。但从去年开始情况大不一样，交来的基本上都能立马办啰！”省教育厅提案联络员马宁说。

采纳率“节节高”，提案作用更大了

如何让提案办得更实？不仅要提案好，还要“督着”办。从2019年开始，江西省政协实行了省委书记、省长对提案和建议案“双领办”；出台了《重点提案遴选与督办办法》等文件，仅2019年就编发10期《重要提案摘要》，向省委、省政府领导报送，形成30期《重点提案督办专报》予以通报。

系列举措带来了实打实的成效。2018年，委员提案意见建议被采纳或受到重视的占90%，2019年升至96%。提案采纳率的“节节高”，加速解决了一批烦心事。

南昌西站周边的“后八轮”，无视交通规则乱闯红灯，带来的漫天灰尘污染着周边环境，令人难以忍受。省政协委员及时提交提案反映该问题后，省委书记先后4次实地明察暗访，督促所提建议落到实处，周边居民拍手称快。

2019年，省委书记领办的《关于加强庐山别墅保护、管理与利用的几点建议》提案，不仅促成省住建和文化旅游部门摸清了庐山别墅底数、分类制定了保护方案，还直接推动了《庐山别墅保护与利用工作方案》《九江市历史建筑保护条例》的出台。

“质效导向就是政协的形象、价值所在，提案工作必须严把质效关。”江西省政协主席姚增科说。

（2020-09-18期01版）

讲好新时代红土地政协故事
江西省政协新闻宣传工作的实践

邓　杰

江西省政协坚持把增强“四个意识”、坚定“四个自信”、做到“两个维护”落实到新闻宣传各个环节，牢牢把握正确的政治方向和舆论导向，突出团结和民主两大主题，做到内容创新、形式创新、手段创新，讲好新时代红土地政协故事。

一、第一责任人高度重视，俯下身子指导，为做好政协新闻宣传工作提供了保障。省政协党组和主席会议多次研究新闻宣传工作，明方向、定思路、作部署、促落实，推动工作有序有效开展。作为第一责任人，省政协主席、党组书记姚增科既坚持亲自审改把关新闻稿件，又经常与从事新闻宣传的同志交流心得，共商写好新闻稿的路径和办法。他反复强调，“新闻稿是对标对表中共中央精神、贯彻全国政协和省委要求、传递党组和主席会议声音的一种重要方式，政治性、导向性特别强”，要求严把“政治、政策、法规、内容、文风”五个关口，以治学和工匠精神打磨每一篇稿件。今年以来，省政协领导先后作出相关批示60多条，为新闻宣传工作提供了重要指导。

二、精心多维度策划，主动积极作为，为做好政协新闻宣传工作增添了动力。围绕重点选题报道，凝聚发展正能量。紧扣中心工作和年度协商工作计划，选择决战脱贫攻坚、唱响“庐山天下悠”、培育协商文化等5个课题作为重点选题，精心策划，深入报道，精彩呈现。聚焦重点工作报道，唱响时代主旋律。面对抗疫抗洪双战双考，全省各级政协组织和广大委员冲锋在前，我们第一时间组织策划中央驻赣新闻单位和省主要媒体及时宣传报道抗击疫情的感人故事。进入汛期后，大家再次奔赴一线，人民政协报江西记者站站长第一时间报名参加省政协机关抗洪青年突击队，白天抗洪，晚上写稿，并与“人民政协网”制作视频连线特别节目。紧扣重大会议报道，积极探索新形式。组织策划全会开幕电视直播访谈，邀请文件起草组同志担任直播访谈嘉宾，解读常委会工作报告；开展全会会中集中采访，组织委员就年度重点协商议题，畅谈凝聚共识、建言资政的经历和感受；实行重要会议宣传报道会前预热、会后总结等。形成全社会了解政协、支持政协的良好氛围。

三、媒体全方位支持，倾心倾力参与，为做好政协新闻宣传工作注入了活力。密切与中央、省、市各级媒体交流沟通，及时通报省政协重要履职活动情况，邀请记者参与调研视察活动，为宣传报道好政协工作和委员风采创造良好条件。4 月 10 日，省委召开政协工作会议，人民政协报社以及省、市 18 家媒体单位从不同角度报道，把镜头对准委员、话筒交给委员，形成稿件 32 篇，《人民政协报》头版头条刊发稿件。

2018 年人民政协报社江西记者站工作加强后，江西省政协新闻稿件量质双升。今年以来，《人民政协报》刊发江西省本级政协稿件 38 篇，市县政协稿件 52 篇，人民政协网、微信公众号“早闻政协”刊发信息 200 余条。不仅如此，人民政协报社连续多年安排本部记者来赣宣传报道江西省政协全会盛况及基层政协工作。

今后，我们将继续努力，在构建大宣传格局、强化队伍建设、推进媒体融合发展上下功夫，推动全省政协新闻宣传工作再上新台阶，政协高质量发展有新成效。

（2020-10-09 期 02 版）

传承红色基因　干出新时代新样子
江西省政协扎实推进机关红色文化建设小记

骆名坤　王　磊

“重温这段‘依然活着的历史’，我们更加深刻认识要不忘初心、牢记使命，树立党的一切工作到支部的鲜明导向，担负起服务政协履职的责任，把对党和人民的承诺，变为兴赣富民的实际行动。”这是江西省政协机关全体领导干部，11 月 27 日观看大型话剧《支部建在连上》后形成的思想共识。

这仅是省政协机关坚持结合政协实际，创新形式开展红色故事搜集、讲读活动的缩影之一。

“传承好红色基因，要学好读好讲好发生在红土地上的守初心、担使命故事。”省政协主席、党组书记姚增科要求委员和干部，对照革命先烈先辈，进一步坚定“我是谁”“为了谁”“依靠谁”的政治立场。

组织委员和干部精读细读《回望峥嵘读初心——发生在江西红土地上的 100 个经典革命故事》；推出“政协读影”平台，组织观看《可爱的中国》等影视片；走进井冈山、瑞金等革命圣地，缅怀红土地上 25 万多名英烈……

“结合政协实际，创新形式开展红色故事搜集、讲读活动。”省政协秘书长汪爽介绍，活动用一个个红色故事，教育引导机关干部做到对党绝对忠诚，对事业不懈追求，永葆共产党人的政治本色。

为进一步提升主题党日活动实效，江西省政协机关把创新主题党日活动与加强机关红色文化建设结合起来，出台《关于提升主题党日活动质量的若干举措》，实行“走出去”与“请进来”相结合。

去年 8 月 1 日建军节，省政协组织机关干部来到陆军步兵学院，开展“不忘初心、牢记使命”主题教育军事日活动。

“5 月 21 日，习近平总书记到陆院视察，站的就是沙盘前的位置。”省政协常委、陆军步兵学院政委刘勇娓娓道来。

“习近平总书记视察于都长征集结出发地纪念馆，我一路陪同，一路讲解，当面聆听了总书记教导。”走进学院学术报告厅，赣州市委党史办主任胡日旺的专题党课引人入胜。

通过委员、党史专家分享难忘经历，省政协机关干部感同身受，心潮澎湃。

“传承红色基因，追随习近平总书记的脚步参观、学习，既是一场深刻的思想政治洗礼，也是一次不忘初心、牢记使命的党性锤炼。”再次提起这次活动，省政协文化文史和学习委专职副主任傅兆良仍感触颇深。

如何过好党员的政治生日？

省政协机关倡导各党支部在党员政治生日之际，回忆入党心路历程，讲好互动式、研讨式微党课。省政协办公厅副主任、机关党委书记钟清滨说：“抓人心，暖人心，聚人心，引导党员干部牢记第一身份是党员，第一职责是为党工作。”

“我入党近 30 年，这堂政治生日微党课，让我回想起入党时的庄严承诺和誓言，坚定了为党的事业奋斗的决心和信心。”省政协机关军转干部耿德根在党支部讲完他的政治生日微党课后表示。

此外，省政协机关还将红色文化建设渗透到重要节日、时点，制定文化建设二十四节气图，在重要时间节点组织座谈交流、主题党日活动等，推动红色文化教育常抓不懈，在传承红色基因中干出了新时代政协机关的新样子。

（2020-12-02 期 01 版）

同步学精神　同行谈发展

江西省政协港澳委员和特邀海外列席代表返赣视察小记

熊　灵　王　磊

近日，江西省政协视频会议室里迎来了一批特殊的客人——返赣视察的省政协港澳委员和特邀海外列席代表。

会议室的屏幕上布满了远程接入的“云上”与会者影像，港澳委员和来自全球各地的特邀海外列席代表共同期待着视察前的重要一课——学习中共十九届五中全会精神。

这是一场跨越时空的精神大餐。“知上情，晓下情”，一个不能少。为帮助委员和代表更好地知情明政、凝聚共识，面对疫情影响，省政协创新形式，首次采取网络视频连线方式，线上线下同步进行。来自巴西、阿根廷、俄罗斯、意大利、瑞典等多个国家和地区的22位委员和代表参加线上学习。欧洲和南美洲的侨胞代表收听收看时正是当地时间凌晨二三点。熬最长的夜，学最新的精神，大家学习热情之高可见一斑。

两个小时的宣讲中，省政协委员、省委宣讲团成员、省委宣传部副部长吴永明对全会精神进行了深入解读。

“既与江西实践相结合，又与港澳工作相结合，非常难得、非常过瘾！”宣讲得到大家高度评价，屏幕上也竖起多个大拇指。省政协港澳台侨和外事委员会有关同志还收到多个跨越万里的电话和微信消息，专程点赞此次学习。

学习会一结束，视察团就在省政协副主席谢茹的率领下，马不停蹄赶赴鹰潭市，围绕“旅游康养产业”开展专题视察。

这是一次领略朝气赣鄱的收获之旅。三家旅游康养领域相关企业让视察团惊喜连连、收获满满。在紧凑的行程之后，视察团与当地同志开展座谈交流。

“我们立足道教文化独特优势，探索山水观光型到康养旅游目的地型转变。”鹰潭市副市长蔡江向大家介绍了一批正在谋划实施的项目。同时，她坦言，当地存在旅游康养产品单一、产业实力偏弱等问题，“比农家乐档次高一点”。

“来鹰潭来对了！”首次来到鹰潭的省政协常委、香港委员召集人、永隆集团（香港）有限公司董事局主席吴辉体说，作为“中华道都”，要高站位、高层次挖掘好独一无二的丰富道教文化资源，做到“我有你没有、我能你不能”，打造一流养生养心平台。

"关键要在'特'字上下功夫！"考察团副团长、中国光彩事业日本促进会会长姜维说，比如道医、道膳、道茶、道家武术等，突出差异化竞争。

"鹰潭好山好水好文化，发展旅游康养产业优势巨大。"省政协常委、香港委员召集人、香港恒晖（控股）有限公司董事长谢林翰建议，把规划落地落实，像省里支持茶叶"四绿一红"一样，支持当地康养产品的开发宣传。

酒香也怕巷子深。特邀海外侨胞代表、阿联酋乐勇集团董事长王乐勇表示，要重视落地推广，在入境游客中打出知名度。"从昌北机场出来，能看到抚州的宣传广告，却没有咱们龙虎山的。要知道，浙江义乌的宣传广告都做到迪拜机场去了！"

热烈的交流现场，多位委员和代表表达投资意向，得到参加座谈会企业的积极回应。

中共十九届五中全会提出"全面推进健康中国建设"，旅游康养产业发展大有可为。谢茹说，"希望大家提交高质量委员作业，在积极参政议政中，当好履职尽责的先行者；在广泛凝心聚力中，当好增进认同的传播者；在发挥特殊优势中，当好江西扩大开放的参与者。"

（2020-12-18 期 04 版）

2021 年

"赣"事好商量　赢得"好口碑"
江西省政协推动基层协商与社会治理相结合

支翊帮　王　磊

脏乱差的垃圾堆放点消失了；私搭乱建的违章建筑拆除了；休息时间的装修噪声管住了……江西省南昌县莲塘镇巨仁广场小区的居民看着居住环境的大改善，心里舒坦了。

这仅是江西省政协指导市县政协推动政协协商与基层协商有效衔接的一个缩影。

"打造好'赣'事好商量平台，把'赣'事商量好，赢得真严真实真有用的'好口碑’。”省政协主席姚增科介绍，一年来，全省各级政协围绕党委政府工作大局，助力统筹推进常态化疫情防控和经济社会发展，紧扣“六稳”“六保”，深入调查研究，交出了更加精彩的政协答卷。

协商平台搭向基层

“我以前不知道政协是干什么的，原来是和咱们老百姓商量着办事的。”2020 年 7 月，在省政协“推进乡村产业发展巩固脱贫攻坚成果”议政性常委会会议现场，视频连线中的井冈山神山村村民彭夏英激动地说。

这是省政协首次通过视频连线，将协商触角延伸至田间地头，倾听基层一线的村支部书记、致富带头人、龙头企业负责人、脱贫群众生动讲述投身产业脱贫的实践，并结合实际提出针对性建议。在扶贫政策的支持下，原是贫困户的彭夏英，开办了全村第一家农家乐，吃上“旅游饭”，年家庭收入已突破 10 万元。

“到群众中调研，请大家来协商，事情解决了，心情也舒畅了。”省政协秘书长汪爽表示，邀请基层代表参加协商，是一次有益探索，要逐渐形成制度规范下来，让协商文化飞入寻常百姓家。

为了让基层群众真正参与到政协协商中来，省政协选择了具有代表性的农业龙头企业、合作社、家庭农场负责人，村支书、扶贫干部等 87 人，组建了“民情直通车”微信群。

“原来调研就是课题组成员几个人的事，现在一群人共同找问题提对策。”省政协农业和农村委员会专职副主任邹英香说，“民情直通车”，既能调研掌握基层一手鲜活情况，也可解疑释惑凝聚共识，更能培育协商文化、强化协商理念。

协商活动风生水起

南昌、九江、上饶作为先行试点市，大力推动“赣”事好商量平台建设。

南昌市在“赣”事好商量平台建设的基础上，结合本地特点，推出了“有事多商量、有事好商量、有事会商量”基层民主协商议事活动。

“好事没办好，群众不认账，大多是信息不畅造成的。开展‘三有’活动，就是要解决信息畅通的问题，有事大家坐在一起，开个圆桌会，平等协商，把话说开，讲明道理，形成共识。”南昌市政协主席刘家富说，“最重要的是建立协商平台，让群众既有地方协商、更方便参与。”

2020年7月以来，南昌市政协在全市开展基层民主协商“三有”活动以来，全市乡镇（街道）、村（社区）两级建立协商议事平台837个，开展基层协商活动1700多场。

“推动政协协商与基层协商相衔接、与社会治理相结合。”经过一年多的试点探索，九江市逐渐形成了“党委领导、政协搭台、委员履职、有序参与”的基层协商工作格局，成为各基层部门解决问题、化解矛盾的有效“金钥匙”，深受群众欢迎。

九江市政协主席占勇说，“坚持履职为民、秉持群众观念，协助党委政府把群众关心的事办好、牵挂的事办实、希望的事办成，不断增进群众的幸福感、安全感、获得感。”

放眼上饶，一个个“赣”事好商量协商议事室在农村社区工业园区绽放，一条条协商成果转化落实，换来了百姓的“幸福指数”的提升。截至2020年底，上饶市共建成“赣”事好商量协商议事室2906个，召开“党建＋好商量”协商议事会2381次。

“实践证明，始终坚持党的全面领导，充分发挥政协专门协商机构的优势，就能取得众人支持，赢得各方点赞。”上饶市政协主席杨文英说，“上饶各地正在积极探索‘党建＋好商量’工作机制，不断拓宽群众工作路径，创新基层社会治理模式，力争协商一件、落实一件、办成一件。”

协商成效惠及百姓

民事民议、民事民办、民事民管……“赣”事好商量协商议事活动，已成党委政府“好帮手”、人民群众“连心桥”、委员履职“新平台”，人居环境改善、既有住宅加装电梯、耕地改良等一批群众的闹心事、堵心事、烦心事在协商中得到妥善解决。

“规划等由政府做的工作依法依规做到位，解决‘能装’的问题；由各县（市、区）有关职能部门将辖区内所有符合加装电梯条件的小区列出单子，放到政协平台来商量，发挥各级政协和政协委员的作用，解决‘装得了’的问题。”九江市政协通过“赣”事好商量，按下加装电梯“快进键”，全市政协委员带头搞好商量、搞好宣传、搞好调研、搞好协商，让更多“老楼房”实现“电梯梦”作出了努力。

“垃圾中转站会科学合理地规划设计，采用高级的垃圾中转清运设备……”日前，在上饶市茶亭经济开发区就“加快园区垃圾中转站建设”议题开展的协商议事会上，环保专家在协商会上一边讲解、一边播放影像资料，解开了群众心头的疑惑。居民代表郑崇禄说：“听了专家的讲解，终于可以放心了，我会尽力说服更多人支持垃圾中转站的建设。”一番商量后，迟迟不能开工的园区垃圾中转站建设难题得到化解。

“有政协委员参与的协商，成果转化率明显提升。”南昌县康莲路社区书记揭长芽高兴地分享协商成果转化率高的秘诀。县政协按照“就近、自愿”原则将全县政协委员分配到各个协商议事室担任“室员”，并把参与“三有”协商及成果转化情况列为委员考核的重要内容，极大激发了委员参与协商的积极性。

如今的赣鄱大地，基层协商民主之花正在绽放，百姓有事找政协、遇事先协商的氛围越来越浓。

（2021-01-26 期 01 版）

从“运动员”到“裁判员”

江西省政协十二届四次会议委员审查提案掠影

赵建庭　王　磊

1 月 27 日 18 时，江西南昌市滨江宾馆二号楼。

刚从提案办理协商会现场走出的江西省政协常委夏英杰，来不及吃晚饭，就提着笔记本电脑快步前往大会提案组“报到”，在工作人员的协助下，随机从当天进入三审的提案中选取 21 件开始审阅。“今晚我提前来了。”夏英杰边浏览提案边说，“提交提案时候我是‘运动员’，现在角色互换，成了‘裁判员’，审查其他委员提交的提案，尤其是不立案的提案，要慎之又慎，细之又细。”

19 时，王予江等 6 位省政协委员也到了大会提案组，在技术人员的协助下，对当天的 128 件提案进行审查。与此同时，省政协提案委员会主任丁晓群、副主任张国轩也到了提案组，开始对经过三审的提案进行终审，同时对当天的不立案提案现场协商讨论，最终审定不立案提案意见。

“反映情况真实、分析问题深入、提出建议具体，逻辑严密，可推选为重点提案预选件，也可作为提案摘报报送领导。”

“问题看得准，分析还是不到位，所提建议空而虚，无法落地落实落细，建议修改后重新提交。”

“有情况，有分析，大而化之，却没有实打实的建议，应该属学术研究成果，作为信息转交有关单位参考较为合理。”

……

时针指向21点30分，返回驻地的车上，委员们还在讨论当天提案的立案和不立案情况。

“按照工作流程，一件提案通过网络系统提交，经过工作人员分类、一审、二审，此时对是否立案、办理单位初定已进行了两轮协商，但是这个不一定准确、合理，所以我们又邀请提案委员会的委员来当‘裁判员’。”省政协提案委员会专职副主任余慧川介绍，通过增加委员审查提案这个环节，提升立案的科学性，有利于锻造高质量的提案。

据悉，从1月24日报到当天开始，“每晚7点，提案审查，不见不散”成了提案委员会委员的“额外”履职内容，到1月27日晚上，38名委员共审查提案621件，其中集中研讨、当面协商不立案提案46件。

（2021-01-30 期 03 版）

产业旺　老表富
江西省政协助力乡村振兴记事

蔡久伟

1月5日7∶30，室外温度0℃，太阳刚刚跃过江西黎川县境内的东华山脚，皮边村的危建根就忙活开了。他正踮起脚伸手采摘基地里的瓜蒌，见到省政协机关驻村第一书记陈春情，脸上立马露出了笑容:“陈书记，吃了早饭没？没吃，就到我家吃点。”

“别看他笑得欢，前几年，经常是一张‘苦瓜脸’哩！”走在陈春情后面的村支书潘爱平笑笑说。

“前几年真的难，想找村里帮点，村里也是‘空壳村’，什么合作社、扶贫产业啦，那时在我们这还是个稀罕物，你们工作队来了后才有。”危建根回忆起2016年前的生活。

危建根，三级残疾，上有70岁老母，下有两个幼女。2头猪、6头水牛、几亩水田的种养收入就是他的生活来源。2016年被列为贫困户，驻村扶贫工作队帮他加入合作社，土地挣租金、打工得薪金、入股得股钱，全年收入超2万元，2017年“摘帽”。

脱贫攻坚是乡村振兴中难中之难。没产业，脱贫致富走不远。产业不旺，乡村咋振兴?

乡村振兴，万众瞩目。政协不能缺位、更要有所作为。2018 年以来，省政协每年围绕一个促进农村产业兴旺的课题，开展调研协商建言，把履职答卷写进江西老表的心坎里。

牵牢“牛鼻子”

2018 年 1 月，“乡村振兴与脱贫攻坚领域的重点难点问题”被列为省政协换届后的首个议政性常委会会议课题。

牛鼻子问题能否抓准，决定着调研的成败。咋办?

“乡村振兴的难点在哪，良方咋开？”从资溪、金溪到乐安，从山头到地头，省政协主席姚增科带领调研组一路上对话市、县、乡、村四级书记……中巴车成了“流动的调研室”。

“脱贫攻坚和乡村振兴的‘牛鼻子’问题，就是产业不旺。”姚增科要求，“举省政协委员和机关之力，紧扣‘产业兴旺’，调研协商建言。”

随后，各副主席率分管的专委会全体出击，近 100 名委员、专家、职能部门有关同志“参战”。

11 天，走访 7 县 30 村 150 余户。“这是我 30 年来访谈群众最多的一次！”参加调研的省政协委员谭向文说。

12 天，经济委办的姚鸿奔波多个县调研，途中鞋突然开裂，成了“开口笑”。他却说：“光脚调研，更接地气。”

……

报送的“乡村振兴和脱贫攻坚产业发展建议案”梳理出产业结构、农产品精深加工等十方面突出问题。同时提出精细实施“良田、良种、良法、良艺”工程；整合全省茶油“散小弱”企业等十方面建议。

《建议案》出炉后，省委书记、省长等 7 位省领导批示：“报告，写得很好，真叫我们清醒。请胡强同志召集相关部门认真研究，充分吸纳……”报告中的许多整句整段的建议，被吸纳进《江西省农村人居环境整治三年行动措施》中。

种好“致富树”

既然产业兴旺是“牛鼻子”，那发展啥产业？江西油茶种植有 2300 多年的历史，是全国油茶的中心产区，产业产值居全国第二。

“大力发展油茶产业！”

“看准了，就抓紧干。”2019年初，省政协将“做大做强江西省油茶产业”列为当年专题协商议题，交付农业和农村委具体办。

2019年7—11月，省政协农业和农村委联合宜春市政协组成调研组，进茶园、访茶企、摸困难、思对策。

“一棵茶树一斤油，子子孙孙不用愁，百亩油茶万斤油，讨了媳妇又盖楼。”新余市停孜村村民张红伟对前来调研的委员说。

2010年，张红伟在政府的扶持下，种了300多亩高产油茶，6年后挂果，年收入30多万元，如今油茶稳定高产，年收入70多万元。

“种油茶不与粮争田，不与棉争地，收益长达50—80年，是产业脱贫的‘致富树’。”省林业局局长邱水文介绍，2018年，全省4.2万户贫困户种油茶8万多亩，户均增收2667元。

调研了解到，油茶产业存在占比过半的老油茶林低产低效，平均亩产只有全国的80%；全省油茶加工企业精深加工水平低，还有“吃不饱”等问题。

2019年11月，省政协向省委、省政府报送了《培育千亿油茶产业助推乡村产业振兴》专报，提出构建质量追溯制度、企业诚信机制、质量监管体系“三位一体”的安全监管模式等20条建议。

这份报告，获得省委书记、省长等5位省领导的充分肯定。

“我们一定落实好政协的意见建议。”省林业局采纳政协建议后，形成了成立油茶办、编制油茶产业高质量发展规划等21条举措。

“建议条条都是干货！”2019年12月，赴赣公务的时任国家林业和草原局局长张建龙听闻后，立即把调研报告“打包带走”。

“在江西选择2个贫困县作为油茶产业高质量发展全国先行示范县；今年新增4000万元资金支持江西油茶林新造和改培……”2020年1月8日，国家林业和草原局负责同志专程来省政协协商油茶产业发展，并拿出多条惠及油茶种植贫困户的干货。

2020年12月25日，江西省政府办公厅出台了推动油茶产业高质量发展的意见。“从现在至2025年，大力实施千家油茶种植大户、千万亩高产油茶和千亿油茶产值的油茶产业‘三千工作’……”省政协专报中的多条建议已转化为政策。

跑赢“接力赛”

打赢脱贫攻坚战，最终实现乡村振兴，如同接力赛。“只有每棒都跑好，才能笑到最后。”省政协副主席刘卫平说。2020年初，省政协又把“推进乡村产业发展，巩固脱贫攻坚成果”列为当年常委会课题，交由刘卫平牵头，农业和农村委具体办。

该课题调研组克服疫情影响，选择农业龙头企业、合作社，村支书、扶贫干部等典型代表87人，建微信群，时时在线交流……抓回了大量基层的“活鱼”。

“短平快种养项目多，长效主导产业少，有的甚至把扶贫产业搞成了‘快闪’。”

“以‘地标’认证为抓手，开展‘地名+特产’‘知名景区+特产’的地方公共品牌建设，打造一批产品辨识度好、地理集中度高、规模优势明显的地域特色农产品品牌。”

……

“问题摸得精准、对策务实可行。抓住了现代农业发展的新趋势，提出了新思路、新举措。”应邀参加省政协该课题议政性常委会会议的副省长胡强表示。

……

“危建根——2000块”“黄水霞——2200块”……瞧，皮边村委会门前人头攒动，陈春情、潘爱平等人手里正拿着一沓沓百元大钞，给合作社的人分红呢。

“今年合作社的瓜蒌、百香果长得好，又是一个丰收年！咱以后的日子有奔头！”危建根乐呵呵地说。

（2021-02-03期01版）

“赣”事好商量

江西省委书记、省长与委员面对面话发展

王　磊

“委员和部门负责同志都到齐了，讨论提前开始吧。”1月27日8∶50，江西省政协十二届四次会议第一联组讨论提前十分钟开始。专程到会听取委员意见建议的省委书记刘奇，与委员们围绕“深入实施扩大内需战略”主题面对面协商。

与此同时，省长易炼红等省领导分别与委员们围绕“实施乡村振兴战略”等不同主题深入讨论，倾听意见建议。

“‘十三五’前4年，江西省固定资产累计投资约9.17万亿元，仅为同期浙江省的70%、湖北省的68%。”第一个发言的揭小健常委首先给出了一组数据。在他看来，针对拉动经济增长的“三驾马车”之一的投资，江西省既需破解总量不大的“瓶颈”，也要调整结构不优的问题，“2016年是71.37%，2019年降到了68.1%，民间投资比重呈逐年下降趋势。”

受新冠肺炎疫情的影响，出口前景不明、消费动力不足。揭小健说，“精准扩大有效投资，对拉动内需、促进经济高质量发展至关重要。”

“要持续加大‘双向’力度打造等，形成民间投资的‘矩阵集群’。”揭小健建议，一方面通过开放组合式投资、设立产业基金等方式吸引各类资本参与国企项目，另一方面鼓励国有企业以高新技术、战略性新兴产业为重点，参股有潜力、成长性较好的民营项目。

“关键是要调动各方资本的积极性。”刘奇对此表示赞同，要积极发挥政府性投资的引导和撬动作用，完善风险共担、利润共享机制，有序有效扩大民间投资。

“儿子去了长沙吃美食逛酒吧，女儿去了上海买包买化妆品，就我夫妻俩留在南昌。”肖志峰委员以今年元旦假期家人们出行为例，很好印证了百度的大数据热力图——元旦出游群体，“60后”“70后”“80后”分别占比3%、8%、16%，而“90后”“00后”占比39%、34%；江西全省共接待国内游客854.25万人次，省外游客仅占2成。

“江西并不是完全没有消费能力，而是消费供给不足，‘90后’大多都去外省消费了。”在肖志峰看来，如果不提升消费供给能力，南昌等地打造的数字经济等新兴行业主力军——“90后”，“不光留不住他们的消费，甚至可能连人都留不住。”

“商家过早关店，一到晚上九十点钟，南昌街头就变得冷冷清清。”1993年就在南昌打拼的福建人——刘建泉常委对此深表赞同，“深圳常住人口平均年龄仅有32.5岁，而南昌却超过了40岁，可见南昌‘城市年龄’偏大。”“夜游景点、文艺活动数量少且形式单一、体验感差；地铁末班车发车时间基本在23点之前，早于上海、长沙等地一小时，市民夜间出行返程难。”刘建泉仅以夜经济为例，分析了文体、竞演、康养等潜力产品未得到充分培育，满足不了市民和游客多样化的消费需求的原因。

“扩大内需，刺激消费，拉动经济增长，文旅战线应该一马当先。其中，发展城市旅游是打造旅游目的地的重要抓手，也是拉动消费的主要场所。”陈晓平委员建议，发展夜间文旅消费新业态新模式，让游客从“一日游”到“多日留”；优化城市旅游公共服务体系，让服务从“粗放散”到“精细美”；打造更有吸引力的旅游产品，让城市从“中转地”到“目的地”。

“大家谈现象、析原因、提建议，视野开阔、观点鲜明、务实可行，体现了较高的参政议政水平。”刘奇与委员们一一热情互动、深入交流，要求现场听取意见建议的省委办公厅、省发改委等省直有关部门研究吸纳，将意见建议转化为政策措施，推动全省深入实施扩大内需战略取得发展实效。

“将对大家提出的意见建议抓紧梳理汇总，认真研究并吸收采纳。”易炼红仔细听取每位委员的发言，并希望大家继续当好党和政府联系群众的桥梁和纽带，增进共识、凝聚力量，立足岗位、争创一流，为推动江西高质量跨越式发展贡献更多智慧和力量。

（2021-02-04 期 01 版）

为促进经济社会发展再立新功

江西省政协港澳委员和海外侨胞代表与书记省长共话高质量发展

王　磊

“因为疫情的影响，去年以来我们见面的机会少了，但一起抗疫情、战洪水、促发展，彼此的牵挂更多了，彼此的心贴得更紧了。”近日，江西省委书记刘奇出席省两会第一场重要活动——会见港澳委员和特邀海外侨胞代表的开场白，透着浓浓的亲情和共谋发展的真挚。

省长易炼红向委员和代表们介绍了江西经济社会发展总体情况：“全年 GDP 增长 3.8%，固定资产投资增长 8.2%，社会消费品零售总额增长 3%，主要经济指标增速保持全国前列。”

抗击新冠肺炎疫情就像一面镜子，照出了中国的大国风范和中国特色社会主义制度的优越性，“中国力量”再度让世界震撼。“我一直坚信中国会胜利，因为有中国共产党的领导。”生活在日本的特邀海外侨胞代表姜维，近 30 年来每年都会来江西。

他说，我从未像今天这样，为做一个中国人而感到自豪。

“成绩的取得，凝结着广大港澳台同胞、海外侨胞的智慧和汗水，也离不开在座各位港澳委员和特邀海外侨胞代表的关心支持。”刘奇希望大家积极发挥自身优势，一如既往地关心支持江西，大力促进港澳与内地融合发展。

“精准选题，精准建言，多出含金量高的‘双向发力’履职作业。”省政协主席姚增科希望委员和代表们，用心用情用行动，共同为江西改革发展大局多建睿智之言、多献务实之策。

“从疫情暴发后导致的‘订单荒’‘退单潮’，到岁末加班加点赶订单甚至频现‘爆单’。”为建准言、提好策，省政协港澳委员吴辉体深入江西多地调研。他建议，大力实施“赣才回归”计划，继续加大对外贸企业财政金融扶持力度，进一步推进外贸物流，进一步优化营商环境。

近年来，江西持续开展“五型”政府建设，致力打造“四最”营商环境，全省上下牢固树立“人人都是窗口、事事都是环境”的理念，获得了大家的肯定。

“我去万年县谈投资合作，看到当地领导办公室门口贴着‘同志，企业朋友优先’的温馨告示，心里感到特别温暖。”特邀海外侨胞代表楼大明分享了在江西投资的小故事，“营商环境说到底，就是体现在每个干部身上。只有把企业家当亲人，才能把打造‘四最’营商环境真正落到实处。”

“一年来江西统筹推进战‘疫’抗洪、经济社会发展取得的成效让人感佩，更加增添了我们投资江西、发展江西的信心。”在江西投资外贸企业的省政协港澳委员李江山建言，江西要学习江浙等地的成功经验，持续深入推进营商环境便利化行动，做好优化营商环境“快”与“慢”文章，开展专项巡察倒逼相关职能部门改进工作作风。

因新冠肺炎疫情防控需要，1月25日上午，未到现场参会的33名港澳委员和特邀海外侨胞代表，通过移动网络同步收看了开幕大会，真正做到“缺会不缺岗”“缺会不缺责”。

“今年的‘云会场’参会方式既新颖，又真切，让心系江西的我们可以身临其境地参政议政。”省政协港澳委员傅廷美最关心，面对各种复杂的挑战，江西如何实现经济转型升级，提高经济发展的质量。他建议，在国家双循环战略下，江西充分发挥独特的区位优势，主动融入长江经济带，同时借力长三角一体化发展的溢出效应，着力提振内需和消费，实现“十四五”开好局、起好步。

“充分发挥自身影响力和江西红色资源富集大省的优势，广泛团结在港、在澳乡亲和各界人士，引导港澳青少年增进对国家、对民族的认同感。”省政协港澳委员梁安琪表示，还将聚焦航空、电子信息、中医药等优势产业，积极推动江西对接大湾区、融入大湾区，助推江西高质量跨越式发展。

（2021-02-05 期 04 版）

保“一湖清水”入长江
江西省政协委员视频连线建言巩固提升“长江大保护”成效

王　磊　刘佳政

《中共中央关于制定国民经济和社会发展第十四个五年规划和二〇三五年远景目标的建议》中提出，强化河湖长制，加强大江大河和重要湖泊湿地生态保护治理，实施好长江十年禁渔。“十四五”期间，江西省将深入推进“五河两岸一湖一江”全流域生态环境综合整治，加强鄱阳湖水生态环境保护修复，巩固提升“长江大保护”成效。

日前召开的江西省政协十二届四次会议上，“鄱阳湖水生态环境保护修复”“长江经济带”等再次成为委员们建言的热点话题。人民政协报、人民政协网视频连线采访了省政协常委，南昌大学资源环境与化工学院院长、博导吴代赦，省政协委员，省水利厅党委委员、副厅长罗传彬，省政协委员、南昌理工学院副校长陈志龙，畅谈长江经济带相关地区未来 5—15 年贯彻新发展理念、构建新发展格局，走好建设社会主义现代化之路。

护好“长江之肾”　保下游水安全

记者：鄱阳湖流域生态环境保护修复，对于筑牢长江中下游重要生态屏障的重大意义是什么？

吴代赦：鄱阳湖是长江流域最大的“肾”，发挥着调节长江中下游水生态水安全的重要作用。虽然鄱阳湖流域仅占长江流域面积的 9%，但年均净流量 1450 亿立方米，占到长江流域年径流量的 15.5%。鄱阳湖的一湖清水是长江下游水质安全的重要保障。

按照国家水环境质量标准，鄱阳湖水质现在是超标的，湖泊三类水的标准是0.05PPM，而鄱阳湖是0.06PPM。但是鄱阳湖注入长江的水质又优于长江二类水质。鄱阳湖的水质问题主要是磷超标，主要来源于农业或农村，重点要抓好农业面源污染（治理）。

记者：请您谈谈如何解决农业面源污染和生活污水处理等老大难问题？

吴代赦：种养结合是最经济、最有效的利用方式。建立“以地定养、以养肥地、种养对接”的种养结合制度，实现场内小循环、小区中循环，探索县域大循环。

农村生活污水的处理，全国有共性的问题需要解决。农村与城市不一样，城市生活污水处理费已经包含在自来水水费中，城市污水处理厂的运行有经费保障，但在农村做不到这一点。建议要按实际处理的污水量计价付费，激发环保公司处理污水的积极性，避免财政经费不合理支出。对污水处理设施的重要监控指标和运行参数要远程可视可控，充分利用“互联网+”技术，建立污水数字化运行维护管控平台。

高位推动鄱阳湖生态环境专项整治

记者：江西大力推进《鄱阳湖生态环境综合整治三年行动计划（2018—2020年）》等一系列文件法规落实，取得了显著成效。作为职能部门的负责同志，您在工作中能看到或体会到哪些新变化？

罗传彬：第一个明显变化，水环境质量在高水平基础上持续改善。2018—2020年地表水断面水质优良比例分别为90.7%、92.4%、94.7%，名列中部省份第一。鄱阳湖主要支流赣江、抚河、信江、修河、饶河和环鄱阳湖区河流水质优良比例均为100%。设区市饮用水水源水质达标率100%，所有指标均达到或优于国家考核目标。第二个明显变化，全省河湖长制工作实现从“有名”到“有实”，长效机制逐步健全。从2015年在全省全面实施河长制工作，全省共有2.5万名河长，还有9.42万人的巡湖队伍，实现了河湖管护的链条全覆盖。第三个明显变化，全省幸福河湖建设持续发力。仅2020年，全省各县（市、区）完成流域生态综合治理项目总投资超630亿元，积极打造治山理水、显山露水“江西篇章”。第四个明显变化，国家生态文明试验区建设取得丰硕成果，38项重点改革任务全部完成，其中35项列入国家清单，在全国推广。

“小建设”实现“大保护”

记者：建设江西省鄱阳湖水利枢纽工程是统筹解决鄱阳湖枯水期水安全问题的综

合方案，请您介绍下“建闸不建坝、调枯不控洪、拦水不发电”。

罗传彬：自2003年以来，长江与鄱阳湖的江湖关系发生重大变化，鄱阳湖出现了一个新的水文情势，鄱阳湖秋冬水位进入枯水期时间提前了40天，枯水持续时间延长了50天，枯水期水位持续下降。枯水将引发一系列民生问题和生态问题。如沿湖359万城镇居民和44万农村居民饮水安全受到严重影响，沿湖242万亩农作物灌溉水源不足。

鄱阳湖水利枢纽工程，是践行习近平生态文明思想和“共抓大保护”战略思想，统筹鄱阳湖流域生态综合治理，致力于保护鄱阳湖生态功能和环境承载能力，遵循自然规律和客观规律，建设“幸福湖”等全新理念，优化相关方案，通过“小建设”实现“大保护”，让鄱阳湖成为美丽中国“江西样板”的重要支撑。

鄱阳湖的灵魂是水，保护和治理的关键在于解决水问题。水利枢纽工程，立足保障水安全、优质水资源、健康水生态和宜居水环境四个方面，科学合理调控枯水期水位，让鄱阳湖的保护和高质量发展迈上新台阶，真正让鄱阳湖成为造福人民的“幸福湖”。

同时，经过多年的比选和科学论证，工程建成并科学运行，它对环境是利远大于弊。一是江湖两利，促进流域和谐发展。二是守护湿地，打造“候鸟天堂”。三是保护江豚，留住“长江的微笑”。四是科学调控，呵护“一湖清水”。

鄱阳湖水利枢纽提出至今已逾十年，为充分论证鄱阳湖水利枢纽，在中央领导的关心关注下，在国家有关部委和专家学者的大力支持下，江西省委、省政府不断加强理论研究，不断深入科学论证，高站位、高标准、高质量开展了大量的前期工作和科学研究论证。

目前，枢纽项目已进入可行性研究阶段，衷心感谢大家一直关心关注鄱阳湖水利枢纽，也真诚希望有更多的人为了永葆“幸福湖”，提出更多有效可行的建设性意见。

“江湖”联动共治鄱阳、洞庭二湖

记者：您曾建议，建立鄱阳湖与洞庭湖生态环境治理联合机制，请您介绍相关情况。

陈志龙：鄱阳湖与洞庭湖是长江流域的“双肾”，对长江中下游生态环境的影响至关重要。鄱阳湖与洞庭湖在多方面存在相似性或相关性，因此，对两湖及两湖流域的生态环境治理存在很多共性的问题，建立联合机制，有利于相互借鉴、互通有无、互相促进。

建议江西和湖南两省高层领导进行讨论，确定建立合作机制的可行性，并签订框架协议。组织调研组，对鄱阳湖和洞庭湖流域的生态环境保护与治理情况进行综合调研，找出共性和个性的问题、困难。组织两省的高校和研究机构，对调研所发现的问题和困难进行梳理，形成合力共同研究、找到解决问题的有效方法和途径，确保鄱阳湖和洞庭湖的治理达到更好的效果。

（2021-02-06 期 01 版）

共同解好“必答政治题”

江西省政协推动全面解决市县政协“两个薄弱”问题小记

杜　宁　王　磊

“推动‘两薄弱’转为‘两加强’，把政协制度优势更好转化为国家治理效能，这是‘规定动作’‘必答政治之题’。”3 月 23 日，在推动解决市县政协“两个薄弱”问题座谈会上，江西省政协主席姚增科开门见山地指出，加强和改进人民政协工作，重点解决市县政协基础工作薄弱、人员力量薄弱问题，是习近平总书记在中央政协工作会议重要讲话中特别强调的“三项任务”之一。省委书记刘奇在省委政协工作会议上也提出了明确要求。

为答好这一“必答政治之题”，去年，切实解决市县政协“两个薄弱”问题，列入《省委深改委 2020 年工作要点》，作为 16 个重大改革项目之一。“对标‘文件精神’，查找‘落实短板’，共商‘解决之道’。”省政协副主席陈俊卿率队，以“学习宣讲 + 交流研讨 + 督促指导 + 协商建言”形式，深入 9 个设区市、24 个县（市、区）开展专题调研，并向省委报送了《关于推动解决市县政协基础工作薄弱人员力量薄弱问题的调查与建议》。

3 月初，省政协专题调研组就推动解决“两个薄弱”问题，再次深入南昌、九江等 6 个地市 10 多个县进行深化调研。“中央和省委先后出台 4 个文件，对破解基层政协‘两个薄弱’提出了明确要求。”每到一处，调研组组长杨小华如数家珍般地宣讲解读习近平总书记重要讲话精神、中央和省委文件精神。

值得一提的是，驻省政协机关纪检监察组也派员参与此次调研。“这既是从政治监督的高度推动习近平总书记重要讲话精神的落地落实，又是把监督融入被监督单位业务工作的具体抓手。”驻省政协机关纪检监察组组长周建华说。

“去年3次向县委主动汇报这项工作，赣州市政协副主席、寻乌县委书记柯岩松当场明确表态落实。”寻乌县政协主席刘琼招介绍，在省政协专题调研组离开后的第6天，中共寻乌县委就召开常委会会议进行专题研究，决定在县政协现有14个行政编制基础上，再增加行政编制8个、事业编制8个，追加政协工作经费34.5万元。

“南昌市政协学习文件精神、研究落实措施、开展实地调查、对标找准差距、向市委主要领导汇报5条抓落实措施”“寻乌县委开展巡察、县政协积极跟进‘两主动’做法”……座谈会上，省政协专题调研组的同志，省直有关部门、各设区市政协、省直管县政协、部分市县政协有关负责同志，面对面协商交流，研究落实举措。

对省政协《关于我省市县政协基础工作薄弱人员力量薄弱问题的有关情况报告》所提问题，“我们高度重视，进行了认真研究，在梳理相关政策规定的基础上，对11个设区市以及100个县（市区）政协的机构编制情况，进行了逐一计算和分析。”省编办副主任廖涛表示，作为职能部门的省政协委员，她将会把委员履职与岗位职责相结合，交出一份满意的“委员作业”。

“学与不学不一样，重不重视不一样，抓与不抓不一样。”省政协秘书长汪爽深有感触地说。

“专题调研和专题座谈会，充分体现省政协对市县政协的真切关心、有力指导。”乐平市政协主席潘赛新表示，作为当地政协第一责任人，将第一时间向党委请示汇报工作，宣讲解读好中央和江西省各项政策规定。

“要把上级政协‘加强联系指导’与本级政协‘发挥主观能动性’结合起来，形成工作合力。”陈俊卿介绍，贯彻落实中央、省委政协工作会议精神情况，已列入省委年度督查工作计划，将于近期赴各地实地督查，并适时分类通报全省。

“要学明白、对准标，讲担当、善作为，会商量、能成事，结合实际列出时间表，抓紧抓细抓到位。”姚增科说，要探索具有江西特色的经验，保障专门协商机构作用有效发挥，把政协制度优势转化为治理效能。

（2021-03-31 期 01 版）

激发“政协之为”
江西省政协开展党史学习教育促履职纪实

王　磊

“唱支山歌给党听，政协爱党是初心。江山从来属人民，人民政协为人民。”……

5月19日，由江西省政协办公厅精心组织录制，机关干部演唱的庆祝建党100周年群众歌咏活动宣传片《江山》，一经发布便获得各方点赞。

走进党史现场感悟初心使命，坐在党史课堂汲取奋进力量，走上比学赛场抒发心灵感悟，深入调研一线展现政协之为……党史学习教育开展以来，江西省政协立足实际、守正创新，引导全体党员干部积极投入其中，用心学习，学用结合，让党史学习“聚起来、动起来、活起来”。

让革命精神绽放时代光芒

“用足用好我省丰富独特的红色资源，在传承红色基因中坚守初心，担当使命。”3月15日，省政协主席姚增科对省政协机关开展党史学习教育提出，要做到个人自学与集中研学、“走出去”与“请进来”、“线上”与“线下”、学习与实践、突出重点与兼顾全面“五个结合”，确保党史学习教育走深走心走实。

在玉山县清贫园和弋阳县方志敏纪念馆，委员们向革命先烈敬献花篮、默哀并行三鞠躬礼；在中国工农红军北上抗日先遣队纪念馆和方志敏故居，详看一幅幅史实图片，聆听一个个感人事迹……

4月28日至29日，省政协组织全体住赣全国政协委员赴上饶市玉山县和弋阳县开展党史学习教育，通过瞻仰纪念碑、参观展示厅、聆听微党课等形式，学习感受中国共产党领导人民进行革命斗争的光辉历程。

“一直以来我都崇敬方志敏的家国情怀、人格魅力和高尚品格。”曾在上饶工作了23年的全国政协委员赵东亮，在方志敏干部学院上完《血染东南半壁红——解读方志敏精神》专题党课后热泪盈眶。作为一名新闻出版界的全国政协委员，赵东亮建议，“组织创作更多优秀的文艺作品，让方志敏精神具有更强的时空穿透力和现实影响力。”

“加深了对中国共产党为什么‘能’、马克思主义为什么‘行’、中国特色社会主义为什么‘好’的理解把握，增进了‘四个认同’。”作为一名教育工作者，全国政协委员梅国平说，要充分运用好江西红土地上丰富的红色资源，将红色基因注入思想政治教育，融入思政课堂内外。“引导广大师生学习革命烈士伟大精神，自觉接受红色传统教育，常学常新，确保红色基因代代相传。”

激发干事创业的精气神

“百年前的 1921 年，毛泽东从湖南长沙乘火车来到安源考察，第一站便是这方矿井——总平巷”……

“弘扬优良传统 永葆初心本色”，4 月下旬，省政协机关全体干部职工分两批在萍乡开展专题党史学习教育。站在总平巷口，大家认真聆听讲解，回顾中国共产党在新民主主义革命时期不断克服困难、走向辉煌的伟大历程。

“进工棚、下矿井，与工人们同吃同住同劳动。”省政协机关干部王瑜对毛泽东放下“先生样”、丢掉“学生腔”，先后 8 次到安源深入群众，开展社会调查、宣传革命道理、指导工运发展的故事感触良多。“今后工作中，要保持‘能沉下去’‘沉得下去’的品格和姿态，深入基层摸实情，为群众办实事、解难题。”

党史学习教育专题读书班结束没几天，王瑜作为工作人员赴湖南，服务保障省政协港澳台侨和外事委员会“学鉴全国新区建设经验，推进赣江新区发挥‘作示范、勇争先’重要作用”课题组在湖南湘江新区的调研工作。

同样，把学习教育激发出的干事创业精气神转化为实际行动的还有省政协社会和法制委员会。

“我们中午就出发，直接去实地调研。”省政协委员、社会和法制委员会专职副主任吴财锋介绍，4 月 21 日，省政协机关“弘扬优良传统 永葆初心本色”党史学习教育专题读书班（第二期）刚一结业，“社区居家养老服务体系建设与城市养老服务高质量发展”课题组，立即在萍乡和新余两市开展相关调研。

“十步之内，必有芳草。”江西共有不可移动革命文物 2960 处，散落在红土圣地的每一处爱国主义教育基地、革命文物旧址等，都是一部历史教科书、一个信仰熔铸点、一座红色基因库。

在开展党史学习教育过程中，如何充分用好用活红色资源，进一步引导党员干部接受精神洗礼，凝聚奋进力量。“发挥我省红色资源优势，增强红色基因传承效果”作为对口协商课题列入 2021 年度省政协协商工作计划。

“用鲜活的故事传播思想，用通俗的语言讲清道理，用形象的方式解读精神。”5月7日至10日，省政协常委、文化文史和学习委员会主任辜清参加了“发挥我省红色资源优势，增强红色基因传承效果”课题组在赣州市的调研。课题组建议，红色基因传承要有体有魂、有声有色、有滋有味，让红色文化、红色精神跟上时代的发展步伐，进一步增强红色基因传承效果。

做好本职服务履职见实效

“牢记党员身份和党员标准，牢记入党的初心和誓言，我们都会成为老百姓身边的共产党员，成为孩子们心目中的丰碑和英雄！”

“政协青年勇担当，擎起时代接力棒；政治三力刻心上，感谢组织感恩党；建言资政实效强，双向发力奋斗忙。”

……

4月30日，省政协机关青工委、省青联联合举办“党史青年说”主题演讲比赛，涂婷婷等政协委员与省政协机关青年干部共12位参赛选手，满怀对党的深情厚谊、对先烈先辈的无比崇敬、对政协事业的无限热爱，结合个人亲身经历、所见所闻，讲故事、谈体会，共学党史、同台竞技。

深夜围读政协建议案、一丝不苟抠流程、不厌其烦优方案……演讲中，省政协机关干部王晓旭，用近一年来在机关工作中亲眼所见、亲身参与的小故事，生动展现了新时代政协青年蓬勃向上的青春朝气和奋勇争先的工作热情，“坚定了跟党走、砥砺前行的信心和决心。”

作为省政协党史学习教育系列活动之一，此次演讲比赛坚持理论与实践相结合。省政协秘书长汪爽说，“既丰富了学习内容，又创新了学习形式，有力推进党史学习教育走深走实、入脑入心。”

“传承红色基因，助力开局起步”，江西政协报社组织开展省际沿线政协行，省、市、县三级政协携手“红色走读”，覆盖全省9个设区市40个县市区，深入没有围墙的革命历史博物馆，发掘红色资源，了解身边党史，讲好红色故事、发展故事、政协故事。

为检验党史学习教育成效，4月下旬以来，省政协机关成立督查组深入各党支部，查阅党支部“三会一课”记录本、个人必读书目，以及与党员干部交流等方式，了解学习情况，确保要学有所获、有所启迪。

同时，结合省政协机关正在开展的“三点一全（填补空白点、畅通关联点、迈向制高点，全面推进提升办公厅各项工作）”专项活动，就工作的理念、工作职责、工作流程及相关政策法规等应知应会的业务知识，对机关全体工作人员开展业务面试，确保开展党史学习教育激发的正能量转化为履行职能、做好本职工作的具体行动和实际成效。

（2021-05-26 期 01 版）

关键在干　关键在干部

汪　爽

学习习近平总书记在庆祝中国共产党成立 100 周年大会上的重要讲话，重温党的百年历史，结合近几年抓机关党建的实践，我们深深体会，做好机关工作、服务政协履职，关键在干，关键在干部。

一、知人任事，把合适的人用到合适的岗位上。叫响“从实绩看德才，凭德才用干部”的口号，树立鲜明的选人用人导向。把工作业绩突出、德才兼备的好干部选出来、用到位。

二、以事练人，在要事难事上锤炼摔打干部。干部关键要想干会干。在抓机关党建中，突出在工作中摔打干部。编印机关干部、委员履职“应知应会知识”手册，推行“一事一总结”机制。

三、严管厚爱，充分激发履职尽责内生动力。在抓机关党建中，坚持严的总基调，从严教育、从严要求、从严管理，每年召开全面从严治党工作会议、深化机关作风建设工作会议，邀请省纪委领导到会辅导，集中整治“怕、慢、假、庸、散”等机关易发问题。

四、言传身教，“关键少数”带头干、带着干。领导的表率作用行胜于言，在抓机关党建中，强调关键少数要发挥关键作用，压紧压实“两个责任”。组织开展机关党组书记、专委会党组书记、机关党委书记、支部书记讲党课活动。注重运用江西红色资源开展初心使命教育，引导干部进一步强化“工作干不好对不住红土地下 25 万英烈”“只有认真工作才能不负伟大时代”的政治自觉。

（2021-07-14 期 12 版）

真切、真心、真情　不断增强委员宣讲效果

谢　茹

习近平总书记强调，“脱贫攻坚不仅要做得好，而且要讲得好”。去年10月，我有幸作为全国政协重大专项工作委员宣讲团成员，参加了脱贫攻坚主题宣讲。今年2月，我又应邀为江西高校思政课教师作了“弘扬脱贫攻坚精神，凝聚青春奋斗力量”的宣讲报告。我深深感到，做好委员宣讲工作，关键在于“真”。真切感悟、真心感受、真情讲述，在润物无声中触人心弦、引发共鸣，就能更好提升宣讲效果，发挥宣讲在凝聚共识、传播共识中的优势和作用。

一、笃学笃思，在真切感悟总书记为民情怀中凝聚共识传播共识

中国扶贫是了不起的人间奇迹，是人类历史上亘古未有的伟大壮举。如何在短短的一个多小时讲清楚、说明白？我感到最重要、最有效的办法，就是认真学习习近平总书记的重要讲话。我反复研读《习近平谈治国理政》（第三卷）《习近平扶贫论述摘编》《习近平扶贫故事》，认真撰写读书笔记。一篇篇重要指示、批示、讲话，一个个动人故事串联起人民领袖与扶贫事业的不解之缘，无不让我真切感悟到总书记扶贫工作重要论述源于实践又有力指导推动实践的真理伟力，真切感悟到总书记“我将无我、不负人民”的为民情怀、花最多精力倾注“心里最牵挂事”的责任担当、狠抓“脱真贫、真脱贫”的务实作风、推动共建人类命运共同体的博大胸怀，从中更加深刻理解中国共产党人治国理政的大逻辑、践行初心使命的大担当。这样的认知和感悟也使宣讲更能把得准方向、扣得紧主线。

汪洋主席指出，开展好重大专项工作宣讲活动要讲求质量效果。何为质量？我体会，思想引领是最重要的。就是要让更多的人也真切感悟和认识到，中国脱贫有今天的成就，最根本的就在于有中国共产党的坚强领导、有习近平总书记的掌舵领航、有习近平新时代中国特色社会主义思想的光辉指引。

二、走深走实，在真心感受脱贫攻坚成就中凝聚共识传播共识

“欲人勿疑，必先自信。”掌握一手资料和鲜活案例，宣讲就能更有底气、更加

生动、更有说服力。我多次深入基层一线，走进老乡家中，面对面听故事、谈感受，将凝聚传播共识向前延伸至调研全过程，并反复修改宣讲稿。

我深深感受到，脱贫攻坚带来的巨大变化。过去，“走的是泥巴路，住的是土坯墙，红薯山芋当主粮”；如今，“靠铁锄头吃饭”的贫困村，通过发展旅游等特色产业实现了“拿金锅铲赚钱”。

我深深感受到，人民群众对中国共产党的感恩之心感激之情。“吃水不忘挖井人，脱贫感恩共产党”，这样的对联在农村比比皆是。

我深深感受到，扶贫干部的倾情付出和拼搏奉献。“你把群众放心上，群众把你记心里”，是我在基层调研时，驻村干部发出最多的感慨。

我也深深感受到，人民政协助力脱贫攻坚的“一线”作为。围绕脱贫各级政协接力建言、跟踪推进，广大委员亮身份争作为，交出了一份份有分量、有温度的履职成绩单。

有了深入调研，就有发言权；有了真心感受，就能更好担负起面向参加政协的各党派团体和各族各界人士凝聚共识、面向社会传播共识的重任。报告会后，不少政协同志跟我说，宣讲活动进一步增强了我们的责任意识和使命担当。

三、原汁原味，在真情讲述战贫故事中凝聚共识传播共识

感人心者，莫先乎情。真情最有感染力。带着情去讲，讲出感情来，就能打动心、感染人。两次宣讲中，我都讲到全国脱贫攻坚奖获得者、江西“90后”扶贫干部吴应谱、樊贞子夫妇。他们比我女儿的年纪还小，但为了扶贫事业，以热血赴使命，以行动践诺言。2018年12月16日，周末休息的日子，这对新婚才40天的夫妇却在帮结对贫困老人卖土鸡的途中双双因车祸遇难，而此时樊贞子的腹中还怀了孩子。他们年轻的生命、最美的年华永远定格在了扶贫路上。讲起他们，我总会情不自禁想到他们的父母，想到他们父母的悲伤和不舍。我感到，真情讲好这些扶贫干部无私奉献、舍生忘死的感人事例，讲好他们的扶贫之无疆大爱、扶贫之天下仁心，才无愧于中国扶贫伟大事业。

为了增强真情讲述的带入感和画面感，我制作了PPT，用数据、图片进行解读，并穿插影像资料，情景再现总书记温暖人心的亲切关怀。我还邀请江西省政协主要领导及省委讲师团同志当听众，先后试讲5次，力求效果达到最佳。

委员宣讲团成立3年来，在全国政协干部培训中心和31个省区市政协，举办了46场宣讲活动，已成为发挥专门协商机构作用、加强思想政治引领的一个重要平台。

相信这一履职创新工作会越做越好，人民政协的好声音也将越传越远。

（2021-07-19 期 02 版）

接力履职破解既有住宅“上楼难”

江西省政协二十三件政协提案聚焦同一个民生难事

赵建庭

“原来上楼了就不想下来，现在有了电梯，我每天都下楼散散步。”近日，家住江西省吉安吉州区北门街道中环小区的赵奶奶正乘电梯下楼去散步，说起加装电梯后的出行，满脸笑容。

既有住宅加装电梯，便利的是群众出行的第一步、回家的最后一程。6 月 7 日，江西省委书记刘奇主持召开“我为群众办实事”工作推进情况调度部署会，听取既有住宅加装电梯等工作推进情况汇报。

据统计，截至 5 月底，该省 11 个设区市均出台了既有住宅加装电梯实施意见，93 个县（市）设立了“一窗受理”审批窗口，摸底建立了 11520 个单元业主加装意愿台账，受理加装电梯申请 1737 台，累计完成加装电梯 384 台，553 台正在施工。数据背后，是上万居住在老旧小区群众“上上下下”出行难问题的解决，这凝聚了该省政协提案办理协商的智慧结晶。

“提”出想法

早在 2016 年，当时的省政协委员马卫星等人在调研中发现，老旧小区“出行难”“难出行”问题突出。这些老旧小区楼房大多建于 20 世纪 80 年代，多数没有安装电梯，小区居民多为 60 岁以上，有的老人因上下楼不便，干脆长时间“宅”在家里，一旦突发急病，往往因无法及时下楼而耽误救治时间。

“每次出差到外地，我就特别注意当地老旧电梯加装情况，通过朋友和学生了解当地政策和做法。”省政协委员、南昌大学法学院院长涂书田说，“有了丰富素材，才能看准问题，提好建议。”

从政策扶持到资金筹措，从技术规范到审批施工，6 年来，围绕既有住宅加装电梯，25 名江西省政协委员先后提交 23 件提案。

“商”出办法

一份份关于民生问题的提案引起职能部门的关注。江西省住建厅将既有住宅加装电梯纳入推广南昌市“幸福微实事”协商模式，并将此项工作列入城市功能与品质提升年考核评价中，同时在资金分摊方案、协调住户利益诉求、明确奖补方案等方面细化政策，指导各地稳妥有序推进。

特别是在出台《关于推进既有住宅加装电梯工作的指导意见》前，邀请多名省政协委员“面对面”协商，共同破解申报程序复杂、资金缺口大、小区业主意见难统一等难题。“群众意见不统一，可以用民主协商的办法凝聚共识，统一小区广大业主意见，思想统一从而达到行动统一，才能真正把这项惠民利民的好事办好办实。”江西省政协党组副书记、副主席陈俊卿提议通过协商解决问题，“协商”后来成为指导意见提出“加装程序”的第一条。

经过多方协商，《江西省既有多层住宅加装电梯工程技术标准》于 2021 年 2 月 1 日实施。

“督”出成效

2019 年，江西省政协把既有住宅加装电梯列入年度重点提案督办课题。2020 年江西省两会期间，既有住宅加装电梯成为省政协“会中办案”议题。随后，江西省政协将“推进新老社区住宅加装电梯”专题调研列为年度重点协商课题，最后形成《23 件政协提案聚焦同一个民生难事—省政协通过“协商 +”推进新老社区住宅加装电梯取得的成效》专题调研报告。江西省长易炼红专门作出批示，要求全力推动这一民生实事。

6 月 10 日，江西省住建厅编印《学党史 践初心 我为群众办实事——江西省既有住宅加装电梯案例汇编》，同时将既有住宅加装电梯工作列入“我为群众为实事”主题实践活动的重要内容，推行加装电梯报建申请“只跑一次”。

历时 6 年，从群众“梦想”到委员“想法”，从委员建议到办理单位 “做法”，从初步“试水”到多点开花，384 台电梯成功加装作为“一事一议”“一梯一议”的鲜活协商成果，成为梦想走进现实的“幸福的阶梯”。

对此，已不是江西省政协委员的马卫星深有感触：“民生问题是否真正让群众满意，考验的不仅仅是政府部门的服务能力，对政协委员持续建言也是一种挑战，更是一种动力，这里面蕴含了上上下下的协商智慧。”

（2021-08-09 期 04 版）

走好新时代党的群众路线

江西省政协全面加强政协党的作风建设综述

王　磊

“对所提的意见建议，我们要认真研究、举一反三，形成工作举措，抓好落实”“结合各自工作实际，抓好所提意见建议的研究、运用”……8 月初，江西省委书记刘奇、省长易炼红分别对省政协《“到处都是活跃跃的创造”——住设区市省政协委员异地视察报告》作出批示，要求省委、省政府班子成员阅研。

这份引起省领导重视的“政协专报”，是江西省政协“加强政协党的作风建设，做实‘党建 + 赣事好商量’，干出新时代人民政协新样子”的又一成果。

调查研究，转变作风的基础环节

没有调查没有发言权，不做正确的调查同样没有发言权。江西省政协将加强和改进调查研究作为转变作风的基础环节，保持党和人民群众血肉联系的必然要求。

十二届省政协伊始，省政协主席姚增科率队重走毛泽东寻乌调查路，深悟面对群众“甘当小学生”精神和科学求实方法论。还组织召开了“从毛泽东《寻乌调查》到中宣部《寻乌扶贫调研报告》——习近平总书记关于寻乌调研报告重要批示集中学习”座谈会。

“调查研究深入不深入，有用没有用，是方法问题，更是作风问题。”姚增科带领省政协人，在实践中逐步总结形成了“省际 + 国际比较”“定性 + 定量分析”“随机 + 基地研究”等改进调查研究 20 法，履职项目均达到“调查不深不协商、研究不透不建言”。

“交换、比较、反复，建议案先后修改 60 多遍，跨年度历时 17 个月的过程稿，摞起来足有齐腰高。”省政协文化文史和学习委员会办公室主任张时栋介绍，“践行‘两山’理论、做实唱响‘庐山天下悠’”课题组临时党支部首先对标学习习近平总书记怎么讲、中央文件怎么说，围绕“绿色生态是江西最大优势”精辟论断，先后研读文件资料200余万字，8次蹲点庐山，山上山下召开座谈会100多场，“一对一”访谈800余人次，兵分五路进行“沉浸式”体验游，掌握“吃住行游购娱”供需两侧真实鲜活情况。对课题组提出的“关键在深化体制机制改革，推进一体化、集团化、专业化、市场化”对策，省委召开专题会议进行认真研究。

“全省11个5A级景区影响力提升”课题开启“可视式”“体验式”“沉浸式”调研，历时9个月，踏遍安徽、贵州、江西等4省20个5A级景区。

“江西高新技术企业与产业发展”专题协商课题调研组赴广东“取经”，白天进园区看企业，挤出吃饭时间向“老师”请教；晚上请老乡来宾馆聊企业创新，每晚要到十一二点，大家还觉得不过瘾！带回的资料足足装了两麻袋，100多万字。

……

3年来，省政协开展专题调研200多次，举办协商会议130多场，报送专报、建议案120多件，省委领导均作出批示，所提意见均得到转化采纳。“江西VR产业发展”“后疫情时代中医药热的冷思考”等专报，成为制定江西省“十四五”规划的重要参考。

政协履职，与“为民办实事”有机结合

“脱贫摘帽不是终点，而是新生活、新奋斗的起点。”对标对表习近平总书记讲话要求和中央、省委决策部署，经省委常委会会议审议同意，省政协把“推进乡村产业发展巩固脱贫攻坚成果”列为省政协十二届常委会第十二次会议的协商议题。

如何巩固脱贫攻坚成果并与乡村振兴有机衔接？“去田间地头抓‘活鱼’。”省政协农业和农村委员会办公室主任蔡国华介绍，由“政协人+部门同志+专家”组成的调研组兵分两路六个批次到余干、遂川、广昌等10个县(市)、41个村、52家扶贫企业和专业合作社，开展小分队沉浸式蹲点调研。还选择有代表性的农业龙头企业、合作社、家庭农场负责人，村支书、扶贫干部等87人，组建“农情民意直通车”微信群，进行持续深入交流。

在省政协“推进乡村产业发展巩固脱贫攻坚成果”议政性常委会会议现场，还首次增设视频联动协商环节。来自脱贫攻坚一线的干部、群众、种养合作社理事长和企业负责人生动讲述投身产业脱贫的实践，与调研报告中的精彩观点、详实数据、丰富

案例相互印证、相互补充。

主席会议成员下沉扶贫联系点，调研指导脱贫攻坚工作，及时帮助协调解决基础建设、产业培育、技能培训等方面难题。

着力构建“亲”“清”新型政商关系，建立全省政协委员全员联系民营企业机制，“一对一”茶叙、“多对一”面谈，探索“政协角度＋金融维度”协商，组织“民企＋金融机构”对话，助推“见官难、办事难、贷款难”等堵心事解决。

聚焦民生实事协商议政。“取消全市机动车尾号限行”“简化住房公积金提取手续”“办事停车难、一停就罚款”等2000多个群众“急难愁盼”事，先后得到解决。

党规党纪挺在前，持续抓好作风建设

阐明全省党风廉政建设取得的成绩，分析基本形势和存在的问题，结合近年来典型腐败案例强化警示教育……

7月29日，省政协十二届常委会第十七次会议上，通过“主会场现场会＋市县政协网络视频会”方式，邀请省纪委副书记、省监委副主任许朝杰对标对表中央精神，结合省委要求和政协实际“以案说法、以事说理”，作党风廉政形势报告、上党风廉政专题党课。

每年邀请省纪委省监委负责人以案释纪明规，“纪委委员＋政协委员面对面”已成为作风纪律教育的“品牌课”，全省政协系统受众达6万余人次。

十二届省政协持续强化廉洁履职教育管理。从党组民主生活会到支部组织生活会，每次都把作风建设列为重要内容；制定并落实“省政协党员委员和干部50个作风纪律风险点与防范”“党组、机关党员领导干部转作风作表率20条”；开展集体学习讨论，党员委员和干部深入思考回答“昨天为什么入党、今天怎样为党、明天如何兴党”，党外委员和干部也要深入思考回答“昨天进政协为什么，今天在政协做什么，明天为政协怎么做”。

“新时代省政协党员、干部的新形象、好作风是带出来的，又是抓出来的。”在省政协秘书长汪爽看来，政协机关党的作风建设是政协机关作风建设的关键，直接关系政协履职成效。

坚持《优良作风典型事例》《不严不实突出问题》即时“双通报”制度。仅今年以来，表扬“文经我手无差错、事交我办请放心”等先进事迹60多次，批评“过关不把关、把关不严格”等失责现象30多起。

省直机关党组织红色文化建设现场会开到省政协机关。“比学比干比优氛围感染人，履行职责实在成果激励人”，大家共鸣点赞，省政协机关党员干部作示范、勇争先，创造了“第一等的工作”。

（2021-10-19 期 01 版）

“两薄弱”如何变成“两加强”

江西省政协助推破解基层政协“两薄弱”记事

蔡久伟

“年轻人可是‘稀罕物’，机关 10 年没进一个人。”

“编制只有十几个，50 多岁的就占了大半，‘青黄不接’哟……”

江西省政协社法委副主任杨小华，忘不掉今年 3 月开展“两个薄弱”课题调研时，时任寻乌县政协主席刘琼招紧皱眉头掰着手指头算账的那一幕。

“事业编加了 8 个，行政编还加了 8 个，招的全是蹦蹦跳跳的年轻人，真不知该咋谢你们呢！”日前，给杨小华打来电话的刘琼招笑出了声。

“基层政协工作基础薄弱、人员力量薄弱”（简称“两个薄弱”），是制约新时代基层政协工作高质量发展的大问题。解题的“主攻手”是党委及其相关部门，但政协这个“助攻手”就听之任之？

“变‘两薄弱’为‘两加强’，把政协制度优势更好转化为国家治理效能，这是‘规定动作’更是‘必答政治之题’。”省政协主席姚增科说，“我们必须力促早日破题、圆满答题。”

去年 3 月，省政协将解决市县政协“两个薄弱”问题，报省委深改领导小组研究通过后，列入《省委深改委 2020 年工作要点》，作为省委重大改革项目之一，交省政协副主席陈俊卿领办，办公厅具体承办。随后，省政协成立了由“专家委员 + 政协‘老把式’”组成的专题调研组，深入调研。

“不统一思想认识，其他的都白搭”

“以前都是这样的，现在咋说薄弱？”

“你要增编，他要增编，我们编制‘总盘子’就这么大，你叫我咋办？”

……

“碰了一鼻子灰，现在想来都气！”去年8月，曾担任市政协主席多年的杨小华，电话了解某县政协情况时，该县政协秘书长回忆起协商增编的事，还怒气未消。

怎么破解？

千关万关，先过思想认识这第一关。“思想认识不到位不统一，其他的都是白搭。”陈俊卿说。

“因变制变，要改变先调研再建言的传统‘打法’。”省政协主要负责人及时指导。

变“老三样”为“新四法”，即变“调研、协商、建言”为“学习宣讲+交流研讨+督促指导+协商建言”。

“每到一地，先一起学习习近平总书记有关重要讲话，学中央和省委文件精神；再向他们宣讲现在大不一样的政协。”全程参加调研的省政协办公厅干部吴莉军说。

为了在更大范围统一思想认识，2020年10月，省政协召开全省政协破解“两个薄弱”会议。

越学习思想认识越统一。“破解‘两个薄弱’，这可是我们的‘主责’呀！”“要发挥政协专门协商机构作用，就得有足够人手。”3月上旬，省政协课题组赴靖安县调研时，县委和县委编办负责人感慨地说。

人的问题咋解？做好“加减法”

“我们也想做事，但6个专委会就有3个‘挂空挡’。”

“我们行政编少。”某县政协领导反映，“已10年未进一人，机关50多岁的还是骨干呢！”

……

从去年9月开始，陈俊卿率队深入9个设区市、24个县（市、区）开展专题调研。3月初，又再次深入6个设区市10个县深化调研。

调研结果表明，全省县级政协中，专门委员会是“光杆司令”的占了近半。

人的问题不解决，“一切免谈”。但人从哪来？每个市县的行政编和事业单位数相对固定，咋增编添人呢？

“必须综合施策，打好‘铁算盘’，做好‘加减法’。”3月23日，省政协召开推动解决“两个薄弱”问题座谈会，会上，省政协委员、省委编办副主任廖涛支招。

加法：以事业单位改革为契机，进一步撤并、压缩、优化各地事业单位结构，增设政协委员服务中心等事业单位；调节行政编，满足政协正常运转所需。减法：大力推动市、县政协主席和转任专委会的领导，不占机关编。

“金点子”咋“变现”？

“钥匙握在市县手里，光靠省里下个文，不顶用。”杨小华会上发言，“必须上下齐心，同向发力。”

会后，省政协主要负责人将有关情况向省委书记汇报，与省委组织部负责人沟通协调。陈俊卿和秘书长汪爽数次登门与省委组织部、省委编办相关负责人协商。省委编办向各设区市委编办印发了《关于解决市县政协“两个薄弱”问题的通知》。

3月24日，宜春市政协邀请市职能部门专题研讨，协商如何答题。

“政协主席先后向我汇报了5次。”某县委书记直言。

……

“我在这里表个态，政协人员力量不足，我们马上研究。”3月上旬，在寻乌县召开的省政协调研座谈会上，时任县委书记柯岩松一字一顿地说，“不论是行政编，还是事业编，只做加法、不做减法！”调研组离开后的第6天，县委常委会议决定，给县政协增加行政编8个、事业编8个。

……

但，不少市县仍有“落实短板”。

好政策如何从纸上落到地上？“督查”

今年4月至6月，省委督查室、省政协办公厅会同省委编办等单位，兵分两路，深入4个设区市及所辖14个县（区），对全省各设区市党委贯彻落实中央、省委政协工作会议精神开展了专项督查。

哪里“薄弱”就督哪里，哪里落不了地就查哪里。省委常委、省委组织部部长刘强要求，“要进一步加大解决‘两个薄弱’工作力度，重在一个市一个市、一个县一个县力促抓落实。”

在铜鼓县，督查组了解到当地事业单位改革基本完成，但县政协没设事业单位，督查组及时与县委主要负责同志沟通和有关部门协商，县政协委员服务中心得以落地。

……

“县里开了会，主席们不占编，等于编制‘加’了，这下我们可以招几个年轻人了。”靖安县政协秘书长咧开嘴笑着说。

……

“现在全省每个市、县政协都增设了委员服务中心等事业单位，领导不占编，编制做加法。”参加督导的省政协副秘书长赵波说。

人员力量的迭变带来基础工作的裂变。

“机器进了家，污水‘跑路’了！”近日一大早，德兴市肯堂山社区余大妈扯着嗓子向老街坊报喜。原来，这个片区未列入污水管网改造工程，经过市政协“好商量”平台一“商量”，“还真成了，政协搭的这个台还真不是摆设。”巷内十几户居民听到这个消息“炸开了锅”。

这样的平台全省政协已建成1万多个。全省各级政协组织广大委员与老百姓面对面协商，心贴心服务，助力群众急难愁盼问题解决。聊起“好商量”，余大妈竖起大拇指：“好事做了一火车！”

“过去人手太少，想干难干成事，现在是天时地利人和，增编增人干不完事，一定要回报组织和人民，干出更加出彩的事。”刘琼招说。

（2021-10-29期01版）

“中国中医看江西”把脉寻方

江西省政协建言中医药强省建设纪事

王　磊

9月8日，江西省中医药管理局党组会议专门研究省政协《后疫情时代中医药热的冷思考——我省“十四五”加快建成中医药强省的跨年度调查与建议》课题报告，并就落实报告的意见建议提出明确举措。

“参与课题调研的同志们作风扎实、态度严谨、建言有据，令人感动。”8月底，省委、省政府主要领导对省政协的这份课题报告给予充分肯定，要求相关部门认真研究，运用好调研成果，全力推动江西省中医药产业高质量跨越式发展，打响“中国中医看江西”的品牌。

这个“令人感动”的课题是如何炼成的?

6 位省领导全程指导，组成“政协医药卫生界别 + 政府职能部门 + 医药企业 + 科研院所”共 45 人的团队，历时 20 个月，外出调研 23 次，召开主席会议等研讨会 12 次。“这在我省政协历史上还是第一次。”省政协主席姚增科介绍，省政协站位江西、比较全国，围绕促进江西中医药传承创新发展，聚焦“十四五”加快建成中医药强省需要重视的六方面关键问题，提出 26 条建议。

“望”江西中医药“千年辉煌”

“中医药是中华民族的瑰宝，一定要保护好、发掘好、发展好、传承好”“要聚焦主导产业，铸链、补链、强链，做优做强做大中医药等优势产业”，2016 年和 2019 年，习近平总书记两次视察江西，对江西中医药产业发展寄予殷切希望。

说起江西中医药，过往的辉煌时代，令人津津乐道，听来豪气顿生——

江西是中医药文化的重要发祥地之一，自汉魏以来，江西有中医名家近千人，编纂有目可查的医籍近千部。

西汉时期，浮丘公在南城麻姑山炼丹制药，开启江西中医药先河。三国时期，与张仲景、华佗并称为“建安三神医”的董奉，在庐山行医创造了“杏林佳话”。

四大中医地方流派有“一个半”，“一个”是旴江医学，“半个”是新安医学。四大中药炮制流派独占其二，“樟帮”“建昌帮”中药加工炮制自成体系，享誉华夏。四大“药都”有其一，樟树药都素有“药不到樟树不齐，药不过樟树不灵”美誉。

白芍飞上天、木通不见边、陈皮一条线……作为江西中医药的代表，樟树药业始于汉晋，成于唐宋，盛于明清，有“南北川广药材总汇”之称，中药材炮制技术和中医药流通辉煌史历经 1800 年而不衰。

为全面分析樟树市在国内“四大药都（江西樟树、安徽亳州、河南禹州、河北安国）”中的比较优势与潜能，课题组先后两次深入樟树，并赴河南郑州、禹州、南阳和安徽亳州等地的中药材种植基地、中药饮片和中成药生产车间、中药贸易流通市场、专科中医院实地调研，座谈交流。

“千年药都樟树在当代仍充满活力，一年一度的樟树药交会吸引着南北各地药商，被誉为中医药交易‘永不落幕的盛会’。”课题组成员、江西中医药大学原党委书记刘红宁认为樟树的优势有三：樟树药市的历史最悠久、樟树的工匠文化和工匠精神与炮制技术密切相关、樟树是“长江以南唯一药都”。

“闻”江西中医药“老树发新芽”

“中药炮制技术成就了‘药不到樟树不灵’。”走出去调研，让刘红宁对樟树的优势和不足看得更清楚了，中药炮制技术才是樟树的核心能力、核心竞争力。

只传承，不创新，捧着金饭碗也只会越吃越穷。让中医药老树发新芽，唯一的出路就是创新。

课题组也认识到，樟树传统炮制技术没有现代化这一不足，“成了小范围表演的非物质文化遗产，并不能满足人民群众日益增长对中药的需求。”为重塑第一药都品牌，再造樟树辉煌，刘红宁建议，“借助机械化、智能化、人工智能，推动樟帮炮制技艺现代化升级。”

随后，樟树市积极采纳课题组相关建议，大力实施中医药工业升级工程、“中国药都”形象提升工程等“十大工程”50 项重点工作，通过打造中医药产业集群基地、中医药文旅融合基地、中医药诊疗康养基地和中医药传承创新中心，全力冲刺全国中医药特色城市。

“中药产业链长涵盖了一二三产，发展潜力巨大，对老百姓的生活关联度越来越高。”省中医药管理局副局长周秋生介绍，江西是全国为数不多具备中医药制造、种植、加工、流通完整产业体系的省份。

江中牌健胃消食片一年卖出 2 亿盒。2019 年全省医药行业单品年销售额过亿品种 54 个，其中 35 个为中药品种；过 10 亿元品种 6 个，其中 5 个为中药品种。江西的济民可信、青峰药业、仁和药业入选中国医药工业百强。

课题组成员、全国政协委员杨文龙认为，江西中药工业相对较强，更应推动“高原之上再造高峰”。他以仁和集团的二次创业——“叮当快药”为例，如何“在网上再造一个‘仁和’”。2015 年创立的“叮当快药”，以“药厂直供、网订店送”的线上线下一体化运营医药新零售模式，运用电子围栏、大数据分析等技术，实现 28 分钟送药上门，已成为网上购药的代名词。

课题组建议，做好“集群”文章，推动中医药产业进一步集中、集聚、集约发展。做好“化用”文章，用传统经典名方撬动产业做强做大。做好“名牌”文章，用名企名品引领产业做强做大。做好“融合”文章，发挥好中药制造业承上启下、融合振兴全链的作用，让江西中医药“叫好又叫卖”。

“一屁股坐下去就有 18 味中药。”这是江西老表对生态环境优良、中药材资源丰富的形象比喻。

全国中药资源普查结果显示，江西省药用中药材资源共 3800 多种，其中野生植物药材 2840 余种，全省道地药材 20 多种。全省中药材种植从 2017 年的 97.63 万亩增长到 2020 年的 310 余万亩。

中药材种植是江西推动中医药振兴发展的另一个“动力源”。但从种植规模看，“偏小”的局面仍未扭转，仅居全国 20 位上下，且与云南、四川、广西等省区的差距都在倍数以上。除了“小”，江西中药材也呈现“弱、散、软”态势。

“中药是中医的基础，好环境生产好药材，而绿色生态是江西最大的优势，是我们生产好药材的先决条件。”课题组成员、省林业科学院森林药材与食品研究所所长朱培林建议，走绿色生态中药材路线，打绿色生态中药材品牌，江西中药材完全可以在全国异军突起。

“秉持‘药材好，药才好’理念，根据‘道地性’聚集‘赣药材’优势品种，强化‘卖产品’优于‘卖原料’理念。”课题组成员、省政协委员赵恒伯建议，扩大种植规模，推动“产地”向“产区”发展，提升中药材质量，推动从“种药”向“种好药”转变，持续推进品牌塑造和精深加工，推动中药材从“扎捆出售”向“含着金汤匙”转变。

8 月 1 日，省政协“助力我省中医药传承创新发展”协商课题第四次专题协商研讨会上，省中医药管理局副局长洪珺介绍，近 3 年来，共评定省“定制药园”（道地药材生态种植示范基地）项目建设单位 29 家，还将建设定制药园 15 个，制订推广药材种植标准 30 多项。

“问”江西中医药“高光时刻”

对新冠肺炎疫情，江西中医以过人的胆识、无畏的担当和精湛的医术，在实践中探索出中医药防治方案，为新冠肺炎中医药防治贡献了“江西方案”。

2020 年 1 月 27 日，江西省最早治愈的新冠肺炎患者出院，中医药功不可没。“我院的抚生院区是全国除湖北外率先且唯一设立省级中西医结合救治定点医院。”课题组成员、江西中医药大学附属医院院长刘良徛及其团队自拟方剂“温肺化纤汤”，成为疫情防控期间江西首个获批的中药院内制剂。

疫情发生后，江西省在全国较早提出“两个必须，两个确保”——“各地疫情防控工作组织机构必须有中医药管理部门人员参与，各地医疗救治专家组必须有中医药专家，确保每个定点医院有中医医师参与治疗，确保所有确诊患者尽早、及时、全程使用中医中药”的中西医结合救治策略。本地确诊病例中，中医药参与率、有效率均达 97.9% 以上，居全国前列，开展 26 项中医药应急专项研究，立项数与资金支持力度居各省首位，谱写了一段当代“杏林佳话”。

如何用现代科学解读中医药学原理，走好中西医结合的道路？这是课题组一直关注的问题。

在赣江新区的中国（南昌）中医药科创城内，被誉为“镇城之宝”的中药国家大科学装置（本草物质科学研究设施）格外显眼。课题组先后两次深入此地，了解科研、项目和人才引进情况。

“把一味中药放进装置后，可以将其内的300—500个化合物一个一个地分离纯化出来，用现代科学原理来解读中医药，从根本上提升中药研究的深度。”赣江中药创新中心主任、中国科学院大连化学物理研究所研究员梁鑫淼介绍，中药国家大科学装置预研中心是目前全球唯一一个可以系统化研究天然产物、中药物质结构和组成功能的大型科学研究装备，也是国内首创世界领先的多维多通道中药车间。

“既研究本草的物质结构、作用机理，又着力成果转化应用，这打造的是‘现代版的《本草纲目》’。”调研中，姚增科希望，将这个“国字号”平台建设好，聚集、培养国家级人才，创造国家级的研究成果，实现中药重大基础科学突破和关键核心技术的发展，增创江西中医药科研优势。

调研组建议，以“中国药谷”的高标准推进中医药科创城建设，激发国字号平台“裂变效应”，打造具有重要影响力的中医药科技创新“策源地”。多措并举增强中医药领域自主创新能力，提高核心竞争力，推动江西成为国内中医药自主创新“新高地”。

作为国家中医药综合改革试验区的江西，振兴发展中医药，“天时、地利、人和”兼得，“万事俱备、不欠东风”，江西中医药，未来可期。

“切”江西中医药“商量之力”

记者作为江西省政协“助力我省中医药传承创新发展”协商课题报告起草小组的工作人员，见证了省政协充分发挥专门协商机构作用，在建言资政与凝聚共识双向发力中展现新作为的全过程。

中医讲“痛则不通”，症结在经络痹阻。虽然近年来江西省中医药取得了较为显著的成绩，但也存在不少问题。

“此课题政治性、政策性、专业性皆强，事关重大，省政协高度重视，比以往所有课题花费的时间都长、精力都多。”姚增科介绍，课题组紧盯江西中医药振兴发展的“痹症”，助力打通“经络”，敞开中医药“活力之门”。

自2020年1月新冠肺炎疫情发生开始，积极呼应省委、省政府“发挥中医药支撑作用”决策，省政协启动相关调研。

第一阶段调研耗时 7 个多月，形成长达 10 万余字报告——《建设中医药强省需要重视破解的 20 个重大问题》。职能部门和多位专家表示，“言之有理有据，但大而全、小而全，什么都讲，什么都未讲深讲透”，总体未获肯定。鉴此，省政协主席会议决定“推倒重来”。

“一个问题一个问题攻坚破难，再学习、再调查、再研究、再提升、再完善。”课题组成员、省政协港澳台侨和外事委员会专职副主任邓杰说，又历经 13 个月学、思、问、访、商，从原来围绕 20 个方面改为聚焦 6 个方面问题，既着眼一分为二“怎么看”，又立足实事求是“怎么办”，形成了报送省委、省政府的主报告和 8 个子报告。

“采取了线上线下相结合、省内省外相结合、民间探访与高端访谈相结合的方式，力求‘摸得透’‘研得准’‘讲得对’。”课题组成员、省政协办公厅主任杨木生介绍，课题组还与全国政协常委、中国工程院院士、中国中医科学院院长、国家中医药管理局副局长黄璐琦等数十位国家相关部委负责同志、院士、权威专家进行“高端访谈”。

编辑形成《领袖论中医——从毛泽东到习近平》，增强文化自信；调研方向和着力点紧密结合健康中国建设、乡村振兴等国家战略；专门组织委员讲述“我亲历的最精彩江西中医药故事”；边调研边建言，有的意见建议已被多个职能部门采纳并转化为政策举措……省政协“助力我省中医药传承创新发展”协商课题为打响“中国中医看江西”品牌注入了强劲的“商量之力”。

委员观点

江西省政协常委丁晓群：激活民间中医力量

中药材的种植应科学规范、因地制宜、专业指导。面积是基础，品种是关键，道地是方向。建议在近几年扩大、推广的基础上，进行一次回顾与评估，形成更加合理的布局，确保从源头上防止“以量冲质”“以速求快”“以药伤医”之隐患出现。

中医服务业发展先要在中医院的数量上有适当增加，每个县区可拥有一家公立中医院，这个标准还应具体化，并逐年提高管理等级、业务水平和配置条件。

在全国率先放松对民间确有专长的中医师考核、聘用政策，这对扩充中医师队伍人数，尤其是丰富基层中医服务力量，激活民间中医人才积极性、创造性，具有不可忽视的作用，包括中医院的院内制剂也要“放一马”“开闸门”，让这些经过多年临床试用有效且廉价的“好药”得到更广泛、更顺畅的使用。

江西省政协常委杜建强：把中西医结合的成功经验分享给世界

中西医结合是这次抗击新冠肺炎疫情的中国特色，要把这个成功经验和做法分享给世界，编制一本让国际同仁“看得懂、用得上”的中西医结合防治新冠肺炎传染病的诊疗方案势在必行。

江西省政协常委钟国跃：形成中药农业产业链

发挥江西省中药制造业发达的优势，引导本省中药企业在药材质量合格的前提下优先采购地产药材或签订长期订单、鼓励企业在本省建立原料药材生产基地，同时给予配套政策，如合理利用扶贫资金、科技资金、产业扶持资金、税收、融资等，给予企业和种植者以实际支持，形成中药农业从种植到终端用户紧密结合的产业链。

（2021-11-01 期“协商”专版）

高质量提案赋能履职质效

华东六省一市政协第二十八次提案工作座谈会综述

王　磊

更好知情明政推动提案工作提质增效；“六方联动”让提案办理“实打实”；搭建联合评估平台助力提案工作高质量发展；将凝聚共识贯穿提案工作全过程……11月1日，华东六省一市政协第二十八次提案工作座谈会在南昌召开，来自全国政协和上海、江苏、浙江、安徽、福建、山东、江西省市政协代表，以“线上＋线下”的方式，围绕总结提案工作经验，推动新时代人民政协提案工作高质量发展进行座谈交流。

质量是提案工作的生命，而提案线索往往是高质量提案的“源头活水”。

“今年委员已提交平时提案130余件。委员积极性和主动性提高了，平时提案的时效性和精准性也显著提升。”上海市政协提案委员会主任俞烈介绍，今年以来，按照市委、市政府中心工作推进到哪里，提案工作就跟进到哪里的要求，将提案调研重点提示由年度发布调整为季度发布，梳理形成提案调研线索，推送到每位委员，产生了积极效果。

“搭建提案工作与‘有事好商量’协商议事平台、季度学习座谈交流平台的联动平台，推动提案工作更接地气、更有人气、更富成效。”江苏省政协提案委员会副主任任凤鸣介绍，积极从老百姓的诉求和委员的发言中发现提案线索，并将提案线索及时整理提供给相关党派、专委会和政协委员，通过精准对接服务，为打造高质量提案奠定了坚实基础。

提案办理质量是发挥提案作用的关键。

“今年，以‘推动消费升级，促进经济发展’为主题开展‘会中办案’，‘提办’双方现场就消费问题进行了深入研讨，助力省委、省政府今年出台了《江西省‘十四五’消费升级发展规划》。”江西省政协提案委员会主任丁晓群介绍，省政协坚持每年省政协全会期间，选择群众关注度高、社会影响力大、提案较集中的问题进行“会中办案”。省委常委、常务副省长出席会议，并就提案办理提出明确要求，提案者与承办单位围坐在一起，共商办理措施。这一推动提案办理工作的重要形式，受到全国政协的充分肯定。近两年来，省政协把提高提案办理质量和服务质量作为提案工作的重心，逐步形成了高位领衔督办、“提办”座谈商办、委员现场察办、政协走访催办、“三办”联合问办、社会公众评办“六方联动”让提案办理“实打实”。

“今年省委、省政府领导领办的16件重点提案，政府采纳率和委员满意率均为100%。”浙江省政协提案委员会主任孙光明说，每年遴选40件左右重点提案，由省委书记、省长等省领导带头领办，省政协主席、副主席协办督办重点提案。每年编辑20多期《重要提案摘报》，报送省委省政府领导阅批。进一步明确了相关提案的办理方向，压实了各承办单位责任，提案办理落实成效明显提高。

“本届以来，开展省委书记领衔督办协商4场，省政协领导带队督办协商120余场，网上提案办理协商122场，3600余件提案在提立办督评各环节均开展了经常性协商。”安徽省政协提案委员会主任曹国强介绍，把协商贯穿提案工作全过程，把协商作为提案办理的必经环节，努力把提案协商打造成专门协商机构中最直接、最广泛、最有效的协商活动。

提案办理的过程，是建言资政、助推发展的过程，也是凝聚共识、汇聚合力的过程。

“拓展团结联谊，携手港澳台侨胞共绘‘同心圆’。”福建省政协提案委员会主任董建洲介绍，近年来，积极探索政协推动闽台融合发展的思路和着力点，邀请台胞台企代表参与提案选题讨论和协商。主动发挥港澳委员双重积极作用，定期在深圳、珠海召开通报会议，适时开展港澳委员提案办理协商活动，发挥委员服务国家统一和民族复兴大局的“铁军”作用。

“积极搭建提办双方沟通协商的平台，采取召开情况通报会、办理协商座谈会、组织相关人员参加调研、上门协商等方式，凝聚改进工作、解决问题的共识和合力。”山东省政协提案委员会主任曲伟介绍，在提案办理协商过程中，坚持“开门办提案”，除提办双方外，还邀请与提案相关的企业、协会和专家学者、群众代表等人士参与，在深入、坦诚、平等的协商交流中反映各方诉求、集中各界智慧，更好服务科学民主决策和决策实施，广泛凝心聚力。

今年全国政协提案委的工作主题是“加强对地方政协的指导交流”，各地政协要用好提案工作区域性交流平台，用好今年的各项交流成果，抓好重点工作落实，提前谋划好2022年工作。通过视频连线参与座谈的全国政协提案委员会副主任戚建国希望，要深入学习贯彻习近平总书记“七一”重要讲话精神，弘扬伟大建党精神，坚持中国共产党的全面领导，把以人民为中心作为提案工作的出发点，发挥好统一战线重要法宝作用，不断推动提案工作高质量发展。

（2021-11-08期03版）

读书不亦“阅”乎　履职不亦“乐”乎

江西省政协委员主题读书记事

王　磊　汪贤德

“时机确定得好、主题设计得好、地点选择得好、优势发挥得好、方法运用得好。”不久前，在“网上全国政协书院”开设的“弘扬井冈山精神，助推‘十四五’规划实施”江西省政协委员主题读书群圆满闭群，委员们纷纷感叹收获满满。

全国政协委员、省政协委员共3903人以书为媒、齐聚“云端”，浏览量超38万人次，日均访问量达4500人次，演绎了全覆盖、深研学、高强度、大联动的“开卷有益、勤学慎思”生动场面。

700余人发言近10万条，日均发言1118条，打造了一场又一场“云上协商会”，10多场线下交流如火如荼，读书已成为委员们强本领、促履职、聚共识，推动江西高质量跨越式发展的有益实践。

3个月来，读书群书香四溢、勤学不断，实现了“创一流、争先进、上水平”的既定目标，得到全国政协、省委主要领导的肯定和表扬。

全体委员全覆盖

“创新委员读书方法，亮出江西水平，争创全国一流。”6月上旬，接到全国政协在江西部署委员读书活动的要求后，在外地督导的省政协主席姚增科连夜部署相关工作，要求确保体现江西优势，展现江西形象，强化江西担当。

省政协迅速行动，周密部署。3天之内，省政协参加全国政协委员读书活动指导组及指导办公室成立。不到一周，制订了《读书活动工作方案》《委员读书活动操作细则》，明确目标、责任到人。

“明确读书书目，每天委员领读，每周三晚集中研讨。”省政协秘书长、读书活动指导组副组长汪爽介绍，为期3个月的读书活动，由省政协文化文史和学习委员会等5个专委会牵头，其他4个专委会配合，各设区市政协积极配合，分为学习贯彻“七一”重要讲话、坚定执着追理想、实事求是闯新路、艰苦奋斗攻难关、依靠群众求胜利等5个专题开展。

起跑就是冲刺，开局就是决战。确保委员读书APP下载率、入群率、参与率三个百分百。

“委员读书APP装好了，也帮您进群了。”7月8日，省政协参加全国政协委员读书活动动员会第二天刚一上班，省政协港澳台侨和外事委员会办公室的陈建和如约上门，为所联系的委员进入主题读书群提供当面服务。为圆满完成全国政协赋予江西省政协的使命和任务，省政协各专委会发挥基础作用，切实承担起具体牵头负责工作，机关各处室提供高质量服务保障。

“一小时后，在机关连廊会议室召开紧急会议。”读书指导办的同志收到一条紧急提醒短信。7月9日晚11:30，省政协办公厅主任、委员读书指导办主任杨木生召集委员读书指导办公室成员，研究如何“提醒动员该入群的委员尽快入群”。

“服务委员精心到位，确保不漏一人，100%全覆盖。”杨木生介绍，在委员的大力支持下，7月9日实现住赣全国政协委员和省政协委员全员下载全国政协委员读书APP，10日实现委员进入读书群全覆盖。

承担第一个专题“学习贯彻‘七一’重要讲话”第一周组织工作的，是省政协文化文史和学习委员会专职副主任傅兆良。傅兆良说：“我们以天为单位，周密制订了委员领读计划，按照‘围绕经典+深悟思想+艺术表达+注重实效’的要求，设计交流话题。同时，组织委员发挥自身优势、体现特色，收集相关资料，深入挖掘并讲好红土地上的新故事。”

第一专题领读人俞银先、马玉玲、梁勇、詹世友、李晓浩等省政协常委、委员，先后围绕巍巍井冈山精神代代传等主题开展领读和研讨，委员讨论热情节节攀升，发言量屡创新高。

随时随地一起读

“今天，你读书了吗？”这已成为委员读书活动期间，大家的必聊话题，每日随时随地一起读书已蔚然成风。

“读书学习是人民政协的优良传统，政协人是讲政治讲学习求真务实的读书人。”读书活动启动会上，姚增科希望委员们带头多读书、读好书、善读书。

为了“备战”领读活动，省政协委员詹丰兴买了20本书，闭关办公室每日研读。“当日的讨论一直持续到晚上12时，整整进行了14个小时。”他直言，委员们的跟读热情、组织的严密细致令他感动至极，“就是再长时间我也乐意”。

江西省政协还借鉴全国政协和兄弟省市政协成功经验，坚持围绕履职项目深度学研的有效做法，用好“围读”“专读”“鉴读”“速读”“听读”“影读”等线上+线下的方式，确保委员读书活动取得实效。

参观红色文化长廊、在读书吧“悦”读、围坐一桌交流互动……9月22日，省政协机关再次举办委员线下读书活动。

刚一落座，省政协常委肖华茵围绕“学习贯彻‘七一’重要讲话精神”，重点就“如何进一步发挥我省红色资源优势，提升红色基因传承效果”发表感言。他表示，作为一名中共党员，通过活动更好领会井冈山精神的丰富内涵，学懂弄通了党的初心和使命，并建议保护好红色资源才能传播好红色故事。

委员们在交流讨论中相互激励、互相启发。

邹英香和万玲委员赞同肖华茵的发言，称对其谈及的“培养金牌讲解员，挖掘红色文化背后的故事”建议感同身受。她们认为，富有感染力的故事才能更好地体现红色精神，特别对青少年能起到思想引领作用。

在读书中收获履职成效

“没有调查研究就没有话语权，没有读书学习同样没有话语权。”在姚增科看来，坚持问题、目标和效果导向，引导委员结合所处实际、所在岗位、所系职责，在学以致用、融会贯通中提升能力、担当作为、推动工作，奋力助推江西省“十四五”高点起步、良好开局，是读书活动的应有之义。

“现在多好，不但不用提前储水，而且这水喝得放心。”拧开自家水龙头，看着澄净的自来水哗哗流淌，63岁的新建区流湖镇谷溪村村民甘乐喜脸上笑开了花，对再次上门回访的省政协委员、省水利厅副厅长罗传彬说，“感谢你们办了一件大好事。”

罗传彬在读书活动中，发现不少委员关注农村饮水问题，讨论中提出了很多科学可行的建议，结合省水利厅党史学习教育“我为群众办实事”实践活动，他找到了履职与本职的结合点——加快推进城乡供水一体化工程建设。经过协调建设单位的工期、完善自来水厂的补贴方案，流湖镇9个行政村2283户全部完成入户安装并通水。

1933年，毛泽东在瑞金的叶坪沙洲坝为群众挖“红井”，“吃水不忘挖井人，时刻想念毛主席”流传至今。“红井甘甜，始终为民。”罗传彬说，让更多群众喝上放心水，就是水利人给群众办的实事，同样契合读书活动“弘扬井冈山精神，助推‘十四五’规划实施”主题。

3个月的主题读书活动虽然圆满收官，但读书学习没有终点，永远在路上。“定期不定期、分专题、常态化组织各种读书学习，认真学好每一天，用心干好分内事。”姚增科希望，培育打造“悦读政协·学习政协”品牌，激发助推高质量跨越式发展的“政协之能”，服务实现“十四五”良好开局的“江西之为”。

（2021-11-24期01版）

2022年

“屏”溢书香助履职

江西省政协社会和法制委员会

2021年江西省政协以“弘扬井冈山精神，助推‘十四五’规划实施”为主题，组织省政协委员在全国政协网上书院开展读书活动。省政协社法委组织的第五专题“依靠群众求胜利，进一步推进江西省社会治理创新”历时 11 天，委员们积极参与，呈现了全覆盖、深研学、大联动的火热读书学习场景。

一是高位推动，凝聚共识注动力。省政协领导高度重视，主席组织召开“主会场 + 视频分会场”直达设区市政协的动员会，提要求、把方向；分管副主席全程沉浸式参与，提供方法指导。二是细化任务，各司其职聚合力。在主持、领读、辅学、委员服务、技术支持等各环节落实专人负责制，确保读书活动不离题、不断线、不冷场。三是创新方法，形式多样增活力。精心制作了美观又简洁的电子预告海报，提前推送参考资料，在每天早中晚读书结束后，发布当期领读要点图，帮助委员增强学思悟践效果。四是聚焦民生，助推履职显效力。精选与人民群众生活息息相关，又紧扣专委会履职项目的热点话题，引发委员们的广泛关注，掀起一个又一个热议的高潮。委员们很多有见地的观点被相关部门采纳进相关文件中，推动了有关工作。

（2022-01-05 期 12 版）

彰显红土地上的传承与担当

江西省政协同题共答助力高质量跨越式发展记事

王　磊

“我承包了 1900 亩稻虾田，一年有 80 多万元收入，日子越过越红火，我就是干劲十足的快乐种田人。”

2021 年 11 月 19 日，彭泽县种粮大户户梦平对前来宣讲中共十九届六中全会精神的江西省政协主席姚增科说。

“老百姓的笑脸就是对习近平总书记的拥戴，是对党的信任和礼赞。”姚增科勉励包括彭泽县在内的全省政协人，多深入所在行业、所联系界别，多做宣传政策、凝聚共识。切实担负起“落实下去、凝聚起来”的政治责任，把党的主张转化为社会共识。

21 项年度课题，80 余次考察调研，50 多场协商会议，报送政协专报、建议案等 30 多件，收集社情民意信息 3800 多条，助推社会保障、人居环境等群众急难愁盼问题破解。

送医药、送科技、送文化下基层，开展“我为群众办实事”实践活动，组织“以全域旅游发展引领生态价值实现”等界别活动 60 多次……

2021 年，江西省政协用一件件“双向发力”的硬成果，交出了“全年精彩”答卷。

千条万条，坚持党的领导是头条

在全国政协系统党的建设工作经验交流会上，姚增科以《从红色资源中汲取智慧和力量 全面加强政协党的作风建设》为题，介绍省政协层级开展互动式“政治谈话”，邀请省纪委监委负责人以案释纪明规举办廉政党课等推动各项工作落在实处、走在前列的生动实践，得到广泛好评。

一年来，江西省政协充分运用“传达 + 解读”“通读 + 精读”“线上 + 线下”等方式，认真学习贯彻习近平总书记关于加强和改进人民政协工作的重要思想，深入交流研讨习近平总书记“七一”重要讲话精神，专题学习中共十九届六中全会精神，引导委员和所联系的界别群众不断增强“四个认同”，更加坚定不移听党话、跟党走。

内力外力，持续提升履职能力

“自来水就是好，拧开龙头就有水，方便卫生，喝得放心。”去年 9 月 18 日，63 岁的南昌市新建区流湖镇谷溪村村民甘乐高兴地对再次上门回访的省政协委员、省水利厅副厅长罗传彬说，“感谢你们帮我办了大好事。”

“红井甘甜，始终为民。”罗传彬在参加省政协组织的委员读书时，受到委员们讨论农村饮水的启发。结合省水利厅党史学习教育“我为群众办实事”实践活动，他找到了履职与本职的结合点——加快推进城乡供水一体化工程建设。他说，“江西水利人更要传承好毛泽东同志在瑞金的叶坪沙洲坝为群众挖‘红井’的优良传统。”目前，流湖镇 9 个行政村 2283 户全部完成入户安装并通水。

开展好读书活动是江西省政协深入推进党史学习教育的重要一步。在全国政协网上书院开设“弘扬井冈山精神 助推‘十四五’规划实施”主题读书群的 3 个月时间里，浏览量超 38 万人次，700 余人发言近 10 万条，打造了一场又一场“云上协商会”和线下交流。

历时两个月、行程万里，开展“红色走读赣鄱行”，充分领悟井冈山、瑞金、安源等地“江西红”的厚重。

千变万变，协商民主不变

“由于直管区产业基础薄弱，2020 年一般公共预算收入只有 4.84 亿元，确实较少”“新区直管区面积 168 平方公里，但 2/3 以上区域涉及基本农田，难以用于开发建设”……

去年 10 月 20 日的江西省政协主席（扩大）会议上，应邀参与围读“全国新区建设经验考察与赣江新区高质量发展建议”课题报告的政协委员、专家学者和新区相关负责同志，将建言的重点聚焦在了赣江新区直管区存在“小马拉大车”现象，建议扩大直管区范围。

“省委给政协出题时，已明确要在‘现有体制不变’的情况下，建言赣江新区高质量发展。”姚增科的及时说明，让大家的建议方向更明确、角度更聚焦。“要发挥主观能动性、建立完善科学合理考评体系”“以‘项目为王’亩产论英雄”，聚焦“优势特色产业加大招商引资、招才引智力度”……

像这样的围读会，从去年年初召开的省政协十二届四次会议就已开始。

“江西政协人无论做什么，对外都代表江西，都是政协的形象，讲究不将就，敷衍不得。”去年 1 月 26 日深夜 23 时，省政协主席会议成员、办公厅领导、相关处室负责同志 20 多人，就四次会议决议、提案初步审查情况的报告、闭幕会上的讲话进行逐字逐句讨论。

省政协报送全国政协党建交流会的发言材料，参加围读者近 30 人；向学习教育中央第六指导组汇报的文稿，5 天时间 7 场围读……参加围读的同志感叹，“一次次的围读，既是悟‘道’得‘法’的集体研学，更是走深走心走实党史学习现场教学。”

践行“两山”理论，做实唱响“龙虎天下绝”品牌；全面深化省属国有企业改革；社区居家养老服务体系建设与城市养老服务高质量发展……重要课题、重要报告，一家为主承担任务，大家围读研改文稿，变一人执笔为多人“执笔”，已成为省政协推进履职质效提升的必有环节。

“‘围读’是形式、是内容，那贯穿其中的灵魂是交换、比较、反复的协商民主，是‘三人行必有我师’的协商智慧。”在思想火花的碰撞中、协商真理的明辨中，“围读一次、提升一片”的质效正逐步显现。

同心同向，广泛凝聚共识

“新婚刚满40天的‘90后’扶贫干部吴应谱、樊贞子，因车祸倒在了帮贫困户代销土鸡的山路上……”去年2月3日早8点，江西省政协副主席谢茹以《弘扬伟大战贫精神 凝聚青春奋斗力量》为题，应邀为全省高校思政课教师“一线课堂”活动作首场宣讲报告。

场上，谢茹4次用纸巾擦拭眼中滑落的泪水；场下，听者用6次掌声回应。听了宣讲报告的高校思政课老师们竖起大拇指“点赞”。主持报告会的省委教育工委书记叶仁荪说：“这就是思政课的样板。”

这场宣讲报告，仅是江西省政协建言资政和凝聚共识“双向发力”实践创新的一个缩影。

共识凝聚了，还要助推取得实效。去年，江西省政协还就聚焦“加强和改进高校思政工作”课题，开展了深度协商。课题组成员走进10所高等院校全程听课，与500多名师生代表个别交流、集体座谈，开展万人线上问卷调查，“互联网时代授业解惑”方面60条建议，与教、学、管三方同频共振、同题共答，培根铸魂、启智润心。

去年6月下旬，江西省政协分批组织政协委员赴地市开展“重温百年党史 考察发展变化 凝聚奋斗力量”异地视察活动。组织住赣全国政协委员以“观点＋故事”形式，赴地市宣讲全国政协十三届四次会议精神，重温习近平总书记看望委员并参加联组会时场景，宣传和解读省委、省政府、省政协贯彻落实全国两会精神的具体举措。出台《关于发挥人民政协专门协商机构作用 推进“赣事好商量”协商平台建设的实施意见》，指导市、县政协普遍搭建“党建＋好商量”“有事先商量”“幸福圆桌会”等议事平台。

一年来，江西省政协站位“人心是最大的政治”高度，全体政协人，心系“国之大者”，眼有“省之要务”，情牵“民之急盼”，同题共答助力高质量跨越式发展，用“辛苦指数”换取群众“幸福指数”，彰显新时代人民政协的价值与作为。

（2022-01-17期01版）

通民心　道民意　为民呼

江西省政协全会首设“委员通道”

王　磊　熊　灵

1月16日，小雨，13时，离江西省政协十二届五次会议开幕大会还有两个小时，南昌滨江宾馆二楼大堂里却已是人声鼎沸，各路媒体“长枪短炮”早早架起，等候委员们走上首次开设的“委员通道”。

13时40分，江西省政协十二届五次会议“委员通道”开启。在将近60分钟的时间里，8位委员两两一组，依次与记者“零距离”接触，畅谈履职心声，抛出诸多“干货”。

作为首发阵容，邱琳瑛委员率先亮相。她捧着一件文创产品登台，瞬间吸引大家目光。这是一面猎猎生风的“党旗”，由国家一级雕刻师设计。“以伟大祖国秀美山河及长城做‘党旗’基座，让‘党旗’在长城上迎风飘扬，昭示着在中国共产党的领导下，祖国大好河山繁荣昌盛、人民幸福安康，号召全体党员不忘初心、牢记使命，永远跟党走。”邱琳瑛说出这面“党旗”的设计初衷。乘着中国共产党成立100周年的东风，这件文创产品“圈粉”无数，一个多月卖出一万件，每件市场价数百元，让红色资源溢出“金色效益”。

人才是创新的关键“环节”。作为一家民营高新技术企业负责人，李振专委员感悟至深，“把人才引进来、留得住、用得好，要用好用足省市各项人才政策，让人才人尽其才、才尽其用，让人才愿意扎根江西，为建设创新江西贡献力量。”

台上一分钟，台下十年功。邓凰保委员直言，“得知要上‘委员通道’，倍感光荣、倍感压力。”他表示，台上表现如何事关政协形象、委员形象，不容丝毫闪失。为此，他做足了准备工作，一方面收集大量中医药产业方面情况，另一方面深入“药都”樟树市进行调研，掌握了大量一手资料、一线实情，反复消化打磨确保完美呈现。

“委员通道”，通民心、道民意、为民呼，不仅仅是一个委员风采的展示窗口，同时也是一个回应党政关心、社会关切、百姓关注的舆论场。

“慢病防治，不能慢。”乐爱平委员开门见山“亮”观点。他建议，深入实施健康江西行动，加快建设一条“慢病防治高速路”，聚焦慢病的“预防、治疗、康养、保健、管理”，建立全社会共同参与防治机制，提升全社会的健康素养。

蔡小莲委员介绍了新余市“党建＋颐养之家”民生品牌。她说，推进基层养老事业，党建引领是可复制的关键一招，村（社区）“两委”主抓是可推广的制胜之法，把控成本是可持续的头等大事，全社会参与是可提升的重要补充。

作为中学校长，陈平委员就公众关注的“双减”政策说了心里话，他说，“学生的课业负担减少了，家长与小孩的情感交流增多，获得感满满。‘双减’政策确实是让教育回归学校、回归本质之举。”

以“宅改”为画笔，描绘乡村振兴新篇章。通过讲述盘活闲置农房、盘活闲置宅基地、推进土地入市等调研中了解到的三个故事，舒忠东委员将余江宅改经验娓娓道来：从余江宅改收获的经验告诉我们，推动农村宅基地改革，要坚持“农民的事农民管”，充分发挥村民事务理事会作用，提升乡村自治能力，同时在宅基地有偿使用等制度办法上深入探索。

江豚“去又还”，白鹤“不爽约”，是江西生态环境质量持续改善的生动证明。罗小璋委员说，对标对表2035年美丽中国目标基本实现，还需努力要抓住“十四五”关键五年，在更高标准上提升江西生态环境质量，倡导全社会共同努力，积极践行绿色低碳生活方式。

“不仅要看台上怎么说的，更要看台下怎么做的。”走下“委员通道”，步入全会开幕会场，8位委员不约而同表示，将继续以实际行动履职尽责。

（2022-01-18 期 04 版）

件件有回音　事事有着落

江西省委书记与政协委员共商全面建设富裕江西

王　磊

“所论所谈句句都有启示作用，都能启迪思维，很有帮助，由衷地感谢大家！”1月17日，江西省政协十二届五次会议举行联组会议，江西省委书记易炼红参加第一大组讨论，与民建、工商联、经济、特邀（香港、澳门地区）界别委员一起深入交流、听取意见建议。江西省政协主席姚增科等参加讨论。

“大战略变成的大动作还不多、好政策用得不够好。”首先发言的揭小健常委开门见山。就国家生态文明试验区、鄱阳湖自主创新示范区、赣南等原中央苏区振兴战略等7个国家战略落地实施情况，他建议，进行一次“集中回头看”，让好政策“好用并用得好”。

“平台融资成本比周边省份高出10%—30%，92%为AA及以下或没有评级，有发债资格不足百家。”阙泳委员将建言着力点聚焦在整合优化国有资本运营平台，提升重大项目承接能力上。“省级打造万亿平台，省会城市打造6000亿平台，其他市县形成千亿级大平台集群”，他用了个形象的比喻，“少开空调”，防止基础设施和土地政策内卷；“多穿外套”，合理有序科学进行规模叠加；“练足内功”，做优利润水平，提高信用评级和投融资能力。

肖峻委员建议，把“招大引强”与“补链强链”招商有机结合，有效解决当地金融机构开展应收账款质押融资、仓单质押融资等供应链金融业务的痛点问题。同时，鼓励省属及地方国有企业组建专门的产业链基金，依托核心企业和市场化股权投资机构开展资本招商与股权投资。

省会强则全省强。作为南昌市民，赵波常委直指消费痛点，“有闲进不来、有钱没处买、有玩不够嗨。”她建议，按照“补链、串链”思路，构建大南昌一小时消费圈，尽快补齐缺失的消费元素、串起散落的消费热区。以“提质扩容、多态齐放”为目标，打造南昌服务消费增长点，让人有地嗨。

受疫情影响，不断提升实体经济数字化、智能化水平，已成为传统企业高质量发展的新动能。“可以精准预测市场、加快供需对接、预测顾客未来需求、匹配‘人’‘货’‘场’。”肖志峰委员建议。

聊转型、话创新、展蓝图……现场气氛很是热烈，委员们个个热情高涨，争相发言，彭国禄、熊春林、龚斌等委员也抢麦成功。

省发改委和省商务厅负责同志现场回应委员发言，既有面上的解疑，也有点上的释惑。多位参会的委员没能抢到发言提问机会，也在部门的回应中找到了各自需要的答案。

“发言建议有见地、有价值、合民意，充分彰显了省政协紧紧围绕中心、主动服务大局的政治担当，展示了政治协商水平和履职能力。”易炼红表示，委员们调研细致、问题精准、数据翔实、质量很高，大家的发言充满激情，体现了对江西的赤子之情拳拳之心。他要求，“省直有关部门要认真研究、逐条吸纳、迅速回复，做到件件有回音、事事有着落”。

委员说、书记说，会上说、会后干。在这场专题会议上，“想在一起、干在一起”的良好氛围，真浓。

（2022-01-20 期 02 版）

为建设“学习型”政协提供机制保障

江西省政协文化文史和学习委员会

加强党的理论武装，学习教育全覆盖。认真落实习近平新时代中国特色社会主义思想学习座谈会制度。每年年初由省政协党组印发工作方案，规定“必学”内容，各专委会补充与专业相关的“加学”内容，形成具体实施方案。做到学习座谈“不漏一人”，向未能参与学习的委员寄送书面学习材料，组织其“补学”。注重发挥我省红色资源优势，大力弘扬井冈山精神，走好新时代赶考之路，开展“红色走读”活动，组织委员瞻仰革命旧址、上微党课等。

丰富委员学习载体，凝心聚力出实招。利用融媒体新技术，制作短视频，创建“政协读影”。目前，省政协各项会议都将其列入固定议程。在委员履职 APP 中设立“学习互动”平台，下设 8 个栏目，推送各类参阅资料，持续开展“学党史—每天来打卡”活动。以弘扬红色文化为主题，开设巍巍井冈、红色经典艺术作品与百年党史等系列“委员讲堂”，并以视频连线形式在地市开设分会场，委员可通过手机端 APP 随时随地收看直播。围绕政治理论、履职感悟、学习体会，推出《学习》《分享》《委员作业》等不定期刊物，已印发 351 期。

用好委员读书平台，履职建言见实效。在全国政协指导下，在全国政协网上书院开设“弘扬井冈山精神，助推‘十四五’规划实施”主题读书群，邀请委员分享先辈献身革命的感人故事。同时，聚焦党委政府工作重点、群众生产生活难点、社会治理焦点，召开“云端协商会”14 次，252 条建言转化为提案、社情民意信息；聚焦民生实事，开展委员视察和线下读书交流活动 12 次，助推 9 个行政村 2283 户全部完成自来水入户安装。读书活动期间，全国政协委员、省政协委员共 3594 人入群浏览，在线发言人数达 700 人，省政协委员全员入群发言，发言总数近 10 万条。

（2022-01-21 期 03 版）

民主监督要有“三气”

杨小华

《中国人民政治协商会议章程》指出，民主监督是对国家宪法、法律和法规的实施，重大方针政策、重大改革举措、重要决策部署的贯彻执行情况，涉及人民群众切身利益的实际问题解决落实情况，国家机关及其工作人员的工作等，通过提出意见、批评、建议的方式进行的协商式监督。这为人民政协更好地履行民主监督职能提供了重要遵循和制度保障。

新时代加强和改进人民政协民主监督工作，要始终坚持中国共产党的领导，不断创新方式方法，紧紧围绕党政所需、发展所要、群众所盼、政协所能，提升“三气”，做到真监督、敢监督、会监督，切实落实好中共中央办公厅出台的《关于加强和改进人民政协民主监督工作的意见》，努力开创政协民主监督工作新局面。

真监督要有正气。“正气”，就是充满积极向上、正义公平的阳刚之气。从监督者的角度来讲，正气并不仅仅指正直的道德品质，更多的是一种政治上的要求，这一要求的基本点就是正能量，不妄，不媚，不损，不伪，不私。作为政协组织来讲，讲政治守规矩顾大局才能有正气。人民政协必须坚持在中国共产党领导下，认真履行民主监督职能，这是政治原则，也是政治规矩，决不能质疑抵触，决不能任意而为。各级政协组织要始终坚持党的领导，自觉把民主监督工作安排报同级党委纳入总体工作部署，重点监督议题要列入年度协商计划，要组织好政协委员开展有目的性、针对性的民主监督活动，确保民主监督有力有序有效开展。作为政协委员来讲，守纪律讲规矩重品行才能有正气。政协委员要珍惜荣誉、维护形象、担当责任，履行民主监督职能。要始终坚持和维护党的领导，决不能违背四项基本原则，偏离正确的方向，决不能在任何场合、任何时间发表影响和弱化党的领导的言论，给社会公众带来误区。民主监督正气给力，才能公道正派，不偏不倚，才能确保政协民主监督的正确政治方向。

敢监督要有勇气。丘吉尔说“勇气是德性之首，没有勇气，其他美德都将脆弱不堪”。政协民主监督是以协商的方式提出意见、批评和建议，只要监督的内容、形式、方法、载体和效果都有利于增进共识、凝聚智慧、汇集力量，就要鼓励政协委员大胆讲话、敢讲真话。各级政协组织要主动加强与党政机关的联系，就有关重大监督事宜，征询党政部门的指导性意见，使民主监督和党内监督协调进行，相得益彰。要利用政协职能优势，通过直面问题、直陈观点、直指痛处，通过调查研究、掌握线索、深入分析、督办促办，提高政协民主监督的实效，扩大政协民主监督的社会效应。要依据政协章程、对照《关于加强和改进人民政协民主监督工作的意见》，遵守法律，大胆探索，认真研究，积极破题，聚焦民主监督的关键部位和重要环节，抓住改革攻坚期和深水区的工作重点，积极围绕党和国家路线方针政策落实、法律法规执行情况开展监督。

会监督要有底气。底气是信心和力量相融的结晶，是素质和本领综合的产物。民主监督不仅需正气与勇气，还需要有“底气”，“打铁还需自身硬”。民主监督不是无知无畏无禁忌地妄言，而是知情有据、理性有度、合法依章地提出批评、意见和建议。所以，各级政协组织的干部和委员都要加强学习，铸炼本领，尤其要切实学懂弄通习近平新时代中国特色社会主义思想，不断强化履职“四种能力”建设，添本领、增底气。在政治把握能力上，充分运用专题报告会、情况通报会等形式，努力推动党的政策理论和人民政协理论的学习，为履行监督职责夯实基础。在调查研究能力上，真正做到坚持问题导向，深入实际摸清情况，集合众智提出正确批评和解决办法。在联系群众能力上，积极探索联系基层群众的有效渠道，畅通群众的利益诉求表达渠道，把政协民主监督建立在坚实的群众基础之上。在合作共事能力上，把握政协民主监督协商性的特征，寓监督于参与、支持、服务之中，以民主作风团结人，不断增进思想共识、加强合作共事。在运用监督形式上，探索实践视察调研式监督、问询评议式监督、协同配合式监督等，明确监督内容，创新监督形式，紧盯群众办事中的“疑难杂症”，紧扣人民群众“急难愁盼”问题，开展精准有效的民主监督。

（2022-02-09 期 08 版）

江西省政协开展“迎接二十大，委员在行动”活动

王　磊

日前，江西省政协印发《关于开展“迎接二十大，委员在行动”主题活动工作方案》。2022 年，省政协把迎接中共二十大、学习宣传贯彻中共二十大精神作为贯穿全年的重大政治任务。根据年度工作安排，结合委员工作实际，“迎接二十大，委员在行动”主题活动共分为开展习近平总书记关于加强和改进人民政协工作的重要思想和中央政协工作会议精神贯彻落实情况调研活动、召开“人民政协与全过程人民民主”

专题理论研讨会、做精做优“赣事好商量”协商品牌、“聚焦‘一号改革工程’助力优化营商环境”委员全员联系访谈民营企业等15项具体活动。

（2022-04-02 期 04 版）

献出“金点子” 抱回“金娃娃”

江西省政协好建议变成好政策

蔡久伟

“你看，‘术后镇痛’这项收费不是全报了吗？”日前，江西省妇幼保健院的张医生，边说边用手指着报销单给挤在窗前的小陈看。

看着报销单小陈咧开嘴笑了，“省下的钱，可以买点补品给孩子他妈补补。”可小陈弄不明白的是，“前不久还自费，现在咋能报销了呢？”

原来，在今年的江西省政协全会上，廖涛委员作的《营造良好生育氛围 提振女性生育意愿》口头发言，提出“将分娩镇痛纳入基本医保或女性生育保险”等建议，引起了到会副省长孙菊生的重视，他即席批给相关职能部门办理。会后，省卫健委会同省教育厅等及时拿出了解决办法。从3月8日起，“术后镇痛”纳入医保报销。

“‘好建议’变成‘好政策’，每年都有不少呢！”担任大会发言组组长多年的省政协文化文史和学习委员会专职副主任傅兆良说。

“大会发言是发挥人民政协专门协商机构作用的重要形式，也是检验委员履职能力和水平的‘试金石’。”省政协主席姚增科说，“不干则已，要干就干成‘第一等的工作’。”

2018年以来，省政协始终以创新“加速度”，不断擦亮大会发言这块金字招牌。

大会发言链条长，从哪下手提质增效？

“从头新起！”抓好“选题”这“第一关”

“这来的是啥？”

“关注的是经济社会发展的‘边角料’，党政急需，群众期盼的题一个也没有。”

大会发言组的一位领导，抖了抖手上的一叠来稿，满脸怒容。

……

大会发言组的熊莉回想起2018年初讨论来稿时的场景，记忆犹新。

选啥题才对?

“围绕省委、省政府中心工作的‘必选题’，群众关注的急难愁盼‘必答题’，党政部门尚未顾及必解的‘备选题’。”省政协副主席陈俊卿说，“三者必居其一，才算对。”

选题“跑偏”，累死“活神仙”。千关万关，选好题是第一关。怎么办?

“加强引导，校准偏差。”陈俊卿说，光委员自主选题不行，还得给他们“把稳‘方向盘’！”

广开言路“出样题”。大会发言组登门拜访省委、省政府相关部门求教，又广发“英雄帖”网上征询两会上老百姓最想听啥，同时，结合省调查总队掌握的相关数据和话题，经“专家+政协人+省直部门有关负责人”“三堂会审”，最后拿出体现界别特色、党派特色的100道“求贤题”，供委员参考。

“别说，这招还真灵！”“省委、省政府领导批示的第一句话就是‘题选得准呢！’”熊莉笑笑说，“虽然给自己加了活，但委员选的题更准了，这个累，‘值’！”

仅仅选对题只是成功的第一步。要想台上“发好声”，还得台下“练好功”。练啥功夫?

下足“彩排”功，让“言值”上涨

“彩排！把‘三关’！”省政协主要负责人及时指导，“要想‘言值’高，就得精心‘彩排’，严把政治关、质量关、审签关。”

从2019年起，省政协每年至少安排一位副主席任大会发言“指挥长”，负责带领相关委员和工作人员现场彩排。

台上“试讲”，台下点评：按正式会议流程彩排，委员按序逐个试讲，其他发言委员做观众“集体点评”。

抠细节，丝毫不放：“指挥长”和部分机关厅级领导对发言“逐个把关”，对发言内容、语言表达、时间控制、语速、语调、着装和站位等点评。“上下台都不用鞠躬，不作自我介绍，不讲客套话，发言直奔主题。”大会发言组的刘烨介绍，“我们规范了上台下场礼仪，发言开头和结尾的表述。”

下足绣花功，打磨发言稿：发言题目坚持“一口咬到馅”，达到“吸睛”效果；

内容做到“短新实”，力求讲成绩客观平实，讲问题准确真实，讲对策有效务实。

“不仅我们卖力，委员的‘较真劲’更让人感动。”曾在大会发言组工作的港澳台侨和外事委专职副主任邓杰，脑海中始终有一个“镜头”：

“笃笃笃、笃笃笃！”2019年1月28日深夜11点，邓杰房门外传来一阵敲门声，紧接着就听到一个声音，“还没睡吧？我想和你一起讨论下我的发言稿。”开门一看，“原来是身披大衣，冒着严寒前来讨论发言稿的何剑锋委员。”

“主题更集中、重点更突出、话语更抓人、情感表达更丰沛。”对于彩排打磨后的发言稿，傅兆良深有感触，“大家都感觉，发言质量显著提升了。”

“彩排让我们清楚了发言的每个环节，心里有底了！”今年首次登台发言的廖涛委员说出了大家的心声。

“接地气、受启发、多鉴用。”在场听了发言的省直部门，竖起了大拇指。

委员，绝不是“说说而已”；党政领导，绝不是“听听而已”

委员“吐”了这么多“金点子”，有啥用？

“说得对，你就说了算。”这是省委主要领导时常对委员说的一句话。

2018年以来，每年省政协全会安排两次大会发言，省委、省政府主要领导出席第一次，“他们现场批示的就占了七成以上。”

“江西竹林面积和竹产量均居全国第二，随着石油资源逐步枯竭，竹资源开发日益重要。建议设立专项经费，大力支持我省‘竹基新材料工程中心’建设；着力培育和打造千亿级竹基新材料产业集群……”

“这是我省必须抢抓的机遇，绝不可丧失！请省工信厅、省科技厅等部门联合调研，深入开展研究，拿出具体方案……”

“真没想到，真没想到！”胡国良委员忆起去年作的《紧紧抓住竹基新材料产业发展的重大机遇》大会口头发言，直呼两个“真没想到”。省委书记、省长批示的第二天，省工信厅等部门就组织工作专班赴赣州开展调研。

“发言建议有见地、有价值、合民意，展示了政治协商水平和履职能力。”在今年省政协全会上，省委书记易炼红表示，委员们调研细致、问题精准、数据翔实、质量很高。他要求，“省直有关部门要认真研究、逐条吸纳、迅速回复，做到件件有回音、事事有着落。”

“我们这也种上了高级‘智慧树’！”近日，萍乡上栗县政府办的负责同志致电大会发言组，“电话这头都能听到笑声。”

原来1月16日，聂晓葵委员作了《湘赣边区域合作是革命老区高质量发展的新途径》大会口头发言，省委书记当场批示，要求就所提建议组织研究，拿出办法。2月23日，省委常委、常务副省长梁桂率队赴萍乡调研湘赣边区域合作工作。3月8日，省社科院与萍乡上栗县政府签署共建的湘赣边区域合作研究中心，正式揭牌。

“这不，就有委员打听明年大会发言的事。”日前，大会发言组的张时栋笑着说，“想提前‘挂号’报名呢！”

（2022-04-11 期 01 版）

“围”出共识度　“读”出高质量

邱修梁

“围读”一词，多见于影视行业，指在剧目正式开机之前，导演、编剧、主演等人围坐在一起，对剧本从头至尾进行梳理的创作过程。江西省政协开展的“政协围读”活动，就借鉴剧本围读概念做法，融学习教育、协商讨论、交流交融、团结合作于一体，富有完整的参与实践，具有实质的工作成效，还有鲜明的政协特色。

严格把关，完整参与。2018年，在5个多月深入调研的基础上，“文明与美丽城市建设省内外比较研究”课题报告历经17次集体研讨、60多遍修改打磨，作为省政协1号专报报送省委、省政府，收获上下各方好评和肯定。自此，从列入年度协商计划的重点课题报告，到政协常委会工作报告等文件文稿，凡属重要材料，必经集体围读，迄今已开展400多场。

注重实效，不搞花架子。围读坚持问题导向，围绕提出问题、研究问题、讨论问题、解决问题开展，可以提纲挈领表达主要观点，可以逐段逐章顺读随时提出意见，可以提供靶子任他人碰撞交锋，不仅过程很“过瘾”，答案也精准。营造宽松环境，让参加者放下顾虑，敢讲真话实话，在畅所欲言中让互动更加深入充分。

具有鲜明的政协特色。围读成为提高双向发力质量的好方法，和一个叫得响立得住的好品牌。一是符合政协特质，有事好商量，众人的事由众人商量，有来有往、良性互动、层层深入，进一步拓展政协协商内涵，深化协商民主实践，彰显专门协商机构优势，践行全过程人民民主；二是提升政协“言”值，通过反复沟通、持续探讨、深度研究，真正商量出办法、出共识、出水平，提出分量重成色足的真知灼见，体现前瞻性、专业性、深入性特点；三是凝聚政协力量，经常性地集体围读，让大家想在一起、干在一起，有效消除误解、增进了解，干事创业的精气神越来越足，团结协作的好风气越来越浓。

（2022-05-05 期 03 版）

“围”出共识共为 “读”出高质高效

江西省政协以“围读”促履职记事

蔡久伟

“三清山，省内名头响当当，所以他们宣介主攻省外。”

“我看未必，许多‘90 后’只知其名，不知其实。”

“在年轻人眼里，三清山就是看山，没啥吸引眼球的。”

“三清山的客源主要来自江浙沪，省内去的人反倒成了‘非主流’。”

“‘三清天下秀’，江西老表都没识其‘秀’，咋叫天下人以为‘秀’？”

“省内省外宣介要‘两手硬’，绝不能顾此失彼。”

时针指向 5 月 26 日晚上 11:00，在江西省上饶市葛仙村景区的一间会议室里，一场你来我往的“辩论赛”激战正酣。论辩双方，站着的比坐着的多，抢答的比听众多；有的被呛成了“关公脸”，有的不停埋头记。

原来，这是正在火热“上演”的一场“围读”会，参与“做实唱响‘三清天下秀’品牌”课题调研的江西省政协主席姚增科，正与调研组“碰”情况。

类似这样的会，已成为江西省政协人的日常。省政协换届以来，从列入年度协商计划的重点课题报告，到政协常委会工作报告等重要文件文稿，必经集体围读，迄今已开展 400 多场。

为啥热衷“围读”？“凝共识”“提质效”

什么是新时代人民政协的当务之急？对人，集众智凝共识；对工作，提质增效。如何实现？靠平台。

“政协全会、常委会会议、专题协商会等平台能做到吗？”

“够呛！”

“有辙没？”

2018 年，在省政协换届后的一场工作务虚会上，省政协主要负责人一连串发问，弄得政协机关的“老把式”李德伦满头大汗。

“建！没有就建！”

“‘围读’！建立政协‘围读’平台。”面对“拦路虎”，省政协主要负责人果断“亮剑”，“就像影视行业那样，大家围坐在一起，对剧本从头至尾梳理创作过程。”

“好主意！这样做，可以把学习教育、协商讨论、团结合作融于一体。”从事政协工作多年的一位“老机关”说，“最为关键的是，大家通过相互思想碰撞，凝聚起共识，然后是共为。”

“这样汇集众智的平台，‘产’不出精品才怪呢！”与会人员信心满满。“围读”平台就此“诞生”。

咋“围读”？“围”着问题转，“读”不出解题路子不罢休

无规矩不方圆。平台搭好了，咋“唱戏”？

“围绕提出问题、研究问题、讨论问题、解决问题来开展。”多次参与“围读”的省政协办公厅研究室主任杨斌说，“一人逐字逐句读，众人既可以一句一句评、一段一段议，也可以提纲挈领表达主要观点，提供靶子任他人碰撞交锋。”

“‘围读’环境宽松。”多次承担“围读”任务的省政协文化文史和学习委专职副主任傅兆良说，“参加的人都放下顾虑，捞干的说、照实的讲。”

“与主席、副主席这么多的领导面对面讨论专报，我还是第一次。当时紧张得话都说不利索，汗珠从头上顺着脸颊滚落下来。”作为一名机关干部，汪贤德清晰记得，2018 年首次参与“围读”《鄱阳湖生态环境综合整治重点难点问题破解对策》报告时的情景，“主席那句‘不怕说错，就怕无话可说’给我壮了胆，同事们也不断加油，我就一股脑把肚子里的话倒了出来。”他咧嘴笑着补充一句，“主席还点赞呢！”

形式活，“参加‘围读’人员视情而定。”多次参与“围读”的省政协机关干部丁飞说，“从部门领导到行业专家、从政协委员到机关干部、从乡村干部到企业代表，从市、县政协主席到省政协主席会议成员，根据课题所需来邀请。”

“现在每个年度的重点协商课题，都得多次多层‘围读’，谁也别想当‘漏网

之鱼’。”具体负责每年省政协协商计划工作的刘政说的是实情，重点协商课题至少经过课题组、专委会、主席会议三级多次“围读”，有的还经过省政协常委会会议“围读”，再根据“围读”情况，进一步修改完善，才逐级报审。

费了这么大劲，会不会是“叫花子赶夜路——瞎忙”？

有用没有？让事实说话

“山上山下各打各的算盘，铁路警察各管一段。”“各吹各的号，各唱各的调，改革就无从谈起。”2020 年 3 月初的第一次“做实唱响‘庐山天下悠’品牌”课题专家“围读”会，“火药味，真浓！”承办“围读”会的省政协文化文史和学习委办公室的张时栋至今记忆犹新，经过思想碰撞，大家形成了破题共识：“必须把改革思想先统一啰！”

尝到甜头的他们，揪着这“灵药”不放，把“围读”搬到了庐山，与山上庐山管理局等改革对象“围读”；在南昌，又分别邀请出台政策的“最先一公里”省直相关部门“围读”。

“我参加过 50 多场关于庐山的‘围读’会，像政协这样以真情换真言、一次比一次切实深入的座谈少有。”课题组成员、旅行社代表高艳祥说。

越“围”思想越统一，越“读”改革的紧迫感使命感越强。“庐山不改革不行，改革不彻底也不行。”这已成为改革政策制定者、执行者，省直单位、九江市、庐山市等上上下下多方参与“围读”同志的共识。

2021 年 4 月，该课题专报报出后，省委书记、省长及时批示，“报告所做分析，句句都准；所提建议，条条皆实；要认真研究，下大决心把省委、省政府制定的改革方案落到实处；请省文旅厅、九江市及庐山市充分吸纳……”

相关责任单位及时跟进。省交通运输厅相关负责人介绍，“5 月初，已完成对高速公路庐山通远连接线路拓宽工程、庐山温泉收费站迁移等项目的批复。”“针对建议案提出的‘庐山财政包袱过重’等问题，我们帮助组织专家对庐山旅游发展委员会等 8 个新组建单位‘三定’规定，进行集中审核、调研论证和修改完善。”省委编办有关负责人说。

九江市委书记主持召开专题会议，结合建议案拟制了《关于深化庐山管理体制改革工作推进情况的专报》。庐山市委两次召开专题研究会，结合相关建议制定了《关于加快推进〈庐山旅游改革创新三年行动计划〉的实施方案》。

去年年底，庐山管理局的老何也摊上了“喜事”：他交流到省直单位上班。“以前老何听到改革就摇头。”庐山管理局负责人笑着说，“现在他可是改革的义务宣传员呢！”

目前，山上山下景点已开始融合互通：线路串联、数据互联、信息共享、人员力量互相调配支援，大庐山景区全域旅游初具雏形。

这几年，省政协报出的课题报告个个受点赞、个个得采鉴，无一不得益于“围读”。“‘围读’不是‘装饰品’，而是‘必需品’，是由履职‘产品’到‘精品’不可或缺的‘成功养分’。”江西省政协主要负责人深有感触地说。

（2022-07-07 期 01 版）

严把“四关”　创新机制　数字赋能

蔡久伟

反映社情民意信息是人民政协重要的经常性、基础性工作。江西省政协坚持问题、目标、效果导向相统一，严把“四关”，创新机制，数字赋能，不断推动反映社情民意信息工作提质增效。

把好选题关，走好“最先一公里”。选准题，是第一关。省政协每周开展一次“重点选题大家谈”，评出拟报重点选题，逐级报审，谋定而动。每月开展一次选题讲评会，检视选题准确“靠什么”、选题跑偏“为什么”。年底开展一次总结会，一题一分析、一类一对策，不断提高选题的精准度。

把好调研关，下沉一线多抓“活鱼”。只有俯下身子、深入基层、认真调研，才能写出更多“有血有肉”、有理有据的高质量社情民意信息。省政协坚持在调查研究上下功夫，变“守株待兔”为“出海打鱼”，采取实地、电话、网络、委托调研等方式，充分掌握没有过滤过的真实民意。

把好文字关，成一件报一件。严把“政治、政策、法规、内容、文风”关口，力求社情民意信息言之有理、有据、有物，最终有用。

把好跟踪问效关，走实“最后一公里”。对于省委、省政府领导批示的社情民意信息，主动询问有关部门采纳落实情况，对未落实的，开展民主监督，力促“金点子”变成“好措施”。

创新机制。对外实行："政协人＋政府人＋专业人"的优秀社情民意筛选机制。对内实行："扁平化"管理、"围读"式商量。变一人执笔、层层画圈"一人说了算"的垂直管理模式，为多人"执笔"、面对面商量"多人说了算"的"扁平化"管理、"围读"式商量。

数字赋能。强化"互联网＋"思维，打造全省政协"一张网"。2018年换届以来，建立起纵向连接省、市、县三级112家政协，横向覆盖7个民主党派工商联和9个专门委员会，30个省政协组成界别，直接联系近600名省政协委员以及30余名特邀专家信息员的社情民意信息报送网络。打造网上终端和移动终端，实现社情民意信息网上报送系统与"江西政协"办公系统APP"双同步"。依托江西政协新闻网"江西省政协履职服务平台"打造的"社情民意"系统，能够让委员和报送单位同步查看报送、采用、批示和年度积分情况。依托"江西政协"办公系统APP打造的"社情民意信息"系统，同样可以实现信息查询、统计分析等多个功能，且信息与网页系统完全共享，实现了"一机在手情况全有"。

（2022-07-13期08版）

唱好赣鄱政协新时代奋进之歌

江西省政协"迎接二十大，委员在行动"记事

王　磊

今年，江西省政协把"迎接中共二十大、学习宣传贯彻二十大精神"作为贯穿全年的重大政治任务，赋能于履职全过程。

"努力做到更加'严、紧、实、新、好'，又更加'真、善、美、和、爱'，再接再厉，唱好赣鄱政协新时代团结奋进之歌。"今年年初，在部署"迎接二十大，委员在行动"工作时，省政协主席姚增科提出要求。

召开江西全省政协暨统战系统全面从严治党推进会；举办"迎接二十大·政协青年说"交流会；"七一"主题党日活动邀请践行"三牛"精神的典型、省委政法委常务副书记林强作专题报告……政协委员和机关干部忠诚干净担当的政治底色越擦越亮，履职能力越来越强。

“面向需求，精准切实，靶向发力，走好立项‘最先一公里’，争创‘第一等的工作’。”今年年初，江西省政协主席会议研究年度协商课题时，大家一致同意聚焦全省深化发展和改革双“一号工程”，作为有为。

电子信息产业是江西推进“一号发展工程”的突出优势和支撑。“做优做强做大我省电子信息产业”被列为省政协专题议政性常委会会议协商课题。课题组采取兵分多路下沉调研的方式，变大队伍为小分队，变坐会场为走现场，赴南昌、九江、赣州、吉安等京九（江西）电子信息产业带，以“一对一”的方式，听取市、县“一线操刀”同志及企业负责人说“掏心窝的话”。

此外，“城市功能与品质全面提升”“优化招商引资方式方法”等“2022年度协商工作计划”课题调研协商正奋力冲刺，力争呈现精美“政协答卷”。

“‘只要功夫深，铁棒磨成针’，省政协课题调研，下足了功夫，倾注了心血。”……近日，省委主要领导对省政协报送的《加强和改进高校思想政治工作的调研与思考》课题报告作出批示。

“知难而为，迎难而上，破难而进，才能更好发挥专门协商机构作用，体现人民政协的应有价值。”在省政协主席会议领导下，课题组调研协商，探觅方策：

与高校领导层协商后，随机选择，不打招呼，进课堂全程听讲，“沉浸式”感受100多堂思政课；“线上”开展“省内高校师生万千大调查”，收回1.4万余份师生调查问卷，“线下”以“交朋友”方式“面对面”对话高校师生200余名，坦诚交流“问需求”；邀请高校党委书记、思政教师、辅导员和大学生一同走进省政协，用一整天时间，“围读”总结思政课提高“抬头率”、增加“点赞率”之道……

“住在自家 乐在社区”“赣江新区高质量发展”等一批服务大局、服务人民的“委员作业”获得党委、政府和群众的“点赞”。

“迎接二十大、回报红土地，重在行动、重在实效、重在作表率。”姚增科表示，要保持“干就干成，越干越好”的初心和精气神，为事业发展最大限度地凝聚正能量，增添新动力。

（2022年10月16日第03版）

《中国政协》杂志刊发江西省政协相关文稿

2012 年

促进民主与权力的双向调节

刘晓庄

群众意见有人听、困难有人帮、怨气有处诉、事情有人管，就会令他们信服，真正享受当家作主的感觉。

双向调节是指某一事物可使另一事物从亢进状态或者低弱状态向正常方面转化，最终趋于平衡状态。民主可以约束权力，也可支持权力，使得权力正常运行；权力可以抑制民主，也可护佑民主，促进民主正常开展。民主与权力之间的这种相互作用，即表现出双向调节的特征。

中国特色社会主义民主政治的中心内容，是中国共产党的领导、人民当家作主、依法治国三者的有机统一。作为一种新型的民主政治，其本质要求是坚持一切权力属于人民，人民在党的领导下，在法治基础上实现真正的当家作主。在公共权力运行方面，要“建立健全决策权、执行权、监督权既相互制约又相互协调的权力结构和运行机制”，使公民社会与公共权力出现良性互动、“可持续发展”的局面。这一切，充分体现了民主与权力的双向调节作用。

近年来，我国围绕民主建设与权力运行，坚持“权为民所用”和“权为民所赋”，在制度上不断完善，在理论上大胆创新，在实际上积极探索，促进了民主与权力的双向调节，取得了显著成效，实现了经济的快速发展和社会的和谐稳定。今后，深化改革，推进民主，让社会主义民主政治的发展更“进一步”，仍是我们坚持和努力的方向。

我们要进一步加强民主教育。人民民主是来自公众的一种巨大的政治力量，在公众中加强民主教育显得尤其重要。陶行知先生说过：“民主教育是教人做主人，做自己的主人，做国家的主人，做世界的主人。”他还倡导“六个解放”：解放眼睛、解放头脑、解放双手、解放嘴巴、解放空间、解放时间，使大家能够看清事实、想通问题、向前开辟、谈出真理、走进社会、多干点于老百姓有益的事情。于今看来，这些内容仍不失其教育意义。

我们要进一步扩大民主选举。吏治腐败是最大的腐败，选人、用人关乎人心向背。群众是明眼人，干部德才好不好，实绩怎么样，群众心里一清二楚。要相信群众，依靠权重，让群众拥有发言权，提高选人用人的公信度，形成选人、用人风清气正的氛围，确保选好、用好、监督好干部。建立人民广泛参与制度，不断扩大民主选举范围，用基层民主的办法选“官”，让广大干部群众表态发言，投出自己神圣的一票，使人尽其才，择优而用，干部选得合情合理。

我们要进一步推进权力“下沉”。权力“下沉”，领导干部下基层，透射的意义是权力从哪里来，便到哪里去、往哪里用，这有助于权力的正本清源。以不作秀的方式深入基层调查研究，可以增进同人民群众的感情，畅通民意表达渠道，有益于深切了解群众的需求、愿望和创造精神。群众意见有人听、困难有人帮、怨气有处诉、事情有人管，就会令他们信服，真正享受当家作主的感觉。

我们要进一步保障人民权益。民生是人民群众的最大权益，是发展民主的基础和前提，而发展民主又可促进民生的良好改善。从另一个角度看，改善民生也是调动群众积极性的最好办法，而“调动积极性是最大的民主”。如果因为贫富不均、两极分化而致民不聊生，一切也就无从谈起。因此，任何时候都要做到关注民生、改善民生，切实保障人民的权益，实现社会的公平正义。

我们要进一步强化民主决策。让公众参与各种形式的决策，不仅能够集思广益，防止少数人拍脑袋而出现失误，更有利于集中民主智慧，加强民主监督，对权力进行有效约束与限制。发挥民主力量，强化科学决策、民主决策，让人民群众紧紧拽住权力的尾巴，使权力能够对人民群众忠实地负责，在宪法和法律的范围内运行，在阳光下操作，这是不致权力弱化、腐化和异化的根本保证。此外，百姓参与决策，权力自我公开，会让他们觉得政府主持公道，真正为人民办事。因此，民主决策是确保为人民执好政、掌好权，实现民主与权力双向调节的重要途径。

（2012 年第 12 期第 35 页）

2013年

民主和真话是一种优良品质

刘晓庄

民主与真话，一个百年老话题！当今人们每谈起这个话题时，往往心事重重，不胜感慨："为什么民主越来越少，真话越来越难？"这种困惑不安的心理表白，反映出人们对民主与真话现实景况的某种担忧。

事实上，民主和真话均堪称马克思主义的优良品质。在社会实践中，民主要有真话的坚强支撑，犹如大厦屹立需要牢固的基座和正直的栋梁；真话要有民主的环境条件，好比万物竞荣需要明媚的阳光和充沛的雨露。民主与真话相依相偎、互为根本，荣损俱同、密不可分，各以对方的存在作为自己存在的前提，二者须臾不可或缺，共同产生互补、互动、互助的联动效应，从而形成完美的协调统一。推进民主和真话的相互联动，不能一蹴而就，需要勇气和智慧，需要时间的长期磨砺，更需要大家的共同担当。

领导干部要带个好头。"一花引来百花开，夺得千峰翠色来"。领导干部要身体力行、率先垂范，摒弃"一言堂"，带头说真话、听真话。平常时应"找点空闲、找点时间，带上笑容、带上祝愿，"轻车简从，常深入基层之"家"看看；生活中虚怀若谷，多想想"自己也是百姓"，多听听平民的"絮叨话语"；工作上求真若渴，多把忠言当"良药"，多把群众当亲人。果能如此，既可创造一个"政惟求于民便"的民主环境、"事皆可与人言"的真话氛围，又可塑造领导者个人的品德威信，何乐而不为！

教人怎样做"真人"。陶行知先生曾说过："千教万教，教人求真；千学万学，学做真人。"加强对公民的民主与真话的教育，是奠定社会和人生道德金字塔的基础。我们都应保持良好的心态，秉持"守真"的道德准则和"做人的本色"，克服爱听好话、喜欢奉承的通病，培养冰清雪洁、不阿谀奉承的高尚品格。民主与真话的养成教育要从娃娃抓起，让他们从应试教育和标准答案中解放出来，开阔视野，充分发挥想象力和创造力，把民主和真话化作滋养身体、浸润精神的魂脉。

防止极端和异化。我们应该对自己的民族文化有清醒的认识，对国家的未来前途有足够的信心，千万不能丢掉自己的优越制度，而去照搬西方的那一套。中国需要吸收和借鉴人类一切文明成果，也需要冷静而又理性地看待西方民主制度不道德、不公正、缺乏人性、尔虞我诈的一面。民主和真话有其道德与法律的底线，不能随心所欲地把行使民主真话的权利作为情绪宣泄的手段，更不能为所欲为地为满足私利而滥用民主真话。

坚持和完善好的制度。现代民主制度的科学性、先进性是相对于“专制和集权”而言的。从理论设计的路线上讲，我国的人民代表大会、政治协商等政治制度，当是全世界最好的民主制度。每年“两会”期间，国家领导与代表委员直接对话、畅所欲言、共商国是，一个个生动活泼的场面即为明证。但是，怎么个“民主”法？怎么增强公众参与度？怎么对权力实行有效监督？如此等等一系列重要问题还需要在制度上进一步明确。此外，应从“开放、包容、多元”出发，提倡“独立之精神，自由之思想”，多听各种不同意见，兼容并蓄，择善而从，建立健全合理的权力结构和权力运行机制、信息公开和决策咨询制度、智力支持系统和协商协调机制。

确立人民“国家主人”的地位。“人民是国家的主人，人民的利益高于一切。”这句话动真格才算数。仅说不干不是真话，甚至连“半点马列主义也没有”。比如：既然说“切实保障人民的知情权、参与权、表达权、监督权，”让人民的意志决定执政的内容和形式，那么公开“三公消费”和“政府预算”之类，就应该雷厉风行，不能遮遮掩掩；既然要“充分体现人民群众的利益和诉求”，把民生当作最大的民主，那么当前人民群众面临的就业、住房、教育、医疗、收入分配等人民群众“最关心、最直接、最现实”的利益问题，就应该着力解决，不能久拖不决；既然要“高度尊重人民群众的创造和意愿”，促进人的全面发展，那么制定公共政策、上马重大项目、征用建设土地等，就应该履行程序，不能违背承诺。概言之，确立“主人”的地位有一个标准，那就是“群众满意不满意、群众高兴不高兴、群众答应不答应”。

莺飞草长，流云无痕。穿越激越奔放的时空，经历蹉跎彷徨的岁月，在遭遇过无数次的波折起伏、飞流倾泻之后，民主与真话必将涤荡出更加透亮的本色，并蒂绽放在我国政治社会的百花园圃。

（2013 年第 21 期第 35 页）

江西政协文史天地宽

蔡久伟

抢救“红色资源”、保护非遗传承、征集文史资料……江西省政协文史和学习委员会的履职触角不断延伸，发挥了文史工作的独特优势。

干净的庭院，加固的木制横梁，修旧如旧的风格，这里是位于江西万载县的苏维埃第一次工农兵代表大会旧址。如果不是亲眼见到，人们很难想到，数月前这里还是乱物堆砌、破败不堪的危房。正是江西省政协的建言呼吁，及时保护了这处险些消失的红色遗址。

红色资源保护及利用是江西省政协文史和学习委创新履职思路的一例。近年来，省政协文史和学习委充分发挥自身在履行政协职能中的独特优势，拓展履职空间，积极开展了非遗的保护利用、古村落的保护利用专题调研，文史资料征编……

抢救“红色资源”

作为革命发源地，江西是“红色资源”大省。11 个国家级爱国主义教育示范基地，2000 多处革命旧居旧址，400 多处各级文物保护单位，井冈山、南昌、瑞金、安源……每个地方背后都有一段光辉的革命史。

沈谦芳是最早提出抢救“红色资源”的省政协委员之一，几年前，他到位于莲花县的列宁小学旧址，目睹了墙体裂开、瓦片漏水的破败情景，记忆犹新。“这件事触动了我的心弦”，沈谦芳表示。此后他积极地为抢救红色资源调研建言，还写了多篇相关文章发表在报纸上，其观点得到了包括省政协领导在内的许多同志的支持。在时任江西省政协副主席王林森的推动下，2008 年省政协成立了“江西省红色资源保护利用及其可持续发展”调研组，深入省内 10 个县（区）开展了长达 4 个月的调研活动。

在修水县赣北特委旧址前，调研组一行看到旧址堆满稻草，一些旧物件横七竖八地散落在地上。住在附近的 86 岁老党员匡立正，听说省政协来人了，不顾高龄在年轻人搀扶下走来，对王林森说：“这里是赣北特委的长期根据地，我在这里目睹了彭德怀等老一辈无产阶级革命家向群众演讲，不能就这样毁掉啊！”王林森副主席对匡立正深情地说：“您老人家放心，我们不但要修好，还要管好、利用好！”经过政协协调，修水县启动了做好该旧址的维修和保护工作。

这样的情景是调研中的常见一幕，调研组赴上饶、走九江、访宜春……一路走、一路想。大家感到，各地对红色资源当成负担而不是资源来看待，保护不规范、经费不足，加上红色资源大都位于“老少边穷”地区，制约了其保护和利用。经打磨，文史和学习委形成了一份高质量调研报告送到了省政协主席会议上，并很快引起了重视。许多人意识到，这一课题既符合江西省的红色底蕴，同时也可转化为促进社会发展的文化优势。最终，江西省政协形成了《关于我省红色资源保护利用及其可持续发展的建议案》。提出了抓紧对全省的红色资源进行普查，科学制定红色资源保护利用及其可持续发展的总体规划等8条具体建议。

时任省长吴新雄等多位领导对《建议案》作出极高评价：“提案的视角独特，理念创新。内容丰富、措施可行，具有很强的指导作用。”时任省委宣传部部长的刘上洋看到建议案后连连叫好，并立刻要求省有关部门研究建议，条件成熟的立即实施。省政协有关负责人应邀到省政府召开的座谈会上介绍调研情况，省旅游局在充分吸纳省政协建议后出台了促进红色旅游的意见。

此后几年，省政协延续推动红色资源保护的工作。2011年，沈谦芳等5名委员提出的“将‘中共苏区县振兴规划’作为国家战略来申报”建议得到采纳；2012年，省政协文史和学习委员会组织委员调研红色资源在基层公共文化中的作用；2013年，省政协文史和学习委员会组织委员就红色遗存的保护利用情况再次调研……

在省政协文史和学习委员会的推动下，那些曾经风雨飘摇的红色旧址，纷纷得到了加固、修补。省旅游局同志介绍，红色资源还产生了经济效益，仅2012年，江西省红色资源就吸引了28亿元的项目资金。“红色摇篮·绿色家园”等一批旅游品牌成为江西特色，“红歌会”“地上地下”等一批电视选秀和影视佳作也传遍海内外。

保护客家山歌

“哎呀嘞，迎新爆竹声震天，唱支山歌就来拜年……”每年的新春佳节，兴国县各个村落、社区都能听到这样亲切的曲目。活跃在当地的“山歌小分队”把政府关于农村的新政策编进山歌、送到农家。近年来，像这样的客家山歌在江西省越来越火，这繁荣的背后，离不开江西省政协的努力。

客家山歌起源于中原古代民歌，由中原汉民南迁时带到客居之地，与当地土著民歌融合而成，已有千年历史。韵脚齐整，曲调丰富，被赞为“具有《诗经》遗风的天籁之音”。

2009年，江西省政协文史和学习委员会组织委员就打鼓歌和客家山歌等非物质文化遗产保护利用情况进行了专题调研。调研结束后，调研组向省政府提交了调研报告，提出推选最具特色的当地打鼓歌和客家山歌、进一步加大培养技艺传承人的力度、丰富打鼓歌和客家山歌的表现平台和载体等一系列建议。时任省政府分管副省长孙刚及时作出批示，指示省文化厅等相关部门积极吸纳其中的建议。

好消息很快传来，江西省当年就投入了专项资金 982 万元。此后几年，打鼓歌等非物质文化遗产始终是省政协的关注重点。

2009 年，省政协文史和学习委员会先后赴南昌市和赣州市调研非物质文化遗产保护利用情况；

2010 年，省政协文史和学习委员会提交提案，呼吁加强打鼓歌的传承工作；

2010 年底，省政协文史和学习委员会就国家级非物质文化遗产“兴国山歌”的保护和传承情况进行调研；

……

据统计，在 2008—2013 年的省政协大会上，委员们就保护非物质文化遗产纷纷撰写提案和进行大会发言，献计非物质文化遗产的保护数十次，省政协开展以保护客家山歌为代表的非物质文化遗产调研、视察活动也达 10 余次。

江西省政协的大力推动，引来社会各界的高度关注。近年来，江西各地先后举办了客家山歌大比赛、客家山歌文化节等活动，国内外的客家山歌能手献唱荧屏，近千万人次收看收听节目。江西各地也积极加大资金的投入力度和人才的引进和培养力度，积极打造客家山歌这一文化名片。

如今，到赣南来的外地游客把看一场客家山歌演出、唱一曲客家山歌，购几张客家山歌的唱片作为必备的节目。融入新元素、创新表演形式的山歌也吸引了各个年龄段的山歌爱好者。“客家山歌不仅没有消失，反而更兴旺了。”王林森如是说。

书写文史新篇

“老徐，也帮我拿一本《欧阳修大传》”“小伙子，书都被抢光了，我留下地址能不能给我寄一本呀。”在今年的江西省政协大会上，刮起了一股“抢书风”，2000 多本《欧阳修大传》《蒋经国赣南文存》等书籍不到半小时就被委员分个精光。许多委员都说，省政协的文史书籍好看、耐看。

说起文史资料征集，江西省政协称得上“高产户”。近两届省政协文史和学习委员会先后征集、编辑、出版文史资料 1000 余万字，图书、图册 20 余部。成果背后，省政协的秘诀就是加强协作、寻求支持。省政协文史和学习委员会专职副主任杨述喜说，坚持上下联动、左右互动、内外齐动、多方协作；走精品化、专题化、系列化是提高文史资料编纂工作的有效途径。

编纂《万年仙人洞与吊桶环遗址考古发掘》即是加强与社会各界力量协作的一例。2010年，省政协文史和学习委决定与万年县政协联合编撰介绍当地万年仙人洞与吊桶环遗迹的大型图册。他们积极整合社会资源，找来了参与20世纪60年代、90年代万年仙人洞与吊桶环遗址考古发掘工作的国内外专家学者，多次专题商议编纂计划，前往北京、上海等名校和国内权威科研机构，征集稀有资料、索要鉴定结果、商洽外文翻译。其间，邀请国内著名考古学家、北大资深教授严文明先生和哈佛大学国际著名的人类学教授巴翰夫先生审计图册、撰写序言。2010年底，近60万字的《人类陶冶与稻作文明起源地——世界级考古洞穴万年仙人洞与吊桶环》正式出版发行。很快被出版界誉为中国考古书籍第一部集知识性、可读性于一体的精品科普读本，并于2011年荣获国家美术图书“金牛怀”金奖。

省政协文史和学习委也注重与各级政协的协作，与全国政协文史委、浙江省政协文史委合作完成全国政协文史资料的重点协作课题“畲族百年实录”的编纂，牵头与上饶、鹰潭、抚州市13个县（市、区）出版史料《一湖清水——鄱阳湖》……

助推申遗、探访古居、发掘赣商文化、建言基层文化设施建设……江西省政协文史和学习委员会始终选择突出江西特色、发挥政协优势的课题，拓展履职天地，不断书写政协文史工作新篇章。

（2013年第22期第50—51页）

2014年

新时期文史资料工作需要改革创新

李华栋

政协文史资料工作，就其内容而言，是当代人写当代史，一代人写一代事。因此，“三亲”史料的工作就不能一代而终，而应随着形势的发展和历史的进步不断开拓创新。随着人民群众对文化需求的日益增长，文史资料工作面临着新的要求。江西省政协在文史工作方面做了一些探索，自我革新、不断拓展征编领域，尝试编辑出版与时代节奏相适应的史料专辑。

尽快转移文史工作重点

文史资料是一种重要的资源，如不及时挖掘，就会人亡史亡，永远消失。因此，新时期文史资料工作要尽快实行三个转变：一是尽快将工作重点从新中国成立前史料的征集、编辑、出版转移到对新中国成立后史料的征集、编辑、出版上来；二是要尽快将以军事、政治、历史人物为题材的史料征集为主转移到以经济、科技、文化、人才等史料为主上来；三是要尽快将工作方式从纸质文字转为纸质与口述音像并重上来。

在史料的征集、编辑、出版时间节点的转移上，江西有些市县已经走在前面。如九江市、萍乡市、都昌县、奉新县等市县区在这方面进行了有益尝试，征集了一些五六十年代的文史资料并结集出版了。省政协文史委也就 1955 年上海青年志愿垦荒队到江西垦荒这一重大事件开展了口述史料征集工作。众所周知，新中国成立之初重大历史事件的亲历者，健在的逐年减少，如果我们还不注重从这些“活历史”身上抢救史料，将来会造成无法弥补的损失。

新中国成立后，江西省和其他兄弟省市一样先后经历了社会主义三大改造，抗美援朝、“三反”“五反”运动、农业合作化运动、大跃进、三年困难时期、文化大革命、五七干校、共产主义劳动大学、恢复高考、十一届三中全会、改革开放等许多重大事件和重要时间节点。新中国成立后的事件基本上都是以经济、文化、科技建设为主，每一个事件都是可以大书特书的。对于江西来说，特别是发生在五六十年代的富有江西特色的重大事件，具有很高的挖掘价值。如：江西共产主义劳动大学，自 1958 年起，22 年来该校为国家培养了 22 万余名国家急需的建设人才，创造了大量的物质财富，摸索出一套教育与生产劳动相结合的经验，成为当时半工半读教育制度的典范。1969 年 10 月，因战备形势紧张，中央决定把一批老同志疏散到外地去，王震、陈云、邓小平、萧克等同志均是在这个时期先后下放到江西进行劳动改造或蹲点。还有像 20 世纪六七十年代上海下放知青等等这些重大事件，都是应抢救性地挖掘重点。

在工作方式上，江西省政协文史委主要是征集纸质文字史料和编辑、出版工作。从目前阶段来说，在继续抓好上述工作同时，应花大力气开展口述和音像史料的征集制作工作。省政协文史委也尝试进行了口述史的征集工作，征集出版了25万字的口述史料，摸索出了一定的工作经验。而已经出版的文史资料也要逐步地实现数字化。文史资料的网络化、数字化，可以帮助文史资料工作实现现代化。

激发文史工作者的积极性和创造性

加强文史工作队伍建设是做好政协文史资料工作的基础。首先，要逐步完善机构设置。同时，要选调精兵强将充实文史干部队伍，切实提高专职文史干部队伍的能力和素质。其次，要加强专职文史干部的培养，多提供学习和交流的机会，使他们能够不断开阔视野，提高素养。再次，要充分利用社会力量，可聘请高校和科研院所的专家学者为特聘委员或文史专员，建立一支专业和业余相结合的文史资料工作队伍，扩大文史资料工作的基础，借用他们的力量，提升政协的研究和征编水平。

充分发挥政协委员的主体作用是推动政协文史工作发展的重点。政协委员是人民政协履行职能的主体，也是开展政协文史资料工作的主体。充分调动委员在史料征集上的积极性，增强委员自觉提供文史资料的履职观念。政协机关应努力为委员撰写文史资料创造条件。

此外，还应建立健全文史资料工作征集、编辑、整理、研究和出版工作的制度。要适应文史资料专题化系列化的发展趋势，加强各级政协间的协作、有关部门的合作，与其他史志部门、科研院校的交流，努力实现信息互通、优势互补、资源共享、合作共赢。要适应信息化社会的新要求，不断改进征集手段，逐步实现文史资料数字化、网络化和多媒体化。

（2014年第15期第44页）

2015年

让群众感到政协离自己很近

刘晓庄

政协工作离不开人民群众，政协委员要始终与人民群众心贴着心、手牵着手，真正做到亲密无间、亲近无痕。

在今年的全国政协常委会工作报告中，有一句话令人印象很深，那就是“努力让群众感到政协离自己很近”。政协是人民的组织，人民政协为人民，这是政协组织成立的题中要义，也是人民政协一以贯之的根本宗旨。在新中国的历史上，每当政协会议和风扑面、艳阳柳绿，政协委员知无不言、言无不尽的时候，人民的事业就一定无往而不胜。而哪一个时期政协组织表现出只跟风没有真话实话，我们的事业就要遇到曲折；哪一个时期政协委员噤若寒蝉、政协会议鸦雀无声，人民的事业就要出现波折；哪一个时期发生各级政协组织名存实亡的现象，人民的事业就要遭受重大挫折。

阳光、春光、风光，曲折、波折、挫折，正反两方面的经验一次又一次告诫我们，政协工作离不开人民群众，政协委员要始终与人民群众心贴着心、手牵着手，真正做到亲密无间、亲近无痕。唯如此，政协的工作才大有希望，人民的事业才蒸蒸日上。

引领调查研究的好风气。深入群众调查研究，这是政协工作广接地气的重要途径。从某种意义上说，政协委员的位置更超脱，更容易与百姓直面对话。政协的调研应当率先下基层、到田边，走进群众之间，认真倾听群众呼声，切忌搞形式主义，不能“隔着车窗看，照着稿子读”，装模作样走过场。

倡导谦虚朴实的好作风。政协委员是政协工作的主体，也是政协组织活生生的具体形象。委员，是接受责任委托的一员。委员的言行可以亲切感人，也可以因态度生硬而拒人于千里之外。尤其是出身于“官员”的委员，更应实现好由“官”到“员”的身份转变，多消除一些“官僚气”，多增加一些“草根味”，脱掉官帽戴草帽，群众才会认可你。

树立风清气正的好形象。近两年来“打老虎拍苍蝇”，一批贴着政协委员或政协领导标签的腐败分子纷纷落马。尽管他们的腐败行为不是发生在政协，但总是让政协人羞愧难当。保持政协风清气正的好传统，不致成为藏污纳垢之地，政协的自身建设固然重要，不断纯洁队伍也有必要，但更重要的是澄清源头，把好委员入口关，不能让腐败分子跻身于政协队伍，影响政协的良好形象。

营造协商议政的好氛围。“畅所欲言、各抒己见、理性有度、合法依章”“营造协商讨论的民主氛围”，这些内容在报告中都作了深刻的阐述。当前的关键是要在政协的殿堂里，在守规矩的前提下，真正能够体谅包容、求同存异，容得下各种观点的交锋，“促进不同思想观点交流交融”，相互尊重，兼容并蓄，发出政协的好声音，唱响政协的“同一首歌”。

构建群众参与的好平台。创新政协工作方式，敞开政协的大门，既要“走出去”，又要“请进来”，更多地吸引各方面群众代表参与政协的调研、协商、议事等工作，引导他们发表意见、提出建议、反映诉求，搭建政府与公众的桥梁，使人民政协能够成为广纳群言、加深理解、增进共识、凝聚人心的好地方。

维护真实话语的好体系。政协是一个直抒胸臆、坦诚相见的参政议政平台，政协话语体系的特质就是尽量地真实真切。我们既要拒绝冷漠懈怠，更要拒绝假大空套；不能偏执偏激，也不能唯马首是瞻。否则，人民群众不会满意政协工作，人民政协也会离群众越来越远。

（2015 年第 7 期第 31 页）

江西：“小信息”展现“大智慧”

崔　健　邱修梁

在江西省政协十一届三次会议召开前夕，省政协委员戴兴临提前履行完江西省政协十一届三次会议的报到手续，打开已经“瘦身”不少的文件袋，发现多了一份以前从没有过的材料——省政协反映社情民意信息工作的书面报告。

这次会议亮点频现，其中之一就是首次将反映社情民意信息工作情况向全体政协委员作书面报告。

戴兴临参政议政热情高，是个反映社情民意信息的积极分子，每年都会提交五六篇。“向大会报告反映社情民意信息工作情况的做法很好，是省政协的有益探索和创新之举，既能促进委员履职，又能推动工作有效开展。”

敢于接受695名政协委员的审议，来自坚持开拓创新的勇气，来自工作做好做实的底气。自2013年3月，江西省政协成立专门工作机构，明确报送载体以来，社情民意信息工作便驶入发展“快车道”。如今，反映社情民意信息工作已成为江西省政协和政协委员履行职责的重要平台，发挥了服务经济社会发展、促进科学民主决策的重要作用，架通了党委政府密切联系群众的桥梁，有效扩大了人民政协的社会影响力。

唱响“一个调”

始终与党委政府中心工作“合拍对路”，与经济社会发展大局“同频共振”，与群众所思所想所急所盼“无缝对接”，是江西省政协反映社情民意信息工作遵守的原则。

自开展党的群众教育实践活动以来，江西省政协主动顺应大势，把握活动开展各环节不同特征，畅通收集和反映社情民意信息渠道，为反对四风、改进作风、服务群众综合整理上报了12篇信息。征求意见环节，有基层干部反映，部分地方强制要求52—53岁乡科级干部提前“退二线”“让贤”“离休”，省委书记强卫专门作出批示，并责成省委组织部进行办理。

把握经济发展进入“三期叠加”阶段的新特征，抓住全面深化改革这个“牛鼻子”，是江西省政协反映社情民意信息工作的重中之重，两年来收集编报此类信息52篇。《营改增后我省融资租赁行业陷入多层经营困境》报送到省政府后，得到了省委领导的批示和有关部门的快速回应。

实现好、维护好、发展好最广大人民根本利益，是江西省政协反映社情民意信息工作的出发点和落脚点。仅2014年，围绕教育、就业、住房、医疗、保障等方面，就编报社情民意信息98篇，省领导批示有关《建言献策》18期。达到加快职业教育发展、完善扶贫攻坚政策等具有全局性普遍意义的信息，小到淘汰铁路客运车厢直角座椅、提高脑瘫患儿医保报销比例等群众关心的具体问题，渐次进入领导和决策部门视野。

江西省政协信息工作要在全国政协系统争得应有位置，必须从江西实际出发；政协信息要在党和国家社会舆情汇集和分析机制中发挥不可替代的作用，就必须不同于社会媒体信息，有别于党政部门信息。在向全国政协报送信息时，省政协着重反映江西省三大国家战略、长江经济带建设、鄱阳湖环境保护、铜产业和稀土产业发展等方面情况；在向省委、省政府报送信息时，着力突出政协的界别性、党派性和咨政性特色。比如，《赣南等原中央苏区农村危旧土坯房改造中的一些情况和建议》《部分香港委员呼吁尽快解决农村小学教师缺编、代课、老龄化等问题》《服刑人员医疗费用严重超支建议纳入新农合保障范畴》等信息，反映上去后都得到了较好回应。

……

一条条“小信息”，一篇篇“小文章”，通过省政协反映社情民意信息平台，发挥“直通车”优势和作用，成为助推江西省“发展升级、小康提速、绿色崛起、实干兴赣”的“大智慧”“大战略”。

拧成“一股绳”

五根手指头，分散开来没有多少力量，攥成一个拳头，打出去才会有力。反映社情民意信息工作涉及面广，工作量大，是一项系统工程，必须凝聚起方方面面的智慧和力量，齐心协力、共同推进。

政协委员来源于界别，植根于基层，是政协履行职能的主体，也是反映社情民意信息的主体。江西省政协牢固树立为委员服务理念，不断畅通渠道、创造条件，发挥和挖掘委员的潜力，激发他们反映社情民意信息热情。

省政协办公厅宣传信息处亮出一组数字：2013 年 3 月到 2014 年底，共收到反映社情民意信息 2308 篇，平均每月 110 篇；编辑《建言献策》450 期，平均每周 6 期；向省委、省政府反映有价值的意见建议 232 条，平均每 2 个工作日 1 条……成绩背后，有一支由 51 名特邀信息员、219 位信息工作者组成的队伍在默默努力，有一套完备的信息汇编、申报、反馈、通报、培训、激励等程序和机制在高效运转。

在省政协开展的委员履行职能活动中，要求每位委员每年反映一条以上社情民意信息。每年省政协全会期间，发放征集社情民意信息的一封信，设立信息投递箱。省政协还建立了特邀信息员队伍，从委员中聘请了 25 名特邀信息员，每季度向他们通报社情民意信息来稿采用情况和重点选题。为了保证社情民意信息的质量，省政协保持与委员经常性联系，主动上门向部分委员约稿，就一些重要问题请他们提意见建议。

各民主党派江西省委会、江西省工商联和各市县政协组织既是反映社情民意信息工作的组织者又是实践者，了解的社情民意信息更直接、更真实。省政协高度重视发挥他们的骨干作用，借力借智借鉴，互联互通互助，形成了工作合力。两年来，各民主党派省委会、省工商联和市县政协报送社情民意信息 1955 篇，占来稿总数的 86.5%；省政协办公厅采用各单位来稿 412 篇，占采用总数的 61.4%。

加强队伍建设是做好党派社情民意信息工作的关键。省政协选聘 219 名宣传信息员、26 名特邀信息员。为增进交流沟通，省政协与各民主党派省委会、省工商联建立定期座谈制度，上下政协组织间经常联动联系。省政协还坚持每季度通报来稿采用和批示办理情况、公布重点选题、发放稿酬奖励。

江西省政协各专门委员会、办公厅各部门普遍把信息工作作为一件大事来部署和安排，作为展现工作成果的重要渠道，注重从全体会议、常委会会议、专题协商会等会议中提炼信息内容，从常委会视察、调研、民主监督等活动中挖掘信息线索，有计划地将委员提案、调研视察报告、走访座谈中收集的意见建议转化成社情民意信息。两年来，由省政协各种会议活动成果转化的信息稿件 49 篇，提案转信息 36 篇，大会发言转信息 28 篇，不仅有效地提高了政协履职实效，还是以实际行动落实八项规定、切实改进文风的具体举措。

两年来，各方面参与热情日趋高涨，社情民意信息的源头活水增多，质量在不断提高，既有着眼全局、精心谋划的良策，也有关注民生、为民呼吁的良言。

长下“一盘棋”

反映社情民意工作是政协一项长期基础工作，需要保持持之以恒的心态，发扬锲而不舍的精神，形成常抓不懈的工作机制，推动这项工作持续深入开展。

2013 年 3 月，江西省政协主席黄跃金亲自谋划指导，在机构、编制、人员“三不变”的前提下，整合资源，明确职责，在办公厅新设宣传信息处，具体从事省政协反映社情民意信息工作。

同年 6 月，省政协对反映社情民意信息的内部刊物进行改进和调整，确立《建言献策》为江西省政协向省委、省政府反映意见建议的基本载体，不仅使刊名更加突出、鲜明、富有个性，而且使信息的分量大为增强。12 月，专门举办全省政协反映社情民意信息培训班，邀请全国政协信息局领导同志授课指导，帮助信息员提高业务能力。江西省政协秘书长肖为群当场表示，以会代训效果很好，这样的培训还会定期举办。

2014 年在坚持原有工作基础、总结原来好的做法、广泛吸纳意见建议的基础上，省政协细化信息汇集、编辑、审签、报送、反馈、通报等程序，完善特邀信息员选聘、学习培训、评优激励、联系沟通等制度的工作基本完成，务实管用、简单高效的运转机制初步建成。

全会召开期间，社情民意信息工作成为委员讨论的热点。“围绕贯彻落实省委‘十六字方针’献计出力，紧扣全面建成小康社会、全面深化改革、法治江西建设建言献策，2015 年省政协反映社情民意信息工作大有可为。”省政协办公厅副主任曾粮表示。

（2015 年第 8 期第 37—38 页）

2016年

正确处理四种关系　不断推进政协工作

黄跃金

今年两会上，俞正声主席所作的全国政协常委会工作报告，体现了对新形势下政协工作特点和规律的深刻把握，对于推进人民政协事业发展具有重要的指导意义，各级政协都要全面领悟、自觉践行。我理解，在新的形势任务下，当前我们要通过正确处理好四种关系，更好地履行职能、发挥作用，进一步提升江西省政协工作水平。

一、正确处理党的领导和人民当家作主、依法治国的关系

习近平总书记在庆祝人民政协成立65周年大会上的重要讲话中强调，要坚持中国共产党的领导、人民当家作主、依法治国有机统一，自觉把中国共产党的决策部署贯彻到人民政协工作中去，准确把握人民政协性质、地位、职能和作用，坚定不移走中国特色社会主义政治发展道路。实现三者的有机统一，根本目的就是要实现党的集中领导和实行多党派合作的统一，发挥委员主体作用和推动科学民主决策的统一，广泛有序参与和促进社会公平正义的统一。一要坚持党对政协工作的领导。这是保持政协工作把正方向、发挥作用的根本保证。在中国共产党的领导下，实行多党派合作是历史的选择、人民的选择，也是我国政治制度的一个特点和优点。人民政协是实行中国共产党领导的多党合作和政治协商制度的重要机构。我们要积极引导各民主党派、各人民团体和各族各界人士，坚定不移地落实党委的重大决策和工作部署，确保政协工作始终坚持正确的政治方向。二要大力推进社会主义协商民主。人民政协作为社会主义协商民主的重要渠道和专门协商机构，要认真贯彻落实中共中央关于发展社会主义协商民主的重大战略部署，在履职全过程、各环节中充分体现协商民主。要准确把握和切实践行以人民为中心的发展思想，上接天线，下接地气，积极围绕群众最现实、最直接的就业、医疗、教育、社会保障等方面问题开展调研，使政协成为人民群众表达利益诉求、有序参与的重要途径。

二、正确处理一致性和多样性的关系

一致性基础上的多样性发展，是当前我国社会的鲜明特征，也是政协组织的鲜明特征。报告指出，一致性是共同思想政治基础的一致，多样性是利益多元、思想多样的反映。在社会矛盾多样化、思想观念多元化的情况下，必须正确处理一致性与多样性的关系，在尊重多样性中寻求一致性，使各种意见在统一共识基础上相互借鉴而不对立、各种诉求在共同利益基础上相互尊重而不冲突。要多开展民主、平等、科学的讨论，求大同，存小异，在各种履职活动中更加广泛地凝聚共识，进一步夯实团结合作的思想政治基础。

三、正确处理刚性和柔性的关系

刚柔相济是中国传统智慧的精华，也是中国特色社会主义政治发展道路的重要特点。政治上的刚柔相济，既有利于充分发扬人民民主，又有利于提高工作效率。政协的民主监督不同于人大的法律监督，具有柔性特征，但民主监督虽“柔”，作用却不小，要靠说的对、讲的准。我们要积极探索新形势下人民政协履行民主监督职能的新途径、新办法，围绕国家宪法、法律和法规的实施，重大方针政策的贯彻执行，人民群众普遍关注的重要问题，国家机关及其工作人员的工作等开展民主监督，推动中央决策贯彻落实，促进相关工作改进和加强，维护广大人民群众的根本利益。要通过各类协商、委员提案、组织调研视察、反映社情民意、担任特约监督员、配合党政做好纠正行业不正之风工作等渠道，进一步丰富民主监督形式，增强民主监督实效。

四、正确处理全局与局部的关系

报告提出，把围绕“十三五”规划实施建言献策作为工作主线。这就要求我们，要善于从全局高度观察形势、分析问题，围绕党委、政府中心工作，抓重点、抓中心、抓关键，找准突破口，牵住“牛鼻子”，自觉地在服务大局的前提下履行好政协各项职能。一要正确认识大局。牢固树立高度自觉的大局意识，自觉从大局看问题，把工作放到大局中去思考、定位、摆布，做到不因局势纷繁复杂而迷向，不为损失眼前利益而纠结，跳出一时一事、一地一己的局限，努力形成风清气正、心齐劲足的良好局面。二要坚决维护大局。最重要的就是在思想上、政治上与党中央保持高度一致。要坚决维护党委领导核心地位，增强政治意识、大局意识、核心意识、看齐意识，不折不扣贯彻落实党委的重大决策部署，确保政协工作的正确政治方向。三要自觉服务大局。要坚持工作"一盘棋"的思想，始终围绕党委政府工作全局思考研究问题，凡事以大局为重，按照党委的统一部署安排政协各项工作，切实处理好中心工作与常规工作的关系，突出主旋律，同时要统筹兼顾，提高协商议政水平，努力在服务大局中谋事、议事、成事。

（2016 年第 10 期第 44 页）

厚厚红土地　深深老区情

住赣全国政协委员持续建言赣南等原中央苏区振兴发展纪实

骆彩虹　王　磊

从不久前召开的全国政协十二届委员会第四十三次主席会议传来消息，由黄跃金、李华栋、汤建人、傅克诚、刘上洋、陈清华等住赣全国政协委员联名提出的《加大〈国务院关于支持赣南等原中央苏区振兴发展的若干意见〉实施力度，确保赣南等原中央苏区与全国同步全面建成小康社会》的提案，确定为 2016 年全国政协重点督办提案。这是全国政协实施重点督办提案多年以来，住赣全国政协委员首个重点督办提案，充分体现了全国政协对赣南等原中央苏区振兴发展的持续关心和重视，也充分展现了住赣全国政协委员持续建言献策的丰硕成果。这份提案，又一次把相隔千里的中华人民共和国首都和中华人民共和国摇篮紧密相连，再一次把政协履职和革命老区与全国同步建成小康社会紧密相连。

这份凝结着智慧和汗水的提案是由住赣全国政协委员在深入赣南等原中央苏区实地调研的基础上形成的。其实，住赣全国政协委员对赣南等原中央苏区振兴发展的关注并不开始于此。"加快推进赣南等原中央苏区振兴发展，确保如期与全国、全省同步全面建成小康社会，让老区人民过上更加幸福美好的生活"的炽热情怀早已在住赣全国政协委员的心中涌动，并成为他们持续为赣南等原中央苏区振兴发展建言献策的不竭动力。

扶持有力——要让老区人民过上好日子

赣南等原中央苏区是中国共产党在土地革命战争时期创建的以瑞金为中心、地跨赣闽粤的中央革命根据地，是最大最重要的革命根据地，是中华人民共和国的摇篮和苏区精神的主要发源地。为中国革命作出了重大贡献和巨大牺牲。这是一片壮怀激烈、神奇光荣的红土地，这是一片不甘落后、渴望振兴的红土地，这是全国重要的爱国主义教育基地和红色旅游目的地。

然而，多年来，由于自然、历史等多重因素的影响，经济发展相对滞后、基础设施比较薄弱、产业支撑能力不足、人们生活还不富裕，赣南等原中央苏区后发展、欠发达状况尚未得到根本改变，至今仍是全国较大的集中连片特困地区。

加快赣南等原中央苏区振兴发展，对于探索革命老区扶贫攻坚新路子，推动实现跨越式发展、全国同步实现全面建成小康社会的奋斗目标，具有十分重要的意义。

党中央、国务院始终高度重视赣南等原中央苏区振兴发展，中央领导同志多次就赣南等原中央苏区振兴发展问题作出重要指示。2011 年，时任中共中央政治局常委、国家副主席、中央军委副主席习近平在纪念中央革命根据地创建暨中华苏维埃共和国成立 80 周年座谈会上的讲话中强调，要继续大力关心老区人民群众的生产生活，加大人力物力财力的投入，切实帮助老区加快致富发展步伐，促进区域协调发展、科学发展，让老区人民生活得更加富裕、更加幸福。同年底，他在《赣南苏区经济社会发展状况调查报告》上作出重要批示，指出：赣南苏区是中央革命根据地的主体，为中国革命作出了重大贡献和巨大牺牲，要进一步帮助和支持赣南苏区发展，使这里与全国同步进入全面小康，使老区人民过上富裕、幸福生活。2015 年全国两会期间，习近平总书记在江西代表团参加审议时强调指出，要着力推动老区特别是原中央苏区加快发展，让老区人民同全国人民共享全面建成小康社会成果。2016 年，习近平总书记在江西视察时又强调，全面建成小康社会不能让为人民共和国诞生作出重要贡献的革命老区掉队，要加大对革命老区发展的扶持力度，基础设施建设、新兴产业布局、社会事业发展等要向革命老区倾斜，推动赣州、吉安、抚州等原中央苏区加快发展，让老区人民过上好日子。

持续接力——为老区发展插上腾飞的“翅膀”

如何推动赣南等原中央苏区振兴发展，与全国同步全面建成小康社会？这是一份历史情结，更是一份时代责任。围绕这个主题，住赣十一届、十二届全国政协委员主动作为，充分利用专题调研、集中视察、大会发言、提案等履职形式，建议国家加大支持力度，在机制、资金、项目、政策、措施等方面给予倾斜，积极参与和推动赣南等原中央苏区振兴发展。

早在2011年，全国政协十一届四次会议期间，全国政协委员、时任江西省政协主席傅克诚提交了《关于制定振兴革命老区发展规划采取更加有效措施加快解决革命老区脱贫致富使之能与全国同步进入小康社会的建议》的提案，建议由国家发改委和国务院扶贫办牵头，抓紧开展专项调研，尽快制定振兴革命老区发展规划，提出振兴革命老区的特殊政策措施。国家应制定更多扶持老区发展的特殊政策、加大对老区发展的资金投入、加快推进老区的新农村建设、扶持老区发展特色产业，促进老区社会事业全面发展。当年9月，国家发改委、教育部、财政部、人力资源和社会保障部、农业部、国家旅游局联合商议，明确表示抓紧研究帮扶革命老区发展的指导意见，因地制宜提出帮扶全国革命老区发展的战略目标、建设重点和政策措施。

也在这一年，农工党中央委托十一届全国政协常委、农工党江西省委会主委、省政协副主席郑小燕率考察组赴赣州，就"加快赣南苏区经济发展转型"进行考察调研，并对赣州加快转变经济发展方式提出相关建议。并以农工党中央的名义分别向中共中央、国务院报送了《关于支持赣南苏区发展振兴的建议》。

2012年，全国政协十一届五次会议期间，全国政协委员、时任江西省政协主席张裔炯在审议全国政协常委会工作报告和提案工作报告发言时表示，江西省政协已把促进赣南苏区发展振兴工作列入重要议事日程，作为重要的履职任务。并在会议期间报送了《大力推进中央苏区建设，使中央苏区人民与全国人民一道同步进入全面小康社会》的选题，邀请全国政协组织委员考察团来赣州开展专题调研视察，推动原中央苏区振兴规划上升为国家区域发展战略。全国政协委员、时任全国政协民族和宗教委员会副主任傅克诚提交了《关于请求国家大力支持中央苏区加快发展振兴的提案》。在民进、农工、九三联组会议上，全国政协常委、农工党江西省委会主委、省政协副主席郑小燕作"关于支持原中央苏区发展的建议"的发言。

2013年，以江西省政协主席黄跃金为团长，副主席钟利贵、郑小燕、肖光明为副团长，以来自同属于原中央苏区的吉安、抚州等地的省政协委员为成员的视察团，在赣州就"更好地推动赣南苏区振兴发展"开展视察。视察团提出用足用好各项扶持政策，努力把政策优势转化为发展优势；大力培植特色优势产业集群，努力把资源优势转化为发展优势；统筹城乡发展，着力提升城乡发展一体化水平；积极先行先试，进一步做好改革开放各项工作；加强生态环境保护，促进生态与经济协调融合发展；打好脱贫攻坚战，确保与全国同步全面建成小康社会等建议。

2014年，黄跃金领衔，蔡晓明、李华栋、汤建人、刘晓庄、郑小燕、孙菊生、傅克诚、刘上洋、陈清华等10位住赣全国政协委员在全国政协十二届二次会议期间，提交了《关于尽快启动赣州至深圳铁路客运专线项目前期工作的建议》《关于加快推进昌吉赣客专项目建设的建议》的提案。建议国家发改委和中国铁路总公司从实施赣南等原中央苏区振兴发展的战略高度，加大对原中央苏区铁路客运专线项目建设的推进力度，促进赣南等原中央苏区振兴发展。同年12月，被称为推动赣南等原中央苏区振兴发展先导性工程的昌吉赣铁路客运专线正式开工，为赣南等原中央苏区的发展插上了腾飞的“翅膀”。

2012年《国务院关于支持赣南等原中央苏区振兴发展的若干意见》（以下简称《若干意见》）正式出台，2014年《国务院关于赣闽粤原中央苏区振兴发展规划》（以下简称《发展规划》）公开发布。江西省委、省政府及时出台了《贯彻落实〈国务院关于支持赣南等原中央苏区振兴发展的若干意见〉的实施意见》。翻开这些文件不难发现，住赣全国政协委员所提事关赣南等原中央苏区振兴发展的意见建议得到充分吸纳。

不懈努力——迈向全面小康的美好明天

《若干意见》《发展规划》出台实施以来赣南等原中央苏区振兴发展取得了哪些成效？存在着哪些问题？是否能在2020年实现与全国同步全面建成小康社会的目标？住赣全国政协委员们一直牵挂于心。

2015年10月，全国政协委员、提案委员会副主任傅克诚带着这些问题，与江西省政协提案委、办公厅的同志一起，奔赴赣州、抚州进行调研，形成了《关于〈国务院关于支持赣南等原中央苏区振兴发展的若干意见〉贯彻落实情况》的调研报告。该报告得到江西省委、省政府的充分肯定和高度重视。

三年来，赣南等原中央苏区面貌焕然一新。群众得到了更多实惠、基础设施建设取得突破、产业综合竞争力大幅提升、生态安全屏障不断筑牢、改革试点示范迈出新步伐。但同时，赣南等原中央苏区振兴发展也面临一些新的问题。比如：仅在赣州市尚有27项具体政策（事项）没有落实；有的政策只惠及赣州市所辖范围，其他同属原中央苏区的市县没有享受；有的由于程序复杂或门槛过高而难以推进；有的由于需要较大配套而难以落地。

今年，全国政协十二届四次会议期间，黄跃金、李华栋、汤建人、傅克诚、刘上洋、陈清华等住赣全国政协委员再次联名向大会提交《加大〈国务院关于支持赣南等原中央苏区振兴发展的若干意见〉实施力度，确保赣南等原中央苏区与全国同步全面建成小康社会》提案，分别从进一步加强规划对接，把革命老区振兴发展战略纳入国家“十三五”规划；进一步解决好民生方面的突出问题；进一步加大财税政策支持力度，为革命老区振兴发展“输血助力”；加强原中央苏区重要河流源区生态保护；增强革命老区振兴“造血”功能；将赣州市执行西部大开发政策等措施，扩大至原中央苏区覆盖的所有市、县等方面提出建议。

得知提案确定为全国政协 2016 年重点督办提案，并以提案办理协商座谈会的形式推动提案办理落实的消息后，住赣全国政协委员和江西省政协倍感振奋鼓舞。在黄跃金、傅克诚的策划推动下，住赣全国政协委员又汇聚在一起，行走在推动革命老区振兴发展的道路上。从今年 4 月开始，住赣全国政协委员再次组成调研组，分别由黄跃金、傅克诚、刘上洋、陈清华率队分成三组赴赣州、吉安、抚州等地深入了解《若干意见》和《发展规划》贯彻落实情况和全面建成小康社会的思路举措。

总有一种革命老区的红色情结，挥之不去；总有一种振兴发展的责任使命，促使他们一直在路上。横跨两届政协，持续 6 年关注；从《若干意见》出台到《发展规划》实施；从建议在国家层面上关注支持到对国家政策的扎实落地。变了的是老区的面貌、群众的生活，不变的是为老区振兴发展建言献策的深厚情怀。因为大家坚信，有党中央、国务院的高度重视，有各级党委和政府的正确领导，有老区人民的努力奋进，赣南等原中央苏区一定能阔步迈进与全国全面同步建成小康社会的美好明天。

（2016 年第 13 期第 32—34 页）

2017 年

只为苍生俱饱暖

江西省政协助力脱贫攻坚战综述

邱修梁

深秋的赣鄱大地，处处洋溢着丰收的喜悦。江西崇义县麟潭乡两杰村，老表庄上科望着沉甸甸挂满枝头的野生刺葡萄，喜上眉梢。去年他家一株野生刺葡萄摘果 310 公斤，直接收入 4000 多元。

上饶县应家乡吉安村，50 多岁的龚尔炎高兴地说："去年村里 600 亩的甘蔗长势喜人，有 68 户贫困户参与种植，我包地 3 亩，产了 1 吨。"

吉安县永阳镇江南村，贫困户易德福掰着指头算："一棵柚子树均产 40 公斤，300 多棵树可产 1.2 万多公斤，目前市场价每公斤 6 元，光靠柚子每年就可增收 7 万多元。"

……

这是脱贫攻坚带来的喜人场景。背后，活跃着江西省无数扶贫干部的动人身姿，其中也传诵着人民政协助力扶贫脱贫的感人故事。十一届江西省政协坚持把脱贫攻坚作为履行职能的重中之重、发挥作用的重要平台，积极投身决战脱贫、决胜小康的伟大实践。

首战之年　冲锋在前

迅速行动，投身"主战场"；精干力量，派出"特种兵"；全面保障，确保"打胜仗"。

2015 年 12 月底，南昌天色阴冷，寒风凛冽，滨江宾馆大会堂内却暖意浓浓，全省扶贫开发工作动员部署会议在这里召开，吹响了打赢产业扶贫、安居扶贫、保障扶贫三大攻坚战的冲锋号。

"确保到 2018 年，全省基本消除绝对贫困现象，有条件的革命老区贫困县率先实现脱贫摘帽；确保到 2020 年，现行扶贫标准下贫困人口全部脱贫，贫困县全部摘帽。"

这是江西省委向中央立下的"军令状"，这是向江西人民作出的庄严承诺，这更是向全省各方面力量下达的动员令。

号角吹响，战书下达，正是建功时！省政协迅速统一思想，主动扛起责任，参与补齐贫困短板、全面建成小康社会的主战场中——

2016 年 1 月 22 日，在江西省政协十一届十五次常委会议闭幕会上，黄跃金主席指出，"十三五"时期经济社会发展，关键在于补齐"短板"，其中必须补好扶贫开发这块"短板"，坚决打赢扶贫开发攻坚战。他强调，要突出协商建言的重点，积极围绕扶贫开发工作建言献策。

十一届省政协四次全体会议，既是去年工作总结会，又是脱贫攻坚动员会。黄跃金要求全省各级政协组织和广大政协委员，把思想和行动统一到中央要求和省委部署上来，深入进行调研视察、协商议政，积极开展民主监督，为全省扶贫脱贫进诤言、出实招、谋良策。

把服务脱贫作为重点。围绕精准扶贫、精准脱贫，省政协常委会、8个专委会都有调研视察任务，并融入其他各项工作活动中；提交提案30余件，反映社情民意信息16篇，还有9份调研报告从产业扶贫、智力扶贫等方面提出了50多条意见建议。

支部活动到基层开展。把脱贫攻坚列为“两学一做”中“做”的重要一环，深化机关支部联基层、党员联群众“双联”活动，组织机关142名党员干部到黎川县新华村、星子县观音桥村、小金台社区、豫章后街社区开展帮扶活动，结对联系帮扶基层群众54名，参加社区公益活动和义务劳动242人次，帮助兴办民生实事26件，获评“全省扶贫工作先进单位”称号。

优秀干部驻扶贫一线。决战决胜贫困，“兵力”投入是决定因素。派遣帮扶干部全力以赴：18个处室各派一名政治素质好、工作能力强，对农村工作熟悉的优秀年轻党员干部；每批两人三个月一轮换，扶贫成效列入年度考核内容，不合格的随时“召回”，重用“愿干事、会干事、干成事”者。

资金资源向这里倾斜。发挥省政协海外扶贫基金会作用，积极开展善款募集、扶贫济困、助学助残等活动。仅2015年就资助扶贫项目15个，资金330万元，向12个县1200名品学兼优的贫困高中生捐助240万元，向孤寡老人捐赠棉衣和老花眼镜各1000件，向听障患者捐赠助听器2768台……

2016年是脱贫攻坚首战之年，为确保“首战必胜”，省政协付出了辛劳和汗水，襄助了智慧和力量，收获了好评与感动。

“一号工程”　合力推动

率先垂范，提供主动力；委员积极，充当主力军；三级联动，瞄准主目标。

自2014年起，我国将每年的10月17日设立为扶贫日。不少人将“1017”谐音为“邀您一起”，意在最广泛地动员社会力量投入扶贫脱贫工作。

江西省政协与党委政府同频共振，与贫困群众同舟共济，为全面小康勠力同心。黄跃金始终这样要求，并以身作则，率先垂范。

去年省两会刚闭幕不久，抚州市黎川县优抚对象王河清就见到了省里来的“大干部”——省政协主席黄跃金。

“前几天电视上看到过，今天听说领导要来看我，有点紧张，激动了好长时间。”

不承想，见面时从正襟危坐到边说边比画，王河清很快放松了。

“现在有什么困难，下一步怎么打算？”“还需要帮忙做什么？我们有干部派驻在这边。”

……

黄跃金拉家常、问情况，暖到贫困户的心里。

“黄主席就像我的‘远亲’，虽然不熟悉，但一点不陌生，很随和，没有架子。”王河清说。

像这样的访贫问苦，已经成为黄跃金的经常性工作。自 2012 年来江西工作至今，他已七赴黎川县调研视察，详细了解扶贫脱贫情况，部署安排定点联系工作，指导成立定点联系帮扶工作小组，协调省政协机关、省民政厅、江钨控股集团等成员单位每季度至少召开一次协调会，及时解决工作中的问题。

其他省政协领导经常深入定点联系县，从基础建设到产业培养、从技能培训到教育发展、从重点帮扶到调研走访，逐项帮助落实，全程跟踪指导，推动扶贫工作迈向纵深。

为民呼者，景从者众。在省政协主席会议成员的带领下，全省三级政协组织和 3 万多名政协委员围绕脱贫攻坚总要求和主要目标，用真情履职尽责，用汗水书写答卷。

南昌市政协专门把推进精准扶贫列入 2016 年度协商计划，成立课题组进行深入调研，深入县区和相关部门了解情况，听取贫困户意见，并赴贵州、湖南等地考察。去年 7 月 29 日，专门召开对口协商会，政协委员和市直相关部门负责同志面对面，共商脱贫大计。

赣州市政协争取交通、水利、电力等部门支持，筹集 145 万元改扩建中心小学 1 所、硬化村道 4.4 公里。还投资 130 余万元对村电网进行改造；实施了“百吨千人”安全饮水工程，解决了 110 户农户安全饮水问题。

井冈山市政协探索用活“扶贫 +”模式，落实“321”帮扶责任，县处级干部每人帮扶 3 户、科级干部每人帮扶 2 户、一般干部每人帮扶 1 户，走出精准扶贫新路子。2015 年市政协挂点村黄坳村贫困发生率由 20.6% 降至 8.3%。

港澳委员邝美云、梁安琪积极为港澳同胞来赣参访交流、投资兴业、慈善捐助等牵线搭桥，多次通过大会发言、提案等形式为江西扶贫鼓与呼，捐建的希望学校和设立的教育基金一直泽被乡梓。

省、市、县政协委员中的非公有制经济人士致富思源，响应号召、积极参与全省“千企帮千村”精准扶贫行动，把自身资本、技术、市场、人才等优势，与贫困地区的生态、土地、劳动力、特色产业等资源有机结合，加快贫困地区脱贫致富步伐，实现企业发展与农村受益的互利共赢。

这是一种牵挂和使命，这是一种责任和担当，这是一种实践和探索。在脱贫攻坚广阔舞台上，江西政协人坚定前行，用脚步丈量贫穷到脱贫的距离，用行动诠释政协就在群众身边。

“江西样板” 政协力量

建言献策，当好智囊团；连心架桥，争做贴心人；苦干实干，弘扬好作风。

去年9月26日，全省脱贫攻坚推进会议强调，要抓住“精准”“领跑”两大关键词，打造脱贫攻坚的“江西样板”。

推动脱贫攻坚，政协如何准确定位，发挥优势，帮在关键处，帮到点子上，真正做到精准发力、精准扶贫？在实践中，省政协摸索出了一套行之有效的助推模式，为锻造“江西样板”注入了“政协力量”。

想办法、出实招、谋良策，发挥“智囊团”“人才库”作用。

扶贫开发贵在精准、重在精准。“怎么‘精’，如何‘准’，怎样做才能识真贫、扶真贫、真扶贫？”省政协十一届十二次常委会议就此向各界人士出题。一时间，不少政协委员踊跃抢答。

“前提是建立识别标准。”省政协委员谢洪华认为，要把对象集中到建档立卡户、返贫户、临时贫困户、边缘贫困户这四块重点人群上来，“比如空巢老人问题，已经成为农村脱贫的一个严重阻碍，应该引起全社会的关注。”

“优化识别程序是关键。”省政协委员杨小华调研发现，按照省里提出的“七步识别法”，不漏一户容易，但不错一人还很难，家族评议、人情评议大量存在。他建议再增加一个投票程序，先由党员、组委会成员票选，对符合条件的，再提交村民户主会评议。

“运用‘互联网+’，可以为精准扶贫提供高效服务。”省政协委员、省扶贫和移民办副主任饶振华说，“现在省里在着力打造精准扶贫云，从各地的贫困人数、贫困发生率、农民收入，到任意一个人的扶贫信息，都能查到，一目了然，清楚得很！”

不一样的视角，不一般的建言，为精准扶贫、精准脱贫决策提供了重要参考。

“政协集中了一批具有远见卓识的专家学者和经验丰富的领导干部、企业家，对脱贫攻坚既能提供理论支持，又能提供经验指导。”省政协秘书长肖为群表示，省政协坚持用好协商平台，发挥人才优势，为脱贫攻坚凝聚共识、智慧、力量。

察民情、听民意、解民忧，发挥“桥梁”和“纽带”作用。

去年6月6日，省政协委员王东林提交《关于推动徐霞客游线文化旅游发展与精准扶贫有机结合的建议》，不期得到省委主要领导和省政府分管领导的肯定，要求相关部门研究推进，催生江西国庆期间“徐霞客游线热”。

“在调研时，不少市县乡镇文化站工作人员和村民反映，当地徐霞客文化遗存非常丰富，但挖掘、保护和利用不够。”回想起提这条建议的初衷，王东林至今还记忆犹新，“他们特别希望我们在更高层面加强呼吁，推动地方政府申报徐霞客游线标志地，发挥游线旅游扶贫作用。”

这是省政协深入群众、深入基层、深入实际助推扶贫脱贫的一个实例，再看看今年省政协围绕扶贫开展议政建言的成果单：《精准扶贫应补齐农村师资这块短板》《政府兜底保障推进农村贫困残疾人脱贫攻坚》《借助乡村旅游推进精准扶贫的建议》《法律扶贫应成为精准扶贫的重要内容》……每一次调研，每一份报告，每一条建议，瞄准的是民生问题，触摸的是扶贫实情，反映的是群众呼声，坚持的是“从群众中来、到群众中去”的工作方法，践行的是“以人民为中心”的发展思想、初心，最后的效果是让政协和群众离得更近、让党和人民心心相印。

崇实干、敢担当、有作为，展现新形势下政协干部新形象。

去年 9 月 26 日，机关很多干部的微信里收到一条“求推广”消息：黎川县东华山景区决镰嵊村，大山深处的世外桃源，位于武夷山西侧，有竹山林海，有金黄稻田，有层层叠雾，空气中饱含负氧离子，姊妹瀑布落差 50 多米……是国庆长假休闲旅游的绝佳去处。

发信人是省政协驻村干部小郭，公开遴选到机关不到一年，家里孩子还不满 7 个月，机关第一个下派到村的扶贫干部。驻村以来，他入户走访，开展建档立卡“回头看”，核查比对贫困户信息，掌握基本情况和致贫原因，尽力帮助所驻村制定脱贫规划和实施年度帮扶措施。

“黄跃金主席对机关干部的能力和作风建设十分重视，指示我们要争当合作共事、发扬民主、求真务实、联系群众、廉洁奉公‘五个模范’。”小郭承诺，自己一定会扎根基层，真帮实干，把他乡当故乡，做给群众看，带着群众干，帮助贫困户早日脱贫奔小康。

扶贫脱贫是一种责任，更是检验作风担当的一把标尺。在脱贫攻坚战场上，江西省政协锤炼了实干作风，锻炼了党员干部，带动了贫困群众，展现了新形势下政协干部的良好形象。

（2017 年第 1 期第 52—54 页）

政协文史工作的温度

曾　粮

第六届全国政协主席邓颖超在第四次全国文史资料工作会议上说，文史资料工作“从形式上、从工作内容上看，我觉得这个工作是属于静的工作。当然这也是相对而言的。但从其效果看，又可以发展成为活动性的工作，扩大我们的活动领域，甚至连政协各个组的工作都可以包括到它里头去。它可以扩大统一战线的对象和统一战线的影响，发挥我们对人民、对青年进行爱国主义、共产主义思想教育的作用。”

我理解，政协文史工作看起来是一种“安静”的历史资料性文字工作，但是这种工作做得好，就可以在补档案资料之不足、扩大统一战线、服务发展等方面发挥不可替代的作用。我本人先后在江西省政协从事文史工作20余年，亲眼见证了政协文史工作化“静”为“动”，服务经济社会发展的许多生动事例。

在还原历史中逐渐融冰

历史是有血有肉的，是鲜活的，尤其是近代中国历史。但是在一些特殊的年代，历史成为任人打扮的嫁娘，成为服务当时政治的工具，有的领域还划为禁区。十一届三中全会开思想解放风气之先，各种禁忌逐渐打破。政协文史资料工作在其中发挥了独特的作用。

二十世纪八十年代中期，为纪念中国人民抗日战争胜利40周年，按照全国政协的要求，全国各级政协文史工作部门都开展了征集编辑出版国民党军抗战史料大协作工作，这种带有突破性的工作在当时是需要解放思想的。记得当时我们江西参与由全国政协文史委牵头组织征编的就有《闽浙赣抗战》《浙赣会战》《粤赣湘边抗战》等国民党军抗战史料专题。我们还在此基础上征集“国民党军江西抗战亲历记”专题史料。说到中国抗日战争史，我们过去讲得多的是共产党领导的八路军、新四军敌后抗战，对国民党军的正面抗日战场除了“消极抗战”寥寥几个字外，说之甚少、知之更少。为做好这项工作，江西省政协文史委员会还专门聘请了几位原国民党军政人员帮助征集和审核相关史料。他们中有的为民主党派老人，也有的曾身为战犯或“历史反革命”，尽管历尽沧桑，年事已高，但工作热情很高。有的人在核对史料同时，还亲自撰写抗战回忆文章，重温那段烽火岁月。当看到这些反映国民党军队在江西正面战场抗击日本侵略者有血有肉的史料，陆续以专题图书和专栏的形式在江西省政协文史委的内刊《江西文史资料选辑》上刊出后，参与征集编辑工作的原国民党军政人员和我们政协文史工作者都由衷地感到：共产党是实事求是的，也是尊重历史的。这些原国民党军政人员在帮助我们工作的同时，也成为我们长期的朋友、忘年交。

1989 年，我们征集、编辑、出版的文史资料书籍《蒋经国在赣南》，比较客观地反映了蒋经国在赣南主政的那段历史，其中既有“新赣南建设”的情况，也有蒋经国反共的史实。该书经人转台湾并送蒋经国阅后，知情人反馈：小蒋对赣南其人其事感慨良多。当然，也有一些人不理解：你们出版国民党军的抗战史料不就是给国民党评功摆好吗？某单位的一位负责人说《蒋经国在赣南》一书是为蒋经国涂脂抹粉，并告到出版管理部门，引起一点小风波。还好有关领导比较开通，平息了这件事情。而以上情况在今天看来，已不是什么问题了。

在褒扬乡贤中倡导正能量

江西自古就有“人杰地灵”的美誉。近代以来也是人才辈出、俊采星驰。政协有责任做好征集他们的资料、宣传他们事迹的工作。为此，我们将这种“安静”的史料文字工作，发展为各级政协联动、广泛联系各界、传播爱国主义精神的活动。

二十世纪八十年代末征集中国科学院原副院长、著名科学家吴有训史料，就是由江西省政协文史委与吴有训家乡高安市政协联合开展的，工作中我们还联系了当时一大批科学家和国家领导人，并得到他们的关注。严济慈、周培源、茅以升、钱伟长、杨振宁等数十位著名科学家向我们赐稿，聂荣臻、方毅、张爱萍等国家领导人赐书法题词。尤其令我至今难忘的是邓小平同志应我们的请求为《吴有训》题写了书名，为我们史料征集出版工作增添浓墨重彩的一笔。记得当时中共江西省委办公厅给我们打来电话，大意是：小平同志给《吴有训》题写了书名，原件留省委，你们来取复印件，请不要搞任何庆祝仪式。我们都不敢相信自己的耳朵。其实小平同志一贯重视科技第一生产力的作用，主持召开全国科学大会，呼唤科学的春天，那么为科学家题写书名也就顺理成章、理所当然了。高安的同志很会做工作，他们利用《吴有训》出版的契机，趁热打铁，在高安建立吴有训纪念馆，作为爱国主义教育基地，常年向群众尤其是青少年宣传爱国主义和科学精神。我们以类似方式先后征集出版了《黄家驷》《吴学周》《傅抱石》等赣籍科学家、艺术家的专题史料，都产生较好的反响。

又如，我们在征集江西辛亥革命志士李烈钧、杨赓笙史料的工作中得到其亲属的大力支持，相关史料出版后，中央人民广播电台和中国国际广播电台播报了相关出版新闻，消息传播到台湾，李、杨的亲属万分喜悦、奔走相告，还给我们来函感谢，我们之间也建立了长时间的联系。

在服务发展中彰显“文史”特色

多年来，政协文史工作给人更多的印象是办公室里的文字工作，与外界联系不多，似乎与经济社会发展关系不大。近年来，政协文史工作结合自身优势，开拓工作新领域，在政协建言献策中展现新作为。江西政协文史工作因为工作需要联系了江西文史界一批精英，这是我们开展建言献策活动的基础，也是突出文史委建言献策“文史”特色的基础。

针对近年来江西省古村落、古建筑保护面临的严重危机，江西省政协文史和学习委员会组成由委员和相关专家参加的“农村古村落古建筑保护和利用”专题调研组，以等不起的紧迫感、坐不住的责任感、慢不得的危机感，立即行动起来，在调研结束后不到半个月内，便向省委、省政府提交了《关于我省农村古建筑保护利用情况的调研报告》，建议尽快出台《江西省古建筑保护和利用实施细则》，将古建筑保护利用更好地纳入法治化的轨道等。时任江西省委书记强卫对调研报告作出批示：在秀美乡村建设中，一定要采取有效措施保护好农村古建筑，突显农村历史文化特色，坚决遏制破坏农村古建筑之歪风！紧接着，省委农工部、省住建厅、省文化厅表示将尽快出台新举措，抓好农村古建筑的保护利用工作；省住建厅、省文化厅向省政协通报：调研反映的几个古建筑损坏比较严重的点，省文化厅和省住建厅已派专人下到当地调研，并准备拿出资金修缮，要求当地密切配合搞好规划，把几个千年古镇保护好。

我们在2016年和2017年连续两年持续开展明代旅行家徐霞客科学考察游线旅游发展的专题视察，尽管政协文史工作范畴是近现代历史，徐霞客的人和事都是古代的，但是鉴于徐霞客在江西的游线与贫困县高度重合，可以结合扶贫攻坚课题来做文章，让沉睡的文化遗产活起来，服务精准扶贫、服务江西发展。在文史专家协助下，专题视察推动宜黄、黎川、安福等县先后成功申报全国徐霞客游线标志地；专题视察报告提出建立徐霞客游线文化旅游协调机制、编制徐霞客游线文化旅游规划、发挥徐霞客游线“旅游＋精准扶贫”的重要作用等建议，得到鹿心社、姚增科、殷美根等江西省领导的批示肯定，省委副书记姚增科批示：“好。打足打好‘徐霞客牌’具有温故知新、创新意义。”我们近年开展的江西书院文化、古镇保护、江右商帮、大遗址保护等古代文史色彩很浓的专题调研，都具有现实的意义，相关调研报告得到省领导的批示，要求有关部门研究采纳政协提出的意见建议。

政协文史工作是有温度的工作。我爱这项工作。

（2017 年第 18 期第 40—41 页）

政协蛮好

刘晓庄

岁月总是在人们的不经意中悄悄流逝。屈指算来，今年是我担任政协委员的第二十个年头，可谓有些“年份”了。这些年来，不时会有熟人或朋友向我问同一个问题：你感觉政协怎么样？我一概回答：“说句心里话，政协蛮好！”

1998 年 1 月，我第一次走进政协会议的神圣殿堂，对政协的一切都感到新鲜好奇。“青涩”的我看到他人写提案，却不知提案为何物，依据自己的体验，模仿他人的格式，懵懵懂懂写就了千把儿字，内容是“借鉴千岛湖经验，开发柘林水库旅游资源”。这是作为政协委员的我第一次学写提案。眷正之后，投入提案箱，以为完成了任务，压根就没有把它放在心上。谁知过了几个月，我的办公桌上摆放着一封公函，打开一看，还盖有鲜红的某市政府印章呢。原来是提案办理回复。答复的语气极为诚恳，表示对提案内容要“抓紧研究、认真采纳、着力督办”，以及“深表感谢”云云。对于人生的第一件提案能够得到如此“厚爱”，使我感到无比欣喜，也激发了我此后撰写政协提案、大会发言和调研报告的热情。再往以后更多更高级别党政部门办理提案的积极态度，让我越来越明白，政协的提案还是蛮受重视的。

在过去的一段时间里，有人把政协的话语权戏谑为“自拉自唱，自娱自乐”“说了是白说，白说还得说”。随着社会主义民主政治的深入推进，政协的“自唱”和“白说”已经有了很大改观，并逐渐由“不说白不说”的激情向“说了不白说”的挚情潜移。对此，我是有着切身的感受。就在近几年，我先后两次参加了全国政协的双周协商座谈会，分别多次在全国政协的联组会议、常委会议、全体会议上发言，如实说来，我的那些话基本没有“自唱”“白说”。比如：我提出“开辟农村大学生就业新天地”，部门负责同志发出回声，“就业不能忽视农村这一块”；我建议“裸官不得继续为官”，参会高层领导当场回应，“是到了该解决的时候了”；我反映“乡村教师工作艰苦待遇低”，全国政协领导表示认同，“对于这一点我是深有同感”，等等。敞开心扉坦陈观点，倾心为民吐露真情，一次次政协会议发声的经历，使我一再感悟到，政协的话语权还是蛮管用的。

正如人们所常说，政协的地位比较超脱。不过话说回来，政协超脱的是权力与名利，而不是超脱社会与百姓，因为在“政协”的前面还有“人民”两个字，她的根始终牢牢地扎在人民群众中间，这才是“新政协”的切实内涵。“居庙堂之高则忧其民，处江湖之远则忧其君”。为了更好地沉下身子、贴近群众、了解实情，政协委员撑着雨伞、卷起裤腿走田头，一身便装、脚穿布鞋进车间，于今已不是个别现象。这并非为了作秀，作秀对他们来说委实没有多大的价值。有次我与农民兄弟在村旁“侃大山”，专门谈到种粮补贴：“农民得实惠，一定很高兴”；回答：“高兴是高兴，不过心里还是有些憋屈”。经慢慢细问，使我得知种粮补贴“不太公平”的真实情况，于是向有关部门反映“种粮补贴应注重公平”这一问题，引起了多方的密切关注。记不起多少次深入基层“摸问题、找对策”的实践，让我深深感触到，政协的调研还是蛮接地气的。

有一种调侃：政协、政协，就是“紧歇”“紧歇”。其实，这是不太晓得政协工作的内情。相当多的政协委员是本单位的骨干力量，事务性工作千头万绪，业务繁忙之余，还要腾出时间，结合本职岗位的实际，积极参加调研，思考建言内容，能说不忙？在政协会议期间，委员们夜以继日地认真组织材料、准备各种发言，“欢快地忙碌于履职”之间，怎能悠闲？自己也是这样忙过来的。记得有年春天参加政协组织的赣鄱经济发展论坛，看到其他委员运用精心准备的课件，各抒己见、见仁见智，图文并茂、精彩纷呈，才发觉自己原先起草的文字内容过于简单空泛。于是挑灯夜战，为第二天的发言重新撰写提纲、编制课件，花了好几个小时，直到认为发言内容像个模样，方才长长地吁了一口气，开窗远眺，东方已微微泛出乳白色的光亮。所以听到有人说，“忙起来就像在政协”，我可深有体会，政协做起事来还是蛮拼的。

智力密集，人才荟萃，各级政协都是“藏龙卧虎”之地，拥有不少学科领域的专家学者。他们言之有物、言之有据、言之有度，不说外行话，也不说“你好我好”大年初一的拜年话，表现的是一种君子风范。由于委员们懂得一个道理，批评的价值远胜于赞美的意义，因此在政协，要说就说“掏心窝子”的真心话，说自己熟悉的在行话，力求参政参在点子上，议政议到关键处。人云亦云我不云，阿谀奉承我不会；空话假话我不说，进谗献媚我不做。这是政协委员的信条。知之为知之，不知为不知，宁可“却道天凉好个秋”，也不“为赋新词强说愁”，已成政协委员的风格。走进每年的两会，聆听委员们铆劲讨论报告，大多是富有见地、入木三分的真知灼见，很少听到“高屋建瓴、立意深远、蓝图宏伟、鼓舞人心”之类永远正确的客套话。故而，听了一些委员“大咖”的铿锵之语，会从心底发出由衷点赞，政协委员的意见建议还是蛮专业的。

赤橙黄绿青蓝紫，远近高低各不同，世界上没有两片相同的树叶。事物存在多样性和差异性，于是构成了大自然绚丽多彩的壮美景观。各级政协集聚着四面英雄、八方才俊，英雄所见略同，却又时常略异，正所谓“君子和而不同”。“求同存异”是人民政协的本色，在一些场合，政协委员往往围绕着相同一件事情，或工程项目或财政预算或政策措施，等等，官不分大小，人不分贵贱，各人都可以表明自己不同的主张。我在政协会议上就亲眼见过，一些有地位、有影响的知名人士，他们私下感情深厚、毫无过节，但商讨问题时却是针尖麦芒、使劲“抬杠”，互不相让，争论得脸红耳热。各种观点在激烈的交锋中密切地交融交汇，最大公约数在各自的体谅理解中求真求实，从而达成共识，凝聚力量，彰显出各美其美、美美与共的协商民主特色。政协“不打棍子、不戴帽子、不抓辫子”的宽松议事原则，会让人体味到，政协的氛围原本还是蛮包容的。

那年我在北京参加政协会议，清晨到驻地宾馆马路对面的小广场，跟着几位年长者比画太极拳，穿过薄薄的晨雾传来一番对话：“宾馆拉上了警戒线，又要开政协会议了”“可不是，这年头，政协还确实能帮咱老百姓说上几句公道话”。在当天下午的小组讨论会上，我以“增强使命感，百姓有期待”为题作了发言，特意将早上听到的那段极为普通的对话说给大家听，在场者频频点头，感动得那个“泪崩”呀，还真没有预料到。“要让人民群众感觉政协离他们很近”，已经成为各级政协组织的自觉行动。这些年来，政协委员立足民生，扶贫济困，把老百姓的诉求当作重托，在脱贫攻坚中扮演着重要角色，做了不少的实事和好事。人民群众最重那份情，只要政协把老百姓放在心上，老百姓也一定会把政协记在心上。从近年社会各界对政协的总体评价来看，政协的整体形象还是蛮高大的。

人们耳熟能详的《陋室铭》中有几句经典之语：“谈笑有鸿儒，往来无白丁。可以调素琴，阅金经。无丝竹之乱耳，无案牍之劳形。”它几乎可以作为政协的大“写真”。在政协这个团结民主、和谐温馨的家园，委员们都有着一种同样的感觉，“无权无势无烦恼，有职有责有情操”。同样的感受给了我们共同奋斗的理想，信仰的力量鼓舞着我们积极进取乐观向上，所以说：政协蛮好！

（2017 年第 19 期第 56—57 页）

2018年

改革创新　行稳致远

江西省政协推进思路、制度、实践创新综述

邱修梁

2017年10月18日，党的十九大代表、江西省政协主席黄跃金在学习讨论十九大精神时指出，习近平总书记作的报告是面向全党、面向全国、面向世界的政治宣言，是决胜全面建成小康社会的“动员令”，是未来治国理政的“路线图”，为做好新时代政协工作提供了根本遵循。

五年，弹指一挥间！已是昨天，但言犹在耳。2012年11月9日，党的十八大代表、江西省政协主席黄跃金在讨论十八大报告时指出，十八大全面描绘了我国未来一个时期改革发展的宏伟蓝图，对健全社会主义协商民主制度、发挥统一战线重要作用作出了新部署，赋予人民政协更光荣的使命。

五年，续写新篇章！十九大召开前的2017年9月21日下午，江西省政协常委会议厅济济一堂，省政协“喜迎十九大委员在行动”本届履职成果报告会在这里举行。

与会人员一致认为，十一届省政协深入学习贯彻习近平重要讲话精神，坚持把改革创新精神贯穿到履行职能的各方面和全过程，尽心履职、锐意进取、担当实干，探索了一些好的做法，取得了一些大的成果，促成了一些新的变化，形成了一些规律性认识，开辟了江西省人民政协事业发展的新境界。

惟改革者进，惟创新者强，惟改革创新者胜。

这是继往开来的重要举措
——科学分析面临形势，聚力推进改革创新

明者因时而变，知者随事而制。

十一届省政协所处的五年，是实现“十二五”规划和实施“十三五”规划的历史交汇期，极不寻常。

观上情。党的十八大高度重视和大力推进社会主义协商民主建设，习近平总书记

在庆祝人民政协成立65周年大会上对政协事业发展提出新的历史要求，党中央作出加强社会主义协商民主建设和人民政协协商民主工作的新部署。这些都为政协工作创造了历史机遇。

察省情。在2020年的历史节点前，因欠发达省情没有根本改观，江西与全国同步全面建成小康社会的时代重任道艰且急，更面临着新旧发展理念、新旧发展动能的接续转换，面临着保护与发展、改革与创新的破立并举。这些都为政协工作提供了广阔空间。

看自身。纵向而言，历届政协打下了良好工作基础，接过历史的接力棒，需要进一步勇担使命、勇攀高峰。横向比较，许多工作亟需与时俱进，许多问题亟待解决。比如，服务委员需要建立机构，参政议政工作需要进一步提高质量，协商民主需要进一步完善制度，民主监督工作需要进一步健全机制。这些都为政协工作提出了更高要求。

问题不比以前少，担子却比原先重。如何做到在继承中发展？怎样才能在发展中前进？

需靠改革。"要充分认识全面深化改革的重大意义，深刻把握全面深化改革的指导思想、目标任务、重大原则和具体举措，以改革的精神和思维不断增强政协工作的生机与活力。"2013年11月22日，在传达学习党的十八届三中全会精神时，黄跃金强调。

需靠创新。"创新是人民政协的优良传统，是政协事业常做常新、生生不息的重要源泉。政协的创新思维，既要体现在新方式新载体的创建上，更要体现在议政建言质量的提升上。"2015年1月29日，黄跃金在省政协十一届三次会议闭幕会上指出。

需靠改革创新。2015年9月22日，在省委政协工作会议上，黄跃金着重提到，要大力推进思路创新、制度创新、工作创新和自身建设创新，用改革创新的精神和办法，探索履职路径，破解履职难题，提高工作实效，不断加强履职能力现代化建设。

向改革要活力，以创新为动力。开局之年，省政协就在机构总数不增、编制总量不变的前提下，新设了办公厅委员联络处、宣传信息处，成立民族和宗教委员会，接着在加强学习、调查研究、协商议政、委员联络服务、廉洁自律等方面修订出台了20多个制度性文件，巧借机构调整和制度完善打通了政协工作的关键环节。

这是发展事业的清晰导向
——厘清主要工作思路，全力推进重点工作

新时代下，形势瞬息万变，社会日新月异。当一些解决问题、推进工作的传统思

路已无法适应现实发展，创新就成为一种必然。

“常委会工作报告主题突出，文风朴实，文字洗练。可以看出，过去的一年工作实、成果丰，今年的工作谋划选题准、抓得细。”去年1月15日下午，省政协十一届五次会议小组讨论中，张康平委员娓娓道来。

“有个情况，大家发现没？”张康平话锋一转，大家不禁心头一紧。

“每年政协全会，黄主席都是开幕会上总结谋划工作，闭幕会上明确工作思路。”他接着说，“18日闭幕会上，大家觉得黄主席会讲什么？”

大家纷纷点头称是，你猜我答起来，现场气氛十分活跃。

的确如此！就任江西省政协主席伊始，黄跃金就对政协工作有通盘考虑、全局谋划，并在每年的政协全会闭幕会上清晰阐述出来。

——一次会议，要求广大委员要增强把握大局、调研视察、合作共事、履行职能、开拓创新五个能力。

——二次会议，围绕全面深化改革中发挥更大作用，提出做改革的拥护者、参与者、实践者、开拓者四点希望。

——三次会议，谈要牢固确立“六个思维”：大局为重的全局思维、洞察趋势的战略思维、有事好商量的协商思维、依章循制的法治思维、统筹兼顾的辩证思维、求真务实的创新思维。

——四次会议，就实现我省“十三五”良好开局，要求做到“八个坚持”，建真言、谋良策、出实招，展现政协新作为。

——五次会议，强调要准确把握政协工作规律和特点，坚持中国共产党的领导和人民当家作主、依法治国的有机统一，坚持团结和民主的有机统一，坚持发挥委员主体作用和推动党政科学民主决策的有机统一，坚持发挥政协界别优势和建设富裕美丽幸福江西的有机统一。

思深方益远，谋定而后动。

清晰的思路指引，化作省政协集中智慧议大事、发挥优势攻难关的磅礴力量和迅捷行动。

——2013年，把牢科学发展主题、抓住加快转变经济发展方式主线，就推进富裕和谐秀美乡村建设、加快发展现代服务业、赣南等中央苏区振兴发展、化解江西省产能过剩问题、建立“五河一湖”及东江源头保护区生态环境考核机制等重大课题开展视察调研。

——2014年，围绕与全国同步全面建成小康社会，第二、三季度常委会议分别就“加快我省城镇化发展创新”“加快推进昌九一体化”议题积极建言献策。

——2015 年，瞄准助推经济社会平稳健康较快发展，重点就江西省“十三五”规划编制、支持赣西经济转型加快发展、构建社会诚信体系、推进生态文明先行示范区建设、优化江西省企业发展环境等重大问题深入协商议政。

——2016 年，紧扣“十三五”规划实施，就“着力加强供给侧结构性改革，培育和壮大新兴消费”“实施创新驱动发展战略，推动产业转型升级”“优化农产品有效供给，建设现代农业强省”等综合性、前瞻性议题出招出力。

——2017 年，聚焦富裕美丽幸福江西建设，就“进一步加快赣江新区发展”“加强地方金融体系建设，推动实体经济发展”“加快我省国家生态文明试验区建设”开展常委会议专题协商。

思路一变天地宽。善做加法的主动作为，创新思路的引导助推，使省政协能够抓住全省经济社会发展中至为关键和最为紧迫的问题深入协商、精准建言，形成党委重视、政府支持、群众认可、政协有为的生动局面。

这是着眼长远的制度安排
——加强协商民主建设，健全政协协商机制

协商民主是实现党的领导的重要方式，是我国社会主义民主政治的特有形式和独特优势。

从十八大报告首提、十八届三中全会部署，到习近平总书记在庆祝中国人民政治协商会议成立 65 周年大会上的重要讲话中着重论述，到党中央颁发《关于加强社会主义协商民主建设的意见》，再到党的十九大报告将发挥社会主义协商民主重要作用提升到新的高度，协商民主的内容不断丰富和拓展。

人民政协是具有中国特色的制度安排，是社会主义协商民主的重要渠道和专门协商机构。

党的十八大以来，以习近平同志为核心的党中央把人民政协纳入推进社会主义协商民主广泛多层制度化发展的整体设计和规划部署，将推进社会主义协商民主建设与发展人民政协事业整体规划、同步推进，专门出台《关于加强人民政协协商民主建设的实施意见》，把人民政协事业的发展提升到了新阶段。

赶上好时代，不负好时代。

十一届省政协认真贯彻落实中央和省委推进社会主义协商民主的决策部署，积极创新协商形式，增加协商密度，提高协商实效，完善和形成以全体会议为龙头，专题议政性常委会议和专题协商座谈会为重点，对口协商、界别协商、提案办理协商为常

态的协商议政新格局。

新机制，有保障。

2013 年底，省政协出台《关于制定省政协年度协商计划的办法》，明确了协商内容、时间安排以及牵头领导、承办单位和参加人员。

2014 年初，省政协以“一号文件”的形式，印发首个年度协商工作计划，从协商的议题、协商的形式、活动组织等方面对全年工作进行总体安排，并借鉴全国政协协商座谈会做法，制定《协商座谈会工作流程图》，定期召开专题协商座谈会。

2015 年 2 月，经省委常委会议研究，省委办公厅、省政府办公厅、省政协办公厅首次联合下发《关于印发〈2015 年度省政协协商工作计划〉的通知》，要求各地各单位认真抓好贯彻落实。

自此，省委常委会议专门研究、“三办”联合印发政协年度协商计划成为惯例。这是加强党对政协工作领导的一个重大举措，不仅极大地提高了政协协商的政治性、权威性和操作性，而且为发挥政协协商作用提供了可靠的政治保障和政治空间。

新定位，有部署。

2015 年 9 月 22 日，“十二五”规划部署收官之际，省委隆重召开政协工作会议，省委、省政府主要领导均到会讲话，充分肯定省政协事业取得的新成绩。

会前，省委颁发《中共江西省委关于进一步加强政协工作充分发挥人民政协在发展协商民主中重要作用的意见》，明确人民政协作为协商民主重要渠道和专门协商机构作用的新定位，提出 18 条推进政协协商的具体政策举措，对加强政协履职能力建设、完善党对人民政协工作的领导作出部署安排，使政协协商民主有了“江西蓝本”。

2016 年 5 月下旬，在省委统一部署下，由省政协领导带队，组成 5 个督查组分赴 11 个设区市和有关县区，围绕省委政协工作会议精神和文件精神的贯彻落实进行督查，向省委报送了督查报告。

新作为，有成效。

数据最有说服力。五年来，省政协组织召开 5 次全体会议、27 次常委会议、58 次主席会议，开展形式多样、内容丰富的协商活动 200 余次，形成了一批协商成果，激发了委员的履职热情，对市县政协组织和其他协商形式起到了很好的示范作用。

这是卓有成效的有益探索
——补齐民主监督短板，增强民主监督实效

2017 年 5 月 26 日，中共江西省委出台《关于加强和改进人民政协民主监督工作

的实施意见》（以下简称《意见》）。

这是江西省颁发的第一个关于加强和改进人民政协民主监督工作的专门文件，是协商式监督在制度化、规范化、程序化建设上取得的重大成果。

步步为营，久久为功。《意见》的出台，揭开了我省政协民主监督崭新一页。

齐步走，探索实践——

理论创新源于实践探索。

从 2012 年起，围绕中央和省委重大改革举措、重要政策贯彻执行、重要约束性指标落实情况等内容，省政协每年安排两个以上议题，报省委常委会同意，由省政协领导担纲，集中开展专项民主监督。

针对生态文明建设、优化发展环境等涉及面广、关注度高的重大课题，省政协有的“一个主题抓五年，一张蓝图绘到底”，有的集成运用政协会议、委员提案、反映社情民意信息、调研视察、民主评议、参与工作检查等多种形式，推动问题解决，促进工作落实。

各地政协牢固树立“公、和、诚、实”理念，也在积极探索民主监督的有效实现形式。

赣州市政协 10 名主席会议成员分别担任市级主干道的“路长”，监督相关部门落实创建全国文明城市措施的落实。

上饶市政协对大坳饮用水安全问题进行视察监督后，连续两年进行明察暗访，召开大坳水安全措施“回头看”协商会，推动有关部门制定落实严格保护的措施。

鹰潭市政协先后向公安、检察、法院、司法、审计、卫生、国土、电力、银行等部门和行业推荐 100 余名委员担任特约监督员、行风评议员，推荐委员参与市直单位领导班子综合测评、旁听重大案件庭审、价格听证会。

……

充分的实践准备，丰富的经验积累，我省政协民主监督制度建设水到渠成。

正步走，提升固化——

连续五年，每年在常委会工作报告上对民主监督做专门论述，这在省政协历史上绝无仅有，足见对这项工作的重视。

值得浓墨重彩的是 2017 年。

这年 1 月 15 日，黄跃金在常委会工作报告第三部分专题阐述加强和改进人民政协民主监督工作，提出要准确把握人民政协民主监督的基本原则，创新人民政协民主监督的形式和方法，完善人民政协民主监督工作机制，积极营造宽松和谐、民主团结的监督氛围。

2月4日，春节后第一次主席会议，省政协重点研究政协民主监督工作，明确一名副主席分管，推进协助省委制定民主监督实施意见工作。

3月15日，省政协十一届二十四次常委会议上，黄跃金进一步强调，加强和改进人民政协民主监督工作，要敢监督，解决认识问题；真监督，解决行动问题；善监督，解决路径问题；实监督，解决实效问题。

其间，对文件起草工作，黄跃金多次听汇报、提要求，亲自主持召开专题会议研究。省政协办公厅组织精干力量，有序推进文稿起草工作。

5月，在广泛征求各方面意见的基础上，经省政协党组会议审议后，省政协《意见（代拟稿）》报省委常委会议研究同意后正式颁发。

《意见》对人民政协民主监督的重要意义、指导思想和基本原则进行了深刻阐述，对政协民主监督的内容、形式、程序、工作机制做了制度性规定，为政协民主监督工作立规则、补短板、开新路，为新时代下我省政协民主监督提供了重要遵循。

快步走，督查落实——

三分部署，七分落实。

2017年9月中旬，由省委办公厅牵头，会同省政府办公厅、省政协办公厅，对《意见》学习贯彻情况开展综合督查。

“南昌市以市委、市政府、市政协三家办公厅的名义印发《2017年度市政协民主监督工作计划》，宜春市委常委会今年已3次专题研究政协民主监督工作。”参与督查的省政协办公厅人员介绍，各地党委高度重视，政府大力支持，普遍出台了实施意见，建立起政协民主监督工作机制。

江西省大力推进民主监督工作的做法和成效，引起了省内外媒体的广泛关注。

同年9月25日至27日，《人民政协报》、《中国政协》杂志、人民日报江西分社、新华社江西分社、《江西日报》、江西广播电视台等9家主流媒体深入九江市及浔阳区、修水县，就《意见》贯彻落实情况开展新闻媒体“基层政协行”活动。

“动作快、力度大、效果好，真的没想到！”人民政协报记者韩雪对九江市政协“电视问政”印象深刻。据悉，九江市政协以民主评议为形式，以电视问政为抓手，今年对市交通局、交管支队、综合执法局开展民主监督，做到了形式与内容相匹配，实现了质量和实效双提升。

有计划、有题目、有载体、有制度、有成效，江西省政协民主监督工作不断向纵深推进。

时间，总是把辉煌留给过去，总是把梦想带向未来。

置身伟大时代，开启新的征程，我们要继续坚持以改革创新精神推进政协事业发展，永葆人民政协生机活力，为加快建设富裕美丽幸福江西、奋力谱写新时代中国特色社会主义的江西篇章凝聚共识、汇聚力量。

（2018 年第 2 期第 46—49 页）

为建设富裕美丽幸福现代化江西贡献政协智慧

江西省政协十二届一次会议综述

史慧玲

1 月底的南昌，迎来了今年第一场雨夹雪，更添了几分寒意。然而，滨江宾馆大会堂内，却是一派热火朝天的场景：1 月 22 日，江西省政协十二届一次会议在这里隆重开幕，500 多名新当选的省政协委员，带着新时代开启新征程的希望，肩负着为建设富裕美丽幸福现代化江西建言献策的使命，参与盛会，履职尽责。

为期 5 天的会议，委员们严守纪律、认真开会、积极建言，省委、省政府领导到会听取委员发言，整个会议风清气正，洋溢着团结民主、求实奋进的浓厚氛围，彰显着新时代新一届江西省政协的新气象。

满载收获站在新的起点上

“十一届省政协任期的五年，是我省创新实干加快发展，绿色崛起阔步前行、兴赣富民成效显著的五年，也是人民政协事业在继承中创新，在创新中发展的五年。”开幕会上，十一届江西省政协主席黄跃金所作的常委会工作报告，见证着过去不平凡的五年。

召开全体会议 5 次；召开常委会议 29 次；召开主席会议 62 次；收到委员提案 3068 件，经审查立案 2928 件，督办重点提案 96 件，跟踪问效提案 50 件……

委员们聆听着报告，仿佛五年来履职的足迹就在眼前。省政协委员雷峻峰一边听，一边用笔圈圈点点：“作为老委员，我参与了省政协组织的‘五河一湖’及东江源头保护工作、推进城乡环卫一体化工作体系建设、创新重点青少年群体教育服务管理等调研视察。这些工作虽然很辛苦，但实实在在推动了一些问题的解决，让我非常有成就感。”

新委员们从报告中看到了前进的方向，学习如何更好地履行职责。刘芦萍委员说，“担任省政协委员后，我将更多地从社会角度思考问题，在兼顾企业发展的同时，更要热心社会公益，争做委员的表率。”今年，他向大会提交了《关于加强医药连锁行业校企合作的建议》的提案，建议省内的 7 所医药类大专院校加强与企业的合作，通过定向培养医药人才的订单模式，破解企业招人难和大学生就业难的“两难”困境。

作为这些工作的亲身参与者，政协的工作人员从报告中感受到沉甸甸的收获。省政协办公厅主任、大会新闻发言人杨木生从报告中统计了十大数据、十件大事、六条经验。他说，每一个数据背后，都印刻着政协领导和委员们的汗水与智慧，体现着政协人围绕中心服务大局的努力与成果。

此外，细心的委员还发现，会议下发的省政协委员名单中，委员数量较上一届减少了。在此前召开的十一届省政协 29 次常委会议上，一致通过了十二届省政协 591 名委员名单，较十一届省政协减少了 100 多名。据介绍，这是根据中央《关于加强和改进人大代表、政协委员有关工作的通知》中的关于“政协委员数量不得多于同级人大代表数量”的规定，省委常委会研究决定的，这充分体现了省委贯彻中央精神的高度自觉，充分体现了省委对人民政协工作的高度重视。

委员数量减少，但界别数增加。由于台盟省委会筹委会和致公党中央直属江西支部已经成立，根据中央有关规定和工作需要，十二届省政协增加中国致公党、台湾民主自治同盟界别，共设置界别 30 个，比十一届增加 1 个。作为台盟盟员，省政协委员、台盟江西省委会筹备委员会主委曾鲁台谈及此事仍非常动情：“去年台盟江西省委会筹备委员会成立，为我们台盟参政议政翻开了崭新的历史篇章，中国致公党、台湾民主自治同盟是十二届省政协唯一增加的界别。再次担任新一届政协委员，必须发挥好参政党作用，助力好江西的发展。”

满载着收获，着眼江西发展的明天，委员们以更加饱满的热情投入到参政议政的工作之中。

严肃会风会纪清风扑面来

在江西省政协十二届一次会议期间，随处可以感受到一股清新的风气扑面而来，严谨的会风会纪，高效的服务，为开好大会打下了良好的基础。

人员做减法，服务做加法。1 月 20 日下午 4 点多，省政协委员傅卓成来到南昌市滨江宾馆，让他没想到的是，他只签了个字，领了一个标有自己名字的材料袋就完成了报到。“今年的委员报到，按照全新的界别模式，我们把委员们所需的东西领取后，提前装进了文件袋，并贴上了委员的名字，整个报到现场显得有序高效。”

据悉，今年省政协全会工作组严格执行中央八项规定和会议管理有关规定，将“精简、勤俭、务实、廉洁、优质、高效、平安”的要求贯穿会议筹备工作全过程。大会秘书处下设工作小组由往年的 15 个减为 12 个，精简会议工作人员 80 余人，大幅减少了向市县政协抽调工作人员。尽管工作人员较以往有所减少，但责任、担当不打折扣，各小组工作人员既有分工又有协作，大家目标一致，就是确保会议高质量圆满成功。

会风会纪监督更加严格。会前，会议会风会纪监督组首次向所有委员、列席人员和工作人员发送了会风会纪提示短信，要求所有参会人员认真学习和遵守省政协十二届一次会议《关于改进会风会纪的措施》《委员和列席人员“十不准”》《工作人员“十严禁”》等规定，严格会场纪律、严格食宿管理、严格保密规定、严格讨论发言、严格请假程序。

据了解，为了严肃会风会纪，此前江西省纪委召开了省“两会”会风会纪监督工作会议。大会秘书处设立会风会纪监督组，省纪委委派党风政风监督室的领导担任会风会纪监督组的副组长，加强了领导力量。增设各界别、会议秘书处各工作组会风会纪监督员，细化会风会纪监督组、监督员、监督联络员工作职责，确保对政协委员、列席会议人员和与会工作人员会风会纪监督工作的全覆盖。加强换届风气现场监督，重点针对请客送礼等违反中央八项规定精神和换届纪律要求的问题，对大会会场、委员驻地和周边餐饮娱乐场所进行明察暗访。采取印发改进会风严肃会纪的措施、委员和列席人员相关规定、加强宣传教育、公布举报电话等方式，及时发现问题，督促抓好整改。

与此相适应的，是省政协委员的高度自觉。委员们认为，良好的会风不仅关系到大会的顺利进行，也关系到政协委员的形象。他们纷纷表示，要珍惜荣誉，履职尽责，体现新风貌，展现新作为。与会人员到会率、就餐率、就寝率明显提升，基本实现了三个“百分百”。

作为来自各个界别的代表人士，省政协委员们以饱满的政治热情和高度的政治责任感，出席迈步新时代、开启新征程的新一届省政协大会。

围绕中心展现新作为

围绕中心、服务大局，是人民政协的重要职责。站在政协舞台，履职担当，建言献策，是政协委员神圣的使命。无论是思想的碰撞还是观点的激荡，都是为了集合智慧、凝聚共识，汇聚起助推决胜全面建成小康社会、建设富裕美丽幸福现代化江西的强大合力。

肖为群委员建议要重塑“江西制造”辉煌。一是发挥好军民融合办公室的作用，塑造好江西的航空产业，使之成为江西发展的真正“后劲”。二是利用江西航空产业试飞机场和航空学校的综合优势，抓紧江西航空学院的建设速度，尽快建成一所在国内具有特色的飞行员培训高等院校。

庞川委员更加关注区域发展与人才引进问题。他说，江西南面、北面紧邻粤港澳大湾区、长江三角洲经济区，两个大湾区发展优势相对明显。长远来看，对江西发展有辐射带动作用，但从短期来看，其对人才的磁吸效应也会对江西的人才引进产生一定不利影响，希望省里和有关部门引起重视，制定相应的对策。

“加大‘取消药品加成’政策落实情况的检查力度，确实减轻人民群众就医负担”，郭小健委员认为，幸福江西不能让老百姓为高额医药费犯难。

刘勇委员针对当前脱贫攻坚工作中存在一些问题，如低保户与贫困户数据不一致、考核复杂、失能贫困户的脱贫等开出了药方。他建议：一是要精准扶贫，把最早纳入低保户却没有纳入贫困户的低收入家庭纳入贫困户，城镇户人均收入高过贫困户标准的，不必强行分配贫困户指标；二是验收程序需简化，以收入为硬性指标考核，其他填报材料能省则省，不必浪费人力物力；三是对残疾等失能家庭并入敬老院实行兜底，扶贫资金投入敬老院建设。

扩大候鸟保护范围；重视对青少年艺术、文化鉴赏能力的培养；建立健全江西省“人才绿卡”制度；推动江西高校向全国乃至世界一流大学目标迈进；加大全省的研发投入力度……一条条建议，一项项措施，彰显着政协委员的担当和力量。

实干担当履行新使命

政协委员要怎么干？不少第一次参加两会的委员都会带着这样的疑问。如何肩负起政协委员的新使命，发挥好新作用，引发十二届江西省政协委员们的热议。大家纷纷表示，一定要做一名讲政治、懂政协、会协商、善议政的政协委员，用实际行动书写抢抓历史机遇、实现江西大发展的绚丽华章。

老委员们抢先发言，传授经验。“立足本职、追踪热点、聚焦民生！”省政协委员朱丽萌用十二个字总结了自己十几年的履职经历。过去的几年，朱丽萌在完成教学任务的同时，在政协履职的平台上如鱼得水，多次参与省政协重大调研、大会发言和专题协商，履职成果丰硕，得到省领导和社会各界的好评。

同样的经历，发生在很多老委员的身上，而他们的成就都来自他们珍视自己的话语权，在履职中依托政协平台发出自己的声音。省政协委员、萍乡市政协主席吴运波认为，政协开展协商民主，履行三大职能，都离不开一个“说”字。作为政协委员，敢说话，能说话，善说话，既是基本功，也是硬本事。用好话语权，说好政协话，既是职责、也是情怀、更是担当。

新委员们也有着自己的体会。张勇委员认为，新委员一定要有新面貌、新作为，要深入学习贯彻习近平新时代中国特色社会主义思想，紧扣江西改革发展稳定大局议政建言，以新时代、新思想为指引，不断增强履职能力，为建设富裕美丽幸福现代化江西作出新贡献。

当好政协委员要练就基本功。“当好政协委员，就要在务实参政议政上下功夫，围绕重大战略，贡献委员智慧。依托政协平台，唱响委员声音。参与协商监督，展现委员能量。建睿智之言，献务实之策，用自己一次次调研，一件件提案，一份份建议，为党委、政府的决策和部署提供重要的参考意见，化作有关部门的具体行动。”省政协委员、民建省委会专职副主委赵波委员说。

“担任了第十二届省政协委员，在感到非常光荣的同时，心里一直在琢磨：怎样才能不负嘱托、不辱使命，成为一名称职的政协委员？”省政协委员、民盟省委会专职副主委刘新农对如何发挥委员的作用陷入了思考。“我逐渐明确了自己努力的方向。一是深化对中国共产党领导的多党合作和政治协商制度的认识。二是牢固树立履职意识。三是不断提升履职能力。尤其要坚持用习近平新时代中国特色社会主义思想武装头脑；始终把学习作为一种政治责任和工作任务；扎实深入基层，密切联系群众，认真调查研究，积极建言献策，努力做到参政参在点子上、议政议在关键处，成为一名履职尽责的合格政协委员。”

委员们你一言，我一语，充满着担当精神和履职为民的情怀，大家对做好新一届政协工作鼓足了干劲儿，充满了期待。

本次会议只有短短的5天，但取得了丰硕的成果：委员们以高度的政治责任感和历史使命感，紧紧围绕决胜全面建成小康社会、建设富裕美丽幸福现代化江西，广泛协商讨论，积极建言献策，提出了许多富有建设性的意见和建议，充分体现了各位委员较高的履职水平和良好的精神风貌，得到了各方的赞誉。

“大会开得很成功，是一次发扬民主、务实高效、风清气正的大会，是一次凝聚各方智慧力量、共商兴赣富民大计的大会。”江西省委书记鹿心社这样评价江西省政协十二届一次会议。

会议的结束，是新一届政协履职的起点。正如十二届江西省政协主席姚增科在闭幕式讲话中所指出的："正逢美好新时代，是我们共同的幸运；共事政协大家庭，是我们共同的缘分；投身伟大事业中，是我们共同的追求。"让我们共同祝愿，十二届江西省政协勠力同心、奋发有为，推进新时代江西省人民政协事业蓬勃发展，为决胜全面建成小康社会、建设富裕美丽幸福现代化江西、谱写新时代中国特色社会主义江西篇章作出新的更大贡献！

（2018 年第 4 期第 54—56 页）

关于推进新时代人民政协履职能力建设的学习与思考

姚增科

"要以改革思维、创新理念、务实举措大力推进履职能力建设，努力在推进国家治理体系和治理能力现代化中发挥更大作用。"学习贯彻习近平总书记在庆祝人民政协成立 65 周年大会上的重要讲话，领会落实这一重要要求，必须认识有些政协组织存在想干事、真干事政治热情不断高涨与能力不足、本领不强之间的矛盾，把履职能力建设作为先导工程，学思践悟、抓实抓好。

一、推进履职能力建设，既要讲学习又要善学习，解决好"懂政协、熟'行规'"问题，做理论上的明白人

"理论只要彻底，就能说服人"。在党的十九大报告中，学习本领位列"八大本领"之首。政协组织中，有的同志虽然未少学习，但不善不会学习，对高质量履职影响可想而知。提升学习能力、掌握"敲门砖"成为当务之急。

要善于"薄读厚、厚读薄"。读原著学原文且悟原理，"深入"到新思想产生的历史源流、文化传承、实践探索，"知其所以然"；"浅出"到掌握精神要义、立场观点方法，力戒知"鱼"不得"渔"，知道不知"道"。

要善于又博又专。"术业有专攻"，政协有"行规"。在丰厚必备基本理论与知识"塔基"上，突出必知必用专门知识之"塔身"，成为完成"五大任务"一个

方面的“工匠”高手，力戒泛化不聚焦，学而不专，“红了樱桃，未绿芭蕉”。

要善于学法出新。“石头不碰不出火花”。效果好是硬道理。个人自学、集体研学结合，改进学风话风，促进转变作风，多用案例式、互动式、辩论式方法，力戒入脑不入心，“各说各话、说完回家”。

二、推进履职能力建设，既要坚决又要准确对标对表，解决好“忠诚谁、维护谁”问题，做政治上的明白人

政治是统帅、是灵魂。有了“帅”和“魂”，才能保证政协事业定位准确、方向不偏。而讲政治不是空洞喊口号，坚决准确对标对表，重在见诸行动。

增强“四个意识”，做到“两个维护”。讲好这个打头管总、最为重要的政治，就要读好《梁家河》《知之深爱之切》等故事，在了解从平凡到伟大的人生历程中讲维护；善于发声，在旗帜鲜明回应网上网下“杂音”“噪音”中讲维护；落细落小落实，在精准选题立项、协商议政中讲维护，力戒把讲政治之“讲”变为“说”，言而不行，知行分离。

把握好政治与业务关系。没有脱离政治的业务，也没有脱离业务的政治。从议经济发展“紧要大事”到议民生“关键小事”，从业务上想“怎么办”，先从政治上思“怎么看”，找准结合点，把握“时效度”。

既紧紧依靠又主动争取同级党委支持。“主动争取中紧紧依靠”，既是原则，又是智慧。对党委，既有阶段性、整个年度报告，又就重要敏感事项一事一报告；既有文件形式书面报告，又有面对面活情况报告，对履职中吃不透、拿不准、把握不好的“两难”问题，善于在多一个电话、多一次请示中，及时领会意图，及早得到答案，力戒“政协挺热闹、党委不知道”。

三、推进履职能力建设，既要做足又要做好调查研究功课，解决好“怀正胎、善分娩”问题，做建言资政的明白人

“坐在办公室都是问题，走进基层到处是办法。”不做调查没有发言权，不做正确的调查同样没有发言权。悟“道”得“法”，应处理好几个关系。

调查与研究。调查要深入，“先探头看井，再言水有无”；研究要用功，善于去粗取精、去伪存真，抓住现象背后本质，变“百味草”为“优鲜奶”，力戒重调查轻研究、只调查不研究，成了材料“搬运工”。

数量与质量。“不熟不揭锅，熟了再上桌”“宁可少些，但要好些”“人无我有、人有我新、人新我专、人专我特、人特我优”，所作所为呼应中央重视、党政关切、人民期盼“需求侧”，多出《小城镇大问题》类经典力作，力戒铺摊子过大、上项目过多。

知己与知彼。善用比较思维，“不以一地为全国，要以全国论一地；不以中国为世界，要以世界论中国”。在省际、国际比较中，掘金觅玉，取长补短，力戒小天地里谋大事，只见“树木”，不见“森林”。

内脑与外脑。发挥好政协智力密集、人才荟萃优势，又善借力外部“最强大脑”，“政协人 + 专门人做政协事”，发挥拿来主义叠加效应。

读文与读人。“下水抓活鱼”。既看纸面网页上情况，又问“土专家”“洋博士”所知，搜寻文件上看不到、干部群众心里“打转转”的大实话，力戒见文不见人、“唯书”不“唯实”。

说短与论长。用“两点论”看形势，既坚持问题导向，又重视总结推广经验，力戒把“走下去”等同于“挑毛病”，结论尽是有缺点又有苦劳有功劳“种梨人”的不对。

上情与下情。“十里不同风，百里不同天”。坚决贯彻中央精神，又紧密结合具体实际建言资政，力戒“上下一般粗”，闹出变依法治省为养牛场“依法治牛”类笑话。

四、推进履职能力建设，既要重视联系群众又要善于联系群众，解决好“为了谁、依靠谁”问题，做服务人民的明白人

政治性与人民性高度统一，是政协组织的根本特征。作为来自代表、服务人民的政协，群众是根基，又是力量。

联系对象要广泛多样。既联系排长队住不上医院的大娘、特高温天挥汗如雨的“快递哥”和贫困户等基层群众，又联系企业金领、网络达人等新社会阶层人士；既联系近在身边政协机关干部，又联系为贷款发愁、招工犯难的老板，力戒担心被误解，为了“羽毛”惧商、躲商、忽悠商。

对话招法要入脑入心。探索时代“新方”，学会用“键对键”“微信圈”“抖音”等做工作，又不丢传统“验方”，以学生姿态、亲人情感，用老百姓听得懂、记得住的语言“滴灌”，力戒把委员当官员，“葫芦下到井里未沉到水里”。

服务要与引导结合。既助推解决“城市看海”“老旧小区装电梯”百姓“闹心事”，又善于宣传引导村民市民正确对待“误解事”，帮助“牢骚名嘴”在思想上“解扣”，在真口服又心服中变消极为积极，变阻力为助力，力戒重服务得好、轻教育引导。

五、推进履职能力建设，既要讲团结又要善团结，解决好“影响谁、咋影响”问题，做合作共事的明白人

“力量不在胳膊上，而在团结上”。政协不是纯而又纯的“一池清水”，政协的人，“说一样又不一样”。提高合作共事能力，重要的是牢记“合作初心”，处理好一致性和多样性关系，善团结，会画圆。

善于扎牢政治底线，求一致性之“同”。没有一致性，多样性就是一盘散沙。增进一致性，要始终突出坚持中国共产党领导、坚持和发展中国特色社会主义。只有把这一共同思想政治基础圆心钉得更牢，半径才伸得远、拉得住，画出不离不弃、不散不异的同心圆。

善于尊重包容差异，存多样性之“异”。丧失了多样性，一致性就成了单一性。增进一致而不强求一律，包容多样性，要在坚守政治底线的条件下，把能够团结的一切力量团结起来，把不同方面、不同界别正确的、正当的利益诉求最大限度包容进来，不“一刀切”，力戒“千人一面、千口一声”。

善于真诚以待，多交真朋友、铁朋友。对党派和各方面人士，要“多了解、多理解、多尊重、多商量”，靠党性原则、人格魅力交友，不做样子、摆架子，不一时热、一时冷，又热又冷，时热时冷。既重严肃党内政治生活，又善开展同各党派各方面人士之间从团结出发的批评。与“有性格、有影响、有专长”的委员打交道，政治上尊重，工作上支持，生活上关心，以心交心换真心。树立“大政协”思维，共同奏好演好各党派各方面“交响乐”“舞台剧”。

（2018 年第 19 期第 28—29 页）

四重纬度把握专委会分党组定位
确保实现政协党的工作有效覆盖

发挥政协专委会分党组作用的几点思考

骆名坤

中共中央办公厅印发的《关于加强新时代人民政协党的建设工作的若干意见》（以

下简称《若干意见》）明确提出：在省级政协设立机关党组、专门委员会分党组，把这一实现政协党的组织有效覆盖的方式上升到了制度层面，是新时代加强政协党的建设工作的重大创新和突破。但在学习贯彻《若干意见》过程中，不少政协同仁对专委会分党组该干什么、怎么干有不少困惑。也就是说，专委会分党组的成立，只是解决了政协党的组织有效覆盖的问题，下一步工作如何开展仍有待探索。笔者认为，可从四重纬度把握专委会分党组的定位，在此基础上才能明确其职能、发挥其作用，确保实现政协党的工作有效覆盖。

必须准确把握政协机关党组与专委会分党组的关系，共同落实好加强政协党的建设的政治责任

机关党组是我们党的组织体系中比较特殊的存在，根据《中国共产党党组工作条例（试行）》规定：县级以上人大常委会机关、政府机关、政协机关，经本级党的委员会批准，可以设立机关党组。人民政协作为通俗上讲的“一套”班子，其党组主要通过重大事项的决策发挥领导核心作用，机关党组则通过抓协调、抓服务、抓保障推动决策的落实落地。

政协工作要干好主要靠两支队伍，一是委员队伍，二是政协干部队伍。政协“大小党组”的设置历时多年，政协党组的任何决策指示均能通过机关党组迅速传达贯彻到每一位政协干部，十分顺畅有效。但在实际运作中始终有一个绕不开的难题，机关党组的管理很难延伸到分布在各行业、各单位的党员委员，客观上造成政协党组决策“中梗阻”现象，以及委员队伍党的建设的缺失。党员委员这个“关键少数”散了，委员队伍自然就给人“散”的印象。

所以，专委会分党组的设立，绝不是有些人认为可有可无甚至画蛇添足，而是填补了党员委员管理和委员队伍建设的重大缺失。机关党组和专委会分党组如车之两轮、鸟之两翼，在政协党组领导下共同落实好加强政协党的建设的政治责任。同时，由于机关党组负有协调、推动、督促政协党组决策落实的工作职责，因此，专委会分党组在履行职责过程中应接受机关党组的指导。

必须准确把握专委会分党组与专委会的关系，有效避免党建和履职两张皮现象

人民政协是最广泛的爱国统一战线组织，党外委员占 60% 以上，专委会主任、副

主任中党外人士占有相当比例，分党组成员一般都是专委会主任、副主任，但有的副主任甚至主任却不是专委会分党组成员。在联系专委会工作的主席会议成员中，党外副主席比例约占一半左右。如何把握和处理专委会分党组与专委会的关系，不仅事关政协履职成效，更事关团结民主。

解决这个问题，需要从中央、全国政协有关文件及政协章程中寻找答案。《若干意见》就新时代人民政协党的建设提出了“五个坚持”，其中之一是：坚持政协党组发挥领导核心作用与政协组织依照法律和政协章程履行职责相统一，把党的主张通过民主程序转化为政协组织的决定。根据政协章程等有关规定，专门委员会的设立由常务委员会决定，在常务委员会和主席会议领导下开展工作。因此，政协党组关于政协履职方面的决策，原则上应通过主席会议讨论形成决议后，在主席会议集体领导下、分管副主席分工负责，由相关专委会具体执行，而不是由政协党组下达到专委会分党组，再由专委会贯彻落实。

政协党建工作，则由专委会分党组履行主体责任，对政协党组负责，向政协党组汇报；对履职中的重要问题，分党组必须把好“政治关”，发挥政治引领作用，确保履职正确政治方向。为此，一方面可探索实行专委会“军长”“政委”制，既安排副主席分管专委会业务工作，又安排党内副主席分管其党建工作，双重管理，双向发力。另一方面，探索实行专委会主任会议、分党组会议联席会议制度，专委会分党组研究重要工作时，邀请不是分党组成员的主任、副主任列席，充分发挥专门委员会在工作中的基础性作用，切实防止政治与业务相脱离、“两张皮”。如此，才符合中央文件精神，符合政协章程对常务委员会、主席会议、专门委员会职能作用的定位，符合政协团结民主的主题，符合政协工作特点和规律。

必须准确把握专委会分党组与专委会办公室党支部的关系，为专委会更好履行职能提供有力保障

从省级政协机关党的组织设置情况看，通常是机关党组、机关党委、处室党支部的构架，机关党委受机关党组、省直机关工委领导，专委会办公室党支部受机关党委领导。所以，专委会分党组与专委会办公室党支部是没有隶属关系的。

但在实际工作中，专委会办公室主要职责是为专委会履行职能服务，专委会办公室支部建设也应当始终围绕提升服务保障能力这一关键。鉴于此，笔者认为，应明确专委会办公室党支部工作同时接受专委会分党组的指导。按照专委会工作安排及分党

组要求，把支部工作与履职紧密结合起来，不断加强自身建设，切实提升为专委会履职服务的能力和水平。

必须准确把握专委会分党组与相关临时党组织或其他特定组织的关系，充分发挥专委会的桥梁纽带作用

政协委员是各行业、各领域的代表性人士，党员委员的组织关系原则上留在原单位，《若干意见》对此实事求是，并不要求党员委员把组织关系转到政协机关，一律编入政协党的基层组织，并就加强党员委员联系、管理工作提出了许多务实举措。比如，政协重要视察、考察、出访、调研等活动中要设立临时党组织，政协组织中的共产党员必须编入党的一个支部、小组或其他特定组织。对这些临时党组织或其他特定组织的组建、领导、监督、管理，谁来具体责任，成为一个新的问题。

解决这个问题，仍然需要从政协工作的特点和规律出发加以考虑。首先，从委员联络工作看，专委会号称政协联系委员的桥梁和纽带，一部分委员依据个人专长和意愿安排为某专委会委员，同时，专委会通过界别工作联系了大部分委员。其次，从政协履职情况看，多数视察、考察、调研等活动都是由专委会组织实施，与委员的沟通、交流、协调也是由专委会具体负责。

根据文件精神以及专委会的这些特点和优势，笔者认为，应进一步明确由专委会分党组负责本委重要活动中临时党组织的组建、管理事宜，负责本委及所联系界别党员委员编入相关小组参加政协党的组织生活的协调、管理事宜，通过加强党员委员的联系、管理，进而影响党外委员，推进委员队伍建设。只有这样，才能真正落实好《若干意见》关于“以专门委员会为依托开展党的工作”的要求，有效延伸政协党的建设工作的半径和触角，实现党的组织对党员委员的全覆盖、党的工作对政协委员的全覆盖。

（2018年第24期第62—63页）

2019年

江西省政协：
学在先　干出彩

王　磊

2018年12月26日，江西省政协十二届第十九次主席会议审议了《关于加强和改进省政协委员学习工作的方案》。

2019年1月2日，新年第一个工作日，省政协机关全体工作人员第一项工作——集中学习全国政协有关文件精神和江西省委十四届七次全体（扩大）会议精神。

“学在干前，只有学明白，才有可能想明白、干明白。”十二届江西省政协深入学习贯彻习近平新时代中国特色社会主义思想和党的十九大精神，把履职能力建设作为先导工程，深学深思、边践边悟，走实走好、出新出彩。全省政协系统7.8万人次参加学习研讨活动，形成论文2400余篇，查摆整改问题1030项。

既对表对标　又对准对好

开局之年，也是学研践行之年。

2018年1月29日，省政协十二届一次全会闭幕后的第一个工作日，十二届省政协第二次主席会议讨论的第一个议题就是“学习”。

6月5日，根据全国政协党组统一部署，经省委批准，全省政协系统开展的习近平总书记关于加强和改进人民政协工作的重要思想学习研讨活动视频大会在南昌召开，省、市、县三级政协委员和机关干部1万余人分别在主会场和分会场参加会议。

9月29日，在全国政协召开的习近平总书记关于加强和改进人民政协工作的重要思想理论研讨会上，江西省政协的学研成果被选为两个省级政协重点发言之一。省政协主席、党组书记姚增科作题为《关于推进新时代人民政协履职能力建设的学习与思考》的大会发言。

省政协这一学研成果提出，推进履职能力建设，破解想干事、真干事政治热情不断高涨与能力不足、本领不强之间的矛盾，要“做五个明白人”：既要讲学习，又要善学习，解决好“懂政协、熟‘行规’”问题，做理论上的明白人；既要坚决又要准确对标对表，解决好“忠诚谁、维护谁”问题，做政治上的明白人；既要做足又要做好调查研究功课，解决好“怀正胎、善分娩”问题，做建言资政的明白人；既要重视联系群众，又要善于联系群众，解决好“为了谁、依靠谁”问题，做服务人民的明白人；既要讲团结，又要善团结，解决好“影响谁、咋影响”问题，做合作共事的明白人。

12月12日，在全省首次政协系统党的建设工作座谈会上，传达学习了习近平总书记近期关于人民政协工作的重要讲话精神、汪洋主席在全国政协十三届常委会第四次会议闭幕会上的讲话精神和省委书记刘奇近期在省委常委会上的讲话精神。年终这次重要会议再次强调，学习是一种责任，又是一种能力。学习科学理论，既要原原本本学，突出重点学，及时紧跟学，又要融会贯通学，联系实际学，知行合一学，解决好“我是谁、为了谁”的初心问题，读“人民政协”内涵，懂“共产党员”担当，悟“政协委员”分量，同时，提高“我能干、干得好”的素质能力，防止“本领恐慌”，别承不了重、跟不上趟。

“真学、真用、真有效”

7月19日至20日，全国政协副主席李斌先后在南昌参加了三个会议：习近平总书记关于加强和改进人民政协工作的重要思想学习研讨活动闽赣粤琼政协片区座谈会、住赣全国政协委员见面会、江西省政协学习贯彻习近平总书记关于加强和改进人民政协工作的重要思想理论研讨会。

习近平总书记关于加强和改进人民政协工作的重要思想学习研讨活动全国8个片区会，其中一个放在江西开，这对承办会议的省政协是莫大荣誉、信任，也是激励、鞭策。在省委高度重视下，省政协圆满承办“三会”，得到全国政协领导和与会省市政协同志的一致点赞。

“真学、真用、真有效”。党组和主席会议成员带头先学一步、深学一层，发挥了标杆作用和示范效应；抓系统、系统抓，首次省、市、县三级政协全面全员发动，实现委员和干部学习两个“全覆盖”；举办“1+多”封闭式培训班，促使新老委员一个不落身至心入，真学实学；与严抓党建同步学，集中整治政协机关“作风病”；既紧紧依靠又主动争取省委坚强领导，与省委大学习、大调研、大整改部署同步紧密呼应……省政协组织开展学习研讨的这些主要做法得到与会同志充分肯定。

“政治是统帅，是灵魂”，学出了以党的政治建设为统领，“四个意识”的增强、“两个维护”的坚定；“思想是行动的先导”，学出了政协上下“党的意识”“一线意识”“系统意识”的增强，思想观念的更新；“理论只要彻底，就能说服人”，学出了理论武装紧迫感的增强、履职能力的提升；“学习能力就是软实力”，学出了方法的创新；“等着干，闲一半；主动干，连轴转”，学出了讲责任、讲使命精气神的提升，求真务实作风的弘扬。这些学研收获与体会，同样引起强烈共鸣。

学习创新只有进行时

新时代、新要求。助推江西高质量、跨越式发展，政协要高质量履职、高质量建言。

“政协是什么、干什么、怎么干”，为了参加学习培训，黄金狮委员刚结束在国外的学术会议，急忙打“飞的”赶回来，凌晨两点多才抵达南昌，当天上午便准时出现在开班式上；杨峰委员会前突发痛风，他买来一副拐杖，坚持不落一次地参加了所有的集训学习讨论。“若要问不倒，基础要打牢；练好基本功，履职才轻松；磨刀不误砍柴工，委员作业记心中”，钟清滨委员深有体会地说，“按照懂政协、会协商、善议政和守纪律、讲规矩、重品行的要求，就要将加强自身建设放在首位，保持清醒政治头脑，提高政治站位，增强‘学习力’，把学习作为自己的终身任务和毕生修为。”

“要讲江西的水，就要讲江西的山。山有多高，水就有多长。”

在省政协十二届三次常委会议专题协商“污染防治攻坚战重点难点问题破解对策”前，一场关于“美丽江西的水文化”的精彩报告，引发了与会者的极大兴趣和深度思考。

接续历届省政协好做法并力求有创新。常委会议之后举行的学习报告会调整到会前举行就是其中之一。十二届省政协首次专题议政性常委会议，围绕“乡村振兴战略实施和脱贫攻坚重点难点问题破解对策”进行专题协商，中国社科院研究员党国英应邀作《尊重乡村发展规律，实现乡村全面振兴》辅导报告。参会常委、委员开阔视野，充电聚焦，协商讨论更有针对性，意见建议更具可操作性。

吃足优质“草”，才能挤出高品质“奶”。《文明与美丽城市省内外比较课题研究》“一号专报”，打响了新一届省政协履职头炮。课题组成员，省政协副秘书长、办公厅主任杨木生总结说，要先把“草”吃足。该课题组认真研读了习近平总书记关于城市工作和城镇化建设的两篇重要讲话，学习了李克强总理在中央城市工作会议上的讲话，学习了刘奇同志关于文明与美丽城市建设的讲话。经过反复学习、调查、研究，课题组提交的10个方面47条有根有据、可学可鉴的建议大多被相关部门采纳，推动了《江西省城市品质提升三年行动方案》《江西省“厕所革命”三年攻坚行动方案》等文件出台。

创新载体、大胆拿来。创办《学习》《分享》《机关政治生活》，推出“政协读影”，编辑《学鉴三十例》《他山之玉》等学研资料，荐阅重要讲话，摘编“金句”“金议”，介绍全国政协、兄弟省市政协履职、党建等工作的经验做法，为推动江西省政协工作提供了有益参考。

（2019年第4期第46—47页）

江西省政协：创新照亮调研之路

蔡久伟

“我把调研中了解到的一些好做法提供给负责起草材料的同志，许多调研成果得到了积极采纳。比如我们在安徽调研时了解到的‘事业编制周转池制度’的创新做法，就得到了整体吸纳。这也实现了边调研边成果转化……”6月17日，江西省政协“事业单位改革”课题组成员、省委编办副主任廖涛介绍省委起草事业单位改革材料采纳省政协调研成果的情况。

这是江西省高质量建言的一个缩影。

高质量建言从何而来？从高质量调研而来。调查研究是政协履职的基本功。“不做调查没有发言权，不做正确的调查同样没有发言权。”江西省政协主席姚增科在新一届政协伊始便指出。

提高调查研究水平要紧紧牵住“创新”这个牛鼻子。创新是灯，照亮前进之路。新一届江西省政协始终把创新调研工作，作为推动高质量建言的源头活水。

让专业人做专业事

2018年3月开展的“文明与美丽城市建设省内外比较研究”调研，是省政协换届后的第一个重点课题。为了打响头炮，省政协将调研队伍的人选作为关键。

“选人要以问题为导向。”省政协领导认为，既要有管“最先一公里”的政策制定者，也要有对接“最后一公里”的企业负责人、懂行规接地气的委员，还要有专家这个“最强大脑”。经协商，省政协成立由副主席陈俊卿为组长，省住建厅党组书记吴昌平、南昌市政协主席周关、宜春市政协主席陈荣、省政协办公厅主任杨木生和部分专家等为成员的 11 人调研组。调研组还咨询了城市照明方面的专家——南昌大学江风益团队，对文化旅游有专深研究的省人大常委会副主任朱虹。省政协办公厅主任杨木生总结道：“形成了‘政协人 + 职能部门负责人 + 专家学者 + 企业负责人’的强大队伍，让‘专业人做专业事’。”

随着调研工作深入，调研形成了“组外有组”的模式，即“调研组 + 暗访组 + 每名成员背后一个团队”，暗访组一共 3 批 6 组，1 个是政协机关 3 人暗访组，其余 5 个是省住建厅暗访组。成员之一的省住建厅党组书记吴昌平动员了省、市、县三级住建部门的上万人，就问题暗访、调研，形成了每名成员背后一个团队投入此项工作。

人员的务实高效，确保了建言的高质量。“文明与美丽城市建设省内外比较研究”以《政协专报》（第 1 期）报出的课题报告，刘奇、易炼红、李炳军等 7 位省领导作出了重要批示。南昌、赣州、抚州、宜春、上饶等市和省委办公厅、省委宣传部、省委政研室、省住建厅等单位领导纷纷部署落实省领导批示精神，推动相关工作开展。调研报告中的许多建议被写进《江西省农村人居环境整治三年行动措施》。如今，漫步于南昌大街小巷，人们越发能感受到这座城市的美——干净整洁的街道、精美规整的街区、璀璨动人的夜景……

方法找对，事半功倍

乡村振兴，是万众瞩目的焦点。去年中央出台全面部署实施乡村振兴战略后，江西省委、省政府迅速出台相关实施意见，刘奇书记提出要走出一条具有江西特色的乡村振兴之路。于是，省政协将“乡村振兴”列为新一届省政协的首次议政性常委会会议专题协商课题。

要把“乡村振兴”课题做到出新彩作示范，承担该课题的 8 个专委会的同志感到“压力山大”。8 个专委会普遍感到，必须改进调查研究方法，靠“老套路”已不管用了。

承担主课题的经济委员会综合采用了驻村蹲点式调研、问卷调查、随机抽样等方法，既有面对面，又有键对键。省政协经济委办公室调研员卢姣龙介绍，“经济委办公室5个干部，每人都单独蹲一个村，进村入户，解剖麻雀。有一次我和姚鸿在县里调研，果园的泥巴路不好走，他一只皮鞋突然裂开了，只好光着脚去找商店买鞋子。”回想起这一幕，经济委办公室调研员姚鸿调侃道，“光脚调研，更接地气。”

承担“当前农村劣规陋习”子课题的省政协文化文史和学习委员会主任曾粮介绍：“我们变集中座谈为个别访谈，专委会领导带队上门逐个访谈，直接进村入户与村干部和群众面对面交谈。变选派人员座谈到随机寻访群众交谈，以问题为导向走村入户随机寻找访谈对象交谈。变在会议室座谈到田间地头攀谈，访谈地点经常在田间地头、村民文体活动现场。”11天的调研，走访7县（区）15镇30村150余户。省政协委员谭向文感慨“这是我工作30多年来接触老百姓最多的一次调研！”

由于经常白天调研摸情况，晚上座谈谈体会，大家的思路越来越清晰。调研方式的转变，带来的是问题导向更明确、交流更深入，破解问题的思路越来越清晰，收集的材料也越来越丰富。省政协委员、文化文史和学习委员会专职副主任傅兆良说，“我的笔记本都记完了两本，收集的材料足足有几十公斤。”

……

去年7月召开的“乡村振兴”常委会，在接续做好“会前调研＋会中协商＋会后报告”三步走基础上，增加了会后新三步走——“延伸调查＋延伸协商＋延伸总结”。

方法找对，事半功倍。“乡村振兴”的建议案梳理出江西省农村产业发展中存在的10个方面问题，并提出10个方面50条对策建议。这份去年11月报出的建议案引发各方好评：“建议提得好，所有建议都有案例，建议真正是从实践中提炼出来，经过了实践的检验，操作性和指导性非常强……”而且，部分调研成果已被省发改委作为参考，用于《江西省乡村振兴战略规划》等文件。

调研报告焕然一新

调研报告既要节省省委、省政府的时间，能迅速“窥一斑而知全貌”，又要把情况说透了，建议提实了，要求之高不言而喻。

参与“文明与美丽城市省内外比较研究”课题的同志告诉记者，“经过反复讨论修改，调研报告改变过去‘成绩＋问题＋建议’的构架写法，探索形成了‘说明＋主报告＋附件’组合模式”，强调“三级标题要抓人，一口咬到馅……”

省政协副主席陈俊卿将调研报告的新写法总结为：主要领导看“说明”就能提纲

挈领掌握主要内容，分管领导研读“说明＋主报告”就能对问题和建议了然于胸，职能部门通读“说明＋主报告＋附件”就能实现为我所用。

这种方法被用于随后起草的“乡村振兴”课题报告中。拿到省政协报送的“乡村振兴”建议案，许多省直部门的负责人高兴地向省政协的同志反馈，“语言朴实精炼，数据翔实，图文并茂，没有官话套话，直接围绕解决的问题谈，这份报告就是一般基层群众也看得懂。”

“前几天又加印了200份，再次‘脱销’了。”今年年初，还有许多省直部门的同志托各种关系向省政协办公厅要“乡村振兴”课题的建议案。“现在省委办公厅、省委政研室、省政府办公厅、省政府研究室、省委宣传部、省住建厅等省直单位也纷纷认可和效仿这种模式。”省政协办公厅的同志对记者说。

尝到了甜头的省政协人已将这些模式作为“标配”，广为复制。今年先后开展的“深化江西省事业单位改革”“营商环境改善与干部作风转变”等专题调研，均采用了这些方法。

创新无止境，跨越无尽头。新时代的江西政协人正走在创新调研的大路上。

（2019年第16期第44—45页）

不忘初心，做一名有温度有担当的“责任委员”

刘晓庄

从2008年3月开始，我光荣地担任全国政协委员，至今已经是三届“老委员”了。流走的是时光，留下的是记忆，收获的是成长。回首心路历程，我越来越体会到，政协委员是一份值得珍惜的荣誉，更是一份沉甸甸的责任。正如汪洋主席反复强调的那样，“政协没有名誉委员，只有责任委员，所有委员都要尽职尽责”。

在担任全国政协委员的十多年间，我亲历了国家发生的一系列深刻而又巨大的变化，同时也见证了人民政协在自我革新中破浪前行、在制度建设中更加成熟更加定型。人民政协的形象犹如一面镜子，映照着每位政协委员的一举一动；人民政协的发展就像一册史书，镌刻着每位政协委员的一言一行。在政协履职中，我严格要求自己，践行初心和使命，努力做一名有温度有担当的“责任委员”。

塑造崇高品格，才有燃烧的激情。没有伟大的品格，就没有伟大的人及其伟大的行动。人民政协是政治组织，政协委员的品格首要是旗帜鲜明讲政治，高度自觉“守纪律、讲规矩、重品行”。

2018年3月4日下午，习近平总书记在看望参加全国政协十三届一次会议的民盟、致公党、无党派人士、侨联界委员时指出：“希望各民主党派和无党派人士要做中国共产党的好参谋、好帮手、好同事，增强责任和担当，共同把中国的事情办好。”我在现场聆听了习近平总书记提出的“三好”新要求，按捺不住激动的心情，挥笔写下《朝着“三好”的崇高境界飞翔》，真挚表达一名民主党派政协委员对中国新型政党制度的深情赞美。在建设富强民主文明和谐美丽的社会主义现代化强国的征途上，民主党派、无党派人士矢志不渝做中国共产党的“好参谋、好帮手、好同事”，这是积极响应新时代召唤的行动，也是与时代同步前进的姿态和作为。从更深处思考，习近平总书记的“三好”要求是一种信念、一种品德、一种人格，更是广大党外人士孜孜以求的一种本领。

担任政协委员的履职过程，随之同步的是对人民政协理论研究探求的过程。认真学习、深刻领会习近平总书记对新时代人民政协工作提出的新论断、新思想、新要求，结合个人的工作实践和感受，经仔细琢磨，近年来我撰写了一些心得体会文章。如在《人民情怀的时代高峰》中，我由衷礼赞中国共产党人一切为民的初心，同时砥砺自己参政为民的决心；在《树立三个“崇尚”的政协“家风”》中，我从“家风”角度阐发人民政协三个“崇尚”的必然性和必要性，也表明了自己秉承“家风”的恒心。

汪洋主席一再指出政协工作要在凝聚共识和建言资政上双向发力。在差异中通过协商寻求共识，实现一致性和多样性的统一，在双向发力中推动政协各项工作向前发展，不断提升政协各项工作的质量，已经成为广大政协委员的共同心声、共同愿望。为此我将诸多心灵感悟，转化成《凝聚共识写春秋》《在双向发力中提升政协工作质量》等随笔，目的是阐明，在双向发力的奋斗中，人民政协事业大有可为。

围绕中心工作，才有实在的效果。围绕党委、政府中心工作积极参政议政，这是民主党派的第一要务，也是政协委员“安身立命”的根基所在。十多年来，我秉持“不求说了算，但求说得准”的要求，努力履行好政协委员的职责，不断争取新的进步。

我出生在江西乡村，根脉也在乡村。因此，繁衍生息在这片热土上的农民兄弟的诸多诉求和呼声，会时时萦绕在我的心头，经过沉淀，往往在合适的时机碰撞出一些建言资政的火花。我的不少提案、大会发言、调研报告和反映社情民意信息，关注点也更多地倾向于“三农”问题，带有“泥土”的芬芳。如在全国政协十三届一次会议上，我作了《让乡村文明蔚然成风》的大会发言，发出“实施乡村振兴战略之际，应上下联动，德治法治自治并举，全面鼓荡起乡村文明的东风，荡涤一切恶风陋习，让农村焕发出蓬勃向上、积极向善的文明新气象”的呼吁，得到会场内外的赞同。

当然，作为一名全国政协委员，参政议政的着力点不应囿于一隅之地，视野和胸怀还必须更加宽阔。为了更好地贯彻落实“绿水青山就是金山银山”的发展理念，我就生态补偿的一些具体内容发表了若干看法。如前些年我曾经在不同场合多个层面陈述建立森林资源和水资源保护补偿机制的充分理由。因为我知道，那些身居于大山深处，默默无闻地耕耘着“森林绿海”的人们，那些生活在江河湖畔，勤勤恳恳地保护着“一湖清水”的人们，委实太辛苦、太艰难、太不容易了，应该通过生态产业项目、国家转移支付和资金补偿方式给他们多一点“关爱”，让他们劳动得更加体面，生活得更加幸福、更有尊严。令人感到欣慰的是，这些建议和设想引起了各级政府的高度重视，有的已经变现，有的正在逐步落地生根。

城乡一体化发展，说到底是为了不断缩小城乡差距，提高城乡居民的生活质量，落脚点是逐步实现城市与乡村各个方面的同等化、均等化、平等化，“形成以工促农、以城带乡、工农互惠、城乡一体的新型工农、城乡关系”。参照城乡不同情况，我坦陈了自己之设想：“大、中、小”并进，把农村当作城市来建；“规、建、管”并重，把农业当作工业来办；“进、住、留”并举，把农民当作市民来看。在这一认识基础上，经再三思忖，先后写就了《城乡发展如何一体化》《建设美好的生态城镇》等发言材料。虽然提出的观点仅为个人的一孔之见，未必十分正确，但求无愧于心，只不过是希望让丰满的理想在现实中变得灿烂。

心系人民群众，才有责任的担当。“民之所望，建言所向”是协商议政的共同聚焦，“奔走国是，关注民生”是民盟的优良传统。担任全国政协委员以来，我更多地将目光投向赣鄱大地、投向大江南北的沧桑众生，这也成为我参政履职、建言资政的“重头戏”。

“一老一小”的人口问题，是我国近年来社会各界颇为关注的一大热点，也是全面建成小康社会不能回避的一大难题。为此，多年来我策应百姓呼声，提交了《全面放开二胎不能久拖不决》《二孩落地还需政策完善》《加快发展养老服务业势在必行》《加快构建新型养老模式的政策体系》等提案和大会发言，建议有关部门及时回应百姓关切，逐步完善政策配套措施，如切实解决好医院儿科医护人员短缺、婴幼儿看护及幼儿园建设不足等问题，开展健康养老“阳光春风”行动，切实帮助那些需要关心的老年人群及其家庭。

随着我国扶贫开发工作的不断推进，近年来农村贫困人口正在逐渐减少，但脱贫攻坚工作仍存在一些不容忽视的新情况。我在扶贫的“前沿”阵地，一次又一次与老百姓面对面接触，加深了对民间疾苦的真切体验，因而陆续完成了《打通教育脱贫“最后一公里”》《精准扶贫重在精准识贫》《切实兜住困难群体民生网底》《精准脱贫需要治“懒”》《发挥司法救助在脱贫攻坚中的独特作用》等“政协作业”，或作为书面发言材料，或形成提案、社情民意等。因为我所说的都是百姓的心里话，故受到有关部门的高度关注。

针对药价虚高、食品安全、大学生就业、农村环境卫生等系列民生问题，我进行了各种调研，部分成果有效转化为政协提案或发言材料。如在 2014 年 6 月双周协商座谈会上作了《开辟大学生在农村基层创业就业的新天地》的发言，在 2017 年 3 月政协大会全体会议上作了《健康餐桌需政府有力作为》的发言，在 2017 年 11 月双周协商座谈会上作了《进一步完善粮食补贴政策，保障“稳粮、优供、增效”》的发言，等等，均在社会上引起了共鸣与反响。

“俏也不争春，只把春来报。待到山花烂漫时，她在丛中笑。”一路走来，一路豪迈；一路求索，一路收获。人民政协工作与时俱进，委员肩上的责任一如往昔。在今后的政协履职岁月里，我将不忘初心、牢记使命，继续做好一名有温度有担当的“责任委员”，决不辜负党和人民的期待与重托！

（2019 年第 17 期第 21—22 页）

不要搞成“清一色”

刘晓庄

在中央政协工作会议暨庆祝中国人民政治协商会议成立 70 周年大会上，习近平总书记专门强调：“要在尊重多样性中寻求一致性，不要搞成‘清一色’。”庄重而又朴实的语言，体现了包容多元的大气，蕴含着丰富深邃的哲理。

从多维社会把握时代的发展规律，“各美其美，美人之美，美美与共”，在尊重多样性中寻求一致性，不搞“清一色”，因而彰显出中华传统文化“和而不同”的特征，充分展示出中国共产党人“厚德载物”的伟岸胸怀。一种姹紫嫣红的人文精神，又一次在伟大的新时代呼之欲出。

不要搞成“清一色”，勾起人们对往事的回忆。20世纪30年代，正当中央苏区“唤起工农千百万，同心干”，革命烈火呈燎原之势的时刻，由于王明“左”倾路线的错误领导和严重干扰，大搞“革命队伍清而又纯”，终致工农红军遭受严重挫折。后来毛泽东在延安总结其深刻教训：水至清则无鱼，人至察则无徒，瑞金时期搞“清而又纯”，结果革命事业遭到失败。因之，他科学地总结了统一战线这个重要法宝的作用。毛泽东还曾风趣地以打麻将作比喻：混一色好打，清一色难“和”。1949年4月，南京解放前夕，国共两党在香山举行和谈，国民党将领刘斐一语双关地问毛泽东：您打麻将是爱打清一色呢，还是喜欢打平和？毛泽东会意地笑着说：平和，平和，只要和了就行。

不要搞成“清一色”，引发人们对历史的洞察。“物之不齐，物之情也”。如果世界“清一色”，就无法构织万紫千红的斑斓绚丽。新中国成立前夕，各民主党派、无党派民主人士热烈响应“五一口号”齐聚北平，“愿在中共领导下，献其绵薄，贯彻始终”，在政协会议上共商建国伟业，纵情欢呼着“新的历史今天从头写，新的国家出现在东方！”解放初期，毛泽东把民主人士喻为“一把头发的功劳”，手心手背都是肉，要平等对待，不能莲花出水有高低，从而确立了“长期共存，互相监督”八字方针。在那段不堪回首的动荡岁月，许多党外人士被当作异己受到批斗，“无边落木萧萧下”，众望所盼，“待到山花烂漫时”。随着改革开放的滚滚惊雷，“一定要打破教条主义、打破迷信”的警钟在中国大地再次敲响，“清一色”的枷锁被解除，各种创造活力源源不断地获得释放，迎来了实现中华民族伟大复兴的光明前景。

不要搞成“清一色”，启迪人们对现实的思考。当今世界正经历百年未有之大变局，在具有煽动性的“蝴蝶翅膀”的漩涡中，呈现了一派乱变交错、风云翻腾的表象。“越是接近目标，越是形势复杂，越是任务艰巨，越要发挥中国共产党领导的政治优势和中国特色社会主义的制度优势，把各方面智慧和力量凝聚起来，形成海内外中华儿女心往一处想、劲往一处使的强大合力。”习近平总书记的铮铮话语，叩动着亿万人民的心扉。共圆民族复兴中国梦，并不是轻轻松松、敲锣打鼓就能实现，还需万众一心，努力付出更加艰辛的劳动。只有不搞“清一色”，把朋友搞得多多的，把队伍搞得大大的，才能发挥“一个篱笆三个桩，一个好汉三个帮”的政治优势，回答好“红花还须绿叶扶”的时代之问，汇集巨大力量，把同心圆向外不断地扩大延伸。

不要搞成“清一色”，激荡人们对未来的憧憬。70年前，在“北上”的海船上，黄炎培心潮澎湃，挥笔写下铿锵有力的诗句：“看哪！海浪那么汹涌，他在憧憬了，张开着有力的翅膀，从黑沉沉雾罩下，几时迎取一轮新的太阳。红！红！”662位各界代表群贤毕至，怀揣着对未来美好制度的憧憬参加中国人民政治协商会议第一届全体会议，因为大家懂得一个道理："我们的工作将写在人类的历史上。"如今，中国已经崛起于世界民族之林，正日益走近世界舞台的中央，当人们又一次听到尊重多样性、寻求一致性、不搞"清一色"，"加强大团结大联合，同心同德、共襄盛举"的召唤，不禁激情飞越，热血沸腾。未来好比是茫茫大海，大海包容着每一颗小小水滴而永不干涸。大海不弃我，我融入巨浪，海纳百川，才有了大伙儿铆劲追逐潮头驶向胜利彼岸的意志和勇气。

"清一色"必致冷冷清清，"交响乐"奏出气势恢宏。各个方面共同发力，心似浪涛真如铁，长歌飞扬接天地，将使一切劳动、知识、技术、管理、资本的活力竞相迸发，让一切创造社会财富的源泉充分涌流。

把牢政治方向的"总开关"。不能搞成"清一色"，并非各敲各的锣、各吹各的号，而是要坚持正确政治方向，掌握主基调、唱响主旋律，把"四个意识""四个自信""两个维护"镌刻在心中，始终在思想上、政治上、行动上同以习近平同志为核心的中共中央保持高度一致，围绕着有利于加强和巩固中国共产党的执政地位、执政基础而开展工作。否则，在我们这样一个大的国度里，一切就会乱套，什么事情都难以办成。

要加强思想政治引领、广泛凝聚共识，朝着同一个目标前行，同时又要坚持一致性和多样性的辩证统一，最大限度地团结和调动一切积极因素。只有矢志不渝地坚持正确的政治方向、站稳政治立场、走实政治道路，时刻拧紧理想信念这个"总开关"，筑牢每个华夏儿女共同的思想政治基础，才能任凭风浪翻滚，"我自岿然不动"。

展现民主协商的大气派。不能搞成"清一色"，在实际工作中就要做到"有事多商量、遇事多商量、做事多商量"，众人的事情由众人商量，商量得越多越深入越好。商以求同，协以成事，通过商量出办法、出共识、出感情、出团结。

既然是商量，就有心灵的交流、情感的交融，也有意见的交换、观点的交锋，既不各说各话，也不偏激偏执，经由充分协商，找到全社会意愿和要求的最大公约数。展现民主协商的宏大气派，还需提高政协文化素养和统战理论素养，弘扬协商办事的优良传统，看交到的朋友多不多、合格不合格、够不够铁。对各界党外人士要讲尊重、讲平等、讲诚恳，多接触、多谈心、多帮助，努力坚持求同存异、聚同化异，不以势压人，随意伤害另方自尊心，尽可能通过耐心细致的工作汇集众智、增强合力，包容差异、接纳多样。

把精气神儿凝聚起来。"人心是最大的政治，共识是奋进的动力"，这是对治国理政的精准概括。广开言路，集思广益，拜人民群众为师，充分尊重人民群众的主体地位和首创精神，既要形成“畅所欲言、各抒己见”的活泼局面，又要营造“理性有度、合法依章”的良好氛围，最大限度地凝聚社会各界众志成城奔跑追梦的精气神儿。

船的力量在帆上，人的力量在心上，心朝一处想，劲才会往一处使。人民是国家的主人，扩大公民有序参与，在共同思想政治基础上不搞“清一色”，有利于密切党群关系，保障实行人民当家作主的权利，更好地凝聚共识和力量。当年邓小平同志把政治智慧的增长、治国理政本领的增强，深深扎根于人民的创造性实践之中，他主持的“八八座谈会”和做东的“五老火锅宴”，正是其广纳群言的优秀典范。

担当责任干出新样子。苍穹闪烁万颗星，天下没有“清一色”。无论你我在哪里，都要树立一种为民的情怀；无论你我在干啥，都要增强对于使命的担当。“把事业放在心上，把责任扛在肩上”，始终锚定新时代人民政协的新方位、新使命，把握加强和改进人民政协工作的着力点、关键点，“毋意、毋必、毋固、毋我”，真真切切落实到具体工作中，体现到点滴行动上。

“世界上的事情都是干出来的，不干，半点马克思主义也没有。”干字当头，撸起袖子加油干，面对困难不回避、不推脱，知难而进、迎难而上；拼出实力，干出一番新作为、新风貌、新气象、新样子，以干好工作的实际成效比高低、论英雄；力求实效，发扬精益求精的工匠精神，把每项工作都做精、做细、做深、做实；树立形象，保持蓬勃朝气、昂扬锐气、浩然正气，深入基层、广接地气，让人民群众感觉政协离他们很近。

在庆祝中华人民共和国成立70周年招待会上，习近平总书记着重指出：团结是铁，团结是钢，团结就是力量。在尊重多样性中寻求一致性，在思想多样化中避免“清一色”，表现了“大团结”的深厚根基和深刻内涵。用众力而举千钧，集群智而排万难，最广泛地把各个方面的智慧和力量汇聚起来，让大家共同绽放出多彩的青春芳华，就“没有任何力量能够撼动我们伟大祖国的地位，没有任何力量能够阻挡中国人民和中华民族的前进步伐。”在新的长征路上，“就能把一道道坎都迈过去，什么陷阱啊，什么围追堵截啊，什么封锁线啊，把它们通通抛在身后！”

我们礼赞：尊重多样、寻求一致，不要搞成“清一色”；我们致敬：奋斗的每一个英雄中华儿女！

（2019年第19期第12—13页）

推动凝聚共识“重心”向基层延伸

谢　茹

习近平总书记在中共十九届四中全会和中央政协工作会议暨庆祝中国人民政治协商会议成立70周年大会上的重要讲话，为加强和改进人民政协工作指明了方向。我们要以习近平新时代中国特色社会主义思想为指导，深入学习中共十九届四中全会精神和中央政协工作会议精神，把学习会议精神与学习习近平总书记关于加强和改进人民政协工作的重要思想结合起来，与学习中共党史、新中国史、统一战线历史、人民政协历史等结合起来，坚持原原本本、融会贯通、联系实际、持之以恒学，带着使命、带着思考、带着感情学，深刻认识中国共产党的领导是中国特色社会主义最本质的特征，是中国特色社会主义制度最大优势；深刻认识中国共产党领导的多党合作和政治协商制度的巨大优越性和强大生命力；深刻认识新时代人民政协的新方位、新使命，切实把思想和行动统一到习近平总书记重要讲话精神上来，不断增强“四个意识”、坚定“四个自信”、做到“两个维护”，自觉以新思想定向领航，从新思想寻策问道。

人民政协制度是中国特色社会主义制度重要内容，人民政协是国家治理体系重要组成部分。习近平总书记强调，要把“加强思想政治引领、广泛凝聚共识”作为新时代加强和改进人民政协工作的中心环节。中共十九届四中全会也指出，发展社会主义先进文化、广泛凝聚人民精神力量，是国家治理体系和治理能力现代化的深厚支撑。而做好思想政治引领、广泛凝聚共识工作，基层政协力量不可或缺。基层政协委员数量大，与基层群众接触最多，与群众切身利益最密切，处理人民内部的矛盾也最多。然而，长期以来，基层政协不同程度存在职能定位不准、责任边界不清等问题，热衷调研报告有批示，协商民主工作缺乏“刚性”，思想政治引领和凝聚共识责任意识淡化，重点任务边缘化甚至缺失。为此，发挥人民政协在国家治理体系中的重要作用，必须注重推进凝聚共识“重心”向基层延伸，以有效工作推动人民政协切实成为坚持和加强党对各项工作领导的重要阵地、用党的创新理论团结教育引导各族各界代表人士的重要平台、在共同思想政治基础上化解矛盾和凝聚共识的重要渠道，更好发挥人民政协在推进国家治理体系和治理能力现代化中的重要作用。

强化基层政协理论武装　扎稳筑牢“同心”根基

共识是事业成功的保障，同心同向，才能够真正把各方力量团结凝聚到政协周边，打通把党的主张转化为社会各界共识和行动的“最后一公里”。

一是不断加强党对政协工作的领导，强化引领，增进共识。确保中共中央大政方针和决策部署在人民政协得到贯彻落实是首要任务。人民政协肩负着用党的创新理论团结、教育、引导各族各界代表人士的政治重任，必须时刻绷紧“旗帜鲜明讲政治”这根弦，通过加强党的领导，确保正确的政治方向。要结合“不忘初心、牢记使命”主题教育，持续深入开展习近平总书记关于加强和改进人民政协工作的重要思想和中共十九届四中全会、中央政协工作会议精神大学习、大讨论，推动理论研讨、宣讲活动、座谈会等延伸到市、县政协，推动理论学习和思想共识在基层政协走深走实。

二是打破固有对基层政协的错误认识，消除隔阂，增进共识。抓好主责主业，才能赢得更多重视和支持。要切实加强基层政协作风建设，大兴调查研究之风，更加严起来、紧起来、实起来。通过建言资政和凝聚共识双向发力作用的显现，着力打破“政协统战，请客吃饭”等对政协工作的错误认识，让广大干部群众进一步认识政协、了解政协、支持政协，形成有助于推进凝聚共识工作的浓厚氛围。

三是转变履职观念适应新时代，找准方向，增进共识。专门协商机构是新时代政协的新定位，强调了对各民族、各党派、社会不同意见的汇聚，是多样性和一致性的统一。如何发挥好新时代基层政协专门协商机构的作用，值得研究和探索。新时代的人民政协不应是一般的“智囊”，也不能仅仅“坐而论道”，而应通过议政协商、宣传政策、解疑释惑、表达意愿、反映诉求、协调关系、弥合分歧，成为坚持和加强党对各项工作领导的重要阵地，以及在共同思想政治基础上化解矛盾和凝聚共识的重要渠道。要强化双向发力的责任意识，在建言资政的同时，更加注重贯穿其中凝聚共识、促进团结的过程和效果，通过思想政治引领、凝聚共识反过来促成更高质量的建言议政，努力实现建言资政和凝聚共识有机融合、相互赋能、相得益彰。

发挥基层政协专门协商机构作用　推动凝聚共识工作“重心”下移

推进人民政协协商民主，不是为了协商而协商，而是通过最真诚、最广泛的协商“聚同化异”，最大限度地凝聚共识。推动凝聚共识工作“重心”下移，应注重三个“下功夫”。

一是在加强对基层政协的联系指导上下功夫。探索建立市、县政协参加全国政协重大活动的渠道。建立健全地方政协联系指导基层政协机制，既拓展丰富上下交流，及时掌握基层政协工作现状和动态，又发挥联动作用、推动开展以议题为纽带、以平台为载体的协同调研、协同议政，在协商实践中指导基层政协做好双向发力工作。探索建立同社会组织沟通联系的工作机制，推进协商民主向各类社会组织拓展，更好体现协商于民和协商为民，更好践行人民政协为人民宗旨，在更大范围内凝聚共识。

二是在提高协商质量上下功夫。坚持党委会同政府、政协制定年度计划，把协商互动作为基层政协履职工作的“刚性”要求，对年度协商计划、立项来源、调研要求、成果转化等全流程作出规范，确保协商议政质量的提升。建立基层协商成果定期通报机制，对协商成果转化为党委政府的决策部署、相关部门的工作举措的，进行通报，让有关方面和群众看到协商的实实在在成果，增进委员做好协商工作的积极性和荣誉感，变“被动协商”为“主动协商”。

三是在创新丰富协商方式上下功夫。发挥好基层政协专门协商机构作用，既需政协走入群众，又要群众走入政协，由单向听取意见向双向互动转变。积极探索搭建各种灵活多样、更接地气的平台，在“云端”和“地头”寻求最大公约数，画出最大同心圆。积极推动协商由会议室协商向“家门口协商”、网络协商延伸，搭建更多与百姓“面对面”、与民意“零距离”的协商平台，使政协协商更富有实效。探索建立群众代表参与政协重大协商活动的机制，以举办政协公众“开放日”等形式，积极主动邀请群众走进政协，旁听会议，参加政协组织的协商活动，进一步加强群众对政协的认识、认可和支持。探索建立参政议政人才库和群众代表库， 吸纳具有专长的政协委员和专家乡贤、群众代表，为开展协商提供人才保障。

创新机制营造“双向发力”氛围　更好地发挥委员主体作用

委员履职是宣传党的主张、凝聚共识的重要渠道。创新机制营造委员履职的良好氛围，建立有效的激励和约束，才能充分调动委员履职的积极性和主动性，提升政协工作活力。

一是完善服务委员机制。落实主席、副主席联系常委、常委联系委员、委员联系界别群众制度，真诚关心、正确引导，切实让广大政协委员感受到政协组织的温暖，在委员联系中促进凝聚共识。推进基层政协专委会覆盖所有委员制度，并充分发挥专委会在解疑释惑、宣传政策、理顺情绪等方面的独特作用，形成引导委员谋事、服务委员干事、保障委员成事的履职氛围。落实政协委员定期培训制度，引导委员强化对政协性质、定位的准确认识和把握，强化对自身权利、义务、责任的准确认识和把握。

二是创新委员考核机制。在委员考核工作中，建言资政成果通常可以通过履职内容、提案数量、意见建议落实、调研成果转化来进行量化，而思想政治引领、凝聚共识方面由于难以量化，考核的导向性不强。要探索建立凝聚共识导向性的评价体系，通过量化的考核指标形成约束，建立双向发力并举并重的委员履职考核评价机制。进一步建立完善委员履职档案，创新能进能出机制，时刻保持委员队伍活力。积极开展优秀委员先进事迹报告宣讲活动，选择一批懂政协、会协商、善议政的委员代表赴基层开展宣讲活动，既树立正面激励作用，又深入宣传党的方针政策凝聚共识、为群众解疑释惑凝聚共识。

（2019 年第 24 期第 24—25 页）

2020 年

江西省政协：洒遍皮边村的政协汗水

蔡久伟

“我们白天同村民一道下田下地起垄、拌肥、施肥、耕地……晚上对照问题拉清单、出台账、抓整改……”日前，在江西省政协机关“不忘初心、牢记使命”主题教育读书班上，来自驻黎川皮边村的陈春情、陈武良讲述的扶贫故事，被机关干部的阵阵掌声不时打断。他们没想到，平日里与自己朝夕相处的“白面书生”，竟变成了两位脸上黝黑的“庄稼汉”。

黎川县为原中央苏区县，是第五次反围剿的主战场之一，习近平总书记曾说，我们要饮水思源，不要忘了革命先烈，不要忘了我们中央苏区、革命老区的父老乡亲们。打赢脱贫攻坚战，既是重大政治任务更是紧要民生工程。江西省政协以机关驻村扶贫点为突破口，从 2015 年起，选派机关扶贫工作队驻黎川县的皮边村帮扶，同当地群众想在一起、干在一起。全村贫困人口由 2015 年的 91 户、193 人、占总人口 7.8%，减少到现在的 9 户、22 人、占总人口 0.93%；昔日的贫困村变成了文明和谐、风景秀美的新农村。

东华山下党旗飘

“我很苦恼，你看我作为村支书，文化水平不高，对党建不是很了解，党日活动时老党员们都不愿来，来了也伸手要吃饭、要误工补贴……”村支书潘爱平向 2016 年底从江西省政协选派来的第一书记曹小亮大吐苦水。随着工作的深入，曹小亮发现，支部就是开个会，人也常来不齐。

“村看村，户看户，群众看党员、党员看支部。”扶贫攻坚必须要有一个坚强的支部，建强支部是精准扶贫的第一仗，必须打赢。

按照这一原则，曹小亮说办就办。在镇党委主要负责人的领导和支持下，紧紧依靠村里老百姓的力量，以德才兼备、群众公认的原则，配齐配强了村级领导班子，还有计划地培养了部分年轻后备干部……

建强一个支部绝非朝夕之功，必须一任接着一任干。

2018 年底，从曹小亮手里接过接力棒的省政协干部陈春情，把强化党建引领作为脱贫攻坚的首要任务。“我一到任，想得最多的是如何让党组织强起来、党员动起来。”陈春情说。

党旗飘起来，党员红起来，贫困户才能动起来。陈春情和扶贫工作队队员陈武良，自己动手开垦一块党员示范地，自掏腰包种植了“酸甜苦辣”（酸为百香果，甜为西瓜，苦为苦瓜，辣为辣椒），村民们戏称为：“忆苦思甜园”。他们利用每月党员活动日，带着村里的老少党员一起劳动，一起“忆苦思甜”。

党员冲在前，支部有劲头。皮边村的党支部重燃活力，92 岁的老党员黄官生在组织生活会上说：“以前不愿多说。现在你们来了，不仅让我说，还要我实话实说。我对你们有信心！别看我年纪大，我保证以后每次都来，为支部为村里多做点事。”

近年来，皮边村党支部被抚州市委组织部列为两个“农村基层党建试点”之一，皮边村所在的黎川县第一党支部被授予黎川县党性教育示范基地……

千条万条，“智志双扶”是第一条

知识改变命运，扶贫先扶智。抓好了娃娃这个源头，贫困才不会代际传递。贫困户子女就学就成了驻村工作队关心的头等大事。

贫困户黎浩强是省政协干部陈武良帮扶的对象，夫妻俩大字不识一个。困难的生活逼迫着两人做出一个艰难的决定——让大女儿辍学打工，赚钱养家。

得到消息的陈武良抛下一切事情，即刻登门劝说，向二老承诺如学费有困难一定尽力解决。在隔三岔五地登门劝说之下，孩子的辍学危机得以解除，陈武良还时常带些学习用品上门，让二老安心。

这样的事不胜枚举。曹小亮多方奔走争取到省政协海外扶贫基金会和董妈妈海外基金会 10 万元，63 名贫困中小学生因此重进校门。重新上学的危思琪如今多了一个单纯的愿望："一定要好好读书，像曹叔叔那样去帮助有困难的人。"目前，皮边村已实现了全村义务教育阶段无辍学。

人穷不算穷，志穷穷到头。近年来驻村工作队始终坚持"志智双扶"。脱贫奔小康的路上，只有帮助贫困户立起"志"、鼓起"气"，才能圆好"梦"。

贫困户余文星是三级残障人士，常常流露自暴自弃的念头，靠救济勉强度日。在驻村干部的技术扶贫与精神扶贫的双重鼓励下，他通过养鸡重燃生活希望。

2016 年余文星顺利脱贫。脱贫后，他劲头更足，拍着胸脯豪迈地表示还要带动大家。同年，余文星以每月 1500 元聘请本村的贫困户龚建平（残障人士）帮忙养鸡。在余文星的积极带领下，龚建平当年实现脱贫。

"从余文星的身上感受到了党的光辉"，这是龚建平和村里很多人的共同感受。龚建平表示，余文星经常叮嘱他不要有"等、靠、要"的思想，幸福是靠奋斗出来的。余文星的事迹给全村带来了震动，也让省政协派驻的第一书记们更坚定了智志双扶的观点。

给钱给物，不如给个好干部

群雁高飞头雁领。"给钱给物，不如给个好干部。"一支优秀的驻村工作队是精准扶贫的加速器，贫困村的领航员，贫困户的贴心人。

2018 年底，陈武良刚到黎川报到时，让他印象最深的是县委书记聂仕雄的一番话："来黎川扶贫就要学会讲黎川的土话，当好黎川的村民"。

这些年，村民干过的农活，省政协的驻村干部几乎都干过。有好几次，为了赶时间、抢天气，陈武良与村民一起拌烟肥、烤烟叶到晚上 12 点多，第二天发现连起床都成了难事。余文星逢人便说："省政协扶贫工作队的陈书记干起农活来，比我们还像农民。"

为方便村民和贫困户能第一时间找到自己，他们制作了便民联系卡递到每个住户门口。起初大家找上门的少，来的也大都是为了低保评定的事情。现在连夫妻吵架、丢鸡少鸭等家庭琐事也都会敲第一书记的家门。陈武良哭笑不得，却又满脸幸福，"说明村民已经把我们当成了自己人。”

“最希望看到的是村民脸上的笑容。”陈春情说。2019年3月，村民黄细邙因车祸双腿骨折，本来不富裕的家庭，更是雪上加霜，一度失去了生活下去的勇气，驻村扶贫工作队和村“两委”班子主动上门做工作，送上慰问品和慰问金，在伤残索赔上提供法律援助，使他重新燃起生活的勇气，家里也渐渐传出了笑声。

……

第一书记们的付出，百姓脸上的笑容慢慢多了起来。可谁曾知道，他们又克服了多少困难到皮边村驻村扶贫呢。

2018年12月14日，刚到省政协办公厅报到的军转干部陈武良，主动请缨驻村扶贫。他把这件事告诉妻子的时候，妻子沉默良久。“我们夫妻分居了十几年，好不容易一家人团聚了又要分离。还有我爱人患有顽固性头痛，吃一般的止痛药都不管用，在最需要我照顾的时候，我却又不能陪伴在她的身边。”说起这些，陈武良就会哽咽，“临出发前，她帮我收拾完行李后，只说了一句话：‘你放心去扶贫吧，家里有我呢。’。”

前后两任驻村第一书记曹小亮、陈春情，家里还有嗷嗷待哺的幼子。“当个人利益与集体利益发生冲突时，舍小家为大家，这是我一名老党员的必然选择。”陈武良道出了驻村扶贫人的心声。

驻村干部好不好，村里群众最有发言权。“老人家，我们派来的干部好不好？”2018年底，江西省政协主席姚增科来到皮边村调研时问涂细女老人。老人脱口而出：“人好嘞，比对亲娘还亲。”

金杯银杯，不如老百姓的口碑；金奖银奖，不如老百姓的夸奖。全村老百姓的信任，使他们信心倍增。“眼看着全面脱贫的目标越来越近了，剩下的都是贫中之贫，但不管扶贫路上有多少‘娄山关’‘腊子口’，我们都有信心战胜。”陈春情说。

（2020年第1期第54—55页）

新时代政协委员当有新样子

骆名坤

习近平总书记在中央政协工作会议上的重要讲话，提出当前和今后一个时期人民政协要抓好三个方面工作，其中之一就是强调“强化委员责任担当”。笔者以为，只有拉长时间轴，比较解读政协委员角色定位之转变，才能更好理解、感悟新时代政协委员的责任与使命，才能领会好、落实好习近平总书记对新时代政协委员新的期许、新的要求。

一、从习近平总书记重要讲话关于政协委员的论述看，新时代政协委员的分量越来越重，必须以全新的视角看待政协委员这一职务

新时代以来，在庆祝中国人民政治协商会议成立 65 周年、70 周年的关键节点，习近平总书记均发表重要讲话。梳理其中关于政协委员的论述，可以发现历次讲话一脉相承又与时俱进的脉络，有助于我们更直观体察“政协委员”四个字内涵的变化。

在 65 周年重要讲话中，习近平总书记对政协工作提出五方面要求，专门用一小段论述“政协委员”，提出改进委员产生机制、完善委员联络制度、健全委员联络机构等明确具体的举措，并用两句话阐述“政协委员”的重要性，提出殷切的期望。按照习近平总书记的重要要求，全国各级政协纷纷成立委员联络机构，推进委员履职工作规范化管理，政协委员的主观能动性得到充分激发，“年委员、季常委”“荣誉委员”“哑巴委员”等现象得到根本改变。

在去年的重要讲话中，关于政协委员的表述篇幅之大、分量之重都是前所未有的。从篇幅上看，习近平总书记对做好今后政协工作提了三方面要求，其中用三分之一的篇幅论述“强化委员责任担当”，强调政协委员要把事业放在心上、把责任扛在肩上，以模范行动展现新时代政协委员的风采。从具体要求上看，讲话从政治纪律、履职能力、工作重点、廉洁自律等方方面面对政协委员提出了期许和要求，是“懂政协、会协商、善议政，守纪律、讲规矩、重品行”要求的具体体现，这些要求都写入了《中共中央关于新时代加强和改进人民政协工作的意见》，是各级政协委员履行职责、开展工作的根本遵循。

二、扛起新时代的责任担当，政协委员应当做到精神状态、履职能力、履职重点“三个转变”

不管是从中央领导同志的重要讲话看，还是从中央有关文件及专家学者的解读看，过去对政协委员重在强调“发挥主体作用”，这次习近平总书记鲜明地提出“强化委员责任担当”，与过去的表述有根本上的不同。发挥委员主体作用，一些举措更多的是对政协机关的要求，如何去调动委员、激发委员、引导委员，委员名为“主体”，实际上更多处于“被动”状态。而强化委员责任担当，强调的是委员要主动担

责、主动作为、主动履职、主动发声，对政协委员本身提出了更高的要求。为此，新时代的政协委员应当做到精神状态、履职能力、履职重点“三个转变”：

一要提振精神状态，既要珍惜荣誉，更要扛起责任。精神状态反映的是初心、体现的是责任。政协委员处于凝心聚力、决策咨询、协商民主、国家治理第一线，由各方面郑重协商产生，代表各界群众参与国是、履行职责，绝不仅是一份珍贵的荣誉，更是一份沉甸甸的政治责任。必须牢记初心使命所在，始终保持饱满的精神状态和政治热情，把为国履职、为民尽责的情怀，转化为主动参与、有效参与政协各项活动的具体行动，实现从“要我干”到“我要干”的转变，才能当好人民政协制度的参与者、实践者、推动者，无愧于组织、群众的信任和重托。

二要增强履职能力，既要有“我要干”的内生动力，还要有“干得成”的素质本领。作为委员，光有责任感和使命感还不够。既要有想法有热情，还要有思路有办法，既要有干事的愿望，还要有成事的本领。德与才，两者缺一不可。要紧扣“懂政协、会协商、善议政，守纪律、讲规矩、重品行”的要求，把学习习近平新时代中国特色社会主义思想作为重中之重，在学懂弄通做实上狠下功夫，真学真懂真信真用。要广泛学习各方面知识，既要学宪法法律，也要学政协章程；既要学方针政策，也要学业务知识；既要向书本求知，也要向群众问计，真正做到干一行、爱一行、精一行。要在学中干、干中学，全面提高政治把握、调查研究、联系群众、合作共事四种能力，培养专业的协商能力和协商精神。

三要明确履职重点，既要积极建言资政，又要广泛凝聚共识。人民政协自成立以来，履职重点不是一成不变的，而是随着党和国家中心任务的变化而变化，这是由人民政协围绕中心、服务大局的基本原则决定的。进入新时代，统一战线结构之复杂前所未有，改革发展稳定任务之重、矛盾风险挑战之多前所未有；多元思想文化交融交流交锋程度之激烈前所未有。政协如何推动各党派团体、各族各界人士实现思想上的共同进步，担子越来越重，要求越来越高。把党中央决策部署和对人民政协工作要求落实下去、把海内外中华儿女智慧和力量凝聚起来，是每一个政协委员都应承担的政治责任。新时代的政协委员，要在履行好政协传统“三大职能”同时，把凝聚共识作为政协重要职能，贯穿各项工作之中，在履职尽责中加强引领、凝聚共识，在加强引领、凝聚共识中履职尽责。

三、顺应政协委员责任担当的变化，加强委员队伍建设需在改进推选机制、优化联络服务、强化管理考核三方面下功夫

开创新时代人民政协工作新局面，关键在于委员担当作为，也离不开政协组织承

担好联络、管理、服务委员的职能。各级政协组织都必须深刻认识“政协委员”内涵的变化，顺应新时代对政协委员的新要求，着力提高委员队伍建设水平，为提升委员履职质效提供有力保障。

一要关口前移改进委员推选机制。一直以来，政协委员推选工作主要由党委统战、组织部门具体负责，形成了一套比较完善、有效的工作机制。但在老委员的连任方面应有所区别对待，因为委员履职成效怎么样，政协组织更了解，也更有发言权。把好政协委员“入口关”特别是老委员的“连任关”，需要进一步完善委员产生机制，建立由政协党组织和党委组织、统战部门等共同组成的委员推荐、协商、审核工作班子，其中老委员的连任工作主要由政协党组织出具意见，将履职表现不合格的委员剔除出委员队伍，确保推荐出的政协委员政治素质高、精神状态好、履职能力强，坚决把不担当、不作为的委员拒之门外。

二要无缝对接优化委员联络服务。要进一步延伸工作触角，由委员联络部门牵头协调，根据委员优势特长和个人意愿，把全部委员纳入各专门委员会，实现联络服务全覆盖。建立政协主席会议成员与政协常委、政协常委与政协委员谈心谈话制度、走访看望委员制度，密切沟通交流，听取意见建议，增强政协组织的凝聚力、向心力。建立以自我教育、自我提高为主旨的委员学习座谈制度，分期分批组织委员开展学习研讨，在事关道路、制度、旗帜、方向等根本问题上统一思想和步调。建立党外委员专题视察、委员讲堂、重大专项工作委员宣讲团等工作机制，为委员担当作为、传播共识、凝聚人心、发挥作用提供平台和渠道。

三要严格要求强化委员管理考核。建立健全委员履职工作规则、委员履职档案，对委员履职情况及时进行统计、汇总、分析，全面掌握委员履职基本情况。探索实行常委、委员履职量化考核机制，对参加会议、提交提案、反映社情民意信息等规定动作实行量化计分。建立健全委员履职评价及激励机制，将委员履职情况分为优秀、良好、称职、不称职四个等次，各个等次按考核分值进行排名，对年度考核为优秀的委员进行通报表扬，对排名落后的反馈党委有关部门、委员所在单位及本人。对年度考核中评定为不称职的委员进行约请谈话或发函予以提醒。对不能参加政协组织的会议和活动、不履行义务、失去代表性的委员，通过必要程序给予通报、告诫甚至取消委员资格。

（2020 年第 2 期第 58—59 页）

江西省政协：呈现新时代的新样子

蒲水涵

新年伊始，来自江西全省近600位委员，肩负使命聚首南昌，参加省政协十二届三次会议，共同为决胜全面建成小康社会、决战脱贫攻坚，描绘好新时代江西改革发展新画卷，建真言、凝共识、聚合力。

此次全会，全国政协首次派出工作组赴会观察，既了解江西省落实中央政协工作会议精神的举措，也向地方政协全会筹备工作“取经”。在他们看来，今年的江西省政协全会于忙碌中亮点纷呈，于建言中画出最大同心圆，把提质增效贯穿到工作的方方面面。

肩负使命机制创新谱新篇

“虽然胡学发一再向妻子保证会安全回来，但是他没有守住诺言，2018年1月19日，因过度劳累，胡学发突发心肌梗死倒在工作岗位上……”

1月14日，江西省政协委员刘玲华所做的《讲好最美扶贫故事 激发感恩奋进之志》发言让全场安静聆听，台下不少人不时擦拭泪水。

这个在发言册上序号为3的大会发言，是今年省政协全会发言工作创新的一例。省政协文化文史和学习委专职副主任傅兆良告诉记者，今年的发言工作着重体现双向发力，如首次安排委员就贯彻落实中央政协工作会议精神提出建议；首次请职能部门对发言把关；首次实行试讲制。而刘玲华委员讲述的“最美扶贫人”发言，就是要在全会的平台上唱响政协好声音，做出双向发力的表率。

走进省政协全会，创新随处可见。

——首次邀请专家组成员列席提案委全体委员会议，参加提案办理协商会，发挥“智囊团”作用。

——提案委41名委员全部参与提案审查工作，对标新修订的提案工作条例从严把关。

——汇编省政协双向发力重点履职成果，为参加全会的委员人人配备了必学必用的“桌头书”，常委会工作报告文末增加了“附注”，专有名词和术语一目了然。

细微之处见初心。省政协的工作得到了省委书记刘奇的认可，他打破以往省委书记每届任期内到政协全会作一次讲话的惯例，连续两年在全会闭幕式上讲话，勉励委员继续忠诚履职，凝聚人心，鼓舞干劲。11位省委常委，也对省政协工作报告逐一点评、点赞。

省政协对首次赴赣的全国政协观察组也是高度重视，省政协办公厅拟定旁听方案，确保观察组全面掌握全会情况，还安排旁听省政协党组会议、主席会议。在省政协的有力安排下，观察组在短短几日内听会超过50小时，收集了包括大会秘书处职能（会风会纪、保密要求、请假办法、节俭办会、工作人员守则）在内的50余万字资料。

成绩单的背后，是省政协的汗水与付出。

在小组讨论中，江西省政协秘书长汪爽感慨，过去一年的关键词定格在“忙”，忙已经成为常态和习惯。但汪爽表示，省政协工作饱满、成效显著，令他倍感自豪。江西省政协主席会议成员也都处于上弦紧绷的工作状态，仅批示就达1100多份合计20多万字。

主席会议成员率先垂范，起到了关键少数作用。江西省政协的同志都有一种觉悟，即正确对待一线定位、正确对待加班加点、正确对待管理从严。因此，尽管机关上下工作压力繁重，但全员始终保持旺盛斗志，不见推诿与怠工，只有补台与配合。

在这种工作氛围下，省政协工作达到新高度。第一个重点项目调研成果一炮打响，成为标杆之作，得到多方面热烈点赞和吸纳；所有委员纳入专委会，委员管理实现质的提升；第一次推出作风“双通报”制度；第一次举行机关干部入职仪式……

委员的尽职尽责也彰显无遗，两会上，有的委员委托邻居照顾生病住院的母亲，坚持全程参加会议；有的为争取发言机会，大会前一周就“挂号”报名；有的为把提案写实提准，半年前就开始做功课。摔伤严重的肖华茵委员，左手不能用力，就把电脑绑在床头小桌子上，右手单手操作，修改自己的委员作业。

如今，省委对省政协重大活动“有请必到”、重要报件“有文必批”、重点问题“有问必答”，为省政协工作高质量发展注入了强大动力。在江西省政协主席姚增科看来，新时代、新要求。助推江西高质量、跨越式发展，势必需要政协的高质量履职、高质量建言。只有不断创新务实做法，才能保证工作踩准点、跟上趟、勇争先。

协商建言议政议到点子上

1月14日开幕式结束后，在省政协安排下，来自南昌、九江、抚州三市的政协主席被记者团团围住，展开一场“南昌大都市圈建设”的集体采访。

全会期间，江西省政协共安排了2次大会发言、6场界别联组讨论、1次提案办理协商会、2次媒体集中采访，为委员协商建言搭建了广阔的平台。

委员们紧扣省委、省政府中心工作，围绕南昌大都市圈、乡村振兴、VR产业与科技驱动、人才政策、生猪产能、中医药发展、红色文化、鄱阳湖保护等问题，提出了许多有价值的意见建议。无论是在大礼堂聆听的大会报告，还是分在各个分组讨论会上的话题；无论是委员提交的数百份提案，还是如雪片般的简报和信息，都深刻感受到江西省政协委员“参政参到关键处，议政议到点子上”。

6场界别联组讨论分“坚决打赢脱贫攻坚战”“深入推进国家生态文明试验区建设”等6个专题，紧扣中心任务，切合江西实际。

协商既在会场，也在全年工作。去年一年，几百名江西政协委员兵分数路，深入各地调研视察，涵盖国计民生的各个方面。

省政协关于油茶产业的调研报告，被国家林业和草原局有关负责同志“打包”带走，省林业局负责同志高兴地自封“我是政协的粉丝！”；助推企业上市的“映山红行动”调研报告让省委常委、常务副省长毛伟明连连感叹“充分体现了省政协围绕中心、服务大局、尽心资政的使命与职责”。

从为了航空装备制造业发展鼓与呼，到促成“药都”樟树与外省建立合作机制，从首次开展的“讲好江西高质量发展故事”，到一件提案推动“手语门诊”从无到有。江西省政协既聚焦全省大局推动制度完善、又关注民生热点精准建言。正像刘奇书记所点评的那样：“省政协的对标站位高，履职内容实。”

“能在去年成绩的基础上再上一个大台阶，说明我们的政协有力量做事、有想法谋事、有定力成事，能够与这样的队友共事，我很荣幸。”陈万洵委员道出了大家的心声。

提质增效彰显专门协商机构价值

今年是省政协“抓落实提质效年”三年行动的第二年。提质增效首先体现在了全会的细节中，全会委员参会率达97.5%，同比提高4.5个百分点；63家媒体187名记者报名参加全会报道创历史新高；刘奇书记参见联组讨论氛围热烈，对每个发言都逐一回应，易斌委员围绕“优化营商环境”进行发言后，刘奇书记还与委员深入探讨，当场表示持续优化营商环境要常抓不懈。

一件件提案、一份份发言、一幕幕委员相互探讨的画面，都凝结着委员的心血和智慧。参会的政府部门领导普遍认为，可以看出委员这些意见建议都是经过深入调查研究后提出来的，深刻独到，具备操作性，彰显了专门协商机构价值。

自去年江西省启动“抓落实提质效年”三年行动伊始，江西省政协抓住提案办理这个“牛鼻子”，由省委书记刘奇和省长易炼红分别领衔督办 2 件重点提案和 1 件建议案，开创了江西省党政主要领导督办提案的先河。

高位推动效果立竿见影。刘奇同志督办的《加强庐山别墅保护、管理、利用》《推进我省中医药产业高质量发展，加快建设中医强省》提案均得到高度重视和办理落实——前者不仅促成相关部门和单位摸清庐山别墅底数、分类制定保护方案，还直接推动《庐山别墅保护与利用工作方案（征求意见稿）》和《九江市历史建筑保护条例》的出台；后者则推动建立省中药材产业技术体系，促成中国中医科学院江西分院落户南昌，为老区人民带来优质医疗资源。

提质增效，就要通过协商互动、跟踪问效等形式促进其作用发挥最大化。新一年，江西省政协将继续探讨大团组与小分队、项目负责人制、重点履职项目三级评审与限时办结制等做法，把提质增效贯穿于协商的全过程。

全会报告既是过去的成绩单，也是新一年的任务书，姚增科主席表示：“越是艰险越向前。要用高质量履职成果彰显专门协商机构的不可替代价值和作用。”

全国政协观察团的同志也不禁感叹：“江西省政协贯彻落实中央政协工作会议精神领会很深，落得很实，措施全面具体，成效非常显著。全会会期虽然不长，但务实高效。”

新的一年只争朝夕，不负韶华。我们相信，江西省政协会发挥好人民政协制度独特优势，以练就力作，呈现精品，贡献智慧力量，呈现新时代的新样子！

（2020 年第 3 期第 50—51 页）

构建多维互动模式　增强提案办理实效

江西省政协提案委员会

江西省政协认真贯彻落实习近平总书记关于加强和改进人民政协工作的重要思想，深入学习贯彻习近平总书记“七一”重要讲话精神和全国地方政协提案工作经验交流座谈会精神，把提高提案办理质量和服务质量作为近两年提案工作的重心，认真总结特点规律，深入探索优化创新，逐步形成了“六方联动”促办理，“五位一体”深协商，“四化融合”强服务的提案办理工作模式，为推动“十四五”开局起步，促进江西经济社会高质量发展发挥了积极作用。

一、“六方联动”让提案办理“实打实”

一是高位领衔督办。在省政协主席会议成员、各专门委员会督办重点提案基础上，建立完善了省委、省政府主要负责同志高位领衔督办机制，着力把提案办理打造成“一把手”工程，今年实现了省、市、县三级党政主要负责同志督办重点提案全覆盖。今年省委、省政府主要负责同志领办的提案是“做好种子文章，筑牢粮食安全根基”“关于做强农业‘芯片’，端牢手中‘饭碗’的建议”“关于将生态资源优势转化为旅游康养产业发展动能的建议”，并专程带队调研种业发展。省委、省政府办公厅督查处将提案办理列入年度重要督查计划，压实了督办责任，形成了督查专报。

二是提办座谈商办。坚持每年“两会”期间，选择群众关注度高、社会影响力大、提案较集中的问题进行“会中办案”，提案者与承办单位围坐在一起，共商办理措施。省委常委、常务副省长出席会议，并就提案办理提出明确要求。今年“两会”，以“推动消费升级，促进经济发展”为主题开展“会中办案”，提办双方现场就消费问题进行了深入研讨，助力省委、省政府今年出台了《江西省“十四五”消费升级发展规划》。召开提办双方座谈协商会已成为江西省政协推动提案办理工作的一种重要形式，受到全国政协的充分肯定。

三是委员现场察办。每年确定一、两个提案专题，组织部分委员开展专题视察，现场察看承办单位提案办理成效。比如关于老旧小区加装电梯，近年来，我们共收到23件有关提案，对此，江西省政协汇集民智，打出了“提案协商、提案调研、提案视察”一套组合拳。2020年组织“会中办案”，尔后开展提案办理协商课题调研。2021年6月，我们又组织委员走进现场，实地考察老旧小区加装电梯情况。“三拳”齐出，有力推动了提案办理落实（2020年江西省加装电梯仅106台。通过一系列提案办理推动，截至目前，全省累计完成审批2176台，正在施工1045台，完成加装671台）。

四是政协走访催办。江西省政协每年都会到提案数量大、热点难点问题比较集中的承办单位走访。一方面可以了解当年提案办理情况，跟踪上年度提案办理有什么新进展和变化、还存在什么问题，对超期限未完成办理的承办单位进行催办；另一方面对办理落实较好单位的经验做法，适时进行总结推广。今年我们聚焦5件重点提案办理情况，走访了省发改委、省人社厅、省科技厅、省农业农村厅、省乡村振兴局等单位。通过走访，我们发现各承办单位的提案办理工作，认识一年比一年到位，制度一年比一年规范，办理一年比一年认真，成效一年比一年明显。

五是“三办”联合问办。坚持省政协办公厅与省委办公厅、省政府办公厅“三办”联合，集中力量、集中时间“点对点”“一对一”对承办单位提案办理情况逐一查问，现场打分。9月下旬，我们联合对省委主要负责同志领办的“关于将生态资源优势转化为旅游康养产业发展动能的建议”重点提案进行问办，助力省政府出台了《关于推进康养旅游发展的意见》。目前，正在联合编制江西省康养旅游发展长期规划。

六是社会公众评办。坚持每年选取涉及党委政府关注的重点、人民群众关注的热点，在推动江西经济社会高质量发展中发挥重要作用、有着较大影响力的提案，在江西政协新闻网、江西政协微信公众号、提案管理系统等平台上进行公开。同时督促各承办单位利用门户网站，同步对提案内容、办理过程、办理结果、答复意见实行“四公开”，社会公众可以选择自己关注的话题进行评论、留言、互动，激励委员撰写出更多高质量的提案、督促承办单位更加负责任地办好提案。

二、“五位一体”让提案协商“面对面”

一是“提”前协商。通过召开现场提案征集协调会，公开征集提案线索；举办提办双方面对面情况通报会，提出提案选题建议、发布重点热点问题清单，引导提案者聚焦“国之大”“省之要”“民之需”建言献策。搭建提办协商工作室、委员之家等知情明政平台，定期组织委员开展学习、调研、视察活动，深入具体单位，接触实际，接触群众，了解群众议论中的“热点”、社会关注的“焦点”。

二是立案协商。坚持提案立案协商“过三关闯六将”，“三关”即大会提案组初审关、提案委主任会议审核关、省政协主席会议审定关；“六将”即提案办理“大户”、“两办”督查部门、委员、专家、提案委、分管提案工作的副主席等。今年大会提案立案协商，分管副主席先后多次提出要求，并召集提案委、专家组成员研究部署立案协商工作。对不立案提案，省政协主席要求采取“对等身份”，逐一沟通协商。今年确定的5件聚焦办理的重点提案，我们在立案协商的基础上，加入网络推选协商、厅局遴选协商、专家会议论证协商，最后提交省政协领导把关确定。

三是交办协商。一方面在征求提案者意见基础上，由全会期间抽调审查的提案办理“大户”初定办理单位；另一方面在提案正式交办前，通过网上提案系统，提前预交相关承办部门，充分征求意见，取得提办双方“最大公约数”。“网上预交”协商后，仍存异议的则由“两办”督查部门“会商”后最终确定。今年大会提案经过多轮协商之后，仍有3件提案交不下去，我们联合“两办”督查部门采取致函协商、上门协商、座谈协商等方式，统一意见、达成共识。

四是办理协商。做到先协商后办理、先协商后落实、先协商后答复。办理前，由主办单位召开提案办理工作联席会，邀请提案者介绍案由，主会办方介绍办理工作打算。办理中，采取电话协商、视察协商、调研协商等方式，让提案者了解掌握办理进度。办理后，承办单位向提案者通报办理落实情况，面对面协商讨论办理成效。比如《深入推进我省中小学生和幼儿课后延时服务的几点建议》提案，提案者对办理情况三次表示“不满意”，我们督促承办单位开展“二次办理”“三次办理”，直到提案者认同满意为止。

五是监督协商。实践中，我们不断创新提案监督协商形式，把提案办理“回头看”作为监督协商的重要载体。每年对上一年度“列入计划办理”的提案开展“回头看”工作，重点关注优质提案的建议落实情况。如2020年，我们对2019年重点提案“推进我省中医药产业高质量发展，加快建设中医药强省”进行了监督协商，江西省政协6位省领导20个月全过程参加监督协商课题调研，形成调研报告《我省“十四五”加快建成中医药强省的调查与建议》。

三、“四化融合”让提案服务“心连心”

一是立体化宣传。充分运用电视、广播、报纸、微信、手机报等媒体，讲好提案者、承办单位、督办领导和成果受益方等复合、立体、生动的“提案故事”。有关老旧小区加装电梯提案，先后共有人民政协网、江西卫视、江西日报、江西政协报、大江网等十余家媒体进行了广泛宣传，有关新闻稿50多件，形成了浓厚的舆论宣传氛围，扩大了好提案的关注度和影响力。

二是常态化交流。主动争取全国政协提案委的工作指导，5月上旬，提案委有关同志专程赴京学习请教。采取迎进来、走出去的办法，先后与重庆、山西、广西、贵州等省市政协进行提案工作交流。加强对市、县政协提案工作的指导，每年组织一次全省提案工作座谈会，每月组织一次调研，邀请委员、专家、“两办”督查处、承办单位联络员等参加，采取组合式、互动式、下沉式等方式，促进全省政协提案工作更活跃、更有力。2020年以来，全省11个设区市、6个省直管县政协提案委，省政协提案委员会37名委员，还有31名专家，至少参加了一次有关会议或调研。

三是信息化管理。目前江西省提案系统初步实现了提案提交、审查、交办、反馈“一网通”，实现了工作无纸化和档案数据化，实现了“提、办、服”三方无缝对接，实现了省、市、县三级信息化建设全覆盖。下一步计划将各承办单位门户网站进行智能链接，将各承办单位有关提案的政策文件、提案办理工作推进情况，及时提供给提案者，为委员知情明政搭建平台。推进提案工作大数据平台建设，构建集智慧服务、智能管理、要素分析、综合评价、决策辅助、档案管理为一体的工作平台，实现提案工作数据应用共享化、服务管理智能化、系统功能集成化和质量控制一体化。

四是制度化建设。逐步构建起以《提案工作条例》为主干，覆盖提案提出、审查、办理、督办、协商、公开、监督、考评等方面的一系列相互配套、衔接紧密、运行有效的“1+N”制度体系。较为完备的工作制度为推进提案工作发展提供了保障。尤其是2020年将“双领办”制度写入了《中共江西省委关于新时代加强和改进人民政协工作的实施意见》，为高位推动提高提案办理质量提供了制度保证，推动了省绩效办将省政协提案办理工作纳入绩效考核。

（理论研究2021年第4期第51—53页）

努力答好新时代政协委员“四道作业题”

陈文华

政协委员“交作业”，这在人民政协的历史上还是头一回，是一件新鲜事。做好“委员作业”，写好履职报告，既是新时代对政协委员履职尽责的一场考试，也是一种特殊形式的考验。如何把委员作业完成好，成为我担任全国政协委员以来沉甸甸的任务，时刻提醒我不能忘记政协委员的身份，更不能忘记政协委员的职责。回顾一年来的履职过程，自己倾力倾情答好政协委员的“四道作业题”。

增进思想认同，答好履职“政治题”

我始终坚持强化政治观念，自觉把加强思想政治引领、广泛凝聚共识作为履职工作的中心环节，把学习贯彻习近平新时代中国特色社会主义思想作为重中之重，着力在学懂弄通做实上下功夫，不断增进对中国共产党的政治认同、思想认同、理论认同、情感认同。一年来，通过列席新余市政府党组会、“不忘初心、牢记使命”主题教育集中学习研讨会和专题民主生活会，深入学习习近平总书记重要讲话精神，特别是视察江西重要讲话精神，精读深学原著，把握深刻内涵，并将其运用到日常工作中。通过学习，增强“四个意识”、坚定“四个自信”、做到“两个维护”，进一步加深了对中国共产党领导的多党合作和政治协商制度的认识，做到了在大是大非面前始终保持清醒头脑，始终与中国共产党同心同德同心同向，为实现中华民族伟大复兴中国梦贡献自己的微薄之力。

我认真学习习近平总书记在中央政协工作会议暨庆祝中国人民政治协商会议成立70周年大会上的重要讲话，撰写了《做一名有温度有情怀有坚守的新时代政协人》文章。积极深入民盟党派、基层组织宣传全国两会精神、讲好两会故事，结合自己的学习心得体会，为共产党的路线方针鼓与呼。撰写的体会文章《深刻领会精神实质，对标对表落实到位》在光华时报上发表；牵头撰写的课题《以习近平新时代中国特色社会主义思想引领，切实履行民盟参政党职能》荣获民盟中央征文一等奖；牵头民盟江西省委会理论研究课题《民盟履行参政议政职能的实践与探索》。我还通过深入基层调查研究，了解基层群众疾苦，反映群众诉求，宣传中共中央和江西省的各项政策，不断增强全社会的凝聚力和向心力。

不断锤炼能力，答好履职“参政题”

作为新余市人民政府分管科教文卫体旅工作的副市长，以争创一流业绩为目标，积极进取，努力工作。我们在旅游资源禀赋比较匮乏的条件下，结合本地实际创造性制定出台了“支持旅游发展30条”，新余市已成为全省首个全域旅游示范市；针对新余“大班额、大校额”和“入园难、入园贵”教育难点痛点问题，2019年共投资13.8亿元改扩建中小学学校（项目）26个，当年新增学位1.2万个，全力开展城镇小区配套幼儿园专项治理，同时推动基础教育优质资源共享，让老百姓在教育改革发展中有更多获得感。深度挖掘农村居民消费潜力，国家文化和旅游消费试点城市创建工作获国家文化和旅游部多次表扬。肩负公立医院综合改革首批国家级示范城市牌子，不断推动公立医院改革向纵深发展。

作为民盟江西省委副主委和民盟新余市主委，牵头民盟中央课题《城镇托幼事业发展与政策建议》（江西省），该调研报告得到民盟中央充分肯定和积极有效的转化。

结合新余市经济社会发展实际和国家大政方针，借助全国政协大平台和政协委员身份，围绕养老、环保、未成年人权益保护等，深入开展调查研究，认真撰写高质量提案，为党委政府决策提供参考。比如，为提出养老方面的好提案，我以新余探索开展的农村颐养之家为切入点，多次深入农村，听取老人、村干部及相关部门的意见，实地了解农村养老问题，思考解决的途径和办法，在此基础上撰写的《关于积极探索农村养老模式的建议》，被央视《焦点访谈》《朝闻天下》等栏目采访报道，助推 2019 年全国应对人口老龄化现场会在新余召开。自担任政协委员以来，我一直持续关注养老问题，还形成了《探索医养结合农村养老新模式，努力打通农村健康养老“最后一公里”》《关于探索全域居家养老模式的建议》等提案和发言稿。此外，在深入调研的基础上，还提交了《关于解决白色垃圾污染问题的建议》和《应对未成年人极端刑事案件频发的建议》等提案，这些受到人民日报、人民政协报、新华网等媒体的关注报道。

注重提升实效，答好履职“议政题”

充分利用双周协商座谈会、提案办理协商会等常态化的协商议政平台和调研考察机会，与政府部门协商议政，推动有关政策完善。

2019 年 1 月 28 日，全国政协“网络环境下的知识产权保护”双周协商座谈会召开，接到参会通知仅剩一周时间，虽有些忐忑，但更把其视为一次对委员履职能力的考验，坚决地接下这次任务。第一时间收集相关素材，分析我市办理的首例网络著作权犯罪案件，深入开展调查研究，广泛征求意见建议，利用曾在检察机关积累的工作经验，和法律专业素养，及时起草的“加大刑事司法打击力度”发言稿一次性通过采纳，第一次走进全国政协双周协商座谈会的履职舞台。

2019 年 11 月 20 日至 23 日，参加住赣全国政协委员赴冀考察，撰写了《河北新印象：未来城市发展之路》，提出的雄安新区发展规划留白、中医药传统产业走“科技 +”的内涵式发展之路等相关建议，被考察组写进考察报告，报全国政协、省委、省政府主要领导，得到了易炼红省长的专题批示。

在全国政协十三届二次会议期间，围绕发展改革稳定的多个方面踊跃发言。特别是在委员讨论中，我积极参与、敢于建言献策，充分发表自己对问题的看法、意见和思考。比如，2019 年两会期间《外商投资法》（草案）提交委员讨论审议时，基于多年的法律专业背景，我拿到草案后，连夜查阅相关资料，逐字逐句地学习和理解，把自己的所思所想提炼完善成新观点，小组发言产生良好反响，得到了央视新闻联播的播放宣传。

筑牢为民本色，答好履职“民生题”

作为全国政协委员，切实把人民政协作为实现理想、服务人民、奉献社会的大舞台，既围绕中心、服务大局，识大势、明大体，又聚焦民生诉求，情系民生冷暖。深入基层、深入群众，摸实情、听民声，努力为群众排忧解难，积极为群众关注的热点、难点问题参政议政，特别是结合自己分管的领域瞄准与百姓生活息息相关的教育、卫生、养老、文化等问题找短板、补差距，及时反映民众诉求。作为来自地方的全国政协委员，我经常了解和接触的是江西省的有关情况。但对于发现的问题，我坚持从全国、全局的高度来思考，深刻分析其影响范围有多大、在全局工作中的地位如何。个案问题我通过江西省政协和民盟江西省委反映，对于全局性问题，我向全国政协直接反映。比如，日常工作调研中，我特别关心老年人、孩子、残疾人这一特殊群体，我也经常做这方面的专题调研。作为新余市副市长，我挂点帮扶的贫困户就是一对残疾夫妻。我会每月定期去看望他们，积极帮助他们协调解决一些实际困难和问题，三年下来，我们慢慢成了亲人。《中国社会报》以《三位女市长的特别关注——老人孩子残疾人都不能落下》为题，报道了我和另外两位委员的提案内容。我还经常深入挂点贫困村调研，积极为乡亲们脱贫致富出谋划策。结合江西的气候特征和自然实际，建议村民发展茶油产业，实现脱贫。江西网络广播电视台 3 月 8 日以《会休人不休，女委员调研茶产业扶贫》为题进行报道。类似的还有：孩子可以拥有高质量的教育、群众可以拥有高水平的医疗服务等，这些都是我关心关注并积极去做的事情。针对全省普遍存在的教师编制不足问题，撰写的《关于加快建立完善中小学教职工编制周转池制度的建议》专报获得中共江西省委刘奇书记的批示。

我始终坚信，只要拥有一颗责任心，努力做一名有温度有情怀有坚守的新时代政协人，就一定能够完成组织交给我们的作业，为社会发展、人民幸福交上一份满意的答卷。

（2020 年第 6 期第 66—67 页）

漫谈政协建言的庄雅感

刘晓庄

我们都习惯于把政协委员提意见、提建议，“出主意、想办法”，陈述某种观点和主张等，简约地称之“建言”，也就是通常所说的政协“话语权”。

其实，话语权是全体公民的一项基本权利，只是政协委员的话语发声于“神圣的殿堂”，更受到人们的瞩目和关注。因此，政协委员的议政建言，不同于日常的普通发声，哪说哪了，说完拉倒，应当审慎从事，保持一种严肃而又亲切的庄雅感。

“庄雅”一词，在辞典中的解释是端庄典雅、庄重文雅。严复在《天演论》中专门提到：“译事三难：信、达、雅。”说的是翻译之事，应力求做到准确无误、通畅明了、词语得当。将“信、达、雅”的翻译理论寓意于政协建言的庄雅感之中，恐怕也是蛮贴切的。

如何理解和增强政协建言的庄雅感？大凡新时代的政协人都熟悉这四句话：“言之有据不道听途说，言之有理不主观臆断，言之有度不偏激偏执，言之有物不大而化之。”“四有四不”寥寥 36 字，既有“言质”又有“言值”，可视为人民政协议政建言的基本要求，也是政协话语庄雅感的集中体现。

“民主不是装饰品，不是用来做摆设的，而是要用来解决人民要解决的问题的。”人民政协作为专门协商机构，委员的议政建言是一种独特的民主形式，目的是要落实到“解决人民要解决的问题”上，只有“说得得体、讲得中听、提得得当”，才会发挥更加管用的实际效果。所以，围绕议政建言“四有四不”的要义，更加理性地运用好委员的“话语权”，讨论政协建言的庄雅感这一话题，在某种程度上还是具有一定的意义。

“讲真话天不会塌下来”。庄雅的语言首要是真实可信，实事求是。政协委员发声于道义，忠诚于真相，就必须坚定地站在人民的立场上，说真话、道真情。人民就是江山，百姓就是天地，“讲真话”不是“天塌”的事，而是“天大”的事。

“信言不美，美言不信。”无论在哪个时代，真话都是不可或缺的。委员建言就要坚持讲真话，万不要说一些虚情假意、随声附和、恭维奉承、让人起鸡皮疙瘩的瞎话。

“国事是国家的公事”。议政建言，共商国是，参与商议者堪称为铮铮“国士”。毛泽东曾经指出，“国事是国家的公事，不是一党一派的私事”，更不是哪一个人、哪一家的私事。议政建言是在履行公共事务，公事公办的前提是公私分明，秉持公心。致力于推进国家治理体系和治理能力的现代化，这是委员的本分和应尽的责任，无论是谁，都没有自大独尊、唯我正确、排斥别人、垄断一切的权力。

政协建言代表着公众利益，传递的是百姓群众呼声和诉求，以“人民的名义”发声，就应与一己之利的“私心话”绝缘，否则便亵渎了“政协委员”的圣洁性。把人民放在心中的最高位置，就不允许各说各话、各执一词。既不能不痛不痒、马虎应付，也不能以偏概全、夸大其词，更不能自以为是、动辄指责。不说外行话、过时话，至于图一己之名、谋一隅之私、逞一时之快而不假思索的“雷人”话语，则更如火中取栗，诚不足取，“雷言”终会遭到公众的“拍砖”而饱受诟病。

“唱高调就是官僚主义”。长腔高调、空话套话是形式主义、官僚主义的表现，是一大顽疾，严重影响到政协的话语体系。比如：发表意见说空话，提交建议说套话等。

“为老百姓造福，不靠高调唱得响。”无论何时何地，满口空话套话、只说不做的“唱高调”，群众不仅不欢迎，反而会被群众厌恶。在人民政协的大舞台上，提倡“热烈而不对立的讨论、真诚而不敷衍的交流、尖锐而不极端的批评”，实则是鼓励大家能够各抒己见、畅所欲言，说出心窝里想说的大实话。

“说群众听得懂的话”。政协语言应当彰显简洁明快、干净利落、通俗易懂的风格，为大众所喜闻乐见。建言过程中，避免叠加一些专业领域的学术词汇和毫无价值的繁复论证，刻意把简单的问题复杂化。如果硬要将打麻将述说成“研究信息不对称状态下的动态博弈”、打游戏阐述为“研究人工智能与情感供给侧的新兴组合”，可能会被认为是在卖弄艰涩的专业术语、深妙的技术参数而炫目唬人。只有在语言上产生广接地气的魅力，才能赢得理解和重视。

提升政协委员的睿智建言大格局、说服力，就“要向人民群众学习语言”，多提一些群众关心、百姓明白、便于操作的务实之策，把群众的事情说到群众的心坎上。关注大事不呈虚言，体贴小事不失情怀，紧扣发言主题，切忌枝蔓铺排、满舌生花，尽可能少说或不说一些似懂非懂、似清非清的程式化语言，因为“‘三点五点’，满耳生茧；‘三性五性’，读得没劲；‘三新五新’，都不愿听。”

“分析好，大有益”。政协的议政建言，通常是以议论作为主要的表达方式，类似于我国古代的“政论”。东汉崔寔著《政论》一书，其“严于道”，“下不受制于愚顽，次不纠缠于小智薄才”，针对时政要害，深入浅出、条分缕析，博得时人称赞。政论文体善于把抽象的概念同形象化的具体描述结合起来，不讲一大堆空洞无物的大道理，也不使用玄奥的推演，分析问题入木三分，论述事物娓娓道来，使理论变得通彻透亮。

政协建言的说理分析来自一份负责的诚意，应该以全局审时度势的辩证眼光，对事物进行充分研究论证，经过去伪存真地认真思考，做到既充分了解问题实际情况，又充分了解问题的来龙去脉。围绕发展之困、改革急需、社会关注的重大问题，在调研实践中尽量多地掌握第一手素材，大处着眼、小处着手，背景分析要透彻，议论精当不敷衍，对策建议有见地、不雕琢、不粉饰，这样才可达到“不大而化之”的要求。

有人把协商当成西式的民主争吵，把建言误解为一种“提批评、提意见”的专利，自吹自擂、自以为是，当别人的观点与他们不符，便进行人身攻击和斥责。如此“建言”，只是图个“热热闹闹搞形式，风风火火走过场”，表面上吹吹打打好听好看，实际上浪费了时间和精力，长期以往会令人生厌。

建言内容得到领导批示，受到有关部门重视，进而被采纳实施，当然是件好事，但也不可过多地作为炫耀资本，应持续跟踪、深入研究，还有许多后续工作接着要做。如果意见建议当下未获采纳，并不意味着没有被重视，应该换位思考，自我检视，进一步广泛征求意见，提升建言质量，做实成色和底色，决不能吹嘘自我、讥评他人。如同许多事情一样，政协建言也需要久久为功、水到渠成。

“把握好说话轻重的分寸”。政协建言从来就不是靠说了算，而是靠说得对、说得准，其中包含了一个理性中肯、把握分寸尺度的道德修为问题。建言的庄雅感离不开话语的分寸感，率真直言诚然可贵，但说无妨却有规矩，政协是带有鲜明政治性的组织，委员建言都要以坚定正确的政治立场作为前提和基础，掌握适当标准或限度，不触底线、不越红线、不走偏线，切实发挥凝聚正能量、补台不拆台的作用。

树立政协建言的庄雅感，委员应该说出符合政治角色的话，不走调、不出格，不刻意去“找茬口、挑横刺、使绊子”，而是勠力“找到最大公约数，画出最大同心圆”，做到党委想什么委员议什么、政府干什么委员帮什么、百姓需什么委员说什么，一定要把握好这个度。针对社会上的某些现象和杂音，要正面发出政协的“好声音”，释疑解惑，凝心聚力，共同把中国的事情办好。

政协建言，“说”者要庄雅，“听”者也要庄雅，相辅相成方可集结成为统一的庄雅感。习近平总书记曾借用“裴矩佞于隋而诤于唐”的历史故事，告诫领导干部一定要本着“言者无罪，闻者足戒”的原则欢迎和鼓励别人讲真话。在中央政协工作会议暨庆祝中国人民政治协商会议成立70周年大会上，习近平总书记又一次强调，“能听意见、敢听意见特别是勇于接受批评、改进工作，是有信心、有力量的表现”。栽下梧桐树，引得金凤来，只有具有“能听、敢听”的广阔胸襟，才能营造“能说、敢说”的良好氛围，政协建言的庄雅感因此在新时代更加独具一格、别开生面。

（2020 年第 9 期第 64—65 页）

浅说建言资政树“鲜花”

刘晓庄

我在一篇文章中提到：建言资政不是一味揭“疮疤”，同时也要树“鲜花”，即树立榜样和典型。对此应如何理解？不妨结合现实来认识这个问题。

比如，在庚子年新冠肺炎疫情中，有“鲜花”也有“疮疤”。人们既看到了温暖的人性光辉与璀璨，也发觉了丑陋的灵魂扭曲与自私；既目睹了全国战“疫”一盘棋，四面八方来支援，也检视了在疫情防控工作中出现的不足与缺陷。“补短板、堵漏洞、强弱项”，疫情防控将是一项长期工作任务，也是政协议政履职的一份长期责任。

在建言资政过程中，坚持问题导向，通过大力弘扬主旋律，传递社会正能量，充分发挥先进典型的榜样作用，用真善美的优秀事迹教育人、感染人、鼓舞人、警醒人，并以此鞭挞社会的一些不良现象，纠正工作中的一些偏差，不断健全和完善工作机制，等等。这些，都可以看作建言资政树“鲜花”的题中要义。

在人民政协的话语体系中，通过协商形式提出批评性的意见和建议，哪怕尖锐一些亦属正常，但不能偏激偏执、指手画脚或道德绑架。与此同时，还要善于树立“鲜花”的标杆、弘扬模范的榜样、汇集共识的力量，在此基础上，以更好地表达让推动事业不断进步、促进社会文明风尚、开创工作崭新局面的愿望和主张，产生乘积效应，取得建言资政的倍增效果。

值得一提的是，政协建言树“鲜花”，并非不顾社会影响，由着性子敲锣打鼓、歌功颂德，一味拍掌喝彩、高唱赞词，而是要通过揭“疮疤”与树“鲜花”两个方面，激励社会革除弊端，以儆效尤警示未来。因此，树“鲜花”是一件十分严肃而又理性的事情，千万不能出现逻辑悖论或产生歧义。

“鲜花”献给最可爱的人。一场全民参与的防控新冠肺炎疫情阻击战，塑造了我国医务工作者的英雄群像，其中既有钟南山、李兰娟等著名医学专家，也有诸多承受着常人难以想象的身体和心理压力的医护人员，他们奋斗在战“疫”一线，真正做到了救死扶伤、大爱无疆，不愧为“最美的天使、时代的英雄”。此外，还有从抗疫斗争中涌现出来的千千万万社区工作者、快递小哥、环卫工人等普通人物，他们默默无闻、夜以继日、连续奋战，而往往以“这是我的本分，换成你也会这样”的言辞谢绝各种荣誉。

不能把“疮疡”当“鲜花”。有一句大家耳熟能详的鲁迅先生名言：“自古以来，就有埋头苦干的人，有拼命硬干的人，有为民请命的人，有舍身求法的人……这就是中国的脊梁。”堪称“中国的脊梁”和“民族的先锋”，诚然是那些值得接受“鲜花”的人、值得时代敬佩的人，政协建言要树立的“鲜花”，要讴歌的对象，正是这种铁骨铮铮、一身浩然正气的人物群体。

鲁迅先生还说过：“即使无名肿毒，倘若生在中国人身上，也便是‘红肿之处，艳若桃花；溃烂之时，美如乳酪’”。拿肉麻当乐趣，把“疮疡”当“鲜花”，极尽吹捧和奉承之能事等“劳什子”话语，无视苦难，缺乏悲悯。如此这般语言令人不屑甚至不齿，必须毫不留情地在建言资政话语体系中摒弃。

树立“鲜花”还要精心打理。曾经听说过一则小故事：某人挖树，树挖走了，留下一个大坑，挖出的树根丢在路旁，锯掉的树枝一片狼藉；另一个人挖树，树挖走了，坑也填平了，还栽上了一棵小树苗，锯掉的树枝晒干当柴烧，砍掉的树根做成了根雕。显然，故事中的两种挖树方法，得到的是两种截然不同的结果：第一个人只求简单地取得当下利益，却没有处理好此后该做的事情；第二个人不但把相关事情打理得井然有序，而且还可获得未来久远的效益。

这则故事给人以深深的启示：建言资政树立典型，不但要“挖树”，还要“填坑”、繁育新的小树，接着用好用足大树的资源，使其作用发挥到极致，绝不是一“挖”走人、一“树”了之。“留香”而不“留坑”，原本就是“鲜花”的高贵品质。实际上，对于“鲜花”的精心打理、细心呵护比简单的“树立”更有意义。先进典型的成长不是一帆风顺，也不可能尽善尽美，要防止出现“春风得意马蹄疾”导致的“马失前蹄”。所以，对先进典型既不能扼杀，也不能捧杀，应该做到“扶上马”“送一程”，犹如一棵果树需要园丁修枝剪杈才能硕果满枝，模范人物的成长须臾离不开适宜的周边环境和人们的悉心培植。

“鲜花”是面明亮的镜子。“鲜花曾告诉我你怎样走过，大地知道你心中的每一个角落。”在纪念红军长征胜利80周年大会上，习近平总书记给大家讲述了“半条被子”的生动故事。1934年11月，长征路上，在湖南汝城县沙洲村，3名女红军借宿徐解秀大娘家中，临走时把自己仅有的一床被子剪下一半给大娘留下。大娘逢人便说，“什么是共产党？共产党就是自己有一条被子，也要剪下半条留给老百姓的人。”多少个岁月悄然过去，3 名女红军依然像绽放在春天里的鲜花，是那样绚丽多彩、光彩夺目。

故事不胫而走、迅速传开，感动了全国，暖在人们的心窝窝。寒冷的冬天，“半条被子”意味着生命的寄托，慷慨地剪下送给老乡，那是初心、是精神、是品格，是党群血肉联系，是行动力量源泉，也是一面闪闪发光的明镜……历史烛照时代，榜样传承情操。在新冠病毒突如其来的时候，数万医务人员义无反顾，无惧生命危险“逆行”前线，从他们身上，我们仿佛看到了当年 3 名女红军的崇高形象。春光明媚百花香，也有病毒在疯狂。那些疯狂敛财的猥琐贪官，与剪下半条被子留给老乡的女红军相比照，让人懂得什么才叫“卑鄙是卑鄙者的通行证，高尚是高尚者的墓志铭”。

让“鲜花”代替建言的话语。高山无语，却体现了巍峨；鲜花无语，却散发出芬芳。树“鲜花”能够“一花引来百花开”，树典型召唤“芙蓉国里尽朝晖”。当前，在物质生活达到一定程度的同时，公民对道德精神方面的需求不容忽视。世态炎凉、人性冷漠的拷问还在持续，向上向善、孝老爱亲的美德赓续传承，空洞枯燥的说教滋润不了人的心田。“待到山花烂漫时，她在丛中笑”，鲜花释放出来的一缕缕芬芳、一阵阵馨香，却令人无比向往。

“万紫千红春满园”，这是人们孜孜以求的意境，大家都渴望从先进人物的事迹中满足自我需求，获得裨益自身的道德营养。作为社会的管理者，政府也希望能出现一批催人奋进、带动社会进步的典型人物。“于无声处听惊雷”，如改革开放之初，一篇《哥德巴赫猜想》，把勇攀科学高峰的陈景润呈现在公众面前，吹散了一度漠视文化知识的沉郁风气，迎来了科学的灿烂春天；顽强拼搏、为国争光的中国女排，以“五连冠”战绩，让国人重振精气神……先进典型成为拨乱反正、重塑社会价值的旗帜。春风化雨，润物无声，树“鲜花”足以替代和省却那些“正确”却空泛的话语，在榜样人格魅力潜移默化的感召下，人们“在一点一滴中完善自己，从小事小节上修炼自己，以自己的实际行动学习先进、保持先进、赶超先进。”

收获“鲜花”之后的累累果实。时光如流，春华秋实，鲜花之后便是一串串沉甸甸的硕果，而果实也曾是怒放的一朵朵鲜花。恰如一位年迈的父亲对洋溢着生命活力的儿子所言：“鲜花把生命绽放在美丽的花瓣上，果实把生命凝聚在盔甲内。”建言资政要善于树立“鲜花”，同时还要善于收获丰硕的果实。因为先进典型承载着时代的主流精神诉求和价值取向，这是一笔无形的宝贵精神财富，能够在人民群众中引发共鸣。

“榜样是看得见的哲理”，典型是无穷的政治力量。抓好典型宣传是中国共产党思想政治教育的有力手段，也是汇集人心和力量的重要法宝。一个个先进典型、一束束信仰火花、一场场战斗洗礼、一次次生动实践……为人民政协建言资政、凝聚共识源源不断地输送了活跃跃的精神力量。伟大征程离不开榜样的接续和传承，政协建言有必要把树立典型和总结经验统一起来，一遍遍耕耘、一茬茬收获，慎终如始、再接再厉，才能让榜样的种子在中华大地上一次次生根、发芽、开花、结果。

站在新的历史交汇点，观看世界风起云涌，我们有责任在政协的建言中树“鲜花”，发挥榜样的鼓舞作用，汇聚实现中华民族伟大复兴中国梦的强大正能量，求得最大公约数，画出最大同心圆，广泛团结，携手奋进，共同荡涤社会上的一切污泥浊水。在攻坚克难中，努力创造属于新时代的光辉业绩，中国将迎来一派宏伟的新气象！

（2020 年第 12 期第 66—67 页）

江西省政协：工作改变“一小步” 质效提升“一大步”

蔡久伟

“你们昨天报送反映防汛救灾的《社情民意》专报，省委书记、省长当天就批了。”7 月 15 日一大早，江西省政协机关机要员涂继锋一路小跑，给宣传信息处送来了省委、省政府领导的批示复印件。

自今年 2 月省政协创办《社情民意》专报以来，15 期专报，省委书记、省长批了 14 次，而且“当天送达当天批”的就占了一半多，催生了 13 份文件的出台，推动省直有关部门采取 35 项务实举措。

一纸社情民意信息，何以书记省长如此“偏爱”？这还得从江西省政协对反映社情民意信息工作的系列“改变”中找到答案。

“效率就是生命！”

年初，一场新冠肺炎疫情席卷全国。这时，群众急什么、盼什么、有什么困难？社情民意连通的是民心，反映的是民情，集中的是民智，广大政协委员以反映社情民意的形式贡献自己的力量。“取消私家车尾号限行降低乘坐公交人群交叉感染风险”“聚众购买口罩易引起交叉感染，建议口罩销售改为‘网络预约，送货上门’”……

效率就是生命！怎样加快社情民意信息的反应速度？如何使这些“小信息”发挥“大作用”？“出专刊，每期刊发一至两条优秀信息，第一时间直报省委、省政府领导。”省政协主席姚增科作出明确指示。

2月13日，第一期《社情民意》专报火速出炉，针对疫情防控期间春茶采摘、生产、销售等问题，建议政府相关部门尽早拿出应对方案，从采茶制茶的人员组织安排和疫情防控管理两方面着手，各产茶区政府帮助茶企筛选拟录用的采摘人员等。2月14日，省长作了批示，要求相关部门调研拿出应对之策。省农业农村厅针对茶企可能存在的用工不足问题，提前开展劳务联系，严格落实防疫措施，有序有力推进复工复产，截至3月10日，全省茶叶龙头企业全部复工复产。

既要对外“出手”快，更要对内“流转”畅。为加快信息采编报送速度，省政协建立了《社情民意信息工作应急响应机制》。“那时的我们就像陀螺，节假日不休、24小时轮流值守，做到当日信息当日收、编、发。”相关工作人员告诉记者。

“来一次工作方法大变革！”

反映社情民意不能只图快，只有又快又好，才是真的“好”！

什么是“好”？信息反映问题紧扣“牛鼻子”，所提建议算得上“金点子”，推动问题解决实打实。

怎样才能抓住“牛鼻子”问题？“‘沙里淘金、好中点优’，这可是个技术活！还得使用集体会商这个‘法宝’。”省政协主要负责人说。

“必须来一次工作方法大变革！”省政协决定对外实行“政协人＋政府人＋专业人”的优秀社情民意遴选机制。

“我们对来稿先行会商，遴选出一些优秀篇目，再分头咨询政府职能部门人员和业内专家学者。”宣传信息处干部汪贤德说，“一个专报至少得征求10余人次的意见，有时还得面对面讨教呢！”

而对内则实行：“扁平化”管理、“围读”商量。

变一人执笔、层层画圈“一人说了算”的垂直管理模式，为多人“执笔”、面对面商量“多人说了算”的“扁平化”管理、“围读”商量。“省政协领导也常和我们面对面讨论呢！”宣传信息处干部鲍雪芬说。

“改变”带来的变化显而易见

方法一变，质效大增。

针对疫情下普惠性民办幼儿园生存“告急”的情况，郑艳斐等委员提出：协调减免房租，设立民办幼儿园房租专项补贴等5条建议。

“在接到省长批示后，分管副省长召集省直有关部门召开协调会，会后出台了有关‘全省普惠型民办幼儿园帮扶工作的通知’……所提的5条建议，逐一得到落实。”这是省委办公厅督查通报中对省政协《社情民意》专报办理情况的描述。

哪里有经济社会发展大事，哪里有百姓难事、闹心事、揪心事，哪里就有委员们的社情民意信息。

今年长江鄱阳湖发生流域性超历史大洪水，省防指于7月11日10时启动防汛一级响应，这是2010年以来江西省首次启动防汛一级应急响应。当日，省水文局洪水红色预警显示，受强降雨及长江中游来水共同影响，鄱阳湖水位未来5天将持续上涨且可能发生超历史最高洪水。

防汛抗洪是头等大事，政协委员哪能置身事外呢？省政协常委、江西的“老防汛”朱来友等多位委员实地参战，观察发现，南昌、九江、上饶等重灾区防汛工作中存在着基层防汛人员“紧张感”不足，“上热下温”的现象。他们及时向省政协反映社情民意信息建议：各级领导应进一步传导中央和省委、省政府的防汛抗洪要求，明确分工与责任，“乡干部到点、县干部包片”，沉到一线去，有效改变“上热下温”现象，真正压紧压实防守责任……

省委书记、省长等省领导对这些《社情民意》专报“当天送达当天批示”：“报告指出的问题一针见血、提出的建议务实管用。请省防指认真研究落实……”“要认真部署相关工作，切实加强危化品常压罐车监管，确保人民群众生命财产安全……”

责任部门立即行动。省防汛指挥办及时派出巡察组，督促各地进一步将责任压实……

这已成为常态。

“领导有担当，政协有作为！我们会继续努力，担当好政协委员的职责！”在得知自己反映的社情民意得到省领导重视、职能部门充分吸纳其建议后，纪伟鹏委员激动地说。

“改变”带来的变化显而易见。据统计，今年6月，全年过半的时候，省政协宣传信息处收到社情民意就已达2000余条，超过了去年全年的总量。

"只有不断创新，才能提质增效；只有精准立项、精心解答，才有精品呈现，才能实现反映社情民意信息这项平常工作的'不平常'。"省政协秘书长汪爽说。

（2020 年第 21 期第 58—59 页）

江西省政协：
"围"出共识　"读"出共为

杜　宁　涂　颖

非常之年，履职尽责，提质增效，更需创新之为。走进江西省政协机关，总能听到的一个高频词——"围读"。

这是今年上半年，应对新冠肺炎疫情，不能像往常一样走出去，江西省政协推进协商议政履职项目采取的新做法。

方方面面围坐一起，开展经常性学研、商量，既分享专业、政策、理念、知识，又相互碰撞，在交流交锋中交融，凝聚共识，促进共为。

牵出"牛鼻子"　寻找"金点子"

"识得庐山真面目，首先要找到问题症结。"牵头今年第三季度关于"做实唱响'庐山天下悠'品牌"常委会会议协商课题的江西省政协副主席李华栋说。

3 月 3 日至 25 日，承担协商课题项目的江西省政协文化文史和学习委员会，半个月内接连召开三场"围读"会。

中共江西省委、江西省政府对庐山资源管理难题破解非常重视。从目前庐山的影响力以及研究，到新旅游产品开发，专家学者、旅行社经营者、普通游客等，走进省政协集体"围读"。

省政协党组书记、主席姚增科一场不落："越读越有味道。"

多方面碰撞，多维度解题，大家认为，理顺一山多头管理体制思路，是庐山当前亟待破解的难题。

于是，省政协文化文史和学习委员会聚焦"管理体制"，进一步上山"围读"，两次邀请旅游开发集团、一线工作者参加，面对面听取意见建议，有了更加切身的体会，最终形成《做实唱响“庐山天下悠”品牌》调研报告，提交省政协主席会议审议。

通过“围读”，“旅游康养产业发展”课题组调研侧重点更加明确；“我省中医药传承与创新发展对策研究”课题组的委员们竞相讲述“我与中医药故事”；“提升林质林相”课题组不仅进一步吃透政策，而且发现了适合参与课题调研的委员们……

“省政协不等不靠，巧作为，凝聚更加广泛的共识，为实地调研做足准备。”省政协文化文史和学习委员会主任辜清说，“围读”不是“你告我知”的座谈会，更强调“互动互辩互印互证”，“范围可以扩大再扩大，问题可以聚焦再聚焦”。

碰撞越深　凝聚越多

“土地受让人须引进10家及以上虚拟现实产业联盟自2019年起每年发布的全国VR50强企业入驻该地块”……近日，江西省南昌市人民政府办公厅批复了11宗经营性用地，其中，VR科创城地块“苛刻”的竞买条件，源自江西省政协报出的一份专报。

2018年首届世界VR产业大会在南昌召开，习近平总书记向大会发来贺信。2019年5月，习近平总书记时隔三年再次亲临江西视察，关切询问江西VR产业发展。

牵头该课题的江西省政协党组副书记、副主席陈俊卿说，作为永久会址，如何抢抓VR产业发展先机，推动江西高质量跨越式发展？省政协历来关注。去年省政协围绕中心工作，将此课题列为重点协商课题。今年在去年协商的基础上，就文稿起草又多次进行座谈“围读”、延展调研，内外上下广泛协商，汲取各方智慧，画出最大同心圆。

如何进一步形成VR产业发展的共识？政协人+政府人+专家人围坐在一起，围绕政府与市场协同发力、核心产业对关联产业带动效应、金融支撑与龙头企业引进等，各抒己见，深入研讨。“省政协领导一问二问三问，问得我心里发慌。”“围读”现场，作为“政府人”来参会的南昌市工信局副局长邱胜，悄悄碰了碰邻座的省工信厅软件服务处处长聂云霞，低声说道，“不是发自内心地高度重视，没有真情实感，很难这样刨根究底。”

“那是一次生动的党课教育，切实感到省政协是一个讲真话道实情，大有作为的地方。”邱胜说。

书香政协　励志分享

“今年过了一个特别难忘的青年节。”省政协机关干部李德伦说。

4 月 28 日，省政协举办“牢记使命担当、不负青春韶华”机关青年干部读书活动，李德伦等五位青年干部围绕《习近平的七年知青岁月》《习近平在厦门》《习近平在宁德》三部采访实录，与大家分享阅读体会。

为了更加系统了解习近平总书记的成长经历，会前省政协机关干部叶丹自我加压，还追读了规定书目外的《习近平在正定》。

“总书记仅读《资本论》做笔记就多达 18 本。”

“他在梁家河插队的 7 年，是苦干实干的 7 年，生动诠释了‘干在实处、走在前列’。”

……

大家你一言我一句，从习近平总书记一个个为民报国从政鲜活故事中，加深了对党的创新理论的理解和认识。

“这是一套做好新时代政协工作的生动教材，是指引青年党员干部成长历练的精准坐标。”

“作为一名政协新兵，要为老百姓办好事，通过各种形式服务群众。”

……

原著读了多少本？原文学得怎么样？省情掌握足不足？参加“围读”的姚增科，以及省直机关工委、团省委负责同志还不时与大家交流。

团省委负责同志认为，把薄的读厚是这场“围读”会的意义所在。省政协办公厅副主任、机关青工委主任邓杰说，青年干部们把书读“活”了，读出了信念、读出了忠诚、读出了担当。

在江西防汛抗洪抢险救灾中，7 月 14 日，省政协机关发出组建防汛救灾青年突击队动员号召后，不到一小时，40 多名青年干部踊跃报名，最终 11 人入选，并立即奔赴九江市湖口县舜德乡抗洪抢险一线，抢修水毁公路、装填运输沙袋、加固塌方点、护送返乡中考生……舜德乡党委书记周漯说，“这帮小伙子干活真给力！”

（2020 年第 22 期第 60—61 页）

有了发言权　还要会发言
有效行使协商议政话语权的学习与思考

姚增科

习近平总书记指出，“语言的背后是感情、是思想、是知识、是素质。”政协委员的话语权，不仅是有话可说的权利，还包括怎样说话的艺术和能力。提高协商议政质量和效果，需要重视改变“有话不会说”“有理说不清”等现象，做到有了发言权，还要会发言。

一、了解协商对象的关切和需求点，讲有的放矢、点到穴位的话，力戒不分场合、不看对象，离题跑调

满足需求的供给才是有效供给。需要注意这样的现象，“与新社会群体说话，说不上去；与困难群体说话，说不下去；与青年学生说话，说不进去；与老同志说话，给顶了回去。”有位政协委员分享履职经验讲到，花 80% 的时间了解受众需求，花 20% 的时间写作讲稿。对话“贷款难、贷款贵”的企业家，不能开口就讲金融“流动性”等高大上的话；对话为“上学难、上学贵”发愁的群众，不能津津乐道高校“双一流”建设等答非所问的话。

二、注意摆事实、用数据，讲客观辩证、令人心服口服的话，力戒刻意回避矛盾和问题，讲你好我好、报喜不报忧的话

实事求是是我们党思想路线的精髓，也是协商议政、凝聚共识的原则。多讲真话、实话、心里话，包括刺耳、尖锐一些的话，少讲、不讲放之四海而皆准但于事无补的话。我国实现从站起来、富起来到强起来的历史性飞跃，“两大奇迹”世所罕见，伟力在于政治优势和制度优势。同时也要看到，全国仍有几亿人每月收入很低，发展不平衡、不充分问题依然突出。这样用“两点论”分析问题，就能使全国上下更加坚定“四个自信”，又保持忧患意识、居安思危。

三、抓关键抓要害，讲旗帜鲜明、直奔主题的话，力戒绕弯子兜圈子，模棱两可、含糊其词

从一定意义上讲，“宁要片面的深刻，不要全面的肤浅。”提倡什么、反对什么，开门见山，口口到馅，要言不烦。谈及美对华为极限打压和华为积极应变，有位政协委员表示，“企业立于不败之地的灵魂是企业家精神，王道是创新”，一语中的，扼在其要，凝聚广泛共识。针对有的“讲先进就是外国的，讲问题全是中国的”现象，一位著名学者指出，欢迎建设性的批评，但拒绝“意在沛公”的抹黑，解决制约我国高质量发展的难题，哪一条靠的不是中国自己？鞭辟入里回应的背后，是真理的力量、实践的逻辑。

四、阐述政策性、理论性、专业性强的问题，讲深入浅出、通俗易懂的话，在协商场合力戒从抽象概念到复杂逻辑，苦口婆心但曲高和寡

无论就哪一方面专门性问题协商议政，都应面向受众，善用群众语言说话。毛泽东同志修改《遂川县工农兵政府临时政纲》，把“废除聘金聘礼，反对买卖婚姻”改为“讨老婆不要钱”，“反对虐待儿童”改为“不准大人打小孩”，“废除债务”改为“借了土豪的钱不要还”，老百姓一听就懂。在一场关于量子通信安全性的远程协商对话中，有位科技界的委员讲：“就像发送一则写在肥皂泡上的信息，如果有人想在传输时拦截它，只要一触碰，肥皂泡就会被捅破。”寥寥数语，便使大家了解了有关作用与机理。

五、善于运用故事、比喻、案例，讲生动形象鲜活、接地气的话，力戒平铺直叙、语言干巴、平淡乏味

讲好故事、用好比喻，可以使话题有意义又有意思，在轻松的氛围中，把事情说清楚、道理讲明白。针对新中国刚建立时有种认为民主党派“可有可无”的看法，毛泽东同志讲，“民主党派不是一根头发，而是一把头发！不但要继续存在，而且要继续发展”，生动地揭示了民主党派作用和统一战线工作的重要性。“敌人是钢多气少，我们是钢少气多”，毛泽东同志精辟的总结，揭示了我军赢得抗美援朝战争胜利的真谛。“共产党就是自己有一条被子，也要剪下半条给老百姓的人”，习近平总书记曾这样深情讲述“什么是共产党人的初心和本色”。

六、注重协商互动、切磋琢磨，讲有思想碰撞、观点交锋的来回话，力戒把协商议政变为照本宣科，自说自话、互不搭界

石头碰撞才能产生火花。通过互动，可以就关注的热点问题，即时问答，交换不同甚至相反的意见，最终达成共识。VR 是一项能使人如临其境、沉浸其中的前沿技术，围绕该产业发展专题协商，就先抓什么、后抓什么，委员们见仁见智，讨论热烈。有的认为，心是英雄钱是胆，离开钱寸步难行，抓好融资就抓住关键；有的则认为，过去是钱比人贵，现在是人比钱贵，抓住人才就抓住关键；还有的认为，没有需求就没有市场，没有市场就没有产业，要把产品应用推广放在首位，等等。经过与专家学者、职能部门多方交换、比较、反复，最后形成按照“应用推广”“金融支撑”“人才引育”有序统筹推进的共识，所提对策建议可操作、可落地，得到决策者采鉴。

七、敢于直抒己见，讲独立思考、和而不同的话，力戒人云亦云、老生常谈，吃别人嚼过的馒头、“炒冷饭”

协商建言应多出新点子，只要对国家和人民有利，就敢于发声，知无不言、言无不尽。一位全国政协委员曾说，“不敢不善担当尽责就不当政协委员”。数年前，在坚持稳定现行生育政策背景下，多位委员呼吁尽快放开二孩，但争议很大。事实证明，全面放开二孩后，并未引发生育高峰。有位全国政协委员多年前就发出“尽快出台《物权法》”的呼吁，随后连续撰写提案，建议最终受到采鉴，被称为“《物权法》提案第一人”。

八、进行国际比较，洋为中用，讲具有世界眼光的话，力戒关门论道、坐井观天

在经济全球化时代，关起门来想问题、办事情，意味着倒退。协商“国之大者”，当着眼“两个大局”。在“卡脖子”技术的话题讨论中，有位委员讲，“我们是制造大国，还不是制造强国，从飞机到芯片制造等许多领域的关键技术仍受制于人，要有应对的充分准备”，深化了大家对“科技创新主动权只有牢牢掌握在自己手中，才能赢得未来”的认识。在围绕“饭碗怎样才能端稳当”协商议政中，有位委员指出，种业是农业的“芯片”，是确保国家粮食安全的源头。他介绍说，我

国能造出航母、核潜艇，但种子产业与发达国家比，差距很大。这位委员结合国际现状进行有说服力的比较分析，受到在场职能部门的高度重视，所提多条务实建议成为出台有关文件的重要参考。

（2020 年第 23 期第 24—26 页）

2021 年

赣鄱土地花正红

李香钻　蒲水涵

“江西到处是红星闪闪、红歌嘹亮、红旗漫卷，有说不完的故事、讲不尽的经典。”江西省政协文化文史和学习委员会专职副主任傅兆良说。

红色，也许是江西最为厚重的底色。且不说巍巍井冈山、滔滔于都水，仅南昌这座英雄城就有无数的红色印记。“东进，东进！我们是铁的新四军……”伫立在南昌新四军军部旧址陈列馆展厅英烈墙前，凝视着为国捐躯的新四军先烈名录，记者仿佛听到了那首雄壮激昂的《新四军军歌》。

党的历史是最生动、最有说服力的教科书。江西省政协主席姚增科强调，用足用好我省丰富独特的红色资源，在传承红色基因中坚守初心，担当使命。近年来，江西省政协围绕用好用足红色资源、讲好讲活红色故事、推动红色旅游高质量发展履职尽责，让红色更红，也让政协履职品牌更靓。

学习与感悟

在采访中，记者被一个个英雄先烈的故事所感动。

“我的爷爷，敌人连开七枪岿然屹立不倒。”江西省政协委员、景德镇市政协主席张春萍说。

张春萍的爷爷，是曾在方志敏领导的红十军英勇战斗的烈士张仁海。1940 年，因为叛徒出卖，张仁海被秘密逮捕。受尽严刑拷打后，敌人又来诱降，表示他只要发表脱离共产党的声明就可获释，张仁海大义凛然地说："既然已经被你们抓到了，悔过自新书没有，脱党声明没有，要杀要剐随你们便。"他牺牲前还大声高呼："中国共产党万岁！打倒国民党反动派！"

"重温这段亲人英雄故事，我心情久久不能平静，深刻感受到中国共产党人崇高理想信念和伟大革命精神，深切感悟今天生活来之不易，是革命先烈用生命铸就。"张春萍说。

像这样的故事还有很多。革命战争年代，江西有名有姓的革命烈士有近 26 万人。当年兴国县 25 万人，有 8 万人参加红军；瑞金县 24 万人，有 5 万人参加红军和地方武装；两年零四个月的井冈山斗争中，牺牲近 4.8 万英烈，平均每天有近 60 人失去生命……不少委员感慨：每次缅怀革命先烈，思想都受到洗礼，心灵都产生触动。

保护与利用

近年来，江西省政协大力推动红色文化课题调研，继将"红色资源保护与利用"列为 2019 年重点协商议题后，2021 年又将"发挥红色资源优势，增强红色基因传承效果"列为重点协商议题，持续发力，久久为功。姚增科主席多次作出指示批示，并带队调研 1 次，先后参加调研座谈会、"面研会"5 次，10 多次批转有关学鉴材料共 20 多万字。

调研组在加强和改进调研工作上狠下功夫，改集中上门介绍情况为登门听取意见，改召上来座谈到沉下去交谈，改在机关座谈为到现场访谈，改大队人马集中调研为"小分队"抽查式调研。节日期间还组织委员以普通游客身份开展体验式调研。调研组每到一地，不管调研搞得多晚，晚上都要召开调研组座谈会，交流调研心得。调研的交流讨论不仅仅是在座谈会上，即便是在赶赴实地调研点的行车途中，委员们仍旧沉浸在课题中，你一言我一语，就所了解的情况谈自己的看法建议。

这项持续三年的红色文化课题调研成效如何？

——助推了有关问题的解决。调研组坚持边调研边发现问题边研究提出解决对策，有的问题是现场反馈现场解决，有的问题是通过向主管部门反映助推解决，有的问题是通过推动江西省委、省政府出台有关文件从源头上解决。中共江西省委办公厅、江西省人民政府办公厅印发的《关于推进红色文化资源保护与开发利用工作意见》

就充分吸纳了调研组意见建议。

——引起了江西省委、省政府和有关职能部门对“红色资源保护与利用”问题的高度重视，出台了相关政策措施。

——“我省红色资源保护与利用”专题调研成果入选“2019年江西智库峰会”论文集，并由省政协文化文史和学习委员会一名副主任作为代表在智库峰会上发言，产生了良好的社会反响。

“虽然课题没有结项，但总体效果是好的。今年的调研，对全省红色资源保护与利用工作也起到了督促和推动作用。”傅兆良告诉记者。

传承与践行

今年江西省政协十二届四次会议期间，不少委员聚焦“红色”，提交了《关于彰显个性品牌，引领红色旅游，打造经济新增长极的建议》《关于在党员中开展庆祝建党100周年“红色故地”学习建议》《加强与规范红色研学旅游项目开发的建议》《关于进一步加强我省红色标语保护利用的建议》等提案。江西省政协提案委员会专职副主任余慧川一边介绍每份提案的缘由及重点内容，一边打点明日外出调研的行囊：除了调研提案工作外，她还打算宣讲学习方志敏烈士事迹的心得体会。

人总是要有一点精神的。在江西孕育的井冈山精神等，是中国共产党人的精神谱系的重要组成部分。不少委员表示，要大力发扬红色传统、传承红色基因，始终保持革命者的大无畏奋斗精神，鼓起迈进新征程、奋进新时代的精气神。

在上饶市玉山县清贫园和弋阳县方志敏纪念馆，委员们向革命先烈敬献花篮、默哀并行三鞠躬礼；在中国工农红军北上抗日先遣队纪念馆和方志敏故居，详看一幅幅史实图片，细听一个个感人事迹……4月28日至29日，江西省政协组织住赣全国政协委员赴上饶市开展党史学习教育，学习感受中国共产党领导人民进行革命斗争的光辉历程。住赣全国政协委员梅国平说，要充分运用好江西红土地上丰富的红色资源，将红色基因注入思想政治教育，融入思政课堂内外。

“唱支山歌给党听，政协爱党是初心。江山从来属人民，人民政协为人民”……5月19日，由江西省政协办公厅精心组织录制，机关干部演唱的庆祝建党100周年群众歌咏活动宣传片《江山》，一经发布便获得各方点赞。此外，省政协机关青工委、省青联联合举办“党史青年说”主题演讲比赛，涂婷婷等省政协委员与省政协机关青年干部共12位参赛选手，结合个人亲身经历、所见所闻，讲故事、谈体会。江西省政协秘书长汪爽说，此举“既丰富了学习内容，又创新了学习形式，有力推进党史学习教育走深走实、入脑入心”。

“中国一定有个可赞美的光明前途”。出生于江西弋阳、牺牲于南昌的方志敏的预言已成为现实，并激励后人不忘初心，继续前进。“为了红色尽染赣鄱大地，我们将继续努力。我们坚信浸透了烈士鲜血的红色资源，一定会在新时代焕发出耀眼的光芒。”傅兆良说。

（2021 年第 11 期第 37—38 页）

同向凝聚共识　画出最大同心圆

赵　波

人心是最大的政治，共识是奋进的动力。习近平总书记强调，加强和改进人民政协工作，要“把加强思想政治引领、广泛凝聚共识作为中心环节”。各民主党派要弘扬优良传统，切实加强自身建设，加强思想政治引领，努力把中国特色社会主义参政党建设提高到新水平。

凝聚共识，是新型政党制度的内在要求。民主党派不是在野党、反对党，也不是旁观者、局外人，而是在中国共产党领导下参与国家治理的参政党。民主党派围绕国家经济社会发展重大问题献计出力，是中国特色社会主义事业的亲历者、实践者、维护者、捍卫者。新型政党制度通过把各个政党和无党派人士紧密团结起来、为着共同目标而奋斗，有效避免了一党缺乏监督或者多党轮流坐庄、恶性竞争的弊端；通过广泛协商凝聚共识、凝聚智慧、凝聚力量，有利于达成思想共识、目标认同和行动统一，有利于促进政治团结和有序参与。回顾历史，各民主党派始终坚守合作初心，矢志不渝同中国共产党想在一起、站在一起、干在一起。当今世界正经历百年未有之大变局，国际环境日趋复杂严峻，不稳定性不确定性明显增加。我国进入新发展阶段，发展不平衡不充分问题依然突出，改革发展稳定任务依然艰巨，社会思想文化呈现多元多样多变趋势。当此之时，民主党派更要做好成员和所联系界别群众的凝聚共识工作。

一是坚持中国共产党领导的根本政治原则。坚持中国共产党的领导是历史的选择、人民的选择，也是各民主党派正确且无悔的选择。要充分认识到，中国共产党是执政党，各民主党派是参政党，不是在野党，更不是反对党。民主党派与中国共产党是亲密友党关系。各民主党派要坚持中国共产党的领导，增强“四个意识”、坚定“四个自信”、做到“两个维护”。

二是坚持习近平新时代中国特色社会主义思想的指导思想地位。历史和实践反复证明，马克思主义是科学的真理，是我们认识世界、改造世界的强大思想武器。党的十八大以来，以习近平同志为主要代表的中国共产党人，顺应时代发展，从理论和实践结合上系统回答了新时代坚持和发展什么样的中国特色社会主义、怎样坚持和发展中国特色社会主义这个重大时代课题，创立了习近平新时代中国特色社会主义思想。习近平新时代中国特色社会主义思想是马克思主义中国化最新成果，是党和人民实践经验和集体智慧的结晶，是中国特色社会主义理论体系的重要组成部分，是全党全国人民为实现中华民族伟大复兴而奋斗的行动指南，必须长期坚持并不断发展。

三是加强民主党派凝聚共识工作的理论研究和实践探索，形成科学完善机制。民建作为密切联系经济界的参政党，在我国经济社会发展中发挥重要作用，在凝聚共识方面具有独特优势。

——突出思想政治引领，推动凝聚共识的学习教育全覆盖。建立健全习近平新时代中国特色社会主义思想学习座谈机制，指导各级民建组织成立理论学习小组，广泛开展学习研讨活动。深入开展以中共党史为重点的“四史”学习教育，深入挖掘统一战线史、多党合作史、民建历史的深厚文化资源，常态化组织开展学习教育活动。同时，经常性开展经济形势分析与政策理论研究，引导成员及所联系界别群众，准确把握国家宏观经济政策走向和微观政策调控精神，进一步认清发展形势、厘清发展路径、坚定发展信心。

——突出双向发力要求，把凝聚共识贯穿于履职实践全过程。要把凝聚共识作为评价参政议政工作成果的重要标志，与确定选题、调查研究一体设计、一体落实。贯穿于民主监督之中，实现与党委政府的良性互动。深入总结民建及各民主党派开展脱贫攻坚民主监督的有效做法与经验，聚焦长江生态环境保护等，找准监督重点，创新形式载体，提高监督效能，把凝聚共识融入民主监督全过程。引导会员企业增强社会责任意识，积极参与乡村振兴、助力扎实推动共同富裕，加大对口支援，强化产业帮扶，凝聚致富思源、义利兼顾的思想共识。

——突出组织机制建设，实现凝聚共识的保障全方位。各级民建主委班子成员之间要经常谈心谈话，深入探讨解决问题的意见建议；班子成员与会员之间建立常态化谈心谈话及会员在生活困难、重大变故等特定情况下必谈必访机制，掌握思想动态，增强队伍凝聚力和战斗力。积极推动各级党委政府搭建与基层民建组织的沟通联络平台，促进健全完善会员列席重要会议、参加重大督查工作、开展调研视察活动、重大情况相互通报的制度机制。办好、管好、用好会内门户网站、微信公众号和刊物等媒体渠道，鼓励会员利用自身专业知识和影响力，做好中共中央方针政策的宣传解读工作，主动回应群众关切。以创建“会员之家”为抓手，将“会员之家”打造成为民建自我教育的学校、团结互助的集体、参政议政的桥梁、培养人才的基地，成为会员联系群众的新载体、凝心聚力的新纽带。

（2021 年第 20 期第 46—47 页）

查漏补缺　协同互助　扬优成势

江西省政协办公厅组织开展“三点一全”专项活动

曹小亮

为进一步深入学习贯彻习近平总书记关于加强和改进人民政协工作的重要思想和对江西工作作出的“作示范、勇争先”重要指示精神，今年以来，江西省政协办公厅结合党史学习教育，把自己摆进去、把工作摆进去、把职责摆进去，组织开展了“填补空白点、畅通关联点、迈向制高点，全面推进提升办公厅各项工作”专项活动，取得了明显成效。

紧扣“三个对照”查漏洞，“填补空白点”。通过对照工作职责、实际工作运行和领导的要求与希望，查清、填补工作空白点，做到缺项补项、漏点堵点、缺链补链、少环增环，实现处室职责全启动全履行，工作流程全过程全贯通。据统计，今年以来，各处室先后共查找工作空白点 30 个，制定改进措施 33 条，至今空白点已全部消灭。

围绕“协”字破难题，“畅通关联点”。畅通关联点，关键在“动”，目的在“通”。坚持做到畅通、打通、联通，使工作开展畅通而不停滞、不阻挡、不封闭。各处室先后梳理出各处室之间、与专委会办公室之间的工作关联点 43 个，制定应对措施 64 条，并在工作中积极做好沟通衔接，坚持做好协调、协商、协同、协作、协助等五“协”文章。

突出特色显优势，“迈向制高点”。围绕“有几把刷子、有几下子、有几手绝活”的目标，深入研讨本处室“是否有、应该有、必须有几把刷子、几下子和几手绝活”，从现在做起，从我做起，既立足当前、立竿见影、扬优成势、功成必定有我；又着眼长远、夯实基础、创新创造、坚持坚守坚定、久久为功。各处室尤其注重突出和打造本部门特色、优势和亮点，确定“制高点”25个，制定提升措施37条，并持续推进，形成百花齐放、标杆林立的省政协机关工作品牌。

提炼理念“强引擎”，展现机关文化标识。提炼工作理念，就是提升机关文化引导力、凝聚力、向心力；提炼工作理念，力求简明精准，通俗易懂，直观反映出处室最具特色、最有亮点、最具辨识度的哲理警句，既要集思广益，形成共识，更要内化于心，外化于行。如秘书处的“文经我手无差错”、委员联络处的“打造委员满意的贴心驿站”、机关党委的“营造党员温馨之家”。各处室把工作理念作为“灵魂”和“精神”，激发工作动力，展现工作风貌。

以考促学提素质，推动工作上水平。江西省政协办公厅分两个层次组织开展业务知识考核面试，分别由办公厅主要领导、分管领导担任主考官，围绕处室工作理念、工作职责、工作流程、工作制度、廉政风险等方面出题，既考核应知应会的业务知识，又检验在模拟场景中的应变能力。“台上一分钟，台下学苦功”，共计40多人逐个面试，认真作答，将真本领和硬功夫“晾”出来，评委现场打分，评出优劣，示范全机关，考试结果都在良好以上。

此项活动赢得了江西省政协机关上下一致认同，江西省政协主席、党组书记姚增科作出批示：“走在前列、做出示范，为省政协机关提供好做法、好经验。”

（2021年第17期第66页）

工作“活”起来　履职“实”起来

中共江西省委注重发挥省政协作用记事

蔡久伟

在每天早上很多人还未睡醒之时，江西省政协机关工作交流群已是如火如荼，收听早上7点群内发布的听党史知识有声书，是许多省政协机关工作人员的习惯，这是江西省政协把党史学习教育当成一项重大政治任务的缩影，真正做到了让党史学习教育融入日常、融入生活。

江西省委也注重发挥省政协作用，从协商建言到批示落实再到制度保障，省政协的工作“活”起来，履职“实”起来，切实转化为推动高质量发展的具体成效，落地生根、开花结果。

注重吸纳协商建言成果

2016年，南昌市宣布打造城市级VR产业基地，打响了国内VR产业发展“第一枪”。经省委批准，省政协把“加快江西省VR产业发展”列为当年的重点协商课题，交由省政协副主席陈俊卿领衔、经济委承办。

省政协组成“政协专委会＋省市工信部门＋省金融局＋省税务局＋南昌市政协＋省社科院”的高规格调研组，进行了一系列调研。赴京拜访权威机构赛迪研究院、向北京航空航天大学院士请教、赴南京考察……历经一年半出炉调研报告。提出城市发展从“产城分离、各自为战”向“以城养产、以产兴城”转变等五方面建议。

报告送出两三日，6位省领导先后批示。

2020年9月22日，省长召开VR产业领导小组会议，对政协专报中提出的问题和建议进行了针对性的工作部署。“VR科创城绝对不能房地产化”，就是这次会上达成的共识之一。随后，南昌市政府办公厅按照省要求，批复了11宗经营性用地，明确与房地产化划红线。

经过短短几年，南昌的VR产业已实现了从无到有、从小到强的精彩蝶变。一大批优秀企业在南昌加速聚集，华为、阿里、HTC、微软、高通、海康威视、科大讯飞等一大批行业龙头，纷纷在南昌设立区域总部、生产基地，欧菲光、泰豪、联创电子、科骏等一批优秀本土企业加速成长，180多家企业落户南昌，300多个项目加快推进，形成了产业上下游企业聚集发展的生动局面。

注重批示后的落实

“件件有批示、事事有回音。”省委书记刘奇认为，“批示固然重要，关键在落实。”2019年以来，省委、省政府主要领导，每年领办1件提案和建议案，推动了一大批政协建言落地见效。

庐山别墅群的保护就是一例。住在庐山的当地人常说，未到老别墅就不算真正来过庐山！据资料显示，从1895年英国传教士在庐山首兴别墅建设以来，巅峰时期庐山别墅超过1600栋。目前尚存的600多栋别墅，汇聚了中、英、美等18个国家的建筑风格。“这些不同艺术风格的别墅集于一山，举世罕见。”长期研究庐山别墅的江西省政协委员杨小华说。

然而，由于战争、自然灾害损毁以及缺乏保护等历史原因，导致别墅数量锐减。在2019年省政协全会上，杨小华作了《庐山别墅保护与利用刻不容缓》的发言，省委书记当场批示，要求分管省领导与相关部门会商提出意见，让这些别墅成为庐山乃至江西的新亮点、新优势。杨小华、廖奇志委员又向大会提交了提案，被省委书记点题作为领办的第一件提案，并指示省委办公厅加强跟踪督办。

全会一闭幕，时任省委常委、副省长刘强就带队到庐山调研，省委办公厅紧接着协调省文旅厅、省住建厅、庐山市数次开会研究落实，先后形成《关于庐山别墅保护与利用情况的调研报告》《关于推进庐山别墅保护与利用工作的意见》。在省委领导推动下，不仅促成省住建和文化旅游部门摸清了庐山别墅底数、分类制定了保护方案，《关于推进庐山别墅保护与利用工作意见》和《九江市历史建筑保护条例》也相继出台。至此，庐山别墅保护利用驶入快车道。今年，庐山市公布的政府工作报告，明确将编制庐山别墅保护规划、加强老别墅和历史建筑的保护修缮利用，作为今年的重点工作。

注重制度保障

刘奇书记到江西5年来，已6次走访调研省政协机关，其中有2次事先不打招呼，独自步行到省政协办公大楼，解决问题，指导工作。到政协走访，听取意见，沟通情况，通报工作，是他长期形成的工作习惯。

省长易炼红到任江西的第五天，就到省政协机关走访调研，听取意见，了解情况。

不仅如此，省委还配优配强省政协机关关键岗位领导干部，支持政协开展远程协商、网络议政，安排1300多万元专项经费加强省政协信息化建设……

主动听取政协意见，注重向政协借智借力，已成为省委、省政府领导的日常。仅2020年，省委、省政府共有20多位领导先后出席省政协全会、协商座谈会等100多次，对省政协的“协商专报”“建议案”等作出批示115次。

新冠肺炎疫情发生后，在省委大幅调减了70多项会议的背景下，江西省委政协工作会议不仅予以保留下来，而且省委明确“要开得更实更新”。会后，省委及时出台了《中共江西省委关于新时代加强和改进人民政协工作的实施意见》，明确提出各级党委要把政协协商工作列入政绩考核指标体系；推行党政主要领导对政协提案、建议案“双领办”制度；党政主要领导同志每年出席1—2次同级政协协商活动；加强市县政协组织履职保障。目前，九江、抚州等市县已经制定具体办法，为政协机关增加编制、补充人员。

……

今年春节前，省委常委会对省政协党组工作情况汇报充分肯定。姚增科主席汇报了6分钟，但省委常委点评却长达20分钟。

“这么多点评，就是政协的作用价值，就是政协的‘年终奖’。”姚增科主席说。

（2021年第18期第60—61页）

种好全面从严治党的“责任田”

江西省政协推进全面从严治党记事

骆名坤

今年是中国共产党成立100周年。近期，中共政协江西省委员会党组正式印发《省政协委员及机关干部职工纪律、廉政风险点及防控措施一览表》（以下简称《一览表》）。这是江西省政协落实习近平总书记关于全面从严治党重要论述，加强新时代人民政协党的建设、纵深推进全面从严治党的又一重要举措。

习近平总书记指出，全面从严治党首先要从政治上看。

2018年换届伊始，江西省政协就把严抓班子政治建设、严肃党内政治生活作为首要任务，制订以主席会议成员为重点的“讲政治守纪律转作风做表率十八条”规定。规定明确提出，要求常委和委员做到的，副主席们首先做到；要求党组成员做到的，党组书记首先做到；要求机关干部做到的，机关领导首先做到。用江西省政协主席、党组书记姚增科的话讲，就是要坚决防止政协组织“特殊论”和“例外论”，切实克服忽视政治、淡化政治、不讲政治的倾向。

讲政治是具体的，不是抽象的。

在省委的正确领导和省纪委监委的具体指导下，江西省政协始终把纪律和规矩挺在前面，坚持严在日常、严得具体、严在细节、严到个人，经常抓、抓经常，长期抓、抓长效。

要求干部职工工作时间着正装，党员佩戴党员徽章，时刻警醒干部职工注重自身形象；制订机关工作人员日常行为“负面清单”、使用微信“十不准”、机关工作交流群管理办法等；对标党章党规及有关文件精神，划出“硬杠杠”……立足抓早抓小，抓一言一行，引导干部职工严守政治纪律、政治规矩，形成“党建在天天，天天抓党建”“天天干事业，事业在天天”的良性互动，机关干部职工的精气神更足了，干劲儿更大了。

为了让干部职工时时受到警醒，习惯在受监督和约束的环境中工作生活，避免小错误发展为大问题，江西省政协机关坚持在加强纪律监督的基础上，把整治工作作风问题作为重点，实行点名道姓、见人见事的《不严不实典型问题》和《优良作风典型事例》“双通报”制度。一方面，对身边先进人物、先进事迹及时发通报进行表彰；另一方面，三年来共对10余起不作为、慢作为、文风不实等问题，在全机关点名道姓通报批评，责成作出书面检讨，以先进带后进，以案例促整改，一正一反，导向作用充分凸显，机关政治生态不断向上向好，得到省领导及各方面点赞。一位退休的省政协老同志讲：过去大家都当“老好人”，没想到机关现在是天天严、季季严、年年严。

2020年9月，全省政协系统全面从严治党形势报告会以“主会场＋视频分会场”形式召开，江西省纪委监委主要负责同志参会作主讲报告，其中列举了政协系统的一些案例，省、市、县三级政协委员及干部万余人聆听了报告，受到极大震动。

“上工治未病”。如何从惩戒犯错到预防犯错？姚增科要求，要不断对标检视政治、组织、作风各方面存在的差距和不足，尽快出台相关文件，查找廉政风险点，建立风险防控长效机制，营造风清气正的良好政治生态。这正是江西省政协出台《一览表》的背景和初衷。

“必须打破以‘清水衙门’自居的思维定式，进一步查风险、堵漏洞、消盲点，力求将纪律、廉政要求贯彻落实到履职全过程。”江西省政协秘书长、机关党组书记汪爽召集机关党委相关同志，对起草《一览表》进行了具体部署，要求文件起草组既要落实新时代党的建设总要求，又要结合政协工作实际，把握政协履职特点规律，吸取反面典型案例教训，从“事后惩戒、病后救人”的思维模式中跳出来，转向“抓早抓小、防微杜渐”的新思路。

如何使文件具有针对性和操作性？据江西省政协机关纪委相关负责同志介绍，紧扣中央和省委关于新时代政协工作的具体要求，梳理近年来出现的相关纪律、作风方面典型问题，文件从“六大纪律”角度查找了15个风险点，如在履职中发表不当言论、利用委员身份谋取私利、在调查研究过程中借机旅游，等等。这些问题有的是政协系统独有的，有些是“多发易发”的。在此基础上，相应提出了21条防控对策，通过实打实的措施，构筑“防火墙”，架起“高压线”，始终把纪律和规矩挺在前面。

江西省纪委监委对《一览表》的出台高度重视，组织人员对征求意见稿专门研究，省纪委监委调研法规室有关负责同志表示，《一览表》聚焦“六大纪律”，查找的风险点实事求是，提出的防控措施管用可行，确定的责任部门明确具体。同时，省纪委监委从专业角度提出了18条具体建议，确保文件严谨规范、管用有效。

“严把政协活动政治关”“建立省政协出访团组临时党支部，强化纪律约束”“严格会议和活动请假制度，实行缺会补会、缺学补学、缺训补训”……江西省纪委监委驻省政协机关纪检监察组组长周建华表示，出台的规定充分体现了把党的政治建设摆在首位，体现了底线思维、系统思维，针对性强，具体可行，对于提高委员及机关干部政治站位，增强责任意识，调动履职的积极性具有重要作用。

（2021年第22期第68—69页）

中国式“全”“新”民主文明

刘晓庄

习近平总书记在庆祝中国共产党成立100周年大会上的重要讲话，以及中共十九届六中全会通过的《中共中央关于党的百年奋斗重大成就和历史经验的决议》（以下简称《决议》）中，都同时简练而精辟地提到发展“全过程人民民主”和创造“人类文明新形态”。“全过程人民民主”实现民主选举、民主协商、民主决策、民主管理、民主监督的全链条、全方位、全覆盖，切实保障人民群众参与政治、经济、社会和文化管理的当家作主权利；“人类文明新形态”推动物质文明、政治文明、精神文明、社会文明、生态文明协调发展。发展全过程人民民主和创造人类文明新形态，是中国共产党百年奋斗取得的重大成就之一。

民主相对于专制，是某一群体根据多数意见办事的原则，意味着形式上承认公民一律平等，都享有参与国家事务和社会事务管理或对国事自由发表意见的权利。文明相对于野蛮，是人类在改造客观世界的同时，主观世界也得到改造的一切成果的总和，意味着建立起公众遵守的公平规则社会。

民主的智慧点燃文明的火种，文明的光焰照耀民主的征程。民主与文明是须臾不可分离的统一体，可谓“我中有你，你中有我”。全过程人民民主是对人类政治文明的重大创造，开辟了中国特色社会主义民主政治的新路径；人类文明新形态蕴涵民主元素，推进民主发展，拓展了人类文明发展进步的广阔空间。

“全”“新”民主文明相互依存。民主是文明的根基，文明是民主的源泉。从弘扬文明价值到培育民主作风，从塑造民主精神到创优文明环境，民主与文明相互滋生、相互润泽，在中国土壤中绚丽绽放。厚植民主文化，濡养文明思想，“全”“新”的民主过程和文明形态，已经成为我国公众日常工作和生产生活的组成部分。

最广泛、最真实、最管用的全过程人民民主，充分体现人民意志，切实保障人民权益，有效激发人民创造活力。列宁曾经说过：任何民主，和一般的任何政治上层建筑一样，归根到底是为生产服务的，并且归根到底是由该社会中的生产关系决定的。这里的“生产”，包含物质生产和精神生产两个方面及其延伸。民主与文明犹如一个大写的“人”，密不可分，相互支撑。2021 年 2 月 25 日，中国向世界庄严宣告：我国脱贫攻坚战取得了全面胜利，现行标准下 9899 万农村贫困人口全部脱贫，832 个贫困县全部摘帽，12.8 万个贫困村全部出列。困扰中华民族几千年的绝对贫困问题得到历史性解决！

中国共产党始终坚持人民至上，“从来不代表任何利益集团、任何权势团体、任何特权阶层的利益”，“一届接着一届干”是中国政党制度的优势。反观西方某些国家，政客们“纷纷扰扰”“吵吵闹闹”的党同伐异，导致政党相互掣肘、社会动荡撕裂、发展效率低下，日益暴露出“一届对着一届干”的弊端，不仅没有实现民主价值，反而让人类文明在政党轮替中被恶意侵蚀。难怪有西方媒体担忧，如此下去，西方“百年民主文明还能支撑多久”？

“全”“新”民主文明相互促进。人民群众是文明建设的原动力。实现全过程人民民主，能够激发人民的创造活力，推动文明建设不断向前发展。民主“全过程”不只体现在投票选举上，更体现在关乎国计民生重大事务协商、决策、管理的持续性；文明“新形态”不只体现在政治领域，还广泛深入到经济、文化、社会、生态等领域的整体性。以“厕所革命”为例，群众参与、文明引导、严格标准、硬件改造，民主与文明相互促进。

民主政治离不开文明建设；民主政治的发展，需要创造适宜的政治文化条件。中国式“全”“新”民主文明，能够集中力量办大事，朝着共同目标而奋斗，有效克服了相互指责、扯皮、推诿等流弊。就在一些国家因新冠肺炎疫情带来经济快速下滑、社会矛盾激化的情况下，中国“风景这边独好”。恰说明，中国立足新发展阶段、贯彻新发展理念、构建新发展格局，通过不同形式和多种渠道，组织公民参与公共事务，保持社会稳定，维护生态安全，推进国家治理，经济社会发展韧性正持续显现。

以民主促进文明，以文明促进民主，推动民主文明沿着正确轨道不断向纵深发展。检视人民政协成立 70 周年 100 件有影响力重要提案，如防治血吸虫病、推进普及教育、设立教师节、实施再就业工程、免征农业税等，无不生动反映了“全”“新”

民主文明互为促进的功能，彰显了独特的政治伟力和强大的政治活力。

“全”“新”民主文明相互优化。没有一定的文明基础，人类就无法生存，也无民主可言。反之亦然。不断优化和完善全过程人民民主和人类文明新形态，是防止民主产生偏执偏激、文明发生偏向偏差的重要手段。人民群众在社会主义民主政治中的全过程参与，是社会主义民主政治制度自我发展和完善的必然结果。要让民主成为人民群众触手可及的经验事实，成为拥有巨大吸引力、能够解决问题的政治实践。今天，当人们走进“枫桥经验”发源地——浙江省诸暨市枫桥镇枫源村，首先映入眼帘的是“三上三下，民主治村”八个大字：“一上一下”收集议题、“二上二下”酝酿方案、“三上三下”审议决策。《决议》中指出：坚持和发展新时代“枫桥经验”。这标志着源于村民民主自治生动实践的“枫桥经验”，不仅成为坚持和完善中国特色社会主义制度，推进国家治理体系和治理能力现代化的有机组成部分，也成了中国共产党的百年奋斗重大成就和历史经验重要组成部分。

文明是检验民主政治发展水平的标尺，民主是衡量社会文明建设的准绳。发展全过程人民民主，既有利于人民真正当家作主，又能有效推动社会文明建设。一个文明的社会，人们自觉遵守法律和公共秩序，法律充分保障个人民主权利，社会文明进步促使民主越来越充实、越来越完整。就好比，手机存放柜，通过文明的手段能够约束个人行为；群众意见箱，采用民主的方法可以限制权力任性。

无数事实表明：坚持党的领导、人民当家作主、依法治国有机统一，通过制度化、程序化、规范化的安排，集中各种意见和建议、推动决策科学化、民主化，可以有效避免囿于“任何利益集团、任何权势团体、任何特权阶层”利益决策施政导致社会文明撕裂的弊端，使政治民主发展和社会文明进步相得益彰。

（2021 年第 24 期第 70—71 页）

传承“头发论”　固守“同心圆”

刘晓庄

波澜壮阔的中国共产党百年历史，充满着艰难曲折和苦难辉煌。学习党史，大道同行，我们能够感悟出多党合作履职尽责的开阔眼界。

“民主党派不是一根头发，而是一把头发！他们人数虽然不多，社会联系却很广泛。”新中国成立之初，毛主席那段关于“头发”的论述，生动又深刻地揭示了党外代表人士在界别群众中的影响作用及其道理，长期以来成为统一战线观察、分析和处理问题的主要“方法论”“认识论”。

“做中国共产党的好参谋、好帮手、好同事”

张澜先生曾经讲过：“我们居于朋友地位应该反省，我们够不够一个好朋友，我们的思想意识与作风能否与这位好朋友相配合，换言之，我们尽了做朋友的义务和责任没有？”在大统战工作格局中，每“一根头发”都是来自不同界别的代表性人士，唯有不断加强自身能力建设，提高政治判断力、政治领悟力、政治执行力，围绕中心、服务大局，急党政之所急、想群众之所想，切实履行好参政党职能，才能不负使命，不负时代，勇做中国共产党的“好参谋、好帮手、好同事”。

坚守参政为民的公心。中国共产党领导的多党合作和政治协商制度，与我国的国体和政体相配合，是实现人民民主的基本政治制度。任何时候，每一个党外代表人士都要在实践中坚持正确的立场和动机，以祖国和人民需要为己任，以奉献祖国和人民为目标，真正做到对“国之大者”了然于胸、对责之重者善担于肩。

秉持实事求是的品格。“端方刚正，敢于直言；始终如一，从无虚伪。”是其所是、非其所非，经邦济世、励精图治，建言资政要有站立起来思考真理的勇气与担当。实事求是、不妄虚言，这是党外代表人士应有的精神品格。

增强参政履职的本领。参政履职是一种实实在在的真功夫，不能玩花拳绣腿。费孝通提出“出主意、想办法，做好事、做实事”，不仅体现了他对中华民族伟大复兴的高度自觉与自信，而且展示了一种人性的光辉。如在他年届九十高龄时视察赣鄱大地留下的一些“乡土足音”：“无中生有、有中生特、特在其人、人联四方”“发展的关键要做好山水文章”“以佛养心、以道修身、以儒治世”，等等，足见他社会调查和参政本领的扎实功底。

提升专业知识的素养。“马不伏枥，不可以趋道；士不素养，不可以重国。”党外代表人士具备一定专业知识的背景，将自身置于国家事业中，在专业领域内提出真知灼见，更具有一定的分量。如 1950 年 6 月，马叙伦就学生健康问题专题向毛主席汇报，得到复函：“此事宜速解决，要各校注意健康第一，学习第二”，“全国一切学校都应如此”；彭泽民等呼吁推动振兴中医，毛主席即刻批示：“中国医药学是一个伟大的宝库，应当努力发掘，加以提高”。

“做佛跳墙这样的功夫菜”

习近平总书记指出：共产党打江山、守江山，守的是人民的心。统战工作是做人心转化的工作，讲求很强的工作艺术，要有特殊的方式方法。将一根又一根“头发”塑造成为凝心聚力的“领头羊”，急不得、等不得，“不能做快餐，而是要做佛跳墙这样的功夫菜。”深刻把握统战法宝“头发论”意义，发挥新时代“定海神针”作用，只有懂得珍惜每“一根头发”的作用，方觉每“一把头发”的可贵，将更多的一把又一把“头发”团结在中国共产党的周围。

正确处理一致性和多样性关系。“声一无听，色一无文，味一无果，物一不讲。”一致性和多样性共同存在并相互作用，是自然法则，也是社会规律。只要妥善处理好二者关系，善于在复杂多元中加以正确引领，就能够更好地激发社会的活力，汇成致力于共同事业的合力。延安时期，不管是“三三制”还是“豆选法”，都蕴含着以统一战线“头发论”正确处理多元利益的价值理念，为开启全面建设社会主义现代化国家新征程积累了宝贵经验。

充分尊重、维护和照顾同盟者利益。壮大共同奋斗的力量，解决人心向背的问题，不仅要积极引导同盟者自觉把自身利益同国家整体利益紧密联系起来，还要特别注意照顾同盟者的政治利益。在新中国成立前夕国共和平谈判期间，毛主席委婉地对张治中说：我们已经是老朋友了，谈了不少，涉及各个方面，当然分歧还是有的，需要慢慢来谈，好好协商。“慢慢来谈，好好协商”，展示出一种耐心等待、悉心关怀、真心尊重的博大胸怀。

从不同意见中得到正确主张。他山之石，可以攻玉；他人之眼，可以善我。倾听他人的意见，从中辨别是非，不但表现了求同存异、豁达睿智的人格，而且可以找到解决问题的“金钥匙”。如 1977 年 8 月，邓小平主持召开科学和教育工作座谈会，在听取各种不同意见后，讨论决定了当年恢复高考制度；1979 年 1 月，邓小平在人民大会堂福建厅邀请胡厥文等五位原工商业知名人士吃北京火锅，“一只火锅，一台大戏”，拉开了我国打开国门、改革开放的序幕。

善于广交、深交党外朋友。“统一战线工作做得好不好，要看交到的朋友多不多、合格不合格、够不够铁”。紧扣民心这个最大的政治，真心与党外代表人士交朋友，把赢得民心民意、汇集民智民力作为着力点，让“每一根头发”真切感受到沐浴在民主的春风里。当年习近平到正定工作后，将一位个性很强，“有着洞察社会人生的深邃目光和独特视角”的党外人士贾大山视为知己无话不说。在贾大山病逝后，习近平专门写下纪念文章：“大山是一位非党民主人士，但他从来也没有把自己的命运与党和国家、人民的命运割裂开。”

新时代的壮美有目共睹，新时代的奋斗其乐无穷，共同的事业需要全体中华儿女的共同努力。把政治底线这个圆心固守住，包容的多样性半径越长，画出的同心圆就越大，那“一根根头发”，必将带动越来越多的“一把把头发”，拧成一股绳、铆足一股劲，心往一处想、劲往一处使，一起携手创造一个又一个中国奇迹和时代伟业！

（建党 100 年 2021 增刊）

2022 年

干出新样子　做出新成效

姚增科

贯彻落实好全国两会精神，一要始终坚持党的全面领导这个根本政治原则。结合开展“迎接二十大，委员在行动”主题活动，深刻领会“两个确立”的决定性意义，增强做到“两个维护”的高度自觉。基于“把政协的事情办好，关键在党、关键在人”，实抓学习，严抓党建，强化委员和干部两支队伍建设，为高质量履职提供组织保证。二要准确把握人民政协专门协商机构这一性质定位。强化“不靠说了算而靠说得对”的理念，提高协商能力，融协商理念、协商文化于各项履职活动中，擦亮“赣事好商量”品牌，把赣事商量好。三要坚持围绕党和政府中心工作这一主线履职尽责。就如何“稳住、进好、调优”，落细落实高质量发展政策措施，既提高建言含金量、资政成色，又增强民主监督效能，发挥政协组织在国家治理体系中的独特优势。四要紧扣团结民主这一体现合作初心的两大主题。在广泛凝聚共识中讲团结，不断延伸“同心圆”的径向。在强化思想政治引领中讲民主，优化形成最大公约数的方策，营造“为国履职讲真话、为民尽责建真言”浓厚氛围，发挥人民政协统战组织优势，增强人民政协在全过程人民民主中的独特作用。五要适应统筹好疫情防控和经济社会发展这一不断发展变化的形势。创新履职机制、方法，拓宽密切联系群众、服务人民的渠道平台，推行委员自主调研，提倡就地就近小分队调研，多用线上线下紧密互动调研，确保年度既定任务完成，虎头又虎尾，善作又善成，倍加珍惜本届政协最后一年的时光，干出新样子，做出新成效。

（2022 年第 6 期第 12 页）

坚持大团结大联合

谢　茹

习近平总书记指出：“以史为鉴，开创未来，必须加强中华儿女大团结。”《中共中央关于党的百年奋斗重大成就和历史经验的决议》把“坚持统一战线”作为中国共产党百年奋斗的历史经验之一，进一步彰显了统一战线克敌制胜、执政兴国的重要法宝作用。回顾百年党史，中国共产党之所以有力量，一个重要原因就在于始终把统一战线摆在重要位置，以强大的政治领导力和精神感召力，团结一切可以团结的力量，调动一切可以调动的积极因素，最大限度凝聚起了共同奋斗的力量。

回望过往的奋斗路，眺望前方的奋进路，中华民族伟大复兴迎来了难得的历史机遇，曙光在前、前景光明，但也面临着前所未有的矛盾风险挑战。新的征程上，我们必须坚持大团结大联合，加强思想政治引领，广泛凝聚共识，广聚天下英才，努力寻求最大公约数，画出最大同心圆，为汇聚起全面建设社会主义现代化国家、实现中华民族伟大复兴中国梦的磅礴力量作出新的贡献。

坚守共同理想信念。心中有信仰，脚下有力量。一百多年来，中国共产党之所以能够带领中国人民完成近代以来各种政治力量不可能完成的艰巨任务，经受一次次挫折而又一次次奋起，一个重要原因就是一批又一批中国共产党人和为民族独立、人民解放而顽强奋斗的仁人志士对马克思主义信仰无比坚定、对共产主义远大理想毕生追求。“砍头不要紧，只要主义真”“敌人只能砍下我们的头颅，决不能动摇我们的信仰”“我的主义、我的信念，决不更改”……信仰如火炬，革命理想高于天。为了理想信念，无数革命先辈前仆后继、舍生忘死、矢志不渝、砥砺前行，“未惜头颅新故国，甘将热血沃中华。”党的十八大以来，中国特色社会主义进入新时代，中国共产党团结带领中国人民，自信自强、守正创新，统揽伟大斗争、伟大工程、伟大事业、伟大梦想，推动党和国家事业取得全方位、开创性历史成就，发生深层次、根本性变化，实现中华民族伟大复兴进入了不可逆转的历史进程！习近平总书记指出，“在新时代，坚定信仰信念，最重要的就是要坚定中国特色社会主义道路自信、理论自信、制度自信、文化自信。”我们要从百年党史中汲取信仰力量，传承红色基因，赓续共产党人的精神血脉，引导统一战线成员坚定对共产主义和中国特色社会主义的信念、对中华民族伟大复兴中国梦的信心，不断厚植坚守共同理想、坚持共同奋斗的强大思想政治共识，努力形成海内外全体中华儿女心往一处想、劲往一处使的生动局面。

坚定与中国共产党同心同向同行。风雨同舟，患难与共。中国共产党和各民主党派都是在探索救国救民道路中产生和发展起来的，实现民族独立、人民解放和国家富强、人民幸福是中国新型政党制度中各政党的共同目标。我们要继承和发扬老一辈民主党派、无党派人士的光荣传统和优良品德，永葆对党忠诚的政治品格、实践品质和精神底色，始终坚持以习近平新时代中国特色社会主义思想这一当代马克思主义、21世纪马克思主义武装头脑、指导实践，自觉在思想上政治上行动上同以习近平同志为核心的中共中央保持高度一致，胸怀“两个大局”，牢记“国之大者”，增强忧患意识，树牢底线思维，提高“政治三力”，无论风雨满天还是荆棘遍地，都坚定与中国共产党想在一起、站在一起、干在一起，切实增强“四个意识”、坚定“四个自信”、做到“两个维护”，在思想上高度信赖核心、感情上衷心爱戴核心、政治上坚决拥护核心、组织上自觉服从核心、行动上始终紧跟核心，一切行动听从习近平总书记和中共中央指挥。习近平总书记指出，“江山就是人民，人民就是江山，人心向背关系党的生死存亡”“人心向背、力量对比是决定党和人民事业成败的关键，是最大的政治”。坚持统一战线，解决的就是人心和力量的问题。要发挥好人才荟萃、智力密集、联系广泛的优势，积极促进政党关系、民族关系、宗教关系、阶层关系、海内外同胞关系和谐，把 14 亿中国人民凝聚成推动中华民族伟大复兴的磅礴力量。

坚持和完善新型政党制度。经国序民，正其制度。中国共产党领导的多党合作和政治协商制度是我国的一项基本政治制度。这一制度既植根中国土壤、彰显中国智慧，又积极借鉴和吸收人类政治文明优秀成果，是中国新型政党制度。实践证明，中国新型政党制度具有历史的必然性、伟大的创造性、巨大的优越性和强大的生命力，体现了中华优秀传统文化的精髓，反映了社会主义制度的本质要求，符合中国国情和国家治理需要，是有利于国家发展、民族振兴、社会进步、人民幸福的基本政治制度。习近平总书记指出，“我们应该不忘多党合作建立之初心，坚定不移走中国特色社会主义政治发展道路，把我国社会主义政党制度坚持好、发展好、完善好。”要用好政党协商这个民主形式和制度渠道，坚持一致性和多样性相统一，增进一致而不强求一律，包容多样而不丧失主导，有事多商量，有事好商量，有事会商量，不断巩固已有共识，凝聚新的共识。要围绕中心大局，深入调查研究，参政参到点子上，议政议到关键处，当好中国共产党的好参谋；强化宗旨意识，热忱服务社会，多做听民声、知民情、解民忧、暖民心的实事好事，多做宣传政策、解疑释惑、理顺情绪、化解矛盾的工作，当好中国共产党的好帮手；立足岗位建功，精诚合作共事，以大局为重、事业为重，摆正位置，敢于担当，当好中国共产党的好同事。要全面加强参政党思想、组织、能力、作风、制度建设，不断提高政治把握能力、参政议政能力、组织领导能力、合作共事能力和解决自身问题能力，更好承担起中国特色社会主义亲历者、实践者、维护者、捍卫者的政治责任。

（2022 年第 4 期第 26—27 页）

奋发赶考路　笃行向未来
我的履职故事

史　可

2021 年是令人难忘的一年。最令我泪目的是，中国共产党迎来百年华诞，实现了第一个百年奋斗目标；最令我难忘的是，第一次走进全国政协双周协商座谈会会场，面对面向汪洋主席汇报自己关于“强化中药资源保护和生产管理”的一线调研成果……看看自己这一年的“委员作业”，心中充满沉甸甸的获得感、暖融融的幸福感。

学好党史必修课。一年来，我切实按照汪洋主席“以庆祝中国共产党成立 100 周年为契机，加强中共党史学习教育”的要求，积极参加全国政协委员读书活动、“学习百年党史，增进‘四个认同’”专题视察等活动，不断在学习中增进对中国共产党的政治认同、思想认同、理论认同和情感认同，不断树牢“人民政协为人民”的履职理念。我讲授“用‘根本问题’解释重大成就和历史经验——正确把握《中共中央关于党的百年奋斗重大成就和历史经验的决议》的理论逻辑和思想精髓”“坚定初心跟党走，携手共进谱新篇，为实现中华民族伟大复兴中国梦作出新贡献”等专题党课，并将自己的所学所思付诸笔端，撰写的《学百年中共党史 当好参谋好帮手好同事》《百年荣光悟初心，参政报国担使命》等文章，分别在《中国政协》《中国统一战线》杂志刊发；相关研究成果荣获农工党中央庆祝中国共产党成立 100 周年主题征文和理论征文一等奖。

做好履职必答题。工作中，我始终把调查研究作为做好工作的基本功，以精益求精的匠心精神打造参政履职的精品力作。聚焦“绿水青山就是金山银山”的发展理念和“双碳”发展战略，我多次深入华南虎野化放归基地江西省资溪县、“中国天然氧吧”江西省靖安县等地，调研各地在健康养生、循环竹业、特色民宿、“两山银行”和洁水养鱼等生态资源产品价值培育和价值实现等方面涌现出的新鲜经验，并邀请江西省发改委、生态环境厅、自然资源厅、农业农村厅等相关单位的专业学者，召开“构建多元化生态产品价值实现机制，拓宽‘两山’转化实现路径”课题调研座谈会，梳理相关部门在构建生态产品价值实现机制方面出台的扶持政策情况，研究当前生态产品价值实现过程中存在的瓶颈制约及破解之道。围绕“加快推进数字产业化、产业数字化，推动数字经济和实体经济深度融合”工作，我带领调研团队赴浙江杭州等地以及海康威视等数字经济头部企业调研，全面了解相关部门上下联动、共同推动数字经济发展的政策举措。我还深入江西省数字经济发展较好的南昌、上饶、鹰潭等地，开展解剖麻雀式调研，在此基础上提交的《从数字经济“两个数字”看江西发展》《构建多元化生态产品价值实现机制，推动经济社会全面绿色转型》等调研专报，得到江西省委、省政府主要领导的肯定；报送的《关于为中小学生制作专门党史学习材料的建议》《建议将肺癌等癌症筛查列入民生工程》等30多篇社情民意信息，分别被全国政协办公厅、中共江西省委办公厅等采纳；撰写的《关于优化耐药结核病医疗保障待遇的建议》被评为“江西省政协年度优秀提案”。我还围绕推进航空产业、数字经济和中医药产业高质量发展献计出力。

练好团结基本功。人心是最大的政治，共识是奋进的动力。我坚持把凝聚共识、增进团结贯穿于履职尽责各项工作当中。创新开展“主委接待日”活动，深入农工党江西省各级组织和广大城市社区，广泛听取农工党党员和所联系界别群众的意见建议，了解基层真实诉求。结合助力乡村振兴工作，举农工党全省组织之力，在江西赣州、吉安、抚州、九江等原中央苏区和革命老区打造农工党服务乡村振兴示范点，定期派出农工党乡村振兴专家服务团队，为基层产业振兴、医疗健康、文化教育、绿色生态和基层治理提供智力、技术、资金和项目帮扶。

任重道远须策马，风正潮平好扬帆。在新的一年里，我将继续牢记为民初心，更加珍惜委员荣誉，紧紧围绕党政所思、群众所需和社会所盼，不断增强议政建言的质效，提升“双向发力”的水平，用为国履职、为民尽责的责任担当，踔厉奋发赶考路，笃行不怠向未来。

（2022年第4期第46—47页）

全国政协
历届住赣（赣籍）
委员名单

全国政协历届住赣（赣籍）委员名单

（人员名单按姓氏笔画排序）

第一届委员名单（8 人）

邓文翚　许德珩　李世璋　陈劭先　陈其瑗　罗隆基（常委）
萧　华　潘震亚

第二届委员名单（31 人）

王宗槐（常委）　王德舆　王遵明　邓文翚　朱洁夫　刘一峰
刘西元（常委）　刘芦隐　许德珩（常委）　李井泉　李世璋
李平心　吴有训　吴学周　陈正人（常委）　陈其瑗　陈寅恪
罗隆基（常委）　钟　民　饶毓泰　郭大力　黄育贤　虚　云
康克清　喻宜萱　程希孟　傅抱石　曾　山　蔡方荫　熊大仕
熊佛西

第三届委员名单（49 人）

于洪深　王宗槐（常委）　王　弼　王德舆　王遵明　孔　原（常委）
朱洁夫　刘西元（常委）　刘芦隐　刘恢先　许德珩（常委）
孙友樵　李井泉　李世璋　李平心　李步新　吴有训（常委）
吴学周　谷霁光　陈正人（常委）　陈劭先　陈奇涵　陈寅恪（常委）
武惕予　罗仁全　罗　英　罗隆基　周庆祥　赵　镕　胡金魁
胡献尚　饶毓泰　郭大力　黄克纲　黄育贤　梅汝璈　盛彤笙
康克清　韩祖德　喻宜萱　程希孟　傅抱石　童炎生　曾　山
游国恩　蔡方荫　熊大仕　熊佛西　潘式言

第四届委员名单（51 人）

许德珩（全国政协副主席）
于洪深　王宗槐　王　弼　王德舆　王遵明　邓　洪　朱旦华
朱洁夫　刘西元　刘芦隐　刘雨岑　刘恢先　孙友樵　李世璋
李平心　李步新　肖贤法　肖洁萍　邱先通　谷霁光　汪金祥（常委）
张承祜　陈劭先　陈国栋（常委）　陈寅恪（常委）　刘纯倓
武惕予　罗仁全　罗隆基　金如柏（常委）　赵　镕　胡祥璧

胡弼亮　胡献尚　饶毓泰（常委）　聂　轰　郭大力　黄育贤
梅汝璈　盛彤笙　康克清（常委）　彭加伦　喻宜萱　程希孟
童炎生　曾　山　游国恩　熊大仕　熊正必　熊佛西

第五届委员名单（123 人）

许德珩（全国政协副主席）　康克清（全国政协副主席）
丁良祥　万尚荫　王宗槐　王辉球　王遵明　尹林平（常委）
尹明亮　孔　原（常委）　邓　飞　古远兴　左　叶　左　齐
龙　许　龙振彪　龙　跃　龙　潜　卢燕南　邝任农　朱旦华
朱洁夫　刘生标　刘西元　刘　奎　刘海滨　刘　福　许中明
孙友樵　孙乐宜　孙泽瀛　阳含熙　杜文达　李世璋（常委）
李　立（常委）　李贞俚　李　华　李步新（常委）　杨作材
杨怀珠　杨　卓　杨学志　肖　飞　肖元礼　肖文玖　肖贤法
肖春先　肖思明　肖　森　肖　鹏（常委）　肖新春　吴纯素
旷泉吉　邱会魁　何世琨　何善远　谷霁光　邹建金　汪金祥（常委）
沈翰卿　宋玉琳　陈信忠　武惕予　欧阳平　欧阳家祥　罗孟文
周伯龄　周贯五　周爱民　周　彬　周　彪　周毅胜　孟宪荩
赵　镕　胡备文　胡祥璧　胡弼亮　胡献尚　钟文法　钟　枫
段元星　段洛夫　俞宝传　祝希娟　贺光华　贺庆积（常委）
贺敏学（常委）　袁　光　袁佑生　聂　轰　钱　江　徐邦裕
徐采栋　黄　达（常委）　黄欧东　黄育贤　黄振棠　黄家驷
黄　萍　黄　维（常委）　萧涤非　曹存昌　曹新孙　曹德连
盛彤笙　彭　林　彭嘉庆　喻宜萱　童炎生　童祥苓　曾克林
曾雍雅　游好扬　游国恩　谢光道　谢胜坤　蔡长风　廖容标
谭开云　熊大仕　熊全沫　潘震亚（常委）　戴润生

第六届委员名单（84 人）

康克清（全国政协副主席）　萧　华（全国政协副主席）
王恩茂（全国政协副主席）
丁耀民　万尚荫　王　华　王贤才　王　屏　王遵明　邓　飞
邓存伦　左　叶　龙　潜　卢燕南　叶恭绍（常委）　朱旦华
朱洁夫　向　墉　刘世楷　刘建华　刘　寅（常委）　江元生

许中明　孙友樵　孙乐宜　阳含熙　李水清　李世璋（常委）
李　立（常委）　李页俚　李步新（常委）　李良汉　李家明
李赣骝　杨永峰　杨树根　杨俊生　肖　鹏　吴纯素　吴继周
邱明庆　何世琨　何运洪　何善远　谷霁光　邹建金　沈翰卿
陈　光（常委）　武惕予　欧阳平　金如柏（常委）　赵发生
胡祥璧　钟　辉　俞宝传　贺光华　贺敏学（常委）　袁　光
袁隆平（常委）　钱　江　徐禾根　徐邦裕　徐国贤　郭延林
陶汉章　黄志坚　黄家驷　黄　维（常委）　萧涤非　曹存昌
曹新孙　盛中国　盛彤笙　康一民　彭　林（常委）　喻宜萱
曾克林　谢光道　谢　良　谢　明　赖春风　廖延雄　廖鼎祥
熊大仕

第七届委员名单（77 人）

康克清（全国政协副主席）　王恩茂（全国政协副主席）
丁耀民　王再生　王　华　王运华　王　坚　王贤才　王　屏
邓存伦　左　叶　厉志成　叶正襄　叶恭绍（常委）　冯祖椿
朱旦华　朱洁夫　向　墒　刘世楷　刘建华　许中明　阳含熙
李友祥　李水清（常委）　李沛瑶　李良汉　李家明　李继勋
李赣骝（常委）　杨小佛　杨永峰　杨和平　杨树根　杨俊生
肖善因　肖　鹏　吴　平　吴纯素　邱明庆　邱洛琳　何运洪
何善远　余建亭　余南廉　张继禹　陈癸尊　陈康林　林增平
金立强　赵发生　胡长和　胡宏敏　胡祥璧　钟　辉　俞宝传
洪加威　贺敏学　袁隆平（常委）　贾　石（常委）　徐邦裕
徐国贤　徐性初　高　歌　郭延林　陶汉章　黄立圻　黄　维
盛中国　彭清云　谢　良　赖春风　廖延雄（常委）　廖鼎祥
熊性美　樊海山　潘启琦　戴执中

第八届委员名单（60 人）

王再生　王　华　王　坚　王贤才　王　甡　王隆夫　王　翔
文　喆　厉志成　叶正襄　叶学龄　冯祖椿　朱伯芳　乔振先
刘天泉　刘心格　刘世楷　刘运来　刘勃舒　许中明　严尧卿
严瑞藩　李万新　李友祥　李美南　李家明　李继勋　李乾构

李赣骝（常委）　杨大峥　杨仲子　肖善因　邱明庆　邱洛琳
沃祖全　张华康　张均田　张继禹　陈文华　陈春明　陈康林
胡长和　胡宏敏　胡　楷　袁隆平（常委）　倪国熙　徐　达
徐松茂　徐性初　高　歌　黄建盛　黄景钧　盛中国　韩传雄
傅民魁　廖延雄（常委）　熊大方　熊性美　樊海山　潘启琦

第九届委员名单（61 人）

马博敏　王怀俊　王贤才　王　甡　王　翔　王锦海　毛致用
文　喆　邓福村　叶正襄　朱伯芳　朱治宏　朱新均　乔振先
刘心格　刘北辰（常委）　刘运来　刘勃舒　刘振夏　许鹿希
阳　燮　扶名福　严尧卿　李赣骝（常委）　杨大峥（常委）
肖善因　吴承业　吴培峰　邹竞蒙（常委）　沃祖全（常委）
张华康　张均田　张果喜　张继禹　张毅君　陈文华　陈邦柱（常委）
金　异（常委）　胡子诚　胡宏敏　袁隆平（常委）　倪国熙
徐采栋（常委）　徐性初　高　歌　黄大昉　黄景钧　黄懋衡
梅亦龙　盛中国　彭嘉柔　葛炳生　韩忠朝　喻长林（常委）
傅民魁　舒圣佑（常委）　曾志光　谭小亭　熊大方　熊大闰
熊性美

第十届委员名单（63 人）

一　诚（常委）　上官新晨　马博敏　王伴青　王怀俊
王林森　王　翔　文　喆　邓　锋　甘晓华　龙安定　朱治宏
朱新均　刘友梅　刘运来　刘高倬　孙希岳　李冬妮　李华栋
李建保　李德水　李赣骝（常委）　吴承业　张文岳　张果喜
张俐娜　陈邦柱（常委）　陈清华（常委）　邵　鸿（常委）
欧阳吟　罗永明　罗良仰　金　异（常委）　周　琪　郑小燕
胡振鹏　胡葆琳　钟起煌　袁隆平（常委）　倪国熙（常委）
席　殊　黄大昉　黄伟光　黄晓浪　黄鸿翔　黄景钧　盛中国
崔　琳　梁　俭　彭　玉　彭嘉柔　韩忠朝（常委）　喻　军
傅民魁　傅克诚　傅新华　舒圣佑（常委）　谢维和　谭小亭
熊大方　熊大闰　熊贤林　熊思东

第十一届委员名单（54人）

万　捷　马志武　马博敏　王东林　王再兴　王怀俊　尹　卓
孔　栋　甘晓华　乐国安　吕爱平　朱乐耕　刘晓庄（常委）
刘德旺　汤建人（常委）　许　明　严卫星　杜德志　李小三
李冬妮　李华栋　李德水　杨文龙　杨世林　吴承业　吴　鸿
应仲树　张果喜　陈清华（常委）　金一南　周　浪　郑小燕（常委）
胡葆琳　钟起煌　袁隆平（常委）　徐建国　黄大昉　黄代放（常委）
黄伟光　黄洁夫　黄鸿翔　黄朝阳　黄　新　梅国平　曹义孙
韩忠朝（常委）　傅克诚　傅新华　曾海生　谢　茹　赖明勇
詹祥生　熊贤林　熊思东

第十二届委员名单（55人）

万　捷　王太华　王东林　王再兴　尹　卓　甘晓华　龙新南
卢天锡　仝广成　吕爱平　朱乐耕　刘上洋　刘晓庄（常委）
刘德旺　汤建人　孙菊生（常委）　严卫星　杜德志　李子颖
李华栋　杨文龙　吴　鸿　吴道闻　宋才文　张华荣　陈洪生
陈清华（常委）　欧阳常林　郑小燕（常委）　胡汉平　胡葆琳
姜刚杰　洪三国　袁隆平（常委）　徐建国　黄伟光　黄洁夫
黄跃金　黄朝阳　曹义孙　梁保华（常委）　揭新民　傅克诚
傅新华　曾　钫　温雪琼　谢　茹　雷元江　詹祥生　蔡安季
蔡晓明　管　飞　廖　岷　熊思东　戴公兴

第十三届委员名单（50人）

汪永清（全国政协副主席）邵　鸿（全国政协副主席）
万　捷　上官新晨　王学坤　王晓东　邓声明　龙国英
史　可　朱乐耕　刘木华　刘晓庄（常委）　汤建人　孙菊生
杜德志　李子颖　李华栋（常委）　杨文龙　肖　钢　吴昌德（常委）
余欣荣　张玉清　张华荣　张利荣　陈文华　陈兴超　陈晓红
赵东亮　胡汉平　姚增科　徐建国　徐　晓　徐景坤　黄建盛
黄跃金　黄璐琦　梅国平　曹义孙　崔彦勇　揭新民　舒晓琴
曾　钫　曾鲁台　温显来　温雪琼　谢　茹（常委）　赖明勇
雷元江　熊建平　潘　明

全国政协的江西故事
会议发言·社情民意信息卷

（2012—2022）

政协江西省委员会办公厅　编著

中国文史出版社

图书在版编目（CIP）数据

全国政协的江西故事. 会议发言·社情民意信息卷 / 政协江西省委员会办公厅编著. — 北京：中国文史出版社，2023.1

ISBN 978-7-5205-3982-1

Ⅰ. ①全… Ⅱ. ①政… Ⅲ. ①中国人民政治协商会议—地方委员会—工作—江西— 2012-2022 Ⅳ. ①D628.56

中国版本图书馆 CIP 数据核字（2022）第 231264 号

责任编辑：窦忠如　全秋生

出版发行：中国文史出版社
地　　址：北京市海淀区西八里庄路 69 号　邮编：100142
电　　话：010-81136602　81136603　81136606（发行部）
传　　真：010-81136655
制　　版：北京方舟正佳图文制作有限公司
印　　装：廊坊市海涛印刷有限公司
经　　销：全国新华书店
开　　本：787 毫米 × 1092 毫米　1 / 16
印　　张：91
字　　数：1688 千字
版　　次：2023 年 1 月北京第 1 版
印　　次：2023 年 1 月第 1 次印刷
定　　价：398.00 元（全 3 册）

目　录

会议发言

姚增科 …… 002
黄跃金 …… 014
傅克诚 …… 054
孙菊生 …… 056
陈俊卿 …… 057
李华栋 …… 059
谢　茹 …… 066
汤建人 …… 074
尹建业 …… 075
陈兴超 …… 077
张　勇 …… 078
刘卫平 …… 079
雷元江 …… 081
刘晓庄 …… 082
陈清华 …… 108
郑小燕 …… 117
王东林 …… 121
龙国英 …… 124
卢天锡 …… 128
史　可 …… 132
陈文华 …… 133
胡汉平 …… 134
徐景坤 …… 135
梅国平 …… 136

社情民意信息

全国政协委员 …… **138**

李华栋 …… 138

谢　茹 …… 140

汤建人 …… 141

汤建人　付春平 …… 155

汤建人　罗善福 …… 157

雷元江 …… 159

刘晓庄 …… 162

上官新晨 …… 170

王学坤 …… 171

龙国英 …… 173

卢天锡 …… 179

史　可 …… 181

史　可　熊　涛 …… 195

刘木华 …… 197

刘木华　聂小军　钟团艳　朱　帅 …… 199

张玉清 …… 201

陈文华 …… 203

赵东亮 …… 205

胡汉平 …… 206

徐景坤 …… 210

梅国平　龙国英 …… 219

温显来 …… 220

省政协委员 …… **223**

王金平 …… 223

王晓明 …… 224

孔刃非 …… 225

叶存洪 …… 227

刘仁彪 …… 228
刘菊娇 …… 231
刘新农　毛欣颖 …… 233
刘　潜 …… 234
齐　伟　陈　岱 …… 235
李秀香 …… 237
李家祥 …… 242
杨小华 …… 244
杨家义 …… 245
肖礼庆 …… 247
肖华茵 …… 248
吴至海 …… 248
何　明 …… 249
应淑华 …… 251
张明林 …… 252
陈春平　魏洪义　李越湘　许小欢 …… 253
欧阳剑雄 …… 255
易有禄　杨家义 …… 255
赵　波 …… 257
胡　彬 …… 258
胡淑珠　聂正洪　熊雷辉　邹　晨　张　莉 …… 259
祝光进 …… 261
钱　薇 …… 262
徐江明 …… 263
徐良平 …… 264
高莉娟 …… 265
郭坚华 …… 266
涂书田 …… 268
涂　建 …… 269
宰志强 …… 272
蒋九愚 …… 274

傅　芬 …… 276
舒忠东 …… 277
曾　粮 …… 278
詹丰兴 …… 279
熊　彤 …… 280
黎建华　欧阳璠琪 …… 281

民革江西省委会 …… 284
张慧娥 …… 284
徐　勤 …… 285
傅　春 …… 286
谭清霞 …… 287
民革新余市委会 …… 289
民革上饶市委会 …… 290
民革吉安市委会 …… 291
民盟江西省委会 …… 293
王　康 …… 293
王辉明 …… 294
王　毅 …… 295
龙　新 …… 296
朱友林 …… 298
刘光萍 …… 299
严　莉 …… 300
李　敏 …… 301
汪　芳 …… 302
张国新 …… 304
张国新　赵金华 …… 305
陈　希 …… 308
赵金华 …… 309
聂小军 …… 310
衷　祥 …… 316

黄亚梅 …… 317
谢　华 …… 318
蔡志文 …… 319
薛　璐 …… 324
民建江西省委会 …… 325
叶水烽 …… 325
冯响楠 …… 326
刘远康 …… 327
杨　峰 …… 329
肖海军 …… 330
陈九宾 …… 331
钟和燕 …… 332
黄伟燕 …… 333
黄清玉　郑建辉 …… 334
曾学俊 …… 335
戴大发 …… 336
民进江西省委会 …… 337
马　颖 …… 337
余桂林 …… 338
张玉萍 …… 340
民进省委会 …… 341
农工党江西省委会 …… 342
王　辉 …… 342
卢　恬 …… 344
朱曼琳 …… 345
刘云祥 …… 346
刘　理 …… 348
刘慧勇 …… 349
汤高辉 …… 350
许秀柏 …… 351
许忠济 …… 352

李隆君　罗　赟 …… 353
杨　毅　蔡小莲 …… 354
肖　婕 …… 355
吴璧如 …… 357
陈建东　吴皇云　乐　琴 …… 358
陈　博 …… 360
林文佳 …… 361
罗　赟 …… 363
周　韧 …… 364
周志远 …… 365
周志远　俞　晗 …… 368
周　琪 …… 371
傅　梨 …… 372
裘　艳　胡国华 …… 373
九三学社江西省委会 …… 374
王　坚 …… 374
王　坚　晏锦武 …… 377
方建芳 …… 378
吕传玉 …… 380
李　婧 …… 381
肖云辉 …… 383
邹　雯 …… 384
张文彬 …… 386
张立卿 …… 387
饶　治 …… 388
郭　熙 …… 389
蒋　勇 …… 390
童　华 …… 391
曾庆銮 …… 392
曾祥辉　谢　炜 …… 394
熊兆亮 …… 395

九三学社南昌市委会 …… 396
九三学社上饶市委会 …… 397
省工商联 …… **398**
胡恩雪 …… 398

南昌市政协 …… **400**
张立强 …… 400
郑建辉 …… 402
聂顺金 …… 404
熊诗民 …… 405
九江市政协 …… **406**
李晓华 …… 406
段龙敏 …… 408
修水县政协 …… 409
景德镇市政协 …… **411**
刘　洋 …… 411
刘　萍 …… 413
郭　俊 …… 414
萍乡市政协 …… **415**
卢政武　邱骥杰 …… 415
吕　刚 …… 417
新余市政协 …… **418**
伍伏海 …… 418
陈文燕 …… 419
涂向义　邹立明 …… 421
鹰潭市政协 …… **422**
吴胜生 …… 422
鹰潭市政协提案委员会 …… 424
赣州市政协 …… **426**
明刘春 …… 426
高　莉 …… 428

曹树强 …… 429
潘莉玲 …… 430
宜春市政协 …… 432
王秋兰 …… 432
刘明兴　吴莉霞 …… 433
李苏荣　李万文　晏　瑜　熊一峰 …… 434
李辉春　何晓雄　晏　瑜　熊一峰 …… 436
李群杰 …… 438
李　震　敖　焜 …… 439
李　震　敖　璇 …… 440
李　震　聂　璟 …… 442
张志明 …… 443
聂正洪 …… 444
黄国华　陈雪熔 …… 445
黄　磊 …… 446
龚星华 …… 450
彭红梅　袁　钰 …… 451
谢建平 …… 452
熊雷辉 …… 453
熊雷辉　丁　露 …… 454
潘向东 …… 454
樟树市政协 …… 456
樟树市政协经济委 …… 457
奉新县政协 …… 458
上饶市政协 …… 458
刘玉萍 …… 458
贺英霞 …… 459
吉安市政协 …… 460
艾小梅　何桂强 …… 460
李雪艳 …… 461
邱秀华 …… 462

抚州市政协 ………………………………………………………… 464
李　群 ………………………………………………………… 464
黄多亮 ………………………………………………………… 465
符英毅 ………………………………………………………… 465
南城县政协 ………………………………………………………… 466
乐安县政协 ………………………………………………………… 467

省政协办公厅宣传信息处 ………………………………………… 469

会议发言

姚增科

一、2018 年 3 月 10 日，在全国政协十三届一次会议第三次全体会议上作大会发言：整治形式主义官僚主义必须聚焦“关键少数”抓落实

党的十八大以来，以习近平同志为核心的党中央，全面从严治党成效卓著，“八项规定”改变中国，纠正“四风”、转变作风深得民心。同时应看到，享乐主义、奢靡之风明显刹住了，但形式主义、官僚主义在有的地方仍然顽固存在，严重影响了党群关系，损害党和政府的公信力，可谓是“烦死人”“气死人”“累死人”。形式主义、官僚主义多种多样，一个突出表现就是把中央精神挂在嘴边，热热闹闹造声势，扯着嗓子喊落实，结果就是不落实。作为“关键少数”的领导干部，一些人既是始作俑者，又是防治不力责任者。有的脱离群众、脱离实际，用“上下一般粗”方式开会、发文件抓工作，甚至到了不开会、不发文件不知道怎么工作的地步；有的检查下面，在乎发了多少文，开了多少会，出了多少简报，至于工作实不实、效果好不好很少问津，致使层层疲于应付、层层效仿、层层受害。被群众戏称为“开会迷”“复印机”“搬运工”；有的写文章、作报告刻意堆砌溢美之词，假而大，空而虚，讲成绩“依靠领导”，讲不足“缺少领导”，讲打算“加强领导”，就连被“传染”的村级干部，也是满口大话空话，像“卖瓦盆的，一套又一套”；有的为转变作风而转变作风，调查研究人下去了心沉不下去，葫芦掉到井里，在下面浮着，用形式主义纠正形式主义，精文简会变了味，长而空变成短而空，不仅无助于问题解决，反而动摇人们向作风建设要红利的信心；有的靠“搞材料出政绩”，不比实绩比文笔，不重做功重“唱功”，把创新示范类典型搞成中看不中用、劳民伤财的“盆景”“样子货”，对上邀功可谓煞费苦心；有的信奉无过便是功，为了不出事，宁可不干事。尤其是面对需要冒风险、担责任、得罪人的事，能躲就躲，能拖就拖；有的与企业家相处，为显示所谓清白，该见的人不见，该办的事不办，爱惜的是羽毛，贻误的是良机，扭曲的是亲清新型政商关系。以上种种乱作为、假作为、不作为的形式主义和官僚主义，表是作风问题，里是思想问题，根源是个人第一的利己主义、高高在上的官本位观念。整治形式主义、官僚主义，必须贯彻落实习近平新时代中国特色社会主义思想，聚焦“关键少数”，标本兼治。为了坚决打赢作风建设这场攻坚战、持久战。

建议：

（一）扎实开展“不忘初心，牢记使命”主题教育，要使领导干部牢固树立公仆

意识和正确政绩观，解决好“我是谁，为了谁，依靠谁”的政治立场问题；下大功夫改进领导干部调查研究，保证能真正沉下去解剖麻雀、找准问题、总结经验，谋得实招，用以指导实践、推动工作。

（二）完善领导干部考核评价体系和防错容错纠错机制，建立健全省市县乡村五级一把手述责述职制度，把接受群众评议作为刚性要求，促使“关键少数”从我做起、率先垂范，形成“头雁效应”，激发“群雁”活力。大胆使用又关心爱护靠得住、敢担当、能改变一个地方面貌的干部，形成“唯实、务实、落实”用人导向，为担当者担当，为负责者负责。

（三）深化“四风”整治，对形式主义和官僚主义来一场革命，对高调表态、光说不练、责任撂荒、欺上瞒下者，抓住典型，较真执纪，铁面问责，公开曝光，发挥警示教育作用。

二、2018年7月20日，在全国政协召开的习近平总书记关于加强和改进人民政协工作的重要思想学习研讨情况闽赣粤琼政协片区座谈会上的口头发言

按照全国政协部署，在江西省委领导下，我们深入开展习近平总书记关于加强和改进人民政协工作的重要思想学习研讨活动，“真学、真用、真有效”，受到多方面领导和同志的点赞。

建议：

（一）党组和主席会议成员带头先学一步、深学一层，发挥了标杆作用和示范效应。一是在完完整整学原著“知其然”上带头。通读《专题摘编》，编发该书所依据的原文共29篇10万余字，汪洋主席有关讲读和讲话的《要点“金句”》，由此及彼，紧密呼应，避免“重辅导、轻原著”的路径依赖。二是在一个专题一个专题精读“明其要”上带头。开篇学研“坚持中国共产党对人民政协的领导”，安排担任过地方党政“一把手”的副主席和党外副主席，从不同角度讲出共同心声——党是人民政协事业的“主心骨”，在“谁领导谁”问题上，必须坚定如铁，含糊不得。对于“同心圆”“半径”等容易产生不同理解的关键词含义，在切磋琢磨中找到答案，形成共识，防止“浅尝辄止、一知半解”的现象发生。三是在严肃党内政治生活上带头。召开专题民主生活会，党组书记首先作自我批评，各成员相互进行辣味足够的批评，人人红脸出汗，又心悦诚服。有位同志讲，“来政协工作这么多年，过这样触碰灵魂的组织生活，还是第一次。”四是在联系实际、知行合一上带头。对标“懂政协、会协商、善议政”，

查摆自身和分管部门问题所在，以学促改。如，选题立项做到三个考量——“是否对标中央精神、是否跟进党政关切、是否回应民生急盼”，精准发力，“自话自说、跑题脱靶”现象有效克服。

（二）抓系统、系统抓，首次省、市、县三级政协全面全员发动，实现委员和干部学习两个“全覆盖”。一是召开2万多人参加的视频会议。事前增印《专题摘编》2.6万册下发，会上以“近距+远程”“观点+案例”方式直通基层，在互动中一起学研悟，会后委员交的“学习作业”言由心生，情理交融，令人感叹。二是党组和主席会议成员分赴11个设区市宣讲，既参加理论研讨会，又面对面答问，教学相长、学学相长。大家用“听得懂、记得住、用得上”语言，给下级当先生“说明白”；又在“规定动作”之外“自选动作”，走访委员，总结经验，给下级当学生“问明白”。三是通过“先闭卷、后开卷”“三步走”考试，倒逼应知应懂科学理论和“行规”入脑入心、牢记不忘。第一步，从《专题摘编》等文件中选题50个，印发11个市政协迎考做功课；第二步，在专人监督下，闭卷考试其中20题，逐一阅卷打分，各市人均96.5分，成绩喜出望外；第三步，在可看书查网条件下，用同样考题对同样人员开卷考试，各市答案正确率达到或接近满分，以考促学的“乘数效应”更加彰显。

（三）举办“1+多”封闭式培训班，严以促使新老委员一个不落身至心入，真学实学。“1”是主讲《专题摘编》；“多”是结合《宪法》《政协章程》，又链接“委员讲坛”；“封闭”是学、吃、住全在同一地点。讲课中，随机点名提问，如本人回答不了，请其另选其他人作答，这种“击鼓传花”巧用“株连”策略的教学互动，使受训者聚精会神不走神，又不过分紧张慌了神，严肃欢快中收到“滴灌”效果。按照“一个也不少”目标，试行“补学、补训制度”，对未参加培训的70名委员举办第二期培训班；对连续未参训者亮明态度，“最后剩一人也要办个班”，严格管控有组织无纪律现象。

（四）先“深入”把“薄的读厚”，再“浅出”把“厚的读薄”，重在领悟精神要义，学到立场观点方法。把“薄的读厚”，是指将学习内容延伸到新时代新思想产生的历史源流、文化传承、实践探索，“知其所以然”；把“厚的读薄”，是指学习领袖的许报精神、人民情怀、非凡器局、政治智慧、学养积淀、唯物观点、辩证方法。一是结合党章、宪法、政协章程学。将80个字的入党誓词一字不落背下记牢，逐句逐字细研深悟。在“七一”座谈会上，我们诵读到“随时准备为党和人民牺牲一切”时，提出“自己牺牲过什么”之问，在场的同志无不心灵震撼，强烈共鸣。党的领导、人民当家作主、依法治国三者有机统一于“四个伟大”，顺序不可倒置，无一可以或缺；讲民主、讲法治首先必须讲政治，讲政治是为了更好讲民主、讲法治，这是我们又一学习心得。二是结合《习近平的七年知青岁月》《梁家河》《习近平在正定》等学。从艰辛与曲折、平凡到伟大的人生历程中读领袖、知领袖，从而增强政治、思想、理论和情感四个认同。召开老领导座谈会，他们从真交真用党外朋友贾大山故事开始，给“新委员”上了一堂习近平总书记一直重视并亲自做凝聚人心工作的党课，忠诚至真，意味深长。三是结合近现代史和党史学。开展“走进井冈读初心”红色教育，诵读《红色家书》和我们参加编写的《100个经典革命故事》，在江西这块“浸染鲜血、埋着忠魂”的红土热地上，感知共产党人的苦难与辉煌。观看为了老乡吃饱饭“不当将军当农民”甘祖昌将军电视剧《初心》，追思近年倒在扶贫路上“最美基层干部”感人事迹，在历史与时代接续奋斗中传承红色基因。四是结合统战工作和人民政协发展史学。收集我们党从上井冈山到从瑞金出发长征七年革命斗争时期，与袁文才、王佐握手，向陈济棠“借道”等统战工作经典案例，加深认识政协作为统战组织的非常使命。观看《建国大业》等反映“先有新政协、后有共和国”影片，读懂人民政协这一独具中国特色制度安排的历史必然、政治逻辑。

（五）与严抓党建同步学，集中整治政协机关“作风病”，担当管党治党政治责任，推动各项工作严紧实起来。把人民政协的事情办好，关键在党。全面加强党的领导，必须加强政协系统党的建设，全面从严治党，这已成为大家的高度共识。一是换届后即在各专委会成立分党组，制定具体工作规则，从组织和制度上保证了政协党组领导核心作用的发挥。二是推行新提任和入职党员干部面对党旗再宣誓与集体谈话制度。做到履职必戴党徽、桌上必摆党旗国旗、着装言行必符政协形象。简约庄重、富有仪式感的机关文化涵养，使政协颜值气质俱增。三是开展作风问题大起底、大检查，集中整治“怕”“慢”“等”“散”“庸”等“二线思想”作祟问题，力戒“挂名委员”“忽悠委员”现象发生。四是建立《不严不实典型作风问题批评通报》和《优良作风典型人事表扬通报》“双通报”制度。先后批评问责或表扬表彰数十人，把一个个错的问题“晒”出来，好的标杆树起来。五是大力改进调查研究。重走毛泽东当年寻乌搞调查研究之路，学习他“甘当小学生”和“会掏心窝子话”的谦逊精神与科学方法，召开习近平总书记关于中宣部寻乌调研报告重要批示学习座谈会，总结出“看面与蹲点结合”“键对键与面对面结合”等“政协调研20法”，为高质量履职奠定基础。

（六）既紧紧依靠又主动争取省委坚强领导，与省委大学习、大调研、大整改部署同步紧密呼应。省委对政协工作始终高度重视，加强领导。刘奇同志在担任省委书记的第一周内，就到省政协调研，对此次学习研讨，主持会议听取汇报，亲自审定方案，悉心指导。我们坚持重要事项主动请示，敏感问题及时报告，在“争取”省委领导上讲好规矩，多尝甜头。刘奇同志和多位省领导肯定省政协系统抓党建、抓学习、抓作风等“六抓”做法与成效，要求像全国政协系统一样，更加严起来紧起来实起来，给我们以莫大鼓舞。同时，我们还编印了闽粤琼等兄弟省区市30例典型经验，觅玉取经补短。主要收获与体会：一是“政治是统帅，是灵魂”。学出了以党的政治建设为统领，“四个意识”的增强、“两个维护”的坚定。二是“思想是行动的先导”。学出了政协上下“党的意识”“一线意识”“系统意识”的增强，思想观念的更新。三是“理论只要彻底，就能说服人”。学出了理论武装紧迫感的增强、履职能力的提升。四是“学习能力就是软实力”。学出了方法的创新，总结出“讲、问、考、辩、网、做”六字促学法，形成了有标准、有痕迹、有检查、有考评的学习质量保证机制。五是“等着干，闲一半；主动干，连轴转”。学出了讲责任、讲使命精气神的提升，求真务实作风的弘扬，为赣鄱谋崛起、为老表谋幸福质效的增强。

三、2018年9月30日，在习近平总书记关于加强和改进人民政协工作的重要思想理论研讨会上的大会口头发言：关于推进新时代人民政协履职能力建设的学习与思考

“要以改革思维、创新理念、务实举措大力推进履职能力建设，努力在推进国家治理体系和治理能力现代化中发挥更大作用”。学习贯彻习近平总书记在庆祝人民政协成立65周年大会上的重要讲话，领会落实这一重要要求，必须认识有些政协组织存在想干事、真干事政治热情不断高涨与能力不足、本领不强之间的矛盾，把履职能力建设作为先导工程，学思践悟、抓实抓好。

（一）**推进履职能力建设，既要讲学习，又要善学习，解决好“懂政协、熟‘行规’”问题，做理论上的明白人。**“理论只要彻底，就能说服人”。在党的十九大报告中，学习本领位列“八大本领”之首。政协组织中，有的同志虽然未少学习，但不善不会学习，对高质量履职影响可想而知。提升学习能力、掌握“敲门砖”成为当务之急。要善于“薄读厚、厚读薄”。读原著学原文且悟原理，“深入”新思想产生的历史源流、文化传承、实践探索，“知其所以然”；“浅出”到掌握精神要义、立场观点方法，力戒知“鱼”不得“渔”，知道不知“道”。要善于又博又专。“术业有专攻”，政协有“行规”。在丰厚必备基本理论与知识“塔基”上，突出必知必用专门知识之“塔身”，成为完成“五大任务”一个方面的“工匠”高手，力戒泛化不聚焦，学而不专，“红了樱桃，未绿芭蕉”。要善于学法出新。“石头不碰不出火花”。效果好是硬道理。个人自学、集体研学结合，改进学风话风，促进转变作风，多用案例式、互动式、辩论式方法，力戒入脑不入心，“各说各话、说完回家”。

（二）推进履职能力建设，既要坚决又要准确对标对表，解决好“忠诚谁、维护谁”问题，做政治上的明白人。政治是统帅、是灵魂。有了“帅”和“魂”，才能保证政协事业定位准确、方向不偏。而讲政治不是空洞喊口号，坚决准确对标对表，重在见诸行动。增强“四个意识”，做到“两个维护”。讲好这个打头管总、最为重要的政治，就要读好《梁家河》《知之深爱之切》等故事，在了解从平凡到伟大的人生历程中讲维护；善于发声，在旗帜鲜明回应网上网下“杂音”“噪音”中讲维护；落细落小落实，在精准选题立项、协商议政中讲维护，力戒把讲政治之“讲”变为“说”，言而不行，知行分离。把握好政治与业务关系。没有脱离政治的业务，也没有脱离业务的政治。从议经济发展“紧要大事”到议民生“关键小事”，从业务上想“怎么办”，先从政治上思“怎么看”，找准结合点，把握“时效度”。既紧紧依靠又主动争取同级党委支持。“主动争取中紧紧依靠”，既是原则，又是智慧。对党委，既有阶段性、整个年度报告，又就重要敏感事项一事一报告；既有文件形式书面报告，又有面对面活情况报告，对履职中吃不透、拿不准、把握不好的“两难”问题，善于在多一个电话、多一次请示中，及时领会意图，及早得到答案，力戒“政协挺热闹、党委不知道”。

（三）推进履职能力建设，既要做足又要做好调查研究功课，解决好“怀正胎、善分娩”问题，做建言资政的明白人。“坐在办公室都是问题，走进基层到处是办法。”不做调查没有发言权，不做正确的调查同样没有发言权。悟“道”得“法”，应处理好几个关系。调查与研究。调查要深入，“先探头看井，再言水有无”；研究要用功，善于去粗取精、去伪存真，抓住现象背后本质，变“百味草”为“优鲜奶”，力戒重调查轻研究、只调查不研究，成了材料“搬运工”。数量与质量。“不熟不揭锅，熟了再上桌”，“宁可少些，但要好些”，“人无我有、人有我新、人新我专、人专我特、人特我优”，所作所为呼应中央重视、党政关切、人民期盼“需求侧”，多出《小城镇大问题》类经典力作，力戒铺摊子过大、上项目过多。知己与知彼。善用比较思维，“不以一地为全国，要以全国论一地；不以中国为世界，要以世界论中国”。在省际、国际比较中，掘金觅玉，取长补短，力戒小天地里谋大事，只见“树木”，不见“森林”。内脑与外脑。发挥好政协智力密集、人才荟萃优势，又善借力外部“最强大脑”，“政协人 + 专门人做政协事”，发挥拿来主义叠加效应。读文与读人。“下水抓活鱼”。既看纸面网页上情况，又问“土专家”“洋博士”所知，搜寻文件上看不到、干部群众心里“打转转”的大实话，力戒见文不见人、“唯书”不“唯实”。说短与论长。用“两点论”看形势，既坚持问题导向，又重视总结推广经验，力戒把“走下去”等同于“挑毛病”，结论尽是有缺点又有苦劳有功劳“种梨人”的不对。上情与下情。“十里不同风，百里不同天”。坚决贯彻中央精神，又紧密结合具体实际建言资政，力戒“上下一般粗”，闹出变依法治省为养牛场“依法治牛”类笑话。

（四）推进履职能力建设，既要重视联系群众，又要善于联系群众，解决好“为了谁、依靠谁”问题，做服务人民的明白人。政治性与人民性高度统一，是政协组织的根本特征。作为来自代表、服务人民的政协，群众是根基，又是力量。联系对象要广泛多样。既联系排长队住不上医院的大娘、特高温天挥汗如雨的“快递哥”和贫困户等底层群众，又联系企业金领、网络达人等新社会阶层人士；既联系近在身边政协机关干部，又联系为贷款发愁、招工犯难的老板，力戒担心被误解，为了“羽毛”惧商、躲商、忽悠商。对话招法要入脑入心。探索时代“新方”，学会用“键对键”“微信圈”“抖音”等做工作，又不丢传统“验方”，以学生姿态、亲人情感，用老百姓听得懂、记得住的语言“滴灌”，力戒把委员当官员，“葫芦下到井里未沉到水里”。服务要与引导结合。既助推解决“城市看海”“老旧小区装电梯”百姓“闹心事”，又善于宣传引导村民市民正确对待“误解事”，帮助“牢骚名嘴”在思想上“解扣”，在真口服又心服中变消极为积极，变阻力为助力，力戒重服务得好、轻教育引导。

（五）推进履职能力建设，既要讲团结，又要善团结，解决好“影响谁、咋影响”问题，做合作共事的明白人。“力量不在胳膊上，而在团结上”。政协不是纯而又纯的“一池清水”，政协的人，“说一样又不一样”。提高合作共事能力，重要的是牢记“合作初心”，处理好一致性和多样性关系，善团结，会画圆。善于扎牢政治底线，求一致性之“同”。没有一致性，多样性就是一盘散沙。增进一致性，要始终突出坚持中国共产党领导、坚持和发展中国特色社会主义。只有把这一共同思想政治基础圆心钉得更牢，半径才伸得远、拉得住，画出不离不弃、不散不异的同心圆。善于尊重包容差异，存多样性之“异”。丧失了多样性，一致性就成了单一性。增进一致而不强求一律，包容多样性，要在坚守政治底线的条件下，把能够团结的一切力量团结起来，把不同方面、不同界别正确的、正当的利益诉求最大限度包容进来，不“一刀切”，力戒“千人一面、千口一声”。善于真诚以待，多交真朋友、铁朋友。对党派和各方面人士，要“多了解、多理解、多尊重、多商量”，靠党性原则、人格魅力交友，不做样子、摆架子，不一时热、一时冷，又热又冷，时热时冷。既重严肃党内政治生活，又善开展各党派各方面人士之间从团结出发的批评。与“有性格、有影响、有专长”的委员打交道，政治上尊重，工作上支持，生活上关心，以心交心换真心。树立“大政协”思维，共同奏好演好各党派各方面“交响乐”“舞台剧”。

四、2020 年 12 月 7 日，在中国人民政协理论研究会第三届常务理事会第三次会议上的发言：有了发言权还要会发言——有效行使协商议政话语权的学习与思考

习近平总书记指出，“语言的背后是感情、是思想、是知识、是素质”。政协委员的话语权，不仅是有话可说的权利，还包括怎样说话的艺术和能力。提高协商议政质量和效果，需要重视改变“有话不会说”“有理说不清”等现象，做到有了发言权，还要会发言。

（一）了解协商对象的关切和需求点，讲有的放矢、点到穴位的话，力戒不分场合、不看对象，离题跑调。满足需求的供给才是有效供给。需要注意这样的现象，“与新社会群体说话，说不上去；与困难群体说话，说不下去；与青年学生说话，说不进去；与老同志说话，给顶了回去”。有位政协委员分享履职经验讲“八二定律”，即花 80% 的时间了解受众需求，花 20% 的时间写作讲稿。对话“贷款难、贷款贵”的企业家，不能开口就讲金融“流动性”等高大上的话；对话为“上学难、上学贵”发愁的群众，不能津津乐道高校“双一流”建设等答非所问的话。

（二）注意摆事实、用数据，讲客观辩证、令人心服口服的话，力戒刻意回避矛盾和问题，讲你好我好、报喜不报忧的话。实事求是是我们党思想路线的精髓，也是协商议政、凝聚共识的原则。多讲真话、实话、心里话，包括刺耳、尖锐一些的话，少讲、不讲放之四海而皆准但于事无补的话。我国实现从站起来、富起来到强起来的历史性飞跃，“两大奇迹”世所罕见，伟力在于政治优势和制度优势。同时也要看到，全国仍有几亿人每月收入很低，发展不平衡、不充分问题依然突出。这样用“两点论”分析问题，就能使全国上下更加坚定“四个自信”，又保持忧患意识、居安思危。

（三）抓关键抓要害，讲旗帜鲜明、直奔主题的话，力戒绕弯子兜圈子，模棱两可、含糊其词。从一定意义上讲，“宁要片面的深刻，不要全面的肤浅”。提倡什么、反对什么，开门见山，口口到馅，要言不烦。谈及美对华为极限打压和华为积极应变，有位政协委员表示，“企业立于不败之地的灵魂是企业家精神，王道是创新”，一语中的，扼在其要，凝聚广泛共识。针对“讲先进就是外国的，讲问题全是中国的”现象，一位著名学者指出，欢迎建设性的批评，但拒绝“意在沛公”的抹黑，解决制约我国高质量发展的难题，哪一条靠的不是中国自己？鞭辟入里回应的背后，是真理的力量、实践的逻辑。

（四）阐述政策性、理论性、专业性强的问题，讲深入浅出、通俗易懂的话，在协商场合力戒从抽象概念到复杂逻辑，苦口婆心但曲高和寡。无论就哪一方面专门性

问题协商议政，都应面向受众，善用群众语言说话。毛泽东同志修改《遂川县工农兵政府临时政纲》，把“废除聘金聘礼，反对买卖婚姻”改为“讨老婆不要钱”，“反对虐待儿童”改为“不准大人打小孩”，“废除债务”改为“借了土豪的钱不要还”，老百姓一听就懂。在一场关于量子通信安全性的远程协商对话中，有位科技界的委员讲：“就像发送一则写在肥皂泡上的信息，如果有人想在传输时拦截它，只要一触碰，肥皂泡就会被捅破。”寥寥数语，便使大家了解了有关作用与机理。

（五）善于运用故事、比喻、案例，讲生动形象鲜活、接地气的话，力戒平铺直叙、语言干巴、平淡乏味。讲好故事、用好比喻，可以使话题有意义又有意思，在轻松的氛围中，把事情说清楚、道理讲明白。针对新中国刚成立时有种认为民主党派“可有可无”的看法，毛泽东同志讲，“民主党派不是一根头发，而是一把头发！不但要继续存在，而且要继续发展”，生动地揭示了民主党派作用和统一战线工作的重要性。“敌人是钢多气少，我们是钢少气多”，毛泽东同志精辟的总结，揭示了我军赢得抗美援朝战争胜利的真谛。“共产党就是自己有一条被子，也要剪下半条给老百姓的人”，习近平总书记曾这样深情讲述“什么是共产党人的初心和本色”。

（六）注重协商互动、切磋琢磨，讲有思想碰撞、观点交锋的来回话，力戒把协商议政变为照本宣科，自说自话、互不搭界。石头碰撞才能产生火花。通过互动，可以就关注的热点问题，即时问答，交换不同甚至相反的意见，最终达成共识。VR 是一项能使人如临其境、沉浸其中的前沿技术，围绕该产业发展专题协商，就先抓什么、后抓什么，委员们见仁见智，讨论热烈。有的认为，心是英雄钱是胆，离开钱寸步难行，抓好融资就抓住关键；有的则认为，过去是钱比人贵，现在是人比钱贵，抓住人才就抓住关键；还有的认为，没有需求就没有市场，没有市场就没有产业，要把产品应用推广放在首位，等等。经过与专家学者、职能部门多方交换、比较、反复，最后形成按照“应用推广”“金融支撑”“人才引育”有序统筹推进的共识，所提对策建议可操作、可落地，得到决策者采鉴。

（七）敢于直抒己见，讲独立思考、和而不同的话，力戒人云亦云、老生常谈，吃别人嚼过的馒头、“炒冷饭”。协商建言应多出新点子，只要对国家和人民有利，就敢于发声，知无不言、言无不尽。一位全国政协委员曾说，“不敢不善担当尽责就不当政协委员”。数年前，在坚持稳定现行生育政策背景下，多位委员呼吁尽快放开二胎，但争议很大。事实证明，全面放开二胎后，并未引发生育高峰。有位全国政协委员多年前就发出“尽快出台《物权法》”的呼吁，随后连续撰写提案，建议最终受到采鉴，被称为“《物权法》提案第一人”。

（八）进行国际比较，洋为中用，讲具有世界眼光的话，力戒关门论道、坐井观

天。在经济全球化时代，关起门来想问题、办事情，意味着倒退。协商“国之大者”，当着眼“两个大局”。在“卡脖子”技术的话题讨论中，有位委员讲，“我们是制造大国，还不是制造强国，从飞机到芯片制造等许多领域的关键技术仍受制于人，要有应对的充分准备”，深化了大家对“科技创新主动权只有牢牢掌握在自己手中，才能赢得未来”的认识。在围绕“饭碗怎样才能端稳当”的协商议政中，有位委员指出，种业是农业的“芯片”，是确保国家粮食安全的源头。他介绍说，我国能造出航母、核潜艇，但种子产业与发达国家比，差距很大，我国每年进口“洋种子”就得花费数十亿元，“芯片危机”在农业领域发生的可能性值得警惕。这位委员结合国际现状进行有说服力的比较分析，受到在场职能部门的高度重视，所提多条务实建议成为出台有关文件的重要参考。

五、2021 年 9 月 2 日，在参加全国政协系统党的建设工作经验交流会上的发言：从红色资源中汲取智慧和力量　全面加强政协党的作风建设

江西是浸透英雄热血的红土地，孕育了伟大的井冈山精神、苏区精神，产生了我们党诸多优良传统和作风。我们结合党史学习教育，认真学习习近平总书记“七一”重要讲话和对江西工作重要指示精神，贯彻中办印发的《关于加强新时代人民政协党的建设工作的若干意见》，落实省委决策部署，加强政协党的作风建设，做实“党建+赣事好商量”，干出新时代人民政协新样子。

（一）**加强和改进调查研究，走好新时代党的群众路线**。“没有调查就没有发言权”“不做正确的调查同样没有发言权”。调查研究是转变作风的基础环节，是保持党和人民群众血肉联系的必然要求。一是学习领袖的立场、观点和方法。针对调研“走马观花红、下马一阵风”现象，专题学习习近平总书记关于中宣部寻乌扶贫调研报告重要批示精神，重走毛泽东寻乌调查路，深悟“甘当小学生”精神和求真务实科学方法。总结形成“省际+国际比较”“随机+基地分析”等改进调查研究 20 法，做到调查不深不协商、研究不透不建言。二是做好服务大局调查研究文章。开展做实唱响“庐山天下悠”协商议政，首先对标学习总书记怎么讲、中央文件怎么说，围绕“绿色生态是江西最大优势”精辟论断，研读文件资料 200 余万字，山上山下召开座谈会 100 多次，“一对一”访谈干部群众 800 余人，兵分五路以普通游客身份“沉浸式”体验吃住行游购娱。建议案先后修改 60 遍，跨年度调研过程稿摞起来等腰高。“关键在深化体制改革，推进一体化、集团化、专业化、市场化”对策建议，省委领导召开专题会议研究鉴用。三年来，开展专题调研 200 多次，举办协商会议 130 多场，报送

“后疫情时代中医药热的冷思考”“虚拟现实产业发展”等专报、建议案120多件，所提意见均转化鉴用，有的成为制定省“十四五”规划依据。三是调查研究与“为民办实事”相结合。党员委员深入基层，了解群众“急难愁盼”，平均每年撰写800多件提案、700多篇委员作业。为回应南昌市民“行路难”关切，有位同志利用工余时间自费乘坐公交车百余次，找准交通瓶颈堵点，“取消机动车尾号限行”建议很快落地。“办事停车难、一停就罚款”“疫情影响下的就业”等2000多个民生难题得到破解。“政协是干什么的，看看我们百姓身边戴党徽的政协委员就知道了。”

（二）**持续深入改文风转会风，力求有了发言权还要会发言**。文风会风就是作风，就是对党的事业的态度问题，对人民群众的感情问题。一是制定改文风转会风正负清单。针对文件会议“空浮长”，就做到言之有魂、言之有本、言之有道、言之有据、言之有理、言之有度、言之有方、言之有用，提出指导性意见，明确具体化要求。推行“内容述要+主报告+子报告”“例说+数说+图说”等成果呈现形式，力求开门见山，简约不简单。二是专题研讨“有了发言权，还要会发言”。针对协商对话“生冷绕”，推行会前“试讲+党组点评”，确保内行讲话外行能听懂、记得住，有效提升党员委员讲述技巧、说服能力，增强引领、带动党外委员和界别群众的政治效果。三是建立重点履职成果“围读”机制。“双向发力”专报和建议案等，由担任项目负责人的党员领导干部主汇报，通过课题组、专委会、党组会议“三关”，严把政治、政策、法规、事实、文风“五关”。有个专委会督办2020年度建议案不深不细，反映问题轻描淡写，受到严肃批评后，承办组临时党支部连夜召开专题组织生活会，检视“原因是民主监督勇气不足，事业心责任心不强”。最终，《建议案督办专报》既报喜又报忧，成为精品力作。今年省政协精文减会总体过半，讲形式力戒形式主义，看数量更重质量效果，办文办会“短新实”“专深特”，体现问题导向、目标导向。全省上下普遍点赞，省政协文风会风清新走心，接地气、成色足。有位港澳委员感叹：“共产党的好作风就该这个样，开会讲话中听又中用。”

（三）**高度重视廉洁履职教育管理，用党规党纪保证作风优良、担当作为**。作风建设的重要方面是贯彻落实中央八项规定精神，持之以恒正风肃纪，树立新时代党员、干部新形象。一是制定“党员委员50个作风纪律风险点与防范”。总结剖析多名党员委员违纪违法教训，清醒认识政协组织不是“世外桃源”，教育管理失之于宽、作风松弛，必然发生利用政协职务影响牟取私利问题。二是坚持常态化党风廉政提示。今年，重点解读《中共党员节假日100个“不准”》，使大家明白“微信红包收发讲究真不少，一不小心就踩线”。三是开展纪委委员与政协党员委员面对面。每年邀请省纪委省监委负责人以案释纪明规，与大家互动交流，成为作风纪律教育“品牌课”。自身正、自身净、自身硬，忠诚干净担当，已成为党员领导干部和党员委员的普遍自觉。

（四）坚持以上率下，层级严抓实抓机关作风建设。政协机关党的作风建设是政协机关作风建设的关键，直接关系人民政协履职成效，具有特别重要意义。一是制定“机关党员领导干部转作风作表率20条”。立下“一般性会议发言和总结自己动手写”等硬规，实现做不到就不规定，规定了就能够做得到。二是增强党内政治生活严肃性。从党组民主生活会到支部组织生活会，每次都把作风建设列为重要内容，检视问题与不足严格对标，开展批评与自我批评较真碰硬。今年机关党组民主生活会从下午2时开到晚上9时，大家红脸出汗，又心悦诚服，把自己和责任摆进去，立整立改、严整严改。三是正向激励与负向约束并重。集中整治“散慢浮庸粗”作风易发病，坚持《优良作风典型事例》《不严不实突出问题》“双通报”。今年以来，表扬“文经我手无差错、事交我办请放心”先进单位60次，批评“过关不把关、把关不严格”失责现象30起。四是将“苏区干部好作风”融入党建。省直机关党组织红色文化建设现场会开到政协机关，有效做法在面上推介。多方面领导和同志热议点赞，“真严真实作风激励人，比学比干氛围感染人”。好作风是带出来的，又是抓出来的。党员、干部“作示范、勇争先”，“关键少数”发挥关键作用，40%影响带动60%，作风建设红利持续显现。大家感恩奋进，以行践诺，创造“第一等的工作”，赢得人民政协为人民的好口碑。

黄跃金

一、2013 年 3 月 4 日，在审议政协常委会工作报告时的发言

建议：

（一）**研究制定加强政治协商制度建设的实施意见。**随着中发〔2006〕5 号文件的实施，政治协商越来越为各级党委和政府所重视，效果越来越好。建议从中央层面研究制定加强政治协商制度建设的实施意见，规范具体的运行机制。进一步明确协商内容、形式、程序和保障机制，不断扩大委员的有序政治参与。要拓展渠道方式，比如，健全全体会议广泛协商、常委会议重点协商、专委会对口协商、专题会专题协商、界别协商、提案办理协商的形式和机制，并积极探索网络协商等新途径。健全协商成果跟踪问效机制，推进协商民主广泛、多层、制度化发展。

（二）**加强委员的联系、服务。**委员是荣誉，更是责任。委员享有权利，也应履行义务。为了更好地调动委员的积极性和创造性，有必要依据政协章程的有关规定，研究制定加强政协委员联系服务的相关举措和文件。建立健全履职情况反馈机制，关心委员，积极主动走访委员，并和委员交流思想、工作及生活情况，真正成为委员的朋友、诤友和挚友。还应为委员创造履职的平台，努力形成符合政协特点的联系机制。

（三）**加强民主监督的制度建设，不断完善民主监督机制。**加强民主监督工作，最终要体现在制度层面，因为制度“带有根本性和长期性”。一要健全人民政协民主监督制度，主要包括知情机制、沟通机制、落实反馈机制。二是要规范民主监督的程序，包括监督议题的提出确定的程序、活动安排的程序、意见报送反馈的程序等。三是规范配合机制。特别是在提供信息、落实情况反馈机制上，都应有明确规定。

二、2013 年 3 月 7 日，在讨论政府工作报告时的发言

建议：

（一）**要更加注重推进技术创新。**调查中发现 LED 节能灯核心技术在美国，70% 利润在美国，而且容易坏，应进一步加强低碳技术研发。应针对减碳技术、无碳技术、去碳技术分别设立重大科技专项。通过技术研发，形成独立自主的知识产权，转化为新型产业经济。并重视低碳经济的转让与推广，以实现技术进步与效率改善。

（二）要更加注重行业的低碳标准和规范，逐步形成低碳经济标准化体系。2010年3月，中国社科院公布了评估低碳城市的新标准体系，该标准分为低碳生产力、低碳消费、低碳资料和低碳政策等四大类共12个相对指标，这是首个评估标准，应加强宣传，并逐步上升为政策和法规，以形成低碳经济发展的长效机制。

（三）要更加注重厉行节约的消费意识。现在在消费方面，消费理念还存在一定误区，比如，大超市中敞开式冷柜耗电比玻璃门冰柜高出20%，如全部使用玻璃门冰柜，按一个大城市有800家超市、6000家便利店来计算，一年可节约4520万度用电，可减少4.5万吨的二氧化碳排放。又比如交通工具，日本私家车每年平均行驶3000—5000公里，而我国主要城市私家车每年平均行驶1.5万—1.8万公里。应大力发展公共交通，在全社会倡导低碳生活方式。

（四）要更加注重加强国际交流合作，营造有利于国内外低碳经济公平竞争发展的良好环境。开展在人才、资本、产品技术研发等方面的国际合作，并修订外商投资产业指导目录。要扩大低碳技术和产品的国际贸易，完善交易市场，防止"绿色壁垒"。

三、2013年3月10日，在讨论"两高"工作报告时的发言

建议：

（一）大力推行和实施宽严相济的刑事司法政策。宽严相济的基本含义是：该宽则宽，该严则严，有宽有严，宽严适度；"宽"不是法外施恩，"严"也不是无限加重，而是要做到"宽严相济，罚当其罪"。具体来说，一是要不断完善刑事和解制度。既可以使被害人得到经济赔偿和精神抚慰，又可以促使被告人积极悔罪服法，减少社会中的对抗因素。二是要在具体量刑中将宽与严有机地结合起来。根据案情的特点和社会形势来确定，既要有力打击犯罪，又要减少社会对抗，化消极因素为积极因素，实现法律效果和社会效果的有机统一。三是在办理未成年人案件中应当尽量从宽。比如按照《人民检察院办理未成年人刑事案件的规定》，对规定的可不予批捕、可一般不起诉的情形要认真审查，如符合条件应当最大限度地教育、挽救未成年犯罪嫌疑人。

（二）尽量控制和慎用、少用死刑。一方面，要从严从紧对死刑案件予以审核。自2007年死刑案件核准权统一由最高人民法院行使以来，中国死刑适用标准非常统一，判处死刑的案件逐步减少，今后仍然要进一步完善死刑复核程序，加强死刑复核监督，确保办理死刑案件的质量。另一方面，要改进死刑执行方式。在不能完全取消死刑的前提下，不搞器官移植和执行方式的进步成为推进我国死刑制度文明进步的重要途径。注射方式既是尊重人权、倡导文明执法的表现，也是社会发展进步的重要标

志，应该加大推广和普及的力度。

（三）进一步加大巨额财产来源不明罪、行贿罪的惩处力度。巨额财产来源不明罪自1997年《中华人民共和国刑法》实施以来，对有力地打击犯罪，惩治腐败起到了一定的作用。但在司法实践中，也逐渐暴露出其本身存在的缺陷和矛盾。比如，立案标准低，法定刑偏低，量刑档次少，而且相关配套机制存在缺陷，等等。为了更好地遏制贪污、受贿等腐败问题的发生，有必要进一步加大巨额财产来源不明罪的惩处力度，比如大幅度提高该罪名的法定刑，幅度应与贪污罪、受贿罪量刑相当。在严厉惩处贪污受贿人员的同时，也应对犯有行贿罪的行贿人员予以严厉打击，从源头上遏制腐败问题产生。

（四）继续积极稳妥地推进司法体制改革。要进一步解决“告状难”“执行难”“赔偿难”等问题，抓好公私物权平等保护、量刑规范化改革、司法职权配置的优化、执法监督和制约机制的完善等重要方面的工作，不断健全和完善司法工作制度和机制，提高我国的司法能力和水平，促进依法治国的进程。

（五）进一步加强司法队伍建设，提供有力组织保障。着重推进基层基础建设，要从思想建设、组织建设、作风建设和专业化建设等方面下功夫，大力加强基层司法队伍建设，着力提高广大法官、检察官的能力素质和水平，为维护社会公平正义、促进社会和谐稳定、保障经济社会发展提供有力的保障。

四、2013年11月18日，在全国政协十二届三次常委会议分组讨论时的发言

十八届三中全会强调“坚持和完善中国共产党领导的多党合作和政治协商制度”“发挥人民政协作为协商民主重要渠道作用”“推进政治协商、民主监督、参政议政制度化、规范化、程序化”，为新形势下人民政协事业发展提出了新的要求。

建议：

（一）要从形式上进一步丰富协商的活动载体，增强协商民主的广泛性。在不断健全全体会议广泛协商、常委会议集中协商、主席会议重点协商等基础上，更加活跃有序地组织专题协商、对口协商、界别协商、提案办理协商活动，进一步探索建立以界别为基础、以专题为内容、以对口为纽带、以座谈为主要形式的协商新形式，创新各党派团体、各族各界人士在政协协商议政的新平台、新途径，推进协商民主广泛、多层、制度化发展。

（二）要从机制上进一步夯实协商的跟踪问效，增强协商民主的实效性。建立完

善相关督办机制，采取党委、政府、政协联合督办，或由政协组织委员跟踪视察的方法，促进协商成果尽快转化。同时，要积极营造平等、公开、包容的协商氛围，正确处理一致性和多样性的关系，鼓励社会各界积极参与协商，使协商的过程成为扩大有序政治参与的过程，成为化解分歧、凝聚力量的过程，实现和而不同基础上的团结。

（三）**要从理论上切实加强社会主义协商民主建设的理论研究工作**。加强对社会主义协商民主建设的理论研究工作非常有必要，一系列重要问题还需要不断探索和解决。一要积极开展基层民主协商，进一步扩大基层群众的有序政治参与。二要健全基层民主协商的制度。适时制定相关文件，明确基层民主协商的基本原则、基本内容和基本程序，尤其是要明确各级党委、政府在加强基层民主协商中应发挥主导作用，使基层民主协商成为民主化决策和各界发扬民主、反映民意、集中民智、增进共识的重要环节与程序。比如，要探索健全基层选举、议事、公开、述职、问责等机制；建立健全居民、村民监督机制，促进群众在城乡社区治理、基层公共事务和公益事业中依法自我管理、自我服务、自我教育、自我监督。三要创新基层民主协商的形式。进一步总结推广各地开展的比如民主恳谈会、社区议事会、公民评议会、民主听证会等一系列行之有效的协商形式，引导各地探索新的形式和方法，逐步形成多层面、多形式的基层民主协商格局，使基层民主协商的视野更加宽阔、方式更加灵活、成效更加显著。四要拓展基层民主协商的领域。出台相关文件，明确推进政协工作向各阶层、各基层延伸的工作原则、方向和重点。比如，考虑推进政协工作向新社会组织、新经济组织、产业科技工业园区以及社区、学校等领域的延伸，为各地开展基层民主协商创造条件、提供规范。

五、2014年1月17日，在学习习近平总书记在十八届中央纪委三次全会上重要讲话时的发言

习近平总书记在十八届中央纪委三次全会上发表了重要讲话，站在党和国家全局的高度，全面总结了一年来党风廉政建设和反腐败工作成绩，全面分析了党面临的形势，深刻阐述了事关党的建设重大理论和现实问题，明确提出当前和今后一个时期的总体思路和主要任务，为深入开展党风廉政建设和反腐败斗争指明了方向。

体会和认识：

（一）**践行为民宗旨、做到公私分明，不搞以权谋私，是新形势下加强党风廉政建设的本质要求**。一是做到牢记宗旨、执政为民。要坚定共产主义的理想信念，始终牢记党的性质和宗旨，牢记党对干部的要求，牢记手中的权力是党和人民赋予的，

必须为人民掌好权、用好权，牢固树立执政为民的理念，时刻把人民群众的利益放在第一位，做到权为民所用、情为民所系、利为民所谋。只有这样，党员干部的眼界才能宽，心胸才能广，精神支柱才能牢，政治立场才能稳。二是做到公私分明、严格自律。必须时刻以“公、私”二字为标尺，正言正行正心，不为私欲所动、不为私利所惑、不为私情所困，自觉做到履行职责为公、行使权力为民，做到公私分明、克己奉公、廉洁自律。世界上一些政党之所以人亡政息，一个重要原因在于，执政后利用手中权力牟取个人或小集团私利，与人民群众尖锐对立，最终被人民所抛弃。

（二）**加强反腐倡廉教育，是筑牢拒腐防变思想道德防线的重要基础**。一是筑牢防线，加强理想信念教育。这是廉政教育的核心和灵魂。一个人的理想动摇，是最危险的动摇；信念滑坡，是最致命的滑坡。要通过加强理想信念教育，引导广大党员干部坚定共产主义远大理想，树立正确的权力观、地位观、利益观，牢记全心全意为人民服务的宗旨，在任何时候任何情况下，都要与人民群众同呼吸、共命运。二是抓住主线，加强从政道德教育。把加强党性修养和锻炼作为从政道德教育的核心，自觉培养高尚的道德情怀，模范践行社会主义核心价值体系和社会主义荣辱观，常修为政之德，常思贪欲之害，常怀律己之心，自觉做到警钟常鸣、防微杜渐，时时处处自重、自省、自警、自励。三是把握界线，加强党纪国法教育。在党员干部中大力普及党的纪律和国家法律法规知识，不断增强法制意识，严格把握是与非的界限、正与邪的界限，不踩线、不越线，努力形成依法行政、依法办事的良好氛围。

（三）**推进反腐败体制机制创新，是推进党风廉政建设的根本保障**。一是着力改革党的纪律检查体制，推动党的纪律检查工作双重领导体制具体化、程序化、制度化，健全反腐倡廉法规制度体系，认真落实《建立健全惩治和预防腐败体系2013—2017年工作规划》，保证各级纪委监督权的相对独立性和权威性，使党委、纪委对监督执纪工作的领导和指挥更加有力有效。二是加大监督制度创新力度，按照用制度管权、管事、管人的要求，积极探索拓宽监督渠道的制度和办法，深化腐败问题多发领域和环节的改革，努力把公开透明原则贯穿和渗透到体制机制的改革中去，更加注重用法治思维和法治方式防治腐败，最大限度减少体制障碍和制度漏洞。三是规范和制约权力运行，在全面深化改革各项举措中体现惩治和预防腐败要求，抓紧建立健全决策权、执行权、监督权三者既相互制约又相互协调的权力结构和运行机制，更有效地从源头上防治腐败。四是落实党委的主体责任和纪委的监督责任，制定实施切实可行的责任追究制度，做到有错必究、有责必问，不让制度成为纸老虎、稻草人。

（四）**严明党的组织纪律，是坚持党要管党、从严治党的基本原则**。一是认真贯彻民主集中制。这是党的建设的生命线。无论是重大工作部署，还是涉及人事等重大问题，都必须严格按照集体领导、民主集中、个别酝酿、会议决定的原则，由集体讨论、作出决定，切实做到讨论工作时畅所欲言，作出决定后坚决执行。二是严格落实重大事项报告制度。党员领导干部及时并如实地向党组织报告个人重大事项，既是对组织上的一种负责，更是对自己的一种保护，必须认真贯彻落实《关于领导干部报告个人重大事项的规定》，自觉主动地接受组织监督。三是夯实基础。把反腐倡廉建设真正融入经济建设、政治建设、文化建设、社会建设和生态文明建设五位一体的总体布局中，不断筑牢反腐倡廉的思想基础、制度基础、组织基础，凝聚起惩防并举、标本兼治的社会普遍共识。四是敢抓敢管、严肃纪律。遵守党的纪律是无条件的，必须说到做到，有纪必执，有违必查。各级党委和纪委要切实加强组织管理，执行组织纪律，做到纪律面前人人平等、执行纪律没有例外，严格依纪依法办案，严肃查处各类违法违纪案件，使党的纪律真正成为不可触碰的“高压线”。

六、2014 年 3 月 7 日，在讨论政府工作报告时的发言

建议：

（一）**加快推进长江中游城市群建设**。一是抓紧编制长江中游城市群规划。尽快核定长江中游城市群的范围，明确战略定位、发展目标和方向，确定推进一体化的重点领域、实施路径和具体措施。二是加大基础设施建设的支持力度。要对交通、水利和能源等基础设施建设给予更多政策支持。鄱阳湖是长江中下游重要的水资源宝库，是湖区人民赖以生存发展的重要基础。为保持鄱阳湖“一湖清水”，建议在国家层面加快推进鄱阳湖水利枢纽工程开工建设。要以交通基础设施为突破口，率先推进城市群交通一体化。三是强化城市群产业融合与协作。要着力推进全面深化改革，充分发挥市场机制在资源配置中的决定性作用，建设统一开放、竞争有序的市场体系，推动资金、人才、技术等要素自由流动，引导产业合理集聚。四是积极推进生态环境保护一体化。要按照主体功能区规划的要求，支持长江中游城市群在生态环境保护领域的合作和共建，加强跨区域的项目合作，积极探索重点生态功能区与城市化地区、生态保护区与受益地区之间的生态补偿机制。五是建立完善有效的综合协调机制。要充分借鉴国内外有益实践，探索建立高层协调机制，进一步健全区域合作领导小组制度、部门联席会议制度、信息互通和情况通报制度，及时谋划重大事项，解决突出问题。

（二）**着力推动机关事业单位和企业职工养老保险制度并轨**。一是实行机关事业单位与企业总体一致的“社会统筹与个人账户相结合”的基本养老保险制模式，建立

社会化的养老保险基金，实行社会统筹互济，均衡单位负担，为逐步化解同类人员养老待遇差别奠定基础，更好地体现社会公平。二是改革基本养老金计发办法，基本养老金水平与个人历年的缴费水平、缴费年限挂钩，体现多缴多得、长缴多得，权利与义务相对应，更好体现整个职业生涯的贡献。三是改革基本养老金待遇调整办法，要改变现在“调一次好几年不动，好几年不动又一次突然猛涨”的“跳跃式”调整，建立兼顾各类人员的待遇确定和调整机制，使保障水平与经济发展水平及各方面的承受能力相适应。四是鼓励发展企业年金、职业年金和商业保险。企业年金相当于一种补充养老保险，当企业职工退休时，将会领取到两份养老金，享受到更高的养老待遇。而职业年金的概念与企业年金类似，在推行机关事业单位养老保险制度改革之后，也需要相应建立职业年金。同时，还要进一步充分发挥商业保险的补充性作用，不断完善多层次的养老保险体系。

七、2014年8月26日，在全国政协十二届七次常委会议分组讨论时的发言

把权力关进制度的笼子，解决领导干部“不敢腐”“不能腐”“不想腐”“三不”问题，建立“三不”机制，既是反腐倡廉的重要经验，也是进一步遏制腐败现象滋生蔓延的基本路径。

建议：

（一）**不断完善反腐倡廉制度机制建设，解决“不敢腐”的问题**。一是改革“多头管理”体制。在健全廉政风险防控制度方面，要注意克服一些单位“多头管理”的弊端，理顺权责关系，明确主管部门，使各部门单位的职、权、责相统一，实行归口管理。这种管理体制也不仅仅出现在宋庆龄基金会，不少单位也都存在。多头管理下，谁都有责任，谁也不用负全责，这样一旦整个系统出了问题，却找不到责任主体。因此，要通过建章立制的方式，在多个部门之中明确一个最终责任者，其他部门积极配合、协同管理，努力解决多头管理事前监管缺位、事中管理混乱、事后疲于应付的问题，加强廉政风险防控。二是完善“一把手”权力配置监督的制度。着力解决好两个问题：一是地方党委书记不宜兼任人大常委会主任。书记主任“一肩挑”不利于加强人大的工作，体现人大充分发扬民主反映民意的特色，不利于加强对书记权力的监督与制约。二是上级党委常委不宜兼任下级党委书记。据媒体不完全统计，目前全国共有50多个城市的市委书记由省级常委兼任，其中既有省会城市、计划单列市，也有许多普通地级市。有的地方还有上级政府领导兼任下级党委书记或政府首长的现

象。应该说，省会城市、计划单列市书记“高配”有一定的合理性，但普通地级市“高配”则无此必要，事实上，弊大于利，容易导致一把手权力过分集中，容易造成“一言堂”、独断专行，弱化班子内部监督、权力制衡和整体作用，难以为“一把手”筑起有效防范廉政风险的“防火墙”。三是扩大推行纪检监察派驻机构的覆盖范围。中央已经明确，全面落实中央纪委向中央一级党和国家机关派驻纪检机构，中央纪委将向组织、宣传、统战等中央一级党务部门派驻纪检机构。建议将派驻范围扩大到人大、政协这两套班子。一方面，体现四套班子一视同仁；另一方面，这也是加强人大、政协班子党风廉政建设的现实需要。目前，人大、政协机关虽然多数成立了纪委，设立了纪检员，但工作对象仅限于机关干部，力度也显然无法与派驻纪检机构相比，难以实现对班子成员以及厅级干部的有效监督。四是加强政府投资公益性项目的管理。一要建立健全监督机制。建立政府每年至少一次向人代会或者其常务委员会报告政府投资项目计划的执行情况。各有关部门应当根据各自职责对政府投资项目进行监督检查，如发改部门负责监督检查项目计划的执行，并向人代会报告计划执行情况；财政部门对项目资金实行集中核算、集中支付制度，对资金使用情况进行全程监管；纪检监察部门委派干部对项目建设进行监察，杜绝腐败事件发生；审计机关依法对项目预算的执行情况和决算进行审计监督等。二要加强中介监管力度。对社会咨询造价机构在项目建议书、可行性研究报告、项目概算、工程结算等环节弄虚作假或严重失实，给国家和社会造成损失的，依照情节轻重分别做出不同程度的处理，触犯《刑法》的要依法追究刑事责任。三要重视社会监督。项目法人（或建设机构）、勘察设计、施工、监理等单位的名称和责任人姓名要在施工现场的显著位置进行公示。同时，积极鼓励包括新闻媒体在内的任何单位和个人，举报政府投资项目在审批和建设过程中出现的违法违纪行为。

（二）**党员领导干部要带头遵纪守法，解决“不能腐”的问题**。党纪、政纪和国法，三者之间既有联系又有区别。它们统一和约束人们的行为，有其共同的特征：一是严肃性；二是强制性。但它们又是三个性质完全不同的概念：一是性质不同。党纪是党的各级组织和全体党员必须遵守的行为准则。政纪是国家行政机关公务员必须遵守的行政纪律。国法是国家制定的为全体公民共同遵守的法律。二是对象不同。党纪是约束本党党员的，不能要求非党群众遵守。政纪是约束国家行政机关公务员的。国法是约束全体公民的。三是范围不同。凡是犯错误的党员，必须由党的组织和党的纪律检查委员会处理。对犯错误的行政机关公务员，由监察部门处理。对触犯刑律的犯罪分子，由司法机关按照国家法律的有关规定量刑。四是层次不同。要求最严格的是党纪。只违反党纪而不违反政纪和国法的党员，可以不受政纪和国法的惩处，但必须受到党纪的惩处；只违反政纪但不违反国法的公务员，可以不受国法的惩处，但必须受到政纪的惩处。因此，党纪严于政纪和国法，政纪严于国法。违反党纪的行为不一定就是违反政纪和国法的行为，但是任何违反国法的行为都是违反党纪、政纪的行为。因此，党员领导干部要以更高的标准严格要求自己，不仅要遵守国法，更要遵守党纪，做有党性、有纪律、有原则、有操守的人，以自己的模范行为带动形成风清气正的政治生态。要把好党性关，自觉用先进、科学的理论武装头脑，自觉强化党的意识，加强党性修养和党性锻炼，始终坚守共产党人的精神追求，真正做到讲党性、重品行、做表率。要把好纪律关，牢固树立党章意识，严格遵守党的纪律特别是政治纪律、组织纪律，在重大问题上头脑清醒、立场坚定，始终同党中央保持高度一致。要把好法律关，带头敬畏法律、遵守法律、维护法律，牢固树立法律红线不能触碰、法律底线不能逾越的观念，进一步增强坚守法治的定力、厉行法治的意志，坚决同破坏法治的行为做斗争，自觉做社会主义法治的守护者。

（三）坚持不懈加强干部理想信念和道德品行教育，解决“不想腐”的问题。一要抓紧。就是要注重治本，在全党和全体干部中形成广泛的思想共识，增强加强理想信念教育、补精神之“钙”的自觉性、坚定性，增强加强道德品行教育、扫行为之“垢”的紧迫感、危机感。要进一步加强理论武装，引导广大党员干部深入学习马克思列宁主义、毛泽东思想、邓小平理论、“三个代表”重要思想、科学发展观等理论知识，深入学习领会习近平总书记系列重要讲话精神，深入开展政治品质教育、社会主义核心价值观教育、中华优秀传统文化教育，把理想信念和道德品行建立在对科学理论的理性认同上、对历史规律的正确认识上、对基本国情的准确把握上，深化对中国特色社会主义的政治认同、思想认同和感情认同，增强中国特色社会主义道路自信、理论自信、制度自信。二要抓实。就是要灵活运用课堂讲授、现场教学、典型示范教育、警示教育、研讨交流、音像教学等方式方法，充分利用现代信息技术手段和各种传媒渠道，增强理想信念和道德品行教育的说服力感染力。要紧紧围绕改革发展稳定面临的难点问题，广大干部群众关注的热点问题，党员干部思想和作风方面存在的苗头性、倾向性、潜在性问题，组织党员干部开展讨论，研机析理，真正把问题弄清弄透。要坚持用焦裕禄、杨善洲等先进人物的事迹教育干部，请道德模范现身说法，激发干部“见贤思齐”的内生动力。三要抓长。就是要坚持把理想信念和道德品行教育作为一项长期的重要政治任务常抓不懈。要把相关内容纳入干部教育培训规划和年度工作计划，加强工作指导和督促检查，并与干部考核结合起来，使教育培训的过程成为干部坚定理想信念、提升道德品行的过程。

八、2014年10月28日，在全国政协十二届八次常委会议分组讨论时的发言

中共十八届四中全会是在全面深化改革关键时期召开的一次十分重要的会议，是首次以“依法治国”为主题的中央全会，在我国发展历史上具有里程碑、划时代的重要意义。

建议：

（一）**推进地方科学民主立法**。一是扩大地方立法权。四中全会明确提出，依法赋予设区的市地方立法权，这是开放地方立法权的重大突破，既可以达到维护法律统一的目的，解决现实发展中的诸多矛盾和问题；又有利于规范地方政府的政策制定权，提升政府的管理水平。下一步，要认真贯彻全会精神，把赋予设区市立法权的要求积极稳妥地操作好、落实好，同时，探索开展省直管县行使立法权的试点工作。二是加快地方立法进程。重点推动促进发展、改善民生、保护生态方面的立法，依法规范公共服务、完善教育、收入分配、社会保障、医疗卫生、社会救助和妇女儿童保护方面的法规规章。三是增强地方立法透明度。建立向社会公开征集立法议题制度，充实完善人大、政府立法项目库，使立法项目契合公众需求。坚持地方性法规、政府规章草案公告制度，广泛征求公众意见，完善公众意见采纳情况反馈机制。健全和完善地方性法规、政府规章草案听取政协、民主党派、社会组织和行业协会意见制度。四是完善地方法规起草制度。对专业性、技术性强的地方性法规、政府规章草案，可委托中介组织、行业协会、专家学者起草。建立地方性法规、政府规章草案会审制度，由地方性法规、政府规章审查部门统筹考虑、综合协调草案内容及起草工作，防止部门利益法制化。

（二）**深化行政执法体制改革**。《决定》对深化行政执法体制改革做出重要部署，这直接关系到法律法规能否全面正确实施，关系到人民群众合法权益能否得到切实保障，关系到经济社会秩序能否有效维护，关系到依法行政能否真正落到实处。要以着力解决权责交叉、多头执法问题为重点，以建立权责统一、权威高效的行政执法体制为目标，厘清执法机关职责权限，整合执法主体，努力实现执法机构的精简和统一。要推进综合执法和相对集中行政处罚权工作，减少执法层级，下移行政执法重心，提高基层执法能力。要建立以市县执法部门为主体的行政执法体制，省级一般不设置专门的行政执法队伍，主要负责协调跨区域执法事项和执法监督指导工作。要归并相近或相关的行政执法职能，进一步整合行政执法机构，探索市场监管领域跨部门综合执法体制，建立由工商、质量技术监督、食品药品监管等部门统合的综合监管执法体

系。要不断扩大相对集中行政处罚权的实施领域，推进风景名胜区管理、资源环境管理、文化市场管理、农业管理等领域开展相对集中行政处罚权工作。

（三）加强人权司法保障。《决定》明确要求，加强人权司法保障。近年来，我国的人权司法保障取得了长足进步，但是，与党中央的要求相比，与民主法治的发展进步相比，与人民群众对公平正义的期待相比，还存在一些差距。司法实践中，侵犯人权的现象仍时有发生，不仅侵害了当事人合法权益，更损害了司法权威。要维护好人民群众合法权益，提升司法公信力水平，必须进一步加强对权力的监督和制约，完善人权的司法保障制度。要依法保障诉讼过程中当事人、诉讼参与人的知情权、陈述权、辩护辩论权、申请权、申诉权，贯彻落实罪刑法定、疑罪从无、非法证据排除等法律制度，加强人权司法保障。要严格执行非法证据排除规则，健全错案的防止、纠正、责任追究机制，坚决防止和纠正冤假错案。要切实解决执行难问题，保障胜诉当事人及时实现权益。要落实终审和诉讼终结制度，保障当事人依法行使申诉权。

（四）推进公共法律服务体系建设。一是健全公共法律服务网络。加快解决律师、公证资源不足问题，设立一批高资质、高水平鉴定机构，引导法律服务工作者扎根基层，发展壮大法律服务志愿者队伍，推进法律服务资源合理分布、均衡发展。依托市（县）法律援助中心，依托乡镇（街道）基层司法所建立公共法律服务点（窗口），加快公共法律服务电子网络平台建设，打通法律服务联系群众“最后一公里”。二是普遍建立法律顾问制度。实现党政机关、人民团体、国有企事业单位聘请法律顾问全覆盖。探索建立村（居）法律顾问制度，促进城乡法律服务均等化、一体化。引导广大律师、公证员和基层法律服务工作者积极参与信访、调解、群体性事件处置和社区工作等公益性法律服务。三是深化法律援助民生工程。推进城乡社区法律援助工作站建设、村居联络点和便民服务窗口建设，打造“一小时（半小时）法律援助服务圈”。加大“12348”法律咨询专线建设力度。进一步放宽法律援助经济困难标准，积极推动地方政府将就业、就医、就学、社会保障等与民生问题紧密相关的事项纳入法律援助补充事项的范围。

（五）健全依法维权和化解纠纷机制。一是构建多元化社会矛盾化解体制。完善人民调解、行政调解、司法调解衔接联动工作体系，健全“三调联动”制度，规范“三调联动”程序，提升“三调联动”实效。对人民调解组织和行政调解机关依法做出的调解协议，人民法院应及时予以司法确认。二是依法处理以闹获利的违法犯罪行为。对利用非正常死亡等问题组织群体闹事、制造影响稳定事端，向政府施压以获取利益的违法犯罪行为，坚决依法查处；特别是对策划组织者和实施违法犯罪行为的为首者，依法严肃处理，坚持维护法治权威和尊严。三是坚决纠正和防止“花钱买平安”的做法。

各级党政干部要善于运用法治思维和法治方式化解社会矛盾，依法定分止争。对突破法治底线，违背法律政策规定，无原则“花钱了事”的，依法查究相关领导的责任。

（六）**依法规范互联网管理**。一是加快网络安全立法。依据国家法律法规，建立完善地方网络信息服务、网络安全保护、网络社会管理等方面的法律法规，依法规范网络行为。二是强化网络管理。依法完善互联网基础管理、内容管理和行业管理制度。实施网站分类管理，建立互联网新闻从业人员准入机制。推进落实网络安全、个人信息保护、网络信息服务、手机用户实名制及微博客实名制等制度。三是防范和打击网络违法犯罪。依法打击利用网络煽动民族分裂、社会对抗、暴力恐怖等危害国家和社会稳定的违法犯罪行为，打击网络攻击、网络暴力、网络诈骗、网络窃密等违法犯罪活动。依法查处违规新闻网站、商业网站、手机报、移动客户端、微信公众账号；打击网上造谣传谣、非法网络公关和以负面舆论监督名义敲诈勒索等违法犯罪行为，及时清理网上不良信息。

九、2015年6月15—16日，在全国政协十二届十一次常委会议分组讨论时的发言

“十三五”时期，是全面建成小康社会最后冲刺的五年，也是全面深化改革取得决定性成果的五年。面对我国经济发展进入新常态并仍处于重要战略机遇期的新形势、新背景，如何进一步激发新的增长动力，推动改革发展取得新突破，重点在制造业，难点在制造业，出路也在制造业。

建议：

（一）**要坚持创新驱动发展战略，牢牢把握制造业竞争和发展的主动权**。一要加快创新载体建设。提高技术创新的能力和活力，载体和平台是基础。要加强政策引导扶持，支持企业提升创新能力，加大技术研发投入，推进创业中心、研发中心、重点实验室、孵化中心等各种创新载体建设，逐步形成以产业技术研究院为龙头、企业研发机构为主体、高校技术转移中心为辅助、科技公共服务平台为支撑的科技创新平台体系。二要突出核心技术研发。进一步创新机制、突出重点，推动科技重大专项、重大创新发展工程和应用示范工程实施，力争在集成电路、新一代移动通信、大数据、智能机器人、节能与新能源汽车等重要领域，突破一批关键核心技术。注重发挥行业骨干企业的主导作用和高等院校、科研院所的基础作用，建立一批产业创新联盟，开展产学研用协同创新，加强设计领域共性关键技术研发，切实提高创新设计能力。三要推动创新成果转化。我国科技创新成果不少，从数量上看已是世界第一，但转化和

产业化率较低，平均不到30%，距离发达国家60%—80%的水平还有较大差距；国际上创新型国家科技创新对GDP的贡献率高达70%以上，美国和德国甚至高达80%，而我国目前只有40%左右。为此，要在推动科技创新成果转化和产业化上下功夫，健全完善科技成果转化和产业化的运行机制，逐步形成以技术交易市场为核心的技术转移和产业化服务体系，促进先进科技与产业深度融合，不断提高制造业发展的科技含量。四要完善技术创新体系。要健全技术创新市场导向机制，发挥市场对技术研发方向、路线选择、要素价格、创新要素配置的导向作用，构建以企业为主体、市场为导向、产学研相结合的技术创新体系。加大财税金融等政策支持，落实鼓励民间投资和中小微企业创新发展的政策措施，提高中小微企业创新能力。加强知识产权保护、运用和管理，积极营造“鼓励创新、宽容失败”的环境和氛围，充分激发和释放全社会创新创业的动力和活力。

（二）**要推进信息化与工业化深度融合，不断提高制造业的智能化水平**。一要加快发展智能制造，着力构建智能化生产体系和制造模式。积极推动智能核心装置的深度应用和产业化，重点探索建设数字化车间、智能化工厂，加快人机智能交互、工业机器人、智能物流管理、增材制造等技术和装备在生产过程中的应用，构建自主可控、开放有序、富有竞争力的智能制造生态系统，提升制造装备和产品智能化水平。推进制造方式的互联网化，实现生产经营各环节的企业间协同，形成网络化企业集群；加快工业云服务平台建设，推进制造资源的开放共享，鼓励发展基于互联网的个性化定制、众包设计等新型制造模式。二要加快推进企业管理信息系统的综合集成，建立现代化经营管理体系。大力推进以质量、计划、财务、生产、营销、供应链、人力资源、安全等环节为重点的企业管理信息化，推进设计与制造、研产供销、经营管理与生产控制、业务与财务全流程的无缝衔接和综合集成，打造统一集成的管理信息平台，实现产品开发、生产制造、经营管理等过程的信息共享和业务协同，实现智能管控。要以提升产业链协同能力为重点，推动产品全生命周期管理、客户关系管理、供应链管理系统的普及和深化，实现产业链上下游企业的信息共享和业务协作。三要进一步深化互联网在制造领域的广泛应用。要加快推进物联网技术的研发和应用，积极培育智能监测、远程诊断管理、全产业链追溯等工业互联网新应用。深入推进工业云及工业大数据的创新应用，建设一批高质量的工业云服务和工业大数据平台，推动软件与服务、设计与制造资源、关键技术与标准的开放共享。大力发展新型信息消费，培育基于工业互联网的新产品新业态新模式，打造充满活力的制造业创新生态系统，激发大众创业、万众创新。四要加强互联网基础设施建设，增强“两化”融合的支撑能力。加快信息基础设施建设和通信业转型发展，重点加强工业互联网基础设施建设规划与布局，建设低时延、高可靠、广覆盖的工业互联网，完善现代信息技术产业体系。加快制造业集聚区光纤网、移动通信网和无线局域网的建设，实现信息网络宽带升级，提高企业宽带接入能力。积极开发智能控制系统、工业应用软件、故障诊断软件和相关工具、传感和通信系统协议，实现人、设备与产品的实时联通、精确识别、有效交互与智能控制。

（三）**要全面推行绿色制造，推动制造业转型升级、可持续发展**。一要加快制造业绿色化改造。推进钢铁、有色、化工、建材等传统制造业的绿色化改造，加强先进节能环保技术、工艺和装备的研发应用，实现绿色循环低碳生产。加强工业产品生态设计，加强有毒有害物质替代，实施清洁生产技术示范，实现绿色生产。深入实施资源循环再生战略，加快重点行业循环化改造，促进重点原材料再生循环利用，实现循环生产。加强重大节能技术、装备的研发应用，大力推广热电联产、能源梯级利用和分布式能源，实现低碳生产。二要提升资源综合利用效率。坚持“能源开发与节约并重、把节约放在优先地位”的思路，引导企业加强技术创新，增强绿色精益制造能力，大幅降低能耗、物耗和水耗水平。大力促进企业、园区、行业间链接共生、原料互供、资源共享，推进资源再生利用产业规范化、规模化发展，强化技术装备支撑，提高大宗工业固体废弃物、废旧金属、废弃电器电子产品等综合利用水平。大力发展再制造产业，实施高端再制造、智能再制造、在役再制造，促进再制造产业持续健康发展。三要努力化解产能过剩矛盾。要加强行业规范和准入管理，推动企业提升技术装备水平，优化存量产能。加强对产能严重过剩行业的动态监测分析，建立完善预警机制，引导企业主动退出过剩行业。充分发挥市场机制作用，综合运用法律、经济、技术及必要的行政手段，加快淘汰落后产能，做到“消化一批、转移一批、整合一批、淘汰一批”，有效化解产能过剩矛盾。四要积极构建绿色制造体系。推动企业实施绿色战略、绿色标准，大力开发绿色产品，加快建设绿色工厂，实现厂房集约化、原料无害化、生产洁净化、废物资源化、能源低碳化，建立以资源节约、环境友好为导向的采购、生产、营销、回收及物流体系，打造绿色供应链。要完善绿色发展的政策机制，加强工业节能、节水、资源循环利用法规建设，实施资源节约型、环境友好型企业激励政策，探索建立工业绿色发展评价体系，努力引导工业发展从追求规模、速度向更加注重质量和效益转变。

（四）**要优化制造业结构布局，建立完善现代产业体系**。一要加快发展生产性服务业。大力发展面向制造业的信息技术服务，提高重点行业信息应用系统的方案设计、开发、综合集成能力。鼓励支持互联网等企业发展移动电子商务、在线定制、线上到线下等创新模式，实现与制造业企业的无缝对接。加快发展研发设计、技术转移、创业孵化、知识产权、科技咨询等科技服务业，发展壮大第三方物流、节能环保、检验检测认证、电子商务、服务外包、融资租赁、人力资源服务、售后服务、品牌建设等生产性服务业，提高对制造业转型升级的支撑能力。二要加快发展服务型制造。引导支持制造业企业延伸服务链条，从主要提供产品制造向提供产品和服务转变，增加服务环节投入，发展个性化定制服务、全生命周期管理、网络精准营销和在线支持服务等。鼓励优势制造业企业“裂变”专业优势，通过业务流程再造，面向行业提供社会化、专业化服务。鼓励制造业企业建立财务公司、金融租赁公司等金融机构，推广大型制造设备、生产线等融资租赁服务。三要加快发展战略性新兴产业。加强统筹规划，重点扶持节能环保、信息技术、生物、高端装备制造、新能源、新材料、新能源汽车等战略性新兴产业的发展壮大，加快形成先导性、支柱性产业，切实提高产业核心竞争力和经济效益，从而促进制造业由大变强，充分发挥战略性新兴产业在优化产业结构中的带动作用。四要发挥中小微企业的作用，推动各类企业协调发展。做大做强制造业，必须充分发挥中小微企业的潜力和巨大作用。要着力扶持中小微企业发展，落实政策措施，改善发展环境，释放发展活力，增强中小微企业的竞争力和可持续发展能力，逐步形成大中小微企业合理分工、各种所有制企业协调发展的产业格局。

（五）要大力实施“走出去”战略，不断提高制造业国际化发展水平。一要深化体制改革，助力“走出去”。进一步发挥市场在资源配置中的决定性作用和更好发挥政府作用，破除制约市场主体活力和要素优化配置的障碍，完善价格形成机制和市场退出机制，营造公平开放透明的市场环境。深化行政审批制度改革，减少审批事项，简化审核流程，制定市场准入负面清单，落实对外投资“备案为主、核准为辅”的管理模式，使制造业能够“轻装”走出去。进一步放开一般制造业，优化开放结构，提高开放水平，引导外资投向新一代信息技术、高端装备、新材料、生物医药等高端制造领域，促进引资、引技、引智相结合。二要深化国际合作，推动“走出去”。贯彻“一带一路”重大战略部署，通过政府推动、企业主导，创新商业模式，开展国际产能合作，推进与周边国家基础设施互联互通。加强边境经济合作区、跨境经济合作区建设，推动制造业有序“走出去”和集聚式发展。支持发展一批跨国公司，通过全球资源利用、业务流程再造、产业链整合、资本市场运作等方式，加快提升核心竞争力。支持企业在境外开展并购和股权投资、创业投资，建立研发中心、实验基地和营销服务体系。加强政策引导，推动产业合作由加工制造环节为主向合作研发、联合设计、市场营销、品牌培育等高端环节延伸，提高国际合作水平。三要完善服务体系，保障“走出去”。推动金融与贸易投资深度合作，引导鼓励金融机构走出去，为制造企业开拓国际市场、开展国际并购等提供有效的融资支持。创新出口信用保险产品，大力发展海外投资险，鼓励政策性金融机构扩大出口信用保险规模。发挥政府、行业协会和第三方机构的协作效应，健全法律、信息咨询、领事保护等服务，降低海外投资风险。加强投资、贸易政策与产业政策之间的协调，完善贸易摩擦预警和协同反应机制，改进境外投资评估与监管，保障和规范企业走出去。

十、2015年8月26—27日，在全国政协十二届十二次常委会议分组讨论时的发言

培育和践行社会主义核心价值观，是党和国家落实“四个全面”战略布局、推进中国特色社会主义伟大事业的重大战略部署，是实现中华民族伟大复兴中国梦的强大精神力量。进一步丰富社会主义核心价值观的内涵，更好地推进社会主义核心价值体系建设，在全社会形成健康向上、崇德向善的精神力量，就必须从中国优秀的传统文化中汲取营养和智慧，发挥中华优秀传统文化怡情养志、涵育文明等重要作用。

（一）深刻认识中华优秀传统文化的历史作用和现实意义。1.优秀传统文化是中华民族的共有精神家园。强调人在社会中的地位与责任，注重自强不息、刚健有为的理想信念和道德追求，这是中华民族最根本的精神基因。特别是儒家所倡导的讲仁爱、重民本、守诚信、崇正义、尚和合、求大同等思想理念，牢固积淀在每个中国人的思维模式和行为方式中，深刻影响了一代代中华儿女。可以说，中华优秀传统文化代表着中华民族独特的精神标识，是所有中国人的根和魂，是海内外华人的共有精神家园，也是中华民族生命力、凝聚力、创造力的重要源泉。2.优秀传统文化是中华民族最深厚的文化软实力。全面建成小康社会、实现中华民族伟大复兴，仍然离不开优秀传统文化的支撑。无论思想共识形成、精神力量汇聚，还是社会风尚引领、文化繁荣发展，都需要汲取传统文化的精华，不断增强我国的文化软实力和国际竞争力。3.优秀传统文化是中国特色社会主义植根的沃土。中国特色社会主义道路，是在改革开放近40年来的伟大实践中走出来的，是在中华人民共和国成立65年来的持续探索中走出来的，是在对中华民族5000多年悠久文明的传承中走出来的。中国特色社会主义植根于中华文化沃土、反映中国人民意愿、适合中国和时代发展进步要求，有着深厚历史渊源和广泛现实基础。历史和实践表明，中华优秀传统文化是中国特色社会主义道路、理论体系、制度形成发展的深层内因和根本依据，是中国特色社会主义走向未来的巨大动力和宝贵资源，更加坚定了我们的道路自信、理论自信、制度自信。4.优秀传统文化是实现中国梦的价值支撑。中华民族伟大复兴的中国梦，体现了当代中国人

的理想，继承了中华民族悠久的历史传统。中国共产党成立后，团结带领人民前仆后继、顽强奋斗，中华民族伟大复兴展现出前所未有的光明前景，我们正在一步步接近实现梦想的目标。实现中国梦必须走中国道路，必须弘扬中国精神，必须凝聚中国力量。这三个“必须”，都是建立在优秀传统文化基础之上的。

（二）正确把握优秀传统文化与社会主义核心价值观的关系。1. 优秀传统文化是社会主义核心价值观的重要思想源泉。从表现形式上看，党的十八大把社会主义核心价值观的基本内容概括为“三个倡导”，这个概括言简意赅，通俗易懂，传承了中华传统文化中简洁、明快的语言风格和大众化、通俗化的特点，使社会主义核心价值观烙上了传统文化的独特印记，展示出雄浑深厚的文化底蕴，具有鲜明的中国作风和中国气派。从具体内容上看，社会主义核心价值观在三个层面的倡导继承了传统文化中的思想精华。国家层面倡导“富强、民主、文明、和谐”，借鉴了传统文化中“自强不息”“民惟邦本”“以和为贵”等思想。社会层面倡导“自由、平等、公正、法治”，借鉴了“天人合一”“允执厥中”“隆礼重法”等思想。个人层面倡导“爱国、敬业、诚信、友善”，则传承了中华民族几千年的传统美德，如“仁爱孝悌”的道德准则、“身、家、国、天下”一体的处世准则，等等。2. 社会主义核心价值观是对中华优秀传统文化的继承和创新。传统思想和价值观念不仅成就了古代中国的社会生活秩序和个体生活秩序，时至今日也依然光芒四射、魅力无穷。但同时传统伦理道德和思想文化，是在对小农经济与封建政治关系的思考中形成发展起来的，一些价值观念与现代社会建设、市场经济发展必然会产生无法回避的矛盾。社会主义核心价值观，既批判了传统文化精神中封闭、狭隘、保守、落后等局限性，又弘扬了其大同追求、自强不息、厚德载物等优秀品质，从而使核心价值观结合中国特色社会主义的理论和实践，沿着批判性、科学性、开放性、现代性进行了革命性重塑，建立起了人们易于接受、便于践行的新时代的价值体系。

（三）积极探索发挥优秀传统文化在践行社会主义核心价值观中重要作用的方法途径。1. 要坚持科学态度、正确方法。立足当代中国和世界的现实，运用马克思主义的方法对中国历史文化进行科学总结和概括。任何民族、国家的文化都是一个矛盾的复合体，中华传统文化也不例外。它既有精华，也有糟粕；既有优良传统，也有不良传统。即使是精华、优良传统，也受到历史条件和阶级的限制。对待传统文化，既不能回到过去、守旧复古、全盘继承，也不能一棍子打倒、全盘否定，而是要坚持古为今用、推陈出新，有鉴别地加以对待，有扬弃地加以继承，深入挖掘和提炼有益的思想价值，使之不断发扬光大。2. 要充分挖掘和阐发中华优秀传统文化的思想精华和时代价值。（1）要加强诚信教育，弘扬诚信文化。结合“三严三实”专题教育，加强对领导干部、公务人员和党员同志的诚信教育，为全民守信树立良好的示范表率。充分利用各类媒体平台，开展多层次、宽领域、形象化的社会诚信宣传，以守信典型激励人，以失信案例警示人，营造社会诚信建设的浓厚氛围。（2）要加快信用信息系统建设，建立信用评价体系。坚持“两条腿走路”，同步建设组织（企业）信用信息和个人信用信息两个数据库。探索推进全国公共信用信息平台建设，与各行业部门信用信息系统对接，努力实现全国信用信息纵向、横向共享。（3）要强化政府诚信，培育征信市场。建立健全政务和行政承诺考核制度，完善政府依法行政、依法决策和决策跟踪评价及责任追究制度，完善重大决策事项公示和公众参与制度，推进信息公开。完善公务员诚信档案制度，将诚信记录作为其考核、任用和奖惩的重要依据。抓好公共服务行业的诚信建设，建立完善中介服务机构及其从业人员的信用记录和披露制度，培育发展独立于政府的第三方信用服务机构。（4）要推动诚信建设制度化、规范化、长效化。完善守信褒奖机制，在行政许可、劳动就业、社会保障、税费缴纳等方面，对守信者开辟绿色通道，营造“诚信受益”“有信走遍天下”的社会氛围。健全失信惩戒机制，坚持“重拳出击”，提高失信行为的成本，让失信行为无处藏身，让失信者寸步难行。着力构建多层面、广覆盖的社会诚信监督体系，时刻警示人们坚守诚信做人的道德底线，使诚实守信成为全社会共同的价值追求和行为准则，夯实协调推进“四个全面”战略布局的道德基础。3. 要坚持与时俱进，实现优秀传统文化创造性转化和创新性发展。（1）坚持传统文化与现实生活相结合，增强凝聚力。中华优秀传统文化必须牢牢扎根于广泛的社会生活实践，融入社会主义核心价值观在国家、社会、个人三个层次的具体环节之中，把握好优秀传统文化在生活化过程中的“度”，使其充实人民的精神文化生活，以文化人，以文育人。（2）坚持传统文化与时代精神相结合，激活生命力。在现实境遇及时代变迁中，要对中华优秀传统文化的内涵加以完善、拓展、提升，赋予其全新的表达形式，不断激活内在生命力。只有把传统文化转换为现实的话语表达，与时代精神融为一体，才能提升传统文化的时代感召力，充分发挥其当代价值。（3）坚持“引进来”与“走出去”相结合，提升影响力。把中国优秀传统文化与国外先进文化结合起来，既大胆吸收借鉴有利于我们文化建设的有益经验和优秀成果，又始终坚持自己的理念、信念和原则，有效抵制腐朽思想文化的侵蚀，在多元中立主导、在多样中谋共识，使社会主义核心价值观充分反映社会主义运动的价值导向和社会主义制度的本质属性。要坚持既“引进来”又“走出去”，坚守“本来”、吸收“外来”、面向“未来”，让世界更加了解中华文化、喜欢中华文化、认同中华文化，进一步提升国际影响力和竞争力。4. 要加强对优秀传统文化的宣传教育，增进人们的认同感和归属感。（1）坚持行政推动与群众参与相结合，依托各类场馆、讲堂、社会团体等，借助重要节庆日、纪念日、民族传统节日，发挥公益广告、新型传媒的优势和作用，以灵活多样、品位高雅、创意新颖的形式，组织开展丰富多彩的宣教活动，用人们喜闻乐见的方式传播社会主流价值，培育文明风尚。（2）开展革命传统教育，加强对革命传统文化时代价值的阐发，发扬党领导人民在革命、建设、改革中形成的优良传统，弘扬民族精神和时代精神。（3）发挥文艺作品育人化人的重要功能。一切文化产品、文化服务和文化活动，都要弘扬社会主义核心价值观，传递积极的人生追求、高尚的思想境界和健康的生活情趣。加强对新型文化业态、文化样式的引导，让不同类型文化产品都成为弘扬社会主流价值的生动载体。（4）把优秀传统文化纳入国民教育总体规划，贯穿于基础教育、高等教育、职业技术教育、成人教育各领域，引导人们感悟精神内涵，增强对优秀传统文化的自信心，增强传承弘扬优秀传统文化的责任感和使命感。5. 要加强传统文化遗产的保护、传承和发展。牢固树立文物保护和文化安全意识，正确处理文化遗产保护和经济社会发展的关系，正确处理文化遗产保护、管理与传承、利用的关系，全面落实《国务院关于加强文化遗产保护的通知》精神，切实保护好历史文化名城、古镇、古村落、古文化街区、革命遗址等，加强非物质文化遗产生态保护区、研究传承基地和相关博物馆建设，使我国优秀传统文化历久弥新、发扬光大。进一步理顺文化遗产保护管理体制，加大投入力度，积极引导和鼓励社会力量参与文化遗产保护，建立完善文化遗产保护专家咨询制度、公众和舆论监督制度，充分发挥有关学术机构、大专院校、企事业单位、社会团体等各方面的作用，共同开展文化遗产保护、传承和发展工作。

十一、2015 年 9 月 7 日，在学习贯彻习近平总书记在中国人民抗日战争暨世界反法西斯战争胜利 70 周年纪念大会重要讲话精神座谈会上的发言

几点体会：

（一）**必须坚持中国共产党的领导，走中国特色社会主义政治发展道路**。只有在中国共产党领导下，各党派、各民族、各阶级和各界人士才能形成坚强的共同意志，为夺取抗日战争最终胜利提供根本保障，也为今天实现中华民族伟大复兴奠定坚实基础。我们必须始终毫不动摇地坚持中国共产党的领导，把坚持和发展中国特色社会主义作为巩固共同思想政治基础的主轴，坚定不移地贯彻党的路线方针政策，坚定不移地落实中央和省委的重大决策部署，不断增强道路自信、理论自信和制度自信，走中国特色社会主义政治发展道路，确保人民政协事业始终沿着正确方向前进。

（二）**必须坚持大团结大联合，努力形成广泛共识、凝聚强大力量**。在中华民族

历史上，从没有像民族统一战线这样，能够实现如此广泛的力量凝聚、如此紧密的民族团结。当前，面对复杂的国内外形势和繁重的改革发展稳定任务，政协必须更好发挥团结统战功能，筑牢共同思想政治基础，巩固已有共识、推动形成新的共识，扎实做好争取人心、凝聚力量的工作，团结一切可以团结的力量，调动一切积极因素，努力化消极因素为积极因素，形成共同推进中国特色社会主义事业和我省“发展升级、小康提速、绿色崛起、实干兴赣”的强大合力。

（三）必须发挥政协独特优势和作用，为协调推进“四个全面”战略布局献计出力。在中国特色社会主义旗帜指引下，我们取得了举世瞩目的伟大成就，特别是习近平总书记从坚持和发展中国特色社会主义全局出发，提出并形成了“四个全面”战略布局，为我们一切工作指明了前进方向、提供了根本遵循。政协要传承和发扬伟大的抗战精神，发挥自身的独特优势和重要作用，不断强化政治意识、大局意识、履职意识，围绕我省推进“四个全面”战略布局，就事关全省经济社会发展、全面深化改革的重大问题和事关群众切身利益的实际问题，特别是制定实施“十三五”规划建言献策，更好地为省委、省政府决策服务，为实现“五年决战同步全面小康”目标，凝聚更多智慧和力量。

（四）必须坚持求同存异、体谅包容，正确处理一致性和多样性的关系。我国所有制形式、社会阶层以及人们的思想观念更加多样化，巩固发展最广泛的爱国统一战线，推进人民政协事业向前发展，必须正确处理一致性和多样性的关系，在坚持一致性中尊重多样性，在包容多样性中寻求一致性，坚持求同存异、体谅包容、商以求同、协以成事，寻求最大公约数，增进最大共识度，形成最大凝聚力，努力画出更大的同心圆。要坚决维护祖国统一、民族团结和国家安全，充分发挥政协在协调关系、化解矛盾、汇聚力量中的重要作用，努力促进政党关系、民族关系、宗教关系、阶层关系和海内外同胞关系更加和谐。

（五）必须坚持和完善中国共产党领导的多党合作和政治协商制度。抗日战争的胜利，是抗日民族统一战线的胜利，也是中国共产党与民主党派多党合作的胜利。只有不断坚持和完善中国共产党领导的多党合作和政治协商制度，才能在中国特色社会主义共同目标下把中国共产党领导、多党派合作、政治协商有机结合起来，实现广泛参与和集中领导的统一、社会进步和国家稳定的统一、充满活力和富有效率的统一。要着眼于促进社会主义政治制度和政党制度的自我完善和发展，进一步加强多党合作和政治协商制度建设，积极探索多党合作的新形式、新方法、新途径，促使多党合作的制度更加完备、规范更加明确、程序更加严密，使各民主党派、无党派人士在政协这个平台上能更好地参政议政、发挥作用，不断推动多党合作事业健康向前发展。

十二、2016年1月20日，在纪念萧华同志100周年诞辰座谈会上的发言

党中央、全国政协和中央军委隆重举行座谈会，纪念萧华同志100周年诞辰。萧华同志的一生是革命的一生，战斗的一生，为共产主义事业奋斗不懈的一生。在此，我谨代表中共江西省委和家乡人民，向萧华同志表示深切的怀念和崇高的敬意！

萧华同志出生于江西兴国县，成长于中央苏区的革命斗争环境中。萧华同志少年聪敏，勤奋好学，在早期中共地下党员的教育影响下，他逐步树立献身革命的远大志向，立志为天下的劳苦大众奋斗一生。萧华同志是中央苏区著名的少年英雄。他12岁加入中国共产主义青年团，13岁担任共青团兴国县委书记，14岁加入中国共产党，17岁担任少共国际师政委。入团后，他在党的领导下，积极从事宣传和组织群众等工作。萧华同志的杰出表现，引起了毛泽东等中央苏区领导人的重视。

萧华同志是人民军队中杰出的政治思想工作者。加入中国共产党后，萧华同志被毛泽东点名调到红军中工作，历任连、营、团政治委员，总政治部青年部部长，少共国际师政治委员，从此与军队政治思想工作结下了不解之缘，成长为红军中优秀的“灵魂工程师”。新中国成立后，萧华同志将坚定的信仰、昂扬的斗志、饱满的激情、浪漫的诗魂汇聚成《长征组歌》的优美旋律，凝聚成巨大的精神力量，融会贯通于军队的思想政治工作当中，这一切使他成为我军最具特点、最有魅力的高级政工干部之一。

萧华同志是红军中优秀的指挥员。他参加了中央苏区历次反“围剿”斗争，参加了活捉张辉瓒的龙冈战斗、歼灭谭道源师的东韶战斗等。在火热的斗争中，萧华同志不断地成长、成熟起来。

萧华同志对家乡人民怀有深情厚谊，一直关心家乡的建设发展。1934年10月，萧华同志踏上了长征的征程。在将军几十年的戎马生涯中，家乡的山山水水，时时刻刻让他刻骨铭心，魂牵梦萦。新中国成立后，萧华同志曾三次抽空回故乡探望家乡父老乡亲。五十年代第一次回到家乡时，他虽身居高位，却轻车简从，不肯留下前呼后拥、衣锦还乡的印象，始终把自己当作家乡人民的儿子。六十年代回故乡时，正值三年困难时期，他找当地老俵调查农村口粮与浮肿病人的情况，告诉当地党政领导，“一定不能饿出病”“绝对不能饿死人”，树立对中央负责的政治责任感。第三次回家乡已是改革开放后的八十年代初期，萧华同志南下广东视察工作结束又顺路回到江西。回京后，他带回的有关开展绿化加强水土保持工作的调查报告，引起了中央有关部门的关注与重视。

萧华同志忠于党，忠于人民，把自己毕生的精力贡献给了无产阶级革命事业。他

对共产主义有着坚定的理想和信念，贯彻执行了党的马克思主义思想路线、政治路线和组织路线，在思想上政治上和党中央保持高度一致。有坚强的党性，服从组织，顾全大局，襟怀坦白，光明磊落。谦虚谨慎，平易近人，作风民主，联系群众，尊重知识，尊重人才，坚持“五湖四海”，善于团结干部。思想敏锐，处事果断，朝气蓬勃，雷厉风行，有开拓新局面的气魄和勇于创新的精神。

可以告慰萧华同志的是，今天，在党中央、国务院的坚强领导下，江西改革发展稳定，各项事业不断进步，城乡面貌日新月异，人民生活显著改善，社会保持和谐稳定。我们将紧密团结在以习近平同志为核心的党中央周围，全面贯彻落实“四个全面”战略布局，认真践行“三严三实”要求，充分发挥对接长珠闽的区位优势，充分挖掘江西的红色绿色古色资源，坚持创新发展、协调发展、绿色发展、开放发展、共享发展，努力谱写中国梦的江西新篇章！

十三、2017 年 3 月 5 日，在讨论政府工作报告时的发言

政府工作报告，思路清晰，文风简练，重点突出，谈成绩看得见、摸得着、有结果，讲形势站得高、看得远、说得透，作部署谋得新、落得细、抓得实，既是“动员令”，又是“施工图”，是一个立意高远、内涵丰富、求真务实的好报告，是一个鼓舞士气、引导预期、凝聚共识的好报告。

建议：

（一）**创新驱动是引领。**一要强化科技创新平台建设。加大研发投入，着力打造一批创业中心、工程（技术）研究中心、重点实验室、孵化中心等科技创新平台。加强与国内外知名高校、科研院所合作办学，共建高端产业技术研究院。推进“双创”“众创”“众筹”“众扶”等新型创业模式，利用互联网、大数据和云计算等新技术搭建大众创业、万众创新的技术平台，为众创空间提供低成本、全方位和专业化服务。二要夯实企业创新主体地位。要进一步深化改革，健全科技创新的市场导向机制，促使企业真正成为科技创新决策、研发投入、科研组织和成果转化的主体。尊重企业家创新精神，发挥企业科技人员创新创业积极性，促进资本、管理和技术等要素向新经济流动。三要完善科技创新体制机制。加快构建激发创新活力、扩大创新成果、支持业态创新的体制机制，促进知识和智力资源尽快实现经济价值，促进人才、知识、技术、信息、数据等生产要素合理流动、有效集聚，充分发挥其对社会生产力的高“乘数”效应。四要加快科技创新成果转化和产业化。健全科研成果转化、知识产权归属、利益分配机制，允许和鼓励科研人员及团队参与发明成果收益分配，形成以技术交易市场为核心的技术转移和

产业化服务体系，促进先进科技与产业深度融合，提高产业科技含量。

（二）**市场主导是关键**。要充分发挥市场在资源配置中的决定性作用，发挥市场对技术研发方向、路线选择、要素价格、创新要素配置的导向作用，通过市场实现优胜劣汰，使企业真正成为新经济发展的主体。要深化供给侧结构性改革，着力推进“三去一降一补”任务，通过财税改革、结构调整等多种手段，引导市场发挥应有效用，理顺市场供需关系，促进市场供需平衡，提高全要素生产率。比如，拿就业来讲，只有顺应市场所需，才能更好地发挥新经济对促进就业的作用。

（三）**信息技术是支撑**。一要夯实信息基础设施建设。加快推进大数据、云技术、超级宽带、能源互联网、智能电网、工业互联网等各种信息基础设施建设，提升我国顺应新一轮科技和工业革命、培育经济增长新动能的“硬实力”。加快电信网、广播电视网和互联网“三网”融合发展，实现“三网”互联互通、资源共享。积极开发智能控制系统、工业应用软件、故障诊断软件和相关工具、传感和通信系统协议，实现人、设备与产品的实时联通、精确识别、有效交互与智能控制。二要加强大数据建设。建设公共数据共享平台和统一政务信息服务平台，探索开放宏观经济、交通、医疗、教育、资格资质、产品质量等数据，推进人口、法人单位、空间地理、档案等信息库共建共享。加快互联网数据与政务数据资源的配合应用，在产业互联、行业精细化、精准营销等方面催生更多的新经济形态。三要推动工业化、信息化、智能化融合。进一步深化互联网、云计算、大数据、物联网等信息技术系统在工业企业研发、制造、管理、服务等全流程和全产业链的综合集成应用，不断提高制造业的智能化水平，打造制造业升级版。加快发展智能制造，构建智能化生产体系和制造模式，积极推动智能核心装置的深度应用和产业化，重点探索建设数字化车间、智能化工厂，加快人机智能交互、工业机器人、智能物流管理、增材制造等技术和装备在生产过程中的应用，构建自主可控、开放有序、富有竞争力的智能制造生态系统，提升制造装备和产品智能化水平。

（四）**政策体制是保障**。一是市场准入。减少准入管制，放宽准入门槛，激发创新创业活力。深化商事制度改革，加大企业“五证合一”、个体工商户“两证整合”改革，探索对新经济新业态实现“证照分离”“多证合一”改革。二是知识产权保护。构建有效激励人力资本投资和知识创新的产权制度，完善自主创新的技术标准体系，健全在线创意、研发设计、众创众包等新形态创新成果的知识产权保护制度。构建把知识创新成果及时转化成具有经济价值的产品和产业化的商事制度，提高成果的转化率。三是信用体系。完善公共信用信息平台，健全诚信“红黑榜”制度，对守信者实行优先办理、简化程序、提供信用融资等激励，对失信者实行限制准入、融资、消费和政府采购等惩戒。四是财税扶持。在高新技术企业认定中，对新经济企业予以倾斜，推动高新技术企业税收优惠政策的落实。发挥财税等政策杠杆的导向作用，引导鼓励企业加大科技投入，完善科技创新投入体系。加大财税金融政策支持，鼓励中小微企业创新发展，提高中小微企业创新能力。五是容错机制。建立完善技术创新、宽容失败、允许试错的制度，鼓励勇于创新、敢于创新、善于创新，为科研人员创造宽松的活动“空间”，充分释放全社会创新创业的动力和活力。

（五）人才建设是根本。一是注重“引”才。建立和创新人才引用平台，拓宽引进人才渠道，通过地方与校方合作、科研项目研究、创办企业等方式引进各类人才智力。实施高层次海外人才引进，建立全球产业领军人才信息库和搜索引擎，定期制定并发布重点产业引才目录，开辟引进高层次人才及团队的专门通道。支持企业、高校和科研院所通过科技咨询、技术合作、技术入股、合作经营、投资兴办实业等方式，引进一批原创性科技创新人才、高水平经营型管理人才。二是注重“育”才。引导培育“工匠精神”的行为准则和价值观念，完善人才激励制度，优化人才结构，大力实施知识产权和标准战略，强化无形资产保护培育经济增长新动能的“软实力”。建立符合创新创业需求的高校学科调整机制，建设符合新经济发展的特色专业点和专业群。坚持培养和引进相结合，加强高水平领军人才、青年科技人才的培育使用，探索创新型复合人才的培养模式，加大学科带头人的培养力度，培育形成一支规模宏大、富有创新精神、敢于承担风险的创新型人才队伍。三是注重“留”才。对优秀创新型人才在待遇、职称、成长等方面要实行政策倾斜，构建“下得去、上得来、稳得住、能发展”的人才工作新机制，努力形成一个识才、爱才、敬才、用才的大环境，营造“有为才有位、有位更有为”的良好氛围。

十四、2017年3月12日，在讨论“两高”工作报告时的发言

建议：

（一）增强党内自我监督，落实全面从严治党要求。深入贯彻党的十八届六中全会精神，认真落实《关于新形势下党内政治生活的若干准则》《中国共产党党内监督条例》，推动全面从严治党要求落到实处。核心是坚持民主集中制。把民主基础上的集中和集中指导下的民主有机结合起来，把上级对下级、同级之间以及下级对上级的监督充分调动起来。关键是构建长效机制。对照《准则》《条例》，对机关纪律、条令进行修订完善，形成系统完备的监督体系，做到权力运行到哪里、监督触角就延伸到哪里。重点是探索有效途径。加强对各级党组织的思想教育，发扬党的优良传统

和优良作风；落实管党治党主体责任和监督责任，主动接受和支持派驻纪检组监督；让批评和自我批评成为党内生活的常态，成为党员干部的一种习惯、一种自觉、一种责任。

（二）自觉接受人大监督，依法正确履行职责。一是强化工作汇报机制。主动向人大及其常委会报告工作，对重要工作、重大问题及时做好专题报告，配合人大常委会开展执法检查、询问质询、专项调查等监督工作，主动报送监督议题建议，认真执行人大常委会的决议、决定和审议意见，及时报告落实处理情况。二是健全意见建议办理机制。全面梳理代表提出的意见建议，认真研究解决方案，落实办理责任；对代表关注的重大问题，加强调查研究，形成指导意见，认真加以解决；对代表关注的案件，坚持依法公正办理，耐心细致地做好法律释明工作。三是完善沟通联络机制。加强与人大代表的日常沟通联系，邀请人大代表观摩庭审、调研视察法检工作，让代表对法检工作有全面全新的认识和客观直观的感受。

（三）完善政法内部互相监督，加强权力运行制约。充分发挥政法部门各自职能作用，增强内部监督的实效性，提高工作水平和司法公信力。一是健全政法系统内部横向纵向衔接、联动工作机制，推进法检内部的工作对接，与党委政法委的工作对接，与涉法涉诉信访、综治等部门的工作对接。二是检察机关对立案侦查活动、审判和执行活动进行有效监督，同时保证审判机关依法独立公正开展审判。三是形成正向激励和责任追究机制，建立司法档案，抓好质量考评体系建设。

（四）主动接受政协民主监督和新闻媒体的舆论监督，广泛凝聚智慧和力量。近几年来，最高法、最高检采取多种形式加强与政协委员、媒体记者的沟通联络，广泛听取意见建议，认真办理各类提案，组织开展专项活动，合作越来越密切，监督越来越深入。要进一步发挥政协民主监督的重要作用。政协民主监督是我国社会主义监督体系的重要组成部分，是社会主义协商民主的重要实现形式。要拓宽政协民主监督渠道，积极为政协委员依章程履行职能提供平台、创造条件，邀请政协委员参与专题视察调研、司法解释制定、旁听案件审理，聘请政协委员担任特约监督员、特邀咨询员、人民陪审员，更好地将民主监督贯穿到工作全过程。政协委员要敢监督、真监督、善监督，坚决克服畏难情绪和消极倾向，突出围绕司法改革、司法工作以及法律实施过程中的重要问题开展民主监督，讲真话、道实情、进诤言，对重点方面坚持跟踪问效、跟踪调研、跟踪监督，确保真正监到点子上、督到关键处，取得实实在在的效果。要进一步强化与媒体记者的良性互动，对法院、检察院开展的重大活动、工作热点和亮点主动邀请记者参与宣传，对媒体和社会关注的热点、焦点案件积极组织通报，对案件信息及时公开发布、公众咨询及时答复，实现媒体记者遵循司法权力运行规律和法官检察官适应媒体宣传报道规律的双赢。

十五、2018 年 4 月，在全国政协专委会研讨会上的发言

今年 3 月 28 日，汪洋主席在全国政协专委会主任会议暨学习研讨班上作了重要讲话，对专委会工作提出了明确要求。

认识和体会：

（一）坚持中国共产党的领导、人民当家作主和依法治国的有机统一。人民政协是中国共产党领导的多党合作和政治协商的重要机构，必须始终坚持党对政协工作的政治领导、思想领导、组织领导，团结带领广大政协委员坚定贯彻执行党的路线方针政策和重要工作部署。人民政协是发扬社会主义民主的重要形式，专委会是政协履行职能的重要形式，要利用好专委会这个平台，充分发挥政协委员参政建言作用。人民政协是依法治国的重要力量，专委会要牢固树立法治观念，始终坚持在宪法和法律范围内履行职责，遵照政协章程和专委会通则、专委会工作指南开展工作。

（二）坚持一致性和多样性的有机统一。专委会作为团结联系委员的重要纽带，要把加强大团结摆在更加突出的位置，广泛团结各族各界人士，不断巩固和拓展爱国统一战线。同时，各专委会要结合自身实际，组织召开形式多样的对口协商会、界别协商会、提案办理协商会、形式分析会、研讨交流会等，坚持开展民主平等科学的讨论，更加广泛地凝聚发展共识、改革共识、法治共识、反腐败共识和价值观共识，找到最大公约数，画出最大同心圆。

（三）坚持中国共产党先进性和民主党派进步性的有机统一。先进性是中国共产党的本质属性，是中国共产党区别于其他一切政党的显著标志。进步性是各民主党派共同的鲜明特征，是实行中国共产党领导的多党合作和政治协商制度的基础和条件。专委会分党组要认真履行对专委会的政治领导责任，坚决维护习近平总书记的核心地位，坚决维护中共中央权威和集中统一领导，注重把握和体现民主党派政治取向上的共同性、成员组织上的广泛性和代表性、职能作用上的参政性和社会服务性，充分尊重民主党派，切实发挥各民主党派、工商联和无党派代表人士在政协工作中的重要作用。

（四）坚持围绕中心、服务大局。专委会是政协履行职能的重要方式，是政协重点协商、监督、议政活动的相关视察调研活动的重要承办者，是政协提案、反映社情民意信息、文史资料、民族宗教、港澳台侨、对外交往等经常性工作的重要实施者，政协政治协商、民主监督、参政议政的职能，主要是依托专委会来履行。因此，专委会要瞄准经济社会发展重大问题和全面建成小康社会重点难点问题集中发力，聚焦落

实新发展理念、促进经济平稳健康发展、推进供给侧结构性改革、加强生态文明建设等，选准切入角度，深度调研、重点攻关。

（五）**强化委员联络服务，充分发挥委员主体作用。**政协作用发挥在委员，政协活力展现看委员，政协事业发展靠委员。政协委员的联系服务工作，主要通过专委会来开展，专委会一切工作都离不开委员的智慧和创造。要坚持以委员为中心，以制度为保障，以专委会为依托，以界别为纽带，进一步加强与委员经常性联系，强化学习培训和服务管理，着力提高广大委员的政治把握能力、调查研究能力、联系群众能力、合作共事能力，不断增强委员履职责任感和使命感。通过走访委员、开展委员联谊等多种形式，帮助解决委员在学习、工作、生活和履职中的困难和问题，增强委员履职的积极性、主动性和创造性。充分发挥委员在本职工作中的带头作用、在政协工作中的主体作用、在界别群众中的代表作用。

（六）**加强自身建设，不断提高专委会工作能力和水平。**一是必须自觉把学习放在突出位置，把学习当作一种政治责任，一种文化追求。通过培训班、读书班、学习报告会、知识讲座、专题考察、论坛、会议等多种形式，对政协委员进行系统学习培训，特别是认真学习领会习近平总书记关于人民政协工作的重要思想。二是加强专委会履职能力建设。政协委员中人才荟萃、智力密集、位置超脱、视野开阔，是人才库、智囊团。政协专委会要经常组织委员积极参加各类会议和活动，为委员在经济建设和社会管理中发挥作用搭建平台，激发委员参政议政的热情，不断丰富活动内容，活跃活动方式，注重委员在调研视察、撰写提案、反映社情民意、为民办好事实事中发挥作用，不断提高专委会的工作质量。三是加强作风建设。专委会要做改进作风的表率，切实改进学风，改进文风，改进会风，改进工作作风。委员学习要理论联系实际、学以致用，视察调研要轻车简从、注重实效，调研报告要言简意赅、切中要害，狠刹形式主义之风，力戒官僚主义之风，清除享乐主义之风，杜绝奢靡之风。

十六、2019年10月25日，在全国政协人口资源环境委员会分党组第七次扩大会议上的发言：充分发挥人民政协在新时代统一战线中的重要作用

习近平总书记指出："做好人民政协工作，必须坚持大团结大联合，必须发扬社会主义民主。大团结大联合是统一战线的本质要求，是人民政协组织的重要特征。"推进新时代人民政协工作创新发展、实现协商民主广泛多层制度化发展的新任务，需要各级政协牢牢把握政协自身的性质定位，始终坚持大团结大联合，努力在推进协商

民主发展的生动实践中，善于做好团结统战工作，发挥独特优势和重要作用，更好地争取人心、汇聚力量。

（一）**发挥好思想政治上的引领作用**。习近平总书记指出，“人民政协要始终把坚持和发展中国特色社会主义作为巩固共同思想政治基础的主轴”。专委会是相关界别参加的协商议政的平台，打牢共同的思想政治基础，是协商议政的前提。通过开展学习教育活动，积极引导参加政协的各党派团体、各族各界人士提高政治站位，牢固树立“四个意识”，增强“四个自信”，做到“两个维护”。更加自觉坚持中国共产党的领导，更加紧密团结在以习近平同志为核心的中共中央周围，更加坚定贯彻落实中共中央的重大决策部署，凝聚强大向心力。同时，要正确处理好一致性和多样性的关系，在坚持一致性中尊重包容多样性、差异性。对那些无关宏旨的差异，可以存而不论；对那些利于工作的差异，要扩大共识和积极支持；对那些涉及大是大非问题的差异，要旗帜鲜明加以斗争并进行教育帮助。通过耐心细致的思想教育工作扩大共识，找到最大公约数，努力画大同心圆、扩大团结面。加强思想政治上的教育引领，关键是专委会要进一步完善学习平台、完善专委会学习机制、完善专委会和相关界别自身学习制度。

（二）**发挥好协调关系、化解矛盾的桥梁纽带作用**。人民政协作为最广泛的爱国统一战线组织，在协调关系、化解矛盾方面发挥着重要作用。当前，尤其要协调好三个关系。一是协调好民族关系、化解矛盾，促进各民族交往交流交融。习近平总书记指出，“做好民族工作，最关键的是搞好民族团结，最管用的是争取人心”。一方面，通过人民政协这一平台，宣传党的民族政策，多做思想引导、协调关系、凝心聚力的工作，激发各民族同胞的爱国热情和民族共同体意识，促进各民族像石榴籽一样紧紧抱在一起。另一方面，在坚持和完善民族区域自治制度的基础上，进一步密切与少数民族界委员及界别群众的交流联系，围绕少数民族乡村经济社会发展重大课题，组织委员、专家学者及相关部门进行专题调研，开展界别协商和专项民主监督活动，创造各族群众共居、共学、共事、共乐的社会条件，促进各民族交往交流交融。二是协调好宗教关系、引导与社会主义社会相适应，促进宗教和谐发展。习近平总书记指出：“积极引导宗教与社会主义社会相适应，一个重要的任务就是支持我国宗教坚持中国化方向。”我国宗教坚持中国化方向，关键在“导”字上下功夫。一是始终坚持宗教中国化方向，做到“导”之有方。二是始终坚持依法管理宗教，做到“导”之有力。三是始终坚持平等交流、加强服务，做到“导”之有效。通过“朋友式交往，平等式交流，协商式尊重，亲人式关爱”，不断增进与政协宗教代表人士的友谊，通过他们引导带领信教群众为社会和谐发展多作贡献。三是协调好与新阶层群众的关系，广泛团结联系新阶层群众。习近平总书记指出，“要高度重视和做好新经济组织、新社会组织中知识分子工作，引导他们发挥积极作用”。针对新社会阶层人数多、社会影响大，专业能力和自主意识强，流动性大，管理难度较大，政治诉求比较强等特点，积极团结和教育引导新的社会阶层人士，积极协助有关部门培养选拔推荐新的社会阶层优秀人士。人民政协要通过界别组织加强与他们的联系交往，积极推荐新的社会阶层人士中的优秀分子加入各民主党派、党外知识分子联谊会和工会、科协等群团组织。积极推荐优秀代表人士担任人大代表、政协委员、社团组织的领导者、政府职能部门的特约监督员等。积极鼓励新的社会阶层人士主动参政议政，充分激发他们的参政议政热情。积极引导政协委员中新的社会阶层人士承担重点调研课题，视察重点项目建设，参加重大活动，参与政协重点工作。

（三）**发挥好有序政治参与、促进科学民主决策的重要作用**。习近平总书记指出，“推进协商民主，有利于完善人民有序政治参与、密切党同人民群众的血肉联系、促进决策科学化民主化”。专委会组织相关界别委员参加调研、协商活动，能够充分反映各阶层利益，平衡各种利益关系，在扩大公民有序的政治参与方面，具有独特的政治优势。一是汇聚全社会智慧和力量共商国是。专委会组织相关界别委员参加调研、协商活动并在这个平台上开展平等、民主、科学的协商对话，促进不同意见和观点交流交融，通过界别使群众中分散、个别的意见得到系统、综合的表达，可以广泛吸纳社会各方面人士的智慧，协商议政，共商国是。二是通过在政协的民主协商，促进党委、政府的决策更加民主科学。围绕经济社会发展重大问题和涉及群众切身利益的实际问题，组织政协委员、专家学者开展深入调查研究，在调研中既有“规定动作”又有“自选动作”，并在政协这个平台上，发挥界别优势，平等、民主、科学讨论问题，提出合理化建议，促进党和政府决策的民主化、科学化。

（四）**发挥好凝心聚力、实现中国梦的重要作用**。习近平总书记指出：“团结统一的中华民族是海内外中华儿女共同的根，博大精深的中华文化是海内外中华儿女共同的魂，实现中华民族伟大复兴是海内外中华儿女共同的梦。”目前，全球华侨华人约5000万，分布在170多个国家和地区。作为爱国统一战线组织，人民政协应发挥自身优势，通过多种途径凝心聚力。一是用实现中国梦凝心聚力。中国梦是凝聚和团结海内外中华儿女的精神旗帜和动力。要大力宣传中国梦，增强海内外儿女投身实现中国梦的积极性和自觉性，支持港澳委员、台湾同胞、海外侨胞到国内投资兴业，积极参与“一带一路”建设。支持各党派团体和界别开展慈善、扶贫、支教、文化下乡等社会服务活动，共同致力于脱贫攻坚和全面建成小康社会。二是用促进祖国和平统一凝心聚力。一方面，人民政协应加强与台湾主要政党、团体、各界代表人士广泛接触，积极开展对台交流；另一方面，人民政协应加强与海内外“反独促统”组织联系，积极参与海内外“反独促统”活动，不断凝聚反对“台独”分裂势力的人心和力量。三是用中华文化凝心聚力。人民政协应充分发挥政协港澳委员、华侨华人代表人士的桥梁纽带作用，推动中华文化走出去，增强国家软实力。尤其要做好港澳台侨新生代工作，增强他们对中华文化的认同感，培养他们爱国爱乡情怀。

（五）**发挥好联谊交友的重要作用**。习近平总书记指出，统一战线是做人的工作，必须善于联谊交友。专委会要发挥界别优势，广交深交朋友，重点要处理好三个关系：一是处理好私交与公交的关系。与党外人士交友，要注意处理好私交与公交的问题，既要保持个人友谊，又要有为公交友的情怀，并始终将公谊置于私谊之上。二是处理好服务与教育的关系。既要重视利用网络互动、走访看望、电话联系、座谈交流等形式主动服务，更要注重教育引导，引导各界人士讲政治、顾大局、重品行、守纪律，切实做到同心同向同行。三是处理好政商关系。要深刻理解和把握习近平总书记关于“亲”“清”政商关系的重要思想和要求。政协委员中有很多党政部门转任的领导干部，要秉持亲商爱商富商的理念，坦荡真诚地同非公有制经济人士接触交往，主动为企业提供服务，特别是在企业遇到困难和问题时要积极作为，帮助企业解决实际困难。同时，不能有贪心私心，不以权谋私、不搞权钱交易，牢固树立党员领导干部在企业家心中的清廉为民形象。

十七、2020年5月27日，在全国政协十三届三次会议小组讨论会上，就全国人民代表大会关于建立健全香港特别行政区维护国家安全的法律制度和执行机制的决定（草案）的建议

在政协政治决议里加上一段拥护建立健全香港特别行政区维护国家安全的法律制度和执行机制的内容。从长远看，还有一些战略性的根本举措。香港问题，本质上讲是西方势力利用各种手段干涉我国的安全，包括香港主权。解决香港问题，除立法、执法外，还有一些治本之策：

（一）要加大人才引进力度，逐渐解决香港的人员结构问题。

（二）要加大舆论引导的力度。

（三）要研究在资本主义制度下，如何做好群众工作，特别是做好社区的工作、社团的工作、企业的群众工作。

（四）要解决好司法终审权的问题，保障香港长期繁荣稳定。

十八、2020年8月27日，在全国政协十三届十三次常委会议上的发言：林业发展“十四五”规划编制建议

江西、福建、黑龙江等林业大省十三五期间贯彻落实五大发展理念，强化组织领导和责任落实，加快推进林业现代化建设，完善评估机制和考核制度，确保实现林业“十三五”发展目标。也存在一些不足：林业过度开发影响林业可持续发展。林业资源保护管理压力加大，森林质量和经营水平不高。林业基础支撑保障能力仍然不足，“两山”转化机制不够健全，可持续发展的体制机制有待进一步完善等。当前，各省林业主管部门正在编制林业发展“十四五”规划，发展思路、具体举措已基本确立。从国家层面上，应在以下几个方面给予支持和引导：

（一）**切实提高林业发展质量**。一是调整经营结构，提高森林质量。积极开展退化林修复、低产低效林改造、森林抚育和国家储备林基地建设。以培育大树、珍贵树、子孙树为目标，进一步优化树种结构、林相结构、径级结构，提高森林资源质量与生态效益。二是加强生物多样性保护。以重要生态安全屏障建设、江、河、湖流域生物多样性保护为重点，大力实施山水林田湖草综合治理、生物多样性保护等重要生态系统保护和修复工程，系统修复森林、湿地、草地生态系统，继续巩固生态空间，提升生态优势，进一步增强全社会生物多样性保护意识。三是加强湿地和草地保护修复。采取湿地生物多样性保护、湿地恢复与综合治理、小微湿地建设等措施，修复退化自然湿地，提升人工湿地生态服务功能，确保湿地面积不减少、功能不减退。进一步推进草地沙化综合治理。四是加强依法治林能力建设。继续指导完善林业地方性法规体系建设，建立以《森林法》《草原法》等为主导，其他地方性法规和政府规章组成的、覆盖林业保护发展的地方性法规体系。积极推动林业综合行政执法改革，加强林业行政执法能力建设，打造规范高效的林业综合执法队伍，切实提高依法行政水平。

（二）**正确处理好保护林业与发展经济的关系**。一要进一步强化主体责任。应以完善集体林权制度为主线，在巩固和完善落实林权权益，进一步健全集体林地“三权分置”运行机制，保障和活化集体林经营权，促进集体林地规范流转和适度规模经营的同时，应按照“谁开发谁保护、谁受益谁补偿”的原则，进一步完善林业经营的主体责任，积极探索在生态保护前提下发展经济的新模式，着力构建集体林业良性发展机制，防范和化解林业灾害风险。二要适度引导产业集聚。鼓励各省市面向市场需求、立足特色优势调结构，深挖潜力，以品牌绿色高产高效为基本评价标准，推进适度规模、集约化、标准化经营，提高林业设施化、机械化水平。鼓励各地按照政策引

导、企业主体、市场化运作的原则，发挥市场导向作用，加快培育和发展以重大技术突破、重大发展需求为基础的林业战略性新兴产业，培育发展林业龙头企业，加快林产加工业自动化、智能化改造，加快新技术、新产品研发，培育适度规模的具有区域特色的加工集群。三要积极倡导绿色消费。鼓励各地充分利用丰富的森林、湿地、草地、野生动植物、人文等景观生态资源，在有效保护生态基础上，将生态资源与传统中医、休闲康养、生态文化等有机结合，开发特色鲜明的生态旅游产品，创建示范森林公园、湿地公园、乡村森林公园和森林康养基地，推进国家森林步道建设，做大做强以观光、度假、休闲、养生为主的生态旅游产业。四要进一步提升国土绿化水平。以大工程带动国土绿化行动，全面推进防护林体系建设等林业重点工程。鼓励引导社会力量参与造林，推进退化林地、沙化土地、水土流失综合治理。围绕服务乡村振兴战略、城市功能与品质提升和农村人居环境整治，精准施策、定向发力，积极推进重点区域森林“四化”和城乡绿化美化，不断优化森林景观，筑牢各地生态优势。

（三）**进一步完善体制机制建设**。一要全面落实目标责任制。以完善提升林长制为抓手，严格按照管理制度建立、管护经费保障、责任区域划分、管理信息系统建设、绩效考核落实“五到位”的要求，加强队伍建设，织密、织牢森林资源源头管理网络，推动森林资源保护发展再上新水平。建立全面保护、系统恢复、用途管控、权责明确的天然林保护修复制度体系。利用人工智能等新技术，结合卫星遥感、无人机为监控主体的监测预警网络体系，不断完善国家林业资源管理智慧平台，建立全国林业资源监督监测评价体系，推进林业资源保护管理常态化、信息化建设，夯实绿色本底，筑牢生态屏障。二要完善集体林权制度。完善信用评价机制，扩大林权抵（质）押贷款和林农林企信用贷款，推进林业金融服务平台、要素交易平台运营，实现资源变资产。持续完善森林保险制度，防范和化解森林灾害风险。加快新型林业经营体系建设，促进多种形式适度规模经营，推进林业供给侧结构性改革，培育发展新动能，积极探索在生态保护前提下融合发展的新模式，着力构建集体林业良性发展机制。三要完善生态补偿制度。进一步完善森林和湿地生态效益补偿制度。积极探索生态公益林分类补偿机制。制定林业生态损害赔偿标准和管理办法，加大森林生态环境损害赔偿和生态破坏处罚力度。四要推进资源开发后的复垦工作。应在条件具备的地区，采取降税或抵扣的形式，并通过立法固化，对企业给予扶持，鼓励企业建立土地复垦基金，引导企业在保护中开发、在开发中保护，切实履行好治理恢复与土地复垦义务。五要继续探索推进碳交易工作。从控制能源消费增量、加大结构调整力度、加快淘汰落后产能、加快发展服务业和战略性新兴产业的角度出发，审视推进碳交易工作。

十九、2021年6月22日，在全国政协十三届十七次常委会议上的发言：紧紧抓住竹基新材料科技创新重大机遇

竹资源是全球公认最好的天然可再生材料，竹子中含有40%—60%的天然纤维素，具有无污染、可降解的环保优势。采用竹纤维绿色开发技术生产的竹基新材料科技产品，能够广泛应用于人们的日常生活中，特别是能够很好地破解“白色污染”“微塑料污染”这一世界性难题，也可以大量减少石油资源的消耗，市场潜力巨大。发展竹基新材料产业面临重大机遇。长期以来，纤维素的溶解技术是制约竹资源高质量开发利用的关键瓶颈技术。2011年，我国科学家在全球率先解决了纤维素的溶解问题，打开了植物纤维替代化工高分子材料的关键技术通道，获得了全球高分子领域的最高奖项——“安塞姆·佩恩奖”，该技术被国际公认“敲开了天然纤维素通往高分子材料工业的大门”。这对于拥有641万公顷占全球29%的竹林面积的中国来说，发展竹基新材料产业面临重大机遇。江西竹林面积和竹产量均居全国第二，年采伐毛竹约400万吨。近年来，江西高校组建了“江西省竹基新材料工程中心”，攻克了多项国际领先的关键技术，为竹基新材料产业发展创造了机遇。一是有利于培育新兴材料产业集群。竹纤维溶解后，可广泛应用于纺织工业、塑料制品、包装用品、农用薄膜、医用材料、涂料工业、装饰材料、护肤用品、日用化工品等领域。二是可以大量减少石油资源消耗。目前，全球各国的合成高分子材料主要来源于石油化工。竹纤维替代合成高分子材料相关产业的兴起，可大量减少石油资源的消耗。三是利用绿色可降解的竹纤维替代合成高分子材料，为我国解决塑料污染问题找到了新的突破口。

建议：

（一）相关部门设立专项经费，大力支持江西“竹基新材料工程中心”的建设。大规模产业化技术的研究，急需加大经费投入，加强高层次人才的引进，力争早日推出系列竹纤维纺织品、环保薄膜、日用化工品等产品，并在3—5年内建成“国家竹基新材料工程研究中心”，为我国竹基新材料产业发展提供强大技术支撑。

（二）指定专门部门统筹协调，着力培育和打造千亿级竹基新材料产业集群。鉴于相关关键技术逐步成熟，应尽早谋划，统筹推进竹纤维系列产品开发，力争早日在塑料制品、医用材料、涂料工业、装饰材料、日用化工品等领域实现产业化，确保技术链、产业链和价值链“三链合一”。

（三）围绕竹基新材料产业链，提前做好产业布局和规划工作。竹资源丰富的地区可根据竹资源分布状况，规划布局好竹浆生产、竹纤维提取等产业园区，解决基础原料供应问题。围绕纺织服装、塑料制品、包装用品、农用薄膜、医用材料、涂料工

业、装饰材料、护肤用品、日用化工品等领域进行衍生产业布局，定向招商，着力推进产业培育工作。

二十、2021年6月25日，在2021中国国际生态竞争力峰会上的致辞

在中国共产党即将迎来百年华诞的美好时节，我们在江西赣州举办2021（第十届）中国国际生态竞争力峰会。在此，我谨代表主办单位之一的全国政协人口资源环境委员会，对各位领导和嘉宾的莅临表示诚挚的欢迎！绿色，就是生产力；生态，就是竞争力。推动绿色发展方式和生活方式，走绿色发展之路，是可持续发展的重要途径，是把握时代脉搏、主动适应变化的战略选择。党的十八大以来，以习近平同志为核心的中共中央，对推进中国特色社会主义事业，作出经济建设、政治建设、文化建设、社会建设、生态文明建设“五位一体”总体布局，将生态文明建设写入《宪法》，提出创新、协调、绿色、开放、共享的发展理念。近年来，我国生态文明建设发生了历史性变化。我们坚决贯彻新发展理念，绿色发展不断取得积极成效，资源能源利用效率大幅提升，碳排放强度持续下降。中国的绿色发展不仅为建设美丽中国提供了有力支撑，也为开创全球可持续发展新格局提供了不竭动力。全国政协人口资源环境委员会作为全国政协生态环境领域的专门委员会，自1998年组建以来，就生态文明建设领域重大问题资政建言，长期跟踪并推动了南水北调工程、天津滨海新区、川藏铁路等国家重大工程和战略的建设实施，深入开展了推进碳达峰、碳中和、黑土地保护、气水土污染防治、推进落实河湖长制等重点调研，与国家林业和草原局等部门持续20余年开展关注森林活动，为经济社会可持续发展和美丽中国建设献计出力。在今后工作中，我们将一如既往地支持中国国际生态竞争力峰会做实做强、进一步发挥国际绿色合作平台纽带作用；我们将一如既往地支持江西推进生态文明建设，使历久弥新的红色故都不断焕发生机与活力。人与自然是生命共同体，如何培育和塑造生态竞争力，是摆在各地区和各部门面前的共同课题。习近平主席最近强调，实现碳达峰、碳中和是一场广泛而深刻的经济社会系统性变革。要把碳达峰、碳中和纳入生态文明建设整体布局，拿出抓铁有痕的劲头，如期实现2030年前碳达峰、2060年前碳中和目标。

建议：

（一）从源头抓起，形成内生动力机制，积极培育生态文化和生态道德，让绿色发展理念在全社会蔚然成风。

（二）加强绿色低碳科技攻关和推广应用，通过科技创新推动钢铁、水泥、石

化、电解铝等工艺流程再造，加强基础研究和前沿技术布局，积极发展技术除碳，提升光伏、风电、水电等可再生能源消纳能力，推广低碳、零碳、负碳技术。

（三）加强碳汇研究，全方位提升固碳增汇能力。首先，要增强清洁能源比重和碳汇能力，减少二氧化碳排放。其次，大力推进绿化造林，提升森林质量，提升森林碳汇能力。再次是坚持“山水林田湖草沙”生命共同体理念，持续支持生态保护修复重大工程，巩固生态系统碳汇能力。

（四）加强与重点院校、实验室合作，探索海洋渔业微生物等海洋增汇技术和海洋地质碳封存技术，提升红树林、海草床、盐沼生物固碳量。

（五）加强对生态文明建设的总体设计，建立健全绿色政绩考核体系，让人民群众有更多的获得感，为子孙后代留下可持续发展的“绿色银行”。

最后，希望各位嘉宾借助中国国际生态竞争力峰会这个平台，深入交流，广泛合作，为推进美丽中国和美丽世界作出新贡献。

二十一、2021 年 9 月 2 日，在全国政协十三届十八次常委会会议上的发言：坚持走绿色低碳发展新路

《中共中央国务院关于新时代推动中部地区高质量发展的意见》中明确提出，要坚持走绿色低碳发展新路，加强能源资源的节约集约利用，加强生态建设和治理，实现中部绿色崛起。

（一）**要加大绿色低碳科技成果转化工作**。要加强绿色低碳重大科技联合攻关和推广应用，加强基础研究和前沿技术布局。同时，还应该积极做好科研成果向应用技术的转化问题。江西两会上有委员发言提出，要紧紧抓住竹基新材料科技创新重大机遇，指出我国科学家已于 2011 年在全球率先解决了纤维素的溶解问题，等于“敲开了天然纤维素通往高分子材料工业的大门”。这对于拥有 641 万公顷占全球 29% 的竹林面积的中国来说，发展竹基新材料产业面临重大机遇。江西竹林面积和竹产量均居全国第二，年采伐毛竹约 400 万吨。江西高校组建了“江西省竹基新材料工程中心”，攻克了多项国际领先的关键技术，为竹基新材料产业发展创造了机遇。一是有利于培育新兴材料产业集群。竹纤维溶解后，可广泛应用于纺织工业、塑料制品、包装用品、农用薄膜、医用材料、涂料工业、装饰材料、护肤用品、日用化工品等领域。二是可以大量减少石油资源消耗。目前，全球各国的合成高分子材料主要来源于石油化工。竹纤维替代合成高分子材料相关产业的兴起，可大量减少石油资源的消耗。三是利用绿色可降解的竹纤维替代合成高分子材料，为我国解决塑料污染问题找到了新的

突破口。目前，江西省竹基新材料工程中心已经攻克了竹纤维绿色溶解的关键技术，实现了连续拉膜、纺丝，并完成了纳米竹纤维小试验。但大规模产业化技术的研究，急需大量经费投入，加强高层次人才的引进，急需推进技术链、产业链和价值链“三链合一”，提前做好产业布局和规划工作。所以，创新发展绿色产业大有文章可做。

（二）**要加大现有企业低碳发展改造升级工作**。调研发现，我国每年有近 1000 万人次需要火化处理。多数殡葬行业火化炉排放二噁英，不少单位还是黑烟滚滚、恶臭连连。目前殡葬行业普遍使用燃油式火化机，燃烧室的温度仅在 500℃左右，二次燃烧室也不配备燃烧器和温度控制监测。少数厂家在烟道加了燃烧器，但由于时间和温度不够，燃烧过程中不能消除二噁英。还有企业迫于环保要求，加装了尾气活性炭吸附颗粒物装置，但不符合国家最新标准，导致二次污染。消除尸体焚烧产生的二噁英，必须符合四个条件：一是高温燃烧。必须在 900℃以上，才能初步分解二噁英；二是焚烧彻底。完全消除二噁英，必须进行二次高温燃烧；三是必须让焚烧产生的烟气，在 900℃高温热场状态下，滞留 2.5 秒到 3 秒钟以上；四是二次燃烧后必须快速冷却至 300℃以下，以保证二噁英不会产生新组合，造成新的污染。所以，有效消除殡葬行业火化的污染，重点是对环保火化机进行技术改造和研发。主管部门要对生产设备企业加强监管，对符合标准的生产企业实行颁发许可证制度，对不符合国家标准的生产企业，应关闭或进行技术改造，对责令不改的生产设备单位应严肃处理。

（三）**不断发展壮大绿色环保产业**。加快培育市场主体，引导中小企业聚焦主业增强核心竞争力，培育“专精特新”中小企业。江西金达莱股份有限公司是一家拥有深厚水污染治理经验的高新技术企业，该公司将物联网、大数据等信息技术与水污染治理技术相融合，打造形成水污染治理装备、水环境整体解决方案和水污染治理项目运营三位一体的智慧环保业务体系。核心技术是 JDL 重金属废水处理技术和兼氧膜生物反应器技术（FMBR 技术），目前该公司设备已在意大利、迪拜、埃及等多个海外国家应用，覆盖部队营区、学校、酒店等多个有机废水处理场合，且公司被列入联合国采购供应商目录。像这样的绿色环保产业企业，我们应该大力保护，大力培养，推动企业在走绿色低碳循环发展新路上发挥作用、贡献力量。

二十二、2021 年 11 月 23 日，在全国政协十三届十九次常委会议上的发言：关于壮大村集体经济　提高村级组织服务群众能力的建议

习近平总书记强调，发展集体经济是实现共同富裕的重要保证，要把发展壮大村级集体经济作为基层党组织一项重大而又紧迫的任务来抓，增强基层党组织的凝聚

力，提高村级组织服务群众的能力。今年中央一号文件《关于坚持农业农村优先发展做好三农工作的若干意见》明确提出，把发展壮大村级集体经济作为发挥农村基层党组织领导作用的重要举措，加大政策扶持和统筹推进力度，因地制宜发展壮大村级集体经济，增强村级组织自我保障和服务农民能力。目前很多地方仍然存在对发展村级集体经济认识不足、思路不宽、合力不强等问题，再加上可以用来发展村集体经济的资产和资源有限，使得村集体经济普遍比较弱小，造血功能和服务群众的能力不强，这种无经营收益或经营性收入很少的村，在全国各省普遍存在。村集体经济薄弱，导致村级组织无钱办事，基础设施建设等村民公益性需求无法满足，村"两委"干部在群众中说话无底气，办事无威信，一定程度上影响了村级组织的凝聚力、号召力和战斗力，因此发展壮大村集体经济迫在眉睫。

建议：

（一）**各级党委、政府要把发展壮大村集体经济放到更加突出的位置抓紧抓实。**各级党委、政府要把发展壮大村集体经济作为农业农村工作的重中之重，考核的重要内容，层层签订责任状，分解目标任务。要认真制定并切实落实扶持村集体经济发展的政策措施，做到一村一策，加大帮扶力度，加强服务指导。

（二）**要发挥农村基层党组织在发展壮大村集体经济中的战斗堡垒作用。**要加强基层党组织建设，把整顿软弱涣散、健全村级班子作为基层党建的重要内容。对抓党建和集体经济发展无思路、无举措、无成效的村支部书记，采取诫勉谈话、撤职选派等方式进行组织调整。要鼓励思想政治素质好、创业成功的乡贤企业家返村担任村支部书记，加大"能人治村"激励力度，不断健全村干部养老医疗等保障制度，为村"两委"干事创业提供制度保障。

（三）**要加大财政支持力度。**各级财政要建立村集体经济发展专项基金，作为村集体新上项目的启动资金，解决村集体经济发展的第一桶金和相关项目的配套资金，撬动其他更多资金的投入。对村集体一时难以承担完成的大型农业项目，可以将财政资金折合成股金，入股农业产业化龙头企业、农民专业合作社，形成共建共享的经济发展模式。

（四）要因地制宜发展村集体经济。结合各地的区位和资源等优势，发展村集体经济。比如围绕现代农业示范园区的发展，为园区的企业提供各种各类服务，增加集体收入；围绕服务城市服务市民的宗旨，通过开展物业管理、社区服务、市场租赁、停车场收费等方式增加集体收入；围绕电子商务进农村，通过开展费用代缴代扣、金融代取代存、快递代收代发收取一定的服务费，增加集体收入；结合发展全域旅游，将村集体闲置的土地与当地生态资源捆绑打包给企业经营，增加集体经济收入；结合扶贫产业政策，在条件允许的情况下，发展光伏、水电、风电等新型产业，壮大村集体经济；依托土地资源优势，将土地整治形成的耕地、高标准农田建设新增的耕地、农村宅基地改革新增的集体建设用地登记为集体资产，通过租赁、入股、拍卖等形式增加集体收入，等等。同时要采取委派专业技术人员、机关干部挂点帮扶村集体经济的发展。

（五）要加大金融保险扶持力度。大力开展村级集体土地经营权、集体宅基地使用权的抵押贷款，创新农村抵押担保方式，扩大农村有效担保物范围。政府融资担保平台要把村级集体经济贷款需要的过桥资金列入平台管理当中。各类金融机构要把村级集体经济组织纳入评级授信范围，降低融资门槛，放宽担保条件，对村集体兴办的种植、养殖业，保险机构应扩大保险政策覆盖面，做到应保尽保。

二十三、2022年6月23日，在全国政协十三届二十二次常委会议上的发言：关于加强氢能产业规划的建议

《氢能产业发展中长期规划（2021—2035）》统筹谋划、整体布局了氢能全产业链发展，既是能源绿色低碳转型的重要抓手，也为碳达峰、碳中和目标实现提供了有力支撑。在全球气候变化的大背景下，国际氢能委员会预测，到2050年，氢能将占全球能源消费总量的20%左右，可创造3000万个就业岗位和2.5万亿美元的产值，减少二氧化碳排放60亿吨，欧盟、美国、德国、日本与韩国都发布了本国氢能产业中长期发展战略。我国在汽车动力、工业动力和在工业生产中普及的二氧化碳结合转化成化工产品等方面都有一定的研究基础，如万钢同志牵头的同济大学氢动力汽车研制已取得了一些重要成果，并很快可投入生产使用。我国“十四五”重点研发计划也启动了氢能技术重点专项，但与氢能先发国家相比，仍需加强产业规划，加大政策扶持力度。

建议：

（一）成立国家层面指导协调机制。加快制定氢能发展战略规划，明确氢能在我国能源体系中的作用地位、发展领域，包括交通工业提供动力、能量储存、工业生产的基础原料等。并制定相应的政策举措，明确各相关部门的协同责任。

（二）明确一些重点部门系统部署。强化氢能产业链科技攻关和示范作用，关注全产业链关键技术，同时成立国家层面的氢能研究部门，聚焦我国优势领域深度研发，确保部分核心技术掌握在自己手中。

（三）加强氢能国际供需潜力分析。加强与国际层面关键技术联合攻关，扩大在

国际市场应用份额，制定国际标准规则，掌握关键核心技术。构建、扩大亚洲氢能市场，推动我国氢能产业国际化发展。

（四）注重氢能产业同其他产业的联动。把握氢能的属性及耦合关系，加速同再生能源核能等清洁能源的协同发展，系统规划我国氢能产业布局及能源系统整合规划。

二十四、2022年8月23日，在全国政协十三届二十三次常委会议上的发言：加快培养高素质技能人才队伍

据全总统计，全国现有技能人才总量超过2亿人，高技能人才超过6000万人，技能人才占就业人员总量的比例超过26%。但我们也看到，聚焦素质提升，拓宽畅通产业工人发展通道，加快建设一支知识型、技能型、创新型产业工人大军仍然还有许多的短板和不足：

（一）技能人才总量不足。以江西省为例，据统计，2019年江西省技能人才约490万人，占全省城乡就业人数的16.8%。其中，高级工以上的高技能人才147.2万人，技能人才和高技能人才总量分别占全国的2.5%和2.7%。为此，江西省提出到2025年，全省从事技能工作的劳动者达到1000万人，高技能人才占比达到40%以上，目前来看，离实现这一目标的距离还很大。

（二）数字技能人才严重不足。技能人才培养普遍存在通用技能为主、专门技能特别是数字技能不足，普通技能为主、高级技能不足等现象，必须抓紧解决高质量、高素质劳动力短缺的结构性矛盾，特别是破解数字技能人才的瓶颈制约。

（三）职业发展通道较窄。产业工人受工作经历、技能水平等主客观因素共同影响，向上流动的比例较低，晋升空间相对较小。

（四）培养体系不够完善。职业教育与普通教育衔接不畅，教育培训资源配置不合理，技能培训投入不足。

（五）合法权益难以保障。产业工人社会保障水平仍然较低，侵权现象时有发生。

建议：

（一）持续加大技能型产业工人队伍建设的支持力度。各地党委、政府应高度重视产业工人队伍建设，将其纳入当地人才发展规划和经济社会发展规划，明确“时间表”“路线图”。省级层面在出台高技能人才队伍建设中长期规划的基础上，进一步健全完善高技能人才的培训、管理、服务、激励等一系列制度，为全面提高劳动者素质提供制度保障。

（二）高度重视产业工人数字技术素养提升。当前，我国数字化进程正由消费端

向生产端渗透。消费互联网提质升级、工业互联网方兴未艾，既为数字产业化、产业数字化提供了重要发展机遇，也要求“数字工匠”培养必须顺应这一发展趋势。江西景德镇的陶瓷工人从选矿、拉坯到上釉、烧制等，基本都是传统工艺，技能靠口传心授来传承，导致生产规模上不去，产业发展受限制，特别在工业陶瓷、建筑陶瓷等方面，已经被广东、福建、山东等地赶超。企业创新数字化发展、工人技能数字化拓展迫在眉睫。要从企业、产业、集群三个层次系统谋划、推进“数字工匠”队伍建设。企业要履行培育主体责任，探索“劳模（技能大师）+工作室”培养模式，依托技术培训平台与劳模创新（技能大师）工作室的双向联动，发挥高技能人才的“传帮带”作用。应聚焦电子信息、物联网、大数据、人工智能等优势产业和未来需求领域，培育应用、推广型数字技能人才，为制造业数字化转型搭设人才桥梁。

（三）**广泛开展劳动和技能竞赛**。建议人社部门、工会组织和各行业协会在开展劳动和技能竞赛系列活动的基础上，围绕高新技术、重点项目、重点产业、先进装备制造等战略性新兴产业联合开展劳动和技能竞赛，对优秀选手直接晋升技能等级，授予荣誉、给予奖励。组建高技能人才联盟，搭建行业高技能人才技术交流平台，定期开展交流活动。持续打造劳模和工匠技能人才创新工作室，促进创新成果转化和共享。

（四）建立和完善高技能等产业工人人才激励机制。加大提高技术工人待遇有关政策的执行力度，在各级各类的评先评优活动中，提高高技能人才所占比例。健全劳动者技能水平与薪酬挂钩制度，拉开不同等级高技能人才的收入差距，真正实现技高者多得、多劳者多得。帮助解决高技能人才在购房、就医、子女就学等方面的实际困难，解除其后顾之忧。大力宣传高技能人才成长成才先进事迹，使高技能人才成为“网红”，让高技能人才拥有更多获得感，真正实现“经济上有保障、发展上有空间、社会上有地位”。

傅克诚

一、2015年，在“农村土地确权登记中的法律问题与对策”双周协商座谈会上的发言

建议：

（一）抓紧制定出台《农村集体经济组织法》。明确农村集体经济组织的法律地位；明确集体经济组织成员资格；理顺农村基层组织管理体制。鉴于立法过程很长，为满足当前土地确权登记需要，可考虑先在相关文件中对集体经济组织及成员资格认定作出原则性、方向性规定。

（二）“长久不变”分阶段实现。一是在第二轮承包到期后，对历史遗留问题太多确需调整的地方，允许在严格调整程序的条件下“大稳定、小调整”，保持政策的连续性。二是参照现行法律，与林地承包权年限、城镇居住用地使用权相一致，土地承包期为70年。给基层干部和农民以更加明确的法律规范。同时尽快修改耕地承包期为30年不变的有关法律规定。

（三）对进城农户承包的土地处置政策和法律要充分衔接好，避免产生矛盾，要坚持尊重承包方的意愿。可探索建立进城农户承包地有偿退出机制，支持集体经济组织有偿收储农户退出的承包地。在修改农村土地承包法中要对承包地撂荒的问题提出防范措施，加强监督，促其流转。

二、2016年12月2日，在全国政协提案委员会重点提案协商座谈会上的发言：加大国务院关于支持赣南等原中央苏区振兴发展的若干意见实施力度　确保赣南等原中央苏区与全国同步全面建成小康社会

非常感谢马飚副主席和全国政协提案委员会各位领导以及国家有关部委同志亲赴江西督办调研重点提案，这充分体现了对原中央苏区广大群众的亲切关怀。我谈三点：

（一）对大多数国家部委三年多来对国务院《关于支持赣南原中央苏区振兴发展的若干意见》贯彻落实情况，我是满意的。

（二）今天会议发言中，国家发改委提出的下步要抓好的六项工作，农业部提出的五项工作，交通部在十三五期间要扶持的若干意见，国务院扶贫办提出的明年工作的五项安排以及财政部关于下一步工作安排的考虑，作为提案人之一，我是满意的。

（三）希望各部委能够以此次会议为契机，加大支持力度，切实履行承诺。希望我省、市各部门要主动与国家部委对接，使赣南原中央苏区真正在预定时间内全面建成小康社会。其中还有个问题要引起注意，产业问题，赣南产业支持力度不够，人均占有不够，产业支持应摆在突出位置，按照《若干意见》中提出的大力支持央企入赣。产业扶贫要有所突破。

孙菊生

2016年9月22日，在全国政协第56次双周协商座谈会上的发言：加大扶持力度　保护好南方草地

南方草地涉及15个南方省区，面积9.63亿亩，占全国草原草地面积16%。国家长期以来对南方草地的保护还是非常重视的，采取了许多有力的措施，建立南方草地现代畜牧业，带动了南方天然草地的改良，也带动了南方建植人工饲草地，效果不错，但问题也很多。一是对南方草地资源的重视程度不够；二是南方草地地类属性不清；三是草地确权比较困难；四是管理机构和监管机构缺失；五是南方草畜业产业化水平比较低。

建议：

（一）**提高认识，强化领导责任**。南方各级政府要进一步提高对草地生态价值的认识。国家有关部门应把南方草地纳入全国草地统筹范围，完善南方草地监理机构，建立科学化管理体系和考核机制。

（二）**加强扶持力度和政策支持**。希望根据南方草地特点，制定相应保护奖励和补助政策。另外，加大南方草地科研、推广投入，依靠科技进步和技术创新解决技术难题。

（三）**加强法规建设，提供强力保障**。加快完善地方草原法规建设，特别是推进南方省份草地地方法规的完善和实施。根据南方草地确权难、林草矛盾大的特点，尽快制定《基本草原划定办法》。草原法的修订，要切合南方各省区实际。

陈俊卿

2018年11月1—2日，在安徽省合肥市出席中国人民政协理论研究会2018年年会暨“改革开放和人民政协”理论研讨会提交的书面发言：新时代发挥好政协委员主体作用的实践与思考

建议：

（一）发挥委员主体作用，必须强调旗帜鲜明讲政治，强化委员政治意识、大局意识、责任意识。一是把旗帜鲜明讲政治摆在首位、贯穿始终。政协委员必须牢固树立“四个意识”，坚定“四个自信”，增强“两个维护”的政治、思想与行动自觉。二是提高政治把握能力，正确把握政治与业务的关系。政协委员要做到讲政治又精业务，努力实现政治效果与履职效果的有机统一，坚持围绕中心、服务大局，把党的主张融入实际工作中去。三是深化“初心”与“使命”教育，解决“我是谁”“为了谁”“依靠谁”的政治立场问题。通过学习先进、榜样带动，教育引导政协委员增强责任意识、担当意识和为民意识，牢记初心使命，忠诚履职尽责。

（二）发挥委员主体作用，必须加强学习培训，不断提高委员履职能力。一是全面深入持久地开展习近平总书记关于加强和改进人民政协工作的重要思想学习研讨活动，努力做到注入灵魂、融入血脉、深入骨髓。二是抓好委员集中培训，用刚性制度力求新老委员一个不落身至心入、真学实学。通过参加集中培训，眼界更加开阔、知识体系更加完善、对形势的把握更为准确，为履行职责奠定坚实的基础。三是抓好日常学习，推动学习内容系统化、学习主体全员化、学习方式创新化。通过“政协读影”，促进习近平总书记重要讲话精神入脑入心，通过“对话政协”增强研讨性、互动性，想方设法读懂弄通中央和省委领导同志的讲话精神。

（三）发挥委员主体作用，必须加强政协党的建设，激发党员委员先锋模范作用，解决好谁影响谁的问题。一是强化政协党组的主体责任，强化党员委员的党性意识和责任担当。不断深化抓好党建是本职、不抓党建是失职、抓不好党建是不称职的认识，发挥把方向、管大局、保落实的重要作用。二是严肃党内政治生活，将“抓在日常、严在经常”落到实处。开展党员委员组织关系排查，对退休的和在原单位任职的党员委员都转入政协机关相关党组织，参加组织生活，规范“三会一课”制度，积极推进党员委员联排查，区分退系党外委员制度。三是从严从实管理，敢于较真碰硬。针对委员和机关中存在的“怕、慢、假、庸、散”等现象，深入开展作风问题“大

起底”“大扫除”，“大兴调查研究之风”，要求各级政协委员做到既要身至更要心入，既要调查更要研究。

（四）发挥委员主体作用，必须突出界别特色，体现委员专业特长，做到人尽其才、才尽其用。一是强化组织领导，完善联络机制，让界别组织由“松散”变“紧密”。下发《关于进一步发挥界别作用的意见》，定期研究部署界别工作，完善主席会议成员联系界别的机制；充分发挥专委会的基础性作用，把界别活动纳入专委会整体工作计划中推进。二是突出界别特色，创新界别工作，让界别委员的界别意识由“淡”变“浓”。积极支持配合界别召集人开展界别工作，探索不同层级界别联动，集中不同层级政协委员对同一问题的意见建议，形成界别合力，提升界别活动成效。三是推动成果转化，把委员“智力成果”变成“实践成果”。坚持多渠道、多形式报送界别协商成果，重视界别提出的提案、建议和社情民意。

（五）发挥委员主体作用，必须提高服务保障质量水平，完善联络、考核、激励等机制。一是建立健全委员联络服务机制。出台《关于进一步加强委员联络和服务工作的办法》，利用现代通信和信息网络技术，建立与委员日常联系制度，完善省政协主席会议成员联系界别工作和专门委员会联系界别委员的意见，定期走访委员。二是建立委员考核激励机制。针对委员履职情况，强化正向激励，积极开展优秀建言献策成果、优秀提案、优秀社情民意信息、优秀委员作业评选表彰工作，充分调动委员履职积极性、主动性。三是大力推进政协机关作风建设，强化服务意识、提高服务水平。积极开展政治政协、民主政协、团结政协、学习政协、文化政协、有为政协建设，推动政协文化上墙上桌，建立《不严不实典型作风问题检查与通报》和《优良作风典型事例通报》“双通报”制度，机关作风明显改观，服务意识和服务水平明显提升。

李华栋

一、2019 年，提交全国政协常委会议的发言：完善体系加大投入推进合作　促进我国高等职业教育高质量发展

建议：

（一）**构建高职教育招考体系，消除社会对职教歧视。**加强现代职业教育体制机制改革，将高职教育招考从目前的高考体系中分离出来，构建独立的高职教育招考体系。借鉴德国等高职教育先进国家经验，在中学阶段对学生进行实质性分流。在“初升高”阶段，根据学生兴趣、学业情况和家长、学生的意愿，决定是上本科院校还是走职业教育之路。重点加强职业高中建设，强化职业启蒙教育，为高职院校输送高质量生源。大力弘扬劳模精神和工匠精神，营造尊重劳动的社会风尚和精益求精的敬业风气，切实提高技术工人待遇，营造有利于高等职业教育发展的社会环境。消除社会对职业教育的歧视性观念，使职业教育达到和普通教育一样的社会认可地位。

（二）**加大高职教育经费投入，汇聚社会办学力量。**完善高职教育投入保障机制，将高职院校生均财政拨款经费纳入各级财政预算。加大对欠发达地市高职教育的支持力度，采取统筹中央资金、省级专项资金等多种形式，配以各种激励机制和竞争机制，加大对地市、行业、民办非营利性高职教育的投入力度，帮助所有高职院校生均经费达标。大力推进办学体制改革，利用政策杠杆，最大限度地引导、激励社会力量办学，逐步建立起财政拨款、企业资助、个人捐资、社会力量办学、个人缴交学费等多渠道筹集经费的体制，增强综合保障能力。

（三）**推进校企联动合作，培养“双师型”职教队伍。**推动职业学校与企业深度合作，逐步形成“共同招生、共同培养，边学边用、学用结合”的职业教育办学体制。修订《职业教育法》，明晰政府、职业院校、企业和学生在职业教育上的权责关系。由政府主导出资，发挥企业主体作用，建设公共实训中心及高职院校产教研基地。明确规定企业必须提供各种实习工作岗位。鼓励高职学生在学前即与企业签订协议，与就业实现无缝对接。加强校企合作，企业参与学校教学、学校参与企业技术服务和人力资源开发，依托产业办专业、办好专业促产业。加强对高职院校“双师型”师资队伍的培养，采取内引外培、优化结构、提升素质，发扬教学名师传、帮、带作用，加强青年教师培养，形成数量充足、结构合理、德技双馨的具有教学和实操能力的专职

“双师”教学团队。加大引进企业工程师的政策支持力度，使真正有实践经验专业对口的工程师能有绿色通道进入高职院校。

二、2020年，提交全国政协常委会议的发言：科学开展畜禽污染治理和资源化利用打造县域生态农业模式　构建农业循环经济新业态

建议：

（一）大力支持以县域为单位的畜禽养殖粪污处理和全量化资源利用第三方集中治理模式推广示范，让专业的人做专业的事；对该模式进行技术及效益评估，制定一揽子技术标准和操作规程，规范运维管理。

（二）将生态循环农业纳入乡村振兴战略，建设生态循环农业示范县，给予项目资金支持；中央预算内畜禽粪污资源化利用项目投资重点向区域性粪污集中处理中心建设倾斜；出台沼气发电补贴政策，提供政策性无息贷款等金融支持。

（三）加强沼气工程项目运营管理，对沼气工程管理人员、技术人员和操作人员进行分类培训，严格遵守各类技术规范；全面实施种养结合，统筹协调种养平衡；推广测土配方施肥技术，落实有机肥生产使用支持政策；开展沼液施用性研究，科学复配沼液，做好沼液施用技术培训。

三、2020年，提交全国政协常委会议的发言：牢固树立以人民为中心思想　强化易地扶贫搬迁后续扶持工作

建议：

（一）**合理统筹资源做好产业帮扶**。在产业项目布局和选择上要尽可能立足当地资源禀赋，依托现有工业园区充分挖掘内部潜力，同时要高度重视产业链招商引资，确保产业链稳定，保障就业岗位。根据产业实际和搬迁贫困户劳动力情况，常态化组织开展就业劳动技能培训。科学谋划旧村利旧及复垦工作，引进龙头企业、专业大户、家庭农场等新型经营主体。鼓励搬迁群众以生产资料参股经营，将承包土地、林地、水面经营权等以折价入股、租赁等方式流转给新型农业经营主体，从而获得稳定的资产性收益。

（二）**多渠道多层次组织就业帮扶**。搭建企业和搬迁群众供需对接平台，有计划、有组织地输出劳动力到外地务工。对本地企业用工需求进行全面调查，逐个企业对接落实就业岗位，鼓励企业积极吸纳搬迁群众就业，对优先安排搬迁群众就业的用工企业给予适当政策优惠。加大城镇和社区环卫、绿化、安保、交通协管、公共设施

管护等公益性岗位开发力度，优先安排搬迁贫困户中的就业困难人员就业。

（三）**加快配套建设完善社区服务**。加快完善搬迁地公共设施和服务配套，认真抓好就业就医就学帮扶，解决搬迁群众后顾之忧。加快完善安置社区组织架构，提升社区管理和服务水平，帮助搬迁群众融入城镇社区生活。加强社区治安防控能力，防范化解各类社会矛盾，确保安置社区和谐稳定。推进社区文化建设，繁荣群众文化生活，培养群众社区归属感。

四、2021年，提交全国政协常委会议的发言：关于破解“双师型”教师队伍建设难题的建议

建议：

（一）**重视从企业选拔专兼职“双师型”教师**。加快改革职业院校教师招聘制度，扩大学校用人自主权，开辟企业高工级、技师以上人才引进职业院校的绿色通道，放宽年龄、专业、学历、职称等条件限制；修订职业院校编制标准并核定编制数量，制定职业院校教师准入办法和兼职教师聘用办法；探索职业院校之间双师型教师互聘互用机制，促进企业高技能人才、工程技术人员、能工巧匠到职业院校兼任专业课教师或实习指导教师，提高双师型教师比重。

（二）**创新职业教育教师培养模式**。加强职业教育教师职前职后培养培训力度，加大对师范生职业教育培养力度，使其满足毕业后直接任职要求。增加教育硕士专业学位授权点，职业院校大力引进师范类研究生；安排教师定期到企业实习，随时掌握最新技术，加强自身专业素养；教师职后培训，严格把控培训质量，依据教师兴趣和培训标准，合理设定培训目标、内容和方法。

（三）**建立符合“双师型”教师特点的职称评定制度**。改革职业院校专职教师职称评聘办法，将教学实绩、技能水平、技术研发成果等作为评聘重要依据，以此引导职业院校教师尤其是中青年骨干教师到企业挂职学习；突出直接服务经济社会发展在职业院校教师职称评聘中的分量，增加对教师到企业进行生产实践的考核要求，并建立健全职业院校兼职教师职称评定制度与机制。

（四）**建立科学的职业院校“双师型”教师考核机制**。坚持以实践技能考核评价为主，以理论知识考核评价为辅，摒弃传统不合时宜的考核评价标准，树立能力本位思想；将教师到企业挂职锻炼作为年度考核重要指标，与职称评定和福利津贴挂钩；对来自企业的兼职教师，将其在学校的教学实践作为企业的考核内容，并作为职务升降依据之一。

五、2021 年，提交全国政协常委会的发言：关于强化职业教育资金保障的建议

建议：

（一）**建立长效稳定投入机制**。提高职业教育在教育经费预算中的比例，确保新增教育经费的 2/3 以上用于职业教育发展，使职业教育经费逐步接近并超过普通教育标准；落实国家关于“教育费附加和地方教育附加不低于 30% 用于中职教育”的政策，逐步提高中职学校生均拨款标准；完善成本分摊机制，根据专业特点和培养成本的区别，制定差异化的高等职业院校学费标准和生均拨款制度；统一普通中专、职业高中、职业中专、技校等各类中等职业学校学费标准和免学费标准；统筹使用教育扶贫资金和城镇职工、农民工培训资金，加大对贫困家庭学生补助力度。

（二）**积极引导社会力量参与职业教育**。引导社会资本投入职业教育，鼓励有实力的民营企业举办职业教育，或者与公办职业院校合作举办股份制、混合所有制职业学校；通过采取财政奖补、选派公办教师支教、政府购买服务等方式支持民办职业教育发展；落实民办职业教育实行营利性、非营利性分类管理办法，非营利性民办职业院校享受与公办学校同等的土地、税收及其他优惠政策。

（三）**着力整合各类职业教育资源**。以设区市为单位整合区域内各类职业教育资源，打破部门和行业界限，调整原来职业院校隶属关系和教职工人事关系，将竞争力弱的学校进行有机整合；优化学校布局和专业布点，向具有竞争优势和办学活力的学校集聚，在市域内形成以高职院校为龙头，学校职业教育、企业职业教育和社会化职业教育并举的职业教育网络和结构。

（四）**积极推动区域职业教育资源共享**。大力推进集团化办学、专业联盟建设，推进区域公共实训基地建设，通过“购买服务”等方式，共享师资、课程、实训设备、技术等教育教学资源；依托职业院校整合各类政府培训资源，提高培训社会效益；根据各学校师资、设备情况对专业设置进行统一规划，形成“一校一品牌”，让每所学校都能发挥自身优势，避免专业重复建设，造成无序竞争和资源浪费。

六、2021 年，提交全国政协常委会议的发言：调动校企合作积极性　促进职业教育高质量发展

建议：

（一）**在政府层面**。出台校企合作负面清单制度，充分释放改革活力，鼓励学校

和企业深度融合，放下思想包袱；制定法律法规，规范行业、企业参与职业教育人才培养的责任义务、权利权益以及奖补和税费减免等；积极引导、鼓励企业深入参与产教融合改革，推动行业企业与职业院校形成命运共同体；出台优惠政策支持鼓励大型企业自办职业院校、支持鼓励企业与职业院校联合办学。

（二）**在企业层面**。设立“校企合作示范奖”和“企业教育奖”等，对积极参与职业教育并取得成果的企业，在树立企业品牌形象、评估综合实力、评定信用等级上给予倾斜；鼓励企业冠名培养、订单式培养，将企业先进生产服务标准转化为教学标准；支持企业参与定制专业、探索双元制培养、开发课程教材、交换专业技术人员、开展联合科研等；引导支持企业将研发中心落户职业院校，开展协同创新，促进企业走“职业教育兴企”之路。

（三）**在行业层面**。注重发挥行业协会引领作用，调动行业协会参与职业院校校企合作积极性；行业协会可参与组织管理职业资格证书，并指导职业学校资格证书培训与考试工作，还可承担指导职业教育师资培养、教材编写、人才需求预测、校企合作程度评估等责任。

（四）在学校层面。要形成独具特色的专业体系和课程体系，真正做到专业设置与产业需求、课程内容与职业标准、教学过程与生产过程、毕业证书与职业资格证书、职业教育与终身学习对接；加强学生实训计划管理，提升教师技术服务能力，吸引企业主动与学校合作。

七、2022 年，提交全国政协常委会议的发言：建议在夏热冬冷地区加快推广“超低能耗、近零能耗建筑”

建议：

（一）**完善政策法规，示范引导建筑领域降碳减排目标实施**。强化政策激励措施，加大对推广超低能耗、近零能耗建筑的政策鼓励引导力度，包括用地、财政税收激励政策，容积率奖励等；建立“超低能耗、近零能耗建筑”技术体系，尽快出台行业技术指南，科学助力超低能耗、近零能耗建筑推广；发挥示范引导作用，该地区各省市的不同类型，由住建部门牵头组织科研攻关，经由子系统设计到整体设计，再到仿真模拟，待评审通过后施工，建成一批示范项目后及时推广。

（二）**加大应用可再生清洁能源，创新设计提升能源利用效能**。拓宽可再生清洁能源应用范围，优先利用可再生清洁能源，强化多技术联合应用，通过“光储直柔”体系设置，将地热、太阳能等转换为可储存利用的能量，减少使用电力热力的间接碳排放；贯彻“被动优先”思路，根据建筑使用功能要求，计算保温隔热性能最佳参数，降低建筑冷热需求和提升主动式能源系统的能效。

（三）**加快新型绿色建筑材料研发生产，推进绿色建筑领域全行业转型升级**。鼓励科研机构加大对节能降耗新型材料的研发投入，支持有条件的建筑企业建立技术创新中心、重点实验室等创新基地；加大科技创新能力和科技成果转化应用力度，实现与绿色施工、数字建造深度融合；推动智能建造产品和技术应用，提升节能技术和产业支撑能力，提升工程建造智能化水平；加速新型建材推广应用，完善有关技术标准，实施产品评估认证制度，加强各项性能指标的检测，提升新型墙体保温材料、高效节能门窗、高性能混凝土、高强钢等建材以及装配式建筑品质，提高建筑能效。

（四）**突破绿色低碳建筑制约瓶颈，建立全过程科学长效管理机制体系**。加强施工和运行过程管理，对关键施工环节，制订专项施工方案；计算建筑的风环境、声环境、光环境和室外气象参数，以及建筑实际使用情况，做出动态运行策略调整，提高低碳建筑的设施设备运行效率；实行智能化运行监测分析，充分利用现代信息技术，实现建筑能耗和资源消耗、室内空气品质等指标的实时监测与统计分析，并建立公开披露和奖惩制度，实现能源资源长效管理。

八、2022年，提交全国政协常委会议的发言：推动职业院校毕业生从“能就业”向“就好业”转变的建议

建议：

（一）**破除职校生就业壁垒**。加快制定配套制度措施，优化教育经费支出结构，支持高水平职业学校、专业建设，保障职校生在学历晋升上的合法权益与平等地位；在各类党政机关、企事业单位招聘中，适当增加技术技能型岗位，增加技能实操环节考核比重，保障职校生平等就业的机会；建立政府、第三方机构和社会三方监督评价制度，完善评价流程、内容和指标体系，督促职校坚持正确办学方向。

（二）**拓宽职校生发展空间**。积极推进普职融合，完善职教高考制度建设，并设计大学本科、硕士研究生乃至博士研究生全流程职业教育培养体系；加强对新“职教法”、最新职教政策的宣传，邀请就业优秀代表深入职校进行经验交流，提升职校生的职业素养和就业竞争力；深入贯彻落实“职普本科同等”规定，普通本科和职校本科在考研、考公、职务晋升等各方面具有同样的效力。

（三）**促进校企精准对接**。鼓励校企双方依据产业发展需求，共同制订职校专业课程内容、培养方案等。鼓励校企共享设备、人才和经营理念等资源，采取校内集中

实训、企业顶岗实训等方式，邀请技术能手全程参与岗前培训工作；对助力产教融合的职校、企业给予适当补贴，完善人才落户、子女入学、项目支持经费等一系列保障措施。

（四）提高职业教育社会认同感。依托传统媒体、新媒体多种渠道宣扬正确的“成才观”和“择业观”，逐步扭转社会对职业教育的偏见；大力弘扬劳模精神、劳动精神、工匠精神，在全社会逐渐形成“崇尚一技之长”的社会氛围；组织发展成熟、表现优秀的职校定期开展“校园开放日”活动，将资源建设、学生发展等情况向家长公开，提高全社会对职业教育的认知。

谢　茹

一、2015年5月19日，在十二届全国政协第31次双周协商座谈会上的发言：加强鄱阳湖湿地保护　服务长江经济带建设

建议：

（一）**加强顶层设计**。一是立法保护。国家层面尽快出台《湿地保护条例》，明确湿地“生态用地”性质，改变现有湿地“未利用地”或“无主地”现状，划定湿地保护红线，统筹相关部门法规并明确责任主体，对破坏湿地行为追究刑事处罚，强化全社会湿地保护意识。二是规划先行。在充分调查、摸清家底的基础上，制定长江经济带湿地保护“十三五”规划，对鄱阳湖等重要湿地加大项目经费投入。三是科技支撑。建立全流域监控管理平台，实时管理湿地水质，实时监控破坏行为。

（二）**创新体制机制**。一是建立湿地生态补偿机制。按照“谁开发、谁保护，谁受益、谁补偿”的原则，探索多样化湿地补偿模式，推动下游与上游、开发地区与保护地区、生态受益区与生态保护区建立横向生态补偿机制。设立国家以及长江上下游各省份共同出资的长江湿地生态补偿资金，试行征占用湿地高收费制度。将鄱阳湖全境列入国家生态补偿试点范围。二是建立国家层面湿地保护联席会议制度。强化统筹协调推进工作力度，解决目前长江流域江湖湿地“九龙治水”难题。三是建立长江流域控制性水库群联合调度机制。利用上游已建好的水利设施，做好闸坝调控文章，通过调节储水量，自然恢复湖库生态。四是建立湿地生态考评机制。督促地方政府加大保护和监管、整治、打击力度，强化湿地保护行政问责。

（三）**实施修复工程**。尽快启动鄱阳湖水利枢纽工程建设。工程按“调枯不调洪”和“江湖两利”的方式建设和运行，汛末拦蓄洪水尾巴，使枯水期鄱阳湖最低水位控制在10—11米左右，相应水面面积可达600—1000平方千米，水量20亿立方米，即可增强水体稀释降解能力，促进泥沙沉降，改善鄱阳湖枯水期水质。同时，极大改善沿湖数百万居民生产生活用水条件，并有效增加湿地面积，保护候鸟栖息地，从根本上控制血吸虫病传播，生态、社会、经济等综合效益非常明显。

二、2015 年 12 月 17 日，在十二届全国政协第 44 次双周协商座谈会上的发言

建议：

（一）**制定出台家政服务业发展规划**。国家在制定“十三五”服务业发展规划时，将家政服务业列为重点，设立专项，重点支持员工制龙头企业、支持示范服务基地、支持公共信息平台建设。同时，适应日益增长的市场需求变化，进一步发挥国务院部际联席会议的统筹协调作用，“十三五”加大力度推动实施政府购买家政服务项目；推动“互联网 + 家政服务业”发展；推动打造更多的巾帼家政服务品牌；推动高职院校开设家政服务专业，大力培养高素质从业人员，促进就业，也促进社会观念转变。

（二）**推动行业标准建设并尽快制定国家标准**。江西已由省家庭服务业联席会议牵头，于 2014 年 7 月、2015 年 4 月，发布了月嫂、育婴、保洁等 3 个地方标准。今年7月份，国家标准委虽发布了《母婴生活护理》和《家政服务机构等级划分及评定》，但国务院部际联系会议没有参与。目前主要依靠地方摸索制定标准，实践中存在一定的局限性。国务院部际联系会议牵头，制定国家标准，强化行业标准顶层设计，推动各地标准化建设及职业等级评定，推动家政服务业标准化、职业化发展。

（三）**修订完善从业人员培训补贴政策**。为支持员工制家政企业发展，降低从业人员工资及社保方面的支出成本，江西在扶持政策方面做了一些突破。比如，对在家政服务企业就业的困难人员和大学生，可同时享受社保补贴、岗位补贴“双补贴”政策。但享受就业培训贴补的年龄，男 60 周岁、女 50 周岁，难以满足行业发展的现实需求。鉴于家政服务业从业人员女性为主的职业特点，人社部对家政服务业就业培训的女性年龄统一放宽至 60 岁，并适当提高补贴标准。

（四）**切实加强行业统计监测分析**。目前，人社、商务、民政、统计等部门分别从不同的口径统计数据，国家统计局发布的主要经济社会指标中，没有家政服务业的数据统计，中国家庭服务业协会也没有正式发布过家政服务业相关数据。国家统计局增加家政服务业统计指标，推动各地家政服务业的规范统计工作，准确摸清家底，为科学决策提供依据。

（五）**依法规范家政服务业发展**。按目前法律规定，客户（家庭）雇人提供家政服务，属于劳务关系，不适用于《劳动法》《劳动合同法》调整的用人单位与劳动者之间的劳动关系。因此，家政服务业从业人员和客户权益不受《劳动法》保护，容易引发纠纷，也影响行业发展，应尽快出台《家政服务人员管理规定》。

三、2018年9月14日，在十三届全国政协第10次双周协商座谈会上的发言：完善科学补偿机制 巩固破除以药补医成果

建议：

（一）**国家层面组织开发基于三医联动改革的综合调价测算平台**。精确计算医保资金支出、动态反映CPI指数，及时了解老百姓就医负担增减情况，准确评估医院运行情况，提高医疗服务价格测算的科学性，指导和推动各地科学、客观、合理开展调价工作。

（二）**建立动态调价机制**。推动各地将取消药品加成、挤压药品耗材价格“虚高”、规范医疗服务行为等途径腾出空间，“小步快走”调整医疗服务价格；建立省市县乡联调联控机制，对难以补偿到位的肿瘤等专科医疗机构允许实行灵活的“一院一策”。

（三）**切实降低医疗服务运行成本**。加快建立以公益性为导向的公立医院绩效评价机制，在县级以上医院建立以成本为中心的全面预算管理制度，成本核算结果与医院绩效考核挂钩。强化“结余留用、超支合理分担”的激励约束机制，为深化薪酬制度改革腾出空间，增强医院控制不合理费用增长的内在动力。

（四）**进一步落实政府办医责任**。以立法形式有效落实政府对公立医院投入责任，并根据东、中、西部省份经济发展水平，明确各级财政补助比例，建立分类考核机制。同时，按照“锁定存量、控制增量、分级分类、综合施策”的原则，出台化解公立医院债务的指导性意见。

四、2019年7月26日，在十三届全国政协第26次双周协商座谈会上的发言：巩固脱贫成果 精神脱贫至关重要

建议：

（一）**坚持扶志为先，促进观念转变解决“不想干”“不愿干”问题**。重在帮助一些困难群众转变思想观念，以自主促向上。开展“脱贫光荣户”表彰评选，培育选树自主脱贫典型，让贫困群众脱贫学有榜样、行有示范、赶有标杆；开展“感党恩 听党话 跟党走”主题活动，大力营造脱贫光荣、脱贫感恩的浓厚氛围；构建“福利依赖”制约机制，完善贫困户分级评价标准，转变贫困户“全有”、临界户“全无”的扶贫资源分配模式；注重上户做精神激励和思想引导工作，转变一些贫困户“日子过不下去反正有政府兜底”的心态，树立脱贫志气，变“要我脱贫”为“我要脱贫”。

（二）**坚持扶智为本，增强脱贫动能解决“不会干”问题**。能力提升是巩固脱贫成果的治本之策和长久之计。进一步强化教育扶贫，重点落实好贫困家庭学生资助政策，狠抓控辍保学，阻断贫困代际传递；着力补齐技能不足短板，探索建立贫困户产业发展指导员制度，强化“雨露计划”等技能扶贫培训项目考评，全力做好培训提高贫困劳动力就业技能和贫困家庭孩子职业素质文章；注重发挥产业大户、致富带头人头雁效应，让广大贫困户求技有路、求学有方、脱贫致富有师傅。

（三）**坚持扶德为重，治理不良习俗解决“不去干”问题**。破除不良习俗要自治、法治、德治紧密结合。强化村民自治，发挥好村民议事会（道德评议会、红白理事会）等群众自治组织功能，通过群众互帮互助互督互促，让群众做群众工作；探索建立依法治懒、法治扶贫模式，对“因懒致贫、因赌致贫、因子女不赡养老人致贫”等不良行为和违法行为，加大教育惩戒，对屡教不改致贫的，考核评价时可不纳入相应指标，避免基层实施帮扶措施时被绑架；发挥基层党组织战斗堡垒作用，广泛开展中国特色社会主义和实现中华民族伟大复兴中国梦宣传教育，倡导乡村文明新风，弘扬中华民族传统美德，着力推动形成向上向善的良好社会氛围。

五、2020 年 6 月，在全国政协十三届十二次常委会议上的发言：接得上　续得起　连得好　建立解决相对贫困长效机制

建议处理好以下五对关系：

（一）**相对贫困的确定标准与人口规模关系**。应坚持因地制宜、规模适度、宏观一致性、操作差异性原则，综合巩固脱贫成果、衔接乡村振兴、参照国际通行标准等方面因素，由各省（市、自治区）根据经济社会发展情况确定相对贫困人口规模。具体认定标准上，继续定量与定性相结合，既有收入标准，又考虑因意外导致的大额消费支出或损失。同时，强化防返贫动态监测，及时预警，精准帮扶。

（二）**帮扶措施的政府作为与市场作用关系**。鼓励土地经营权入股，注重培育“龙头企业 + 合作社（村两委）+ 农户”等组织经营模式。创新扶贫资金筹措，通过担保贴息等方式，更多吸引金融、社会资本进入减贫领域。推动扶贫产业高质量可持续发展，使抗疫期间发挥积极作用的“带货直播”、扶贫农产品“六进”等消费扶贫模式行稳致远。建立防贫保险机制，如江西以县为单位，按照农村居民 10% 的比例（不落到具体人）参保，对因病因灾因意外等返贫致贫群体给予赔付，有效提高了防贫保障水平。

（三）**政策供给的稳定性与适应性关系**。着手梳理扶贫政策，分类确定需取消

的、接续的、完善的、强化的扶贫政策。合理设置过渡期（建议五年），过渡期内，现有帮扶政策保持不变。转变政策供给方式，有序将针对绝对贫困的脱贫攻坚政策调整为针对相对贫困治理的常规性、普惠性社会保障措施，如扩大贫困农民就业及产业小额信贷支持、均衡发展农村基础设施和教育卫生健康公共服务等，避免新的“政策悬崖”问题出现。

（四）工作推进的总结与创新关系。一方面，及时总结脱贫攻坚成熟经验和各地行之有效做法，将五级书记抓扶贫、向贫困村选派驻村第一书记和驻村工作队、建设乡村扶贫工作站（室）等做法接续于乡村振兴及相对贫困治理，确保各级扶贫机构和队伍稳定，政府各部门减贫责任不变、力度不减；另一方面，积极创新防贫基层治理，如发挥村民自治组织作用，有效运用乡村社区网格化力量，建立农民意愿表达和建言献策激励机制等，引导广大农民感恩奋进跟党走，减贫振兴增动力，使减贫过程成为完善基层治理的生动实践。

（五）不同区域的相对贫困治理与乡村振兴关系。基础条件较好、产业发展较完善的地区，着力实施乡村振兴战略，将相对贫困治理纳入乡村振兴战略中去谋划、实施；经济发展水平仍相对落后的地区，则应重点做好相对贫困治理与乡村振兴的有效衔接，通过加大相对贫困治理力度，逐步缩小贫富差距，进而实现乡村振兴目标。

六、2021年5月24日，在“巩固脱贫攻坚成果，全面实施乡村振兴战略”专题协商会上的发言：把握三个关键　促进乡村产业振兴

建议：

（一）发展产业，既要选得准，更要延得深。产业选择上，注重因地制宜。重点看是否适合当地气候和资源条件、是否有龙头企业带动、是否具有市场效益和前景、是否能带动千家万户，切忌一味追求短平快、盲目跟风。产业拓展上，向广度深度进军。推进全产业链发展，让“原字号”更多变成“制成品”；推进质量绿色兴农，培优品种、提升品质、打造品牌；推进农文旅融合，提升乡村“颜值”，做大产业“市值”，实现业态“多元”。江西省于都县牢记习近平总书记“一定要把富硒品牌打好”的殷殷嘱托，深耕富硒品牌，年产45万吨富硒蔬菜出村、进城、卖全球，产值翻了六倍，总书记到过的潭头村更成了远近闻名的生态旅游村。

（二）培育主体，既要“壮龙头”，更要“带农户”。要健全完善金融支农考核，促使涉农产业信贷“精准滴灌”，破解“融资难”；推动乡村产业新增建设用地指标落地，制定点状供地政策和用地指引，破解“用地难”；加大对企业发展精深加工、仓储冷

链物流及现代产业园区的奖补和支持。发展乡村产业，要确保农民受益。政府给企业的资金项目，应形成与脱贫农户参与的“责任连带”；创新“三变”参与途径，推动构建龙头企业、合作社、村集体、农户参与的紧密型利益联结机制；对有劳动能力的，更加注重帮助掌握生产技术。

（三）**政策支持，既要补短板，更要活机制**。聚焦补齐技术、设施、营销等短板，培育“新农人”，强化职业教育和农业技能培训；发力“新基建”，推动乡村基础设施数字化转型；拓展电商“新蓝海”，将空间上的“万水千山”变成网络里的“近在咫尺”。注重政府作为与市场作用“双向发力”，如资金和政策支持力度与产业发展效果挂钩；更多实行财政资金投入形成的物化资产入股企业或合作社的支持形式；完善政策性农业保险制度，鼓励商业保险参与，最大限度降低市场价格风险及自然灾害损失。

七、2021 年 6 月 24 日，在全国政协宣传思想工作座谈会上的发言：真切　真心　真情　不断增强委员宣讲效果

建议：

（一）**笃学笃思，在真切感悟总书记为民情怀中凝聚共识传播共识**。中国扶贫是了不起的人间奇迹，是人类历史上亘古未有的伟大壮举。要讲清楚、说明白，最重要、最有效的办法，就是原原本本认真学习习近平总书记的重要讲话。我反复研读《习近平谈治国理政（第三卷）》《习近平扶贫论述摘编》《习近平扶贫故事》，认真撰写读书笔记。一篇篇重要指示、批示、讲话，一个个动人故事串联起人民领袖与扶贫事业的不解之缘，无不让我真切感悟到总书记扶贫工作重要论述源于实践又有力指导推动实践的真理伟力，真切感悟到总书记“我将无我、不负人民”的为民情怀、花最多精力倾注“心里最牵挂事”的责任担当、狠抓“脱真贫、真脱贫”的务实作风、推动共建人类命运共同体的博大胸怀，从中更加深刻理解中国共产党人治国理政的大逻辑、践行初心使命的大担当。这样的认知和感悟也使宣讲更能把得准方向、扣得紧主线。

（二）**走深走实，在真心感受脱贫攻坚成就中凝聚共识传播共识**。掌握一手资料和鲜活案例，宣讲就能更有底气、更加生动、更有说服力。我多次深入基层一线，走进老乡家中，面对面听故事、谈感受，将凝聚传播共识向前延伸至调研全过程，并反复修改宣讲稿。脱贫攻坚带来的巨大变化：过去“走的是泥巴路，住的是土坯墙，红薯山芋当主粮”；如今“靠铁锄头吃饭”的贫困村，通过发展旅游等特色产业实现了

“拿金锅铲赚钱”。人民群众对中国共产党的感恩之心感激之情，“吃水不忘挖井人，脱贫感恩共产党”，这样的对联在农村比比皆是。扶贫干部的倾情付出和拼搏奉献。“你把群众放心上，群众把你记心里”，是我在基层调研时，驻村干部发出最多的感慨。人民政协助力脱贫攻坚的“一线”作为。围绕脱贫各级政协接力建言、跟踪推进，广大委员亮身份争作为，交出了一份份有分量、有温度的履职成绩单。

（三）**原汁原味，在真情讲述战贫故事中凝聚共识传播共识**。真情最有感染力。带着情去讲，讲出感情来，就能打动心、感染人。两次宣讲中，我都讲到全国脱贫攻坚奖获得者、江西“90后”扶贫干部吴应谱、樊贞子夫妇。他们比我女儿的年纪还小，但为了扶贫事业，以热血赴使命，以行动践诺言。2018 年 12 月 16 日，周末休息的日子，这对新婚才 40 天的夫妇却在给结对帮扶贫困老人卖土鸡的途中双双因车祸遇难，而此时樊贞子的腹中还怀了孩子。他们年轻的生命、最美的年华永远定格在了扶贫路上。讲起他们，我总会情不自禁想到他们的父母，想到他们父母的悲伤和不舍。我感到，真情讲好这些扶贫干部无私奉献、舍生忘死的感人事例，讲好他们的扶贫之无疆大爱、扶贫之天下仁心，才无愧于中国扶贫伟大事业。为了增强真情讲述的带入感和画面感，我制作了 PPT，用数据、图片进行解读，并穿插影像资料，情景再现总书记温暖人心的亲切关怀。我还邀请江西省政协主要领导及省委讲师团同志当听众，先后试讲 5 次，力求效果达到最佳。

八、2022 年 8 月 23 日，在全国政协十三届二十三次常委会议上的发言：让脱贫人口端稳就业“饭碗”

建议：

（一）**帮扶导向上，统筹稳岗与增收**。一是精准摸排监测。健全“排查监测 + 政策帮扶 + 救助资金 + 防贫保险”的动态监测和帮扶机制。将进城农民工特别是脱贫人口就业失业状况作为重要指标，纳入宏观调控和政策决策参考依据。二是加强技能培训。注重市场需求、培训意愿、政府服务“三对接”，建立经费补贴与培训质量和就业效果挂钩的考评机制，促进供需有效衔接。三是打造劳务品牌。实施乡村工匠培育计划，注重向脱贫人口倾斜，助其由“小工”变“大匠”，提高就业竞争力。

（二）**帮扶路径上，统筹外出与返乡**。一是强化劳务协作。继续发挥东西部协作机制作用，推动东部地区增加岗位，实现扶贫协作向发展协作转变。畅通中西部地区“互联网 + 就业”渠道，搭建“一对一”“点对点”跟踪服务平台，精准对接用工信息，提高外出输送质量。二是强化就近就业。加大返乡就业创业扶持，通过“园区吸纳一批、产业带动一批、工程安排一批、创业转型一批”等渠道，拓展岗位稳住收入。规范有序发展零工市场，支持脱贫劳动力通过临时性、非全日制、季节性、弹性工作等形式实现就业。用好公益岗位、帮扶车间等，探索建立公益岗位待遇与物价上涨联动调整机制。

（三）帮扶举措上，统筹保障与服务。一是强化监管抓权益保障。加强劳动保障监察执法，推动落实企业用工订立劳动合同、缴纳社会保险等责任，防止和纠正性别、年龄、学历等歧视对脱贫人口就业的影响。完善劳动关系协调机制，发挥农民工工资支付监控预警平台作用，依法严惩欠薪行为。深化农民工职称评定改革，激发其提升技能和提高工资议价能力的内生动力。二是优化服务解后顾之忧。大力推进以县城为载体的新型城镇化，增强县域经济带动和公共服务辐射功能及溢出效应，并将有条件的乡镇建成服务农民的区域中心，让农民在家门口市民化，促进就业创业与乡村振兴双赢。扩大工会费用用于托育服务试点，推广一些地方探索的“童伴之家”“妈妈放心屋”等做法，为留守脱贫劳动力、女性农民工等特殊群体就业创造有利条件。

（四）帮扶力量上，统筹政府与市场。一是提高政策的精准性、可持续性。立足当下，分类因户因人抓好对脱贫人口就业创业补助、外出务工补贴、公益岗位兜底等倾斜政策落实；着眼长远，研究逐步实现帮扶政策由特惠性、临时性、超常规性向普惠性、长效性转变。二是激发市场的吸纳力、承载力。强化企业稳岗扩岗贷款贴息、失业保险“返还”、社保费缓交、租金减免等惠企纾困政策落地，持续推进市场主体减负稳岗。深入推进“万企兴万村”行动，鼓励社会资本和多样化经营主体投资乡村产业，增加就业岗位。健全重点领域和重点人群就业工作协同机制，完善并及时兑现吸纳脱贫人口就业支持政策，加大典型宣传，激励和调动市场主体积极性。

汤建人

2012年，提交全国政协十一届五次会议的发言：尽快将原中央苏区振兴规划上升为国家战略的建议

原中央苏区是第二次国内革命战争时期，中国共产党在以瑞金为中心的赣南、闽西和粤北建立的中央革命根据地。由于“历史欠账”较多，原中央苏区的社会事业发展缓慢，人民生活水平偏低。2010年，全国城镇居民人均可支配收入为19109元，而在目前确定的38个苏区县中，有27个县低于15000元，占70%。在财政收入方面，中央苏区的县、乡财政困难。江西抽样苏区县人均地方财政收入1058.10元，全省人均地方财政收入1749元；广东抽样苏区县人均地方财政收入647.41元，全省人均地方财政收入4650元；福建抽样苏区县人均地方财政收入1272.60元，全省人均地方财政收入3126元。

江西瑞金市提供的数据显示，虽然当地历年来致力减少贫困人口，改善低收入人群生活水平，但瑞金仍有近16万人处于贫困线以下（以人均纯收入2300以下的新标准计算），占农村总人口数的30.77%。仍有1921个村不通公路，3480个村不通自来水，16634户不通电视，另有2.8万人生活在深山区和地质灾害频发区。中央在沿海地区发展起来后，相继实施了西部大开发战略、东北老工业基地振兴战略及中部地区崛起战略等，而老区却一直没有太大改变。原有的扶贫政策也是输血性的，没有激发造血功能，扶持政策比较分散，原中央苏区群众生活水平较低，特别是以欠发达地区江西赣州为中心的原中央苏区急需改变这种贫困落后状况。

中央多位领导在不同场合都提到要“加大人力物力财力的投入，切实帮助老区加快致富发展步伐，促进区域协调发展、科学发展”等，现在中央财政收入大幅增长，调拨大量资金用于原中央苏区振兴的时机成熟。国家有关部门应尽快研究制定原中央苏区振兴规划，让原中央苏区振兴尽早上升为国家战略。

尹建业

2022年5月11日，在全国政协人资环委“推动完善生态产品价值实现机制”视频调研座谈会上发言

建议：

（一）**推进生态产品价值实现机制进展情况**。江西省委、省政府积极贯彻总书记重要讲话重要指示精神，强化出台政策措施，大力推动完善生态产品价值实现机制，取得了较好成效：在推进机制建设方面，召开了省委、省政府主要领导出席的省市县三级推进大会，成立了省生态产品价值实现推进工作组；在核算评估方面，发布了《生态系统生产总值核算技术规范》省级地方标准，启动了生态产品信息数据共享平台建设；在产品交易方面，正式上线中国南方生态产品交易平台，建立健全用能权、排污权、林业碳汇等交易机制；在多元化实现路径方面，生态农业、生态林业、生态文旅业等进一步壮大，生态品牌建设成效显现；连续6年实施全流域生态补偿，落实赣粤东江、赣湘渌水跨省流域横向生态补偿资金；在强化保障方面，探索建立绿色项目、绿色票据、绿色信托标准，首创推出畜禽洁养贷、绿色市政债等产品。国家发改委将江西绿色金融改革创新经验列入全国生态文明试验区建设推广复制范围，全省绿色金融发展指数居全国第四位。

（二）**推动完善生态产品价值实现机制中存在的突出问题**。一是生态产品价值本身具有一定的地域性，建立统一的核算标准很难。目前国家层面GEP核算评估方法和标准没有出台，地方开展核算所用的指标体系、基础数据、核算方法等尚不完善。二是生态产品交易机制方面的顶层设计还需进一步加强，国家、省级层面的相关职责还需进一步厘清。三是在生态产品产业化利用方面，好山好水转化的潜力还没有得到充分挖掘，存在“有品牌但叫不响”“有价值但没价格”等现象。四是多元化的生态补偿方式尚未形成，生态保护补偿资金不足、来源单一。我省各地连续多年实行封山育林，但补偿标准低。五是绿色金融产品创新力度仍不大，已开发的部分金融产品在一些地方坏账率比较高，风险缓释机制还需进一步建立等。

（三）**推动完善生态产品价值实现机制的建议**。进一步加强干部专题培训，正确处理整体推进与重点突破、生态保护与经济发展、总体谋划与久久为功、破除旧动能与培育新动能等几对关系，避免走入认识上的误区；从国家层面明确分散在各部门的多源异构数据整合方式，不断修正和优化核算方案，强化生态产品价值核算的科学

性、完整性和可操作性；探索将 GEP 纳入地区高质量发展综合绩效评价范畴，增加相关指标的考核权重；支持探索与周边省份建立环境权益交易与金融服务合作机制，支持把中国南方生态产品交易平台打造成为全国性的生态资产交易市场；探索培育第三方评估交易机构，健全交易机制，扩大交易量，拓展交易种类；进一步建立和规范生态产品认证评价标准，加快建设生态产品溯源系统，提升可溯源生态产品的品牌效应及经济价值；从国家层面加大对江西优良生态产品的宣介推广力度，让“养在深闺人未识”的优质生态产品得到更多资本的垂青；加大对革命老区生态补偿方面的支持力度，推动跨区域的产业链招商、人才协作等；进一步加强立法层面顶层设计，制订修订法规制度，明确生态红线及其与矿产资源勘探、开发的关系、土地污染治理、耕地休耕轮作、河湖长制、流域管理等相关要求；建立价值实现引导基金，健全风险缓释机制，完善生态信用体系建设，鼓励金融机构创新金融产品。

陈兴超

2022 年 3 月 5 日，在审议全国政协常委会工作报告时的发言

建议：

（一）**坚持问题导向，完善配套政策**。针对机构改革后出现的宗教工作体制不顺、基层宗教工作力量不足的问题，建议中央层面加强调研，出台相关指导性意见，推动共性问题解决。一方面，应着力解决管理体制不顺的问题。对各地宗教事务部门并入统战部情况不一的现状，建议中央层面明晰统战部门和宗教事务部门权责界限，加强对省级层面宗教事务部门业务指导和工作支持力度，使省级宗教事务部门肩上有责、手中有权，上面有头、下方有脚（向上可以直接向中央统战部请示汇报，向下能推动市、县统战宗教部门落实工作）。另一方面，应着力解决宗教工作力量薄弱的问题。建议中央以“宗教活动场所”“宗教团体”“宗教教职人员”“信教群众”为基本要素，采取量化方式衡量各地宗教工作任务，根据要素数量和任务多少指导各地合理设置宗教工作机构、配备工作人员，保证有相应的执法主体资格和执法力量。

（二）**坚持效果导向，加强业务培训**。围绕增强宗教管理服务水平，充分保障信教群众合法权益，建议加强宗教政策法规的宣传解读和教育培训力度。宗教工作政治性、政策性强，许多问题极度敏感复杂，十分讲究策略，而相关政策文件所定密级较高，基层难以获取学习资料，党校（行政学院）等院校开展工作培训的尺度不易把握，给学习宣传和贯彻落实带来困难。希望中央加强宗教政策法规的宣传、培训力度，加强相关工作的研究，及时编印一些宗教政策、典型案例及创新做法的知识读本，不断提升各级领导干部的宗教理论政策水平。同时，以《互联网宗教信息服务管理办法》于本月开始施行为契机，加大对省级及以下统战宗教部门培训力度，切实增强各地互联网宗教执法部门的工作能力。

（三）**坚持目标导向，呵护未成年人成长**。紧扣保护未成年人健康成长工作目标，针对宗教工作中在制止向未成年传教非法活动时缺乏法律依据的问题，鉴于当前出台相关法律法规存在一定难度的实情，建议通过对现行法律法规有关条款进行司法解释修改予以解决。比如，对一些宗教组织举办针对在校学生的宗教性培训问题，可以对教育法中“教育与宗教相分离”等相关条文进行解释修改，明确其违法性。又如，针对校园周边设立宗教活动场所问题，可以对未成年人保护法“维护校园周边治安和交通秩序”等条文进行司法解释予以禁止。

张　勇

2018 年 9 月 11 日，在全国政协提案委片区座谈会上的发言

建议：

（一）**关于提案数量**。“按委员每人每届以第一提案者名义提交的提案立案总数原则上不超过 10 件，超过 10 件的，转为意见建议供相关部门参考”的表述，不写入文稿，可在具体操作中把控。

（二）**关于提案的基本要求**。建议将《意见》中“结合提案者自身熟悉的专业领域，了解相关工作实践，深入基层，深入群众”修改为“结合提案者关注的重要领域”。只要委员感兴趣且深入调研的领域，都应该鼓励提案。

（三）**关于提案的标准**。对于提案字数的限制，建议设置模板控制字数作为正文，但可以允许以附件的形式丰富提案内容。

（四）**关于重点提案**。目前对于领导督办提案，全国政协和省、市、县情况不同。根据我们了解，有些省份、部分设区市以及多数县区还存在着党政领导督办提案的情况，所以建议模糊处理重点督办提案和重点办理提案提法。

（五）**关于提案公开和评议**。关于提案评议，目前有的地方作了这方面的探索，对承办单位是一种很好的督促和鞭策。建议意见稿增加这方面的表述，明确评议结果的反馈、使用、公开问题。

（六）**关于提案的评选表彰**。对承办单位办理提案优秀的工作人员进行表彰，十分必要。同时，建议参考年度优秀提案的评选办法，每年评选一次。关于年度优秀提案的表彰比例，考虑到地方政协特别是县级政协提案数量相对不多，建议放宽 2% 的比例限制。

（七）**关于加强联系指导**。《条例》第 12 条规定“加强与地方政协提案委员会的联系，互通情况，交流经验，指导工作”，建议改为“加强对地方政协工作的指导”。希望全国政协提案委进一步加强对地方政协的工作指导，帮助我们加强和改进工作。

刘卫平

一、2019 年 6 月 10 日至 12 日，在全国政协人资环委和重庆市政协共同主办的长江经济带省市政协“共抓长江生态环境保护、共推长江经济带绿色发展”研讨会上的发言：同护一江碧水　共筑绿色长廊

建议：

（一）**推进绿色发展，提升“绿色含金量”，积极打造长江经济带高质量发展的新引擎**。建议国家支持沿江打造一批绿色发展示范区。对已列入长江经济带绿色发展示范区的地方，恳请国家支持推进沿江化工园区转型升级和山水林田湖草综合试点工作；支持沿江高铁、集疏运体系、综合枢纽建设；支持综合保税区建设，比照自贸区政策，促进开放搞活。对长江沿岸大项目分类施策，加大对高污染、高消耗产业淘汰搬迁的中央财政补助力度，优先布局电子信息、航空、新能源汽车等先进制造业，在重大科技创新平台、高技术人才引进等方面予以政策倾斜。

（二）**抓好利益协调，“补血”与“造血”相结合，推动形成全覆盖、多层次的生态补偿新机制**。目前中央出台了流域上下游生态补偿的指导性意见，由地方分头协商，但由于各地诉求不同、财力各异，建议：一是中央加大协调力度，明确横向流域补偿的基本原则和标准，特别是对中上游地区，要加大支持力度。指导长江经济带省份签订流域上下游生态保护补偿协议，支持江西与广东签订新一轮东江流域生态保护补偿协议。二是设立国家长江绿色发展基金，由财政部主导，沿江省市参与，采取市场化运作，支持推进一批沿江生态保护、绿色发展重大工程。三是支持地方创新补偿模式，重视探索产业转移、绿色技术支持、共建生态园区等多种“造血式”市场化补偿手段。

（三）**着力加强环境问题整治，加大对革命老区污染治理支持力度，进一步焕发老区活力**。革命老区尽管采取多种措施加强污染治理，但因经济等方面原因，环保投入历史欠账较多。长江中上游沿岸一些重要湖泊水质有反复，总体呈恶化趋势没有根本改变，整治形势比较严峻。一些地方稀土开采造成地表和地下水体氨氮污染，生态破坏严重，目前仍没有技术成熟、经济合理的治理措施，而且废弃稀土矿山废水治理也面临技术瓶颈。希望国家在资金和技术上给予倾斜、支持。

（四）加强顶层设计，坚持立体系统治理，推动形成“共抓大保护、不搞大开发”的新格局。长江流域横跨东中西部，发展阶段不同、生态系统各异，应综合考虑上下

游、干支流、水陆空各个方面治理，从国家层面加强统筹协调。一是坚持立法先行，尽快推动出台《长江保护法》，为共抓大保护提供法律依据。二是借鉴国外先进的流域管理模式和经验，成立一个机构以统筹推进长江经济带战略实施和长江流域综合保护，整合长江现行条块分割的多个流域管理部门，消除现有部门职责的“中间地带”。三是加强协同保护，建立跨部门和上下游省市的水环境系统保护机制、应急联动机制、执法协作机制等。

二、2021 年 10 月 19 日至 20 日，在全国政协人资环委和湖北省政协共同主办的长江经济带省市政协“共抓长江生态环境保护共推长江经济带绿色发展”研讨会上的发言：加强江豚等珍稀物种保护　推进长江经济带绿色发展

建议：

（一）**加大鄱阳湖水利枢纽项目支持力度**。习总书记明确指出：“不搞大开发不是不要开发，而是不搞破坏性开发，要走生态优先、绿色发展之路”。为推进鄱阳湖水利枢纽工程建设，近几年江西省不断完善方案，工程调枯不控洪，只是在 9 月 1 日至 15 日长江水位较高的时段拦蓄洪水尾巴，设计 4 孔 60 米宽大孔闸，有利于湿地生态系统修复和长江下游补水，不会造成江湖全阻隔，不会影响江豚等过闸。建议建立由国家发改委牵头的项目推进协调机制，加强系统谋划；加大宣传力度，建立负面舆情处理机制；参照重大水利工程做法，加快受理和审批环境影响评价报告，尽快批准立项。

（二）**建立退捕渔民长效帮扶机制**。建议在国家层面协调完善长江流域生态补偿机制，加大鄱阳湖、洞庭湖等大型通江湖泊生态补偿力度。加大对退捕渔民补助力度，解决安置保障工作资金缺口问题，纾解鄱阳湖区 3 处孤岛共计 1.1 万余人的禁捕后生计发展困难。

（三）**加强渔政执法能力建设**。建议国家规范基层渔政执法人员津补贴。拓宽保护区巡护员聘用渠道，加强对一线执法队伍和装备能力建设支持力度，为购置巡护监测设备、开展本底资源科考等提供项目保障。把水生动物保护内容纳入举报奖励制度，调动公众保护江豚等水生生物的积极性。

（四）**推动沿江省份水生物物种资源保护合作**。江西是江豚主要栖息地，今年起与农业农村部正式实施“部省共建”江豚保护基地五年规划。建议借助长江中游三省协同发展机制等平台，推动沿江省份开展生态环保协同治理，加强水生物物种资源保护合作。

雷元江

2019年，提交全国政协十三届二次会议的发言：进一步加大对中部地区民营企业支持力度

建议：

（一）**进一步加大对中部地区民营企业创新支持**。一是引导更多创新资源服务中部地区民营企业发展，补齐江西等中部省份民企的研发平台短板，重点将民营企业单列支持，并配套出台相关支持政策。二是出台支持创新型人才对口支援中部的相关政策，支持重大人才工程和引智项目向江西等中部地区倾斜，实施科技创新型人才支援交流计划，引导国家领军人才或创新型人才到中部地区挂职交流，培养壮大中部地区的创新型人才队伍；支持中部地区出台更具吸引力的人才政策，设立投入人才专项基金，合理减免高端人才税收，提供住房补贴、人才公寓等。

（二）**进一步推动改革深化，提高企业获得感**。一是“减税降负”要落实落细，在确保财政收支平衡的情况下，全面落实国家“2万亿”减税降费政策，确保所有行业税负“只减不增”；进一步下调城镇职工基本养老保险单位缴费比例，继续执行阶段性降低失业和工伤保险费率政策。二是惠企政策要兼顾欠发达地区。与周边及东部省市相比，江西等中部地区发展获得的产业政策、企业牌照等支持力度较弱。有些优惠政策虽然看似平等，但中部地区企业，特别是民营企业实力弱，难以获得优惠支持，研发差距会进一步拉大，对欠发达地区民营企业的针对性服务和政策扶持上，仍需进一步提高。

（三）**进一步完善中部地区的生产配套设施**。一是用能方面，国家加大电力体制改革力度，在调度交易相对独立化改革、社会资本投资增量配电业务试点等方面尽快取得实效；指导地方建立发供用各方参与、合资建设公平开放的交易机构，形成机制完善、互惠共赢的交易机制。二是加大物流公共信息平台的互联互通，支持中部省份加快实现各设区市、县级政府和国家经济开发区的信息覆盖，加大物流运输效率；加大对物流行业的政策扶持力度，新增专门针对物流行业的车辆抵押贷款、应收账款质押贷款，降低物流企业成本，如对社保费的扣缴政策。

刘晓庄

一、2013年3月，提交全国政协十二届一次会议的大会发言：城乡发展如何一体化

建议：

（一）**“大、中、小”并进，把农村当作城市来建**。一要重视大中城市的扩容建设。参照“老城区+新城区+新社区”模式，开展新一轮的城市建设。同时，完善提升县城功能，积极支持产业基础好、经济实力强的县级市和县城发展为中等城市或“卫星城”，形成新的区域次中心城市。二要重视小城镇的作用和地位。充分挖掘各地特色产业的潜力，发展“马赛克”经济，发展壮大小城镇的规模，大范围推动小城镇建设，把一些特色镇、重点镇做多做优，构架独具特色的新型城镇化体系，就地容纳更多的城镇居民。三要合理分布产业园区。突破行政区划的限制和壁垒，着力推进工业园区提质扩容，实现“一区多园，一园多城”，提供更多的就业岗位，分散中心城市的人口压力，实现不同区域的资源互补，促进县域经济相对独立的发展活力。四要及时推进新农村建设。加强农村的社区建设，让城市经济辐射农村，实现农村的各项设施基本齐全，政府各项服务全面覆盖，使农民群众的生产、生活需要能够享有城市般的待遇。

（二）**“规、建、管”并重，把农业当作工业来办**。一是制定好城乡一体化发展规划。城乡发展规划应经得起历史的检验。在制定过程中，应立足现实，着眼长远，以前瞻超越的正确“意图”、为百姓谋福祉的根本“意愿”、充分采纳专家的科学“意见”。二是不失时机地将农业“化”为现代产业。抓准机遇，稳妥推进土地流转，发展现代农业的规模，促进一产向二产、三产变化。通过土地承包经营权流转、土地入股等形式，进一步创新农业生产经营体制。三是抓好土地管理是当务之急。通过有效手段，结合新农村建设，扩大乡镇规模，将乡村闲置的旧宅基地、零散的滩涂荒地进行复垦整理。提高农村征地补偿，逐步实现农村集体土地同权同价参与城镇开发，推动城乡一体化的良性发展。四是不能忽视“种粮吃饭”的严峻问题。坚持工业反哺农业、城市支持农村和多予少取放活方针，持续加大强农惠农富农政策力度，千方百计地促使更多的城市资本流向农村、支持农业、惠及农民，保证农民种田不吃亏、种粮能赚钱、生活有保障、收益有提高。

（三）**“进、住、留”并举，把农民当作市民来看**。一是取消城乡户籍差别，

创造就业机会，提供市民待遇。尽快消除城市隐形二元结构，进一步放宽城镇落户条件，加快推进户籍制度改革，先让长期在城市打工的农民工能够市民化，为不同人群提供适合他们的不同工作岗位。二是实现城市化的社会保障广覆盖。对于农业人口进城的新市民要一视同仁，公平对待，不能搞差别制，尤其不能歧视。完善城镇公共服务体系，帮助山区移民直接“入园就业”，尽量缩短由乡到城的“过渡期”。三是注重农民工住房的功能配套。城市提供给农民工的经济适用房、廉租房或公租房，要与一般城市小区融合，形成新老市民杂居共处的局面，尽量做到交通方便，环境舒适。还可与工业园区附近的商住楼建设结合起来，以利新市民的工作生活和子女就学等。另外，减少留守儿童、留守老人，让他们有个完整的家，这也是城乡一体化的重要内容。

二、2013年3月，提交全国政协十二届一次会议小组讨论会的发言：别让公款消费酿成悲剧

建议：

（一）要盯住“一把手”。把公款消费确定为“一把手”工程，“一把手”负总责，自我约束，敢于担当，说到的就要做到，承诺的就要兑现，出了问题无论谁，首先问责“一把手”。

（二）要晒在“阳光下”。建立严格的公款消费制度，用途是什么、数额是多少、为何要消费、哪些人参与消费等，把明细账目一一公诸于众，在阳光下晒出来，杜绝暗箱操作，让大家看得见，肯定立竿见影。

（三）要套牢“紧箍咒”。“八项规定”正气凛然，直击官场积垢，更是官员行为上的刚性“高压线”，触犯不得。头戴“紧箍咒”，常念“紧箍咒”，筑牢思想防线，将监督落到实处。

（四）要锁紧“钱柜子”。将权力关进制度的笼子，公款放进制度的保险箱，让公款真正姓“公”，为公众服务；进一步发挥人大和政协的监督作用，对公款消费进行全过程的法律监督和民主监督，使管钱的人们无法多用乱用一分钱。

（五）要打破“潜规则”。一些限制公款消费的规章制度，往往会被“潜规则”，应该理直气壮地向潜规则说“不”，倒逼着“跑部钱进”理性回归“进钱不跑”，共同打造风清气正的朗朗乾坤。

（六）要保护“爆料人”。应当因势利导，畅通举报、投诉渠道，重视来信来访中的证据事实，鼓励实名举报，惩罚造谣诽谤，保护“爆料人”的正当权益，并适当奖励，激发广大公众参与对公款消费监督的热情和积极性。

三、2014年3月4日，在全国政协十二届二次会议民盟民进联组讨论会上的发言："裸官"不得继续为官

建议：

（一）**对"裸官"的行政职务一撸到底**。对于"裸官"，应拆掉升迁之梯、断掉为官之路，把"官服""官帽""官印"一概上缴，让他们彻底"裸身"。如果不能把"裸官"一撸到底，对于一些升迁无望的"裸官"来说，恐怕他们还可以来次最后的"疯狂一跳"，继续为官弄权捞钱，照样能够达到不可告人的目的。

（二）**对"裸官"的家庭资产一晒到底**。进一步加强对"裸官"的登记管理，加大信息的透明公开度，把"裸官"信息都应该晒在阳光之下，以便更好地接受公众和法律的监督。官员财产公示应该从"裸官"开始，不应该被当作个人隐私而"特殊管理"，这样也可以给没有贪腐行为的"裸官"还一个清白。

（三）**对"裸官"的违法行为一查到底**。必须健全和完善法律体系，把"裸官"关进法律的笼子，坚决对"裸官"的违法行为一查到底，不能太仁慈、留后路。同时，还要追究给"裸官"开"绿灯"人员的法律责任。对于违法"裸官"，不但在政治舞台上要一律退场，而且在经济财产上要充公还民，使他们真正难受地咽下"裸"的苦果、品尝"裸"的滋味，"赤条条一裸到底"。（刊载于2014年3月14日《联合时报》）

四、2014年6月24日，提交全国政协十二届六次常委会议的书面发言：全面放开"二孩"不能久拖不决

建议：

（一）**修改完善法律法规**。启动修改《中华人民共和国人口与计划生育法》，取消对生育"二孩"的限制性条款，取消"二孩"社会抚养费。增加对失独公民的国家行政补偿条款。在法律上实行"放二限三"，即鼓励生育一孩，放开二孩，限制生育三孩。

（二）**取消超生行政处罚**。对于"体制内"的夫妻，如果不符合条件而生育"二孩"，除缴纳大额社会抚养费外，还有可能被开除公职的风险，有违"公平公正"的原则，也违背了《中华人民共和国妇女权益保障法》第二十七条的规定，与依法治国精神相背离。

（三）**小步快跑放开"二孩"**。采取以育龄妇女年龄作为生育"二孩"的依据，凡年满30周岁的妇女均可以自由选择生育"二孩"。不分城乡，不分行业，同一标准，同一依据，一方面体现了"法律面前人人平等"的思想，同时也能在一定程度上控制

人口数量的快速增长，为全面放开二胎赢得时间。

（四）改善计划生育服务。把计划生育工作纳入法制化、规范化轨道，做到宣传教育、科学管理与综合服务相统一。推动计生部门综合运用法律法规及相关经济社会人口政策，调控人口增长，调整人口结构，提高人口素质，建立统筹解决人口问题的体制机制，为民众提供良好的计生公共产品和公共服务，促进人的全面发展和人口的均衡发展。

五、2014 年 6 月 26 日，在十二届全国政协“大学毕业生创业就业环境优化”双周协商座谈会上的发言：开辟大学生在农村基层创业就业的新天地

建议：

（一）国家层面出台行之有效的优惠政策和激励措施，重点解决生活环境差、工资待遇低、工作难度大等问题，引导他们到农村基层创业就业。同时建立完善的社会保障体系，为在农村创业就业的大学生缴纳住房公积金和医疗保险、养老保险、失业保险等，切实消除他们的后顾之忧。对一些农村亟须的专业人才发放专项支农津贴等，让大学生在农村基层能够享受到体面、尊严和幸福的生活，使他们真正“愿下去”“扎下根”。

（二）国家应加快建立促进高校毕业生面向农村基层就业的长效机制，加强对在农村基层就业大学生专门知识、专项技能的教育培训。对农村基层服务项目如“三支一扶”计划，应分类推进、精准实施，切实把农村急需、懂农业生产技术、具有市场经营理念的人才选送到农村基层。同时，加大对农村基层经济和社会发展事业的投入，以项目带动高校毕业生到农村基层创业就业，帮助他们在农村“用得上”“干得好”。

（三）国家应采取有力措施，解决好在农村基层工作大学生的身份转换、职务晋升、职称评定、人才交流等方面的现实困难，形成“能进能出、能上能下”的良性循环，真正让农村基层成为吸纳大学生创业就业的一片“乐土”和“高地”。也只有这样，才能稳定在农村基层工作的大学生队伍，让大学生在农村这片广阔的天地能够“长才干”“有奔头”。（见《人民政协报》2014 年 6 月 30 日）

六、2016 年 8 月 29 日，提交全国政协十二届十七次常委会议的书面发言：推动文艺院团走出去

建议：

（一）大胆简政放权，减少过多的行政干预。坚持“双百”方针，放管结合，在

用人上放手让其独立自主，民主遴选掌门人，实现任期聘用制；在运作经营上采取不干预态度，收入分配由院团作主；简化演出审批制度，根据市场需求，按照《营业性演出管理条例》相关规定，由演出审批改为演出备案。

（二）抓准主题内容，强化政策保障和扶持措施。积极培育新兴文化创意业态，支持民间艺术、地方剧种等非物质文化遗产保护，扶持原创文化创意项目研发，加强人才队伍建设，对艺术传承人给予特殊津贴。对改制后的文艺院团应扶上马，送一程，选择机会，花大气力做好牵线联络、搭桥铺路和保障工作，努力做文艺院团“走出去”的组织者、推动者。

（三）把握演展导向，杜绝损害、贬低民族文化道德现象的发生。坚决制止国内艺术院团赴国外“镀金”，绝不给有害的文艺作品提供外流的传播渠道，防止“文化污染”。“走出去”的文艺代表着国家形象，必须传递中华民族文化的正能量，塑造国家的艺术尊严，为人类解读中华文化，切实“讲好中国故事、传播好中国声音、阐发中国精神、展现中国风貌、提供中国经验”。

七、2016 年 12 月 8 日，在全国政协“健全现代农业科技推广体系”双周协商座谈会上的发言摘登：农业科技网络要靠基层人才“兜底”

建议：

（一）解决地位待遇的同等性。把农村科技放到农村教育医疗同等重要的位置，解决好农村基层科技人员的利益问题。

（二）确立风险收益的对称性。通过技术入股等办法，建立农技人员科研成果转化及其分享经济效益的机制，使农技人员的工作业绩直接与收入效益挂钩。

（三）倡导上下对口的流动性。鼓励专家学者对口支援开展业务咨询和服务指导，遴选基层农技人员到农业院校进修提高，全方位引进高级优秀人才进驻农村，以整合壮大农技人才队伍。

（四）实现身份归属的多元化。把农技人员单一的“单位人”姓“公”身份向多元的姓“农”转变，支持农村中的“土博士”等选拔为乡村农技特派员或顾问，委托各类农林科研院所为家庭农场、涉农企业培训具有专长的实用型农技服务人员。

（五）促进设施配备的标准化。因地制宜，按照标准建立乡镇一级的应用型实验室，建设费用由国家财政统一支付；采取异地研修、集中办班和现场培训等方式，分层次、分产业类别，实施基层农技推广人员的知识更新和培训计划，帮助基层农技人员更好更快地掌握新知识、运用新技术。

（六）**推动人才布局的均衡化**。统筹城乡之间、区域之间的农业科技人才的合理布局，改善人才分布，优化农村基层科技人才结构，通过政策引导、财政投入和市场分配机制的杠杆作用，破解基层农技人员“进不来、留不住、用不上”的难题，形成农业科技人才良性循环，进一步提升农业科技服务水平。（见《人民政协报》2016年12月12日）

八、2016年3月，提交全国政协十二届四次会议的大会发言：打通教育脱贫“最后一公里”

建议：

（一）**国家教育经费向贫困地区的乡村基础教育倾斜**。中国有近一半的学龄儿童在农村，而乡村教育底子最薄、基础最差、欠账最多。

（二）**健全学前教育资助制度**。逐步普及高中教育，应先从农村和边远山区开始。城里的基础教育已基本实现了全覆盖，而农村没有。

（三）**加快全面落实乡村教师生活补助政策进度**。逐步推行分类补贴，离城镇越远，生活越艰苦，补贴越高；建立乡村教师荣誉制度，在城镇为享受荣誉的乡村教师建立退休公寓，领取高于城市标准的退休工资。

（四）**大力推进乡村教师职业技能提升计划**。规定培训时间及内容；城市学校对乡村教育的对口支援要多派富有教学经验的专家级教师；引导一大批城里的优秀教师“向下流动”。

九、2017年3月11日，在全国政协十二届五次会议第四次全体会议上的发言：健康餐桌需政府有力作为

建议：

（一）开展较为全面的农业水土污染情况普查，对重金属、化学物污染严重的耕地，要因地制宜，搞好退耕还林还草，或随土而种而养，或让水土休养生息，自我净化减毒，同时适当采用先进技术对被污染的水土进行科学治理，使其污染程度逐渐递减弱化，度过“病害期”，恢复原有生态。

（二）鼓励、引导土壤、食品等方面的科技专家下乡开展“支农”服务，为产地食品种植养殖、安全生产把脉处方；培训并留住一批乡土化的农业科技人员，充分发挥其技术指导和巡视督导作用，就本土的实际情况进行环境源头治理，帮助农民生产

绿色有机食品，促进农业增产增收。

（三）下大气力解决农村面源污染，严格控制农药化肥、除草剂等的使用，实施由“零增长”到“负增长”的行动计划。深入开展农兽药残留超标特别是养殖业滥用抗生素治理，严厉打击违禁超限量使用农兽药、非法添加和超范围超限量使用食品添加剂等行为，真正将农业清洁生产和农村清洁工程落到实处。

（四）推行绿色生产方式，抓好高标准农田的建设，推行农业良好生产规范，建立标准化种植养殖基地，优化品种选育培育、基地水土遴选、种植养殖方法等每个环节。

（五）抓紧修订农产品质量安全法，整合监管力量，强化对农副产品上市前的检测和上市后的监管，加大抽检监测力度，推行主要食用商品的批号追溯制度和生产记录台账制度，严格管理农贸市场和食品超市，坚决阻断不符合标准的农副产品进入市场流通渠道，对违法违规者予以严厉处罚。

十、2017年3月，提交全国政协十二届五次会议的大会发言：垃圾分类要落到实处

建议：

（一）**要广泛开展“垃圾分类”的养成教育**。通过宣传教育，让垃圾分类的观念进课堂、进社区、进头脑，让“减量化、资源化、无害化”的理念，生活垃圾“分什么”“怎么分”“分类之后怎么处理”的知识深入人心，通过“大手牵小手”“小手拉大手”，人人动手，使得垃圾分类成为公众的自觉意识与行为。

（二）**要将“垃圾分类”纳入法治化轨道**。制定相关法律，将垃圾分类处理纳入有法可依、违法必究的法治化管理轨道，按照“多帽合一”综合执法的模式，加大对垃圾分类的日常监管和处罚力度，探索出一条适合我国国情垃圾分类处理的新途径。

（三）**要建立完善“垃圾分类”硬件设施**。推进我国生活垃圾顺利分类，关键在于垃圾收集、转运及最终处置等基础设施的设计和建造，适当增加垃圾分类品种，确保混合垃圾进入分类体系后，各种成分垃圾按预定路径走向归宿。

（四）要把“垃圾分类”当作产业经营。以分享经济、发展产业的理念，通过市场运作的方式，在垃圾回收利用上下大功夫，推动各类垃圾能够物尽其用，并让经营者有利可图。通过引入社会资本，建立良性的经济循环体系，以专业联合的方式将垃圾收集、分类，并分送不同工厂处置和资源化利用，使回收垃圾获得资本的回报率。

（五）要组织开展“垃圾分类”全民活动。不定期组织市民、村民开展清扫垃圾、

垃圾分类活动，能够提升社区庭院的环境卫生，提高人民群众的幸福指数，提高宣传教育效果，营造健康卫生的氛围，养成大家“垃圾分类”的良好习惯，促使垃圾顽疾逐步得到根治，让建设“美丽中国”的目标能够早日实现。

十一、2017 年 11 月 16 日，在十二届全国政协“推进粮食定价机制、补贴政策和收储制度改革”双周协商座谈会上的发言：进一步完善粮食补贴政策　保障“稳粮、优供、增效”

建议：

（一）**逐步退出“普惠制”的补贴方式**。建立“分类区别、综合评价”机制，按照实际粮食种植面积、粮食产量和粮食优质化程度进行直接补贴，“以质论价”，以优取胜。

（二）**补贴资金向农民新型合作组织倾斜**。国家粮食补贴以及安排的新增补贴项目重点，应逐步向种粮大户、家庭农场、专业合作社、龙头企业、农业社会化服务组织等新型经营主体倾斜，提高种植优质粮食的耕地以及具有较强农业生产经营能力农户的补贴标准。

（三）**扩大粮食补贴方式的选择空间**。推行间接提高农业效率的方法，开辟灵活多样的补贴方式，将种粮补贴范围延伸到优良品种推广培训、机械耕作技能培训等方面。

（四）**加快建立推行粮食保险项目**。将农业支持保护补贴调整为目标价格保险补贴，根据种植成本合理确定目标价格，以购买保险形式保障种粮收益等。（见《人民政协报》2017 年 11 月 18 日）

十二、2018 年 3 月 10 日，在全国政协十三届一次会议第三次全体会议上的大会发言：让乡村文明蔚然成风

建议：

（一）**强化政风引领**。配强村“两委”班子，以强化农村基层党组织在乡风文明建设中的领导地位。进一步优化风清气正的乡村政治生态，着力惩治发生在群众身边的不正之风和侵犯农民利益的“微腐败”，绝不手软。充分发挥法治在乡风文明建设中的重要作用，提高县乡干部的依法办事能力，促进农村基层干部遵纪守法、守廉知耻，形成浓厚的干部示范、群众参与的乡风文明创建氛围。

（二）**开展专项治理**。结合扫黑除恶专项斗争，集中查处一批性质恶劣、对治安环境造成巨大影响的案件，严厉打击采用贿赂、暴力、欺骗、威胁等手段干扰破坏乡村换届选举的行为，并深挖背后保护伞以形成震慑。依法遏制邪教、非法宗教在乡村的传播，以及黄赌毒、盗拐骗等犯罪行为。对乡村恶风陋习进行重点整治，狠刹炫富攀比、奢侈浪费之风，铲除封建家族、宗教势力的孳生根源。加强宣传，弘扬正气，引导群众崇尚科学、反对迷信，还农村一片风朗气清的净土。

（三）**发挥乡贤作用**。挖掘、继承、发扬、创新优秀传统乡贤文化，对地方先贤文化资源进行开发利用，打造健康的祠堂文化、家族文化品牌，“以文化人”，让传统乡贤文化泽被乡里；积极培育有德行、有才能、有声望的新乡贤，重构新乡贤文化，使他们散发的文化道德力量引领出新的乡风民俗。

（四）**加强制度建设**。严格落实《村民委员会组织法》各项规定，进一步推进村委会规范化建设。推动制定具有地方特色、符合法治精神的乡规民约，建立执行保障机制，充分发挥其约束社会行为、保障公共利益、化解矛盾纠纷的积极作用。健全乡风文明督导、激励、考评、奖惩等制度，构建乡风文明建设责任追究的长效机制。发挥村民主体作用，推动建立文明乡风理事会，结合当地实际，规范农村婚丧嫁娶各项仪式活动，制定人情礼金标准，引导群众持守节俭美德，让乡风文明“望之蔚然而深秀”，吹遍中国广袤乡村的每个角落。（见《光华时报》2018 年 3 月 13 日）

十三、2018 年 3 月，提交全国政协十三届一次会议的大会发言：加快构建新型养老模式的政策体系

建议：

（一）**以建立法律制度为先导，促进政府对养老服务业的依法监管**。建立健全养老服务业相关的法律法规制度，使之有法可依，有法必依；积极规划一些新型养老模式的产品服务标准，对一些可能发生的问题做出事前规定，尽可能减少事后纠纷。

（二）**以振兴乡村为契机，切实解决好农村“散居养老”的现象**。在未来一段时间内，我国还将保持 4 亿—5 亿农业人口，其中有近亿老年人，在目前农业产值占 GDP 比重只有 8.5% 的情况下，要策划完善“土地养老”办法，帮助进城务工人员解决未来养老的后顾之忧。

（三）**以鼓励民间资本举办居家养老服务专业机构为基础，积极引导养老服务企业实行规模化、网络化、品牌化经营**。以居家为基础、社区为依托、机构为支撑，把居家养老、“抱团”养老等纳入服务网点，为老年人提供紧急呼叫、家政预约、远程医

疗等服务项目。

（四）以配置社会养老资源为杠杆，积极提供政府购买的养老服务。按照公开、公平、公正以及量力而行、尽力而为、可持续的原则，政府统筹协调，引入第三方评估机构，向社会组织购买职责内的养老服务，不断创新养老服务供给模式，较好地满足人民群众的养老服务需求。（见《群言》2018 年第 8 期）

十四、2018 年 3 月，提交全国政协十三届一次会议的大会发言：人间至美是善良

建议：

（一）善良的国家需要良法治理。在一个人与人之间充满友善的国度，制定法律的初衷，重要的是维护社会的公平正义，捍卫人们的权利和自由。但在现行法律尤其是一些地方性法规中，仍不乏具有“恶法”特征的条款内容，应予以废止、规范、肃清。这些，都是良法治理的迫切需要。

（二）善良的社会需要政府引领。政府要使社会这台机器保持正常健康地运转，要靠“善政”。要坚持以人民为中心，群众利益无小事，把百姓冷暖放心上，这是政府的责任与使命。政府的“善举”都必将受到广大群众的热烈欢迎，从而引领出社会各个方面的善良行为。

（三）善良的教育需要心灵浇灌。善良教育要从娃娃抓起，让善良的意识从小浸润着孩子的心灵。要千方百计采用各种不同形式，努力开发人与自然、人与社会、人与人之间同情心、责任心、道义心等人文关怀的资源，在人们的心田中播下友善情感的种子，培育出人性至善的光华。

（四）善良的风尚需要全民倡导。普通人的善德典型比一般的道德说教更具生动性、直观性、鲜明性，也更有说服力、感染力和号召力。坚持正确的舆论导向，通过大众传媒，宣传普通人的善行让人们传诵、仿效、学习，宣传家风家教家训中的一些积极内容，弘扬“向上向善”的优良品德，努力在全社会形成在感恩中传承家训、崇尚善良、学做好人、乐善好施的良好风气。

（五）善良的品德需要你我做起。实现善良的美好愿景，依靠你我他，要以感恩的眼光看待周围的一切，用帮忙的手扶持他人一把，社会就不会充斥着那样多的戾气和怨气。人人为我，我为人人，帮助别人就是帮助自己。当人春风得意时，抑或运交华盖时，仍能坚守住心中的善良。善良，就是这样把每个人的正能量相互传递。人间至美是善良，“不信春风唤不回”。（见《人民政协报》2018 年 3 月 20 日）

十五、2018 年 3 月，提交全国政协十三届一次会议的大会发言：新时代农村改革需要人才支撑

建议：

（一）**制定政策，吸引人才**。从宏观战略层面，采取市场拉动和政策带动的方式，引导各类人才到农村基层创业就业，并能够享受到体面、尊严和幸福的生活，使他们真正“愿下去”“扎下根”；建立完善的社会保障体系，为在农村创业就业的各类人才缴纳住房公积金和医疗保险、养老保险、失业保险，对一些亟须的专业人才发放专项支农津贴；深化户籍制度改革，在真正意义上实现人才城乡迁徙自由；完善配套措施，切实解决农村生活条件差、工资待遇低、发展空间小等青年人才“最关心、最直接、最现实”的利益问题；鼓励支持各方面人士“告老还乡”，发挥“乡贤”正向引领作用，推动乡村实现“产业兴旺、生态宜居、乡风文明、治理有效、生活富裕”。

（二）**以人为本，因人施策**。把政策细化到不同的目标人群，让不同的农民群体享受到改革红利。对于在城市务工的农民，贯彻落实有关法规和政策，实行同工同酬、同岗同责，进一步消除不合理的歧视性制度障碍，切实维护其合法权益；对于失地农民，应纳入城镇居民社会保障体系，逐步建立城乡统一的基本养老保险、医疗保险制度；对于专业从事农业生产的人员，要稳定和完善土地承包经营关系，扶持和规范实践中出现的农业产业化组织、农民专业合作经济组织、农业生产经营服务组织等多种组织形式，鼓励其发展多种形式的适度规模经营。

（三）**强化教育，提升素质**。不断提高中央和省级财政承担农村义务教育经费的比重，提升农村义务教育阶段中小学教师工资、公用经费和校舍维修经费保障水平；结合农村义务教育生源变化情况，调整优化乡村学校布局，加强农村中小学基础设施标准化建设，推动农村教育向高中和学前教育两头延伸；加大投入力度，因地制宜，发展富有地方特色的农村职业教育，加大对农村职业教育和成人教育资源的整合力度，大力实施农村实用人才培训工程，培养一批农村实用型、技能型的新型农民，大面积普及农业先进实用技术，大力提高农民思想道德和科学文化素质，让“农业全面升级、农村全面进步、农民全面发展”的美好愿景早日变为现实。（见《人民政协报》2018 年 3 月 7 日）

十六、2018 年 3 月，提交全国政协十三届一次会议的大会发言：要化“邻避”为“迎臂”

建议：

（一）**满怀为民“深情”**。“邻避”问题的症结所在，是有些地方党委政府“执

政为民”的思想还不牢固。要把邻家当自家，把群众当亲人，老百姓最重那份情，凡事设身处地为群众多想想、多做做，许多“邻避”的纠纷就很容易避免。

（二）**讲好科学“道理”**。应循理解决，不能简单、粗暴处理。一是“明避”：明确讲清工程项目可能会带来哪些利害关系，将会采取哪些永久性预防措施化弊害为利益，不遮遮掩掩，不文过饰非；二是“迎避”：迎接面对的矛盾，政府在项目建设决策期就应该按照市场规律，及时建立系统的补偿、保险和回馈机制，并在项目建设中，一并改善周边的基础设施，将“邻居”的家园美化好，给老百姓带来实实在在的好处。

（三）**严格坚守“法治”**。借鉴国外的一些成功做法，坚持弘扬法治精神，尽快制定健全相关法律，用法律的手段处置“邻避”问题；积极推动地方立法，先行在部分省市区制定地方性法规，建立法律解决机制，依法打击别有用心者借正义之名肆意造谣生事，妥善平息各种不同的“邻避”群体性事件，以赢得公众的充分信任。

（四）**强化民主“协商”**。以协商的方式化解“邻避”的各种矛盾纠纷，取得最大公约数，重在建立“三大机制”：一是基层协商民主机制，按照协商于民、协商为民的要求，更好地解决项目邻区群众的实际困难和问题；二是对话、竞争、妥协、合作机制，对于补偿方式和补偿标准等问题应充分听取各方意见，尽量满足各种合理的利益诉求；三是权力运行机制，加大信息公开力度，落实民众对地方重大公共事务的知情权、表达权、监督权和决策权，以公开透明的决策取信于民。通过阳光下的协商，让公众权益得到保障、公众疑虑得到回应，从而形成共识，把质疑者、反对者变成支持者，这是走出“邻避”怪圈的有效途径。（见《中国政协》2018 年第 17 期）

十七、2019 年 3 月，提交全国政协十三届二次会议的大会发言：“二孩”落地还须政策完善

建议：

（一）**加大个税优惠力度**。当前试行的《个人所得税专项附加扣除操作办法》，把 0—3 周岁婴幼儿排除在个人所得税子女教育专项附加扣除之外，于情于理均不合适。应增加 0—3 周岁子女抚养专项附加扣除项目，同时以家庭为单位设计个税政策，对于夫妻双方仅一人有工作或稳定收入的家庭，提高子女教育专项附加扣除金额。或者做出相关规定，凡生育“二孩”者，按照区域划分，均可在个税中减免一定数额以作为福利。此外，对生育“二孩”的家庭，在汽车购置税、商品房契税等方面进行比例额度的减免，对其子女在入托、教育、医疗等方面给予一定比例的优惠。

（二）**发展城镇托育事业**。托幼问题如果得到妥善解决，“二孩”出生率会提高

约 8 个百分点，要发挥教育、卫生、妇联及社区等方面的作用，支持有条件的幼儿园开办托班；支持各地医院、妇幼保健院建立福利性亲子教育机构，配备专业的亲子教师、设施设备、场地场所等；大力培育和发展托育事业，利用社区现有资源，在社区开展“短时看护”服务，建立公益性社区婴幼儿托育网点，探索“社区化、就近化”的托育服务模式；支持有条件的企业、园区、楼宇成立托育机构，对企事业单位投入员工托育服务方面的开支，予以一定额度的税收优惠；推行“婴幼儿托育促进工程”，对审查合格的机构根据规模发放一次性奖补资金，以奖代补专项支持婴幼儿早期发展工作。成立托育专项基金，对符合条件的居民子女，按月发放托育津贴；建立托育意外保险制度，将托育意外伤害纳入城乡居民医保报销范围，减轻企业、社会组织和个人承办托育机构的风险。

（三）**规范征收社会抚养费**。进一步修改完善《社会抚养费征收管理办法》，使之更加切合实际。比如，根据我国当前全面实施一对夫妻生育“二孩”的政策，社会抚养费征收对象应以超生的“三孩”为起点，对于无论何种情况生育“二孩”以内的范围，均不应征收社会抚养费；统一社会抚养费征收标准，明确社会抚养费主要用于开办托育机构、婴幼儿教育等公益事业；加强对社会抚养费的管理和监督，定期对社会抚养费征收和使用情况进行审计，预防和打击社会抚养费征收领域的各种乱象。

（四）**支持产假后妇女正常就业**。支持育龄妇女正常享受产假，规定各类企业保留产妇工作并接受其产假后重返就业岗位，产假期间企业应给予其上年度平均月工资的一定额度作为生活补贴，以切实保障女职工生育期间的基本生活；通过落实巾帼就业培训补贴、小额贷款等就业扶持政策，支持部分产假后妇女自主创业；对接纳育龄妇女重新工作的企业实行一定幅度的税收优惠，在增值税、企业所得税等方面进行合理减免。

十八、2019 年 6 月 17 日，提交全国政协十三届七次常委会议的书面发言：筑牢“制造强国”的人才根基

建议：

（一）**进一步推动落实健全完善《职业教育法》，为技术技能人才培养提供重要的制度保障**。尤其要按照《国家职业教育改革实施方案》第二十条的内容，尽快启动“学历证书 + 若干职业技能等级证书”制度试点，深化复合型技术技能人才培养模式和评价模式改革，打破“唯学历唯成绩”的人才评价标准，发掘劳动者创新创造潜能，为技术人才储备奠定基础，让制造业更多的复合型技术技能人才脱颖而出。

（二）**大力弘扬“工匠精神”，营造良好的社会氛围**。培养千千万万个大国工匠，

首先要重新审视工匠对新时代经济建设和社会发展的重要作用，切实提升工匠的社会地位和收入待遇，倾斜对技能人才的税收优惠，增强从业人员的职业荣誉感和责任感，在全社会倡导“崇实尚业”之风，大力宣传有突出贡献的高技能人才，营造尊重劳动、崇尚技能、鼓励创造的良好氛围，奏响“工人伟大、劳动光荣”的主旋律，激励制造领域从业人员勤奋钻研专业技能。

（三）**改革完善职业院校招生办法，加大高技能人才培养力度**。职业院校是培养高技能人才的主渠道，校企合作是高技能人才培养的重要模式，要优化职业院校技能教育资源，根据企业招工需求，扩大退役军人、下岗职工、农民工等群体生源，实现院校教育与企业实习、院校专业与企业岗位的无缝对接，建立技能岗位上岗晋升条件的配套政策，实行学历、技能证书的有效衔接，提升职业院校的教育质量和社会认同感。制造业是国民经济的主体，是立国之本、强国之基；制造业的强弱是一个国家综合实力和核心竞争力的集中体现；中国要成为制造强国不是一个口号，而要有具体的内涵，并清楚自己的现状短板，进而明确发展方向和路径；在实施制造强国战略进程中，相比技术研发、产品创新等，建设一流的技术技能型人才队伍显得更加紧迫、更加重要，政府部门、企业界、教育界要有定力和耐心，努力为培养各类专门技术人才创造环境、筑牢根基，共同迎接“制造强国”的到来。（见《中国政协》2019 年第 11 期）

十九、2019 年 8 月 26 日，提交全国政协十三届八次常委会议的发言：大力推进城乡教育公平

建议：

（一）**推进城乡教育公平，应该“有教无类”**。发展城乡各种类型教育，当先顾及农村，不能歧视，不能分三六九等，既要保证乡村家境困难的学生有接受教育的机会，还要大力办好乡村的职业教育、特殊教育，尤其是要目光向下，对残疾人等弱势群体施以优质教育，为他们增强生活劳动的本领。

（二）**推进城乡教育公平，应该“强基固本”**。国家教育经费的投向，需要更加注重“强基”，夯实乡村教育的基础性地位。在政策实施过程中，应以乡村高中阶段教育普及为重点，以现代职业教育大改革大发展为动力，建立政府、社会与企业、院校等相结合的多元化培训体系，着力补齐乡村教育这块短板，帮助农家孩子通过教育找到一条未来自由发展的途径，把众多农村青年培养成为国家发展建设中急需的各类技术技能人才，满足我国高级蓝领 1000 万大军紧缺的需要。

（三）**推进城乡教育公平，应该“执两用中”**。在支持一些城镇名校办得更好的同时，还应以过去未曾有过的气力，关注中西部地区和边远山区，助力一些基础薄弱、条件较差的乡村学校迎头赶上，使所有学校形成“百舸争流、百花齐放”的良好态势。打赢脱贫攻坚战，实现教育脱贫的目标，地方政府要投入更多的精力，抓好基础性的义务教育、学前教育、职业教育，至于有些高等院校反而可以释放其自主权，交给社会去办，以更好地激发其学术活力和竞争力。

（四）**推进城乡教育公平，应该“美美与共”**。乡村振兴必先振兴乡村教育，办好中国教育，城乡学校之间应取长补短、相互支持、兼容并蓄。统筹各方面办学力量，采取城市支援乡村的办法，大兴支教之风，发展“互联网＋教育”，促进城乡优质资源共享，补齐“短板”，拉长“短腿”，千方百计将人力、物力、财力向乡村学校倾斜，加快改善乡村学校的教学装备及办学条件，支持发展乡村优质高中教育，使乡村高中通过扩容提质增效，逐步成为农家子弟“跳农门”的金色桥梁。

（五）**推进城乡教育公平，应该“天下为公”**。任何相关教育的单位和部门，都不能过分地强调自身利益，大道相通“中国梦”，共同办好国家“大教育”才是正道。我国现有2.8亿多农民工，近年仍以百万计的数量增长，是经济社会建设中一支不可或缺的庞大劳动力量。“要善待农民工”，就应当破除因城市政策优势而出现的各种户口歧视，切实帮助农民工解决好子女在城市就学的现实难题，保障进城务工人员随迁子女教育的合法权益，允许农民工子女能在城市继续就读高中和参加高考等。这些都不容忽视。

（六）**推进城乡教育公平，应该“规矩权衡”**。必须坚持法治精神、道德规范，强化严格的规则意识和纪律约束，进一步推动城乡教育在公平的阳光照耀下健康发展。在全国一般公共预算教育支出预算中，应切大乡村基础教育的“蛋糕”，增加普及乡村高中教育经费预算。通过政策导向和建立健全法律法规体系，加强对学校公用经费的监督审计和制度化管理，有效预防教育腐败，以教育领域的风清气正引导社会的公平正义。

二十、2019年3月，提交全国政协十三届二次会议的大会发言：“痕迹主义”当休矣

建议：

（一）**坚持以上率下**。“痕迹主义”出现在基层，但根源在上面。因此要以上示下，从上面开始，上下联动抓作风、文风、会风，各司其职，守土有责、守土负责、

守土尽责，不能空喊口号、空耗资源，搞空心架子。人民群众评价干部很简单，就看你实干不实干，如果谁玩“猫腻”，老百姓就不喜欢。

（二）**强化行动自觉**。对党对人民的忠诚，要落实到具体行动，抓工作不能只追求留“痕迹”，沉湎于图表之中，不能以文件贯彻文件、以会议落实会议，高调表态装样子。要更加自觉地将责任扛在肩上，把人民放在心中，不做华而不实、劳而无功、人民不满意的事情。加强干部管理不是颐指气使、哗众取宠，也不是纸上谈兵、附和迎合，重在忠于职守、诚实干事，把好的理念变成行动，脚踏实地完成好每一件工作任务。

（三）**敢于动真碰硬**。着力解决为政不勤、为政不公、为政不义、为政不廉等问题，让“占着位子、顶着帽子、混着日子、摆着样子”的人“嘚瑟”不起来。把那些睁眼环视材料、张嘴训人斥责，专会干核查活儿的官员请下台，让基层干部从“千剑底下一颗头”的过度紧张中解脱出来。

（四）**激励担当实干**。优化考核方式，不以材料“痕迹”评短长，而以工作实绩论英雄，把严格的干部考核机制变成促进工作的科学手段。整合督察力量，检查不能多头化、频繁化、简单化、随意化，必须精准追责问责，令人口服心服。“洗碗越多摔破碗的几率也越大”，切实建立容错纠错机制，为担当者担当、为负责者负责，不让吃苦者吃亏、流汗者流泪。撑腰鼓劲，关爱信任，才能使广大干部在责任和使命面前心无旁骛、挺身而出。（见《人民政协报》2019 年 2 月 14 日第 3 版）

二十一、2019 年 3 月，提交全国政协十三届二次会议的大会发言：破解“谁来种地、谁会种地”之问

建议：

（一）**培育新型职业农民，让农民成为令人羡慕的职业，是乡村振兴的重要一环**。现代农博园、乡村民宿、农业综合体……随着一个个全新的现代农业形态正在不断涌现。不断壮大新型职业农民队伍，才能剥去“农民”贫穷落后等身份标签，让农民告别传统的“身份”称谓，成为从事体面、令人羡慕的职业，让职业农民在农村这片广阔天地，真正大有可为。故而，以工匠精神培养大批擅长某项农业技术的“专家”已经刻不容缓。

（二）**培育新型职业农民，目前要注重两个方面**。一是谁来培养？确立农企和院校为主体，建立政府、社会与企业、院校等相结合的多元化培训体系，制定长效的培训计划，拓宽新型职业农民来源，以农民需求为核心，用激励机制鼓励农民、大学

生、社会青年等多层次人员主动参与；二是如何培养？在具体培训中，发挥“田教授、土博士、水秀才”的作用，坚持理论与实践相结合、实训与实用相结合、扶持与服务相结合，及时提供技术、市场和政策等信息，真正学得“管用”，避免教学与实践的严重脱节，从多方位提升培训的质量和效果。

（三）让农业更加“摩登”。现代农业不同于自然经济条件下传统农业的“犁耙锄镰锹，样样好把式”，其之所以“摩登”，在于运用现代科学技术和生产管理方式，内部分工精细明确。新型职业农民以农业生产市场化、生产活动农场化、企业管理科学化为指向，由“通才式”的经验渐移到“专业式”的特长，科技、机耕、管理等各行皆备，各司其职，通过内部的不同分工，产生各种类型的农业行家里手。通过土地确权后的自愿、合理流转，把沉睡的土地变成农民的一项资产，农民成为企业的股东，实现以市场经济为导向、以利益机制为联结、以企业发展为龙头的现代化农业，使他们从财产性收益和产业资本投入中获得稳定性收益，缩小可能扩大的城乡差距。

（四）让乡村变成“乐园”。由于农村长期的贫穷落后，造成了我国当代特有的农民工离乡背井现象，使得在推动城市发展的同时，也带来了一些诸如“乡村凋敝”的“三农”新问题。再过不到 20 年，对应着大致 3%—4% 的农业 GDP，要解决好那时近 1/4 农村人口的生活，必须通过一二三产业深度融合，培育经济发展新动能。只有在实施乡村振兴战略的大潮中，使农村冲洗掉贫穷落后的标签，真正富起来、美起来，让农民潇洒脱下传统身份的旧衣，生活得更加体面、更有尊严，才能使“种地”变得独具魅力，农民成为令人羡慕、令人向往的职业。乘乡村振兴的强劲东风，大力发展农村新产业、新业态、新模式，促进特色效益农业与资源加工转化、民俗生态旅游、现代商贸服务等，把乡村建成生态美、产业兴、百姓富的“乐园”；在我国全面建成小康之际，大力发展乡村文化教育卫生事业，积极培育文明乡风、优良家风和新乡贤文化，加快建设法治有序、德治有效、自治有力的乡村治理体系，把乡村装点成缤纷四季、宜居宜业的“乐土”。这些，都将为破解“谁来种地、谁会种地”之问夯实深厚的底气。（见《中国政协》2019 年第 4 期）

二十二、2020 年 8 月 26 日，提交全国政协十三届十三次常委会议的书面发言：全面放开“三孩”生育政策　促进人口均衡发展

建议：

（一）加快调整生育政策，让人民群众“能生”。根据人口发展规律，低生育率持续的时间越长，累积的人口负增长惯性越大。当下我国正处于第三波婴儿潮中后期

出生人口的生育窗口期，千万不能错失这一机会。因此，在制定“十四五”规划时，应特别重视我国人口政策的顶层设计，将人口政策调整为鼓励生育“二孩”，全面放开生育“三孩”，期望将生育率提高到大于或等于2.1的均衡水平。即便如此，由于育龄妇女尤其是黄金年龄育龄妇女的减少，也难以将生育率提升到更替水平，更不会导致人口激增。

（二）**健全配套政策措施，让人民群众“敢生”**。开展基本生育全程免费服务试点，对怀孕前优生检查、怀孕中产检、住院分娩基本服务和新生儿体检等实行免费。对生育“二孩”尤其是生育“三孩”的家庭，落实生育津贴、奶粉补贴、税费减免等补助，在交通、廉租房、公租房安置，住房公积金提取等方面给予优惠和倾斜。推进计生服务转型升级，强化基层健康教育等职能，大力发展基层卫生健康服务事业。进一步提高备孕、怀孕妇女的社会地位，减少就业岗位性别歧视，充分保障孕妇从业权益。

（三）**完善公共服务体系，让人民群众“愿生”**。在个税减免、延长产假和陪护产假、普及生育医疗保险、消除女性就业歧视、加大公立幼儿园建设、推进教育均衡发展等多层面建立政策保障体系，提升公共服务水平，消除家庭对生育“三孩”的后顾之忧，以逐步减轻家庭生育成本，保障儿童有良好的受教育机会。同时，注重传统家庭文化合理成分的创造性转化，加强对青年一代正确生育观念的引导，采用年轻人乐于接受的方式，通过线上线下多种平台，营造良好的舆论氛围，引起社会、家庭及个人对生育“三孩”的关注。

二十三、2020年8月26日，提交全国政协十三届十三次常委会议书面发言：让“飞地经济”飞出一片新天地

建议：

（一）**“借鸡生蛋”，出台财税政策**。加强“飞入地”“飞出地”利益共享和成本分担机制建设，规范各类经济指标的统计口径和方法，结合权责关系和出资比例划分，进行政府内部经济指标考核；进一步明确税收分成机制和税款划转方式，为合作双方政府提供更强的激励导向；设立投融资公司，采取政府和社会资本合作(PPP)等模式，吸引社会资本参与“飞地经济”园区开发和运营管理；完善异地开发生态保护补偿机制，健全保护区与受益区的利益分配机制，探索在生态受益区共建“飞地经济”合作园区，明确利益共享及补偿机制、履行模式、违约责任、纠纷解决机制和有效期限等细则，确保合作长期稳定。

（二）**“与狼共舞”，建立协调机构**。共生关系需要构建共生机制，在国家层面建立“飞入地”的管理协调机构，明确中央与地方的政策边界，进一步简政放权，给予“飞入地”发展足够的制度创新优先权，使地方政府保持合作的积极性；采取制定相关法规条例的方式，因地制宜，改善“飞入地”市场营商环境、降低交易成本，赋予地方政府制定相应发展政策的权力，保障按照市场化原则和方式开展合作，保证政策长期有效实施；建立常态化的“飞地经济”合作方议事协调机制，加强在产业发展、功能布局等方面的政策对接；共同建立园区管理机构，不断创新管理体制，及时研究解决园区建设、项目引进和运营管理中的问题，促进“飞出地”输出管理机制、“飞入地”提升管理能力。

（三）**“筑巢引凤”，加强统筹规划**。进一步加强顶层规划和设计，在国家“十四五”规划中明确“飞地经济”重点合作领域和重点合作地区，在各类对口支援、帮扶、协作中壮大“飞地经济”规模，形成集聚辐射效应；“飞入地”应强化土地等资源的高效集约节约利用，通过深化行政管理制度改革，增强园区服务功能，将园区改建为具有独立法人地位的经济实体，以“计划单列”形式，直接从省级或更高层面获得土地、规划、财政等权限；加快全国统一市场建设，探索开展行政审批跨区域互认和企业工商登记跨区域衔接，开展口岸通关、市场执法等领域的标准对接和结果互认，实现“飞地经济”的去区域化发展。

（四）“百鸟朝凤”，用好制度优势。在谋划“飞地经济”发展的过程中，应着眼“飞地”产业配套与布局，形成完整产业链，构建新型产业园。政府部门要用好市场这只手，充当“守夜人”，真正做到“引凤朝凤”、上门服务，而不是开门引进、“关门打狗”；着力营造良好的“飞地”环境，推进“飞入地”园区企业办事“只拨一个号、只进一扇门，只走一个窗、只盖一个章”，有求必应、无事不扰，不叫不到、随叫随到；只有发挥好我国的制度优势，才会使得“飞地经济”的发展呈现山花烂漫之势，而不至于“飞来飞去”。

二十四、2020年3月，提交全国政协十三届三次会议的发言：克服形式主义要力戒“唱高调”

建议：

（一）**用制度来管控**。制度优势是最大的优势，制度的作用极其重要。高调唱得震天响，落在地上轻飘飘，博取的是一己政绩私利，为人们所不齿，务必戴上制度这道“紧箍咒”。党的十九届四中全会通过的《决定》，提出要“完善担当作为的激励机制”，促进各级领导干部增强本领，它符合民意、深得民心，对于有效遏制高调之风将会产生强大的防控作用。

（二）**以道德来约束**。从上到下，都应该以道德修养约束自己，而不能引用心灵鸡汤来唱高调、吹牛皮、装正经。要通过营建道德修为的良好氛围，使得“老好人”“太平官”“墙头草”无处遁迹，“吹喇叭”“抬轿子”“喊口号”无法生存。要明白一个道理，高调之下，“播出的是龙种，收获的却是跳蚤”。

（三）**由领导来带头**。领导干部是风行草偃的公众人物，一定要在工作中做表率、打头阵、带动人，而不是靠唱高调来要求人、指挥人、教训人，一味以各种高调应付工作、打发时光。领导干部带个好头，真抓实干，说真话、道真情，做实事、求实效。唯有对人民满腔热忱，少唱几句高调，才能让群众感受到那种亲民爱民接地气的“苏区干部好作风”。

（四）**让群众来点评**。把“党的政策变成群众的行为”，既不能“张嘴就来”，发出各种荒谬的行政指令，建匪夷所思的“无猪县”“无猪乡”之类，也不能脱离实际，以高调换取喜报，追求所谓的深秋季节“零落叶”。学理论、学思想，武装头脑看行动。工作落实到位不到位，该让百姓来点评，群众的满意才是检验工作的标准。唯有把政绩摊在阳光下，专唱高调者才能在自讨没趣中逐渐销声匿迹。

二十五、2020 年 8 月，提交全国政协十三届十三次常委会发言：“深加工”助力“拔穷根”　打通产业扶贫“最后一公里”

建议：

（一）**充分发挥龙头企业引领带动作用，加大对本土食品加工企业的精心培育。**坚持多措并举，因地制宜革新模式，鼓励龙头企业建设农产品加工技术集成和精深加工示范基地，培育一批经营规模大、技术含量高、辐射带动作用强的乡村农产品加工企业。针对企业规模小、技术研发能力弱、抵御市场风险能力差的小微乡村食品加工企业，从资金投入、信贷服务、税收优惠、用地管理、电价优惠、改善农产品流通环境等方面加大扶持力度，引导其按照现代企业要求加强内部管理，增加研发投入，建设先进的自动化生产线，不断增强企业的“硬核实力”。

（二）**增加企业精深加工产品种类，实现初加工和精深加工转型升级**。据有关方面测算，通过农产品精深加工，可以使粮油薯增值 2 倍至 4 倍，畜牧水产品增值 3 倍至 4 倍，果品蔬菜增值 5 倍至 10 倍。要千方百计推动农产品加工企业由小变大、加工程度由初变深、加工产品由粗变精，实现“应加工、尽加工”“宜精深、全精深”的产业体系转型升级，促进食品加工企业围绕本土丰富的农产品资源，开展精深加工，最大限度提升附加值。

（三）**全面贯彻落实各项惠民和帮扶政策措施，建立利益联结机制**。发展农产品加工业，应革除那种农民与企业间的买断关系，转变成为保底收益、按股分红关系，打造合作共赢的产业利益共同体，不能“富了老板，亏了老乡”。结合“公司＋基地＋农户”的形式，统筹兼顾各方利益，通过合同契约、股份合作制等多种利益分配机制，多渠道支持各类市场主体发展壮大，鼓励工商资本投资，支持种养大户、家庭农场、合作社等发展农产品加工业。

（四）**推动院（校）企联合，加强市场推广和策划，努力打造知名农产品品牌**。充分发挥各类农产品加工企业的主体作用，引进高层次专业人才，深入开展科研攻关，注重产品包装设计，推进品牌文化建设。着力强化营销管理和服务，提高市场反应能力和配送质量，确保农产品拥有较稳定的销售渠道，从而激发农户的种植养殖积极性，促进农民增产增效增收，真正意义上实现产业兴旺、乡村振兴。不断延长农产品产业链，壮大企业规模，让具有鲜明地方特色的贫困地区农业加工产品通过线上线下，走出深山、走出国门，成为传播“中国味道”“中国文化”的重要载体，赢得国内外的广阔市场，把贫困地区的资源优势切实转化为产业优势。通过农产品“深加工”，助力贫困地区“拔穷根”，这是打好脱贫攻坚战的一个带有战略性的根本问题。

二十六、2021年，提交全国政协常委会议的发言：传承“头发论”　固守“同心圆”

建议：

（一）**坚守参政为民的公心**。中国共产党领导的多党合作和政治协商制度，与我国的国体和政体相配合，是实现人民民主的基本政治制度。任何时候，每一个党外代表人士都要在实践中坚持正确的立场和动机，“把屁股端端地坐在老百姓的这一面”。应像袁隆平院士那样，“以祖国和人民需要为己任，以奉献祖国和人民为目标，一辈子躬耕田野，脚踏实地把科技论文写在祖国大地上”，真正做到对“国之大者”了然于胸、对责之重者善担于肩。

（二）**秉持实事求是的品格**。是其所是、非其所非，经邦济世、励精图治，建言资政要有站立起来思考真理的勇气与担当。实事求是、不妄虚言，这是党外代表人士应有的精神品格。三峡工程建设之前，一些党外政协委员认为要全面考虑经济、社会和生态效益的统一，“以免愧对子孙后代”，引发了《关于三峡工程建设的若干提案》。

直至今天，人们还念念不忘当年那些来自各个方面的正确意见。

（三）**增强参政履职的本领**。参政履职是一种实实在在的真功夫，不能玩花拳绣腿。费孝通提出“出主意、想办法，做好事、做实事”，不仅体现了他对中华民族伟大复兴的高度自觉与自信，而且展示了一种人性的光辉。在他年届 90 高龄时视察赣鄱大地留下的一些“乡土足音”：“无中生有、有中生特、特在其人、人联四方”，“发展的关键要做好山水文章”，“以佛养心、以道修身、以儒治世”，等等，足见他社会调查和参政本领的扎实功底。

（四）**提升专业知识的素养**。党外代表人士具备一定专业知识的背景，将自身置于国家事业中，在专业领域内提出真知灼见，更具有一定的分量。1950 年 6 月，马叙伦就学生健康问题专题向毛主席汇报，得到复函：“此事宜速解决，要各校注意健康第一，学习第二”，“全国一切学校都应如此”；彭泽民等呼吁推动振兴中医，毛主席即刻批示：“中国医药学是一个伟大的宝库，应当努力发掘，加以提高”。“做佛跳墙这样的功夫菜”。习近平总书记指出：共产党打江山、守江山，守的是人民的心。统战工作是做人心转化的工作，讲求很强的工作艺术，要有特殊的方式方法。将一根又一根“头发”塑造成为凝心聚力的“领头羊”，急不得、等不得，“不能做快餐，而是要做佛跳墙这样的功夫菜。”深刻把握统战法宝“头发论”意义，将更多的一把又一把“头发”团结在中国共产党的周围。

（五）**正确处理一致性和多样性关系**。一致性和多样性共同存在并相互作用，是自然法则，也是社会规律。妥善处理好二者关系，善于在复杂多元中加以正确引领，能够更好地激发社会的活力，汇成致力于共同事业的合力。延安时期，不管是“三三制”还是“豆选法”，都蕴含着以统一战线“头发论”正确处理多元利益的价值理念，为开启全面建设社会主义现代化国家新征程积累了宝贵经验。

（六）**充分尊重、维护和照顾同盟者利益**。壮大共同奋斗的力量，解决人心向背的问题，不仅要积极引导同盟者自觉把自身利益同国家整体利益紧密联系起来，还要特别注意照顾同盟者的政治利益。在新中国成立前夕国共和平谈判期间，毛主席委婉地对张治中说：我们已经是老朋友了，谈了不少，涉及各个方面，当然分歧还是有的，需要慢慢来谈，好好协商。展示出一种耐心等待、悉心关怀、真心尊重的博大胸怀。

（七）**从不同意见中得到正确主张**。倾听他人的意见，从中辨别是非，不但表现了求同存异、豁达睿智的人格，而且可以找到解决问题的“金钥匙”。1977 年 8 月，邓小平主持召开科学和教育工作座谈会，在听取各种不同意见后，讨论决定了当年恢复高考制度；1979 年 1 月，邓小平在人民大会堂福建厅邀请胡厥文等五位原工商巨子吃北京火锅，“一只火锅，一台大戏”，拉开了我国打开国门、改革开放的序幕。

（八）**善于广交、深交党外朋友**。紧扣民心这个最大的政治，真心与党外代表人物交朋友，把赢得民心民意、汇集民智民力作为着力点，让“每一根头发”真切感受到沐浴在民主的春风里。当年习近平到正定工作后，与党外人士贾大山视为知己无话不说。在贾大山病逝后，习近平专门写下纪念文章：“大山是一位非党民主人士，但他从来也没有把自己的命运与党和国家、人民的命运割裂开。”新时代的壮美有目共睹，新时代的奋斗其乐无穷，共同的事业需要全体中华儿女的共同努力。把政治底线这个圆心固守住，包容的多样性半径越长，画出的同心圆就越大，那“一根根头发”，必将带动越来越多的“一把把头发”，拧成一股绳、铆足一股劲，心往一处想、劲往一处使，一起携手创造一个又一个中国奇迹和时代伟业！（见《中国政协》杂志 2021 年庆祝中国共产党成立 100 周年增刊）

二十七、2021 年，提交全国政协常委会发言：应对人口“新常态”　筑牢人口“安全线”

建议：

（一）**传承优秀生育文化**。几千年来，中华民族以儒家文化为主导形成的“家国天下”理念和宗法伦理制度，构成了“不孝有三，无后为大”与“天下兴亡，匹夫有责”一脉相承的文化精神。在经历瘟疫战乱、灾害饥饿频仍之后，我国的生育文化表现出人口繁衍的顽强生命力，支撑着民族的持续发展。在实现中华民族伟大复兴的进程中，我们要充分发掘家国大义、大力弘扬孝悌之道等优秀传统文化理念，推动中华民族生生不息、长盛不衰。

（二）**完善生育配套制度**。打好政策“组合拳”，适时修改《人口与计划生育法》有关规定，尽快清理和废止旧计生政策。坚决遏制天价彩礼，下大气力解决数百万“剩女”、数千万“剩男”问题，让青年男女在生育黄金期告别单身、进入婚嫁。增强政策“包容性”，积极营造生育支持氛围，搭建新旧生育政策有序衔接的平稳“过渡带”，既广泛宣传“三孩”政策，又不折不扣落实好“农村二女户”“失独家庭”等奖励扶助政策。

（三）**加大政策刺激力度**。在生育方面，加快推进“医保个人账户家庭共济”政策实施，实行“父亲医保个人账户用于妊娠分娩全过程”，减轻生育费用负担；扩大新生儿疾病筛查病种范围，对新生儿常见自费疫苗根据子女数量实行阶梯式减免。在养育方面，重点解决“一老一小”负担严重家庭的住房困难，对“三孩”家庭优先纳入住房保障，老人优先安排入住公办养老院。大力发展多种形式的普惠性婴幼儿照护服务，推行企事业单位为职工提供托育服务，通过税收、贷款等支持政策促进民营企业、民办机构开展普惠性托育服务。完善税收优惠政策，推进“将婴幼儿照护费用纳入个人所得税专项附加扣除”政策实施，根据所赡养老人健康情况实施差异化专项附加扣除额度。

（四）切实解决养育难题。扩大普惠性学前教育资源供给，根据子女数量，对学龄前儿童采取差异化补贴。核定普惠性民办园成本，采取同质同价，按照同等公办园缴费，不足部分政府全额补助，减免“三孩”家庭子女非义务教育阶段学杂费。适当延长学生在园在校时长，全面开展公益普惠的托管服务，加快落实放学时间与父母下班时间衔接。适当延长第三胎产假和陪产假时长，开展父母育儿假试点，根据未成年子女数量划分假期时长；制定弹性工作方式，让父母有更多的时间陪伴教育子女。

二十八、2022年6月22日，提交全国政协十三届二十二次常委会议的书面发言：全面加强“双碳”教育　助力“双碳”目标实现

建议：

（一）坚持从小抓起，加强基础教育。将“双碳”基础知识纳入中小学课程，进教材、进课堂，在物理、化学、生物等基础学科中适当融入“双碳”内容，精心培育一批具备生态理念和科学潜质的青少年群体。同时进一步弘扬“天人相应、道法自然”“中庸致和、天人合一”等中华优秀传统文化思想，让中小学生从小接受尊重自然、尊重客观规律的熏陶，懂得不“涸泽而渔、焚林而猎”，人与自然如何和谐相处的道理。

（二）立足人才培养，加强专业教育。要加快建立“双碳”专门人才培养体系。完善高等学校学科设置，增设如新能源、储能、氢能、碳汇、碳排放权交易等专业学科，建立涵养“双碳”人才蓄水池；积极开展低碳领域交叉学科建设和人才培养，加快与哲学、经济学、管理学、社会学等学科融合发展，培养碳核算、碳交易、国际气候变化谈判等专业人才；鼓励校企联合开展产学研协同育人项目，建设储能技术产教合作创新平台，为实现碳减排目标源源不断输送专业人才。

（三）聚焦能力提升，加强干部教育。抓住领导干部这一“关键少数”，推动“双碳”知识进党校、进行政学院、进干部学院，加强领导干部对习近平总书记关于“双碳”重要论述的学习，完整准确理解和推进“双碳”行动。教育引导领导干部深化对森林碳汇重要性的认识，当好绿水青山的守护者，积极探索“变碳为宝”的低碳绿色循环产业链。同时在推进“双碳”进程中，以责任考评和奖惩的方式，激励领导干部树立正

确的政绩观，发挥带头作用，杜绝懒政思想，坚决做到先立后破，稳妥有序推进。

（四）注重宣传引导，加强全民教育。创新宣传方式，通过抖音、快手、视频号等新媒体广泛宣传节能减碳知识，营造爱山爱水、节能环保的浓厚氛围。在全社会大力弘扬中华民族勤俭节约、劳动光荣的传统美德，倡导绿色健康的消费模式和生活方式，推广垃圾分类、低碳产品、碳积分制，开展节约用水用电用气、植树造林、光盘行动、绿色出行等低碳活动，一起动手向未来，以全民大行动减少能源资源消耗和污染排放。

二十九、2022年8月23日，在全国政协十三届二十三次常委会议上的发言：促进返乡留乡农民工就业创业

建议：

（一）完善扶持政策，激发就业创业活力。加大对返乡留乡创业农民工的担保贷款支持力度，放宽无还本续贷政策，提高创业补贴额度；集成优惠政策、集合公共服务、集聚资源要素，建立返乡农民工创业孵化园，吸引有技术、有项目、有创业意愿者入园创业；优化农民工创业服务政策，设立基层“农民工就业创业一站式服务窗口”，集中快速办理社保转移接续、税费减免、创业补贴、创业贷款及贴息等援企稳岗高频事项。

（二）促进精准对接，增强就业创业动力。加强农民工就业创业动态监测，搭建“企业用工余缺调剂平台”，实现岗位信息在线发布和跨区域共享，开展送岗位下乡进村入户，帮助农民工及时灵活就业；根据农民工返乡就业意愿，组织人力资源公司、劳务专业合作社等定向推送就业岗位信息；围绕地方主导产业和资源禀赋，筛选具有资源优势、适合返乡创业的优质项目，提供项目指导目录和可行性论证服务，有效降低农民工的创业风险。

（三）加大技能培训，提升就业创业能力。集中整合培训资源，深入开展职业技能培训。鼓励企业与培训机构联合开展定向、定岗培训，力争培训一人，就业一人；鼓励返乡农民工主动提高就业创业技能，根据个人实际，重点开展农资供应、代耕带种、农机维修等培训。对取得国家职业资格证书或技能等级证书的，适当发放培训补贴。

（四）开发新型业态，释放就业创业潜力。继续依托农业农村资源，深度开发乡村旅游、山村康养、田园采摘、休闲农庄、农村电商等新型业态，挖掘农业生产和服务领域的就业机会；鼓励农民工从事家政服务、资源回收等低门槛服务业，培育农业

经济发展新动能；结合乡村振兴战略，加大社会保障力度，积极开发乡村公益性岗位，托底安置就业困难农民工。

（五）**强化政府引导，汇聚就业创业合力**。构建小微企业发展法律保障机制，通过多种渠道及时向社会公布政策清单，加强政策解读，提高知晓度，确保就业创业政策和服务惠及相应人群；发掘促进农民工就业创业工作经验，树立农民工就业创业先进典型，讲好农民工就业创业故事，发挥“头雁”的带动效应，汇集“群雁”的强大合力，营造有利于农民工就业创业的良好氛围。

陈清华

一、2013年，提交全国政协十二届一次会议的发言：完善信访工作机制势在必行

建议：

（一）让改革发展的红利更多地惠及群众，从源头上预防和成批化解信访问题。投入更多的财力用于解决民生问题，对全国各地涉及历史遗留问题的群体性诉求认真分析，研究制定合理诉求的解决方案，稳步实施。

（二）全面推进用群众工作统揽信访工作。我国经过多年的探索，用群众工作统揽信访工作试点成效显著。信访这一"天下第一难题"，需要借执政党群众工作这一"第一法宝"来克服。在全国逐步推进用群众工作统揽信访工作，以履行群众工作职能和社会管理职能的部门为基础，还原信访工作的本质属性，提升信访工作的政治地位，拉长信访工作链条，实现信访问题事前预防、事中处理、事后解决"三位一体"的工作新模式，促使各级各部门切实提高认识、增进情感、转变作风，更好地推动信访工作。

（三）用加强社会管理提升信访工作。社会生活方式、社会组织形式、就业岗位和就业方式的多样化，使得社会的开放性、流动性大大增加，许多矛盾纠纷因责任主体不明确影响信访工作效能发挥。因此，要完善政府社会公共服务，健全新型社区管理和服务体制，完善基层服务和管理网络，整合基层资源，强化基础工作，建设乡镇（街道）综治信访维稳中心。进一步完善人民调解、行政调解、司法调解联动的工作体系。改进工作的方式方法，发挥群众主体作用，调动群众力量，激发群众智慧，自我管理，自我服务，依靠群众化解社会矛盾冲突。如，重大项目建设和重大决策，可以让群众实实在在参与，增强透明度，增加项目与决策实施的社会认可度。

（四）用法的思维完善信访工作。一方面，在解决群众诉求的过程中要进一步强化依法行政，严格落实"属地管理，分级负责；谁主管、谁负责"的规定，既要压实基层政府解决问题、化解矛盾的责任，又要十分重视维护基层政府、基层组织的权威性和公信力，坚决防止越俎代庖。另一方面，因地制宜逐步开展信访工作程序化建设，用有效的制度安排来容纳和规范群众利益诉求的表达。通过对办理工作提出刚性要求，保证群众的诉求得到及时办理，及时回复；通过规范信访行为，促使群众信访行为规范化。既防止出现对群众合法表达诉求的行为阻截、侵犯群众合法的民主权利和人身权利，又要防止对违法行为处置不到位影响法律实施的权威。

（五）用正面舆论引导信访工作。加强对信访工作的正面宣传和舆论引导，是营造和谐信访氛围的关键环节。通过利用媒体等各种舆论引导的载体，把握正确的舆论导向，引导群众树立正确的信访观念，在全社会营造依法行政、依法办事、依法信访的良好氛围。

（六）用现代科技畅通和规范信访渠道。在继续发挥好和谐大厦服务群众功能的同时，再造一个网上服务群众的“和谐大厦”，以信息通信技术和现代科技网络技术为载体，通过交流整合实现信访制度结构与管理技术的有益衔接，有效整合信访工作资源，促进强化信访部门的工作职能，便利群众反映诉求和提出意见建议，进一步提高信访工作服务水平。

二、2013 年，提交全国政协十二届一次会议的发言：面对人民的期盼　我们呼吁坚持

建议：

（一）厉行理性节约、反对浪费，体现了中央关心群众生活、注重改善民生的为民情怀，更展现出执政为民、克己奉公的执政作风。此举在引发良好社会评论的同时，也触动了我们的深思。据有关方面保守测算，我国公款消费、公款接待每年达 3000 多亿元。中央下决心惩治“舌尖上的浪费”，杜绝奢靡之风，追求节俭高效，其根本目的在于进一步凝聚党心民心，真正打开实干兴邦的局面。只有这样我们的干部才能把更多的精力用在谋划经济发展、办好民生实事上，真正把党和政府的关心送到群众心中，为把我国建成小康社会营造一个和谐的社会环境。

（二）党的作风建设，关系到党的形象和生命，关系到党和人民事业的成败。中共“中央新八条禁令”，是执政党对人民群众的一项庄严承诺，是对党和人民事业高度负责的体现。“中央新八条禁令”之所以能够逐渐显效，关键是领导干部以身作则、率先垂范。中央提出的“其身正，不令而行。其身不正，虽令不从”和“抓作风建设，中央政治局带头做起，要求全党做到的自己先做到了，要求别人不做的自己坚决不做，以良好党风带动政风民风”，深刻地体现了最高领导人以心正律己、以身正垂范、以公正服人的态度，是聚党心得民心之举。习总书记的深圳之行用实际行动做出了榜样，也践行了承诺，他的轻车简行让群众感到了亲切，拉近了群众与新领导集体的距离，赢得了全国人民的信任。从网上海量的信息反映来看，广大群众对“舌尖上反腐”的成果既拍手称快，又担心一阵雷雨过后吃喝风又卷土重来。所以无数的网友只有一个期待 , 这就是“坚持”！我们认为，贯彻“中央新八条禁令”不能搞紧一阵、松一阵，

而应非常严肃、非常认真、非常紧迫、持之以恒地贯彻执行。一项伟大的工程不在于一时怎么做，而在于勇敢地坚持做。

（三）**中国的问题其实并不是不可能解决，但只要坚持往前走就会达到胜利的目标**。以前常常有“政令不出中南海”的说法，但是这次“舌尖上的反腐”由于组织有效、行动得法、推进有力，再次显示了党的坚强领导能力，再一次形成了民心可用的宝贵局面。老百姓欣喜地看到，官场上迎来送往少了，公车私用也少了。深入实际调查研究，扑下身子真抓实干却多了，关心群众疾苦为民排忧解难也多了。我们应当百倍珍惜和敬仰民心，珍惜这个良好的开端，把整治浪费和反腐斗争不断推向深入。面对人民的企盼，我们贵在坚持，让坚持形成习惯，让习惯成为定势，让定势成为传统，最终形成风清气正的文化自觉。

三、2014年，提交全国政协十二届二次会议的发言：整治长江水环境迫在眉睫

建议：

（一）**把长江流域水环境治理作为国家深化生态文明体制改革的试点内容**。党的十八届三中全会作出了全面深化改革的决定。目前，中央全面深化改革小组已成立包括经济体制和生态文明体制改革在内的6个专项小组。一是按照中央全面深化改革思路，成立由国家领导人担任主任的长江流域水环境管理委员会。二是统一协调管理长江干支流、上下游水资源环境保护，制定《长江水资源保护总体规划》和《长江水资源保护工程》，全面协调长江流域的产业布局和跨省市江河水量分配等。三是推广江苏、江西等省经验，对长江流域所有河流、湖泊实行“河长制”“断面长制”和“湖长制”，实行环保“一票否决”制度。

（二）**尽快启动《长江法》立法程序**。考虑到长江的特殊性，建议全国人大常委会尽快启动《长江法》立法程序。同时，抓紧建立覆盖长江全流域和相关省市县行政区域的红线控制指标体系，加快推进有关法规建设，完善用水定额等技术标准体系。

（三）**加快建立和实行长江流域水环境资源有偿使用制度和生态补偿制度**。一是完善对长江流域重点生态功能区生态补偿机制，推动上下游地区间建立横向生态补偿制度。二是设立专门用于长江干支流上中游的生态建设和环境保护基金，加快推进长江流域水环境污染第三方治理。三是改革官员考核体制，建立科学的、可持续的“绿色”考核体系。

（四）**强化长江水环境监控能力和技术支撑能力建设**。一是加强对各类污水处理

厂运行情况的在线监测，加快推进沿江地区产业转型升级步伐，着力开展水专项研究和治理。二是进一步建立健全农业面源污染、农产品质量监测和农产品产地土壤重金属污染监测体系。健全土壤环境质量定期调查和例行监测网络，建立土壤环境质量定期监测制度和信息发布制度，提高土壤环境监测能力和应急预警能力，以及加快普及测土配方施肥技术、绿色植保技术、畜禽清洁生产技术、水产生态健康养殖技术。

四、2014年，提交全国政协十二届二次会议的发言：现代中国呼唤健康文明家风

建议：

（一）**重视家庭成员素质的提高**。将素质教育引入家庭，注重优化家庭学习环境，在家庭形成一种良好的、健康有序的生活方式和热爱学习、热爱生活的良好风气。此外，各级领导干部、长辈率先垂范，以身作则，从自身做起，在勤奋学习、热爱劳动、勤俭节约、助人为乐等思想行为、文化素质、道德品质方面为孩子做榜样，言传身教，如此，良好家风、家规才能逐渐形成。

（二）**发挥基层组织功能**。尤其是村委会或居委会等群众自治组织要采取必要措施，对黄赌毒之害等予以必要的干预或制裁，对攀比排场等予以正确引导，加强组织监督及对家庭成员的组织教育。

（三）**坚持“禁”“疏”并举**。社会组织引导家庭成员开展丰富多彩的业余文化生活。社会各官方或民间公益组织，可以组织诸如看电影、文艺汇演、读书及体育活动，使人们的闲暇生活过得更充实、有意义。

（四）**加强舆论宣传力度**。让全体社会成员切实认识家风建设的紧迫性与现实必要性，使人人牢固树立对后代、对自己、对家庭、对社会的负责精神，从我做起，将自己的家风建设好。各级组织、各民众团体应广泛开展家风评议活动，制定出文明家风的准则，加强舆论和道德监督，形成人人争创文明家风的局面，尽快建立健康文明的现代家风。

五、2014年，提交全国政协十二届二次会议的发言：农村卫生“网底”不牢　农民健康保障堪忧

建议：

（一）**建立完善村医激励机制**。首先是提高收入水平。要明显提高基药补助标

准，大幅提高基本公共卫生服务中适合村医完成的项目补助经费比例，落实新的一般诊疗费规定，使得村医平均收入达到乡村教师或乡镇卫生院职工同等水平。其次是落实最低保障。边远山区和服务人口少的村医，要制定倾斜政策，对其收入实行“保底”，保障其收入水平达到平均水平的 80% 左右。尽快开展村医执业助理医师资格考试，让更多的村医能够获得执业助理医师资格。按每千农村居民拥有 1.8—2 名医务人员标准提高乡镇卫生院编制比例，并将村医中获得执业助理医师以上人员纳入卫生院统一编制管理。

（二）**建立完善养老保障机制**。即为村医办理基本养老保险，让村医“老有所养”。对达到 60 周岁且从事村医工作满 20 周年的老村医，逐步提高其养老生活补贴标准，达到村级教师的同等待遇。

（三）**建立医疗风险保障机制**。统一为村医办理医疗风险保险，根据实际情况，核定缴纳保费，对村卫生室和村医发生的医疗事故风险予以保障。

六、2015 年，提交全国政协十二届三次会议的发言：关于加快建立长江中游湿地保护生态补偿机制的建议

建议：

（一）**编制《长江中下游湿地生态补偿总体规划》**。建议国家发改委牵头编制。建立起权威、高效、规范的湿地生态资产评估规程，促进生态补偿工作走向规范化、制度化、科学化。

（二）**制定完善国家湿地生态补偿法规**。尽快制定出台《长江中下游湿地生态补偿条例》。指导长江中下游湿地补偿的地方实践。在《长江中下游湿地生态补偿条例》的基础上进一步修改完善，制定《国家湿地生态补偿法》。

（三）**设立长江中下游湿地生态补偿基金**。由中央财政及下游省市共同出资，建立长江中下游湿地生态补偿基金。同时，积极完善生态补偿的投融资体系，探索并建立包括企业、公众共同参与的多渠道的投融资机制。

（四）**建立长江中下游湿地生态补偿协作机制**。国务院委托环保部，会同有关国家部委和长江中下游各省、市政府，建立以政府为主导、全社会共同参与的长江中下游湿地生态补偿协作机制，定期举行跨部门跨地区的湿地生态补偿联席会议，协商解决湿地生态补偿的重大问题。

七、2015 年，提交全国政协十二届三次会议的发言：我国养老金并轨后面临的主要问题和对策思考

建议：

（一）**加强顶层设计**。养老金并轨最难的还是涉及中央和地方的权力、责任，以及地方和地方之间利益关系的平衡和调整。目前，地区之间人力资源配置不均衡造成的养老保险抚养比高低差距较大，各地经济财力消费条件差异不能“一刀切”，各地养老保险基金结余不平衡，还有信息化建设、经办服务能力、管理上的差异等，这些都是要在全国统筹当中认真考虑的问题，也确实需要精心设计，照顾到各个方面的利益平衡。

（二）**逐步实现替代率的“平等”**。养老金替代率，是指劳动者退休时的养老金领取水平与退休前工资收入水平之间的比率。目前公务员的养老金可拿到退休前工资的 80%，而城镇职工只能拿到一半。全国人大财经委的一份调研报告显示，西部某省 2014 年全省机关事业单位职工退休费水平为月人均 3227 元，而企业职工的基本养老金水平则为月人均 2065 元，前者是后者的 1.56 倍。可见实现替代率“平等”，并非一朝一夕之力。但党政机关、事业单位建立与企业相同基本养老保险这一大前提，说明机关事业单位与企业的养老金替代率必须也必将逐步拉近。

（三）**建立健全养老基金投资运营机制**。资料显示，近年来我国养老基金投资运营取得了较好收益，年平均收益达到 8% 左右。估计到今年年底全国社保基金的规模能够达到 1.1 万亿元。今后要进一步做好国内投资产品的管理工作，制定基本养老保险基金投资运营办法，提高委托投资的管理收益，在确保基金安全的前提下扩大投资渠道，实现保值增值。

（四）**总结推介成功理念**。以先行先试为城市鲜明标识的深圳，养老金改革也走在了全国前列。深圳市自 2010 年起，采取先易后难的方式，对养老金并轨改革进行了认真地探索，取得了一系列成功的经验，应在认真总结其成功经验的基础上，结合文件精神吸纳推广。

八、2016 年，提交全国政协十二届四次会议的发言：深化国企改革　推进混合所有制经济健康快速发展

建议：

（一）**科学界定混合所有制经济**。一是树立新形势下的“混合理念”。混合应该

是双向和平等的，必须遵循市场经济原则，非公有制企业参与国有企业改革与国企参与非公有制企业改革，私企通过股权交易控股国企与国企通过股权交易控股私企，都应该被允许或被鼓励。二是加强理论研究。为避免和减少参与者之间的“多元冲突”，应该加强对混合所有制的针对性、前瞻性研究。比如对国有经济进行准确定位，划定不能开展混合所有制行业和企业的负面清单，在自然垄断行业，细分自然垄断环节和非自然垄断环节。三是遵循市场规律。对混合所有制企业的数量、程度和速度不能硬性考量，不搞“一刀切”。

（二）**切实防止国有资产流失**。一是建立市场化的国有股权定价机制。充分发挥市场的价格发现机能，真正形成由公开竞争决定国企资产价格的机制。二是完善国企股权资产评估流程。将审计与评估区分，相互验证和监督，保证评估结果的客观、中立。三是规范国企股权转让程序，做到公开透明和规范运作。完善信息披露机制，确保信息披露及时、持续和完整，并接受社会监督，实现阳光化、透明化操作。四是强化惩戒机制，要加强职能部门监管和社会监督，引入终身责任追究机制。

（三）**进一步深化产权制度改革**。一是积极引入战略投资者参与大型国有企业改革。允许大型民企、国内外其他优势产业资本等重要战略投资者，通过存量购买和增量稀释的方式受让国有股权，实现股权多元化。二是大力培育和发展机构投资，重点发展包括社保基金、养老基金、保险基金和股权投资基金等，作为财务投资者参与国企混合所有制改革，充实企业资本金，改善企业的股权结构。三是探索混合所有制企业经营者和员工持股的有效途径和办法。经营者持股有利于建立长期激励，减少道德风险；员工持股有利于调动职工积极性，增强企业活力。

（三）**创新混合所有制管理体制机制**。一是创新国资监管的新模式和新方法。以产权关系为纽带，致力于国有资本的优化配置，通过公司章程和公司治理机制依法行使出资人职责。重点管理好资本的投向、规范资本运作、提高资本回报。二是做好顶层设计，创新非国有资本参与国有企业改革的新路径。当务之急是要进一步从行业和领域准入到环节准入细化放宽政策，放宽市场准入。允许非公有资本进入法律法规未禁入的基础设施、公用事业及其他行业和领域，推出一批实实在在的项目，形成示范带动效应。三是创新国企人事制度的“市场化”改革。对原有国企高管可提供多向选择，或回机关单位或留在企业或自由选择；按照市场化标准，综合考虑政策性、公益性亏损，核定国企管理人员待遇；由国资委作为出资人连同股东会、董事会，根据企业业绩和发展需求对企业高管予以考核、选拔、任免。

九、2016年，提交全国政协十二届四次会议的发言：关于加快建立长江生态环境保护负面清单的建议

建议：

（一）**建立国家长江流域水资源环境管理委员会**。委员由中央有关部委负责人、流域内各省市地方政府主要领导以及相关专家代表等组成，委员会主任由国务院分管副总理担任。委员会主要负责长江全流域生态环境的建设保护和协调、监管、治理，以及资源的有效利用等，每年对长江流域水资源环境等情况，特别是长江生态环境保护负面清单等情况进行一次全面的总结和评估，组织开展记者行和长江沿岸环境污染隐患排查、制定长江经济带经济增长与生态环境协调发展规划等。委员会当务之急，一是加快制定长江生态环境保护负面清单。二是紧扣“十三五”规划，对沿江省市产业发展规划特别是沿长江化工、制造等产业的布局等规划进行研讨与协调，以推动长江经济带实现产业布局一体化。三是推动边界区域省市县开展环保合作。如，浙江嘉兴、湖州与上海嘉定、金山、青浦，江苏苏州三地实行环境监察人员交流任职和交界三公里内通报风险源、应急状态等可共享监测数据等。

（二）**制定长江流域生态环境保护负面清单**。参考上海自贸区做法，由环保部牵头其他部委参加共同制定长江经济带生态环境保护特别管理措施，即负面清单，明确禁区，实行一票否决制，严格管控长江流域生态保护红线。一是对长江上游及其支流和长江流域生态脆弱区等实行区域限批，并提高项目环境准入条件。以水功能区划为基础，严格控制入江排污控制量。二是对长江流域生态环境保护不仅要有总量控制指标，而且对各支流、江河交界段面也有控制性目标和措施。比如，2014年长江流域在四川、重庆、湖南、湖北段总磷浓度大幅上升，在江西、安徽段浓度下降，到江苏段再次上升，到上海入海口的朝阳农场断面达到高值。这就需要有针对性的限制要求。三是对长江经济带涉及的水、路、港、岸、产、城和生物、湿地、环境等方面，中央相关部委要制定全流域分区、分类、分级的生态环境保护特别管理措施。比如，农业部门对农业面源污染和渔民赶尽杀绝的捕鱼方式，水利部门对江河采砂、堤防建设，交通部门对船舶航运，林业部门对湿地等分门别类制定负面清单。同时，搭建生态“红线”管控平台，实现“天地一体化”，卫星经常照着，下面及时检查。

（三）**推动长江经济带绿色循环低碳发展**。绿色是长江流域的底色，生态是长江经济带发展的保障。在生态环境保护从严从紧的前提下，必须依托长江水道，统筹岸上水上，统筹考虑经济社会发展和水资源水环境承载能力，强化长江水资源水环境保护和合理利用。一是组建长江经济带产业技术创新联盟。大力实施创新驱动和产业转

型升级，加快建设科技创新先导区，促进创新资源高效配置和综合集成。二是建立健全生态补偿机制。设立长江生态建设和环境保护基金，建立统一的生态环境补偿税制度，开辟长江经济带碳交易市场，统一交易规则、对接系统、输出技术等手段，搭建长江流域碳交易市场平台。三是以法治方式大力推进长江经济带环境公益诉讼。重点是加强环境资源审判组织建设，及时制定出台相关司法指导意见，积极探索和推广环境资源刑事案件、民事案件和行政案件“三审合一”归口审理工作模式。

郑小燕

一、2014年8月27日，在全国政协十二届七次常委会议上代表农工党中央作发言：民主党派作中国共产党的挚友、诤友

建议：

（一）**进一步完善中国共产党与各民主党派的党际协商制度建设，使中共党内监督和参政党民主监督在制度上相互衔接，形式上相互配合，内容上相互补充，形成合力和有机统一体**。建立参政党与执政党纪检部门的会商制度，中纪委可就一些与民主党派所联系界别有关的案件听取党派意见。在民生和司法等领域，利用党派专业人才优势，在反腐倡廉制度建设方面发挥积极作用。中共党政领导班子和党员干部在查找和纠正有关“四风”问题时，要听取民主党派的意见。继续落实好重大组织人事安排前，中共组织部门征求党派意见的工作制度。

（二）**充分发挥人民政协协商民主重要渠道作用，使参政党通过政协平台更好履行民主监督职能，提高民主监督质量**。各级政府应主动把事关经济社会发展的重大问题，纳入政治协商范畴加以充分讨论。涉及人民群众重大利益的国家和地方重大建设项目，应在决策前和决策实施中在政协广泛协商、听取意见。积极探索加强和改进民主监督工作的新机制、新方法，不断增强民主监督实效。

（三）**通过制度保障做好参政、议政两项工作，拓展参政党民主监督的广度**。在参政层面，完善对民主党派干部的培养和实职安排。在与反腐倡廉工作相关部门以及事关民生的部门，进一步配备党派成员实职领导干部，可考虑适当突破现有配备比例的限制。充分发挥各民主党派成员在不同行业不同领域的积极作用，有效参与国资监管工作中来。在议政层面，进一步完善民主党派直接向中共中央提出建议制度；完善议题设置方式，以中共中央提出民主协商计划设定的议题为主，民主党派也可以根据研究成果提出协商议题；完善协商及其结果监督程序，对中央领导批示的民主党派建议，应设立和完善建议的跟踪、落实和反馈机制。

（四）**在关键环节和重要领域，探索民主监督新机制新办法，拓展参政党民主监督的深度**。在重大决策前，可发挥民主党派地位超脱的优势，从第三方立场，对决策风险进行全面系统的评估；发挥民主党派联系面广、专业性强的优势，在一些重点领域，更加广泛地吸纳民主党派参与相关工作；进一步完善特约监督员工作机制，明确

哪些部门应当或可以聘请特约监督员，规范产生和聘请的程序，必要时考虑由“聘”变为“派”，切实提高监督力度，确保监督实效。

二、2015年3月10日，在全国政协十二届三次会议上代表农工党中央作大会口头发言：从慢性病分级诊疗入手　缓解城市大医院“战时状态”

建议：

（一）**严格落实《全国医疗卫生服务体系规划纲要（2015—2020）》要求**。着力解决城市公立医院“办什么、办在哪、办多少、办多大”的问题，制定慢性病的分级诊疗规范，包括各类医疗机构的诊治范围、程序、标准，细化慢性病目录及临床路径、转诊程序等，明确慢性病在基层首诊，并开通双向转诊的快捷通道。

（二）**充分发挥医保杠杆作用**。做好社区医院和城市大医院慢性病医保用药目录的对接，调整医疗服务分级收费价格，用预付方式取代按项目的后付方式；将临床路径与支付制度改革结合，支付制度改革与取消以药补医相互衔接；进一步提高医保在基层医疗机构就医的报销比例，尤其是对高血压和糖尿病等慢性病患者在社区就医报销比例，引导慢性病病人的合理就诊。

（三）**着重提高基层医务人员慢性病防治能力和水平**。在城市大医院设置“全科医学科”，通过大医院派驻全科医生到社区，以及对基层卫生人员轮训、进修培养等多种方式，尽快培养一批对慢性病具有预防和诊治能力的基层医务人员，全面提升社区医院对慢性病医疗服务的能力和水平。对慢性病病人实行信息化管理，病人的信息实现在上下级医院之间共享与利用，提高卫生服务质量和效率。

（**四**）**进一步完善医疗机构人事分配制度**。落实公立医院用人自主权，建立能上能下、能进能出的灵活用人机制，尤其是把多点执业与慢性病分级诊治机制有机衔接。引导大医院医务人员深入基层，并保障社区医务人员的收入水平，调动医务人员服务基层的积极性。

三、2015年8月27日，在全国政协十二届十二次常委会议上的发言：以政府诚信带动社会诚信　共同践行核心价值观

建议：

（一）**依法行政，加强自律**。提高政府诚信，关键要依法行政。首先是健全法规，完善制度，扎好篱笆和笼子，从源头上遏制失信行为；其次是强化问责，依法惩

处公职人员失信行为。

（二）**完善机制，科学决策**。进一步完善政府决策机制，规范决策程序，优化决策环境，强化决策责任，提高决策科学化、民主化水平。对失信于民的决策，应实行引咎辞职制度，对决策失误导致国家和群众利益重大损失的，要实行终身追责。

（三）**整合资源，促进应用**。加快部门信用资源整合力度，完善信用信息系统数据库建设，减少重复建设，实现信息共享。加大信用记录征集力度，依法依规出台企业和个人信用信息采集目录，规范信用信息征集标准。加大信用信息安全维护力度，防止个人信息泄露。

（四）**完善制度，惩戒到位**。强化“守信得益、失信受罚”制度机制，加大守信褒奖力度，提高失信成本。加大联合惩戒力度，对失信者，相关部门均要采取相应惩戒措施，让失信者寸步难行。

（五）**恪守诚信，勇为标杆**。公职人员要时刻牢记理想信念，恪守诚信理念，加强诚信修养，约束个人行为。探索建立和推广公职人员诚信量化考核体系，不断提升行政效能，消除“事难办”现象，提高政府公信力。加大失信信息公开力度，坚决曝光公职人员失信情况。完善监督制度，畅通社会举报途径，提高政府诚信度，以政府诚信带动社会诚信，共同践行社会主义核心价值观。

四、2015 年 7 月 9 日，向全国政协提交的书面发言：加快试点推广　推动地区间横向补偿

建议：

（一）**加强顶层设计，在国家层面尽快出台《生态补偿条例》**。通过完善法律法规体系，明确实施生态补偿机制的主要原则、基本框架以及相关配套措施，依法实施生态补偿机制，保障生态补偿机制顺利实施。

（二）**加快试点推广，推动地区间横向补偿**。新安江流域作为全国首个跨省流域生态补偿机制试点，为地区间横向生态补偿提供了成功范例。建议国务院相关部委在总结试点经验的基础上，加快推广，提高现有生态补偿标准，使更多地区得到应有补偿。

（三）**加大改革力度，实现补偿资金来源多元化**。加快资源费改税进程，尽快开征环境税，为生态补偿提供稳定的资金来源。进一步拓宽投融资渠道，创新投资运营机制，通过政策、财税等手段鼓励社会资本参与生态环境建设和修复，因地制宜，大力发展生态产业，提高生态补偿综合效益。（见《人民政协报》2015 年 7 月 9 日）

五、2016 年 6 月 23 日，在全国政协十二届十六次常委会议上的发言：发挥农村低保制度的“兜底”作用

建议：

（一）**完善农村低保对象核查机制**。制定统一规范的低保核定标准，推动建立省级低保信息核对系统，提高低保审核的准确性与工作效率；增强低保对象的动态管理，确保应保尽保、进退有序；完善低保渐退机制，在低保对象家庭收入超过低保标准后逐步减少低保金，鼓励低保对象就业。

（二）**加强农村低保的资金保障和政策统筹**。加大财政转移支付力度，在保证中西部财政困难地区低保预算安排的同时，设立低保专项基金，通过制定财税激励政策，鼓励慈善组织和企业、爱心人士等参与低保资金募集；逐步开展低保线、贫困线“两线合一”，适当扩大农村低保覆盖面并提高低保标准，缩小城乡差距；明确低保和各专项救助的标准与条件，清理与低保捆绑的各专项救助政策，整合基层社会救助和扶贫开发工作机构。

（三）**加强基层低保工作力量**。在不突破编制总数的前提下，调剂人员充实基层民政工作队伍，试点建立农村低保工作兼职协查员队伍，试点以政府购买服务的方式委托第三方机构承担农村低保家庭收入核算工作；加大基层低保工作经费保障，健全激励机制与目标考核办法，切实提高基层低保队伍工作能力和政策水平。

（四）**加强对农村低保的监督检查和宣传**。尽快出台《城乡居民最低生活保障条例》，使农村低保工作有法可依；加强行政监管和责任追究，加大对各类骗保和工作人员违规行为的查处力度；借助大众传媒对农村低保和精准扶贫政策进行广泛持续宣传，认真落实低保公示规定，打造“阳光低保”。

王东林

一、2015 年，提交全国政协十二届三次会议的发言：“两馆”问题及对策前瞻

建议：

（一）尽可能以容量大、更新易、成本低、速度快、传播面广的网上展馆形式承载城市规划和廉政教育内容，希望有关部门尽快发文制止日渐升温的“两馆”建设热，避免进一步遍地开花。

（二）利用博物馆、纪念馆的现成空间，对接相关内容，将城市规划和廉政教育延伸为博物馆或纪念馆整体结构中一个单元的内容。花小钱，办大事，将钱用在刀刃上。

（三）对现有的“两馆”做出实事求是的评估。保留已经建成的上规模、上档次、内涵丰富、社会效益好并且能够自行维持的“两馆”，同时开展可持续发展研究，形成未来发展方案；对规模大、档次高、内涵单一但无法维持的“两馆”，应该选择合适的方式尽快实现转型改造；对一些没有多大保留价值的“两馆”，在自然完成其生命周期后予以撤除。中央纪委监察部于 2010 年 5 月命名的首批 50 处“全国廉政教育基地”，绝大多数是依托现有的革命圣地、纪念馆、博物馆和烈士陵园建设的。全国有博物馆三四千家，纪念馆近千家，完全可以承担城市规划和廉政教育任务。将城市规划和廉政教育作为现有博物馆或纪念馆一个部分或单元内容，安放在博物馆、纪念馆陈展的整体结构之中，不仅可以利用博物馆、纪念馆现成的空间、设施、管理资源，减少基本建设投入，节约管理成本，还可利用博物馆、纪念馆的人气优势，扩大宣传教育的受众面和教育效果；同时对博物馆和纪念馆的陈展内容也是一种丰富。城市规划和廉政教育与博物馆和纪念馆有天然的契合性。城市规划，应该观照特定城市的历史和传统，了解历史，可以更好地理解现在，知道一座城市从何处来并且应该往何处去。廉政教育，自然需要警示，需要反面教材，需要展示案例，但也同样需要正面的教育引导，需要借助优秀传统文化中有关廉洁、廉政的内容，尤其是革命先辈的廉政观念、价值判断与行为选择所体现出来的高尚情操。而且廉政教育的对象，不应仅仅局限于党员干部，还应该普及社会大众，尤其是作为革命事业接班人的广大青少年。

二、2016年，提交全国政协十二届四次会议的发言：21世纪中国农村复兴与文化重构

建议：

（一）**重新审视和适度调整农村土地政策，实现小农经济向现代农业全面转型。**在中国，延续两千余年的小农经济实际上已经终结，城市化运动也基本实现了减少农民的目的，这为实现小农经济向现代农业转型提供了极好的前置条件。目前普遍存在的问题是，现行土地制度依然留守于小农经济形态，确权后一家一户占有的小土地，极不利于土地流转。政府的初衷是以土地福利保民生、保稳定，但与现代农业建设构成了矛盾。其实，确权后的土地完全可以归村民集体所有并集中掌控，以利土地流转和集中经营。同时可将确权后的土地福利转为农村社保；国家按土地发放的补贴，转为按实际生产粮食数量发放，以减少大土地承包者租种土地的负担。由集体掌控的土地租赁费用，用作农民社保经费的来源，同样可以达成以土地福利保民生、保稳定的目的。

（二）**打通城乡双向流通渠道，重建农村知识文化新阶层。**中国传统农村的知识阶层，主要来自退休还乡、解甲归田的官员和不曾出仕的乡村秀才等读书人（旧称“乡绅”）。而当代农村人口完全是单向流通，只有流出，没有流入。现行政策也多受限制，出去的“不思归”或者“无所归”，以致“黄鹤一去不复回，故乡空余老屋居”。农村文化无人守望，农村发展后继无人。政府应该尽快调整政策，既要鼓励农村才俊、青年学生回乡创业，也要鼓励从乡村出来的退休人员或其他人员根据自愿原则到农村定居，以便尽快形成农村新的知识文化群体，参与乡村管理和文化教化。对回乡定居人员，原在乡村有房产的，允许局部维修、落架维修或原址改扩建；无房产者，给予一定的宅基地，或者有规划地开发一些农村商品房以满足需求。回乡村定居者可享受土地福利外的其他村民权利，包括选举权、被选举权，原在城市的各种待遇如医保、社保不变。

（三）**组建和派遣“复合型农村工作组”，扎实推进“21世纪中国农村复兴”运动。**“复合型农村工作组”，主要由政府选拔的青年大学生（包括硕士、博士）、青年干部和退休返聘干部组成，具备复合型知识结构，下至农村村委会，连续工作三至五年，分片包干，在充分调查研究基础上，因地制宜，参与制定切实可行的农村建设规划、文化保护规划、现代农业产业设计和扶贫工作，并像工业“招商引资”一样开展现代农业“招商引智”工作，动员一切可以动员的力量，调动一切可以调动的资源，促使规划和设计落地生根。政府对奔赴农村的工作组人员，应该做出激励性制度安排。

（四）依托农村知识文化新阶层，实现农村文化重构。“文化”是人类特有的生存方式。社会主义农村新文化，是与社会主义核心价值观和中华优秀传统文化为内核的，与现代农业经济基础相适宜的一系列观念模式、生产方式和生活方式。文化重构的具体任务，包括小农经济文化观念的破除，社会化大生产观念、生态经济观念、法律观念、生态生活模式的确立，农村基层自治、公共事务管理、新型邻里关系的实现，农村教育与新式农民的培养，移风易俗与新生活习惯的养成，农村优秀文化传统的延续与精神文明的进化，文化遗产保护与农村意象、村镇规划与文化风貌的新创造等等。

城市化不可能没有边界，农村永远占有最大的区域面积；工业化不可能总是一枝独表、一枝独秀，没有现代农业的建成，中国充其量只是一个跛足巨人；现代化不能总是城市风景独好，农民只有进城才能分享现代文明。没有 21 世纪中国农村的复兴，就没有中华民族的全面复兴。

龙国英

一、2018 年 3 月，在分组审议政府工作报告上的发言：关注主要矛盾变化　防范化解重大风险

建议：

把分散式污水处理纳入城镇污水处理的选择，制定详细的分散式污水处理总体规划和实施细则，建立包含技术标准体系、第三方评价体系和技术保障体系在内的技术体系，统一规划建设，分步骤地加以推进。

二、2019 年 5 月 21 日，在住赣全国政协委员座谈会上的发言

建议：

（一）区域的发展定位如何与区域的发展政策更好地匹配。5 月 9 日，何维副主席带队到江西调研我省生态文明示范区建设情况。生态文明建设的核心是要探索出一条生态环境保护与经济社会协调发展的新路子，关键是要调整产业结构，实现高质量发展。为此，南昌做出了“一核两重”（以新型工业化为核心，重点发展现代服务业和现代农业）的战略选择。为弥补发展新型工业化需要的创新能力不足，结合产业定位，南昌积极对接中科院以及中山大学、天津大学、哈工大、同济大学等国家队的科研院所共建科研创新平台。

（二）建议国家发改委给予大力支持。同时，在类似重大项目安排上多给南昌倾斜，如当前正在安排的区域医疗中心的布点。

（三）建议在国家层面把南昌列入“具有较大影响的体育赛事城市和体育竞赛表演产业集聚区”，并在促进体育消费行动计划中予以积极支持。

三、2022 年 4 月 15 日，在十三届全国政协第 60 次双周协商座谈会上的发言：大力发展社区托育服务　更好惠及普通群众

建议：

（一）**科学定位，完善政策体系。**国家《“十四五”城乡社区服务体系建设规划》对社区托育服务明确了目标任务，提出了政策举措。将社区托育服务作为重要供给模

式，给予大力支持。同时，抓紧研究制定社区托育发展的专项规划、设置标准，参照城企联动社区养老服务出台政策支持清单，因地制宜分类实施。在社区托育服务规划建设、设立条件方面依法依规适度从宽。

（二）**发挥优势，共建共享共治**。发挥基层社会治理的优势，鼓励各地结合实际探索社区托育服务新模式。从近年试点经验来看，鼓励市场、社会力量参与，采取公建民营、民办公助等方式，有效整合工会、妇联等各方面力量，从供需双方入手给予补贴，可以为群众提供质量有保障、价格可承受、方便可及的社区托育服务，对政府的财政压力也不会很大，是很好的可推广的经验，后续还可以进一步优化完善。

（三）**盘活资源，强化公共服务**。结合“1+5+X”社区邻里中心建设，挖掘社区空余场所或共有用房，支持地方疏解腾退资源优先改造用于社区托育服务。支持社区托育机构“一证多点”，提升社区托育覆盖面，依托社区托育就近开展家庭科学育儿指导。坚持公平导向，鼓励生育，对于“一孩”家庭按照标准收费，“二孩”家庭优惠收费，“三孩”家庭免费，由政府进行补贴。

（四）**数据赋能，发展智慧业态**。充分利用互联网、大数据、物联网、人工智能等技术，推进“互联网＋托育服务”。研发社区托育服务信息管理系统，实现服务需求精准预判、资源布局合理配置、供需关系精准对接，打造安全、健康的智慧园所环境。

四、2022 年，提交全国政协十三届五次会议的发言：提升妇女素质　发挥妇女作用　全力助推乡村振兴

建议：

（一）**进一步建立健全农村女性人才培育的教育体系**。农村妇女劳动力占农村劳动力 60% 以上，但农村妇女素质与现代农业发展需求不相适应。《家庭教育促进法》已从今年 1 月 1 日起正式施行，乡村家庭“只养不教”问题的解决也迫在眉睫。在教育部和农业农村部正在实施的农民学历提升计划中发挥妇联组织作用，通过共同开设女农民专班、短期特色课程班、科学育儿班、职业技能培训班等，组织动员有意愿、符合条件农村妇女提升文化学历层次和从业能力。

（二）**进一步营造农村妇女投身乡村振兴的良好环境**。乡村振兴，产业振兴是基础。农村妇女在手工、乡村旅游、农村电商等产业中从业人数较多，这些产业也成为妇女发挥优势，实现增收的有效路径。但是由于这些产业链条短、产品销售难、同质化竞争较重、抗风险能力差等问题，导致妇女增收较为缓慢。加大适合妇女的特色经

济产业扶持力度，出台相应政策鼓励外出务工妇女返乡创业，支持有意愿的妇女下乡创业。同时，创新金融、保险产品和服务模式，拓展妇女创业融资渠道。完善农村妇女法律服务体系，保护农村妇女合法权益。

（三）**进一步创新农村精神文明建设有效平台载体**。农村精神文明建设是农业农村现代化的重要内容。各级妇联组织通过建设美丽庭院，发挥基层妇联执委和巾帼志愿者作用，带动了妇女和家庭参与生活垃圾、污水治理、厕所革命等人居环境整治。继续加强对农村妇女群众的思想引领，广泛开展好家庭好家风巡讲，把“美丽庭院”作为美丽乡村建设的重要细胞，为妇联组织开展活动提供专项资金支持，适当给予妇联执委相应的报酬，让“美丽庭院”真正成为美丽乡村发展的“新引擎”。

五、2022年，提交全国政协十三届五次会议的发言：应对挑战　完善政策　减轻群众生育养育教育负担

建议：

（一）**降低生育给女性带来的负面影响**。一是降低女性就业和收入的损失。女性对能否就业、就业质量和就业稳定性的担心是影响其生育意愿的主要原因之一。目前各地新修订的《人口与计划生育条例》中都对产假进行了延长，但是这势必给用人单位带来损失，在一定程度上反而加大了女性的就业歧视。因此，有必要建立政府、单位、个人“三位一体”的生育成本分摊机制。国家层面牵头建立企业性别平等状况报告制度，将性别平等状况纳入企业年度报告。同时，给予录用一定比例的女职工所在企业以及多孩生育率高的企业一定税收优惠政策，要求机关事业单位纳入高质量发展等目标考核。二是给予女性生育精神抚慰。由政府购买心理关怀服务，免费提供给生育妇女，在产前、产后给予相应的心理关怀，降低生育带来的精神压力，减少产前焦虑和产后抑郁症的发生。三是加大女性生育知识科普。女性怀孕期间，危险系数提高，部分女性在怀孕后不清楚哪些能做，哪些不能做，一时不慎导致流产或落下“月子病”的大有人在。政府应通过视频、宣传册、公益广告等形式，加大生育知识科普，同时，还应定期组织相关机构开展“孕妇学校”“妈咪课堂”等活动，给予生育女性“生育安全感”。

（二）**减轻养育给家庭带来的经济负担**。一是构建多元化、多样化婴幼儿照护服务体系。目前，我国在0—3岁婴幼儿的托育服务方面相对欠缺，已经成为制约生育的重要因素。国家参照养老，加大在0—3岁婴幼儿照护服务方面的资金投入，完善自上而下各级资金投入体系，鼓励各级卫生健康、教育、工会、妇联、机关事务管理等单

位主动融入，引导和支持社会力量积极参与举办托育服务机构，积极推动 0—3 岁婴幼儿照护服务工作。另外，充分利用互联网、大数据、物联网、人工智能等技术，研发应用婴幼儿照护服务信息管理系统，推进“互联网 + 托育服务”，实现“互联网 + 行业信息”全面管控，托位全面监管追溯，打造安全、健康的智慧园所环境。二是精准对接需求，出台补贴政策。对生“二孩”“三孩”的家庭的补贴激励措施可以再精准一些，优惠力度再大一些。比如在普惠托育中可以出台家庭支持政策，对生育“一孩”家庭按照标准收费、生育“二孩”家庭优惠收费、生育“三孩”家庭免收费用。在购（租）房补贴、生育津贴、育儿补贴等方面也建议向“二孩”“三孩”家庭逐步倾斜，加大补贴力度，提升家庭生育意愿。三是降低教育成本。生养子女必然涉及生活成本的提高，其中教育方面支出已成为支出的“大头”，成为影响生育意愿的主要因素之一，降低生育养育教育成本已成为优化生育政策、建立友好型生育环境的重要内容。在深化新时代教育评价改革、全面推进“双减”工作的大背景下，建议国家层面强化教育评价结果的运用，从根源上规范学校教育教学行为，完善过程评价、健全管理监督机制，切实减轻学生负担，推动教育成本降低，改变生育意愿下降趋势。

卢天锡

一、2014年，提交全国政协十二届二次会议的书面发言：关于完善我国住房保障体系的建议

建议：

（一）**加快住房保障的立法**。住房的立法历来受到各国政府的高度重视，各国普遍制定了一套规范、严谨可行的住房法律体系，从而保证了住房产业政策的贯彻和实施。西方国家涉及住房问题的法律较多，各国基本上都已经形成了相互补充、比较完整和完善的住房保障法律体系。因此，应按照“公平、效率、基本保障、普遍保障、多层次保障”的原则，尽快制定出符合我国国情的相关住房保障法规，健全住房保障的法律法规体系，从法律上对我国住房保障的目标、框架和保障对象、标准、范围、资金来源及机构设置、监管体系等作出明文规定，解决好住房保障“为谁建”“谁来建”“如何建”“怎么管”的问题。各地也应当结合本地经济发展的实际，制定出地方性的住房保障法规，并针对住房保障的不同对象，提供多种不同方式的住房保障。

（二）**厘清政府和市场的作用边界**。习近平总书记指出，从我国国情看，总的方向是构建以政府为主提供基本保障、以市场为主满足多层次需求的住房保障和供应体系。因此，要正确认识和处理好政府与市场的关系，一方面，在我国社会主义市场经济体制日趋完善的形势下，充分发挥市场在住房保障和供应中的决定性作用，以更好地适应复杂的住房需求结构，满足多层次、多样化的居民家庭住房需求；另一方面，政府应凸显公共管理与社会保障职能，义不容辞地承担起构建住房保障体制的职责，把重点放在市场机制无法解决的中低收入居民家庭的住房保障上，优化财政支出结构，直接投资增加保障性住房供给，运用政策工具动员更多社会资金、市场力量为住房保障政策目标服务，从而维护广大人民的切身利益，打造公平正义的社会环境，促进社会和谐稳定。

（三）**大力发展住房租赁市场**。从国际角度看，购买商品房只是解决居住问题的一条途径，而大量买不起或暂时无必要买房者，主要通过租赁方式解决自身和家庭的居住需要。因此，一个完善的住房保障体系，必然伴随着住房租赁市场的培育和发展。一是继续大力发展公共租赁住房，满足城市中低收入家庭、外来务工人员、新就业大学生的住房需求。在政府承担主体责任的同时，引导和支持学校、医

院、科研机构等企事业单位适当建设公租房，作为过渡性住房，让新就业人员“住有所居”。二是制定出台鼓励社会资金投资建设租赁住房和鼓励闲置私有住房出租的优惠政策，扩大租赁住房的供给和需求。对于建造租赁房的开发公司，在银行贷款期限和利率方面提供优惠，税收可适当减免。对于私房出租者的税率可就低制定。三是规范管理，针对目前住房租赁市场比较混乱的状况，完善和加强住房租赁市场的规范化和法制化建设。

（四）完善住房金融体系。住房金融体系是住房保障体系的重要组成部分。不论是国家住房保障的资金来源，还是居民改善居住环境，提高居住质量都离不开住房金融的大力支持。我国的住房金融近几年有了相当规模，但仍滞后于房地产业的发展，对住房保障的支撑作用有限。一是建立政策性住宅金融机构，包括政策性住宅银行、住宅抵押贷款担保机构以及住宅金融证券化机构等等，以利于政府有效地执行调控功能，实现政策意图。二是创新住宅金融政策，完善住宅金融市场结构，引导和鼓励金融机构开展住房储蓄和政策性住房抵押贷款，建立和完善贷款担保机制，降低中低收入居民申贷门槛，增强其购房能力，促进住房保障体系的顺利构建。三是大力发展基金产品、信托证券、指数化证券等金融工具，解决流动性和短存长贷等问题，建立起住宅金融的风险分担与化解机制。

（五）完善住房公积金制度。住房公积金制度的建立，提高了职工住房的支付能力，调动了职工个人解决住房问题的积极性。但在新形势下，我国现有的公积金制度也存在一些缺陷，主要是政策性住房金融优势不明显，对中低收入家庭倾斜不足，整体使用效益低下，导致一方面住房公积金大量资金沉淀，另一方面一些中低收入家庭住房需求得不到保障。据统计，目前，全国住房公积金整体使用率水平在40%—50%，每年都有近2000亿元的资金沉淀。为更好地发挥其在住房保障中的作用，一是扩大住房公积金制度对各类就业人群的覆盖，使每一个就业者都能享受到住房公积金这一政策性住房保障资金，使住房公积金在政策性住房金融体系中发挥核心作用。二是改进住房公积金缴存、提取、贷款和使用机制，发挥住房公积金的“蓄水池”功能和互助特性，重点满足中低收入家庭的住房保障需求。三是建立公积金缴存比例与地方房价的联动机制，有效提高住房公积金实际购买力的住房保障力度。四是扩大公积金支持保障房建设试点范围，拓展住房公积金沉淀资金的运作渠道，更好地支持保障性住房建设。

二、2017年，在十二届全国政协第62次双周协商座谈会上的发言：规范无证办园 扩大学前教育资源

建议：

（一）**“疏”“堵”结合，加强对无证办园行为的治理**。各地教育部门应会同有关部门，以“批”“停”“关”等方式，分类治理无证办园行为。具备办学条件的无证幼儿园，帮助其补办审批手续，正式批准设立，发放办学许可证。基本符合办学条件的，提出限期整改意见，整改合格后，帮助其办理审批手续，发放办学许可证。对缺乏基本办园条件，存在严重安全隐患的无证幼儿园，在做好在园幼儿分流安置工作后，坚决给予取缔。对上述具备或基本具备办园条件的无证园，通过购买服务支持引导其成为有证的普惠性民办幼儿园。所谓普惠性幼儿园，是指公办、集体或企事业单位举办、提供普惠性服务的民办幼儿园。这三类幼儿园由于有政府财政保障或资助，办园条件好，服务质量优，收费价格低，深受家长和幼儿喜爱，市场上供不应求。各地应出台相应的普惠性民办幼儿园认定及扶持办法，从认定条件、认定程序、政策扶持等方面进行规范，积极引导无证幼儿园办成收费较低、质量合格的普惠性幼儿园，使适龄幼儿，特别是农村和困难家庭幼儿的入园问题得到解决。同时，各地可探索建立以县直幼儿园和乡镇（街道）中心幼儿园为核心的县域、镇域一体化管理模式，实行办园经费、教师调配、师资培训、保育教育等方面的统筹管理。鼓励有条件的示范幼儿园和有实力的教育集团充分发挥自身优势，以举办分园、承办新园、托管弱园、合作办园等多种形式，减少、消除区域内无证园，扩大区域内优质学前教育资源。从而倒逼无证、无办园条件的民办幼儿园退出学前教育领域。

（二）**转变观念，全面落实政府发展普惠性幼儿园的责任**。国家“十三五”规划纲要对今后5年学前教育提出了“双八五”发展目标，即：2020年实现学前教育毛入园率达85%、普惠性幼儿园覆盖率达85%。各级政府应把发展普惠性幼儿园作为落实共享发展理念的大事来抓，坚决摒弃“将学前教育完全交给市场来办”的错误观念，切实履行政府发展普惠性幼儿园的主体责任。

（三）**加大投入，补齐公办幼儿园建设的“短板”**。各级政府要抓住国家实施第三期学前教育行动计划的契机，进一步加大财政投入，扩充公办学前教育资源。要把教育经费纳入财政预算。新增教育经费向学前教育倾斜，并做到逐年增长。财政性学前教育投入要最大限度地向农村、边远和贫困地区倾斜。加大对家庭经济困难儿童、孤儿和残疾儿童接受学前教育的资助力度。一方面，落实政策，确保公办幼儿园正常运转。针对公办幼儿园收费偏低、承担非在编幼师工资负担重、正常运转困难的问

题，尽快制定出台公办幼儿园生均公用经费标准，以保障幼儿园日常运转，促进公办幼儿园健康发展。另一方面，加快公办幼儿园建设，实现“政府主导，社会参与，公办民办并举的办园体制”。完善学前教育网点布局，建立和完善县、乡、村三级学前教育服务体系。支持国有企事业单位和集体办园。补足配齐配套幼儿园。出台农村乡镇、行政村、城市住宅小区等配套幼儿园的建设管理办法，从职责分工、规划设计、土地出让、建设进度和加强管理等方面明确有关要求，以扩充学前教育资源，让适龄儿童能够就近入普惠园。

史　可

2021 年，在十三届全国政协第 57 次双周协商座谈会上的发言：强化中药资源保护和生产管理　推动中药产业高质量发展

建议：

（一）**加强中药资源管理法规建设和保护监管执法力度，保障中药资源可持续利用**。对《中医药法》《野生药材资源保护管理条例》等相关法律法规进行适时修订，根据行业特点调整明确执法主体部门及其责任，切实加强中药资源保护监管执法。针对濒危、重要野生中药资源可加大对中药资源种质基因库的养护资金支持。

（二）**大力推动中药材种植生产技术进步**。为切实保证药材质量、供给及其稳定性，建议遵循“质量优先”“生产与生态保护和谐”原则，采取传统与现代农业、生态种植等多种形式大力推动绿色中药材生产。借鉴近 20 年的 GAP 实践经验与教训，着重加强优良品种选育、种植技术提升、生产过程技术规程执行及农药化肥使用管理和监督。

（三）**探索改革中药材生产计划管理模式**。可探索中药材生产经营管理模式改革，引导和鼓励成药等产品制造生产企业需求方与种植基地联合建立“定制药园基地”，保障药材稳定供给；对于重要品种可探索参照国家烟草管理模式，实行“计划种植”生产管理。

（四）**进一步提升中药产品质量标准及其检验技术水平，提高药品市场监管能力**。建议持续实施“国家药品标准提升行动计划”，提高中药产品质量标准客观性与科学性及其检验技术水平，为中药新药研发、产品生产过程质量控制与市场监管提供技术与法律支撑。

陈文华

2019年1月28日，在全国政协第19次双周协商座谈会上的发言：加大涉网知识产权案的刑事司法打击力度

建议：

（一）**适当降低立案标准**。知识产权保护的客体虽然还是商标权、专利权和著作权等权益，但承载、传播和使用的路径因互联网技术的广泛运用而得到了广泛的传播和使用，使得侵犯知识产权的行为多样化、复杂化和技术化。建议维持立案标准的一致性、修改非法经营数额的认定、加大侵权人主观恶意性的考量。

（二）**强化电子证据的证明力**。互联网中的电子数据所反映的侵犯知识产权行为，要通过现实中的一一核实才采信。因此有必要对数量巨大的电子数据甄别时，在公证情形下，随机选择某时间段的数量，一一核实以后，得出一个数据，以这个数据为依据，再来计算出总数据，由此提高电子证据的证明力。

（三）**完善行政执法与刑事司法衔接机制**。一是司法机关加强与行政机关的协作，积极推动数据共享，拓宽情报线索来源和数据获取。二是建立联席会议制度，共同研究涉网知识产权的新情况新问题，制定侵权行为认定的统一标准。三是建立侵权名单，把企业和个人的失信行为纳入个人征信。

胡汉平

2017年11月16日，在全国政协第75次双周协商座谈会上的发言：建立合理的粮食储备规模

建议：

（一）建立合理的粮食储备规模。参照国际通行的17%粮食库存消费比，结合我国不同地区粮食消费习惯，综合分析我国粮食供需状况，科学确定中央和地方储备规模。以17%为基准，丰产年份适当多储，歉收年份适当少储，防止农民卖粮难和市场供求失衡；同时，通过收储价格调整，发出调减或增加生产的信号，防止供给过多或不足，从而达到粮食储备规模、生产规模与市场需求规模之间的动态平衡。

（二）建立差异化粮食储备机制。一是保早放晚。早稻实现政策性收储，执行最低收购价政策；中晚稻和粳稻根据储备规模需要，实现市场化收储，随行就市收购，财政给予一定收储补贴。二是以早稻价格调控中晚稻价格。通过早稻最低收购价格，间接影响中晚稻和粳稻市场收购价格，达到调控生产的目的。

（三）合理把握储备粮、进口粮入市时间节点。

（四）进一步加大主产区粮食产能建设。在加大对粮食主产区财政奖励力度的同时，重点加大对主产区基本农田项目资金投入，结合永久基本农田和粮食功能区划定，建设一批集中连片、旱涝保收、稳产高产、生态友好的高标准农田，示范推广一批绿色高效主推技术，提高粮食综合生产能力和可持续发展能力。

徐景坤

2018 年 7 月 6 日，在十三届全国政协第 6 次双周协商座谈会上的发言：公办学校适度松绑　民办学校加强监管源头　治理中小学生课外负担重问题

建议：

（一）**对公办学校与民办学校一视同仁，让二者公平竞争**。提升公办学校的教育质量。公办学校承担教育公平的使命，建议全方位、多角度激发办学活力，提升公办学校办学质量。例如，模仿美国做法，在百万人口城市开设若干拔尖班或在高水平中学设立拔尖班（AP Class），集中有能力最优秀的中学生，每周固定时间超前学习。在中学阶段探索实行大学数理化预科教育，参照大学英语四六级考试组织全国专业统考，学生到大学后根据相应证书可以免修相关课程，为未来创新人才培养提前打好基础。在难度很低的公立学校课堂学习之外，可以考虑 15:30 放学后在校增加学生的课外复习时间，提高孩子的竞争力，同时下班晚的家长也方便接孩子，收取的托管费用可以用来提高公办教师津贴，留住优秀老师。

（二）**监管民办学校选拔和收费标准**。可以考虑借鉴上海等地实行的“公民同招”政策，即公办学校和民办学校同时招生，削减民办学校的招生优先权。

梅国平

2019 年 4 月 12 日，在全国政协“加强幼教师资培养”双周协商座谈会上的发言：人工智能时代幼教师资培养要有新举措

我国的学前教育是站在“三个鸡蛋上跳舞”。一是站在现实的鸡蛋上，与广覆盖、保基本、有质量的要求相比，学前教育还存在缺人、缺钱、缺学位、缺质量等问题。二是站在历史的鸡蛋上，老祖宗没有把学前教育当教育，只是把孩子拉扯大，幼儿以家庭抚养为主。现在要把学前教育当真正的教育，实现幼有所育，就需要明确：教育是面向未来的，所以必须站在第三个鸡蛋上，站在未来的鸡蛋上，提前谋划。

当前，人工智能时代扑面而来，将深刻影响人类生活和生产方式，由此去看，教育是与技术的一场赛跑，赛赢了就有红利，赛不赢就会出现很多问题。人工智能的迅速发展，对幼教师资培养工作带来新的挑战与机遇。2018 年，教育部办公厅印发《关于开展人工智能助推教师队伍建设行动试点工作的通知》，在宁夏和北京外国语大学开展试点。但总的来看，我国幼教师资培养与人工智能时代的要求相比还存在很大差距，具体体现为“四个基本没有”：在全国开设了学前教育专业的院校中，基本没有形成基于人工智能环境的幼教教材体系；基本没有开展人工智能在课堂教学上的实际应用；基本没有建立面向幼教师资培养的人工智能实习实践基地；基本没有提供针对幼教的人工智能教育素养培训项目。利用人工智能技术，一方面，可以大幅提升教学效率，减轻幼师压力，通过机器人交互与幼师引导互为补充，可以帮助幼师提升教学水平，普通幼师也可以上出名师课。另一方面，还可以为偏远贫困山区幼儿提供优质的学前教育资源。建议：教育部加强顶层设计，对运用人工智能助推幼教师资队伍建设、推动优质幼教资源同步共享进行整体规划。

社情民意信息

全国政协委员

李华栋

2014年，反映社情民意信息：完善高校毕业生基层见习政策　拓宽毕业生就业成才渠道

随着我国高校招生规模不断扩大，高校毕业生就业难问题逐渐显现。2005年，中央下发了《关于引导和鼓励高校毕业生面向基层就业的意见》(中办发〔2005〕18号)，开展了选拔、招募高校毕业生到农村任“大学生村官”、到农村基层从事“三支一扶”、“志愿服务西部计划”、从事“特岗教师”等基层见习活动。这些措施不仅适度解决了大学生就业难、基层组织领导力量单薄、基层单位科技人才匮乏等问题，而且帮助了有志青年了解农村、熟悉社区，改变了当今社会特别是大学生的就业观念，拓宽了当代知识青年成才渠道。

然而，在实践中，现行政策仍遇到不少实际困难，亟待进一步完善。一是基层见习岗位空间拓展不足。城市中的社区、居委会、公益性岗位、志愿者岗位，农村中的流通合作组织、龙头企业、一村一品企业、特色种养基地、农业产业化基地，园区中的小型企业、微型企业、中介服务组织等，没有设置基层见习岗位。二是基层见习待遇与法规有冲突。调研中，许多人反映，在基层见习期间，属“三不明”人员，即“身份不明、待遇不明、角色不明”。根据《劳动法》《社会保险法》等法律法规规定，高校毕业生在基层见习，不属法律意义上的劳动者；基层单位接受高校毕业生见习也不属法律意义上的用人单位。三是服务期间与服务期满待遇各异。当前我省高校毕业生参加上述四项基层见习服务期间，生活补助标准不同、补贴项目不同、参加保险的类别险种不同；在服务期满后，除可在基层服务单位入编安置的待遇相同外，其他安置待遇都与组织实施单位的部门特色有关。四是各类人员招募程序繁简不一。高校毕业生为获得一个基层见习的机会，要花费大量精力和时间去应对笔试面试、考察考核。按见习岗位不同来组织考试，还要分别出试卷、组织考试、阅卷、体检、政审等环节，让组织实施单位花费了大量财政资金，浪费了许多行政资源。五是服务期满安置政策有待完善。在四项基层见习政策中，对高校毕业生服务期满后进入事业单位、公务员队伍、考研加分等事项作了明确规定，而对高校毕业生服务期满后自谋职业、

自主创业、留村任职的其他安置途径未作指引，也未制定对自谋职业、自主创业、留村任职的鼓励措施、优惠政策、扶助办法。

建议：

（一）**统一政策规定**。将高校毕业生招募到基层任“大学生村官”“三支一扶”“特岗教师”“西部计划”等到基层见习、锻炼的做法，统一定位为“高校毕业生基层见习计划”。对已出台的高校毕业生基层见习政策进行提炼整合，统一出台《江西省高校毕业生基层见习规定》，在机制、体制、经费保障、安置途径和相关待遇等方面作出统一规定，避免政出多门，产生新的不公平。例如，统一服务期限；统一将服务期间的待遇分成两个大项：生活补贴和岗位补贴。生活补贴按服务县（市、区）最低工资标准 1.5—2 倍确定，由省级财政统一预算拨付。岗位补贴按见习岗位的不同适当拉开差距；统一见习期间参加社会保险的项目和待遇；统一见习期满待遇等。

（二）**拓展见习岗位**。将高校毕业生基层见习岗位，拓展到城市中的社区、居委会、人民调解机构、公益性岗位、志愿者岗位，拓展到农村中的流通合作组织、龙头企业、一村一品企业、特色种养基地、农业产业化基地，拓展到工业园区（高新技术产业园区）中的小型企业、微型企业、中介服务组织、劳动保障所等服务、协调、管理岗位，以利当代文化青年熟悉农村、了解社区、贴近百姓、服务群众。

（三）**规范招募程序**。将招募“大学生村官”“三支一扶”“特岗教师”“志愿服务西部计划”等高校毕业生基层见习人员的笔试合并为一场考试。面试则根据招募对象或见习岗位的不同，分类分别进行，由一个机构统一公布招募计划，统一组织笔试，统一公布成绩，统一公布招录结果。

（四）**拓宽安置渠道**。将自主创业、自谋职业、留村任职列入高校毕业生基层见习期满后的安置途径。对选择自主创业的高校毕业生，采取提高小额贷款的贷款限额、简化申请贷款手续、降低反担保条件等措施进行帮扶；对选择自谋职业的高校毕业生，采取免费职业培训、免费职业介绍、免费管理个人档案、职业指导师专人辅导等措施进行帮助；对选择留村任职的高校毕业生，设立专项扶持基金或创业基金，帮助其在农村从事种植、养殖、加工、流通等行业。

李华栋，全国政协常委，江西省政协副主席。

谢　茹

2022 年，反映社情民意信息：关于尽快建立油茶国家收储制度的建议

习近平总书记高度重视油茶产业发展，多次作出重要指示批示。2014 年，国务院办公厅印发《关于加快木本油料产业发展的意见》，提出“建立健全木本油料种植、加工、流通、消费产业体系，努力提高木本食用油的消费比重”。今年中央一号文件又强调“大力实施大豆和油料产能提升工程。支持扩大油茶种植面积，改造提升低产林”。近年来，在国家政策的大力推动下，油茶种植面积和产量快速增长，但油茶籽销售难问题也初见端倪。比如，2019 和 2020 年，由于天气等原因，油茶单产较低，市场收购价每斤鲜果收购价格达到 2.5 元左右。但到了 2021 年，适逢油茶“大年”，鲜果平均亩产为 2020 年的 3—4 倍，鲜果收购价格跌至每斤 0.9—1.3 元。若除掉采摘费（每斤 0.4 元左右）、抚育人工费、肥料费等，种植油茶甚至还要亏本。随着新技术应用和新造高产油茶基地的逐渐投产，油茶产量还将逐年增长，卖难问题将会越来越严峻，若不予以重视并采取相应举措，必将严重打击林农种植的积极性。

建议：

（一）**将油茶纳入国家收储产品目录**。既然国家把木本油料放到了保证粮油安全的高度，完全有必要将油茶这一木本油料中最主要的品种纳入国家收储产品目录，实行最低收购保护价。参照目前国家现有粮油收储政策，制定专门政策和措施，依托粮油部门或其他相关部门建立油茶籽及其初级产品（初加工茶油）国家收储体系。

（二）**鼓励支持在江西等油茶主产省份先行开展试点**。江西是油茶大省，种植面积达到 1500 多万亩，毛油产量近 20 万吨。目前，江西针对干籽和毛油都有较好的收储条件，如收储干籽，仅南昌地区用于农产品的冷库容量就有几十万吨；如收储毛油，全省油料加工企业闲置的储油罐，就可把全部茶油初级产品装完，无须再新建储存设备。国家有关部门可建立相适应的政策体系（如考核机制、补贴政策等）和利益链条，充分调动试点地区积极性、主动性和创造性，待取得经验，再全面部署铺开。

（三）**探索国家收储与企业收储相结合模式**。在国家不能完全收储的情况下，鼓励油茶加工企业自行收储，国家给予企业收储资金贷款贴息等政策支持。建立分级分

类收储体系，根据油茶产区分布及生产情况，分别建立国家和省级及企业收储制度体系和技术指标体系，并加强考核和监管。

谢茹，全国政协常委，江西省政协副主席，省党外知识分子联谊会会长。

汤建人

一、2012年，反映社情民意信息：关于加强高速公路交通安全管理科技化建设的建议

随着社会经济持续发展，我国高速公路建设事业获得了飞速发展，高速公路通车里程及通达范围在不断扩大，高速公路已成为道路运输主动脉和群众出行大通道。但是，与日俱增的交通流量、日渐复杂的交通环境、日益严峻的治安形势，以及随之在高速公路上超速、超载、占用应急车道行驶、故意遮挡号牌、随意变道行驶等重点交通违法行为日益突出，交通肇事逃逸时有发生等，导致交通安全管理压力增大，交通安全形势十分严峻。以某省为例，近5年高速公路共发生交通事故6561起，造成2239人死亡，8715人受伤，直接财产损失超过2.3亿元。

同时，当前江西省高速公路公安交通管理科技信息化基础设施相对薄弱、管理手段单一、科技水平滞后，与当前的经济和科技发展水平不相适应。尤其是对故意遮挡机动车号牌、违法变道、非法占用应急车道、不按规定停车等动态违法行为不能在第一时间进行有效管控查处，以及预防和减少因这类违法行为引发的道路交通事故。一方面是路面信息获取量不足。目前高速公路交通管理手段还相对滞后，特别是欠发达地区，高速公路交通秩序管理基本上还是靠“人防”。一个高速公路交警大队平均管辖100公里左右，要投入2—3台巡逻车实行24小时全天候巡逻。据统计，目前的巡逻车所能跟踪管理的车辆不足辖区道路流量的30%，除此之外，无其他途径或方法获得路面信息，巡逻勤务无精确指导，其余路面车辆无法兼顾，造成巡逻管理效能低下；另一方面，资源共享不到位。由于技术等方面的原因，交通业主部门路面设置的监控探头仅有部分与交警部门实行共享，而测速设备采集的信息则完全未与交警部门共享，导致监控设备实际处于闲置状态。

高速公路交通管理的特点决定必须高度依赖科技管理，加强高速公路交通安全

管理科技化建设，通过科技手段提升高速公路交通管理执法水平和服务社会的能力，改善交通秩序，预防和减少道路交通事故的发生，避免和减少人民群众生命财产安全损失。

建议：

（一）**加大高速公路交通管理科技设备建设的力度**。一是建设完善路面监控设备，即对于已建的高速公路，在现有少量监控探头的基础上，进一步投入专项资金，安装足够的高质量摄像探头，确保实现无盲点监控，以实时掌控路面情况，达到快速反应要求。并提高摄像头购置规格，确保画面清晰、明了，并具备一定夜视能力。对新建高速公路，应将道路监控系统建设列入建设规划中，与道路同步建设，并作为道路开通验收的重点项目。二是共享信息资源。交警部门和交通部门应共享路况信息提示系统、路面监控系统、交通违法抓拍系统资源，实行交警、交通两部门信息资源最大化共享，实现真正意义上的高速公路信息共享。

（二）**加强对车辆的科技装备配套**。运管部门应出台相关规定，重点加强对客货运车辆及驾驶员行车的监督。一是在客货车辆中安装交通事故自动记录仪，既可方便对事故的分析处理，又可促使司机时刻谨慎驾车，防止事故；二是在客货车辆中安装自动限速装置，设定安全行车时速，一旦车辆超过设定时速，将发出警报并自动关闭供油，确保车辆在安全时速行驶。

（三）**健全高速公路路况信息动态发布系统**。在运用高速公路监控系统实现对路面情况的提前预警、全时跟踪的基础上，及时将路面交通信息通过可变情报板、龙门架电子显示屏、交通广播、高速公路查询电话、互联网等平台发布给广大驾乘人员，滚动播出，并实时更新，最大限度地告知、引导驾驶人等广大交通参与者调整出行计划或路线，缓解危险路段的交通压力。对恶劣天气多发的路段，配备高亮照明灯、大功率喇叭和高密度可变情报板，对进入危险路段的车辆驾驶人实施声光电动态诱导，提醒驾驶人谨慎驾驶。

二、2012年，反映社情民意信息：关于大力推进社区建设的建议

社区作为社会的细胞和缩影，其和谐是社会和谐的基础之一。在城市化的进程中，社区已成为完善城市功能、提高城市管理水平和居民素质、维护社会稳定的重要载体。随着城镇化进程不断加快，社区已成为各种社会群体的聚集点、利益关系的交汇点、社会组织的落脚点，和谐社区建设的重要性日趋凸显。“十一五”期间，各地以科学发展观为指导，全面落实《中华人民共和国城市居民委员会组织法》，社区建

设取得了突出成就，表现在社区管理体制不断健全、服务体系不断完善、服务基础条件不断改善、服务队伍不断壮大。这些成绩的取得，有力促进了经济和社会的协调发展。

尽管社区建设取得了一定的成绩，但目前社区管理体制还适应不了社会管理形势与任务的需要，社区服务功能还不能满足居民日益增长的服务需求，社区建设还存在很多困难：一是对社区建设重要性的认识有待加强。由于传统观念的影响，个别地方在发展取向上仍然片面地重经济增长，轻社会管理，对社区建设在构建和谐社会中的重要地位认识不足、重视不够。二是社区服务功能有待拓展。在管理体制上，政府部门习惯把社区居委会当作自己的下属机构，各种工作都进社区，社区成了政府的“腿”，行政化倾向明显。目前社区工作以完成上级下达的任务为主，服务功能不足，服务内容不多。三是社区建设投入有待加大。长期以来，城市社区建设经费，主要以政府投入为主，投入渠道单一，总量严重不足。困难的市、县、区，财政未安排社区建设专项经费，主要靠部门投入为主，以致社区基础设施落后，为居民服务的平台缺乏。四是社区干部素质和待遇有待提高。社区普遍存在工作人员少，年龄老化，结构不合理，文化程度低的现象。人们对社区干部的印象过去是“几个大妈”，现在是“几个大嫂”。除少数大中城市外，社区工作人员的生活补贴少、待遇低，积极性难以调动，队伍难以稳定。

建议：

（一）**切实转变观念，加大扶持力度**。社区是社会管理的基础和落脚点，各级政府要充分认识社区建设在构建和谐社会中的重要意义，充分发挥社区的社会管理和社会整合功能，使之成为构建创业、宜居、平安、生态、幸福社会的重要切入点和承载平台，以社会管理的进步推动社会的全面发展。一是完善政策法规，为社区发展营造良好环境。各级政府应进一步明确社区管理的职责，通过制定政策培育社会组织，完善社区服务的市场机制，激发公民的社区精神，促进社区居民自我管理，自我服务。通过完善法律法规，依法构建社区管理体系，用法律规范政府、社区、社会组织、家庭、个体的行为，协调各种利益关系，为居民依法参与社区管理提供法律保障。二是加大社区建设投入，确保社区工作的正常、高效开展。将社区办公经费按比例列入各级财政预算，并逐年按一定比例增长；政府各部门在工作任务进社区的同时，实行“费随事转”的原则，确保工作经费进社区。

（二）**创新社区管理体制，提高社区治理能力**。一是构建自治化的社区管理组织体系。根据经济的发展状况，构建自治化的社区管理组织体系。在确保党的领导的前提下，充分尊重社区的自治权利，帮助社区加强自治组织建设，充分发挥社区居委会的自治功能。每个社区要建立居民代表会议，作为决策机构，负责决策本社区重大事项，并对社区居委会进行监督。由居民代表会议制定《社区管理委员会章程》，根据章程成立社区管理委员会，社区管理委员会成员由社区干部、驻社区单位代表、居民代表组成，作为社区事务的执行机构。2.大力培育居民自治和民间服务组织。政府要在明晰职责的基础上，实现公共服务社会化，变直接服务为间接服务，减少政府服务机构，通过政策工具调动社会参与的积极性，用资金、物业、人才来培育居民自治组织和社会中介机构，让其承担过去由政府承担的公共服务责任。

（三）创新社区服务机制，提高社区服务水平。一是不断拓宽社区服务内容。要针对社区居民的需求，开发服务资源，拓宽服务空间，实现由事务性服务向生活服务和福利保障的转变。针对居民的卫生保健需求，开发以社区卫生服务中心为龙头的疾病预防、卫生保健、养生指导服务；针对人口老龄化的现状，应以社区为依托，积极探索社区养老服务。二是创新社区服务机制。按照民办公助、公办民营、股份制等办法，使社区服务向社会化、产业化、网络化、实体化方向发展。逐步建立起与市场经济体制相适应的、覆盖社区全体成员的新型社会福利、社会保障体系和多种经济成分并存、服务门类齐全的社区服务体系。

（四）加强基础设施建设，夯实社区发展物质基础。一是科学规划，确保社区办公和服务基本条件。规划部门在编制城市总体规划时，要将社区的办公、活动用房纳入规划。按“五室（会议室、党建活动室、警务室、图书阅览室、文体娱乐室）、四站（社区服务站、医疗卫生计生服务站、劳动就业和社会保障服务站）、一校（市民学校）、一场所（室外健身活动场所）”的标准配套好社区。对目前尚无条件建设的社区，国有资产管理部门可在国有房产中进行统筹调剂，通过借用的方式解决办公和活动用房，为开展社区服务提供最基本的物质条件。对于新建小区，开发商必须按规定建设配套的公共设施，否则不予以审批和验收。二是完善投入机制，确保社区建设工作的正常、高效运作。出台优惠政策，吸引社会资金投资社区建设。加大驻社区单位对社区的支持与配合，实现以财政为主、民资参与、辖区共建单位资助的多渠道投入机制。

（五）加强社区队伍建设，不断提高社区干部的整体素质。切实提高社区工作人员的工作和生活待遇，以吸引更优秀的人才参加社区建设。通过岗前培训、专业培训和鼓励学历进修等，抓好社区“两委”干部的理论和业务教育培训，不断提高社区工作人员的整体综合素质，不断提高管理水平和服务水平。

三、2012年，反映社情民意信息：关于加大投入扶持社会力量办养老机构的建议

根据国际标准，我国从1999年就进入了老龄社会，目前已进入快速发展阶段。中国现有老龄人口已超过1.6亿，且每年以近800万人的速度增加。有关专家预测，到2050年，中国老龄人口将达到总人口的1/3。老年人口的快速增加，特别是80岁以上的高龄老人和失能老人年均100万人的增长速度，对老年人的生活照料、康复护理、医疗保健、精神文化等需求日益凸显，养老问题日趋严峻。

人口老龄化的巨大压力，考验着国家、地区政府养老的能力。据统计，截至2008年底，中国有各类老年福利机构37623个，养老床位245万张，仅占60岁以上老年人口的1.5%，不仅低于发达国家5%—7%的比例，而且也低于一些发展中国家的2%—3%的水平。由于养老服务队伍整体素质不高，从业人员的职业化建设滞后，我国现有养老服务队伍远远不能适应养老事业发展的客观需求。据2009年统计，中国城市老年人失能和半失能的达14.6%，农村已经超过20%，这部分老人需要专业的护理和照顾，按照老年人与护理员比例3:1推算，全国最少需要1000万名养老护理员。但现在的情况是，全国老年福利机构的职工只有22万人，取得养老护理职业资格的也不过2万多人，不仅与中国几千万失能老人的潜在需求相差甚远，而且由于服务队伍的整体素质偏低，其专业水平、业务能力、服务质量，在一定程度上无法满足老年人的护理需求。养老机构、床位和专业人员的严重匮乏，已经成为许多城市养老服务的瓶颈问题。因此，大力发展养老事业，势在必行。

近年来，各地各部门认真贯彻党中央和国务院的要求，大力推进老龄事业发展，老龄工作取得了初步成绩，但与人口老龄化快速发展背景下人民群众实现“老有所养”的目标还不相适应。养老机构无论是数量还是结构都难以满足日益严峻的养老需求。促进民办养老机构发展，加快发展社会养老服务事业，已成为亟待解决的重大民生问题。

2000年以来，国务院面向民间养老服务机构出台了优惠政策，鼓励其专门为老年人提供生活照料、护理、健身、文化等多方面服务，有效促进了民办养老机构的发展，一定程度上缓解了公办养老机构的压力。但还存在着不少需要重视和加快解决的问题。由于对日益严峻的老龄化形势估计不足，以及养老服务社会化的意识不足，一些地方政府出台的鼓励和引导社会力量兴办养老服务业的优惠政策，规定过于原则，特别是在租赁、建设、运营的财政补贴、土地划拨或优惠等方面没有可操作性，在实际中难以落实，导致民营养老机构建设和发展缓慢。

社会力量参与兴办养老服务业，是促进养老服务事业改革，提高养老服务水平，加快养老服务事业发展的必由之路。我国在经济尚不发达、人均收入较低、社会保障体系还不健全的背景下，提前走进老龄社会，“未富先老”的特征明显。为了进一步鼓励和引导社会上乐于从事公益的有识之士投身到养老服务事业中来，弥补政府投入的不足，针对当前制约民办养老机构发展的主要问题，国务院应制定一个促进社会力量兴办养老机构的更为具体、操作性更强的政策文件，推动民营养老服务机构快速发展。

建议：

（一）**对民营养老服务机构实行财政补贴**。对按标准建设、取得《社会养老服务机构设置批准书》和《民办非企业单位》证书的民办养老机构应明确由各级财政给予补贴。自建用房且投入使用的，由财政按建设规模给予一次性建设补贴；用房属租用且租用期 5 年以上的，按核定床位数，分 5 年每年给予租赁补贴；对已开业的，按入住老人实际占有床位数，给予每年每张床位的运营补贴。

（二）**落实养老机构建设用地政策**。公益性养老服务机构建设用地实行划拨供地，也可以通过公开协议出让方式供地，出让金按工业用地标准收取。通过公开招标挂牌拍卖方式供地的，实行以奖代补，按一定比例返还出让金。对征收集体土地建设社会福利设施工程的，按照国家规定免收征地管理费、土地权属调查费。在不得改变土地使用性质的前提下，允许社会养老机构办理土地产权。因国家建设需要拆迁或占用的，对征收集体所有的土地建设养老服务机构的，应按照有关拆迁办法和标准给予补偿。

（三）**加大融资帮扶力度**。加强与金融部门的协调，加大金融机构对民办养老机构及其建设项目的信贷投入，适当放宽贷款条件，并提供优惠利率。对于规模较大、前景较好、市场急需的养老服务项目，特别是以医疗护理型为重点的养老服务项目，财政部门应给予必要的贴息贷款并配合做好担保机构的协调工作。

四、2012 年，反映社情民意信息：关于努力完善利导政策体系　让计生家庭得到更多实惠的建议

近年来，各地认真落实中央出台的奖励扶助政策，不断创新方式方法，使计划生育家庭在经济上得到了一定的实惠。以江西为例：一是实施多层次的计划生育奖励、激励政策。对 14 周岁以下的独生子女父母，发放独生子女父母奖励费，对主动放弃生育“二孩”的夫妻给予一次性奖励，全面推行农村部分计划生育家庭奖扶制度。二是

实施多形式的计划生育扶助、救助政策。对农村经济困难的计划生育纯女户考取大学者，除按规定优先享受困难补助外，另外再补助。对农村独女、“二女”家庭，符合国家独生子女伤残、死亡家庭扶助制度并经确认的夫妻双方，给予各种形式补助。三是实施多方面的计划生育保险、保障政策。财政出资为0—6周岁独生子女家庭和农村两女家庭每年办理一次计划生育家庭爱心保险，子女、父母死亡或子女因病住院均可获得保险赔付或医疗费报销；对农村独女、“二女”家庭的父母施行了绝育手术的一方，办理计划生育补充养老保险等。四是实施多方面的计划生育优先、优惠政策。农村独生子女、“二女”家庭学生中考可享受优惠“加10分”的政策。省征兵办每年单独安排两名女兵指标，从农村独女、“二女”家庭应届高中毕业生中择优录征等。五是积极创新，出台绿色养老政策。2009年开始，在全省开始实施计划生育“绿色养老”工程。为全省农村“二女”结扎户家庭栽种一定数量的速生林或经济林，使其积累起一定的“绿色”财富。

政策初衷虽好，但是仍面临不少的矛盾与困难：一是利导政策名目繁多，标准偏低。“幸福毛毛雨”，罚不心痛，奖不心动。政策执行“成本偏高、效果偏低”。如20世纪80年代规定的父母在本单位领取每人每月8元的独生子女费，至今仍然参照执行，缺乏吸引力。二是政策覆盖人群少、兑现晚。根据规定，符合条件的夫妇“年满60周岁”可以得到每人每月60元的补助。但对于刚刚生育的年轻夫妇来讲，对政策的长期稳定性和预期效益心存疑虑。另外，少数政策与现有的规章、规范性文件兼容度不高，造成法定计划生育家庭奖励优待执行走样。如：独生子女家庭在集体收益分红中多一份分配份额的政策在农村实际操作中难以落实。三是普惠政策的“公平”背后显示着不公平。目前出台的各种普惠政策，绝大部分是按“人头”计算，“利益均等”，没有对计生家庭予以倾斜。比如，实施免费义务教育，使超生子女的教育成本降低，而劳动力获益的可能性大增；在征地拆迁补偿中，人口多补偿多，有的补偿甚至远远高于其超生后所交的社会抚养费。养孩子“成本降低、收益提高”，冲淡了利导政策的导向作用，增强了群众的超生意愿。

建议：

（一）**建立利导政策的综合协调机制**。一是完善落实利导政策工作责任制。应把工作思路由“重罚轻奖、重制约轻引导”转变为“以奖为主、奖罚并重”，要靠优质服务、政策推动来综合治理人口问题。要把是否加大财政投入、是否采取有力措施完善利导政策，纳入对地方党委、政府的考核。二是建立和完善部门联系协作机制。普惠政策与计划生育利导政策的衔接，涉及计生、财政、民政、教育、卫生、劳动保障、土地、农业、工商、建设等多个部门。各相关部门应加强对现行普惠政策的研究，抓紧修补漏洞，以减轻普惠政策对计划生育工作的负面影响。建立人口和计划生育部门参与惠民政策的论证决策机制，相关部门在研究制定财政资金直补到人、社会保障制度等方面的惠民政策时，人口和计生部门必须参与论证和决策，使普惠政策既惠及民生，又能使计划生育家庭能得到更多实惠。强化考核与激励机制。通过对各相关部门的目标管理考核，对获得人口和计划生育工作先进单位的职工给予一个月工资奖励，对工作不达标的单位限期整改直至“一票否决”，切实调动各单位支持人口和计划生育工作的积极性。

（二）**建立完善的利导政策体系**。一是调整奖励扶助对象的时限和奖励标准。根据经济社会发展水平，科学设定奖励扶助的标准，并随着物价的上涨建立动态的增长机制。将享受奖励扶助政策的年龄提前，对经济发展水平滞后、人均预期寿命低的地方，再适当调低年龄。在实行“新农合”中，提高农村独生子女户、“二女”绝育户、计生困难户等参合对象的住院补偿和特殊门诊补偿标准 10 个百分点。二是加大对已出台利导政策的落实力度。通过对城镇独生子女父母退休给予一次性奖励，以兑现对他们在退休时增发 5% 的工资的承诺。全面落实独生子女父母保健费并提高标准。加大集体经济组织内部计生利导力度，修改相关法律条文，修订村规民约，使独生子女家庭在集体收益分红中多一份分配份额的政策得到落实，并在婚嫁落户、村（居）集体收益分配等方面体现对计生家庭的优先优惠。三是对现行利导政策进行整合优化。应围绕计生家庭在子女教育、培训就业、抵御风险、家庭致富以及养老保障等方面，制定出台行之有效的惠及计生家庭的政策，形成计生利导政策体系。如，对计生家庭子女进行高考加分，读高中、大学减免学杂费，免费就业培训，考录公务员、事业人员、购买公益岗位予以优先考虑等。四是努力健全养老保险制度。在实施好计划生育家庭爱心保险和补充养老保险的基础上，做好当前全面推行的新型农村社会养老保险制度的调研和对接工作，确保农村计划生育家庭优先得到保障，并在保费上给予补贴或配套增补基础养老金；建立健全人口与计划生育公益金（风险基金），对计生家庭成员意外伤残、死亡、患重大疾病者及贫困计生家庭施行救助和帮扶。

五、2012 年，反映社情民意信息：关于维护残疾人权益　促进残疾人事业发展的建议

我国有各类残疾人 8300 万，占全国总人口的 6.34%。在党中央国务院的高度重视下，在各地各有关部门的努力推动下，近年来，残疾人的生存和发展状况有了显著改善，各项权益得到更好地保障。以某省为例：全省有 34 万多名残疾人得到不同程度的

康复；政府投入扶贫助学600多万元，使7982名贫困残疾学生顺利就学；投入3亿元的残疾人康复、就业专项资金，使30万名残疾人从中受益。成立了全国首家省级残疾人托养服务机构；2010年建立了2500个社区康复站；为社区培训康复协调员13000名，师资600名；选聘了2000名残疾人担任农家书屋管理员；各级政府拨专款资助1000户贫困残疾人家庭无障碍改造。建有特殊教育学校69所、残疾儿童学前教育机构10个，残疾人职业培训机构85个，残疾人就业服务机构112个，法律维权服务机构360个。建有残联1391个、残协13929个。各级政府将残疾人事业纳入到了当地国民经济和社会发展规划。保障残疾人合法权益的政策法规进一步完善。

然而，当前在维护残疾人权益方面仍存在不少问题，例如：社会上对发展残疾人事业的认识依然比较模糊，对残疾人也多止于同情和怜悯，在招用工等场合还存在歧视残疾人的现象，个别单位安置残疾人就业不上“五险”，损害了残疾人的合法权益；残疾人社会保障的筹资渠道单一，大部分靠财政支出，导致现有的残疾人低保、社会救助和补贴等政策存在“门槛”，且力度不足；部分残疾人自身整体素质不高，片面强调残疾因素，有“等、靠、要”的依赖思想；社会上还存在着遗弃、伤害、歧视残疾人的现象；无障碍设施挪作他用的现象时有发生，等等。

建议：

（一）利用媒体经常开展有关残疾人合法权益的专题宣传，将残疾人保障法等重要法律法规纳入普法计划。努力使政府、社会，特别是企业法人熟知法规和政策，吸纳和依法安置残疾人就业。表彰自谋职业和自主创业的残疾人先进典型，激励广大残疾人自尊、自信、自强、自立。

（二）进一步加大对残疾人社会保障工作的投入。优先实施保障残疾人权益的救助措施；加大残疾人就业保障金的征收、管理和使用的力度；逐步提高城乡低保边缘户残疾人每年生活救助的标准；健全残疾人长效帮扶机制，保证社会救助资源的合理配置。

（三）进一步完善有关就业优惠政策，鼓励残疾人从事力所能及的工作。鼓励和适当发展中小型劳动密集型福利企业和盲人按摩业。督促单位和企业按比例安排残疾人就业。

（四）强化残疾人工作委员会的统一领导，对各地、各部门贯彻执行《残疾人保障法》及相关法律法规的情况进行定期或不定期的督查。适当增加残疾人工作者和残疾人中的人大代表、政协委员的数量，为残疾人提供更多的参政议政平台。

（五）加大对残疾人事业的经费投入。严格执行福利彩票提取公益金，专项用于残疾人事业的规定，并在相关法规中明确“12%以上”的划拨比例。

六、2020年，反映社情民意信息：关于加强突发公共卫生事件一级响应社会宣传的建议

新冠肺炎疫情暴发以来，全国上下众志成城抗击疫情，涌现出许多可歌可泣的感人事迹。同时从新闻媒体也看到，仍有极少数人糊里糊涂、我行我素，拒不执行突发公共卫生事件一级响应状态下的决定、命令，出现聚众打牌、不按规定佩戴口罩、不配合测量体温、拒不配合登记，甚至强行冲卡等不明智行为，对于情节严重的，各地公安机关依法依规予以了严肃处理。公安机关的及时处置，是十分必要的，同时此类现象的出现又令人十分痛心，这类现象往往出现在乡村社区等城乡基层，原因之一便是极少数基层群众对突发公共卫生事件一级响应的理解认知不深、严肃性认知不够。

当前新冠肺炎疫情形势仍然十分严峻，打赢疫情防控阻击战，需要进一步把全体社区居民、乡村群众发动起来，构筑起疫情防控的人民防线。

建议：

加强对突发公共卫生事件一级响应的社会宣传，重点宣传重大突发公共卫生事件一级响应是什么？意味着什么？有哪些社会管控措施？居民群众需要如何配合？一是各类媒体广泛宣传，电视广播滚动播出，各级融媒体中心的新闻网站、官方公众号、客户端等平台大范围推送；二是社区乡村密集宣传，发动社区干部、物业员工在小区通过小喇叭巡回宣传，村组干部利用“村村响”喇叭广播反复提醒；三是卡口场所提示宣传，在公共部位、交通卡口等场所制作摆放宣传牌、告示牌，播放喇叭提示音等方式，进行提醒宣传。让突发公共卫生事件一级响应的紧急性、严肃性尽人皆知，人人遵守突发公共卫生事件一级响应的管控措施，打一场共参与、齐上阵的疫情防控人民战争。

七、2020年，反映社情民意信息：加强领导干部数字知识学习教育的建议

近年来，“数字化”“数字技术”“数字经济”“数字社会”等热门词语经常出现在人们的视野，使用频率很高。数字语言已经成为人与人、人与企业、企业与企业、企业与机器、机器与机器、机器与人实现高效准确沟通运用最广泛的语言。特别是在《中共中央关于制定国民经济和社会发展第十四个五年规划和二〇三五年远景目标的建议》第四部分第15条专门就“加快数字化发展”做了部署，并明确提出要“提升全民数字技能”。

数字化这一过程既简单又复杂还繁重。它不仅是一场技术革命，更对社会各方面都产生着深刻影响，而领导干部对数字化的认识程度，对当地经济发展的影响不仅限于数字产业方面，更是全局性的：一是事关主动应对百年未有之大变局。回顾人类历史，只要沟通技术得到一次革新，经济社会就迎来一次飞跃发展。数智时代下的管理变革与创新，就是通过推动数字化、网络化技术的进步和理论的数学化，不断创造更有效、更大的一体化。今天我们的领导干部对数字化是否有深刻理解，能否以数字化的思维准确识变、科学应变，决定了我们未来是成为数字社会的“主人”还是“奴隶”；面对百年未有之大变局这一必然，是掌握主动、占得先机，还是受制于人、步步落后。二是事关国家治理体系和治理能力现代化。相对于工业、农业、国防、科技等四个现代化，作为“第五个现代化”——“国家治理体系和治理能力现代化”更强调制度或生产关系层面现代化，更加注重系统集成。要实现系统集成，关键在于科学匹配。领导干部对数字化的认识水平，对于加强数字社会、数字政府建设，提升公共服务、社会治理等数字化智能水平都具有十分重要的影响。三是事关推动经济高质量发展。习近平总书记指出，新时代新阶段的发展必须贯彻新发展理念，必须是高质量发展。通过发展数字经济，推进数字产业化和产业数字化，推动数字经济和实体经济深度融合，是实现经济高质量发展的重要途径。

从调研来看，一个地方的数字经济发展情况如何，很大程度上取决于该地方领导干部对数字经济的认识水平。但从现状来看，相当多的领导干部对数字知识的学习不紧不慢、不急不躁、不以为然：“耳有所闻、未知其详”。据问卷调查，虽然95%的领导干部表示听说过“数字化、数字技术、数字经济”，但25%对其内容不了解，75%表示也只是略有所知。在被追问“您认为您了解数字知识吗”时，60%说“不了解”，25%说“略有了解”。在被问及数字化、数字技术对未来社会的影响时，30%的领导干部回答“不清楚”，还有超过20%只是简单答之以“影响深远”，或认为其影响只是“会使生活更便捷”等，几乎没有人能给出比较自信的答案。关于“数字社会的主要特征”，35%的领导干部“不清楚”，30%认为就是“便捷”。“道听途说、以讹传讹”。调研中，绝大部分的领导干部学习数字化的知识主要靠网络上碎片化的学习。这些碎片化的知识往往又良莠不齐，进而导致很多领导干部对数字化的理解出现了偏差、误入歧途，简单地认为“数字化就是人与人见面少了”，甚至错误地认为“数字化就是冷漠化、利益化”。我们也发现，一些数字化方面的专家，在进行这方面讲座时，对有关概念的讲解模糊甚至“玄乎”，没有把数字化的本质简明通俗地阐释出来，对于外行听众来说，很多反映“越听越迷糊”。“说起来重要、做起来不重要”。有同志说，“不管是网上、还是网下，大家都在热烈讨论数字化，现在要是不说数字化就赶不上时代了。但说归说、做归做，自己手上的工作离数字化还很远，事都做不完，没有时间去专门学”。还有同志说，“数字时代了，这就像是游泳，多下几次水，自然会游。再说已经习惯了现在的工作和生活模式，顺其自然就好了”。面对百年未有之大变局，部分领导干部还是如此缺乏紧迫感、随波逐流，不禁令人“细思极恐”。

出现这一局面，原因有三：一是有的领导干部对数字化的重要性认识不足；二是有的同志认为，数字化很简单，实则不甚了解，阻碍了与他人的交流；三是从客观上来看，数字知识专业性较强，如果缺乏一定的引导、说明，仅靠自学的确难以有深入透彻的理解。

加强对经济社会发展新趋势的准确把握，加强对数字知识的深入理解，既是地方经济社会发展的必然要求，也是领导干部加强自身素质能力的迫切需要。

建议：

（一）**开展科普讲座，加强普及教育**。各地在学习贯彻党的十九届五中全会精神中要加强对数字知识的学习。建议各地各部门通过开展普及教育，加深各级领导干部对数字知识的认知，去除模糊认识，增强系统理解，厘清发展思路，了解数字知识对未来的深远影响，真正在思想上认识数字化、重视数字化，更好指导实践。

（二）**编印通俗读本，加强系统认识**。为增强学习实效，更好地帮助各级领导干部学习和理解数字知识的概念内涵，形成系统认识，达到指导实践、推动工作、解决问题的作用，建议参照《党的十九届五中全会学习辅导百问》等形式，编印通俗读本，并列入各级干部教育培训教材。通过精心梳理相关概念、实例，用通俗易懂、深入浅出的语言解读阐释，以普及正确理念、树立正确认识。

八、2021年，反映社情民意信息：关于深化新时代文明实践中心建设　推进乡村全面振兴的建议

建设新时代文明实践中心（所、站），是强化基层治理体系的重要部分，是推动乡村全面振兴、满足群众精神文化生活新期待的战略之举，是壮大和繁荣乡村志愿服务力量的良好契机。当前，各地在推进新时代文明实践中心（所、站）建设中涌现了许多好的做法经验，值得及时总结。同时，如何深化新时代文明实践中心建设，搭建好志愿服务的广阔舞台，值得开展建设性的探索。

建议：

（一）**重视选好配强新时代文明实践所（站）的负责人**。新时代文明实践中

心构建了“实践中心—实践所—实践站”三级组织体系，覆盖县、乡、村，有效形成了新时代文明实践合力。县新时代文明实践中心主任由县委书记担任，充分体现党委对这项工作的高度重视。基层党组织在加强领导的同时，可以选用一批政治坚定、性格开朗、家庭殷实、乐意为民服务的热心人担任所（站）的负责人，还可以聘请部分乡贤担任新时代文明实践站的名誉站长，让文明实践活动能持续深入、有声有色地开展下去。

（二）**因地制宜挖掘本土资源充实志愿者队伍**。新时代文明实践中心建设的主体力量是志愿者，可以拓宽人才观念，立足本乡本土，成立由当地党员、退伍军人、返乡创业人员、优秀青年代表、民营企业家、乡贤、热心群众等组成的志愿者队伍并充分发挥他们的作用，他们从群众中来，易于走入群众中，倾听群众需求，带着群众动起来。江西省石城县丰山乡在新时代文明实践所建设中注重凝聚政治觉悟高、自主意愿强、经济实力强的乡贤企业家与贫困村结对帮扶，担任“名誉村长”，近年来这 20 余名“名誉村长”充分发挥自身在资金、资源或人脉方面的优势，通过开展消费扶贫和捐资捐物 900 余万元，有效地发挥引领示范作用，推动产业融合发展、乡风文明建设，助推脱贫攻坚与乡村振兴。

（三）**探索发挥新时代文明实践所（站）在基层协商民主中的作用**。基层工作难做，稍有偏差，人民群众就容易产生不满情绪。在新时代文明实践中，要坚持党建引领，发挥党组织的政治优势、组织优势；坚持以人民为中心，体现人民利益、反映人民愿望、维护人民权益、增进人民福祉；对名目繁多的农村自治组织进行有效统筹，将村民理事会、乡风文明理事会、道德评议会、村民议事会、乡贤联谊会、五老会等归统到新时代文明实践所（站），整合资源提升合力；借鉴人民政协在协商民主履职中形成的有益做法经验，推进政协协商与基层协商有效衔接，统筹基层协商民主试点工作与新时代文明实践所（站）建设工作，围绕基层群众关心的难点痛点，探索搭建协商平台、规范协商内容、健全协商程序、落实协商成果，通过共商共议化解矛盾纠纷、推进基层社会治理，让“有事好商量、遇事多商量、众人事众人议”在城乡基层成为常态，通过民主协商议事议出新时代文明实践的“同心圆”，推动基层治理体系与治理能力现代化，增强人民群众获得感、幸福感、安全感。

九、2022 年，反映社情民意信息：关于建设雨水截流池有效防范城市内涝的建议

当前，内涝是困扰许多城市的突出问题。近年来，各地通过实施海绵城市、韧性

城市建设，城市内涝治理取得积极进展，排水防涝能力明显提升。与此同时，随着气候多变，极端天气频发，排水防涝设施不完善、建设标准偏低、应急管理能力不强等短板仍然存在。

建议：

因地制宜建设雨水截流池。依据城市的等高线布局情况，汇水面积，利用水往低处流的自然规律，在不同的片区设计改造或者新建许多雨水截流池。下雨时，本小区或片区的雨水汇聚到截流池中，雨在哪里下，水就汇聚储存在哪个片区，不让整个城市的雨水全部汇聚到城市低洼地带形成内涝。从源头上消除雨水化零为整趋势，从而达到削峰错峰雨水，不让雨水汇聚形成内涝。

建设雨水截流池具有现实可行性并且至少有三大优点：

（一）**能有效防范城市内涝**。城市内涝的形成，主要是因为全市的雨水都往低处流，从而在城市的低洼地带形成雨水汇聚。建设雨水截流池后，雨在哪里下就在哪里储存，每个小区的截流池都储存本小区的雨水。可以有效地把小区的地表径流都固定在本小区内，不会形成各个小区的地表径流都汇集到低洼处而形成城市内涝的条件。从源头上有效地防范城市内涝的发生。

（二）**解决城市地下水补给问题**。建设雨水截流池后，池的四壁和底板不要用水泥封闭，而要留出渗透空间，让雨水自然渗透到土壤中，可以有效地把雨水补给到城市地下水，减少整个城市的表面径流，让宝贵的雨水流到该去的地方，大大缓解了当前城市遇到的地下水位逐年下降这一普遍问题。在干旱时期，雨水截流池中的水还可以用作城市中水，浇灌草坪和绿植。这一做法符合国际上当前比较先进的“低影响开发”理念和海绵城市的建设方向。当前城市建筑密度大，道路、小区硬化率高，下雨时雨水通过表面径流和沟渠，很容易就汇聚到河流湖泊，雨水不能有效补给城市地下水，造成城市地下水位逐年降低，形成很大隐患。当我们利用雨水截流池收集小区雨水时，通过截流池长时间的自然渗透，把下雨时收集到的雨水有效补给地下水，就能够很好地解决这一问题。

（三）**在一定程度上实现雨污分流**。建设雨水截流池后，雨水通过地表径流汇聚到截流池，生活污水则通过管网直接流到污水处理厂，在一定程度上实现了雨污分流。雨水截流池可以建在地上，露天设置，作为景观池、养鱼池使用；也可以建在地下，上面可以硬化，也可以绿化，不影响建筑的容积率，也不影响小区的绿化率，花钱不多，要求不高，效果很好。有的小区还可以把原来废弃的化粪池改为雨水截流池，达到废物利用、变废为宝的良好效果。传统的雨污分流改造，需要整个城市统一规划、统一开工，一次性投入大、工期长，对居民正常生活、交通影响很大。而建设雨水截流池实现雨污分流改造，不需要一次性大规模投入，有多少力量就先做多少，一个小区一个小区做。

汤建人，全国政协委员，江西省政协副主席。

汤建人　付春平

2022年，反映社情民意信息：关于以鄱阳湖为试点探索完善长江流域水生态环境考核评价制度的建议

水是生命之源、生产之要、生态之基，水生态文明是生态文明的重要组成部分和基础保障。水生态环境异常复杂，是个立体式生态系统，涉及上下游、左右岸，涵盖水质以及水生植物、动物、微生物等。水生态环境评价制度是否科学完善，直接关乎水生态文明建设成效，直接关乎人类的生存与发展。2021年11月2日印发的《中共中央国务院关于深入打好污染防治攻坚战的意见》明确提出，建立健全长江流域水生态环境考核评价制度并抓好组织实施。

目前，我国尚无系统的水生态环境评价制度。根据2002年6月开始实施的《地表水环境质量标准》，地表水环境质量标准基本项目共24项，主要聚焦化学指标，包括pH值、溶解氧、高锰酸盐指数、化学需氧量、氨氮、总磷、总氮、重金属、氰化物、硫化物、粪大肠杆菌等，缺少生物多样性等重要指标，不能全面准确反映水生态环境健康状况。解决系统问题，必须坚持系统观念。

建议：

鄱阳湖是我国最大淡水湖、全球重要湿地，生物多样性丰富、生态功能极为重要。以鄱阳湖为切入点，深入探索完善长江流域水生态环境考核评价制度，形成可复制可推广的经验，推动长江生态环境保护取得更大实效，为生态文明建设贡献更大力量。

（一）**把生物多样性作为水生态环境考核评价重要指标**。根据《全国生态功能区划》，生物多样性保护是鄱阳湖重要生态功能之一。湖区野生脊椎动物644种，其中哺乳类53种、鸟类374种、爬行类43种、两栖类12种、鱼类162种，分别占全国同类动物种数的7.82%、11.82%、9.29%、2.88%、4.83%。国家Ⅰ级重点保护野生动物17种（黑麂、金钱豹、云豹、白鹳、黑鹳、中华秋沙鸭、白肩雕、白尾海雕、白

颈长尾雉、白鹤、白头鹤、白枕鹤、大鸨、遗鸥、中华鲟、白鲟、江豚），国家Ⅱ级重点保护野生动物66种；江豚数量约占整个种群的一半；世界上98%以上的濒危动物白鹤、80%以上的东方白鹳、60%以上的白枕鹤、50％以上的鸿雁种群在湖区越冬。建议把重点野生动物和旗舰物种（如江豚）变化情况和生物完整性纳入水生态环境考核评价体系，同时密切关注直接影响水质的浮游植物、浮游动物、叶绿素等变化情况。

（二）**把水源涵养作为水生态环境考核评价重要指标**。鄱阳湖多年平均汇入长江水量占长江干流平均径流量的15.6%，其清洁水资源对长江下游水质具有巨大的正面效益。鄱阳湖因受内河及长江洪水双重影响，多年水位变幅之大居我国长江中下游各湖之首、全球罕见。其最大水域面积与最小水域面积相差31倍，最大湖体容积与最小湖体容积相差76倍。长期以来，鄱阳湖枯水期明显提前、变长。如,2021年11月3日，鄱阳湖正式进入枯水期，较2020年提前14天。长时间的枯水期给湖区底栖生物和候鸟等生存带来严峻挑战，明显不利于湖区生态系统健康发展。国家层面应加大力度支持鄱阳湖水利枢纽工程建设，合理调蓄鄱阳湖水资源和水位变化，提升水源涵养能力，助力上下游削洪抗旱和湖区生态环境持续改善。

（三）**把综合性水质标准作为水生态环境考核评价重要指标**。鄱阳湖河湖相转换明显，是典型的吞吐型、季节性淡水湖泊，并非简单的湖或者河，而是具有多种内陆湿地类型的世界级复杂湿地生态系统，其水质标准设置需因地制宜。在江西全省上下的不懈努力下，近年来鄱阳湖总磷平均浓度呈现持续下降趋势，目前在0.06—0.1mg/L之间波动。根据《地表水环境质量标准》，湖泊Ⅲ类水总磷浓度标准为≤0.05mg/L，因此，按照总磷浓度测算，鄱阳湖被认定为轻度污染。但与太湖、巢湖、滇池等湖泊不同，鄱阳湖从未发生大规模的水华灾害，湖泊藻类以河流型的硅藻占优势，藻类多样性高。20世纪80年代的第一次科考数据显示，湖区总磷一度达到0.17mg/L（与同期武汉东湖相当，接近Ⅴ类水标准），但仍未发生大面积水华或感官上明显的富营养化。可见，单纯以总磷浓度评价鄱阳湖水质并不科学。

（四）**建立综合性水质评价指标**。除前述《地表水环境质量标准》里的化学指标，还应把人类健康指标（包括微囊藻毒素和重金属含量）和物理指标（包括自然岸线保有率）等纳入进来，更加科学合理评价鄱阳湖水质情况，为区域生态环境改善提供更加科学的指导。

汤建人，全国政协委员，江西省政协副主席，民进江西省委会主委；付春平，民进江西省委会组织部副部长。

汤建人　罗善福

2020 年，反映社情民意信息：关于强化政策性农业保险的建议

政策性农业保险是相对于商业性农业保险而言的特殊保险类型，是政府为了实现农业农村发展等特定政策目标而主导并推动的一种农业支持与保护制度，通过对农业保险参与主体提供一定比例财政补贴，帮助参保农户以低于市场的价格购买农业保险产品及服务，以分散农业生产与经营风险。政策性农业保险特别是政策性种植业保险，在抗灾减灾、灾后恢复再生产、促进农业和粮食生产发展，以及保障农民收入等方面有着积极的作用，自实施以来，备受群众重视。

目前，政策性农业保险在各地已实现全覆盖，承保工作和理赔服务基本做到了规范、及时，实际损失率超过 15% 按比例赔付，80% 以上全额赔付。但在实施和运行过程中仍存在一些问题：一是部分农户不知情或不了解农业保险。政府和保险公司虽对政策性农业保险进行了广泛宣传，但仍有部分农户不知道政策性农业保险，更不知道受灾后怎样报案理赔，经村干部提醒后才知道县政府为农户负担了保险保费。二是农业保险赔付额偏低，农户心理落差大。在遭遇灾害导致作物受灾或者绝收时，农民普遍认为保额过低。现行的农业保险政策是以“保成本”为导向，主要是补偿农户前期投入种子、化肥、农药等直接物化成本，而农户统计损失则更多是按照投入的全部成本或者农产品的收益来评估。三是难以提供土地流转合同等材料制约种粮大户办理农业保险。承保时，保险公司要收集农民的粮补面积、身份证等信息，对于投保面积较大的种粮大户还需关注其土地来源，参保面积则以土地流转经营合同为准。而实际情况中，有些种粮大户租种是“口头约定”，并没有签订土地流转合同，无法参保。四是理赔手续较为烦琐，过程耗时长。从估计受损面积、填表报案，到农业部门现场鉴定，再到保险部门现场核定，又经保险公司内部层层审核，来回好几个月才能拿到赔偿。五是农业保险查勘定损效率和准确性有待提高。保险公司获取准确的面积、账户等信息资料较为困难，主要以村委会提供的粮食直补清单来确定农户承保种植面积，这与农户实际种植面积存在一定出入。同时，保险经办机构基层查勘定损专业人员力量薄弱、地方政府参与度不够，都在一定程度上影响了该项工作的开展。六是政策性农业保险监督机制不健全。一方面，由于保险公司属于央企，地方监督机关很难实施常态化监督；另一方面，由于涉及点多面广，如果不深入分析，也很难发现问题。另外，政策性农业保险资金来源主要是中央及省级资金，地方政府主要精力是确保上级

资金到位，而忽视对其使用情况的监管，容易出现监管缺位的现象。

建议：

（一）做好农险宣传工作，让惠农政策深入民心。让政策性农险走进千家万户，各级政府及保险经办机构应以“互联网+”等现代技术手段提高农户风险意识及参保意愿。保险机构要充分利用在农村建立的站点，与各县农业部门和乡镇政府建立联合工作机制，组成宣传分队，将党的惠民政策宣传到每个农户。要用通俗易懂的语言讲清保费如何交、出险后如何赔偿等问题，消除广大农户对农险的误区。

（二）加大赔付力度，提高赔付效率，让农业保险更贴近农业生产实际。近年出现的一些灾情，给农民带来了不小损失。一些投保的农民虽获得了赔偿，但他们希望农业保险政策能长久不变，并加强补贴和赔付力度，期望增加更多的参保品种，农产品保险补贴比例能适当提高，让保险项目更贴近农业生产实际。简化理赔工作流程，快速赔付，做到不拖赔、不无故拒赔，用最快的速度，按保险合同赔付标准，足额将保险金兑付到受灾农民账户？

（三）进一步增强农业保险服务能力与水平，切实规范农业保险运作。要推行统一的政策性农业保险的承保流程，对承保与核保要求、缮制与保单签发等内容做详细的规定。严格按照规定，切实将惠农政策公开。保险经营机构必须将承保情况公开，统一查勘要求与定损标准、核赔理算与赔款支付，坚持按保险条款、出险事实、保险责任进行理赔。规范农险资金管理，完善政府巨灾风险准备金制度，建立农险资金与其他性质的财政资金、政策性农险业务与其他商业保险业务的防火墙。

（四）强化农业保险监管，对保险公司依法合规经营提出更高要求。“三农”保险与村务、财务公开应相结合，做到“四公开”，即保险政策公开、参保情况公开、理赔结果公开、服务标准公开，切实维护群众的知情权、监督权，使“三农”保险在阳光下运行，做到承保到户、定损到户、理赔到户。应由纪检、财政、审计、保险等部门组成政策性农业保险联合督查组，对保险公司、乡镇、村组不定期地进行督查，建立长效机制，检查政策执行情况。加强农业、民政等部门之间的分工协作，做到保费补贴资金的事前、事中、事后全程监督，严惩违法违规行为，确保保费补贴资金真正惠农。

汤建人，全国政协委员，江西省政协副主席；罗善福，吉安市政协委员，国家统计局吉安调查队综合科科长。

雷元江

一、2019 年，反映社情民意信息：金融对民营企业支持力度应进一步加大

据权威统计，现在银行业贷款余额中，民营企业贷款占 25%，而民营经济在国民经济中的份额超过 60%。另一份数据显示，制造业企业融资难、融资贵问题依然突出，制造业企业在我国中长期贷款余额中的占比，已从 2013 年的 11.2% 下滑至 2017 年的 7.4%。金融资源配置严重不合理，民营企业从银行得到的贷款和它在经济贡献的比重远不相匹配、不相适应。

建议：

（一）银行业要加大对民营企业的贷款支持，契合民营经济在国民经济中的相应比重，增加对民营企业贷款相应硬性指标，鼓励金融机构增加民营和小微企业贷款特别是制造业中长期贷款。

（二）金融机构要实施精准融资对接，探索发展供应链金融，推广创业贷、“科贷通”等特色金融产品，扩大无还本续贷、信用贷款、知识产权质押贷款等政策适用范围。

（三）金融体制改革要继续深化，支持民营企业发起设立和参与组建民营银行等金融机构，大力推进多层次资本市场建设，拓宽民营企业直接融资渠道。

二、2021 年，反映社情民意信息：关于培育和动员社会力量深入参与长江经济带生态环境保护的建议

近年来，各级政府针对长江经济带生态环境保护建立起多层级互动、多力量参与的工作机制，但生态环境问题仍然频发。社会参与是当前长江经济带生态环境保护的短板，群众的环保意识不足、参与程度不高是当前环保工作的薄弱环节，这对我国的长江经济带生态环境保护效率、治理成本和国际环保舆论产生不利影响。一是降低了长江经济带生态环境的保护效率。二是提高了长江经济带生态环境的治理成本。三是环保舆论受制于人。

建议：

通过引入环保组织和群众等社会力量，构建“政府 + 企业 + 社会力量”的长江经济带生态环境保护长效机制，实现生态环境保护点线面的结合，为长江经济带生态环境保护注入新能量。

（一）**支持培育壮大各类环保组织，提高环保组织的科学性和专业性，推动长江经济带生态环境保护由点到线的延伸**。环保组织通常是某个领域的民间组织，发挥的是“线”的作用。一个具有科学性和专业性的环保组织，能够更加有效地承担领域内生态环境保护的社会责任。环保组织的一端连着政府，另一端连着群众，既能够有效地配合政府参与长江经济带生态环境治理，又能够宣传带动群众。政府需要支持培育各类环保组织，在组织活动、专业技术、资金保障等方面提供必要的支持。

（二）**广泛动员长江流域内群众积极参与长江经济带保护，推动生态环境保护由点到线再到面的延伸**。群众是生态环境改善的直接受益者，实现生态环境改善的科学决策需要群众积极参与。在鼓励支持各类非政府环保组织的基础上，进一步动员群众力量，提高长江流域内群众的环保意识和环保参与度，能够推动生态环境保护由点到线再到面的延伸，补足生态环境保护机制的薄弱环节，补齐社会参与的短板。

三、2022年，反映社情民意信息：关于加强科技馆建设提升青少年科学文化素质的建议

少年强，则中国强。少年强，离不开科技强。“十四五”规划纲要提出，要广泛开展科学普及活动，加强青少年科学兴趣引导和培养，形成热爱科学、崇尚创新的社会氛围。科技馆作为提升青少年科学素质的重要设施，对于激发青少年热爱科学的兴趣和激情发挥着极其重要的作用。“十三五”期间，全国达标科技馆新增169座，总数达345座，服务公众超过2.4亿人次，为提高全民科学素质、推动科普公共服务公平普惠作出了重要贡献。但还存在一些问题，诸如我国科技馆的数量仍然偏少，城乡之间差距明显；科技馆在引导青少年形成热爱科学的社会氛围上作用发挥还不够；一些中小科技馆由于经费有限，缺乏优质展品和服务能力等，需要予以重点关注并尽快加以解决。

建议：

（一）**加强中小城市科技馆建设，提升科学普及的覆盖范围**。一是建议“十四五”期间加大对中西部地区地级市科技馆建设的支持力度。根据经济实力、人口规模合理规划布局建设科技馆，支持已有年代较老的科技馆改建更新，实现每个地市建有1家科技馆，逐步缩小东中西部区域差异。二是建议“十四五”期间分类推进县级城市科技馆建设。在建设标准上，根据常住人口规模，确定科技馆建筑面积、展教面积；在建设模式上，可以采取与学校合建、与规模较大的文化场馆共建、利用国有存量建筑改建、单独新建等方式，实现科学普及向广大基层青少年覆盖。

（二）**充分发挥科技馆科普作用，助力“双减”政策有效落地**。一是建议由教育部门牵头发文将中小学生到科技馆参加科普教育纳入年度教学安排，组织辖区内中小学分批次走进科技馆开展实践活动，改变由科技馆单独对接联系学校的科普方式。二是建议教育部门规定中小学生（高中生除外）3年内必须到科技馆参观学习一次，并将参观学习情况纳入学习整体成绩，作为升学考核的重要参考指标。三是建议对于积极参加科技馆志愿科普讲解活动且表现较好的中小学生，在给予一定物质奖励的基础上，尤其要加大精神奖励力度，通过全社会的认可激发其热爱科学的潜能和兴趣。

（三）**借助市场合作鼓励企业参展，丰富场馆展品提升人气活力**。一是探索“科普+企业”的科技馆展品策划模式，建议在科技馆临时展馆内，开辟部分专区展示宣传重点产业、优秀科技型企业的科技创新成果，让市场最前沿科技创新成果与科技馆已有理论创新成果互为补充，使科普更加接地气、贴近生活。二是探索由参展企业赞助部分费用供科技馆运维使用，特别对于经费比较紧张的中小科技馆，可以先行先试，在丰富场馆展品的同时，又解决了资金问题。三是建议人流量比较大的科技馆开设科学商店，文创产品应定位于科技馆自主设计产品，而非销售市场流通产品，实现让青少年把科学精神和科学产品一起带回家。

（四）**广泛发动高校大学生力量，壮大科普志愿服务队伍**。一是建议完善志愿者管理制度，建立健全志愿服务招募、培训、考核以及表彰、奖励方面的规定；建立定期服务排班制，明确年人均服务时长、目标任务，并将参加志愿服务纳入学分考核，积极引导大学生参与志愿服务活动。二是建议重点组织理工科专业学生到科技馆进行志愿服务，充分发挥其专业特长，在全社会营造尊重科学、崇尚科学的浓厚氛围。

（五）**加大流动科技馆宣传力度，打通科普“最后一公里”**。我国幅员辽阔，地区之间差异大，流动科技馆作为实体科技馆的必要补充，建议进一步发挥流动科技馆在科普方面的重要作用，深入交通不便、经济和社会发展水平比较落后的偏远地区，多开展流动科技馆基层科普活动，为广大农村青少年提供学习科普知识的机会。

雷元江，全国政协委员，江西省政协副主席。

刘晓庄

一、2019年，反映社情民意信息：打通协商民主“最后一公里”

人民政协在我国政治架构中是专门协商机构，在社会主义民主政治中发挥着不可替代的重要作用。当前，我国人民政协组织存在“头重脚轻、上粗下细”的问题，县级人民政协组织作用发挥不充分，乡镇（街道）政协组织断档缺位，与当前基层承担的大量协商任务还不完全适应。为此，推进协商民主向基层延伸，打通协商民主“最后一公里”显得尤其至关紧要。

一方面，基层群众对国家方针政策的感受最直接、最敏锐，对身边发生的一些问题的理解也最真切、最实在；另一方面，涉及人民群众利益的大量决策和工作，主要发生在基层。“要按照协商于民、协商为民的要求，大力发展基层协商民主，重点在基层群众中开展协商”，进一步拓展协商民主的深度和广度，把“触角”延伸到基层群众最为关切的问题。扎实做好基层民主协商工作，不仅可以彰显人民政协在国家治理体系中的分量与价值，也有利于维护基层社会的发展和稳定。

建议：

（一）**建立符合地方实际的协商机制**。我国是一个多民族国家，各民族文化传统、风俗习惯、宗教信仰等千差万别。我国地域广阔，各地区之间发展也不平衡，东部地区发展较快，中西部地区相对落后。民族之间情况不同，各个地区利益诉求也不一样。故此，推进协商民主向基层延伸，应该因地制宜、因地施策，结合本地实际情况，有针对性地建立完善顺民心、合民意的协商制度，确保协商工作既体现党的原则要求，也彰显地方特色，关照当地群众需求。同时要进一步拓展人民政协在基层的工作空间，健全协商民主基层工作网络，可以试行在乡镇基层设立政协委员工作室等方式，以此密切政协组织与基层政协委员、基层政协委员与人民群众之间的联系，给委员在基层安个脚踏实地的“家”，永葆人民政协的生机与活力。

（二）**提高基层民主协商的参与度**。进一步拓宽人民政协各参加单位对基层知情明政的渠道，做到协商在决策之前和之中，保障协商各方有调查研究和充分酝酿的时间，让协商过程成为凝聚共识、发扬民主的过程。同时，增加政协委员中基层代表人士的比例，基层政协组织至少保证每个乡镇（街道）有一定数量的政协委员，并根据工作需要，吸纳部分村（居）委会的干部、党员、教师等担任所在辖区政协工作联络员，参与到基层协商民主之中，以更好地协调关系、汇聚力量、建言献策、服务大局。

（三）**释放基层政协委员的正能量**。积极开展委员活动日、委员接待日、界别视察等活动，加强政协委员与所联系界别群众的联系，让人民群众深切感受到政协离他们很近。将释疑解惑工作落到实处，通过政协委员解除所联系界别群众的思想症结，引导他们心往一处想，劲往一处使，最大限度地凝聚人心、汇集力量。同时要进一步完善委员管理制度，布置委员履职“作业”，增强委员的责任感和使命感，为委员深入基层群众、了解真实情况、掌握第一手资料，更好地参与基层协商搭建平台、创造条件。

（四）**增强协商民主的广泛包容性**。协商过程本身就是一个兼容并蓄的过程，各协商主体要有“眼睛向下”的情怀、“平等相待”的胸怀，兼顾好各方利益，倾听各方面呼声，特别要了解弱势群体如农民工、鳏寡孤独、老幼妇孺的需求，把更多的人纳入协商民主范畴，努力寻求最大公约数。坚持一致性和多样性、原则性和灵活性相统一，营建和而不同、聚同化异、协商共治的协商文化，努力画出最大同心圆。

（五）**创新协商工作的方式方法**。面对基层协商出现的新情况新问题，不少地方政协和基层委员在“一线”扎实开展工作创新，探索出不少好的做法，如“工作室”联系方法、“理事会”参与模式、“恳谈会”调解形式等。对于形成的好经验、好做法，应该及时总结提炼、跟踪完善，并在试点实验的基础上适时推广，使人民政协制度在发展中创新、在创新中发展，面向未来更加成熟、更加定型。

（六）**发挥基层党委的主导作用**。协商民主在基层的发展必须依靠党委的主导和推动。为此，首先要培养一支懂政协、善协商的党员干部队伍，提升基层党员干部的协商能力和水平。要将人民政协理论作为必修课程列入各级党校、行政学院和社会主义学院的教学计划，加强对党员领导干部的培训，不断提高他们对人民政协协商民主重要性的认识，提高开展协商民主的自觉性、规范性。同时要加强党对农村合作组织、民间团体的领导，重视发挥农村合作组织、民间团体在民主协商中的作用。充分尊重人民群众的主体地位和首创精神，认真听取农村合作组织、民间团体所反映的该团体成员的利益诉求，积极回应他们的愿望，充分发挥农村合作组织、民间团体在组织生产、化解纠纷、处理矛盾的协调作用，进而把基层协商民主纳入党委主导、各方参与、规范运作的轨道，推动协商民主广泛多层制度化发展。

二、2020年，反映社情民意信息：精准施策　打好打赢疫情后脱贫攻坚战

当前，脱贫攻坚与疫情防控双重任务叠加，脱贫攻坚面临着诸多新情况，如期实

现现行标准下农村贫困人口全部脱贫压力加大。一是返贫致贫风险上升。由于疫情影响，贫困产业发展受阻、外出就业务工延迟、农产品出现滞销等，导致贫困群众收入减少，加之生活成本大幅提升，容易出现返贫致贫的情况。二是扶贫产业发展受到冲击。产业转型面临困难，为革除滥食野生动物的陋习，竹鼠、果子狸等特种养殖业已禁止发展，产业转型还需时间；扶贫产业效益降低，疫情发生在农产品销售的黄金期，对产业扶贫项目影响严重。三是贫困群众就业难度加大。疫情暴发造成服务业需求萎缩，一些企业出现部分关停以及经营放缓，线下业务更多向线上转型，导致市场上就业岗位减少，贫困群众就业务工难度凸显。在“后疫情”下，需要理性分析疫情给脱贫攻坚带来的各种干扰和冲击，有针对性地采取有效措施持续发力，扎实打好打赢脱贫攻坚战。

建议：

（一）**在致贫返贫上注重“防”**。加强数据共享与比对，开展脱贫攻坚“定期回访”，强化动态监测，建立“户申请、村核实、乡审核、县审定、部门响应”的实时监测和预警防范工作体系，重点对返贫或致贫风险较大的监测对象进行预警，通过防贫保险、及时救助、兜底保障、集体资产收益倾斜等措施，防止他们在遇病、遇灾、遇困时出现致贫返贫问题。

（二）**在产业发展上注重“扶”**。一是扶持养殖户调整、转变生产经营活动。积极鼓励养殖禁食野生动物的农户以现有的成熟产业为依托，延伸产业链条，大力发展见效快、效益高的产业项目，并在资金上予以扶持奖补。二是加大产业扶贫资金投入力度。提高产业的投入资金，优先用于保障贫困人口直接受益的产业发展资金需求，同时，鼓励金融机构加大对扶贫成效突出的龙头企业、农民合作社、创业致富带头人的信贷支持力度，优先发放低利率信贷资金，全力扶持相关产业发展。三是实施产业奖补。对贫困户自主发展产业的，在家庭年产业收入达到一定标准后进行奖补，以增加他们的产业收入，提高发展产业的积极性。四是全力推进消费扶贫。建立健全扶贫产品目录库，依托线上线下消费平台，加大政府采购力度，拓宽扶贫产品销售渠道，支持扶贫产业稳定发展，提升产业发展效益。五是强化扶贫产业与贫困户的利益联结。大力推广订单生产、贫困户认购托管、土地流转、就业务工、资产收益等多种带贫方式，促进贫困户增收。

（三）**在务工就业上注重“稳”**。一是加强就业稳岗服务。建立健全以村为单位的贫困劳力就业务工台账，推动就业招聘信息进村入户，促进贫困户与辖区工业园区、产业基地、扶贫车间等用工企业的精准对接，帮助贫困户稳岗就业。二是加强公益性和临时性岗位的统筹开发。确保符合公益性岗位安排条件的贫困人口全部安排公益性岗位就业；针对那些不符合公益性岗位条件而又具备一定劳动能力的，合理开发疫情防控宣传、乡村公共卫生、秸秆禁烧、护林、护水等临时性辅助性就业岗位，帮助贫困劳动者实现家门口就业。三是加大政策支持力度。如对自主返岗务工的贫困人口进行就业务工奖补，对外出务工的贫困人口落实好就业交通补贴，对吸纳贫困人口较多的企业和扶贫车间，通过贴息、减免税费等给予实际支持，鼓励和动员其优先保障贫困人口就业务工。

三、2021 年，反映社情民意信息：短租民宿“灰色地带”亟待整治

近年来，随着区域特色游和乡村游的快速发展，旅客在旅游过程中对个性化住宿需求量的提升，民宿发展呈现遍地开花的现象，短租公寓已成为主力军。民宿市场火热，一方面，为租客提供了更为便捷的入住方式；另一方面，在身份认证、安全保障等方面出现了新的空白区域，产生了“黑民宿”问题。

短租民宿作为一种新兴业态对推动经济发展起到积极作用，然而行业无序发展的隐忧也不容忽视。一是平台审核把关不严，房源质量良莠不齐。目前短租平台对短租民宿的审核，大多只要求提供房屋基本信息，并未强制要求房东提供相关合法经营证件，这就导致很多短租公寓存在严重的隐患和漏洞，甚至极易成为各类违法犯罪分子藏匿的窝点。二是身份核验程序不健全，房客信息不明存隐忧。目前平台预订短租民宿，无论几人入住，只需向房东提供一个身份证号，即可直接凭密码开锁入住。在疫情常态化的今天，存在流动人员健康情况不申报等较大安全隐患。同时，在各地发生的未成年人被成年人带入民宿后遭严重侵害案件也给非法民宿安全问题敲响了警钟。三是监管主体缺失，消费者权益易受侵害。由于监管主体、相关法律法规缺失等问题，引发诸多矛盾和问题，更导致了部分消费者利益受损。大多数短租公寓处于“无法遵循”的灰色区域，房东与平台在发生矛盾纠纷时，容易相互推诿扯皮，造成协商难解，致使消费者维权路漫漫。

建议：

（一）夯实平台责任，严把房源准入关口。短租平台要在明确责任基础上，以法治之力，强化自身责任和担当。在审核房源时，除需提供房源的基本情况外，还应对自然人民宿的经营者加强真实性、合规性审核和履约能力、赔偿能力的考量，将经营主体所需的各种特许行业营业执照、卫生许可证、消防许可证列入必审核项目，对无证或缺证的民宿坚决不予入驻。同时，对已在平台上的民宿还应加强对相应执照、证件的年审。

（二）**完善技术手段，严守民宿安全之门**。完善平台身份核验工作，充分运用人脸识别、大数据等新科技，推动民宿安全升级，通过普及支持“刷脸入住”身份验证的智能门锁、建立用户黑名单、对房东房客进行公共责任教育等，保障平台房源的安全性，用新技术保障民宿短租行业健康发展。

（三）**加快立法进程，保障民宿健康发展**。民宿的经营管理涉及多部门，然而这些主体之间没有隶属关系，对民宿的监督管理没有形成联合联动机制，使得民宿监管主体不明确。建议有关部门本着鼓励和引导的原则，研究制定完善法律法规，从立法角度，对民宿的供给、消费、服务尽早做出明确的法律界定，明确各方责任，使各类相关事件和纠纷均能有法可依，促进其合法、规范、健康发展。

四、2022年，反映社情民意信息：老工业基地振兴　国际借鉴与中国实践

纵观国内外，老工业基地为经济社会发展做出了突出贡献。伴随时代的发展，老工业基地疲态渐显。如何让老工业基地走出困境，成为地区乃至国家发展的新引擎，是摆在世界各国面前的一个重大课题。国际上而言，美国的苏荷区、德国的鲁尔区、法国的洛林区等著名传统工业区经过长期转型获得重生，他们的经验值得我们借鉴。当前我国正在开启全面建设社会主义现代化国家新征程，也处在城镇化快速发展的新时期，老工业基地的转型升级将成为实施都市发展战略的新触媒。而在一部分地方，我国的老工业基地改造实践已经取得了明显成效，在高质量发展上实现了新作为，如北京石景山老工业基地、广东韶关老工业基地、江西南昌青云谱区老工业基地实现华丽“蝶变”。

建议：

（一）**精准定位，调整产业布局，促进多元化产业经济发展**。鲁尔区、芝加哥、底特律等，国内山西长治、广东韶关、北京石景山等国内外老工业基地成功转型经验表明，通过产业结构调整，在传统优势产业基础上，以提高智慧生产、技术改造、分工细化、产品升级等为措施，以引入信息通信、新材料、环保工业、医药技术、商业、旅游、运输、多媒体、金融等服务业等为重点，能有效为老工业基地转型带来生机和活力。政府可统筹全局，精准定位，以鼓励、补贴政策引导传统工业企业实施产业调整，以完善的硬环境与软环境“筑巢引凤”大力发展第三产业，实现产业经济多元化。

（二）**建立科技创新基地，推动传统产业优化升级和高科技新兴产业同步发展**。

城市的转型必然会对传统产业的发展和老工业区的生存带来巨大的挑战，传统产业为应对挑战必须进行技术升级或者转移。从国内外老工业基地转型可以看出，科技创新在为传统产业注入新的动力和活力中发挥着核心作用，而高等院校和科研院所是科技创新的最为重要的主体之一，其拥有大量高素质人才、成熟稳定的科研队伍、完善的科研创新体系，可为城市文化和科技的进步提供强有力的支持。政府可利用当地众多高等院校和科研院所的完备学科门类、众多科研人才、丰富科研成果的优势，在老工业基地建立由政府、地方高校、科研院所和银行共同出资成立的科技创新基地。既可引入大量科研团队进驻科技创新基地，又可对其具有创新性和发展潜力的项目以资助、扶持和孵化的方式进行支持，直接助力传统产业的技术升级和新支柱产业的形成。

（三）**以工业遗产保护性开发利用为媒介，促进文旅商产业融合发展**。工业遗产作为老工业基地的重要组成部分，是具有历史、技术、社会、建筑或科学价值的工业文化遗迹，反映了城市发展的轨迹和社会变迁，不仅见证了近现代工业化不同寻常的发展历程，也蕴藏着丰富的历史文化价值。英国的泰特现代艺术馆、德国的北杜伊斯堡景观公园和鲁尔区博物馆、美国苏荷区的文化创意产业聚集区，国内北京 798 艺术区、上海 8 号桥、无锡北仓门生活艺术中心、常州运河五号创意街区、黄石国家矿山公园、青岛啤酒博物馆等都是成功案例。政府应深挖工业文化底蕴，因地制宜将老工业小区改造成具有历史情怀的特色景观小区或特色小镇；挖掘“人文生态”优势与工业遗产价值，打造为文创产业园、科普教育基地、工业旅游地、工业遗址博物馆或公园等，通过工业遗产的保护开发利用促进特色科普教育、旅游文化、商业服务业的融合发展。

五、2021 年，反映社情民意信息：加强应急避难场所建设　筑牢社会运行安全底线

应急避难场所是防灾减灾救灾体系的重要组成部分，作为民众躲避火灾、爆炸、洪水、地震、疫情等重大突发公共事件的安全避难点，对稳定民心、安定社会发挥着非常重要的作用。近年来，各地积极推进应急避难场所建设，将其纳入城市中长期发展规划及重大民生工程建设范畴，城市综合减灾能力得到进一步提升。

按照人口数量及分布看，我国应急避难场所还存在数量不足、标准偏低、运行不畅等问题，无法满足群众日常和应急的各项需求。一是配套设施建设不足。城市现有应急避难场所大多没有规划建设应急配电室、应急医护室、应急蓄水池，救灾仓库的设施也不足。应急硬件配套设施都是采取资源共用的方式建设，当发生重大突发公共事件时容易出现设备设施抢占，无法满足同时使用所需。二是建设数量规模不足。由

于大量应急避难场所都属于“借用”其他功能的场地，内部布局往往不能满足防灾需求，应对突发事件荷载能力较差。同时，现有的应急避难场所均位于中心城区，其他灾害重点监视防御区域内的县区、乡镇应急避难场所缺口较大。三是运行管理制度不足。应急避难场所运行维护主体不明确，经费保障不足，缺乏行之有效的管理制度，导致已有应急避难场所年久失修、功能缺失。应急避难场所产权单位与使用机构在维护运行方面职责不清，容易产生沟通不畅、推诿扯皮等问题。

建议：

（一）**加强总体规划**。应急避难场所作为城市必需的公共设施，应与城市建设同步推进，确保城市应急通道的建设和维护，形成完整的应急交通体系，在规划范围内建立完善的应急避难网络，做到统一规划、突出重点、分类实施。在进行城市公园、绿地、广场等规划建设时，必须坚持“以人为本、安全可靠、平灾结合、就近避难”的原则，考虑应急避难的需要，并在规划中明确应急避难场所建设项目。

（二）**强化规范建设**。设计、建设单位要建设标准规范、安全实用的应急避难场所。对应急避难场所自身的安全性进行评估，合理安排避难场地内部用地功能，尤其是棚宿营地、物资发放场地、应急厕所、炊事营地、应急医疗救护等场地，尽可能做到互不干扰，就近服务。完善应急时期生活必需的供水设施、供电设施、通信设施、消防设施，保证应急避难场地的基础服务能力。

（三）**推进平战改造**。借鉴方舱医院和人防工程改造经验，结合江西省实际，对一些符合条件的体育场馆进行针对性的改造，使其具备快速转化为救治和隔离场所的基本条件。积极利用报纸、电视、微信公众平台等公示应急避难场所分布情况，开展应急避难场所功能和作用的宣传工作，提高广大市民对城区避难场所建设重要性的认识，并定期组织社区居民、学校师生、企业员工等群体开展应急演练，提高民众应急避险和自救互救能力。

（四）强化运行管理。根据应急避难场所的建设情况，制定相应的应急避难场所应急预案，明确建立应急避难场所指挥机构，编制疏散、引导、安置的工作程序和场地内功能设置手册，建立应急避难场所的数据库和电子地图，确保应急避难工作有条不紊。按照实际情况，建立健全应急避难场所有关管理规定，厘清职责，做好现有应急避难场所定期检查和维修保养工作，保障应急避难场所平时功能运转与应急使用。

六、2022年，反映社情民意信息：“农田”变“良田”　重在改土增肥

习近平总书记强调：“耕地保护要求要非常明确，18亿亩耕地必须实至名归，

农田就是农田，而且必须是良田。”农田就是粮田，粮田要高产稳产，必须依靠质量优、地力强的“良田”。然而，当前在不少地方，由于化肥、农药、除草剂的滥用，加上农家肥的日渐稀缺，耕地地力和土壤肥力日趋退化，种植了千百年的好土好田，变成了“鸡肋田”，甚至是“污染田”，令人深感痛惜。追根溯源，导致耕地肥力下降的原因很多：不规范的耕地占补平衡、“占优补劣、占水田补旱田”等乱象，致使“劣币驱逐良币”，好地变差田；土地流转过程中，权属变更频繁，一些土地经营者对土地掠夺式开发，搞“一锤子买卖”，只顾从土里“淘金”，不注重向土里“投入”；种粮收益偏低，“忙忙碌碌一整年，抵不上进城打工一两天”，以致农民没有心思和精力去养地，一味急功近利地用化肥，不愿意用有机肥，从而形成恶性循环。

为确保农田成为良田，必须加快转变土地资源利用方式，改善耕地土壤生态，增强耕地耕作层肥力，使18亿亩农田成为名副其实的“产粮田”，成为沃野千里的“高产田”。

建议：

（一）**提高土壤有机质含量**。“庄稼一枝花，全靠肥当家”。农田需要“培本固元”，也就是培肥地力，稳固耕地基础。比如：将农作物秸秆粉碎，添加不同芽孢杆菌，经深度发酵后，直接还田，从而增加适气、适水、保肥能力；扩大绿肥种植面积，改善土壤的物理性质，促进土壤团粒结构形成，有利于土壤肥力的恢复与提高。

（二）**增加有机肥生产投入**。顺应乡村振兴、环境整治、规模化养殖的大趋势，在农家肥匮乏的条件下，建立现代有机肥生产企业。依托先进科学技术，以禽畜粪便、生活垃圾、杂草树叶、麸皮菜渣等为主原料，添加不同有益功能菌群，经腐熟干馏，生产出质优、价廉的有机肥料。

（三）**促使耕地恢复活力**。以土壤监测数值为依据，合理使用土壤改良剂，使酸化、盐化、板结的土质得到改善，提供适宜作物生长的土壤环境，促进耕地土壤良性循环；控制化肥、农药、除草剂的过度使用，阻断重金属和有机物污染、农膜残留，提高和改善土壤的吸附性能。

（四）**激发土壤内生活力**。“谷田必须岁易”，这是几千年来农耕文化的经验总结。稳步推行耕地轮作休耕制度，如合理开展粮豆轮作，以改善土壤理化性质，增加土壤氮素含量，提高土壤肥力，有助于打破耕地地力严重透支、土壤退化的恶性循环，也符合“藏粮于地”的现实需要。

（五）**纳入法治化管理轨道**。参照一些发达国家的做法，制定出台《耕地质量保护法》《肥料施用条例》，把对耕地实行最严格的质量保护、建设与管理工作纳入法治化轨道；土地经营者不定期接受对耕地有机质及氮、磷、钾含量的监督检查，防止土壤的肥料损失，违反者依法处理。

“喜看稻菽千重浪”，“跃上葱茏四百旋”。从农田到“良田”的转变，需要增进社会共识，落实各方责任，更需要耕地资源监管者主动作为、科学施策。汇聚各方力量保护好中华民族赖以繁衍生息的耕地，这是发展的需要、时代的呼唤，也是国人的期盼。

刘晓庄，全国政协常委，民盟中央常委、民盟江西省委会主委，江西省社会主义学院院长。

上官新晨

2022 年，反映社情民意信息：关于全面提升我国生物医药创新能力的建议

生物医药产业是事关国计民生和国家安全的战略性高科技产业。党的十八大以来，我国生物医药产业得到了迅速发展，我国对全球研发管线产品数量的贡献由 2015 年的 4%，跃升至 2020 年的 14%。但一些重要原创性设备、试剂以及“卡脖子”生物关键技术还掌握在国外发达国家手中，严重影响了我国生物医药领域的整体创新能力和水平。

建议：

国家发改委联合工信部、人力资源部、科技部、卫生健康委、财政部、市场监管总局、国家药监局等有关部门出台全面提升我国生物医药创新能力的意见，从产业布局、人才培养、重大项目引进攻关、重大创新项目经费补助、知识产权保护、审评审批能力提升等方面，明确全方位提升我国生物医药创新能力措施。

（一）加大经费投入和技术平台在生物医药创新能力中发挥的基础性作用。自主研发能力是现代制药企业最重要的竞争力之一。药物研发对企业技术要求非常高，而且需要长时间经验积累。近年来，各级政府和地方部门的经费投入大多聚焦上游的基础研究，对于下游的应用研究尤其是上下游的成果转化方面支持力度还很薄弱。因此，要加大对下游应用研究、多元化的成果转化能力的资金支持，加大对现代制药企

业自主研发能力建设支持力度，建立国家级具有示范应用效应的技术平台，推动真正的创新能力形成。

（二）**建立覆盖全国的国家生物医药创新园区**。目前，我国在北京、深圳、天津、苏州等地建设了一批生物医药产业核心园区，逐渐呈现集聚发展态势，但这些园区的作用仅限于所在地及周边，难以形成覆盖全国的生物医药创新能力辐射效应。应由国家工信部牵头，在各个省设立国家生物医药创新园区，集研发、临床、制造、应用等功能于一体，最大限度地实现各创新主体合作共赢以及生物医药创新能力基地的高标准建设，并将国外优质药品通过技术转化或联合经营等模式引进国内。在此基础上，形成“龙头引领、园区支撑、跨区聚集、全域发展”的国家生物医药创新空间布局的新格局。

（三）**进一步深化完善与医药创新形势相适应的审评审批机制**。药品监管人员对医药科技的了解和掌握往往滞后于医药产业界，药品监管政策的变革、监管手段的更新、技术审评的能力和效率仍然难以满足医药创新发展形势的需要。应由国家药监局会同中央编办、人力资源部出台深化完善与医药创新形势相适应的审评审批意见，推动国家、省级药品审评审批制度与医药创新同频共振，持续深化药品监管改革，建立更加高效透明的监管规则，有效降低制度性交易成本，更好地激发医药创新活力，促进医药产业创新发展、高质量发展。

上官新晨，全国政协委员，江西省药监局局长。

王学坤

2019年，反映社情民意信息：家风家教建设刻不容缓

近年来，越来越多的人认识到家风家教对个人发展、家庭建设和社会风气的重要作用。在调研的525位调查对象中，认为新时代需要加强家风建设的占99.05%；认为家风家教对于改善社会风气、弘扬传统文化、加强精神文明建设、提高公民思想道德水平等方面具有作用的分别占91.05%、89.9%、92.19%、90.29%。

但总体来看，家风建设的形势不容乐观，受调查的人员中有家风家训的占57.71%，没有家风家训的占42.29%，还有相当一部分人对家风的概念都很陌生。主要有几个方

面问题：一是家风家教建设缺乏主导统筹规划。目前，对家风家教建设缺乏统筹规划和科学指导，致使家风家教建设基本上处于自发的、无组织的状态。二是家风家教建设缺乏主体自觉意识。受我国市场经济体制改革和城市化进程不断推进、父母外出谋生或离异等因素的影响，导致留守儿童和单亲家庭的数量不断增加，家风家教的缺失现象较为严重；同时，受功利教育价值观的影响，使不少家长过度关注孩子“成才”教育而非“成人”教育，落入重智育轻德育、重物质满足轻精神需求的误区。三是家风家教传承缺乏有效传播内容。良好家风的形成，不仅要有家庭精神领袖的言传身教，还要有明确、稳定的语言文字的传承。但目前家风家教尚未建立适应时代所需的有效传承内容。

建议：

（一）**加强家风家教建设的顶层设计**。推进家风家教建设是一项系统性工程，需要统筹谋划，充分调动各方积极性，做好各项基础性工作。将家教家风建设纳入社会主义精神文明建设总体规划，加强党在家风家教建设中的领导作用，构建政府引导，教育、民政、群团组织等部门联动，家庭、家族等社会组织共同参与的工作格局，把家风建设纳入基层社会治理的评价与考核内容。

（二）**加强家风家教建设的教育指导，营造良好氛围**。把家风家教建设纳入学校教育内容体系，推动家风教育进课堂、进干部培训课程。建立家校联系机制，强调党员干部带头示范。利用好老革命家留给我们的宝贵资源，开展革命后代讲家风活动。传承宗祠族祠好传统，利用宗祠族祠开展家风教育。大力倡树先进典型，探索将家庭建设状况纳入信用体系的机制，营造社会氛围。

（三）**树立优良家风的鲜明导向，强化内容建设**。优良的家风应该从社会主义核心价值观与中华民族优良美德有机融合中凝练、升华而成，教人明是非、辨善恶、知美丑，崇尚家国情怀。在家风内容建设中应坚持承故拓新的原则，充分利用传统家规家训名篇、革命家风资源等，根据不同年龄段读者的实际，编写一批有关家风家教的教材或读物；重点打造一批时代性和感染力强的家风家教课程和节目。以此培育新时代家风家教文化，以好家风带民风促社风，增强实现中华民族伟大复兴的软实力。

王学坤，全国政协委员，全国青少年井冈山革命传统教育基地管理中心党委书记、主任。

龙国英

一、2014 年，反映社情民意信息：国企招人也应“逢进必考”

近日，数千名大庆油田职工及其亲属到大庆油田公司门前聚集，抗议公司改变职工大学毕业子女包分配制度。这充分说明了国企改革的滞后，同时也说明国企人事制度弊端重重，存在四个方面的问题。一是近亲繁殖。在一些垄断型国企，一些从计划经济走过来的职工对企业有强烈的依附和要求，“三代同堂”“四代同堂”大有人在，形成了一个庞大的家属企业，给管理带来了极大的难度，使企业缺乏创新力和创造力，进而影响到国企竞争力的提升。二是权力寻租。由于国企招人公告不公开，招人程序不透明，所招的人员不公示，封闭操作，暗箱招聘，有些国企的官员手握人事大权，明码标价，不同的岗位，不同的价格，国企招聘成一些人权力寻租的“天堂”。三是阻碍改革。我国的国企改革最滞后，效率最低下，被社会所诟病，这里有许多原因，但其中之一就是陈旧的人事管理制度，“家族化”“世袭化”相当普遍，形成各种利益群体，阻碍改革运行，最终使国家的企业变成利益集团的企业。四是破坏公平。国企进人目前还存在包分配或内部招聘现象，在目前严峻的就业形势下，严重破坏了社会正义和就业公平。更使人堪忧的是，有的国企一线职工拿高薪，却不干活。

深化国企改革，完善现代企业制度，最根本的在于建立符合现代企业的人事制度。国有企业的性质决定了其就业岗位是一种国家资源，具有某种公共性，不能由国企垄断和世袭，所有就业岗位都必须要面向社会，公平公正招考，确保就业公平。

建议：

国企进人必须“逢进必考”，可委托所在地的人力资源和社会保障部门进行招聘。

（一）**公告**。招聘通知要公告，企业招多少人，报名日期等要在当地报纸和国企网站上公告，若是央企招聘，则要在国家级媒体公告，可使更广泛的人群知情报名，彻底打破国企“家族化”和“世袭制”。

（二）**公开**。招聘程序要公开，所有相关规定要在国家、省、市人力资源和社会保障部门的网站发布，接受全社会的监督，避免“萝卜招聘”。

（三）**公示**。通过笔试的名单要进行公示，通过面试的名单要进行公示，最后通过体检合格正式录取要进行公示。通过层层公示，做到阳光招聘、阳光考试、阳光录取。

二、2020年，反映社情民意信息：新冠肺炎疫情反映现代化应急物资管理调配体系亟待建立

新冠肺炎疫情这场对于我国公共卫生体系的考验，暴露出了政府应对的许多不足和短板，其中医疗防护物资的管理调度问题尤其令人关注。我们必须“有序打仗、不打乱仗”，以本次疫情危机的经验教训为契机，建立一个高效、流畅、现代化应急物资管理调配体系。

建议：

（一）**加强顶层设计，打造标准化物资管理系统。**突发紧急状态时期，应急物资种类繁多用途复杂（如医疗物资中的口罩），对于主要应急消耗物资，制定规范，划定准入标准和做好种类用途划分，建立全国性统一编码基本档案，利用电子码等现代手段，标准化信息管理，建立物资数据库，提高管理效率。

（二）**完善预案编制，与专业社会资源建立合作机制。**政府部门可根据实际情况与相关企业签订合作协议，将物流企业纳入预案编制，灾难时期根据预案启动响应，企业及时自动参与应急物资采购管理调配，利用企业本身强大的日常管理系统，满足特殊时期急剧增长的管理调配需求。

（三）**强化审核监管，规范政府购买服务管理。**引入社会资源的本质是政府购买服务。相关政府要严格确定选拔标准，对企业进行资质审核，建立应急物资服务供应商名录。打造信息公示平台，对企业工作进行规范和监督，并及时公示最新情况，做到公开透明。

（四）**打通部门壁垒，建设统一应急物资信息平台。**根据突发情况的不同，所需应急物资有着很大区别同时又互有交叉，其管理调配涉及应急管理、医疗卫生、民政、发改、工信、商务、交通等多个体系和部门，各部门协作，建立统一的应急物资信息平台，有利于各体系部门实现信息互通，数据共享，物资统一调配，管理科学高效。

三、2020年，反映社情民意信息：关于依法追究招生舞弊责任人刑事责任的建议

最近，连续曝出的招生舞弊案，掀起了一波又一波的讨论。回溯过往，不难发现，招生舞弊、冒名顶替的新闻一直活跃在公众视线。冒名顶替入学和身份成绩造假事件的发生，究其原因，还是此类违法行为的代价过低。就如已经有处理结果的仝卓

高考舞弊和西南交大“改成绩保研”事件，仅从处罚的结果来看，西南交大“改成绩保研”相关责任人只是受到党纪政纪处分，仝卓高考舞弊事件大部分相关责任人也是党纪政纪处分，仅有极少数人员被移送司法机关，而舞弊受益者本人仅是注销学籍和取消保研。

建议：

（一）**要依法追究招生舞弊事件责任人的刑事责任**。招生舞弊事件往往掺杂着公权力的滥用，多个人作弊、多部门作案、多环节失守，违背社会公义，破坏社会秩序，加剧公平焦虑。建议依法追究相关责任人的刑事责任，严惩参与其中的每一个罔顾法律及社会公平、以权谋私的违法乱纪者，强化权力监督和信息公开，让舞弊受益者、提供协助的公职人员和招生过程中涉事的相关人员都受到法律的制裁。

（二）**将冒名顶替盗用学籍行为入刑**。2015 年《刑法修正案（九）》正式将代替考试行为入刑，规定代替他人或让他人代替自己参加法律规定的国家考试的行为，将受到法律的制裁。冒名顶替盗用学籍身份行为，劫取他人的人生，改变他人一生的前途命运，既严重戕害高考公平，又对当事人带来了难以平复的伤害，其危害程度比替考严重得多，性质也更加恶劣，建议将冒用他人学籍身份上学的违法行为入刑，以法律的威慑力劝退潜在的冒名顶替者。

四、2021 年，反映社情民意信息：关于新冠病毒疫苗重点人群预防接种工作相关建议

随着全球新冠病毒疫苗研制工作不断取得新进展，疫苗的推广接种已经成为全球阻断新冠肺炎疫情传播的希望所在。根据疫情防控需要，目前各地已经启动了部分重点人群的紧急预防接种工作，以确保重点人群获得免疫，这也是国际上的通行做法。但是，在目前新冠病毒疫苗预防紧急接种的相关规定中，部分措施值得进一步完善明确，否则有可能会影响重点人群接种率和免疫效果。一是费用问题。各地一般明确由财政、单位或企业承担重点人群的疫苗采购费用。但中西部部分地方财政、单位或企业本来就困难，加之疫情影响，可能难以筹集足够的疫苗采购费用，后期也可能产生费用支付风险。二是补偿问题。新冠病毒疫苗可能存在未知的异常反应，各地出台了《新冠病毒疫苗预防接种异常反应补偿方案》防范风险，但各地财政、单位、企业可能难以承担预防接种异常反应补偿费用，造成社会不稳定，这与重点人群“应接尽接”的要求产生矛盾。

建议：

（一）**建立新冠病毒疫苗紧急状态接种经费分担机制。**紧急状态下重点人群新冠病毒疫苗“应接尽接”是政府的公共服务行为，应纳入基本公共卫生服务，按照国家《基本公共服务领域中央与地方共同财政事权和支出责任划分改革方案》相关规定，建立政府财政和单位、企业的经费分担机制，其中中央承担部分按照中央对各省分档分担比例予以支持，其余部分由省、市、县三级财政和单位企业按照一定比例分担，具体比例由省级规定。

（二）**建立新冠病毒疫苗紧急状态接种异常反应风险分担机制。**作为疫苗尚未获批上市前提下的紧急接种，应引入第三方保险机构建立异常反应风险分担机制，由省级统一招标保险公司，确定的保费由省、市、县三级财政和单位企业分担，具体分担比例由省级确定，与疫苗购买经费同时拨付，由各单位企业与保险公司签订合同。发生异常反应后，由承保机构按照相关机构鉴定的结果直接予以赔付。新冠病毒疫苗正式获批上市后，其异常或不良反应按照国家二类疫苗现行相关政策执行。

五、2021年，反映社情民意信息：关于加强古村寨消防安全的建议

中华大地在漫漫五千年文明历史长河中，艰难遗存了大量而又丰富的历史古建筑。但从古至今，一次次自然或者人为的大火摧毁了无数文物瑰宝。近些年，几乎每一两年都有宝贵的历史文物建筑毁于火灾，并严重损害人民人身财产安全。据2019年中国应急管理部消防救援局的数据：近十年来，全国共接报文物古建筑火灾392起，其中用电、用火、吸烟引起的火灾占一半以上。一次次沉痛的代价，提醒我们文物古建筑消防安全保护道路任重道远。

现存的传统古村寨，向后人展示了独具特色的民俗文化和民间艺术，蕴含着巨大的物质和非物质文化遗产，是中华民族极其宝贵的历史记忆和文化瑰宝。随着当前民俗游、乡村游盛兴，传统古村寨经济发展迎来利好趋势，但传统古村寨消防设施匮乏、消防管理缺失、人们消防安全意识淡薄，远远跟不上大量人流涌入所产生的现代生产、生活和游览需求，从而带来了更为严峻的消防安全隐患问题。

建议：

（一）**加强国家和地方层面的“古村寨消防安全”法制制度建设。**保障古村寨消防管理体系建设落实，明确相关利益主体权利和义务，确定消防安全体系建设的资金保障渠道，并构建完整的实施保障体系。建立完善、有效、常态化的古村寨消防安全隐患排查、巡逻、消防安全演练的具体事项和工作制度。

（二）鼓励高校、科研机构针对不同区域、气候和建筑特征的古村寨进行消防安全技术研究。一是从提高古建筑耐火等级方面入手，研究在不破坏原有古建筑风貌的前提下，提升古建筑木质和茅草构件的创新型阻火性和防火性材料；二是从减少消防安全隐患方面入手，研究先进的雷电、火灾预警系统以及系统性、全方位潜在的雷电火灾隐患的技术和办法；三是从火灾发生时降低损失角度入手，研究阻止火灾蔓延和快速灭火的设备和技术手段以及适用于快速组织人员安全疏散、逃生的有效策略和措施。

（三）严格控制古村寨的开发经营，采取适度开发模式，树立其历史价值高于经济价值的理念。将符合国家、地方法律法规和行业技术标准要求的消防专项规划作为古村寨开发建设的前置条件。相关规划建设管理部门，应以古村寨消防能级评估和消防安全设计方案为依据，批准古村寨规划建设方案。采用“消防安全一票否决制”，对消防设施不达标的古村寨项目不予开发运营。加强古村寨运维日常执法力度和法制监管，针对古村寨内违规建设、经营、违规用电等带来消防安全隐患的事件，相关执法部门需加强监督和执法力度。

（四）国家层面扶持各地文物古村寨管理部门，做好相关技术服务保障。配备符合当地古村寨建筑适用的消防装备、消防设施；常态化组织古村寨相关管理人员、经营从业人员进行消防安全知识和法律法规学习；精准制定古村寨消防安全保护办法和策略，制定消防安全手册，做到一村一手册，管理部门跟踪督导落实。

（五）加大古村寨的智能消防管理平台投入建设。充分发挥大数据等信息技术，推进融合智能化消防预警、消防风险评估、消防报警、消防监督等多项功能的智能消防管理服务系统建设，提升古村寨智能化管理和整体消防安全水平。

（六）探索创新、有趣的特色消防宣传方式。除了采取传统的消防警示标志和消防宣传栏外，有条件的古村寨可建设消防安全博物馆或主题公园，将消防安全宣传融入村民日常生活和游客旅游的行程中。

六、2021 年，反映社情民意信息：谨防“我为群众办实事”实践活动层层向下摊派任务

在中共党史学习教育动员大会上，习近平总书记指出：“这次党史学习教育要同解决实际问题结合起来，开展好‘我为群众办实事’实践活动。”最近，《关于〈“我为群众办实事”实践活动工作方案〉的通知》已印发，文件就开展“我为群众办实事”实践活动做出安排部署。作为党史学习教育深入群众、聆听基层一线心声的重要抓

手，开展“我为群众办实事”实践活动本意是党员领导干部学习老一辈的优良作风，多深入基层，倾听百姓心声，切实解决基层的困难事、群众的烦心事。

但是“我为群众办实事”实践活动在具体操作过程出现了一些偏差。一是有些地方事前没有充分进行调查研究，切实掌握当地群众实际困难和迫切需要解决的问题，简单地以“我想为百姓做什么”替代“百姓想要我做什么”，导致办实事成了工作任务。二是有些下基层只是走走过场、作作秀，成为一场党（团）建活动，或者自上而下层层下派任务，将民生实事作为量化指标来进行考核，这一定程度上还是形式主义、官僚主义在作祟。这类现象的出现，究其原因，实际上是政绩观错位、责任心缺失，用轰轰烈烈的形式代替了扎扎实实的落实，用光鲜亮丽的外表掩盖了矛盾和问题。为此，习近平总书记还特别告诫全党：“办实事不是简单帮钱帮物、搞花架子、堆几个盆景。”只有深入调研，以同理心确认百姓需求，采取可持续谋长远的措施，才能切实增强人民群众获得感、幸福感、安全感。

建议：

（一）**坚持目标导向**。开展“我为群众办实事”实践活动，要聚焦聚力重点任务，想群众之所想、急群众之所急、解群众之所困。为群众办实事的重点任务体现在“五个着力”上，即一是着力贯彻新发展理念办实事，让群众分享高质量发展成果、共享高品质幸福生活；二是着力巩固拓展脱贫攻坚成果办实事，建设美丽宜人、业兴人和的社会主义新乡村；三是着力保障基层民生需求办实事，推动幼有所育、学有所教、劳有所得、病有所医、老有所养、住有所居、弱有所扶取得新进展；四是着力深化政务服务改革便民利民办实事，完善办事流程、规范审批行为、提高办事效率；五是着力推进基层治理体系和治理能力现代化办实事，将矛盾纠纷化解在基层，将和谐稳定创建在基层。

（二）**坚持需求导向**。开展“我为群众办实事”实践活动，要把察民情访民意作为第一步，党员干部要深入基层群众、深入生产一线、深入下属单位、深入工作服务对象，广泛听取意见、了解民生需求，聚焦群众反映集中的共性需求和存在的普遍性问题，聚焦发展亟待解决的痛点难点问题，聚焦长期未能解决的民生历史遗留问题，研究提出和实施“我为群众办实事”重点项目，集中出台一批为民惠民便民的实招硬招，解决一批损害群众利益的矛盾纠纷。

（三）**坚持效果导向**。在开展“我为群众办实事”实践活动过程中，一定要坚持实事求是的原则，力戒形式主义、官僚主义。力戒“贪大求洋”，根本在于党员干部要虚心向群众学习，真心对群众负责，热心为群众服务，诚心接受群众监督。要注重分类分层次实施，坚持从实际出发，尽力而为、量力而行，科学安排为群众办实事项目，注重分类分层次实施，切忌包装成大项目层层向下级单位派任务，增加下级单位的人财物负担。要真正把心思用在干事业上，把功夫下到察实情、出实招、办实事、求实效上。

龙国英，全国政协委员，农工党江西省委会副主委，南昌市人民政府副市长。

卢天锡

一、2014 年，反映社情民意信息：建议尽快启动住房保障立法

经过多年实践，我国“低端有保障，中端有支持、高端有市场”的住房保障政策框架日趋清晰。同时，政府在保障性住房建设和完善保障性住房制度中承担的责任也越来越大。面对高房价背景下的住房保障压力，在近几年的大规模保障房建设中，从中央到地方出台了一系列相关政策，初步形成了较为完善、各具特色的住房保障政策体系。

但到目前为止，国家没有住房保障方面的法律，各地政策目标偏差大，一些需要强力推进的领域也缺少法律的有力支撑，一些环节甚至面临无法可依的局面，主要体现在四点。一是“人人享受基本居住权利”的共识未在法律层面明确。“人人享有基本居住权利”的共识尚未转化为建立和完善住房保障体系的内在行动力，住房保障只能依靠行政命令推进，而行政命令可持续性低，又有随意性大的风险，不是长久之策。二是“住有所居”定义模糊，指标考核缺失。“住有所居”究竟是指有房住，还是拥有产权住房，是当前的一大争议。各地虽然大规模建设保障房，但在国家层面对保障范围、保障对象等没有明确界定，也缺乏一个统一的指标考核体系。三是保障房融资问题成为制约住房保障工作的瓶颈。虽然人民银行、银监会等部门近几年陆续出台了一些支持保障房贷款的文件，但受各种因素影响，导致具体实施时多停留在口号上，住房保障融资缺少法律的强力推进，使得住房保障工作“地方热、银行冷”。四是住房保障缺乏强有力的法律监管和惩处机制。在我国的保障性住房政策设计中，监督制度和措施尚不健全，住房保障缺失足够的纠错和问责机制，使得监督起来困难重重。另外，目前我国保障房的退出机制不够完善，有些人收入提高了，依然长期居住保障房或领取住房补贴，导致住房保障名不副实。

通过立法既能将“人人享受基本居住权利”共识转化为行动力，也能进一步明确和促进住房保障的实现方式。因此，建议尽快启动我国住房保障立法工作，通过法律明确保障住房“为谁建”“谁来建”“如何建”“怎么管”等基本问题。

建议：

（一）将保证公民“居住权”作为住房立法第一要义和核心目标。

（二）通过立法构建长期、稳定的保障性住房供应机制。

（三）在法律层面明确住房保障实施主体和保障范围及对象。

（四）通过法律规制保障房的分配和管理。

二、2014年，反映社情民意信息：建议将鄱阳湖全湖列入国家湿地生态补偿试点范围

多年来，江西省委、省政府极为重视鄱阳湖湿地的保护。当前江西大力开展鄱阳湖生态经济区和全国生态文明先行示范区建设，全力推进鄱阳湖及全省生态环境保护和社会经济发展。近几年来，由于退田还湖、禁渔、禁牧、禁采等政策措施的实施，鄱阳湖生态保护得到了逐步加强，但对湖区群众传统的生产生活方式的限制也越来越多。有草不能牧、有鱼不能捕、有砂不能采、有鸟不能发展工业，湖区群众生活相对贫困，严重挫伤了湖区群众保护湿地资源的积极性，也由此造成湿地保护部门与当地政府和群众关系难以协调，保护压力增大，各种破坏湿地的现象时有发生。

2014年，国家启动湿地生态补偿试点，鄱阳湖国家级自然保护区被列入首批试点范围，获中央资金3000万元，保护区5公里范围内的耕地承包人以及因保护湿地和候鸟遭受损失或受到影响的社区得到了补偿，保护机构和当地的关系得到了较好的协调和缓冲，为推动鄱阳湖湿地保护迈出了实质性的一步。但由于鄱阳湖国家级自然保护区仅占鄱阳湖面积的5%左右，大部分鄱阳湖湿地没有纳入国家湿地补偿试点范围。

建议：

国家将鄱阳湖全湖列入湿地生态补偿试点范围。

卢天锡，时任全国政协委员，民进中央委员，九江市人民政府副市长。

史　可

一、2019年，反映社情民意信息：释放内需潜力要着重在“一老一少”问题上下功夫

今年《政府工作报告》不同于往年，消费、投资、出口三者的次序发生变化，消费成为拉动经济增长的第一动力。在拉动经济的“三驾马车”中，国内消费的潜力亟待释放。为持续释放内需潜力，要着重在“一老一少”问题上下功夫。

“一老”就是养老，尽管人口老龄化给我国带来了极大的挑战，但从另外一个角度来说，随着老年群体规模不断扩大、老年人生活生命质量提升，我国老龄产业市场潜力巨大，发展前景广阔，当前要解决一个关键问题，就是研究如何同促进消费联系起来。“一少”就是孩子的问题。现在我国的“二孩”政策已经实行几年，但是目前来看没有收到预期的效果。此外，我国在养老护理和早教等相关专业方面，人才培养还存在较大缺口。

建议：

（一）**促进养老消费**。首先，把护理、康复等老年人必须的服务纳入医保政策体系，使更多老年人减轻负担，增强其消费能力。我国台湾地区的养老和医保就有很好的结合，护理费、养老保养费和康复费都纳入了医保。其次，要加强养老设施设备的研发，为养老市场提供更多的高科技产品，在拉动老年人消费的同时，提升老年人生活质量和幸福指数。目前全球老年用品有6万多种，但我国仅有2000多种。另外，可将中医药产业与养老产业结合起来，着力发展康养产业。

（二）**规范和促进早教产业发展**。很多符合政策的人群对于生育“二孩”意愿不强，据调研，其中的关键原因就是新生儿的照顾问题。因此，我们要规范早教市场发展，引入更多资本进入早教产业。

（三）**加强人才队伍建设**。大中专院校要特别加强养老护理和早教专业的学科建设，设立专门针对养老护理和早教专业人才培训班，实现统一培训、统一考核、统一颁证，培育专业的护理人才队伍和早教师资队伍。要特别重视加快养老专业护理人士培训培养，增加老年心理学、老年保健护理学、老年餐饮等老龄保健相关知识培训。要完善老年护理相关政策，如完善家庭护理员培养政策，提升护理员收入水平，吸引更多青年人加入护理员队伍；完善社区护理机构管理政策，降低此类机构收费，鼓励更多公益机构参与家庭养老护理事业。

二、2020年，反映社情民意信息：防疫相关企业生产困难现象亟待重视

当前，部分防疫相关企业相继复工，为防疫做出了积极贡献。但从实际情况来看，这些企业的生产作业还存在着一些困难。一是原材料及零部件到位难，某汽车厂家生产的负压救护车，大量的零部件来自外省，其中包括疫情严重的湖北、浙江。这些生产零部件的企业多属机械制造企业，未被当地政府认定为防疫相关企业而无法复工，有的零部件即使有库存，也因为交通管制无法运送，一些精度较高的部件短时间内无法在省内找到替代企业，导致停产风险极大。二是工厂达到复工防疫标准难，不少防疫相关企业是劳动密集型企业，车间工作场地空气不流通，原生产线员工相互之间的距离近，要做到政府发布的防疫要求存在一定难度。三是员工生活保障难，存在通勤员工出行难、路途远，住宿员工生活物资采购难等问题，最终影响企业生产。

建议：

（一）**详细了解情况，列好原材料和零部件供应存在的困难清单**。各地防疫指挥部收到集中反馈后，及时与供应企业所在地指挥部沟通，跨省联动合作尽快帮助相关企业进行局部复工，同时协调当地交通运输部门为防疫物资的相关零部件和原材料运输开通绿色通道，及时发放高速公路通行证，必要时由国务院防疫指挥部出面协调。

（二）**卫生健康部门做好防疫工作，制定企业复工条件标准**。帮助企业对厂区内生产、生活、办公区域进行全面专业的环境卫生清理，适当改造生产线，扩大工位距离，保持良好通风，食堂不聚集用餐，采用盒饭供应。引导企业设置隔离室，购置防护服、护目镜、医疗器械等应急装备，在条件允许的情况下尽量为企业配备必要的医护人员，做好突发情况应对准备。防疫指挥部在制订调配防疫物资方案时适当向相关企业倾斜，为职工配备口罩、手套、测温仪等防护物品和洗手液、消毒水、酒精等消杀用品。工商联、行业协会也应主动作为，帮助联系对口的企业解决实际困难。

（三）**工会、人社等部门要关心关爱防疫相关企业职工**。保护合法权益，让这群冒着相当的风险、放弃了春节假期、为抗疫做出巨大贡献的职工们享受与其他抗疫一线人员同等的待遇。除工厂发放的补贴以外，应参照其他抗疫一线工作人员的标准，发放一定的补贴。对实行封闭式管理的企业，应通过线上收集的方式了解职工的合理需求并积极予以解决，及时补充生活物资，并安排医务人员和心理疏导人员在企业值守，为职工提供医疗和心理咨询服务。

三、2020年，反映社情民意信息：关于深入开展爱国卫生运动的若干建议

习近平总书记强调，爱国卫生运动是我们党把群众路线运用于卫生防病工作的成功实践，要总结新冠肺炎疫情防控斗争经验，丰富爱国卫生工作内涵，创新方式方法，推动从环境卫生治理向全面社会健康管理转变，解决好关系人民健康的全局性、长期性问题。总书记重要讲话为新时代深入开展爱国卫生运动指明了方向。我们要以习总书记重要讲话精神为总纲领，以新冠肺炎疫情防控为契机，大力推进爱国卫生运动，让每个人当好“自己健康的第一责任人”，全面促进全民健康，助力建成全面小康社会。

建议：

（一）**加强爱国卫生运动组织领导**。一是充实爱国卫生工作队伍。目前“爱卫办”普遍存在定编数较少、配置力量不强的情况。各级疾控机构从事爱国卫生的专业人员也不多。建议突出爱国卫生运动办公室的地位，加强行政队伍和专业人员配置，履行好爱国卫生运动牵头职责。二是加强爱国卫生运动刚性约束。目前爱国卫生运动的开展基本以行政约束为主，需要在国家层面出台爱国卫生工作条例，明晰政府各部门职责，明确公民和单位团体应尽的义务。卫生城市、卫生城镇、健康城市创建等均为各地自主申报，建议国家层面设为各级政府必答题，在规定时期内达标，并长期纳入城市高质量发展的重要考核内容。三是压实爱国卫生基层工作责任。各级党委和政府要探索更加有效的爱国卫生运动社会动员方式。针对单位、村组、社区，可将其纳入社会综合治理考核。针对个人，建议将健康素养课程纳入中小学生日常课程体系，大力普及卫生健康知识，倡导健康的生活方式和行为习惯。同时加强普法宣传，落实《传染病防治法》《环境保护法》中个人应承担的主体责任。

（二）**丰富爱国卫生运动工作内涵**。一是充实爱国卫生运动内容。在既往的除四害、改水改厕、卫生环境创建等工作基础上，进一步在提升健康素养、创建健康城市、预防控制疾病、改善人居环境上下功夫，使全民普遍养成健康的生活方式和行为习惯。二是突出城市卫生整体规划。做好与人口分布相适应的医疗机构、公共卫生机构布局和规划。控制居住密度，根据区域级别、人口总量建设相应级别的生物安全实验室。建立统一规范的污水处理、垃圾处理和医疗废弃物无害处置系统。鼓励和引导占道摊点入场经营，在零星摊点相对集中区域规划设置临时便民市场。三是完善公共卫生基础设施。抓紧研究，拿出各类突发公共卫生事件、促进全民健康所需的基础设施建设清单，设置卫生监督信息公示栏，建设紧急避难场所等。四是着力改善人居环

境。坚持树立“每个人是自己健康的第一责任人”思想，倡导人人养成合理膳食、吃动平衡、心理健康、绿色环保的生活方式。深入开展卫生城镇创建、“厕所革命”、垃圾分类以及文明村镇、文明单位、文明家庭、文明校园创建活动，打造宜居城市、美丽乡村。五是加强市场卫生治理。按照《标准化菜市场设置与管理规范》要求，对农贸市场进行提质升级改造。深入开展市场环境卫生专项整治，加强基础设施清扫保洁和消毒，及时密闭收运垃圾，强化关键部位的病媒生物防制措施。有条件的地方要推广活禽集中宰杀、冷链运输、白条冰鲜上市的做法，逐步取消活禽市场交易。活禽销售市场应实行隔离宰杀，落实定期休市和清洗消毒制度，对废弃物实施规范处理。全面禁止非法野生动物交易。

（三）**建立全民参与的爱国卫生运动长效机制**。深入持续做好宣传发动，建立广泛参与的长效机制。一是宣传先行，让思想成为行动的先导。持续开展爱国卫生运动月等活动，加大资金投入，与健康中国行动“健康素养促进专项行动”紧密结合，打造一批高水平、接地气、广传播的爱国卫生教育题材库，通过深入人心的教育使广大人民自觉参与爱国卫生运动。同时做好“伪养生伪科学”打假工作。二是全民动员，以运动形式促进习惯的养成。通过创建、评比卫生城市或健康城市，发动社区、村组等基层力量，使单位、个人全民参与，不断将爱国卫生运动引向深入，成为个个监督、人人遵守的行为自觉。

四、2020 年，反映社情民意信息：关于对加碘食盐实行更加精细差异化干预的建议

碘是人体必需的微量元素之一，碘元素缺乏会导致地方性甲状腺肿、克汀病等一系列疾病。反之，过量则会引起高碘甲状腺肿等不良反应，甚至造成碘源性甲亢。当前我国不同人群高碘、缺碘、适碘分化的现象越来越明显，这表明 1994 年起实行的食盐加碘政策与现实情况存在一定的不适应性。

具体表现在：因地制宜选择合适的盐碘浓度不够精细，目前，碘盐浓度按照各省水碘含量情况分为 25mg/kg 和 30mg/kg 设定，但有的省份县与县之间水碘含量区别很大，即使在相同地区，高碘、缺碘、适碘区域也混杂存在；饮食习惯和含盐零副食品带来的碘过量风险日趋加大，中国人每人每年吃掉 6.5 千克盐，是推荐量的三倍，而很多年轻人因为喜欢点外卖、吃零食，食盐摄入量远超推荐量；人们对自身含碘量水平认知不足，24 小时尿碘排泄已被证明是一个很好的衡量碘总体水平的指标，但常规职工年度体检、学生体检中并不包含这一项，大部分人既不重视也不清楚自身碘含量

水平。因此，对加碘食盐实行更加精细的差异化干预势在必行。

建议：

（一）**将食盐含碘量分类更加细化**。按照5毫克/千克一档，从0到30分为7个规格，不再按省级行政区为单位统一选择规格。同时做好推广工作，确保各县区各个规格的加碘食盐不断供应规定的超市、商店，要将各个规格的食盐分区摆放，并用醒目的标识便于消费者区分。

（二）**研究出台零副食品添加食盐的控制措施**。建议严格控制加工食品的含碘食盐添加量，需要加盐的食品，原则上应使用无碘盐，确需加碘盐的，应在包装袋醒目位置用加粗放大的字体标出碘含量。

（三）**提高群众认识水平，制定更加精细的补碘指南**。加快科普碘过量和碘缺乏的危害、食物含碘量以及加碘食盐标准等知识，将尿碘含量检测纳入常规体检项目之中。根据新的国民体质状况制定更加精细的补碘指南，指导不同地区、不同体质、不同饮食习惯的人群科学补碘，实现差异化干预。

五、2020年，反映社情民意信息：关于有效破解留学生“回不来、出不去”困境的建议

习近平总书记强调，留学工作要适应国家发展大势和党和国家工作大局，统筹谋划出国留学和来华留学，综合运用国际国内两种资源，培养造就更多优秀人才，努力开创留学工作新局面。随着经济社会的发展，我国出国留学的学生人数持续增长，已成为全球出国留学学生最多的国家。当前，在全球疫情仍在蔓延的背景下，各国纷纷强化疫情防控措施，采取了限制入境的政策，国际航班普遍减少，机票价格飙升、一票难求，加之一些国家留学政策调整，尤其是美国推行“中美脱钩”战略，试图将教育政治化。这导致一些留学生面临着想回国回不来、想求学出不去的尴尬困境，有的无法与家人团聚，有的不得不暂时休学或延期毕业。对此，应当切实建立长效机制，有效破解留学生“回不来、出不去”的困境，满足留学生回国与求学需求。

建议：

（一）**保持外防输入态势，帮助留学人员有序回国**。一是向拟回国的留学生及其家长核实相关情况，摸清滞留海外留学生人员数量、分布情况、相关需求等基本信息。二是帮助留学人员有序回国，提前告知回国应遵守国内疫情防控的有关规定，留学生签订承诺书，经核酸检测合格后方可登机，落地后实行闭环管理，既减少输入性病例，又确保想回国的留学生“回得来”。

（二）**推动检测结果互认，解决留学人员入境问题**。一是积极与留学生国家协商，统一新冠肺炎核酸检测标准、检测流程，提升我国检测结果的权威性、认可度，推动核酸检测结果国际互认。二是尽快帮助解决留学人员签证延期、被取消等问题，最大限度减少入境限制措施给留学生带来的负面影响。三是视国际疫情防控情况，适当增加国际航班或包机，确保想留学的学生“出得去”。

（三）**推动中外合作办学，安排留学人员过渡就读**。严格落实《中外合作办学条例》，由教育主管部门牵头批准审核后，推动国内“双一流”高校与国际知名高校合作，引进国际优质教育资源，既提高国内高校办学国际化水平，也方便想留学的学生不出国门也能“留学”，更能让因种种原因出不去的留学生能在国内过渡完成学业。

（四）**做好服务保障工作，维护留学人员合法权益**。一是驻外使领馆应及时汇总海外高校关于入学政策、授课方式等最新信息并反馈至留学生及家长，让其了解相关情况，减少焦虑。二是教育主管部门要与驻外使领馆密切配合，积极与当地教育部门和高校沟通协调，通过延长注册入学时间、开通在线课程、视频毕业答辩等方式，确保留学生不耽误学业。三是驻外使领馆要引导海外留学生强化疫情防控意识，做好自身防护工作；对防疫物资短缺、因疫情生活困难的，予以适当帮助。四是驻外使领馆可通过发布官方咨询电话、建立微信群等方式，畅通与海外留学生的联络，确保能及时为留学生提供服务和帮助。

（五）**建立健全转学制度，支持留学人员回国学习**。对于愿意放弃留学而回国学习的留学生，依据其就读国外高校的综合排名、所学专业以及自身的学业成绩和综合素质等，推动国外国内高校学分互认，建立健全转学制度。参照《普通高校学生管理规定》，加强留学生转学审核把关，对转入回国学习的留学生实行总量控制，坚持转学理由正当，转出、转入学校学历层次相同的原则。经过教育主管部门、相关高校的联合考试考核后，可安排回国留学生转学或插班至国内高校，在国内继续完成学业。

六、2022年，反映社情民意信息：“死磕”律师“磕”不出法治　中国律师执业行为亟待加以规范

近年来，网上不时曝出一些律师大闹法庭，甚至寻衅滋事冲击国家机关的新闻，这类律师被业内称为“死磕”律师，他们大多不与被诉人辩护对抗，而是以吹毛求疵纠缠程序问题、制造舆论声势、反复申诉控告、闹访缠访、滥用律师权利等为策略，向司法机关施压，扰乱正常审判秩序，造成了恶劣的社会影响。主要体现在：浪费司法资源，使司法机关不得不花精力反复回应申诉控告，反复接待闹访缠访，反复启动

“三同步”舆情应对工作；降低司法质效，导致庭审无法聚焦在争议焦点；阻碍律师行业发展，严重损害当事人的合法权益。对此，司法行政管理部门应该对律师的执业行为加以规范，引导律师坚守职业底线，共同维护司法的公信力和独立性，让法治理想照进司法现实。

建议：

（一）**完善律师法和律师执业管理办法，规范律师执业行为**。司法行政管理部门应当在充分调研后，进一步完善律师法和律师执业管理办法等法律法规，加强行业监督和管理。细化律师执业违法行为，以及有制度刚性的惩戒措施，完善相应的准入、退出、禁入机制。

（二）**司法行政管理部门成立律师执业调查监管部门，畅通律师执业行为举报、控告、通报渠道**。对司法机关移送的司法建议函、相关单位和人员的举报、通报函等要引起高度重视，由调查监管部门专门调查取证后依法处理，情节严重的移交纪检监察机关或公安机关立案调查、侦查，以对恶意扰乱审判秩序、藐视法庭的行为起到震慑作用。

（三）**强化对律师队伍教育培训**。系统开展律师行业执业行为规范培训、思想政治培训和律师执业初心教育培训等培训活动，引导律师规范自身行为，恪守职业道德，成为法律公平正义的共同维护者和捍卫者。

七、2022 年，反映社情民意信息：关于优化耐药结核病医疗保障待遇的建议

当前，结核病是全世界十大死因之一，也是最大的单一感染性病原体致死原因（高于艾滋病）。2019 年我国结核病发病率为 58/10 万，在全球排第三，仅次于印度和印度尼西亚。耐药结核病治疗则更为棘手，由于治愈率较低，严重影响患者身心健康以至生命安全，而耐药性结核病菌株的播散，将使结核病的预防和控制越发困难。同时，患结核病导致劳动能力下降、收入减少，加之治疗费用昂贵，是因病致贫、因病返贫的重要原因。耐药肺结核病人在所有肺结核病人中的占比，已由 2016 年的 73/ 万增长至 2019 年的 193/ 万，已成为我国严重的公共卫生问题。

建议：

（一）**完善医疗保障住院和门诊报销政策促进全程规范治疗**。耐药结核病作为结核病的“顽疾”，多药联合治疗费用高，治疗周期长，家庭负担重，医保部门应当给予“精准扶贫”。国家发布的政策文件中明确提出要不断完善耐药结核病的保障政策，

各地可根据医保基金承受能力，不断完善“政府投入为主、多渠道筹资”的经费投资机制，因地制宜探索按规定纳入基本医疗保险门诊特殊病种支付范围，积极探索按病种付费等支付改革，切实降低患者医疗负担。对耐药结核病实施按单病种付费管理，统筹门诊和住院费用，全部费用报销比例达到90%以上；或按门诊特殊疾病管理，报销比例提高到90%以上，报销上限额度提高到15万元，同时提高耐药结核病在城乡居民大病保险政策中的待遇，最大限度地确保耐药结核病患者能够治得起、治得好。

（二）推广“医保先行，地方财政资金兜底保障”的多层次保障体系。在基本医保和大病医保的基础上，各地应落实健康扶贫“三个一批”救助措施，将符合条件的贫困耐药结核病纳入贫困人口大病专项救治工作。例如，推广上海、浙江、江苏、广东等发达省市先进做法，在医保报销基础上，利用省、市级结核病防治经费对患者自付费用试行减免报销，在重大传染病上帮助患者减轻经济负担，提高规范治疗率。

八、2022年，反映社情民意信息：关于为中小学生制作专门党史学习材料的建议

当前，全国上下正全面部署开展学中共党史工作。纵观现在的党史学习材料，主要受众是成年人，对于广大中小学生来讲，这些文字繁多的材料恐怕难以激发主动学习的积极性。习近平总书记在党史学习教育动员大会上强调，开展党史教育，要注重方式方法创新。要发扬马克思主义优良学风，不断增强针对性和实效性。鼓励创作党史题材的文艺作品特别是影视作品，抓好青少年学习教育，让红色基因、革命薪火代代传承。在中国共产党成立100周年庆祝活动有关情况新闻发布会上，中央宣传部分管日常工作的副部长王晓晖也指出，在面向全社会的“四史”学习教育当中，要始终把青少年摆在非常重要的位置，积极推动党史学习进教材、进课堂、进头脑。

建议：

要坚决贯彻落实习近平总书记的重要指示精神，紧扣当下时代的潮流，创新方式方法，利用漫画、短视频、故事等容易被青少年接受的形式，制作专门的中小学生党史学习的系列材料；同时将中小学思政类课程重心全面转移到党史教育上来，保证足时足量，确保党史教育在中小学落地生根。

九、2022年，反映社情民意信息：青少年抑郁问题日趋严重亟待重视

今年5月，成都一中学生坠楼事件引发全国关注，最后通过监控录像看到该学生

有过多次轻生的举动，判断其患有抑郁症，为跳楼自杀身亡。近年来，类似的事情屡见报端，反映了我国青少年学生普遍存在一定的心理问题，据调查显示，目前我国有9500万名确诊的抑郁症患者，其中有23.8%是青少年学生，这还没有统计没到医院诊断的数据，潜在的抑郁症学生患者数字更为庞大，急需引起重视。

青少年学生抑郁高发的主要原因在于：外部环境压力大，如，家长望子成龙期望过高，校园霸凌现象突出，择校排名对学业的巨大影响等，学生难以承受；心理干预不足，心理健康教育课程多流于形式，有的学校甚至当成任务、累赘，只有在上级部门检查时才象征性开展相关课程，学生压力无处排解；对抑郁症认识不足，很多家长意识到问题的时候往往已经是重度患者，治疗难度比初期成倍增加。

建议：

（一）**营造良好成长环境**。着力减轻学生课业负担，规范课程设置，确保开足开齐各级各类课程，严格执行课程计划；控制考试次数和内容，禁止各校对学生成绩排名；办好家长学校，引导家长从孩子身心健康出发，对孩子采取适合的教育方式，用正确的思想、方法、行动教育培养孩子，不盲目跟风，从而减轻课外学习负担，切实改变“学校减负、家庭增负，校内减负、校外增负”现象。禁止学校和老师推荐、暗示、要求、组织学生到校外补课培训，学校不以任何名义举办或与社会力量合作举办文化课补习班。同时以零容忍的态度坚决整治校园霸凌现象，给学生营造安全的学习氛围。

（二）**建立完善的心理健康教育制度**。一是充分发挥心理健康课程作用，创新课程形式，保证足量课时，必要时要以考核老师和学生的方式确保效果，避免流于形式；二是鼓励各科老师结合学科特点，结合心理健康教育的特点进行学案设计，将心理健康教育渗透到各个学科；三是完善学校的心理咨询制度，聘请专业的心理咨询师定期在学校坐班，同时注意保护学生隐私，对有抑郁症苗头的学生长期跟踪管理，及时进行心理干预。

（三）**加强抑郁症相关知识的宣传教育工作力度**。将PHQ-9抑郁症筛查作为每年学生体检的必检项，将心理健康建设作为家长会的重要内容，引导家长做好孩子的情绪疏解，将抑郁症扼杀在萌芽状态。广泛展开青少年抑郁症知识科普，让老师、家长、社区和学校医生更加理性认识抑郁症的生理基础、治疗方式、预防方法，推进抑郁症知识普及常态化。

十、2022年，反映社情民意信息：红色史料管理问题应予以规范

当前，正值全国上下开展中共党史学习教育，红色史料具有较高的历史文献性、

权威性，对于党史学习教育具有极大的促进作用，无疑是同时期其他史料所不能比拟的，理应得到妥善地保护和有效地利用。近年来，各地普遍较为重视红色资源的发掘和保护，众多红色史料得到妥善保护，但也有一些细节问题值得重视。如，重视典型人物和事迹，忽略普通干部群众材料，更多流落于民间的红色史料，因为太过零散、收集难度大且开发效益不高，没有得到足够地重视；博物馆展出真迹管理不善，很多文物本身就残破不堪，原物直接展出，存在一定损坏风险；民间收藏涉密红色文件缺乏规范等等。

建议：

（一）**加大对民间史料的征集力度**。注重和从事当代民间史料收集工作学者的对话与交流，鼓励健在的老干部、老战士写回忆录，或向记者、文化工作者讲述火红年代的难忘经历，用“民间语文”的形式记录波澜壮阔的历史，让更多的红色历史重现。

（二）**建章立制，明确规定用红色史料真迹展出的边界范围**。在全国范围内开展清查，加大资金投入，统一进行复制许可审批，督促各地尽快对在展出的红色史料真迹进行复制和替换，并将真迹保护起来，确保万无一失。

（三）**严厉打击涉密红色史料民间交易**。一是要完善立法，将禁止交易早期涉密国家文件写入法律条文；二是利用物质奖励、授予荣誉等措施，鼓励民间藏家将涉密史料上交有关部门；三是严密监控交易平台，对公然交易涉密红色史料的行为“零容忍”处置。

十一、2022年，反映社情民意信息：推进新材料产业发展　助力制造强国建设

材料是制造强国、质量强国的基础和先导。中共中央在“十四五”规划和2035年远景目标建议中强调，要“坚定不移建设制造强国、质量强国”，“加快壮大新一代信息技术、生物技术、新能源、新材料等产业”。与发达国家相比，我国新材料产业发展仍处于爬坡过坎的关键阶段，在服务制造强国、质量强国的战略中，还存在一些突出问题。如，支撑保障能力不强，关键材料‘卡脖子’问题还广泛存在；引领发展能力不足，原始创新能力弱难以抢占战略制高点；服务体系不健全，未形成良好的产业发展生态等等。

建议：

（一）**以世界级产业集群思路来完善顶层设计，加强区域统筹协调**。参照世界级新材料产业集群政策体系，围绕“重点方向、重点企业、重点园区”统筹规划，以集

群创新和组织变革为核心，统筹建设新材料协同攻关机构，完善国家级生产应用示范平台，不断推动跨区域协作和开放融合，解决核心材料生产应用技术开发、应用技术服役环境评价、生产应用示范线建设、资源数据库共享等问题，增强我国新材料产业集群的国际竞争力，实现由材料大国向新材料强国迈进。

（二）突出重点，增加研发投入，切实提升关键材料技术工艺水平。围绕重点领域的需求，发展航空航天材料、高端装备材料、新一代电子信息材料、生物医用材料、新能源材料等，关注 5G、柔性显示等新兴方向的材料需求，促进开发与应用联系更紧密。加强新材料人才培养与创新团队建设，完善激励机制，推动企业、科研院所、高校及公共服务平台间研发链条，企业提需求、科研院所及高校定向培养人才开展技术攻关，实施重大项目。增加研发课题经费，鼓励跨区域联合开发和构建新材料行业知识服务系统，解决新材料领域“卡脖子”问题。

（三）加强科研软实力建设，攻克一批“卡脖子”技术。“十三五”时期，我国已组建一批高水平创新平台，配套先进的基础设施、配建新的生产设备，但部分领域的核心技术还未达到国际水平，在产业化方面进展较为缓慢。“十四五”时期，要由创新平台建设转向人才、技术激励引进政策等软实力搭建，联合开展关键技术和产业应用技术攻关，高频次同国外跨国公司和科研机构进行交流合作，进一步加快科研技术产业化速度和成果转化，形成对行业转型升级发展的有力支撑。

十二、2022 年，反映社情民意信息：适时启动年中财政预算调整　凸显积极财政政策在稳增长中的突出作用

近日，国家统计局发布统计数据，经初步核算 2022 年我国一季度 GDP 达 270178 亿元，同比增长 4.8%，比 2021 年四季度环比增长 1.3%。面对复杂演变的世界局势、国内疫情、相对低迷的消费市场等多重下行压力，我们能够在高基数上实现中高速增长的成绩殊为不易。但客观地来看，一季度 GDP 增速与世界其他主要经济体相比，处于中等水平，与 2022 年政府工作报告提出的 GDP 增长 5.5% 的目标相比，也存在一定的差距。这种情况下，要实现全年 GDP 增长目标可以说面临不小的压力。

经济社会的发展离不开出口、投资和消费这“三驾马车”的拉动。一季度取得实属不易的 GDP 增长成绩，主要得益于有效投资的不断扩大。与此同时，出口与消费则存在一些潜在风险，值得重视。比如，出口虽处于上升态势，但环比增速开始回落；消费市场 1、2 月在春节效应和冬奥经济的催化下表现突出，3 月受疫情影响增速快速回落，接触性服务业情况尤为严重。

当前，我国部分地区的疫情防控形势依然严峻，出口与消费在一定时期内势必难以实现全面恢复。在此背景下，投资很可能继续成为拉动经济增长的“主引擎”。同时，受土地市场下行、疫情冲击、减税降费等三重因素叠加影响，地方政府财政收支平衡难度加大，可能出现预算目标无法完成的情况。因此，无论是从稳增长的角度来说，还是基于财力空间的现实考量，我们需适时调整年初财政预算，从而稳中求进实现更高速度的增长，顺利实现全年 GDP 增速目标。

建议：

实施积极财政政策，适时启动年中财政预算局部调整。1998 年，亚洲金融危机爆发后，前三季度我国 GDP 实际增速下滑至 7.3%，距离全年 8% 的目标有一定差距，出于稳增长和解决有效需求不足的双重考虑，1998 年 8 月 29 日，全国人大常委会通过当年中央财政预算调整方案，决定增加中央财政预算 500 亿元，起到了积极作用，最终全年 GDP 实现 7.8% 的增长，略低于全年 8% 的目标。因此，当前也应适应客观情况的变化，依据《预算法》《预算法实施条例》以及有关国家预算管理的其他法规制度，严格按照预算调整具体流程，编制预算调整方案，对年初制定的预算进行局部的科学调整，重新组织预算收支平衡，保持财政支出和有效投资强度，进一步凸显积极财政政策在稳增长中的突出作用。

十三、2022 年，反映社情民意信息：推动平台经济规范健康持续发展　打造经济社会发展新引擎

平台经济是数字经济时代背景下新的经济模式，人们所熟知的网购、团购、共享出行、网络直播等，都是平台经济的典型表现形式。近年来，以“互联网 +”业态为代表的平台经济蓬勃发展，成为经济社会发展新的动力引擎，不仅为求职者提供了多渠道、多形式的灵活就业、居家就业、自主创业机会，也推动企业加快转型、创新发展，还引发消费方式变革，引领新兴经济增长。但客观地说，平台经济也还面临着不少突出的问题，主要体现在：资本无序扩张，垄断隐患突出；大数据杀熟，损害消费者权益；监管难度大，偷税漏税现象严重，等等。

建议：

（一）加强反垄断监管，营造公平自由的市场竞争环境。进一步完善平台企业垄断认定方面的法律规范，厘清平台经济反垄断监管路径，创新监管理念和方式，对其行为进行动态监管，尤其是对于特许行业金融领域、关系百姓切身利益民生领域的平台企业，要实行更为严格的反垄断监管。同时加强税务、市场监管、金融等部门的信

息共享，探索监管执法合作机制，并充分发挥社会监督力量，及时发现平台垄断风险隐患，提升监管效能。

（二）**加强消费者信息保护，转变企业发展模式**。落实平台企业信息保护主体责任，进一步规范平台企业对消费者个人信息收集、使用、管理等制度。同时鼓励平台企业加强核心技术创新，推动平台企业从挖掘人口流量红利向深耕技术创新红利转变，提升全球化发展水平，支持平台企业走出国门，增强国际化发展能力，提升国际竞争力。

（三）**健全税收监管体系，堵住税收监管漏洞**。落实和完善包容审慎监管要求，探索建立适应平台经济发展特点的新型税收监管机制，研究制定平台经济适用的相关税收法律规范，从具体细节上对一般纳税人、小规模纳税人、个体工商户和其他个人等平台经济经营商户涉税问题，有区别地加以明确、规范、细化，并强化税法普及宣传，进一步增强市场主体依法诚信纳税意识。同时在应缴尽缴基础上，出台税务优惠扶持政策，对平台经济加大政策引导、支持和保障力度，激发平台经济市场活力，更好地发挥平台经济新引擎作用。

十四、2022年，反映社情民意信息：俄乌冲突加剧全球农产品市场震荡　谨防影响我国粮食安全

2月以来，俄乌冲突持续升级，引发国际市场的连锁反应。联合国世界粮食计划署警告称，俄乌两国供应链紊乱将危及全球粮食安全。作为小麦、大麦、玉米等农作物的重要供应国，俄乌在国际粮食市场的地位相当重要，对于中国粮食进口也有一定影响。冲突升级不仅导致小麦、玉米进口价格飙升，也使得进口农产品供应存在很大的不确定性，一定程度上影响到我国粮食安全。习近平总书记强调，“粮食安全是‘国之大者’。悠悠万事，吃饭为大。”要端稳端牢中国人自己的饭碗，必须居安思危，未雨绸缪。

建议：

（一）**建立粮食类大宗商品调控机制**。一是建立健全粮食类大宗商品信息平台。实时监测国际农产品市场生产、流通、消费等环节信息，提高国内粮食企业应对国际市场价格波动的能力，确保粮食价格相对稳定。二是加强粮源流通管理。适当控制流通环节贸易商的参与，增加上游供给与下游需求的直接匹配度，避免部分粮食企业过度囤货。三是强化期货市场投机行为监管。通过提高手续费标准、收紧交易限额、扩大交割品范围等措施，抑制粮食类大宗商品过度投机行为，杜绝资本恶意炒作。四是

加强相关信息舆情监控。积极应对可能出现的夸大或煽动性言论，稳定群众粮食安全预期。

（二）**鼓励支持国内粮企“走出去”**。一是打造我国跨国大粮商。培育一批兼具海外粮食基地、海外港口资源和国际航运能力的大型跨国粮食企业，打破“ABCD四大粮商”市场垄断。二是加强与“一带一路”国家粮食企业贸易合作。不断拓宽海外粮食供应链，促进粮食进口多元，尽可能分散粮食类大宗商品进口来源国，避免“鸡蛋装在一个篮子里”。三是积极争取国际定价权。推进粮食期货市场改革，建立认可度高和权威性强的粮食商品指数，逐步推动国内大宗商品期货价格成为全球基准价格。并着力推动使用人民币进行粮食商品计价和结算，通过人民币国际化推动粮食定价国际化。

（三）**提升国家粮食安全保障能力**。一是落实粮食安全责任制。深入学习贯彻习近平总书记关于国家粮食安全的重要指示精神，充分发挥粮食安全责任制考核“指挥棒”作用，确保实现今年政府工作报告提出的“粮食产量保持在1.3万亿斤以上”的目标任务。二是加快启动种源“卡脖子”技术攻关。加强种质资源保护利用和种业创新，确保中国碗装中国粮，中国粮用中国种。三是坚决守住18亿亩耕地红线。坚决遏制“非农化”、防止“非粮化”，确保耕地数量。同时，推动高标准农田建设，大力提升耕地质量。

十五、2022年，反映社情民意信息：亟须关注生产成本上升对中小微企业形成的冲击

6月27日，是第6个“中小微企业日”。中小微企业作为国民经济和社会发展的生力军，是不可或缺的市场主体，在繁荣经济、推动创新、贡献税收、扩大就业等方面发挥着重要作用。近年来，我国逐步构建起具有中国特色的中小微企业政策支持体系，发展环境持续优化。但疫情形势下，中小微企业发展面临巨大压力，尤其是近期生产成本上升所造成的冲击，主要体现在：国际大宗商品价格持续上升所导致的企业生产原材料价格上涨，分时电价政策和俄乌冲突国际形势影响下的电、气等重要生产要素价格上涨，以及燃油价格上升和疫情因素所引发的物流运输成本上涨，等等。

建议：

（一）**坚持“链”上多点发力，确保原材料市场价格稳定**。产业链供应链安全是国家安全的重要组成部分。要以国家乃至国际视野，推动地区产业链供应链与重点优势产业相耦合，加强原材料供应链的管理与服务。要加强原材料市场运行监测和价格监

管，坚决打击垄断市场、恶意炒作等违法违规行为，确保原材料市场价格相对稳定。

（二）**坚持“降”上多策共用，切实降低企业用能成本**。要强化水、电、气等重要生产要素保供稳价，规范城镇供水供电供气行业收费标准，清理取消不合理收费项目。要出台企业水、电、气增容专项补贴政策，按实际发生费用给予中小微企业一次性补贴。要因地制宜大力发展风能、太阳能、生物质能以及氢能等新能源和可再生能源，优化能源结构，构建清洁低碳安全高效能源体系。

（三）**坚持“运”上协同联动，促进物流运输保通保畅**。要精准落实疫情防控政策，严肃查处“一刀切”劝返、加码设置防疫检查点、擅自关停高速公路等行为。要加快推进急需物资中转站点建设，推进公水、铁水、海铁、水水等多式联运，确保能源、原材料等重要生产物资的运输畅通。要加大对困难物流企业减费减税政策实施力度，加大金融支持力度，帮助物流行业纾困解难。

史可，全国政协委员，农工党江西省委会主委，江西省科协主席。

史可　熊涛

2021年，反映社情民意信息：加强“料理包”生产使用监管　确保外卖食品总体安全

随着生活节奏的不断加快，人们的用餐习惯也随之悄然改变，外卖凭借其方便快捷、口味多样、价格低廉的优势受到大众追捧。然而，外卖行业的野蛮生长也带来了诸多食品安全问题，最突出的莫过于“僵尸外卖”，以成品速冻“料理包”长达一年的保质期而得名。有调查显示，我国各大外卖平台中超60%餐品是完全或者部分使用“料理包”加工而成。

“料理包”滥用已严重危及外卖食品安全，由于相关法律法规不完善，存在部分监管盲区，“料理包”生产行业违法率高达18.8%。有的餐饮商家片面追求流量、利润，过期继续使用、反复解冻再加热“料理包”，严重威胁消费者健康。且因“料理包”进价低、利润高、加工方便、不需要聘请厨师，逐渐侵入堂食快餐领域，长此以往，餐饮市场必将陷入劣币驱逐良币的恶性循环。在信息不透明的情况下，消费者花现炒现做的钱，拿到的却是廉价的料理包食品，知情权受到侵犯。

建议：

（一）**把住源头，加强“料理包”生产监管**。各级市场和质量监督管理部门应进一步加强对“料理包”生产企业的食品安全监管，严格按照《SB/T10379—2012 速冻调制食品标准》《GB19295—2011 速冻面米制品标准》要求，开展抽样检测，对“料理包”原材料、食品添加剂、过氧化值、微生物数量、重金属含量以及外包装进行严格把关，防止源头污染。

（二）**规范运储，确保流通环节安全稳定**。对“料理包”等速冻调制食品的运输、储存等环节，我国已有明确标准，包括：运输车辆应保持清洁；装运速冻调制食品前，应将厢体温度降至 10℃；运输期间，车辆温度应保持 -15℃；产品应储存在 -18℃的冷库，不能与有毒、有污染的物品混储；应使用垛垫堆码，离地、离墙应大于 10 厘米等。执法部门一方面应有意识地加大对“料理包”冷链运输车辆的检查力度，确保运输中途不变质；另一方面要组织执法人员实地查看外卖商家“料理包”冷库存储情况，对不符合存储标准的依法处理。

（三）**建立行规，引导外卖商家守法经营**。在加强行业监管的同时，积极引导外卖行业建立起一套科学、完善的行业规范和评价标准。由中国饭店协会（隶属于国务院国资委，并接受商务部业务指导）牵头，会同美团外卖、“饿了吗”等外卖平台及外卖头部品牌代表联合制定外卖行业标准，对“料理包”加工、使用等操作行为进行规范，防止“水煮料理包”登上餐桌。同时，对使用“料理包”加工制作的食品，应当在外卖平台页面和小票中予以标注，保障消费者的知情权和选择权。

（四）**科技赋能，推动外卖行业转型升级**。“料理包”外卖的出现，某种程度上反映了在与肯德基、麦当劳等洋快餐激烈竞争中，中式快餐标准化、工业化的迫切市场需求，但中式快餐标准化不等于“料理包化”。一方面，有关部门和企业要紧抓时代机遇，依托互联网和大数据赋能，积极探索和落地优选餐厅、明厨亮灶、食安封签、食安保险等商业化模式，推动食品安全管理创新；另一方面，支持外卖商家探索建立中餐标准化路径、标准，重视产品质量及供应链、渠道管理，加速新品研发，创新数字化营销工具，走出一条中国外卖的转型升级之路。

史可，全国政协委员，农工党江西省委会主委，江西省科协主席；熊涛，江西省政协委员，民盟南昌大学委员会副主委，南昌大学食品科学与技术国家重点实验室常务副主任。

刘木华

一、2020年，反映社情民意信息：新冠疫情后人工野生动物养殖行业陷迷茫　需审慎且合理对待

由于新冠肺炎疫情的暴发，人工野生动物养殖业已经“躺枪”，全国人大常委会已经着手相关法律修改工作。作为农民脱贫、增收的农业特种养殖是否还要继续发展？在当前社会发展阶段，是否适宜立法全面禁食和交易包括人工养殖在内的野生动物，值得慎重思考。事实上，特种经济动物产业规模庞大，直接取缔对民生影响巨大。

建议：

（一）“两类野生动物”要区分。要对人工繁育野生动物与纯野生动物进行清晰的定义和分类。目前人们概念中的“野生动物”其实包含人工繁育的野生动物与纯野生动物两类。在目前现有的法律、法规等相关规定中，没有非常明确地对此两类“野生动物”进行清晰严格地区分，这也就造成当前疫情发生过程中行政管理、执法“一刀切”的问题。因此，要完善相关法律法规来对两类“野生动物”进行严格区分，对目前允许人工繁育养殖、食用的野生动物名单进行具体化，缩减一些存在问题的动物名单，补齐合适、安全的动物名单。允许人工繁育养殖已经成熟、不会对人类构成致病威胁的野生动物，并将名单体现在法律、法规等条文中，便于政府管理执法和从业者经营养殖中执行。

（二）“养殖、交易、食用”要严管。要对人工繁育野生动物的养殖、交易、食用实行全程追溯、全程监管。由于政府有关部门对野生动物养殖、交易、食用等方面，往往都是情况不清、数据不明，也没有相应的系统对这方面进行数据统计和管理，间接造成了不能对野生动物养殖、交易、食用中的非法行为进行有效发现和管控。因此，对一切人工繁育野生动物的养殖、交易、食用等用信息技术、大数据系统进行全程、可追溯的监管，科技部门要研究出更多合适的信息采集技术，有关部门要建立相应的信息平台并充分应用。

（三）“非法猎捕、交易”要重打。在完善有关法律法规基础上，要严格区别对待人工养殖的野生动物与野外捕获的野生动物，禁止并严厉打击野外捕获野生动物行为，应重点打击野外捕获的野生动物交易行动，取缔相关场所，着重惩治收购、食用野外捕获野生动物的人员及经营场地。

（四）“合法繁育、养殖”应鼓励。合法的人工繁育野生动物是不少农民包括林

业工人增加收入的重要途径。“一刀切”禁止野生动物人工繁育及食用会产生影响农民收入的社会问题，影响全面脱贫目标的实现。新冠肺炎疫情暴发前，国家对人工繁育野生动物给予了不少鼓励措施来促进农村产业振兴，当前应对过去的政策措施进行梳理，合适的应继续，不合适的要修改，这样才能确保今年全面脱贫任务顺利完成、小康路上一个都不会少。

二、2020 年，反映社情民意信息：原国有企业下岗职工中生活困难及存在心理健康问题的群体应给予高度关注

原国有企业下岗职工是国家推进经济体制改革过程中产生的特殊群体。据有关资料显示，我国原国有企业的职工 1.1 亿多人，在 20 世纪 90 年代中后期国有企业改革过程中有 7000 多万名原有国有和集体企业职工下岗，其中绝大多数是文化层次低的工人。当前这个群体存在两个突出的难题：一是生存不易，由于文化水平的原因，长期以来，这个群体中有很大一部人打工收入低、心理压力大、生活困难，还有一些更是婚姻不幸；二是居住困难，由于在原国有企业工作时从来没有享受过住房改革的福利，不少人居住的是原国有企业公房，条件差、危房多，因此怨言颇多。

建议：

（一）**要底数清**。对原国有企业下岗职工现有状况进行摸底调查。特别是收入低、生活困难、婚姻不幸的人群，以及由此可能产生心理健康问题的人群，更要做到底数清、情况明。

（二）**要多关心**。原国有企业下岗职工中很大一部分人在分享我国改革开放红利方面受益较少。政府各部门要压实责任，给予这些困难群体就业、物质、心理方面的关心和帮助，多倾听他们的心声，了解他们的困难，掌握他们的心理健康状况。这样可以一定程度防范相关群体事件和“报复社会”案件的发生。

（三）**要出政策**。当前原国有企业下岗职工就业难情况普遍存在，特别是这个群体中大多数人是临近退休年龄 5 年左右的困难时期。政府应为此出台针对性的政策措施来帮助他们平稳度过临近退休的“5 年困难期”；此外，针对原国有企业下岗职工居住问题也应出台相关政策予以倾斜，使这些“从来没有享受过房改政策红利”的下岗职工能有所慰藉，减少他们心中对社会的怨气。

三、2020年，反映社情民意信息：农田线杆林立存隐患　高标准农田建设应重视各类线杆在田间的规划布置

高标准农田建设是国家投入资金量大的重大惠农政策措施，当前有不少农地已完成高标准建设，还有更多的农田正在建设或即将建设。这项工程能很好解决田难种的问题，可大大节约各类生产成本，大幅度提高农业生产效率。但是，在建设这些工程项目时，因不能有效地规划管理各类线杆在田间的布置，各电力、通信公司矗立拉接的电杆、线杆、线缆交相穿插在田间，严重阻碍了农业机械化的运用，使得拖拉机、收割机、植保无人机等各类农机的作业效率大大降低，同时还给安全生产带来极大隐患，从而使得这项投入巨大财力、物力和人力的工程实施效果大打折扣。

建议：

国家或省级层面出台相关政策措施，保证各地高标准农田建设项目要把各类线杆的合理布置纳入统一规划管理，并作为一项重要的建设内容；同时，该政策措施要确保各级地方政府有权限、有能力协调电力、通信等部门予以配合、支持。

刘木华，全国政协委员，民建江西省委会副主委，江西农业大学副校长。

刘木华　聂小军　钟团艳　朱　帅

2021年，反映社情民意信息：抓早稻种植既要注重播种面积更要重视实际质量

早稻种植是有利于粮食稳定生产和国家粮食安全的大事。农业农村部和早稻生产省（区）的各级政府层层压实粮食生产责任，全力落实各项支农惠农、种粮补贴政策，使近几年的各省（区）早稻播种面积持续增加，但是在实施过程中也出现了不少问题和困难。

从调研情况来看，一是部分地方重早稻播种面积，不顾实际情况强行种植，不重后续种植质量。有的地方政府只注重对早稻播种面积统计的多少，并以此作为上报数据、各种补贴政策和资金的依据，忽视了早稻播种后续的真实生产管理情况、实际收获效果的跟踪服务与评价。二是“形式主义”播种早稻现象的背后，是农民早稻种植

意愿越来越弱。从收入看，种植早稻纯收益较低；从风险看，与一季稻相比，双季稻遭受自然灾害风险较高，且农业保险存在保额理赔不到位的现象，理赔结果常难达到农户预期；从投入看，对于双季稻来说，除土地流转费外，其他各项投入均在两倍左右，但产出很难实现双倍。

建议：

（一）**加快建立早稻种植收益保障机制**。政府可以对早稻种植的相关各类补贴进行统筹（包括农业保险等），建立统一的早稻种植收益补贴政策。具体来说，政府对早稻实行计划播种，再根据早稻种植土地的生产能力，制定各地早稻种植农民的基本收益保障水平，然后参考本年度早稻产量、价格、成本等因素合理测算出农民收益情况，与目标收益进行比较后，依据实际种植生产的面积进行收益差补贴，确保纳入早稻耕种计划农民的稳定收益。

（二）**大力支持发展再生稻**。再生稻是种一季收获两季的水稻，它可以在收获头季后，通过腋芽萌发生长，大约 2 个月后便可再收获一次。再生稻只需一季种子、一次耕整、育秧和栽插，生育期短、病虫害少，农药、化肥用量减少一半多，比双季稻节省成本 400 元以上，受到农民欢迎。目前主要存在的问题是，再生季稻桩受到机械收割过程中碾压的损伤较大，再生季的产量偏低，为此政府部门不把双季稻作为早稻播种面积进行统计。针对这个问题，一些科研单位已经进行不少研究，江西等早稻种植大省的科研单位也已经有一些初步的解决方案，政府部门应大力支持江西等早稻种植大省，解决确保再生稻双季高产的全程机械化生产瓶颈难题。同时，在此基础上，把再生稻种植面积包括在早稻播种面积统计中，以破解农民早稻种植意愿越来越弱的难题。

刘木华，全国政协委员，民建江西省委会副主委，江西农业大学副校长；聂小军，新余市政协委员，民盟分宜总支副主委，分宜县农业农村和粮食局二级主任科员；钟团艳，分宜县政协委员，分宜县社保局科员；朱帅，农工党员，铜鼓县台胞台属联谊会会长。

张玉清

一、2021 年，反映社情民意信息：高校中青年教师慢性病患病率逐年上升应引起重视

中青年教师是我国高等教育的主力军，在教书育人、科学研究中发挥着主要作用。近年来，高校中青年教师群体慢性病如高血压、糖尿病、高血脂症及脂肪肝等的患病率逐年上升，相关危险因素广泛存在。以 2020 年为例，血脂异常和尿检异常 2 项的检出率最高，已超过 1/3，脂肪肝和肝功能异常超 1/4，高血压超 1/5，对其进行积极干涉和引导刻不容缓。造成高校中青年教师患慢性病的原因主要包括：工作压力大，常态化“过度劳动”伴随着焦虑甚至抑郁的精神状态；膳食结构不合理、缺少体育锻炼、睡眠不足等不良的生活方式；防病意识薄弱，早期重视不足，等恶化时已经错过了预防的最佳时机，等等。

建议：

（一）**营造合理的社会环境，提升对高校教师身体健康的关注度**。政府和社会应加大宣传全民健身的健康生活理念，营造良好的体育锻炼氛围，引导广大中青年教师积极投身体育锻炼当中；多组织教师参加身心健康方面的讲座；采取讨论、调查问卷等方式，倾听教师的健康需求。

（二）**制定科学的校内制度，缓解高校教师的工作压力**。缓解高校教师的工作压力，提高教师身体健康水平应该被提到学校战略发展高度。首先，学校应制定更为科学合理的校内考评机制，合理规定教学考核学时、科研发表文章及科研项目数量等，切实有效地破除“五唯”、减轻“内卷”，以缓解教师的工作压力。其次，学校应努力提升中青年教师的待遇，缩小待遇差距，改善工作生活条件，助力教师高效工作，以减少教师在生活上的后顾之忧，使教学和科研真正成为教师的兴趣所在，而不是谋生之道。再次，学校应定期举办经验交流、心理疏导等活动，有效缓解高校教师的心理压力。最后，学校应加强宣传定期体检的重要性，做到应检尽检，且在体检后进行针对性地持续跟踪关注和健康提醒，促使教师改善生活方式和加强身体锻炼。

（三）**养成良好的生活方式，加强体育锻炼**。中青年教师应对自己的健康状态负责，牢固树立“健康第一”的人生价值理念。首先，时刻关注自己的身体状况，树

立正确的健康意识。改掉吸烟、喝酒及熬夜等不良生活习惯，确保足够的睡眠时间；改掉不吃早饭、暴饮暴食的不良饮食习惯，做到合理膳食，营养均衡。其次，树立科学的健身意识，增强合理的体育锻炼。久坐少动是产生慢性病的一个关键原因，增强体质最有效的方法就是锻炼。可以给自己制订一个科学合理的健身计划，比如进行跑步、健步走、羽毛球等运动，并严格执行。

二、2022年，反映社情民意信息：关于加强废旧磷酸铁锂电池资源化利用的建议

随着电动汽车保有量的快速增长，2020年全国动力电池报废量超过24.8万吨，动力电池使用和回收应引起高度重视。动力电池主要为锂电池，近年来，磷酸铁锂电池的用量呈爆发式增长，已导致硫酸亚铁产品紧俏以及基础原料黄磷价格的跳涨。资源化利用废旧磷酸铁锂电池中的锂、磷、铁元素已迫在眉睫。而由于磷酸铁锂电池回收价值不高，废旧磷酸铁锂电池回收企业较少，回收再生存在技术障碍节点等，必须加强废旧磷酸铁锂电池资源化利用。

建议：

（一）**完善政策，鼓励支持回收再生企业的发展**。一是加大对磷酸铁锂电池回收再生企业的扶持力度。因磷酸铁锂电池回收价值不高，磷酸铁渣回收处于价格倒挂状态。国家相关部门应在严格执行“电池回收主体责任是新能源车企”的同时，出台对磷酸铁锂电池再生回收企业相关扶持补贴政策，鼓励企业开展磷酸铁锂电池再生回收。二是鼓励产学研结合，集中力量突破技术节点。磷酸铁渣是回收磷酸铁锂正极材料后最主要的固体废物，拓展开发磷酸铁在特种冶金、釉料等非电池材料领域的应用，可有效地节约资源，是磷酸铁锂电池回收的关键。既要发挥科研院所智力密集、硬件齐全的优势，参与磷酸铁锂电池回收技术的突破工程中来；又要鼓励、引导和支持有相关基础的小微企业积极参与回收技术研发的实践当中，真正实现产研结合；同时，针对研发过程中产生的部分无法消化的固体废物的处理，在政策和资金层面给予支持，解决研发企业的后顾之忧。三是支持新技术新材料的推广运用。磷酸铁锂回收再生后的磷酸铁再利用，与其纯度、性能、价格等关键因素有关，市场接纳也是一个漫长的过程。这些生产成本以及时间成本将是回收企业难以承受的。只有政府出台相关政策来支撑，才能最大限度地获得应用。

（二）**设立回收再生产业发展基金**。按照《新能源汽车动力蓄电池回收利用管理暂行办法》，动力蓄电池生产、使用等相关企业承担回收的主体或相应责任的规定，相关

企业在动力蓄电池回收利用各环节履行相应责任，设立磷酸铁锂电池回收再生产业发展基金，保障回收再生的环保处置，促进产业绿色发展。

张玉清，全国政协委员，九三学社江西省委会副主委。

陈文华

一、2020年，反映社情民意信息：对“十四五”时期乡村医疗卫生事业发展的建议

在脱贫攻坚、健康扶贫大背景下，乡村医疗卫生事业取得长足进步，但依然存在倾斜政策多、长效机制少等问题。建议国家在制定“十四五”规划专项子规划时予以重视。

建议：

（一）进一步健全乡村医疗卫生服务体系，将乡村医疗卫生机构按照公益一类财政保障、公益二类绩效管理的模式，把编制人员纳入属地财政预算管理并全额保障。

（二）充分发挥中央财政引导作用，鼓励地方政府按年度卫生健康总支出的一定比例安排专项资金，用于乡村两级医疗机构基础设施建设维修和现代医疗设备引进更新，中央财政按比例配套补助。

（三）巩固深化各地向农村定向培养大专、高职医学生的做法，明确身份定位，加大优惠力度，保障基本就业，在国家层面制定更有吸引力的优惠政策，引导高学历医学学生、全科医生投身乡村医疗卫生工作。

（四）加快推进县域内医联体建设，采取城市公立医院必须安排一定比例新入职医生先到乡村医疗机构工作一定年限、晋升上一级技术职称须有乡村工作经历等办法，推动形成城市优质医疗技术人才下沉支援乡村的长效机制。

（五）积极探索社会资本进入乡村医疗卫生领域新模式，如江西省新余市通过政府购买商业保险融入家庭医生签约服务的方式，在为签约农民提供基本医疗、基本公共卫生、个性化健康管理服务的基础上，增加防癌保险、远程会诊、双向转诊等服务。同时，商业保险公司通过聘请专业团队，定期督导家庭医生履约、公共服务落实情况，有效实现了保险公司、签约家庭医生全程介入健康管理和疾病治疗干预全过程，构建政府、签约家庭医生、签约农民“三方共赢”更加完备的基础医疗服务体系。

（六）大力构建农村公共卫生服务效果评估机制，量化评估农村公共卫生服务效果，调整完善农村公共卫生服务经费管理和分配模式，在保障人均费用、基本项目费用的基础上，用好效果评估结果，落实财政奖励支付等措施，引导乡村医疗卫生机构把工作重心从看病治病向保健预防转变，真正提升乡村医疗卫生服务水平和农民生活质量。

二、2022 年，反映社情民意信息：关于办好乡村小规模学校的几点建议

近年来，农村适龄入学儿童和教学点的数量在同步锐减。这其中既有因为适龄入学儿童数量减少而合理撤并小规模学校的结果，也有一些地方从教师人员、投入成本等资源节约考虑而过度强撤教学点，导致一些农村学生上学不便、无奈选择流向城镇的情形出现。同时，由于农村小规模学校基础条件较差，优秀教师不愿来、留不住，教育质量不高，进一步导致农村生源不断涌入城镇，使得农村“空心化”问题愈加突出。在全面实施乡村振兴战略的大背景下，进一步办好乡村教育特别是以教学点为主要模式的小规模学校势在必行。

建议：

（一）**让乡村教学点布局合理。**乡村教学点作为乡村教育的重要组成部分，为保证农村边远地区适龄儿童有学可上、就近入学发挥了重要作用，应当遏制当前不适当甚至大规模撤并乡村教学点的做法。各地应立足实情、校情，从满足人民群众现实需求出发，坚持利于学生教育成长的原则，进行科学评估、应留必留，科学合理设置乡村教学点，因地制宜实施撤并工作，确保每个农村孩子都能享受到便利的教育服务。

（二）**让校园生活环境更加舒心。**在实地调研中发现，近年来，农村学校通过“改薄”行动，校园学习硬件条件有了明显提升，但相比之下生活环境较差：一些教学点规模小，不提供午餐，学生往往自带午餐，吃冷菜冷饭现象常见；学校寄宿条件相对简陋，寄宿生课后生活比较单调。地方政府应加大对教学点学生生活上的关爱，首要解决孩子自带饭菜的加热问题，让孩子吃上热饭菜。在有条件的地区，采取政府补贴一点、家里出资一点的方式，选择统一配餐、与老师一同用餐等不同形式，保障学生饭菜营养健康；对寄宿学校的住宿条件进行改善，安装热水器、洗衣机、吹风机等，供学生免费使用。同时，通过改扩建图书室、活动室、运动场等，丰富乡村孩子的课后生活，让乡村教学点的孩子不仅生活上得到照料，而且兴趣上得到培养。目前，江西省新余市探索推行的以膳食改善行动（在校用餐学生免费提供中餐；寄宿生

早餐免费提供一盒奶，家庭负责一个鸡蛋；晚餐免费提供一个荤菜）、免费热水淋浴和免费洗衣服务等为主要内容的“小荷工程”，带来一些乡村教学点生源回流的现象，取得了学生开心、家长满意、学校欢迎、社会赞誉的良好效果。

（三）**让乡村教师队伍更加稳定**。一是为吸引老师扎根于乡村教学点，对乡村教学点实施相对特殊的教师编制政策，给予其必要、合理的教师编制数，如学生数量为 10 人以下的教学点教师编制数不低于 2 个，10—30 名学生的编制数不低于 4 个，并实行乡村教学点教师编制数单独保障，不纳入城镇学校教师编制数管理。二是对在乡村教学点任职的教师，在教师职称评定、待遇补贴、生活条件等方面予以一定倾斜。三是各乡村教学点可纳入乡镇中心学校或归属管理的中小学学校管理，通过乡镇教师跨校兼课、轮流到教学点任职授课作为教学点师资力量的补充，不仅可确保教师的有序流动，还能保障教学点的各类课程开足开全。

陈文华，全国政协委员，民盟江西省委会副主委，新余市人民政府副市长。

赵东亮

一、2021 年，反映社情民意信息：关于简化高龄补贴申领程序的建议

我国“银发浪潮”快速袭来，如何让老年人有保障、有体面、有尊严地生活，已越来越引起国家的重视。近年来，各省（自治区、直辖市）都建立了以保障老年人生活质量为目的的高龄津贴补贴制度，不过具体发放标准和金额有所不同。据了解，有的地区高龄补贴的申领，要求老人每半年用本人手持身份证和能看清当日日期的报纸或日历的电子照片等方式，证明一次“自己还没死”，给高龄老人带来了不少麻烦和困扰，严重影响幸福感、获得感。特别是对于不能点头摇头眨眼的失能老人或孤寡老人来说，要顺利完成年审可谓是历经千辛万苦。此外，要求老人自证“自己还没死”认证年审行为也有违法治精神，必须予以纠正和禁止。

建议：

有关部门需要出台指导意见，取消让老年人进行生存认证年审发放高龄补贴的做法。同时，充分发挥大数据平台作用，打通数据信息壁垒，如，同养老金建立信息互认机制，做到“只跑一次”或“一次不跑”；建立公民死亡信息共享机制，及时掌握

高龄老人死亡信息，避免高龄补贴被冒领的现象发生。把高龄补贴这一惠民利民的好事办好办实，让老年人也享受高品质生活。

二、2021年，反映社情民意信息：面对教育“双减”政策的各界心态

“双减”实施近半年，蔓延全社会的教育焦虑感大幅减轻，但同时，部分家长仍在纠结，觉得自己对于孩子成绩提升“没地方使劲儿了”。随着整顿教培机构乱象初步见效，“双减”也真正开始破冰深水区——全社会教育理念的改变。

家长以前有一种焦虑感，觉得人家的孩子都在报，自己孩子不报好像投入不够，怕被落下。现在跟风报班少了，但是针对孩子学习的“紧张感”仍然存在，如“一年级焦虑”，以及追捧文艺体育特长班。目前，有一个应高度关注的现象，学校放学后，学生中同班或同年级的家长在“朋友圈”相约，把某一老师请到一学生家里，集中对这几个学生进行计时辅导，这种情况可能越来越普遍。

这一现象的出现，在根源上来看，是因为部分家长尤其是优等生家长追求的压根儿就不是均衡。优等生家长希望通过自学培训等方式保持优等生地位，同时也希望通过择校考试、掐尖分班等方式让孩子处于优等生环境和更好的学习氛围，以激发潜力，最终造成了这一难以调和的矛盾。如果只有分数高的未来的路才会好走，分数低的便是社会底层，这点无法改变的话，那么教育焦虑就永远不会消失。

建议：

“双减”是好的措施、好的开端，但围绕着家长的焦虑、社会的期盼，教育部门还要细化配套措施。全社会还需树立理念、树立信心并深化配套的改革措施。

赵东亮，全国政协委员，江西省出版集团公司原董事长、党委书记。

胡汉平

一、2020年，反映社情民意信息：当前高标准农田建设亟待解决的几个问题和建议

习近平总书记多次强调，要解决靠天吃饭问题，大规模开展高标准农田建设，大

力实施“藏粮于地、藏粮于技”战略。截至2018年底，由国家发改委、自然资源、农业农村、水利、农业综合开发等五部门，分别按照各自标准规范建设了一批优质农田，面积约6.3亿亩，为保障国家粮食安全奠定了一定基础，但有些问题也不容回避。第一，已建成高标准农田的认定问题。长期以来，我国农田建设主要由发改、国土、农业、水利和财政（农发）五个部门分头组织实施，因各部门建设补助高低不一、建设内容各有侧重，以致建成后的农田难以达到《高标准农田建设通则(GBT30600—2014)》规范要求。第二，高标准农田补助标准偏低的问题。当前“基础条件好、相对集中连片”的农田基本已实施过农田建设，剩下的多是位置较远、细碎分散的地块，建设成本相对较高，中央高标准农田补助标准投入严重不足。第三，高标准农田建后管护难的问题。一方面，管护资金筹措难，管护资金主要由管护主体负责筹措，但由于大部分村级集体经济薄弱，基本无力开展建后管护。另一方面，管护主体落实难，在当前分散经营仍占主导的体制下，农户缺乏管护主体意识。

建议：

（一）**国家对高标准农田建设进行摸底调查**。按照现行高标准农田建设标准，重新核定全国高标准农田面积，重新上图入库。并根据核查结果，结合乡村振兴战略规划，重新编制全国高标准农田建设规划，明确各地建设目标和任务。

（二）**提高高标准农田建设补助标准**。按照平原、丘陵、山区等不同地形，实行差异化补助政策，并分别将补助标准提升至2000元、2600元和3000元，确保高标准农田建得成、建得好、有成效。

（三）**加大对高标准农田建后管护支持力度**。中央财政设立农田基础设施建后管护专项资金，允许地方从项目建设补助资金或新增耕地收益中提取一定比例用于建后管护，确保建后管护补助资金每亩不低于20元/年。同时，建议国家出台高标准农田建后管护办法，明确建后管护措施、奖惩政策和管护资金筹集方式，调动地方政府和受益主体开展日常性工程管护的积极性。

二、2021年，反映社情民意信息：关于建立乡村振兴统计监测综合信息平台的建议

2019年中央一号文件强调指出，要加强乡村振兴统计监测工作，出台市县党政领导班子和领导干部推进乡村振兴战略的实绩考核意见，加强考核结果应用。加强乡村振兴的统计监测，实施市县领导班子和领导干部推进乡村振兴战略的实绩考核，需要一套能科学、客观、公正、较为全面反映各地实施乡村振兴战略绩效的统计监测信息平台和

统计指标体系。有平台才好监测，有统计才有依据，建立科学的乡村振兴统计监测综合信息平台，制定科学的统计指标体系，是做好乡村振兴战略统计监测工作和实绩考核工作的重要基础和前提。建立统一的乡村振兴统计监测综合信息平台，是加强部门间的分工与协作，实现数据、信息和资源共享的有效途径，既可以为各级党委、政府尤其是中央和省级党委、政府宏观决策和科学指导提供全面可靠的依据，又可以有效避免部门横向间信息的不对称和纵向重复统计，有利于减轻基层负担，节省人力、物力和财力。

然而，当前涉农资料、数据信息统计工作还存在一些问题。一是缺乏统一的涉农资料、数据信息平台。当前，我国统计制度实行“双轨制”，分别是政府综合统计和部门行业统计。各部门的统计是各自为政，缺少横向的资料、数据和信息的交流，开展乡村振兴的统计监督和绩效评价，没有有效的统计监测平台，统计监测很难落到实处。二是政府综合统计与部门行业统计之间信息不统一。政府综合统计与部门行业统计之间的配合存在一定的问题，部分数据数出多门、自相矛盾，影响了统计数据的权威性。此外，数据资源共享机制未有效建立，合作不充分，尤其是乡村振兴战略有关涉农部门的数据、信息难以收集。三是乡村振兴的许多数据指标在现行的政府综合统计中找不到直接的数据来源，不能充分展现农业工作取得的成绩，也不利于各级党委、政府和农口部门作出科学的形势分析和研判。四是纳入二三产业统计的涉农产值存在漏项的可能。统计系统中的工业总产值和增加值，对主营业务收入在2000万元以下的小微企业和家庭作坊创造的产值和增加值，采用抽样调查统计，很可能存在漏统情况，导致统计数据比实际数据要小。

建议：

搭建乡村振兴统计监测综合信息平台，克服统计领域政府综合统计部门与部门行业统计在口径不一、信息不通等方面存在的问题，做好两类统计之间的协调与整合，提高统计监测数据的全面性、真实性、准确性、权威性，是有效反映乡村振兴战略实施绩效的保障。

（一）明确牵头部门。在中央层面，以中央农办和农业农村部牵头，在国家统计局的指导下，由统计部门、农口部门、相关涉农部门联合，按照“产业兴旺、生态宜居、乡风文明、治理有效、生活富裕”的总要求，结合“五个振兴”的任务分工，开发一套乡村振兴统计监测应用软件，明确相关指数、指标、口径及统计内容，建立乡村振兴统计监测大数据共享平台。省市县乡四级相关统计部门、农口单位和涉农部门都设立接入端口，根据权限进行数据输入、汇总、管理和使用。

（二）加强部门协作。开展乡村振兴统计监测，离不开对农村经济社会发展情况的调查摸底。农业农村部门和统计部门在制定统计监测指标体系、细化统计监测口径、明确统计监测范围时，需要农口单位和涉农相关部门提供相应的基础数据和资料；在调整变更统计监测内容时，需要征求相关单位的意见；各有关部门应及时将本部门涉及乡村振兴战略的新政策、新情况、新问题告知统计部门和农业农村部门。对于敏感数据的发布，必须提前沟通、统一口径，维护数据的权威性。

（三）**坚持依法统计**。乡村振兴战略统计监督平台涉及的各部门要认真执行《统计法》，完善部门统计信息报送机制，部门主要领导为第一责任人，分管领导为直接责任人，同时，明确一名联络员负责本系统、本部门统计监测的日常工作，按制度要求定期向平台提供统计监督所需要的相关数据、资料。

（四）**坚持联审联研**。各级统计部门和农业农村部门要牵头开展数据的联查联审，加强数据的审核和评估，确保监测结果全面、客观、真实。针对汇总的综合平台数据，统计部门和农业农村部门要联合进行分析研判，按月、季、年出具监测分析报告。

（五）**科学界定农业统计的外延**。在地方经济工作中，农业分小农业和大农业。小农业即国家统计局印发的《国民经济行业分类》中的农林牧渔业，主要是一产；大农业是在小农业的基础上，加上农产品加工业和根植于小农业基础上的乡村旅游、农产品电商、农业社会化服务等第三产业。在一产计算中，应充分考虑价格因素，而不是简单以上年不变价格计算，同时将现代农业产业园中的二三产业产值、农业社会化服务业产值纳入一产统计范围。在完善上述一产统计口径的基础上，对农产品加工业产值、乡村旅游业产值、农产品电商产值等实行农业和工业、农业和服务业双向认定。在统计方式上，分别以工业统计和服务业统计为主，数据使用上可纳入农业产值。在数据的使用上，设立农业综合产值（或农村总产值），将上述一二三产纳入其中，鼓励地方利用农业资源进行深度延伸开发，将更多适合农村发展的产业留在农村，促进农民增收致富，繁荣县域经济，助力乡村产业振兴。

三、2021年，反映社情民意信息：关于加大水稻保险支持力度的建议

眼下种粮成本抬升、风险灾害重、效益偏低，是不争的事实，种粮户一旦遇到严重自然灾害，种粮的本钱就可能赔进去，迫切需要农业保险为其“遮风挡雨”。今年中央一号文件提出，要扩大稻谷、小麦、玉米三大粮食作物完全成本保险和收入保险试点范围。从当前来看，水稻政策性保险保障力度，与种植户的需求还有比较大的差距。不少种粮户反映，参加水稻保险就是为了受灾时有钱赔，能够减少损失，而实际发生灾害损失时，却是理赔情况达不到预期，觉得农业保险没起到保障利益的作用。

水稻保险达不到种植户需求，主要由三方面问题导致。一是赔付标准低。目前

传统水稻保险为物化成本保险，赔付标准较低，但农业生产物化成本、人工和地租逐年上涨，且在绝收情况下才能获得最高额度的保险赔偿，赔偿金额和种植成本相差较大，导致农户投保的积极性不高。二是理赔难。农业保险承保机构制定的保险责任及理赔条件相对偏紧，时常出现农户实际受灾，却仍未触发理赔条件的现象，影响了农户对农业保险的认可度。三是农业保险普惠性未完全落实。保险公司在办理投保业务时，往往是优先种植规模大的农户，零散的种植户通常是由当地村镇统一投保，对农业保险政策及理赔条件等知之甚少，影响了农业保险保障性作用的发挥。

建议：

（一）**将水稻保险、水稻大灾保险整合成一个保险**。结合水稻种植成本变动，建立水稻完全成本保险动态调整机制，无论是种粮大户，还是种粮散户，实行强制保险，做到种多少保多少，让种粮实现“旱涝保收”。

（二）**调整水稻保险保费分担比例**。当前水稻保险、水稻大灾保险保费，县里分别要承担10%、7.5%，种粮户分别要承担25%、20%。鉴于粮食大县往往是财政弱县，加之粮食安全事关国家安全，为此，建议按照中央出大头、省级出小头的原则，水稻保险保费由中央、省级“兜底”，中央出80%、省级出20%。

（三）**完善农业保险条款**。从国家层面统一完善农业保险条款，特别是气象灾害相关理赔条件的制定。应与气象部门公布的气象灾害相关指数结合，规范农业保险查勘定损技术标准，避免出现农户与保险机构相互扯皮的现象，防止出现“协议赔付”，做到应赔尽赔。

胡汉平，时任全国政协委员，民革江西省委会副主委，江西省农业农村厅厅长。

徐景坤

一、2016年，反映社情民意信息：破解我国个人所得税征收“三弊端”的两种改革方案

我国现行的个税制度从1980年开始实施，已实施了30多年，虽然中间曾提高免征额，但根据数据显示，在缴纳的个人所得税中高收入者仅占20%，而中、低工薪阶层承担了80%的税额。当初设置个人所得税征收制度是为了调节个人高收入，减小贫

富差距，但随着经济的飞速发展，此作用没有有效地发挥出来，因此改革个人所得税征收方式势在必行。目前我国个人所得税征收方式存在没有将纳税人家庭负担等考虑在内的税制模式弊端，个人所得税的征收范围不全面，真正照顾到低收入群体、弱势群体，能得到实质性优惠的则较少，存在不公平等问题。

建议：

改革我国目前个人所得税征收方式，拟提出两种个税征收改革方案。

（一）方案一：在国内信息统计系统、信用体系尚不完善的情况下，建议实行以家庭为单位和以个人为单位相结合的个税征收方式，同时完善信息统计系统，逐步实行以家庭为单位征收个税。纳税人可按个人实际收入与家庭负担情况，选择以家庭为单位申报或以个人为单位申报个税。同时，设置一个基本免税额，根据家庭及个人收入，以及赡养负担情况，设立不同级别免税额，让家庭及个人有更充足的资金用于养老及养子需求。

（二）方案二：仍实行目前的个税征收方式，但应按一定比例逐年提高个人所得税起征点。按照目前物价涨幅和居民生活成本，重新划定个税起征点，根据我国目前人均收入以及居民消费价格，将个税起征点提高至4500—5000元。同时，根据经济发展形势和人均GDP增幅，每年按一定比例逐年增加个税起征点，如每年按5%比例增加，建立起一个与物价、工资涨幅相挂钩的个税征收调整机制，根据经济发展和运行情况适当进行调整，使之真正达到调节收入分配、实现社会公平的个税征收目的。

二、2016年，反映社情民意信息：鼓励退休公职人员返乡重组乡村“乡贤”队伍　推进乡村治理现代化

近些年来，随着国家惠农支农政策支持和新农村建设的持续推进，许多农民已经解决了温饱问题，逐渐实现小康，农乡生活环境、面貌焕然一新。但是在发展的同时，一些问题仍然存在，如随着农村大量青壮年劳动力向城市转移，农村“空壳化”严重，大量土地闲置荒芜；农民精神信仰缺失，公德意识、法制意识淡薄；农村文化生活匮乏，道德标准下降，价值取向功利化等。在城镇化浪潮影响下，农村如何建设与治理，浓郁厚重的乡土文化如何传承与重构，新农村建设任重而道远。目前存在农村青壮年劳动力大量外流，新农村建设主体缺失，各级政府对农村的规划编制没有结合农村实际发展情况，没有设立从上至下的各级新农村建设专项基金，农民主体作用发挥不大，导致新农村建设积极性不高等问题。

与此同时，现在许多农村建设不起来，原因在于缺乏一个好的带头人，缺乏一

支有凝聚力的队伍。鼓励功成名就的成功人士返乡参与家乡建设和治理，可充分发挥他们的名望、公信力、资源统筹力等，带领农村经济、文化发展，让农村面貌焕然一新。一方面，出身农村的退休干部、成功人士、公职人员，他们对农村和农民有着天然的深厚感情，愿意投入家乡建设中去。关键要有政策的支持，可供发挥能力的平台，相关的福利方面的保障。另一方面，他们文化素质较高，视野开阔，拥有一定的话语权、人脉、财力等资源，并且对农村有着最真实的了解，在返乡建设过程中能根据家乡实际情况和需求来规划和建设，少走弯路，避免“面子工程”和“形象工程”。此外，在现代乡村治理中，也需要依靠传统文化的力量，以打造、推广“乡贤”文化为契机，吸引“乡贤”反哺家乡，推进乡村现代化建设。

建议：

（一）出台政策，鼓励退休干部、公职人员、成功人士返乡从事家乡建设。国家应制定并出台相关政策，鼓励退休干部、专家、学者、商人返乡，以自己的经验、专长、学识和技能回报家乡，发挥“乡贤”在基层建设中的重要作用。

（二）解决基本社会福利问题。对有返乡参加家乡建设意愿的人员，政府应解决返乡后的宅基地、社保、医保、教育等问题，予以配套安排，解决“乡贤们”返乡后的社会福利保障问题，使他们无后顾之忧，安心从事家乡建设。

（三）开展“乡贤”文化研究，呼吁有才干的“乡贤”返乡参加家乡建设。各地政府可因地制宜，根据实际情况开展“乡贤”文化研究，弘扬“乡贤”文化，发挥文化的凝聚力量，呼吁有才干的“乡贤”们回乡建设新农村。

（四）大力培养“乡贤”群体，使之成为基层治理重要力量。“乡贤”不仅要起到助推农村经济发展的作用，更重要的是要起到推动乡村民风建设的作用，要以自己的学识、专长、技艺反哺家乡，将传统优秀道德规范与现代法治相结合，推动乡村文明建设，遏制目前农村因“空壳化”严重而出现的道德下滑、违法犯罪问题频发的现象。

三、2019年，反映社情民意信息：关于建立研究生导师培训制度的建议

中美贸易摩擦的核心是中美竞争；中美竞争的核心是创新的竞争；创新竞争的核心是创新人才的培养；创新人才培养的关键，是高质量研究生的培养；而高质量研究生培养的关键，是高水平有经验研究生导师队伍建设。导师培训则是规范强化研究生导师队伍建设的重要举措。据相关数据显示，2017年我国研究生招生80万人，与之相应的研究生培养单位和研究生指导教师队伍也在迅速扩大。庞大的研究生导师队伍

需要规范化培训，来保证研究生培养质量。但目前我国高校的研究生导师培训还存在缺乏完善的研究生导师培训制度，未建立研究生导师培训考核机制，培训形式单一，缺乏互动交流，培训内容少，培训时间短，达不到较好的培训效果，培训内容较为单一等诸多问题，急需建立一套系统的研究生导师培训制度，提高创新型人才研究生的培养，提高国家和地方的创新能力。

建议：

（一）参考党校培训模式，建立研究生导师培训机制。培训对象为新增导师和在岗导师；培训每年分寒、暑假，共举办 2 期，每期按新增导师岗前培训、在岗导师轮训、不同学科（专业）导师培训等划分若干班次，针对不同班次安排不同培训课程；培训时间为一周左右；培训地点可以在各地高校，或教育工委党校。新遴选研究生导师必须经过培训并经考核合格后，持证上岗开展研究生指导工作。

（二）建立研究生导师“升级式”培训模式。由于专业学科知识、科研领域研究现状都在不断变化，研究生相关政策法规、研究生学术能力培养方法等也在不断完善更新，因此研究生导师应每隔若干年份，如 3—5 年应再接受一次系统培训，在原有带研究生经验上进行一次“升级”式培训。

（三）建立科学合理的“导师培训考核机制”以及“导师岗位考评机制”。一是建立“导师培训考核”机制，通过书面考核、提交学习心得等方式，考核导师培训效果，为保证培训效果和质量，还应组织受培训导师对培训教师进行评价。二是建立“导师岗位考评”机制，对在岗导师每三年（带完一届研究生）考核一次，考核指标主要有导师工作态度、学术水平、德才表现、科研支撑条件、导师科研成果、所指导研究生科研成果等，考核分优、良、中、合格、不合格五等，对考核结果在“中”及以下的导师应给予减少招生指标、暂停导师资格重新培训上岗、取消导师资格等相应处理。

（四）培训内容主要有“不忘初心、牢记使命”主题教育、研究生教育的特点和流程、如何和研究生打交道、研究生学术道德与论文写作、研究生励志教育、研究生科研管理等内容。要根据时代发展特点、研究生年龄心理特点等，随时更新导师培训内容。

（五）培训形式除讲座外，还可开展专题研讨、小组互动、经验交流等各种形式的培训，增加培训老师与被培训导师、被培训导师之间的互动交流，避免理论式培训，增加培训的吸引力，达到较好的培训效果。

（六）培训授课师资：优秀研究生导师、案例教学有经验的导师或研究生管理人员。

四、2019年，反映社情民意信息：对电动自行车充电电池实行“身份证”式管理的建议

电动自行车是我国百姓出行的常用交通工具之一，目前我国电动自行车社会保有量已超过2亿辆，每年发生的电动自行车火灾次数呈逐年上升趋势。据相关消防部门数据显示，75%的电动自行车火灾是在充电时发生的。电池是引发电动自行车自燃的重要原因，目前我国电动自行车充电电池在生产、使用、回收上都存在诸多问题。如：电池质量良莠不齐，很多电池生产企业在产品工艺、产品质量控制等方面都有所缺失，存在极大安全隐患；超期电池仍在使用，易引起线路短路，引发自燃；未建立电动自行车电池安全认证体系，等等。

建议：

（一）**为电动自行车充电电池设置“身份证”**。每个电池在出厂时印上编码，一道编码对应一个电池，为电池唯一的“身份识别码”。建立编码数据库，读取编码可了解该电池生产厂家、规格型号、技术参数、使用年限等信息，一旦发生由电池引发的火灾或致人伤亡事故，可通过编码追踪厂家责任。编码应采用防烧毁技术，防止被烧毁或篡改。

（二）**在基于“身份证”基础上，建立电池“闭合式”管理系统**。通过对电池“身份证”编码的管理，实现电池从出厂、使用、回收的全过程管理。对到使用期限的电池，厂家要主动实施回收，电池上的“身份证”编码可监督生产商是否对电池进行了主动回收。

（三）**制定锂离子电池国家标准，将电动自行车电池纳入3C认证**。国务院《关于调整工业产品生产许可证管理目录和试行简化审批程序的决定》要求电动自行车除符合本标准规定要求外，其整车及部件还应符合相关国家标准、行业标准。电动自行车使用的电池之一锂离子蓄电池只有行业标准，未制定国家标准，应尽快制定出台锂离子蓄电池国家标准，并将电动自行车电池纳入3C认证。

五、2020年，反映社情民意信息：关于加强ETC配套服务的建议

ETC即电子不停车收费系统（以下简称ETC），作为快捷、先进的路桥收费方式，与传统停车收费方式相比，具有节省收费时间、节约基建费用和管理费用、收费通道通行能力强、可解决公路收费财务管理混乱问题等优点。我国自2014年开始在高速公路实施ETC收费系统。2019年5月，国务院办公厅印发《深化收费公路制度

改革取消高速公路省界收费站实施方案》，提出力争 2019 年底前基本取消全国高速公路省界收费站，实现不停车快捷收费。但随着 ETC 的全面推广，收费系统漏洞频出已成全面推行的一大阻碍，目前存在着扣款费用不透明、扣费无统一标准、扣款信息滞后等问题。

建议：

（一）**尽量实现高速公路一次性扣费**。在技术上尽快完善 ETC 系统，实现高速公路从入口到出口一次性扣费，在高速公路出口最好能显示整个行程费用，做到 ETC 收费透明，可借鉴银行信用卡的相关技术，即用即反馈。

（二）**定期邮寄电子账号，让车主及时掌握扣费情况**。交通部及相应机构应建立 ETC 收费电子账号服务，定期给 ETC 关联银行卡账号邮寄电子账单，可每月邮寄一次，并提供电子账单在线打印功能。

（三）**制定收费标准时要多倾听相关行业意见如物流企业，衡量、兼顾各方利益诉求**。ETC 系统全面铺开实施后，收费标准也进行了较大改革，宗旨是减员增效，降低车主通行成本，尤其是要扶持物流业的发展。因此应进一步收集相关行业意见，综合考虑，制定更为合理、公平的收费标准。

六、2020 年，反映社情民意信息：关于建立办公用品政府采购价格指数的建议

我国自 1995 年开始实施政府采购政策，其间政府采购管理体系一直在不断地发展和完善。政府采购的目的是提高资金使用效率，促进廉政建设。但近年来，“高价”政府采购事件不断发生，“阳光采购”引发争议。本该引进竞争节省支出的政府采购，却让民众产生政府“只买贵的，不买对的”负面印象。

政府采购价格高于市场价格的原因是多样的，如：政府采购流程导致能参与招标的一般都是报价更高的大供应商；招标时间过长导致商品价格偏高，特别是电脑这类电子数码产品，更新换代快，生命周期较短，价格会随时间推移不断下降；入驻政府采购平台的商城电商垄断，提高价格等等。

建议：

（一）**建立政府采购价格指数**。以某品牌某型号电脑为例，在中关村在线、京东、淘宝、当当、拼多多等购物平台对此款电脑的报价基础上列一个平均价格，再加上中间商利润（如 5 个百分点），得出该款电脑政府采购价格指数。政府采购商品时以采购价格指数为参照，避免高价采购。

（二）**建立价格指数监测机制**。政府采购价格指数定期对外发布，如每一个月或两个月对外发布一次，给采购需求方参考，供社会监督。如果价格指数明显高于市场同品牌同款型号产品，就意味着此价格指数有问题，纪委应介入调查。

（三）**对入围供应商应建立动态市场退出机制**。对入围供应商实行积分淘汰制，对虚报价格供应商扣分，若累计扣分达到一定分值，取消其供货资格，不得再参与政府采购。

七、2020年，反映社情民意信息：关于把双面自动打印机列入政府优先采购的建议

国家提出绿色发展理念，低碳、环保、节能的办公方式是如今办公的主流趋势。为了实现这一理念，很多部门机构、公司企业办公时都采取了各种措施。由于办公室工作主要是文字工作，因此节约用纸是节能首选。最有效的节约纸张方式就是打印时采取“双面打印”。但是目前通过政府采购的打印机通常不具备自动双面打印功能，只能单面打印，相对便宜的单面打印机虽然可手动进行双面打印，但容易出现错误，反而更加浪费纸张。

建议：

（一）**把有自动双面打印功能的打印机列入政府优先采购**。根据国采中心批量集中采购数据大盘点显示，黑白双面自动打印机成为采购主流，证明节能办公理念深入人心，也执行到位，因此建议各级地方政府应把有自动双面打印功能的打印机列入政府优先采购项。

（二）**及时更新政府采购目录**。政府采购管理部门应及时根据市场需求、环保要求等，及时更新政府采购目录，把具有低碳、环保、节能功效的设备及时列入采购目录。

（三）**各需求机构、部门采购办公设备时应优先考虑绿色产品**。国家制定了相关文件，明确要求各级国家机关、事业单位和团体组织在进行政府采购的，应当优先采购节能产品、逐步淘汰低能效产品。因此，各需求部门在有采购需求时应尽量考虑节能环保型设备，促进绿色产品的推广和使用。

八、2020年，反映社情民意信息：关于设立大学数学、物理、化学等基础课国家层面等级考试的建议

科技创新离不开高层次优秀人才，特别是从事基础研究的科研人才。基础研究是

整个科学体系的源头，是技术创新的源泉，只有夯实基础研究，才能掌握核心技术。大学的本质是“培养人”，大学生本科阶段学习重点应是公共基础课、专业基础课，但从目前理工类高层次人才培养情况来看，很多本科生尤其是理工类本科生，对基础学科知识，比如高等数学、大学物理、大学化学（或化学原理）等的掌握十分薄弱。主要原因是缺乏标准化测试的约束，导致学生不重视；大学生未充分认识到基础学科的重要性，存在畏难情绪；此外，教学设置也存在一定问题，很多大学生未能及时从高中被动学习方式适应和调整到大学主动学习方式等。基础知识就是基本功，基础越扎实，发现问题、解决问题的速度就越快。国务院于 2018 年发布《关于全面加强基础科学研究的若干意见》，提出“潜心加强基础科学研究，对数学、物理等重点基础学科给予更多倾斜”。

建议：

（一）设立基础学科水平考试制度。效仿大学英语四六级考试，设置高等数学、大学物理、大学化学（或化学原理）等科目的水平考试制度，设立不同级别和水平考试，全面考核理工科学生基础课的学习和掌握程度，水平考试每年可举行两次。

（二）由相关专业教指委组织专家编制考试大纲。以考察应试者高等数学、大学物理、大学化学（或化学原理）学习水平，满足科研创新人才需求为目的，编制考试大纲，通过测试应试者，颁发相应等级证书。

（三）考试对象为在校学生及有需要的社会人员。从终身学习角度考虑，基础学科等级考试对象除在校大学生之外，还应包括科研人员等有学习需求的社会人员。

（四）要进行教学课程改革。各高校要从自身实际出发，对现有高等数学、大学物理、大学化学（或化学原理）等课程进行教学改革，如增加学时和课后辅导习题练习等，帮助大学生更好地建立知识网络。

九、2021 年，反映社情民意信息：关于重新制定儿童免票标准的建议

儿童免票是国家给予儿童的优惠福利政策。但是目前儿童免票规定并无统一标准，各行业各地方都有各自的规定，可谓五花八门。总体而言，目前公共交通等非营利性机构是按身高实施免票政策，即身高 1.2 米以下儿童免票，1.2—1.5 米儿童购半票，1.5 米以上儿童购全票，这一标准已实施多年。但随着儿童营养状况改善，我国儿童平均身高已达到或超过这一标准，小小年纪超过 1.2 米是常有之事，因此近年来儿童按身高收费的规则一直受到质疑。主要原因是：一方面，现行以儿童身高为衡量的免票标准不够公平，如不同地区、不同行业标准不统一，对儿童票规定不尽相同，儿童

权益难以保障；另一方面，儿童免票政策未适应“二孩”时代，儿童免票政策仍是“一孩免票”，儿童免票政策急需进一步完善。

建议：

（一）**制定较为统一的儿童免票标准。**公共服务类非营利性机构统一按年龄作为儿童免票标准，如公共交通、民航、客运、公共图书馆等公共服务机构，可凭身份证或户口证明，6岁以下儿童免票，6—10岁半价票，10岁以上全票；非公共服务类营利性机构，如旅游景点、游乐园等，可由政府及相关管理部门提出按身高或年龄免票的建议，但允许此类机构自行决定。

（二）**调整相关儿童福利政策，跟上“二孩”时代。**以乘坐公交、地铁等运输工具为例，调整或修改原有相关政策，允许一名成年乘客可携带两名身高不超过1.2米或年龄均在6岁以下儿童免费乘坐。

（三）**完善相关财政补贴政策。**儿童免票政策的修订，会涉及交通运输工具成本问题，因此建议地方政府或相关部门在调整政策时，应予以全盘考虑，适当对免票机构进行一定的财政补贴。

十、2022年，反映社情民意信息：关于对本科学位进行等级划分的建议

我国高等教育目前实施三级学位制度，分为学士学位、硕士学位、博士学位三级，分别与高等教育本科、研究生、博士生三个不同阶段相联系。以本科阶段的学士学位证书为例，国家规定学士学位取得者应是能较好地掌握了本门学科的基础理论、专业知识和基本技能，并具有从事科学研究工作或担负专门技术工作的初步能力。但是，我国各高校对获取学士学位证书的规定是，普通高等学校本科毕业生（包括统招专升本）的毕业考试成绩合格，在校表现良好，就可以获得学士学位，有的学校会有大学英语等级要求。从获取条件来看非常宽松，成绩合格意味着考60分和考90分的学生都可以获得学位证书，统一的学位证书并不能体现出获得学位者的理论、技能、专业知识等的掌握能力。无等级统一发放学位证书存在诸多问题，如考60分和考90分都是拿同样的学位证书，不能有效激励学生学习；在学位证上，就业单位无法直观地了解应聘毕业生的学术能力和科研能力，因此更看重来自“985”和“211”的名校毕业生，让学位证书失去了其本源意义。

建议：

（一）**效仿英国等级学位证书模式，在高等教育阶段，实行等级学位证书制度。**

以本科阶段为例，可根据学习成绩将本科学位划分为四个等级：一等学位、二等学位、三等学位、无学位，按期末考试成绩 + 期中考试成绩 + 科研成绩 + 毕业论文进行综合评定。

（二）**由教育部牵头，组织相关专家，建立学位证书分级体系，量化标准，形成全国统一的学位证书分级系统。**因各学校师资、软硬件条件等都各不相同，且专业众多，故在建立统一的标准时，应留有一定的可让学校自行操作的空间，学校可自行制定标准，但需报教育部经批准备案后方可执行。

（三）**分级本科学位证书应与研究生（及后来的博士生）申请、就业等环节相关联。**建立学士学位、硕士学位、博士学位分级统一连贯制度，报考研究生要看本科学位等级。如，规定本科学位证书需二等以上方可申请报考等，同理研究生报考博士生阶段也同样操作。可由高校根据自身实际情况自行制定政策，但要报教育部审批和备案。

徐景坤，全国政协委员，民革中央委员、民革江西省委会副主委，江西科技师范大学副校长。

梅国平　龙国英

2021 年，反映社情民意信息：建议尽快在全国范围内建立职教高考制度

长期以来，中等职业教育的人才培养目标定位在就业，就读中等职业学校成了基础薄弱初中毕业生的无奈选择，职业教育“低人一等”、中职学校是“差生学校”的成见一直存在，中等职业学校毕业生的上升通道被封堵。

随着我国产业升级和经济结构调整不断加快，社会对职业教育有了新的认识，各行各业对高层次创新型技术技能人才的需求越来越紧迫，职业教育重要地位和作用越来越凸显，为中等职业教育搭建立交桥的呼声越来越强烈。

为打通中等职业教育的上升通道，许多省市开展了招生考试的综合改革。如，2005 年，开始试行以普通高中毕业生和“三校生”为主的“文化素质 + 职业技能”的考试招生办法，招生考试对象多为基础薄弱的学生。2019 年，教育部在山东、江西、

甘肃等省市开展建设职业教育创新发展高地的试点，试点省市明确提出要健全现代职业教育体系，建立职教高考制度。然而，这些招生考试的综合改革，只是以项目的形式、试点的方式进行，并没有形成全国适用的制度。

建议：

（一）**建立职教高考制度，做到因材施考**。全国不少省（自治区、直辖市）在改革中等职业教育升学考试制度方面进行了有益的探索，取得了许多宝贵的经验。但是，这些探索和经验存在较大的局限性，只是在本省（自治区、直辖市）以项目的形式开展，没有形成全国性的制度，不能在全国实行。在全国建立与普通高考具有同等功能的职教高考制度，形成职业教育与普通教育两类教育、两类高考“双轨制”格局，加大对职业技能的考核，职业技能测试分值不低于总分值的 50%，考试形式以操作考试为主，包括岗位技能、通用技术等内容，不仅具有现实的需要，符合全国中等职业学生的期望，也有国家层面的政策依据。

（二）**改革招生录取办法，做到全国统一录取**。在全国招生计划中增加面向中职生的比例，逐步实现职教高考与普通高考两类考试分别在专科层次、本科层次招生计划以及录取人数上与中等职业教育毕业生和普通高中毕业生的比例相一致，做到职教高考成绩在全国统一认可，实现职教高考与普通高考在招生录取方面的公平性。

梅国平，全国政协委员，民进江西省委会副主委，江西师范大学校长；龙国英，全国政协委员，农工党江西省委会副主委，南昌市人民政府副市长。

温显来

一、2021 年，反映社情民意信息：亟须出台地下车位（库）确权登记管理办法和实施细则

《中华人民共和国国防法》规定人防设施（包括人防车位（库）属于人民防空国有资产，产权归国家所有，《民法典》又规定“谁投资、谁受益”原则，而国家并未投资建设人防车位(库)，一方面，导致人防车位(库)权属不清，人防部门监管难度大，开发商投资积极性不高，业主抗拒租赁购买；另一方面，由于地下车位（库）不计容、不备案，部门办理登记缺乏依据，税务部门容易流失税源，同时，开发商“只售不租”

车位（库），不仅业主权益缺少保障，也容易滋生社会矛盾。据调研发现，地下车位（库）不计容积率，不动产登记机构缺乏法律支撑，无法进行产权登记是导致政府部门调解地下车位（库）矛盾冲突难、开发商租售地下车位（库）回笼资金难、业主购买地下车位（库）维护权益难的根源。

建议：

（一）由自然资源部牵头，住建部、国家人防办、国家税务总局等单位联合制定并出台《地下车位（库）确权登记管理办法》，明确地下车位（库）权属登记方式，引导各省（市、区）对规划区域内已经验收合格的地下车位（库），凭有效交易凭证办理权属登记，可进行租赁、出售、转让和抵押。

（二）引导各省（市、区）建立自然资源、住建、人防等部门联动机制，在调动开发商配建地下车位（库）积极性的同时，明确职责分工，实施齐抓共管，加强协作配合，对现有地下车位（库）建设、管理和使用中存在的问题进行调查摸底，区分不同类别提出加强规范管理的指导性意见，明确差别化收费标准、一次性租赁期限等。

（三）将“建设单位不得以只售不租为由拒绝出租”写入物业管理条例，并明确违反规定时相应的法律责任。

二、2022 年，反映社情民意信息：关于营造放心暖心的老年人保健品消费环境的建议

近年来，我国老年人保健品消费市场秩序有所向好，但老年人保健品消费环境堪忧，市场乱象不断、屡治不绝。如：“假伪劣”产品充斥市场，肆意夸大产品疗效，“伪专家”甚至省级卫视虚假宣传大行其道，各种“洗脑式”营销坑蒙拐骗，等等。产生这些乱象的原因主要是行业门槛较低，从业人员整体素养不高，且法律意识淡薄；养生存在模糊地段，“药食同源”理念被相当多的保健品企业利用；维权、监管难度较大，诱导、哄骗方式隐蔽，造成市场监管、公安等部门取证难度较大等。

建议：

（一）**制定完善监督管理政策法规**。制定《老年人保健品消费管理办法》或在《消费者权益保护法》中增加对老年人保健品消费保护的专门章节，从法律层面上加强对老年人保健品消费的保护，赋予执法部门更为有效的执法抓手。比如，实行老年人购买保健品“7 天无理由退货”制度。

（二）**建立健全齐抓共管长效机制**。形成政府主导的领导机制，强化市场监管、

药监、公安、卫健及民政等跨部门协同工作机制，加强信息通报，强化执法联动，增强监管效能，形成齐抓共管的良好局面。同时加大健康食品定价审核力度，建立健全健康食品溯源机制。

（三）**严格规范市场主体行为**。按照“堵疏结合”的思路，一方面，实行保健品市场严格监管。及时将保健品企业和组织的违法违规行为录入征信系统，实现信息共享，实施信用惩戒。组建全国老年人保健品市场监管网络平台，实行老年人保健品推销行为备案登记。特别是要大力整治电视广告和网络销售中虚假宣传行为，严格实行电视台、网商平台和保健品生产、销售连带责任。另一方面，支持守法、正规的健康食品企业做大做强。鼓励企业利用自身资源与物业公司、社区服务站、老年活动中心或居家养老中心联动，联合举办健康讲座、培训或咨询、店内科普展示等，开展健康食品的合规销售活动。

（四）**切实加大宣传教育和曝光力度**。组织《消费者权益保护法》《食品安全法》等法律法规进社区、进农村，引导老年人消费群体树立正确的消费观念。推动中医药高校及合作组织走出来，大力普及养生知识和识假辨假技能，提高老年人的自我保护能力。在各类媒体上对违法销售行为和从业人员进行曝光，形成“过街老鼠，人人喊打”的氛围。加强对宾馆、酒店、会议（会务）中心的教育监管，自觉抵制保健品非法营销活动。

（五）**积极发挥中医药在健康食品领域的关键作用**。中医药是中华文明瑰宝，要积极推动中医药原创优势与现代生命科学前沿关键科技融合发展，全面促进现代食疗养生产业高质量发展，不断满足人民群众日益增长的食物营养健康安全需要，使现代中医药食疗养生真正成为健康中国、民族复兴的战略科技力量。鼓励和引导区域龙头企业开展健康食品产教学研一体化生产，推动高校（特别是中医药高校）研发能力和企业市场活力的优势结合，培育一批有研发生产销售实力的健康企业做大做强品牌。

（六）**鼓励倡导线上线下齐头并进营销推广模式**。在规范现有普遍的线上营销、电视营销、流动点营销的同时，更要鼓励倡导线下实体店营销推广模式，在中老年人较集中的社区或场所，设立保健品等健康食品实体店，提高中老年人消费的透明度和体验感，更好维护自身消费者权益。

温显来，全国政协委员，全国工商联常委，江西省工商联副主席，江西博能控股股份有限公司董事长兼总裁。

省政协委员

王金平

2019年，反映社情民意信息：深入推进乡村义务教育高质量发展　应首先加强乡村教师队伍建设

据调查，当前乡村义务教育师资队伍建设中仍存在一些突出问题：一是专业结构不均。音、体、美以及信息技术等特科教师严重不足仍是困扰义务教育多年的“顽疾”，也是阻碍城乡义务教育均衡发展的“顽疾”。二是人口结构不优。虽然近年来补充了大量年轻教师到乡村学校任教，在很大程度上缓解了乡村义务教育学校教师老龄化的趋势，但整体上，乡村义务教育师资队伍在年龄特征上仍没有形成合理的橄榄型结构，男性教师比例偏低的情况仍没有得到有效改善。三是教师编制不够。乡村义务教育学校教师编制总量不足，结构性缺编的问题仍然存在，新教师的“身份”被搁置，直接导致了新教师“下不去、留不住”的局面。四是教学水平不高。由于乡村义务教育学校教师职前学历偏低，职后又缺乏科学、系统、有效的职后培训，其教学水平与城区教师相比存在较大差距。

建议：

（一）**构建属地管理，落实区域内教师轮岗制度**。按属地管理原则，落实校长教师交流轮岗制度，城镇学校和优质学校每学年交流轮岗到乡村学校、薄弱学校的教师不少于应交流轮岗教师的15%，其中骨干教师不低于交流轮岗教师总数的25%，促进城乡教师资源均衡配置。

（二）**建立教师编制周转池，确保乡村教师的动态补充**。建立全省一体、城乡统筹、县级管理、动态流转的中小学教师编制周转池制度，确定一定比例的教师机动编制，用于补充乡村中小学急需学科教师，保障临时急需和阶段性用编需求，根据乡村在校学生数量动态调整乡村学校的教师配比。

（三）**实施倾斜帮扶政策，助力乡村教师专业发展**。制定奖励性政策支持乡村义务教育学校教师提升学历。制定乡村教师职称评审倾斜政策，让乡村教师享受更多实惠。例如，取消乡村学校中级高级岗位设置比例，取消对乡村教师外语、计算机、论文方面的刚性要求，实现评聘结合。设置一批乡村中小学首席教师岗位，鼓励他们创

新教育理念，教育模式和教育方法，形成教育特色和办学风格，成长为扎根乡村教育的乡村教育家。

（四）发挥地方师范院校作用，为乡村教师搭建专业成长平台。利用师范院校与义务教育学校的天然联系，建立“政府—高校—学校”联动乡村教师发展支撑服务体系，以学科工作坊、带教与培养、课题研究与指导、课程开发与实施等项目为驱动，直击乡村教师专业发展痛点，设计基于课堂改进的乡村教师培训体系，为乡村教师搭建专业成长平台。

王金平，江西省政协委员，南昌师范学院党委书记。

王晓明

2019 年，反映社情民意信息：关于整治建筑工地特种设备检测乱象的建议

随着建筑市场的迅速发展，高层、超高层建筑的日益增多，对建筑起重机械设备的要求越来越高，使用也越来越广泛。起重机械设备使用频繁，经常出现设备磨损严重、零件老化的现象，往往达不到正常安全使用标准，跟不上建筑施工现场的工作强度，极易发生机毁人亡的安全事故，给国家和人民的生命和财产带来巨大损失。

建筑工地特种设备检验机构本应是起重机械设备安装后的一道保护伞。但目前有相当一部分没有建筑工地特种设备检验能力和检测资格的单位，无视国家法律、法规，逃避政府监管部门的监管，私自对建筑工地的设备进行检验和发证，以低廉的价格抢占市场。这些单位因为无特种设备检测专业人员监督把关，所以出现无证人员上岗检测现象，甚至某些县（市、区）出现远距离遥控请人代劳，而这些代劳人员全部是无证上岗。有些即使是有证的检测人员，到了现场也不上机检测，靠卖检测报告收取费用。而一些建筑企业，为了隐瞒塔吊、升降机等设备带病工作的事实，专找“黑检测公司”花钱买检验、检测证书，以达到非法施工的目的。这些问题不是个别现象，为安全事故的发生埋下了严重隐患。

我国《中华人民共和国特种设备安全法》对特种设备检验、检测工作及安全监督

管理的规定非常齐全，可谓“有法可依”，但是在实施过程中，存在很大的偏差。

建议：

有关管理部门下重拳治理特种设备检验、检测乱象问题。

王晓明，时任江西省政协委员，民革江西省直建设支部主委。

孔刃非

一、2019年，反映社情民意信息：关于解除高速公路出口安全隐患的建议

2018年11月3日晚，兰海高速发生重大道路交通事故，造成群死群伤。在全国范围内，许多高速公路都还存在着类似隐患，集中反映在三个方面。一是高速路出口设置不科学。部分高速出口设置在几公里以上连续下坡路段后，没有考虑到车辆刹车过热可能导致制动失灵冲卡问题，极易酿成重大事故。并且高速出口经常只打开一两个收费窗口，导致车辆积压，是冲卡事故严重程度加深的重要原因。二是高速路避险设施建设不到位。在高速公路建设中存在“节省了修建成本，加大了安全隐患”的短视现象。如山区高速常见十公里以上连续下坡路段，避险车道只有一条，减速带往往也只存在于坡道开始和结束的位置。三是高速路沿途警示标志牌不规范。在连续下坡高速路段，存在警示标牌没有提前设置在事故易发生路段，反而设置在下坡途中的情况，驾驶员见到后执行应对操作恐为时已晚。在许多长下坡路段也未进行合理限速，导致大量高速重型车辆在这些路段成为“高速杀手”。

建议：

（一）**对高速路出口进行全面排查**。对全国高速公路中现存的事故高发易发出口进行全面排查整改。对正在规划和建设中的高速出口进行全面排查，存在风险的及时调整规划设计。

（二）**科学建设和畅通高速出口**。一是将高速路出口由下坡式出口改为上坡式出口。二是除货车（卡车）外，其他车辆强制实行ETC结算，从而畅通高速路出口，避免车辆在高速路出口拥堵。三是增设高速路出口。根据各高速路出口车流量情况，重新对高速路出口进行设置，按照每个高速路出口至少按ETC出口两个以上，货车（卡

车）现金结算出口两个以上进行设置。四是强制实行高速路出口车辆按道行驶。自距离高速路出口 2 公里区间的道路进行改建，建成四车道路面，其中内侧两车道为 ETC 高速路费结算车道，货车（卡车）禁止通行；外侧两车道为货车（卡车）现金结算车道，ETC 高速路费结算车辆禁止通行。

（三）**规范设置高速警示标志牌**。对连续长下坡路段应在距离下坡处 5 公里、4 公里、3 公里、2.5 公里、2 公里、1.5 公里、1 公里和 0.5 公里处分别增设警示标志，并在距离下坡路段起始 2 公里处开始实行限速行驶。为驾驶员预留出足够的应急处置时间。

（四）**增建事故路段避险道**。在没有条件改变高速出口选址的地方，应分别在距离高速路出口 5 公里、3 公里和 2 公里处增设制动失灵故障车辆避险车道。

二、2020 年，反映社情民意信息：补齐基层医疗机构疫苗管理短板

近年来，从国家制定的一系列疫苗安全管理相关制度，尤其是 2019 年 12 月 1 日起施行的《中华人民共和国疫苗管理法》，可看出国家对于疫苗管理的重视。但疫苗由于其自身对环境温度的高敏感性和重点用于儿童、老年人等弱势群体的特殊性，具有十分明显的风险性。随着《疫苗管理法》的施行，疫苗管理将愈发规范。

但据调研，在疫苗的领发、运输、保管、接种等环节中仍然存在着一些安全隐患，特别是县乡一级，主要表现在部分乡镇卫生院自带冷藏箱前往疾控机构领取疫苗，缺失运送冷链，监管手段单一，很多县（市、区）未对疫苗运输储存和使用环节进行抽验，配套医疗器械管理和不合格疫苗处置不规范。

建议：

（一）**配齐基层医疗机构疫苗冷藏设备**。2019 年 5 月底，国家卫健委办公厅发布《关于印发加快推进预防接种规范化管理工作方案的通知》，要求在 2019 年内关闭所有设立在疾控中心的接种单位，也就是说接种疫苗的重任将逐步赋能给基层医疗机构。因此，配齐基层医疗机构疫苗冷藏设备至关重要。应全面排查乡镇疫苗接种点冷链设施设备情况，配备自动警戒功能冷藏设备或放置温湿计，并有备用冰箱。同时配备备用电源，长时间停电时启用应急发电设备或者太阳能储电设备，确保疫苗始终处于冷藏状态“不断链”。

（二）**制订疫苗临效期抽检计划**。疫苗等生物制品大部分都有一定的活性，因此稳定性差，效价衰减快。政府部门应指定有资质的药品检测机构负责，提供技术支撑。由省市一级负责对临效期疫苗进行监督抽检，查看效价和杂质是否符合标准；县

区一级负责疫苗流通和使用抽检，以便对运输和储存环节不规范造成的失效疫苗进行检测，进一步保证疫苗全链条的质量安全，倒逼生产厂家为保证产品抽检合格，大幅度提高出厂效价并严格遵守生产规程，采购高质量辅材确保产品稳定。

（三）**完善基层医疗机构疫苗管理制度**。一是严格规范疫苗冷链运输、储存。疾控机构统一使用冷链运输车负责向接种单位运送疫苗，严禁自带冷藏箱领取疫苗行为。二是取消村级疫苗接种点。由乡镇卫生院统一负责储存和接种疫苗，村级卫生室不负责接种。偏远山区确实需要下乡接种的，选定卫生室设定固定接种点并配备冷藏冰箱，做好途中定期温度监测，以防疫苗超温失效。三是健全不合格疫苗处置程序和管理制度。加强近效期疫苗和配套医疗器械的管理、养护，防止使用不合格疫苗。药监、卫生和环保部门要联合制定不合格疫苗销毁制度，共同监督不合格疫苗的销毁，切实保障疫苗使用安全。

孔刃非，时任江西省政协委员，赣州市政协原副主席，民进赣州市委会主委。

叶存洪

2020年，反映社情民意信息：专家呼吁培养小学全科教师　以破解农村教师结构性缺员难题

近年来，我国农村教育事业发展迅速，乡村教师总体上数量能得到保障，但结构性缺员问题比较严重，特别是缺少音、体、美、外语、计算机类教师。一方面，乡村学校音美体教师缺乏，专业素质偏低，师资培训不足，很难满足学生全面发展的需要，直接影响到农村中小学的音体美教学质量和人才培养。另一方面，由于社会上存在的一些偏见和不公的待遇，导致从事音体美“副课”教学的老师转而从事语文、数学等“主课”的教学，又造成一部分音体美教学岗位的教师流失，严重制约了农村学校教育的发展。调研发现，一些小学虽然配齐了音体美等功能教室，但是由于缺少相应的专业教师以及缺乏专门的培训，导致部分仪器设施得不到有效的利用。如，某校上音乐课的教师由于缺乏相关的专业知识，故而只能在网上下载歌曲让学生跟唱，而不能教授基本的乐理知识，等等。

目前，农村义务教育教师在大学期间大多接受的是专业教育，实行分科培养，毕

业后补充到农村小学，通常只能胜任 1—2 门学科的教学工作。这种培养模式能够培养出学有所长的专职教师，对于单科教学十分有利。但由于农村学校必须是多面手，在一些师资较为紧缺的农村学校，部分教师除担任一门主干课程的教学任务外，往往还承担着其他主干课和音乐、体育、美术、科学等课程，从而“被全科”，其所承担的教学任务并不一定与所接受的专业教育相关，造成教非所学的问题。

与小学分科教师相对应，小学全科教师是指掌握教育教学基本知识和技能、学科知识，能力结构合理，能独立承担国家规定的小学阶段各门课程的教学工作，从事小学教育教学研究与管理的教师。全科不是指对所有学科知识都能够系统地掌握，而是指知识面相对较广、知识体系相对完整，从而打破学科之间的界限，为学生构建起较为全面和贯通的知识体系，进而有效保障农村义务教育质量的稳步提升。

建议：

大力培养小学全科教师，以破解农村义务教育教师结构性缺编的难题，建设适合农村实际需求的小学教师队伍。

叶存洪，时任江西省政协委员，江西省党外知识分子联谊会常务理事，南昌师范学院教育评估院院长。

刘仁彪

2022 年，反映社情民意信息：中国大学若无中华优秀传统文化底蕴　何为“双一流”

从一定意义上说，中华民族伟大复兴关键不在于经济、军事或科技复兴，而在于民族精神复苏，要体现复兴的向前向后两个维度，即攀登上科技经济、军事环境等硬实力高峰，又拥抱住优秀文化、政治文明等软实力大海。因此，新时代大学“双一流”建设也必然要求双向发力，一是与世界科技前沿尤其是现代网信技术相融合，二是与中华优秀传统文化相融合。

但在现实工作中，多数大学都没抓住核心，甚至本末倒置，忽视了融合中华优秀传统文化，导致“双一流”建设存在诸多问题。一是对世界一流大学的精神宗旨把握不准。世界一流大学一致认为：大学教育旨在为国家和世界培养负责任的公民，让他们在进入社会时有清晰的研判力、明智的决策力和创造性智慧。作为具有五千年历史的文明古国，先贤们一向主要研究对象就是人性，不仅比西方哲学更具优越性，而且能为马克思主义中国化提供大量优质素材，现已到发掘“四书五经”等经典要义重铸大学精神的时候了。二是未真正理解传统文化经典论著对启迪灵智的意义。当代中国大学正在争创“双一流”，而其中有多少大师真正理解传统文化经典论著的作用和意义呢？没多少大学建设好系统的传统文化经典核心课程及其专业的师资队伍，更不用说深入挖掘中华文明经典著作蕴含的人文精神和价值理念，将其创造性转化、创新性发展，并与马克思主义基本原理相结合。三是未深入领会国家领导人的指示精神。党的十八大以来，习近平总书记多次强调：文化自信是植根于中华优秀传统文化的最基础、最深厚、最持久的自信，中华优秀传统文化是涵养社会主义核心价值观的重要源泉，要动员全社会共同熟悉中华历史，传承中华文明，弘扬中华文化，不断激发民族自豪感和爱国热情。四是国家促进中华文化传承创新的政策措施不够系统明细。最近发布实施的国家政策均对“文化传承创新”有针对性表述，但科学的战略决策和规制政策得不到有效落实，问题往往出在执行中的“最后一公里”。

建议：

（一）大学“双一流”建设工作领导小组下设两个工作专班，协同做好“双融合”学科建设。一是学科融合现代网信科技专班，二是学科融合中华优秀传统文化专班，主要由各学科资深教授、网信专家、人文及马克思主义学者等组成，给予经费保障的同时，明确各专班、各学院以及各成员的重点工作职责，齐心协力有序推进“一流学科”建设双向发力全面发展。例如，中华优秀传统文化专班负责整合学校和社会资源，创建中华优秀传统文化研究中心或实践工作站，其中人文学者负责筛选中华经典著作，并策划设计“经典研读”课程；马克思主义学者按照网信时代民族复兴要求，将中华优秀传统文化的思想精华融入当代马克思主义思想理论体系，与社会主义核心价值观有机统一起来，从而达到马克思主义中国化、时代化和实用化之目的，重铸有中国特色的社会主义一流大学精神。

（二）系统做好中华优秀传统文化精品课程建设。授课教师自身必须先成为经典著作的“博士”，真正熟悉该著作之所以成为经典的特质，全面掌握其蕴含的优秀文化精髓，尤其是找出那些对中华民族伟大复兴颇具价值的东西。经典著作的伟大之处就在于其能使人类心灵得到源源不断的见解、领悟和智慧；其不朽之处就在于以独特的方式提出人所必须面对且经常发生而又从未完全解决的基本问题。例如，《大学》有言：“大学之道，在明明德，在亲民，在止于至善……物格而后知至；知至而后意诚；意诚而后心正；心正而后身修；身修而后家齐；家齐而后国治；国治而后天下平。”我相信，一百个人读后就有一百种理解，一个人在不同时期研读都会有不同的感悟。

（三）**实施科学的教学组织形式**。要以关注和鼓励学生的优良个性发展为核心，以师生合作互动为基础，以培养学生探究知识、独立思考的能力为目的组织教学。例如，设置一门为期一学年的“经典研读”课程，指导学生每半月阅读一本经典著作，多方激励他们自主学习独立思考，并在每周一晚的“周论”研讨班上讨论2—3小时。在此，特别要重视翻转课堂这种新形式。指导教师要引导促成和谐的教学氛围，激发学生们发表自己的意见并相互讨论，但不过多参与争论；研讨会的气氛以讨论而非演讲为主，主要目的是让学生们真正尊重和理解这本经典著作，并全心融入几千年的经典著述中体验人生。

（四）**推广应用灵活有效的教学方法**。既然经典著作的伟大之处源于它的丰富性和不确定性，我们千万不能用知识传授法教学，不能要求学生们持相同观点或给出一种答案。而是必须想方设法将知识传授式课堂转变为探究式课堂，广泛运用启发性、体验性、包容性教学，以各种形式的互动教学（包括网络互动）激发学生的求知兴趣与创造欲望，提升他们的主动积极性与创造性思维能力。在此特别要注意，应让学生带着自身的直接经验去真正阅读和讨论每本经典原著，而不应以文学评论或第二手资料为指引；同时，引导他们思考周边现实世界，提示探究自然、社会以及自身有关问题的方法，从而养成经验重组、终身学习以及创造性思维习惯。

（五）**发掘校园环境中的各种隐性思政资源**。包括营造生动活泼的学习情景、自由民主的学术氛围、舒适优美的生活环境与充满爱心的人文情怀等，并强化校园文化的人文关怀、情感陶冶功能，突出有自身特色的大学校训或精神中的传统文化元素，培养学生严谨的治学态度、勤俭的生活作风与文明的行为习惯。例如，在教室、会堂、文化走廊或学校网站上标示中华优秀传统文化精要，组织开展好大学生传统文化节、民族传统美德评论、中华经典诵写讲大赛等活动。

（六）**检验“经典研读”教学效果，或各学科与中华优秀传统文化相融合的成效，及时校正偏误**。主要看在以下三方面是否达到预期效果：一是学校层面。每学期末，各学科负责人自我检查，看看能否坚持走中国特色的“双一流”建设之路，立足校情、尊重规律、守正创新，尽量打破学科专业壁垒，推动各学科深度融合中华优秀传统文化，并融入现代网信科技赋能人才培养。每年末，“双一流”建设工作领导小组的两个工作专班负责人，检查改革方案实施成效是否偏离办学目标，即是否符合“双一流”建设评价要求。二是学生层面。每年末，教务、学工部门抽样调查“双融合”的培养成效。例如：“经典研读”是否有感染力？在经典研读中，古代智者在人们心灵世界引起的触动，与现代最有领悟力的哲人一样有感染力，这就是心智启迪式智慧教育的要义；文化陶冶强度如何？过弱的文化陶冶势必妨碍学生人格的提升与创新素养的形成，很难起到启蒙学生心智的作用；学生能否从经典研读中，深刻思考现实问题，科学评价人性、生命价值等问题，以做出明智的决策，诸如我是谁？生存意义是什么？在最困难的时期应如何生活？学生能否正确思考法理道德、政治信仰和社会习俗，诸如当代社会面临哪些难题？我要承担什么责任？如何对待民宗政策、公德习俗？三是国家层面。宏观来说，大学“双一流”建设能否把握中华民族伟大复兴的战略全局，是否有利于提升国家文化软实力，促进文化大繁荣，营建社会大和谐。相应地，国家层面的具体检验指标应包括中华优秀传统文化的教学经费投入度，在“国家高层次人才特殊支持计划、国家级教学平台、省部级及以上重大科研创新平台”等方面拥有量，在“获批建设的一流学科、专业或课程（如国家一流学科、国家特色专业、国家五类“金课”、国家级课程思政示范课程）等中所占比重……这些都体现着政策落实的“最后一公里”的效度高低。

刘仁彪，江西省政协委员，民盟江西省委会委员、民盟江财委员会主委，江西财经大学高等教育研究所所长。

刘菊娇

2016 年，反映社情民意信息：建议成立反诈骗中心　遏制通信信息诈骗高发

近年来，全国通信网络信息诈骗犯罪愈演愈烈，发案数量每年递增 20%—30%。据了解，2014 年全国该类犯罪发案 50 余万起、受害人损失 107 亿元，比上年分别上升 67% 和 7%。通信信息诈骗是借助互联网、电话、网上银行等手段实施非接触式、跨区域甚至跨国作案犯罪。诈骗分子编好剧本、拨打电话、群发短信就能实施诈骗，一旦得手，只需敲打键盘，几分钟之内就能将资金拆分层层转账、取现。而根据公安机关传统办案模式，受害者发现被骗后，要经过报案、做笔录等手续，公安机关才启动侦查程序。各家银行对于查询冻结账户有内部规定，民警只能逐一上门查询，辗转各地，仅摸清资金流向就要花好多天。导致最后即便破案抓到犯罪嫌疑人，也难以追赃。面对通信信息诈骗涉及的海量涉案异地银行卡和通信记录，民警只能奔波于多地

调查取证，打击成本极高，打防效率远远落后于诈骗分子。

建议：

（一）**成立专业办案机构，快速查询冻结，封堵诈骗“资金流”**。面对诈骗警情多发的情况，各地应将反通信信息诈骗作为一项重要工程，全面统筹，成立打防通信（网络）诈骗犯罪领导小组和联席会议，在公安部门设立反诈骗中心。公安、银行、运营商派驻专人，实时协同作战，24小时全天候运转，有效整合宣传、通信、金融等各方资源投入虚假信息诈骗打防工作，全力遏制虚假信息诈骗高发态势。反诈骗中心设在当地110指挥中心，110报警服务台接到诈骗警情，立即将警情流转到反诈骗中心。反诈骗中心接警即联系报警人，问清诈骗电话号码、涉案银行账号、转账银行、转账方式等关键信息，并同步录入反诈骗接处警平台。需紧急处置的，立即由中心处置席人员通过金融电信点对点查控系统，分别向银行提请资金查询冻结，向通信营运商提请本地诈骗电话停机、外地诈骗电话拦截和网络虚拟电话封堵。只有这样，才能从源头管控诈骗“信息流”“资金流”，压缩犯罪滋生蔓延空间。

（二）**封堵诈骗“信息流”，源头防范降低发案率**。邮电藏毒、法院传唤、涉嫌洗钱等五花八门的诈骗电话和短信泛滥，群众防不胜防，有效封堵诈骗信息流源头是防范该类犯罪的重点。各地反诈骗中心成立后，警方和电信部门应协作建立“点对点”涉案诈骗电话封堵系统和反诈骗提醒平台，自动追踪群发语音、短信号段，并自动识别、锁定诈骗电话。也可将接报的诈骗电话号码直接导入平台予以锁定、追踪，并对列入“黑名单”的电话予以关停、拦截、封堵，最大限度挽回被骗群众经济损失。通过以上措施，以及反诈骗中心强大的数据研判，及时锁定境内诈骗团伙活动轨迹，予以精准打击。

（三）**统筹多方力量遏制通信信息诈骗高发**。通信信息诈骗手法不断翻新，作案流程快。诈骗团伙善于运用高科技手段和银行、通信部门推出的快捷服务实施犯罪。应扎牢打击、防范的“天网”，畅通公安、银行、通信部门密切协作机制，各地在政府主导下强化防骗宣传，加强银行卡、手机卡源头管理，及时追踪、封堵诈骗“信息流”“资金流”，坚决遏制该类犯罪多发态势。并开通咨询专线，“线连线”走向前台，为群众提供诈骗信息甄别、被骗资金快速拦阻等服务。

刘菊娇，时任江西省政协常委，民进抚州市工委主委，抚州市政府副市长。

刘新农　毛欣颖

2021 年，反映社情民意信息：汽车饰品市场混乱　安全问题日益突出

随着人们生活水平提高，许多有车一族特别是年轻人的消费理念已经从拥有一辆车，向拥有一辆美观、个性的汽车转变，汽车饰品热逐渐升温。比较常见的汽车饰品主要包括香水、座椅套、汽车贴纸等，个人可以根据喜好和需要装扮自己的爱车，营造出舒适的行车氛围。然而，汽车饰品的主要功能不仅是美观，还应具有实用性和安全性。目前市场上存在的汽车饰品种类繁多，部分饰品看上去虽小，而危害不小。一是影响驾驶安全；二是漠视管理规定。

建议：

（一）**确立管理制度**。为保证交通安全，《中华人民共和国道路交通安全法实施条例》规定不允许在电动车上加装雨伞或雨篷，而关于汽车饰品安装规范方面还未涉及。生命安全无小事，建议交通管理部门加以重视，出台相关制度，就车内饰品的大小、种类、用途等方面做出明确规定，制定对违规司机的处罚细则，从制度上遏制车主加装危险饰品。

（二）**完善生产标准**。针对汽车饰品的制作与销售，严格制定流通标准与类别。像安全带卡扣、方向盘徽标水钻这种鸡肋且不利于驾驶安全的产品应限制或禁止生产流通；像方向盘套、汽车座椅套、手机支架等系列产品应制定生产质量规格标准，确保使用安全。

（三）**加强市场监管**。一方面，对饰品生产商进行产品抽样检测，对不符合标准的要求整改；另一方面，对于实体门店进行不定期抽查，严格要求经营者销售质量有保障的产品，并按要求进行汽车改装；对于线上店铺，联合平台运营方加强对店铺的监管，利用技术手段实时监查店铺所销售商品，对不符合要求的商品要求及时下架，涉及违法的应给予罚款或列入黑名单等处罚措施。

（四）**开展安全宣传**。通过交通广播、新闻媒体、微博、微信公众号、小视频等多渠道推送车饰用品选取注意事项，及有关车辆改装登记的法律法规，加强对相关从业人员的法律法规宣传教育培训，提升安全责任意识，做到警钟长鸣，防患于未然。

刘新农，江西省政协常委、副秘书长，民盟江西省委会专职副主委；毛欣颖，民盟江西省委会参政议政部干部。

刘　潜

2020 年，反映社情民意信息：关于加强公共卫生体系建设的建议

本次武汉新冠肺炎疫情，从暴发到大流行，暴露出了公共卫生存在的一系列问题。进一步健全国家公共卫生体系、加强公共卫生人才有着重要的现实意义。

建议：

（一）国家公共卫生体系应发挥高校人才的特长和优势。在本次疫情发生的整个过程中，鲜见高校公共卫生专家、流行病学家的身影，身处疫情中心的华中科技大学公共卫生学院，综合排名全国第一，未见其发挥应有作用，值得深思。在今后国家公共卫生体系改革中，应将高校公共卫生专家作为专家组成员，赋予他们掌握第一手资料的权利；在重大疫情中，应合理善用高校公共卫生人才。如，四川成都中医药大学公共卫生学院在本次疫情发生后，政府委派他们参与疫情防控，指导企业做好防控措施，确保企业正常生产和复工准备。

（二）加大财政对公共卫生的投入，留住公共卫生人才。本次疫情中，媒体很少报道公共卫生战线的事迹，公共卫生战线成了名副其实的隐蔽战线，默默无闻，很少人知道他们干了什么，解决了什么问题。但实际上，在传染病防控中，“救治”是解决病人存量问题，而“公共卫生”和“疾病防控”是解决病人增量问题，是控制疾病流行的关键。因此，要重视公共卫生人才，加大财政投入，提高待遇，防止人才流失。

（三）建立统一的医疗卫生信息平台，解决信息孤岛问题。现有的医疗卫生信息资源包括国家疾病预防的直报系统、各医院的医院管理系统、各省的居民健康档案系统等，但彼此割裂，形成信息孤岛，导致信息滞后。国家或省级层面应搭建好统一信息平台，确保信息能更快获得，能尽早做出正确的决策。

（四）加强各级各类医院公共卫生专业技术力量，强化疾病防控的第一线。虽然有规定要求二甲以上医院的预防保健科必须有公共卫生医师，但其地位十分尴尬。各级各类医院都应设立公共卫生医师岗位，并赋予更大的权利和责任，在医院卫生决策中听取公共卫生医师的意见建议，预防保健科等与公共卫生相关的科室负责人应以专业人员为主。

（五）加大政策扶持力度，重视公共卫生硕士的培养。我国公共卫生与预防医学专业的硕士以上高层次人才数量较少。在公共卫生人才培养方面，“双一流”院校应

以培养学术型人才为主，发挥他们的学术优势，为更加科学的防控技术、措施提供理论依据；地方医学院校应以培养专业硕士为主，加强与医院、疾控中心合作，强化实践培养，更有利于人才留在公共卫生一线，特别是市县两级。

（六）重视和培养临床医生的公共卫生意识，做好一线防护工作。临床医生是疾病防控的第一线，其敏锐的观察力，是确保疫情在早期发现的重要因素。目前，在医学教育中虽然开设有《预防医学》课程，但学生和非预防医学专业老师重视程度不够。公共卫生意识的培养应从医学生进校开始，让学生在潜移默化中培养公共卫生意识，改变理念，树立大卫生大健康观。

（七）高校应加大对公共卫生专业的扶持，重视公共卫生专业的发展。加大对公共卫生专业的扶持，首先应在机构设置方面予以重视，支持医学院校普遍成立公共卫生学院，增加对预防医学专业人才培养的投入。

刘潜，时任江西省政协委员，赣南医学院党委副书记、院长。

齐伟　　陈岱

2019年，反映社情民意信息：关于做好防汛抗洪工作的建议

随着中国特色社会主义进入新时代，我国水利事业的发展也进入了新时代，防汛抗洪工作的发展理念、主要矛盾、目标要求等都发生了很大变化。近年来，受2014年开始的强厄尔尼诺事件影响，我国特别是南方地区的水情汛情呈现出了“汛期早、周期长、雨量多、不均衡、强度大”的特点，做好防洪减灾工作任重道远、刻不容缓。

虽然我国防汛抗洪事业取得了一些成效，但依据我国的国情，结合当前雨情水情实际，我国防汛抗洪工作还存在一些问题与不足。一是资金投入不足，防洪工程设施体系亟待完善。虽然近年来国家不断加大建设力度，大江大河防洪体系逐步完善，但我国防汛抗洪减灾工程设施仍存在较多薄弱环节。小型水库病险率之高已成为防洪保安的突出隐患，中小河流防洪能力之弱已成为我国防洪体系的明显短板。二是极端天气频发，应急救援保障能力亟待增强。受全球气候变暖影响，我国气候形势愈发复杂多变，反常性、不可预见性、突发性日益凸显。近年来，局部地区突发强降雨、超强

台风、以及高温热浪等极端天气事件明显增多，防御难度极大，安全威胁与日俱增。三是技术应用滞后，现代科技防灾水平亟待提升。与德国、法国、荷兰等防洪减灾先进国家相比，目前我国的防汛抗洪科技应用总体水平仍然偏低，防汛抗洪指挥系统尚未覆盖到基层，利用遥感、遥测等高新技术开展灾情调查和评估刚刚起步，一些地方的抗洪抢险现代技术和装备水平建设相对滞后，抗洪监测预警和指挥调度手段还不完善，还不能满足“防大汛、抗大旱、抢大险”的目标要求。

建议：

（一）转变思想观念，树立系统思维，把防汛抗洪与生态治理结合起来。习近平总书记在十六字治水方略中，提出了“系统治理”的思想。在具体实践中，我们要改变过去“就防汛而防汛、就抗洪而抗洪”的单线思维，树立“山水林田湖是一个生命共同体”的理念，以“流域为单元”强化整体保护、系统修复、综合治理，从生态保护和环境治理的全局考虑，把防洪工程措施与生态保护、环境治理、生态农业、旅游休闲更好地结合起来，统筹设计、一体推进、系统治理，协调解决水灾害、水资源、水环境、水生态等问题，从源头上防止和减轻洪涝灾害。

（二）加大资金投入，抓好基础建设，把工程进度与工程质量统筹起来。要抢抓当前我国加快水利改革发展的战略机遇，继续实施大江大河大湖综合治理，加快中小型病险水库除险加固步伐，加大中小河流治理力度，加强重点蓄滞洪区建设，推进堤坝和城市防洪排涝工程达标建设，进一步夯实防洪工程体系。要抓“进度”。防洪工程建设刻不容缓。中央应加大对地方防洪工程建设的支持力度，加快补齐工程建设“短板”，尤其是要尽快完成小型水库除险加固，确保水利设施建设到位、维护到位、运营到位。要抓“质量”。1998 年长江抗洪“豆腐渣”工程的教训历历在目。要加强工程的质量管理，强化招标承包制、合同管理制和建设监理制的落实，积极探索建立水利工程质量年限期内终身负责制度。

（三）强化科技运用，突出应急保障，把灾前防范与灾后抢险并重起来。防范预警，核心要靠科技运用。要强化洪涝灾害监测预警、风险损失评估、应急响应处置、洪水影响评价等科技智慧平台建设，大力推广应用预测预报、巡堤查险、抢险救灾等方面的遥感新技术、新设备、新材料，加快国家防汛抗旱指挥系统工程建设，充分运用云计算、物联网、大数据、移动互联网等信息技术，以“智慧水利”信息化建设带动防汛抗洪工作现代化。救险救灾，核心要靠组织动员。要建立健全统一指挥、分级负责、部门协作、反应迅速、协调有序、运转高效的防汛抗洪应急管理机制；加强防汛抗洪物资储备制度建设，健全应急抢险物资储备体系；逐步建立健全适合我国国情的洪涝灾害保险制度和灾后补偿机制，全面提高综合防范和有效抗御洪涝灾害的能力。

（四）创新工作思路，总结经验成果，把优势与创新紧密结合起来。不断创新防汛抗洪工作新思路，全面推广“河长制”新形势下的流域综合治理经验成果，达到相互可以借鉴与提高的目的。要深入探索智慧水利建设，以智慧水利为数据集成平台，汇聚“山水林田湖草”多种类信息数据，让信息有权属地共享起来，达到养生息防汛患的目的。要积极尝试水库标准化建设。统筹水库物业化管理模式，精减人力成本，发挥水库上下游生态链功能效应，提升水库管理水平，合理提高管控效能。

齐伟，时任江西省政协委员，江西省水利投资集团公司党委书记、董事长；陈岱，时任江西省政协委员，江西省水利规划设计研究院设计分院高级工程师。

李秀香

一、2014年，反映社情民意信息：鄱阳湖天然渔业资源破坏严重　需尽快转捕为养

近年来，鄱阳湖渔业资源严重退化，鱼类产卵场、索饵场、越冬场及渔民捕捞场连年大幅萎缩，渔业生产陷入“资源量越少、捕捞强度越大、资源破坏越重、渔民生计越难”的怪圈。造成鄱阳湖渔业资源濒于枯竭的主要原因是干旱、采砂和捕捞强度过大。

应该加快鄱阳湖水生生物资源保护与生态修复，降低捕捞强度，实施转捕为养。但是渔民退出困难：一是转捕为养需相当多的资金支持，目前资金缺口较大；二是目前渔民可以直接获得渔船燃油补贴，因利益导向，渔民申请渔船捕捞证十分积极，退出则非常困难。

建议：

（一）高位推动。应尽快出台《关于解决鄱阳湖区捕捞渔民转捕为养及湖区渔民生活困难问题的意见》，对转捕为养渔民安居、就业、社保和子女教育等进行具体规定，使这项工作进入快速化、法制化发展轨道。

（二）协作督查。要强化各部门的协作与督促检查工作，各级财政、农业、畜牧水产、民政、编办、农办、建设、国土资源、教育、卫生、公安、物价、劳动和社会保障等有关部门要高度重视鄱阳湖区渔民转捕为养工程，明确职责分工，加强协调配

合，合力推进、贯彻落实有关决策。同时，各级有关部门要把鄱阳湖区转捕为养工作作为考核干部工作的一项重要内容，建立科学的督查、评估和激励机制。

（三）广筹资金。一是政府应该设立鄱阳湖区渔民转捕为养专项资金，实施转捕为养生态移民工程。二是鼓励金融机构建立支持捕捞渔民转产转业的信贷扶持机制，加大对捕捞渔民转产转业的贷款支持力度。三是加强与国家有关部委的衔接，争取国家渔民安居工程等项目资金支持，有效解决渔民棚户房、土坯房、危旧房、渔船房的搬迁与改建问题。四是将发改委、财政、农业、民政、国土、水利、交通、环保、卫生、教育、扶贫移民办、农业开发办、新农办等有关部门的涉农项目和资金进行有效整合，投入湖区渔业发展与转捕为养工作中。

（四）严管船贴。要对渔船燃油补贴项目进行严格管理，首先，要严格控制渔船捕捞证的发放，不是特殊情况不能新增捕捞证；其次，要鼓励目前已有捕捞证的渔民转捕为养，可在五年内给予等量的“转养补贴”，从而逐步消化捕捞渔船过剩的存量。

（五）扶持明确。要对符合条件的困难捕捞渔民转捕为养实施生活救助；要将符合条件的捕捞渔民纳入城乡医疗救助范围；对转产创业捕捞渔民按照失业（失地）人员再就业相关政策给予税费减免；县级劳动保障和农业部门要安排捕捞渔民转产就业专项培训，对捕捞渔民成年子女和青壮年捕捞渔民开展劳动技能培训，以提高渔民素质和转产就业能力。

（六）严格执法。严格实行捕捞许可证、渔业船舶检验证和渔业船舶登记证制度，严格控制捕捞强度、捕捞渔船总量和单艘渔船功率数，严禁使用非法网具，打击非法捕捞。严厉打击霸河霸港和电、毒、炸鱼以及其他破坏渔业资源的违法行为，依法维护渔业生产秩序。坚持鄱阳湖春季禁渔和冬季禁港休渔制度，强化涉渔工程和水域污染监管。同时，严禁发包公有水面捕（养）鱼；对已经发包的，由当地县级人民政府负责组织清理，限期取缔。

二、2021年，反映社情民意信息：关于打造种业主要品种中国“芯”的建议

粮安天下，种铸基石。种业是国家战略性、基础性核心产业，是农业的芯片，直接关系到国家粮食安全和重要农产品有效供给。根据农业农村部公开数据显示，良种对粮食增产的贡献率达到45%，为我国粮食连年丰收和重要农产品稳产保供提供了关键支撑。

当前我国种业发展面临多重挑战，一是种业贸易进口依赖性强；二是种业科研投入不足；三是生物育种前沿技术存在“卡脖子”隐患；四是种业主体盈利不佳；五是种质资源消失风险加剧；六是种业知识产权监管力度不足。因此，“十四五”时期，要攻坚克难打造种业中国“芯”、打好种业翻身仗。

建议：

（一）健全种质资源及知识产权保护的法律法规。一是将现有关于农作物植物遗传资源管理等的相关条例、法律制度进行整合完善，将散见于《植物新品种保护条例》《种子法》《森林法》等法律法规的内容进行整理，出台一部综合性、适用性强的农作物种质资源法。二是健全种子知识产权保护的法律法规，加大对原始创新品种知识产权的保护，区分对于原始创新和实质性派生品种的保护制度，促进对高质量种业创新的激励。

（二）加大育种基础性科研投入，推动科企协同创新。一是加强基础性前沿性研究，依托南繁硅谷等创新基地和国家重点农业科技创新实验室等平台，推动增产增效、防灾减灾和现代育种等重大技术研发尽快取得新的突破；重视基因编辑技术用于农作物种业的关键技术突破，抢占世界育种技术制高点。二是集聚农科院、农业大学、优势育种企业等单位科研力量，搭建人才、技术、资金、激励保障平台，建立上中下游紧密衔接、产学研深度融合的科企联合体，加快形成种质资源利用、品种研发、产业化推广的全链条良种联合攻关组织体系，推动协同创新。

（三）加大财政资金对于种业发展的保障支持力度。一是设立专项资金用于支持种质资源库建设、种业产业园创建、种子繁育基地建设、种子应急储备等方面。二是研究探索通过贴息、补助等方式，支持大型种业龙头企业发挥引领带动作用，加快提升种业发展水平。三是进一步发挥现代种业发展基金引导作用，保障中小型种企做大做强。四是进一步完善良种技术推广补贴政策，提升高质量种子利用率，为扩大机收作业面积，提升农业机械化率打下坚实基础。

（四）发挥龙头种企在商业化育种中的引领作用。吸收国内外商业化育种先进经验，如隆平高科种业科学院建立了首席育种家领导下的“工厂化、分段式”育种流程，引入“商业化育种激励机制”，团队之间的资源共享按照一定比例分享成果开发提成，团队内根据各环节研发人员所作贡献大小进行成果提成的分配，从资金利用、资源组合、人力投入上做到环环相扣，井井有条，形成育种大规模协作的模式。

（五）构建统一高效的种业市场监管体系。一是对外提高国外种子的准入门槛和技术壁垒，优化保护审查机制，对有关性状有明确关联基因的，探索利用 DNA 指纹快速检测技术，在授权阶段谨防技术恶意入侵。二是对内完善农种监管制度和技术标准，健全种子打假机制，通过基于大数据技术的 DNA 指纹图谱数据库实现种子全程可追溯，加大对套牌侵犯行为的查处和打击力度，实施全程监管，遏制假冒侵权、“仿种子”问题，维护原创育种者知识产权。

（六）加快推进农作物种质资源调查及资源库建设。一是加快第三次农作物种质资源调查收集工作，将收集、鉴评稻种等重点农作物资源的着眼点转向以资源的品质、抗性为主，包括外观品质、营养品质、加工品质以及抗病虫性、抗逆性及低碳环保特性等。二是加快构建全国统一的种质资源管理体系，加强基于信息化平台的种质资源库建设，构建基于大数据的网络系统，将资源收集、保存、评价、鉴定、分发等业务工作尽快按统一标准在统一平台上运行，确保信息互联互通、资源共享共用。

三、2022 年，反映社情民意信息：未成年人防游戏沉迷新规实施后继续管理问题应引起重视

关于未成年人游戏防沉迷，有关部门一直在寻找对策。2019 年 10 月，国家新闻出版总署发布了《关于防止未成年人沉迷网络游戏的通知》，规定网络游戏企业向未成年人提供服务的时长，法定节假日累计不得超过 3 小时，其他时间不得超过 1.5 小时。2021 年 8 月，国家新闻出版总署下发了《关于进一步严格管理切实防止未成年人沉迷网络游戏的通知》，进一步限制了网络企业向未成年人提供网络游戏服务的时长，所有网络游戏企业仅可在周五、周六、周日和法定节假日，每日 20 时至 21 时向未成年人提供 1 小时服务。

但是新规下，依然存在一些“漏洞”。一是存在未成年人在电商平台上租号或者买号的情况；二是存在使用家长的账号绕过防沉迷系统的情况。三是存在通过游戏代练平台绕过防沉迷系统的情况。四是存在国内游戏绿色度不高、影响孩子们身心健康的隐患。五是存在未成年人选择国际服绕过防沉迷系统的情况。

建议：

（一）多给孩子设计一些竞技运动。所有的球类运动都是竞技运动，包括多人组队的足球、篮球，也包括两个人即可游戏的乒乓球、羽毛球。竞技游戏最大的特点本质是一场比赛，有输赢的结果。孩子们玩手机游戏也是一样，有积分有胜负，赢了就有成就感，输了也不会丧失斗志，只会激发斗志。另外，竞技运动无法单人进行，因此孩子会在与家人或者其他人的运动中发展自己的人际关系，尤其是多人组队的大型球类运动，可以让孩子学习沟通与合作。

（二）严格管理游戏产品防沉迷系统。网游企业已接入相关部门数据库，比对身

份信息，虚拟身份证号已经能被识别出来，不能成功注册。事实上，这一举措只能遏制后续使用虚拟身份证号的未成年人，相关部门应加强管理，补齐漏洞。一方面，可以利用人脸识别技术；另一方面，可以用电子身份证进行身份识别。游戏公司要严格执行刷脸认证，最好每局游戏开始前和固定阶段都要求刷脸。

（三）严格控制游戏等级进行。国家主管部门在制定相关政策时，要充分考察那些声称只服务于成年人的产品是否也覆盖未成年人，其产品中有无不适合未成年人的内容、不符合当前社会主流的价值观，由此考虑如何对这些游戏进行大力限制，甚至对企业不负责任行为进行处罚。同时，还要深入研究网络游戏对未成年人成长的利弊，对适合未成年人的产品给予实质支持和鼓励。要加大力度对成人级游戏产品进行限制和整改，直接介入网络游戏世界规则的框架制定和文化引导，根据对用户潜在伤害的程度设置必要的高额税率，引导游戏行业从根本上加大加强对适合未成年人产品的研发，这些是解决游戏产业问题的关键。

（四）严格进行网络游戏分级管理，尽快建立内容分级立法。网络服务商提供的网络游戏，应当针对未成年人与成年人两个不同的网络用户主体，实施网络信息内容分级制度。加快网络内容分级的立法，实行区分成年人与未成年人的网络内容提供制度，且将区分游戏对象的责任倒置，即将游戏玩家主体的未成年人身份认证，规定为游戏运营商的法定责任，并将违规行为纳入社会举报范畴。

（五）严打网络黑色产业链。网络黑产帮助未成年人买账号、代过人脸识别。2021 年 8 月防止未成年人沉迷网络游戏的政策出台后，该灰产业务的价格在业内也普遍提高。这说明，通过技术层面的升级，的确可以将很多未成年人挡在沉迷游戏的大门之外，但无法一劳永逸地解决问题，还需要家长、社会、企业、政府的共同努力。

（六）国家应建立网络游戏的社会评价系统。将社会对网络游戏的评价数据上升为对游戏企业规范运营的基本考核要求。对社会评价较低的游戏，可考虑通过社会责任信用评级制度，把这些游戏企业列入失信名单。

李秀香，全国人大代表，民建江西省委会常委，江西财经大学环境与贸易研究中心主任、教授。

李家祥

一、2019年，反映社情民意信息：农村贫困纯女户家庭养老现状堪忧

我国从1982年实施计划生育政策以来，成功控制人口过快增长的势头，全国少生了3亿多人。如今，率先响应国家号召、带头实行计划生育的人员已陆续步入老年生活阶段，他们的养老保障问题已经迫在眉睫，特别是农村贫困纯女户家庭，养老处境更加堪忧。一是家庭经济发展受限。与男子相比，农村女子在生产经营中难以承担重体力劳动，不能成为家庭的重要帮手，而且到了一定年龄就要出嫁，使家庭失去劳动力，收入水平普遍较低。二是赡养关系名存实亡。虽说男女平等，子女都一样，但现实中农村的女孩出嫁以后，一般对娘家老人难尽到责任，尤其是嫁到外地或是家庭条件不太好的，基本上不承担赡养父母的责任。三是缺乏自我保障意识。农村贫困纯女户老年人普遍文化程度低，缺乏自我保障意识，再加上自身能力有限，无力为自己存钱养老，养老和生活容易陷入困境。四是处于社会救助边缘。《农村五保供养工作条例》规定，老年人中无劳动能力、无生活来源又无法定赡养人的，享受农村五保供养待遇。贫困纯女户老年人实际上无赡养人，但又因不符合五保供养条件无法纳入敬老院集中供养，导致这部分老年人实际生活状况非常差。

建议：

（一）提高计生奖励扶助标准。目前，国家将符合政策（年满60周岁、未违反计生政策）的农村纯女户家庭父母纳入了农村计划生育奖励扶助范围，给予每人每月100元的奖励扶助。但相较于当下的物价水平，奖励扶助标准偏低，难以满足农村困难纯女户家庭基本生活需求，应建立奖励扶助标准动态调整机制，随物价上涨适当提高标准。

（二）纳入最低生活保障。对生活确实困难的农村纯女户家庭，及时纳入城乡最低生活保障范围，保障其基本生活。

（三）优先安排进入养老院。对丧失劳动能力且身边无人照顾的，处于事实上无人赡养状况的农村纯女户家庭老人，参照“五保户”标准，优先安排进入养老院，帮助其安享晚年。

（四）推广农村家庭养老保险。引导保险机构针对农村贫困纯女户等特殊困难群体，开发更多农村家庭养老保险产品，将符合条件的农村贫困纯女户家庭纳入保险范围，并由财政补助部分参保资金，提高其抵御风险能力。

二、2020年，反映社情民意信息：不可忽视粮食“源头浪费”问题

当前，各地各部门正深入贯彻习近平总书记对制止餐饮浪费行为的重要批示要求，采取有效举措，大力整治“舌尖上的浪费”，努力营造浪费可耻、节约光荣的浓厚氛围。相比司空见惯的餐饮浪费行为，粮食在生产、加工、储存等链条环节上的损耗同样触目惊心。经调研了解，主要表现在四个方面。一是收割环节损失突出。目前，各地水稻主要以机械化收割方式为主，存在作物损失和损伤两大通用技术难题，难以对农作物进行高效、优质处理。同时，加上一些农机手在利益驱动下为了多赚钱，一味重视作业效率，按亩收费多干快跑，对粮食浪费并不在意。二是烘晒环节损耗加速。各地粮食烘干企业地域分布不均、烘干设备质量不一，加上操作不规范、超负荷运转等原因，在烘干环节造成粮食过多损耗。此外，一些小粮农习惯在道路、房前、屋顶等地进行露天晾晒，粮食损耗率在5%以上。三是储存环节保质较难。传统粮农习惯用编织袋打包或直接堆放地面等方式存储粮食，储粮方式落后、设施简陋，容易因为虫、霉、鼠、雀造成稻谷损耗。地方国有粮食企业仓库设备老化和技术落后，储存的稻谷陈化虫蛀快、出米率低、品质不高。四是加工环节浪费不少。一些粮食加工企业片面追求“白细美”，攀比加工精度，出米率不断走低，既导致营养流失，还造成了粮食浪费。部分地市粮食深加工企业规模小、节粮技术不强、发展后劲不足，成品粮转化率和稻谷副产品综合利用率不高。

建议：

（一）抓好收粮科技支撑，有效降低“丢粮率”。加大收割机、烘干机等农机产品研发力度，提高产品性能和质量，提高机械收割效率。加强县域统筹，加快烘干等农机作业服务配套设施和维修网点建设。研究制订金融支持土地整治“宜机化”工作方案，采取投资补助、以奖代补、财政贴息、政府与社会资本合作等方式，推进高标准农田建设，支持机耕生产道路建设和维护，打造“宜机化 + 全程机械化 + 综合农事服务”示范基地，切实提高农机作业便利程度，有效减少机械收割环节粮食浪费。

（二）健全节粮减损机制，有序推进“颗粒归仓”。由粮食管理部门研究制定《粮食产后减损工作指导意见》，适时出台《粮食企业信用监管和联合惩戒办法》，推进依法管粮依规节粮。加快现有“危仓老库”升级，建设现代化“智慧粮库”，实现仓储环节的节粮减损。探索成立“粮食银行”，建设粮食产后服务中心，为农户提供代储、代烘、代加工等“三代”服务。推广多型规模储粮新装具，按照“财政补助 + 农户自筹”的方式，为农户配置“迷你储粮仓”等储粮装具，减少农户粮食损耗。

（三）**提升粮食利用效率，有力实现“吃干榨净”**。大力引进粮食精深加工企业，多途径开发利用米糠、稻壳、碎米、麦麸等稻谷副产品，提取米糠蜡、谷维素、米粞粉等高附加值产品，运用“精深加工，变废为宝”加工模式，让每一粒粮食实现最大化利用。建立健全粮食适度加工标准体系，走出过精、过细、过白的消费误区，防止过度加工造成损失。

李家祥，时任江西省政协常委，民革省委会副主委，吉安市人民政府副市长。

杨小华

2019 年，反映社情民意信息：关于利用党校、军训等平台补上相关德育教育“短板”的建议

公务员礼仪素养教育，大学生国防意识培育，小学生崇尚英雄观念孕育，这些看似不很同向的教育内容，却是当今社会和学校德育教育中极为重要的一环，也是亟待补齐的一块“短板”。公务员的礼仪修养，是一项基础性修养，展示的不仅是个人素质，也是人民群众直接观察、评判党和政府形象的“窗口”。毋庸讳言，各级公务员特别是基层公务员队伍，在履行公务时普遍存在文明礼仪失范、修养不够的现象。

建议：

（一）**建立完善各级党校公务员礼仪必修课制度**。一是由中组部牵头，中央党校负责组织有关方面，编写《公务员礼仪培训教程》，明确规范公务员行政礼仪、接待礼仪、外事礼仪、社交礼仪、公共礼仪和个人礼仪等内容，为各级党校提供培训范本。二是由组织、人社部门根据同级党校师资需求，遴选、录用礼仪专业的教授、教员，为打造高质量公务员礼仪课程创造良好的师资条件。三是各级党校要将公务员礼仪课程作为学员必修课，列入每年的主体班、中青班以及轮训班等办学层次，进行培训和考核，使进入党校参训的公务员全覆盖式接受礼仪教育。

（二）**以强化大学生国防意识为导向调整军训教育**。一是由教育部会同中央军委相关部门，对全国大专院校军训内容进行重大调整。二是根据新的军训课程设置，完善军训教官的选拔培训机制。由教育部会同中央军委相关部门，制定完善新的军训教官选拔标准，严格遵循相应规定进行推荐选拔。省级军事机关和教育行政部门负责组

织教官开展训前统一培训，提高军训专业规范性，减少以往军训教官良莠不齐、讲授内容随意性多等现象。三是由教育部门负责，军事机关和高校协同，把大学生军训工作纳入高校教育质量评估体系，加大对大学生军训的考核力度。

（三）让常态化崇尚英雄教育在小学德育教育中扎下根来。一是由教育部负责，把在小学生中坚持常态化开展崇尚英雄教育，作为小学德育教育的重要内容固定下来，建立长效机制予以推进，确保全体小学生每个学年都能接受一次英雄观教育。二是要根据小学生成长规律、受教特点，由教育部门牵头部署，学校具体负责，每年有计划地通过组织主题班会、观看革命英雄主义影视片、诵读革命家书、探访英模、走进身边英雄听讲故事、到红色景区春游、参观烈士纪念园（馆）等活动形式，进行崇尚英雄教育。三是各级教育部门要加强统筹，把小学崇尚英雄教育与文明班级、爱心少年、文明学生以及学校文明建设结合起来，与演讲、写作、书法、采访等素质教育结合起来，同步研究部署，同步推进落实，同步检查考核，使常态化崇尚英雄教育在小学德育教育中真正扎下根来，促进小学生全面发展、健康成长。

杨小华，时任江西省政协委员，九江市政协主席。

杨家义

2018年，反映社情民意信息：关于机构改革中司法行政部门和政府法制部门职能调整面临的问题和建议

全面依法治国是国家治理的一场深刻革命。为贯彻落实全面依法治国基本方略，统筹行政立法、行政执法、法律事务管理和普法宣传，推动政府工作纳入法治轨道。根据中央和国家机构改革方案，司法部和国务院法制办公室已经整合并重新组建成立了新的司法部，作为国务院组成部门。而地方机构改革任务将在2019年3月底前基本完成。与此同时，司法行政部门也将面临如何客观、中立行使一些具体职能，诸如行政复议、行政诉讼、立法等的挑战。如，地方司法行政机关“既是裁判员、又是运动员”，行政复议的公平性难以保证；司法行政部门是律师事务所和律师的行政主管部门，进行行政诉讼案件应诉的法理性有待商榷，不排除利用职权影响案件的公正裁

决；新成立的司法行政部门难以摆脱部门利益，做到尽可能客观、相对中立，行政立法的独立性有待强化，等等。

建议：

（一）**着力加强相关法律支撑**。一是尽快争取对《行政复议法》和《行政诉讼法》进行相应修订，在司法局内单独设立行政复议委员会，由行政复议委员会统一受理行政复议案件，做到“运动员”与“裁判者”身份角色的剥离独立。二是在立法未修订前，应出台相关规定，对合并后的地方司法行政部门行政复议受案范围予以明确，要求对地方各级司法行政部门作出的具体行政行为申请复议的，应统一向其上级司法行政部门提出，各级人民政府不再受理。三是全面推行政府法律顾问制度，通过政府购买法律服务方式，将原来属于法制部门代表政府参加行政诉讼应诉的法律事务委托给社会律师代理，从而进一步转变政府职能，提高司法公信力。

（二）**严格科学立法**。地方机构改革到位后，各省（区、市）司法厅（局）、设区市司法局将承担本行政区域内的行政立法相关工作，对于立法权的行使，新组建的司法行政部门更多应站在推进法治政府建设的角度，推进科学立法、依法立法，以良法促进发展，保障善治。加强重点领域立法，提高立法质量，也要加强立法协调，听取各方面意见，了解各方诉求，遏制部门利益法制化。要大力推行“开门立法”，积极推行立法回避制度，凡直接涉及某部门利益的立法起草工作，原则上不能参与更不能主持立法起草工作；要大力推行委托立法，尝试立法招投标新举措；要厉行立法问责，对于出现明显的部门或地方利益保护倾向的法律法规（含草案），要追究相关部门立法失职的法律责任。

（三）**实施有效层级监督监管**。司法行政部门自身的监督依赖于顶层制度设计，最重要的是加强上下级司法行政部门的监督，以及发挥监察部门、人大等对同级司法行政部门的监督。对司法行政部门本身执法权力的监督，应收归上一级司法行政部门，包括对自身行政执法权的监督，以及对司法行政部门的行政行为不服提起的行政复议案件。

杨家义，时任江西省政协委员，都昌县政协副主席，农工党九江市委会副主委，九江市司法局副局长。

肖礼庆

2018 年，反映社情民意信息：南昌市实施“限房价　竞地价”政策后“堤内损失堤外补”乱象亟待整治

2017 年 8 月，南昌市出台《关于市区“限房价　竞地价”商品住宅项目销售管理（试行）的通知》，要求开发企业在销售“三限房”（限房价、限转让、限对象）时，整体均价不得高于土地出让时约定的限制房价，不得有在标价之外加价销售、收取任何未予标明的费用、捆绑销售等违规行为。调研发现，这一政策对抑制房价过快上涨起到一定作用，但受各种因素影响，“堤内损失堤外补”乱象不少，不仅老百姓叫苦不迭，而且造成政府税收严重流失，亟待整治。乱象之一：暗中收费。一些房地产开发企业，罔顾政令，暗地里收取购房者数十万元的高额费用。乱象之二：装修加价。中海、恒大、蓝光等全装修住宅时，装修计价在 4800—8500 元 / 平方米之间，远远高于装修成本价。乱象之三：天价车位。实施限价房政策后，不少开发企业在地下车位、车库、储藏间上做足“文章”，趁机大捞一把，有的楼盘将车位捆绑销售，否则不能购房，而捆绑销售的车位价格远高于市场价。

建议：

（一）**相关职能部门要积极作为**。对暗中收取额外费用、抬高装修价格、天价车位等行为予以严肃查处，对暗中收取高额费用导致偷税漏税，要依法处置。

（二）**进一步完善相关政策规定**。“限房价　竞地价”政策初衷是好的，但由于政策不完善，有空子可钻，导致乱象频生。首先，要解决好面粉与面包价格倒挂问题，让开发企业有一定的利润空间，而不是“逼良为娼”；其次，限房价不能只限毛坯房的价格，应当对最终综合售价有所限定，防止开发企业过度抬高装修价格；最后，对各区域地下车位出台指导价，划定最高上限。

肖礼庆，江西省政协常委、副秘书长，九三学社江西省委会专职副主委。

肖华茵

2019 年，反映社情民意信息：给乡村小学教学楼做一次“大体检”

小学生们的安全是社会最为关注的问题。目前农村地区还有部分小学的教学楼因建设时间早，建设标准低等原因，还存在一些安全隐患，尤其是一些早期使用预制板材料建成的二层或三层教学楼。在基层乡镇调研过程中发现，某镇共有小学与小学教学点 17 个，其中用预制板建教学楼的学校超过了 10 所，教学楼存有较大安全隐患的小学有 6 所。这种情况给学校校长和家长造成了担忧造、形成了压力，成为小学校长最为担心的问题。这些小学虽然每年也提出了要求改善的建议，由于种种原因尚未得到彻底解决。

建议：

（一）加强对乡村小学教学楼建筑质量的排查力度，对教学楼的建筑质量、结构等信息资料建立台账，纳入政府管理的视野；

（二）对乡村小学教学楼房排查出来的问题进行梳理归类，开展质量和安全评估；

（三）对需要进行改造或重建的乡村小学教学楼，纳入政府规划和年度计划的内容，落实相关经费予以解决；

（四）把乡村小学教学楼房改造、建设工作，与乡村小学的科学设置布点一道考虑；

（五）将彻底解决乡村小学危旧教学楼问题作为对政府履行教育职责督导评估的重要内容。

肖华茵，时任江西省政协常委、文化文史和学习委员会副主任。

吴至海

2019 年，反映社情民意信息：基层群众对发展设施农业有三大期盼

目前设施农业越来越受农业经营主体青睐，呈快速发展态势。然而，农民群众对

发展设施农业大感兴趣却难以企及，主要有三大期盼。

建议：

（一）**农机购置补贴品目“难满足”，期盼扩大购机补贴范围**。目前全国农机购置补贴机具137个品目中并没有把连栋大棚纳入，虽然江西等省将水果分级机和连栋温室结构2个品目纳入2018—2020年农机新产品购置补贴试点，但也局限在少数县（市、区）实施，补贴机具种类难以满足广大农户需求。农民群众期盼能扩大农机购置补贴品目范围，增加大棚设施等补贴品目。

（二）**设施农业技术应用“难突破”，期盼运用适合丘陵山区设施装备**。农机装备结构性矛盾突出，尤其是适宜丘陵地区地理条件、产业特点农机具较少，制约了设施农业发展。农民群众期盼从技术层面加快研发或改良适合丘陵山区的中小型农机具，帮助解决以蔬菜为主的经济作物棚型等技术难题。

（三）**服务质量“难到位”，期盼设施农业人才队伍跟得上**。个别农机具经销商牌证管理不到位，“三包”服务不及时，售后服务差，农户意见较大。同时，设施农业人才严重缺乏，影响设施农业的日常管理与维护。农民群众期盼进一步加强补贴经销商管理，切实保护购机者的合法权益；强化设施农业人才队伍建设，确保农业设施装备既会用也会修。

吴至海，江西省政协委员，赣州市农业农村局一级调研员。

何　明

2019年，反映社情民意信息：关于加强地质灾害防治工作的建议

今年入汛以来，全国降雨总量大局部强度大，全国有17个省（区、市）279条河流发生超警以上洪水，部分中小河流洪水超历史记录，崩塌、滑坡、泥石流等地质灾害时有发生。今年7月23日，贵州六盘水市水城县鸡场镇坪地村发生一起特大山体滑坡灾害。灾害发生后，习近平总书记作出重要指示：“要全力搜救被困人员，做好伤员救治、受灾群众安置、遇难者家属安抚等善后工作。要注意科学施救，做好险情监测，防范次生灾害。”为进一步做好地质灾害防治工作，要结合工作实际，加强地质灾害防治工作。

建议：

（一）**健全防治机构，增加防治投入**。地质灾害防治是一项系统工程，工作点多、面广，涉及部门众多，也需要社会力量参与。目前，各地地质灾害指挥机构不健全，地质灾害监测预警及应急救援等较为薄弱。应加快成立地质灾害防治中心机构，统一负责开展地质灾害预防、治理工作，调度应急处置工作。同时，各级政府应把地质灾害防治经费列入财政预算，建立地质灾害防治专项资金，完善地质灾害治理资金使用办法，保障隐患治理、应急调查、应急处置等工作开展。如江西省地质灾害点多面广、小型为主，大部分地质灾害隐患可通过简易治理得以消除或大大降低危害，故应大力推广“以奖代补”做法，切实提高基层筹资及时简易治理地灾隐患的积极性。

（二）**全面排查隐患，分类实施防治**。查明地质灾害发育特征及分布状况是做好地质灾害防治工作的重要前提。一是提高地质灾害调查的精度和准度。全面开展1:5万地质灾害风险调查与区划工作，确实查明地质灾害的发育种类、分布特征、规模及危害程度；对地质灾害高易发区和人口密集区，争取多开展1:1万地质灾害勘查，彻底查清隐患，为地质灾害防治提供基础资料。二是及时修编地质灾害防治规划。随着新的地质灾害的发生和调查评估工作的深入开展，在全面了解和掌握地质环境条件变化的情况下，应及时根据新的地质灾害调查成果和资料，组织对地质灾害防治规划进行修编，为地质灾害防治和重要项目建设提供依据。三是加强工程切坡管理。切坡建房和修路发生地质灾害问题日益凸显，已成为防灾重点。一方面，各地应制定出台山区农村建房管理办法，规范农民建房，科学指导合理选址；对受条件限制不能调整的，强降雨期间要及时组织人员避险转移，防范因切坡临坡建房造成的危害。另一方面，应严格管理山区修建公路，在公路可行性研究、初步设计、施工图设计阶段应加强地质灾害勘察工作，对线路地质特征，尤其是不良地质路段，应编制防治地质灾害的总体规划和实施计划，增加边坡治理预算，及时实施公路边坡除险加固工程；对已建成的山区公路，要开展公路沿线的监测调查和排查排险工作，对危险路段要设置危险警示牌和隔离带，加强对强降雨天气的地灾防控。

（三）**完善监测预警，建立预警平台**。提升地质灾害科学监测和精准预警能力，对做好地质灾害工作具有重要意义。一是完善监测预警体系。对重要地灾隐患点，要建立自动化专业监测预警系统，通过位移传感器、雨量计、高清摄像机、土压力计、裂隙计等现代技术对滑坡、崩塌、泥石流等地质灾害、建筑物（如住房、水利大坝）的变形和开裂监测，自动发布转移预警等信息。二是建立地质灾害预警综合管理平台。各地应整合气象、水文信息，建立风险警报系统，定制地质灾害防汛通手机App，所有地质灾害群测群防人员可以通过手机上传下达防灾实时信息，实现网络实时查询隐患点情况、监测预警、灾险情和应急信息，真正实现精确预警。考虑到农村以老人和儿童居多，除用现代通信手段通知外，还要辅以广播等手段催促居民立即撤离危险地带，确保人民生命安全。

（四）加强宣传培训，普及防灾知识。据统计，地质灾害隐患点多在农村。而青壮年大多外出经商或打工，留守的老人和小孩对地质灾害的危害、防灾措施、避险路线等情况不了解。应全面推广地质灾害防治知识进农村进社区进学校宣讲活动，通过电视、报纸、手机、宣传图册等宣传媒介和走访座谈、上门讲解、集镇设点咨询、举办培训班等多种宣传方式，向基层普及地灾实用防治知识，将隐患点可能发生的灾害等级、威胁人数、威胁资产规模、灾害发生后应对措施等，还有发生在周边的地质灾害案例，以形象、直白的形式告知群众，促使人民群众能够识别灾害、及时觉察、知危避让、知险自救、及时转移，提高全民防灾减灾意识与技能，有效减少地质灾害损失。

何明，时任江西省政协委员，抚州市自然资源局局长。

应淑华

2013年，反映社情民意信息：关于医药卫生体制改革的若干建议

医改是当前广大民众十分关注的重点、热点和焦点，也是民生的重要内容，没有健康就没有小康。随着我国进入老年国家行列，如何充分利用现有的医疗卫生资源发挥最大的效益，提高广大群众的健康水平和全社会人均期望寿命，显得十分迫切和重要。

建议：

（一）医疗卫生机构应取消行政级别，引导医务人员全力钻研医疗技术，提高医疗技术水平。一是从社会发展进步和改革趋势看，医疗卫生机构是提供医疗服务的载体，应该从基本规模、技术层次、诊疗水平、管理规范等方面评定其技术等级等，作为评价医院技术等级的主要依据。医院没有对社会的行政管理职能，没有必要赋予其行政级别。二是从小政府大社会淡化官本位看，医疗机构享受行政级别，完全是计划经济的产物，对提高医疗服务质量、创新医疗水平没有任何好处，甚至还有负面作用。三是从提高医疗技术和服务质量看，医疗机构取消行政级别，能引导广大医务

人员全力进行医疗学术创新研究，提高医疗技术水平以及医疗行业在国内外行业中的学术地位。

（二）**医疗卫生技术人员养老应尽快走向社会化，由单位人变成社会人，促进人才流动**。一是从目前医疗卫生技术人员养老靠单位看，束缚了医疗卫生人员的合理流动，没有充分调动他们的积极性，严重浪费了宝贵的人才资源。二是从充分调动医疗卫生技术人员积极性看，允许鼓励医疗卫生技术人员积极流动，多点执业，能释放出难以想象的高技术生产力，尤其是能涌现出一大批有规模水平、有较高效益、管理规范的民营医院，打破政府公办医院垄断的局面。三是从鼓励支持发展民营医院看，民营医院无法大力发展，主要原因之一是难以招聘到高素质的专业技术人才，使中央一再提倡的引导鼓励民营资本进入医疗卫生领域难以真正落实。

（三）**民营医院也应得到政府财政的相应补助，实行民办公助，形成公平竞争局面**。一是从当前情况看，近几年中央和地方财政都对政府公办医院给予了大量的专项经费补助（正常差额拨款之外），但民营机构却没有半点补助，加强了政府公办医院的垄断局面。二是从支持鼓励民营医疗卫生机构看，规范经营的民营医疗机构，政府财政在拨付专项经费时，应一视同仁，同等对待。三是从国内外发展趋势看，凡是垄断经营的行业，价格就下不来，服务就上不去；凡是放开经营的行业，价格就下得来，服务就上得去。要采取综合措施，打破政府公办医疗机构的垄断地位，逐步形成医疗卫生行业多种所有制，多种办医模式并存并重的公平竞争局面。

应淑华，时任江西省政协委员，南昌市医疗器械行业协会会长。

张明林

2019年，反映社情民意信息：鄱阳湖湖滨“候鸟入田”成为长期趋势　迫切需要构建长效机制补偿农民利益受损

作为全球重要的水鸟越冬地，鄱阳湖湿地环境直接关系到水鸟在越冬期的生存状况，影响着其全球种群的恢复和发展。近年来，受气候变化和长江上游水库群的影响，鄱阳湖水文情势发生了明显变化，大面积的湿地变成草地，导致越冬候鸟食物资源严重短缺，适宜生境急剧减少。越来越多的水鸟被迫向湖区周边的稻田和藕塘迁

移，不仅使越冬候鸟尤其是珍稀濒危物种面临严峻的生存威胁，而且造成了大量经济损失，加重了人鸟冲突，还由于越冬候鸟与家禽家畜接触概率的急速增加，导致严重的禽流感传播风险。根据专家判断，这种现象短时期内难以消失，“候鸟入田”将成为长期性问题，需要构建长效机制来化解。

建议：

（一）**省内尽快出台补偿措施**。由省自然资源厅、生态环境厅、林业厅、农村农业厅尽快出台措施，建立相关补偿基金，对受损农民进行补偿。

（二）**向中央层面联合反映问题**。由江西省自然资源厅、生态环境厅等联合湖南省相关部门，就候鸟迁徙对内陆湖泊导致的“人鸟争食”问题向中央部门反映，建议建立“候鸟迁徙路线中内陆湖区候鸟入田补偿基金”，对受损农民进行补偿。

（三）**支持和发展生态农业增收致富**。根据乡村振兴战略，由江西省农业农村厅出台措施，重点支持发展鄱阳湖农村，挖掘观鸟价值功能，打造以“人鸟共生”为主题的生态休闲农业，大力发展共享农庄，带动农民致富。

张明林，江西省政协委员，民建江西师范大学主委，江西师范大学商学院副院长。

陈春平　魏洪义　李越湘　许小欢

2016年，反映社情民意信息：房产市场“去库存”稳健发展亟须改革房屋销售面积计算办法

当前房地产市场销售“去库存”是稳定健康发展房地产业的重中之重和当务之急。随着广大民众对房屋销售市场规范意识的逐步提升以及社会对信息公开、公平交易的积极关注，现行的房屋销售按建筑面积计算办法日益显露其弊端。例如，建筑面积含混不清，开发商获得额外利润，开发商及售房处均没有向购房者告知房屋建筑面积，特别是公摊面积的计算依据、标准和方法等信息，导致公摊建筑面积不实的问题屡有发生等，购房者既不知情，也难以核准，消费者明明白白购房难，权益受损的现象时有发生；利用建筑面积作弊，产生利益链滋生腐败，由于建筑面积信息没有详细具体的披露，不公开透明，加上审核监管不到位，易造成开发商与测量人员之间暗箱操作，扩大建筑面积，牟取不正当利益。

修改《房产测量规范》实行按套内面积计算销售办法，是未来商品房销售发展趋势。因此，顺应大势改革房屋销售面积计算办法，落实《物权法》中关于产权明晰等规定，保障和改善民生，促进经济发展与社会和谐是一项重要而有效的举措。

建议：

（一）修订完善《江西省房屋登记管理条例》及《房屋销售测量办法》等法规制度。明确对房屋销售按建筑面积（包括公摊面积）计算办法，试行按套内面积计算的办法。如果规定容积率等一样，则要对无偿公摊面积率和无偿公摊设施予以规定。

（二）健全房屋销售面积信息公示机制，应予以强制实行公示制。对房屋面积特别是公摊项目，分摊各户面积，计算依据、标准及方法等信息与测绘报告，一要在开发商售房时予以规范公示，并标明测量、审核、监管单位及经办人员信息；二要建立健全政府网站，上网公示上述信息，为购房者提供咨询服务信息平台和窗口；三要在签订售房合同前进行现场面积测量，并进行公证，在售房合同等有关房屋材料证件中详细准确记载上述信息。

（三）加强房产测量规范的操作及审核和监管体系建设。建立完整准确的档案信息系统，实行终身负责制。测量部门依法依规进行逐栋逐套的规范测量。强化第三方对测量面积及计价的审核和监管。压实责任，实行“问责制”。

（四）大力宣传实行按套内面积计算销售办法的意义和作用。一有利于科学合理测量计算房屋销售面积，便于购房者核实面积，使买卖双方有关信息对称，形成开发商公开透明售房、置业者明明白白购房的和谐氛围，促进房地产市场规范运行。二有利于保障购房者的合法权益，激发民众购房信心和积极性。使购房者消除被公摊建筑面积多摊、误摊的疑虑和担忧，即买即量，面积直观明确，买得放心。三有利于消除利用建筑面积作弊，产生“猫腻”的根源。从而维护和提升政府公信力及社会公平公正，促进房地产市场稳定健康发展。

（五）建立健全房屋交易问题协调处理机制。

（六）鼓励房地产开发商推广建筑节能的新型墙体材料。可减少墙体厚度，减轻房屋重量，保温隔音，提高建筑面积利用率，降低造价。

陈春平，时任江西省政协常委，民革江西省委会副主委；魏洪义，时任江西省政协常委，江西农业大学教授；李越湘，时任江西省政协委员，南昌大学教授；许小欢，江西省政协信息员。

欧阳剑雄

2013年，反映社情民意信息：建议合并矿长资格证和矿长安全资格证 进一步深化煤炭行业简政放权

日前，为确保煤炭资源合理开发利用，减少行政审批环节，国家正式取消了实行将近20年的煤炭生产许可证和近10年的煤炭经营许可证，在煤炭生产环节，企业只需要取得采矿许可证、安全生产许可证、营业执照、矿长资格证、矿长安全资格证等五个资格证即可。

然而，从目前保留的“五证”情况来看，矿长资格证、矿长安全资格证等两证的考试考核内容存在重叠的状况，加之矿长资格证的发放认证职能在煤炭行业部门、矿长安全资格证在煤炭安全监管部门，两部门容易产生职能不清、职责不明的情况，对煤炭安全生产有可能带来隐患。

建议：

加大简政放权力度，对煤炭生产环节管理的矿长资格证和矿长安全资格证进行合并，以进一步保障煤炭行业的生产安全，促进煤炭行业的有序和持续发展。

欧阳剑雄，江西省政协常委、副秘书长，民进江西省委会副主委。

易有禄　杨家义

2018年，反映社情民意信息：地方法制部门和司法行政部门合并后履行行政复议职能的几点建议

司法行政部门与政府法制机构的合并，既是机遇也是挑战，在资源配置、解决职能交叉、全面深化依法治国等方面都具有重大而深远的意义。但与此同时，司法行政部门也将面临如何客观、中立行使一些行政复议职能的挑战。机构职能整合后，行政复议面临的难题是：一方面，行政部门“既是裁判员、又是运动员”，行政复议的公平性难以保证，司法行政部门同时又是律师事务所和律师的行政主管部门，进行行政

诉讼案件应诉的法理性有待商榷，不排除利用职权影响案件的公正裁决；另一方面，新成立的司法行政部门难以摆脱部门利益，做到尽可能客观、相对中立，行政立法的独立性有待强化，等等。

建议：

（一）**准确定位行政复议机构的地位**。根据行政复议机构的定位，负责具体办理行政复议事项的机构，在行政复议过程中是代表行政复议机关（即本级人民政府）行使行政复议权，而不是代表地方司法行政部门行使行政复议权。

（二）**加强法律支撑，完善和发挥好行政复议委员会作用**。一是尽快对《行政复议法》和《行政诉讼法》进行相应修订，在司法行政部门内单独设立行政复议委员会，增加外部专家委员的构成比例，由行政复议委员会统一受理行政复议案件。二是在立法未修订前，出台相关规定对合并后的地方司法行政部门行政复议受案范围予以明确。三是全面推行政府法律顾问制度，将法律事务委托给社会律师代理，从而进一步转变政府职能，提高司法公信力。

（三）**创新行政复议案件审理机制，扩大公开审理比重，引入合议、质证、辩论等程序**。在遵循现行行政复议程序规定的前提下，扩大行政复议案件公开审理的比重，以公开透明的程序保障审理结果的公正，提高行政复议的权威性、公信力和社会影响力；借鉴行政诉讼程序的做法，引入合议、质证、辩论等程序，最大限度地保障行政复议参与人的程序权利，进而促进实体公正的实现。

（四）**严格科学立法，探索立法回避、委托立法等新形式**。加强立法协调，遏制部门利益法制化，以良法促进发展，保障善治。大力推行“开门立法”，积极推行立法回避制度，凡直接涉及某部门利益的立法起草工作，原则上不能参与更不能主持立法起草工作。推行委托立法，尝试立法招投标新举措。厉行立法问责，对于出现明显的部门或地方利益保护倾向的法律法规（含草案），要追究相关部门立法失职的法律责任。

（五）**实施有效层级监督监管**。加强上下级司法行政部门间的监督，并发挥监察部门、人大、政协等对同级司法行政部门的监督。对司法行政部门本身执法权力的监督，收归上一级司法行政部门，包括对司法行政部门的行政行为不服提起的行政复议案件。

易有禄，时任江西省政协委员，民革党员，江西财经大学法治政府研究中心副主任；杨家义，时任江西省政协委员，九江市都昌县政协副主席，农工党九江市委会副主委，九江市司法局副局长。

赵　波

2016 年，反映社情民意信息：更新观念和手段　增强企业获得感　有效帮扶实体经济

在当前经济下行压力较大的背景下，江西省小到企业，大到行业，都还没有找到向上发力的突破口，企稳回升通道依然未开。因此，尽快找准政府帮扶着力点，助力实体企业脱困局、渡难关、求发展，值得我们认真思考和探讨。帮扶过程中存在的主要问题有帮扶目标不清晰，缺乏针对性，不能有效助力亟须帮扶的优质企业；帮扶手段没有与时俱进，停留在减税、精简办事程序、加强功能服务等老旧办法上，对帮扶企业意义不大；帮扶企业和帮扶政策没有形成合力，扶持政策落地难，企业获得感不强，等等。

建议：

（一）**要精准帮扶**。帮扶之前要深入调研，明确目标。重点帮扶有市场优势、有资金基础、有行业前景、有技术创新的优质潜力企业，切不可荫蔽一些缺乏市场活力、自身不求上进的企业，避免广种薄收的帮扶状况。帮扶之中要精准发力，因企施策。可通过集中力量帮扶一两家龙头企业，获得以点带面之效。帮扶之后要善于总结，找出共性对策。针对不同行业，实行“一业一策”，加强政策聚焦，加大帮扶力度。

（二）**要尊重市场**。政府要将有形之手从市场中抽出，从“保姆式”向“服务型”转变。要通过市场让“该死的死”“能活的活”，避免越俎代庖式地干预。要有的放矢，找准突破口，在充分尊重市场的前提下，对因公共产品供给不足而给实体企业带来的困难必须有所作为。如，要切实解决实体企业的融资、用工和用地等难题，努力营造一个亲商、安商、活商的良好氛围等。

（三）**要体现公平**。无论国企、民企，宏观经济的影响都是“公平”的，所有遇到困难的实体企业都盼着政府能够拉一把，救一下。政府在涉企帮扶中要改变一些部门同志面对民企不作为、不敢为的现象，做到制定帮扶标准时一把尺子，实施帮扶政策时一个思路，解决困难问题时一片真心。

（四）**要引导自救**。政府不是万能的，政府的帮扶也不是解决当前实体企业严峻困难的灵丹妙药。实体企业唯有发挥主观能动性，加快转型升级，开展生产自救，才能摆脱困境。在这一过程中，政府更多地不应是出台贴金戴银式的涉企帮扶政策，而是通过政策引导，激发市场活力，提振企业信心，引导实体企业不断挖掘自身潜力，跟上国家供给侧结构性改革步伐。如，可进一步落实鼓励技术创新等方面的政策措施，鼓励实

体企业树立创新引领发展的现代企业意识，通过转型升级增强市场竞争力和影响力。

赵波，时任江西省政协常委、副秘书长。

胡　彬

2021 年，反映社情民意信息：建议出台独生子女家庭的针对性养老政策

20 世纪 70 年代国家全面推行的计划生育政策，对于提高人口质量、抑制人口过快增长有着积极的作用，但也衍生出独生女子这一特定历史时期的特殊人群。如今 40 多年过去，第一代独生子女已结婚生子，他们的父母也步入老年，这批独生子女家庭的养老问题已成为亟待解决的重要社会问题。一是经济压力大。飙升的教育成本、飞涨的房价、医疗费用让大多数独生子女家庭的财富积累能力有限。二是生活照料难。第一代独生子女在单位是“中流砥柱”，在家是“顶梁柱”，面临“上有老，下有小”的局面，无法腾出足够的时间来悉心照料父母，并且不敢多生。三是精神慰藉少。面对激烈的社会竞争，独生子女承担的提高自己小家生活质量的压力大，对于父母的精神慰藉也是心有余而力不足。四是失独煎熬苦。独生子女家庭父母尚缺少精神慰藉，更何况是失独父母。他们在精神上要承受难以抚慰的痛苦，身体也备受煎熬，晚年生活更是在物质和精神上受着双重折磨。

建议：

（一）**制定独生子女家庭养老规划**。近年来，各地相继出台了《养老服务体系建设三年行动计划》，但并无对独生子女家庭养老的特殊政策。建议政府制定《独生子女家庭养老规划》，将独生子女家庭养老问题作为专题予以重点考虑，加大对独生子女家庭养老的政策倾斜力度。

（二）**完善独生子女家庭保障体系**。在住房、医疗等保障和税收等方面出台可操作性、针对性强的政策。如：对与父母同住或邻近居住的独生子女出台鼓励政策；建立养老金的异地支取、医疗保障账户异地转移的运行机制，方便随子女异地落户的老年父母；提高独生子女家庭养老补助；设立独生子女照料假期等等。

（三）**建立“四位一体”独生子女家庭养老模式**。完善政府、社会、家庭、个人

“四位一体”的独生子女家庭养老模式。分层次建立国有养老院，独生子女家庭父母可优先入住，并对高龄和“失能”老人实行免费养老。大力鼓励发展社会机构养老，不断完善居家养老体系，强化社区服务功能。

（四）制定独生子女伤残、失独家庭养老救助政策。由财政、残联、人社、卫健部门成立“生育慈善基金”，专款用于独生子女伤残、失独家庭的养老补贴。在住房、医疗等方面予以政策倾斜，对于愿意进入养老机构养老的，优先安排进入国有养老院，并予以费用减免。

胡彬，时任江西省政协常委，南昌市政协副主席，民盟南昌市委会主委。

胡淑珠　聂正洪　熊雷辉　邹　晨　张　莉

2021 年，反映社情民意信息：“空心村”成违法犯罪温床　亟待加大整治力度

随着工业化、城镇化快速发展，大量农村人口尤其是青壮年劳力不断“外流”，很多村庄常住人口逐渐减少，剩下的基本都是妇女、儿童、老人等弱势群体，甚至“人走房空”，成为“空心村”。由于留守人口防范意识及能力欠缺、乡村治安防控技术手段落后等因素，“386199 部队”成违法侵害重点目标，“空心村”闲置房屋常被用于实施犯罪活动，盗窃、行骗、抢劫、杀人、强奸、制毒、贩毒等事件时有发生，成为违法犯罪高发地。

目前，“空心村”违法犯罪事件主要有四类。一是针对留守老人的诈骗案件高发。行骗人抓住留守老人对新鲜事物不了解、易轻信陌生人、贪小便宜等心理弱点，往往乘其家中青壮年劳力外出打工之际，对其家庭留守人员实施犯罪。有些案件虽然金额不大，但对这些被骗的老人伤害很大，在农村群众中造成恶劣影响，诱发不稳定因素。二是抢盗犯罪案件增多。由于农村老人很多不会用智能手机，多依赖现金支付，家中通常保存一定现金，加上老人防范意识和抵抗能力弱等因素，常常被盗窃犯盯上。此外，随着农村劳动力大量外出，偷盗耕牛、农机等农业生产资料犯罪，盗割通信电缆、盗窃变压器和电力设施等的盗窃案件也在增多。三是涉赌涉毒犯罪影响青少年成长。由于“空心村”地理环境复杂、闲置荒废房屋较多、人口较少比较隐蔽、禁

毒禁赌力量相对薄弱，涉赌涉毒犯罪向“空心村”蔓延趋势明显。农村涉赌涉毒类犯罪极易引发返贫致贫现象，诱发抢劫、敲诈勒索、寻衅滋事等暴力犯罪，对未成年人影响尤为恶劣。四是部分留守妇女从“受害人”变成“加害人”。由于精神生活贫乏、心灵空虚，加上受利益驱动，一些留守妇女误入歧途，参与卖淫、诈骗、拐卖妇女儿童等非法活动，影响乡村家庭稳定，挑战道德底线，甚至将自己送进监狱。

建议：

“空心村”之所以成为滋生违法犯罪的温床，闲置房屋多是基础、居住人员少是前提、政法力量薄弱是关键。“城里热闹、乡村冷清”，给违法犯罪分子可乘之机。要多管齐下，防止“空心村”成为治安“空白村”。

（一）**健全农村基层政权组织，发挥其在治安管理工作中的重要作用**。高度重视村级基层组织建设，在每个行政村建立起比较完备的组织体系。加强村干部法治教育，将有关法律法规纳入村干部学习培训内容，完善村干部学法、用法考试制度，确保法制教育常态化并得到巩固。加强和完善农村治保会、调委会等基层治安防控组织的建设。进一步加强乡镇派出所建设，在警力、经费、装备上加大投入，创新警务模式，积极构建以基层派出所警力为主干，村治保会为辅佐，广大群众参与的群防群治的农村社会治安防控体系。通过广泛宣传、制定奖励措施，发动群众举报违法犯罪线索；通过无人机巡查重点地域、疑似范围的实际情况，让违法犯罪无处躲藏、无法逃避查处，让群众把治安防范变为自觉行为，形成人人参与的良好局面。

（二）**加强法治宣传，为“空心村”提供个性化定制化公共法律服务**。加大普法工作，将社会主义法治思想渗透到最基层最偏远落后的农村，让村民一方面知道守法的重要性，另一方面学会用法律武器保护自己。尝试探索建立“法律门诊”，为居民建立法律“病历”档案，针对不同人群的法律服务需求“对症下药”，如老人过世后相关事项的处理、留守妇女的婚姻家事法律需求、留守儿童的未成年人保护法律需求，等等；根据人群特点和具体情况，开展“靶向治疗”。法院可定期开展农村巡回法庭制度，以案说法，以案讲法，通过讲解发生在身边的典型案例，在“空心村”的村民中普及法律知识，重点解说各类违法犯罪的形式、手段、预防及应对措施，通过正反两方面的宣传教育，帮助农村留守老人、妇女、未成年人树立安全防范意识。

（三）**加强对农村特殊人群的教育管理转化工作**。加强农村特殊人群管理，消除不稳定治安因素。一是加强对刑释解教人员及违法青少年的帮教工作，会同司法部门、治保会等把工作落到实处，防止其再次犯罪；二是加强对“留守人群”的管理，做好“留守人群”的摸底排查工作，建立“留守人群”档案；三是加强对“留守家庭”的法制宣传，强化其自我保护意识，尤其要与学校配合，切实增强对“留守儿童”的关爱度，引导其健康成长，预防和减少其违法犯罪。建立农村留守儿童、老人、妇女法律援助站，将法律援助工作触角全面延伸到农村留守人群中。

（四）结合乡村振兴，治理“空心村”，从根源上解决治安问题。坚持政府引导、属地负责、村民主体、分类施策原则，通过集中新建、联村并建、货币补偿等模式，解决好居者有其屋的问题。因地制宜发展产业，鼓励发展观光、旅游、农家乐等自主创业活动，整合土地资源，创造就业机会，带动农村经济发展。加大对医院、通村路、学校、移动信号等配套设施建设力度，确保学生就近就学，病人及时治疗，产品及时运出。通过对生活污水、生活垃圾的处理以及“厕所革命”等，有效改善农村居民生活环境，提升农村生活质量，让村民“有奔头”，乡村“有人气”。

胡淑珠，江西省政协常委、社会和法制委员会副主任，民建中央委员，江西省高级人民法院副院长；聂正洪，樟树市政协秘书长；熊雷辉，丰城市政协委员、办公室主任；邹晨，民进会员，江西撼唐律师事务所主任；张莉，民进会员，南昌市西湖区朝阳街道干部。

祝光进

2020 年，反映社情民意信息：农村自建房安全监管不应长期“缺位”

8 月 29 日，山西临汾一老人在村庄饭店过生日，遭遇饭店坍塌事故，导致 29 人遇难。笔者也见证了农村多起因各种原因导致的房屋、围墙、活动板房倒塌压死人的事故。这些事故，暴露了农村建筑安全监管缺位的一些问题：一是擅自改变建筑物主体结构和平面布局，尤其集中在一些临街、临路用于经营的老旧楼房之中；二是农民自建房质量安全隐患突出，建房既没有设计图纸，也没有施工监管，建筑质量全凭经验把握，还有部分更早时期盖的“三无”小楼房，许多都成了危房；三是乡村赶集点农民自建房用作“公共服务场所”，比如饭店、商店、超市比较普遍，一到赶集的日子，人流量较大，存有安全隐患。

建议：

（一）全面开展建筑物安全隐患排查。重点对城镇老旧楼房、内部结构变动过且用于经营性质的楼房，以及临街临路用于经营的百姓自建房进行检查；对鉴定为 B 类及以下的房屋，一律暂停用于经营活动；对房屋质量安全存在的问题立即整改。

（二）**加强对村民自建房的质量安全监管**。严肃查处擅自加层、改扩建等违法行为，依法从严管理民房出租和经营。各地根据实际情况做好农村建房施工队管理和培训工作，提高他们的法律意识和专业水平。引导农村建筑工匠合伙组建农村建筑劳务承包企业，对于承建三层及以上住宅，建房户与施工方签订施工合同，明确双方质量安全责任，规范从业行为。

（三）**加大农村房屋使用监管和宣传教育**。结合重特大事故和身边典型案例，进行多种形式的房屋安全知识宣传教育，增强农村居民建房的安全意识，避免出现层数过多又偷工减料的房子。

祝光进，江西省政协委员，民进鹰潭市委会主委。

钱　薇

2019年，反映社情民意信息：商会组织党建工作机制亟待完善

按照中央“推动党的组织和党的工作全面覆盖”（简称“两个覆盖”）的要求，近年来，各地围绕推动非公企业党建、商会党建做了大量积极探索，积累了宝贵经验。在顶层设计上，有些省、市、县三级组织部门分别设立“非公经济组织与社会组织党工委”（简称“两新组织工委”），同时依托各级工商联、民政部门分别成立“非公经济组织党委”和“社会组织党委”，“1+2”模式为非公经济组织党建工作扩面提质打下良好基础。但同时也要看到，商会党建工作从“有形覆盖”到“有效覆盖”还存在明显差距。一是党组织隶属关系尚未理顺。商会组织主管单位多元化衍生商会党组织隶属关系多样，容易导致多重管理、责任不清。二是商会党组织功能不健全。大多是以开展活动为主的“功能性党组织”，不具备发展党员、关系接转、党费收缴、党员管理等一些基本职能，导致商会党建内涵不足，积极性不高。三是专职工作机构亟待完善。设在工商联的非公经济组织党委多数还是“功能性党委”，依靠工商联现有人员兼职从事非公党建工作，难以满足新形势新任务新要求。四是非公党建规范化机制缺失。对商会党建还没有专门的指导性文件，各地都是摸着石头过河，自搞一套，工作容易出现随意性。

建议：

（一）**出台指导性文件**。国家级层面研究出台指导意见，进一步明确非公经济组

织党委职责范围并赋予必要的管理职能，明确商会党建工作归口工商联管理，避免各自为阵、多头管理，真正将商会党员管理起来、组织起来、作用发挥出来。

（二）**健全机构设置**。在市一级工商联设立非公党建科作为内设机构，核定人员编制和工作经费，统一指导和管理非公企业及商会党建工作。同时，将“两新”组织党员发展指标单列，并适当增加非公企业和商会组织党员发展指标，吸收一批优秀非公经济人士、商会班子人员入党，进一步优化党员结构。

（三）**落实扶持政策**。建立完善财政拨付、党费返还以及企业或商会自筹相结合的非公经济组织党建工作经费保障机制；切实落实“商会和商会党组织同步建立”以及“党建工作入章程”的硬性规定，将非公党建情况纳入登记、申报、年检、年报等工作内容；在推荐“两代表一委员”时，将重视支持党建方面情况作为重要内容，并征求所在企业或商会党组织意见。

钱薇，江西省政协委员，时任宜春市委常委、统战部部长。

徐江明

2013年，反映社情民意信息：正视民办高校困境　给予更多扶持

民办高校作为中国的新生高教力量，在当下明显地处于弱势状态，屡屡遭遇政府差别化对待。不少人特别是一部分教育官员，至今仍视公办高校为“亲生儿”，民办高校为“野孩子”。对民办高校讲“严禁”“不准”的多，讲“鼓励”“扶持”的少。民办高校目前面临着产权规定模糊导致的法人属性不明晰、办学资金渠道单一等问题，客观上加剧了社会对民办高校的歧视。据有关资料显示，美国私立大学的学杂费仅占学校总费用的20%—30%，而中国民办高校则占80%—90%，形成以学养学的局面，导致民办高校的学费普遍比公办高校高近一倍，迫使民办高校走重规模粗放和数量扩张的路径，无法向提升教育质量、增强教育内涵的方向发展。

建议：

（一）**提高认识，尽可能为民办高校发展提供一个公平公正的政策环境**。纵观世界上一些教育发达国家，私立大学是其优质高等教育资源的重要提供者。最近三年，全美排名前100名的大学，有近一半为私立；排名前10位的大学，几乎都是私立。优质

私立高等教育对于西方经济、社会、文化的发展起到了巨大的推动作用。这种使民办大学与公办大学平等竞争、相互促进的办法，已成为各国高等教育发展的明智之举。

（二）**教育部不能在民办教育生死存亡的关键时期再做“甩手掌柜”和“偏心婆婆”，不能被动地甘当“马太效应”的推手，而应当成为最正义、最灵敏和具有历史观瞻力的国家高等智慧的罗盘和指针**。不但要尽快在资金和政策资源上给予民办高校大力支持，而且当一部分民办高校在高水平建设过程中取得较大成果时，应允许他们进入国家和省级骨干大学、“211 工程”“985 工程”大学序列，支持它们尽快担当起中国高等教育改革和优化的先锋使命。

（三）**教育部最近公布了支持民办教育的 22 条，着重解决当前制约民办教育发展的法人属性、产权归属、学校权利、教师权益、会计制度、营利与非营利、合理回报、优惠政策、市场监管、政府服务等十大问题**。这虽然大得人心，但推行的速度依然很慢，还处在“雷声大雨点小”的状态。教育部优惠政策的“彩云”应当尽快地给民办高校降下“甘霖”。

（四）**鼓励各地按照“地方为主、中央引导”的原则，因地制宜建立民办高等教育发展和奖励基金，专门用于民办高校的专项建设补贴**。鼓励国家示范性民办高校探索集团化发展思路，广泛聚集社会资源，在产权明晰的基础上，壮大民办高校的办学能力。

（五）**尽快启动国家示范性民办高校建设工程**。积极采用多种形式的措施和办法，集中精力把中国民办高校的整体发展水平提升到一个历史的新高度。要坚决避免民办高教在发展困境中成为新的社会问题和国家问题。

徐江明，江西省政协委员。

徐良平

2014 年，反映社情民意信息：因势利导　积极推动农民自建公益性公墓和“骨灰堂”

2013 年，据调研发现，江西省一些地方的村民自发建造农村公益性公墓和“骨灰堂”，并有“星星之火”态势。建设农村公益性墓地和骨灰堂是一项利国利民的民生工程，既节约了土地、森林等资源，为未来经济社会发展节省了可观的迁坟所需的人力和财力资源，又减轻了农民负担，改善了农村环境，杜绝了“出门见坟”“坟墓围村”的现象；同时，倡导了文明丧葬，转变农民长期形成的逝者入棺土葬的陋习，有助于倡导科学、文明、节俭的丧葬新风尚。

建议：

（一）**政府要重视**。各级政府要高度重视农民自建公益性墓地和“骨灰堂”这项工作，要将此项工作列入重要议事日程，列入重要的民生工程，作为一项公益事业来办。将殡葬部门列为全额拨款的事业单位，以避免部门为利益而争夺民生资金。

（二）**部门要联动**。发改委、民政、国土、建设、规划、乡镇等部门要发挥各自的职能，支持和帮助农民解决自建工作中面临的困难和问题。同时，引导农民在建设公益性墓地和“骨灰堂”的同时，采取壁葬、树葬、花葬、草坪葬以及水葬等新式丧葬。

（三）**财政要投入**。各级政府对条件完备、管理规范的农民公益性墓地和“骨灰堂”，要重点给予支持。省政府要出台农民自建公益性墓地和“骨灰堂”财政补贴政策，上级民政部门补一点，县乡出一点，村民筹一点，社会捐一点。政府部门应根据公益性墓地和“骨灰堂”的建设规模，对农民公益性墓地和“骨灰堂”给予总造价30%—50%的补贴，或采取以奖代补的方式。这笔资金还可从福利彩票中支付。

（四）**考评要列入**。各级政府应把农民自建公益性墓地和“骨灰堂”纳入新农村建设考评内容，可不计入总分，但记入加分。

（五）**引导要及时**。随着和谐秀美新农村建设的深入开展，农民自建公益性墓地和“骨灰堂”的积极性会越来越高。各级政府要抓住这难得的机会，积极引导，因势利导，发挥舆论宣传优势，开展多形式、多层次的宣传活动，形成良好的社会氛围。

徐良平，时任江西省政协常委、副秘书长。

高莉娟

2020年，反映社情民意信息：关注党员干部直播带货的后顾之忧

在我国脱贫攻坚与乡村振兴两大战略衔接期，在全世界战“疫”情形下，消费扶贫是助力脱贫攻坚新利器。各级党员领导干部走在前列，站上“直播”平台推销农产品，积极利用新科技，为民办实事，闯出新路子，展示出新时代干部创新履职的好形象。

但党员干部在直播带货中还存在一些烦恼和风险。一方面，群众对党员领导干部互联网促销本地农产品，可能存在三种误解：一是他们会不会是为企业站台的“背书官员”。二是他们会不会是受利益驱动或寻租的“腐败官员”。三是他们会不会是夸耀业绩的“自宣官员”；另一方面，帮扶干部们存在三种担忧：一是怕“货”出问题。党员干部“公家人”的身份，给人安全感的同时也是一种责任，如果“货”出了问题，可能影响群众对于政府的信任。二是怕“播”出“错”。干部直播带货没有明确的文件规定，直播时稍有商业风险和法律风险问题很容易被放大，政府和个人公信力也将受损。三是怕被“网”住。贫困地区、贫困群众的内生动力不足，是脱贫攻坚难点。帮扶干部们担心在互联网上的努力开拓可能让有的群体产生依赖。为进一步积极发挥党员干部在消费扶贫中实干创新作用，必须加强农产品质量保障、加强互联网技术保障、加强干部保护激励保障的同时，消减上述顾虑和风险。

建议：

（一）要将党员干部定位为“先行者”，通过利用新技术的示范，培养本地扶贫专业直播团队讲好脱贫故事，搭起城市社会力量与贫困地区贫困群众的桥梁。

（二）要支持鼓励多元农业经营主体实施标准化生产，促进实现农产品持续供给、优质优价，加强有机产品认证，持续开展农产品质量安全提升。

（三）要通过基层党组织建设，培养既懂电商又懂务农的新农人，提升贫困群众的网络技能和信息素养。

（四）要加强布局，要通过直播带货倒逼本地产业扶贫的发展，避免生产的盲目性，充分释放农村发展潜力，做好农业产业扶贫规划，推进政府采购支持消费扶贫，做好长效农村产业扶贫与网络消费扶贫的桥梁。

高莉娟，江西省政协委员，时任江西省委党校（江西行政学院）科学社会主义（政治学）教研部主任。

郭坚华

2018年，反映社情民意信息：我国跨境电子商务持续发展面临的困境和建议

近年来，我国跨境电子商务快速发展，成为各级政府转变经济增长方式、扩大消

费、推动产业转型升级、促进就业的重要策略，成为拉近中国居民与海外商品的“桥梁纽带”。然而，受专业营运能力弱、人才匮乏、配套设施不齐全等因素制约，一拥而上、供需脱节、虚假繁荣、难以持续等问题也在显现。一是大而不强。从规模绝对值看，我国跨境电子商务取得长足发展。但与发达国家相比，除天猫、京东等知名电商外，各地普遍缺乏龙头企业支撑，直接导致企业国际竞争力不足，无法形成产业集群效应与品牌效应。二是产业结构较单一。我国跨境电商行业分布更多集中在服装、衣帽代工，非核心零件生产、产品组装、外包包装等附加值相对较低领域，在国际产品价值链中处于劣势地位，且产业结构、产品结构较为单一。三是跨境电商人才匮乏。电商行业工资待遇低，人才流动率较高，流失现象严重，特别是跨境电商，具备专业知识、具有全球视野的跨境人才队伍还没有培育形成，也难以请进来，制约着跨境电商企业发展。

建议：

（一）**搭建跨境电商产业中心**。集中优势资源，在政策法规、资本力量、人才培养、产品上行、品牌打造、渠道拓展等方面集中发力，优化跨境电商营运软硬件环境，打造一批品牌产品、品牌电商企业，形成龙头企业效应。

（二）**打造省级电商平台**。通过市场运作，在各省打造一批电商营运平台，形成省级电商数据中心，通过数据分析，完善产业升级与营销突破，促使交易落地、数据落地、服务落地。

（三）**成立电商研究院**。提供行业最新资讯，报告互联网、新业态、电子商务、新零售发展趋势，为企业、行业、协会发展提供资讯数据支持，为政府出台政策提供决策参考。

（四）**解决产品上行通道**。我国大量农民电商知识经验匮乏，农产品的生产也难以规模化、标准化、品牌化，电商营运中的客服、售后等方面的短板也制约了产品上行。要组建专业电商营运团队，打造农产品集中展示和交易的电商平台，或通过入驻第三方知名电商平台打通线上销售。

（五）**加强专业高端人才培育**。对电商培训机构给予政策扶持，对电商人才引进、培养出台政策支持。

郭坚华，江西省政协委员，中国香港绿湖亚太控股有限公司董事长。

涂书田

2020年，反映社情民意信息：加强河道泄洪预警管理 保障下游群众生命财产安全

正值汛期，各地都面临繁重的防汛压力。有的地方水库压力较大必须开闸泄洪，但由于泄洪工作准备不充分、不细致，因泄洪造成水库下游人员伤亡、财产损失的情况时有发生。4月10日，湖南邵阳市洞口县平溪河景观坝水闸突然泄洪，致3人死亡、2人失联。6月14日，安徽潜山市龙潭乡雷公井水电站下游有6名群众，因上游放水被困河道“孤岛”，经营救才脱险。6月18日，湖北兴山县古洞水库开闸泄洪，多名在闸口下游捞鱼村民被冲走，造成1死1失踪。

水闸泄洪造成安全事故，其主要原因是泄洪单位缺乏安全责任意识。有的在泄洪前没有任何通知；有的虽有通知，但只是形式上贴个告示、打个电话，没有周全细致地安排；有的明知泄洪可能会造成危险，仍然强行泄洪，最终酿成事故。

建议：

（一）将水利工程设施因发电、泄洪等原因向下游放水而导致的责任事故纳入生产责任事故管理，完善问责机制。

（二）完善水利工程泄洪放水规章制度。现有的《防洪法》《水法》等法律缺乏泄洪、水利工程放水的条件、预案、法律责任的规定。尽快完善相应的规章制度，杜绝泄洪操作的随意性。

（三）完善放水、泄洪预案，将预告预警落到实处。利用通信网络平台发布公告，如短信、微信，及时通知沿河政府，组织群众疏散；建立沿河人工巡查制度；泄洪前利用无人机巡视、进行广播；设置沿岸广播；发生人员聚集可能造成风险时，应当中止泄洪放水。

涂书田，江西省政协常委，农工党南昌大学主委，南昌大学教授。

涂 建

一、2015 年，反映社情民意信息：报废机动车回收市场亟待完善

当前我国报废车辆数量急剧增加，据统计，我国报废汽车年均增长 20%，2015 年将达到 900 万—1200 万辆。然而与之相比的回收量仅为 30% 左右，远远低于理论报废量，大量报废汽车流入二手市场和非正规回收市场，报废汽车回收市场存在诸多漏洞，亟须加强监管力度，完善市场制度。

调研发现，由于大量报废车辆流入私拆滥解的非法回收市场，许多正规回收公司一年回收的报废车辆不足拟回收车辆的 1/10，车源稀缺成为报废车辆回收行业发展的最大障碍。究其原因：一是相关法律法规陈旧导致“黑市”高价诱导非法报废车辆。我国现行唯一的报废汽车管理法规《报废汽车回收管理办法》（以下简称《办法》）发布至今已经有 11 年。根据《办法》，国家强制要求报废车必须破坏五大总成，而非法回收市场能够利用报废汽车“五大总成”拼装成二手车，其相对高额的回收价格使得大部分车主选择将报废车辆出售给“黑市”。二是非法汽车破解厂、汽修厂成为报废车入市推手。由于报废车外观、性能等很容易识别，直接进入二手车市场难以引起消费者的关注。许多报废车在二次销售前，一些非法汽车破解厂、汽修厂为获取利润对其进行维修和改装，使得许多报废车辆“由黑转白”，再次进入二手车交易市场，大大增加了市场监管难度。三是违法成本不高是非法回收市场猖獗的主要原因。《办法》对此类违法行为以一定数额的经济处罚为主，与当前非法回收市场的巨大利润相比，显得无足轻重，使得非法回收市场越来越大，以至于正规企业难以“染指”。另外，对于报废车主的处罚也仅仅是对于使用其报废车配件组装的车发生交通违章或者事故时，将追究原车主责任，落实度不高。

建议：

（一）**完善《报废汽车回收管理条例》**。放开报废汽车中如五大总成等零部件的合法再制造，适当提高报废汽车的收购价格，从源头上打击机动车非法回收行为。

（二）**加大市场监管力度**。借鉴沈阳、成都等试点地区经验，一是完善注册车辆管理记录系统，对临近报废年限的机动车履行告知义务。二是以家庭为单位，实施“废一购一”政策，对逾期未办理注销登记的机动车所有人家庭暂停办理其所购新车注册登记，杜绝报废机动车流入非法回收市场。三是加大对非法回收市场的惩处打击力度，加大罚款金额，将企业主拉进诚信“黑名单”并向社会通告，通过抓典型、树标

杆的方式严厉打击非法回收市场。

（三）**提高机动车制造科技水平**。在充分考虑机动车零配件的可回收利用性，建立机动车制造—回收的绿色循环机制，形成制度完善、机制健全的完整产业链，使报废车回收形成一种循环经济，既绿色环保又能保证报废车辆的回收价值最大化。

二、2015年，反映社情民意信息：基药招标采购制度存在的几个问题亟待解决

2009年6月，江西省委、省人民政府出台《关于深化医药卫生体制改革的意见》，开始组织实施国家基本药物网上集中招标采购工作。网上基药招标采购工作实施以来，坚持“公开、公平、公正、诚信”的原则，保证了药品质量与安全，降低了虚高药价和企业投标成本，规范了医药购销行为，有效推动了基药制度的实施。实施基药招标后，药价进一步降低，减轻了患者负担，有效化解了“看病贵”的难题，成绩有目共睹。

调研发现，基药招标采购制度实施过程中，仍存在不少问题：一是药效难保证。基药药价确实很低，看病费用降低，群众反响良好，但是部分基药的药效却不尽如人意，同是一种基药品名，在中标目录中分为了基层和非基层两类，基层基药价格一般低于非基层基药，但在药效上也有明显的差别。如果老百姓用了这些药效差的基药，自然会产生“便宜没好货”“基药就是差药”的想法，将严重影响基药制度的实施和基层医疗机构的公信力。二是配送不到位。一些中标企业在中标后，没有按照合同规定，按时按量给基层医疗机构配送药品。原因在于低价中标后，利润极低，甚至赔本，自然不愿生产此类药品，同时，药品配送不同于一般的物流，点散量少，物流成本相对较高，往往以无药的借口拒绝配送。有卫生院反映，在备样基药药品中，有30%左右长年不供货。三是目录不合理。虽然有《国家基本药物目录》和省《增补目录》，但是基层医务人员反映在日常用药中仍捉襟见肘，某些药品特别是急救药和慢病防治药品名过少，一些基药品种与某些病种的《诊疗指南》上的用药要求不相吻合，同时中成药过多，价格较高，还不是经典方，药效有限。

实施基本药物制度作为深化医改的重要内容，更是一项重要的惠民工程，关系到广大人民群众健康，也关系我省医疗卫生事业的发展大局。

建议：

（一）**坚持“质量优先，价格合理”，保证中标基药药效**。在基药招标过程中，在合理限价的同时，要更加注重包括“产品质量与企业规模、基本药物配送能力、使

用者主观感受”等指标的“经济技术指标”，在综合评分中提高其分值权重，不能让价格为主要内容的“商务标”占主导地位，从而让更多的生产工艺和质量标准相对较高的大企业中标。在调研中，基层医务人员对此呼声很高，希望大厂品牌产品多中标，从而切实保证基药药效，消除群众疑虑。另外，不单纯以低价中标，也给了医药企业合理的利润空间，有助于企业改进工艺，增加研发投入，做大做强。

（二）**加强对药企中标后的监管制约，提高基药配送率**。卫生行政部门对药企要实行全程监管，不能中标后就了事，应切实按照相关文件要求，加强中标后的监管和制约，尤其是督促中标企业按合同生产配送中标基药。完善网络平台，加强采购与配送信息的反馈汇总，畅通基层医疗机构反映渠道，及时掌握药企违规信息。对配送率低于相关标准的药企一律纳入“黑名单”，并进行相应的经济处罚，促使药企按约配送，消除基本医疗机构缺药窘境。

（三）**听取基层意见，完善基药目录**。基层医务人员以及广大群众作为基药的直接使用者，其用药需求和用药体会真实可信，他们的意见反映了基层的用药实际，因此，在基药目录的动态调整中，要注重听取他们的意见，使得基药目录更加符合基层实际，满足基层需求，充分体现实施基药制度的目的所在。

三、2016年，反映社情民意信息：建议尽快实现二类疫苗配送相关政策的落地　确保疫苗新政的无缝衔接

2016年4月23日，国务院新修订的《疫苗流通和预防接种管理条例》（以下简称《条例》）公布实施；2016年6月13日，国家食品药品监管总局、国家卫生计生委发布《关于贯彻实施新修订〈疫苗流通和预防接种管理条例〉的通知》（食药监药化监〔2016〕74号）。

《条例》实施以来，疫苗经营企业严格按照文件精神要求，停止了疫苗的采购，销售客户也改为仅向县区以上疾控中心供货。但是由于政策执行时间仓促，相关后续工作无明确的文件支持，如疫苗配送企业至今无明确的准入条件及验收标准，导致疫苗新政无法与地方配套政策顺利衔接，二类疫苗的销售出现断货、库存告急等现象。2016年7月，总局发布28号令，公布实施新版《药品经营质量管理规范》，规定企业必须符合GSP要求，方能开展疫苗配送业务。我国共有374个县级市1636个县852个市辖区，总计2862个县级疾控中心，但目前没有任何一家生产企业或者配送公司能够覆盖所有区县。

建议：

（一）**尽快明确疫苗配送企业的准入规定及验收标准**。一是有的药品经营企业原本不是疫苗经营企业，考虑到疫苗储存运输的特殊性，对这些企业，应首先具有“药品第三方委托储存配送”资格，才可申报疫苗配送；对于原疫苗经营企业，可以保留“生物制品”的经营范围，并申请从事疫苗配送；个别冷链配送企业有可能无药品经营资质，只具有《道路运输经营许可证》，具有“普通货物”的运输资质。鉴于“药品是特殊商品”这一定义，应先申请《药品经营许可证》，并达到“药品第三方委托储存配送”资格，否则不能申请疫苗配送。二是省级食药监局应在国家有关规定的基础上，制定出本省疫苗配送企业的验收标准，对于通过验收的企业，可发放《GSP 认证证书》。三是鼓励原疫苗经营企业积极参与疫苗配送，如减免部分或全部的 GSP 认证费用，或在新政过渡期内，对这些企业实施备案制，即：有意愿参与配送的原疫苗经营企业，经备案后允许有一段时间的配送资格（但不应超过原 GSP 认证期限）。四是针对上游生产企业在本省的配送，应明确规定每个采购订单，生产企业如果分段委托给不同的配送企业进行配送，应分开制作相关销售发货单据，并注明相关配送企业信息，以利于监管和责任划清。

（二）**尽快付诸试点或实施，实现疫苗新政的无缝衔接**。省级食药监局年内出台相关政策，最迟 2017 年 6 月底之前付诸试点或正式实施，在此过渡期内，应出台配套的过渡期政策，如允许在 GSP 有效期内的原疫苗经营企业，或具备冷链配送能力的药品第三方委托储存配送企业，在获得备案批件后可以在过渡期间从事疫苗配送，以实现无缝衔接。

涂建，时任江西省政协常委、副秘书长，农工党省委会专职副主委。

宰志强

2020 年，反映社情民意信息：改革完善强制性标准管理的几点思考

当前，全民防疫为坚决遏制疫情蔓延奠定了良好基础，居民卫生意识和疾病防控意识明显增强。强制性标准是指必须执行的标准。根据《中华人民共和国标准化法》的规定，不符合强制性标准的产品，禁止生产、销售和进口。因此，强制性标准兼具法规

属性和技术属性，是 WTO/TBT 框架下，技术法规在我国的重要表现形式。我国的强制性标准体系由强制性国家标准、强制性行业标准和强制性地方标准构成，是我国技术标准体系的重要组成部分，在调整产业结构、规范市场秩序、提高产品质量、加强社会管理、服务改善民生、节约资源保护环境等国民经济和社会发展方面发挥了重要作用。但是，随着要求不断提高，现有的强制性标准体系也存在许多不合理、不适应的问题，如：多头制定、条块分割的体制造成标准代号、编号和发布渠道不统一，且强制性标准数量庞大、内容复杂、重复交叉，有的甚至相互矛盾；规定范围过宽，与 WTO/TBT 协议规定不符，标准中术语、抽样、试验方法等被强制，不利于通过市场竞争促进产品质量的提高和行政执法；制定程序不合理，影响了强制性标准的权威性和严肃性；信息交流不畅、法律法规规定可操作性不强等，造成强制性标准实施不到位，等等。

建议：

（一）**构建新型技术标准体系**。适应市场经济的需要，构建由强制性标准、推荐性标准、团体标准构成的新型技术标准体系。规定强制性标准的制定原则和范围、制定程序、实施手段等以区别于推荐性标准。在国家和地方层面构建强制性标准，取消强制性行业标准。其中强制性地方标准只限定在产业结构调整和节能环保领域，以适应区域发展不平衡的国情。

（二）**加强强制性标准管理的组织体系**。建立国务院领导下的跨部门的联席会议机制，研究拟定国家层面的标准化战略、重大政策，协调重要事项，审定批准强制性标准。国家标准化管理委员会负责强制性标准的统一管理、综合协调、实施监督和对标准化技术组织的管理。有关部委和省级人民政府负责强制性标准的立项申请、起草与协调、风险评估、技术审查和组织实施。

（三）**完善强制性标准的全过程管理**。参照法规制定主体和程序严格的做法，建立健全强制性标准的制定、发布和实施的全过程管理的相关制度，对强制性标准的提出、立项、起草、征求意见、审查、审定批准、发布、实施、监督和后评估等全过程、各环节进行规范管理。

（四）**加快现行的强制性标准体系清理整合**。将强制性标准仅限在维护国家安全、人类安全与健康、动植物安全与健康、环境保护、防止欺诈行为等“五个正当目标”范畴。清理整合现行的强制性标准体系，整合或拆分现有的强制性国家标准、行业标准。

（五）**加强强制性标准的公共服务体系建设**。健全强制性标准公共服务体系和服务平台，为全社会提供标准化政策、法律法规、信息、管理、技术咨询和服务；保证强制性标准文本及时公开，便于获取；加强强制性标准宣传和推广应用；促进强制性标准信息在执法、检验、认证、标准机构之间信息交流和共享。充分发挥市场机制，积极鼓励社会参与强制性标准的服务，通过政府购买服务的方式鼓励社会第三方实验室参与强制性标准起草、评估、验证等工作。

宰志强，江西省政协委员，时任江西省市场监督管理局标准化处二级调研员。

蒋九愚

2018年，反映社情民意信息：司法行政机关与政府法制部门合并后的问题与建议

由于各级政府司法部门与法制办各自承担着不同的角色和任务，两个部门合并以后，原有行政复议、行政诉讼及其他司法程序将与现行相关司法程序产生一定程度的冲突，具体来说包括三个方面。一是“官民”一体，身兼“两角”。由于两者职能整合后，政府应对、参与行政诉讼及行政复议，执行行政诉讼判决结果，以及为市民提供法律援助等原分属两个相互独立部门的职能皆归属新司法局，有可能造成新司法局既是“运动员”又是“裁判员”的情况。二是行政复议可能难以继续保持公平、客观、中立。在行政复议工作方面，我国目前尚未做到事前、事中信息公开，通常是在做出行政复议决定后才部分予以公开，甚至做出决定后也不公开。在新司法局既是“运动员”又是“裁判员”的新体制下，行政复议可能难以继续保持公平、客观、中立。三是法律援助服务质量可能难以保证。在代表政府的法制办与代表人民的司法局合并后，在法律援助工作上恐出现不公正，不能真正代表人民利益的风险。例如，在请求国家赔偿案件中，新司法局委派的律师能否不偏不倚，不偏向政府一方，真正代表受害公民利益，并维护其合法权益，是难以确定的。机构调整后的司法部门应如何保持公正、客观、中立，是一个亟待解决的难题，不妥善加以解决，不仅影响法制建设，也会对本轮机构改革最终走向产生消极影响。

建议：

（一）**各级政府可设立行政复议局**。行政复议局日常工作由司法行政机关负责，“统一受理、统一审理、统一决定、统一送达”；完善行政复议委员会的人员组成，可聘请专家学者、律师、退休法官检察官、人大代表、政协委员等作为兼职复议员参

与到行政复议工作；推行行政复议委员会审理案件制度，允许相对人自由选择“案审会”的部分委员；涉及司法行政机关的行政复议案件，在行政复议“案审会”的人员组成上应采取回避原则，力求做到行政复议活动的客观、中立。

（二）**建立“行政机关负责人出庭应诉考核机制”**。根据《行政诉讼法》第三条第三款之规定，行政机关负责人出庭是原则，不出庭是例外。只有行政机关负责人出庭应诉，才能从机制显著淡化自身“裁判员”的形象色彩，实现官民平等应诉，推进依法行政。为了督促各级人民政府及其委办局行政正职负责人出庭应诉，可以建立“行政机关负责人出庭应诉考核机制”，在考核期内对于行政机构负责人的行政诉讼案件出庭率、出庭应诉态度等进行专项考核，作为该负责人干部绩效考核、奖惩、职务升降的重要依据。

（三）**试行行政诉讼庭审直播制度化**。国内各地行政诉讼庭审的直播尚未制度化。行政诉讼庭审直播作为审判公开的一种新形式，完全将公权力置于公民（网民）和司法机关的双重监督下，这一措施与上述行政机关负责人出庭应诉考核机制互为依托，能够从机制上杜绝新司法局既当“裁判员”又当“运动员”现象的出现，促使各级行政机关进一步依法行政。

（四）**强化中国法律援助基金会的法律援助职能**。该基金会是经国务院批准，在民政部依法登记成立的公募基金会，是我国唯一一家致力于发展法律援助事业的全国性公募基金会。可以将原司法部门负有的法律援助服务职能划归基金会，由基金会负责法律援助的基金筹措等财务职能和律师委派等服务职能。调整后，新司法部门继续负责律师的日常管理职能。而三级地方政府分别设立“基金会”分支机构，在本行政区划内行使对应职能，不占用各级政府行政人员编制，所有机构运行维持费用由基金会自行承担。如此即可实现在新司法局体制下，通过行政管理与律师委派、经费筹措相互分离，法律援助服务仍能继续保持甚至强化其原有的公平、客观、中立性。

（五）**逐步建立、推进“行政复议事前、事中信息公开制度”**。根据实际情况，分阶段建立、推进“行政复议事前、事中信息公开制度”，即行政复议机关在收到行政复议申请后，在满足一定条件的前提下，在一定范围内对行政复议的主体、客体、具体内容、诉求等项目予以信息公开，此后在相关节点也应继续信息公开，如做出行政复议结果时，直至公开复议申请人的最终态度，如接受行政复议决定，或者不服决定提起行政诉讼等。如此基本实现了行政复议全过程的公开、透明、可查询，在新司法局体制下切实保护行政复议申请人的合法权益。

（六）**从效率和专业性的角度来讲，应该成立专门的行政法院**。这个行政法院应该既包括法院的行政审判庭，也包括行政复议机构。所有的行政争议，不管是复议案件还是行政诉讼案件，全都可以集中在这个机构里面。

蒋九愚，江西省政协委员，民革江西师范大学委员会主委，江西师范大学政法学院副院长、教授。

傅　芬

2020年，反映社情民意信息：关于进一步加强民营医院监督管理的建议

民营医院数量已占全国医院总数比例提升，特别是在美容整形医院方面，民营医院占比更加明显。但是，部分民营医院存在管理混乱、诊疗不规范等问题。第一，使用虚假宣传及违法广告宣传。一些医院逐利心切，为了迅速争取病人、占有市场、提高知名度，广告严重失实，内容十分具有蛊惑力，导致患者上当受骗。第二，小病大治及乱收费现象突出。有的民营医院为求快速盈利，出现过度检查、夸大病情、小病大治，重复治疗、重复用药的问题。第三，违规执业超范围执业现象普遍。在经营层面上，有些民营医院私自扩大经营范围和无限夸张所谓“名医”“名药”的效力，完全超出了其执业范围。

建议：

（一）**加强对医疗广告的监管**。虚假的医疗广告不仅造成患者的直接经济损失，而且给身心健康带来极大危害。虚假医疗广告继续泛滥，影响民营医院在民众心目中的形象和在市场上的地位，对民营医院的发展也将带来近乎毁灭性的打击。市场监管、卫生、公安要加强管理，对违法违纪的人员要严查到底，新闻单位要对广告的刊登严格审查。虚假广告要严打，但正当的广告宣传却应在最大限度内放宽政策，靠政府的规范和民营医院自身的集体努力，可以使其整个领域意识到信誉的重要性，并逐渐形成一个健康且充满活力的市场。

（二）**制定统一的诊治收费标准，合理收费**。加大监管力度，公安、工商、卫生、药监、综合治理等部门应对民营医疗机构的诊疗进行长期地、经常性地检查，严厉惩处欺诈、乱收费等方面的行为，净化医疗市场，维护正常医疗秩序，坚决杜

绝不合理用药、不合理检查或小病大治、乱收费等危害人民生命健康的现象发生。在确保广大群众能得到基本医疗保健服务的条件下，根据当地百姓的消费水平、承受能力，制定统一的收费标准，且把收费标准公之于众，自觉接受群众监督，合理收费。

（三）**规范医疗服务**。卫生、医药管理部门应尽职尽责，加强对医疗市场的执业资格的管理，制定一系列必要的管理规定，以保证人民的生命安全。清除非法无证行医、跨科行医的假专家，加强对民营医院医疗质量、药品质量等的管理，严肃查处各类违法违规行为，对问题严重的民营医疗机构应加大处罚力度，直至取消其市场准入资格。卫生部门对民营医院应进行专门管理，使其日常的治疗具有合理性。另外，公安、计生、工商、卫生等部门需密切配合，综合治理。

傅芬，江西省政协委员，南昌大学二附院妇产科副主任。

舒忠东

2020 年，反映社情民意信息：建议尽快明确危险化学品建设项目试生产期间产品销售许可

按《危险化学品安全管理条例》《危险化学品生产企业安全生产许可证实施办法》等有关文件规定，危险化学品建设项目试生产（使用）期间的最终产品或者中间产品（列入《危险化学品目录》）因未取得危险化学品安全生产、经营许可证等相关证照无法销售，导致产品都存放在储罐区或仓库内，极易引发试生产安全风险，试生产也难以按质按期完成，应引起重视。

建议：

由于危险化学品建设项目试生产（使用）最长期限可达 12 个月，因而在试生产（使用）期间，将有大量危险化学品产出。为了解决试生产（使用）期间的产品滞留，消除重特大安全隐患，确保生产安全，站在服务生产企业、促进经济发展、减少企业危险化学品仓储量、降低生产安全事故风险的角度，应尽快明确危险化学品建设项目试生产期间产品销售许可，允许新建危险化学品生产企业试生产期间按照经营单位的相关条件和要求，办理临时《危险化学品经营许可证》，以便于新建危险化学品生产企

业及时消化处理其试生产期间的最终产品或中间产品，不至于因储存能力不足而影响其正常生产活动。

舒忠东，江西省政协委员，九三学社鹰潭市委员会主委。

曾　粮

2013年，反映社情民意信息：大力加强基本药物制度监测评价体系建设

自基本药物制度在基层医疗卫生机构实施三年多来，基本破除了“以药养医”旧机制，建立了公益性的管理体制和新的运行机制，群众“看病难、看病贵”等问题得到初步改善。然而，对国家基本药物制度实施情况的监测评价工作却显得滞后，各地在开展过程中经常暴露出一些亟待解决的问题，突出表现在：组织管理体系不健全，目前尚未形成全国统一的基本药物制度监测评价组织管理体系，监测评价队伍不稳定，无专项工作经费，工作开展缺乏有力保障，监测评价指标体系和数据来源不一，容易导致监测评价“数出多门”的现象；涉及政策内容偏窄，既没有制定科学的监测评价指标，也没有组织开展系统的监测评价工作，缺乏客观评价数据，监测评价结果难以全面反映成效和问题；信息化水平不高，建设发展不平衡，制约了监测评价的有效开展。

健全的监测评价体系，是准确掌握基本药物制度在全国基层卫生服务机构的执行情况，科学评价基本药物制度及综合改革实施进展的不可或缺环节。因此，必须统筹工信、商务、价格、卫生、医改等部门，进一步加强国家基本药物制度监测评价体系建设。

建议：

（一）**完善组织管理体系**。建立统一的基本药物制度监测评价组织管理体系，在医改部门统一领导下科学设立国家和地方专业监测评价机构，构建监测哨点网络。制定点面结合、全口径上报与抽样调查相结合的监测制度，定性与定量、内部与外部相结合的评价制度。由中央、地方两级财政安排专项资金，用于改善监测评价部门的工作条件，加强人才队伍建设等，保障监测评价工作稳定、长效开展。

（二）**推进信息平台建设**。建立基本药物制度监测评价数据库，搭建公共信息服务平台，整合部门力量以及信息资源，实现涵盖基本药物制度各个环节监测评价

指标系统的信息互联互通共享。统筹利用基本药物采购、配送、使用、价格和报销信息管理资源，建立和完善基本药物制度监测评价信息管理系统，使监测数据由手工填报向系统自动生成转变，通过信息监控和数据分析，实现及时预警、及时处置异常情况。

（三）**加强测评结果运用**。建立监测评价结果定期公布制度，接受社会监督，推动有关部门和医疗机构加强政策落实。将监测评价结果与国家以奖代补资金的拨付挂钩，严格奖惩考核，对实施过程中的违规现象坚决予以处罚，进一步巩固和完善基本药物制度。

曾粮，江西省政协委员，时任省政协办公厅副主任。

詹丰兴

2019年，反映社情民意信息：关于进一步加强防汛抗洪工作的建议

今年入汛以来，我国多地出现强降雨过程，多条河流发生超警洪水，防汛形势严峻。特别是南方地区，进入主汛期后，防汛压力加大，江西、浙江、福建、安徽、湖北、湖南、广东、广西、重庆、云南、贵州等地防汛抗洪抢险任务繁重。同时，正值地方机构改革过渡期，防汛抗旱新机制正处在第一年的磨合期，给防汛工作带来新挑战，引发新思考。做好防汛抗洪工作，事关百姓最根本的利益，事关人民群众生命财产安全，是初心使命的具体实践和实际检验。当前要高度重视并着力解决好监测预报预警能力不足、灾害风险管理水平不够、防汛抗旱机制不健全等问题。

建议：

（一）**加强灾害监测预报预警能力建设**。加强气象、水文、地质灾害、城市内涝等监测站网建设与数据共享，提高监测密度，注重对暴雨及其诱发的洪涝、地质灾害等的发生机理的研究和预报关键技术的攻关，加快国家突发事件预警信息发布能力提升工程立项和建设，建成国家、省、市、县四级相互衔接、规范统一的国家权威预警信息发布系统，应用大数据、云计算、人工智能技术，建设基于大数据的集信息展示可视化、决策分析智能化、指挥调度扁平化的防汛抗洪信息系统。

（二）**加强灾害风险管理能力建设**。建立暴雨、地质灾害、洪涝等灾害风险普

查、隐患排查和风险区划制度，建立健全暴雨、地质灾害、洪涝等灾害风险数据库，编制灾害风险“一张图”，制定暴雨、洪涝等灾害风险评估技术标准，建立完善风险评估方法和模型。建立重大项目洪涝相关灾害风险评估制度，为重大项目、重大工程规划和实施提供决策支撑。发展天气指数保险、巨灾保险，加大灾害防御知识科普宣传力度，创新科普宣传形式，增强全社会防灾避险意识和能力。

（三）**加强城市和农村防汛抗洪能力建设**。科学确定城市防洪排涝设施建设标准、布局和规模，建立城市内涝信息共享和预警信息联合发布机制，加强城市内涝风险预警科学技术研发，科学确定城市暴雨导致内涝的降雨阈值。加强城市排水设施建设，建立完善以降雨预报预警信息为先导的应急联动和群众提前转移避险机制。在农村特别是偏远山区，加强灾害预警信息传播设施建设，适时推进应急卫星通信系统建设，打通预警信息传播、防汛应急通信“最后一公里”。支持发展社会救援力量，提高救援队伍专业化技术和装备水平。

詹丰兴，江西省政协委员，江西省气象局党组书记、局长。

熊　彤

2022 年，反映社情民意信息：“三孩”时代来了　建议完善生育休假制度与避免女性就业歧视并重

中共中央政治局 5 月 31 日召开的会议指出，进一步优化生育政策，实施一对夫妻可以生育三个子女政策及配套支持措施，有利于改善我国人口结构、落实积极应对人口老龄化国家战略、保持我国人力资源禀赋优势。“三孩”的全面放开，可以释放一部分生育能力，适应了我国社会发展的变化和广大人民的需求，特别是能够满足那些已有“二孩”还想要“三孩”的家庭的愿望。但是否生育“三孩”，“孩子没人带”“就业歧视”是很多育龄妇女的主要顾虑。

建议：

（一）**进一步调整优化生育休假制度**。按照《女职工劳动保护特别规定》，国家法定的产假天数为 98 天，全面“二孩”政策落地至今，全国多省份陆续将产假延长至 128 天至 158 天，广东、甘肃、黑龙江、海南及河南产假接近半年，西藏为全国最长，

可休 1 年。新生儿出生后，需要父母投入大量精力悉心照料，保障其健康成长，“延长产假”自然是让新生儿父母直接受益的方案。然而单方面延长女性产假存在的“副作用”也不容忽视，应避免这种初衷是为育龄女性提供福利的政策，反过来使得女性的就业空间受到挤压。为此，可由国家统一规定，适当延长生育假，其中 1/4 左右假期强制由男方休，以推动男女两性在有偿工作中的机会平等和无偿家务劳动中的责任分担，提高生育保护水平。

（二）帮助企业分担因职工生育造成的经济损失。一是进一步提高生育津贴标准，放宽申请条件。生育津贴可以缓解女性产假期间的经济负担，还能降低用人单位雇用女职工的成本，减轻企业雇用女职工的顾虑，对消除就业性别歧视具有重要意义。二是出台税收减免或相关支持性措施，对女职工达到一定比例的企业实施税收优惠，鼓励用人单位聘用女性员工，强调女性劳动力价值。三是男性带薪休生育假的费用由国家承担，并且每休一人给予企业一定金额的补贴，由企业每两年申报领取一次。

熊彤，江西省政协常委，民革江西省委会专职副主委。

黎建华　欧阳璠琪

2022 年，反映社情民意信息：建设好国家粮食安全产业带需“加减乘除”并举

国家粮食安全产业带是在粮食主产区、核心产区、粮食生产功能区的基础上提出的一个新概念，主要通过集聚整合资源要素发展粮食生产，是保障我国粮食安全的重要举措，也是适应粮食产业高质量发展要求的战略安排。近年来，全球范围内粮食竞争日趋激烈，农产品贸易保护主义抬头，我国统筹利用两个市场两种资源的不确定性风险不断增加。随着国内粮食消费总需求持续增长和农业产业结构升级带来的耕地压力，粮食供给结构性矛盾日益凸显，全国稳定粮食生产面临的挑战越来越大。

近年来，江西坚决扛稳粮食安全政治责任，用占全国 2.13% 的耕地生产了 3.21% 的粮食，年均外调粮食 100 亿斤以上，进一步巩固了全国粮食主产区地位。但在肯定成绩的同时，存在的问题也应引起我们的高度重视：一是粮食价格波动难测。2022 年

国内粮价受疫情、国际粮价、各级补库、粮食进口等多重因素影响，走势将更加错综复杂。二是农资价格涨幅难控。截至 2022 年 3 月 7 日，主要农资品种中，除种子价格同比下降 20%—30% 外，化肥、农药均上涨，严重挤压了农民种粮收益。三是种粮农户收益难保。粮食生产比较效益持续下降，发展粮食的内生动力不足，最近几年，普通种粮户收益全年基本在盈亏线上下徘徊，实现稳定盈利越来越难，农民种粮积极性严重受挫。四是粮食保险易投难赔。据了解，农户从投保到最后赔款支付，需经历承保、报案、查勘定损、理赔公示、核赔等 10 个环节，赔付周期长，而且定损赔偿难度较大，且保险水平较低。

建议：

（一）用好“加法”，建立补偿机制。以建立粮食安全产业带为依据，健全粮食主产区利益补偿机制。粮食主产区具有生产粮食产品和生产生态产品的双重功能。粮食生产是利用自然、消耗资源、形成排放的粮食产品产出过程，但同时也发挥了保护生态、美化环境、调节气候等功能。按照粮食主产区与生态补偿政策一致的原则，加大对粮食主产区财政转移支付和奖补力度，调动粮食主产区重农抓粮保安全的积极性，切实保护种粮农民的积极性。

（二）用好“减法”，简化收储程序。国家层面合理测算种粮成本收益，依此确定稻谷最低收购价，确保农民种粮有收益，稳定农民种粮预期。修订现行《小麦和稻谷最低收购价执行预案》（以下简称《预案》），将早、中晚稻执行时间分别提前至 7 月 1 日、9 月 20 日，与早、中晚稻收割上市期同步。同时，将《预案》启动权限下放至省级，并报国家备案，简化启动程序，提高托市时效。加密稻谷市场价格监测频次，下沉价格监测网点，更加准确灵敏反映粮农实际销售价格，以便及时启动托市收购。

（三）用好“乘法”，拉长产业链条。坚持“粮头食尾”和“农头工尾”，推动粮食产业链、价值链、供应链“三链协同”，建设优质粮食工程示范县、示范企业、特色园区、骨干企业“四大载体”，促进粮食产购储加销“五优联动”，健全完善适应高质量发展要求的粮食产业长效体制机制，稳步提升粮食产业综合素质、效益和竞争力，让农民在加工转化增值中再次分得“一杯羹”。

（四）用好“除法”，保护粮农利益。用好现行粮食生产扶持政策，特别是针对农资价格上浮较大的问题，建议将一次性实际种粮农民补贴制度化，在农资特别是化肥价格上涨幅度超过一定比例的年份，启动补贴机制，“谁种谁得”保护实际种粮农民收益。扩大水稻完全成本保险试点范围，对粮食主产省所有县全覆盖。国家层面推动完善水稻保险政策，要求承保机构合理核算成本收益，改变承保机构“轻灾多盈利、重灾仍盈利”的现状，回归水稻保险的政策属性，真正去除种粮农民的后顾之忧。

黎建华，江西省政协委员，民盟江西省直机关总支主委，江西省农业农村厅农垦局副局长；欧阳播琪，民盟江西省直机关总支盟员，江西省农业农村厅干部。

民革江西省委会

张慧娥

2020年，反映社情民意信息：与“剧本杀”兴起相伴的一系列问题亟待监管跟进

近年来，“剧本杀”迅速走红，给人无限的想象空间，这款结合了角色扮演和侦探追捕的线下游戏，因其沉浸式过程和独特的智力挑战体验，已成为如今年轻人热衷的新社交方式。美团的研究报告显示，2019年中国“剧本杀”市场规模已超过百亿元，截至2020年底，全国已经有超过3万家线下剧本杀门店，2021年还在持续增加，预计市场规模会突破170亿元。然而，就像所有新事物一样，由于“剧本杀”行业的发展速度过快，目前处在无序发展阶段，暴露出来的一些乱象需要特别关注，亟待监管跟进。如：市场鱼龙混杂，店铺随便开，价格随意定，剧本随心写，各商家服务水平参差不齐，不正当竞争时有发生；内容严重同质化，抄袭盗版成风，已逐步形成一条黑色产业链，严重影响剧本杀市场的良性发展；低俗、黄暴等噱头内容横行，容易给心智尚未成熟的年轻人造成消极影响，等等。

建议：

（一）**相关职能部门应建立完善的监管机制**。一是及时整顿出现的非法定价、行业垄断和不正当竞争问题；二是在内容监管上须严格把关，既要严厉打击盗版现象，更须对重口味、强刺激等给予有效规制，以防范给参与者带来负面向导；三是切实加强安全监管，线下“剧本杀”实地场景的安全不能只有经营者的“自说自道”，诸如卫生及消防安全等不容忽视。

（二）**尽快形成一个具有权威性的“剧本杀”行业协会**。由知识产权界的专家学者、“剧本杀”头部发行商、业界知名“剧本杀”作家、店家等联合组建行业协会，制定权威的行业规范，整顿行业秩序。行业协会可以制定“剧本杀”行业准入制度、内容合规标准与审查制度，从业人员培训制度，涉嫌内容违规、抄袭盗版的追责制度，作者、门店乃至发行商的公关及名誉权维权制度等。

（三）**制定正版“剧本杀”价格标准，推出更适合市场的定价标准或授权模式**。一方面，要重拳出击，从电商平台这一源头加强监管，对于违规出售盗版作品的商

家，平台方应实行违规店铺公示等警示措施；另一方面，教育线下店家自觉联合抵制盗版作品，培养自身的版权意识，更好地维护各方的正当利益。

张慧娥，民革江西省委会机关干部。

徐　勤

2020 年，反映社情民意信息：关于为高校贫困生增加校内勤工俭学岗位的建议

随着高校的陆续开学，新生的陆续报到，新学年的贫困生又面临学费、生活费等问题。虽然学校在学费上会提供助学政策，但是多数高校贫困生的生活费都需要通过自己打工兼职赚取。由于今年疫情防控的特殊大环境，导致很多高校贫困生勤工俭学机会减少，生活困难。如：在全面解禁之前，对于需要出校打工的日常校外兼职申请一般都不予批准，许多贫困学生利用节假日勤工俭学的愿望难以实现；同时，受经济大环境的影响，兼职和实习机会总体上数量减少，等等。

建议：

（一）**在岗位数量上**。增加校内可以提供的后勤集团类勤工助学岗位数量，例如食堂、寝室及校园物业等岗位。增加临时性勤工助学岗位，比如疫情防控期间的日常校园服务岗位。

（二）**在人员招收上**。对贫困生现状进行一次摸底，掌握最新的贫困生情况，严格审查制度，建议优先录用贫困生中生活比较困难并且无其他收入者，以及大一新生到校内勤工助学岗位。

（三）**在政策扶持上**。对于有条件在校内自主创业的贫困生，提供场所和政策支持，帮助其实现在校内孵化。同时在校内科研项目方面，鼓励导师尽可能让高年级学生以及研究生参与，提供科研类岗位及助学机会。

徐勤，民革江西省委会参政议政部干部。

傅　春

2019年，反映社情民意信息：关于中部地区农村饮用水源保护的思考与建议

饮用水源保护既是一项重要的民生工程，也是落实国家生态文明建设部署的重大战略。近年来，我国先后在生态文明建设、最严格水资源管理制度“三条红线”、水污染防治行动计划等国家重大决策层面对饮用水源地保护工作提出明确要求，并出台了《关于进一步加强饮用水水源保护和管理的意见》。

然而，现阶段饮用水水源保护存在四个方面的问题，需要重视。一是企业粗放式发展，导致单位产值污水排放量大，废水处理率低。此外，农村化肥滥用和牲畜排泄物的污染造成农村面源污染日益严重。二是在农村供水工程实施过程中，普遍存在“重建轻管”的问题，很多干部群众对水源地保护意识淡薄。农村饮用水水源数量多、分布广、监测项目少、检测能力弱。三是中部地区水源地保护的关注点更多地集中在城市集中式水源地上，农村饮用水水源地政策法规不健全。无论是立法还是执法监督管理，尚未形成管护体系，法制建设很不够。四是虽然国家颁布了一系列的法律法规、制度、标准对水源地保护作了规定，但存在着对饮用水水源污染违法行为处罚畸轻的问题。对于大型排污单位而言，过低的违法成本导致排污单位宁愿缴纳罚款，也不愿意停止违法排污行为。

建议：

（一）**完善农村饮用水水源保护法规、加大违法成本**。对于农村分散式饮用水水源而言，亟须出台相关法律进行约束。重点制定《农村污染物收集处理办法》《农村饮用水水源地保护办法》等规范性文件，探索适合中部地区广大农村的农村水源地和水环境安全保障法规体系，建立起“村建村管”的长效机制。对于违法行为处罚畸轻，需要加大处罚力度。建议在立法上改变当前直接规定罚款数额的方式，转而采用根据排污者按照上一年度生产经营纯利润的10%或者20%来进行罚款。如排污者拒不整改，可加大罚款比例。

（二）**提高农民保护水源意识，加强对农村环境综合整治力度**。在农村地区加大环保宣传力度，增强水源保护意识，让农民学习各种维持生态平衡和保护水源的技术与方法。同时加强对农村生活垃圾、人畜禽粪便等污染物的集中处理。大力发展循环经济，使农村污染废弃物得以再利用并转化为无机农家肥，促进农村向绿色生态与环

境健康可持续方向发展。

（三）**加强农村分散式供水水源地的监测能力**。构建不同级别的水质监测体系，并通过完善设备、加强技术人员培训等措施，提升县级水源水质常规指标监测能力，以及特定有毒有机物监测能力，形成常规监测与应急监测相结合的监测网络。

傅春，民革江西省委会副主委、民革南昌大学委员会主委，南昌大学教授。

谭清霞

一、2022年，反映社情民意信息：上好考后第一课 提防高考招录“花式陷阱”

寒窗苦读十余载，2022年高考“大战”落下帷幕，考试虽然结束了，但考后依然还有几件大事牵动着考生和家长的心，那就是分数、填报志愿。每年的这个时段，也是各类涉高考招生诈骗的高发期。

近年来，随着技术发展，不法分子诈骗手段不断翻新，一些招生诈骗还披上信息化的外衣，搭载互联网技术和各种平台，各种高考招录“花式陷阱”让人眼花缭乱：一是提前查分被木马病毒入侵。高考结束后，通过伪基站群发短信，称可查询高考成绩，并附有一个网址链接。不少考生及家长收到此类信息后，便会迫不及待点开网址链接，手机便会被偷偷植入盗取网银的木马软件。还有的直接开价，要求家长支付500元至1000元的价格查询分数。二是报考志愿被“专业规划师”坑骗。不少机构和个人瞄上“高考志愿填报”的商业价值，一大批志愿填报机构乘势而起。少则卖300元一张的志愿卡，还有三五千元的一对一填报志愿咨询，多则提供上万元到几万元的专家服务，而志愿规划师入职门槛低，行业内缺乏评价标准，即使没有填报到合适的学校和专业，学生和家长想维权也非常困难。三是招录环节被“捷径、后门”迷惑。到了招录环节，有的谎称某大学招生办给考生及家长打电话，声称本学校为提前招生，需要提前缴纳学费。有的通过邮局寄送伪造的录取通知书，骗取考生和家长的信任，让考生将学杂费打入指定银行账号。有的针对考试成绩不理想的学生，声称交钱可以直接上大学，等等。区别于其他网络电信诈骗，“高考诈骗”考生和家长损失的不仅仅是钱财，还可能因此耽误孩子上学，造成更加严重的后果。因此，多措并举，织牢高考招录防骗安全网显得很有必要。

建议：

（一）**“严防”**。教育管理部门根据以往高考招录诈骗事例，及时整理和编印权威版“高考招录防骗指南”，及时公布涉及查分、招录的相关权威信息，采取“线上+线下”方式，依托各大平台，深入学校、社区进行宣传，可结合国家反诈 App 安装推广工作，引导考生和家长通过正规官方的渠道去查分、填报志愿等，保护好考生个人信息不泄露，不贪便宜，不走捷径，多方求证，让不法分子没有可乘之机。

（二）**“严管”**。一方面，要对高考志愿规划行业进行监管，教育管理部门可以通过颁发从业资格证等方式对其进行约束。另一方面，要增加相关的公益指导供给，回应广大考生志愿填报的关切和咨询，在一定程度上挤压借机牟利、招摇撞骗机构的活动空间。

（三）**“严惩”**。对涉嫌发布不实查分网站、涉嫌伪造售卖虚假学历文凭证书、涉嫌非法招生或网络诈骗的，相关部门应进行严厉打击。

二、2022 年，反映社情民意信息：警惕盲盒 App 新骗局　监管不能留“盲区”

近期，在抖音、小红书、淘宝等各大流量平台上，用户经常能刷到大量盲盒类 App 广告推荐。据 Mob 研究院发布的《盲盒经济洞察报告》显示，预计 2024 年盲盒行业市场规模将翻 2 倍达到 300 亿元。随着网民电商消费习惯的逐渐形成，盲盒重心逐渐从线下转到线上，催生了大量的盲盒 App。这类盲盒 App 标榜：低价就能抽超值大奖，不喜欢可以免费兑换其他产品，甚至可以退款。前有诱惑，后有退路，大量盲盒玩家尤其是青少年玩家深陷其中。但实际上，价格虚高、货不对版、抽奖不设保底机制、维权困难、退货要付高额违约金等问题，让某些盲盒 App 的每一环都是虚假骗局。同时，货不对版、山寨遍地也是套路满满，受利益驱使，一些不良商家将“三无”产品流入市场，甚至有些企业利用盲盒顺势清理库存。并且，维权道路千难万难。因商家手段隐秘、消费者安全意识不强、存在监管盲区等原因，不少消费者在收到不对版货物或山寨产品后，难以维权。

消费调节平台黑猫投诉显示，元气部落投诉量为 348 条，小芒果投诉量为 208 条，投诉内容大多与虚假宣传、诱导消费、假货有关。同样，其背后存在的因信息不对称产生的诚信问题、社会资源严重浪费、助长了新生代消费者的炒风、赌风等问题同样也不容忽视。目前，盲盒 App 在我国还处于发展初期，如果任由盲盒 App 市场无序扩张甚至野蛮生长，就如同打开了“潘多拉魔盒”，祸患难以预料，应及早加强监管、不留盲区。

建议：

（一）**完善盲盒行业标准**。“盲盒”并非适用于所有商品。盲盒 App 要想长久发展，必须要在法治轨道上稳步运行。只有将政府监管与行业自治双管齐下，才能净化盲盒 App 乱象，促进该行业健康发展。一方面，市场和质量监督管理部门要完善盲盒行业标准体系和监管法规，采取包容审慎的监管策略，要求商家对盲盒的中奖率进行规定，严格履行对消费者的告知义务，且概率不能过低，显著标明退款协议、设置抽奖保底机制等；另一方面，经营者应自觉依法诚信经营，不打擦边球，不以次充好、蒙蔽消费者双眼。

（二）**加强对应用商店的管理**。应用商店是 App 管理的重要环节，要督促应用商店加强对各类盲盒 App 上架前的审核，完善更严格或个性化的盲盒 App 准入和惩罚准则，收到用户投诉，应第一时间向 App 运营方反馈并督促其整改。应用商店之间要加大恶意程序黑名单共享合作，最大限度让诈骗型盲盒 App 无所遁形。

（三）**引导消费者理性看待盲盒**。对于消费者而言，要充分认识到盲盒的本质，不盲目跟风囤盒，建立正确的消费观，并坚决拒绝“黄牛”等炒作行为。要引导消费者尤其是未成年人，谨慎入坑盲盒 App，提高个人防范意识，合理维护自身合法权益。

谭清霞，吉安市政协委员，民革吉安市委会办公室主任。

民革新余市委会

2019 年，反映社情民意信息：耕地种植草皮行为应引起高度警惕

近年来，一些农村为追求经济效益，利用耕地、甚至基本农田种植草皮的行为呈现蔓延态势。这种行为会产生一系列危害：如，造成耕地土壤流失，耕地表层是耕层，如果一块地连续 7 年至 8 年种植草皮，耕层会基本“扒光”；草坪草在种植过程中，要使用甚至过量使用专用除草剂、杀菌剂等农药及化肥，可能污染地下水，破坏基本农业生态环境；加之，种植草坪挤占种粮用地、带来土壤质量受损，严重威胁粮食安全，等等，应当引起高度警惕。

建议：

（一）**强化生态效益观念**。兼顾绿化的美化、改善环境的功能，充分发挥绿化的经济和生态效益，且保证绿化的延续性。

（二）**推广无土种植技术**。可采用细砂铺垫或者其他无土方法种植草皮。无土种植草皮的最大特点就是环保，不需要土壤种植，可以随手掀起，既方便、美观又环保。

（三）**更新城市绿化方式**。有计划地“退草还林”，让树木成为城市绿化的“主角”，变“绿茵”为“绿荫”。大面积种植草坪，造价成本高，淡水资源浪费量大，草坪一般是平面的，绿化形式比较单一，而树木可以形成立体化的绿化效果，同时树木硕大茂盛的冠盖可以起到遮阳蔽荫的作用。

民革上饶市委会

2021 年，反映社情民意信息：关于农村饮用水水源地保护的建议

目前，农村饮用水水源地还存在保护区面小质低、水体水质缺乏安全保障、饮水工程管理滞后等问题。

建议：

（一）打造城乡一体的供水格局。一方面，要将已经不合适的水源摒弃，选用新的优质水源；另一方面，要结合城乡供水一体化思路和各乡村实际，按照“统筹规划、合理布局、先急后缓、先重后轻”的原则，分类分批推进城乡一体化供水建设。

（二）推行有偿供水的管理模式。高位饮水工程应由乡镇、村组引导村民召开村民代表大会，委托行政村全面承担运行管理和监管。市场监管部门制定合理的水价机制，实行村级饮水工程统一收费标准，收取的水费用于日常的维护和水务管理员工资。同时水利部门向上级争取，每年固定给予乡镇一定的农饮专项维养经费。健全四级网状的监督体系。

（三）针对当前农村饮用水水源点多、水体小、易污染和管理缺失的现状，尽快落实管理责任，形成县（市、区）、乡镇、村组和群众四级监督体系。

（四）建立突发事件的防范机制。各县（市、区）环保部门要会同有关部门，建立健全水源巡查制度，对农村饮用水水源周边环境隐患进行排查，及时发现并制止威胁供水安全的行为。以乡镇行政区域为基本单元建立风险源名录，编制农村环境事件应急预

案，指导、督促排污单位做好突发水污染事故的风险控制，一旦发生污染事件，立即启动应急方案，采取有效措施保障群众饮水安全。

民革吉安市委会

2019年，反映社情民意信息：关于进一步推进法检员额制后续改革的建议

2017年1月，法检员额制改革全面启动以来，法检员额制改革及相关配套性机制的“四梁八柱”已经确立，首批员额法官（检察官）遴选、人员分类管理等改革任务已经完成，“让审理者裁判、由裁判者负责”的办案责任制的改革效果正在逐步显现。但同时，在实际运行过程中也出现了一些问题和困难。主要表现为人案矛盾比较突出，员额法官（检察官）年人均办案要超过200件；司法责任制落实还不到位，部分入额法官（检察官）司法能力还不能完全适应司法责任制的新要求；司法监督和管理体系还不是很完善，离“放权不放任、有权不任性”还有差距；内设机构整合、员额进退机制、责权一体化工作机制等配套改革的推进速度较慢，等等。

建议：

（一）**强化顶层设计**。司法责任制改革是一项系统性工程，只有上级机关“定好基调、打好基础、把好方向”，下级机关才能全面精准、有条不紊地贯彻落实。因此，强化顶层设计，加紧出台司法责任制改革及配套性改革的相关制度和规范，并对具体改革措施进行统一部署，才是实现改革全面、准确、高效、有序开展的根本保障。

（二）**推进编制重新核定优化工作**。一方面，现行中央政法专项编制数在20世纪90年代核定后一直未做重大调整，原有的编制配置已经不适应当前的工作需求，需要在进一步修订完善政法编制管理制度等有关政策的基础之上，综合案件数量、人口基数、流动人口数量、辖区面积、经济发展规模与程度等因素重新核定并适当调整中央政法专项编制数，将中央政法专项编制数向案多人少的地区倾斜；另一方面，改革现有固定39%员额比例模式，按照实际工作量来重新核定员额比例。

（三）**推动相关配套性改革政策加速落地**。一方面，要进一步加强内设机构改革的规范化工作，在现有内设机构改革指导意见的基础之上，以上下贯通作为机构改革的重要指向，确保下级有明确的机构和职能来承接上级机构的指令，确保政令畅通，

有效贯彻；另一方面，要深化司法人员管理制度改革，尽快完善法官（检察官）员额配置、员额法官（检察官）培养、逐级遴选和员额交流、退出等配套性改革政策，明确员额法官（检察官）交流任用及退出时，职务职级层次对应等级、政治待遇等职业保障问题；推进法官助理、书记员职务序列改革，建立健全司法辅助人员的等级设置、薪酬保障、考核奖惩等制度，拓宽审判辅助人员、司法行政人员的职业发展空间，调动和保护各类人员的工作积极性。

（四）优化办案工作机制。一方面，要进一步完善办案机制改革，积极运用多层次诉讼制度体系，大力推进案件繁简分流、案件速裁程序、多元化纠纷解决机制改革，不断提升办案质效。健全完善审判委员会、专业法官会议制度以及专家库，建立案例指导制度，不断提升办案质量。加强新型办案团队建设，强化司法辅助人员配置和聘任制书记员招录，充实办案力量，理顺工作关系，进一步提升战斗力。加快智慧法院、智慧检务建设，大力拓展电子诉讼应用范围，拓展卷宗扫描、送达、归档等辅助事务外包，深入推进现代科技与司法工作深度融合；另一方面，要深化部门协作机制，要深化以审判为中心的诉讼制度改革，进一步完善公检法会商研讨机制，提升办案质效，同时积极实现公检法办案信息管理数据系统的对接互通，强化跨部门的数据交换共享。

（五）完善监督管理机制。一方面，要落实审级监管制度，健全违法审判责任追究制和法官惩戒制度，依靠大数据、人工智能等现代化科技，建设实时智能化的案件全流程监督管理系统，实现节点可查、进程可控、风险可评估、全程可追溯的监督机制；另一方面，要进一步完善考评机制，推进员额法官（检察官）职业评价制度，建立以办案质量、效率、效果、数量为支撑的分类分级考核体系。完善司法辅导人员考核方式，建立以员额法官（检察官）为主导的考核体系，法官助理晋升实行员额法官（检察官）推荐制，确立员额法官（检察官）在团队工作中的领导地位。

（六）重视司法队伍的整体发展。一方面，要围绕提升业务素质和职业道德素质开展教育培训工作，分类分层次对员额法官（检察官）和司法辅助人员进行业务培训，重点要对首批员额法官（检察官）进行脱产轮训，提升他们独立审判检察能力和办案质量效率，加快司法队伍正规化、专业化、职业化建设步伐。另一方面，针对司法队伍缺乏流动和青黄不接、司法辅助人员成长空间受限、司法行政部门空心化等问题，在后备人才招录和培养、司法行政人员配备和晋升等方面，要制订专门的培养、管理、使用方法，让人才合理流动、全面成长，建设一支与司法改革要求相适应的过硬司法队伍。

民盟江西省委会

王 康

2021 年，反映社情民意信息建议将“农家书屋”升级为“数字书屋”

“农家书屋”工程自 2007 年 3 月启动，2015 年基本覆盖全国行政村，2019 年 2 月改革创新提升服务效能，至今已走过了 14 个年头。农家书屋切实解决广大农民群众“买书难、借书难、看书难”的问题，是社会主义新农村的创新举措，乡村振兴战略的文化智力支撑。

但随着时代变迁，农家书屋在基层的实践中也遇到了许多新问题新挑战。一是人气骤降，门可罗雀。在手机普及率覆盖全国、移动互联网如火如荼的今天，农民获取知识、信息的渠道越来越多，通过手机阅览，远比去农家书屋阅读传统书籍要便捷、快速、系统准确。某乡七个村，借阅最多的村因退休人员较多，每年借阅仅 70 至 80 次；借阅最少的村，每年仅 1 至 2 次。二是信息量有限，更新不及时。碍于建设成本和农村的诸多局限性，农家书屋基本以储备传统纸质书籍为主，书籍的保有量也非常有限，大部分村的书屋一般书籍保有量在 400 本至 1000 本左右。常常由于储备量不够，导致无法按需提供；或者因为更新不及时，其中的信息和知识已经落后或被淘汰。三是考核不合实际，影响由正转负。县乡两级对农家书屋的工作检查，因各村实际情况不同，往往局限于借阅记录是否完备、次数多少、卫生是否干净、书籍是否整齐，注重形式、形象，当地为了应付考核检查，往往存在弄虚作假等现象。如，检查工作中最主要的借阅记录，往往临时造假虚增次数；检查书籍整理和卫生情况，在检查到来之前突击整顿，其实对农民新时代的阅读需求并无太多帮助。

建议：

（一）**顺应时代发展，建立数字书屋**。从群众的实际需求出发，将农村书屋从传统的纸质书籍借阅模式，逐步过渡升级到掌上数字书屋阅读模式。建立互联网数字图书馆，可考虑与“学习强国”平台对接，将各类群众需要的、喜欢的书籍报纸杂志等，上传到数字书屋以便群众阅读。可采用两种方式保障书籍作者利益，一是一次性买断供群众阅读，二是根据阅读或下载次数，由国家财政“兜底”为群众阅读付费。

（二）**分步实施改革，建立公共借阅体系**。将公共图书体系改革与农家书屋改革相结合，针对不同群体的需要，分步骤实施改革计划。首先，推动公共图书体系改革，将省、市、县公共图书借阅体系打通串联，并贯穿到乡村；让农家书屋“前有门面、后有仓库”，当现存书籍无法满足基层群众借阅需求时，立即通过便捷的物流体系将书籍邮递到群众手中。其次，深化农家书屋改革，为特殊群体和老年人提供纸质阅读服务，为青少年和急需学习者提供数字书屋服务。前期两种服务同时进行，后续逐步精简或取消实体农家书屋。

（三）**改变思想观念，重塑学习模式**。首先，要改变旧有的知识传承观念。不管是学校教育还是社会教育，越来越多的信息传递方式从文字变成了图像，乃至视频。知识的承载方式不能只限于文字，要更多运用图像和视频进行传承。其次，要重塑学习模式，让农民更轻松容易获取知识。数字书屋建立后，要制作、收集、购买一批优秀的图像和视频知识内容，加以推广并及时更新。最后，要建立便捷的阅读和索引体系，让群众学习没有障碍。在推广数字书屋的过程中，可与微信、抖音、微博等用户覆盖量大的平台合作，建立便捷高效的阅读索引模式，让基层群众在任意一个已经熟练掌握使用的平台就能轻松阅读知识。

（四）**完善考核体系，建立激励机制**。将农家书屋考核的主要方式从自上而下转变为自下而上，用群众的评价来验证农家书屋的真正成效。同时，建立一套科学的阅读激励模式，给阅读量大、学习效果好、学以致用的群众发放精神或物质奖励。用正向激励引导群众阅读，营造爱学习、乐学习、常学习的浓厚氛围，为乡村振兴战略开辟新的人才培育途径。

王康，安福县政协委员，民盟安福县总支副主委，寮塘乡人大副主席。

王辉明

2019年，反映社情民意信息：仲裁服务网点要尽快实现全覆盖

中共中央办公厅、国务院办公厅《关于完善仲裁制度提高仲裁公信力的若干意见》提出，充分发挥仲裁在国家治理体系中的作用，把仲裁融入经济社会发展的各个领域，在解决好传统商事纠纷的同时，把仲裁服务延伸到基层，积极参与乡村、街道、社区的基层社会治理，依法妥善处理人民群众在日常生产中涉及财产权益的各类民事

纠纷，实现案件受理多样化。地方政府可以采取政府购买服务等方式推进仲裁委员会积极参与基层社会纠纷解决。

但是，由于我国仲裁法规定，仲裁委员会由直辖市和省、自治区政府所在地的市以及其他设区市根据需要设立，且不按行政区划层层设立。因此，我国现有255家仲裁机构均集中在设区市政府所在地以上城市，县（区）、乡镇（街道）、村（社区）不仅没有仲裁机构，绝大多数也没有服务网点。

目前，全国已初步形成了遍布城乡的公共法律服务网络。但据调查，目前进驻公共法律服务中心的，主要为律师、公证、法律援助、人民调解等，仲裁机构较为少见。因此，要真正实现拓展仲裁工作领域，延伸仲裁服务触角，为人民群众提供专业快捷的仲裁服务，就必须采取有效举措，大力推进仲裁机构进县（区）、进乡镇（街道）、进村（社区）。

建议：

（一）尽快推进仲裁服务网点进县（区）、进乡镇（街道）、进村（社区），真正实现全覆盖。对于县（区）公共法律服务中心，可以采取设立“仲裁接待窗口”并派驻专门工作人员；对于乡镇（街道）公共法律服务工作站，则可建立“仲裁联络员”制度；对于村（社区），则可以通过与村（社区）法律顾问进行协作，不定期开展仲裁法律服务宣传活动，让广大群众知晓仲裁，学会运用仲裁解决纠纷。

（二）采用政府采购服务方式，为仲裁机构进驻及开展仲裁服务提供便利条件，帮助解决仲裁机构开展服务过程中遇到的实际困难，确保仲裁机构“三进”活动取得实效。

（三）支持仲裁与诉讼开展工作对接，鼓励仲裁机构进驻县区人民法院诉讼服务中心或派出法庭，设立“仲裁接待窗口”，以有效分流诉讼案件数量，缓解人民法院办案压力，引导人民群众选择仲裁方式解决争议。

王辉明，民盟九江市委会综合支部主委，赣江新区国际仲裁院副院长。

王　毅

2020年，反映社情民意信息：建议从立法层面筑牢餐饮业常态化疫情防控基础

疫情中最受影响的行业莫过于餐饮业，消费停摆让不少餐饮企业损失惨重。据

国家统计局发布的数据显示：今年一季度全国餐饮业收入 6026 亿元，同比大幅下降 44.3%，为有史以来最大季度降幅。而餐饮业作为劳动密集型服务行业，是吸纳劳动人口的重要产业，其就业贡献值突出。据《餐饮产业蓝皮书：中国餐饮产业发展报告（2019）》显示："住宿和餐饮业私营企业和个体就业人员 2218.5 万人。"

落实常态化疫情防控和"全面落实保居民就业"要求，实现疫情防控和餐饮行业复苏两手抓，最根本、最有力的手段莫过于修订餐饮行业立法和行业标准，规范餐饮行业在经营全流程的疫情防控措施。尽管疫情常态化防控会增加餐饮行业的成本，给餐饮行业效益提升带来挑战。但通过立法和重新修订行业规范，既能重振消费者对餐饮行业的防疫信心，同时也将大幅提升全行业的服务质量和服务水平，成为消费升级的一个重要组成部分。

建议：

（一）**开展调研评估**。由国家卫健委牵头中国餐饮行业协会，针对常态化疫情防控要求及餐饮行业现状做出评估。除了加强对餐饮行业的原料、加工、配送流程中的疫情防控以外，重点针对消费者进餐过程中的疫情防控措施，找到"安全堂食"的方法。

（二）**修订行业标准**。由国家卫健委组织修订《餐饮业卫生规范》《餐饮服务食品安全操作规范》，将调研成果落实到行业标准。如对餐饮具的要求应做到"公筷""公勺"，落实洗手消毒设施，建立聚餐监管溯源系统等。

（三）**修订相关法律法规**。对《中华人民共和国食品安全法》《中华人民共和国食品安全法实施条例》及《餐饮服务食品安全监督管理办法》等进行修订，从立法的层面强调经营者的责任和义务，加强经营者疫情常态化防控的主动性。

王毅，九江市浔阳区政协常委，民盟九江市综合支部主委，江西圆融健康科技有限公司经理。

龙　新

2015 年，反映社情民意信息：关于加强防范食品药品监管体制改革过程中安全风险的对策建议

当前，江西省上下正在进行食品药品监管体制改革，其中省一级改革已全部到

位，市、县一级正在稳步推进中。在新旧体制转换过程中，容易出现一些监管空白、安全风险，需要高度重视，认真分析，积极防范。

主要安全风险有：一是改革涉及部门多，跨度大，容易出现衔接不畅。此次改革涉及部门数量多，工作跨度大，再加上改革模式上下不对口，进展不一致，在工作衔接上容易出现不顺畅、不到位的情况。二是职能调整内容多，进程长，可能形成监管盲区。此次改革既涉及管理体制调整，又涉及部门职能整合，部门内部、部门之间的人、财、物、事复杂多样，导致改革进程较长，可能导致出现一些监管盲区。三是机构设置模式多，难度大，容易形成观望心态。目前江西省的改革模式有工商、质监、食药监三家全不合并，工商、质监两家合并和三家全合并三种模式。县一级虽已明确三家合并，但没有先例可学，需自行摸索，在实践中容易形成等待、观望心态。

建议：

（一）加大协调力度，尽量压缩改革过渡期。建议各级政府成立强有力的工作机构，逐级解决历史遗留问题，加快理顺人、财、物等关键环节，尽快推动职能调整到位，部门整合到位，人员安排到位，确保新机构尽早成立，尽快运转。

（二）合理调配职能，切实强化食品药品监管职能。目前，大部分县一级市场监督管理局的“三定”方案中，专司食品药品监管职能的科室只有食品、药械两个。相对改革前，科室没有增加，监管对象却成倍增加，如食品生产、流通企业，难以胜任日常监管工作，也不符合强化食品药品监管职能的改革精神。应对原工商、质监、食药监的监管对象和任务进行分析对比，合理设置内设科室，科学调配干部力量，真正体现集中、统一、高效的改革原则。

（三）完善技术支持，全面加强检验检测能力和专业技术队伍建设。目前，基层执法主要靠看、闻等传统办法，缺乏有效的检测手段，急需增添现代检测设备和专业技术人员，以增强执法的震慑力。机构改革到位后，国家、省级监管部门应尽快制定基层监管技术支撑体系建设的相关规划和装备资金，设置基层检测检验专业技术岗位，招聘专业技术人才，提升基层检测能力和执法水平，打通执法能力“最后一公里”。

龙新，时任吉安市政协副主席，民盟吉安市委会主委。

朱友林

一、2020 年，反映社情民意信息：关于尽快优先组织高校研究生返校复学的建议

目前，全国疫情防控逐步稳定，复工复产进展顺利，学校何时返校复学已成为社会最关注的问题。与其他各级各类教育比较，研究生教育具有如下特点：一是研究生年龄大，自我防护意识和能力强；二是研究生学习和工作独立性强，分散度高；三是研究生培养最主要环节是课题研究，大部分专业都需要在学校特定实验室完成，线上教学无法替代；四是研究生是高校科学研究的生力军，研究生停学直接影响学校科学活动和科研进展。

建议：

（一）教育部在疫情防控基本稳定的前提下，优先组织高校研究生率先返校复学，一方面尽量减少疫情对研究生培养和高校科学研究的影响，另一方面为学校全面复学开路搭桥，创造条件、积累经验。

（二）各高校可根据本地学生优先、应届毕业生优先、医学类专业优先、实验季节性强的优先、重大紧急实验任务的优先等原则，制订详细可行方案，一校一案，分期分批错峰安全返校复学。

二、2021 年，反映社情民意信息：建立健全硕士研究生招生考试自命题考前质量核查制度　确保研究生招生考试自命题安全

招生单位自命题工作是国家硕士研究生招生考试的重要组成部分，关系广大考生切身利益，关系国家高层次人才选拔培养，关系国家教育考试平稳安全。教育部历来高度重视自命题工作，印发了系列文件，每年都做了强调和部署。但是，由于自命题具有质量上和保密上的双重高要求，同时涉及招生单位多、试题科目多、命题人员多、管理环节多等特点，客观上难度和风险都很高，自命题各种问题仍然层出不穷。2020 年教育部启动的全国硕士研究生招生考试自命题应急响应系统，建立在对命题人员完全信任的基础上，很难防止个别人“有意”而可能造成的巨大风险。去年，招生单位组织相关命题人员在开考后半小时内对开考自命题“再核查”，但因个别命题人员发现了问题也不报告，还是发生了影响恶劣的事件。

建议：

为了确保招生考试自命题安全，建议在充分总结去年应急响应系统的经验和教训基础上，建立健全全国硕士研究生入学招生考试自命题考前质量核查制度和应急响应系统，以确保自命题安全。

（一）核查时间提前到该科开考前 1 小时，延伸至考试结束，全程封闭。主要核查任务需在开考前完成。

（二）核查人员要有相关命题人员，也要有相关学术管理人员。组成以学术管理人员为组长的核查组。

（三）明确需暂缓考试的重大问题，杜绝重大自命题风险。

朱友林，民盟中央委员、民盟江西省委会常委，南昌大学副校长。

刘光萍

2021 年，反映社情民意信息：基层事业单位改革需重视民生　解决好历史遗留问题

从 2011 年事业单位实施分类改革起，近十年来各地各级按照中央的部署和要求，不断探索推进事业单位改革，使事业单位的公益属性不断加强，资源配置有效优化，职能关系逐步理顺，重点领域有所突破，管理方式明显改进。

目前，落实改革的部分配套措施不够全面细致，造成基层事业单位的一些深层次矛盾开始凸显，改革面临的压力较大、困难较多、包袱过重，阻碍了基层事业单位的可持续发展。基层事业单位改革中主要存在三个方面的民生问题。一是改革职能不清晰影响单位发展。分类推进事业单位改革进程中，对基层事业单位的性质进行了分类，但有的未能明确具体职能、职责，对单位承接项目造成影响，严重阻碍了单位的可持续发展。二是改进职薪不协调引发职工矛盾。事业单位职员制推行缓慢，导致基层事业单位实施绩效工资分配难以平衡，管理岗位同级别人员工资相同，心理落差较大。三是改善养老不统一造成省际差异。各省之间的保险制度改革政策以及实施细则不同，同行业职工和退休人员的社保待遇有较大差别，拉大了不同地区的老年生活质量差距，造成社会的不平衡。为弥补差距，有的省份制定的补充政策增加了基层事业

单位财政资金负担，矛盾进一步激化。

建议：

事业单位改革是一项循序渐进的工作，机构、编制改革和人员分流等一系列新举措都直接关系到广大职工的切身利益，解决好各类民生问题，是当前推进事业单位改革工作中不可忽视的环节。在推进事业单位全面深化改革中，应该直面事业单位改革过程中的各种矛盾，充分考虑各类遗留问题，从顶层设计上给予相应政策支持，及时出台配套措施，排解基层事业单位民生困扰难题。

（一）**直面难点**。国家相关部门制定的事业单位改革政策除纵向上需要统一部署、协调推进、统筹兼顾外，还应该从顶层设计的横向上充分考虑各省区同行业的协调性，避免因改革给基层事业单位带来诸多的矛盾冲突和负担，从而产生阻碍改革推进的负面因素。

（二）**政策倾斜**。加快事业单位职员制推行进程，早日实现职称、职级并轨，畅通基层事业单位管理人员晋升通道，解决专业技术人员与管理人员绩效工资待遇水平不平衡的问题。同时，积极探索落实职称倾斜政策，对于艰苦行业和长期扎根基层的事业单位，职称评聘实行破格制度。

（三）**纵向统筹**。推行事业单位养老保险改革，宜实施“老人老政策、新人新办法”，不应搞“一刀切”，特别是已退休人员入库政策应充分考虑一些行业的特殊性，避免各省市之间政策差异太大而引发新的矛盾。

（四）促进“双创”。对一些艰苦特殊行业的事业单位，制定更加优惠的“双创”政策，有效解决基层事业单位的待岗、退养人员安置问题。

刘光萍，民盟盟员，东华理工大学对外联络中心主任、教授。

严　莉

2016年，反映社情民意信息：民间事实收养小孩户口登记问题亟待解决

我国存在很多民间私自收养小孩的情况，按照现行的《收养法》，有亲生子女的夫妻是不能收养该弃婴的。但是在实际生活中，这类事实收养存在一定的比例。

在我国现行的计划生育政策体制下，这类收养是违反计划生育，不能上户口的。因为计生部门收取了罚款，也不能出具出生证明或收养登记证明，公安部门也不以罚款作为上户口的凭证，导致被收养人一直处于黑户状态。

2016年1月，国务院办公厅印发了《关于解决无户口人员登记户口问题的意见》，但民政部门按照现行的收养法依然不能为被收养人办理户口。随着我国“二孩”政策的全面放开，对于这类事实收养应该尽早出台解决措施。否则无法保障被收养人的合法权益，如无法入学、无法外出、无法就业，这一现状不仅会给被收养人成长带来严重的心理影响，还会引起一系列社会问题，长此以往，必然引发社会矛盾。

建议：

（一）由民政部牵头，联合公安部、卫计委等出台相关补充文件，详细说明该类人群应如何办理收养登记手续。

（二）公安部门做好被收养人的 DNA 检测和打拐数据库更新，保证被收养人不是被拐卖儿童。如发现弃婴，应提取其 DNA 信息，进入公安系统 DNA 数据库备案。

（三）做好收养人和被收养人的 DNA 检测。如果收养人和被收养人存在亲属关系，则追究收养人和弃婴父母的法律责任；如果收养人与被收养人是亲生关系，2016年1月1日以前生育的则按照计划生育办法处理。

（四）公正部门尽快恢复民间收养的公正登记业务，1周岁以下的社会弃婴由民政部门按新的文件办理收养登记手续，1—14周岁的社会弃婴由公证部门公证事实收养，凭公证结果办理上户口手续。

（五）加大宣传和打拐力度，逐步规范民间私自收养行为。由全国人大常委会制定法律法规，禁止民间私自收养拐卖儿童，裁定私自收养拐卖儿童的量刑度，从根源上保护未成年人。

严莉，民盟盟员，分宜县民政局干部。

李　敏

2016年，反映社情民意信息：谨防职业技能大赛被企业绑架

为贯彻落实《国家中长期教育改革和发展规划纲要（2010—2020）》和《国家教育

事业发展第十二个五年规划》，全国上下高度重视职业技能大赛，各省、市以及院校都把技能大赛列入年度工作计划中。近几年，通过职业技能大赛，社会对职业教育的认可度大幅度提升，营造了重视技术技能人才的氛围，涌现了一批技术技能精英，职业教育的教育质量不断提升。但是，伴随着大赛的举办，也出现了一些令人担忧的问题。一是部分专业的技能大赛设备或软件由企业免费赞助，大赛以企业名称冠名，且使用的设备经常更换。为了在比赛中取得良好的成绩，学校不得不重复购买比赛用的设备或软件，加重参赛学校负担，造成不少浪费。二是提供竞赛设备的企业代表穿梭于职业学校推广产品，忙着参与对参赛选手的培训，暗示比赛题目来源于企业题库，严重干涉比赛进行，让选手觉得比赛有失公平公正，也影响学校正常教学秩序。三是参赛选手进校时就被选拔为备赛选手，成为“应赛学生”，在校期间进行竞赛相关强化学习，影响学生综合素质发展。职业技能大赛一定程度上导致了职业学校过度追逐奖牌，这样势必使职业教育背离教学宗旨，也影响学校正常教学秩序，加重师生心理压力，增加学校经费负担。

建议：

（一）科学制定职业技能大赛比赛内容，综合考核参赛选手的能力，突出综合素质考量。

（二）比赛设备或软件应尽可能具有通用性，且已经成熟，在市场上已经被广泛使用。同一专业比赛，尽可能每年使用同样类型的设备或软件。

（三）教育行政部门组比赛时，选择设备或软件充足、实力雄厚的单位承办比赛，避免以品牌或企业为技能大赛冠名。

（四）严格选拔职业技能大赛的命题专家、考评专家，避免企业专家在命题、评分过程中干涉比赛结果，确保大赛的公平公正。

（五）教育行政部门加强学校管理，突出抓好教育教学质量督导，确保受教育者获得职业知识、技能和职业道德的教育。

李敏，萍乡市人大常委会委员，民盟萍乡市委会兼职副主委，萍乡市工业学校副校长。

汪　芳

2019 年，反映社情民意信息：建立系统性抗洪机制　确保安全度汛

今年入汛以来，全国范围的大面积高强度持续降雨导致江河水位上涨，防汛抗洪

形势严峻。以江西省为例，长江、鄱阳湖迎来多次洪峰，九江、宜春、上饶等多地长时间高水位、超警戒水位。通过一线抗洪的经验总结，发现建立系统性抗洪机制是确保民生安全的有效办法。

建议：

（一）**建立科技防洪预警机制**。目前防汛抗洪仍以人防为主，技防的作用还不明显，依靠科技力量查险预警的机制还不够完善。虽然组织了省、市专家现场指导，但在巡堤查险过程中，大多还是强调清草除杂、人员值班、肩挑手扛、眼观脚量，甚至在部分点位，查看水位都是人工肉眼来观察标尺。现在农村老、妇、幼人员较多，防汛力量严重不足，且部分圩堤存在地区或乡镇交叉巡堤的情况，还有人员变动导致情况不熟的现象。过于依靠人力，势必影响防汛的效率和效果。应对险情多发点位和防线较长堤段，运用无人机、无人救生船、水下探视仪等可视设备和大数据分析进行实时监测，及时预测预警。同时，完善巡防值守信息实时交流沟通平台，加强专业培训和实战演练，提升堤防人员整体技术水平，让防汛抗洪更“智慧”。

（二）**建立圩堤管护执法机制**。部分地方出现圩堤管理汛期紧、平时松的情况。一方面，河段私挖滥采砂石屡禁不止，既破坏河床构造，重型运送砂石车辆也严重损毁堤顶公路路面，导致部分路段坑洼难行。此外，圩堤两侧放牧牛羊、私搭乱建、倾倒垃圾等现象也时有发生；另一方面，防汛物资配备和管理还存在更新不及时、保管不规范、安保不严密等问题。汛期调配的麻袋、砂石等如果没有及时使用，有些会就近堆放在堤顶，但基本是露天，也没有安排日常巡防，容易被偷盗，造成浪费和损失。相关部门应组织常规性联合督查，对各大圩堤存在问题明确责任，及时解决，防患于未然；对防汛物资进行及时盘点和清理更新，确保按照数量和质量配备保管；对一些保管难度大、运输成本高的物资，如砂石、木方等可考虑市场化运作，按需配备，据实结算。汛期结束未使用的，及时清离撤场，仅支付有限运输成本，提高物资使用效率，降低保管成本和损耗。

（三）**建立圩堤养护与乡村振兴的双效机制**。要对圩堤进行管养用结合，确保长治久安。目前来看，有些圩堤建设标准不高，多年没有修缮、提标，存在堤防隐患；有些圩堤没有通电，汛期临时架设木桩牵线，安全隐患大；有些圩堤野草杂树丛生，破坏两面护坡。事实上，部分圩堤连接村庄，是重要的乡村通道，有些还水草丰美，景致宜人，是采风观景的好去处。应加大圩堤升级改造投入，有计划地对圩堤进行全面提标加固；对堤顶公路进行亮化、绿化、美化甚至景区化，并作为乡村振兴的一部分。

（四）**充分发挥水库“调节器”功能**。近年来，我国加强了大江大河的治理，在长江上兴建了大型水利工程，极大地提高了整个流域的防洪能力。但是在长江中下游地区，特别是临江滨湖县区，通过水库、排涝管网、泵站、水电站来蓄积洪水以调节洪峰的作用还有待进一步加强。一些水库比较集中的地区，由于没有把握腾容泄洪的时机，在强降雨加之江河水位高涨的情况下，水库水位随之急剧上升，使得周边村落虽没有受到外洪的影响，却因内涝受灾，造成不小损失。在汛期来临前，应对水库进行疏浚清淤，检修涵闸，确保设施使用安全；应用气象、水文分析，在洪水来临前，及时排空水库库容，以便分流蓄洪，减轻大面积雨水汇集而抬高江河水位的问题，达到削峰滞洪的作用。

汪芳，南昌县政协副主席，民盟南昌县总支主委。

张国新

2022 年，反映社情民意信息："湿地银行"建设试点中的问题及建议

湿地资源得天独厚，需倍加珍惜。2021 年 8 月，江西省在全国率先启动"湿地银行"建设试点，首批建设试点实施范围为进贤县、都昌县、万年县、南丰县、资溪县、崇义县、上栗县。"湿地银行"通过湿地占补平衡指标交易、湿地生态产业化经营、湿地生态品牌创建等多种途径，促进湿地生态产品价值实现，构建湿地保护和经济社会发展双赢新格局。但在"湿地银行"试点运行过程中，遇到不少难题：一方面，湿地列为一级地类后，湿地范围、分布、面积等数据面临较大调整；另一方面，"湿地银行"试点建设统筹协调难度较大，落地见效存在一定困难。

建议：

（一）**以维护和提升湿地生态系统功能为主线，强化湿地生态治理**。加强统筹联动，建立"湿地银行"建设协调推进工作机制，形成工作合力，完善标准体系，压实湿地总量管控责任和湿地保护主体责任。以第三次全国国土调查及年度国土变更调查数据为基础，科学开展湿地资源盘点、登记和修复，推进湿地后备资源入库，持续提升湿地生态质量。

（二）**以发展壮大湿地生态富民产业为特色，推动湿地生态产业发展**。通过财税奖补措施，鼓励和指导湿地资源所有者和使用者开展适度经营，促进湿地生态产品价值实现。引导村集体利用小微湿地保护与合理利用示范点建设，形成资源集聚效应，构建小微湿地群落，改善乡村人居环境，拓宽农村居民收入渠道。实施湿地

生态品牌建设计划，充分发挥科研院所有关专家和团队的技术优势，推动产学研用相结合。

（三）**以创新湿地生态治理投融资机制为重点，打通湿地绿色金融通道。**加大资金支持力度，以政府投资项目为引领，积极鼓励和引导社会资本参与湿地资源生态修复投资，推动"湿地银行"落地生根。在部分重点县先行先试，以贷款担保、入股、技术合作以及购买、租赁相关权益等方式，发展"政银担""政银保""银行贷款＋风险保障补偿金""税融通"等投资方式，改善湿地修复投融资环境。构建可交易的湿地生态产品产权制度，盘活自然资源资产产权。积极建立湿地后备资源产权主体和湿地修复投资主体"握手"机制，依法建立损失分担、风险补偿、担保增信等机制。

（四）**以实现湿地总量管控和经济社会发展双赢为导向，提升政务服务质量。**加强"湿地银行"相关培训宣传力度，专项开展湿地占补平衡指标申报登记与核算、湿地后备资源盘点和登记等工作，为湿地占补平衡指标交易市场参与者提供政策咨询服务。维护好湿地资源数据库和信息化管理平台，与数字政务相关板块对接，发挥部门审核和监管职能，严格用途管制规则，建立以湿地占补平衡指标登记数量和交易数量、湿地后备资源登记数量以及服务满意度评价结果等为主要指标的"湿地银行"综合考核评价指标体系。

张国新，全国人大代表，民盟江西省委会副主委，江西师范大学附属中学教育集团总经理。

张国新　赵金华

一、2021年，反映社情民意信息：呼吁尽快制定动物保护法

近日，一段"外卖员摔打踩踏小猫"的视频引发网友广泛关注。近年来，各种虐猫、虐狗事件频频发生，甚至形成了一条视频贩卖、直播打赏等黑色产业链。调查发现，这条利益链上，有专门录制虐杀视频的施虐者，有整理视频资源打包出售的专业贩卖者，还有专门在各种渠道拓展客户的中介和卖家。他们通过微信、QQ群以及直播打赏等方式，识别、寻找同类人，通过围观虐杀、甚至直接参与虐杀等方式，满足畸

形的心理需求，从而赚取带血的暴利。这种虐待动物以及出卖相关视频牟利的行为，突破人类文明底线，践踏社会公德，甚至可能会诱导青少年崇尚暴力，走上违法犯罪之路。而在现有的法律规范中，《野生动物保护法》《实验动物管理条例》等法律法规缺少对宠物、流浪动物等的法律救济，导致这类行为“逍遥法外”，以至于“无法无天”。

建议：

（一）整合现有法律法规，如《野生动物保护法》《实验动物管理条例》等，制定一部系统全面的“动物保护法”。对动物保护、动物利用、反虐待动物、动物基因管理等内容进行法律规范，对野生动物、家养宠物、流浪动物、实验动物等分门别类进行法律保护，为营造人与动物和谐相处的环境提供法律依据。同时加大对动物保护法的监督和执法力度，对虐待动物、传播相关视频等行为及时报有关部门进行处理，对执法部门的不作为或作为不及时等行为进行监督，全面提升全社会动物保护意识和动物保护水平。

（二）着力加大对流浪动物的管理和保护。明确流浪动物管理部门，加大对领养动物的管理，建立流浪动物收容所。鼓励人们领养流浪动物，对新领养的动物进行登记备案，实现领养动物零成本，同时加大对遗弃动物行为的处罚力度。在动物领养期间，若出现疫病等不适合继续领养的情况，可将动物送到流浪动物收容所，由收容所统一照看处置动物，避免动物流落街头。

（三）加大对虐待动物行为的打击力度。鼓励人们举报虐待动物的违法行为，公布举报电话。明确网络平台责任，对发布的虐待动物视频，网络平台应进行必要的审查和监督，及时删除虐待动物的暴力图片、视频等。同时，应对相关信息发布者与传播者采取封号等处罚措施，其行为触犯相关法律法规的，保留有关证据，移交相关部门处理。

二、2021年，反映社情民意信息：治理校外培训机构不能忽视“黑作坊”

最近，国家市场监督管理总局对新东方、学而思、华尔街英语等15家培训机构存在的违法宣传、价格欺诈等违法行为进行了顶格罚款，共计罚款3650万元。“一石激起千层浪”，这些饱受诟病的校外培训机构，引起了人们的极大关注。

据企查查数据显示，目前我国约有45.4万家教育培训相关企业，仅去年就新注册了8.25万家，为近10年来最高。这些培训机构收费高、课程杂、作业多，耗费了家长大量的财力、精力，令家长苦不堪言。其实，企查查的数据只是冰山一角。在城市背街小巷、居民小区等隐蔽的地方，还存在着大量的没有“户口”的教育培训“黑作坊”，这些所谓的培训机构往往是租赁一套或几套居民住房，既没有在工商部门登记备案，也没有合格的师资队伍，常常是一两个有特长的老师坐班，一个班带10至20个学生，按课时收费，每课时100元至300元不等，一天下来收入少则数千元，多则几万元。这些培训机构在营销手段上与其他培训机构如出一辙，通过虚构故事、夸大宣传、诱导消费等套路，攫取不义之财。

目前在各种微信群、论坛中，许多家长都在担心，大型培训机构收缩后，生源会流向这些“黑作坊”和“一对一”补课。治理校外培训机构不但要加大对已审批的培训机构的监管，也要加大对那些教育培训“黑作坊”的整治。多管齐下，综合施策，坚决杜绝校外培训机构此消彼长，不能让教育这一良心行业变成逐利的产业。

建议：

（一）**齐抓共管，强化日常监督**。6月15日，教育部校外教育培训监管司正式成立。建议省、市、县教育主管部门也要尽快建立健全日常监管机构，组织专门力量、指定专责部门强化对校外培训机构的监督。在日常工作中抽调市场监管、人力资源社会保障、民政、公安、应急管理、卫生、文化、工业和信息化、广电等部门人员力量，组成联合执法队，开展对校外培训机构的排查、检查，对已审批教育培训机构的招生、培训、教材等进行审核、监管，对未审批的教育培训机构依法取缔，并对负责人予以处罚。

（二）**完善措施，实行年检年报制度**。不断完善校外培训管理办法，健全完善教育培训机构年检年报制度，推行教育培训机构年检年报公示公开。对隐瞒实情、弄虚作假、违法违规办学，或不接受年检、不报送年度报告的校外培训机构，要依法依规严肃处理，直至吊销办学许可证，追究有关人员的法律责任。

（三）**建立档案，实行负面清单管理**。对教育培训违法违规行为建立负面清单，对已审批的有负面清单所列行为的校外培训机构，列入黑名单管理；未经批准登记、违法违规举办的校外培训机构，予以严肃查处并列入黑名单。同时，将黑名单信息纳入相关信用系统及平台，对违法违规的培训机构负责人列入个人诚信档案，严肃对相关企业的惩戒，促进教育培训行业健康规范发展，依法维护广大学生及其家长的权益。

张国新，全国人大代表，民盟江西省委会副主委，江西师范大学附属中学教育集团总经理；赵金华，民盟江西省委会参政议政部部长。

陈 希

2021 年，反映社情民意信息：我国药品检测仪器高端市场仍为国外企业垄断 亟待引起重视

目前，我国药品检测仪器制造企业的技术水平和国外仍存在很大差距，高端药品检测仪器制造领域仍为外国企业所垄断，国产仪器多为中低端仪器，其原因主要有三个方面。一是曾经的数据造假、长期的研发停滞，失去了国内药监部门和制药企业的信任，导致国产高端仪器失去市场。二是随着对药品质量要求的日益提高，国外高端检测仪器在精密度、灵敏度、稳定性等性能参数上均远高于国产仪器，国产仪器难以满足需求。三是西方发达国家对科学仪器的自主研发高度重视，该领域竞争激烈，慢进即退。

建议：

（一）在当前国产药品检测仪器无法满足药企需求的现实情况下，减免药品生产企业采购检测仪器的税费，以减轻药企负担。目前，国内科研院校在采购进口仪器可以享受免税的政策，但仪器不可以用于收费项目检测，只可用于科研或非营利项目的检测，而生产企业基本无法享受相应的免税政策。这几年企业采购仪器规模和种类越来越多，建议适当减免药企采购仪器的税费。

（二）出台政策促进国内检测仪器制造行业和企业的发展，防止在关键领域被“卡脖子”。国外高端仪器制造企业多有美国背景，一旦这些企业受美国的约束，在高端检测仪器方面制裁中国，后果将十分严重。可靠的药品检测仪器是保证药品质量、保证人民用药安全的前提之一，事关民生，为防止在关键技术上被“卡脖子”，建议尽快把“发展一流的科学仪器支撑一流的科研工作”上升为国家战略，并出台具体政策促进行业发展。

陈希，民盟盟员，江西省药品检验检测研究院检验员。

赵金华

2020年，反映社情民意信息：警惕疫情信息泛滥带来的负面影响

疫情发生以来，各种疫情信息泥沙俱下，从“劝君洗洗热水澡，新型病毒大减少”“用了7天的N95口罩用吹风机吹或酒精消毒可继续用”“孕妇和婴儿不容易感染”到“新型冠状病毒2018年就发现了”“双黄连口服液可抑制新型冠状病毒”等不实疫情信息混淆了视听，干扰了疫情有效防控，甚至造成了群众的恐慌和抢购，对社会安定造成了不好的影响。在当前自媒体、新媒体等高度发展的形势下，做好疫情防控新闻宣传工作，防止舆情信息由泛滥走向失控，是新闻宣传部门必须面对的现实考题。

建议：

（一）**及时公开信息，回应社会关切**。一段时间以来，一些虚假的疫情信息往往是流行了几天，官方媒体才出现辟谣信息，不但疲于被动应对，在时间上也有些滞后。因此，政府新闻宣传部门要通过发布会和新媒体及时发布权威信息，不给造谣者提供机会，让造谣者没有市场。针对一些在自媒体露头的不实信息，新闻宣传部门尤其是网监部门要实行“一级响应机制”，第一时间发现，第一时间处理，第一时间回应群众关切，把虚假的疫情信息遏制在萌芽状态，营造心齐气顺的舆论环境。

（二）**转换宣传方式，消除群众疑虑**。针对当前群众对新冠肺炎治疗过程的不知情和“误区”，官方媒体要有组织地采访报道经治疗康复出院的新冠肺炎患者以及参与前线救治的医生、护士，进行有说服力的报道。用当事人的现身说法，澄清有关疫情信息，避免造成人们恐慌，让广大群众心里有数，心底亮堂。

（三）**坚持正面宣传，逐步恢复秩序**。针对当前疫情发展态势，社会各界要做好持久战的应对准备，官方媒体要持续加强疫情防控的知识宣传报道，同时也要加大国内经济社会发展形势的报道；要持续加大脱贫攻坚、“一带一路”、对外贸易顺利发展等方面的报道；对非疫情重点地区，在引导群众做好防范措施的同时，逐步加大恢复旅游交通、工农业生产等方面的报道。通过新闻媒体的平心静气、泰然自若，体现政府的应对有力，促进社会的安定祥和，增强群众战胜疫情的信心和决心。

赵金华，民盟江西省委会参政议政部副部长。

聂小军

一、2019年，反映社情民意信息：高标准农田改造应开展一次“回头看”行动

日前，一位种粮大户反映，他今年在某村组承包的200亩农田中，有150亩水稻绝收了，经济损失高达20余万元。问及缘由，是因为今年这200亩地做了高标准农田建设改造，浅表土层被推平后，底层全是砂石无法蓄水，加上今年干旱严重，大部分颗粒无收。根据该地的情况，只要花几万元钱把周边道路水渠整修好就能起到农田改造的提升作用，如今花费60余万元整出一块以后可能被抛荒的土地，实在令人惋惜。

高标准农田建设改造是为了提升农业综合生产能力，帮助农民增收致富，但如果不能因地制宜，把工作做好，就可能适得其反。目前的高标准农田改造工作确实还存在一些问题，如，有的经高标准农田改造的土地因水源不足而不能灌溉；有的因工程材料物价上涨，施工单位亏损过大，建设部门有规定不能调整差价，导致项目无法推进成为烂尾工程；有的工程申报改造前没有考虑农田实际情况，没有征询群众意见，最后项目无法按期施工等。

建议：

（一）开展一次高标准农田提升改造项目“回头看”行动，其内容不仅仅包括项目工程质量，也要对项目申报程序、工程招标、前期勘测、增收效果等方面存在的问题进行认真梳理。

（二）“回头看”行动既要征求建设单位的意见，也要收集施工单位、农民干部特别是种田户代表的看法，只有耕种农民感受到了增收的效果，高标准农田改造工作才算是成功。

（三）对“回头看”行动暴露出来的问题，一要督促各地方相关部门进行整改；二要将农田建设改造方案存在的不足进行补充修正；三要以此为契机提升各地相关人员的工程质量意识，把好事办好。

二、2020年，反映社情民意信息：洪涝灾害对粮农造成的损失应予重视

当前长江中下游流域的特大暴雨极端天气给粮农带来了沉重的打击，让不少进入

收割阶段的早稻遭遇了洪水浸泡，导致芽谷率非常高，质量特别差。从江西省分宜县的情况来看，早稻的产量比正常年份下降了将近 30%，平均亩产（干谷）不足 300 公斤。因芽谷不符合国家收购标准不予收购，只能作为饲料或工业用粮被贱卖，湿谷每百斤只有 50 元，折合干谷不足 70 元，比国家收购价低 50 多元。

受疫情影响，今年的早稻种植，不少是通过从上至下以强制性行政手段下达任务完成的。有的乡镇干部为了完成今年的早稻种植任务，带头鼓励自己的亲友种植早稻；有的村在没有农民愿意种植的情况下，村干部只好自己承包种植。有个乡镇农办干部动员自己亲属种了 400 亩早稻，丰收在望的早稻被洪水浸泡后变成了泥谷、芽谷，损失金额达 16 万余元。现有的农业保险政策基本上只在稻谷绝收的情况下每亩补助 400 元，仅占总成本的 40%，稻谷减产的农田损失补助更少。如果今年的灾害损失处理不好，不但有损政府声誉，还有可能成为一些地方的社会不稳定因素。

建议：

（一）**及时做好粮农的灾害损失统计工作**。应迅速组织灾害核查工作小组，调查粮农在此次灾害天气中遭遇的经济损失情况，并上报至农业主管部门汇总核实，为后续的救灾工作打好基础。

（二）**尽快安排下拨救灾专项资金**。历年灾害都有一定的救灾资金下拨补助给农户，但因受灾经济作物种类多、补助覆盖面广，粮食种植能享受的政策补助较少。鉴于今年的特殊情况，建议灾害补助应重点向粮食受损方面倾斜，且宜早不宜迟。

（三）**适时对现有农业保险政策进行调整**。很多地方的水稻种植都是由种粮大户承包经营，承包面积几百至几千亩不等，一旦遇到天灾绝收，他们根本难以承受，甚至可能破产。现行的农业保险赔付方式有一定缺陷，如早稻种植一个月被洪水冲毁后不能享受保险赔付，理由是可以补种，但是耽误的农时让双季种植变成了一季，还有种子化肥、人工损失都被忽视，极不合理。适当提高农业保险赔付率，会对保护种粮大户起到积极作用。

三、2020 年，反映社情民意信息：早稻收购出现的新情况应引起重视

目前，今年的早稻收购工作进入尾声，从掌握的情况看，呈现出一些不好的态势，对我国的粮食安全形成较大威胁，应引起足够重视。如，价格走高，今年早稻的收购保护价为 121 元 / 百斤，实际收购价格均突破了保护价，维持在 124 元 / 百斤左右，但即使提价仍有一些粮库的收购补库任务没有完成；粮源紧、粮质差，受上半

年雨水灾情等的影响，今年的早稻产量和质量出现了较大下降，大部分亩产不足 500 斤，比正常年份下降了 30%，芽谷、泥谷、瘪谷比例偏高，有的地方政府为了完成上级布置的任务，虚报早稻种植面积，有的将再生稻、甚至是中稻种子当作早稻种子插播；超标粮控制放松的态势，按有关文件精神，稻谷重金属镉含量超过 0.2 毫克 / 千克属于超标粮，受粮源紧张的影响，一些粮食收购单位已悄悄地放宽了收购标准。

建议：

（一）尽快制定出台并提高明年的稻谷收购保护价，激发农民种植粮食的热情。 受全球疫情影响，近两年的国家粮食安全将经受巨大的考验。光靠行政命令无法长效提升农民的种粮欲望，应按经济价值规律通过价格调节机制进行引导，充分调动农民种粮的积极性。

（二）适当放宽粮食重金属检测指标，切实保护农民利益。 我国粮食重金属指标检测较为严苛，重金属镉的安全指标远高于欧盟及日本等国家的标准。国家制定这个标准本意虽好，只是我国检测设备与技术较为落后，误差大，难以起到相应的积极作用。粮食收购贩子以及民营烘干加工厂往往以农民的稻谷重金属超标为由，压低粮食收购价格，极大损害了农民的利益。

（三）从政策角度收紧农业经济结构调整的比例，防止优质农田的“非粮化”现象。 出于种粮效益较低的考虑，地方政府普遍将经济结构调整作为一项政绩考核指标，且出台一系列的奖补政策，导致农田“非粮化”现象越来越严重，粮食种植面积无法得到有效保障。农业经济结构调整应该以土地类别划定为依据，制定总体规划，严格控制优质农田种植非粮经济作物，结合受污染土地安全利用，开展农业经济结构的转型。

四、2020 年，反映社情民意信息：冬季油菜种植存在的问题及建议

冬季油菜是一种兼养作物，不仅在粮油供应中起着重要作用，为乡村旅游增添了色彩，还对改善耕地重金属镉超标状况具有显著作用。南方地区耕地重金属镉超标较为普遍，多年的科学研究成果显示，在水稻镉超标的田块种植的油菜籽不影响油脂的食用安全，镉离子与油脂具有不相溶性。油菜叶和秸秆还田后，油菜秸秆中富含硫基化合物，能与镉螯合，显著降低土壤有效态镉含量，减少水稻籽粒对镉的积累和吸收。

冬季油菜种植可作为“稻—稻—油”或者“稻—油”土流耕作制度推广，成本低，效益大，是一种农业生产者较容易接受的可持续生产制度。但是，实际推广过程中仍

然存在一些问题：一是政府包办的推广模式挫伤了农民种植的积极性。各地的油菜种植模式普遍采用地方农业农村部门招标采购种子，再免费发放给农户种植，有的地方对种植油菜农户还给予一定的补贴。这种模式让农民感觉到推广冬季油菜种植是政府应该要做的事。二是油菜种植奖补资金被挪作他用影响了大面积推广。近几年财政部对产粮、产油大县给予了大量资金奖励，资金下发至各县区后，主要用于扶持粮油生产和产业发展，由县级人民政府按要求统筹安排，合理使用，但各地奖励资金实际用于油菜生产的资金占比不足10%，大部分被挪作他用；三是种子因素与季节矛盾加大了农民种植的收益风险。油菜种子生长期对地方环境气候及感温性的要求不同，一旦购买了不适合本地生长的种子必然影响到经济效益。不少地方采取“早稻—晚稻—冬油菜”复种，油菜一般要求在9月播种，而晚稻要到10月下旬至11月上旬才能成熟收获，存在季节矛盾。四是机械化使用程度限制了冬季油菜的种植与发展。大部分地方种植冬季油菜，除翻地使用机械化操作外，其他诸如插播、施肥，特别是收割取籽等环节均使用人工操作，如果采用请工种植油菜基本上入不敷出。

建议：

（一）**改变过去政府包干采购种子免费发放的方式，适时转变农户的种植观念。**可通过基地示范、效益分析等方式，以实际增收案例引导农户转变观念，将冬季油菜种植当作一项增收渠道，使农户从原有的“要我种”转变成“我要种”。同时，建立普惠制补贴政策，只要愿意从事冬季油菜种植的农户都可以享受政府的补贴政策，以此调动所有农户种植油菜的积极性。

（二）**明确油菜种植现有奖励资金使用范围，保证上级奖励资金专款专用。**省级财政奖励资金如果使用得当，可以很好地促进农村扩大“稻—油”耕作模式的覆盖面。市县政府应以农民实际种植面积予以奖补，把好种植面积验收关，有效提高财政补贴资金的使用效率。

（三）**强化地方农技部门的技术支撑与引导，因地制宜解决油菜种植的难题。**地方农技部门可根据当地多年各油菜品种的种植生长及产量情况，为农民提供种子品种推荐、油菜种植田间管理、销售市场价格信息等全方位的服务指导。丘陵地区种植双季稻产量无保证，且效益差、风险大，应重点采用“稻—油”耕作模式，避免油菜育苗移栽人工不足带来的季节矛盾。

（四）结合农机补贴，大力推广油菜种植“供种、植保、耕播、田管”机械化生产模式。目前，国内的油菜生产种植已研发出有成熟的农业机械，各地可采取农机补贴方式，鼓励农民专业合作社、农业企业以及家庭农场购买油菜生产机械，引进先进的机械技术手段，为油菜种植农户提供农机农艺相结合的社会化服务。

（五）**整合相关项目资金，为冬季油菜种植提供更加广阔的发展空间**。如，结合三产融合项目，对以油菜为中心的三产融合企业予以重点扶持，从“稻—油”耕作模式发展为建立全产业链，提升油菜产业化、市场化水平。结合受污染耕地安全利用项目，将油菜种植作为修复与改善土壤镉、铅污染的可持续措施。结合休闲旅游观光项目，利用油菜花期独特的观赏性，发展大面积、多色彩的油菜种植生产，创造良好的经济效益。

五、2020 年，反映社情民意信息：丘陵地区耕地闲置抛荒问题分析及对策建议

我国人多地少，耕地资源十分有限，因而有效提高耕地利用率和产出效益显得非常重要。在丘陵地区，因地理环境的特殊性，耕地的闲置与抛荒有其自身的特点。如：一是季节性闲置抛荒。由于受丘陵地区气候变化大的影响，种植双季稻风险大，且经济效益不如单季，因而绝大部分农民对种植双季稻非常抗拒。单季稻种植时间仅有半年，除少数农户种植一些油菜外，大部分耕地在其他时间处于闲置抛荒状态。二是条件性闲置抛荒。受种植条件影响，有的耕地种植农作物难以产生较好的收益，特别是地广人稀的乡村，人们宁愿外出打工，也不愿耕种自家的薄地。三是环境性闲置抛荒。城镇工业化的加速，使得一些厂矿和工业园区周边的耕地受到污染，有的耕地种植的水稻只长苗，不结穗；有的即使种植粮食有收成，也是重金属严重超标，交售困难。四是流转性闲置抛荒。少数流转土地的业主、承包户经营管理不善，后续又不愿追加投入从而放弃继续经营，而承包合同签订的时间长，但若他人转包，则涉及之前承包人的投入纠纷，最后造成耕地闲置抛荒。

建议：

（一）**加大“稻—油”种植模式的推广力度，充分发挥耕地效益**。水稻收割后种植油菜的模式在四川等地发展非常迅猛，不管是经济效益还是生态、社会效益都非常高。建议对油菜种植的奖励资金应进一步明确使用范围，并改变过去由政府免费提供种子的方式，以农民实际种植面积予以奖补为主。

（二）**开展耕地保护执法检查，对闲置抛荒超过年限的耕地收回承包经营权**。根据《中华人民共和国土地管理法》及《基本农田保护条例》规定：“承包经营耕地的单位或者个人连续 2 年弃耕抛荒的，原发包单位应当终止承包合同，收回发包的耕地。”不管是条件性还是流转性闲置抛荒耕地，只要在耕地保护执法检查中发现弃耕抛荒达到 2 年的，都应责令原发包单位终止承包经营合同，收回发包的耕地，以便重新发包

给其他单位或者个人承包经营。另外，所有抛荒耕地都不应享受耕地地力保护补贴，以提高耕地利用意识。

（三）**将调整产业结构与受污染土地治理相结合，建立受污染耕地修复机制**。对重金属超标严重划为严格管控的耕地，可通过种植牧草等非食用性经济作物的方式，实行经济结构调整转型，甄选出适合受污染耕地长期修复治理的模式，提高耕地的利用率。对重度受污染耕地转型还应出台经济鼓励措施，给予一定的奖补资金。

六、2022年，反映社情民意信息：建设国家粮食安全带应重视发挥地方积极性

建设好国家粮食安全带是确保国家粮食安全的重大战略，然而由于粮食生产发展过程存在的一些内在矛盾，影响了地方抓粮和农民种粮的积极性。如，抓粮食生产经济压力大且缺乏可视亮点，粮食主产区经济发展缓慢，难以出政绩。粮食生产是传统作物，地方财政投入大，但在乡村振兴战略实施中，很少看到以粮食生产为产业振兴主题交出漂亮成绩单的情况。而且产粮区的仓储、水利维护等都要地方政府买单，以粮食为主的地区与经济发达地区的差距越来越大。与其他经济作物相比较，粮食生产种植盈利能力较低。不少基层为了完成任务，不得不举债补贴种粮大户；长期耕作对土地的损伤，需持续投入大量资金修复。长期化肥农药施用以及城镇工业化进程的加快，南方各省的粮食主产区土壤酸化现象越来越严重，受重金属污染的面积范围非常广，农民因粮食重金属超标导致卖粮难、价格低。

建议：

（一）**建立粮食产业带经济补偿机制**。通过建立中央财政粮食风险基金，对粮食主产及功能区的仓储、加工与物流项目建设，以及农田水利设施维护给予重点支持，对粮食市场化进程中地方粮食储备成本倒挂情况予以补助，对纠正“非粮化”过程中的执行成本与成效进行合理奖补。大型农产品精深加工项目优先向粮食主产区布局，促进优质农产品精深加工项目落户粮食主产区，以增加粮食主产区的财政收入。

（二）**启动产粮区域市场调节引导机制**。要逐渐扭转这种局面，对已经进行了高标准改造的基本农田，如果还在耕种其他经济作物，可以考虑开征“非粮”补偿费用，规费收取由村集体执行。通过价格杠杆方式，引导产粮区全力完成粮食生产任务，杜绝“非粮化”现象，同时在执行政策的过程中增加村集体收入，提高村干部工作积极性。

（三）**推行土地安全利用与严格管控耕地的政策扶持机制**。如果地方政府财政承受能力弱，就不可能安排足够的资金对受重金属污染的耕地开展安全利用工作，更难以对农户退耕的严格管控耕地进行有效治理，这样产生的粮食重金属超标后果往往由种粮农户承担。因此，由中央财政合理安排资金，分担粮食主产区与功能区的粮食生产安全利用与严格管控费用，显得非常必要。

聂小军，新余市政协委员，民盟新余市委会参政议政部部长，分宜县农业农村和粮食局二级主任科员。

表　祥

2016 年，反映社情民意信息：谨防中学“大学化”

中学与大学之间有一座分水岭，那就是基础教育与高等教育之分。之所以这样划分，自有其教育规律可循。然而，现今中学出现了一种“大学化”的苗头，表现在：一是完中办学规模越来越大。许多县（市、区）只保留一所完中，如同大学一样，几千上万名学生的学校屡见不鲜。尽管办学成本相对于大学而言较低廉，但学习生活设施远不及大学，办学管理水平、教育教学质量、校园文化与安全等存在诸多问题。二是大学自主招生模式成为新的“指挥棒”，影响着中学教育。高中也开始像全面适应高考那样，全面适应大学自主招生，过早地以“类大学”方式从初三选拔学生，且采用“笔试＋面试”的测试方法，以期在三年内教出能讨大学招生人员喜欢的学生。这样的招生和育人导向，可能造成高中功能的“大学化”，初中功能的高中化。三是初中学校也按照高中、大学的自主招生逻辑去挑选小学生，“小升初”也会变得越来越“大学化”。这种招生和培养的专门化倾向，一再前移，结果是，小学生越来越像初中生，小学教育任务提前在幼儿园完成，甚至幼儿园的孩子们就上起了小学生才上的课。四是教学过程和评价机制的“大学化”。实施新课改后，一些高中学生将根据需要，选修自己喜欢的课程，夹着椅垫、背着书包每天穿梭在不同教室里“走读”。像大学生一样，与不同的同学去不同的教室上课，将成为今后高中生学习生活的一部分。以往高中实行了几十年的“统一”课程表将结束使命，取而代之的是个性化课程表，两个完全相同的课表将很难看到。

建议：

全面深化教育体制改革，正本清源，拨乱反正，遵循教育规律。

袁祥，民盟盟员，赣州市章贡区沙石中学高级教师。

黄亚梅

2020年，反映社情民意信息：对做好当前防汛工作的几点建议

入夏以来，我国南方进入主汛期，部分地区遭遇今年以来最强降雨过程，多地河流发生超过警戒水位以上的洪水，出现山体滑坡和房屋倒塌的情况，给群众的生命财产安全造成威胁。

经过多年努力，我国防汛备汛防御体系初步形成，整体抗灾能力显著提升。但基层反映，目前防汛备汛工作仍然面临权责划分不清、职权事权和人员编制配备不到位、防汛物资储备不足、防洪抗灾工程体系薄弱、突发性强降雨预报难度较大等问题。例如，新一轮政府机构改革后，防汛职责转移到应急管理部门，但是水利工程设施管护、江河湖泊管理仍归水利部门，进入汛期后，何时由应急管理部门负责接管江河湖泊尚未明确，管理上难以做到无缝对接，影响行政效率，增加基层干部协调成本，严重时或将造成更大的事故或者损失。此外，一些灾情较重的贫困地区，受疫情和灾情双重影响，给当前脱贫攻坚进程增加不少困难，不少贫困群众虽已脱贫，但因灾返贫风险依然很大。

建议：

（一）**尽快建立强大的预警预报体系**。应尽快建设完善洪水预报预警系统，并发挥科学合理的系统防洪调度作用，通过预警能力的提高和预警机制的建设，争取做到准确预报、及时预警，为防汛备汛提供科学依据。

（二）**更多考虑基层实际，加快推进政府机构改革**。在机构撤并转立中，防汛工作不应该长期处于模糊状态，要专门召开临时大会协调由哪个机构和部门负责具体哪块职能。此外，应提前做好科学的论证和设计，防止类似情况在别的领域再次出现。

（三）**充分储备防汛物资，完善抢险救灾基础设施**。目前，防汛工作一旦开展，财力比较好的乡镇能够配备需要的救援设备、急救用品和药品、运输车辆等救援物

资，而财力困难的乡镇很难配备齐全。此外，防汛工作对基础设施建设有更高的要求，特别是防洪道路等，需要进一步完善。

（四）**进一步建设应急应变调度平台**。防汛工作面临大量工作人员撤离，一线救援人员的通勤、食宿保障不足，社会捐赠物资接收、登记和公示混乱等问题。应尽快建立以大数据技术、人工智能和区块链技术为依托的具有强大功能的应急调度平台，保障防汛工作有序进行，让有限的人力、物力、财力发挥最大作用。

（五）**加强对次生灾害的研究和预判**。尽快对受灾地区可能出现的致贫返贫风险，尤其是农产品作物减产甚至绝收、生态环境破坏、水土流失、河流功能泄洪能力衰退等做好充分有效的应对预案。

黄亚梅，民盟盟员，上饶市扶贫办公室干部。

谢 华

2014年，反映社情民意信息：关于建立“五河一湖”及东江源头生态保护考核机制的建议

目前，“五河一湖”及东江源头保护区生态环境状况总体良好，但在工作中仍存在着一些问题。如经济发展与环境保护矛盾、环保基础设施滞后与资金不足、农村农业面源污染、资金奖补与生态补偿机制等问题，亟须政府建立科学合理、切实可行的生态环境考核机制，正确引导水源保护区地方政府建立绿色发展理念，调动保护源头生态环境的责任意识和行动意识，推动我省经济建设和环境保护协调、可持续发展。

建议：

（一）**高规格组建考核队伍**。为体现省政府对“五河一湖”及东江源头生态环境保护的高度重视，建议由省长或副省长任领导小组组长，环保、财政、发改、工信、住建、农业、林业、水利等相关部门为成员单位，领导小组办公室设在环保厅。建立严格的考核人员“准入准出”机制。

（二）**明确划清责任主体**。实行市、县（区）政府负责制，市、县（区）政府主要领导是第一责任人，将环保考核纳入政府政绩考核，考核不合格或发生严重污染事故，对市、县（区）政府主要领导进行降职或一票否决。考核政府的同时还要对环保、

住建、农业、林业等相关协调部门进行考核，以增强他们积极履职的责任感和环保工作的话语权。

（三）**全面设置考核内容**。将环境质量、生态保护、绿色发展三个方面列为重要的考核内容，并科学细化每项内容的考核指标。在环境质量方面，将水质、水流量、大气质量、森林覆盖率等列入考核，由专家通过深入调查，认真分析研究，设计科学、合理的考核参数，并明确将水质指标考核纳入一票否决范畴；在生态保护方面，主要考核生态环境保护成效、主要污染物减排、环保投入和能力建设等内容，将防治水土流失、遏制农业面源污染、基础设施建设、环境监管能力建设等纳入重要的考核指标；在绿色发展方面，将生态产业发展，生态镇、村建设，引进环境友好型产业投资比例等列入考核内容。

（四）**科学制定考核办法**。根据考核内容的性质，制定科学、全面的考核办法，综合运用多样化的考核形式，得出综观全局的考核结果，既不忽视成果，也不漠视问题。一是指标考核法。根据考核内容的定量指标、测评指标、调查指标三种指标考核形式，可数字化的指标就采取定量指标考核，如水质考核；不可数字化的指标就采取测评指标考核，如生态环境保护宣传成效；群众环保意识、满意度作为考核指标；性质复杂的要综合多种形式全面考核，如基础设施建设考核测评。二是对比考核法。对于预防和治理的考核内容，在对指标进行考核的同时要综合采取横纵向对比考核法进行考核，既横向对比考核同级别保护区之间的差距，又纵向对比考核该保护区环境改善、恶化情况，如对防治水土流失、遏制农业面源污染等考核内容就可采用此法全面考核。三是时段考核法。为杜绝“平时不烧香，临时抱佛脚”的侥幸行为，要采取多样化的时段考核法。可设置针对某项内容的不定期专项考核，安排半年考核和年度考核，始终绷紧环保这根弦。

谢华，民盟南昌市委会专职副主委。

蔡志文

一、2020年，反映社情民意信息：大力支持国产试剂原料研发　避免“芯片危机”在医疗诊断领域重演

近年来，我国体外诊断（简称“IVD”）产业以15%以上的年增快速成长，成为医

疗器械行业中增速最快的细分市场，全年市场容量已近千亿元人民币。预计未来五到十年，IVD 行业仍处于黄金发展期。IVD 行业中，除仪器设备之外，体外诊断试剂是最重要的产品，在整个体外诊断产业链中具有重要的战略意义，关系到体外诊断产品生产研发的战略安全，是牵一发而动全身的战略领域。

然而，国产试剂的核心原料严重依赖进口，是试剂产品成本最高的组分。目前国产原料与进口原料相比还存在巨大的差距和不足。主要表现在技术上的差距明显，有些方面技术代际较大，部分原料仍无法实现国产化；未形成规模效应；缺乏战略引领，在研发方向上呈无序状态，缺乏长远思维和战略规划，形成各自为政的局面。因此，要确保我国体外诊断行业的健康良性发展，保障医疗诊断领域的战略安全，避免成为“卡脖子”行业。

建议：

（一）进行顶层设计。作为医疗健康领域“十四五”规划的一部分，可将体外诊断试剂及原料统筹写进医疗器械相关规划，做五年甚至更长时间的整体规划，按照发展方向、发展路径、发展思路、重点短板突破等内容分步推进，一张蓝图绘到底，一任接着一任干。相关职能部门根据设计蓝图分步骤予以落地实施。

（二）在财税、金融、人才、研发奖补等方面制定系列扶持政策，鼓励原料企业做大做优做强。税收方面，根据《财政部国家税务总局关于部分货物适用增值税低税率和简易办法征收增值税政策的通知》（财税〔2009〕9 号）和《财政部国家税务总局关于简并增值税征收率政策的通知》（财税〔2014〕57 号）规定，在 3% 的增值税率基础上，可再减半计算缴纳增值税。在银行、债券、资本市场融资方面给予便利和支持。进口原料的研发生产人员中，华裔占有相当大的比例，可以对这部分国外技术和研发人才实行有吸引力的招商政策，鼓励落户国内。在工信、科技、卫生相关领域，出台支持鼓励高精特新原料研发生产企业的扶持政策。

（三）国家可成立体外诊断原料健康产业投资基金。试剂原料行业市场规模较小，虽然单项利润率高，但研发失败率也较高，因此国内民营投资基金的投资意愿不强。国家成立体外诊断原料健康产业投资基金，可以从战略上布局和扶持各细分原料的龙头企业，实现经济效益和社会效益的双丰收。据测算，基金在 100 亿元左右即可完成对原料行业的战略投资。

（四）国家层面主导成立体外诊断原料行业协会。协会可单独成立，也可在中华医学会或全国卫生产业企业管理协会设立分会，探讨和规划原料研发方向和具体品目，指导建立原料精度、纯度、灵敏度等性能标准，引导国内企业逐步使用国产原料，最终完全替代进口原料，保障国家生物医药领域的安全。

二、2021年，反映社情民意信息：建议将“高风险时段公共场所佩戴口罩”写进《公共场所卫生管理条例》

目前，新冠肺炎疫情在全球呈现出加速蔓延的局面，我国面临输入性疫情的巨大风险，新冠病毒长期与人共存的迹象越来越明显。有报道显示，新冠疫情的潜伏期越来越长，无症状感染者变得更不易察觉，成为移动的传染源，防控的难度也会越来越大。

研究表明，通过佩戴口罩，能降低肺炎、肺结核等呼吸系统疾病和很多过敏性疾病、传染性疾病的发病率。面对国际疫情加速蔓延的态势，需要监测和预防并重，有必要引导大众科学佩戴口罩，加强公共场所个人防护措施。因此，将“高风险时段公共场所佩戴口罩”写进《公共场所卫生管理条例》，在高风险时段对密闭的公共场所实行一定的强制佩戴口罩措施，载明强制佩戴口罩的场景、时段、配套措施、权利义务、惩罚措施等，能够起到保护群众健康、阻断疫情传播的作用，防范化解输入性病例带来的风险。

建议：

（一）应明确高风险时间段。各地区根据情况可以规定不同的执行时间区段。一般要涵盖秋冬疫情高风险季节，也可以写明每日的高风险时间段，甚至可以由各地方政府根据疫情变化临时调整时间段。

（二）应明确具体的公共场所。车站、码头、机场、影院、剧场、公共交通工具等人员密集的封闭式场所，在高风险时间段需要戴上口罩。

（三）应明确政府有关部门的监督检查职责。卫生健康行政主管部门应在公共场所设立检查员，统一管理，并配发检查证件。教育、文化、新闻宣传等部门应当开展条例精神的宣传教育。

（四）应载明公民个人的权利义务。同时，载明公民个人在特殊情况下不能佩戴口罩的情形。如身体健康原因有相关医嘱等。考虑到体质较弱和过敏体质等人群有可能因佩戴口罩出现不适症状，可在公共场所配备一定数量的急救药品和制氧机等器械，以备不时之需。

（五）应载明在高风险时段公共场所不佩戴口罩的处罚办法。明确处罚办法的对应情形，如予以口头劝阻、不听劝阻给予警告、拒不执行予以罚款或者列入失信名单、严重抵制或者对抗采取强制措施。

（六）作为配套设施，应在公共场所配备一次性口罩，可通过招投标由商家投放提供。考虑到部分困难群众的实际情况，公共场所应免费为老年人、低保户、残障人士等困难群体提供口罩，可以通过刷身份证或者老年卡识别身份，特定人群每天最多免费领取一次。由于口罩生产成本已经大幅下降，这部分免费的口罩成本可以由商家通过出售口罩的利润来弥补，无需政府支出经费。

三、2021 年，反映社情民意信息：医疗器械关键零部件严重依赖进口现象突出

根据行业数据统计，我国医疗器械市场规模持续扩大，2014—2019 年的 5 年时间内已实现近 4000 亿元的增长，年增速平均维持在 20% 上下，远超全球市场 5% 左右的增速。当前，国内医疗器械已经成为一个创新力强、产品品类齐全、市场需求旺盛的朝阳行业。

然而，国产医疗器械繁荣的背后，同样存在“卡脖子”情况，有些关键零部件严重依赖进口，发展存在瓶颈。具体表现在起步较晚，基础较弱；品牌不强，市场推广难等。

建议：

（一）制定整体规划，将医疗器械关键零部件产业作为医疗器械行业发展的重要部分，进行长远布局。制定类似华为应对美国制裁的“备胎计划”，从产业缺失、国产性能暂无法满足需求、低端替代、能完全替代等多个梯度，列出关键零部件目录清单，标注轻重缓急，指导行业发展，引领国内医疗器械企业也自主设立“备胎计划”。此项工作也可委托医疗器械行业协会来具体实施。

（二）鼓励各地有工业零配件基础的地方划定国产医疗器械关键零部件产业园，出台鼓励由普通工业品零配件转产为医疗器械零配件的政策措施。如深圳华强北、温州等地均有较好的工业配件生产研发基础，人才优势明显，转型转产相对容易。对各地已较成熟的医药医械产业园，如作为医疗器械产业供应链配套出现的零配件生产企业，应出台鼓励措施，给予补贴扶持。

（三）针对医疗器械关键零部件生产研发企业，应在品牌宣传、境内外推广、市场营销、人才引进、科创研发、知识产权、营业用房等方面由省、市、县多级层面予以补助。

（四）已在药监部门注册的医疗器械产品，如变更零配件供应厂家的，建议政策由之前的注册检验、变更注册，修改为由生产厂家或医疗器械注册证持有人自行验证，提交验证报告和质量承诺书到药监部门备案即可。

（五）鼓励医疗器械下游生产企业参股上游关键部件的研发与生产公司，组成合

作共赢的战略伙伴，进而推动和促进上游关键零配件的良性快速发展。各地方政府可根据合资、入股或引进风险投资所融资金的一定比例予以奖励。

四、2022年，反映社情民意信息：医保、药监、卫健三部门应规范统一诊疗项目名称

国家大部制改革之后，医保局整合原国家卫生和计划生育委员会的新型农村合作医疗职责，人力资源和社会保障部的城镇职工和城镇居民基本医疗保险、生育保险职责，国家发展和改革委员会的药品和医疗服务价格管理职责，民政部的医疗救助职责等职能成为独立的机构。

医保局改革后，在工作质效提升的同时，也出现了一些工作上的衔接问题。由于历史原因和各省（市、自治区）药监部门审批情况不一样，就同一个诊疗项目，出现了医保诊疗收费名称、药监部门指导目录名称、药械企业获批的医疗器械注册证内容对应名称不一致的情况，在一定程度上造成了混乱现象，使得医疗机构往往无所适从。部分诊疗项目无法做到既满足药监部门的要求，又满足医保部门的要求。在医保基金监督执法过程中，出现了由于医疗机构使用的诊疗设备、试剂名称与医保收费目录不完全一致而列入套取医保资金范畴，以“骗保套保”名义被处罚的现象，严重挫伤了医疗机构和医务人员的积极性。

建议：

（一）梳理药监局公布的医疗器械目录名称，如存在三部门称呼不一致的情况，以药监部门的目录为标准，由医保局负责修改诊疗服务收费中与药监部门命名不一致的地方，卫生健康部门下辖的医疗机构按规范统一后的命名来执行。考虑到命名不一致的诊疗项目占比不大，这一工作量相对较小，应抓紧清理，并公布清理规范后的标准目录。

（二）针对之前已取得医疗器械注册证的诊疗产品，如与规范后的名称不一致，应在其有效期内允许使用，到期后延续注册时按修订后的规范名称来报批续证。过渡期内，医保、药监、卫生健康部门应联合制定一个情况说明，明确虽属不同名称但实际属同一诊疗项目的，应视同符合规定不予行政处罚。

（三）对新申请医疗器械注册证的项目，药监管理部门一律按标准名称受理和审核。有些需要做临床比对试验方能注册的器械耗材，采用之前的非标准名称诊疗仪器、试剂耗材对照后提交比对试验报告的，药监部门仍应允许企业按规范后的标准名报审。

（四）将医保、药监、卫健三部门规范统一诊疗项目名称作为医疗器械唯一标识

试点工作的一部分，由三部门配合，明确医疗器械在生产企业、流通企业、最终使用单位的流转程序，完善医疗器械唯一标识管理的配套软硬件，做到药监、医保、卫健部门名称统一、标识统一，并在总结经验、完善不足后再进一步深入实施。

蔡志文，民盟江西省直科技支部委员，南昌茂特生物科技有限公司董事长，南昌华银医学检验实验室董事。

薛 璐

2022年，反映社情民意信息：加强对核酸检测第三方机构监管刻不容缓

核酸检测作为疫情防控的第一道管控至关重要，由于医务人员和专业核酸检测机构不足，各地核酸检测多委托第三方机构开展。据了解，新冠肺炎疫情暴发以来，屡有核酸检测第三方机构出现瞒报谎报乱报的现象。如，河北省隆尧县进行第二轮全员核酸检测，委托第三方机构济南华曦医学检验有限公司承担，该公司收集点负责人翟某某在样本尚未检测完成、未知已完成检测数量和结果的情况下，向县卫健局谎报送检样本全部为阴性，次日又报告发现有阳性样本。再如，河南许昌警方通报，郑州金域临床检验中心有限公司区域负责人张某东违反传染病防治法规定，实施引起新型冠状病毒感染的肺炎疫情传播或者有传播严重危险的行为等。此类行为不仅容易导致疫情防控功亏一篑，还会严重消费社会公信力。为此，加强核酸检测第三方机构监管刻不容缓。

建议：

（一）严把“资质关”。第三方核酸检测机构多如牛毛，服务良莠难分，水平参差不齐。卫健部门选用核酸检测机构时，除了认真审验资质证书，更要知根知底，掌握其过往业绩，通过实地走访深入了解工作态度、敬业精神、实际业绩、检测设备、技术水准、实际能力、社会口碑等。这些是选用核酸检测机构不可忽视的因素，是搞好核酸检测的重要前提。

（二）严把“流程关”。根据《新型冠状病毒肺炎实验室检测技术指南》规定，核酸检测机构必须严格做好标本采集处理、包装、保存、运输送检、实验室检测工作，从而确保核酸检测结果的真实可靠。由于该过程为机构自采自检自报，因此，也

成了第三方机构造假的重点环节。应要求所有开展全员核酸检测的第三方机构必须配备视频监控设备，在采集点、运输车特别是实验室均需安装摄像头，以备当地监管部门随时在线抽检，或聘请第三方对其检测全过程进行“回头看”。同时，当地监管部门应当对核酸检测点进行暗访督查，特别是要对进行核酸检测工作人员的资质进行严查，确保工作结果可靠可信。

（三）**严把“结果关”**。压实第三方机构责任，核酸检测结果报告必须要在机构责任人签字后方可上报，对于瞒报假报乱报现象严厉追责到底，不仅要惩处第三方机构，还应当追究选用该机构的部门相关人员责任。同时，对于核酸检测结果，不应当一味追求全部结果速出速报，而应根据第三方机构的核酸检测能力科学动态上报。如，网格化上报，按社区分片区实时上报核酸检测结果；量化上报，每检测一定量的核酸即上报。

薛璐，民盟江西省委会参政议政部三级主任科员。

民建江西省委会

叶水烽

2020年，反映社情民意信息：疫情防控还须谨防　过度消杀带来次生伤害

当前，全民防疫为坚决遏制疫情蔓延奠定了良好基础，居民卫生意识和疾病防控意识明显增强。为切断病毒传播途径，打好疫情防控阻击战，各地积极开展环卫消杀工作。但是，过度消杀也极易引发威胁生物多样性、生态破坏和环境污染等问题。

防治新冠疫情，消杀工作必要且有成效，但应科学适度。消毒剂、灭虫剂的使用一定要规范、科学，一旦过度消杀会带来次生伤害，如：许多地方存在过度消毒的情况，易对人体带来各种不适影响，对各种有益生物如蜜蜂等产生致命威胁，破坏生物生态链；残留物会附着在植物体上，或渗入植株体内残留下来，或散落在土壤里，或蒸发散逸到空气中，或随地下管道、排水渠流入河湖，易造成对大气、土壤和水体的

污染；多次、高频率进行消杀工作，易引发消杀对象进化对抗消杀的可能，产生耐药性，等等。

建议：

（一）**制定科学详细的消杀标准和流程**。基于《全国病媒生物预防控制管理规定》与《国务院关于进一步加强新时期爱国卫生工作的意见》，根据实际情况，调查掌控病媒生物的密度和发病频率，因地制宜，制定有科学依据、可操作性强的消杀标准和流程，避免无计划、乱计划的消杀活动引发不良影响。

（二）**加强信息公开**。公布消杀必要性依据，公开消杀用药名称和浓度，发布消杀活动成效。本着对人民群众高度负责的态度，除非必要，不轻易启动消杀工作，打消民众对消杀过度的疑虑，支持理解科学的必要的消杀活动。

（三）**创新防治手段**。日常卫生工作采用生物防治，用微生物制剂代替化学药剂，病媒不易产生抗药性，不污染环境、不杀伤天敌，不破坏生态环境。

叶水烽，民建上饶市文卫支部会员，上饶师范学院教师。

冯响楠

2020年，反映社情民意信息：出台P2生物安全实验室建设实施规范迫在眉睫

在以习近平同志为核心的党中央正确领导下，全国上下团结一心，疫情防控阻击战取得重大战略成果；但在抗击疫情过程中，也暴露出当前疾病应急防控工作存在的诸多问题，其中病毒检测能力不足十分明显。4月18日，国务院发出通知，提出明确要求："三级综合医院均应当建立符合生物安全二级及以上标准的临床检验实验室（P2），具备独立开展新冠病毒检测的能力。"这一规定对于生物安全设备行业和医疗卫生人才队伍来说都是极大的利好信号，对增强我国病毒检测能力、补齐公共卫生安全体系短板有着重要意义。

为有序推进生物安全实验室建设，出台相应实施规范十分必要，主要体现在三个方面。一是建设缺口大，易一窝蜂盲目跟风。目前，我国只有P2实验室约2000间，疫情期间缺口巨大。但如果一窝蜂上马，没有相应人才队伍与之匹配，容易出现设备

安全、操作失误、使用不当等问题，存在较大安全隐患。二是设备采购过度“崇洋媚外”，进口产品“价高质不高”，当前生物安全实验室设备生产国产化水平较高，国产化设备的合格率大致等同进口产品，出台国产P2实验室设备生产行业规范和引导政策正当其时。三是原有备案制已无法实现有效监管，在全国大规模推动建设P2实验室的背景下，备案制已无法实现有效监管，行业发展和人才培养都没有可行的指导性意见和规范。

建议：

（一）**制定出台P2实验室建设十年规划**。设定中长期规划，在5年内（1个标准P2实验室的建设验收周期约5年）基本完善大中型城市P2实验室配置，10年左右初步建成覆盖三甲医院的P2实验室系统，并同时完善人才培养、行业发展、制度规范等配套机制。

（二）**加大国内生物实验室设备生产行业扶持力度**。目前，国内外P2实验室设备生产行业差距不大，国内的安全设备质量和发展水平完全可以替代进口产品。扶植相关产业发展，强化要素供给，一方面是市场需求，另一方面也是助推经济发展和保障公共安全的需求。

（三）**P2实验室由备案制转为年审制**。P2实验室安全风险较小，但一旦铺开建设，原有的备案制就无法满足公共安全需求。强化监督检查，完善运行规范，堵住安全漏洞，是减少公共卫生安全事件发生的重要保障。

（四）**拓宽相应专业人才培养渠道**。P2实验室的人才需求缺口不小，但是培养难度较P3、P4级别来说相对简单，可以在考虑安全因素的前提下采用专业培训和定向委培的方式培养专业人才。除利用现有人员定期开展专业实践培训外，还可通过与医学高校定向委培，逐步构建人才梯队，基本解决行业的人才缺口问题。

冯响楠，民建鹰潭市委会办公室主任。

刘远康

2014年，反映社情民意信息：土地流转四大缺失亟待破解

随着农村劳动力大批转移、现代农业发展加快和各级政府的大力引导，农村土

地流转面积快速增长，有效缓解了工业化、城镇化加强发展过程中出现的“谁来种田、谁来务农”的难题。但农村土地流转还面临四方面问题。一是管理服务机构缺失。在基层，农村土地流转管理服务职能缺乏、专业技术素质严重不足；有的县没有专门机构，只是在经管局等涉农部门成立了相应股室兼管，缺少懂政策的专业人员。这种现状与土地流转的现实需要极不对等。二是融资机制缺失，规模经营主体融资困难。由于缺乏抵押物，规模经营主体普遍存在贷款难问题，无力投入基础设施建设和大型农机具购置，土地流转动力不强，社会参与积极性没有真正释放。三是风险规避机制缺失。农业受自然因素制约大，前期投入大，收益周期较长，抗风险能力弱。一旦遇上自然灾害、市场低迷等情况，承租方就会面临极大亏损风险，“失地”农民的权益难以保障，有可能引发一系列潜在风险。四是辅助设施缺失。规模经营达到一定面积后，仓储、晒场、机库等生产辅助设施用地必不可少。目前，烘干设备、晒场与仓储不仅存在用地困难，且一次性投入较大，经营主体自身难做到，需要国家扶持。

建议：

（一）**应研究出台具体措施，成立相应机构**。加强队伍建设，逐步改变农村经济管理弱化现状。

（二）**要大力培育规模经营主体**。在政策扶持方面，对种养大户、农民合作社、家庭农场等经营主体投入农田、推广应用新技术、开展土地整理及农业生产设施用地等实行政策和项目扶持。

（三）**建立规范的土地流转市场**。要构建土地流转网络，密切关注土地流转动向。有关部门要制作规范的土地流转合同，把土地流转纳入法制化轨道。同时，建立相应的仲裁委员会，有效化解土地流转中产生的纠纷，最大限度保障农户和承租方权益。

（四）**建立风险保障机制**。建议实行工商企业流转农村土地准入制度，建立土地承包经营权流转风险保证金制度，由规模较大承租方设立风险基金，将一定数额的资金“抵押”在政府指定账号，由此防范风险可能给农户带来的经济损失。

刘远康，上饶市政协常委，民建上饶市委会副主委。

杨　峰

2022 年，反映社情民意信息：警惕养老产业领域中非法集资案件频发问题

随着人口老龄化程度进一步加深，侵害老年人金融财产权益案呈上升趋势，养老领域已成为非法集资案件频发的高风险和重点防范领域。当前，养老服务领域非法集资相关案件既包括涉老民间借贷纠纷、非法吸收公众存款、集资诈骗等案件数量较高的涉众案件，也包括涉及养老地产、基金理财、以房养老、商业健康保险、金融服务适老化改造等新型案件，基本涵盖了老年人投资理财活动的方方面面，给老年人造成了严重财产损失。如，利用老年人寻求养老保障、对集资诈骗认识不足设计骗局，抛出高回报承诺等说辞吸引老年人投资，以高额利息为诱饵骗取老年人钱财；与此同时，一些机构或企业以欺诈、诱骗的方式骗取老年人信任，向老年人承诺高端养老服务或者销售养老产品，等等。

建议：

（一）**建立养老机构非法集资风险排查工作机制**。加强民政、公安、工商、网络和通信管理等部门之间的协同联动，全方位落实养老机构排查整治工作，全面排查利用养老名义违规、超范围吸收资金各类融资类广告资讯信息等非法集资线索。及时发现老年人参与集资、入股、入会、投资等经济活动，重点排查养老机构以各种名义向老年人或不特定公众吸纳资金的行为，特别关注承诺保本返利等行为。积极主动帮助老年人进行甄别，及时与其监护人进行沟通，防止老年人上当受骗。

（二）**加强养老机构行业监管，强化源头治理**。全面推进《防范和处置非法集资条例》贯彻落实，压实地方行政区域内防范和处置非法集资工作的责任，落实属地监管职能。加强对养老机构非法集资的防范、监测和预警工作，加强对门户网站、微博、微信、手机客户端等新兴媒体的监测防控。落实资金账户监管，运用大数据等技术，实现监管部门间信息共享，提高监管的效率和力度。对于会员制养老模式，既要包容看待、更要强化监管。

（三）**针对老年群体加强普法宣传**。拓宽宣传渠道，丰富宣传形式，加强联动共享，向老年宣传正确的理财观念，普及投资相关的基本常识，引导老年人及其家属自觉远离非法集资。提醒老年人注意保护个人信息，慎重对待合同签署环节，不随意提供身份证、银行卡号、密码、验证码等重要信息。

杨峰，民建南昌大学委员会主委，南昌大学法学院院长。

肖海军

2014年，反映社情民意信息：重新造林背景下的生态问题值得关注

江西省自从2004年8月开始实行集体林权制度改革后，林权流转加快，部分农民将林地使用权、林木所有权等林权进行流转，森林资源资产向林业大户和企业聚集的趋势明显，出现了林权出租、转让、联营、股份制改造、抵押贷款、拍卖、担保、保险等多种经营形式。继林改主体改革领跑全国后，江西省林改配套改革在全国继续领先。自2004年8月至2012年上半年，江西本省林权流转面积达1021.78万亩，流转金额达49.7亿元。

在林权确权、林权大面积流转的背景下，为了挖掘确权后的林地的经济效益，近年一些地方先后出现全乡、全村的山林被大规模砍光并烧山，再种单一的油茶、杉树等经济林的现象。这种现象带来了森林生态系统损毁，后期恢复非常缓慢，水土流失问题严重等一系列的生态问题。如，大规模山林被砍与烧山造成整个区域内林地生态系统的不可逆破坏，影响生物多样性，后期的修复过程艰难而漫长；同时，由于森林烧毁，造成林地裸露，再加上人工作业等因素，将进一步加剧水土流失问题，进而有可能形成山洪、山体滑坡、泥石流、风沙等其他次生灾害。

建议：

（一）加强林权流转后的监管，严防山林流转后毁林现象发生；不得改变林地的使用性质，要明确流转后森林的管护、培育、发展责任。

（二）强化各行政机构的巡山护林责任，实行责任追究和绩效考核。严格审核砍伐指标，禁止大面积烧山毁林后，重新再造单一经济林或果园等行为，加大对乱砍滥伐行为的处罚力度。对市场林木进行认证管理，无手续的禁入；林业检查站加强检查力度，检查和处罚无证林木；在重点林区聘请专兼职护林员。

（三）加大对已经损毁林地的生态修复工程建设，依托专业科研院校的科技实力和监测设施，聘请林业、水土保持专业技术人员到相关县区实地规划布点，安装监测设施，培训监测方法与流程，对动植物种群变化、林草生长量变化、土壤肥力变化、社会经济状况变化、水土流失面积及流失量变化等进行系统监测。科学评估不同的外环境和修复措施对生态修复的影响与作用，实施配套的林业生态修改工程。通过剥离所有权、拍卖使用权、放开建设权、搞活经营权等方式，在修复区形成大户承包、股份合作、竞标治理等山林管护流转机制，以及联权、联责、联利、联心的利益联动机

制，实现有人建、有人管、有效益、有发展的良性循环。当前的生态修复是一系统工程，需要林业和水保部门牵头，政府组织，全社会参与，各部门积极配合，多管齐下，以确保尽快实现被毁林地的生态功能恢复。

肖海军，民建会员，江西农业大学作物保护学教授。

陈九宾

2021 年，反映社情民意信息：关注林产品种植业发展　尽快将林产品种植纳入农业补贴范围

大量扶贫实践证明，林产品种植是农村地区特别是国务院划定的 11 个集中连片特困山区乡村产业振兴的最优路径之一。然而，长期以来，我国林业补贴政策主要是针对生态林、国有林和林业项目，农村集体山林及其种植物、种植业很难享受政策补贴。相比于粮棉油农作物，油茶、核桃等木本粮油种植业补贴资金少、范围窄、周期短、申请难、不直接等问题突出。目前我国林产品种植业的产业化水平还比较落后，远未体现应有的效益。其中一个重要原因，就是扶持政策力度不足。随着 2018 年政府机构改革后林业主管部门职能调整和 2019 年新修订的《森林法》分类经营的实施，林业主管部门抓生态的职能迅速强化，而抓产业的职能不断弱化，扶持政策越来越少，势必挫伤林业种植企业和林农的积极性，林产品种植业特别是 5.38 亿亩经济林种植业的发展前景堪忧。鉴于林业产业的基础性、公益性、脆弱性和长远性，应成为国家重点扶持的对象。

建议：

（一）将在农村集体山林发展的林产品种植业列入农业支持保护补贴范围，同等或比照享受农业补贴政策，并研究建立对林业种植物生产者直补制度。

（二）将木本油料、木本粮食、林果等特色经济林作物列入油料作物、粮食作物、经济作物等农作物种植补贴范围，并根据木本植物生长特点确定相应的抚育等过程性补贴。

（三）在田园综合体、农业综合开发、秸秆综合利用、深松整地、重金属治理、国土整治等农业关联项目中，给予林产品种植业同等或比照政策。在机构改革之

前，对油茶等木本经济植物设立过农业综合开发项目，建议可结合乡村振兴战略需要恢复。

（四）基于林业产业的特殊性，巩固和加强林业贴息贷款等对林产品种植业的政策支持，推动林产品种植业健康发展。以油茶产业为例，目前，各地对油茶高质量种植加大补贴力度，但受用地空间不足的影响，应加大对现有低产油茶林改造的补贴力度和政策支持，提高低产林改造的补助标准。

陈九宾，九江市政协委员，民建九江市委会常委。

钟和燕

2020年，反映社情民意信息：关注中小学生课本“不能承受之重” 建议尽快推广使用轻质环保纸张

据报道，我国小学生书包平均重量为3.5公斤，初中生为5.5公斤，书包超重现象十分普遍。例如某地一体重约25公斤的小学四年级学生，课本加上练习册等教辅资料共有十本，有时还必须带上学校建议阅读的课外书，加上书包文具的重量，总负重超4公斤。这些书籍作为学习用书，可精简的空间已经很小。有专家表示，学生书包的重量不应超过体重的15%，否则容易引起脊柱侧弯等不良后果。

事实上，国家高度重视青少年减负及近视预防等健康情况。在环境保护部与新闻出版总署的共同推动下，推出《平版印刷环境技术要求标准》，推广实施了教科书绿色环保印刷工作，在国内部分地区对中小学教材采用环保印刷材料做了要求，如环保印刷材料油墨、胶、纸张，但对纸张的轻重未作要求。当前，环保轻质纸在国外和国内高端图书市场已普遍使用，其重量是普通纸的55%—60%，能大幅减轻学生书包重量，还能避免使用白色荧光纸，改善视觉环境，有利于学生身体健康和保护视力。而绿色环保轻质再生纸的推广使用，符合国家倡导的“循环经济”。中小学教材采用轻质环保印刷材料是必然趋势，但出于印刷效果和成本等诸多考虑，目前中小学教材和辅导资料普遍没有采用。

建议：

中小学课本强制要求使用轻质环保纸，环保纸比普通纸的价格略微高10%—

15%，但从保护青少年身体健康的角度出发，这个规定很有必要。政府可以制定相应扶持政策，修订“中小学教科书和辅导书籍用纸印制质量标准”等相关标准，增加对中小学教材和辅导资料纸张重量方面的规定，并尽快推广使用。

钟和燕，民建赣州市委会市直机关总支副主委，赣州市人民检察院三级主任科员。

黄伟燕

2015年，反映社情民意信息：食品药品监管体制改革中有关情况的反映

《国务院关于地方改革完善食品药品监督管理体制的指导意见》（国发〔2013〕18号）规定省、市、县三级食品药品监督管理机构改革工作原则上分别于2013年上半年、9月底、年底前完成。然而，时至今日，很多市、县改革还在“过程中”，使得改革效能大打折扣，中央总体战略部署难于惠及百姓，发挥应有作用。原因主要有三点：第一，监管体制不一，难以保证上下协调联动。第二，机构改革未到位，综合执法难以形成合力。第三，监管能力不足，药品监管易出现监管空白。

建议：

（一）**加大机构改革的推进力度**。要按照中央和省委要求，确保改革落到实处。在市级改革中，涉及的工商、质监、卫生等部门要确保人、财、物都随职能划转至食品药品监督管理局；县级机构改革，要尽量保证原有食品药品管理队伍的稳定性，防止以“三合一”为由，将原来具有专业技术的队伍打乱，削弱监管能力。

（二）**加强监督管理能力的建设**。一方面，在不违背国务院机构改革编制方案的前提下，从工商、质监、卫生等部门，特别是隶属于卫生局的卫监所，调剂相关技术人员充实到食品药品检验检测队伍中来；另一方面，要加大检测经费的投入，配备必要的检验检测设备，如冷冻车，为食品药品安全监管提供强有力的技术支撑。

黄伟燕，抚州市人大常委会委员，民建抚州市委会副主委。

黄清玉　郑建辉

2021 年，反映社情民意信息：红火蚁盛发期阻截防控工作不容忽视

近年来，南方部分地区相继出现红火蚁传播蔓延危害，如 2020 年江西赣州、吉安、上饶等地，且在部分地区存在传播速度加快、发生范围加大、疫情发生程度加重现象。红火蚁是生命力极其顽强的外来入侵生物，也是全球公认的百种最具危险入侵物种之一，取食农林作物种子、果实及根系，筑巢引起电线短路或设施故障，叮蛰人畜造成灼伤疼痛甚至休克或死亡，在城市公园绿地、农田、林地、江河堤坝，以及城乡垃圾场、撂荒地都有分布。当前，正值红火蚁活动频繁期，为保障农业生物安全，保护群众生产生活安全，全力遏制红火蚁恶性蔓延危害，抓好红火蚁阻截防控工作势在必行。

建议：

（一）**健全应急处置和联防联控机制**。制定红火蚁疫情应急预案和防控方案，部署红火蚁防控行动。坚持政府主导，强化部门协同，成立农作物重大病虫疫情防控指挥部，建立健全属地实施、政府领导、协同联动防控机制，形成省级主抓、市级负责、县区落实、镇村协助的防控格局。

（二）**加强监测预警报告**。完善监测预警体系，开展调查监测，全面普查，科学监测，及时掌握疫情发生动态；严格疫情报告制度，各地、各相关部门在普查、巡查、监测过程中，及时准确按程序报告，并科学处置疫情；抓好监测网络规划建设，积极采用信息化、数字化、智能化监测手段，准确掌握疫情发生范围、危害程度和发展动态，及时发布预警信息。

（三）**严格检疫监管，提升防控能力**。要加强植物产地检疫、调运检疫、红火蚁药剂质量监督检查，规范植物检疫、药剂生产和市场经营行为；监督指导城乡建设、园林绿化、道路设施、水利工程等施工业主单位和个人做好红火蚁防控；落实防控经费，强化防控物资和队伍保障，支持专业化服务组织、基层红火蚁防控服务队伍建设。

（四）**开展专业防疫知识科普**。加大宣传力度，利用报纸、广播、电视、网络、新媒体等大力宣传红火蚁识别、防治和被蜇咬后救治知识，提高公众防范意识，引导相关单位和广大人民群众配合做好红火蚁疫情调查与检疫工作。特别是要正确引导舆论，避免引起不必要的恐慌，维护社会稳定。

黄清玉，南昌市政协副主席，民建南昌市委会主委；郑建辉，民建南昌市委会副主委。

曾学俊

2021年，反映社情民意信息：非法医疗美容呈隐蔽化趋势　建议清理整顿、严格管理

根据《2020医美行业白皮书》，2019年我国医美市场规模达1975亿元，占全球市场总规模的17%；据艾瑞咨询数据显示，2019年中国具备医疗美容资质的机构已达约13000家。但与此同时，黑医美、非法行医的现象层出不穷，毁容、失明甚至造成死亡等案例屡见报端。

调研发现，医疗美容行业存在四大乱象。一是非医疗美容场所开展医疗美容治疗。一些机构和个人在没有医疗美容服务资质的场所进行医疗美容治疗，采取单线联系、微信沟通支付等方式。因行为隐蔽，发生纠纷难以取证，且基层卫生健康执法机构人员匮乏，难以监管。二是从业资质不符合规定，存在非法行医问题。受利益驱动，许多不法者召集没有接受过正规医学教育的人开展医疗美容技术速成培训，无证行医、跨专业行医的现象屡见不鲜。三是伪劣医美产品及药械未经药监部门注册认证，直接用于人体。目前，非法医美点多采用伪劣或未经注册认证的药械开展医美服务，这些来路不明的假药及无证医疗器械用于人体后，可能造成严重感染、毁容、致残、致癌等后果。四是虚假广告与不良营销猖獗。一些美容院发布的医疗美容广告没有医疗类广告批准号，这些非法广告中的宣传语往往内容不实。店内不公开价目，而是以预先付款、低价活动等手法，诱逼消费者消费。

建议：

（一）**开展一次集中清理整顿**。加大卫生健康、公安、工商等部门联合执法巡查力度，将主动监管的力量转至中高档公寓、写字楼等地域，摸排楼宇出租情况、租客、用途等信息，做到早发现、早处置。

（二）**严格医疗美容机构许可准入**。行业监管部门严格审批准入条件，如：医务人员资质、经营规模资质、手术室设施、配套急救设施、手术检查程序等，没有达到准入条件的一律不予许可发证。

（三）**加强医疗美容培训管理**。对于医疗美容相关培训班的举办实行审批和报备制，严格审核培训班举办者、师资队伍、学员的资质，从源头遏制非法医疗美容行为。对举办非正规培训班、为非法行医者提供便利的组织进行曝光和严惩。

（四）**落实行业自律规范**。借助医疗美容行业协会平台，建立诚信机制，加

强行业自律。对相关部门检查出的专业问题，组织行业内专家进行帮扶整改，从管理上、技术上给予培训和指导，帮助医疗美容机构建立严格的医疗核心管理制度。

（五）**加强医疗美容科普教育**。非法医疗美容之所以有市场，部分原因在于求美者不能合理区分医疗美容与生活美容的差异，不知不觉被不法分子哄骗利诱，等到并发症出现却无处维权。建议卫生健康主管部门联合医疗美容专业学会、医疗机构、专科医师以及主流新闻媒体，加强医疗美容科普教育，引导求美者到医院整形美容科、整形美容医院或医疗美容诊所等拥有合法资质和专业医生的医疗机构就医。

曾学俊，民建江西省委会社会和法制委员会副秘书长，江西省卫生健康监测评价中心健康影响评价科科长。

戴大发

2020年，反映社情民意信息：破除“同命不同价”现象——关于统一国家机关和事业单位工作人员死亡一次性抚恤金标准的建议

据了解，我国现行的国家机关和事业单位工作人员死亡一次性抚恤金标准不同，根据《关于事业单位工作人员和离退休人员死亡一次性抚恤金发放办法的通知》（人社部发〔2008〕42号）文件精神：因公牺牲为本人生前40个月基本工资或基本退休费，病故为本人生前20个月基本工资或基本退休费。根据《关于国家机关工作人员及离退休人员死亡一次性抚恤金发放有关问题的通知》（民发〔2011〕192号）文件精神：烈士和因公牺牲的，为上一年度全国城镇居民人均可支配收入的20倍加本人生前40个月基本工资或基本离退休费；病故的，为上一年度全国城镇居民人均可支配收入的2倍加本人生前40个月基本工资或基本离退休费。由此造成国家机关工作人员病故后的抚恤金标准远高于事业单位工作人员。实际工作中，有一部分工作人员同时进入工作单位做相同的工作，但由于身份编制的不同，形成病故或因公牺牲后“同命不同价”的现象。不论是公务员、教师还是医生，都是社会主义事业建设者，不应在抚恤金标准上区别对待。

建议：

相关部门尽快出台文件，统一国家机关和事业单位工作人员死亡一次性抚恤金标准。

戴大发，民建九江市濂溪区支部主委，濂溪区国有资产经营管理中心副主任。

民进江西省委会

马　颖

2021 年，反映社情民意信息：关于以测促治　加强室内空气质量过程监管的建议

近期江苏常熟农商行多名员工查出肺部结节，这一事件再次引发社会舆论对室内公共环境装修污染的高度关注。现代人用于工作和日常生活的时间，约有 90% 是在室内度过的。据国家室内空气检测相关部门统计，我国新装修居室 90% 以上有害气体严重超标，其中苯、甲醛、氡、氨、挥发性有机物 (VOCs) 是常见的五大室内污染物。

室内环境污染来源多种多样，产生的危害复杂多变，对居住者、使用者来说防不胜防，对身体健康造成严重伤害。对住房和公共建筑、公共场所的室内空气质量，无论是监管、治理还是维护，需要克服更多的难题，也面临着更多的挑战。

建议：

（一）提高检测和监管标准。室内空气质量主要有两个标准，即强制性国标《民用建筑工程室内环境污染控制规范》和推荐性国标《室内空气质量标准》。两个标准的关注点不完全一样，包括检测时间、检测的项目也不尽相同，《室内空气质量标准》相对要求更高一些。公共类建筑在投入使用前大都经过了二次装修，在投入使用前应按照《室内空气质量标准》进行检测；室内空气质量与天气通风情况、家具、检测时间以及温度、湿度等多种因素有关，具体检测项目和抽检房间数量、比例等，应根据

竣工验收时的空气质量检测结果以及二次装修可能引入的新污染源来确定。

（二）完善治理手段。典型的大型公共场所如地铁建筑、展馆建筑、商场、超市、办公室、宾馆、休闲娱乐中心等等，与室内空气品质息息相关的通用特征：环境相对密闭，通风换气量有限；使用空气循环的集中空调通风系统；施用大量的建筑装饰材料；人员密集。应用空气净化技术时，需根据不同公共场所的室内污染物类型、污染强度、释放规律等特点，分类统计、分析、总结，并制定出合乎实际的空气净化方案。

（三）对公共建筑建设和使用过程中，严格落实相关法律法规，加大落实规范的设计、实施、后期监管。

（四）倡导在公共建筑建设初期重视空气净化系统的管理。在公共建筑使用阶段，加大对空调通风、空气净化系统使用后的定期部件维护力度。严格按照国家规范，加强对公共建筑建设、验收、使用阶段的监管力度。尝试建设若干试点，加强监测和公示，以测促治。

（五）促进相关部门出台装饰建材中主要有害物质含量安全标准。从源头上减少有害物质，在室内装饰装修材料上，要研制、发展环保安全型材料，并降低成本。严格建材行业准入，将不合格的产品排除在商品流通环节之外。制定出更符合实际的公共场所室内空气质量的标准，以及卫生学评价的工作方法，促进此领域相关法律法规的制定和实施。

马颖，抚州市政协常委，民进抚州市工委副主委。

余桂林

2022 年，反映社情民意信息：别让城市高层建筑消防望“高”兴叹

随着当前经济社会的快速发展和人民群众生活水平的不断提高，各类高层建筑如雨后春笋般拔地而起，各类开发利用呈现出规模扩大化、用途多样化的趋势，城市高层建筑的消防安全问题日益凸显。如：消防车通道、登高作业场地无法满足要求，一旦发生火灾，消防车也只能“袖手旁观”、望“火”兴叹；原有使用性质或结构遭到改变和破坏，居民住宅的部分楼层被用作写字楼、办公场所甚至是娱乐场所，有些高层住户将消防通道据为己有；建筑内部消防设施缺失、损坏严重，消防泵损坏、管网

漏水，火灾自动报警系统关停、瘫痪，建筑公共部位消防设施缺损严重，自动喷水灭火系统等消防设施任意取消，“习惯性”消防违法行为普遍存在等等。主要原因是：一方面，高层建筑消防安全管理职责不明，开发商只建设，不管理，街道、社区认为是物业管理公司的事，房管部门只管物业公司，不负责具体事务，管理职责不明确；另一方面，维修经费落实不到位，消防监督管理力不从心，部分业主存在私自分隔、封堵通道，改变使用性质等情况，使得常态化的消防管理难以到位。

建议：

（一）**进一步明确责任**。各级政府及相关部门应按照“谁主管，谁负责”的原则，明确物业管理公司、村（居）民委员会和房管部门的消防安全职责，尤其要把物业公司确立为建筑消防管理的责任主体，对消防安全工作负责。物业公司必须在房管部门、街道和村（居）民委员会的直接领导下，在消防救援部门、公安派出所的监督下开展工作，形成自上而下层层抓、层层管的局面，如果物业公司不履行职责，上级主管部门可采取教育、处罚直至吊销营业执照等手段强制执行。

（二）**做到“物防”和“技防”相结合**。逐步推行高层建筑安装使用 NB-IoT 智能独立火灾（可燃气体）探测报警器和 NB-IoT 智慧安全用电装置和电动车禁止上楼 AI 装置。鼓励和引导高层建筑使用、管理单位或居民住户对防盗窗（网）自行拆除，或设置长宽净尺寸分别不小于 1 米、0.8 米且向外开启的紧急逃生窗口。强制对高层建筑内消防设施实行专业消防工程公司定期维护保养制度，消防维保服务企业建立消防维保物联网监控系统，对所服务项目的消防设施运行、故障报警等进行实时监控，规范消防维保服务工作流程，提高维保服务质量。

（三）**落实维护保养资金**。把建筑消防设施的维护保养纳入公共维修基金，在验收时，由建设主管部门提取小额资金作为消防管理的专项储备基金，或提请业主大会同意，从维修基金中建立消防质量专项维护基金，遇有消防设施毁损问题随时整改。

（四）**提升全社会消防安全素质**。消防救援部门积极会同建设、房管、城管、宣传等部门，充分运用各种宣传媒介和手段，广泛深入地宣传消防法律法规，制订防火公约，普及防火、灭火和自救逃生知识。在高层建筑内建立动态消防宣传栏、消防漫画、专题图片展等，让群众在进出楼道时，时时看得到警示图片。内容上要重点突出高层建筑安全疏散、初起火灾的扑救方法、简单设施使用以及高层建筑内常见的习惯性违法行为等基本常识。社区、街道应组织开展消防灭火演练，熟悉建筑消防设施的操作。

余桂林，民进江西省委会组织部部长。

张玉萍

2021年，反映社情民意信息：堵上疫情防控物资管理漏洞　实现资源利用最大化

经过举国上下的共同努力，我国新冠肺炎疫情防控形势持续向好，处于常态化的防控状态，但也时有零星散发病例和局部暴发疫情情况，尤其是国际疫情形势存在的不确定性，使各地在疫情防控物资的保障上仍然不敢有丝毫的麻痹和懈怠，不少机关单位、“三站一场”、学校、企业、社区基本配备30天以上的储备量。随着时间推移，防控物资管理上的一些问题也随之凸显出来，如大量防控物资过期失效，浪费不小；部分危化品管理不规范，存在安全隐患；缺乏专业人员管理，无切实可行的物资管理指南或流程图；过期失效物资缺乏统一、合理处置路径，危害周边环境，等等。

建议：

（一）**调查摸底**。迅速对各地储存的疫情防控物资情况进行全面排查，摸清底数、统计总体数据、规范管理。

（二）**明确分工、加强指导**。依托疫情防控工作指挥部成立疫情防控物资管理领导小组，建议由卫健部门牵头，生态、市监、教育等相关部门参与，根据职责分工加强监管和指导，同时多部门联合开展专项行动，消除安全隐患。

（三）**完善制度、细化标准**。完善物资采购、存储、管理、调拨制度，根据各地实际需求统一采购物资，细化防控物资存储、管理标准，特别要加强对危化品的风险管控，安排专门场地、专业人员存储管理，配足防护设备，防止出现安全事故。对各地防控物资使用情况要进行实时统计，有序调拨临期物资，保证物资有序可循、可追溯，减少物资损耗和浪费。

（四）**妥善处置**。设立回收站点，安排专业部门和机构负责集中回收处置已用和过期失效等不合格物资，制定可行办法，规范管理，依法依规对过期物资进行无害化处置。

（五）**加强宣传**。加大防控物资安全知识宣传力度，加强管理人员知识培训。提高公众防控物资使用知识水平，知晓疫情防控物资的环境危害性，避免出现人体伤害以及环境污染问题。

张玉萍，民进赣州市委会专职副主委。

民进省委会

2013 年，反映社情民意信息：关于稳妥破解乡村医生“困局” 不断夯实基层卫生网底的建议

乡村医生是为农村居民提供基本医疗卫生服务的重要力量。随着医改的不断深化，农村公共卫生明显加强，患者负担明显降低，医疗行为更加规范。但乡村医生队伍的稳定和发展问题备受关注：身份还是农民，不享受国家规定的工资等福利待遇；随着医改政策的推进，村卫生室正在逐步纳入一体化管理，实行基本药物制度，收入水平大幅下降；退休保障仍未落实；医患纠纷和医疗事故责任无力承担。如不能有效破解这种局面，刚刚起步的一体化管理和村卫生室基本药物制度很有可能不能维持。

建议：

（一）**完善政策，坚定方向**。省级层面出台的一系列如《关于进一步加强乡村医生队伍建设的实施意见》等文件，有的是原则意见，没有明确地方政府的主体责任；有的政策不具有连续性，如对村卫生室的建设补助只实施了一轮等等。村卫生室的举办主体、医生身份、法律责任三个问题不明确，医改政策确立的关于基层医疗卫生目标就很难真正实现。要进一步完善，明确提出：村一级医疗卫生事业怎么发展，分哪几个步骤走，作为医改成员单位要按职责分工制定分步规划。各级政府只有在政策的指引和规划的安排下，才可能自觉地承担起职责。乡村医生也只有看到了前途和路径，才可能自觉地配合医改的步伐，发挥出应有的作用。

（二）**整合资金，保障待遇**。目前，乡村医生的收入主要来源有基本公共卫生服务经费、按服务人次获得一般诊疗费、药品零差率销售补助、乡村医生公共卫生服务补助。与实施基本药物制度之前比，一个完成各项任务的乡村医生的年收入大多数是下降的，而且幅度不小。各地应把财政安排给所有乡村医生的资金整合起来，集中安排到实施一体化和基本药物制度的村卫生室，按照核定的编制定额到县；逐步提高乡村医生从事均等化公共卫生服务补助标准；逐步提高一般诊疗费标准。同时，对乡村医生自己提供业务用房的给予一定的房租补助，对卫生室的网络租金、软件使用费等给予补贴，从而大幅提升乡村医生待遇。

（三）**深化改革，突破困局**。乡村医生队伍存在年龄偏大、知识老化、队伍出口不畅等一系列问题，有的已经改行，有的已经年老退出，有的正在观望，必须拿出超常规措施。首先，要妥善疏通队伍出口，解决老有所养的问题。对于年龄在 60 岁以上

的老乡医，建议省政府参照小集体退休职工安置办法，由乡村医生自己补交一部分社保金，国家拿出一部分资金补助，安置他们退休。其次，对剩下的乡村医生，以县为单位，以人口为基础核定的编制数为上限，参加全省的统一考试合格后，作为乡镇卫生院编制外聘用制职工，聘用在村卫生室执业。每年拿出一定名额转公考试。一律实行社保制度，纳入城镇职工社保体系。聘用在村卫生室的乡村医生一律作为乡镇卫生院的职工参加医疗责任保险。对于违反乡村医生管理条例，长期离岗已经不具备基础理论知识和基本操作技能的乡医，要依法或以考试形式坚决予以淘汰。最后，省政府要对村卫生室的业务用房建设和设备配备做出规划，明确建设主体，加大投入力度，把其作为建设小康社会的必要设施，列入各级政府的民生指标考核。

农工党江西省委会

王　辉

2017 年，反映社情民意信息：应从五个方面综合治理水污染

建议：

（一）**建立水环境质量倒逼机制，以用水效率和用水总量、以水质和水污染物排放总量等指标强化硬约束。**在实现途径上，要加强资源需求管理，以供定需，削减水污染物排放总量、控制用水总量为抓手，以污染减排倒逼经济结构调整和发展方式转变，实施节水总量控制、提高用水效率，从源头上减少水污染物产生和排放。

（二）**管理层面上，各省（区、市）要制定节水总量控制要求，建立节水统计制度，开展节水审核，落实节水责任，严重缺水地区要把节水纳入政绩考核。**在水污染物总量控制方面，落实企事业单位污染物排放总量控制制度和排污许可制度，体现环境质量战略转型和总量控制制度的深化。同时，环保和水利部门要做好环境影响评价和水资源论证工作，严格审批，要考虑“区域缺水情况、排水去向、污水处理设施处理能力是否足够”等，真正做到以水定人、以水定城。

（三）**对于群众意见大、公众关注度高的城镇黑臭水体，要综合截污纳管治污、**

清淤疏浚、沿河拆违、引水活水、生态修复等强化措施，并建立长效管理机制，予以重点解决。一是明确黑臭水体清单和考核制度；二是明确城镇化过程中城市河流的水环境水质和水量要求，避免“先污染后治理”；三是完善城市河流水环境信息的公开和公众监督制度；四是出台系列城市河流环境综合整治技术管理规范（如小城镇污水处理技术规范、城市河流综合整治技术指南、长效机制建设等），指导地方有序开展城市河流水环境保护工作。

（四）在发展经济的同时转变我国环境管理的模式，处理好政府与市场的关系，要从政府、企业和市场等不同层面入手，政府和市场两手发力，建立健全政府有为、企业负责、市场有效、公众监督的新机制，促进环境保护国家治理体系及治理能力的现代化。一是基于政府在环境保护领域长期缺位和不到位，需要明确地方政府在环境管理中的责任，把环境质量反退化作为各地区经济建设活动的刚性约束条件，并通过环境审计制度和责任追究制度将政府环境质量负责予以量化，推进环境保护的党政同责，进一步实施河长制、区域限批等，使压实地方政府责任有明确抓手。二是加强部门合作，优化管理效能。需要以任务的形式明确各相关管理部门的责任，强化一岗双责的任务要求，释放“环境红利”；需要分区分类地明确关键领域落地化、差异化的任务要求，实施源头防控，强调部门联动、政策驱动，多措并举。三是严格落实企事业单位污染防治责任。最迫切的是依法推动企事业单位和其他生产经营者自主向环保部门和社会公众公布环境信息，创造环境监管和社会监督条件。健全公众监督、舆论监督和司法监督相结合的环境监管体系，将排污企业置于公众监督之下。以考核断面水质目标对控制单元内企业排污行为进行强力约束，实现总量控制和质量控制的顺畅衔接。

（五）综合利用财政、税收、收费、价格、信贷等环境经济政策，建立长效市场机制，夯实基础。重点包括四个方面：一是对污水处理厂取消“特权”，按照污染源进行严格的收费、达标、信息公开、排污许可等系列管理；二是采取对跨界水体达标实施扣缴财政资金等行之有效的方法，促进流域上下游、海域相邻地区实施联防联控、联动治污的责任；三是投融资机制建设，厘清中央事权和地方事权，加大资金投入；四是落实谁污染谁付费原则，着力激发市场活力，实施产业模式创新，助力环保产业和环保服务业发展，使污染治理产业在环保部门的有效监管之下有序发展。

王辉，农工党南昌大学第一总支副主委。

卢　恬

2019年，反映社情民意信息：关于从源头解决原料药垄断的建议

当前，我国原料药领域垄断行为多发，是导致药品价格飞涨或供应短缺的重要原因。解决好原料药垄断问题，是缓解人民群众看病难、看病贵问题的有效举措。原料药垄断的产生，主要有三个方面的原因。一是原料药企业集中度高。原料药企业准入门槛高、申请程序复杂、申请时间长，竞争不够充分，企业批文少，10%的原料药只能由个位数的企业生产。2015年新环保法和2018年《中华人民共和国环境保护税法实施条例》实施后，企业生产成本增加，真正生产的企业数量更少。二是制剂企业高度依赖原料药企业。由于制剂企业更换原料药供应商周期长且程序复杂，往往会选择与某一原料药企业长期合作，从而对其形成高度依赖性。在原料药企业大幅涨价、停止供货或限制供货时，制剂企业只能被动接受。三是垄断获利高且违法成本较低。目前反垄断调查取证比较困难，罚款数额相对不高，惩罚措施力度不大，难以起到有效惩戒和威慑作用，部分不法分子有恃无恐，造成短期性或者局部性药品短缺及价格大幅上涨。同时，存在资本渗入短缺药品市场的现象，营销商垄断现象增多。

建议：

（一）**加强短缺药品和药品价格监测**。对于药品价格的常态化和全局性的监测、分析和预警工作，尚未有部门开展。应尽快将药品价格监测预警工作纳入政府待推进的重点工作，通过日常的监测数据，为市场监管局提供充足的反垄断调查线索。当大面积出现的临床必需、无可替代的药品短缺现象发生时，常常是原料药全国性垄断的表现。而对于局部出现短缺的药品，卫生健康部门应及时提供给市场监管局，作为反垄断线索。

（二）**健全多部门联合反垄断机制**。随着药品生产行业集聚度不断提高，更易造成上游产生垄断。为规范药品市场交易行为，有效应对原料药垄断问题，应建立由市场监管、药品监管、医疗保障、卫生健康、生态环境、工信、商务等多部门组成的药品联合反垄断机制，加强信息共享、共同治理药品反垄断。制定重点监控原料药品种目录，对于寡头控制的原料药品种，加强从原料药到药品成品全链条价格和供应信息的跟踪、分析，保持高度的敏感性，达到警戒线立即展开相关调查。同时，鼓励更多企业报请原料药生产审评审批，形成一定的竞争态势。

（三）**加大垄断违法惩戒力度**。回顾我国近年来原料药反垄断大案，扑尔敏原料

药案件中，两家相关企业罚款合计仅为1243.14万元，三家冰醋酸原料药生产企业罚款合计仅为1283.38万元。鉴于药品垄断行为对市场的严重扰乱、未被发现或未制裁前有获得高昂暴利的可能性，特别是药品不是普通商品，是治病救人的必需品，必须大大加强对原料药垄断行为的惩戒力度，使违法者经济上无法承受、后续发展无法立足，对违法行为的发生形成有效震慑。

卢恬，农工党员，江西省卫健委药政处主任科员。

朱曼琳

2021年，反映社情民意信息：宠物活体盲盒悄然兴起　规范活体动物寄递迫在眉睫

盲盒已经成为当下吸引青少年群体消费的营销方法之一。蹭着盲盒的热度，多个网购平台售卖宠物活体盲盒悄然兴起。宠物活体盲盒售价从十几元到上千元不等，打着盲盒的旗号，卖家声称“不接受规定品种、盲盒发出不接受退换与中差评、评论不允许晒”，许多宠物被装在盒子里进行运输，由于环境恶劣，缺乏空气流通，极容易造成盒内的动物死亡，而卖家只需发货，即使宠物在运输过程中死亡，也能获得高额暴利。

售卖宠物活体盲盒具有极大的危害：一是存在很大的健康和安全风险。据了解，在网上售卖的活体盲盒，基本不会做好动物的免疫、消毒、检测等工作，也没有动物检验检疫证明。在运输过程中，这类盲盒存在疫病传播的可能，并且造成人身伤害。2018年，陕西渭南21岁女孩网购银环蛇，被咬伤左手食指后不幸殒命。二是存在极大的生物安全隐患。在网上能轻易买到非家养动物的“异宠”，如爬虫、猛禽、野兽等。近年来，长沙海关多次在入境邮包中截获“野蛮收获蚁”，此类蚂蚁原产于欧洲南部，体型较大，性情凶猛，一旦入境扩散，将造成生物入侵，导致生态平衡遭到严重破坏。三是侵害消费者权益，加剧城市流浪猫狗等动物管理问题。宠物盲盒卖家“不接受差评退换，玩得起再下单”，实际上涉嫌侵犯消费者知情权，对于商品种类、品质等监管都处于模糊地带。交易双方都公认“拆盲盒的乐趣在于不知情”，如果动物存在健康问题，或消费者在开箱后对盒内动物不满意，由于商家不予退换，消费者维权十分困难，将其丢弃可能成为处理途径之一。四是影响社会风气，丧失对生命基本的敬畏之心。推动新

的经济和消费模式没有错，但不应该突破法律道德底线，以践踏生命为代价。5月3日晚，成都宠物盲盒活体运输引起了广泛的关注，160余只猫狗用塑料网状盒子简陋“包装”，准备运往全国各地，不少猫狗由于运输环境恶劣，已经死亡。

建议：

（一）**确保相关监管法律法规之间的衔接，堵住规章制度漏洞**。1990年的《邮政法实施细则》曾禁止邮寄活体动物，但这一规定在实际操作中已被野生动物保护法覆盖，即“禁止寄递受保护的野生动物和剧毒、有传染病的动物”，而不是所有的活体动物都禁止寄递。而除野生动物之外的其他活体动物寄递，并没有明确的标准。由于邮政部已在1998年被撤销，《邮政法实施细则》现在由哪个部门负责解释，是否还能作为执法依据，如何与后续出台的法律法规相一致，是政策层面需要解决的重要问题。

（二）**加大全方面监管力度**。一方面，要引导电商和网络平台加强治理，下架活体动物盲盒商品，进行明察暗访；优化审核机制，对活体动物售卖和推广信息，增加法律规定和用户风险提示信息；所有活体动物交易，强制要求卖家提供并上传动物检疫证明等法律法规文件；对活体动物交易，不提供普通快递业务，仅提供专业宠物托运运输方式；在公司的业务政策中加入动物福利保护的相关内容，包括平台治理、搜索推送等方面。另一方面，要督促快递企业加强行业自律。严禁使用普通快递运输活体动物，保障宠物在托运业务过程中的动物福利，尊重生命。

（三）**加大动物福利教育力度**。动物福利是指满足动物的基本生理、心理、自然需要，科学合理地对待动物，减少不必要的痛苦，其核心就是“善待动物”。通过动物福利教育来培养青少年的爱心、责任心以及尊重生命的意识和态度，使青少年了解动物保护的目的及意义，培养保护动物的意识，掌握常见动物和野生动物的保护及动物保护相关法律、法规等，营造人与动物和谐相处的文明风气。

朱曼琳，农工党省委会宣传部干部。

刘云祥

2020年，反映社情民意信息：关于克服疫情影响稳定社会就业的建议

就业关乎民生和稳定。保障就业稳定的大局，是我国宏观政策调控的重要“底线”。

今年以来中共中央和国务院多次对“稳就业”做出部署，充分彰显对这项工作的重视，全国多地也相继采取一系列措施保障就业。但受经济下行压力和疫情叠加的影响，2020年的整体就业形势仍十分严峻。一是在岗企业职工失业风险较大。疫情导致部分企业面临生产经营困难，尤其是中小企业，大部分公司应对现金流短缺的方式是减员降薪。二是应届毕业生就业难度大。受经济下行压力和疫情叠加影响，2020届毕业生就业面临较大的压力和挑战，并且疫情影响了高校毕业生就业现场招聘活动，打乱了毕业生的就业节奏，2020年与2021年的毕业生一起参加秋招，必然导致就业挤压，竞争激烈。

建议：

（一）**加大稳岗返还力度**。稳岗根源还在于稳企业经营，对受经济形势影响生产经营遭遇困难的企业，不裁员或少裁员的企业，按裁员比例划分档次返还上年度缴纳的失业保险费，同时予以免交、少交或缓交税费的政策支持。加大稳岗资金返还的执行力度，推广无形认证、容缺办理、绿色通道等主动服务项目，减少审批时间，确保资金尽快发放到企业。

（二）**促进高校应届毕业生就业**。一是拓宽就业渠道。落实好硕士研究生扩招政策，综合分析研判未来行业发展趋势，将扩招名额向发展潜力大、用工量大的专业倾斜，确保扩招的学生毕业后能就业、好就业。扩大“三支一扶”等基层岗位招收力度，各地应结合用人需求和实际情况，加大事业单位、国有企业招收应届毕业生的比例，对民营企业招收应届毕业生的，按人数予以一定补贴。二是做好就业指导。教育、人社等有关部门应支持高校加强毕业生就业帮助指导工作，积极吸引和组织企业开展线上招聘，帮助学生收集就业信息，做好学生求职心理辅导，树立正确就业观念。三是支持自主创业。对高校毕业生初始创办科技型、现代服务型小型微型企业的，提高一次性创业扶持资金补助和税费减免比例，免收管理类、登记类和证照类等有关行政事业性收费。灵活运用小额担保贷款、信用担保贷款和贴息支持等工具，为毕业生创业提供启动资金。整合提升已建各类创业孵化基地，新建一批青年创业园，扶持一批民营创业孵化基地，对高校毕业生为主的青年创业孵化优先保障。

（三）**做好失业职工帮扶工作**。对于被企业裁员的职工，各地有关部门要主动排查登记，快速、足额发放失业保险金，同时提供必要的法律援助，发挥好劳动仲裁作用，确保企业按《劳动法》足额补偿，保障失业职工的合法权益，开展失业人员技能培训，帮助他们再就业，尤其对贫困户或有返贫风险的家庭，要格外关心、关注，加大帮扶力度，确保失业问题不影响全面脱贫大局。

刘云祥，农工党江西省委会参政议政部四级主任科员。

刘　理

2022年，反映社情民意信息：加强医疗服务水平　将重心由“治病”转移至“防病”

随着医疗行业的不断发展，医疗技术不断提高，治疗手段越来越多，但我们治疗的病人也越来越多，医疗负担越来越重，几乎所有的医疗资源都用在“治病”上面，用在“防病”上的医疗资源很少。任何疾病都不是一天两天形成的，都是有一个过程，有的过程长，有的过程短。如何将医疗服务理念由“治病”转移到“防病”中来，是我们目前医疗行业亟须解决的问题。

目前，医疗服务重心基本上都在“治病”上面，主要有以下几个方面的原因：一是大众对疾病认识不足。基本上现在大众认为只要得病就要到医院，而且认为到医院就一定能治好，这是对疾病的错误认识，很多疾病刚开始都是通过一些生活方式或者饮食调理解决的。二是医疗机构的服务理念都是以“治病”为主。现在所有的医疗机构都是以善于治疗什么类疾病为主，医生也是善于治疗什么疾病，我们很少看到医疗机构或者医生会写擅于预防什么疾病，所以这也容易误导大众的认知。三是医保报销政策的影响。现在几乎所有的医疗机构都是跟随医保政策开展医疗活动，而医保政策基本上都是规定得什么病才能用什么药。四是基层医疗服务能力匮乏。现在所有好的医疗资源都集中在省市级医院，县级、镇级医疗机构医疗服务能力不足，不具备“防病”能力。

建议：

（一）**加强对大众“防病”的宣传教育**。在各大主流媒体应该多宣传如何预防疾病，如感冒、腹泻等。各个医疗机构都应滚动播放宣传视频，在醒目的宣传栏中定期宣传预防疾病的各种知识。而不是宣传得什么病吃什么药，因为任何药物都需要在医生指导下使用。

（二）**设置专门负责“防病”的部门**。该部门应定期组织各科室进行防病专题宣传培训，组织医务人员到社区、乡镇等进行“防病”培训，加强大众对于“防病”的认识，鼓励医务人员参加“防病”培训，制定相关激励措施，逐渐把“治病”转移至“防病”上来。

（三）**调整医保报销政策**。医保机构应该将一部分医保基金用于“防病”上来，特别是增加防病保健治疗的报销比例，尤其是中医适宜技术，如针灸、拔罐、艾灸、热敏灸等，基本上都是防病保健比较常用的，对于正常体检也应设定一个报销流程，想要将“治病”转移到“防病”上，医保政策的支持必不可少。

（四）加强基层医疗服务能力。“防病”最重要的还是需要服务大众，基层医疗服务能力提升才能更好地“防病”，应提高基层医务人员待遇，给予晋升晋级优惠政策，鼓励基层医务人员开展中医适宜技术，提高防病保健水平，提高基层报销比例，定期组织基层医务人员至省市级医院进修学习。

刘理，农工党员，九江市第三人民医院中医科副主任。

刘慧勇

2020年，反映社情民意信息：关于尽快制定校园事故纠纷第三方调解机制　成立学校事故纠纷人民调解委员会的建议

校园事故纠纷时有发生，事故发生后，一些家长不愿意通过合理途径解决纠纷，纠缠不清，往往选择以“闹”与学校对抗、争取最大限度赔偿，严重扰乱了正常的教育教学秩序，导致一些学校承担了不应当承担的责任和压力。主要问题体现在两点：一是在校园事故纠纷中，通常学校也是当事人，一些家长往往漫天要价，无理取闹。学校经常为了息事宁人与校园稳定而签订不平等协议；二是学校师资整缺，学校行政领导大多兼课，一旦发生重大校园安全事故，各种维稳解释工作要动员党员教师参与，很多老师无心上课，严重扰乱了正常的教育教学秩序。

建议：

处理校园安全事故纠纷，不仅需要技巧，也需要专业知识，还要有专业调解员来化解矛盾，应将人民调解机制引入校园事故纠纷解决中。

（一）校园事故纠纷人民调解委员会可以由当地教育局牵头，主要成员为政法委、法院、司法局、关工委和律师事务所、学校等相关部门。

（二）校园事故纠纷人民调解委员会主要工作为调解涉及校园内发生的教师之间、学生（家长）之间、教师和学生（家长）之间、本校师生与其他单位人员之间有关人身、财产权益和其他权益事故纠纷、学校与周边单位和居民之间的各类矛盾纠纷，排查不安定因素，防止纠纷激化；还将向学校主要负责人反映事故纠纷调解情况，反映师生意见、建议和诉求；调研分析校园纠纷调解情况，提出调解工作意见；指导协调重

大、疑难校园纠纷的排查和调处工作；开展校园事故纠纷法制宣传和教育疏导工作。

（三）校园纠纷调解委员会的建立可以充分利用调解委员会中法律、心理、调解等方面专家的作用；同时第三方调解机制程序灵活，降低了解决纠纷的成本；第三方调解机制减少了纠纷双方中的对立和矛盾，处理结果更能被当事人接受；人民调解结果可进行司法认定，增强了调解适用的规范性和对诉讼的补充性，由此提高校园伤害事故调解的权威性、公正性、高效性，有利于维护学校正常教育教学秩序和师生合法权益，推动平安校园建设。

刘慧勇，农工党员，新余市第三中学保卫科副主任。

汤高辉

2014 年，反映社情民意信息：建议及时调整和完善粮食直补资金发放政策

实行对种粮农民直接补贴是党中央、国务院为扩大粮食种植面积、提高粮食总产、确保国家粮食安全而采取的一项重要政策，是一种激励农民提高种粮积极性、促进农民增收的有效措施。

自 2004 年国家对种粮农民实行直接补贴以来，在许多地方，粮食直接补贴是以粮食实际种植面积确定计算发放的。由于粮食的实际种植面积难以有效核实，且因为各种原因，经常发生变化，在实际操作中还是以多年前的粮食种植面积为计算依据。近年来，随着农村经济社会的发展，一些农村的实际种植面积已经发生了重大变化，减少的种植面积还在享受粮食补贴，新增的面积却得不到补贴，粮食直补资金发放政策未能得到及时调整和完善。

据调查，一些农村由于新办企业、交通建设、农民建房和城镇化建设征用农田等，导致自 2004 年以来耕地面积大面积减少；而另一些农村自 2004 年以来，农民自发改良旱地、荒地为水田；一些山区乡镇，将退耕还林后复耕的耕地进行种植，增加了粮食的种植面积，可这些增加的粮食种植面积没有享受到直接补贴。

粮食种植面积与粮食直补实际补贴的面积不一致，造成了一些农民的误解和不满，增加了基层干部的工作难度，出现了新的社会矛盾，同时也增加了国家的财政负担。

建议：

政府相关部门加强调查研究，及时调整和完善粮食直补资金发放政策，使实际种植面积和粮食直接补贴发放面积配比，在发放种粮农民直接补贴时真正做到公平公正；同时建议各地政府相关部门对本地粮食的实际种植面积进行一次普查，得到第一手真实数据，让种田大户享受高额直接补贴，让实际种植面积减少的农户少拿直接补贴，让国家财政真正发挥作用。

汤高辉，农工党抚州市委会党员。

许秀柏

2015年，反映社情民意信息：加强生活饮用水抗生素监测的建议

据中央电视台报道，全国主要河流，如黄浦江、长江入海口、珠江等，都被检出了抗生素。其中，珠江广州段受抗生素污染非常严重，脱水红霉素、磺胺嘧啶、磺胺二甲基嘧啶的含量分别为460纳克/升、209纳克/升和184纳克/升，远远高出了欧美发达国家河流中100纳克/升以下的含量。此外，南京、安庆、铜陵、阜阳、蚌埠等部分地区的居民自来水中也被检出抗生素。

地表水乃至生活饮用水中的抗生素超标问题为我们敲响了公共卫生安全的警钟。抗生素超标，会引起人体细菌的耐药性，破坏水体环境的微生物平衡，破坏生态系统的平衡。当前，我国无论是源头的用药，还是末端的排放，对抗生素的处理都堪称肆无忌惮，监管缺位十分明显。水体中的抗生素主要来自养殖业废物废水、生活废物污水、抗生素药厂的排放和医疗废水。

建议：

（一）环保部门要加强对河流、湖泊、水库等流域的水的监测，同时加强对抗生素生产企业、医院污水处理的监管，严禁未经处理的工业污水、医疗污水向江河、湖泊、水库排放。

（二）农业部门要加强对养殖业的监管，尤其要对生猪饲养、家禽、鱼类等养殖业巡回监督，严禁在饲料中滥用抗生素，因其是环境抗生素的主要来源，且对人的健康与生态安全构成最大的风险。对违规使用者，必须严厉打击。

（三）卫生行政部门要加强对医疗机构的严管。目前医院滥用抗生素对人体健康的负面影响估计是环境抗生素对人体负面影响的十万倍乃至上亿倍。按照《抗菌药物临床应用管理办法》，对各级各类医疗机构抗菌药的使用必须严格限制，尽早走出“治病必用抗生素”的怪圈。

（四）制水企业应增加对出厂水抗生素检测项目。我国现行生活饮用水质标准106项指标中无抗生素指标检测标准，制水企业必须增加抗生素检测指标，定期对出厂水进行检测，并将检测的结果向社会公布。

（五）应加强抗生素环境行为及生态、健康风险控制研究，在掌握较充分科学依据基础上，建立抗生素环境与健康风险控制国家体系，出台系列法规标准，长效常规化监管环境中的抗生素。

许秀柏，时任农工党党员、农工党南昌市委会副县级干部。

许忠济

2020年，反映社情民意信息：关于制定拉沙热等重大传染病疫情输入防控预案的建议

2020年初，北美洲、亚洲、非洲、南美洲相继爆发大型传染病，多国爆发严重的自然灾害。因全球化进程加快，我国成为疫情输入国的风险也急剧增高，建议要密切监视他国疫情发生进展，加深与国际组织的合作关系，尽快制定重大传染病疫情输入的防控预案，形成严密的联防联控机制。

建议：

（一）**要防控拉沙热**。拉沙热病毒传染性和致死性极强，与埃博拉病毒同为生物安全四级的危险病毒。目前尼日利亚的沙拉热出血热疑似病例正在大幅增加，但该国受限于医疗卫生条件和疾控体系的薄弱，难以做好防控工作，因此疫情已可能在其全国范围内传播。同时尼日利亚属于人口大国，且是我国“一带一路”的重要伙伴国，因此尼日利亚的拉沙热疫情一旦扩大，将对我国疫情防控带来压力。

（二）**要防控登革热**。登革热属于由蚊虫引起的急性虫媒传染病，2019年在东南亚及我国南部城市出现大面积流行。根据已有资料表明，除因前往东南亚务工及旅游

带来的输入病例外，我国已有多个城市形成了自然疫源地，且登革热在国内已呈现逐年北移的趋势。因此针对登革热疫情，我们要采取“外防输入，内防蔓延”的措施，在加强对港口口岸检疫的同时，还要尽快开展早春灭蚊的爱国卫生运动，防止蚊虫因暖冬季节导致的爆发式繁殖。

（三）**要防控新冠肺炎疫情回流**。目前没有明确的资料显示新型冠状病毒在传代过程中传染力和致病力有下降。因此在考虑日本、新加坡等多国无法形成国内强有力的防控体制下，新冠肺炎疫情可能会在全球范围内流行，并再度从国外输入回国。因此我们仍然要提高警惕，将防控关口前移，形成铜墙铁壁，坚决把重大传染病疫情阻挡在国门之外。

许忠济，农工党员，江西省卫健委爱国卫生与健康宣传促进中心烟草控制（爱国卫生）科主管技师。

李隆君　罗　赟

2021年，反映社情民意信息：严控耕地“非粮化”　确保粮食安全

2021年中央一号文件指出，坚决守住18亿亩耕地红线。采取“长牙齿”的硬措施，落实最严格的耕地保护制度。坚决遏制耕地“非农化”、防止“非粮化”。然而，我们调研发现，我国的耕地“非粮化”面积呈增加趋势，全国耕地“非粮化”率约在27%以上。耕地“非粮化”的主要表现有四点。一是种植旱生林果木类经济作物；二是种植速生林木、用材林木；三是种植带土移植园艺类作物；四是挖塘种养类项目。从原因角度分析，由于种粮经济效益较低，工商资本进入农业生产领域后，苗木花卉、畜禽和特种养殖等高效农业项目发展得到大力支持和推动，最后形成了农业生产专业化格局，使得我国耕地“非粮化”现象不断加剧。目前，我国针对耕地破坏鉴定工作在法律层面仍缺乏统一技术标准。虽然部分地区围绕耕地破坏鉴定，出台了一些地方性法规制度文件，但主要针对《土地管理法》等法律法规涉及的“非农化”造成耕地破坏的情形，而对“非粮化”情形并未涉及，无法满足“非粮化”导致耕地质量破坏的鉴定需要。

建议：

（一）**开展全国性耕地年度专项普查，摸清基本情况**。站在耕地数量、质量、生

态“三位一体”管护视角，开展全国性耕地年度专项普查工作，摸清耕地的基本情况、年度变化情况和特点，对永久基本农田区域、耕地占补区域进行重点关注。同时，协同开展耕地使用情况行政专项督察工作，确保掌握真实情况。

（二）**建立部门协同的动态管理机制，强化监测监管**。加强自然资源、农业农村、林业部门等协同合作。自然资源部门应明确永久基本农田保护空间；农业农村部门要跟踪耕地的耕作质量；林业部门的造林绿化工作要避开耕地，特别是永久基本农田。多部门合作开展监测监管，可加强遥感卫星、无人机等科技手段的运用，加大耕地“非粮化”动态监测的基础性研究投入力度，开展遥感监测关键技术科研攻关，探索建立起针对性强、操作性好的耕地“非粮化”监测体系。

（三）**制定“非粮化”细化管理规定，施行分类施策**。随着人民生活质量的日益提高，我国城乡居民膳食结构呈现主粮比例降低化、结构多样化等特征。耕地保护目标也应该遵从事物发展的客观规律，允许耕地合理的“食物化”（属于“非粮化”一种）。因此，对于耕地“非粮化”利用应分类施策、科学设定管制规则，研究制定耕地“非粮化”利用监管清单和认定标准，分类分级管理。

（四）**尽快出台“非粮化”认定标准，分类保护监督**。司法、自然资源、农业农村、林业部门等相关部门应站在“五位一体”总体布局战略高度，研究制定“非粮化”导致耕地质量破坏认定标准，分类指导和应用于耕地保护监督管理工作，在针对“非粮化”相关的鉴定技术标准中也对具体情形的界定、判别标准给出明确的指导，加强对耕地发展林果业等是否属破坏耕地、造成耕作层损毁等行为的认识和界定，对一些违法行为形成有效的法律约束，切实依法保护稀缺优质耕地资源。

李隆君，农工党党员，江西省自然资源测绘与监测院科员；罗赟，农工党党员、农工党江西省委会参政议政部二级主任科员。

杨　毅　蔡小莲

2020年，反映社情民意信息：基层人民陪审员“职业化”现象需引起重视

近年来，人民法院系统在规范人民陪审员参与审理案件的方式和流程、落实参审

权利、建立参审经费保障制度、确保人民陪审员依法有序参与审判等方面做了大量工作，较好地实现了社会与司法的良性互动。但是，由于对人民陪审员的工作缺乏必要考核，有的基层法庭长期指派固定陪审员审理案件，导致有的陪审员几乎从不参与陪审，而有的陪审员则成为整天匆忙“赶场”的“编外法官”。这种“职业化”的陪审员，不但无法发挥人民陪审员制度的作用，还破坏了法律严肃性。

建议：

（一）进一步加强对人民陪审员的培训，培训不仅应以法律知识的传授为主，更应侧重于提高其社会责任感、参与案件审理的使命感和道德水平。

（二）遵守“一案一选”的陪审员选任原则，严格人民陪审员参与案件的随机性与身份的独立性，防止职业化倾向。

（三）健全人民陪审员工作考核考评体系，通过科学设立各项指标，加强陪审员在审判纪律、工作态度、工作实绩和参与培训等方面的考核，对工作突出的及时表彰、奖励；同时引入退出机制，完善对人民陪审员的有效监督和约束。

（四）增加资金投入，确保人民陪审员工作经费得到保障，也使人民陪审员的经济权益得到保障。

杨毅，农工党员，鹰潭市人大常委会法制工作委员会副主任；蔡小莲，新余市农工党主委。

肖　婕

2021年，反映社情民意信息：后疫情时代新冠病毒检测实验室应实现有效再利用

2020年，肆虐的新冠肺炎疫情危及全国人民生命安全和身体健康。中共中央、国务院多次对提高新冠病毒核酸检测能力做出部署要求，大量病毒检测实验室在全国各地迅速覆盖，形成快速反应的调集机制，在发生局部聚集性疫情时，较短时间内即能完成大规模人群核酸检测，为当时的疫情防控发挥了巨大的作用。

现今，我国已进入“后疫情时代”，如何将现有的病毒检测实验室资源有效再利用，是值得我们思考的问题。2020年8月27日，国务院印发了《进一步推进新冠病

毒核酸检测能力建设工作方案》，要求到2020年9月底前，实现辖区内三级综合医院、传染病专科医院、各级疾控机构以及县域内至少1家县级医院具备核酸采样和检测能力；到2020年底前，所有二级综合医院具备核酸采样和检测能力。截至2020年12月24日，江西省就拥有184家新冠病毒检测实验室，全国各地实验室建设总数呈倍数增长。根据全国各地实验室建设公开采购公告所示，单个实验室建设需投入资金200万—250万元，国有资金投入巨大。

建议：

（一）将现有大部分新冠病毒检测实验室，引导向二级微生物病毒检测实验室发展，更好做到“未病先治”。新冠病毒实验室是配置较高的PCR实验室。PCR是分子生物学研究和实验的常规方法，广泛应用于生物学各个领域，如艾滋病、乙型肝炎、HPV病毒检测等等。引导大部分新冠病毒检测实验室向常规病毒检测实验室发展，可更多造福广大群众。比如，在国家开展的农村妇女“两癌”检查项目中，为农村35—64岁妇女提供免费的HPV病毒检测，可有效降低宫颈癌死亡率，提高农村妇女健康水平，形成维护妇女健康的长效机制。

（二）将现有小部分新冠病毒检测实验室，提升为出生缺陷防控实验室，助力提高人口素质。中国出生缺陷监测中心数据显示，我国每年出生新生儿1600万人，出生缺陷率5.6%。出生缺陷已成为我国重大公共卫生问题，防控形势严峻。防治出生缺陷、提高出生人口素质是我国人口发展战略的需要。建立完善的出生缺陷防控体系，增强出生缺陷防控实验室检测能力，是新时代广大人民群众的需求。出生缺陷防控实验室的建立，需覆盖孕前—孕期—新生儿—儿童早期发展的全周期。不仅仅是检测，更重要的是检测后的进一步确诊、追踪、随访、干预。为基因检测对象提供“健康教育+疾病筛查+精准干预”的出生缺陷防控模式，才能筑牢出生缺陷防线。

（三）增加移动式新冠病毒检测站的使用，适当控制传统新冠病毒检测实验室建设，更契合我国“平战结合”疫情防控战术。面对新冠病毒疫情防控常态化的新形势、新挑战，国内优秀的研发专家于2020年打造出了几款独立性强、机动性高、完全符合国家核酸检测标准的移动式新冠病毒检测站。这些移动的新冠病毒检测站，已在北京、中国香港、新疆、内蒙古、西藏、辽宁等省市安家落户，单舱日核酸检测量在3万例以上。来自全国各地的信息显示，移动式实验室布局合理、应用方便，作为车载式核酸检测及其他各种病毒检测应急任务车，为疫情防控的调度指挥带来了极大方便。传统的实验室受到选址不易、建设周期长、施工难度大、现场工程技术人员众多等诸多不利因素影响，不便于核酸检测项目的迅速落地和及时展开。适当控制传统新冠病毒检测实验室建设，可有效节约国有资金使用，与我国疫情防控主要战术“平战结合”更为契合。

肖婕，农工党员，吉安市妇幼保健院优生优育科主任。

吴璧如

2019 年，反映社情民意信息：基层扶贫干部面临的四大工作和思想困境需要重视

在中共中央、国务院的高度重视和全力推动下，脱贫攻坚工作取得了巨大的成绩。成绩的取得，离不开各级扶贫干部，尤其是基层扶贫干部的付出。2019 年，脱贫攻坚时间紧、任务重，基层扶贫干部仍然需要肩负大量紧要、繁重的工作任务，面临诸多工作困境。如：“上班搞扶贫，加班搞业务”，加时加量的全员扶贫任务；“填不完的表格，签不完的名”重复反复的大量日常工作；“百变的形式，不变的思路”，层出不穷的形式主义；“极速的问责，难产的激励”，普遍存在的奖惩怪圈，有“多做多错”的恶性循环，甚至出现“非扶贫干部不得提拔”的硬性要求。

建议：

（一）**厘清各级责任，高位部署扶贫工作大局**。平衡好经济发展与扶贫工作之间的关系，明晰行业责任部门、挂点单位、乡镇党委与扶贫干部不同的具体职责，推动形成扶贫大格局、大效益，不把“台面上‘扶贫工作一边倒’实际上‘各项工作都不落’”的担子粗暴加诸基层干部。把握扶贫方向，研究对策，统一调度工作中存在的共性问题，加强对扶贫工作的指导与督查，把扶贫要求从侧重“做什么”转到“怎么做”上来。对于不同贫困对象的特性问题，要给予扶贫干部一定的自主权，结合实际给予单位自主安排工作的空间，使业务与扶贫两方兼顾。给予干部发挥能力的平台，鼓励扶贫工作中的创新做法，不断提高扶贫工作与业务工作的落实与执行效率，避免“一刀切”等模式，徒增不必要的工作量。

（二）**完善贫困户档案的设置考核**。充分调研基层贫困户实际情况，规范贫困户台账的填写标准，要根据工作实际完善对于表格填写规范，并通过行文等方式做出表格填写的权威解释。尽量简化表格逻辑关系，减除有歧义的表格内容，以一张总表

反映贫困户基本情况，3—4 张反映每年贫困户收入变化、政策享受、干部帮扶等情况，控制表格总数和表格中的重复性内容，尽量不出现与“一证两册”等频繁的交叉登记内容。考虑到信息核实等问题中存在的客观障碍，在表格的非原则性问题上给予容错边界。控制各级自制表格，并适当减少扶贫工作考核中对表格档案的打分比重，避免“精准填表”类似情况愈演愈烈。

（三）推动基层扶贫工作中“去形式化”。严格控制各级考核督查数量，统一规范各级纪委、扶贫办、组织部等多部门走访、电话、抽查等各形式的考核督查工作，尽量降低督查中对于工作形式的要求比重，引导考核重点从工作方式渐渐往工作成果倾斜转移。保持下级扶贫工作的连贯性，控制入户走访的频次，预防“突击队”“一阵风”式的高密度集体走访，倡导日常的电话微信等沟通模式，把上户从次数上的“实”改为效果上的“实”。客观判定考核中关于贫困户问谈的打分比重，综合贫困户主观感受和客观事实进行考核评分，遏制在考核压力之下被动出现的“养懒汉”“吊高胃口”等不良风气。

（四）关爱基层干部，科学制定激励措施。加强对基层扶贫干部生活和工作上的关心和爱护，给予基层干部扶贫工作支持，对于脱贫攻坚工作有益的摸索，在一定范围内实施容错纠错，给实干者实惠，为担当者担当。制定可操作、能服众、易兑现的考核奖励机制，对在脱贫攻坚工作中责任心强、表现突出、完成效果好的扶贫干部给予表彰奖励，并在任职、政治安排上优先予以推荐，让会干事、能干成事的干部政治上有荣誉、经济上得实惠，保障扶贫系统干部的生活待遇和政治待遇，调动广大干部抓脱贫攻坚的主动性、积极性。

吴璧如，农工党江西省委会组织部干部。

陈建东　吴皇云　乐　琴

2017 年，反映社情民意信息：关于健康扶贫工作的几点建议

因病致贫返贫贫困户在建档立卡贫困户中比重很大，可以说健康扶贫工作的好坏直接影响到整个脱贫攻坚工作的成败。江西省经过“五道医疗保障线”之后，贫困人口大病实际报销比例基本达到 95% 以上，极大地减轻了贫困人口大病医疗负担。

但是，健康扶贫工作点多面广，还存在一些问题需要解决。一是健康扶贫政策宣传尚需加强，由于健康扶贫政策较为复杂，贫困群众对健康扶贫政策不够了解。二是贫困人口大病保险起付线偏高，总体保障率偏低。三是慢性病就医不方便，基层乡镇卫生院、村卫计室无法满足部分慢性病患者就医需求。四是政策实施关联部门步调不一致，医保每年的参保缴费时间与民政部门五保、低保、特困、建档立卡贫困对象的身份评定时间不一致。五是建档立卡贫困户信息需进一步核实，医保部门发现，建档立卡贫困户存在户口外迁未参加本市医保、户口未迁参加外地医保、户口内迁乡镇属性改变等问题。

建议：

（一）**强化健康扶贫政策宣传**。要加强对乡镇干部、帮扶责任人相关政策培训，方便为贫困户答疑解惑。要加强对享受健康扶贫政策典型事例的宣传，营造理解支持健康扶贫工作的良好氛围。在具体的报销环节，贵溪市在医保局设立的建档立卡贫困户“一站式”报销平台和在公立医疗机构实行的住院费用“一站式”结算服务值得借鉴和推广。

（二）**降低大病保险起付线**。在农村，基本医疗保险虽然能为患病农民解决一定比例的治疗费用，但对重大疾病医疗费用而言只是杯水车薪。降低大病保险起付线，扩大健康扶贫救助保障覆盖面，将更有效地减轻重大疾病的致贫威胁。

（三）**提升基层医疗机构服务能力**。通过用药预约、提高贫困群众中慢性病患者在门诊的报销比例等方法，让贫困群众就近在家门口就治好病，不仅能让贫困群众节省医药费，还能节省治疗往返路费及生活开销。实现“小病不出村、大病有人包、慢病有人管”。

（四）**加强部门间协作配合**。民政和医保部门在五保、低保、特困、建档立卡贫困对象评定工作和参保缴费中应协调配合，精准有效地采取应对措施，全力避免重复保和脱保现象发生，力争使疾病不再成为任何一个贫困人口致贫、返贫的原因。

（五）**进一步核实建档立卡贫困户有关信息**。针对医保部门在信息录入时发生的问题，卫生计生部门要把维护贫困群众的健康权益作为扶贫工作的首要任务，会同发改、人社、民政、扶贫等有关部门，通力合作，群策群力，积极认真地核实相关信息，协商具体解决方案，建立协调高效的健康扶贫工作机制。

陈建东，农工党鹰潭市委会副主委；吴皇云，农工党鹰潭市委会机关干部；乐琴，农工党鹰潭市委会机关干部。

陈 博

2021年，反映社情民意信息：加快建立药品不良反应损害补偿机制

药品不良反应是指合格药品在正常用法用量下出现的与用药目的无关的或意外的有害反应，是药品的固有属性，具有异质性，属于不可抗力，是一种潜在危险。1999年至2020年，我国药品不良反应监测网络累计收到1687万份药品不良反应报告，因药品不良反应受严重损害，甚至导致死亡的患者日益增多。我国现有的救济制度主要为司法救济制度，在这种情况下，受害者与医药企业、医疗单位都要耗费大量的时间和精力去应对诉讼，过程漫长。且在实际情况中，受害者难以得到及时、合理地赔偿。因此，建立药品不良反应损害补偿机制迫在眉睫。

建议：

（一）**建立保险制度**。可强制医药企业每年在一定期限内，以上一年度药品销售总额的一定比例作为保费，向保险公司投保药品不良反应险种，以共同承担药品不良反应的赔偿。根据上一年度药品不良反应赔付情况实现浮动费率，对赔付情况较多的企业加大保费收缴额度；对赔付情况较少或无赔付情况的给予对应的保费折扣。只要企业把包含保险费用的药品销售给各家医疗单位，如出现药品不良反应，受害者可持医疗机构提供的病历、用药证明、药品包装等相关材料至保险公司报案，并递交药品不良反应相关部门鉴定。经鉴定、审核后向保险公司开具证明，再由保险公司按照标准进行赔付。

（二）**建立基金制度**。根据“谁获利、谁负责”原则，药品不良反应基金可由医药企业、医疗单位出资建立，但主要由生产企业、持有人出资。医药企业与医疗单位将每笔出售的药品根据销售价格按照一定比例提取相应金额交专门管理部门，该部门将资金设立专门账户储存累计，专款专用，按医保体系管理。一旦出售的药品出现严重药品不良反应损害，经药品不良反应相关部门鉴定、审核后，提取该账户资金按标准赔偿受害者。

（三）**成立药品不良反应鉴定委员会**。委员会成员可由医学、药学、法学专家及社会人士代表组成，人员选任可由国家药品监管部门负责。委员会对提交的药品不良反应损害申请进行鉴定、审核，以利于制度的顺利实施以及赔偿的及时给付；同时对药品不良反应损害补偿机制提出指导意见，以不断完善药品不良反应损害补偿机制的法律法规。

陈博，农工党员，吉安市市场监督管理局药品不良反应监测中心副主任。

林文佳

一、2022年，反映社情民意信息：有效防范耕地指标跨区交易风险的建议

近日，《中共中央国务院关于加快建设全国统一大市场的意见》发布。基于土地指标跨区域交易机制，耕地后备资源缺乏的经济发达地区，可以购买耕地后备资源丰富或存量建设用地整治潜力较大地区的土地指标，从而高效率地发展经济；而土地指标转出地区可以通过土地指标交易，实现耕地保护的经济价值。然而，土地指标跨区域交易可能导致多方面风险。一是存在补充耕地不实风险。为了获取更多的土地指标，转出方可能以某些方式虚增耕地。耕地跨区域占补平衡将增加耕地保护督察的难度，使得补充耕地不实风险可能进一步加大。二是存在耕地质量下降风险。我国经济发达地区与优质耕地分布地区的重合度较高，经济发达地区优质耕地被占用，而耕地后备资源较为丰富的地区水热条件较差，这将导致即使占补的耕地质量等级名义上差别不大，但耕地实际的粮食产能却存在较大差别。三是生态环境损害风险可能引发。一些并不具备大规模土地开发条件的地方违背生态规律大规模造地，如将林地、坡地改成耕地，威胁生态和粮食安全。四是可能导致部分农民权益受损。一些经济欠发达地区的县乡两级政府从“卖地”转向“卖土地指标”，可能导致部分农民权益受损，引发社会矛盾。

建议：

（一）**应将永久基本农田保护制度置于首位**。耕地保护制度由永久基本农田保护制度、耕地占补平衡制度等组成，各项制度各有侧重点，彼此之间相互配合能切实保护好耕地数量、质量、生态。应切实保护好经济发达地区和经济欠发达地区的优质耕地，以保障口粮绝对安全与谷物基本自给。永久基本农田之外的耕地可利用土地指标跨区域交易机制提高配置效率，以实现经济发展与耕地保护的协同。

（二）**建立完善土地指标跨区域交易监督机制**。在利用市场机制提高土地配置效率的同时，加强对土地指标跨区域交易的监督。可建立土地指标跨区域交易数据库，跨区域土地指标转入方和转出方应在数据库中提供占补耕地的位置、质量、生态等完整信息，且转出方还需提供土地开发生态可行性评估报告，以降低有关部门进行耕地保护、生态环境督察的信息成本。在信息较充分的前提下，探索有关部门监督土地指标转入方地方政府，购买土地指标的地方政府监督土地指标转出方地方政府，土地指

标转出方地方政府在声誉机制下进行自我监督的工作机制。

（三）**加大耕地造假的惩处力度**。加强对跨区域转让土地指标的跟踪和问责，特别是转让土地指标地区的现场核实。对造假行为及时惩处，由自然资源部门在一定范围内通报；对涉及弄虚作假的官员，由纪检监察部门进行问责。

（四）**探索土地与户籍制度联动改革**。允许跨省进城的农民在自愿、有偿的前提下放弃家乡的宅基地，将其整理复耕产生的建设用地指标转让给就业所在地使用，并相应获得进城的户籍、保障性住房、公共教育、医疗卫生等公共服务。农民携带可流转的农村土地权益自发向经济集聚地区转移，实现人口与建设用地的动态匹配。

二、2022年，反映社情民意信息：“圈粉”年轻人的化妆品小样亟待规范

化妆品小样即“试用装”，是品牌商家为新品推广、优惠促销赠送给消费者使用的产品，一般不专门销售。化妆品小样便宜又好用，可以用低价格买到大品牌。近年来，新消费的火热直接加速了“小样经济”出圈，逐渐形成新的零售业态，受到年轻人的喜欢。有数据显示，线上迷你彩妆消费趋势在2017年至2019年逐年上升，口红、唇膏、眼影等产品销售量已超过整体彩妆。

然而，作为非卖品的赠品小样原本只是为了方便消费者购买到心仪的产品，直接售卖小样的行为不合理，主要存在两个方面的问题。一是试用装包装精致，但真假难辨。二是维权受阻，消费者多自认倒霉。

建议：

（一）市场监管部门加大对化妆品小样的检测力度，及时公布化妆品小样的制假售假“黑名单”，加大对销售渠道（购物平台、商场、店铺）的诚信监管和行政处罚。

（二）化妆品厂家做好风险提示，不生产和销售试用装的应告知消费者，特别是知名品牌，在广告宣传中提醒消费者防范购物风险。线上购物平台和线下商场有责任提示风险。

（三）加大对线上线下销售店家的监管和惩罚力度，消费者投诉后，消费者协会监督购物平台或商场，对售假店铺进行高额罚款，补偿消费者损失。

林文佳，农工党员，江西省政协人资环委办公室副主任。

罗 瓒

2017年，反映社情民意信息：推进健康扶贫 切实打好扶贫攻坚战

推进健康扶贫、实施精准脱贫，是深入贯彻落实习近平总书记关于扶贫开发系列重要讲话精神和国务院《关于印发“十三五”脱贫攻坚规划的通知》等文件精神的战略举措，也是打好脱贫攻坚战的关键。如何进一步深化扶贫工作、加大扶贫政策落实力度、充分保障乡镇卫生院及驻村医生的“网底”功能，是新常态下健康扶贫工作的重中之重。

当前大部分地区医保管理体制都存在管理碎片化、医保与药品采购分离、医保与医疗价格不能有效衔接等问题，医保资金多头管理。另外，大部分地区的新农合门诊消费方式依然为家庭账户模式，会占用部分合作医疗资金，降低了对大病患者的补助水平，同时会导致乡镇卫生院对医保资金的分配率降低、服务业务量下降。

建议：

（一）**整合资源，有效发挥医保职能的整体作用**。一是设立医保局，将分散在人社部门的城镇职工医保、城镇居民医保、生育保险的管理职责，卫计部门的新农合管理职责、药品集中采购的管理职责，物价部门的医疗服务价格管理职责，民政部门的医疗救助职责，商务部门的药品配送职责等进行整合归并，实行集中管理、独立运作，打破制度碎片化和管理分散化等医保管理体制弊端。二是要设立医保基金管理中心，通过统一医保经办管理、推进城乡居民医保基金和城镇职工医保基金市级统筹、整合各部门医保资金、精细化管理、实施“招采合一”等途径突出医保特殊职能，增强医保资金抵御风险能力，充分发挥医保基金的大数效应。

（二）**因地制宜，加大精准扶贫政策落实力度**。一是要加强上级扶贫政策的落实，严格按照统一覆盖范围、统一筹资政策、统一保障待遇、统一医保目录、统一定点管理、统一基金管理、统一统筹层次、统一大病保障机制的有关文件要求，取消乡、村两级的家庭账户门诊医疗模式，统一门诊统筹，实行同一补偿比例。同时继续实施基层医疗卫生机构一般诊疗费政策。建立门诊特殊慢性病制度，统一门诊特殊慢性病病种和保障水平。二是要因地制宜，根据自身财政收入情况适当加大新农合参合人员在乡、村级定点医疗机构的单次门诊费用补偿比例至70%。鼓励农民有病到乡、村两级的定点医疗机构就诊，保证农村三级医疗卫生网络的有序发展。三是适当放开

乡镇卫生院的住院挂床行为标准，对于确实需住院检查但无必要监护观察的对象，可由医生开具证明，允许其晚上离院。

罗赟，农工党江西省委会参政议政部一级主任科员。

周 韧

2021年，反映社情民意信息：警惕儿童彩妆的“消费陷阱” 为儿童健康保驾护航

说起儿童化妆品，大部分人还停留在护肤、清洁、卫生用品及防晒产品几类。但是近几年来，伴随着人们生活水平的提高和对美颜的追求，儿童美妆产品的社会和经济效益日益凸显。根据媒体报道，网购平台考拉海购2020年的儿童彩妆消费同比去年增长300%。市面上大量以卡通、童话为IP设计的儿童彩妆盒、化妆手提箱热销，而且种类繁多，口红、眼影、粉饼、指甲油等等，丝毫不亚于成人彩妆。这些儿童彩妆颜色艳丽，价格从几十元到数百元不等，但仔细查看，其潜藏的问题不容小觑。

主要体现在：一是以儿童玩具之名销售儿童彩妆，规避监管。儿童彩妆鲜有专门的线下店铺，多以电商为主，或在玩具店内销售。电商平台上，销售儿童彩妆套盒的商铺有不少显示为玩具旗舰店。以淘宝上某一“公主彩妆盒套装”为例，其产品名称为“儿童装扮套装玩具”，执行的是玩具安全的国家标准，但是该产品主要内置的是眼影、腮红、唇彩、指甲油等美妆产品。二是现行儿童化妆品的监管多集中于供儿童使用的沐浴露、保湿乳霜、痱子粉、防晒用品等，儿童彩妆的监管尚不完善。如2020年国家药监局《关于7批次不合格化妆品的通告》中通报了哈罗闪婴儿沐浴露，2018年通报了青蛙王子防晒乳液。但目前尚未见通报儿童彩妆的抽检通报情况。三是儿童健康难以保障。对于现行的儿童彩妆，部分使用者评论称“太难清洗”“用后过敏”，儿童的健康难以得到有效保障，其后维权也难，只能在网上吐槽两句而不了了之。

建议：

（一）正视儿童彩妆的消费需求，倡导理性、健康的消费理念。由于娱乐、电商的高速发展，“颜值经济”进入了生活的方方面面。一方面，儿童自我意识的觉醒，开始关注自身形象；另一方面，在各类文娱活动的催生下，特别是在参加弹琴、唱歌、

跳舞等各种演出的时候，儿童彩妆就成了生活“刚需”。在尊重孩子“爱美之心”的同时，社会也应倡导健康、理性的消费理念，避免青少年陷入盲目攀比和消费之中。

（二）完善儿童彩妆的监管体系。2013 年，国家食药监总局颁布《儿童化妆品申报与审评指南》，明确儿童化妆品指供年龄在12岁以下(含12岁)儿童使用的化妆品，并对原料的选择原则和要求、生产工艺及质量控制等提出了要求。2016 年起施行的《化妆品安全技术规范》（2015 年版）对儿童化妆品进行了进一步明确。但随着儿童彩妆产品的应用和普及，应建立相应的监管体系，才能在保障儿童身体健康的基础上，推动儿童“颜值”经济平稳向上发展。

周韧，农工党江西省委会办公室二级主任科员。

周志远

一、2020 年，反映社情民意信息：保障粮食安全应切实重视餐桌外的浪费

今年夏粮再获丰收，创历史新高，粮食安全保障基础更加夯实。但增产不忘节约，消费不应浪费。近期，各地继承和弘扬勤俭节约的优良传统，号召大家节约粮食，通过倡导“N-1”点餐制、开展光盘行动等方式，减少“舌尖上的浪费”，所取得的效果也是因人因地而异。同时，人们对餐桌外粮食浪费的重视程度普遍还不够。

在粮食从田间到餐桌的漫长产业链中，收割、储藏、加工以及运输等各个环节都会造成一定比例粮食的损失和浪费。据联合国粮农组织发布的《2019 年粮食及农业状况》显示，全球从收获到零售供应链环节内所损失的粮食占到粮食总产量的 14%。与此类似，我国餐桌外粮食浪费情况也不容乐观。一是收割环节。随着粮食收割机械化水平的提高，粮食收割效率也在不断提升，但机械化作业精细化程度却还不够，粮食收割环节的损失较为突出。以水稻为例，水稻收割机拔禾轮的滚动容易造成稻穗末端稻谷的脱落，损失率一般在 3%—5%，若遇到水稻倒伏、稻田泥泞等特殊情况，机收损失率甚至高达 10%。二是储藏环节。不少农户缺少粮食储藏设备，粮食收获后随意堆放在角落。即便有储存设施，但也大多条件简陋、散热不好、烘干能力不足，一旦遇到持续性降雨天气，粮食容易发霉、腐烂，变质的粮食只能用作饲料。同时，简陋的储藏条件也导致

鼠害严重。三是加工环节。以精米加工为例，为达到色泽晶亮、圆润饱满的“好卖相”，带壳的稻谷进入车间后，要历经三抛三选、去杂、碾米等繁复工序，有的粮食加工企业100斤稻谷只能出30多斤精米，剩下多为制作饲料的碎米。四是运输环节。粮食流通过程“散装、散运、散储、散卸”的“四散化”现象较为普遍，粮食加工企业从粮农手中收购到加工再到运往市场等过程都需要反复打包、拆包、再打包，增加了粮食洒漏、受潮、霉变，甚至被污染的概率，从而带来粮食的损耗与浪费。

提高节粮减损能力，有效抑制餐桌外粮食的“跑冒滴漏”，相当于建设无形良田，是提高粮食安全保障水平的重要举措。

建议：

（一）**强化农机技术科研，加强人员培训**。一方面，组织科研院所、农业院校的农机技术专家与农机企业一同加强粮食收割设备基础性技术研究，促进农机与农艺融合，提高机械结构、工况参数与作物力学的匹配度，提升粮食收割效率与效能。另一方面，加强对农机作业人员的培训和技术指导，提升粮食收割技术，对收割时粮食损失率进行考核评价，让粮食收割降损、增效。

（二）**树立安全储粮意识，完善储粮设施**。一方面，加强宣传，引导粮农树立安全储粮、科学储粮的意识，组织农业技术人员入村入户入企传授科学、合理、规范的储粮技术。另一方面，进一步推进科学储粮仓项目建设，补齐储粮基础设施短板，逐步完善并提高储粮仓、烘干机等储粮设施的补贴标准，不断降低粮农、企业的储粮成本。

（三）**严格限制过度加工，加强消费引导**。一方面，严格落实大米等粮食加工的国家标准，引导企业合理确定粮食加工精度，严格限制企业为追求市场占有率及高利润而进行过度加工，提高粮食加工和转化利用率，降低加工损耗。另一方面，加强市场消费引导，倡导多吃粗粮的现代健康理念，纠正消费者注重“卖相”“精度越高越好”等错误消费观念。

（四）**构建粮食物流体系，明确运输标准**。以粮食主产区为重点，各区域中心粮库为节点，加快构建粮食现代物流体系。大力推广散粮成品粮集装箱、专业粮食散装车等粮食运输装备，提高粮食物流装备水平。严格执行粮食装卸作业标准和运输管理规范，最大限度减少粮食运输过程中的损失与浪费。

二、2021年，反映社情民意信息：虚拟加密数字货币投资热潮下潜藏的三大风险值得警惕

近期，疯狂的“币圈”频繁登上热搜，除比特币、以太币等主流虚拟加密数字货

币外，狗狗币、SHIB 币等其他新兴虚拟加密数字货币也进入大众视野，并受到部分投资者的追捧和炒作，不少人幻想着能够“炒币暴富”。

普通投资者的盲从与非理性，市场的无序与狂热化，导致虚拟加密数字货币投资热潮下潜藏着三大风险：一是跨境洗钱风险。比特币等虚拟加密数字货币具有匿名性、支付便利、能够跨境流通等特征，已然成为不少犯罪分子理想的跨境洗钱途径。据区块链安全公司 PeckShield 发布的《2020 年年度虚拟货币反洗钱报告》显示，2020 年，中国未受监管的跨境流动虚拟货币价值达 175 亿美元，较 2019 年增长 51%。激增的洗钱“新通道”，给中国反洗钱工作带来巨大的挑战。二是衍生金融风险。虚拟加密数字货币交易难以通过交易记录来追查资金来源与去向，这使得传统金融监管手段失灵。同时，有些用户通过人民币买进比特币，再以美元或者其他货币卖出，轻松规避每人每年 5 万美元的购汇额度，为我国外汇管理埋下隐患。更为严重的，比特币等虚拟加密数字货币作为非国家法定货币，会极大地影响到当前正在开展的央行法定数字人民币试点，影响我国主权数字货币的推广。三是引发投资风险。比特币等虚拟加密数字货币投资市场极其不稳定，价格暴涨暴跌的时间极短、幅度极大，犹如坐过山车，这将引发巨大的投资风险，并影响到社会的和谐稳定，如狗狗币 2 月两日涨幅达 11 倍，5 月 9 日，狗狗币单日价格跌幅达 39%。2020 年 12 月，大连法院审理了一对夫妻投资比特币失败后，故意杀害三岁女儿跳海自杀未遂的案件。

建议：

（一）加强监管与执法力度，打击非法交易。早在 2017 年 9 月，中国人民银行等七部委就曾联合发布《关于防范代币发行融资风险的公告》，叫停虚拟货币的直接交易。2018 年 1 月，互联网金融风险专项整治工作领导小组、中国互联网金融协会、中国人民银行营业管理部等部门先后连发三文，再次强化对虚拟货币监管。面对虚拟加密数字货币投资热潮，央行、市场监管、地方金融等监管部门要进一步加大监管与执法力度，将虚拟加密数字货币纳入监管，逐步关闭国内虚拟加密数字货币非法交易平台，叫停虚拟加密数字货币的发行和非法交易，维护金融市场稳定。同时，积极开展国际协调与合作，重点打击通过利用加密数字货币而进行的跨境洗钱、诈骗、非法集资等违法犯罪活动。

（二）加快开展新一轮法定数字人民币试点。总结推广法定数字人民币先行先试地区的成功做法和有益经验，加快开展新一轮法定数字人民币试点，加快推动法定数字人民币的全面普及与落地。同时，着力推动法定数字人民币的研发应用，不断丰富和拓展应用场景。积极开展国际合作，加强法定数字人民币在跨境支付领域的应用，推进人民币国际化。法定数字人民币作为数字货币的“国家队”加速进场，必将进一步压缩虚拟加密数字货币非法交易的生存空间，倒逼虚拟加密数字货币市场回归理性与正常的轨道。

周志远，农工党江西省委会参政议政部干部。

周志远　俞　晗

一、2022年，反映社情民意信息：豆粕、玉米等饲料原料价格猛涨　冲击传统养殖业亟须引起重视

今年以来，受南美大豆受灾减产、俄乌冲突加剧、国际市场波动等多重因素影响，以豆粕、玉米为主的上游饲料原料价格节节攀升。据中国饲料行业信息网统计数据显示，与2021年12月均价相比，今年饲料原料价格均出现不同程度涨幅，3月31日三等黄玉米均价为2767.14元/吨，月内上涨2.92%；豆粕作为饲料中最大宗的植物蛋白原料更是大涨1500—2000元/吨，目前现货价格已达5000元/吨，涨幅高达60%；同时菜粕、棉粕、小麦、麸皮等其他饲料原料价格涨幅在20%—40%之间。

豆粕、玉米等饲料原料价格的猛涨，对传统养殖业造成了一定的冲击，主要体现在：一是增加养殖成本。据统计，传统养殖业在饲料上支出占总成本60%—70%，因此饲料价格的上涨最终导致下游传统养殖业养殖成本上升，养殖利润进一步压缩。据农业龙头企业唐人神集团发布的公告显示，由于饲料原料价格上涨，饲料行业生产成本每吨上涨500—650元，生猪养殖行业的饲料成本每公斤上升约1元。二是部分企业以次充好。饲料价格的上涨也吸引了部分不法分子生产兜售不合法饲料与掺假饲料，以此攫取高额利润。3月22日，四川省资阳市市场监管局公布一起典型案例，一饲料加工公司用啤酒酵母粉无标生产饲料。三是引发通胀预期。从长远来看，养殖业成本的上升必将传导到终端消费市场，导致猪肉等养殖产品价格上涨，甚至带动其他农副产品价格的上升，可能推动居民消费价格指数的升高，引发通胀预期。

建议：

（一）强化监测预警，加强价格调控。要建立价格报告制度，发改、农业农村、市场监管等部门要加强饲料原料和成品饲料的价格统计、分析与预测工作，充分发挥价格监测在宏观调控和价格管理中的重要作用。根据国家储备相关制度，适

时启动大豆、玉米等主要饲料原料政策性储备投放，加强市场调控，稳定饲料原料和成品饲料价格市场预期。引导大型龙头养殖企业通过延长产业链和全产业链经营等方式，最大限度减少饲料市场价格波动的不利影响，减少养殖成本压力。

（二）**加大执法力度，规范市场秩序**。市场监管、农业农村等部门要加大行政执法力度，一方面，严格落实《专利法》等法律法规，加强饲料企业相关专利技术保护。另一方面，大力打击饲料行业制假售假等违法经营行为，及时下架不符合生产规范、产品质量标准的饲料产品。切实规范市场秩序，保障养殖企业的合法权益。

（三）**坚持自主创新，降低饲料成本**。要推动饲料产业链整体协同创新，建立饲料产业重大技术成果产业化示范与推广基地，把饲料生产技术自主创新成果输入最上游的饲料添加剂企业，再以技术产品为载体，通过新型饲料配方技术向下游的预混合饲料、浓缩饲料和配合饲料等企业进行技术辐射。不断完善日粮配制等技术，科学调整配方比例，并使用国产小麦、大麦、菜粕等替代部分玉米、豆粕作为饲料原料，进一步降低饲料成本。

二、2022 年，反映社情民意信息：“金豆豆”“金瓜子”等小件黄金成理财新宠　亟须规范电商平台黄金销售

近期，黄金价格持续走高，受“买涨不买跌”心理影响，越来越多人加入买金队伍，其中年轻人成为购买黄金“主力军”。据《2021 中国黄金珠宝消费调查白皮书》数据显示，国内的黄金消费主力已开始朝着年轻化的方向发展，目前的消费群体中，25—35 岁人群占比已高达 75%。

以往投资黄金主要包括金条、黄金期货、黄金期权等，准入门槛较高。相比动辄 50 克、100 克的大金条，“金豆豆”“金瓜子”等小件黄金重量约在 1 克左右，普遍售价在 400 元至 600 元之间。这与年轻消费群体需求“不谋而合”，不少年轻人将其作为攒钱或投资的一种手段，拟定攒豆豆、攒瓜子计划。网购作为年轻消费群体的重要消费渠道，电商平台成为年轻消费群体“淘金”宝地，不少黄金行业企业在电商平台推出“金豆豆”“金瓜子”等小件黄金产品，部分头部主播甚至开设了“黄金专场”。据某电商平台近期销售数据显示，2021 年 12 月以来，黄金饰品的订单数同比增长近八成，其中“90 后”和“95 后”黄金饰品订购数同比分别增长 80% 和 105%。

电商平台黄金消费需求旺盛，也催生一些市场乱象亟待解决，突出体现在：一是产品质量参差不齐，以次充好、以假乱真行为屡禁不止。“金豆豆”“金瓜子”等小件黄金是通过剪料、称重、过水冷却、复称等步骤将金条化整为零进行销售，这

也给一些不良商家留有“操作空间”，有的以次充好，含金量不足，未能达到足金标准，还有的销售仿黄金类饰品却未明显标识，甚至以假乱真，以真金价格售卖。二是涉嫌虚假夸大宣传，肆意鼓吹小件黄金保值增值能力。在销售时，有的电商客服涉嫌虚假、夸大宣传，甚至以“盛世珠宝，乱世黄金”为噱头，将黄金价格与俄乌冲突等国际形势相挂钩，肆意鼓吹“金豆豆”“金瓜子”等小件黄金能抵除黄金价格波动的风险和通货膨胀的压力，具备很强的保值增值能力，以此来刺激引导消费者进行消费。三是消费者非理性消费，小件黄金投资盲目跟风现象严重。在购买小件黄金热潮中，不少消费者其实更多的是一种从众心理，而非基于自身理财投资的实际需求，同时缺少黄金真假、纯度等必要的辨别常识，对于自身投资目标、消费能力、风险承受能力及市场行情等也缺乏必要的认知和判断，处于一种非理性消费状态。

建议：

（一）**强化日常监管，加大行政执法力度**。一是开展电商平台黄金销售市场监管专项行动，建立完善市场监督部门与平台的协作机制，加强日常监管。二是实施线上线下一体化监管，着重对电商平台黄金企业线上旗舰店产品和线下经销商产品开展线上线下质量对比监督检查，促进线上小件黄金产品质量提升。三是加大《电子商务法》等法律法规落实力度，对电商平台出现的各项违法经营行为加大惩戒力度，切实保障消费者的合法权益。

（二）**加强平台管理，切实履行主体责任**。一是引导平台切实履行内部监管义务，督促、指导平台建立健全平台规则、平台内经营者登记备案及资质资格信息登记审核等机制。二是引导平台通过图片文字识别、大数据监控等技术手段，加强内部黄金产品质量监督，健全信用管理机制，将被列入黑名单的商家及时清理出平台。三是建立健全问题黄金产品数据库，保存好问题黄金产品具体来源、销售商家、流通去向等信息，以便当发生消费纠纷时提供相关佐证。

（三）**加大宣传引导，树立理性消费理念**。加强黄金质量认定及投资理财等相关知识的科学普及，提高年轻消费者对黄金的辨识能力，引导其将购买黄金作为普通的理财手段，而不是抱有过高心理预期。同时引导消费者量力而行，购买贵重黄金尽量选择线下实体店购买，在电商平台购买要保存好相关票据，以便维护自身合法权益。

周志远，农工党员、农工党江西省委会参政议政部干部；俞晗，农工党员、农工党江西省委会宣传部四级主任科员。

周　琪

2021 年，反映社情民意信息：集中带量采购药品频频断供应引起重视

集中带量采购药品是国家战略性改革措施，通过以量压价的方式不断降低药品价格，最终返利于患者，惠及广大普通民众，有效防止因病返贫、因病致贫。然而，好的政策要取得实效离不开动态的评估和修正，在集中带量采购药品政策落地实施的过程中，还需进一步加强对政策效果的评估。

目前，有些降价幅度过大的药品频繁断货，甚至导致一些医院无药可用、医生无药可开、病患无药可买。以第二批带量采购的拜耳公司阿卡波糖（拜糖平）为例，中标价格 5.4 元 / 盒，降幅达 90%，给糖尿病患者带来了福音。然而好景不长，据拜耳公司随后半年年报数据显示，拜糖平的销售额下降了 70%，其中一个原因便是降价幅度过大导致出现普遍性断货，许多患者不得不到药店去购买拜糖平，但药店的价格为 20 余元 / 盒，反而加重了患者的经济负担。拜糖平并不是集中带量采购药品断供的孤例。这一现象，不仅会导致患者对医院、医生有怨言，不利于缓和医患关系，更会让好政策难以起到实实在在的效果，影响政府的公信力，应引起高度重视。

建议：

（一）政府有关部门应引导和督促有关厂家履行供货义务，确保国家集中带量采购药品的政策顺利落地，保障物美价廉的集采药品充足供应。对相关拒不供货厂家进行考核测评，并建立退出机制和黑名单制度，让有能力、有意愿供货的厂家进入集采。

（二）引导医院制订相应断货的应急方案，在符合药品存储条件的情况下，适当备用一些可能会出现断供的集采药品，并在断供时提供可替代的备选药。

（三）引导医院对某些急缺集采药品应采取适当的限购措施，避免某些患者大量囤购药品，扩大缺口。

周琪，农工党樟树市总支副主委，樟树市人民医院医生。

傅　梨

2020年，反映社情民意信息：进一步提高小型水库度汛能力的对策建议

我国小型水库数量多、分布广，是农业产业发展、农村安全饮水的重要水源，也是农业基础设施的重要组成部分，是当地经济社会发展的基础保障，因此小型水库的安全问题需要高度重视。自1998年以来，国家加大了对小型病险水库除险加固的建设力度，但部分除险加固项目尚未完成，存在安全风险，制约了工程效益的发挥，已完成除险加固建设的小型水库在实际的运行管理中仍然存在一些问题，在汛期尤为突出，主要表现在：一是2016年—2020年计划的除险加固任务还未全面完成，坝基坝体渗水、灌溉涵管砼老化、溢洪道未建完等问题的存在都直接威胁水库大坝的安全；二是已完成除险加固的水库仍有部分带病运行，建设管理不到位、地方配套资金不足等原因导致除险加固不彻底，有的甚至还未完成验收；三是小型水库运行管理基本由乡镇、村委负责，水库管理人员变动频繁专业性不足，导致小型水库防汛“三个责任人”履职不到位；四是水库建成移交后，管理人员工作任务重，地方配套管理经费不足，管理设施落后，难以保障水库正常运行。针对小型水库存在的问题，我们要防患于未然，积极应对水库风险隐患，提高水库度汛能力。

建议：

（一）尽快完成病险水库的除险加固任务，地方应积极筹措资金，采取“先建后补”的方式，在上级下达任务数之前提前实施和完成任务，有关部门应及时组织验收，尽早消除病险水库的险情和安全隐患。

（二）结合水利部小型水库除险加固攻坚行动，进一步摸底数、拉清单，对历年加固水库的遗留问题进行自查，对发现的问题落实整改主体责任和建设资金，提出整改措施，建立问题台账，进行闭环销号管理。并将水库安全鉴定工作作为一项常规重要制度来落实，以确保水库的安全运行。

（三）建议政府加大对乡镇水利技术人员的培养力度，相对固定管理人员，加大培训力度，确保防汛“三个责任人”履职到位。

（四）要加强小型水库的运行管理工作，健全组织机构，将维修养护经费列入本级政府财政预算，做好各类度汛方案、应急预案编制，科学调度水资源。并积极探索

政府购买服务的形式，将小型水库交由专业的公司进行管理运行，逐步推行管理的专业化和物业化。

傅梨，农工党员，新余市水务局工程师。

裘艳　胡国华

2016年，反映社情民意信息：基层精准扶贫出现的一些新情况和建议

精准扶贫工作开展以来，取得了明显成效，但也存在一些问题，例如，针对贫困村、贫困户地理方位、区位特点和自身实际解决贫困问题的方法和举措还不够多，精准扶贫的创新思路还不足；扶贫资金多口管理，涉及多个部门、多级政府，比较分散，职责不清、监督责任不明，不少扶贫资金粗放“漫灌”，不利于集中资金实现精准扶贫目标；扶贫制度设计存在缺陷，基层扶贫干部忙着打申请报告，跑部门协调，接受大量检查指导，耗费很多精力；有的基层将扶贫资金挪为它用，将比较棘手或一时解决不了的群众矛盾打包以“困难补助”“扶贫救助”资金等方式予以处理，扶贫资金变为信访稳定资金的情况时有发生，等等。

建议：

（一）**多种方式和渠道做好精准扶贫**。发展特色优势产业，实现“输血”变“造血”。科学制定产业扶贫规划，突出发展特色优势产业，立足当地资源禀赋和产业基础，因地制宜地选择一批产品有特色、市场前景好的产业给予重点培养和扶持，走产业支撑的开发式扶贫路子。例如：偏远山区发展现代种植、养殖等；城乡结合地区发展农产品加工、市场等，加快发展农产品电子商务等新兴产业，大力发展休闲农业和乡村旅游。创新扶贫贷款政府贴息等方式，最大限度发挥财政专项扶贫资金黏合剂和撬动作用。

（二）**增强农民自身“造血”功能**。从政策法规、农业技术、文化体育、卫生健康、公民道德等方面，大力培养有文化、懂经营、会管理的新型农民。坚持“授人以鱼不如授人以渔”的扶贫理念，切实扶起贫困村和困难群众的“志”与“智”，进而激发他们脱贫致富的决心和意志。

（三）**改进扶贫资金项目使用方式**。对农业、民政、水利、教育、医疗等各个部门管理的扶贫资金进行统筹管理，减少各个部门专项扶贫资金的数量和比例，下放扶贫资金审批权、计划安排权、管理使用权到县、乡两级，改革专项资金拨款渠道和模式，加大对基层扶贫转移支付的力度，充分发挥基层熟悉情况的优势，将扶贫问题解决权、责、利留在基层。

（四）**加强扶贫资金监管**。明确扶贫资金使用范围，完善扶贫资金监管体系和扶贫资金监督问责机制，开展集中整治和加强预防扶贫领域职务犯罪专项工作，不断拓宽监管渠道，受理群众扶贫监督举报事项，主动接受社会各界监督，保障扶贫资金真正用到实处。

（五）**夯实基层扶贫组织和队伍建设**。进一步强化基层党组织建设，选优配强村党支部书记及“两委”班子，建设高素质脱贫攻坚骨干队伍，充分发挥“领头羊”“领头雁”的引领作用，确保扶贫队伍适应精准扶贫工作需要。推动基层干部监督管理工作制度化、规范化，层层签订脱贫攻坚责任书，建立年度脱贫攻坚报告和督查制度，把脱贫攻坚实绩作为选拔任用干部的重要依据。

裘艳、胡国华，农工党南昌市青山湖区总支党员。

九三学社江西省委会

王　坚

一、2019年，反映社情民意信息：新的监管体制下农村药品市场问题及建议

2013年4月10日，国务院印发《关于地方改革完善食品药品监督管理体制的指导意见》（以下简称《意见》），对食品药品市场监管体制改革提出了明确要求。然而，经过6年推进，农村药品市场监管依然存在不少问题。一是执法有待规范。个别涉药单位反映，改制后出现了“以罚代管”的情况，具体说就是“涉药单位缴纳一定的罚

金，一段时间内不再进行监督检查”。同时，执法力度不足。从江西省工商行政管理局《行政处罚信息查询平台》随机抽查自2015年起1247个公示案件组成情况，各类涉药所占比率仅为0.72%。二是饮片购进渠道混乱。近年来，农村药品供应和监管体系建设取得了较好成绩，但是中药饮片的购进渠道仍然较为混乱，质量无法得到有效保障。三是游医药贩监管不足。药贩利用赶集的日子非法贩卖假药的现象屡禁不止，还有无证行医的情形时有发生。全面体制改革以后，农村药品安全监管职能基本上改由原乡镇工商所（分局）承担。人员配置未变，但职能和工作量明显增加，加上原工商执法人员专业性不够，导致监管力量不足、覆盖率低下。四是药品储存条件简陋。部分农村卫生室以家庭为单位，设在村医家里，生活区与药品陈列、储存区不分，药品质量难以保障。

建议：

（一）加强执法队伍建设。建设一支“政治合格、思想过硬、业务精通、作风优良”的基层执法队伍。作为药品安全监督管理最前沿，只有基层执法队伍整体素质的提高，才能有力震慑违法犯罪行为，确保一方人民群众用药安全。

（二）建立“黑名单”制度。建立动态“黑名单”制度，把有限的人力、物力、精力侧重于有过违法行为记录或发生过侵害村民权益的涉药单位上，加大对失信者（单位）的监管力度，从严打击违法违规行为。与此同时，建立涉药单位（个人）良好守信者不定期联络制度，通过他们及时获取不法者的信息。

（三）注重“关键节点”执法。农村药品市场发生侵害村民权益又无法追溯的事件，侵害方多为游医药贩。基层执法部门应当了解当地村民风俗，高度关注所谓“讲座”“义诊”“免费体检”等“关键节点”，组织人员开展执法检查，以确保农村药品市场的一片净土。

（四）加强引导宣传。编印简洁明了的材料，利用农闲时节，采取上街下乡开展宣传咨询活动，突出宣传假劣药品的直观鉴别技巧和投诉举报方式；定期对基层药品从业人员进行培训，规范他们的药品使用行为；加大农村地区药事法规和假劣药品危害的宣传力度，增强农民群众抵制假劣药品的意识和认知违法能力。

二、2021年，反映社情民意信息：关于打破我国化学原料药变相垄断的建议

长期以来，我国的化学原料药（以下简称原料药）实行注册审批制度，即只有取得批准文号的制药企业才能生产并上市销售。2017年11月，为切实加强临床短缺药

品和原料药市场价格监管，遏制违法涨价、恶意控销等行为，国家发改委发布《短缺药品和原料药经营者价格行为指南》。但控价没有达到预期效果。通过收集 8 家下游企业 32 个原料药品价格信息，并同时对 1 家三甲医院和 4 家药品经营企业相关品种价格进行了解，发现在 32 个原料药品种中，除 1 个缺少对照参数、3 个价格维持不变外，其他品种 2019 年的价格与 2017 年比较全部上涨，最高涨幅为 78.9 倍。达到并超过最高法《关于适用若干问题的解释》中“高于市场交易价 30% 的，一般可视为明显不合理的高价”条件的品种有 23 个，占 71.9%，其中涨幅超过一倍的有 10 种。造成原料药价格上涨有一定的客观原因，但为牟取不当高额利润、相关企业形成默契、甚至私订垄断协议等滥用市场支配地位是价格上涨的主要因素。主要缘于政策法规落实不接地气，垄断暴利远高于被处罚金额，违法成本低。以 2018 年被查处的马来酸氯苯那敏原料药垄断案罚款 1243 万元为例，2019 年该原料药销售均价从 2940 元 / 千克上涨至 10000 元 / 千克，以市场需求 200 吨计，获利高达十几亿元。从而导致：一是临床药品短缺现象加剧。目前，公立医院实行药品带量采购招标和国家谈判制度并取消药品加成，药价下降成效明显。但受原料药价格上涨影响，生产越多亏损越重，中标的下游企业多采用弃标或减少甚至停止生产等措施，加重了临床药品短缺现象发生。二是下游企业生产负担增加。下游企业成本上涨及不可控，“制剂产品控销”“强制搭售其他产品”等行为更是人为侵害制剂企业的经营自主权，剥夺了其他相关产品生产企业的公平竞争权益。三是制剂品种零售价格被推高。近三年来，药品零售价格普遍逐年上涨且幅度较大，生产成本的增加最终转嫁给消费者。

建议：

（一）**完善政策法规，提高违法成本**。一是参照欧盟药品价格管理办法，出台“重点品种价格审批制度”，合理规定重点药品品种最高零售（销售）上限，从源头上有效遏制原料药的价格违法上涨；二是修订《反垄断法》相关条款，加大对各种垄断、操纵市场违法行为的处罚力度，保护被侵权企业、消费者的合法权益，减轻下游企业负担。

（二）**出台操作细则，改善短缺现状**。据国家卫健委统计，我国目前临床常期短缺品种约 130 个。原料药价格上涨是造成临床短缺品种因素之一。针对“关联审评审批制度”出台实施细则并下放审批权限，加速改善因原料药品种高度集中而导致临床品种短缺的现状。

（三）**完善预警机制，立足事先防范**。充分发挥大数据优势，定期或不定期收集下游企业原料药品种价格信息，分析原料药市场需求、销售代理模式、关联制剂品种价格变化及异常情况，并在此基础上建立重点品种监管预警平台，完善预警机制，将反垄断立足于事先防范。

（四）**多种方式并举，强化执法检查**。探索“查处一批案件规范一个行业”的长效监管机制，采取价格不定期公示、价格举报平台、重点品种成本核查与GMP符合性检查等多种方式结合并举，强化反垄断执法事中检查。同时，加强《反垄断法》等相关法规、执法技能的培训，提高反垄断执法队伍素质和执法水平，有效维护原料药市场秩序。

王坚，九三学社宜春市委会专职副主委。

王　坚　晏锦武

2022年，反映社情民意信息：规范中医专长培训　促进民间中医药事业发展

为做好以师承方式学习中医，或者经多年实践的中医医术确有专长人员医师资格考核注册管理工作，国家卫健委于2017年出台《中医医术确有专长人员医师资格考核注册管理暂行办法》（以下简称《办法》）。《办法》的实施，从源头上开始解决民间中医的合法从业、生存和传承问题，为民间中医的发展打开了一扇窗口。可以预见，随着中医药事业发展战略的推进，取得《中医（专长）医师资格证书》的民间中医（专长）医师队伍将越来越庞大，民间中医的活力将日益增强。

在推进过程，特别是考前培训环节还存在不少问题。一是培训资格许可缺位。目前大多数对外从事中医医术（专长）医师资格考核培训的民营机构均无“教育培训”的经营范围，更别提“中医医术教育培训”。医生职业技能和资格培训应秉持科学、严谨、规范原则，容不得“滥竽充数”，但《民办教育促进法》《中医药法》对此类情形未做出明确规定。二是考前培训规定不一。对29个省（市、区）卫健委按照《办法》要求出台的实施细则分析发现，在资格培训要求上理解不一，政出多样。三是违规承诺乱象频发。部分“培训机构”发布“拿不到证全额退款、包过、拿证零风险”等欺骗性用语。部分机构代为介绍推荐医师、代写综述材料、代填相关表格、为不符合要求的学员出具虚假材料等，并因此收取价格不菲的服务费用。不少招生中介人员从培训费中提取高额返点，无视诚实守信原则，导致招生、培训、考核过程各种违约、作弊行为的产生。四是失诚失信引发纠纷。《办法》公布后，以营利为目的超经

营范围甚至涉嫌诈骗的各类培训招生广告充斥互联网、自媒体平台，最终引发纠纷。2019年，网络平台“基层医师公社”报道，遭“中华岐黄”被骗乡医不低于1500人，波及川苏浙豫多个省市，个人被骗学费为2.8万—4万元不等。

建议：

（一）**完善规章，前置培训许可**。《中医药法》第四章第35、37条对师承教育、基层医务人员中医药基本知识和技能的培训均作出明确规定。中医（专长）医师资格事关人民群众的疾病治疗和身体健康，其考核事关民间中医的合法从业与传承，执业人员的培训应以科学、严谨和有效为原则严格规范。可依据此法，或完善《办法》有关规定，或出台培训许可规定及相关解释。

（二）**积极组织，发挥院校优势**。城乡基层医务人员是参加资格考核的主要群体。地方主管部门应按照《中医药法》第35条规定，组织并支持本地区有丰富临床经验和技术专长的中医医师和学院专业师资力量，针对性开展中医药理论、技法的传道受业，加强考核申报资料的科学指导，着力解决那些有丰富实践经验、疗效明确但学历偏低的老中医实际困难，推动民间中医药事业的传承和发展。

（三）**强化监管，严查违法行为**。一是严格审批。针对广告批件均未挂网并难以查证的情况，市场监管部门应严格落实广告审批制度，建立广告查询平台，完善查询办法和条件。二是强化监管。针对部分机构超核准经营范围对外开展培训、虚假承诺、代办资料等违法行为，严格按照相关法律法规从严查处，保护消费者合法权益。三是专账专管。实行专账专户的培训资金安全监管，加强对培训机构的监管，有效避免“钱交了人跑了”，减少民间中医因被骗而对政策产生负面情绪的现象。

王坚，九三学社宜春市委会专职副主委；晏锦武，宜春市森峰建设工程有限公司董事长。

方建芳

2016年，反映社情民意信息：新农村建设扶持政策应避免“华而不实”

中共十六届五中全会提出要把农村建设成“生产发展、生活富裕、乡风文明、村容整洁、管理民主”的社会主义新农村。国家进一步加大了工业反哺农业、城市支持农村的力度，出台了一系列“三农”扶持政策和措施，中央和地方各级政府推进了许多资金扶持补助项目建设，使农村面貌发生了巨大变化，百姓生活有了极大提高。

但是，许多惠民惠农政策存在脱离农村实际、缺乏科学论证、实施效果不佳、运行资金不足等问题。如，过去发挥巨大作用的农村沼气工程在现阶段因沼气发酵原料剧减，原有的户用沼气池已经渐次停用，此时加大农村沼气推广力度已不符合农村发展实际。但是 2009 年后中央和省级不仅提高了补助标准、省级有关行政部门还每年下达给各县市区任务指标并纳入地方政府年度考核目标。农民新建与维护沼气池要花掉许多资金，而使用率并不高。故在户用沼气上，农民并未得到多少实惠反而是加重了负担。农村垃圾中小型（简易）焚烧炉工程采取直烧直排的简易焚烧方式处理垃圾，既不科学也不环保，易造成二次污染，并且运行成本过大、运营资金难以落实到位，加大了村级运转经费负担。由此可见，部分中央和省级农村补助项目没有起到真正惠民惠农目的，还造成了巨大的资金浪费。

建议：

（一）要做足做好基层调研工作，要深入基层，全面深入地了解农村的实际情况，收集基层的意见和建议，尤其是新农村建设中有文化懂技术会经营的农民的心声与意见建议，同时还要广泛地听取基层各部门和社会人士的意见，使新出台的扶持政策既具针对性又有前瞻性，能实实在在地解决农民和农村迫切需要解决的问题，能符合农村真实的发展趋势，努力把失误和浪费减到最低限度。

（二）要扎实做好项目的科学论证和环境影响评估，把项目对环境的不良影响降到最低，使每个项目都符合环境保护、生态发展的要求，真正做到绿色崛起。

（三）要正视农村基层的财力困难局面，对扶持政策的运行要予以长期财力支持，加大对扶持工程项目的后续资金扶持力度，对扶持工程和项目要树立“既重建更重养、关键在养”的理念。

（四）要建立科学的考核机制，既要考核项目的建设情况，更要考核建成后的运营和维护情况及其效益，考核结果不能作为减低上级规定的运营补助标准的依据，要摒除“重建轻养”的陋习。

（五）解决新农村建设资金问题，关键还是要全力重塑村级集体经济，逐步恢复村级自身的造血功能，增加村级集体收入，这样才能从根本上破解新农村建设项目运行经费靠“要”的扭曲局面。

方建芳，九三学社景德镇市委会信息员。

吕传玉

2020年，反映社情民意信息：建议引导快递驿站作为包装回收再利用节点

据统计，快递包装废弃物占到城市固体废弃物的近40%。快递业务量增长快、“过度包装”“回收率低”都是国家解决快递包装污染问题遇到的难题。特别是在回收上，由于环保可降解的包装材料价格比较高，部分快递企业仍然采用传统的不可降解的塑料袋和胶带，且包装循环使用周期短，回收工作量大，回收成本甚至大于购置新材料的成本，导致回收利用率低。因此，迫切需要规范快递包装并找到合适的节点来回收和利用快递包装。愈来愈多的快递驿站，可以很好地承担这个节点功能。

建议：

（一）**加快快递包装标准化进程**。制定行业标准，明确快递包装箱的使用材料标准、结构标准、封装标准、容积标准等，符合重复使用且环保的条件。

（二）**政策上鼓励和支持快递包装回收再利用**。快递箱能否利用起来，最重要的就是调动快递企业和回收点（如快递驿站）的积极性。建议采取购买补贴的形式鼓励四通一达、顺丰、京东等快递企业使用可重复使用快递箱，并鼓励快递企业将补贴部分转移到驿站抽成收益上。

（三）**购物网站尝试新的快递购物包邮模式**。从主流的京东、天猫、苏宁易购等购物网站开始，设计更符合可重复使用快递箱应用的购物快递模式，比如购物者以先行支付快递费，快递驿站确认收货并回收包装盒后返还“绿色快递红包”的方式，让消费者逐步养成主动退还外包装的习惯。

（四）**在快递驿站设立回收箱和回收激励计划**。政府应联合快递设立绿色回收基金，用经济手段鼓励快递员送件后即时回收包装，以奖金、快递费抵扣券、积分等类似的方式鼓励消费者主动参与回收，鼓励市民将快递包装拆分折叠送至驿站换取代用券、积分等，实现快递包装的“零废弃”。用户在快递驿站寄出快递时就可以选择优惠的绿色循环包装盒，取快递时退还绿色循环包装盒。

（五）**重视媒体的引导和宣传**。通过媒体的宣传作用，让广大用户主动选择可循环使用的快递箱。同时采取类似之前超市塑料袋管理的政策提高一次性快递包装的使

用成本，这样才可以从根本上减少快递垃圾的产生，让网上购物带来更环保更清洁的快递环境。

吕传玉，九三学社社员，国网江西省电力公司吉安供电公司工程师。

李 婧

一、2021 年，反映社情民意信息：网络“刷单炒信”亟待制度规范

2021 年，市场监管总局加大网络不正当竞争行为监管力度，严厉打击组织专业团队，利用网络软文、网络红人、知名博主带货等方式进行“刷单炒信”、虚假宣传等不正当竞争行为。网络刷单行为屡禁不止，不仅损害公平竞争的市场秩序，更是在很大程度上欺骗、误导消费者，损害了广大消费者的合法权益，亟待制度规范、大力整治。存在的乱象有：一是雇用“网络水军”虚假引流。二是利用“得实惠心态”虚假交易。三是伪造交易“快递空邮件”耗费物流资源。

建议：

（一）**完善法律法规**。发挥立法引领的推动作用，明确刷单行为违法，规定电子商务经营者应当全面、真实、准确、及时地披露商品或者服务信息，保障消费者的知情权和选择权。不得以虚构交易、编造用户评价等方式进行虚假或者引人误解的商业宣传，欺骗、误导消费者。

（二）**加大惩处力度**。市场监管、公安、司法等相关部门要强化市场信用建设，对反复刷单的商家予以行政处罚，对于规模化、团伙化的“刷单炒信”行为，在加大行政处罚力度的同时，还应当加大行刑衔接力度，构成犯罪的，要依法移送司法部门追究其刑事责任。

（三）**加强平台自律**。网购平台可以通过社交群体反作弊、物流空包、刷单资金网络等算法，分析商家行为，从刷单行为的每一个环节入手，建立覆盖全链路的大数据实时风控与稽查系统，严格管控平台商家的刷单行为，营造公开客观的购物评价氛围。

二、2022 年，反映社情民意信息：警惕窨井盖成为城市管理灰色区

近年来，窨井“伤人”“吃人”并非个例，而是我们身边频频发生的安全事故。窨井遍布城乡街道，能否管好，既反映市域治理现代化水平，又关乎城乡居民公共安全。守护群众“脚底下的安全”，封堵住窨井“吃人的嘴”，窨井盖安全隐患“老大难”问题盼多方协同发力，更需智慧赋能。

目前，窨井主要存在三个方面的问题。一是缺乏统一标准。窨井盖购买主体多元化，产品出售的限制约束少；窨井盖的型号规格没有统一标准，为自产自销模式。在城市的社区内，物业公司统一购买维护窨井盖，但经常购买之后不负责、管理维护不严密，留下诸多隐患。二是维修更新滞后。目前很多城市的窨井盖为一次性直接安装，并无使用年限，且商家只负责销售，不负责后续维修，这就导致部分地区窨井盖维修更新不及时。此外，在由私营部门负责的范围内，往往会出现检查维护不到位的情况，无人负责，安全隐患大。三是技术手段落后。目前，大量散落在城乡的井眼数量和位置普查大多按“属地管理”排查统计，管理手段以人工巡检为主，窨井盖偷盗、丢失、位移等情况屡屡发生。“互联网 + 窨井”实时管理窨井盖技术推广并未全国普及，数字化、智能化手段仍旧滞后。

建议：

（一）**理顺管理机制**。一是对窨井盖实施统一编号、协调管理，强化对窨井盖从采购、施工、使用到管理、维护的“全链条”治理。二是改变“多头管理、权责不明”的弊端，城市供水、排水、燃气等窨井盖权属单位按照各自职责，承担各自窨井盖管理责任，依法规范管理，不断完善窨井盖安全管理法规制度。

（二）**加强养护巡查**。城管、住建、交通等相关职能部门应加强日常养护巡查，在建设、维修、养护等施工过程中，切实做好现场围挡方式和安全警示提醒工作，对低洼、易涝等地区窨井，应加装防坠措施；对已确认为废井的窨井，应限期填埋。可借鉴杭州等地做法，在窨井下方加装尼龙防护网，即使发生破损或缺失情况，也可起保护作用。

（三）**完善技术规范**。可通过采取智慧化手段、加装智能设备，充分运用人工智能、大数据、天网视频共享等新技术管理城乡窨井盖，依托数字化城管平台，实现窨井定位、电子档案、状态感知、信息预警等信息化、智慧化功能。建立城乡井盖智能化监控系统，实现井盖丢失、位移等情况实时自动报警，做到井盖问题第一时间上报、快速处置，切实提升城市精细化管理水平。

李婧，九三学社社员、九三学社吉安市委会机关干部。

肖云辉

2015 年，反映社情民意信息：改进和完善保护性开采特定矿种管理的建议

1986 年颁布的《中华人民共和国矿产资源法》确立保护性开采特定矿种管理制度，为加强资源管理、科学保护资源、维护该类矿产全球市场供需平衡和可持续发展发挥了积极作用。然而，经过将近 30 年的经济社会发展，我国保护性开采特定矿种管理从立法、矿种选择、管理职能等方面都无法满足新形势的需要。保护性开采特定矿种管理存在不少问题，如：一是立法工作有待加强。目前对保护性矿种进行监督管理的主要依据仍然是规范性文件和部门规章，未上升到国家法律法规的高度。二是矿种确定有待完善。对我国短缺、国际公认为战略资源的稀有金属没有通过确定为保护性开采特定矿种实行有效保护，矿种范围不够全面。三是管理职责有待理顺。不同部门对保护性开采特定矿种的资质同一事项重复进行行政许可。四是管理方法有待完善。五是保障制度有待建立。对开采保护性开采的特定矿种一般性的违规行为缺乏处罚规定，法律责任不分明。

建议：

（一）**推进立法工作**。改进和完善保护性开采特定矿种管理必须坚持立法先行，发挥立法的引领和推动作用。随着市场经济体制的建立，需要对计划经济时期制定的有关保护性开采特定矿种管理法律法规进行修改完善。加快推动保护性开采特定矿种法律法规的制定，以规范勘探、开采、冶炼、加工及国内外贸易、储备管理等生产经营秩序，规范管理体制建立，明确相关法律责任。

（二）**理顺管理职能**。明确矿种确定权限，重新界定实行保护性开采的特定矿种确定权限，应由国土资源部负责矿种确定或撤销的具体事宜，会商国家发改委等部门并报国务院批准，严禁地方政府自行设立实行保护性开采的特定矿种。理顺管理职能，避免不同部门对保护性开采特定矿种的资质同一事项进行重复行政许可，由国土资源部门依法承担具有实行保护性开采特定矿种资质管理职责。

（三）**建立矿种设立机制**。明确设立目的，设立实行保护性开采特定矿种是为国民经济建设和高科技发展及国防军工产业的需要，并根据资源稀缺程度，由国务院批准，实行计划开采。完善矿种设定范围，既包括我国优势稀有矿产资源以及短缺稀有矿产资源。建立矿种设立机制，确定或者撤销实行保护性开采的特定矿种应实行定期

评估设立机制和短期应急设立机制。定期评估设立机制针对我国稀有金属资源现状、勘探前景、供需情况全面进行评估，确定或撤销实行保护性开采的特定矿种。短期应急设立机制针对技术进步、成矿理论取得突破、找矿成果爆发性增长的稀有矿产资源矿种进行评估，确定对其实行保护性开采。

（四）完善计划管理。实行产能总量管理，对保护性开采特定矿种开采通过产能总量管理来实行有计划开采。加强现有保护性开采特定矿种开采矿山产能管理，控制现有矿山规模扩张，防止借矿山整合之名而变相扩张规模。改进开采总量控制，科学确定年度开采总量指标。

（五）健全保障机制。加强规划引导。要从国情、行情出发，按照转变经济增长方式的要求，研究矿业发展，做好规划编制工作。完善计划勘查。建立计划勘查制度，按照矿产资源规划，根据相关产业政策、资源储量变化、市场需求、产能变动等因素，编制勘查工作计划。建立收储制度。保护性开采特定矿种收储以矿产地收储为主，矿产品收储为辅。对优势矿种矿产品收储以商业储备为主，以战略储备为辅；对短缺矿种矿产品收储以战略储备为主，一般不进行商业储备。加强监督管理。健全管理体制，认真履行管理职责，提高人员素质和装备水平，充分发挥各级管理部门作用，强化对保护性开采特定矿种矿产开发利用和保护的监督管理工作。

肖云辉，九三学社省直大院基层委员会副主委，江西省黄金管理局高级工程师。

邹 雯

2020 年，反映社情民意信息：学术期刊论文出版乱象亟待解决

教育部、科技部要求高等学校不要以 SCI 论文作为学术指标，但在学术期刊上发表论文仍是学术研究链条中重要的一环。

目前，学术期刊论文的出版乱象繁杂，存在几个方面问题：一是各高校认定期刊级别由学校自定。各高校教师都有科研积分任务，发表论文和申请科研项目有相应积分，但不同科研任务对应的积分档次级别由学校自主认定。虽然有权威机构对学术期刊进行评级，但同一本期刊在各高校的认定级别并不完全相同，而同一级别的两本期刊在同一学校内的认定级别也不一定完全相同。二是各学术期刊针对来稿

的重复率要求由各期刊自行决定，无规范化要求，且期刊检测数据库范围不同。各学术期刊针对来稿是否检查重复率、重复率具体要求，以及重复率查询中涉及文稿数据库的范围都由各期刊各自规定。三是基金论文所涉及的项目基金无法核实逻辑因果关系，无法核实、无人核实，存在一稿多项目、“张冠李戴”，套取项目资金现象。许多科研工作者在某一时段内需要结题的课题项目不止一个，就可能用一篇论文作为多个课题的结题论文，其中有些课题与论文内容毫无关联。但这些问题，从期刊一方来说无法核实、无权核实，从课题项目验收来说，只要有一篇论文即可满足要求，无人核实论文与课题的相关性。四是一稿多投、一稿多刊现象存在，且目前无有效手段事先预防和消除，只能依靠作者的自觉性。现在许多作者都是“撒网式”的一稿多投，甚至更有作者是故意在知晓论文已被录用将被刊登的情况下，继续重复投递他刊，这种一稿多刊的学术不端现象时有存在。只要文章在已录用未刊登阶段，就无法查出录用状态，目前也没有有效的手段来预防，即使被发现也可以通过在中国知网上撤稿来取消记录，在知网上撤稿只需要期刊提供合理理由即可成功，没有任何监管规范。

建议：

（一）科研院校针对期刊的级别认定应该以权威机构的评级为准，或者由教育部下达统一标准。

（二）教育部针对学术不端行为的规范和概念过于模糊，需要给出具体的量化标准，适用于所有学术出版行为。

（三）基金项目结题时应仔细核实论文内容与课题的因果关系，且为避免一稿多项目的情况，应该要求一篇论文只能作为一个项目的成果。

（四）针对一稿多投行为可以在数据库端实行报警提示。论文都需要进入数据库才能算成功出版，在录入数据库时，目前国内来说一般指中国知网，可以设置自动查重，重复率过高即可向上传论文的出版单位报警提示。

（五）论文撤销需要出示明确翔实的理由，且需要通过第三方学术机构核实通过，方可撤稿。

邹雯，九三学社社员，中国轻工业陶瓷研究所工程师。

张文彬

2022 年，反映社情民意信息：部分高校“在职教师攻读海外博士”工作需从严把关

2022 年 7 月 7 日，邵阳学院官网发布了一条《出国攻读博士毕业返校与同类型拟引进博士名单待遇公示》的信息，引发热议。该校为支持“在职教师攻读海外博士”，提供补贴 1800 万元，耗费地方二本高校本就不多的公共预算拨款，产生大批“水博”。

调研发现，无论省内省外的高校，此类情况均不在少数，且工作方案有趋同性，攻读专业以文科为主，目标国家为菲律宾、马来西亚、泰国、韩国等。相应高校表示，这也属于各项申报评估工作“博士率”的指标要求下的“无奈之举”。作为为党育人、为国育才主阵地的高校，成为“文凭批发”的主要市场，后患无穷：一是冲击现有高校师资队伍建设，部分队伍鱼龙混杂，抑制了优秀人才的引进；二是弱化了高校的社会服务功能，“水博”空有“帽子”，在地方产业的创新与发展中用不上，而真正急需人才的却引不进；三是损害国家人才培养体制体系，不仅带坏了学风，还影响高校不当制定、实施了部分政策。

建议：

（一）**高校自身要严起来**。需落实好“在职教师攻读海外博士”工作的公示制度，在关键步骤，特别是涉及具体人才、经费使用方面要严格做好公示，接受公众监督。高校应对在职教师攻读海外博士人员就读方式提出更高要求，确保线下学习时间、毕业论文质量等，入职考核不能免除，聘期考核不能降低标准。

（二）**政府监督要立起来**。主管部门要有“防患于未然”的警觉，对部分高校“在职教师攻读海外博士”工作进行更严格的把关，指导高校用好办学自主权。教育部留服中心对学历认证要更精准分析，提前研判，提高认证要求，把好认证关。要求高校形成专项报告，供上级部门巡视使用，对其中可能涉及的利益交换、浪费公共资源、乱作为等，严肃问责，建立健全经得起考验的工作机制。

（三）**帮扶举措要实起来**。教育主管部门对不同类型高校“博士化率”的要求不能“一刀切”，要把调整“博士化率”要求当作中西部地区高等教育发展政策性支持的一部分。更重要的是，国家层面要积极出台各项优惠政策，鼓励优秀博士流向中西部地级市高校。

张文彬，九三学社社员，宜春学院化学与生物工程学院副院长。

张立卿

2020 年，反映社情民意信息：大学校园售卖槟榔危害学生身心健康应予禁止

世界卫生组织早在 2003 年就已将槟榔列为一级致癌物，国家食药监总局 2017 年发布的致癌物完整清单，槟榔果亦被列为一类致癌物，且嚼食槟榔会对神经系统造成不良影响，包括中毒、成瘾和戒断症状。然而，近期观察发现，多家高校超市有槟榔售卖，有的学生超市还将槟榔摆放在结账台附近的显眼位置销售。

为了解大学生对咀嚼槟榔危害的认识情况，以及大学超市的槟榔售卖对大学生咀嚼槟榔是否存在引导作用，对高校学生进行网络问卷调查显示：槟榔嚼食率为 14.52%，在初中或初中以前初次尝试嚼食槟榔者占比 61.36%，在高中期间初次尝试嚼食槟榔者占比 15.91%，在大学期间初次尝试嚼食槟榔者占比 22.73%。这说明初中和小学是进行学生嚼食槟榔行为干预、防止“嚼食第一颗槟榔”的关键时期。同时，调查显示学生嚼槟榔的主要原因为单纯的喜好，有的是为了提神和缓解压力甚至好奇心驱使，对嚼食槟榔危害性、成瘾性认知不足。调研表明，在大学期间初次尝试嚼食槟榔的学生中，有 70% 的人第一次获得槟榔的场所是在大学超市或小卖部，84.49% 的人认为学校超市售卖槟榔会对学生尝试嚼食槟榔有一定引导作用，76.90% 的人不支持校园超市或小卖部售卖槟榔。

建议：

（一）**政府相关部门应对校园贩卖槟榔采取干预措施**。槟榔虽然为部分人带来丰厚收入，但负面影响远远高于所获利益。如，盲目扩大种植槟榔所造成的原始植被的破坏；随意乱吐槟榔渣而衍生的环境污染；更严重的是槟榔对嚼食者健康所造成的伤害。校园贩卖槟榔会对大学生咀嚼槟榔起到显著的引导作用，这将影响到学生的身体素质和精神面貌。因此，需要政府部门尽快完善相应的法律法规，禁止在大学校园售卖槟榔。

（二）**学校应加强对槟榔危害性的宣传和科普**。槟榔是仅次于烟草、酒精和咖啡的世界第四大成瘾性消费品，嚼食槟榔不仅危害学生生理健康，还会对学生心理健康产生负面影响。建议通过线下和线上讲座、海报宣传、有奖知识竞赛等，加强对槟榔危害性的宣传科普。

（三）**学生应加强自身修养**。增强对学生的心理疏导，引导学生加强自身修养，

养成良好的自我管理意识，用健康正确方式缓解压力和调节情绪，切莫陷入嚼食槟榔泥潭而难以自拔。

张立卿，九三学社社员，华东交通大学讲师。

饶　治

2019 年，反映社情民意信息：部分农业合作社有其名无其实现象需引起重视

自 2007 年 7 月 1 日颁布实施《农民专业合作社法》以来，我国农业合作社发展迅速，但有部分农业合作社有其名无其实，最终沦为“空壳社”。究其原因，主要有：准入门槛异常低，农业合作社在市场监督管理部门注册登记时，既不收费，也不验资，更不年检；退出机制不健全，虽然准入门槛低，但其退出市场的流程却异常复杂，一些准备放弃经营的合作社在没有营业执照的情况下若想注销，程序烦琐，需要聘请第三方机构才能进行，并且注销费用高达上千元；政策扶持不连续，各级部门虽然对农民专业合作社有扶持政策，但由于合作社数量发展较快，一个合作社往往很难持续享受政策扶持；相关信息不通畅，合作社由于成立在农村，且成立数量较多，政府相关部门监管难度较大。“空壳社”的问题，本质上是农业合作社的管理机制问题，应引起高度重视。

建议：

（一）**完善准入制度**。加强农业合作社准入条件审核，制定合适的准入审核标准，对合作社人员、章程、资产、硬件设施及办公场地等提出具体要求。比如，合作社负责人、专业技术人员和财务管理人员应当具有一定的学历、职称或职业技能证书，或者经过农业合作社相关法规、规章、岗位职责、财务管理知识以及相关专业技术知识的培训和继续教育。要避免“一放就乱、一管就死”的现象发生。

（二）**健全退出机制**。一是对于债权债务清算完结，主动申请注销的合作社，应采取简易注销的方式进行注销，尽量降低合作社的“注销”门槛。二是对“僵尸社”“空壳社”等要限期整改。如果整改后依然达不到要求，市场监督管理部门要及时依法强制注销；对以虚假材料申请登记甚至违法经营的合作社，要坚决取缔。

（三）**强化政策扶持**。因地制宜，制定并出台一些符合当地合作社发展现状的帮

扶政策，尤其是出台一些有利于扶持农民合作社持续健康发展的优惠政策，并做好政策执行和监督检查工作。

（四）加强财务管理。合作社的账簿能够直观反映合作社的运行情况，所以通过加强合作社财务管理，能够有效控制“空壳社”的发生。组织相关培训，提高合作社成员财务管理能力的同时，促使合作社加强“一册三簿”的建设。

（五）搞好协调服务。各级服务组织应各自职责分工，服从大局，相互之间加大信息共享力度，共同推进农民专业合作社规范化建设。对发展势头好、带动能力强的农民专业合作社，应连续扶持，真正起到“建一个组织，兴一项产业，活一地经济，富一方百姓”的作用。

饶治，九三学社社员。

郭　熙

2019年，反映社情民意信息：建议做好村庄规划助力乡村振兴

2019年1月，国家五部委印发《关于统筹推进村庄规划工作的意见》。通过对江西赣州市、鹰潭市等地调研发现，大部分村庄没有编制规划，即使编制了村庄规划也是在5年前编制的新农村建设规划，而且大部分没有按照规划实施。目前，村庄规划编制与实施存在四个方面主要问题。一是村庄规划呈现出产业导向不明确、产业特色发掘不到位等特征，阻碍村域经济的发展。二是村庄规划编制整体滞后，缺乏系统性和完整性。三是村庄规划水平标准较低，单调雷同。部分村庄布局较散乱，建设无序。四是村庄规划执行力不到位，管理机构不健全，建设管理乏力。

建议：

（一）以机构改革为契机，按村域编制以乡村振兴为导向的空间规划。借助机构改革的契机，统筹安排村域范围内的建设空间、农业空间及生态空间。同时以土地利用总体规划为基础，充分衔接城乡规划、产业规划、生态环境保护规划等相关规划内容，协调规划期限、范围、发展定位等要素，同时落实基本农田保护红线、城市开发边界及生态保护红线等刚性条件，消除多个规划之间的空间矛盾，实现图数一体化，以乡村振兴为导向，编制多个规划衔接的空间规划。

（二）**尊重民意，体现村民意志的村规才有生命力**。村庄规划涉及村集体和广大村民的切身利益，因此村庄规划的前期调查需要充分考虑村民的规划诉求，尽可能地协调好各方的利益冲突，编制的规划能够体现各方的利益且能促进效益最大化，能够得到广大村民的支持。

（三）**尊重历史，体现乡愁、体现地方特色**。不是每个村落都需要编制村庄规划。对于逐渐消亡的村落可以考虑“迁村并点”；对于有产业基础的村落，通过村庄规划的编制，挖掘出适合该村经济发展的路径；对于具有历史文化和地方特色的村落，诸如赣北的徽派建筑、赣中的庐陵建筑及赣南的客家围屋，都应该通过村庄规划对其进行保护。

（四）**注重落实，强化资金支持**。建议建立以县、乡两级政府为主要资金扶持的村庄规划，保障村庄规划前期编制有效进行的同时，也避免了在规划实施阶段各部门推诿扯皮，在县、乡两级政府的支持下，推动村庄规划的有效实施。

郭熙，九三学社社员，江西农业大学副教授。

蒋　勇

2020年，反映社情民意信息：管好药物实名制的“最后一百米”

为避免药物滥用、乱用、违法使用，卫生健康、市场监管、医保等职能部门都出台了关于药物实名制管理的各类规定。然而从实名制管理一线的药店来说，往往觉得疲于应付流于形式；对老百姓来说，药物实名制管理对自身健康管理无益处、无获得感；对相关职能部门来说，收集的数据因无跨部门协作管控效果不佳。

建议：

（一）**实现归口一网管理**。各类实名制药物的使用，应统一到医疗保障部门实行集中管理。充分利用好实体医保卡、电子医保凭证等已有医保平台进行登记后销售，既记录相关药品购销情况又实现一个数据平台归集所有相关医疗记录，既方便群众也利于管理。

（二）**药企应做好源头管理**。药品生产企业应进一步加强药品电子溯源码建设，并将相关工作做实做细。药品销售企业应全面接入医保网络，购、销、存全流程接入医保信息系统，实现药品从生产到流通到消费者全过程“一码管理、一网记录”。

（三）**既抓服务更抓监管**。对药品销售企业来说是服务性行业，在销售环节应守住实名制管理底线，严格查验并准确录入相关信息。医疗保障部门、市场监管部门应对实名制登记情况进行抽查、检查，全面督导检查各药店落实情况，及时发现问题，及时整改。未按要求进行实名制登记的药店，一经发现，严肃处理。造成严重后果的，依法追究责任。

蒋勇，九三学社社员，上饶市医保局长期护理保险办公室主任。

童　华

2020 年，反映社情民意信息：城市地下综合管廊建设面临的难点及建议

2014 年 6 月，国务院出台《关于加强城市地下管线建设管理的指导意见》，提出“稳步推进城市地下综合管廊建设”，并在 36 个大中城市启动试点工作。随后，各地相继出台实施意见，城市地下管廊建设取得良好实效。然而，调研发现还存在不少问题：一是权责机制方面存在欠缺。大多数城市都没有准确的综合性地下管网图，管线管理条块分割、缺少有效的统筹协调机制，又难以清晰划分运行维护的责任。二是建设投入方面存在困难。虽然综合管廊的综合效益较好，但一次性投资要高于管线独立铺设的成本，再加上后期城市管廊维养费用，仅靠政府预算来完全承担显然压力过大，而各产权单位又基本都是以收定支，在经济核算过程中很难根据使用性质摊销投资费用。三是运营管理方面存在矛盾。城市地下综合管廊属于城市基础设施，具有公共产品的属性；同时，对入廊管线收取入廊费、管理费等，又具备经营性的特征。如何处理好政府与其他投资主体之间的关系，成为创新管廊建设投融资体系、持续良好运营管理的关键。四是法律法规存在滞后。各地多以成立专业化的管廊管理公司对地下管廊进行运营管理，但入廊管线产权单位有燃气、供水、供电、排水、通信及有线电视运营商等多家，要实现快速、高效的联动处理能力，运维方面的法律法规必不可少。

建议：

（一）**立足长远，实现管廊可持续发展**。从管廊投资的效益看，管廊建设应成网

成片才能更好发挥其效益。要科学评估即时建设和可持续发展的关系，以实现短期快速建设与长期有序推进的统一、满足目前功能和远期拓展的统一。要加快编制城市综合管廊专项规划，结合城市地下空间开发、旧城改造、道路改造、轨道交通建设、人防和地下综合体建设等专项规划，合理确定地下管廊建设区域和布局，明确建设规模和建设时序，久久为功，稳步推进。

（二）**拓宽渠道，创新管廊建设投融资体系**。管廊项目投资巨大，综合收益主要体现在项目本身以外的城市管线安全、城市交通、景观等外部效应和长期低成本优势，单从经济效益看基本是入不敷出的。要继续发挥政府财政资金“四两拨千斤”的作用，要持续探索、创新，进一步拓宽投融资渠道，广泛吸收社会资本参与。大力推动 PPP 模式作为主要融资渠道；通过特许经营、财政补贴、购买服务、发行债券等方式，科学合理引入社会资本投资综合管廊建设；建立完善强制性入廊制度和收费制度，吸引多方面资金投资。

（三）**完善相关法律法规，强化入廊管理**。综合管廊建设涉及多个方面，要不断探索、建立、完善管廊建设、投资、运营、管理全过程配套的法律体系，明确各主体法律责任，为管廊建设管理提供法律保障。要建立强制入廊制度及收费标准，对建设资金的分担、产权有偿使用等关键问题做出明确的规定，保障入廊单位的权益，提高其积极性。

（四）推动管廊建设技术创新，做好“四个结合”。综合管廊与智慧城市、海绵城市等主题紧密相关，应充分考虑城市发展愿景，满足城市地下空间战略规划，鼓励采用新技术、新工艺，做好与装配式技术相结合、与地下空间建设相结合、与海绵城市建设相结合、与互联网智慧理念相结合的“四个结合”，实现可持续发展。

童华，九三学社社员，南昌市城乡建设委员会办公室主任。

曾庆銮

2019 年，反映社情民意信息：建议加快构建脐橙（柑橘）无病毒苗木繁育与供应体系

无病毒苗木的繁育和供应作为黄龙病防控的三大措施之一，近年来在江西获得较

快发展。2012 年柑橘黄龙病爆发时，全省只有一家能繁育脐橙无病毒苗木的企业，脐橙无病毒采穗树不到 3000 株，无病毒苗木繁育能力不到 50 万株。到 2018 年底，赣州有了 13 个合格的脐橙无病毒苗木繁育企业，脐橙采穗树 11.5 万多株，脐橙无病毒容器苗木繁育能力达到 1500 万株。抚州、吉安、新余、上饶（广丰）等地也相继建成了柑橘无病毒苗木繁育企业。尽管如此，目前仍存在不少问题：一是基础较差，设施不完善，主要是道路系统不完善，无水肥一体化系统，防虫网棚标准不高，采穗圃、拌料棚、输送器械等配套不够等。二是苗木供应程序规范性不够，主要是供应数量与实际开发面积一致性不够，计划性不强，基本没有预订。三是苗木的监管缺乏有效的手段。

建议：

（一）加大投入，把良种苗木繁育基地建设纳入高标准良田建设内容，提高柑橘无病毒苗圃档次。一是修建苗圃内高标准路网系统，方便繁育材料和苗木的运输。二是建设高标准水肥和病虫防控系统，实现水肥和喷药一体化。三是建造高标准的钢架拱形连栋防虫网棚。四是安装苗木繁育视频系统，实现苗木生产和管理的远程监控。

（二）建立苗木供应与调运程序。规范脐橙（柑橘）无病毒苗木的供应和有序调运，确保脐橙（柑橘）无病毒苗木的质量和果农利益。果农建立果园后，应先申报需苗数量并跟苗木繁育场签订购苗合同，繁育场根据订单繁育所需苗木的程序，并确保脐橙（柑橘）无病毒苗木出圃时有产地检疫合格证和质量合格证。

（三）取缔露天苗木繁育，规范苗木市场。大田露天苗木的砧木和接穗来源不明确，繁育过程又没有全部在防虫网棚内，苗木的质量和安全得不到保障，和农贸市场一样是假、病、劣苗的来源地，容易带入新的黄龙病病源，必须进行清理和整治。

（四）实行定点苗木繁育，进行苗木全程监管。一是实行定点育苗。根据《柑橘苗木产地检疫规程》（GB5040—2003）和柑橘黄龙病防控要求，柑橘无病毒容器苗木生产要实行定点繁育。二是属地管理。对定点繁育场的管理，实行属地管理责任制，各所在县农业、果业部门依法依规对本辖区内的定点繁育场进行监管。三是全程监管。为确保柑橘无病毒苗木的质量，对定点繁育场的苗木生产过程实行全程监管。

（五）制定苗木管理实施办法。建议省级层面根据《种子法》，制定《脐橙（柑橘）无病毒苗木繁育管理实施办法》，规范脐橙（柑橘）无病毒苗木繁育生产和管理的相关要求，确保脐橙（柑橘）无病毒苗木的健康、安全、可靠。

曾庆銮，九三学社社员，赣州市果业局苗木站站长。

曾祥辉　谢　炜

2020年，反映社情民意信息：建筑施工行业农民工租赁宿舍安全管理亟待规范

农民工是城市建设中的一个特殊且不可或缺的人群。为便于统一管理，施工总承包单位或分包单位一般会为外来施工人员提供食宿及相应配套活动设施，在《建筑施工现场环境与卫生标准》（JGJ146—2013）标准规范中对建筑施工的临时设施也有明确规范要求。目前，因施工现场场地限制或工期影响等因素，在工程周边范围内集中租赁民房作为外来施工人员宿舍的现象越来越多，随之引发的安全问题也越来越凸显。

租赁房屋宿舍存在的安全隐患多为用电、用气安全：一是施工单位为节约成本，多租赁毛坯房作为农民工宿舍，多数毛坯房未设置用电线路及插座，宿舍用电多选择自行接电。宿舍常使用大功率电器，电路负荷过大加之接电不规范，很容易引起火灾。二是很多农民工选择自行在宿舍做饭，安全意识薄弱，缺乏统一培训及管理，经常会不规范用气而造成极大的安全隐患。很多租赁宿舍难以进行统一管理，未配备排气设施和消防器材，存在重大安全隐患。

建议：

（一）**出台相应政策保障农民工租赁宿舍建设投入**。把农民工租赁宿舍建设投入费用纳入工程建设相关硬性费用范围内，改善租赁宿舍环境，保证农民工租赁宿舍建设投入。

（二）**制定统一标准规范农民工租赁宿舍安全管理**。制定统一管理标准及处罚条例，强化施工单位监管责任。如施工单位因未能按照统一标准建设工区外农民工租赁宿舍产生安全隐患，施工单位将接受相应的行政处罚，从而提高农民工租赁宿舍条件，减少安全事故发生概率。规范标准中可要求施工单位建立施工人员宿舍使用安全培训及考核机制，对宿舍安全用电、安全用气等相关知识进行普及，建立培训档案。健全宿舍安全管理制度，发现违规用电用气等现象进行处罚并形成处罚台账，同时施工单位要对违规人员进行再教育，做到闭环管理，从根源上杜绝宿舍使用安全隐患。

（三）**建议完善对农民工租赁宿舍的配备及安全设施等相应规范标准**。《建筑施工现场环境与卫生标准》中对临时板房宿舍的配备及安全设施有具体规范要求，但对建设工程范围之外的农民工租赁宿舍并无明确规范。建议完善对建设工程劳务人员宿舍的配备及安全设施相应规范要求，把租赁宿舍加入规范要求之中。

（四）**强化监管执法**。建议相关监管部门强化农民工租赁宿舍的隐患排查工作，可通过不定期抽查、定期排查、暗访检查等方式开展检查工作。发现隐患后应及时督促施工单位限期整改到位，如限期整改不到位，应严格依照相关规定对施工单位进行行政处罚。

曾祥辉，吉安市政协委员、九三学社吉安市委会办公室主任；谢炜，九三学社社员。

熊兆亮

2022 年，反映社情民意信息：警惕汤加火山爆发造成大范围长时期气候异常对粮食生产的持续不利影响

粮食安全是国家重大战略性问题，抓好粮食生产是保障国家粮食安全的重要抓手，新冠疫情暴发以来国家对抓好粮食生产尤为重视，而水稻又是我国主粮之一。前期美国有科学家认为汤加火山爆发对气候影响不大，随后我国也有气象专家认为影响不大。但近日调研发现，长江中下游早稻产区出现大面积早稻生长期延长 7 天甚至 10 天以上的情况，势必对今年早稻产量和后期晚稻的播种、生长造成不利影响。为保障粮食安全，加强影响粮食生产的气象研究实有必要。从目前现象看后果，汤加火山爆发对气候和粮食生产影响不小，根据目前早稻生长态势、田间观测和中央气象台数据，今年长江中下游地区甚至华南地区截至目前的气候无疑是异常的，长江中下游降水持续至今，早稻大面积不同程度减产，病害风险加大；同时，因早稻生长期延长，势必挤压晚稻播种时间，产量和品质下降风险增大。从相关案例中推测，汤加火山爆发对气候异常的影响并不仅限于目前，如后期仍有气候异常，则早稻病害风险以及晚稻产量和品质下降风险将进一步增加，今年乃至明年粮食减产风险极大。

建议：

（一）**尽快加强气象研究与测报**。提高我国气象预报和预测能力，对可能导致我国粮食减产的气候异常因素开展关联性分析研究，以预测异常气候、做出准确预报。应当从最恶劣的角度出发，及早划出粮食产量可能的异常范围及时期，并提出减缓和应对对粮食生产不利影响的针对性措施。

（二）**及时有效向种粮农户宣传传递相关气象预报和预警信息**。加强气象部门与

农业部门的合作，及时将研究与预测结果以新媒体、手机短信、公开信明白纸以及基层宣传培训等多种有效方式传递到种粮农户，确保信息植入“最后一公里”内，确保种粮农户了解异常气候发生的可能和对粮食生产的影响。

（三）**针对性提出和推广减缓与应对当前和预期异常气候的适宜农业技术**。农业部门及时提出减缓与应对的针对性农业技术，如目前早稻需尽快采取的应对阴雨低温气候的田间管理措施，以及后期晚稻短生育期早熟品种的推荐推广，乃至选育和相适的种植管理技术措施等，并通过有效途径及时准确将其传递到种粮农户。

熊兆亮，九三学社社员，江西海量规划设计研究院院长。

九三学社南昌市委会

2020 年，反映社情民意信息：关于推动医院建立专职陪护队伍的建议

“一人住院，全家受累”是不少家庭的切身体会，独生子女应对更难。随着社会老龄化的加剧，社会节奏的加快，这种现象日趋加剧，护工成为越来越多家庭的选择。但市场上存在陪护人员素质参差不齐，陪护行业没有统一的规范化标准，陪护市场人员缺口很大等问题。一是缺少资质认证。迄今为止，国家劳动部门和卫生行政部门没有陪护工行业的职业标准，因此陪护服务机构、陪护工没有准入门槛，陪护水平完全取决于陪护人员个体素质，给患方带来安全隐患。二是缺少工患双方权益保障机制。由于市场管理不健全，病人家属通过无序的渠道寻找并雇用陪护工，没有正式合同，双方权益都得不到保障。三是缺乏监督机制。大部分陪护人员属于临时工性质，自由度、流动性比较大。由于没有监督管理约束机制，陪护公司及陪护工工作没有得到应有的监督检查，质量不能得到保证。四是缺乏规范管理机制。陪护人员队伍不稳定，缺乏规范管理，医院与陪护工之间没有雇佣关系，医院的规章制度对陪护工没有约束力。由于没有明确的责任划分和保障机制，出现医疗事故难以处理。五是缺乏统一收费标准。陪护人员工资大都是与病人家属临时协商的结果，加之部分陪护工由中介控制，容易造成乱喊价，有些特殊项目还要加价。

建议：

（一）由卫生行政主管部门牵头，各大医院自主专门设立病人陪护部门，由医院直接管理招聘相关陪护人员，进行规范管理。签发上岗证，签订劳务合同，培训考核通过及健康体检后由劳动局签发陪护工上岗合格证。陪护工持证上岗，陪护工、病患签订陪护合同，明确各方责权利。可以参照上海市的医院陪护工建设，陪护工如护士形式工作，根据病人情况一名陪护工可照顾几位病人，价格也非常合理，考核奖惩办法细致，惠及百姓。

（二）经营中介机构需办理许可证。出台陪护工行业职业标准，建立规范的行业规则，做到岗前培训、健康体检后持健康证签订劳务合同，签发上岗证、陪护工持证上岗统一着装陪护。

（三）陪护机构应与医疗单位、陪护工、病患签订陪护合同，明确各方责权利，减少矛盾纠纷。

（四）加强培训。陪护人员上岗前应由专业人员根据实际工作需要制订培训计划，包括职业道德规范、医院规章制度、工作职责、服务内容、基本护理知识和实践技能如：喂食，病人搬运法，床上擦澡法，翻身拍背，热水袋、冰袋、便器的使用，配合护士为卧床病人更换衣服、更换卧位、更换床单的方法等。

九三学社上饶市委会

2020 年，反映社情民意信息：关于做好与人畜共患传染病疫情防控的建议

近期，一场由新型冠状病毒引起的肺炎战“疫”在全国乃至全世界打响。这场新型冠状病毒源头就指向野味。因此，要更好地做好人畜共患疫情的防控工作。

建议：

（一）**严格执行《传染病防治法》**。根据《传染病防治法》第 25 条规定：与人畜共患传染病有关的野生动物、家禽家畜经检疫合格后，方可出售、运输。该法第 75 条有相应的罚则。然而，现实生活中，在城市菜市场、农村集市不乏野生动物、家禽家畜，这些动物都经过检疫了吗？是怎么运到市场上来的？为什么会有屡禁不止的市场？相关部门把这个事当作一项重要的工作部署、抓落实了吗？答案显而易见。因为传染源未被有效阻断，传染病的暴发成为必然。所以，严格执行《传染病防治法》理

应摆上更重要的位置。

（二）**加强预防传染病的健康教育**。政府要加强宣传教育，倡导文明健康的生活方式，不能乱捕乱猎野生动物，不能随便食用野生动物，这既是为人类自身健康着想，也是为了保护生态环境。既要告知群众吃野味可能造成的危害，消除对“食用野味更营养”的迷信思想，又要加强管控，全面加强交易市场管理，严厉打击违法交易活动，有效预防传染病发生。

（三）**科学应对传染病**。一旦出现感染性疾病，特别是传染病后，要注意从三个方面去着手，即控制传染源、切断传播途径、保护易感人群。具体地说，就是一旦有传染病疫情发生，要尽早发现患者，并积极治疗，以控制传染源；在同患者接触的过程中要注意防护，一般是呼吸道传染病很难做到及时切断传播途径，其次是消化道传染病；最后是保护易感者，在没有有效的疫苗之前，一方面是要保持冷静理性，密切关注官方信息，不信谣、不传谣、不造谣，不乱分寸，另一方面是尽量做好个人防护，减少被感染的风险，以避免大范围的传播。

省工商联

胡恩雪

2021年，反映社情民意信息：关于提高家庭科学发现　干预　治疗孤独症谱系障碍能力的建议

家庭是孤独症谱系障碍治疗的薄弱环节，迫切需要提高家庭科学发现、干预、治疗的能力。孤独症谱系障碍（ASD）是一种终身患病的神经系统发育障碍，具体包括孤独症（自闭症）、阿斯伯格综合征、未确认的广泛性发育障碍等。儿童发病后表现出社交障碍、兴趣或活动范围狭窄、重复刻板行为等现象，如不及时干预治疗会对患病儿童产生终身不利影响。当前，孤独症谱系障碍早筛、确诊和干预治疗存在明显的薄弱环节，集中体现在三个方面：第一，早筛机制欠缺让大量患病儿童未能得到及时甄别确诊干预治疗，家长的发现能力不足，容易忽略潜在患者，错失最佳干预窗口

期。第二，家长对孤独症谱系障碍认知滞后降低了治愈率，体现在对其严重性认识错误以及干预方式认识不足，通常表现为两个极端。一是简单地认为儿童只是学习慢、接受慢、发育慢，长大了就会自然好转；二是直接将孤独症谱系障碍儿童错误认定为其他类别的精神残疾。第三，增加了家庭负担和社会成本。对于患有孤独症谱系障碍儿童的家庭而言，不仅需要投入大量的精力、财力帮助儿童康复，更要饱受精神折磨，增加了家庭负担；缺乏科学性的认知和干预措施导致孤独症谱系障碍患者的确诊率和治愈率较低，也增加了社会成本。

建议：

（一）加强科普宣传，帮助家长提高甄别和干预能力，做到及时发现，及早科学干预治疗。以家庭为主要对象，以社区为基本单位，重点加强对孤独症谱系障碍患者的可能反应、对儿童健康发展的不利影响、积极干预治疗的科学方法等内容的宣传，引导家长科学认知、科学发现、科学干预。此外，还需要重点加强对儿童医院医生和幼儿园老师的培训，提高发现异常的能力。

（二）增加公共干预治疗资源投入，建立高质量的普惠的干预治疗机制，提高资源使用效率。当一个家庭不幸出现孤独症谱系障碍患者时，儿童与父母备受折磨。父母不仅要承担巨大的干预治疗成本，还要承受精神压力。为了减少家庭所负担的成本，让患病儿童能够开心快乐成长，需要增加公共干预治疗资源投入，建立高质量的普惠的干预治疗机制。另外，为了提高公共资源的使用效率，也为了减少患儿家长的精神负担，营造更为良好的治疗环境，可以探索建立跨社区的患者家庭交流互助机制，特别是针对农村等相对落后地区，让儿童在良好的环境中接受治疗、健康成长。

胡恩雪，江西恒大高新技术股份有限公司总经理，江西省总商会副会长，江西省女企业家商会会长。

南昌市政协

张立强

一、2018 年，反映社情民意信息：避免类似重庆万州公交车坠江事故再次发生的建议

11 月 2 日，重庆万州公交车坠江事故最新调查显示：坠江前，乘客与公交司机发生激烈争执并引发互殴，导致公交车坠江，造成 9 人死亡的恶性事故，该名乘客与司机涉嫌危害公共安全罪。从媒体报道来看，因乘客与司机争执，乘客抢夺公交车方向盘或司机转移了注意力，发生危害公共安全事故或交通事故的事件确实不少，以此次事件最为严重。如何避免这种恶性事件发生呢?

建议：

（一）**强制全面推行驾驶室安全隔离**。当前，公交车大多未设立相对封闭的驾驶室，以往未实行无人售票时，由于车上有售票员，设计敞开式驾驶室，车上发生突发事件，有售票员应付处置，对司机正常驾车影响不大。现在公交车大多实行无人售票车，没有售票员，司机不但要专心开车，还要直接处理乘客是否买了票、车上发生突发事件等事情，矛盾直接针对的是司机，加之敞开式驾驶室，给了乘客干扰司机正常驾车行驶的可能。但如果能改进无人售票方式，设立相对封闭的安全驾驶室，且司机只能在熄火停车的前提下才能站立，能够避免乘客直接抢夺方向盘，可以有效减免安全事故的发生。

（二）**公交公司应该提高服务质量**。从目前报道的类似事件来看，乘客与司机起冲突的原因有多方面，主要有公交车漏广播或乘客自己未注意导致坐过了站；或是司机服务态度不好，言语激怒了乘客，导致矛盾；或是乘客故意而为之，等等。针对这种情况，公交公司应该提高运营服务质量水平，既要给乘客提供舒适的乘车硬件环境，更要提供乘车软环境，多给予乘客舒适感、安全感，对坐过站的乘客，能提供免费返回的便利服务，而不是置之不理引起乘客反感，激化矛盾。在条件允许的情况下，可以在车上配备行车监督员或副驾驶员之类的，现场劝导乘客或处置事件，确保公交车安全行驶。

（三）**加大违法犯罪行为惩罚力度**。由于公交车是行驶中的公共场所，乘客与司机的争执行为不仅危害公交车上其他乘客的生命与财产安全，同时也会危害其他正常行驶车辆、路上行人与公共（私人）财产安全，危险性、危害性非常大。在划分责任基础上，给予过错人从重或加重处罚，如果是司机的责任，要实行双罚，即对企业与直接责任人分别予以处罚。行政监管部门要加大公交车违规、违法行为执法力度。

（四）加强风险意识宣传教育。发生类似重庆公交车坠江事件，为什么车上乘客未能有效制止，原因可能是多方面的，公民的危险意识淡薄则是非常重要的原因。乘客、司机可能未意识到乘客与司机争执的风险，可能意识到了但疏忽大意了，事不关己，高高挂起。所以有必要加强公民风险意识教育，增强广大公民风险防范意识，提高自我保护能力。

二、2018 年，反映社情民意信息：电梯基坑渗漏问题严重又极易被忽视

电梯安全一直是影响群众生命安全的社会热点问题，然而电梯基坑渗漏现象极易被人们所忽视。我们随机电话采访 68 家电梯维保单位工作人员，实地前往 7 个大中型楼盘、3 个单位合计查看 100 余部电梯基坑，发现一半以上都存在不同程度的渗漏现象。电梯基坑渗漏将引发诸多安全隐患，如造成漏电，导致电梯异常运行、基础安全机构失效、使用寿命缩短等。出现上述情况的原因是多方面的，包括电梯使用单位、居民群众对电梯基坑渗漏现象及其存在的安全隐患认识不深；相关法规未将电梯底坑底部渗水、漏水认定为电梯停运的否决项，检验检查和整改处罚力度不够；电梯维保单位存在侥幸心理，得过且过；治漏堵漏服务行业缺乏监管和引导，等等。

建议：

（一）**完善电梯安全相关监管法规**。加大对电梯基坑渗漏治理的力度，明确监管部门、监管人员、执法人员、电梯使用单位、电梯维保单位等职责，并将电梯基坑严重渗漏现象纳入电梯停运的否决项；监管部门加大电梯巡查力度，规范电梯运营和维保工作，督促使用单位落实主体责任，及时消除电梯安全隐患。

（二）**加大电梯安全宣传力度**。编纂《电梯安全知识手册》，在“电梯安全宣传周”开展电梯安全“进企业、进校园、进社区”等宣传活动，重点对小区的业主委员会、单位后勤物业管理人员、物管单位开展电梯安全知识深度普及活动，从而提高对电梯

基坑渗漏治理的重视程度。

（三）**促进治漏堵漏行业规范发展**。房管部门会同行业协会通过专业评估，认定一批专业治漏工程服务企业，建立诚信档案，并定期更新。电梯使用单位（业主单位、物业公司）在发现电梯基坑渗漏现象后，选择专业企业做好治漏堵漏工作，保证治漏堵漏质量。

张立强，南昌市西湖区政协委员。

郑建辉

2022年，反映社情民意信息：教室光环境成了学生视力“隐形杀手”

据国家卫健委发布数据统计，2020年全国儿童青少年总体近视率为52.7%，总体近视率过半，并且随着学段的增加，学生近视患病率显著上升。根据调研分析，不适宜的照明环境是中小学生高近视率背后最突出的影响因素。由于中小学生每日有过半时间在教室度过，而各地的教室照明水平良莠不齐，光环境无法达到健康标准，长此以往，除损害视力健康外，还将影响中小学生教育质量整体水平。目前中小学教室照明主要存在缺乏科学有度的标准规范，照明设备选择有较大随机性，照明方案设计缺乏专业性；缺少合理有效的管理维护机制，有些学校教室照明设备老化；尚未树立健康安全照明意识等问题。

建议：

（一）**持续加大摸底力度**。由全国教育、卫生健康部门牵头，各省加快构建数据与信息化平台，推动教室照明情况摸底工作在全国中小学有效覆盖，精准掌握教室照明情况，发挥政府管理部门监管合力，参照国家或地区教学光环境最新标准和要求，随机监督抽检照明达标情况，对存在的问题及早干预与整改，防止不良影响进一步加剧。可借鉴山东省按照“一校一策、一校一案”原则实施的“教室照明改造达标计划”，计划要细化到具体的改造任务、改造时间、资金来源、保障措施等，督促各级教育行政部门指导监督学校落实落细，确保教室照明改造质量达到健康标准。同时，把整改工作纳入地方政府绩效考核中，最大限度提高地方政府指导、督促学校解决有关教室照明硬件方面问题的工作积极性，推动教室照明设施改造工作有序进行。

（二）**着力构建科学可行的标准规范制度**。可学习广东省经验，教育、卫生及市场监督管理等相关部门依据国家标准《中小学校普通教室照明设计安装卫生要求》（以下简称《要求》），研究并编制中小学教室照明地方标准，推动教室光环境标准化建设，破解教室不规范照明的难题；或通过加大对中小学校贯彻落实《要求》的指导监督，支持鼓励中小学校依据自身情况建立教室照明标准制度，科学设置多媒体显示区域照度等参数，严格遵照照明设计规范，进一步完善教室照明环境质量标准，对灯具布局、配光形式、维护方式等进行技术规范，比如教室黑板灯不应低于两盏、灯管方向应垂直于黑板等。

（三）**建立完善教室照明工作管理机制**。建立教室照明有效监测及评价机制，实时掌握照明情况动态化数据，及时反馈照明运行状况，保障照明质量，增强维护健康光环境工作的长效性。在照明设施维护环节，各部门要通力合作，依据国家标准充分论证各类灯具的照明参数，科学构建教室照明维护体系，监督指导中小学校全面落实落细。各级政府应加大用于改善教学光环境的教育资金投入，不断提高全国中小学整体教学质量。学校相关负责人应明确职责，配备好专业的照明检测仪器，系统引入光环境检测的方法，定期科学有效地监测教室照明光环境，修理、清理照明不达标的灯具，及时整改灯具老化、配灯不科学等隐患。科学管理与有效维护“双剑合璧”才能为师生提供更加健康、安全的光环境。

（四）**深入推进宣传教育工作**。可借助新老媒体传播手段结合的方式，坚持“防大于控”的原则，整合多方资源，积极开展主题明确、内容各样的健康照明知识宣传教育活动，发动卫生健康、教育等部门和相关专业机构与学校加强合作，设置用眼健康及健康照明教育课程，提升师生对健康光环境的认知。扎实推进教育系统定期开展维护光环境等专业培训，指导各地教育行业从业者熟练运用相关标准要求，提高照明专业知识能力。同时，可效仿上海市做法，教育部门与学校通过家长微信群等渠道，向家长宣传健康照明重要性，督促家长为孩子提供良好的居家照明环境，促成家校融合联动，为中小学生提供一个舒适健康的视觉环境。

郑建辉，南昌市青山湖区科协主席。

聂顺金

2019年，反映社情民意信息：关于进一步推进民营企业参与PPP项目的建议

近年来，为提高民营企业参与的积极性，国务院及其相关部委先后发布了一系列鼓励民营企业参与PPP的法规政策，江西省也先后出台了一些相关的政策文件和配套措施，但事实上民营企业参与PPP的热度并不高。究其原因，主要是民营企业在参与PPP过程中面临一些隐性壁垒，让不少民营企业不得不“望而却步”。如，参与门槛不合理，当前PPP项目采购过程中，一些地方政府因倾向于国企特别是央企，会设置远远高于PPP项目所需的企业资产规模、行业资质或银行存款证明等资信门槛。大部分PPP项目是以银行贷款为主要融资渠道，而民营企业的融资成本往往高于国有企业的融资成本；项目权益保障难，PPP项目实施周期一般长达10多年甚至20多年，而地方政府人员流动又比较频繁，一些地方官员“新官不理旧账”，致使政府对民营企业事先所做的承诺不能兑现，给民营企业带来无法预期的风险。

建议：

（一）消除对民营企业的隐性歧视，营造民营企业积极参与PPP项目的市场环境。一是政府在规划和确定实施PPP项目时，应统筹各个部门，制订向民营企业推荐的具体方案；二是在PPP项目采购评审时考虑给予民营企业一定加分或减价等优惠政策，创造适当向民营企业倾斜的市场环境；三是可以尝试对于部分规模较小的PPP项目，专门面向民营企业公开招标。

（二）降低民营企业的融资成本，改善民营企业参与PPP项目的融资环境。一是在各省设立专门针对民营企业参与PPP项目的引导基金或专项补助资金，这样既给PPP项目增信，又降低项目的融资需求；二是在PPP项目招标前，项目实施机构应积极协调金融机构，整合包括银行、证券、保险、信托、社保基金等机构的金融资源，提前解决PPP项目融资。

（三）强化政府部门的契约精神，切实保护民营企业参与PPP的相关权益。针对民营企业面临的政府承诺缺失问题，政府应向民营企业提供一种比较可信的保障机制，并通过契约和法律手段保证政府的承诺在将来得以兑现，不得以政府换届、领导人更替等理由违约毁约，因违约毁约侵犯民营企业合法权益的要承担相应的法律和经

济责任，并对民营企业因此而受到的财产损失依法予以补偿。

聂顺金，南昌市人大代表，江西昌南建设集团有限公司董事长。

熊诗民

2022年，反映社情民意信息：关于建立农田水利设施管护长效机制的建议

习近平总书记高度重视粮食安全，强调“中国人的饭碗任何时候都要牢牢端在自己手上”。水利是农业的命脉，加强水利设施建设，对粮食安全至关重要。江西水资源充沛，但长期以来，水资源利用率不高，粗放、浪费用水等问题普遍存在，特别是2003年“两工”、农业税取消后，农田水利设施养护滞后，导致一些灌溉工程（水闸、渠道等）年久失修、杂草丛生、坍塌淤积、堵塞损坏，制约了粮食生产和粮食安全，若不及时、有效、科学解决，将影响当前粮食安全生产，更影响农业长远发展，后果十分严重。以南昌为例，如：“缺钱管”，农业水价改革结束后，如果省、市、县三级财政资金保障不能长效化、制度化，“无钱管”问题又将严重影响水利设施运行维护；“缺人管”，综合改革中县区探索出的由赣抚平原管理站或县区属国投、水投公司，承包大户和第三方维养公司管护三种模式，均存在一个共性问题，就是缺乏专业队伍、专业人员进行持续性日常巡查养护，难以及时发现问题并迅速整改，特别是从骨干沟渠到田间“毛细血管”的管理问题，等等。

建议：

（一）**建立长效补助机制**。基于水利设施日常维护需要，按照各地方改革期间测算运行维护成本标准，由水利部牵头，设立专门资金，明确中央、省级、市级财政补助，县区财政配套、受益农户缴纳比例。对完成农业综合水价改革任务且地方财政配套和农户水费收缴到位的农田，中央财政参照改革期间奖补政策，实现奖补政策常态化，列入财政预算，发挥资金杠杆作用，引领各地从根本上解决“缺钱管”的问题。

（二）**确定管护主体**。大力倡导管养分离，明确各级水利部门在加强日常管理、做好检查督促的同时，注重发挥各流域、水利管理部门、相关水投国企等作用，通过政府购买服务或委托第三方市场主体的模式确定养护主体，对水利骨干沟渠、灌排泵站、田

间"毛细血管"等农田水利设施开展应急维修和日常巡查，加强分类管护，让"专业的人干专业的事""专业的事由专业人干"，实现农田水利设施"有人管""专业管"。

（三）**制定长效管护办法**。各地站在国家全局高度，结合地方实际，建立农田水利设施养护办法，出台管护资金使用管理措施，加强资金使用监管，确保管护资金效益最大化；另外，依据管护责任、规模、标准等，明确工程管护投入标准，并出台管护主体考核办法，聘请监理单位，充分发挥县乡及受益主体直接参与监督，确保农田水利设施"管得好、管得远"。

熊诗民，南昌市政协委员，安义县水利局局长。

九江市政协

李晓华

2019年，反映社情民意信息：加强全科医师培养的建议

全科医师是综合程度较高的医学人才，主要在基层承担预防保健、常见病多发病诊疗和转诊、患者康复和慢性病管理、健康管理等一体化服务，被称为居民健康的"守门人"。高水平的全科医师能解决人群中的80%—90%的常见病、多发病、老年病及慢性病等健康问题。因此，我国的医疗改革将全科医学的发展和全科医师人才队伍的建设作为重中之重。

据调研发现，在全科医师的培养中仍存在不少问题：一是价值认同感低。传统观念上，一般认为全科医学是低水平医学，缺乏技术含量，学医者大都倾向选择外科等"高技术"含量的学科，导致社会对全科医师的认同感不够。二是人才紧缺且流失严重。以九江市为例，按照每万名居民拥有5名合格全科医师的标准，九江市人口500万人，需要约2500名合格的全科医师，目前只有500名左右，有近2000名的缺口。据统计，自2010年起，招收的农村定向培养的全科医生离职率约70%，出现了培养后人才"下不去""留不住"的现象。三是持续教育体系欠缺。培养全科医师主要通过

在医学院校进行全科医学专业培养、临床医学毕业后的全科医师规范化培养，以及对现有的“基层医生”进行全科医生的规范化培训。其中毕业后继续医学教育是核心，是今后培养高层次全科医师的主要途径，但目前我国的基层卫生医疗体系不健全，基层医疗技术水平欠缺，承担不了全科住院医师的继续教育和培训。

建议：

（一）**提高认识，加强引导，提升全科医师职业价值认同度**。加强广泛正面宣传，提高社会各界对医务工作者的职业尊崇，不断增强对于全科医师职业的认知和认同，科普全科医师专业特性、岗位职能和培训特点，鼓励有志向的高中毕业生报考医学院校，特别是面对乡村的定向免费本科医学生培养项目。据调查显示，对全科医师相关信息了解程度越高，当初报考全科医师时，出于兴趣的内在动机的人，以后工作满意度越高，反之，出于物质因素等外在动机的人，盲目选择了全科医师这项职业，工作后的满意度低，离职率大。

（二）**扩大规模，加大投入，稳定全科医师人才队伍**。一要逐步扩大面对乡村的定向培养的全科医师的招生规模，保证全科医师的数量基数。二是加大对现有基层全科医师的培训力度，拓宽其职称晋升空间。三是加大资金扶持力度，特别是加大对乡村卫生院基础设施建设的资金投入，补充并更新乡村卫生院所需的医疗设备，改善乡村卫生院的工作环境及就诊患者的就医环境，提高全科医师工资待遇，建立正常增长机制。四是加快基层医院编制改革。在现有编制总量内，县级及以上公立医院逐步实行备案制，编制分配逐渐向人才资源紧缺的基层倾斜。

（三）**整合资源，有效管理，提升全科医师人才质量**。一是推动资源下沉。建立高年资医师定期驻乡驻村制度，在医共体内部多点执业，推动医疗资源、医学人才、疾病病种“三下沉”，让老百姓在家门口享受到优质医疗服务。通过乡村巡诊、举办各类教学讲座和技能操作培训、健康咨询与义诊、医疗质量、院感、公共卫生等管理指导形式开展工作，使得全科医师在家门口获得培养并获得职业认同感。二是畅通转诊通道。将需要长期康复的住院患者下转分院，将病情控制不满意患者及时上转总院，根据全科医师的执业特长开展工作，协同医联体的内部管理。三是慢病分级管理。建设慢病一体化管理信息系统，对高血压、糖尿病等疾病的管理，努力降低并发症的发病率、致残率、致死率，使全科医师参与疾病全周期的管理，获得工作的持续性及成就感。四是推进信息化建设与网络医院的建设。按照统一部署，开展远程视频会诊和集中服务，远程会诊、同步影像诊断、心电诊断、集中管理培训等。

李晓华，九江市政协委员，九江学院附属医院副院长。

段龙敏

2022 年，反映社情民意信息：关于小区治理体系化建设和管理效能提升的建议

居民小区是城市的最小单元，小区治理水平提升关系到城市居民生活品质和社会的和谐稳定，也是小区居民对不断增长的美好居住生活的需要。以九江市为例，目前九江市中心城区现有 1225 个小区，其中有 371 个小区由物业公司管理，仅占比 30%，其中成立业委会的小区数量为 115 个，占有物业公司小区比例的 31%。

在小区治理过程中，仍然存在着一些困境：一是业主委员会成立难。目前，住宅小区 2000 户以上且入住率高于 80% 的不在少数，业主对于召开业主大会不理睬、不支持的行为经常发生。二是业委会组成人员结构不合理，业委会人员素质不高、私心太重、缺乏公益心，难以服众，同时缺乏监管。三是业主物业双向选择难。老旧小区基础条件差，实施物业管理难度大。新小区首任物业公司往往由房地产公司出资或委托成立进驻小区，业主只有被动接受该物业公司管理小区的既成事实。四是基层社区治理难。基层社区治理的困难更多地出现在无物业的老小区，很难有充足的时间和精力去解决难题。五是下沉小区执法难。物业管理与社区治理结合不充分，政府资源与管理向小区延伸不够。有关职能部门责任落实不到位，存在执法不进小区和执法部门之间相互推诿的现象，小区内违法违规行为得不到及时查处。

建议：

（一）**完善法律法规，加强宣传和指引**。完善相关法律法规明确小区业委会的组建时间，以维护业主权利，促进业委会尽快成立。从政策法规上建立长效机制。完善业委会的责任和权利，提高业委会成员工作的积极性，形成均衡恰当的利益机制。明确业委会的法律地位，将由小区内的业主组成业主团体，进行社团法人登记以享有独立法人资格，使业委会行使权利与义务范围内的事项更加明确，明确其法律责任。加强对居民的宣传和指引。培养业主的自我责任感和产权意识。加强街道及社区工作人员对物业管理条例的学习，掌握对业主委员会的成立方法及流程。规范产生业主委员会人员选聘办法，明确业主委员会委员的法律责任。建立业主委员会纠错和退出机制。

（二）**理顺物业管理体制，规范管理行为**。制定相应惩罚制度，定期巡查相关责任执行情况，以“优胜劣汰”提升物业品质，保障业主权利。引入物业公司招投标制度，引导物管企业做大做强，提高管理效能和管理水平。加快形成以政府统一领导，

相关职能部门业务指导，县、街道属地管理，社区具体负责的物业管理工作机制。加强对物管企业及从业人员的监督管理，加强从业人员技能培训和职业道德培训，提升物管从业人员素质和服务水平。

（三）实行业主自治，优化网格化服务管理制度。大力引导没有物业的老旧小区居民建立业主自治，优先推荐业主中的党员、退休老干部进入自治委，组织专业团队对业主进行培训，帮助学习议事规则方法。设立小区议事会，实现居民自我管理和长效治理。实施楼栋长制度，减轻社区人手不够的压力。实施片区物业制度。根据社区辖区的大小引进不同数量的物业管理企业。引导群众积极参与政协民主协商“有事先商量”平台，做好有事及时沟通，诉讼渠道畅通，和谐破解老旧小区管理难题。

（四）明确责任，建立联动机制。明确部门和单位职责清单，压实工作责任，及时查处物业服务区域内违法违规行为。充分利用“有事先商量”基层协商民主平台，加强分类督办，推动落实。联动采取领导视察、民主评议、媒体公开监督等方式，跟踪问效，予以推动。实行“综合执法进小区”，成立指挥部统一协调，建立一支联勤共管的队伍，减少推诿扯皮的现象，畅通物业公司、业委会与执法部门沟通渠道，确保不同问题均能得到及时解决。

段龙敏，九江市政协委员，九江市城规电力发展有限公司总经理。

修水县政协

2022年，反映社情民意信息：关于加强农村地区红色资源保护和利用的建议

2020年1月至2021年7月，江西省检察机关办理革命文物、红色文化遗产、英烈纪念设施等各类红色资源保护领域公益诉讼案件338件，发出诉前检察建议274件；针对革命烈士纪念设施存在墓体碑体损害、环境恶劣、管理缺失、利用不当等问题，发出诉前检察建议128件，推动修复烈士陵园、烈士墓葬126处，保护零散烈士墓331处。检察机关在调查中发现：陈祖林烈士旧居无人管护、院墙倒塌，布展的烈士生平和事迹介绍被涂改；龙南市红四军军部旧址烟园围墙体上红军标语、红军歌曲风化脱落；红一军团司令部旧址年久失修、砖石风化、屋顶漏水等等一系列问题。江

西的情况不是个案，虽然从国家到省里都出台了一系列文物保护措施，但是红色遗址损毁、红色资源闲置等问题依然存在，红色资源保护和利用工作仍然任重而道远。

农村红色资源保护利用工作存在的突出问题：一是红色遗址容易自觉或不自觉地遭到损毁、破坏或拆除。红色资源大多地处偏远、经济发展相对滞后的地区，由于人居环境变化、住所迁移、自然风化等原因而自然损毁。同时，还有部分红色革命遗址的产权归属不清，至今仍有村民居住其中，不可避免地对建筑造成极大的损害。一些地方部门和群众缺乏红色资源保护意识，没有把粉刷在偏僻乡村墙壁上斑驳褪色的标语和低矮简陋的烈士故居当作红色遗址予以保护，有的甚至被当作“影响村容村貌”的破旧建筑予以拆除，造成了不可挽回的损失。二是红色遗址保护利用机制不全，遗址开发缺乏整体规划。红色资源保护利用缺乏长远发展的顶层规划，导致古旧的红色遗址与新建设施“格格不入”。同时对一些损毁、破坏的问题和现象，法律法规尚不健全。还有许多红色遗址处于零敲碎打、各自为政和低层次开发状态，一些遗址虽然被列入文物保护单位或红色旅游景点，但长期处于闲置状态，没有发挥应有的作用。有的地方缺少有效管护机制，开发、管理、运营和维修责任主体不明确，多头管理、条块分割现象较为严重。三是红色资源开发的陈展方式、推介手段单一，缺乏创新。一些遗址和爱国主义教育基地知名度偏低、展览内容单一、陈列手段落后、讲解水平不高，内容上缺乏吸引力和感染力。革命遗址、故居、纪念馆的陈展普遍停滞在“一张桌子一条凳，两块床板一盏灯”的摆设上，在红色资源开发上怀揣宝贝不识宝、不善用的问题没有得到根本改变。

建议：

（一）**完善法律法规制度，加强遗址保护**。以法律为落脚点，进一步完善相关律法，筑牢地方对红色资源保护的后盾。另外要发动遗址周边群众、村两委配合地方政府对遗址进行保护，坚决制止盗窃文物、损毁文物等行为。同时，明确遗址参观制度，严禁游客出现破坏文物、乱扔垃圾、刻字留痕等行为，做到齐抓共管、同向发力，汇聚全社会力量共同保护红色资源。

（二）**着力破解两大难题，注入经济活力**。保护和利用好红色资源，就要着力破解好资金来源以及红色景点运行维护两大瓶颈，一是要坚持“政府主导、市场运作、社会参与”的原则积极筹措资金，破解“缺钱、没钱、少钱”的问题。二是要利用好市场经济手段，大力开发红色旅游，通过旅游商贸等带动财政收入，注入经济活力，增加遗址管护资金渠道，才能保证遗址长期、健康地运行下去，让红色文化承载起传承红色基因的重要使命。

（三）**激活红色教育属性，形成良性循环**。继承和弘扬红色传统、红色基因，是培育和发扬以爱国主义为核心的民族精神的重要途径。要激活红色遗址的教育属性，一是要依托高校和专业研究机构建立健全专家和人才库，为各地提供人才培训和业务工作。二是加大各高校文物保护和旅游专业的建设，开展订单式招生。三是搭建高校教育质量红色教育基地，开设特色课程，探索“理论＋实践”“线上＋线下”的教育模式，提供高质量、个性化定制教育服务。四是配齐配强高水平讲解员、红色导游队伍，还可邀请革命后代、老干部、老模范、老教师、老战士、老专家等定期开展讲解，充实红色人才库。

（四）创新保护利用方式，顺应时代潮流。要探索丰富陈展内容与游客体验的新模式、新方法，重点打造“革命遗址＋体验”“革命遗址＋多业态”“革命遗址＋精品”“革命遗址＋互联网”等工程，着力将声、光、电、影、音融入专业展馆当中，让人们从宏观和微观、动态和静态、典型和细节中触摸历史，提升红色资源的承载力、吸引力和感染力。

景德镇市政协

刘　洋

2022 年，反映社情民意信息：多措并举助推家政服务业高质量发展

自 2019 年国办印发“家政 36 条”以来，国家发改委会同有关部门持续深入推动家政服务业提质扩容，家政服务业市场规模持续快速增长，但目前“找不到、留不住、不满意”等痛点、堵点、难点仍然存在：一是家政就业歧视仍然存在。虽然观念发生了很大改变，但家政服务员职业的被认可度不高，很多人仍然把家政服务视作“服侍人”的工作，唤着“保姆”，很多人安于现状，宁愿无事可干，也不愿从事家政工作。二是家政市场供求矛盾突出。家政市场潜力巨大，而现有的家政服务远远满足不了市场的需求，供求严重不平衡，家政服务员缺口很大，特别是经过培训、专业技能强的优秀家政服务员更是“一将难求”。三是家政行业政策支持不够。政府部门对家政行业政策支持很少且补贴门槛较高，特别是还没有专门针对家政行业和家政从业人员的倾斜政策。四是家政市场

管理不够到位。家政企业存在规模较小、发展不快、缺乏行业标准、品牌企业少、服务不够规范等问题，甚至有“一张传单、一部电话、一张桌子”就能开张营业的现象，家政服务业缺乏服务规范和监督体系。现行的法律法规不能完全适应现阶段的家政行业监管，主要表现为业务部门责权管理边界不清，彼此沟通、配合不够，信息共享不通畅。同时行业自律和行业信用体系建设滞后，家政企业、家政服务员、用工家庭的三方没有广泛使用家政服务合同，导致供需双方权益没有保障。

建议：

（一）**完善机制建设**。加强对家政服务业机构的指导和服务，建立健全家庭服务纠纷解决机制。构建家庭服务业风险防范机制，全面推广实施从业人员购买意外伤害保险。制定行业标准和家政服务业管理办法，在税收、工商登记、经营管理上给予政策优惠。成立行业协会，发挥行业协会的管理职能，使家政行业经营更趋专业化、规模化、规范化。

（二）**强化职业技能培训**。加大从业人员文化和技能培训力度，全面提升职业道德修养、文化素质和技能水平，推动家政服务高质量发展。加大培训扶持力度，充分发挥各级培训基地的作用，加强认证和监督，提高培训质量。对愿意从事家政服务工作的人员给予免费的初级培训，待其上岗后再回炉再升级时，可以通过商业培训的方式再提高。

（三）**完善信用体系建设**。按照“政府引导、企业为主、分步实施、强化应用”的原则，以构建信用为核心的新型行业管理体系为目标，以推进信用记录制度化为重点，坚持守信激励与失信惩戒并举，建立全方位反映家政人员身份信息、从业履历、服务评价、健康状况、技能经验等的行业信用体系，营造诚实守信的家政服务业发展环境，促进家政服务业提质扩容。试点推行家政服务人员“一人一码一张卡”，完善信用档案，实现从业信息可追溯、服务可评价、维权可追踪，营造放心安全的消费环境。

（四）**大力培育龙头企业**。引导家政企业从中介制逐步转向准员工制和员工制，实施规范化管理。多渠道搭建“互联网 + 家政”平台，让服务更加便捷；增加社区示范服务站、连锁门店，提升消费者的现场体验感。发挥龙头引领示范作用，引导服务规范化，经营连锁化，带动全行业水平提升。对规模较大、运作较好、解决剩余劳动力好的家政服务机构给予奖励性扶持，发挥企业的辐射功能和社会作用。

刘洋，景德镇市政协委员、提案委副主任。

刘　萍

2018 年，反映社情民意信息：建立工业遗产分级保护机制　将有重大历史意义的工业遗存纳入文物保护范畴

工业遗存是工业文明发展进程的历史“见证人”，是一座城市、一个行业发展的无字史书。随着城市发展的快速推进和城市环境保护的需要，不少工业企业实行了大规模的“退城进郊”，城区老厂址土地大多出卖给房地产开发商进行商业开发。从历史的角度来看，这样割裂了城市发展的脉络与行业发展的经纬，有必要对有价值的工业遗存进行保护性开发。然而，目前来看，工业遗存保护和开发利用还存在不少问题：一是国家层面的顶层设计有待完善，国家层面具体可操作的顶层设计尚未出台，对工业遗存的保护和利用还处于摸索阶段。二是国家、省、市分级保护机制执行不够到位，省、市两级尚未开展相关认定工作，多数地方对当地工业遗存的存量底数不清。三是依法保护机制尚未建立，国务院和省、市对具有重要历史文化价值的工业遗址及其建筑物的保护和利用均未纳入法律保护范畴，相关法律法规的立法严重滞后，多头管理、推诿扯皮现象严重。四是城市发展规划对工业遗存保护重视不足，在棚户区改造大背景下许多工业遗存保护岌岌可危。

建议：

（一）**做好工业遗存保护利用顶层设计**。把工业遗存作为文化遗产的重要组成部分进行保护和传承。

（二）**建立工业遗产分级保护机制**。参照文物保护分级分类保护机制，建立国家、省、市、县四级工业遗存保护名录，实行分级管理、共同保护。对有重大历史意义的工业遗址应当纳入文物保护范畴。地方政府要对工业遗存进行彻查，摸清家底、分类建档。

（三）**加快工业遗存保护利用立法**。在国家和省级尚未立法的情况下，设区市应当根据当地实际情况出台工业遗存保护和利用办法，或者将其纳入设区市的《历史文化街区和历史建筑保护办法》之中，把工业遗存的保护和利用纳入依法保护的轨道。在积累经验的基础上逐步提升为省级地方法规和国家行政法规。同时要结合机构改革，明确各级工信部门为工业遗存保护和利用的行政管理部门并规定其职责。

（四）**把工业遗址保护区纳入城市总体规划**。划定工业遗址保护范围，把工业遗

址建设成相关工业的博物馆、工业文明发展的展示区、研学旅游的基地等，也可适当植入与遗址建筑相适应的新兴产业，实现在发展中保护。

刘萍，景德镇市政协委员。

郭 俊

2022 年，反映社情民意信息：关于加强博物馆与中小学校合作的建议

2008 年，中宣部等部门联合下发《关于全国博物馆、纪念馆免费开放的通知》，让人民群众更好享受公众资源与服务，同时推广文化传播与交流。2020 年，教育部、国家文物局联合印发《关于利用博物馆资源开展中小学教育教学的意见》，对中小学利用博物馆资源开展教育教学提出明确指导意见，进一步健全博物馆与中小学校合作机制，促进博物馆资源融入教育体系，提升中小学生利用博物馆学习效果。但在馆校合作过程中仍存在一些亟待解决的问题，如：一是讲解员“临时工”化，且因招募条件有限，拥有高学历者或博物馆相关专业人员通常任职考古、地方史、藏品研究等岗位，以至于教育阵线长年缺乏研究力量。二是博物馆与中小学校之间没有形成良性互动发展的机制，未能构建馆校合作的长效机制，推动馆校合作的运行、督查、激励、评估等一系列顶层制度和长效机制尚未建立。三是未能将博物馆的教育功能纳入中小学教育的课程体系。中小学生自己参观博物馆也仅仅是作为校外教学实践，带有很大的随意性、不稳定性和不均衡性。四是缺乏专门针对中小学生的活动场所和互动空间的数字化先进手段和方法，面向中小学生高水准的讲解咨询服务供应也不足，相关专家和博物馆方面有关人才严重缺乏，不能走进学校进行授课。

建议：

（一）吸收能力强、感兴趣的学生成为志愿讲解并提供相关培训。参考洛阳博物馆讲解员志愿者项目，培养一些对历史文化、艺术与科技感兴趣的中小学学生，让他们进入博物馆参加讲解员培训，节假日讲解，通过这些优秀的中小学生讲解员，使外地游客来洛阳博物馆印象深刻。

（二）由教育部门牵头联合相关部门研究制定促进博物馆与中小学素质教育良性

互动的制度架构，细化实施方案，起草年度合作项目规划，将博物馆教育纳入整个教学计划中，建立博物馆教育与学校教育的有效衔接机制。

（三）将博物馆教育纳入中小学课程改革方案，从课程编制、课程设置、课程实施、课程评估、教学考核等方面作出具体明确的规定。

（四）积极为学校开展博物馆教育创造条件，鼓励学校将社会上有关方面专家、学者请进校园，请进课堂教学。

（五）充分利用现代科技促进馆校合作。参考江西省博物馆运用 VR 技术，线上与线下相结合的教学模式，目前已经和南昌 78 所中小学合作，同时根据提取馆内藏品元素，用于文创产品的开发，进一步推动历史文化传播。

郭俊，景德镇市政协委员，景德镇陶瓷大学陶瓷文化高等研究院办公室主任。

萍乡市政协

卢政武　邱骥杰

2022 年，反映社情民意信息：规范新就业形态　维护劳动者权益

近年来，随着移动互联网快速发展和大众消费形态的迭代升级，数字技术与实体经济深度融合。产业数字化实现生产网络化协同，出现了远程办公、无人工厂等新模式。数字产业化则以移动消费为代表，出现了网约出行、即时配送、网约家政、直播电商等新业态。2021 年，人社部等八部委联合出台了《关于维护新就业形态劳动者劳动保障权益的指导意见》，2022 年《政府工作报告》中再次强调要“开展新就业形态职业伤害保障试点”，对新就业形态劳动者劳动权益保障提供了政策依据，充分体现了对新就业形态劳动者劳动权益保障的关注。

但从整体上看，新就业形态依然存在不少问题：一是不确定的劳动风险。“计件定酬”的定价标准由平台单方面控制，劳动者只能不断增加工作时间、提高工作强度来确保收入，而“平台的算法考核”也在不断缩短配送时间，导致“随时上班”变

成了“无法下班”。二是劳动关系的确认和劳动报酬的支付存在矛盾冲突。平台企业与新业态劳动者一般不会签合同，通过协议或用工主体多层嵌套、拆分的方式，避免与劳动者直接建立关系。在产生劳动纠纷时，劳动者难以通过认定劳动关系来维护权益。三是新业态劳动者就业选择空间不足。从就业大趋势来看，技术革命下自动化发展导致了大量工作被机器替代，同时分工更为精细的岗位出现又需要技术能力更高的劳动者与之匹配，使得“招工难”与“就业难”并存。

建议：

（一）**加强新就业形态劳动者劳动权益保障的制度设计**。一是创造新就业形态劳动者劳动权益保障的制度环境，国家人社部等部门应从就业公平、劳动报酬、社会保险、劳动能力等方面考虑，制定具体标准，规范平台的用工行为，协调新就业形态劳动者与平台所建立的契约关系。二是约束、惩罚侵害新就业形态劳动者劳动权益的行为。对遭受侵害的劳动者劳动权益提供救济渠道，追究侵害劳动者权益的行为主体的法律责任，构建新就业形态劳动者劳动权益保障的多部门联合监管机制，约束平台的不规范用工行为，确保新就业形态劳动者劳动权益的安全性。三是规范确定新就业形态劳动者的劳动关系。国家人社部等部门应深入研究新业态用工劳动关系，可通过用工方式合理界定劳动关系。四是建立多部门统一协作的劳动监管协作机制。由劳动监察部门牵头，建立责权明确、多部门沟通协作的监察模式。

（二）**加强新就业形态劳动者就业保险的制度设计**。一是政府应发挥好主导作用，搭建新就业形态职业伤害保障管理服务规范的基本框架，对保险类型进行拆分，突出强调工伤、医疗保险的落实，降低新就业形态劳动者的劳动风险。二是由平台企业协同推进，探索新就业形态职业伤害保障管理服务规范落实的有效办法，做到既满足平台企业的合理发展需要，又不盲目增加平台企业成本负担，注重商业保险、社会保险等多样化保险机制综合运用，建立多方共赢的新就业形态劳动者就业保险方案。三是发挥社会力量的承托作用。调动公民、法人及其他公益组织的力量，组建法律、科普等方面的志愿者队伍，为新就业形态劳动者提供公益性质的法律咨询服务、对社会保险的重要性进行宣传普及工作，提升新就业形态劳动者的社会保险意识。

（三）**提高新就业形态劳动者的劳动能力**。一是通过技能培训，提升新就业形态劳动者的职业技能。人社部门应以技能培训、劳务输转、职称评定为重点，组织企业和职业院校开展个性化、普适化、订单化、专业化和“互联网 +”的多种培训模式，促进劳动者职业技能的提升，实现劳动者由低竞争力的劳动力商品向高竞争力的劳动力资源转化，进而提高初次分配中劳动报酬的比重。二是通过宣传教育，提升新就业形态劳动者的劳动安全能力。加强劳动者有关职业风险、交通安全、安全隐患、应急处理办法及自身权益维护等方面的公共教育。通过举办公益讲座、拍摄公益广告、印发公益宣传材料和知识问答等方式，联合用工企业平台在应用软件中醒目位置提供观看渠道、安全知识内容考核等方式，有效提高新就业形态劳动者的个体防护意识。

卢政武，萍乡市政协委员、秘书长；邱骥杰，萍乡市政协委员。

吕 刚

2022年，反映社情民意信息：关于打击“职业打假人”的建议

近年来，有很多“职业打假人”利用市场监督管理的漏洞，长期知假买假，然后再通过市场监督管理局或者自己自行与商家协调，敲诈勒索商家财物等现象越来越严重。甚至有些地方执法人员与“职业打假人”沆瀣一气，利用奖金制度一起牟取非法利益。“职业打假人”拥有较为专业的打假技能和手段，非常熟悉消费领域相关法律法规，再加之与极少数执法人员一起“里应外合”，利用法律空白和商家息事宁人的心理获得灰色收入，给市场上合法经营的企业主造成了巨大的负担。市场行政管理和公检法等部门对“职业打假人”的“知假买假”行为定性不一，公安机关查办此类案件又法律依据不足、打击力度不够，导致了现在“职业打假人”泛滥的局面，也违背了“打假”行为的初衷。

现行《中华人民共和国消费者权益保护法》《中华人民共和国食品安全法》等相关法律法规并未禁止以牟利为目的的知假买假行为。法律赋予了消费者维护合法利益的权利，对购买到不合格商品或者服务可以依法主张赔偿，但“职业打假人”并非一般意义上的消费者，“职业”与“打假”两大特征并存，一方面其以牟利为目的，另一方面在客观上也实现了打假的结果，打击了假冒伪劣产品与不良商家。同时，“职业打假人”的身份也存在巨大争议，各地司法系统的裁判标准并不统一，造成了法律上存在一定的漏洞。因疫情原因，众多商家的经营已经很困难，这些“职业打假人”的干扰，无疑是雪上加霜，对营商环境也造成了很多负面影响。

建议：

（一）开展自纠自查。市场监督管理系统要加强对执法人员的教育管理监督，对与“职业打假人”有密切往来的执法人员进行谈心谈话，强化思想教育，查处有与“职业打假人”沆瀣一气、非法牟利的人员，起到震慑的作用。

（二）转变执法理念。应多为商家、企业换位思考，多考虑“罚不罚”，少考虑“罚多少”。目前市场监督管理局的做法是一旦有出现违法行为，就执着于“处罚”，而并非客观理性地根据具体情节思考“是否该罚”“罚了是否有用”等。

（三）建立共享黑名单制度。将有两次以上举报“打假”的人员录入系统，对其行为进行监测，一旦发现具有“职业”特征的，将其列入名单监测系列，并对该名单在各市场监督部门共享，遏制“职业打假人”的牟利性打假蔓延行为，并在全国、全省范围内建立联动机制，对恶意举报、敲诈勒索、恶意诉讼行为进行统一联动治理。

（四）定期开展普法宣传。市场监督管理部门应加强与公安、法院及律师的联系，让有能力、有时间的法律工作人员参与普法宣传，加强“职业打假”行为管理，经常性采取公布有关行政执法和司法解释、指导性案例等形式，逐步遏制“职业打假人”的牟利性打假行为，从源头上解决问题。

吕刚，萍乡市政协委员，江西达全律师事务所副主任。

新余市政协

伍伏海

2022年，反映社情民意信息：警惕废弃口罩成为新的“白色污染”快速蔓延

新冠肺炎疫情暴发以来，口罩、手套、酒精等防疫物资成为日常生活刚需品。废弃口罩数量飞速增长，已成为“不可回收”垃圾中最常见的物品之一，这对生态环境构成了新的威胁，产生了不可估量的影响，新的“白色污染”正在快速蔓延。

一次性口罩分为三层，内外两层均为无纺布，中间层则是熔喷布，均以化学物品聚丙烯制造，属不可降解的塑料材料。和其他材料相比，熔喷布和无纺布的纤维直径极细，口罩使用过程中又进一步加剧了纤维之间的机械磨损，导致更多微塑料形成。根据文献研究表明，未使用过的口罩平均微塑料释放量为71个/只—308个/只，而

使用后微塑料平均释放量增加到682个/只—1918个/只。这些微塑料通过进入水生生态系统食物链的各个层级向高营养级传递，最终影响整个生态系统。

有分析报告指出，2020年全球共生产大约520亿个口罩，其中至少有15.6亿个口罩因处理不当流入海洋，相当于生产了4680吨—6240吨海洋塑料污染，而降解这些口罩需要超过450年。部分废弃口罩还入侵了野生动物栖息地，给陆地和水上的野生生物造成了负面压力。现在口罩的使用将趋于常态化，基础原材料的需求量和废弃口罩的数量仍不断激增，微塑料带来的灾害会比此前更甚。

建议：

（一）政府应制定便于操作的口罩专项回收措施，更系统规范地对废弃口罩进行集中收集、统一销毁的处理办法，最大限度避免废弃口罩引发的病毒传播及破坏生态问题。

（二）采取税收补贴、财政支持等政策措施，鼓励推动口罩生产企业加大研发力度，引导更多企业加紧研发可降解口罩，避免口罩对环境、生物和人造成危害而成为新冠病毒传播的载体。充分利用市场化手段，在充分消毒的基础上“变废为宝”，有偿回收，将其转换为各类辅助材料。

（三）加大废弃口罩前端处理的宣传力度，设置“废弃口罩垃圾桶”，引导大家采取“消毒处理，集中投放”的方式。居民在投递口罩前，用酒精将口罩进行简单消毒，最好单独用塑料袋密封好，随后投放至指定地点，方便后续进行无害化处理。同时还可以采取类似像废弃口罩换新口罩或者其他激励政策，引导公众参与集中回收处理。

（四）安排专人专车清运废弃口罩，做好工作人员防护和车辆消毒工作，建议参照医疗感染性垃圾处理方法，确保安全、无害化处理，杜绝处理不当造成污染或不法分子将废弃口罩流入市场。

伍伏海，新余市政协常委。

陈文燕

2019年，反映社情民意信息：关于推进旧楼加装电梯的建议

今年3月，支持“加装电梯”第二次写入国务院政府工作报告。旧楼加装电梯是

一项重要的民心工程，也是补齐公共服务短板，实现居家养老的现实需要。目前一些老旧小区的多层住宅大多数是2000年以前建设的，聚集了城区一半以上的老年人，“上下楼困难”的问题日趋严重，希望解决“悬空老人”的呼声日益高涨。现行的一些政策和法律对此也有着相关的规定。

目前，旧楼加装电梯也存在一些问题：一是涉及部门多，旧楼房加装电梯需经过建管、规划、消防、质监、环保、卫生、民防、市政、房管等部门的审批。二是平衡利益难，高低层业主利益诉求不同，高层业主积极要求加装，低层业主没有电梯需求，加之通风、采光、费用分摊等问题反对加装电梯。三是资金筹措难，据测算，加装一部6层左右的电梯约需30万元，这对居民来说是一笔不小的经济负担。四是操作难度大，增设电梯工作专业性强，还有组织施工、监督质量、组织验收等诸多事务性工作，以及电梯后期的运行、维修、保养、检验及费用的合理分摊等问题。

从实践经验来看，推进旧楼加装电梯工作要注意以下几个方面：一是业主要自愿，由单元或楼栋内的全体业主进行充分协商、达成一致，公开透明、兼顾各方；二是政策要引领，主要体现在政府的政策支持和财政补贴，以及街道办事处、社区居委会指导业主协商、调解业主纠纷；三是手续要合规，旧楼加装电梯必须办理规划、建筑施工、特种设备安装的审批及验收手续，确保增设电梯合法合规和安全；四是监管要到位，旧楼加装电梯的设计方案和施工安装必须以安全为前提，由具有相应资格的机构检测验收之后方可交付使用，由专业电梯维保单位进行维护保养，并接受安全管理部门的监督。

建议：

（一）**加强政策引导**。建议出台《江西省既有住宅增设电梯的指导意见》，对加装电梯的条件、流程及相关事项进行明确，对涉及的各项收费适当予以减免；将多层旧楼房加装电梯工作纳入政府惠民工程，以点带面，分期分批逐步推广。

（二）**简化审批流程**。建议由住建部门牵头，会同规划、房管、民政等部门，定标准、搞规范；各相关职能部门进一步简化审批程序，在行政服务中心专设旧房加装电梯一条龙服务窗口，实行“一站式服务”，避免立项难审批难等问题。

（三）**建立协调机制**。发挥街道办事处、社区居委会和原开发单位、房改房原单位、物业公司等基层组织的协调作用，做好矛盾纠纷调解和办理报建手续等工作，把惠民好事做好。

（四）**厂家合理让利**。根据实际情况，设计不同规格、不同档次的方案，通过集中采购的方式，鼓励电梯生产厂家适当合理让利。

（五）**多方筹措资金**。政府适当“降门槛、给政策”，如：商品房可由房地产所有权人按照一定的分摊比例共同出资，允许申请使用房屋所有权人名下的住房公积金、专项维修资金；属于公房的，可由公房管理单位利用租金收入出资增设电梯；属于房改房的，可以申请使用单位住房维修基金。此外，也可以由原产权单位或者原房改售房单位（不包括财政拨款的预算单位）出资，政府适当补贴，鼓励社会投资等。

（六）**创新运营模式**。积极探索市场化运营模式，鼓励各级各类企业积极参与，组建住宅电梯运营公司，经营住宅小区的电梯营运。

陈文燕，新余市政协委员，市委政策研究室副主任。

涂向义　邹立明

2022 年，反映社情民意信息：关于调整农村土地承包制重新分配土地的建议

我国实行农村家庭联产承包责任制以来，第一轮、第二轮土地承包实现了 30 年不变，第三轮土地承包期宣布再延长 30 年不变，至今又过去了 10 年。如今，40 年过去，许多农民对第三轮承包期再延长 30 年不变的政策很有意见，呼吁我国重新分配土地。

他们提出：一是 40 年前分得土地的农民不少已经离世，按照农村土地承包制不变的政策，他们死了仍“占有”土地，而出生的许多新农民却没有分得土地，很不公平。二是一些离世的农民，原来承包的土地“继承”给子女，国家给的“地力补贴”也转给了子女。他们中很多人或外嫁他地或进城务工离开了本村，且户口迁出了农村，却还拿着这笔钱。而一些至今仍在农村种田的人，反而没有这种待遇。三是原土地承包人的子女们，不仅有“地力补贴”领，还能将土地流转给其他人，获得土地流转费，甚至出现了为拿“地力补贴”宁肯让土地荒着也不肯流转给别人种的现象，导致想种田的人手里没田，有田的人却不种地，这很不合理。但是一些维持土地承包政策几十年不变的人认为，之所以承包土地不变，是为了避免承包地被频繁变动，耕地规模不断细分，影响农业的规模化经营。这一想法是脱离实际的！现实情况是，按照耕者有其田的原则，不给离开农村的人分地，只给留在农村务农的人分地，分地的人会大规模减少而不是增多，土地会越来越集中在少数农民手里，才能真正推动农业的规模化经营。

建议：

我国调整农村土地承包政策，重新分配土地。

（一）实行耕者有其田，将所有承包土地“收回”，重新分配给留在农村务农的农民。趁此机会进行土地平整，解决“插花地”问题，以利于连片耕种。户籍仍在本村、已进城务工的农民，可报名要求分地也可主动放弃分地。凡分得承包地者可以自己耕种，也可以流转给他人耕种，但不得抛荒，否则要受处罚。

（二）将地力补贴改为种粮补贴，发放给土地实际耕种者而非承包者。凡不种田却占有土地者收益不大，抛荒要受罚，将会让出土地给留在农村的人去耕种，有利于推动土地集约化，并提高耕种者的收益。

（三）承包人去世后子女不再继承土地承包权，必须将土地重新还给村集体重新分配。承包人因病、因老、因残或进城等各种原因不愿意继续耕种土地的，可将土地交还给村集体重新分配。户籍在农村的外出务工农民曾放弃土地承包权，若干年后返乡，可重新到村委会报名要求分配土地，村委会可根据人员变化情况重新分地。

（四）鼓励规模化经营，保护农村种粮大户利益。凡通过土地流转方式得到的耕地，在合同期内受到保护，村集体在重新分配土地时，可理论上先将该片土地“分”给承包人，由承包人获得相应的土地流转费。待土地流转到期后，可将流转的土地归还给分得土地的承包人，让承包人享有自己耕种或流转给他人耕种收取流转费的权利。

（五）农民和城镇居民享有同等待遇。可按城镇居民一样缴纳社会保险等五险一金，到达退休年龄后，享受城镇居民同等标准的退休金等待遇。

涂向义，新余市政协常委、渝水区政协副主席；邹立明，新余市政协委员、渝水区政协提案委主任。

鹰潭市政协

吴胜生

2022 年，反映社情民意信息：谨防农村贫困家庭因教返贫

2022 年中考结束，各地普通高中录取分数线已经确定，600 分以下未被公办普

通高中录取的同学和家长处于焦虑之中。在中考分流的大背景下，普通高中和中职学校的录取比例大体调整为 6:4 或 5:5，相比高考 90% 左右的录取率，中考的竞争更加激烈，未被公办普通高中录取的同学将不得不在读私立高中、中职学校之间做出选择，而私立高中和民办中职的高收费却让大量外出务工父母受教育程度低的农村家庭直呼“读不起”。据了解，全国范围民办高中阶段教育学费近年来涨势较快，但相比周边地区，鹰潭的民办高中和中职学校的收费算是比较低的，却也达 10000 元 / 学期左右，民办中专好一点的收费也达 18000 元 / 年，三年下来，各种费用超过 6 万元，而大部分农村家庭都有几个孩子读书，家长不堪重负。在省会城市南昌私立高中收费高的已达 5 万元 / 年。

民办高中阶段教育为很多成绩不理想的学生创造了就读高中的机会，但营利性特征收费实行市场调节价，收费标准由民办学校自主确定，导致收费随意性，不仅给普通家庭带来较大的经济压力，在深层次上还会影响到我国的人口出生率。

建议：

（一）**规范完善营利性民办学校收费政策**。一方面，民办学校收费政策是政府对民办学校的重要监管举措，应该成为促进民办教育发展的重要举措，同时也应该是受教育者权利的重要保障。如果收费政策过紧，会造成民办学校办学经费不足，影响学校发展；但另一方面，由于民办学校发展水平差异明显，在办学质量、办学条件和学校管理等方面存在极大差异，在分类管理的配套制度和措施尚未完善的背景下，实行一步到位的完全放开收费政策，任由学校自主决定，可能会在一些地区形成滥竽充数、扰乱民办教育市场从而引起民怨的后果。新民促法规定：“民办学校收取费用的项目和标准根据办学成本、市场需求等因素确定，向社会公示，并接受有关主管部门的监督。”物价部门应根据当地教育经费的投入标准，结合核算办学成本、设备维修、日常运行等实际情况，制定相对高于公办学校的收费政策，使得民办学校有所盈利，能够有一定的资产积累，以便可持续发展。

（二）**进一步加强民办学校管理，规范办学行为**。民办高中（中职）阶段教育是教育事业的重要环节，关系到广大人民群众的获得感和幸福指数。要严把民办学校准入关，防止不符合办学条件的办学主体滥竽充数、扰乱教育市场；教育行政主管部门要切实履行对民办学校的办学监管职责，完善民办教育质量评估督导制度，建立健全民办学校危机预警及干预机制，最大限度规避并管控好可能出现的各类办学风险；定期对高中（中职）阶段学校办学情况开展年度检查，分类定档，对不符合条件的要限期整改甚至取消办学资格，保障受教育者的合法权益。

（三）**发挥地方政府积极性**。根据实际情况，制定促进民办教育发展的支持与奖励措施。明确营利性和非营利性两类民办学校的差别化扶持与鼓励措施。在制度层面，对于营利性和非营利性民办学校要一视同仁，都应有鼓励措施。但从目前情况看，相关法律规定及政策文本，对于非营利性民办学校政策问题作了较为清晰的规定，有利于促进其发展，而对于非义务教育高中（中专）阶段营利性民办学校的鼓励措施则需要进一步明确和具体化。

吴胜生，鹰潭市政协农业和农村委主任。

鹰潭市政协提案委员会

一、2022年，反映社情民意信息：破解机关事业单位编外用工规模扩大管理困境的建议

机关事业单位编外用工在弥补编制不足、搞活用人机制、引入良性竞争、减少财政支出、缓解就业压力等方面发挥了一定作用，但由于长期以来对编外用工缺乏政策规范和有效监管，管理上的漏洞和引发的问题也逐步凸显，需引起重视。通过对85家机关事业单位进行调研，发现机关事业单位编外人员呈现数量总体平稳呈小幅增长趋势、年龄结构年轻化，学历普遍较高等特点。同时，机关事业单位编外人员管理面临以下问题：一是薪酬待遇较低，长期“同工不同酬”，造成工作热情丧失。二是人员流动性大，工作质效受影响。特别是一些专业性较强的岗位，在工作要求上，聘用与编内人员一致，但在培训和考核激励上，对聘用人员却缺乏有效机制，职业发展空间受限，在工作上缺乏主动性和积极进取心，存在业务能力与实际工作不相适应的情况。三是用工制度不规范，后续管理存在隐患，等等。

建议：

（一）建立合适薪酬福利体系。建立编外人员收入稳定增长机制，参考社会平均工资水平，充分考虑个人技术水平、学历、工作年限，制定工资指导线。定期对工资指导线进行调整，建立正常的工资增长机制，同时根据职工个人技术等级、职称的晋升和工作年限的增长调整个人工资档次，提高编外人员工作积极性、责任感与归属感。针对不同的岗位，设置相应的岗位工资和绩效工资，针对不同的工作年限，设置相应的工龄工资，并每年作相应的调整。

（二）**建立编外人员总量控制机制**。将编外人员作为机关事业单位人事管理的有机组成部分，纳入各单位人事管理范畴。地方机构编制部门负责机关事业单位编外人员员额总量管理，建立编外人员控制数量基准线，严格编外人员员额使用程序，现有编制内人员能够保证工作正常开展的，一般不准使用编外人员，因工作需要使用编外人员的，必须在控制数额内招录使用，编外用工的各项资金支出要接受财政部门监督。通过控制总量、盘活存量的方式逐步缩减机关事业单位编外人员规模。

（三）**积极推进政府购买服务**。综合分析各类编外人员的岗位职责，将必要的行政辅助岗位转化为员额管理，将适合政府购买服务方式保障的以劳务派遣或劳务承担的形式外包给社会组织承担，从“花钱养人”向“花钱买服务”转变，有效实现成本节约、人员补充、效率提升的目的。

（四）**持续优化配套管理机制**。科学配置编外人员岗位数量，建立完善编外人员准入机制、绩效考核机制、退出机制等，并研究出台相关实施细则、配套措施和指导意见。严格按照《劳动法》规定，执行编外人员聘用、管理、培训、晋升程序，在实际管理中，可通过建立岗位等级提升、岗位轮换等形式，探索适用于编外人员的合理晋升机制。

二、2022 年，反映社情民意信息：高温干旱推高隐性成本　农业加工企业经营需关注

7 月以来，受持续晴热高温少雨天气和内河流域、鄱阳湖水位超前下降的叠加影响，旱灾严重。为了解高温干旱对农业加工企业经营影响，笔者对农产品加工企业开展专题调研。结果显示，高温干旱推高了农业加工企业经营成本，进一步挤压了盈利空间，未来市场风险增加，加剧了企业未来经营的不可预期性。一是旱情形势严峻，秋粮产量受到影响，数据显示，农户对后期产量预期不太乐观，超七成预计秋粮单产将下降；二是面对高温旱情，农业加工企业遭遇农作物产量减少、运输成本偏高、农作物品质下降三重压力，企业盈利空间受到压缩，收益将进一步缩水。

建议：

（一）**加大抗旱资金投入，增加农户抗风险能力**。要加强农业保险等相关保障措施，针对灾情及时评估赔付，加快农作物保险受灾理赔进度，政府有关部门要积极与保险公司对接，对受灾程度进行准确核实，认定无误后尽早赔付。要加快耕地地力补贴、稻谷补贴、水稻补贴等资金拨付进度，补贴及时到户。同时要加大救灾补助资金，根据灾情不同给予额外补助资金，贴补农民成本，减少农民种粮风险。

（二）**开展人工降雨，助力高温旱情缓解**。后期气象部门继续加强监测，同时备

足增雨火箭弹等物资，及时利用有利条件，组织开展人工增雨作业，有效缓解当前高温天气对企业的影响。

（三）**降低企业经营成本，提高企业抗风险能力**。要切实加大减税降费力度，可通过税费减免、发放临时高温补贴等方式加大对困难企业的扶持力度，减轻高温天气下企业经营成本增加的影响。要灵活收取电费，根据各地高温情况，电力企业采用灵活的用电收费机制，阶段性降低企业用电费用，合理减轻高温天气下企业用电费用负担。要持续加大金融支持力度，在政策允许范围内，简化企业融资审核材料和程序，降低融资门槛，同时规范信贷融资收费的有关规定，合理确定贷款利率，降低企业的综合融资成本。

赣州市政协

明刘春

2022年，反映社情民意信息：对“淘宝村”发展状况的几点分析与建议

互联网是大众创业、万众创新的新工具。当前，天猫、淘宝、京东、拼多多等线上平台为了造福“三农”，通过发挥电子商务的优势，不断拓宽创新服务普通商户的业务，探索实现“线上线下”“工业产品下乡”和“农产品进城”双赢路径。近年来，电子商务从城市逐步覆盖到农村，也造就了各地一个个“淘宝村”。

在淘宝村的快速扩张过程中，存在不少问题：一是过度依附于地方支柱产业。表现“火爆”的淘宝村仍然是以围绕参与地方主导产业或特色产业为主，集聚在城区产业市场或物流通达且具有特色产业乡镇周边。二还不是赋能兴农的重要阵地。乡村振兴大背景下，数字经济与乡村振兴深度融合仍有巨大空间，但乡村“小农户”“小作坊”难以连接“大市场”。三是淘宝村创新能力不足，营销较为简单，品牌意识薄弱。以销量为第一，不以产品品牌、品质寻求溢价空间，缺乏品牌意识，产品创新不足，忽视客户体验感，导致了同质化竞争和恶性价格战。四是行业抗风险能力弱。基于低

门槛、创业成本的特性，不少待业青年蜂拥进驻淘宝村，一哄而上。五是服务平台建设和管理滞后。一方面，电商服务平台逐利发展，不能实时为淘宝村的转型升级提供系统的电商服务解决方案；另一方面，相关管理法规欠缺，监管难题有待破解。六是电商专业人才匮乏。电子商务是信息化与传统商务有机结合的新兴产业，需要大量既懂现代信息技术又精通商贸理论与实践的复合型人才。七是物流系统缺乏规划性、统一性，较为散乱。

建议：

（一）充分激活农村产业潜力和活力，激发农民创业的内生动力，有序组织引导农民学习电商运营，提升农民对特色农产品、农村工艺品的宣传、营销、运营模式的认识水平，让他们依靠自己的能力致富，让淘宝村真正卖农民自己的产品，而不是卖产品给农民。

（二）充分利用好农村闲置资产提供更好更优的电商孵化、特产展示、物流仓储等服务，特别是农村的闲散劳动力、闲置校舍和宅基地等，吸引淘宝电商抓住乡村振兴机遇落户农村。

（三）引导村民尤其是正在发展产业的村民适应国际国内大循环的变化，形成互联网思维，接触数字化手段，依托当地基础设施条件，打好特色产业牌，加强农产品品牌建设，增强市场竞争力，大力开辟线上销售渠道，形成示范效应和集聚效应，带动一个地区特色产业的发展。

（四）发挥农村党组织基层堡垒作用，加快农村现代化进程，改进乡村治理模式，吸引知识青年回乡建设家乡，引导电商行业青年人才充当致富带头人，引进先进理念，带动农村现有劳动力创收增收；搭建好公共服务平台，改善农村人居环境，避免人才流失，更要让发展好的青年愿意留在农村继续发展。

（五）加快推动电子商务与物流协同发展。鼓励快递企业在农村开展网点下沉建设，支持快递企业优化农村投递网络、增设投递车辆等，在偏远农村地区建立无人机物流配送支线网，形成了县、乡、村三级物流配送网络构架和多站合一资源共享模式，打造高效，快捷、顺畅的城乡配送体系，实现线上销售和物流配送同步，彻底解决农村的最后一公里难题。

明刘春，赣州市南康区政协委员联络服务中心主任。

高 莉

2022 年，反映社情民意信息：关于加强对孤独症孩子干预的建议

孤独症也称自闭症，又称孤独性障碍，是广泛性发育障碍的代表性疾病。主要特征是漠视情感、拒绝交流、语言发育迟滞、行为重复刻板以及活动兴趣范围的显著局限性，一般在3岁以前就会表现出来。今年的4月2日是第15个世界孤独症关注日，据《中国孤独症（自闭症）教育康复行业发展状况报告》推算，目前中国的孤独症患者可能超过1000万人，0—14岁患者或超200万人，并以每年近20万人的速度增长，加大对孤独症孩子的关注力度，加强对孤独症孩子的干预，让患有孤独症的孩子更有尊严、平等地生活，具有十分重要的现实意义。

根据调研，发现当前孤独症患者儿童救助存在几个方面问题：一是救助资源紧缺。孤独症患者现在逐渐增多，但现有的特殊教育、医学干预等资源存在短缺现象。专业的医生、特殊教育学校及机构的教师数量少，专业化程度不高，较少专门针对孤独症的医生及教师，很多地市没有专门针对治疗孤独症而建设的专门性医院。二是关注力度较小。对于孤独症的认识不足，无法早期识别孤独症，致使延误干预治疗最佳时期；社会民众对于孤独症理解不足，对于患有孤独症的孩子社会理解度较小，容忍度较低；政府对于孤独症患者的关注力度较小，目前还未进行系统性地关注。

建议：

（一）**加大宣传力度**。通过在医院妇产科、早教培训班、月子中心、医院孕产学校等进行宣传，提升新生儿家庭对于孤独症的鉴别和认识水平，对于出现孤独症症状的孩子进行早发现、早干预、早治疗，让患有孤独症的孩子尽快得到改善；利用“4.2世界孤独症关注日”“10.10世界精神卫生日”等活动日，加强对孤独症的社会活动和宣传力度，让更多人了解到孤独症，认识到孤独症的症状和特点，加大对孤独症患者的理解和支持力度，参与孤独症患者的治疗过程，从社会层面提升认知。

（二）**加大政府投入**。加大财政投资力度，逐步完善孤独症诊治的基础设施建设和医疗设施、教育设施，使孤独症的诊疗能够符合实际需要；加大监管力度，针对当前诊疗、教育存在的乱象进行监督管理，规范孤独症诊疗工作要求，提升行业准入，切实维护孤独症患者家庭的权益；加大协同力度，把孤独症患者的诊断、康复、医疗、义务教育、职业培训、就业、养老等一系列问题当作一项社会公益事业来办，加强顶层设计，精细化、系统化形成合力，做好孤独症患者的各项保障。

（三）**加强人才支撑**。建设专业化人才队伍，加大针对孤独症人群的专业教师、专业医学生培养力度，筹备一支能够满足社会需要的专业化人才资源；在各类招录考试中加大对专业人才选拔力度，通过医院、学校专业人员招录等方式，提升专业人才数量，保障专业人才发挥效应；做好保障服务，针对当前专业化人才少、专业化程度不高的问题，为能够推动孤独症患者进步的各类护理、教育、医疗人才提供各类基础性保障，鼓励继续从事孤独症患者的干预治疗服务事业，确保积极发挥各类人才的作用。

高莉，赣州市政协委员，上犹县红十字会常务副会长。

曹树强

2022年，反映社情民意信息：建立大学生失业保险制度迫在眉睫

近几年来，全国高校毕业生数量持续攀升：2021届全国高校毕业生909万人，同比增加35万；2022届全国高校毕业生预计1076万人，同比增加167万人，大学生就业压力剧增。此外，国内外疫情的多点暴发和持续发展，经济下行的巨大压力，国内各类企业吸纳大学生的能力锐减，对大学生就业带来极为不利的影响。江西是拥有大学生总量较多的中部内陆省份之一，大学生的就业问题不仅牵扯着众多家长的心，也成为各级党委、政府、企业和社会各界人士关注的焦点话题。如何正视和解决这一问题，必须尽快实施大学生失业保险制度，发挥国家宏观政策调控的作用，进行政策顶层设计，为解决大学生失业问题提供有力的政策支撑和经济保障。

建议：

（一）**加快大学生失业保险制度的研究和立法工作**。由国家人力资源和社会保障部成立专门的大学生失业保险工作小组，主要借鉴职工失业保险的研究方法，对大学生失业保险的缴费金额、保险金额、给付方式等进行严格测算，制定适合的缴费标准。重新修订《失业保险条例》（1999年1月22日发布施行），将大学生失业保险列入其中，对缴费个人和法人的权利义务、享受资格、享受待遇、监管等做出明确规定。

（二）**尽快启动和建立大学生失业保险基金**。大学生失业保险基金由学生和政府共同负担。学生在入学时开始缴纳的部分由学生自行承担（主要依靠父母支持），家庭困难的学生可申请向银行贷款，此部分应计入个人账户；政府负担的部分可由财政

拨款，直接存入失业保险基金中。另外，社会各界的公益性捐赠也可构成大学生失业保险基金的一部分来源。针对已毕业且未缴交失业保险基金的大学生，由见习单位或大学生户籍所在地乡镇、社区（街道、居委会）进行缴交，尽快建立全国性统一的大学生失业保险基金个人账户。

（三）**大学生失业保险应界定为自愿性保险**。大学生基本没有收入，每个大学生的就业能力与承受风险的能力也不同，采取自愿性保险，更易被大学生所接受。同时，如果大学生成功就业，学生自行缴纳的个人账户部分应计入职工失业保险基金个人账户，这样有助于提高大学生参加失业保险的积极性。

（四）**建立全国联网的大学生失业保险信息系统**。该信息系统详细记录大学生的缴费、贷款、是否就业等情况。大部分大学生毕业后会选择不同的城市工作，建立全国联网的大学生失业保险信息系统，有利于劳动就业机构及时查询毕业生就业情况，防止大学生骗取失业保险金，同时，有利于个人账户基金转移。

（五）**严格防范大学生道德风险和信用风险**。监管部门加强监督管理，防止大学生毕业后为了领取失业保险金而故意不去找工作。对于未就业毕业生，监管部门应做好调查，查明其未就业原因，对可以就业但未就业的毕业生不予发放失业保险金。同时，将失业保险缴费贷款记录录入大学生诚信系统。为防止大学生就业后仍领取失业保险金，用人单位要及时汇报大学生就业情况，录入大学生失业保险信息系统。

曹树强，会昌县政协委员、教科卫体和文化文史学习委主任。

潘莉玲

2022 年，反映社情民意信息：关于全面清查“问题”读物　确保孩子精神“食粮”安全的建议

近期发生了人教版“毒”教材的重大舆情事件，引发了社会对青少年儿童教材、读物乃至中国基础教育问题的广泛关注。教育牵动着每一个家庭，更决定着国家的未来和民族复兴大业。调研发现：一是学前儿童教材问题。部分幼儿园教材存在“圣诞节”“万圣节”等洋节的活动内容，还有“上帝”等外国宗教色彩的字眼，需谨防西方文化渗透，谨防不良价值导向的绘本内容对孩子潜移默化地影响。二是小学教材问题。近期，

人教版小学数学教材插图丑化、涉黄、国旗画错、出现文身、兔女郎、星条旗T恤等问题引发了社会舆情。三是中学教材问题。有的教材与学生学习进度脱节、疏漏较多，有些配置的习题中没有适合学生作为作业去使用的内容。四是大学教材问题。目前我国大学教材一定程度存在选用制度不健全、版本陈旧、内容雷同、教材建设滞后于教学和专业改革的现象。四是青少年儿童教辅材料及课外读物问题。青少年儿童教材之外的其他教辅材料及课外读物存在的问题更隐蔽，问题更多更严重。一些教辅材料、课外读物存在“三观”不正、涉黄、抑郁导向、诱导吸毒、诱导自杀、暴力倾向、种族歧视等问题，有些儿童图书存在有害物质超标，如荧光增白剂、邻苯二甲酸酯、铅超标等问题。

究其原因，主要是因为青少年儿童教材、读物监管审核不完善及投入不足：审核问题，大量有问题的青少年儿童读物能够顺利出版并流入市场，说明存在审核思想导向或审核流程不完善的问题；监督问题，人教版小学教材存在的问题十年前就有教师曾向上级反映过，相关部门却没有引起重视，也未及时修改教材，暴露出的是相关部门监督缺位的问题；投入不足问题，因教材从研发、编撰到发行，需耗费大量的人力、财力、物力，对编撰水平也要求高，对应的投入势必也高，但由于教材价格低、利润低，若教材仅靠市场运作模式运行，教材编撰质量则难以提升，制约我国教育质量的发展。

建议：

（一）**全面排查问题读物**。成立专门的问题读物排查工作小组，动员全社会力量开展青少年儿童教材、教辅及课外读物全面大排查。利用青少年儿童读者、家长、教师、学校、出版社、教育部门、图书馆、妇联、印刷机构等群体和机构的力量，通过宣传动员、线上问卷调查、公布举报电话和邮箱等方式收集问题信息；建立问题读物举报机制，由工作小组对被举报的问题读物进行核实，对问题较大的读物采取立即下架禁售销毁处理，并向社会及时公布问题读物，问题较小的儿童读物要求立即整改。

（二）**定期校正教材读物**。相关部门应根据教材读物使用过程中发现的问题，每年进行校正，有些涉及技术更新较快的专业性教材需根据社会发展情况每年及时更新教材内容结构，确保学习内容能够与时俱进。

（三）**教材准入制度建设**。完善信息反馈机制，健全教材反馈制度，是规范教材选用的保障，学校可以通过网络平台对每一门课程的教材选用情况进行质量评价，由教务部门负责收集汇总评价结果，并将最终详细情况反馈给各学校，再由学校反馈给教研室，对问题教材进行限期整改或更换；实行“三级管理制度”严格审查程序，保障选用教材的质量，避免教材选用的主观性和任意性。

（四）**提高编撰审核水平**。成立高素质的教材编撰专家组、教材及青少年儿童读物评审专家组，加强青少年教材及读物的编撰、审核等环节相关从业人员的培训、资质审核。出版机构对出版的青少年儿童读物必须严格审核把关，严禁问题书籍流入社会，确保青少年儿童免受“毒”书的侵害。

（五）**强化监督问责机制**。设立教材、教辅材料使用情况监督小组，加强教材、教辅及课外读物编撰、发行整个过程的监督管理，斩断利益链条，对教材编撰层层转包现象、出版社只收刊号费不尽审核责任等现象给予严厉打击；严禁使用重金属、有害物质超标的劣质原材料印刷童书；全面落实教材编写、审核、出版、印刷发行、选用使用等各方面主体责任；设立问责机制，加大对违法违规行为的查处力度，为高质量教材体系建设提供有力保障，确保青少年儿童教材、教辅、课外读物坚持政治方向和价值导向，弘扬中华优秀文化、树立青少年儿童正确的人生观、价值观、世界观。

（六）**加大资金投入**。加大优秀教材建设力度，在根据国家相关政策选用优秀教材的同时，鼓励教师编写精品教材；国家投入资金和高素质专业人才参与教材研发编撰，设立优秀教材编撰高额奖励机制，并加以版权保护，激发优秀人才对参与教材编撰的积极性和创造性；引入教材发行竞争机制，公、民营出版机构公平竞争，充分激发教材编撰能力、创新能力提升；投入专项资金，引进国外先进的专业教材、参考书籍，或购买版权，供于一些专业教材编撰借鉴使用，从而提高我国的教育质量，营造良好的教育生态环境。

潘莉玲，赣州市政协委员，赣州经济技术开发区湖边镇康馨幼儿园园长。

宜春市政协

王秋兰

2020年，反映社情民意信息：关于改进残疾人证管理工作的建议

《中华人民共和国残疾人证管理办法》规定，对残疾情况没有变化的可以不鉴定免费换证，但基层很难操作。残疾人换证一般需本人到场，经残联部门填表登记、照相馆照相、相关专业医院鉴定、领新证等，每人所需鉴定、照相等直接费用近百元，一套程

序走下来，少则一天，多则两三天，而且大多数残疾人需他人陪护才能完成这些程序。

自 2019 年起，第二代残疾人证陆续到期。因为换证有时间规定，一到换证期，基层残联部门窗口工作人员工作量非常大。事实上换证后绝大多数残疾人的残疾种类和等级没有什么变化，而且很多交回的旧证都是新的。据了解，全国残疾人约 8500 万人，一次换证下来，残疾人个人费用和办公经费都不是一个小数字。

建议：

（一）**严把残疾人证入口关**。办理残疾人证最重要的是把好专业医院的鉴定关和村、社区的公示关。要对鉴定医师进行专业培训和职业道德教育，明确追责情况，确保残疾鉴定与残疾事实相符。残疾人办理残疾证情况要在其所在村、社区公示，并且在残疾人享受相关福利时也要公示残疾类别、等级情况，接受群众监督，更好把严残疾人证入口关。

（二）**取消残疾人证十年有效期规定**。目前中国残疾人办证系统设置十年换证，纸质版残疾人证上标注“有效期十年”，到期不换新证，老证就自动注销。根据基层的实践和残疾人种类及等级一般变化不大的特点，如果取消残疾人证十年有效期的规定，现持有残疾证的大部分人可以终生不换证，这样既可减轻残疾人的负担，又可缓解基层工作的压力。

（三）**实行残疾人证动态管理**。基层残联部门根据工作实际，联合相关部门定期或不定期对残疾人证进行审验核查。对残疾状况发生变化的，可受理群众申请，按程序办新证；对死亡或残疾症状消除的，根据相关部门提供的有效证据进行注销；对群众有异议或实名举报的，重点进行核查，如核查属实，应对相关人员注销残疾人证，并采取相应惩处措施。

王秋兰，樟树市政协信息员。

刘明兴　吴莉霞

2017 年，反映社情民意信息：改善当前不动产登记弊端　提高办事效率的建议

2016 年 1 月开始，各地开始组建不动产登记中心，目的是为了三证合一，简化

办理房产证、土地证、契税证的流程，节约时间。然而，自从不动产登记中心成立以来，不动产登记制度存在多种弊端。一是国土资源、房地产管理、税务三个部门信息共享不及时，协调不一致，导致相关房地产企业和办事民众办理不动产登记证时等待时间过长，手续较烦琐；二是不动产的自然属性往往相融相连，多部门职能交叉，容易造成相互争夺权力或扯皮推诿；三是存在不同类型土地及不同类型权利的多种登记，各部门的登记方法及技术规程等不一致，土地权利的重登、漏登现象时有发生；四是行政成本过大，登记人员素质难以满足实质性审查的需要，也是导致登记工作出现瑕疵的重要原因。

建议：

（一）国土资源、房地产管理、税务三个部门在办理不动产登记过程中应该实现信息资源共享，以提高当事人办事效率。

（二）减少审批权限，简政放权。上述三个部门应适当减少审批权限，使不动产登记成为一项服务职责，使各部门尽快促成联合不动产登记。

（三）减少办证费用，加强登记人员的培训。在办理不动产登记证的过程中存在多次重复缴费现象，应在实施过程中予以精简。同时应加强不动产登记人员各级的专业培训和技术研发，提高人员专业素质和登记技术的适用。

（四）不动产登记中心定期派专人在办事处指导办事房企和办事民众录入相关资料，以提高服务窗口办事水平。

刘明兴，上高县政协委员、民盟上高县总支盟员；吴莉霞，上高县人民法院民三庭庭长。

李苏荣　李万文　晏　瑜　熊一峰

2020年，反映社情民意信息：关于禁食野生动物决定出台后细化落实有关政策的建议

新冠肺炎疫情暴发后，引发了全社会对野生动物的广泛关注。党中央高度重视，习近平总书记多次就坚决革除滥食野生动物陋习作出重要指示。全国人大常委会迅速出台了《关于全面禁止非法野生动物交易、革除滥食野生动物陋习、切实保障人民群众生命

健康安全的决定》（以下简称《决定》）。近期，宜春市政协围绕这一主题组织开展了专题调研。调研中发现，近年来特种养殖产业被各级政府扶持，有些地方还把它作为脱贫攻坚的重点项目，带动了不少贫困户脱贫。《决定》出台后，野生动物驯养繁殖这个特种养殖产业受影响和冲击非常大，禁止食用和交易后，不少养殖户面临前所未有的生存困难，整个产业直接"休克"，进而影响贫困户脱贫和农民增收。产业遭遇"寒冬"，很多养殖户在苦苦支撑，观望补偿政策出台。从《决定》出台至今也已过去快两个月了，很多养殖户已经难以为继。如若监管部门有管理盲区或不到位的情况，容易产生非法交易或私自食用的行为。当务之急，国家有关部委和各级地方政府要抓紧制定出台有关政策，细化落实《决定》相关内容，给全国特种养殖户明确的政策信息，吃下"定心丸"。

建议：

（一）**要加大宣传营造氛围**。国家层面要成立国家林业和草原局、农业农村部、国家市场监管总局等职能部门参与的处置工作联席会议制度，严格落实上下联动、左右协同、联防联控的工作机制，形成全社会关心关注野生动物保护、禁食野生动物、打击非法交易行为的工作合力。各级政府要及时将有关政策向养殖户做好解释工作，安抚他们的情绪，能转型的抓紧转型，该处理的及时处理，防止出现群体性上访事件，维护社会大局稳定；要加大对禁食和保护野生动物宣传，广泛深入开展科普宣传，通过播放公益广告、发放倡议书、城市微信公众号等多种方式，将爱护野生动物、维护公共卫生安全的倡议宣传进机关、进企业、进学校、进社区，并纳入中小学义务教育课程，将拒食野生动物纳入健康中国行动，引导全社会形成文明健康、绿色环保的饮食文化和生活方式。

（二）**要尽快落实补偿政策**。《决定》中有明确要求，各级政府要依法补偿，但目前关于赔偿标准、补偿资金等还迟迟没有落地。在国家层面，农业农村部要及时向社会公布正式修订版的《国家畜禽遗传资源目录》，让更多经过多代人工繁育、人工饲养的陆生野生动物品种进入目录，给养殖户提供政策方面的信心支撑，减少不必要的损失；财政部和国家林业和草原局要抓紧制定出台有关补偿政策，明确补偿标准，规定中央、省市县各级政府分摊比例，为减轻地方政府资金压力，建议中央财政资金比例在50%以上为宜；国家中医药管理局要加强对野生动物养殖行业的指导，及时将部分养殖企业向药用型转产。国家各职能部门要在帮助养殖户转型发展上找门路，例如国家林业和草原局可将一些项目对接到养殖户的转产转型上，扶持他们发展高产油茶，发展林果业经济，分流部分养殖户从事护林工作，充当生态护林员，解决部分生活来源问题。各级地方人民政府要抓紧出台切实可行的操作办法，积极为养殖户解困分忧，为产业转型做好前期准备。

（三）**要严格执法监督检查**。全国上下要把“全面”和“从严”贯穿始终，加大全方位、全链条的执法监管力度，持续保持高压态势，做到有法必依、执法必严、违法必究，提高违法成本。各级政府要严格野生动物市场监管，以农（集）贸市场、超市、餐饮单位为重点，加大日常性、随机性、联动性监管检查力度，严惩非法野生动物交易活动；要加强网络销售野生动物及其制品行为的监管，落实电商平台责任，进一步净化网络交易市场环境；对列入“禁食名录”的养殖企业，要依法收回人工繁育许可证，依法严格人工繁育野生动物的商业利用，停止一切以食用为目的、以药膳为幌子的非法经营利用野生动物活动；要紧盯猎捕、宰杀、运输、交易、滥食等各个环节，集中力量开展非法野生动物交易执法行动，一体打击、一查到底，坚决管住“滥吃的嘴”，斩断“利益链条”，铲除“幕后黑手”。

李苏荣，宜春市政协委员；李万文，宜春市政协委员；晏瑜，宜春市政协信息员；熊一峰，宜春市政协信息员。

李辉春　何晓雄　晏　瑜　熊一峰

2019 年，反映社情民意信息：关于高效推进“四好农村路”建设的建议

近年来，“四好农村路”建设取得丰硕成果，路网结构不断优化，管养质量明显提高，运营水平不断加强，为农村特别是贫困地区带去了人气、财气，也为党和政府在基层凝聚了民心，但在推进“四好农村路”建设过程中仍然存在一些困难和问题。一是建设资金缺口大，资金筹措难。当前省、市、县补助不足道路造价的一半，乡村两级要自筹缺口资金，难度非常大，实现“所有 25 户以上自然村通水泥路”的目标仍然存在一定差距。二是建设标准不统一，安全隐患大。由于各级并未对农村公路建设的技术等级做出明确规定，导致各地在建设标准上不统一，存在着极大的交通安全隐患。三是管理机构不健全，日常养护差。农村公路一般由县级交通运输局管理，但专职管理人员少，加之养护工人工资低，日常养护不到位。与此同时，很多超限超载车辆与履带式农用车辆从农村道路通行，对农村公路损坏严重。四是运营效益不高，一些候车站点成摆设。城镇化进程加快造成村级客运市场逐渐萎缩，很多村级客运班车无客可载、入不敷出，导

致停运、改线，一些候车亭、招呼站变成了村民堆放杂物、流浪人员临时落脚的场所。建设好“四好农村路”，对于切实解决好群众出行难、运输难问题，不断提升农村综合交通水平，助力乡村振兴发展，有着非常深远的意义。

建议：

（一）整合资源、多方联动，在构建乡村发展“主动脉”上下功夫。一是规划建设农村居民集中居住点。目前农村人口大量外流，平时常住人口远低于户籍人口，有的村组常住人口甚至不到户籍人口数的一半，且多以妇女儿童和60岁以上老人为主，外出人员往往只在清明、春节等传统节假日返乡。地方发展改革、国土资源、农业农村等部门以及乡镇政府要加强整体规划，因地制宜建立农村居民集中居住点，引导动员分散居住的农村居民到集中居住点居住生活。二是集中资金修建通往集中居住点的高标准农村公路。公路建设资金缺口大，上级补助资金有限，乡村两级和社会资金筹措难的情况下，引导农村人口集中居住后，在政策允许范围内，优化路网结构，汇集资金建设通往集中居住点的高标准农村公路，将有效解决之前项目建设盲目、建设资金浪费、建设标准不高、安全隐患较大等现象。

（二）强化意识、齐抓共管，在推行农村公路“路长制”中谋出路。目前，国省干线公路“路长制”在本地已经全面推广并取得实实在在的效果。在农村公路也应大胆推进“路长制”管养模式，政府牵头，涉及部门协同合作，群众参与，建立“分级负责、部门协作、社会共治”的机制。县级政府要压实主体责任，对农村公路养护情况定期组织检查评分，明确奖惩，层层建立目标考核机制；要积极推进养护市场化改革，鼓励通过分段承包、定额包干等方式开展日常保洁、绿化等非专业项目，吸纳沿线农村居民参与；农村公路大中修等专业性养护工程，通过政府购买服务的方式，交由专业化养护队伍承担；要配齐配强农村公路管理机构和人员，加强农村公路路面巡查执法检查和路域环境整治，完善农村公路限载、限高、限宽等设施建设；要加大宣传教育力度，使广大群众树立起“爱路、护路、养路”意识。相信在政府各部门和广大群众的共同管护下，农村公路的使用时长、通行质量必将大大提升。

（三）做好加法、“沿路”发展，在打赢乡村振兴攻坚战上出实招。一是建立健全农村集中居住点公共服务系统。根据居住点规模大小、需求范畴，大力推进农村医疗、教育、文化、体育场所建设和服务设施配套，建制村集中建设农村公墓，不断缩小城乡公共服务能力、服务水平差距。二是不断延伸农村公共客运服务功能。在完成农村客运站、候车亭、招呼站等基础设施与新改建农村公路项目同步设计、同步实施、同步交付使用的同时，加大财政扶持力度，构建农村物流体系，推进“电子商务＋物流＋农产品”服务，加快打造以县为中枢、乡镇为支点、村组为终端的物流体系，大力发展乡村旅游，让广大农民切实享受“沿路”发展、“沿路”致富的成果。

李辉春，宜春市政协委员；何晓雄，宜春市政协委员；晏瑜，宜春市政协信息员；熊一峰，宜春市政协信息员。

李群杰

2018年，反映社情民意信息：脱贫攻坚领域形式主义官僚主义新表现需重视解决

当前，脱贫攻坚战已进入鏖战阶段，成千上万扶贫干部走出机关，投身到这前所未有的脱贫攻坚战第一线。然而，在脱贫攻坚工作中发现的形式主义、官僚主义新表现，需要不断改进。一是精准填表等问题仍然突出。扶贫表格种类纷繁复杂，部分表格内容重复，需要反复填写上报，耗时耗力。扶贫干部不得不把大部分时间用在填表造册上面，反而少了很多与贫困户交流、沟通、帮扶的机会。二是扶贫干部日常管理不够科学。对第一书记每天的到岗管理就存在明显的痕迹主义，要分别在签到表和精准脱贫 App 上签到，并在工作日志上写好一天的工作情况，大幅增加无谓工作量；在请销假制度上也过于烦琐，既浪费时间和精力，也很不人性化。三是脱贫攻坚考核指标有待完善。考核验收时“唯贫困户满意度为标准”，贫困户的一句话甚至可能葬送帮扶干部一年的辛苦、一辈子的前途，有时在脱贫攻坚考核前夕出现贫困户为“好评”明码标价的情况。四是脱贫攻坚问责机制有失偏颇。在脱贫攻坚工作任务繁重、压力大的情况下，上级部门常常以“问责处分”来推动工作，使基层扶贫干部干事创业根本没有安全感，影响积极性，产生抵触情绪，影响脱贫攻坚成效。

建议：

（一）**建立大数据扶贫体系**。在现有的全国扶贫开发信息系统中，将各业务部门、单位涉及贫困户信息的内容进行共享，这样就便于扶贫干部进行信息查询、搜索、汇总，实现大数据扶贫、智慧扶贫，实现无纸化办公。

（二）**对扶贫干部日常管理要合理简单化**。合理简化扶贫干部日常管理办法和制

度，如对第一书记日常签到可以因地制宜选择一种办法，如采取精准脱贫 App 签到方法，这要求加快完善精准脱贫 App 各项功能，尝试开发出精准脱贫 App 第一书记帮扶日志等功能版块，简化每日工作任务，也方便上级督查。在请销假制度上也应该更加简捷化、人性化，尽量简化签字盖章的程序，减少请假人的往返路程和时间。

（三）**进一步完善脱贫攻坚考核指标**。完善脱贫攻坚考核指标，应该对非贫困户和贫困户满意度做减法，对扶贫成效做加法。鼓励扶贫干部花更多的时间精力，帮贫困户抓增收、谋脱贫。

（四）**对扶贫干部考核要切实做到奖罚分明**。在考核督查上，不能一味地强调工作做得不好如何追究责任，应该建立完善的奖惩机制；对于敷衍了事、作风漂浮的扶贫干部必须加大力度追究查处，但是对于工作扎实、认真负责的扶贫干部也应该给予激励，要合理利用考核结果，把考核结果作为驻村扶贫干部评先评优、提拔使用的重要依据，对实绩突出、群众认可的驻村扶贫干部，优先列为后备干部，优先提拔使用。

李群杰，铜鼓县政协教文卫体专委会副主任。

李震　敖焜

2021 年，反映社情民意信息：关于将各地各级政协提案先进承办单位表彰发文单位进行统一的建议

提案工作作为人民政协的一项基础性、经常性、全局性的工作，是人民政协协助党委、政府做好群众工作的重要形式和载体。提案办理则是落实委员建议，实实在在解决问题，服务和改善民生最有力、最直接的方式之一。全国政协根据《中国人民政治协商会议全国委员会优秀提案和先进承办单位评选表彰暂行办法》规定，由政协全国委员会进行表彰，表彰单位可以包括中共中央办公厅、国务院办公厅等上传下达和综合性协调的重要部门。地方各级政协则做法不一，有的和全国政协一样，由政协发文；有的由政府和政协联合发文；还有的由党委办、政府办和政协办“三办”发文。

然而，当前提案先进承办单位表彰发文单位不统一带来了一些问题。一是影响承办质量。有些委员提交的提案，必须由党委办、政府办或政协办才能协调解决，如果

由“三办”联合发文，意味着党委办、政府办、政协办“三办”是“裁判员”而不是“运动员”，不在承办单位之列，本身不承办提案，导致部分提案办理质量打折扣甚至根本无法办理。二是表彰依据不准确。政协的主要职能是政治协商、民主监督、参政议政，对党委决策、政府和相关部门的行政执法没有硬性约束力。因此，由各级政协委员会的名义对党委、政府办公室（厅）以及党委政府的部门单位进行表彰，对各单位的激励、鞭策力度不够强。

建议：

全国政协商请中共中央、国务院联合重新制定《优秀提案和先进承办单位评选表彰暂行办法》，以中共中央、国务院、全国政协的名义，共同对提案办理先进承办单位进行表彰，并明确各级党委、政府和政协都以此为标准参照执行，以提高各地、各部门单位对提案办理的重视程度，提高提案办理质量。

李震，樟树市政协提案委主任；敖焜，樟树市政协信息员。

李震　　敖璇

2022年，反映社情民意信息：“露营热”爆发性增长存在隐患亟待重视

近年来，在常态化疫情防控背景下，省外游、市外游受到冲击，本地化、小半径的旅游消费受到追捧。刚刚过去的“五一”假期，“露营”成为国内度假顶流。但是，“露营热”爆发性增长的背后也存在着不少问题。一是基础配套设施不完备导致游客体验不佳。营地建设往往涉及农村用地、集体用地、林地、农耕地等地块，土地性质及土地权属的问题往往导致营地建设者不愿意进行大量的基础设施投入。基础设施的缺乏会导致置身“露营热”中的游客停留在初级体验阶段，影响体验质量。二是游客过载导致生态环境破坏、交通瘫痪等问题。过量的游客在露营地长时间的游憩、停留、过夜，容易造成土壤侵蚀问题以及植被破坏，露营车辆进入非铺装路面易造成土壤承载力受损及生态景观破坏。三是造成攀比心膨胀，引发过度性消费。眼下，“露营热”越发火爆，有些露营者为满足自己的虚荣心，不买经济型帐篷，只买价格高的帐篷；不用手电筒，用串灯；更有甚者从简单露营到搬家式露营，各种装备的攀比蔚

然成风。四是增加疫情传播风险。当前“外防输入、内防反弹”压力依然较大，露营伴随着大量未做任何防护措施的人员聚集，不利于疫情防控，也与政府提倡的“戴口罩、不聚集”理念背道而驰。五是“井喷式”露营易被资本盯上。

建议：

（一）**倡导露营文化，树立生态旅游观念**。疫情发生以来，人们的旅游观念有了明显的变化，热爱露营的本质诉求是人与自然和谐共处。应引导露营者树立文化旅游生态观，培养真正的户外爱好者，倡导在露营中拥抱自然、保护自然、爱护自然的露营文化，鼓励露营爱好者带走120%的垃圾，消除露营活动对生态带来的消极影响。同时鼓励成立露营协会，定期开展露营启蒙的系列科普活动，让露营真正走入大众视野，唤起人们对生活的兴趣和对自然的热爱。通过政府和学校的支持与推广，让教育性的露营活动在中小学当中逐步展开，开设露营课程，普及露营知识，也培养青少年的自理能力与合作精神。

（二）**强化露营行业规范，完善露营旅游基础设施**。一是完善行业管理规范和标准，促进露营地管理的规范化和标准化，规范专业营地供电、供水、救生、消防等基础服务设施要求；二是研究出台露营营地星级评价标准，形成完整的营地分级管理体系；三是评估城市公园、森林公园、景区、自然保护区的生态环境承载力，设计合理的环境容量，区分游览、露营区域，合理限制露营场地活动范围；四是排查露营旅游安全隐患，完善相关安全保障设施、意外事故以及医疗服务设施，建立户外露营的应急机制。

（三）**引导相关产业融合发展，促进露营旅游消费**。一是探索露营与体育产业融合新思路，在山地型露营地开发登山、山地自行车、攀岩、山谷定向穿越等运动项目，而在海滨型露营地可开发帆船、沙滩越野车、沙滩排球、游艇等娱乐活动；二是引导露营旅游与文化产业融合，例如推动露营与音乐节、文化展演、文化市集等文化活动创意混搭；三是促进露营与其他旅游业态融合，采取露营地和旅游项目组合开发模式，提供例如海洋馆露营、景区露营、户外餐饮等多样化旅游产品。

（四）**探索“露营+乡村旅游”模式，助力乡村振兴**。露营使朝九晚五的都市人能够在城市的边缘感受乡野的自然风光。露营所构建的“乌托邦”式的怀旧体验空间是城市现代化生活与农村慢生活的过渡空间，能让更多的城市居民通过“乡村体验式”露营旅游回归和融入本土乡村生活方式，为乡村带来更多的活力与产能。将露营融入乡村旅游，是对乡村旅游的有力补充，也为城市反哺乡村、促进乡村振兴提供了新路径。

李震，樟树市政协提案委主任；敖璇，樟树市委办信息员。

李震　聂璟

2022年，反映社情民意信息："光伏组件"回收体系的现状及问题

据国际可再生能源机构预测，从2025年起，我国开始产生大批量的退役光伏组件。如何实现废弃光伏组件的回收与无害化处理，打通光伏绿色链条的"最后一公里"，成为摆在我们面前的现实问题。

目前，我国废弃光伏组件回收产业处于起步阶段，还面临不少问题。一是回收成本费用高，成本与收益倒挂。目前大部分光伏组件建于偏僻地区或位于屋顶之上，回收难度大、物流成本高；技术尚不成熟、投资消耗较大、回收物质纯度不高、尚未形成规模，回收成本较高。二是回收产业起步晚，产业规模较小。由于该行业属于朝阳产业，发展时间不长，没有形成与光伏组件退役相匹配的回收、处置产业规模。三是回收法规不完善，存在监管空白。2021年3月9日，我国出台了《光伏组件回收再利用通用技术要求》，明确了废弃光伏组件回收的流程和技术标准。但除此以外，在国家层面上，对于废旧光伏组件回收的支持寥寥无几，没有专项管理政策。四是回收技术不成熟，专业人才稀缺。目前我国光伏领域在减少光伏组件污染和回收利用方面做的工作较少，技术不成熟，技术创新后劲不足，目前技术储备还不足以应对接下来的光伏组件退役潮；并且缺乏相关的技术和专门人才，人才培养问题亟待解决。

建议：

（一）**完善回收管理办法**。联合相关部门研究、制定和发布废弃光伏组件回收处理管理办法和相关细则，对废弃光伏组件回收责任主体、处理企业资格认定、回收处理流程等进行明确规定；进一步梳理完善组件回收技术标准体系和认证规则，做好标准顶层设计，加快标准制修订。

（二）**建立专门回收机构**。可以借鉴欧洲PVCycle组织的模式，在国内组建独立、专业、全面运作的废弃光伏组件回收机构，对国内废弃光伏组建进行回收利用。同时，鼓励有资质的企业，拓展废弃光伏组件回收业务，成为回收主体。

（三）**构建完备政策体系**。尽快完善废弃光伏组件回收"1+N"政策体系，如今年1月工信部等八部门才联合出台了《关于加快推动工业资源综合利用的实施方案》，填补了废旧光伏组件等新兴固废综合利用领域政策上的空白。

（四）**加大监督管理力度**。严禁将废弃光伏组件直接焚烧或填埋处理，取缔在废弃组件处理中对环境造成进一步污染和排放的企业，维护良好的行业发展环境。

李震，樟树市政协提案委主任；聂璟，樟树市委办信息员。

张志明

2021年，反映社情民意信息：关于完善特殊工种提前退休政策的建议

目前，我国特殊工种提前退休政策仍然沿用1951年中央人民政府政务院公布的《劳动保险条例》以及1978年《国务院关于工人退休、退职的暂行办法》（国发〔1978〕104号）的相关规定。然而随着经济社会的不断发展，这项好政策的落实也遇到了一些问题，如，特殊工种岗位名录已不适应当前经济社会发展需要，目录亟待更新；特殊工种提前退休政策限定单位性质，非公企业与公有制企业退休年龄政策不一致，造成企业间职工的切身利益不能平等维护；特殊工种提前退休政策与现行养老保险政策不相适应，等等。

建议：

（一）**建议国家相关部门研究制定科学的劳动评测标准**。对原先颁布的特殊工种岗位名录进行清理和调整，重新公布新的特殊工种岗位名录，让更多职工切实受益。

（二）**对特殊工种提前退休政策的适用范围重新界定，消除身份壁垒，统一对待**。允许将非公有制企业从事特殊工种工作的人员纳入提前退休范围内，确保特殊工种人员在任何所有制单位从业，都享有同等的待遇。

（三）**进一步加强特殊工种提前退休管理，多措并举，堵塞漏洞**。总结地方做法和经验，明确划分政府、企业、职工的责任，加强与《社会保险法》相关制度衔接，研究提出完善特殊工种提前退休政策的意见，通过规范管理流程、简化办理程序等措施，服务便民，更好地保障企业职工的养老保险权益。

张志明，樟树市政协机关干部。

聂正洪

一、2021年，反映社情民意信息：基层政协委员结构中的“三多三少”现象不容忽视

改善和优化政协委员结构，是建设高素质政协委员队伍的基础性工作。政协委员组成结构如何，直接关系到人民政协整体优势的发挥、工作水平的高低和履职成效的大小。

然而，目前基层政协委员结构中存在“三多三少”现象，即企业委员多，农村委员少；“一把手”委员多，“技能型”委员少；连任委员多，党外知识分子和新的社会阶层委员少。如某县政协221名委员中，其中企业委员98名，占委员总数的44.3%，比上届增长8.1%；“一把手”委员20名，占相关单位总数的41.7%；连任委员123名，占委员总数的55.7%。

产生这种现象，可以从委员产生过程中找到原因：继续提名的各界别政协委员参照委员履职综合表现，新提名的委员名额分配给各乡镇（街道）、民主党派、无党派人士、人民团体、各界代表。为加大招商安商力度，促进地方经济社会发展，在推荐委员时，向企业老总倾斜，有的企业纳税大户兼任政协副主席；“一把手”在本单位拥有资源优势，往往成为平衡关系的首选；而党外知识分子注重钻研业务，新的社会阶层人士正在事业起步阶段，往往还未纳入委员提名视野。

今年是换届之年，政协换届是人民政治生活中的一件大事，做好政协换届工作意义重大。

建议：

各县（市、区）按照《中国人民政治协商会议章程》《中国共产党统一战线工作条例》，规范操作政协委员提名工作，坚持广泛协商，党内的由组织部门提名，党外的由统战部门提名，继续提名的各界别政协委员听取政协党组意见，体现人民政协的界别组成特色；组织、统战、政协“三家”做到加强协调与配合，规范工作程序，明确职责分工，确保政协换届工作有序开展，尽量避免或减少“三多三少”现象发生。

二、2021年，反映社情民意信息：谨防“空心村”成违法犯罪温床

随着农村经济发展，村庄新房一排排，确实美观，村内旧房一片片，无人居住，形成“空心村”，空心村的特点就是房多人少、环境脏乱、治理缺位。大量空心村的

存在，不仅浪费土地资源，影响村容村貌，带来火灾等安全隐患，更有甚者，因为其便于隐蔽、少人打扰、少人注意等特点，备受违法犯罪分子“青睐”，成为违法犯罪活动的温床。多年来，整治空心村成为党政关注、群众关切的焦点问题，但效果不尽如人意，应亟待引起重视，采取有效应对措施加以整治。

建议：

（一）**在治“空”上动真格，着力破解空心村整治问题**。多渠道、全方位宣传整治空心村的重大意义，使整治的政策措施、工作程序家喻户晓，使党的惠民政策深入人心，逐步消除村民思想顾虑，真正感受到整治空心村的好处。

（二）**在用“心”上动真情，着力构建镇村联动机制**。乡镇、村组干部熟悉农户家庭现状、居住用房、劳动力的流动状况、农民的思想动态，做工作针对性强。因此，乡镇要把整治空心村、改善村民居住环境作为深化农村改革、推动乡村振兴、实施联动机制创新的重要内容来抓，列入党委、政府工作的重要议事日程。

（三）**在防“控”上动真行，着力堵住违法犯罪源头问题**。规范建房审批，严格执行“拆一建一”；增强警力，依托乡镇、村组干部，加强治安巡查，及时排查安全隐患问题，做到发现一起、查处一起、决不姑息；通过广泛宣传、制定奖励措施，发动群众举报违法犯罪线索；通过无人机，巡查重点地域、疑似范围的实际情况，让违法犯罪无处躲藏、无法逃避查处。

聂正洪，樟树市政协秘书长。

黄国华　陈雪熔

2020年，反映社情民意信息：建议推行大病商业补充险　防范因病致贫返贫

在实施精准扶贫过程中，政府出台的健康扶贫“四条保障线”，把农村贫困人口住院治疗支出控制在较低的水平，对推进农村贫困人口顺利脱贫发挥了重大作用。未来，扶贫助困将由集中精准扶贫转变为一项常态化工作，现行的精准扶贫政策措施必然做出一些调整。因受经济发展水平的制约，对困难家庭医疗费用实行财政“兜底”的做法，将不可持续。而城乡居民一旦发生重大疾病，必然面临治疗费用负担过重的

难题，甚至很可能因病而致贫、返贫。

多年来，在一些县市区，凡是异地住院治疗，基本医疗保险报销标准为45%，加上未列入医保报销的治疗费用，成为病患家庭沉重的经济负担。继续保留和扩大城乡居民重大疾病补充保险，既可让重病患者得到及时有效地诊疗，又能够从根本上化解因重大疾病返贫致贫的问题，对巩固脱贫攻坚成果具有重大的现实意义。

建议：

在保持现行城乡基本医疗保险、医疗救助政策措施的基础上，继续保留或扩大重大疾病商业补充保险的覆盖面。

（一）政府对接商业保险公司，按照微利的原则，合理确定全省范围内的城乡居民重大疾病商业补充保险缴费标准。

（二）对于城乡最低生活保障对象、孤儿、特困供养对象等，继续由政府财政代缴重大疾病商业补充保险费用。其所在家庭的其他成员，由政府承担50%的重大疾病商业补充保险保费。

（三）对于其他城乡居民，允许其在自愿的基础上，自行参加重大疾病商业补充保险。

（四）严格执行分级诊疗和医院转诊制度，合理划定重大疾病异地诊疗标准，防止过度诊疗及随意提高诊疗级别。

（五）对于重大疾病在省内范围的异地诊疗，实行基本医疗保险和重大疾病商业补充保险保障下的部分付费即诊疗、出院时窗口综合结算的办法，减少病人因缺钱而无法得到诊疗的现象。

黄国华，高安市政协副主席、农工党高安总支主委；陈雪熔，高安市政协派驻石脑镇相山村第一书记。

黄　磊

一、2015年，反映社情民意信息：农村土地确权工作中存在的问题及对策

土地是民生之本、财富之母，农民的命根子。目前，农村正在开展土地承包经营

权确权工作，工作过程中发现了三个方面的问题。一是承包地确权，面临诸多不确定因素，如，面积不准、用途改变、新垦耕地确权、村民私下调整等情况。二是宅基地确权，面临诸多矛盾，如，“一户多宅”现象普遍，宅基地合法面积难以确认，有些具体问题难以解释等。三是基层干部产生诸多想法。有的认为，二轮承包时发过土地承包经营权证，再发没有必要，劳民伤财；有的认为，这次土地所有权确权到村，产权仍然虚置，不如一次确权到户；有的反映，做确权工作如同进入雷区，稍不慎重就会引发原有纠纷，影响稳定，等等。

建议：

在把准问题、分清原因的基础上，必须突出重点，采取强有力的措施，有针对性地进行综合治理。

（一）**加大宣传力度**。一是加大确权工作宣传。要把开展农村土地确权工作的重大意义、基本原则和工作要求，讲清讲透，做到家喻户晓，人人皆知，从而创造良好的舆论环境和工作氛围，最大限度调动基层干部和广大群众积极参与。二是加大法律政策宣传。针对群众对土地权属有关的法律政策了解不多的实际，重点宣传《土地管理法》《物权法》《农村土地承包法》和现行农村土地政策，增强广大农民群众依法维护自身合法权益的意识和能力。增强各级农村干部依法行政、依法办事的观念和自觉性。三是加大典型宣传。一个典型，一种导向。确权工作中要精心培植典型，对那些识大体、顾大局、依法履责的基层干部和农户中的典型大张旗鼓进行宣传，发挥其示范带动作用，整体推进土地确权工作顺利进行。

（二）**严格程序，依法确权**。一是坚持“增人不增地，减人不减地”政策不动摇。农村土地经营权确权工作，实际上是对农村土地经营制度的健全和完善，并不是对农村土地的重新分配。按照“确实地、赋真权、准登记、颁铁证”目标，着力解决地块面积不准、四至不清、空间位置不明、档案资料不全等问题，从实际出发，按户确权，确保农民得实惠，农业增动力，农村添活力。二是坚持以村小组为工作单位。前二轮土地承包确权登记和发放承包经营证，都是在村小组的层面具体落实的，村小组有一些村民认可的自主性约定和具体问题处置办法。发挥农民群众的主体作用，充分听取他们的意见，实事求是地分析和处理工作中的具体问题，只有这样，才能“确实权、颁铁证，不留后遗症”。三是坚持阳光操作。土地确权，老百姓最担心的是暗箱操作。为解除农民的后顾之忧，确权工作必须公平、公正、公开。做到该走的程序一步不少，该做的环节一个不漏，该有的证据一份不缺，切实落实村民知情权、参与权和监督权，防止以权谋私，确人情权，登人情地，发人情证。

（三）**出台配套的政策规范**。在土地确权实际操作中，有些问题难以把握，有些问题很突出，需要政策层面和相关部门统一规范来处置。一是对“户”的概念的解释。目前，法律对户的界定还是比较模糊，土管部门的户与公安部门的户籍中的户有时不一致。对户的概念做出解释，明确户的具体内涵，以提高实际工作中的可操作性。二是农民对新增土地的诉求。确权登记实际操作中，不少村民实际种植土地面积大于登记面积，他们迫切希望借助这一轮确权登记，增加惠农政策补贴。三是加强宅基地使用权规范。目前农村宅基地使用混乱，农民随意建房，村庄新宅基地蚕食农田，村内老宅基地闲置；宅基地零散无序，哪里“风水好”就在哪里建，形成大量路边店、独家院，村级公路成了排水沟，长年污水横流；建新不拆旧，面积超标，一户多宅现象普遍。针对当前农村宅基地使用现状，制定符合本地农村宅基地使用特点，从宅基地的申请、规划到宅基地的使用、收回等各个环节具有可操作性标准的规范性文件，使宅基地管理步入规范化的轨道，彻底改变农民宅基地私有的观点。四是加强城郊地带的规范。土地流转后，非农化、非粮化现象主要发生在城郊地带。因为这个地带土地用途转化带来的价值体现得最为显著，是土地利用竞争、土地投机行为表现最剧烈的地带。因此，建议政府部门加强统筹管理，编制城郊地带土地利用规划，评定并划分基本农田保护区。对规范确定的城市发展区营造城乡绿色分隔带，明晰城市发展的限制区和基本农田保护区。五是加强具体问题操作规范。如，少数农户住宅分散，主房与其他附属设施不在一处，怎样算，如何登；多户共用的祖屋宅基地确权登记登给谁，证又发给谁；城郊地带，城市规范范围内的“城中村”宅基地的权属性质及面积限额如何确定；在农村老家进行了房屋确权登记，在城里又买了商品房，这属于第二套房还是第一套房，等等。诸如此类，急需政府及相关部门做出统一操作规范，编印确权登记颁证疑难问题解答文件，提供操作参考。

二、2021年，反映社情民意信息：假劣化肥销售日趋隐蔽　打击难度增大

近年来，假劣化肥销售日趋隐蔽、打击难度增大，一方面严重挤压了正规化肥生存空间，不利于化肥行业长期发展，另一方面危害消费者身体健康，且会对土地造成不可修复的损害，亟待引起重视。假劣化肥存在骗术套路为：假“农业专家”讲课时为假劣化肥“带货”，小厂“闭环直销”假劣化肥，假劣化肥“山寨”品牌化肥，以“国家补贴”名义低价销售化肥，与公职人员串通售卖假劣化肥。

建议：

（一）**加大宣传力度**。多渠道多方式告知种粮大户、普通农户甄别假劣化肥知识，提升防护意识，告知其不能为了节省成本，去选择不知名、包装含量与实际含量不相符的品牌，尽量从正规渠道购买产品；提高其辨别能力，告知其针对有些肥料的会销要提高警惕，要查看对方的资质证书，产品是否正规等；提升维权意识，告知其发现有销售假冒伪劣农资化肥的，及时进行投诉举报。

（二）**强化工作合力**。各乡镇（街道）及村（社区）要切实发挥基层一线的监督作用，在春耕等重要时间节点，联合基层市场监管部门、农业农村部门等开展好相关知识宣传，常态化深入村（社区）及有关农民专业合作社等市场主体了解化肥等农资产品质量情况，掌握第一手资料。发现有销售假劣化肥的，第一时间移交相关执法部门进行立案查处，从严处理并予以公开曝光，形成威慑作用。同时，生产企业可协调执法部门立案整治。如，云南云天化股份有限公司成立了打假维权工作领导机构，协同执法部门查处制假售假案件 30 余起。

（三）**打假需要“动真格”**。一是严格肥料标签标注。肥料总养分是指氮、磷、钾含量，对于把其他元素标注为总养分或总含量的肥料，从严从重处罚，完善经销商经营漏洞，达到肥料标签标注规范，让使用者一目了然，减少种植户上当受骗的概率。二是加强执法队伍建设。选聘一些事业心强、作风正派、敢干事、能干事的人员充实到执法队伍中。加强法律法规知识培训，使其以身作则、秉公执法，严厉打击各种违法行为，让经营者不想违法、不敢违法。

（四）**减少正规化肥销售中间环节，直接对接农户**。打击假劣化肥，不仅要依靠监管部门的严查施压，还应从行业自身做起，双管齐下，让假劣肥料难留立足之地。在流通环节上，品牌肥料更要进行优化管理，农资流通企业在农资流通模式上要加快升级和优化，通过缩短流通链条，减少中间的批发和经销环节，让优质的农资产品能够更加直接地送到终端消费者手中，厂家和农民间有更加直接的联系，避免中间一些不必要的环节，让不法分子难有可乘之机。

黄磊，丰城市政协信息员。

龚星华

2020年，反映社情民意信息：城镇居民户口“非转农”现象当引起重视

近段时间，一些城镇居民想方设法将非农户口转为农村户口，迁回原籍所在村组，这一现象已引起了村民的广泛议论，不少地方还因此影响了林权改革、土地承包经营权流转等工作的顺利推进，甚至还引发了一些社会矛盾，其负面影响不容小觑。

一些城镇居民逐渐将发展方向和资金投向转到农村，广泛从事农业开发，如取得农业户口则可以减少一些不必要的麻烦，这种“非转农”可以理解。但也有不少居民受利益驱动，将“非转农”作为一种投机行为，获得不当利益，主要体现在：一是城镇化进程加快，很多农村特别是城郊村的土地成为“香饽饽”，不少从村庄外迁的城市居民打起了土地补偿金的“馊主意”；二是受当前国家强农惠农政策的影响，拥有农业户口不但能节省不少开支，一旦取得农村土地经营权还能通过流转、出租等途径，获得如土地出租、补贴等一笔不菲的收益；三是还有的居民为了达到多生子女、到农村建房等目的而有意进行“非转农”。

当前，在户口“回迁”过程中，大多只要经过村委会同意、乡镇政府主要负责人签字、乡镇派出所办理即可，操作起来不够规范，随意性较大，广大村民的意愿难以得到表达和被尊重。

建议：

有关部门应高度重视，采取有效措施，规范户口“回迁”，使其更加科学合理，以尽量避免和减少由此产生的消极影响，并打击利用“非转农”牟取私利的不正当行为。

龚星华，宜春市政协信息员。

彭红梅　袁　钰

2020年，反映社情民意信息：鼓励健康低龄老年人参与互助养老志愿服务的建议

据了解，截至2019年底，我国65岁及以上人口约1.76亿，较上年新增945万人，占总人口的12.6%。联合国的新标准是一个地区65岁以上人口占总人口的7%，即视为"老龄化社会"，超过14%，则进入"老龄社会"。以14%为分界线，2019年底，我国距离"老龄社会"仅差1.4%。

当今社会，年轻人要面对激烈竞争带来的巨大压力，同时要承担赡养老人的责任，特别是独生子女面对四位老人的养老压力显得力不从心。同时，空巢和独居老人数量较大，需要政府和社会的关注和关爱。鼓励健康低龄老年人参与互助养老志愿服务，可缓解养老服务人员不足的困境，有效弥补老年人日常生活照料和精神慰藉的缺口，促进老年人之间的资源互补与互助共赢，是老龄化社会可持续发展的举措。

建议：

（一）依托社区工作平台、群众诉求平台、居民服务平台等信息化平台，对互助养老需求进行梳理，对有意愿参加志愿者服务的老年人进行登记，具体包括年龄、健康状况、专业特长、工作时长意愿等信息，形成志愿者资源库，并统筹供给开展精准互助，实现信息共享和需求对接。

（二）加强互助养老志愿服务试点工作，政府给予相应政策进行引导，鼓励在街道、乡镇探索开展内容丰富、形式多样的互助养老模式。对参与互助养老志愿服务进行积分管理，出台具体的管理办法，从参与志愿服务次数、志愿服务时间、服务对象满意度等方面进行综合考评，并以此作为志愿者享受互助养老的档案。

（三）加大宣传力度，向全社会发出参与互助养老志愿服务倡议，大力弘扬中华传统孝道文化和中国特色社会主义核心价值观，积极推进公民道德建设，号召健康低龄老年人加入互助养老志愿服务队伍，提高全社会对互助养老的认同感，营造"我为人人、人人为我"的良好社会风尚，形成尊老助老的孝文化氛围。

（四）注重对老年人进行自助互助培训，定期邀请医疗、心理等专业人士为志愿者提供义务辅导，可包含养生操、经络拍打、听力保健、血压测量等日常保健知识和部分专业技能，帮助老年人提升互助养老的能力和水平。

彭红梅，宜春市政协秘书长；袁钰，宜春市特约信息员。

谢建平

2013年，反映社情民意信息：建议在中央电视台和各省级卫视台播放农村清洁工程公益动漫宣传片

随着农村生活水平的提高和城镇化建设，农村环境卫生问题也越来越严重：农民随意倾倒垃圾，路边、河边、塘边、田边、屋旁随处可见，严重地影响了农村环境卫生和居住环境，社会各界对此反映强烈。农村清洁工程是个系统工程，点多面广，范围大，农村生活水平大大提高，但农民的生活陋习还难以改变，农民环境卫生意识差。在当前县乡财力还颇为紧张、投入有限的状况下，宣传教育应先行，用宣传来引导和加强村组干部及农民的环境卫生意识，从源头上堵住农民乱丢乱倒垃圾，呼吁全社会来共同努力开展农村环境卫生整治。当前，中央电视台已经播放了水资源保护、社会公德建设、廉洁从政等主题的公益动漫宣传片，效果明显，但农村清洁工程内容方面还是空白。

建议：

在中央电视台和各省级卫视台播放农村清洁工程公益动漫宣传片。

（一）通过播放动漫宣传片，有效引导和教育农民讲究环境卫生，自觉爱护农村环境，不乱倾倒垃圾，可以起到事半功倍的效果。

（二）选择每天早中晚黄金时段滚动播出。前段时间中央电视台八频道虽播出了以农村清洁工程为主题的电视连续剧《幸福生活万年长》，但动漫宣传片更直观，宣传教育效果更强。

（三）大多数农村尚未开通有线电视，只能接收卫星信号节目，而一些当地电视台的节目在偏远农村无法收看，容易出现宣传盲区，中央电视台和省级卫视台的节目可以实现全覆盖。

（四）动漫内容既要揭露农民的生活陋习，也要把无害化处理垃圾的“3+5”模式形象地展示出来。

谢建平，万载县政协委员，县农业农村局副局长。

熊雷辉

2021 年，反映社情民意信息：别让“空心村”成了治安“空白村”

随着城镇化步伐加快，农村青壮年劳动力外出务工增多，许多农民进城购房，原有村庄便留下大面积的空闲住宅和旧房老屋，形成“空心村”，而留守的绝大部分是老人、妇女和小孩，他们的防范意识及能力欠缺，在治安管理上存在很大空白，亟须引起重视。如，留守老人容易被诈骗的概率高，农村老人对所有社会现象和人过于理想化，更容易轻信陌生人，而骗子隐蔽性越来越强，老年人自身保护意识还相当薄弱；留守家庭容易产生被盗窃风险。农村老年人防范意识和抵抗能力弱，常常被盗窃犯盯上；大多数农民心中宅基地还是私有财产，因宅基地占有不均容易引发纠纷，影响农村和谐稳定，等等。

建议：

（一）结合乡村振兴，治理空心村，把人留在乡村。要坚持政府引导、属地负责、村民主体、分类施策原则，通过集中新建、联村并建、货币补偿等模式，解决好居者有其屋的问题。要因地制宜发展产业，鼓励发展观光、旅游、农家乐等自主创业活动，整合土地资源，创造就业机会，带动农村经济发展。要加大对医院、通村路、学校、信号塔等配套设施建设力度，确保学生就近就学，病人及时治疗，产品及时运出。要通过对生活污水、生活垃圾的处理以及“厕所革命”等，有效改善农村居民生活环境，提升农村生活质量。

（二）公安、市监、卫健委、民政、银行各相关职能部门要加大宣传教育力度，增强农村老年人的防范意识，不要轻信陌生人，不要贪图小便宜，家里尽量不要存放大量现金。同时，针对诈骗手法快速更迭，具有多样性、隐蔽性等特性，相关职能部门要加强监管，及时更新相关法律法规，填补法律空白。

（三）农村老年人子女要常回家看看，多关心、照看父母，多提醒老人注意事项。

熊雷辉，丰城市政协常委、办公室主任。

熊雷辉　丁　露

2022年，反映社情民意信息：网红实验隐患重重　亟待引起重视

近年来，随着短视频的流行，一些有趣的“网红实验”大受追捧，但殊不知，很多效果震撼、吸引眼球的“网红科学小实验”，其实却是风险隐患重重。如，网红实验套装包装简陋，材质低廉，化学品极易渗漏，造成身体伤害；成分标注模糊，缺少安全风险警示和意外急救措施，存在严重安全隐患；实验用品质量差，年龄虚标；网红实验不科学，省略了关键风险的提示，存在误导，等等。

建议：

（一）**制定行业标准**。明确规定网红实验在视频制作过程中必须添加“危险动作，请勿模仿”等提示信息，明确商家在生产实验套装时的质量要求，规范实验用品具体成分、实验步骤、适用年龄、风险警示，以及出现意外的急救措施。

（二）**形成监管合力**。相关部门加强对网络平台、网红主播和生产商家的安全监管，畅通举报渠道，加大违规处罚力度，广泛宣传处罚案例、以案示教。网络平台强化责任意识，对一些不规范的、存在安全隐患的“伪科普”操作，或容易带来不良示范的实验，予以严格规制。消费者强化维权意识，积极主动举报违规视频和不合格商品。

（三）**培育科普氛围**。一些网红实验的走红，在一定程度上契合了社会对于高质量科普的需求，应鼓励更多专业机构、专业人士加入科普产品的供应中。同时，提高个人安全意识，树立起做实验要注意好个人防护的规范操作意识，加强对小孩的安全教育，培育专业、健康的科普氛围。

熊雷辉，丰城市政协常委、办公室主任；丁露，丰城市委办干部。

潘向东

2018年，反映社情民意信息：汽车下乡后给农村交通安全带来的新问题应予重视

近年来，国家有关部门为鼓励农民购买汽车等机动车推出了不少优惠政策，对

农村群众购买汽车财政予以补贴，农村机动车和驾驶人数量增加迅猛。然而随之而来的是，农村道路交通安全风险也在不断加大，给农村道路交通管理带来许多新挑战：一是农村道路等级较低，设施不全。由于“村村通”工程的实施，农村道路网络四通八达，但大多数农村道路均是三级以下乡村道路，路面相对较窄，行人、非机动车、机动车无法分离，加上公路弯多坡陡，很容易出事故。此外，受到资金不足的限制，交通附属设施也不健全，交通信号、标志、标线依然不齐全，一些危险路段无警示标志、水泥路面与路肩泥土连接不良等。二是农民交通安全意识差，交通违法现象严重。农民交通安全意识薄弱，而农村地区机动车驾驶人安全素质和驾驶技能较差，机动车超速、饮酒后驾驶机动车、未取得机动车驾驶证驾驶机动车等严重交通违法行为更是屡见不鲜。三是农村警力严重不足。农村道路分布广、里程长、路网密，管理难度大，而农村道路交通管理警力近十年来却一直未有大的变化，管理力量严重不足，管理工作向乡村道路延伸的进度也相当缓慢。

建议：

（一）**建立农村道路交通安全组织机构**。农村道路交通安全管理工作是一项社会系统工程，涉及方方面面，应当建立政府统一领导，职能部门各司其职、齐抓共管的交通安全综合治理工作机制。按照“政府领导、部门协作，社会联动，齐抓共管，综合治理”的要求，以创建“平安畅通县区”活动为载体，构筑县、乡、村三级道路交通安全管理网络，在乡镇设立交通安全专、兼职管理员，在行政村设立道路交通安全工作联络员。要与各乡镇综合考评工作挂钩，并明确其道路交通安全目标任务，实行同部署、同检查、同考核。

（二）**加大农村交通法制宣传教育力度**。一是开展多样化宣传。组织文艺演唱会、放映队，散发“致农民朋友、中小学生、机动车驾驶人一封信”和机动车保险、交通安全知识手册等宣传资料，展出交通事故案例和交通安全知识板画，悬挂过路过街横幅，刷写墙体标语，利用报刊、电台演讲、电视讲话、电视台曝光交通违法行为、在行政村播放交通安全警示教育片等形式，深入持久，大张旗鼓地进行交通安全宣传教育。二是抓好对农村中小学校在校学生的宣传教育。要把农村中小学校建成宣传交通法规的根据地，把小学生培养成交通安全宣传员、小喇叭，通过学生将交通法规传播到千家万户。三是大力开展交通安全文明村活动。要把遵守交通法规的条文列为社会治安综合治理和村规民约的主要内容，列为上级考核镇村两个文明建设、社会治安综合治理的一项重要内容。

（三）**完善农村道路安全设施**。一是党委、政府重视和支持，敦促交通等部门根据其工作职责，把危险桥梁、危险路段以及存在工程隐患的事故多发地点整改工作纳入公路改造工程预算，逐一制订改造方案，加快改造进度，改善运行条件，保障行车安全。二是在“村村通”道路规划、设计、施工上要做到道路规格、交通标志、道路改造同设计、同施工、同验收，从根本上解决路况差、隐患多、通行难的问题，为保障农村居民安全出行打牢基础、夯实源头。

（四）提高道路交通安全通行能力。一是全面对辖区车辆进行排查整治。实施对车辆一车一档的管理模式，建立了车辆的专门档案，对车辆的技术状况和车辆的用途进行摸底排查，完善对车辆使用的通报制度。二是加强对机动车交通违法行为的整治力度。对违法停车、急停猛拐、超载超速等严重扰乱正常交通秩序和影响交通安全的现象进行严查重罚。在有必要时经常组织开展农村道路交通安全集中整治，净化路面环境，消除安全隐患。

潘向东，上高县政协委员。

樟树市政协

2019年，反映社情民意信息：基层反映连续强降雨导致多处铁路涵洞积水难行　急盼统一修缮改造

今年汛期，江西省多地遭遇几十年一遇的强降水天气，引发洪灾内涝。其中，许多铁路涵洞积水尤为严重，给群众生产生活带来极大不便，存在安全隐患。据了解，全国各铁路沿线有许多铁路涵洞和跨铁路桥，除新建铁路以外，大部分涵洞和跨铁路桥建设年代较久远，缺乏维护。铁路涵洞积水需乘船通过等类似新闻各地皆有、屡见报端。这一问题之所以长期普遍存在，重要原因之一是由于铁路公司属于垂直管理系统，长期以来，由基层和铁路部门进行协调，开展拓宽、修缮改造等相关工作困难较大。

建议：

由国家相关部委统一牵头，多部门协同，对全国铁路涵洞、跨铁路桥进行一次摸排，收集整理后一并与铁路部门沟通协调并立项，并按照重要、紧急程度逐步对全国主要铁路涵洞和跨铁路桥进行修缮、改造、提升，破解这一制约我国交通事业发展的老大难问题。

樟树市政协经济委

2019 年，反映社情民意信息：关于推动我省中药材产业发展的建议

近年来，江西省提出建设“国内领先、世界知名”中医药强省目标。2016 年，江西省人民政府出台《关于加快中医药发展的若干意见》，2017 年，省政府办公厅印发《江西樟树“中国药都”振兴工程实施方案》，江西省中药材等相关产业得到了显著发展，但其中也出现了一些困难和问题，特别是诸如技术含量、市场信息、风险防控、加工链条、扶持政策等方面的“短板”，亟待解决。

建议：

（一）加大科技投入，增强科技支撑力。积极培育和引进一批中药材领域人才，加快建立一批产学研基地，加大中药材相关科技人员培养力度；制定一批可落地的服务项目和措施，定期组织专家、高校人才到各地开展技术服务，力促科技服务落地；加快推动 GAP 认证、药材追溯体系建设。

（二）建立大数据中心，提高市场灵敏度。建立省中药材大数据网络，通过大数据中心定期发布中药材市场信息，解决中药材种植端市场信息不对称、种植盲目跟风、货源销售困难等突出问题。

（三）出台保险政策，降低市场风险。参照柑橘保费补贴标准，制定中药材种植保险政策，将中药材纳入省级政策性农业保险补贴范围，发挥保险杠杆作用，增强中药材抵御风险的能力。

（四）延长产业链，提高附加值。鼓励引导汇仁、仁和、济民可信等省内有实力的药企自建或扩建中药材种植基地，也可与专业中药材种植企业开展合作，推动药材精深加工，畅通市场销售渠道，打造江西药材品牌，提高产品附加值。

（五）加大扶持力度，提高补贴标准。将一年生中药材种植补贴提高到 100—200 元 / 亩，多年生中药材种植补贴提高到 300—400 元 / 亩；对开展中药材产地趁鲜加工的经营主体给予适当补贴，降低二次加工成本；对中药材订单收购主体适当给予补贴；对达到一定规模的药材苗圃繁育基地、产业园、种植基地，加大财政扶持力度；加快推进中药材种植基地节水灌溉项目落地实施。

奉新县政协

2020年，反映社情民意信息：关于加强乡镇防汛工作的对策和建议

当前的防汛救灾工作中，各县市乡镇普遍存在以下问题：一是水利工程项目“积病成险”“久病未治”。各县现有水利工程中，不少本身进入老化期。此外，维修加固等项目下拨资金不足，需要乡镇配套资金，而乡镇财力普遍薄弱，积极性不高。二是专业技术人员“屈指可数”“充电不足”。乡镇专业防汛抢险人员严重不足，并且此类专业人员每年接受培训次数较少、培训层次低，乡镇应急处置能力非常薄弱。三是农民建房选址“缺乏统筹”“把关不严”。在农村建房，有许多农民选址考虑不充分，出现有些房屋每次出现强降雨都进水的问题。另外，乡镇相关审批部门批地建房时，不会统筹考虑整个村庄的房屋排水问题。

建议：

（一）加大乡镇部分重大民生工程项目资金的投入力度，减轻乡镇财政压力，增强乡镇实施民生项目的积极性。

（二）加强乡镇专业应急救援力量的培训，增强应急保障能力。加大对民间救援组织的支持，帮助培育一批专业的民间救援力量。

（三）将村庄排水设计、地势低洼地段建房排水要求列入各地村庄规划、房屋审批方案中，确保新建房屋不进水、不影响已建房屋排水。

上饶市政协

刘玉萍

2022年，反映社情民意信息：关于将《可爱的中国》收录部编版小学语文教材的建议

近日，某版小学语文教材的插图事件引发了社会高度关注。除了事件本身，关于

语文教材的红色文化、爱国情怀经典文章的收录情况，也被广泛热议。教材是传播知识的主要载体，是老师教学、学生学习的重要工具，承载着传承文化自信、育人铸魂的使命。发挥好教材育人作用，根本在于多出经得起实践、人民、历史检验的优秀教材。考证显示，目前，全国各小学使用的部编版语文教材，暂时没有收录《可爱的中国》一文。

将《可爱的中国》纳入部编版小学语文教材有三点重要意义。一是贯彻落实习近平总书记重要讲话精神的需要。2014 年 10 月 15 日，习近平总书记在文艺工作座谈会上的讲话中指出，拥有家国情怀的作品，最能感召中华儿女团结奋斗。《可爱的中国》是得到总书记点名的作品。二是传承好革命先烈红色基因，以优秀作品引导青少年健康成长的需要。《可爱的中国》一文中，作者以赤子之心倾诉爱国深情。这篇不朽的文章，彰显了革命英烈的浩然正气。这份中华民族的宝贵精神财富，常读常新，必将激励着一代又一代的青少年奋勇向前。三是新时代弘扬社会主义核心价值观的需要。运用好红色资源，及时把《可爱的中国》纳入部编版小学语文教材，以文化人，有着重大意义。

建议：

将《可爱的中国》纳入部编版小学高年级语文教材，传承红色基因，赓续红色血脉。

刘玉萍，信州区政协委员，上饶市陆羽小学校长。

贺英霞

2021 年，反映社情民意信息：关于将残疾儿童监护人支出纳入个税抵扣范围的建议

康复是生命的重建，是残疾人最迫切的需求。做好残疾儿童康复，更是关乎他们的健康成长和未来发展。近年来，各级党和政府对残疾人事业格外关注，对残疾儿童康复救助也格外关心，国家、省、市、县四级政府相继出台并实施了《关于建立残疾儿童康复救助制度的意见》，使残疾儿童康复得到制度性保障。

一个家庭只要有一名残疾儿童，将给残疾儿童家庭带来经济、心理等多方面的负担和困难。残疾儿童家庭不但需要支付巨额的康复和治疗费用，而且还要承担四处求

医产生的路费、食宿费、房租费等额外费用。有些残疾儿童需要进行长期的功能康复训练，需要购买一些康复设备，如聋儿需要购买助听器，或植入人工耳蜗，花费非常高，并且许多康复设备需要定期维护，后期使用也是一笔不少的开支。有些残疾儿童康复需要家长全程陪伴照顾，造成家长无法外出工作，没有经济收入。虽然政府对残疾儿童康复给予了一些补助，但目前大多数符合条件残疾儿童康复补贴标准在6000—15000元间，补助标准偏低，残疾儿童家庭因为康复治疗仍需承担很大的经济压力。

建议：

税务部门完善个税抵扣办法，参照大病抵扣方法，如果支出达到一定金额，就应享受个税抵扣的政策，尽可能地帮助残疾儿童家庭减轻负担。

贺英霞，上饶市政协委员。

吉安市政协

艾小梅　何桂强

2019年，反映社情民意信息：关于在林缘地带建设经济果木防火隔离带的建议

江西省山多林多，森林防火压力很大，尤其是炎热的夏天，气温高，降雨少，极易引发火灾。在重点火险林区和火灾多发林区林缘地带建设经济果木防火隔离带，既能有效阻拦林火蔓延，减少火灾损失，又能起到绿化、创收的作用。

建议：

（一）**注重科学选址**。从江西省往年森林火灾起因来看，农事活动引发的林火居多，因此，建议环农田、旱地山脚林缘地带建设经济果木防火隔离带，形成田地、隔离带、树林三个梯次。

（二）**优化树种选择**。江西省传统的防火树种主要是木荷、杜英等；此外，参考相关文献，以及林区防火试验结果，具有较好耐火功能的果木树种主要有油茶、杨

梅、茶树、柑橘等。建议各地根据种植习惯，结合市场需求，选择防火功能好的果木进行套种，形成乔灌木错层的立体防火林带，既起到隔火阻燃作用，又有利于发展林下经济，增加经济收入。

（三）完善建设方式。倡导“公司（合作社）+基地+农户”的建设方式，按照“自愿、合法、有偿、规范”的原则，引导环农田、旱地山脚林缘地带山地使用权合理流转，鼓励各种经营主体通过承包、租赁、转让、股份合作等多种形式，按照相关要求，建设经济果木防火隔离带，经济收入由投资建设主体所有，既减少了政府建设投入，又增强了经营活力。

（四）加大支持力度。考虑到在林缘地带建设经济果木防火隔离带投资大、回报周期较长，建议政府整合林业、农口相关资金，按照建设规模等给予一定支持，尤其是对带动贫困群众脱贫致富明显的项目，政策上给予适当倾斜。隔离带建设以杂草灌地为主，涉及林地都要依法依规按程序报批，省市县林业部门帮助投资主体做好林地使用报批工作。

艾小梅，吉安市政协委员、井冈山市政协副主席；何桂强，吉安市政协委员，井冈山国家级自然保护区管理局局长、古岭林场场长。

李雪艳

2022年，反映社情民意信息：为App注册协议“减肥”的建议

使用App前，你认真读过“用户协议”“隐私协议”吗？在每打开一款App进行注册时，看到在“我已阅读”后面紧跟着两个协议的链接，点进链接即可查看协议内容。白底黑字的页面往往只用几分钟就让人“眼冒金星”，看到最后，已经很难分辨出哪些是加粗、哪些是普通条款。在点击“同意”之前，大多数人都不会认真阅读，以至于不少人调侃，当代人最常用的谎言就是“我已认真阅读并同意”。

用户对APP协议视而不见，并不是对个人信息和隐私毫不在意，而是相关协议太难读。动辄上万字的协议，大量晦涩难懂的专业用语，成段成段的加粗加黑字体，让人看得眼花缭乱。在“不同意就不能用”的霸王条款下，用户也只能无奈接受。当读与不读没有任何区别，用户自然懒得费心耗力。但未阅读就同意，对于用户而言，

暗藏风险。有的 App 声称会根据需要修订隐私协议，但用户无法及时得知内容是否有所更新，亦有 App 在用户协议中明确指出，平台对于用户的视频、照片、文字等，均享有永久的、无时间及地域限制的、完全免费的使用权，诸如此类，无疑都在加剧个人信息被过度索取和泄露的风险。

建议：

（一）以显著方式呈现关键信息，做到提纲挈领，将重要条款单独列举出来。互联网灵活的表现形式能将此类信息的可视性、可读性大大加强，也能更好地保障消费者的知情权。

（二）用更为简洁的文字达到合规的目的。动辄上万字的隐私协议、用户协议，普通消费者确实无力阅读。针对用户诟病已久的“用户协议”“隐私协议”内容繁杂、难以阅读的问题，互联网企业应当积极响应，对复杂的协议提供重要条款的摘要，或将涉及权利义务的重要条款以简明易懂的表格、图文等形式展现出来，促使消费者对格式条款中重要内容实现无障碍阅读。

（三）消费者要加强消费维权意识，多关注有关协议内容，了解自己权利义务以便及时发现问题。

李雪艳，吉安市政协委员，吉安市文化市场综合行政执法支队青原大队副大队长。

邱秀华

2022 年，反映社情民意信息：加强儿童用品监管　呵护孩子健康成长

随着我国“三孩”政策的开放实施，“儿童经济”逐渐成为商家追逐的热点，儿童用品产业快速发展。但是，随着人民生活水平的不断提高，我国儿童用品质量安全总体状况距离满足人民群众日益增长的客观需求还有较大差距。2021 年，市场监督管理总局抽查了 2050 家企业生产的 2186 批次儿童学生用品，发现 297 批次产品不合格，抽查不合格率为 13.6%。在刚过去不久的“六一”儿童节期间，也曝光了一大批劣质、以假充真、不符合国家标准等问题的儿童用品，如儿童图书和床垫甲醛超标、用易爆气体制作玩具枪、使用有毒有害等填充物质……直接影响着儿童的生命安全和

身体健康，引起社会的广泛关注，牵动着每一位家长的心。其原因在于，一是商家重“利”轻“质”，存在无证照经营、以假充真、以次充好等违法行为，为儿童用品质量安全带来隐患；二是部门重“批”轻“管”，对生产经营过程中的常态化监管不力，或违法处罚不严，间接纵容了企业的违法违规生产；三是家长重“价”轻“识”，部分家长缺乏质量和安全意识，对质量和安全参差不齐的儿童用品没能做到有效辨识。

儿童是祖国的“花朵”，是国家的未来和希望。儿童用品质量的好坏不仅直接关系到儿童的身心健康，也影响着亿万家庭的和谐稳定和经济社会的健康发展。必须依法打击不良儿童用品，为儿童创造更安全的成长环境。

建议：

（一）**设标准，提门槛**。要加强儿童用品安全标准修订工作，完善儿童用品安全国家标准体系。相关部门应当尽快组织对市场上的儿童用品进行全面梳理，对于玩具、童装、学习用品等重要的儿童用品，应当尽快建立起国家标准并在行业内发布，逐步提高儿童用品生产门槛，严格控制儿童用品中的有害物质。在制定国家标准的过程中可以借鉴各国的先进经验，或借鉴相关类别产品的标准。

（二）**严执法，强监管**。市场监督管理部门要加强对儿童用品在生产、销售过程中的监督检查，确保监管无死角。一是严格集中整治。各地要定期组织开展本辖区范围内儿童用品的集中检查和专项整治活动，全面摸排市场和生产企业中儿童用品的质量安全情况，对质量问题突出的重点品种、重点企业和重点区域加大监督检查力度，对抽查不合格企业依法严肃处理；二是突出日常监管。加强对儿童用品的日常抽检工作力度，提高检查频率，充分发挥 12315 和 12345 申诉举报热线作用，并设立有奖举报信箱，及时受理和依法处理有关儿童用品的申诉举报，营造群防群治的良好氛围，维护消费者合法权益。三是提高违法成本。对无证无照、制售假冒伪劣、不符合强制性标准等违法犯罪行为，建立“黑名单制度”，对重大违法行为坚决责令停产停业，加大经济处罚力度，并及时曝光，将相关责任人纳入诚信体系，提高威慑力；四是建立追溯体系。逐步探索建立儿童用品的可追溯体系，让监管覆盖到生产、销售和流通每一个流程，不断提高监管的有效性。

（三）**重教育，促引导**。充分发挥舆论宣传的引导作用，广泛宣传儿童用品质量安全知识和重要性，在全社会营造抵制不良儿童用品、呵护儿童健康成长的良好氛围。对企业，要引导其树立诚信经营意识和道德观，促使儿童用品生产经营企业牢固树立质量责任意识，严格执行各项政策法规，保证产品质量安全稳定可靠；对家长，引导树立起正确的消费观，不被廉价和广告宣传迷惑，提高不良商品辨识能力，通过消费者来倒逼市场良性发展；对社会，积极组织开展儿童用品质量安全知识进社区、进课堂等系列活动，提高公众防范意识，增强全民质量意识，营造全社会共同推动企业落实儿童用品质量安全主体责任的良好局面。

邱秀华，吉安市政协副主席、农工党吉安市委会主委。

抚州市政协

李　群

2019 年，反映社情民意信息：基层建议将莲心列入新食品原料

莲心主要是取自荷花的莲子，性寒、味苦、无毒，具有清心去热、止咳等功效，可治疗心衰、休克、肿痛等病症，具有降糖作用，有一定的开发价值。多年来，在市场和传统使用中，莲心与白莲都是药食共用的新食品原料，这也成为一种默认的共识，当然也就没有向国家卫健委申请将莲心作为新食品原料申报安全性审查。然而，目前莲心只能作为中药材，不能作为普通食品使用和销售。形成两个问题：一是很大程度上限制了莲心的销售渠道和适用范围。按照《食品安全法》有关规定，任何食品在生产加工中不能添加莲心。如，莲心茶成了不符合食品安全标准的食品。二是莲心价格暴跌，莲农对于生产加工莲心没有劲头，莲心产量减少。

建议：

（一）根据《新食品原料安全性审查管理办法》有关程序和规定，国家卫生健康委将莲心作为新食品原料进行安全性审查，列为新食品原料，扩大莲心的适用范围。

（二）政府部门指导相关企业按照《保健食品注册与备案管理办法》以及《保健食品注册申请服务指南（2016 年版）》等有关要求，将莲心作为保健食品新原料，向国家食品药品监督管理总局注册申报保健食品。

李群，广昌县政协委员。

黄多亮

2022年，反映社情民意信息：关于设置合理精确的国省道限速标识的建议

截至目前，我国国道省道（以下简称公路）总里程已经达到500多万公里，位居世界之首。公路的普及拉近了省、市、县之间的距离，让人们的出行也更加便利。不过，公路上有很多不合理的限速标志，让很多车主吃了不少苦头，引得车主纷纷吐槽。部分路段限速设置的不合理和标识不精确，让人措手不及，司机踩急刹车也挽救不了超速。有些公路有很多限速牌，而且跨度非常大，司机需要频繁踩刹车，稍有不慎就会引发追尾等交通事故。安全不是小事，为了广大司乘人员的出行安全与便捷，交管部门应统一核查国省道标识，特别是限速标识。

建议：

（一）**设置合理精确的限速标识**。交通管理部门回归理性的限速措施，比如二级公路只要不超过60公里/小时，就不算交通违法行为。完善公路上流动测速的标识，取消不合理的流动测速。

（二）**开展专项排查**。针对限速值过低、忽高忽低问题开展专项排查。针对排查出存在限速值设置不合理的路段，开展实地整改，在确保安全的前提下，合理提高限速值。

黄多亮，抚州市政协委员，江西网络广播电视台抚州记者站站长。

符英毅

2013年，反映社情民意信息：国家应加大对杂交水稻制种基地县的政策资金扶持力度　确保国家粮食安全

宜黄县从1980年开始尝试制种，目前产业规模占全省1/4、全国1/50，是国家级杂交水稻制种生产基地和国际杂交水稻技术培训基地，种子主要销往湖南、安徽、

福建及广东等地，并远销印度、越南等国。然而，当前制种业发展仍然存在三个方面的问题。一是市场影响，近年肥料、农药、人工、交通运输等生产成本不断攀升，制种效益比较低，加之制种基地普遍存在劳动力短缺、技术工缺乏的情况，工价上升快。二是自然灾害影响，近年自然灾害频发，制种企业和生产农户都遭到不同程度的损失，制种风险增大，收入受影响。三是国家没有建立起灾害保险机制和补偿机制，在一定程度上影响农民制种的积极性，影响了制种强县、粮食生产小县制种产业发展和壮大。

建议：

（一）把制种大县列入享受粮食大县国家资金扶助政策范围，加大种子基地的基础设施投入，提高田园化水平。

（二）对制种大县并被授予“国家级杂交水稻制种基地”荣誉的县，建设国家种子储备库，以减少运输等中间环节费用，从而增加制种农民收入。

（三）建立杂交水稻制种保险财政支付及公司因灾补偿机制，减少农户制种风险，减轻农民负担。

（四）2013 年国家 38 项支持粮食增产农民增收的政策措施中没有制种强县大县或国家级的制种基地的相关支持政策。制种大县农户希望能有国家的优惠政策扶持，如制种补贴、制种业人才培训、种子储备库建设补贴等。这样就能稳定全国杂交水稻制种产业基地，成为“制种王国”，为国家提供优良稻种、确保国家粮食安全。

符英毅，宜黄县政协信息员。

南城县政协

2015 年，反映社情民意信息：对食品药品监管体制改革的几点看法和建议

从 2013 年开始，全国各地都在不同层面整合工商、质监和食药监的机构和职能，然而在新旧管理体制转换过程中，不可避免地出现了一些问题，例如，有些省市从省一级层面整合机构，成立全省统一的市场监管局。有些则在省市级整合职能，县一级整合机构，使得改革呈现出“五花八门”的局面，从上至下不统一，各级单位和

职能不对应。由于县级市场监管局除承担食品药品监管外，还承担其他行业的生产流通监管，组建市场监管局，整合机构和职能可能削弱食品安全监管能力，尤其当前，各县区级体制改革还未启动，导致食药监部门增加了职责，但基层执法力量未得到加强，人少事多矛盾更加突出。

此外，食品药品监管职能交由地方政府也可能导致：食品药品监管部门面临着把握优化企业服务环境和加强食品药品安全监管之间的平衡问题；由于人事权划归地方管理，在地方干部流动的大环境下，很可能造成地方局医药食品专业人才的比重下降，引发监管水平下降；在地方以招商引资为首要任务的政策环境下，地方局工作重心会有所偏离，容易陷入烦琐的地方行政事务中，对食品药品监管部门的长期发展和建设有较大的影响。

建议：

（一）成立市场监管局后，内设单独核算行政单位食品药品监管局，负责对食品药品生产流通和消费等环节的全过程监管，从而充分保证食品药品监管的独立和稳定。

（二）有关部门尽快出台一套对县、乡监管体制改革具有指导性的补充文件，明确县、乡食品药品监督管理机构设置和人员编制，明确乡镇人民政府的职责，确保体制改革顺利实施。

（三）将《食品安全法》《药品管理法》的宣传教育纳入普法规划，多层次、多形式、多渠道地开展食品药品安全知识和法律、法规宣传教育，让食品药品安全知识为广大干部群众知晓，倡导食品药品社会共治，共同营造和维护良好的食品药品安全环境。

乐安县政协

2019年，反映社情民意信息：关于破除当前机构改革“闲差受追捧”现象的几点建议

当前，一些地方机构改革正如火如荼地“施工”，涉改单位的大多数干部能调整心态、整装出发，但有少数干部出现懈怠感，想借机构改革“东风”换地养老，一些地方出现“闲差受追捧”的现象。主要原因有三：一是极少数领导干部缺乏担当作为精神，不想为、不愿为；二是经过职能调整，一些干部对未来工作不确定性的担忧有

所显现，工作迷茫感浮现；三是一些单位在人员管理上存在的松软现状，责任分工不够均匀，公平性存在疑议，单位领导对这种现象不加制止、不加整改，严重影响了单位的凝聚力和战斗力和其他党员干部干事创业热情。

建议：

（一）**要把监督挺在前面**。面对机构改革、人事变动，党员干部内心有波动是在所难免的。各级纪检监察机关要协助同级党委做好动员、疏导工作，在宣讲清楚机构改革、人事变动的大势，树立“无为者无位，有为者有位”导向的同时，把“服从组织安排”的大局意识凸显出来，把“有责必担当、失责必问责”的纪律挺在前面，把监督执纪“四种形态”中的第一种形态运用起来，消除改革带给党员干部的职业焦虑感，清除“船到码头车到站”的懈怠思想，让党员干部以平和心态对待“进退留转”，以扎实的作风投入新的工作岗位。

（二）**要驰而不息纠“四风”**。“为官不为”并不是什么新鲜事，干部的担当意识缺失也不是在机构改革中才一时出现的，党员干部不敢担当、不愿作为就是“四风”问题的直观体现。时值机构改革关键期，党员干部缺少最基本的担当，甘于无所作为，就是典型的作风问题。要把作风建设长期坚持下去，对机构改革中出现的“闲差受追捧”现象真管、严管。要严格落实《关于进一步激励广大干部新时代新担当新作为的意见》，根据具体情节该免职的免职、该调整的调整、该降职的降职，切实树立起“优者上、庸者下、劣者汰”的用人导向，营造好“敢干事、能干事、善干事”的干事氛围。

（三）**要完善奖惩机制**。要进一步激励干部新时代新担当新作为，充分调动和发展干部的积极性、主动性和创造性，对于敢冲敢闯、敢于担当、勇于担责的干部要大胆提拔任用，对于为官不为的干部，该调整的调整、该降职的降职、该处分的处分，形成震慑效应，以严格的问责倒逼干部担当尽责、干事创业，让“有为有位”的鲜明导向激励更多的干部投身到党和国家事业发展的最前线。同时，要关心关爱“二线”干部，为他们搭建多样的平台，继续发挥好干事创业的“一线”作用，也要为“二线干部”念好“紧箍咒”，严明组织纪律，做好日常管理，倒逼“二线”干部树立退位不退休的理念，充分发挥余热效应。

省政协办公厅宣传信息处

一、2014年，反映社情民意信息：培育新型农业经营主体　加快推进农业现代化发展

党的十八届三中全会根据我国当前农业农村发展新形势，提出“加快构建新型农业经营体系，推进家庭经营、集体经营、合作经营、企业经营等共同发展的农业经营方式创新”。培育新型农业经营主体，构建新型农业经营体系，是推动新型城镇化和农业现代化协调发展的必然选择。目前，江西初步形成了以承包农户为基础，合作经济组织为纽带，龙头企业为骨干，集体经济组织和其他各类农业社会化服务组织为支撑，多种所有制关系并存、多种生产经营主体共生的农业经营格局，有力地支撑了传统农业改造和现代农业建设。但是，这一农业经营格局还不完善，与工业化、信息化、城镇化、农业现代化相结合的新型农业经营体系还有很大差距，迫切需要解决农业劳动力结构性短缺问题，加快培养职业农民；解决集约化、规模化水平偏低问题，大力培育专业大户和家庭农场；解决农业生产组织化程度偏低问题，大力发展农民专业合作社和农业产业化经营；解决农业社会化服务不足问题，大力培育新型农业社会化服务组织等。总体来看，“一家一户”单打独斗搞生产的状况还没有从根本上改变，迫切需要加快培育新型农业经营主体，从根本上解决“谁来种地”问题。

建议：

（一）稳定土地流转关系，赋予农民更多的土地、集体资产等财产权利。要开展农村土地承包经营权登记试点并逐步推开，为农户颁发具有法律效力的承包经营权证，在此基础上积极开展承包经营权股份合作、入股及抵押、担保试点，促进农民承包经营权在流转中升值。推动农村集体产权制度改革，推行农民对集体资产股份占有、收益享有、有偿退出及抵押、担保和继承权，增加农民集体资产收益。

（二）多种形式加大投入，解决经营主体发展“瓶颈”。推动金融部门采取联户联保、信用贷款、订单质押、农业保险保单、政府担保基金等多种形式，支持新型农业经营主体贷款。继续探索以龙头企业牵头组建的产业联合体，由龙头企业提供贷款担保，以“批发加零售”方式解决家庭农场、承包农户的生产资金需求。建立国家支持农业中长期固定资产投资贷款制度，低息、长期支持农业基础设施建设。扩大政策性农业保险覆盖范围，增加政策性农业保险险种，提高保额。大力发展特色农业保险。开展新型农业经营主体互相合作保险和综合性保险试点。探索政府支持的农业大灾保险基金，建立

农业大灾风险分散机制。

（三）**开展新型经营主体培训，提供人才建设支撑**。一是制定认定标准。鼓励各地结合实际，从居住地域、农业劳动时间、生产经营规模、素质能力水平等方面进行认定探索，并作为培育和扶持的依据。二是拓宽培养途径。突出培养重点，优化培养方式，着重抓好种养大户、家庭农场主、科技示范户、农民专业合作社理事长的培养，发挥其示范带动作用；吸引和支持农民工返乡务农，鼓励和支持新生代农民工子承父业；以农民中等职业教育为平台，以阳光工程创业培训为“抓手”，开展多形式、经常性的职业教育培训。三是完善培养政策。加大政策扶持力度，扩大阳光工程培训规模；完善绿色证书制度，健全农业技能持证上岗制度，探索把绿色证书作为认定职业农民的重要依据，并与农业扶持政策挂钩。

（四）加快培育经营性农业服务组织，推动现代农业发展提速。一是积极培育经营性服务组织。研究扶持经营性服务组织的政策，鼓励集体经济组织、农民专业合作社、龙头企业、专业化农业服务公司、专业化服务队、农民经纪人等参与农业社会化服务。二是支持发展生产性服务。设立专项资金，采取以奖代补等方式，对农业经营性服务组织在生产服务设施、生产作业服务、提升耕地质量、种苗培育、测土配方施肥、有害生物专业化防治、粮食烘干、运销储藏、农产品质量溯源体系等方面的投入给予支持；减免其从事农机作业、专业化统防统治等服务的营业税；引导金融机构优先提供浮动抵押贷款、仓单质押贷款和农田基础设施建设中长期贷款。

二、2020年，反映社情民意信息：关于打通政策落地“最后一公里”的建议

近年来，各地各部门围绕经济社会发展方方面面出台了一系列政策措施。这些政策措施及时有效回应了人民群众的期待，有力推动了经济社会实现高质量发展。但仍有一些领域、地方存在政策不够精准、衔接不够紧密、执行不够到位等问题，导致“最后一公里”不通畅，部分企业和群众获得感不强。究其原因，主要是一定程度上犯了形式主义的毛病，既有政策制定的形式主义，又有政策宣介的形式主义，还有政策执行的形式主义。为此，要认真查找政策制定、宣传、实施等环节中存在的形式主义问题，采取有针对性的措施进行有效治理，从而打通政策落地的“最后一公里”。

建议：

（一）政策制定要接地气，从源头上打通政策落地的“最后一公里”。各地各部门在制定政策时，要深入了解实际情况，加强调查研究，注重听取地方和基层的意

见，找准实际工作中遇到的痛点难点问题，增强针对性和可操作性，避免不接地气的“空中政策”和相互打架的“本位政策”。在政策执行中要注意听取基层干部群众反映，了解具体落实情况，适时调整完善。

（二）**政策宣传要勤上门，把政策精神传导到“最后一公里”**。要积极开展入企帮扶、入村宣讲等“送政策上门”“送政策下乡”服务，确保政策推送横向到边、纵向到底、无死角全覆盖，使各项政策家喻户晓、深入人心，让服务对象能了解、吃透、用足政策。

（三）**政策实施要严督查，确保打通政策落地的“最后一公里”**。要坚持从讲政治的高度，整治政策贯彻实施中的形式主义，采取有效措施深化治理“贯彻决策部署只表态不落实、维护群众利益不担当不作为”的现象，严肃查处不敬畏不在乎、空泛表态、敷衍塞责、弄虚作假、阳奉阴违等问题。分门别类将政策落地责任明确到各个部门，并对落实情况开展全面督查和专项检查，健全政策落地的长效机制，确保各项政策不折不扣、及时准确地落实落地。

三、2020 年，反映社情民意信息：农村自建房安全隐患应予以高度重视

近年来，随着各地新农村建设的步伐加快，农村自建房日益增多，各种式样的建筑美化了农村，成了一道亮丽的风景线。农民建房是他们一生中的头等大事，也是农民最大的心愿。但从目前农村建房的现状来看，却存在许多安全隐患，突出表现在：建房中随意性大，没有设计施工图，建筑质量没有保障；统一规划存在漏洞，山区建房喜欢选择在依山傍水，但洪灾风险大；农民安全意识缺乏，偷工减料现象严重；农村管理体系薄弱，主管部门管理存在“真空”。

建议：

（一）**深入开展宣传教育**。充分发挥新闻媒体的作用，以及通过开展技术服务下乡活动，大力宣传普及科学建房和防灾常识，提高广大农村群众的建房质量安全意识，引导农民依法、科学建房。

（二）**完善法律和规章**。有关部门要尽快出台农村建房方面的法律和规章，对农村建房予以规范。特别是在施工队资质、质量监督、房屋检测等方面制订一些强制性规定，以最大限度地维护群众利益。

（三）**搞好图纸设计**。由具有建筑设计资质的设计单位出具建房图纸，报土地管理部门审批，主要审核设计是否符合国家有关住宅建设的规范，是否超面积，环保、

节能等是否符合要求。乡镇政府及主管部门可根据当地的自然地理环境，农民群众的居住生活习惯和经济承受能力，组织专业设计人员编制农房建筑标准图集，配套设计施工结构图纸，免费提供和指导建房户使用。

（四）**扶持发展建筑队伍**。要结合本地实际，组织专业人员，依托农村建房现场，采取传、帮、带等方式，对农村建设管理人员、农村建筑工匠实行培训，充实农房建设与管理的技术力量。对培训合格人员发放培训合格证书，持证上岗。农村公共建筑工程和生产性建筑工程应由具备相应施工总承包资质和施工企业承建，要求农村住宅工程由具有建筑资质的施工队承建。

（五）**加大监管和查处力度**。各地政府要在乡镇设立专门的建筑安全监管部门，配齐配强专业人员，保证工作经费。建房安全责任部门要做好农村建房施工现场监管和督查工作，重点检查施工安全防患制度是否落实，检查建筑材料的进货来源、质保检验单和施工队的施工记录。同时，要加强对农村违章建房的巡查、处理力度，坚决做到“发现一起，处理一起”，引导农民逐渐养成依法依规建房的良好习惯。

四、2021 年，反映社情民意信息：关于加强药品安全监管　完善药品安全治理体系的建议

药品是治病救人的特殊商品。保障药品安全是建设健康中国、增进人民福祉的重要内容。我国药品监管是用快速发展的 40 年，走过了西方发达国家上百年才完成的历程。同时，在西方发达国家发展进程中渐次出现的问题在我国最近一段时间比较集中地暴露出来。如，医药产业层次较低，企业小、散、弱，创新能力弱；药品监管能力不足，临床、统计等专业人员严重紧缺；网售药品、医疗器械乱象等新的安全风险逐步显现，等等。

建议：

（一）**补齐监管体系短板**。突出专业属性和监管体系，强化各级药监机构力量配备。创新监管方式方法，推动市（县）药品监管能力标准化，确保有人监管、有钱监管、有条件监管。进一步明晰事权划分，重点强化药品监管部门和市场监管部门间工作衔接及业务指导，形成监管工作一盘棋格局。强化对各地履行药品安全责任的考核，推动落实药品安全党政同责。深化医疗、医保、医药“三医联动”，改革强化行业协会建设和社会监督，推动形成齐抓共管工作格局。加强省、市、县三级药品执法队伍建设，与公安机关建立健全行刑衔接机制，严厉打击药品领域违法犯罪行为。

（二）**提升审评审批能力**。加快建立健全国家、省级两级药品器械化妆品审评机

构，形成与事权一致、能力匹配、科学高效的药械化审评工作体系。推动审评人才队伍建设，同时探索创新人才引进渠道，补充临床、统计等紧缺专业审评人才，优化专业结构。持续开展审评员继续教育，探索与高校科研院所联合培养等新模式，加强高层次审评员培养。

（三）加快构建完善检验检测体系。瞄准前沿领域布局，强化基础设施，提升技术能力，建立科学、公正、权威、高效的“两品一械”全覆盖的检验检测体系。围绕国家战略和创新链布局需求，大力推动基础研究、技术开发、成果转移转化协同创新，分专业推进重点实验室建设。加强药品检验通用技术和基础技术的研究，强化先进检测设备和能力储备，重点强化新型药械产品检验评价方法技术攻关能力、重大传染病体外诊断试剂检验检测和质量评价能力，提高重点产品检验所需国家标准物质研制能力。

（四）借力“互联网+”推进智慧监管。推进药品、医疗器械、化妆品全生命周期信息数据化，建立国家和省级药品安全治理大数据中心。完善药品信息化电子追溯体系，实现药品（疫苗）全品种、全过程“来源可查、去向可追”。加快国家和省级药监智慧监管平台建设，全面汇聚和共享监管数据，逐步在全国范围内实现移动检查和执法。

（五）强化药品应急能力建设。提高重大公共卫生事件中药监综合应急应对能力，建立协助药品紧急研发攻关、应急审评审批、应急检验检测机制，切实提升应急药品注册上市速度。加快三级生物安全实验室建设，强化应急检验人才培养和关键技术研发，提升紧急情况下快速建立对新型药械产品、特别是重大传染病体外诊断试剂、疫苗、抗体药物等检验评价技术能力。

五、2021 年，反映社情民意信息：农村“淘宝村”各地一哄而上　需引起警惕

“淘宝村”是指活跃网店数量达到当地家庭户数 10% 以上、电子商务年交易额达到 1000 万元以上的村庄。据阿里研究院数据，2009 年，全国淘宝村只有 3 个，2013 年有 20 个，截至 2020 年 6 月底，全国有 5425 个淘宝村，覆盖 25 个省、市、自治区。

发展淘宝村的确是部分地区实现农民致富、农业发展、乡村振兴的成功之道，但也必须注意到，有些地方看到别的地方“搞电商赚了钱”，就不顾自身实际，未做充分市场调研，一哄而上发展农村淘宝村，存在风险隐患：盲目上马、急于求成，导致低水平、同质化恶性竞争，品牌意识薄弱，经营户利润越来越薄；没有专业人员和专

业检测设备做品控工作，商品质量不稳定，供货能力跟不上，市场鱼龙混杂，散户举步维艰；“游戏规则”日益复杂，“引流”投入巨大，不够成熟的电商商家往往容易深陷平台各类引流活动“陷阱”，一着不慎即血本无归，不参与又无人问津；仓储、物流、生产、加工、包装等配套不完善，管理滞后、人才缺乏等严重掣肘淘宝村发展；大部分淘宝村都是“大树背后好乘凉”，真正的山区或产业薄弱的农村地区难以形成，淘宝村的赋能兴农作用有限，“富的更富，穷的还是穷”。

建议：

（一）因地制宜，科学决策。地方政府在作出大力发展农村电商的决策前，应充分考虑本地政策、资源、资金、物流等基本发展条件，避免拍脑袋决策、盲目上马；审慎评估当地发展电商产业亟须招引的业态模式，吸引快递、物流、设计等电商服务型企业在农村开展网点下沉建设，完善基础配套设施。

（二）练好内功，培育品牌。鼓励成立电子商务合作社，把好产品质量关，重视产品的提档升级，不断发掘特色新产品。推动实体经济与线上电商互相渗透，积极推广“用户直连制造”模式，尝试建设电商企业选品中心，加强供应链体系。通过概念性宣传、流通性推广、定制化体验等方式，分层引导不同维度的电商品牌创建，聚力打造母子品牌、兄弟品牌，“以强带弱”“强强互推”，形成优势产品商标集群和体系。

（三）整顿秩序，规范管理。引导电商平台承担社会责任，整顿行业“潜规则”；完善法律法规，对“刷单炒信”等行为加大惩处力度，严重的追究刑事责任。支持淘宝村淘宝镇组建行业自律组织，以行业公约等方式管理协调内部事务，防范化解行业矛盾，减少行业内卷，加强行业自律，促进良性发展。

（四）吸引人才，更新理念。发挥农村党组织基层堡垒作用，引导电商行业青年人才回乡创业，带动农村现有劳动力创收增收；引导农村村民接触数字化知识，形成互联网思维，掌握网络营销手段；搭建好公共服务平台，改善农村人居环境，让农村成为留得住人才的地方，避免人才流失。